CATHERINE BELTON

# PUTINS NETZ

## WIE SICH DER KGB RUSSLAND ZURÜCKHOLTE UND DANN DEN WESTEN INS AUGE FASSTE

Aus dem Englischen von
Elisabeth Schmalen und Johanna Wais

HarperCollins

Die englische Originalausgabe erschien 2020
unter dem Titel *Putin's People* bei William Collins,
einem Imprint von HarperCollins*Publishers*, London.

8. Auflage 2022
Deutsche Erstausgabe
© 2020 Catherine Belton
© 2022 für die deutschsprachige Ausgabe
by HarperCollins in der
Verlagsgruppe HarperCollins Deutschland GmbH, Hamburg
Gesetzt aus der Minion Pro und der Agency FB
von GGP Media GmbH, Pößneck
Druck und Bindung von GGP Media GmbH, Pößneck
Printed in Germany
ISBN 978-3-7499-0328-3
www.harpercollins.de

FÜR MEINE ELTERN MARJORIE UND DEREK,
FÜR RICHARD UND FÜR CATHERINE BIRKETT.

# INHALT

# DRAMATIS PERSONAE

## PUTINS ENGSTER KREIS, DIE ›SILOWIKI‹

*Igor Setschin* – Putins zuverlässige rechte Hand, ein ehemaliger KGB-Agent aus Sankt Petersburg, dessen Aufstieg als stellvertretender Leiter von Putins Präsidialverwaltung begann und der die staatliche Übernahme des russischen Ölsektors anführte. Erhielt wegen seines Hangs zu skrupellosen Komplotten später den Spitznamen »Russlands Darth Vader«.

*Nikolai Patruschew* – Mächtiger ehemaliger Chef des russischen Inlandsgeheimdienstes (FSB), der Nachfolgeorganisation des KGB, und aktuell Sekretär des Sicherheitsrates.

*Wiktor Iwanow* – Ehemaliger Kollege Putins beim Leningrader KGB, der als stellvertretender Leiter der Präsidialverwaltung während Putins erster Amtszeit für das Personal verantwortlich war und den ersten Vorstoß des Kreml in den Wirtschaftssektor dirigierte.

*Wiktor Tscherkessow* – Ehemaliges führendes KGB-Mitglied, Leiter des Petersburger FSB und Putins Mentor, der ihn nach Moskau begleitete und ein enger Berater blieb, zunächst als stellvertretender Leiter des FSB und später als Chef der russischen Antidrogenbehörde.

*Sergej Iwanow* – Ehemaliges Leningrader KGB-Mitglied, das in den Neunzigern zu einem der jüngsten Generäle des russischen Auslandsgeheimdienstes ernannt wurde und unter Putins Präsidentschaft erst zum Verteidigungsminister und später zum Leiter der Präsidialverwaltung aufstieg.

*Dmitri Medwedew* – Ehemaliger Jurist, der mit Anfang zwanzig als Stellvertreter Putins in der Petersburger Stadtverwaltung begann und ihn danach weiter begleitete, zunächst als stellvertretender Leiter, dann als Leiter der Präsidialverwaltung und später als Putins zwischenzeitlicher Platzhalter im Präsidentenamt.

## DIE TREUHÄNDER – DIE KGB-NAHEN GESCHÄFTSMÄNNER

*Gennadi Timtschenko* – Angeblicher ehemaliger KGB-Agent, dessen wirtschaftlicher Aufstieg zu Sowjetzeiten in der Mitgründung eines der ersten unabhängigen Ölhandelsunternehmen noch vor dem Zusammenbruch der UdSSR gipfelte. Arbeitete ab den frühen Neunzigern – und laut einigen Geschäftspartnern auch schon vor dem Ende der Sowjetunion – eng mit Putin zusammen.

*Juri Kowaltschuk* – Ehemaliger Arzt, der gemeinsam mit mehreren KGB-nahen Geschäftsleuten die Bank Rossija übernahm, eine Petersburger Bank, die laut US-Finanzministerium zur »Privatbank« Putins und anderer hoher russischer Funktionäre wurde.

*Arkadi Rotenberg* – Früherer Judopartner Putins, der unter seiner Präsidentschaft zum Milliardär aufstieg, weil der Staat seine Unternehmen mit gewaltigen Bauvorhaben beauftragte.

*Wladimir Jakunin* – Ehemaliges hochrangiges KGB-Mitglied, das nach einer verdeckten Mission bei den Vereinten Nationen in New York mit Kowaltschuk zusammen die Bank Rossija übernahm. Putin ernannte ihn zum Vorsitzenden des staatlichen Eisenbahnmonopols.

## DIE »FAMILIE« – DER KREIS AUS VERWANDTEN, FUNKTIONÄREN UND GESCHÄFTSLEUTEN RUND UM DEN ERSTEN RUSSISCHEN PRÄSIDENTEN BORIS JELZIN

*Walentin Jumaschew* – Ehemaliger Journalist, der Jelzins Vertrauen gewann, als er dessen Memoiren verfasste, und 1997 zum Leiter der Präsidialverwaltung aufstieg. Seit 2002 mit Jelzins Tochter Tatjana verheiratet.

*Tatjana Djatschenko* – Jelzins Tochter, offiziell seine Imageberaterin, im Grunde aber dafür zuständig, wer Zugang zum Präsidenten erhielt und wer nicht.

*Boris Beresowski* – Ehemaliger Mathematiker; machte durch den Vertrieb für den Autobauer AwtoWAS, der mit dem kastenförmigen

Schiguli den Klassiker unter den Sowjetautos herstellte, ein Vermögen und sicherte sich die Gunst Jelzins und der »Familie«. Galt nach dem Kauf des Ölriesen Sibneft als Inbegriff des politisch vernetzten Oligarchen der Jelzin-Ära.

*Alexander Woloschin* – Ehemaliger Wirtschaftswissenschaftler, der anfangs zusammen mit Beresowski Privatisierungen und andere Programme durchführte und 1997 als Jumaschews Stellvertreter in den Kreml wechselte. Ab 1999 Leiter der Präsidialverwaltung.

*Roman Abramowitsch* – Ölhändler und anfangs Beresowskis Protegé und Geschäftskollege. Alexander Korschakow, Jelzins Sicherheitschef, bezeichnete ihn als »Bankier« der Jelzin-Familie (eine Aussage, die Abramowitsch zurückwies). Später hieß es, er habe eine »gute Beziehung« zu Putin.

*Sergej Pugatschow* – Russisch-orthodoxer Banker, der als Meister der verschlungenen Finanzgeflechte von Jelzins Kreml und später auch als Putins Bankexperte galt. Als Mitgründer der Meschprombank ein Bindeglied zwischen der »Familie« und den *silowiki*.

## DER OLIGARCH DER JELZIN-ÄRA, DER ES SICH MIT PUTINS MÄNNERN VERSCHERZTE

*Michail Chodorkowski* – Ehemaliges Mitglied der Jugendorganisation der Kommunistischen Partei; stieg während der Perestroika und in den Neunzigern zu einem der ersten und erfolgreichsten Geschäftsmänner des Landes auf.

## DIE MAFIOSI – FUSSSOLDATEN DES KGB SANKT PETERSBURG

*Ilja Traber* – Ehemaliger U-Boot-Soldat, der während der Perestroika-Jahre Antiquitäten auf dem Schwarzmarkt verkaufte. Diente später als Mittelsmann zwischen Putins Sicherheitsbehörden und der Tambow-Mafia und kontrollierte die strategisch wichtigsten Orte von Sankt Petersburg wie den Hafen und das Ölterminal.

*Wladimir Kumarin* – Anführer der Tambow-Mafia, der bei einem Mordanschlag einen Arm verlor und als »Nachtregent« von Sankt Petersburg bekannt wurde. Geschäftspartner von Putins Leuten, insbesondere von Traber.

## MOSKAU

*Semjon Mogilewitsch* – Ehemaliger Ringer, bekannt als der »Pate mit Köpfchen«, verwaltete ab dem Ende der Achtzigerjahre die Finanzen der mächtigsten kriminellen Vereinigungen Russlands, darunter der Solnzewskaja, indem er Geld in den Westen schleuste und ein Drogen- und Waffenhandelsimperium aufbaute. Galt seit seiner Rekrutierung durch den KGB in den Siebzigern als »der kriminelle Arm des russischen Staates«.

*Sergej Michailow* – Angeblicher Anführer der Solnzewskaja, Moskaus mächtigstem Mafiaclan, mit engen Kontakten zu vielen KGB-nahen Geschäftsleuten, die später Verbindungen zum New Yorker Immobilienmogul Donald Trump pflegten.

*Wjatscheslaw Iwankow* (»Japontschik«) – Mafioso, den Mogilewitsch nach Brighton Beach, New York, entsandte, damit er die kriminellen Machenschaften der Solnzewskaja dort leitete.

*Jewgeni Dwoskin* – Mafioso aus Brighton Beach, der, nachdem er zusammen mit seinem Onkel Iwankow nach Moskau zurückgekehrt war, zu einem der berüchtigtsten »Schattenbankiers« Russlands aufstieg und gemeinsam mit den russischen Sicherheitsbehörden Dutzende Milliarden Dollar Schwarzgeld in den Westen schleuste.

*Felix Sater* – Dwoskins bester Freund seit Kindheitstagen, der sich zu einem wichtigen Geschäftspartner der Trump Organization entwickelte und eine Reihe von Immobilien für Trump erschloss, ohne seine hochrangigen Kontakte im russischen Geheimdienst zu vernachlässigen.

»Russische Mafiabosse, ihre Mitglieder und ihre Verbündeten ziehen in Westeuropa ein, sie kaufen Immobilien, eröffnen Bankkonten, gründen Unternehmen, dringen Stück für Stück ins Gesellschaftsgefüge vor, und bis Europa sich dessen bewusst ist, wird es bereits zu spät sein.«

– BOB LEVINSON, EHEMALIGER FBI-AGENT


»Ich möchte die Amerikaner warnen. Als Volk sind Sie überaus naiv, wenn es um Russland und seine Absichten geht. Sie glauben, weil die Sowjetunion nicht mehr besteht, sei Russland jetzt Ihr Freund. Das stimmt nicht, und ich kann Ihnen zeigen, wie der SWR die USA auch heute noch zu zerstören versucht, und zwar stärker als der KGB während des Kalten Krieges.«

– SERGEJ TRETJAKOW, FRÜHERER OBERST DES RUSSISCHEN AUSLANDSGEHEIMDIENSTES SWR MIT EINSATZORT NEW YORK

# PROLOG

## MOSKAUER REGELN

Eines späten Abends im Mai 2015 blätterte Sergej Pugatschow durch ein mindestens dreizehn Jahre altes Familienalbum, das er wiedergefunden hatte. Auf einem Foto, das auf einer Geburtstagsfeier in seiner Moskauer Datscha entstanden war, hält sein Sohn Wiktor den Blick gesenkt, während Wladimir Putins Tochter Maria ihm lächelnd etwas ins Ohr flüstert. Auf einem anderen posieren Wiktor und Pugatschows zweiter Sohn Alexander mit Putins beiden Töchtern auf einer Holzwendeltreppe in der Präsidentenbibliothek des Kreml. Am Rand des Bildes lächelt Ljudmila Putina, die damalige Frau des russischen Präsidenten.

Wir saßen in der Küche von Pugatschows jüngster Bleibe, einem dreistöckigen Wohnhaus im betuchten Londoner Stadtteil Chelsea. Das Abendlicht schien durch die kathedralengroßen Fenster herein, in den Bäumen zwitscherten die Vögel, und der Verkehr auf der nahe gelegenen King's Road war nur als fernes Brummen zu vernehmen. Das Leben im Turbogang, das Pugatschow einst in Moskau geführt hat – die Geschäfte, die endlosen Absprachen hinter den Kulissen, die »Übereinkünfte« zwischen Freunden, die in den Korridoren der Macht im Kreml zustande kamen –, schien hier in weiter Ferne zu liegen. Doch in Wahrheit lauerte der Einfluss Moskaus wie ein Schatten vor der Tür.

Am Tag zuvor war Pugatschow gezwungen gewesen, die Londoner Polizei um Schutz zu bitten. Seine Bodyguards hatten an der Unterseite seines Rolls-Royce und an dem Wagen, in dem seine drei jüngsten

Kinder – sieben, fünf und drei Jahre alt – zur Schule und in den Kindergarten gefahren wurden, verdächtig aussehende Kästen gefunden, aus denen Kabel ragten. Jetzt hatte das SO15, die Antiterroreinheit der Metropolitan Police, an der Wand von Pugatschows Wohnzimmer, hinter dem Schaukelpferd und gegenüber den Familienporträts, eine graue Box angebracht, über die sich im Fall eines Angriffs ein Alarm auslösen ließ.

Fünfzehn Jahre zuvor war Pugatschow ein Kreml-Insider gewesen, der hinter den Kulissen viele Strippen gezogen hatte, um Wladimir Putin an die Macht zu bringen. Er, der einst als Bankier des Kreml gegolten hatte, war ein Meister der Hinterzimmerdeals gewesen, der Volten, die damals über die Geschicke des Landes bestimmten. Jahrelang hatte er unantastbar gewirkt, ein Mitglied des innersten Zirkels an der Spitze der Macht, der die Regeln so formulierte und auslegte, wie es den Beteiligten am besten passte, und sich dabei der Strafverfolgungsbehörden, der Gerichte und sogar manipulierter Wahlen bediente. Doch nun hatte sich die Kreml-Maschinerie, der er damals selbst angehört hatte, gegen ihn gewandt. Der großgewachsene, gläubige russisch-orthodoxe Pugatschow mit seinem dunklen Bart und seinem fröhlichen Grinsen war zum jüngsten Opfer von Putins unaufhaltsam wachsendem Einfluss geworden. Zunächst hatte sich der Kreml sein Firmenimperium vorgenommen und es Stück für Stück für sich beansprucht, weshalb Pugatschow Russland verlassen hatte und erst nach Frankreich, dann nach England gegangen war. Putins Männer hatten ihm das vom Präsidenten genehmigte Hotelprojekt am Roten Platz entrissen, nur einen Steinwurf vom Kreml entfernt, ohne ihn auch nur zu entschädigen. Dann wurden seine zwei Werften, die zu den größten Russlands zählten und deren Wert auf 3,5 Milliarden Dollar geschätzt wurde, für einen Bruchteil des Preises an einen von Putins engsten Verbündeten, Igor Setschin, verkauft. Anschließend erwarb ein enger Verbündeter Ramsan Kadyrows, des mächtigen tschetschenischen Präsidenten, Pugatschows Kohlegeschäft – das weltgrößte Kokskohlevorkommen in der sibirischen Region Tuwa im Wert von geschätzt 4 Milliarden Dollar – für nur 150 Millionen Dollar.[1]

Außerdem hatten ihm Putins Leute vorgeworfen, er trage die Schuld am Zusammenbruch der Meschprombank, die er in den Neunzigerjahren mitgegründet hatte und die den Schlüssel seiner Macht darstellte. Die Kremlbehörden hatten ein Strafverfahren gegen ihn eröffnet, in dem sie ihn beschuldigten, durch die Überweisung von 700 Millionen Dollar auf ein Schweizer Konto auf dem Höhepunkt der Finanzkrise 2008 die Insolvenz der Bank verursacht zu haben. Dass Pugatschow darauf beharrte, das Geld sei sein eigenes gewesen, interessierte den Kreml nicht im Geringsten. Und es schien auch kaum eine Rolle zu spielen, dass Setschins Übernahme der Werften zu einem Bruchteil ihres Wertes viel größere Auswirkungen auf die Zahlungsrückstände der Bank ihren Gläubigern gegenüber gehabt hatte.[2]

Die Absicht des Kreml schien eindeutig. »Leute innerhalb des Staates haben die Regeln zu seinen Ungunsten manipuliert, um den Kollaps der Bank herbeizuführen, natürlich so, dass sie selbst davon profitierten«, meinte Richard Hainsworth, langjähriger Experte für das russische Bankensystem.[3]

Das war eine typische Geschichte für die Kreml-Maschinerie, die ihre Reichweite erbarmungslos ausdehnte. Anfangs hatte sie ihre politischen Feinde ins Visier genommen, doch mittlerweile wandte sie sich auch gegen Putins frühere Verbündete. Pugatschow war das erste Mitglied des inneren Zirkels, das stürzte. Und jetzt hatte der Kreml die Kampagne gegen ihn von den rabiaten Gerichten Moskaus, wo die Urteile hinter verschlossenen Türen fielen, in den nach außen hin ehrwürdigen Londoner High Court ausgelagert. Dort wurde umgehend eine Vermögenssperre gegen Pugatschow ausgesprochen, die den Tycoon während des Verfahrens arg in Bedrängnis brachte.

Der Kreml war hinter Pugatschow her, seit dieser Russland verlassen hatte. In seinem Haus in Frankreich war er von finsteren Gestalten bedroht worden, die ihm der Insolvenzverwalter der Meschprombank auf den Leib gehetzt hatte. Drei Mitglieder der Moskauer Mafia hatten ihn auf eine Jacht verschleppt und waren mit ihm vor die Küste Nizzas hinausgefahren, wo sie von ihm 350 Millionen Dollar verlangten, als Garantie für die »Sicherheit« seiner Familie. Das sei »der Preis des Friedens«, erklärten sie ihm, wie Aufzeichnungen zeigen – die

Gegenleistung dafür, dass das russische Strafverfahren gegen ihn anlässlich der Pleite der Meschprombank geplatzt war.[4] Bei den Verhandlungen in England hatte Pugatschow wie ein Fisch auf dem Trockenen gewirkt, er fand sich mit den unvertrauten Regeln und Abläufen
einfach nicht zurecht. Seine Welt waren die Hinterzimmerdeals seiner Kreml-Vergangenheit gewesen, er war daran gewöhnt, aufgrund
seiner Stellung und Macht immer durch die Maschen von Recht und
Gesetz zu schlüpfen.

Dementsprechend schlecht fiel das Bild aus, das er nun abgab. Da
er von der Rechtmäßigkeit seiner Ansprüche überzeugt war und sich
als Opfer des jüngsten Beutezugs des Kreml sah, glaubte er, über den
Vorschriften der britischen Gerichte zu stehen. Er hatte sich nicht an
deren Verfügungen in Bezug auf die Vermögenssperre gehalten und
Millionen Pfund von einem Konto ausgegeben, das er verheimlicht
hatte. Seiner Ansicht nach war die Offenlegungspflicht unter seiner
Würde, eine Spitzfindigkeit im Vergleich zu dem Unglück, das über
sein Firmenimperium hereingebrochen war, und nur ein weiterer Versuch des Kreml, ihn unter Druck zu setzen und zu schikanieren, wo es
nur ging. Der Kreml hingegen hatte mittlerweile einiges Geschick darin entwickelt, seine Feinde unter Einschaltung des englischen Rechts-
systems zu verfolgen, während eine PR-Maschinerie dafür sorgte, dass
die Seiten der englischen Boulevardpresse mit Behauptungen über die
gestohlenen Reichtümer des russischen Oligarchen gefüllt waren.

Der Kreml hatte zunächst beobachtet, wie sich das englische Gerichtssystem verhielt während Roman Abramowitschs Sieg über Boris
Beresowski, dem Oligarchen im Exil, der sich zu Putins schärfstem
Kritiker entwickelt hatte. Der Fall hatte, so der Eindruck für einige,
die russische Geschichte auf den Kopf gestellt. Beresowski, der schnell
sprechende einstige Kreml-Insider, hatte – vergeblich – versucht, vor
dem britischen High Court 6,5 Milliarden Dollar von seinem früheren
Geschäftskollegen Roman Abramowitsch, dem früheren Gouverneur,
einzuklagen. Die Richterin, die das Verfahren leitete, Dame Elizabeth
Gloster, hatte sich nicht so recht davon überzeugen lassen, dass Beresowski einen der größten russischen Ölkonzerne, Sibneft, und einen
Teil von Rusal, Russlands Aluminiumgiganten, in Teilen mit Abramo-

witsch besessen hatte, bevor Abramowitsch ihn zwang, seine Anteile zu einem Schleuderpreis zu verkaufen. Richterin Gloster erklärte Beresowski zum »grundsätzlich unzuverlässigen Zeugen«[5] und stellte sich hinter Abramowitsch, der behauptete, Beresowski sei nie der Besitzer der Unternehmen gewesen; er sei nur für politische Unterstützung und Protektion bezahlt worden. Die Einschätzung wurde in Russland mit einiger Verwunderung zur Kenntnis genommen, wo Beresowski weithin als Besitzer von Sibneft betrachtet worden war. Beresowski kritisierte das heftig. Richterin Gloster hatte zu Beginn der Verhandlungen angegeben, dass ihr Stiefsohn Abramowitsch in der Frühphase des Prozesses vertreten hatte. Die Anwälte von Beresowski behaupteten, seine Beteiligung sei weitreichender gewesen, sie legten jedoch keine Beschwerde ein. Später stellte sich heraus, dass der Stiefsohn von Richterin Gloster fast 500 000 Pfund erhalten hatte, um Abramowitsch in der Frühphase des Prozesses zu vertreten. Beresowskis Anwälte behaupteten, dessen Mitwirken sei ausgeprägter gewesen als zuvor angegeben.[6]

Weiter verfeinert hatte der Kreml seinen Umgang mit dem britischen Gerichtssystem im Verfahren gegen Muchtar Abljasow, einem kasachischen Milliardär, der zugleich der bedeutendste politische Gegner des kasachischen Präsidenten Nursultan Nasarbajew, eines wichtigen Verbündeten des Kreml, war. Abljasow wurde von der russischen Einlagensicherungsbehörde vorgeworfen, bei der kasachischen BTA-Bank, deren Vorsitzender er gewesen war und die über Zweigstellen in ganz Russland verfügte, mehr als 4 Milliarden Dollar veruntreut zu haben. Die russische Behörde beauftragte eine Gruppe von Anwälten von der renommierten Londoner Kanzlei Hogan Lovells, die in Großbritannien daraufhin elf zivile Betrugsklagen gegen Abljasow einreichten und das Einfrieren seiner Mittel verlangten. Privatdetektive hatten die Spuren der verschwundenen 4 Milliarden bis zu einem Netz aus Offshore-Firmen im Besitz des kasachischen Magnaten verfolgt.[7]

Doch in Pugatschows Fall waren wohl keine gestohlenen oder versteckten Werte aufgespürt worden. Niemand hatte in England oder sonstwo außerhalb von Russland Betrugsvorwürfe gegen ihn erhoben.

Stattdessen hatte dasselbe Anwaltsteam von Hogan Lovells einzig auf der Grundlage eines in Russland ergangenen Urteils eine Vermögenssperre gegen Pugatschow erwirkt und ihn geschickt vorgeführt, als er sich an der Vielzahl von gerichtlichen Anordnungen aufrieb, denen er sich ausgesetzt sah. Er war zu seinen Vermögensverhältnissen befragt worden und hatte falsche Angaben dazu gemacht, ob der Verkauf seines Kohleunternehmens durch ihn selbst oder seinen Sohn erfolgt war. Dem Richter schien es egal zu sein, dass der bei dem erzwungenen Verkauf erzielte Preis nur einem Zwanzigstel des wahren Wertes entsprach. Wichtig war nur, ob Pugatschow alle Vorgaben beachtet und alle ihm noch zur Verfügung stehenden Vermögenswerte angegeben hatte. Pugatschow hatte dem Gericht seine Pässe aushändigen müssen und durfte das Vereinigte Königreich nicht verlassen, solange die Vernehmungen über die Offenlegung seiner Mittel andauerten.

Währenddessen zogen die Anwälte des Kreml die juristische Schlinge um ihn weiter zu. Pugatschow verschliss eine ganze Reihe von Rechtsbeiständen, die entweder völlig verblüfft waren, mit einem Fall konfrontiert zu sein, der in der Sache nie in England verhandelt worden war, oder ihn hinterhältig als leichte Beute betrachteten. Verwöhnt durch die Flut russischer Prozesse am Londoner High Court, für die die Moskauer Magnaten horrende Summen auszugeben bereit waren, stellten die Kanzleien astronomische Beträge in Rechnung, für Arbeit, die nie getan wurde, wie die Unterlagen beweisen. Es gab PR-Firmen, die Pugatschow anboten, seinen Ruf für monatlich 100 000 Pfund zu verteidigen. »Er befindet sich jetzt auf unserem Terrain«, sagte ein Partner einer weltweit agierenden Kanzlei, die ihn vertrat.

Anfangs war Pugatschow davon ausgegangen, dass hinter dem Verfahren ein paar renitente Handlanger aus dem Kreml steckten, die unbedingt einen Strich unter seine Enteignung ziehen wollten. Doch als sich die Kampagne gegen ihn immer weiter ausdehnte und Pugatschow um seine körperliche Unversehrtheit fürchten musste, gelangte er zu der Überzeugung, dass Putin selbst die Weisung gegeben hatte. »Wie kann er mir das antun? Ich habe ihn doch zum Präsidenten gemacht«, sagte er an jenem Abend in seiner Küche in Chelsea zu mir, immer noch schockiert über den Fund der verdächtigen Objekte unter seinen Autos und den Besuch des SO15.[8] Ein früherer Freund, der vom Kreml nach London geschickt worden war, hatte ihm erzählt, dass Putin höchstpersönlich jeden Schritt der Kampagne gegen ihn steuere, und ihn gewarnt: »Wir haben hier alles im Griff, die Sache ist durch.«

Pugatschow war bereits lange zuvor aufgefallen, dass der Einfluss des Kreml-Geldes in London zunahm. Er habe schon vor Beginn der gerichtlichen Offensive eine Reihe englischer Lords getroffen, die ihm begeistert die Hand schüttelten und ihm erklärten, wie toll sie Putin fänden. Sie hielten ihn für »Putins Bankier«, wie er damals in der Presse genannt wurde, baten ihn aber trotzdem ohne zu zögern oder weitere Fragen zu stellen um Spenden für die konservative Partei. Pugatschows ehemalige Freunde aus dem Kreml hatten allesamt Verwandte oder Geliebte in London und ließen bei ihren Wochenendbesuchen enorme Summen in der Stadt. Setschins Exfrau Marina besaß hier zusammen mit ihrer Tochter ein Haus, und Igor Schuwalow, der stellvertretende Ministerpräsident, nannte die begehrteste Wohnung der Stadt sein Eigen, ein Penthouse mit Blick auf den Trafalgar Square. Die Söhne von Arkadi Rotenberg, Putins milliardenschwerem ehemaligem Judopartner, besuchten eine der renommiertesten Privatschulen des Landes, während seine Exfrau Natalja shoppen ging und beim Londoner High Court die Scheidung einreichte. Der stellvertretende Duma-Vorsitzende Sergej Schelesnjak, ein entschiedener Patriot, der lange gegen den Einfluss des Westens gewettert hatte, ließ seine Tochter Anastasia gleichwohl jahrelang in der englischen Hauptstadt wohnen. Die Liste der Funktionäre, die in London lebten, sei endlos, sagte Pugatschow. »Sie haben sich auf dieser kleinen Insel mit dem fürchterlichen Wetter sehr gut eingerichtet«, schnaubte er. »In England ging es immer vor allem um Geld. Putin hat seine Agenten geschickt, um die britische Elite zu korrumpieren.«

London hatte sich an die Flut russischen Geldes gewöhnt. Die Immobilienpreise waren in die Höhe geschossen, als erst die Unternehmer und dann die russischen Funktionäre Luxusvillen in Knightsbridge, Kensington und Belgravia aufkauften. Eine Reihe russischer Börsengänge, angeführt von den staatlichen Unternehmen Rosneft,

Sberbank und Wneschtorgbank (VTB), hatten den wohlhabenden PR-Firmen und Kanzleien Londons einen guten Teil ihrer Mieten und Lohnkosten finanziert. Lords und ehemalige Politiker wurden großzügig dafür entlohnt, Vorstandsposten bei russischen Firmen zu übernehmen, obwohl sie wenig Einblick in die betrieblichen Vorgänge erhielten. Russlands Einfluss war überall zu spüren. Alexander Lebedew, der ehemalige KGB-Agent und Banker, der sich für eine freie Presse in Russland einsetzte, hatte die auflagenstärkste und einflussreichste Tageszeitung Londons erstanden, den *Evening Standard*, wodurch er zum Stammgast bei eleganten Abendveranstaltungen und zu einem der gefragtesten Gastgeber der Stadt wurde. Dann war da noch Dmytro Firtasch, ein ukrainischer Unternehmer, der als Lieblingsgashändler des Kreml galt und trotz seiner Verbindungen zum bekannten, auf der Fahndungsliste des FBI stehenden russischen Mafiaboss Semjon Mogilewitsch Milliarden an die Cambridge University hatte spenden dürfen. Sein wichtigster Londoner Lakai, Robert Shetler-Jones, hatte Millionen Pfund an die Tories überwiesen, während einflussreiche Parteigranden im Vorstand von Firtaschs Britisch-Ukrainischer Gesellschaft saßen.

Zugleich gab es auch weniger bedeutende Akteure. Mindestens einer von ihnen hatte es geschafft, Freundschaft mit Boris Johnson zu schließen, als dieser Bürgermeister von London und ein führender Vertreter der Tory-Elite war. »In Filmen tragen Spione immer dunkle Sonnenbrillen und wirken verdächtig«, sagte Pugatschow. »Aber hier sind sie überall. Sie sehen ganz normal aus. Man erkennt sie nicht.«

Pugatschow hatte keine Ahnung, ob der Gesandte des Kreml, der ihn gewarnt hatte, dass die Sache in England durch sei, die Wahrheit sagte oder ob er ihn nur hatte einschüchtern sollen. Doch irgendwann – nachdem er die verdächtigen Objekte an seinen Autos gefunden und davon Wind bekommen hatte, dass Russland sich um seine Auslieferung bemühte – beschloss er, dass es ihm zu riskant war, das herauszufinden. Trotz seines ehemals engen Verhältnisses zu Putin und seiner weitreichenden Kontakte innerhalb der *silowiki*, dem Clan ehemaliger KGB-Mitglieder im Kreml, war ein Treffen zwischen ihm und einem hochrangigen Mitarbeiter des britischen Außenministeriums in letzter Minute geplatzt. Stattdessen hatte ihm ein in der Stadt weilender Kreml-Agent mitgeteilt, dass er sich mit einem MI6-Mann treffen solle, den der russische Geheimdienst auf seine Seite gezogen habe. Alles stand Kopf. Pugatschow befürchtete, dass die britische Regierung einen Auslieferungsdeal mit den Russen vorbereitete. Außerdem rätselte er über das Schicksal seines Freundes Boris Beresowski, des erbitterten Kreml-Kritikers, der im März 2013 tot auf dem Badezimmerboden seines Landsitzes in Berkshire aufgefunden worden war, mit seinem bevorzugten schwarzen Kaschmirschal um den Hals und einem nicht identifizierten Fingerabdruck am Ort des Geschehens. Aus irgendeinem Grund hatte Scotland Yard die Ermittlungen der lokalen Thames-Valley-Polizei überlassen, die den Fall als Selbstmord einstufte und damit für abgeschlossen erklärte.[9] »Es scheint, als gebe es eine Vereinbarung mit Russland, keinen Wirbel zu machen«, meinte Pugatschow beunruhigt.[10]

Und so kam es, dass Pugatschow eines Tages im Juni 2015, wenige Wochen nach unserem Treffen in seinem Haus in Chelsea, plötzlich aus England verschwunden war. Seine Mobiltelefone hatte er ausgeschaltet und unterwegs an den Straßenrand geworfen. Er widersetzte sich den Auflagen des Gerichts, das Land nicht verlassen zu dürfen, und hatte nicht einmal seiner Partnerin und Mutter seiner drei jüngsten Kinder Bescheid gegeben, der Londoner High-Society-Berühmtheit Alexandra Tolstoi, die bis spät in die Nacht darauf wartete, dass er auf der Feier zum achtzigsten Geburtstag ihres Vaters erschien. Zum letzten Mal gesehen wurde er bei einem Treffen mit seinen Anwälten, die ihn gewarnt hatten, sie bräuchten 10 Millionen Pfund für eine Kaution, um sich gegen den bevorstehenden russischen Auslieferungsantrag zu stellen – eine Summe, auf die Pugatschow nicht zugreifen konnte.

Wenige Wochen später tauchte er in Frankreich auf, wo er 2009 die Staatsbürgerschaft erlangt hatte und wo die Gesetze die Bürger vor einer Auslieferung nach Russland schützen. Er war in die relative Sicherheit seiner Villa hoch oben in den Bergen über der Bucht von Nizza geflohen, einer Festung, die von einem unüberwindlich hohen Eisenzaun, einem Tross Bodyguards und einer ganzen Batterie von Überwachungskameras an jeder Ecke gesichert war.

Die Leichtigkeit, mit der der Kreml ein Verfahren gegen ihn in London hatte durchdrücken können, erschien Pugatschow wie die erste *lastotschka*, wie man in Russland sagt – die erste Schwalbe des Frühlings. Sie markierte den Einzug der Moskauer Regeln in London. Der Kreml hatte das juristische Verfahren dort nach Belieben verbiegen und verdrehen können und das schwerwiegendere Anliegen, nämlich dass Pugatschow sein milliardenschweres Firmenimperium entrissen worden war, kunstvoll unter einer Vielzahl von Detailfragen rund um das Einfrieren seines Vermögens und deren ordnungsgemäßer Einhaltung begraben. Natürlich war Pugatschow kein Unschuldslamm. Es war keineswegs klar, was mit den 700 Millionen Dollar passiert war, die er angeblich aus der Meschprombank abgeschöpft hatte. Doch eine Reihe von Offenlegungen, die der High Court nicht angezweifelt hatte, ergab, dass 250 Millionen dieses Geldes an die Bank zurückgeflossen waren, während sich die Spur der übrigen Summe in Unternehmen verlor, die ein ehemaliger Verbündeter Pugatschows, der jetzt eng mit dem Kreml zusammenarbeitete, liquidiert hatte. Später erklärte die Schweizerische Bundesanwaltschaft, bei der Russland beantragt hatte, Pugatschows Schweizer Bankkonten zu sperren, dass sie bei der Überweisung der 700 Millionen Dollar von Pugatschows Firmenkonten bei der Meschprombank auf das Schweizer Konto auf dem Höhepunkt der Finanzkrise 2008 keine Beweise für kriminelle Machenschaften gefunden habe.[11]

Doch obwohl die Kreml-Anwälte in England keinen Betrugsprozess gegen ihn in die Wege geleitet hatten, obwohl es keine Hinweise auf gestohlene Gelder gab, war die gerichtliche Verfolgung von Pugatschow gnadenlos. Anwälte, die für die russische Einlagensicherungsbehörde arbeiteten, beharrten darauf, in Bezug auf den Bankrott der Meschprombank »wasserdichte Beweise« gegen ihn in der Hand zu haben. »Wer Geld vom Staat kriegt, sollte es dazu nutzen, die Bank am Leben zu halten, statt es sich selbst auszuzahlen«, sagte eine Person aus dem Umfeld des Anwaltsteams.[12] Obwohl der Kreml ihn enteignet hatte und er mittlerweile um sein Leben fürchtete, wurde Pugatschow nach seiner Flucht aus England wegen Nichterscheinens vor Gericht angeklagt und in Abwesenheit zu zwei Jahren Haft verurteilt. Während der Verhandlung in dieser Sache wurde er regelmäßig als Lügner bezeichnet. Er hatte sich über die Auflagen der Vermögenssperre hinweggesetzt. Er war nicht nur aus dem Land geflohen, sondern hatte auch den Erlös aus dem Verkauf zweier Autos nach Frankreich überwiesen. Richterin Vivienne Rose aus dem zuständigen Richterteam erklärte, sie halte »keine seiner Aussagen für verlässlich«. Ein angeblich in Neuseeland eingerichteter Immobilienfonds, in den Pugatschow Besitztümer im Wert von Dutzenden Millionen Dollar verschoben hatte, auch sein Haus in Chelsea, stellte sich später als Schwindel heraus.

Trotz all seiner Verfehlungen beharrte Pugatschow darauf, einem Rachefeldzug des russischen Staates ausgesetzt zu sein, der sich in den englischen Gerichtssälen abspielte. Die russischen Behörden schienen fest entschlossen, alle Hinweise darauf auszuräumen, dass Pugatschow je gute Verbindungen in den Kreml gehabt hätte oder über Wissen verfügte, das dem Kreml schaden könnte. Sie schafften es, alle politischen Beiklänge des Falls zu unterdrücken, indem sie auf den nachlassenden Kenntnisstand der britischen Nachrichtendienste, die durch die Überwachung der Gefahren durch den islamistischen Terror abgelenkt waren, in Bezug auf Russland und auf Pugatschows geringen Bekanntheitsgrad setzten. Bevor sich die Lage in London zuspitzte, hatte er noch nie ein Interview gegeben. Kaum jemand wusste, wer er war. Die meisten Menschen glaubten, dass der kurz zuvor verstorbene Oligarch Boris Beresowski Putin an die Macht gebracht hätte. Den Anwälten bei Hogan Lowells war erzählt worden, Pugatschow sei ein Niemand und der Fall gegen ihn besitze keinerlei politische Dimension. »Ich habe keine Beweise für sein Wirken im Kreml gesehen«, sagte eine Person aus dem Umfeld des Anwaltsteams. »Wir müssen extrem vorsichtig sein. Pugatschow scheint zu sagen, was immer er will. Die Leute, mit denen ich mich unterhalten habe, halten ihn schlicht für einen Schurken.«[13]

Doch in Wahrheit hatte Pugatschow im Herzen des Kreml gearbeitet und war in einige der bestgehüteten Geheimnisse eingeweiht gewesen, unter anderem in das, wie genau Putin an die Macht gekommen war. Das schien einer der Hauptgründe dafür zu sein, warum der Kreml so gnadenlos hinter ihm her war und ihn unbedingt mit Prozessen überziehen wollte. Noch bevor Pugatschow sein Firmenimperium verloren hatte, hatte er Russland verlassen wollen, um den ewigen Wirtschaftsintrigen dort zu entkommen. Er war bereits damals von Putins KGB-Freunden aus Sankt Petersburg ins Abseits gedrängt worden und bemühte sich ab 2007 um die französische Staatsbürgerschaft. Nach Ansicht von Insidern wurde Pugatschow dafür bestraft, dass er aus dem dicht verflochtenen System, das über Russland herrschte, aus dem Mafiaclan, aus dem es eigentlich kein Entkommen gab, ausbrechen wollte. »Pugatschow war wie eine Niere. Sein Wirken war lebenswichtig für das Funktionieren des Systems. Aber er verlor den Verstand und glaubte, einfach gehen und sich seinen eigenen Geschäften zuwenden zu können. Natürlich erging die Order, ihn auszuschalten«, sagte ein führender russischer Bankier, der auch mit den Finanzgeschäften des Kreml zu tun hatte.[14]

Auf seiner hastigen Flucht von England nach Frankreich ließ Pugatschow eine Reihe vielsagender Spuren zurück. Als Detektive im Auftrag der Kreml-Anwälte, die in den Tagen nach seinem Verschwinden eine entsprechende gerichtliche Verfügung erwirkt hatten, sein Büro in Knightsbridge durchsuchten, fanden sie zwischen den Papierstapeln auch eine Reihe Festplatten. Eine von ihnen enthielt Audioaufnahmen: Die russischen Sicherheitsbehörden hatten insgeheim jedes Treffen, das seit dem Ende der Neunzigerjahre in Pugatschows Büro im Zentrum Moskaus stattgefunden hatte, mitgeschnitten.

Eine der Aufnahmen zeigt eindrücklich, wie aufrichtig Pugatschow Putins Aufstieg zur Macht und seine eigene Rolle dabei bedauerte. Aufgezeichnet wurde ein Treffen zwischen Pugatschow und Walentin Jumaschew, dem Schwiegersohn des ehemaligen Präsidenten Boris Jelzin, der unter ihm auch Leiter der Präsidialverwaltung war. Die beiden erörtern bei einem Abendessen mit gutem Wein die angespannte Lage; Moskau durchlebte gerade erneut eine politische Krise. Das war im November 2007, wenige Monate bevor Putins zweite aufeinanderfolgende Amtszeit als Präsident endete und er das Amt laut Verfassung abgeben musste. Doch obwohl Putin angedeutet hatte, nach seiner Zeit als Präsident Ministerpräsident werden zu wollen, waren seine wahren Intentionen bis dahin noch völlig unklar. In den labyrinthartigen Korridoren des Kreml rangelten die ehemaligen Mitarbeiter des KGB und der Sicherheitsbehörden, die unter Putin zu Macht gekommen waren, um die Positionen, sie stritten sich und fielen einander in den Rücken, in der Hoffnung, sie selbst – oder ihr jeweiliger Kandidat – würden als Putins Nachfolger gewählt.

Pugatschow und Jumaschew stießen leise miteinander an, während sie die unklare Lage diskutierten. Die Ungewissheit, wer auf Putin folgen würde, erinnerte sie stark an die Situation im Jahr 1999, als sie Putin zum Aufstieg verholfen hatten. Das erschien ihnen nun wie ein anderes Zeitalter. Mittlerweile waren sie von Putins KGB-Kollegen aus Sankt Petersburg verdrängt worden. Jetzt waren sie fast schon Relikte aus einer völlig anderen Ära. Das Machtsystem hatte sich unwiederbringlich verändert, während sie noch zu verstehen versuchten, was sie angerichtet hatten.

»Weißt du noch, wie es war, als er an die Macht kam?«, sagt Pugatschow auf der Aufnahme. »Er sagte immer: ›Ich bin der Geschäftsführer. Man hat mich angestellt.‹« In jener Zeit hatte es so gewirkt, als würde Putin die Führungsrolle nur widerwillig annehmen; auf diejenigen, die ihm zur Macht verhalfen, hatte er formbar und gefügig gewirkt. »Unter uns gesagt, hatte ich am Anfang das Gefühl, dass es ihm nur darum ging, reich zu werden, ein glückliches Leben zu führen und sich um seine persönlichen Angelegenheiten zu kümmern«, fährt Pugatschow fort. »Und alles das hat er im Grunde ziemlich schnell erreicht. (…) Doch nach den vier Jahren seiner ersten Amtszeit erkannte er, dass Dinge passiert waren, nach denen er sich unmöglich zurückziehen konnte.«

Putins erste Amtszeit war blutgetränkt und von Kontroversen durchzogen gewesen. Die Weise, wie das Land geführt wurde, veränderte sich dabei weitreichend. Putin hatte eine Reihe tödlicher Terroranschläge erlebt, unter anderem die Geiselnahme im Moskauer Dubrowka-Theater durch tschetschenische Terroristen im Oktober 2002. Die Belagerung endete mit weit über hundert Toten, als die russischen Sicherheitskräfte bei der Erstürmung des Gebäudes versagten und sie die Theaterbesucher, die sie hatten befreien wollen, vergasten.

Putins Kampf gegen die Rebellen aus der widerspenstigen Nordkau-
kasusrepublik Tschetschenien hatte Tausende Tote gefordert, darunter
die 294, die bei einer Serie von Bombenanschlägen auf Wohnhäuser
ums Leben kamen. In Moskau flüsterten viele, dass hinter diesen blutigen Explosionen Putins Sicherheitskräfte gesteckt hatten, nicht zuletzt,
weil sein rigoroses Durchgreifen im Anschluss seine Macht stärkte.

Den übermütigen Oligarchen der Neunzigerjahre wurden rasch
Grenzen aufgezeigt. Es brauchte nur einen großen Prozess gegen den
reichsten Mann des Landes, bis Putin und seine Leute die Freiräume
des Marktes, die in der Jelzin-Zeit entstanden waren, wieder eingehegt
und eine Übernahme der Wirtschaft durch den Staat in die Wege geleitet hatten.

»Ich glaube, er wäre bereitwillig nach vier Jahren abgetreten«, meint
Pugatschow. »Aber dann kamen die ganzen Kontroversen. Die Situation mit dem Westen ist heute fast so ernst wie während der Kubakrise.
Und jetzt stößt er sogar noch weiter vor. (…) Ihm ist klar: Es dauert
nicht mehr lange, und er kommt da nicht mehr raus.«

Auf beide Männer wirkte das von Putin erschaffene Staatskonst-
rukt, das so viel Macht auf den Präsidenten konzentrierte, sodass jede
Entscheidung von ihm abhing, alles andere als stabil. »Es ist ein Kartenhaus. Ein kleiner Stoß reicht, und alles bricht zusammen. (…) Das
weiß er auch, aber er kann nicht aus sich heraus.«

»Ich habe nicht den Eindruck, dass er das versteht«, meint Jumaschew.

»Es wäre seltsam, wenn er sagen würde: Alles, was ich tue, ist rück-
wärtsgewandt«, wirft Pugatschow ein. »Viele der Entscheidungen, die
er trifft, basieren auf seiner Vorstellung, wie die Welt funktioniert. Patriotismus ist etwas, woran er wirklich glaubt. Wenn er den Zusammenbruch der Sowjetunion als Tragödie bezeichnet, ist er aufrichtig
davon überzeugt, dass es so ist. (…) Das sind eben seine Werte. Was
er tut, daran glaubt er auch. Wenn er Fehler macht, geschieht es aus
Überzeugung.«

Putin hatte die Zusammenlegung aller Hebel der Macht – etwa die
Abschaffung der Gouverneurswahlen und die Unterwerfung der Justiz unter das Diktat des Kreml – oft damit gerechtfertigt, dass diese

Maßnahmen notwendig seien, um eine neue Ära der Stabilität einzuläuten und das Chaos und den Niedergang der Neunzigerjahre zu beenden. Doch hinter dem patriotischen Brustgetrommel, das auf den ersten Blick die meisten dieser Entscheidungen antrieb, verbarg sich eine weitere, beunruhigendere Motivation. Putin und seine KGBler, die mithilfe eines Netzwerks treuer Verbündeter die Wirtschaft kontrollierten, vereinten alle Macht auf sich und hatten ein neues System geschaffen, in dem staatliche Positionen als Instrumente zur Selbstbereicherung dienten. Das war weit von den antikapitalistischen, antibürgerlichen Prinzipien des sowjetischen Staates, dem sie einst gedient hatten, entfernt.

»Diese Leute sind Mutanten«, sagt Pugatschow. »Sie verbinden den *homo sovieticus* mit dem unbändigen Kapitalisten der letzten zwanzig Jahre. Sie haben gewaltige Diebstähle begangen, um sich die Taschen zu füllen. Ihre Familien leben irgendwo in London. Aber wenn sie sagen, jemand gehöre im Namen des Patriotismus vernichtet, meinen sie das ernst. Ist es allerdings London, das sie zur Zielscheibe erklären, bringen sie ihre Familien als Erstes aus der Stadt.«

»Ich finde das ganz schrecklich«, sagt Jumaschew. »Einige meiner Freunde, die im Kreml arbeiten, sagen jetzt – ganz im Ernst –, wie toll es sei, dass sie dort so reich werden können. In den Neunzigern war das inakzeptabel. Man musste sich zwischen der Wirtschaft und dem Dienst für das Land entscheiden. Jetzt können sie hingehen und für den Staat arbeiten, um Geld zu verdienen. Minister verteilen Lizenzen zum Gelddrucken. Und natürlich kommt das alles vom Chef. (…) Das erste Gespräch, das [Putin] mit einem neuen Staatsangestellten führt, verläuft so: ›Hier ist dein Unternehmen. Teile es nur mit mir. Wenn dich jemand angreift, verteidige ich dich, und wenn du deine Position nicht als Geschäftsmodell nutzt, bist du ein Dummkopf.‹«

»Putin hat es selbst so gesagt«, meint Pugatschow. »Ganz offen. Ich erinnere mich noch an das Gespräch mit ihm. Er fragte: ›Worauf wartet der Kerl? Warum verdient er kein Geld? Worauf wartet er? Er hat die passende Position. Soll er doch Geld verdienen.‹ Jetzt haben diese Leute Blut geleckt. Sie können nicht mehr aufhören. Heute sind die Staatsangestellten die Geschäftsleute.«

»Es sind kaum noch echte Geschäftsleute übrig«, stimmt Jumaschew zu und schüttelt traurig den Kopf. »Die Stimmung, die Stimmung im Land hat sich sehr verändert. Die Luft ist anders. Sie erstickt uns jetzt. Wirklich, sie erstickt uns.«

Die beiden Männer seufzen. Alles hat sich gewandelt – bis auf ihre Fähigkeit, ihre eigene Rolle zu verherrlichen. »Das Tolle an den Neunzigern war, dass damals nicht gelogen wurde«, fährt Jumaschew fort.

»Absolut richtig«, sagt Pugatschow. »Für mich war die Wahrheit mein Leben lang gleichbedeutend mit Freiheit. Ich habe nicht Geld verdient, um reich zu werden, sondern um frei zu sein. Wie viel kann man ausgeben? Solange man genug hat, um sich zwei Jeans zu kaufen, ist doch alles gut. Aber mit einer gewissen Unabhängigkeit war *ein* Vorteil verbunden: Ich muss nicht lügen.«

Den beiden Männern kam es so vor, als sei der Präsident mittlerweile von Jasagern umgeben, die sich bei Tischreden in Lobeshymnen über ihn ergingen und ihm erzählten, er sei von Gott gesandt worden, um das Land zu retten, während sie auf sein Wohlwollen angewiesen waren. Dennoch glaubte Pugatschow, dass diese Jasager durchschauten, wie scheinheilig das System war, für welch eine Pseudodemokratie die Regierungspartei im Kreml, Einiges Russland, stand und wie zutiefst korrupt sie mittlerweile war.

»Guck dir die Leute rund um WW [Putin] doch an, die sagen: ›Wladimir Wladimirowitsch, du bist ein Genie!‹«, fährt Pugatschow fort. »In meinen Augen glauben sie an nichts. Sie wissen, dass das alles Schwachsinn ist. Dass Einiges Russland Schwachsinn ist, dass die Wahlen Schwachsinn sind, dass der Präsident Schwachsinn ist. Aber obwohl sie es begreifen, stellen sie sich auf eine Bühne und sagen, wie wunderbar alles sei. Und all die Tischreden, die sie auf ihn halten, sind voller Lügen. Sie sitzen zusammen und erzählen irgendeinen Müll darüber, dass sie immer schon befreundet waren, schon seit Schulzeiten. Aber gleichzeitig sagen die Männer im Büro nebenan: ›Sobald er rauskommt, war es das mit ihm.‹ Das ist so zynisch. Ich glaube nicht, dass sie sich wohlfühlen. Diejenigen, die Macht haben, sie tun mir leid. Sie klauen links und rechts, und dann stellen sie sich hin und erzählen, wie Putin gegen Korruption kämpft. Ich schaue sie an und denke mir: Das ist das Ende. Sie tun mir leid. WW fragte immer: ›Wie lautet das Wort mit S? *Sowest* – Gewissen.‹ Dafür fehlen ihnen die Rezeptoren. Sie verstehen es gar nicht. Sie haben das Wort und seine Bedeutung vergessen. Sie sind mittlerweile völlig kaputt.«

Alle bisherigen Errungenschaften der Putin-Zeit – das Wirtschaftswachstum, die Einkommenssteigerung, der Reichtum der Milliardäre, der Moskau in eine funkelnde Metropole verwandelt hatte, in der ausländische Luxuskarossen durch die Straßen fuhren und gemütliche Cafés an den Straßenecken eröffneten – seien im Grunde auf den starken Anstieg des Ölpreises zurückzuführen, meinen sie. »Im Jahr 2000 stand der Ölpreis bei siebzehn Dollar, und wir waren zufrieden«, sagt Jumaschew. »Als du und ich an der Macht waren, lag er bei zehn oder sechs Dollar. Mein Höhepunkt war erreicht, als er einmal für zwei oder drei Wochen auf sechzehn Dollar stieg. Heute beträgt er einhundertfünfzig Dollar, und sie haben nichts Besseres zu tun, als sich hässliche Häuser zu bauen.«

»Der Staat macht nichts mit dem Geld. Er hätte damit eine ganz neue Infrastruktur im Land schaffen können. Aber Putin glaubt, dass alles gestohlen würde, wenn wir Straßen bauen. Die Zeit vergeht so schnell«, sagt Pugatschow.

»Jetzt sind acht Jahre vorbei. 2000 haben wir dem Chef eine gut geölte Maschine übergeben. Alles funktionierte. Und was hat es uns gebracht?«, fragt Jumaschew.

»Wir haben nicht verstanden, dass er die Dinge nicht vorantreiben würde. Ich hielt ihn für liberal, jung«, antwortet Pugatschow.

»Für mich war es von enormer Bedeutung, dass er jung war«, sagt Jumaschew.

»Und dann hat sich herausgestellt, dass er von einem ganz anderen Schlag war.«

»Ja. Sie sind andere Menschen als wir«, stimmt Jumaschew zu.

»Sie sind völlig andere, spezielle Menschen. Das haben wir nicht begriffen. Nur [Generalstaatsanwalt] Ustinow hat es durchschaut«, sagt Pugatschow. »Er sagte zu mir: ›Die Typen aus den Sicherheitsbehörden sind anders, verstehst du? Selbst wenn du ihnen das gesamte Blut aussaugen und ihnen einen neuen Kopf aufsetzen würdest, wären sie immer noch anders. Sie leben in ihrem eigenen System. Du wirst niemals einer von ihnen sein. Es ist ein ganz und gar anderes System.‹«

Die Aufnahme gestattet einen einzigartigen Einblick in die unverstellten Ansichten zweier Männer, die Putin zur Macht verholfen hatten, und ihr Entsetzen über ein System, zu dessen Entstehung sie beigetragen hatten. Dieses Buch erzählt die Geschichte dieses Systems – wie Putins KGB-Truppe die Spitze der Macht eroberte und dann dazu überging, sich am neuen Kapitalismus zu bereichern. Es ist die Geschichte, wie Jelzin die Macht überhastet an Putin übergab und wie das den Aufstieg eines »deep state« aus KGB-Sicherheitsleuten ermöglichte, der schon während der Jelzin-Jahre im Hintergrund gelauert hatte, sich nun aber für mindestens zwanzig Jahre die Macht sicherte – und irgendwann auch zur Gefahr für den Westen wurde.

Ursprünglich sollte dieses Buch die Übernahme der russischen Wirtschaft durch Putins frühere KGB-Kollegen darlegen. Doch dann wurde klar, dass etwas noch Schlimmeres dahintersteckte. Die Recherchen – und später auch die Ereignisse – zeigten, dass die Kleptokratie der Putin-Ära nicht nur darauf abzielte, die Taschen seiner Freunde zu füllen. Die Übernahme der Wirtschaft – und der Justiz und des politischen Systems – durch die KGB-Kräfte führte zu einem Regime, in dem die Milliarden Dollar, die Putins Kumpanen zur Verfügung stehen, aktiv dafür genutzt werden, die Institutionen und Demokratien des Westens zu untergraben. Das KGB-Handbuch aus den Zeiten des Kalten Krieges, als die Sowjetunion »aktive Maßnahmen« ergriff, um den Westen zu spalten, Unfrieden zu stiften, verbündete politische Parteien finanziell zu unterstützen und den »imperialen« Feind zu schwächen, ist nun wieder voll und ganz reaktiviert. Anders ist heute nur, dass für diese Strategien nun viel mehr Mittel zur Verfügung stehen, durch einen Kreml, der sich mit den Märkten auskennt und dessen Tentakel sich bis tief in die Institutionen des Westens erstrecken. Teile des KGB, unter ihnen Putin, benutzen den Kapitalismus als Werkzeug, um es dem Westen heimzuzahlen. Dieser Prozess begann bereits vor langer Zeit, in den Jahren vor dem Zusammenbruch der Sowjetunion.

Bei Putins Übernahme der strategisch wichtigen Branchen ging es immer um mehr als nur darum, die Kontrolle über die nationale Wirtschaft zu erlangen. Für das Putin-Regime hat Wohlstand weniger mit dem Wohlergehen des russischen Volkes als mit Machtbewusstsein zu tun, damit, die Position des Landes auf der Weltbühne zu untermauern. Das System, das Putins Männer erschufen, war ein hybrider KGB-Kapitalismus, der auf die Anhäufung von Vermögen ausgerichtet war, um damit Amtsträger im Westen zu kaufen und zu korrumpieren, während die Politiker dort, die nach dem Ende des Kalten Krieges in Selbstzufriedenheit versanken, die sowjetischen Taktiken der nicht allzu fernen Vergangenheit längst vergessen hatten. Die westlichen Märkte begrüßten den neuen Reichtum, der aus Russland kam, und schenkten den kriminellen Vereinigungen und KGB-Kräften, die dahintersteckten, wenig Beachtung. Der KGB hatte sich schon vor langer Zeit mit dem organisierten Verbrechen in Russland verbündet, kurz vor dem Zusammenbruch der Sowjetunion, als wertvolle Metalle, Öl und andere Rohstoffe im Wert von mehreren Milliarden Dollar vom Staat in Unternehmen verschoben wurden, die mit dem Geheimdienst in Verbindung standen. Im Ausland tätige KGB-Agenten versuchten von Anfang an, Schwarzgeld anzuhäufen, um Netzwerke aufrechtzuerhalten und zu schützen, von denen man lange glaubte, dass sie durch den Kollaps der Sowjetunion in sich zusammengefallen seien. Unter Jelzin hielten sich die KGB-Kräfte eine Zeit lang im Hintergrund. Doch als Putin an die Macht kam, wagte sich die Allianz zwischen dem KGB und dem organisierten Verbrechen wieder hervor und zeigte ihre Zähne. Um zu verstehen, wie es dazu kam, müssen wir ganz an den Anfang zurückkehren, in die Zeit des Zusammenbruchs der Sowjetunion.

Für die Männer, die Putin zur Macht verhalfen, war die Kehrtwende mit einer Abrechnung einhergegangen. Als Jelzins Gesundheitszustand sich verschlechterte, hatten Pugatschow und Jumaschew die Machtübergabe in größter Eile über die Bühne gebracht, um die Zukunft des Landes – und sich selbst – vor dem zu schützen, was sie für eine kommunistische Bedrohung hielten. Doch auch sie hatten die gar nicht so ferne sowjetische Vergangenheit vergessen.

Die Geheimdienstler, die sie an die Macht gebracht hatten, sollten vor nichts zurückschrecken, um ihre Herrschaft zu erweitern – über alle Grenzen dessen hinweg, was die beiden für möglich gehalten hätten.

»Wir hätten uns mehr mit ihm unterhalten sollen«, seufzte Jumaschew.

»Sicher«, meinte Pugatschow. »Aber dazu war keine Zeit.«

# TEIL EINS

# 1

# »OPERATION LUTSCH«

SANKT PETERSBURG – Anfang Februar 1992 fährt ein offizieller Wagen der Stadtverwaltung langsam die Hauptstraße hinab. Der graue Schneematsch ist teilweise von den Gehwegen geräumt worden, und die Menschen stapfen in dicken, gleichförmigen Mänteln durch die Kälte, mit Tüten beladen, die Schultern hochgezogen gegen den Wind. Hinter den heruntergekommenen Fassaden der einst prachtvollen Bauten am Newski-Prospekt sind die Geschäfte fast leer, durch die Nachbeben der abrupt kollabierten Sowjetunion befinden sich in den Regalen praktisch keine Waren. Es sind kaum sechs Wochen vergangen, seit die Sowjetunion aufhörte zu existieren: seit dem schicksalhaften Tag, an dem der russische Präsident Boris Jelzin und die Regierungschefs der anderen Sowjetrepubliken ihre Union mit einer Unterschrift aufgelöst hatten. Die Lebensmittellieferanten der Stadt haben Schwierigkeiten, auf die plötzlichen Veränderungen zu reagieren, seit die strikten Vorgaben, die jahrzehntelang sämtliche Lieferketten und Preise steuerten, plötzlich wegfielen.

In den Schlangen an den Bushaltestellen und auf den improvisierten Märkten, die überall in der Stadt entstanden sind, weil die Bewohner Schuhe und andere private Besitztümer zu Geld machen wollen, drehen sich die Gespräche schon den ganzen Winter über um Versorgungsengpässe, Lebensmittelkarten und Schwermut. Zu allem Unglück frisst die Hyperinflation auch noch die Ersparnisse auf. Manche Stimmen warnen sogar vor einer Hungersnot, was in einer Stadt, in der die Erinnerungen an die Blockade im Zweiten Weltkrieg mit ihren täglich bis zu tausend Hungertoten noch lebendig sind, die Alarmglocken läuten lässt.

Doch der städtische Beamte hinter dem Steuer des schwarzen Wolga wirkt ruhig. Bei der schlanken, entschlossenen Gestalt, die konzentriert nach vorn schaut, handelt es sich um Wladimir Putin. Er ist neununddreißig Jahre alt, stellvertretender Bürgermeister von Sankt Petersburg und vor Kurzem zum Vorsitzenden des städtischen Komitees für Außenbeziehungen ernannt worden. Das Ganze ist ein Dreh für eine Dokumentarreihe über die neue Stadtregierung, und in diesem Teil geht es um den jugendlich wirkenden stellvertretenden Bürgermeister, in dessen Verantwortungsbereich auch die Versorgung mit Lebensmitteln fällt.[1] Schnitt zu seinem Büro in dem im Smolny-Institut angesiedelten Rathaus, während Putin eine Reihe von Zahlen herunterrattert – wie viele Tonnen Getreide im Rahmen der humanitären Hilfe aus Deutschland, England und Frankreich erwartet würden. Es gebe keinen Anlass zur Sorge, sagt er. Fast zehn Minuten lang legt er dar, welche Maßnahmen sein Komitee ergriffen habe, um die Notversorgung mit Lebensmitteln sicherzustellen. Dazu zählt auch ein wegweisendes Abkommen über Viehfutter im Wert von zwanzig Millionen Pfund, geschlossen bei einem Treffen zwischen dem Bürgermeister der Stadt, Anatoli Sobtschak, und dem britischen Premierminister John Major. Ohne diese großzügige Geste der Briten hätte der junge Viehbestand in der Region nicht überlebt, sagt er.

Sein Detailwissen ist beeindruckend, ebenso wie sein Verständnis der enormen Probleme, denen die Wirtschaft der Stadt gegenübersteht. Er spricht ganz selbstverständlich darüber, wie wichtig die Schaffung kleiner und mittelständischer Betriebe als Rückgrat der neuen Marktwirtschaft sei. Seine Worte lauten: »Die Unternehmer sollten die Basis für das Florieren unserer Gesellschaft im Allgemeinen bilden.«

Putin spricht sehr konkret über die Schwierigkeiten, die immensen sowjetischen Rüstungsfabriken in der Region zu zivilen Produktionsstätten umzubauen, um sie am Leben zu halten. Weitläufige Anlagen wie das Kirow-Werk, eine riesige Geschütz- und Panzerproduktion im Süden der Stadt, bildeten seit der Zarenzeit die größten Arbeitgeber der Region. Als die endlosen Militäraufträge, die die sowjetische Wirtschaft befeuert und später in den Bankrott getrieben hatten, plötzlich ausblieben, standen die Maschinen auf einmal still. Man müsse westliche Partner ins Boot holen und die Werke in die globale Wirtschaft integrieren, sagt der junge Vertreter der Stadtverwaltung.

Mit abruptem Nachdruck kommt er auf das Leid zu sprechen, das der Kommunismus durch die künstliche Abgrenzung der Sowjetunion von den freien Marktbeziehungen zwischen den übrigen Industrieländern bewirkt habe. Die Überzeugungen Marx' und Lenins »haben unserem Land enorme Verluste eingebracht«, sagt er. »Auch in meinem Leben gab es eine Zeit, in der ich die Theorien des Marxismus und des Leninismus studiert habe und sie interessant und, wie viele von uns, schlüssig fand. Doch als ich älter wurde, erkannte ich die Wahrheit – diese Theorien sind nichts als hinderliche Märchen.« Die bolschewistischen Revolutionäre von 1917 seien verantwortlich für die »Tragödie, die wir heute erleben – die Tragödie des Zusammenbruchs unseres Staates«, erklärt er dem Interviewer geradeheraus. »Sie teilten das Land in Republiken auf, die es zuvor nicht gab, und zerstörten dann, was die Bevölkerung zivilisierter Länder verbindet: die Marktbeziehungen.«

Putin ist erst seit wenigen Monaten stellvertretender Bürgermeister von Sankt Petersburg, legt aber bereits einen professionellen, sorgsam arrangierten Auftritt hin. Er sitzt lässig mit gespreizten Beinen auf einem umgedrehten Stuhl, doch alles andere strahlt Präzision und Vorbereitung aus. Der fünfzigminütige Film zeigt ihn dabei, wie er Judogegner über die Schulter auf die Matte befördert, sich in fließendem Deutsch mit einem Geschäftsmann auf Besuch in der Stadt unterhält und sich telefonisch mit Sobtschak über die jüngsten Hilfsabkommen mit ausländischen Regierungen austauscht. Seine minutiöse Vorbereitung erstreckt sich sogar auf den Mann, den er explizit für die Interviewführung und die Regie des Films angefordert hat: einen Dokumentarfilmer, der in der Sowjetunion für die Serie *Test für Erwachsene* bekannt und beliebt war, in der er aus nächster Nähe das Leben einer Gruppe von Kindern verfolgte. Igor Schadchan ist ein Jude, der kürzlich nach Sankt Petersburg zurückgekehrt ist, nachdem er eine Reihe von Dokumentationen über die Schrecken der sowjetischen Gulags hoch oben im Norden des Landes gedreht hat, jemand, der beim Gedanken an die antisemitischen Beschimpfungen der Sowjetzeit noch immer zusammenzuckt und, wie er selbst zugibt, weiterhin ängstlich den Kopf einzieht, wenn er das ehemalige Hauptquartier des KGB am Liteini-Prospekt passiert.

Trotzdem hat Putin ihn ausgewählt, um ihm bei einer ganz besonderen Enthüllung zu helfen: Er soll der Welt eröffnen, dass Putin selbst Mitglied des gefürchteten und gehassten KGB war. Wir befinden uns immer noch in der ersten Welle der Demokratisierung, als ein solches Geständnis auch Putins Chef Sobtschak schaden konnte, einem glänzenden Redner, der gerade wegen seiner scharfen Kritik an der Geheimniskrämerei des alten Regimes und am Machtmissbrauch durch den KGB zum Bürgermeister aufgestiegen war.

Schadchan überlegt bis heute, ob Putins Entscheidung für ihn Teil eines genau kalkulierten Plans zur Wiederherstellung seines Rufes war. »Ich frage mich immer, warum er mich auswählte. Er verstand, dass ich der Richtige für sein Vorhaben war, von seiner KGB-Vergangenheit zu erzählen. Er wollte zeigen, dass es auch progressive KGBler gab.« Putins Entscheidung erwies sich als richtig. »Ein Kritiker hat einmal zu mir gesagt, dass ich mein Filmobjekt immer menschlich wirken lasse, egal wer es ist«, erinnert sich Schadchan. »Und so war es auch bei ihm. Ich wollte wissen, wer er war und was er sah. Ich hatte die sowjetischen Autoritäten immer kritisiert. Sie hatten mir hart zugesetzt. Aber er war mir sympathisch. Wir wurden Freunde. Ich hatte den Eindruck, dass er das Land voranbringen würde, dass er tatsächlich etwas bewirken würde. Er zog mich wirklich auf seine Seite.«[2]

Im Verlauf des Films schafft Putin es immer wieder gekonnt, die Vorzüge des KGB zu preisen. In seinem Umfeld, beharrt er angesichts der heiklen Frage, ob er seine Position missbraucht und Schmiergelder angenommen habe, sei so etwas als »Vaterlandsverrat« angesehen und mit der vollen Härte des Gesetzes bestraft worden. Was die Frage anging, ob er ein *tschinownik*, ein »Staatsbeamter« gewesen sei, so müsse dieser Ausdruck nicht unbedingt negativ behaftet sein. Er habe seinem Land als militärischer *tschinownik* gedient, und jetzt sei er ein Zivilbeamter, der sich – wie schon zuvor – »jenseits des politischen Wettbewerbs« für sein Land einsetze.

Zum Ende der Dokumentation scheint Schadchan Putin vollends zu Füßen zu liegen. Der Film endet mit einer symbolischen Verneigung vor einer glorifizierten KGB-Vergangenheit: Man sieht Putin, wie er an der vereisten Newa entlangfährt, auf dem Kopf eine Fellmütze gegen die Kälte, ein Mann des Volkes hinter dem Steuer eines weißen Schiguli, des zu jener Zeit allgegenwärtigen Autos. Während er mit kühlem und aufmerksamem Blick über die Stadt wacht, endet der Film zu den Klängen der Titelmelodie einer beliebten Sowjetfernsehserie – *Siebzehn Momente des Frühlings* –, deren Held, ein Geheimagent des KGB, tief in die Führungsebene der nazideutschen Regierung vordrang. Diese Musik hatte Schadchan ausgewählt. »Er war ein typischer Mann seiner Profession. Ich wollte zeigen, wie es dazu kam, dass er immer noch in diesem Metier tätig war.«

Dabei hatte Putin sich im Interview große Mühe gegeben, den Anschein zu erwecken, er habe den KGB schon im Februar 1990 verlassen, direkt nach seiner Rückkehr nach Leningrad, wie Sankt Petersburg damals noch hieß. Er erzählte Schadchan, er sei »aus verschiedenen Gründen« ausgeschieden, nicht aus politischen, und deutete an, dass der Austritt schon im Mai jenes Jahres vor dem Beginn seiner Zusammenarbeit mit Sobtschak, der damals Juraprofessor an der Staatlichen Universität Leningrad und die große Hoffnung der neuen Demokratiebewegung der Stadt war, stattgefunden habe. Putin war nach fünf Dienstjahren in Dresden, damals DDR, wo er als Verbindungsoffizier zwischen dem KGB und der Stasi gearbeitet hatte, in die Hauptstadt des Zarenreiches zurückgekehrt. Später hieß es, er habe einem Kollegen gestanden, dass er befürchte, nach seiner Rückkehr bestenfalls als Taxifahrer arbeiten zu können.[3] Er wollte wohl unbedingt den Anschein erwecken, dass er alle Verbindungen zu seinen alten Chefs durchtrennt, dass die im raschen Wandel befindliche russische Gesellschaftsordnung ihm den Boden unter den Füßen weggezogen hätte.

Was Putin Schadchan erzählte, war nur der Auftakt zu einer Reihe von Unwahrheiten und Verschleierungen rund um seine KGB-Laufbahn. In dem implodierenden Reich, in das er aus Dresden heimkehrte, war nichts so, wie es schien. In der KGB-Villa hoch über der Elbe mit Blick auf das unverändert elegante Dresden hatte Putin bereits das Ende der sowjetischen Herrschaft über die DDR miterlebt, den Zusammenbruch des sogenannten sozialistischen Traums. Um ihn herum war der durch den Warschauer Pakt zusammengehaltene Machtblock zerfallen, weil sich die Bevölkerung gegen die kommunistische Regierung auflehnte. Putin hatte – zunächst aus der Ferne – zugesehen, wie sich die Auswirkungen in der ganzen Sowjetunion bemerkbar machten und plötzlich überall im Land durch den Fall der Berliner Mauer inspirierte nationale Bewegungen entstanden, was den kommunistischen Präsidenten Michail Gorbatschow zu ständig mehr Kompromissen mit einer neuen Generation demokratischer Regierungschefs zwang. Als Putin sich von Schadchan interviewen ließ, war einem dieser Regierungschefs, Boris Jelzin, die Niederschlagung eines Putschversuchs im August 1991 gelungen. Einige Hardliner hatten die politischen und wirtschaftlichen Freiheiten zurückdrehen wollen, waren aber krachend gescheitert. Daraufhin verbot Jelzin die Kommunistische Partei der Sowjetunion. Es war, als wäre das alte Regime plötzlich einfach verschwunden.

Doch was folgte, war nur eine teilweise Wachablösung, und die Geschehnisse rund um den KGB sind das beste Beispiel dafür. Jelzin hatte die oberste Führungsriege des KGB entmachtet und dann einen Erlass unterschrieben, durch den der Geheimdienst in vier verschiedene Inlandsabteilungen aufgespalten wurde. Doch das Ergebnis war eine vielköpfige Hydra, denn weite Teile der Mitarbeiter zogen sich wie Putin einfach in den Hintergrund zurück und führten ihre Arbeit von dort aus fort, während der mächtige Auslandsgeheimdienst bestehen blieb. Es war ein System, in dem die Regeln des normalen Lebens schon lange nicht mehr galten, ein Schattenreich voller Halbwahrheiten und Sinnestäuschungen, wo sich sämtliche Überbleibsel der alten Elite unter der Oberfläche weiterhin an dem festklammerten, was ihnen noch an Kontrolle verblieb.

Putin selbst erzählte im Lauf der Zeit verschiedene Versionen davon, wann und unter welchen Umständen er aus dem KGB ausschied. Glaubt man einem ehemaligen hochrangigen KGB-Mitglied, das ihm nahestand, stimmt allerdings keine davon. In den Gesprächen mit den Autoren seiner offiziellen Biografie sagte Putin, dass er sich einige Monate nachdem er begonnen hatte, mit Sobtschak an der Universität zusammenzuarbeiten, aus dem KGB verabschiedet habe, sein

Kündigungsschreiben aber irgendwie in der Post verloren gegangen sei. Stattdessen, behauptete er, habe Sobtschak persönlich inmitten der Wirren des Putsches im August 1991 bei Wladimir Krjutschkow angerufen, dem damaligen KGB-Chef, um sich Putins Austritt bestätigen zu lassen. Diese Geschichte wurde zur offiziellen Version, klingt jedoch erfunden. Die Wahrscheinlichkeit, dass Sobtschak Krjutschkow inmitten eines Putsches erreicht hat, um die Bestätigung für das Ausscheiden eines Mitarbeiters einzuholen, ist wohl bestenfalls gering. Stattdessen habe Putin, so der enge Verbündete, noch mindestens ein Jahr lang nach dem gescheiterten Augustputsch ein Gehalt von der Sicherheitsbehörde bezogen. Als er dann kündigte, war seine Position in der Regierung der zweitgrößten Stadt Russlands bereits gesichert. Er war tief in die neue demokratische Führungsriege des Landes vorgedrungen und fungierte als Verbindungsmann zu den Strafverfolgungsbehörden, auch zur Nachfolgeorganisation des KGB, dem Föderalen Sicherheitsdienst FSB. Sein Auftreten als stellvertretender Bürgermeister war bereits damals routiniert und selbstbewusst, wie das Schadchan-Interview deutlich zeigt.

Die Geschichte, wie und wann Putin wirklich aus dem KGB ausschied und wie es kam, dass er dann für Sobtschak arbeitete, ist die Geschichte eines KGB-Kaders, der sich während der demokratischen Transformation des Landes zu wandeln begann und sich an die neue Führungselite anpasste. Sie erzählt, wie sich ein Teil des KGB, vor allem des Auslandsarms, im Tumult der sowjetischen Perestroika-Reformen insgeheim schon weit im Voraus auf einen Wandel einstellte. Putin scheint während seiner Zeit in Dresden ein Teil dieser Bewegung gewesen zu sein. Später, nach der deutschen Wiedervereinigung, verdächtigten ihn die Sicherheitsbehörden, an dem Sondereinsatz »Operation Lutsch« (»Operation Sonnenstrahl«), beteiligt gewesen zu sein, der seit mindestens 1988 Vorbereitungen auf einen möglichen Zusammenbruch des DDR-Regimes traf.[4] Das Ziel der Operation war, ein Netzwerk aus Agenten zu rekrutieren, die noch lange nach dem Zusammenbruch für die Russen tätig bleiben sollten.

\*

DRESDEN – Als Putin 1985 in Dresden eintraf, stand die DDR bereits kurz vor dem Abgrund. Das Land, dem der Staatsbankrott drohte, existierte nur noch, weil die BRD die Bürgschaft für einen Milliardenkredit übernommen hatte,[5] und die Proteste wurden immer lauter. Putin war bei seiner Ankunft zweiunddreißig Jahre alt und hatte anscheinend gerade eine Ausbildung am Rotbanner-Institut absolviert, der KGB-Eliteschule für Auslandsspione. In Dresden verrichtete er seine Arbeit in einer Jugendstilvilla mit eindrucksvollem Treppenaufgang und einem Balkon mit Blick auf hell gestrichene Häuser einer ruhigen Wohnhausstraße. Die Villa, die zwischen Laubbäumen und den gepflegten Einfamilienhäusern der Stasi-Elite aufragte, lag ganz in der Nähe der riesigen grauen Bezirksverwaltung der Staatssicherheit, wo Dutzende politischer Gefangener in fensterlosen Zellen einsaßen. Hans Modrow, der örtliche Vorsitzende der kommunistischen Regierungspartei SED, galt als Reformer, aber gegen Dissidenten griff er hart durch. Die allgegenwärtige Not, der durch die Planwirtschaft entstandene Mangel und die Brutalität der staatlichen Vollzugsbehörden hatten im gesamten Ostblock für einen Anstieg der Protestbereitschaft gesorgt. Daraufhin hatten die US-Geheimdienste ihre Chance gewittert und mit Unterstützung des Vatikans begonnen, heimlich Druck- und Kommunikationstechnik sowie Bargeld an die Solidarność-Bewegung in Polen zu liefern, wo der Widerstand gegen die Sowjets immer am stärksten gewesen war.

*

Wladimir Putin hatte schon seit Langem davon geträumt, für den Auslandsgeheimdienst zu arbeiten. Sein Vater war während des Zweiten Weltkriegs beim NKWD gewesen, der sowjetischen Geheimpolizei. Er hatte weit hinter der Feindeslinie versucht, deutsche Stellungen zu sabotieren, war nur knapp einer Gefangennahme entkommen und erlitt Verwundungen, an denen er fast gestorben wäre. Aufgrund der Heldentaten seines Vaters war Putin schon in jungen Jahren davon besessen, Deutsch zu lernen, und als Jugendlicher war sein Wunsch, zum KGB zu gehen, so groß, dass er sich schon vor dem Schulabschluss am

Leningrader Standort meldete und seine Dienste anbot. Dort bekam er allerdings zu hören, dass er zunächst ein Studium absolvieren oder beim Militär dienen müsse. Als er es mit Anfang dreißig endlich ans elitäre Rotbanner-Institut für Auslandsagenten geschafft hatte, schien die Flucht aus dem tristen Elend seiner frühen Jahre gesichert.

Putin hatte in seiner Kindheit Ratten durch das Treppenhaus seines Sozialwohnungskomplexes gejagt und war mit den anderen Kindern durch die Straßen gezogen. Er hatte gelernt, seine Vorliebe für Prügeleien in die meisterhafte Disziplin des Judo zu überführen, der Kampfsportart, bei der man den Gegner geschickt aus dem Gleichgewicht zu bringen versucht, indem man den Angriff mitgeht. Er hatte sich strikt an die Vorgaben des örtlichen KGB-Büros gehalten, was er studieren sollte, um sich für die Aufnahme in den Sicherheitsdienst zu qualifizieren, und hatte sich an der Leningrader Universität für Jura eingeschrieben. Nach dem Studienabschluss 1975 setzte ihn der Leningrader KGB eine Zeit lang in der Abteilung für Spionageabwehr ein, zunächst in verdeckter Mission. Doch als Putin schließlich seinen ersten offiziellen Posten im Ausland erhielt, in Dresden, kam ihm der Standort klein und unbedeutend vor, kein Vergleich zum glanzvollen Ostberlin, wo etwa tausend KGB-Mitglieder alles daran setzten, die »imperialistische Macht« des Feindes zu untergraben.[6]

Als Putin nach Dresden kam, waren dort nur sechs KGB-Agenten stationiert. Er teilte sich ein Büro mit einem älteren Kollegen, Wladimir Usolzew, der ihn »Wolodja« nannte, »kleiner Wladimir«, und brachte seine beiden kleinen Töchter jeden Morgen von dem unauffälligen Mietshaus, in dem er mit seiner Frau Ljudmila und den anderen KGB-Mitarbeitern lebte, in den deutschen Kindergarten. Es schien ein eintöniges und provinzielles Leben zu sein, fernab der abenteuerlichen Dramen in Ostberlin mit seiner direkten Grenze zum Westteil der Stadt. Putin trieb Mannschaftssport und hielt Smalltalk mit seinen Stasi-Kollegen, die die sowjetischen Gäste ihre »Freunde« nannten. Mit Oberstleutnant Horst Jehmlich, dem leutseligen Sonderberater des Dresdner Stasi-Chefs, der dafür zuständig war, diesem den Rücken freizuhalten, der jeden in der Stadt kannte und sichere Rückzugsorte und Geheimwohnungen für Agenten und Informanten sowie

Lebensmittel und andere Waren für die sowjetischen »Freunde« organisierte, unterhielt sich Putin über die deutsche Kultur und Sprache. »Er interessierte sich sehr für deutsche Redewendungen. Die wollte er unbedingt lernen«, erinnerte sich Jehmlich. Auf ihn machte Putin den Eindruck eines bescheidenen und umsichtigen Kameraden: »Er drängte sich nie in den Vordergrund. Er stand nie in der ersten Reihe«, sagte Jehmlich. Außerdem sei Putin ein pflichtbewusster Vater und Ehemann gewesen: »Er war immer sehr liebevoll.«[7]

Doch das Verhältnis zwischen den sowjetischen Agenten und ihren Stasi-Kollegen war gelegentlich angespannt, und Dresden war viel mehr als nur das ostdeutsche Nest, das es zu sein schien. Zum einen war die Stadt das Zentrum des Schmuggelimperiums, das lange Zeit die Wirtschaft der DDR am Leben hielt. Als Sitz von Robotron, des größten Elektronikherstellers Ostdeutschlands, der Großrechner, Privatcomputer und andere Geräte produzierte, spielte sie eine zentrale Rolle beim Kampf der Sowjets und der DDR, sich illegal Zugang zu Blaupausen und westlichen Hightechkomponenten zu verschaffen. Das machte Dresden zu einem entscheidenden Zahnrad in den erbitterten – und vergeblichen – Bemühungen des Ostblocks, militärisch mit der immer fortschrittlicheren Technik des Westens mitzuhalten. In den Siebzigern hatte Robotron erfolgreich den IBM-Computer des Westens geklont und enge Verbindungen zu Siemens aufgebaut.[8] »Ein Großteil des ostdeutschen Technologieschmuggels lief über Dresden ab«, erklärte Franz Sedelmayer, ein westdeutscher Sicherheitsberater, der später in Sankt Petersburg mit Putin zusammenarbeitete und in den Achtzigerjahren in das Familienunternehmen in München einstieg, das Verteidigungsgüter an die NATO und in den Nahen Osten lieferte.[9] »Dresden war das Zentrum dieses Schwarzhandels.«

Außerdem war die Stadt ein Zentrum der Kommerziellen Koordinierung, einer Abteilung des ostdeutschen Ministeriums für Außenhandel, die auf den Schmuggel von Embargotechnologien aus dem Westen spezialisiert war. »Sie exportierten Antiquitäten und importierten Hightech. Sie exportierten Waffen und importierten Hightech«, sagte Sedelmayer. »Dresden war für die Mikroelektronikindustrie immer wichtig«, meinte auch Horst Jehmlich.[10] Dazu habe auch die

Spionageeinheit unter der Leitung des legendären ostdeutschen Geheimdienstchefs Markus Wolf »viel beigetragen«, fügte er hinzu. Doch was genau dort geschah, darüber bewahrt er Stillschweigen.

Wie wichtig der Schmuggel von Embargoware für die Stadt war, zeigt die Tatsache, dass Herbert Köhler, der bei der Dresdner Stasi für die Auslandsaufklärung zuständig war, gleichzeitig auch Leiter der Informations- und Technologieabteilung war.[11] Seit Deutschland im Anschluss an den Zweiten Weltkrieg in West und Ost aufgespalten worden war, war ein Großteil des östlichen Blocks auf Schwarzmärkte und Schmuggelware angewiesen, um zu überleben. Die Kassen der Sowjetunion waren nach den Verheerungen des Krieges leer, und so entstand in Ostberlin, Zürich und Wien ein Abkommen zwischen dem organisierten Verbrechen und den sowjetischen Sicherheitsbehörden, das dazu diente, diese durch den verbotenen Handel mit Zigaretten, Alkohol, Diamanten und seltenen Metallen mit frischem Geld zu versorgen. Anfangs hatte der Schwarzmarkthandel als vorübergehende Notwendigkeit gegolten, den die kommunistischen Anführer auch vor sich selbst als Schlag gegen die Grundfesten des Kapitalismus rechtfertigten. Doch als sich der Westen 1950 gegen den sowjetisch kontrollierten Block verbündete und ein Embargo auf alle Hightechgüter erließ, die sich zu militärischen Zwecken nutzen ließen, wurde der Schmuggel zum Dauerzustand. Die freien Wahlmöglichkeiten im Kapitalismus und das Gewinnstreben des Westens lösten einen Boom in der technischen Entwicklung dort aus. Im Vergleich dazu hinkte die sozialistische Planwirtschaft weit hinterher. Ihre Betriebe strebten nur die Erfüllung der jährlichen Produktionsvorgaben an, und die Arbeiter und Wissenschaftler beschafften sich selbst die alltäglichsten Gebrauchsgegenstände über inoffizielle Verbindungen auf dem grauen Markt. Für den hinter dem Eisernen Vorhang isolierten Ostblock war der Schmuggel die einzige Möglichkeit, mit der schnellen technologischen Entwicklung des kapitalistischen Westens mitzuhalten.[12]

Daraufhin richtete das ostdeutsche Außenhandelsministerium die erwähnte Kommerzielle Koordinierung ein und übertrug deren Leitung dem redseligen Alexander Schalck-Golodkowski. Der Auftrag der »KoKo« bestand darin, durch illegale Geschäfte harte Devisen zu erwirtschaften, damit die Stasi vom Embargo betroffene Technologien erwerben konnte. Die KoKo war anfangs dem Auslandsgeheimdienst von Markus Wolf unterstellt, wurde später aber unabhängig.[13] Es entstanden eine Reihe von Tarnfirmen in Westdeutschland, Österreich, der Schweiz und Liechtenstein, mit verlässlichen Agenten an der Spitze, von denen manche über mehrere Identitäten verfügten und die durch Schmuggelgeschäfte und illegale Waffenverkäufe in den Nahen Osten und nach Afrika die dringend benötigten Devisen ins Land holten.[14] Der große Bruder im Osten behielt diese Aktivitäten die ganze Zeit über genau im Blick. Der KGB hatte Zugang zu allen vom Embargo betroffenen Konstruktionsplänen und Gütern, die die Stasi in ihren Besitz brachte.[15] Oft beschwerten sich die Deutschen, dass der Informationsfluss eine Einbahnstraße sei.

Als Putin in Dresden eintraf, entwickelte sich Westdeutschland gerade zunehmend zu einem Herstellungsland von Hightechprodukten. Der KGB litt immer noch unter einem schweren Schlag, den er Anfang der Achtzigerjahre erlebt hatte, als Wladimir Wetrow, ein Mitarbeiter der »Direktion T«, die auf die Beschaffung wissenschaftlicher und technologischer Erkenntnisse aus dem Westen spezialisiert war, in eben diesen übergelaufen war. Wetrow hatte die Namen aller zweihundertfünfzig KGB-Mitarbeiter in Botschaften auf der ganzen Welt verraten, die am Technologieschmuggel der »Gruppe X« beteiligt waren, und dem Westen Tausende von Dokumenten mit Informationen über die sowjetische Industriespionage ausgehändigt. In der Folge wurden siebenundvierzig Agenten aus Frankreich ausgewiesen, während die USA ein umfassendes Programm ins Leben riefen, um die illegalen Beschaffungsnetzwerke der Sowjets zu sabotieren.

Der KGB verstärkte seine Bemühungen in Deutschland und rekrutierte unter anderem Agenten in Unternehmen wie Siemens, Bayer, Messerschmidt und Thyssen.[16] Putin war eindeutig in die Vorgänge verwickelt, er erstellte Listen mit Forschern und Unternehmern, die beim Schmuggel westlicher Technologien in den Ostblock behilflich sein konnten. Robotrons Position als größter Elektronikhersteller der DDR zog viele Geschäftsleute aus dem Westen an. »Ich weiß, dass Putin und sein Team mit dem Westen zusammenarbeiten, sie verfügten dort über Kontakte. Aber die meisten Agenten rekrutierten sie hier«, sagte Putins Stasi-Kollege Jehmlich. »Sie nahmen Kontakt zu Studenten auf, lange bevor diese in den Westen gingen. Sie versuchten, die richtigen auszusieben und zu ermitteln, in welcher Weise sie für sie interessant sein könnten.«[17]

Jehmlich war freilich nur in einen Bruchteil der Aktivitäten seiner KGB-»Freunde« eingeweiht, agierten diese doch oft hinter dem Rücken ihrer Stasi-Genossen, wenn sie Agenten anwarben, zum Teil auch innerhalb der Stasi selbst. So gab Jehmlich etwa an, nie gehört zu haben, dass Putin bei heiklen Missionen einen Decknamen nutzte. Doch viele Jahre später erzählte Putin einigen Schülern, dass er bei seinen Einsätzen für den Auslandsgeheimdienst damals »mehrere falsche Identitäten« gehabt habe.[18] Ein Bekannter aus jenen Tagen sagte, dass Putin sich »Platow« genannt habe – den Namen hatte er schon in der KGB-Ausbildung erhalten.[19] Bei anderen Gelegenheiten trat er angeblich unter dem Pseudonym »Adamow« auf, das er im Rahmen seiner Tätigkeit als Leiter des Hauses der Deutsch-Sowjetischen Freundschaft in Leipzig angenommen hatte.[20]

Zu den Stasi-Leuten, mit denen Putin eng zusammenarbeitete, gehörte ein kleiner Deutscher mit rundem Gesicht, Matthias Warnig, der später eine wichtige Rolle im Putin-Regime übernehmen sollte. Warnig war Teil einer KGB-Zelle in Dresden, die Putin »unter dem Deckmantel einer Unternehmensberatung« gegründet hatte, wie ein ehemaliger, von Putin rekrutierter Stasi-Mitarbeiter später sagte.[21] In jener Zeit galt Warnig als Held, der in den Achtzigerjahren mindestens zwanzig Agenten angeworben haben soll, um dem Westen militärisch relevante Kenntnisse aus dem Luft- und Raumfahrtsektor zu entlocken.[22] Er hatte seit seiner eigenen Rekrutierung 1974 einen rasanten Aufstieg bei der Stasi hingelegt und war 1989 Leiter seiner Abteilung innerhalb des Sektors Wissenschaft und Technik.[23]

Putin verbrachte die Abende gern in der kleinen, schummrigen Kneipe »Am Tor« in der Dresdner Altstadt, nur wenige Straßenbahnhaltestellen vom KGB-Gebäude entfernt, wo er sich auch mit einigen seiner Informanten traf, wie jemand, der damals mit ihm zusammenarbeitete, erzählte.[24] Eines der wichtigsten Jagdreviere, was

Informationen anging, war das Bellevue am Ufer der Elbe. Als einziges Hotel der Stadt, das Ausländern offenstand, war es ein zentraler Ort, um auf Besuch weilende Wissenschaftler und Geschäftsleute aus dem Westen anzuwerben. Das Hotel gehörte der Tourismusabteilung der Stasi, und die prunkvollen Restaurants, gemütlichen Bars und eleganten Schlafzimmer waren mit versteckten Kameras und Wanzen ausgestattet. Die Geschäftsleute wurden von Prostituierten verführt, beim Fremdgehen gefilmt und dann dazu genötigt, mit dem Osten zusammenzuarbeiten.[25] »Natürlich war mir klar, dass wir zu diesen Zwecken Agentinnen einsetzten. Das macht jeder Geheimdienst. Manchmal können Frauen einfach weitaus mehr erreichen als Männer«, lachte Jehmlich.[26]

Wir werden womöglich nie erfahren, ob Putin bei seiner Jagd auch weiter in den Westen vordrang. Den veröffentlichten Berichten seiner damaligen KGB-Genossen ist nicht zu trauen. Er selbst beharrt darauf, dass es nicht so war, und seine Kollegen erzählen lieber von den langen, ereignisarmen »touristischen« Reisen in benachbarte ostdeutsche Städte. Doch zu Putins Hauptaufgaben gehörte es, Informationen über die NATO zusammenzutragen, den »Hauptfeind«[27], und Dresden war ein wichtiger Standort für die Rekrutierung von Quellen in München und Baden-Württemberg, wo in fünfhundert Kilometern Entfernung US-Militär und NATO-Truppen stationiert waren.[28] Viele Jahre später erzählte mir ein Bankier aus dem Westen die Geschichte seiner Tante Tatjana von Metternich, einer russischen Prinzessin, die in die deutsche Aristokratie eingeheiratet hatte und in der Nähe von Wiesbaden, wo sich die wichtigste Basis der US Army befand, in einem Schloss wohnte. Sie hatte ihrem Neffen berichtet, wie beeindruckt sie von einem jungen KGB-Mitarbeiter gewesen sei, Wladimir Putin, der sie zu Hause besucht habe und regelmäßig zur Beichte ging, trotz seines KGB-Hintergrunds.[29]

Während Putin sich im Hintergrund hielt, geriet der Boden unter seinen Füßen ins Wanken. Teile der KGB-Führung erkannten immer deutlicher, dass der Sowjetunion im Kampf gegen den Westen die Kraft ausging, und begannen still und heimlich, sich auf eine neue Zeit vorzubereiten. Die sowjetischen Kassen waren leer, und im Tauziehen um westliche Technologien war der Ostblock trotz der intensiven Bemühungen des KGB und der Stasi stets im Hintertreffen – der Abstand wurde immer größer. Zu einer Zeit, in der der US-Präsident Ronald Reagan eine neue Rüstungsinitiative angekündigt hatte, das sogenannte »Star Wars«-System, das die Vereinigten Staaten gegen Angriffe durch Atomraketen schützen sollte, verstärkte die Sowjetunion ihre Anstrengungen, sich Zugang zu westlichen Technologien zu verschaffen, nur um noch klarer vor Augen geführt zu bekommen, wie sehr man mittlerweile hinterherhinkte.

Einige progressive KGB-Mitglieder arbeiteten schon seit Anfang der Achtzigerjahre an einer Art Transformation. Sie beschäftigten sich hinter den Mauern des Moskauer Instituts für Weltwirtschaft damit, wie sich gewisse Elemente der Marktwirtschaft in die sowjetische Wirtschaft integrieren ließen, um Wettbewerb zu schaffen, ohne die Kontrolle aus der Hand zu geben. Als Michail Gorbatschow 1985 das Amt des Generalsekretärs des Zentralkomitees der Kommunistischen Partei übernahm, erhielten diese Ideen neuen Auftrieb. Er brachte unter den Schlagwörtern »Glasnost« und »Perestroika« Reformen auf den Weg, die darauf abzielten, die Kontrolle des Staates über das politische und wirtschaftliche System schrittweise zurückzufahren. Überall im Ostblock gab es Proteste gegen die Unterdrückung durch die kommunistischen Regierungen, und Gorbatschow drängte seine Kollegen des Warschauer Paktes dazu, ähnliche Reformen umzusetzen, da dies ihre einzige Chance sei, die Welle der Ablehnung und des Widerstandes zu überstehen. Eine kleine Gruppe progressiver KGB-Agenten erkannte jedoch, dass es trotzdem zu einem Kollaps kommen könnte, und traf entsprechende Vorbereitungen.

Als hätte er die Zeichen der Zeit gelesen, beendete Markus Wolf, der von der Stasi verehrte Chefspion, 1986 seine Herrschaft über den gefürchteten DDR-Auslandsgeheimdienst, die Hauptverwaltung Aufklärung (HVA), in der er mehr als dreißig Jahre lang skrupellos sein Amt ausgeführt hatte. Wolf war dafür bekannt gewesen, menschliche Schwächen unbarmherzig auszunutzen, um Agenten zu erpressen und sie zur Zusammenarbeit zu nötigen. Unter seiner Leitung hatte die HVA Kontakte bis tief in die westdeutsche Regierung hinein geknüpft und eine Vielzahl von Leuten, von denen man glaubte, sie arbeiteten für die CIA, auf ihre Seite gezogen. Doch nun gab er all das plötzlich aus irgendwelchen Gründen auf.

Offiziell wollte er seinem Bruder Konrad dabei helfen, seine Memoiren über die gemeinsame Kindheit in Moskau zu schreiben. Doch hinter den Kulissen bereitete auch er sich auf den Umbruch vor. Er arbeitete nun eng mit der progressiven Perestroika-Fraktion im KGB zusammen und hielt geheime Treffen in seiner Luxuswohnung in Berlin ab, bei denen über eine schrittweise Liberalisierung des politischen Systems gesprochen wurde.[30] Die Pläne, die dort zur Diskussion standen, ähnelten den Glasnost-Reformen, die Gorbatschow in Moskau in die Wege geleitet hatte, wo nun immer mehr politische Bewegungen zugelassen und die Einschränkungen der Medien gelockert wurden. Doch obwohl es vordergründig um Demokratie und Reformen ging, sollten die Sicherheitsbehörden hinter den Kulissen weiterhin die Kontrolle behalten. Später stellte sich heraus, dass Wolf insgeheim die ganze Zeit über weiter Geld von der Stasi bezog.[31]

Mitte der Achtzigerjahre leitete der KGB, der sich der Gefahr eines Zusammenbruchs des Kommunismus immer bewusster wurde, still und heimlich die »Operation Lutsch« ein, um sich auf einen möglichen bevorstehenden Systemwechsel vorzubereiten. Wolf war darüber vollständig informiert, anders als sein Nachfolger an der Spitze der HVA.[32] Im August 1988 entsandte der KGB einen hochrangigen Mitarbeiter, Boris Laptow, in die eindrucksvolle sowjetische Botschaft in Ostberlin, um die Entwicklungen dort im Auge zu behalten.[33] Offiziell bestand Laptows Auftrag darin, parallel zur formalen KGB-Vertretung eine Gruppe zusammenzustellen, deren Auftrag darin bestand, sich in die ostdeutsche Oppositionsgruppen einzuschleusen. »Wir sollten Informationen über die Oppositionsbewegung sammeln, wir sollten aber auch die ganze Entwicklung bremsen und eine deutsche Wiedervereinigung hinauszögern«, sagte er später.[34] Doch als die antikommunistischen Proteste zunahmen und die Zwecklosigkeit von Laptows Vorhabens immer deutlicher wurde, verkehrte sich sein Auftrag plötzlich fast ins Gegenteil: Jetzt sollte sich die Gruppe darauf konzentrieren, ein neues Netzwerk von DDR-Politikern aus der zweiten und dritten Reihe zu rekrutieren. Es ging um Agenten, die selbst in einem wiedervereinigten Deutschland weiter undercover für die Sowjets arbeiten könnten, weil sie nicht den Makel einer Führungsrolle vor dem Zusammenbruch trugen.[35]

Es gibt Hinweise darauf, dass Putin dabei eine Rolle spielte. Er war in jener Zeit Parteisekretär,[36] und dieses Amt dürfte ihn regelmäßig mit dem Dresdner SED-Chef Hans Modrow in Kontakt gebracht haben. Der KGB scheint gehofft zu haben, Modrow als potenziellen Nachfolger des langjährigen DDR-Staatschefs Erich Honecker in Position bringen zu können, offenbar sogar in dem Glauben, er könnte das Land mithilfe gemäßigter, Perestroika-ähnlicher Reformen regieren.[37] Wladimir Krjutschkow, der Chef der KGB-Auslandsabteilung, stattete Modrow 1986 in Dresden einen Besuch ab.[38]

Doch Honecker weigerte sich bis zum bitteren Ende abzutreten, was den KGB dazu zwang, deutlich tiefer zu graben bei der Suche nach Agenten, die nach dem Kollaps des Ostblocks für ihn tätig bleiben könnten. Krjutschkow beharrte stets darauf, Putin in dieser Zeit nie getroffen zu haben, und bestritt – ebenso wie Markus Wolf –, dass Putin in irgendeiner Weise an der Operation Lutsch beteiligt gewesen war.[39] Doch das westdeutsche Bundesamt für Verfassungsschutz ging vom Gegenteil aus. Es vernahm Horst Jehmlich später stundenlang zu Putins Treiben. Jehmlich vermutete, dass Putin ihn hintergangen hatte: »Sie versuchten, Leute aus der zweiten und der dritten Reihe unserer Organisation anzuwerben. Sie stießen in alle staatlichen Organe vor, kontaktierten aber keinen einzigen Leiter oder General. All das geschah hinter unserem Rücken.«[40]

Auch in anderen Teilen der Stasi fing man an, heimlich Vorbereitungen zu treffen. 1986 erließ der Stasi-Chef Erich Mielke die Weisung, dass eine Eliteeinheit, die »Offiziere im besonderen Einsatz«, auch dann im Amt bleiben sollte, wenn die Regierungszeit der SED ein plötzliches Ende fände.[41] Die wichtigste Phase zur Zukunftssicherung begann, als die Stasi anfing, Geld über ein Netzwerk von Firmen in den Westen zu schmuggeln, um dort geheime Vermögen anzuhäufen, sodass die Tätigkeiten nach dem Zusammenbruch fortgeführt werden könnten. Ein hochrangiger deutscher Beamter schätzte, dass ab 1986 mehrere Milliarden Westmark über ein Netz aus Tarnfirmen aus der DDR geschleust wurden.[42]

Putins Dresden war ein Dreh- und Angelpunkt dieser Vorbereitungen. Herbert Köhler, der Chef der Dresdner HVA, war eng in die Gründung einiger solcher Tarnfirmen, der sogenannten »operativen Firmen«, involviert, die ihre Verbindungen zur Stasi verbergen und Schwarzgeld sammeln sollten, um das Überleben des Stasi-Netzwerks nach dem Kollaps zu ermöglichen.[43] Köhler arbeitete eng mit einem österreichischen Geschäftsmann namens Martin Schlaff zusammen, der Anfang der Achtzigerjahre von der Stasi angeworben worden war. Schlaff war dafür zuständig, vom Embargo betroffene Materialien für eine Festplattenfabrik in Thüringen zu beschaffen. Zwischen Ende 1986 und Ende 1988 erhielten seine Firmen für das streng geheime Projekt mehr als 130 Millionen Mark von der DDR-Regierung – das Projekt war eines der teuersten, das die Stasi je durchführte. Doch die Anlage wurde nie fertiggebaut. Viele der Bauteile trafen nie ein,[44] und Hunderte Millionen Mark, die für die Fabrik vorgesehen waren oder aus anderen illegalen Vereinbarungen stammten, versickerten in Schlaffs Tarnfirmen in Liechtenstein, der Schweiz und Singapur.[45]

Diese Transaktionen spielten sich zu einer Zeit ab, in der Putin der Hauptverbindungsmann zwischen dem KGB und der Dresdner Stasi, vor allem Köhlers HVA, war.[46] Es ist unklar, ob er daran beteiligt war. Doch viele Jahre später trat Schlaffs Verbindung zu Putin zutage, als der österreichische Geschäftsmann im Zusammenhang mit einem Netzwerk von europäischen Firmen auftauchte, die eine zentrale Rolle bei Einflussoperationen von Putins Regime spielten.[47] Schon in den Achtzigerjahren war Schlaff mindestens einmal nach Moskau gereist, um dort Gespräche mit sowjetischen Außenhandelsunternehmen zu führen.[48]

Was genau Putin während seiner Jahre in Dresden tat, ist bis heute größtenteils ungeklärt, zum Teil weil der KGB beim rechtzeitigen Vernichten und Abtransportieren von Dokumenten deutlich effektiver war als die Stasi. »Bei den Russen haben wir Probleme«, sagte Sven Scharl, der die Stasi-Archive in Dresden erforschte.[49] »Sie haben fast alles vernichtet.« Von den Unterlagen der Stasi über Putins Aktivitäten

dort sind nur noch Fragmente erhalten. Seine Akte ist dünn und ab-
gegriffen. In ihr befindet sich die Anordnung des Stasi-Chefs Erich
Mielke vom 8. Februar 1988, Major Wladimir Wladimirowitsch Putin mit der »Verdienstmedaille der Nationalen Volksarmee« in Bronze
auszuzeichnen, Briefe des Dresdner Stasi-Chefs Horst Böhm, der dem
Genossen Putin zum Geburtstag gratuliert, ein Sitzplan für ein Essen
anlässlich des einundsiebzigsten Geburtstags der Tscheka, wie die
sowjetische Geheimpolizei ursprünglich hieß, am 24. Januar 1989 und
ein Foto eines Besuchs von mehr als vierzig Stasi-, KGB- und Mili-
tärvertretern im Museum der ersten Gardepanzerarmee. (Putin lugt
fast unerkennbar aus der grauen Menge hervor.) Außerdem enthält
die Akte die erst kürzlich entdeckten Fotos eines flegelhaft und gelang-
weilt wirkenden Putin in einem hellgrauen Sakko und hellen Wild-
lederschuhen, der mit Blumen und einem Glas in der Hand an einer
Zeremonie der Stasi-Führungsriege teilnimmt.

Der einzige Hinweis auf einen operativen Einsatz Putins findet sich
in einem Brief an Böhm, in dem er den Dresdner Stasi-Chef bittet,
ihm bei der Wiederherstellung eines Telefonanschlusses für einen Informanten bei der Polizei behilflich zu sein, der »uns unterstützt«. Der
Brief enthält kaum Details, doch die Tatsache, dass Putin sich direkt
an Böhm wandte, deutet auf seine gehobene Position hin.[50] Tatsächlich bestätigte Jehmlich später, dass der KGB-Standortleiter Wladimir
Schirokow Putin zum Hauptverbindungsmann des KGB zur Stasi gemacht hatte. Unter den jüngsten Funden befand sich noch ein weiteres
verräterisches Dokument: Putins Stasi-Ausweis, der ihm wohl Zutritt
zu den Stasi-Gebäuden gewährte und es ihm erleichterte, Agenten zu
rekrutieren, da er so nicht jedes Mal seine Zugehörigkeit zum KGB
offenlegen musste.

Viele Jahre später, als Putin Präsident wurde, legten Markus Wolf
und Putins ehemalige KGB-Kollegen großen Wert darauf zu betonen,
dass er während seiner Zeit in Dresden ein Niemand gewesen sei. Putin sei ziemlich unbedeutend gewesen, sagte Wolf einst zu einem deutschen Magazin, und selbst Putzfrauen hätten die gleiche Verdienstmedaille bekommen wie er.[51] Dem KGB-Kollegen, mit dem Putin sich
nach seiner Ankunft in Dresden ein Büro teilte, Wladimir Usolzew,

wurde aus unbekannten Gründen erlaubt, ein Buch über diese Zeit zu schreiben, in dem er bewusst die Alltäglichkeit der Arbeit betonte, ohne auch nur ein Detail über das operative Geschäft zu verraten. Obwohl er zugab, dass Putin und er mit »Illegalen« gearbeitet hätten, wie die verdeckten Agenten genannt wurden, hätten sie doch siebzig Prozent ihrer Zeit damit verbracht, »sinnlose Berichte« zu schreiben.[52] Putin, behauptete Usolzew, habe in den gesamten fünf Jahren in Dresden nur zwei Agenten anwerben können und irgendwann aufgeben müssen, weil er erkannte, dass es reine Zeitverschwendung war. Die Stadt sei so provinziell gewesen, dass »allein unsere Stationierung dort klarmachte, dass uns keine Zukunft bevorstand«, schrieb Usolzew.[53] Putin selbst behauptete, er habe in Dresden so viel Zeit mit Biertrinken verbracht, dass er zwölf Kilo zulegte.[54] Die Fotos aus der Zeit lassen allerdings keine derartige Gewichtszunahme erkennen. Das russische Staatsfernsehen verkündete später, Putin sei nie in irgendwelche illegalen Aktivitäten involviert gewesen.

Ein Bericht aus erster Hand legt jedoch nahe, dass das Herunterspielen von Putins Tätigkeit in Dresden nur der Tarnung einer anderen Mission galt – einer, die jenseits des gesetzlich Erlaubten angesiedelt war. Laut dieser Quelle war Putin gerade deshalb in Dresden stationiert, weil die Stadt in der Provinz lag, fernab der neugierigen Augen Ostberlins, wo die Franzosen, Amerikaner und Westdeutschen alles genau im Blick hatten. Ein ehemaliges Mitglied der linksradikalen Rote Armee Fraktion (RAF), das angab, Putin in Dresden getroffen zu haben, behauptete, er habe Mitglieder der Gruppe, die in den Siebziger- und Achtzigerjahren in ganz Westdeutschland Angst und Schrecken verbreitete, unterstützt: »In Dresden gab es nichts, absolut nichts, außer die radikalen Linken. Niemand schaute auf Dresden, weder die Amerikaner noch die Westdeutschen. Dort gab es einfach nichts. Nur eines: die Treffen mit den Genossen.«[55]

\*

Im Systemkampf zwischen Ost und West hatten die sowjetischen Sicherheitsbehörden lange das angewandt, was sie als »aktive Maßnahmen« bezeichneten, um den Gegner zu erschüttern und zu destabilisieren. Seit den Sechzigerjahren, als die Sowjetunion erkannt hatte, dass sie sich zwar im Kalten Krieg befand, in der technischen Entwicklung aber zu weit zurücklag, um eine militärische Auseinandersetzung zu gewinnen, hatte sie sich auf Desinformationskampagnen verlegt, auf die mediale Verbreitung falscher Tatsachen, um die westlichen Regierungen zu diskreditieren, auf Anschläge auf politische Gegner und auf die Unterstützung von Frontorganisationen, die kriegerische Auseinandersetzungen in der Dritten Welt schürten und im Westen für Zweifel und Unfrieden sorgten. Zu diesen Maßnahmen zählte auch die Kooperation mit terroristischen Organisationen. Im Nahen Osten war der KGB Allianzen mit zahlreichen marxistisch orientierten Terrorgruppen eingegangen, von denen die bekannteste die PFLP war, die Volksfront zur Befreiung Palästinas, die sich von der Palästinensischen Befreiungsorganisation PLO abgespalten und Ende der Sechziger- und in den Siebzigerjahren eine Reihe von Flugzeugentführungen und Bombenanschlägen durchgeführt hatte. Streng geheime Unterlagen aus den Archiven des sowjetischen Politbüros zeigen, wie tief einige dieser Verbindungen reichten. Sie belegen, dass der damalige KGB-Chef Juri Andropow dreimal die Bitte des PFLP-Anführers Wadi Haddad um sowjetische Waffen erfüllte und ihn als einen »vertrauenswürdigen Partner« des KGB bezeichnete.[56]

In Ostdeutschland forderte der KGB die Stasi aktiv dazu auf, ihn bei seinen »politischen Aktivitäten« in der Dritten Welt zu unterstützen.[57] Genau genommen war die Beihilfe zu internationalem Terrorismus irgendwann eine der wichtigsten Aufgaben, die die Stasi für den KGB erfüllte.[58] 1969 betrieb die Stasi ein geheimes Ausbildungslager für die Mitglieder von Jassir Arafats PLO vor den Türen Ostberlins.[59] Markus Wolfs Auslandsgeheimdienst arbeitete intensiv mit terroristischen Gruppierungen in der gesamten arabischen Welt zusammen, unter anderem mit dem berüchtigten PFLP-Aktivisten Ilich Ramírez Sánchez, auch bekannt als »Carlos, der Schakal«.[60] Die militärischen Ausbilder der Stasi bauten eine ganze Reihe terroristischer Ausbildungslager im Nahen Osten auf.[61] Und als ein Mitarbeiter der Stasi-Spionageabwehr 1986 voller Entsetzen über das Chaos, das sich nun auch auf deutschem Boden ausbreitete, versuchte, die Anschlagspläne einer Gruppe Libyer in Westberlin zu durchkreuzen, wies ihn der Stasi-Chef Erich Mielke an, sich herauszuhalten. »Amerika ist der Erzfeind«, sagte Mielke zu ihm. »Wir sollten uns darauf konzentrieren, amerikanische Spione aufzuspüren, und unsere libyschen Freunde in Ruhe lassen.«[62] Einige Wochen später explodierte eine Bombe in der bei amerikanischen Soldaten beliebten Westberliner Diskothek La Belle, was zu drei toten Soldaten, einem toten Zivilisten und Hunderten weiterer Verletzten führte. Später kam heraus, dass der KGB von den Aktivitäten der Attentäter gewusst hatte und genau darüber informiert war, wie sie die Waffen in die Stadt geschmuggelt hatten.[63] Im Kampf gegen die amerikanischen »Imperialisten« waren anscheinend alle Methoden erlaubt.

Oleg Kalugin, ein ehemaliger KGB-General, der zu den US-Amerikanern überlief, nannte diese Aktionen später »das Herz und die Seele des sowjetischen Geheimdienstes«.[64] Der ehemalige Chef des rumänischen Geheimdienstes, Ion Mihai Pacepa, der ranghöchste Geheimdienstmitarbeiter des Ostblocks, der die Seiten wechselte, äußerte sich als Erster offen über die Zusammenarbeit des KGB mit terroristischen Vereinigungen. Pacepa schrieb, dass der ehemalige Chef der KGB-Auslandsabteilung, General Alexander Sacharowski, ihm oft erzählt habe: »In der heutigen Welt, in der die militärische Macht aufgrund der Atomwaffen keine Rolle mehr spielt, sollte der Terrorismus unser wichtigstes Instrument sein.«[65] Pacepa sagte auch aus, dass der KGB-Chef Juri Andropow den Plan verfolgt habe, in der arabischen Welt antiisraelische und antiamerikanische Tendenzen zu schüren. Gleichzeitig habe man auf Inlandsterrorismus im Westen gesetzt.[66]

Seit die Rote Armee Fraktion – zu Beginn auch unter dem Namen »Baader-Meinhof-Gruppe« bekannt, nach ihren Mitbegründern Andreas Baader und Ulrike Meinhof – Anfang der Siebzigerjahre eine Reihe von Bombenanschlägen, Attentaten, Entführungen und Banküberfällen verübt hatte, befand sich Westdeutschland durchgehend in Alarmbereitschaft. Die Terroristen hatten prominente westdeutsche Geschäftsleute und Bankiers umgebracht, darunter 1977 den Chef der Dresdner Bank, und Sprengladungen in US-Militärbasen gezündet, was Dutzende tote und verletzte Soldaten zur Folge gehabt hatte – alles mit dem Ziel, den »Imperialismus und Monopolkapitalismus« in der Bundesrepublik zu stürzen. Doch als der Polizei ab Ende der Siebzigerjahre eine Reihe von Verhaftungen gelang, bot die Stasi den Mitgliedern der Gruppe einen Unterschlupf im Osten an.[67] »Sie nahmen nicht nur einen, sondern zehn von ihnen auf. Die wohnten dann in unauffälligen Gebäuden irgendwo in Dresden, Leipzig und Ostberlin«, sagte der deutsche Sicherheitsberater Franz Sedelmayer.[68] Die Stasi stattete sie mit falschen Identitäten aus und betrieb Ausbildungslager.[69] Vier Jahre lang, von 1983 bis 1987, lebte eine von ihnen, Inge Viett, unter einem falschen Namen in einem Dresdner Vorort, bis eine ihrer Nachbarinnen nach Westberlin reiste und ihr Gesicht auf einem Fahndungsplakat entdeckte. Viett, deren Spitzname »RAF-Oma« lautete, zählte zu den meistgesuchten Terroristinnen der Bundesrepublik und war mutmaßlich am Mordanschlag auf den NATO-General Frederick Kroesen, den Kommandanten der US-Streitkräfte in Europa, beteiligt gewesen.[70]

Nach dem Fall der Mauer gingen die westdeutschen Behörden anfangs davon aus, dass die Stasi den RAF-Mitgliedern nur ein Versteck und falsche Identitäten bereitgestellt hätte. Doch als die Staatsanwaltschaft die Sache eingehender untersuchte, fand sie Hinweise auf eine deutlich intensivere Zusammenarbeit. Die Ermittlungen führten zur Verhaftung und Anklage fünf ehemaliger Mitglieder der Stasi-Spionageabwehr wegen Beihilfe zum Bombenanschlag auf die US-Basis in Ramstein 1981 und zum Mordversuch an General Kroesen.[71] Auch gegen Stasi-Chef Erich Mielke gab es eine entsprechende Anklage. Ein ehemaliges RAF-Mitglied sagte damals aus, die Organisation sei regelmäßig von der Stasi dazu eingesetzt worden, Terroristen in der arabischen Welt Waffen zukommen zu lassen.[72] Ein weiteres ehemaliges Mitglied berichtete, in den Achtzigerjahren als Kontaktperson des berüchtigten Carlos, genannt der Schakal, gedient zu haben,[73] der eine Zeit lang unter dem Schutz der Stasi in Ostberlin lebte und es sich in den luxuriösesten Hotels und Casinos der Stadt gut gehen ließ.[74] Inge Viett gestand später, vor dem Anschlag auf General Kroesen 1981 ein Ausbildungslager in Ostdeutschland absolviert zu haben.[75]

Doch inmitten der Wirren der deutschen Wiedervereinigung fehlte der politische Wille, die Untaten der DDR aufzuklären und die Stasi-Männer vor Gericht zu stellen. Der Vorwurf einer Zusammenarbeit mit der Roten Armee Fraktion galt nach fünf Jahren als verjährt, und so wurden die Anklagen gegen die Männer fallengelassen.[76] Die Erinnerung an ihre Vergehen verblasste, und die Verbindungen des KGB zur RAF wurden nicht einmal untersucht. Dabei hatten die Sowjets die Aktivitäten der Stasi genau überwacht, mit Verbindungsoffizieren auf allen Ebenen. Ganz oben war der Klammergriff des KGB so ausgeprägt, dass laut einem ehemaligen RAF-Mitglied galt: »Mielke konnte nicht einmal furzen, ohne zuerst in Moskau um Erlaubnis zu fragen.«[77] »Ohne Absprache mit den Sowjets konnte die DDR gar nichts tun«, meinte auch ein Überläufer aus der Stasi-Führungsebene.[78]

Das war das Umfeld, in dem Putin tätig war – und die Geschichte, die das ehemalige RAF-Mitglied über Dresden erzählt, passt gut dazu. Ihm zufolge entwickelte sich die Stadt in den Jahren, die Putin dort verbrachte, zu einem Treffpunkt der Rote Armee Fraktion.

Dresden sei ausgewählt worden, gerade weil »dort sonst niemand war«, wie dieses ehemalige RAF-Mitglied sagte.[79] »In Berlin waren die Amerikaner, die Franzosen und die Briten, einfach alle. Für unsere Zwecke brauchten wir die Provinz, nicht die Hauptstadt.« Ein weiterer Grund, weshalb die Treffen hier stattfanden, war, dass Markus Wolf und Erich Mielke nicht mit diesen Aktivitäten in Verbindung gebracht werden wollten: »Wolf war sehr darauf bedacht, sich herauszuhalten. Das Allerletzte, was Männer wie Wolf oder Mielke wollten, war, bei der Unterstützung einer terroristischen Organisation erwischt zu werden. (…) Wir trafen uns rund ein halbes Dutzend Mal dort [in Dresden].« Die RAF-Mitglieder kamen per Zug in die DDR, wurden am Bahnhof von Stasi-Agenten in sowjetischen ZIL-Limousinen abgeholt und zu einem Haus in Dresden gefahren, wo Putin und ein weiterer KGB-Kollege dazustießen. »Wir erhielten nie direkte Anweisungen. Es hieß immer nur: ›Wir haben gehört, dass ihr dieses und jenes plant – wie wollt ihr es anstellen?‹ Dann machten sie Vorschläge. Sie empfahlen uns alternative Ziele und fragten, was wir brauchten. Wir brauchten immer Waffen und Geld.« Für die RAF war es schwierig, in Westdeutschland an Waffen zu kommen, also überreichten sie Putin und seinen Kollegen eine Liste. Irgendwie landete diese Liste dann bei einem Agenten im Westen, und die angeforderten Waffen wurden an einem geheimen Ort hinterlegt, wo die RAF-Mitglieder sie abholen konnten.

Entgegen den Aussagen, dass Putin in Dresden nur eine untergeordnete Rolle gespielt habe, behauptete das ehemalige RAF-Mitglied, er sei bei diesen Treffen als einer der Anführer aufgetreten, und ein Stasi-General habe seinen Befehlen gehorcht.

Als die Rote Armee Fraktion die Bundesrepublik mit einer Reihe hinterhältiger Bombenanschläge in Angst und Schrecken versetzte, seien ihre Aktivitäten zu einem Kernelement der KGB-Strategie geworden, den Westen zu erschüttern und zu destabilisieren, behauptet das einstige Mitglied der Terrorvereinigung. Und als dann das Ende der sowjetischen Macht und der DDR abzusehen war, wurden sie möglicherweise eingesetzt, um KGB-Interessen zu schützen.

Ein Anschlag, auf den das zutreffen könnte, erfolgte nur wenige Wochen nach dem Fall der Berliner Mauer. Am 30. November 1989 machte sich Alfred Herrhausen, der Vorstandssprecher der Deutschen Bank, morgens um halb neun wie jeden Tag von seinem Haus in Bad Homburg aus auf den Weg zur Arbeit nach Frankfurt. Der erste Wagen des Dreierkonvois war bereits unterwegs, doch als das Auto, in dem Herrhausen saß, rasch hinterherfuhr, durchbrach eine mit sieben Kilogramm Sprengstoff gefüllte Bombe die Panzerung der Limousine. Wenige Minuten später war Herrhausen tot. Der Zünder, der die Explosion ausgelöst hatte, war aktiviert worden, als der Wagen durch eine Infrarotlichtschranke gefahren war, die quer über die Straße verlief.[80] Der Anschlag war mit militärischer Präzision ausgeführt worden, und die dafür verwendeten technischen Mittel waren von höchster Qualität. »Es muss ein staatlich unterstützter Anschlag gewesen sein«, befand ein westlicher Geheimdienstexperte.[81] Später stellte sich heraus, dass Stasi-Mitarbeiter an Ausbildungslagern beteiligt gewesen waren, in denen RAF-Mitglieder den Umgang mit Sprengstoffen und Panzerabwehrraketen und die Zündung von Bomben per Lichtschranke – wie beim Anschlag auf Herrhausen – trainiert hatten.[82]

Herrhausen war eine westdeutsche Wirtschaftsgröße und ein enger

Berater von Kanzler Helmut Kohl gewesen. Der Anschlag ereignete sich, als die Wiedervereinigung gerade in greifbare Nähe rückte. In dem Fall würde die Deutsche Bank massiv von der Privatisierung ostdeutscher Staatsbetriebe profitieren können – genauso wie die Dresdner Bank, wo Putins Freund, der Stasi-Mann Matthias Warnig, kurze Zeit später eine Stelle antrat und die mit der Deutschen Bank um die Beute konkurrierte. Laut dem ehemaligen RAF-Mitglied verfolgte der Anschlag auf Herrhausen sowjetische Interessen: »Ich weiß, dass das Ziel aus Dresden vorgegeben wurde, nicht von der RAF.«[83]

Für diesen einstigen Gefolgsmann der Rote Armee Fraktion liegen jene Tage weit in der Vergangenheit, doch das ändert nichts daran, dass er es sehr bedauert, damals nur eine Marionette im sowjetischen Kampf um Einfluss gewesen zu sein. »Für die Sowjetunion waren wir nur nützliche Idioten«, sagte er mit einem schiefen Grinsen. »Dort hat alles angefangen. Sie haben uns benutzt, um den Westen zu erschüttern, zu destabilisieren und Chaos anzurichten.«

Fragt man Horst Jehmlich nach der Unterstützung der RAF durch die Stasi und den KGB, fällt ein Schatten auf das noch immer wache Gesicht der ehemaligen rechten Hand des Dresdner Stasi-Chefs. Wir sitzen am Esstisch der sonnendurchfluteten Wohnung, in der Jehmlich seit DDR-Zeiten lebt, ganz in der Nähe der ehemaligen Stasi-Bezirksverwaltung und der KGB-Villa. Auf dem Tisch liegen Spitzendeckchen, darauf steht das gute Kaffeeservice. Die RAF-Mitglieder seien nur in die DDR geholt worden, »um sie vom Terrorismus abzuhalten«, beharrt er. »Die Stasi wollte Terrorismus verhindern und sie davon abbringen, weitere terroristische Taten zu begehen. Sie wollte ihnen eine Chance geben umzulernen.«

Doch auf die Frage, ob es in Wahrheit der KGB gewesen sei, der das Sagen hatte, ob es Putin war, mit dem sich die RAF-Mitglieder in Dresden trafen, und ob der Befehl für den Anschlag auf Herrhausen auch von dort gekommen sein könnte, verfinstert sich Jehmlichs Gesicht noch weiter. »Darüber weiß ich nichts. Wenn es streng geheim war, war ich nicht eingeweiht. Ich weiß nicht, ob der russische Geheimdienst etwas damit zu tun hatte. Wenn ja, dann hat der KGB verhindern wollen, dass irgendjemand etwas darüber herausfindet. Sie werden es als Problem der Deutschen von sich gewiesen haben. Sie haben es geschafft, deutlich mehr Unterlagen zu vernichten als wir.«[84] Die Geschichte des ehemaligen RAF-Mitglieds lässt sich im Grunde nicht verifizieren. Die meisten seiner einstigen Gefährten sind entweder tot oder im Gefängnis. Andere, die damals angeblich bei den Treffen dabei waren, sind untergetaucht. Doch ein enger Verbündeter Putins vom KGB deutete an, dass all diese Behauptungen äußerst heikel seien, und beharrte darauf, dass es keinerlei Beweise für Verbindungen zwischen dem KGB und der RAF – oder einer anderen europäischen terroristischen Vereinigung – gäbe. »Und Sie sollten auch nicht versuchen, welche zu finden!«, fügte er scharf hinzu.[85] Doch gleichzeitig warf das, was er über das Ende von Putins KGB-Laufbahn erzählte, eine interessante Frage auf. Laut diesem ehemaligen Geheimdienstkollegen fehlten Putin bei seinem Ausscheiden aus dem Dienst nur noch sechs Monate, um Anspruch auf eine KGB-Pension zu haben, obwohl er mit neununddreißig noch weit vom offiziellen Pensionsalter – für seinen Rang als Oberstleutnant waren das fünfzig Jahre – entfernt war. Doch der KGB gestand Mitarbeitern, die im Dienst spezielle Risiken eingegangen waren oder dem Vaterland eine besondere Ehre erwiesen hatten, Sonderkonditionen zu. Wer in den USA stationiert war, bekam pro Dienstjahr anderthalb Jahre angerechnet. Für Agenten, die für den KGB ins Gefängnis gingen, zählten die entsprechenden Jahre dreifach. War Putin dem Pensionsanspruch nur deshalb schon so nah, weil seine Dienstjahre doppelt zählten – vielleicht da die Zusammenarbeit mit der RAF so hohe Risiken barg?

Viele Jahre später lieferte Klaus Zuchold, eine von Putins Quellen in der Stasi, ein paar Details dazu, in welche Aktivitäten Putin damals noch involviert gewesen war. Zuchold, der zum Westen übergelaufen war, erzählte dem deutschen Journalistenverbund *Correctiv*, dass Putin einst versucht habe, eine Studie über tödliche Gifte, die kaum Spuren hinterlassen, in die Finger zu bekommen, und den Verfasser dieser Studie durch das Unterschieben pornografischen Materials kompromittieren wollte.[86] Es ist nicht klar, ob das jemals von Erfolg gekrönt war. Zuchold behauptete auch, dass zu Putins Aufgaben die Zusammenarbeit mit dem notorischen Neonazi Reinhold Sonntag gehört habe, der 1987 in die Bundesrepublik ausgewiesen wurde, nach dem Fall der Mauer aber nach Dresden zurückkehrte und dort am Aufstieg der Rechtsradikalen mitwirkte.[87] Als ich versuchte, Zuchold zu kontaktieren, um ihn nach Putins angeblicher Kooperation mit der RAF zu fragen, war er schon lange abgetaucht und reagierte nicht mehr auf Interviewanfragen. Laut einer Person mit engen Verbindungen zum westdeutschen Geheimdienst stand er unter dem besonderen Schutz des Bundesamtes für Verfassungsschutz.

*

Während die Zusammenarbeit mit den RAF-Terroristen Putin als eine Art Trainingslauf für aktive Maßnahmen gegen den imperialistischen Westen gedient haben mag, sollte er die Erfahrungen nach dem Fall der Berliner Mauer noch Jahrzehnte mit sich herumtragen. Obwohl sich immer deutlicher abzeichnete, dass der Ostblock möglicherweise vor dem Kollaps stand, dass die Proteste ihn zerreißen und die Auswirkungen sich bis tief in die Sowjetunion hinein bemerkbar machen könnten, kämpften Putin und die anderen KGB-Mitarbeiter in Dresden darum, sich inmitten des fortschreitenden Zusammenbruchs ihre Netzwerke zu bewahren.

Und dann war es auf einmal vorbei. Plötzlich war niemand mehr da, der das Kommando hatte. Die jahrzehntelangen Bemühungen und die heimlichen Spionagespielchen hatten ein Ende. Die Grenze war offen, ausgelöst durch eine Eruption der Unzufriedenheit, die sich über Jahre hinweg angestaut hatte. Obwohl es noch einen Monat dauerte, bis die Proteste auch in Dresden ankamen, waren Putin und seine Kollegen nur teilweise darauf vorbereitet, als es so weit war. Während die Menge trotz bitterer Kälte zwei Tage lang vor der Stasi-Bezirksverwaltung stand, verbarrikadierten Putin und die anderen KGB-Leute sich in ihrer Villa. »Wir haben Tag und Nacht Sachen ins Feuer geworfen«, sagte Putin später. »Alle unsere Verbindungen und Kontakte und alle Agenturnetze existieren nicht mehr. Ich selbst habe eine riesige Masse von Dokumenten verbrannt. Wir haben so viel verbrannt, dass der Ofen fast explodiert wäre.«[88]

Gegen Abend lösten sich ein paar Dutzend Demonstranten aus der Menge und steuerten auf die KGB-Villa zu. Auf Hilfe aus der nahe gelegenen sowjetischen Kaserne konnten Putin und seine Kollegen kaum zählen. Als Putin dort anrief und um Verstärkung bat, um das Gebäude zu sichern, dauerte es Stunden, bis die Truppen eintrafen. Also meldete sich Putin beim sowjetischen Militärkommando in Dresden, doch der diensthabende Offizier zuckte nur mit den Schultern: »Ohne Befehl aus Moskau können wir nichts tun. Und Moskau schweigt.«[89] Das wirkte auf Putin wie ein Verrat all dessen, worauf sie hingearbeitet hatten: Der Satz »Moskau schweigt« ging ihm lange nicht aus dem Kopf. Die Außenposten des Sowjetreiches wurden einer nach dem anderen aufgegeben, die geopolitische Macht der Union brach wie ein Kartenhaus in sich zusammen. »Aber dieses ›Moskau schweigt‹ – ich hatte damals ein Gefühl, als ob das Land nicht mehr existierte. Mir war klar geworden, dass auch die Sowjetunion krankte. Und zwar an einer tödlichen, unheilbaren Krankheit: der Paralyse. Der Paralyse der Macht«, sagte Putin später.[90] »Ehrlich gesagt tat es mir nur leid um die verlorene Position der Sowjetunion in Europa, obwohl mir mein Verstand sagte, dass eine Position, die nur auf Mauern basiert, nicht ewig bestehen kann. Es wäre zu wünschen gewesen, dass auf diese Ereignisse ein Wechsel folgte. Aber es war nichts Neues vorgesehen. Und das ist das Ärgerliche.«[91]

Doch es war nicht alles verloren. Obwohl das Ausmaß der Proteste und der Zeitpunkt des Zusammenbruchs den KGB offensichtlich überrumpelten, hatten sich Teile des Geheimdienstes zusammen mit der Stasi auf diesen Tag vorbereitet. Einige KGB-Mitglieder hatten Pläne für einen allmählichen Übergang parat, der ihnen ein gewisses Maß an Einfluss und Kontrolle hinter den Kulissen sichern sollte.

Irgendwie brachten die KGB-Leute in Dresden ihre ostdeutschen Kollegen dazu, ihnen den Großteil der Stasi-Unterlagen über die Zusammenarbeit mit den Sowjets auszuhändigen, bevor die Demonstranten die Bezirksverwaltung der Staatssicherheit stürmten. Putins Kollege aus den frühen Dresdner Zeiten, Wladimir Usolzew, berichtete, dass ein Stasi-Mitarbeiter sämtliche Akten an Putin überreichte. »Wenige Stunden später war nur noch ein Häufchen Asche übrig«, sagte er.[92] Stapelweise wurden Dokumente in die nahe gelegene sowjetische Militärbasis transportiert und dort in ein Loch geworfen, wo sie mithilfe von Napalm vernichtet werden sollten, später aber doch nur mit Benzin übergossen und angezündet wurden.[93] Weitere zwölf Lkw-Ladungen verschwanden Richtung Moskau. »Die wertvollsten Objekte wurden nach Moskau gebracht«, sagte Putin später.

Während der folgenden Monate, in denen die KGB-Agenten den Rückzug aus Dresden vorbereiteten, standen sie unter dem besonderen Schutz des legendären Juri Drosdow, der beim KGB für das weltweite Netzwerk aus »Illegalen«, also Undercoveragenten, zuständig war. Der Dresdner Standortleiter, Wladimir Schirokow, erzählte, wie Drosdow von sechs Uhr morgens bis Mitternacht Leibwachen für ihn abstellte. Irgendwann brachten Drosdows Leute Schirokow dann mitten in der Nacht zusammen mit seiner Familie über die polnische Grenze in Sicherheit.[94] Später erzählte einer von Putins Kollegen der Journalistin Masha Gessen, dass Putin sich vor der Heimreise in Berlin mit Drosdow getroffen habe.[95]

Die Dresdner KGB-»Freunde« verschwanden einfach spurlos von der Bildfläche und überließen es ihren Stasi-Kollegen, sich dem Volkszorn zu stellen. Diesem Druck hielt Horst Böhm, der örtliche Stasi-Chef, offensichtlich nicht stand. Im Februar des folgenden Jahres nahm er sich im Hausarrest wohl das Leben. »Er sah keinen anderen Ausweg«, sagte Jehmlich. »Um sein Haus zu schützen, drehte er alle Sicherungen heraus und vergiftete sich dann mit Gas.«[96]

Zwei weitere Stasi-Bezirksleiter aus benachbarten Bezirken begingen Berichten zufolge ebenfalls Selbstmord. Was genau sie fürchteten, werden wir wohl nie erfahren, da sie starben, bevor sie vernommen werden konnten. Doch was den KGB anging, blieben gewisse Elemente von dessen Arbeit trotz des erzwungenen Rückzugs erhalten. Teile der Netzwerke aus »Illegalen« blieben im Verborgenen bestehen und von allen Untersuchungen verschont.[97] Viele Jahre später erzählte Putin voller Stolz, dass seine Arbeit in Dresden größtenteils darin bestanden habe, illegale »Schläfer« zu betreuen. »Das sind ganz besondere Menschen«, sagte er. »Nicht jeder ist fähig, sein Leben aufzugeben und Freunde, Familie und sein Land für viele, viele Jahre zu verlassen, um sich dem Dienst am Vaterland hinzugeben. Das schaffen nur Auserwählte.«[98]

Nachdem Hans Modrow mit Rückendeckung der Sowjets[99] im Dezember vorübergehend die Regierungsgeschäfte der DDR übernommen hatte, gestattete er der HVA, dem Auslandsnachrichtendienst der Stasi, sich ohne großes Aufheben einfach aufzulösen.[100] Dabei verschwanden Vermögenswerte in unbekannter Höhe, während Hunderte Millionen Mark durch die Liechtensteiner und Schweizer Tarnfirmen von Martin Schlaff abflossen. Inmitten des Jubels über die Wiedervereinigung gingen die Stimmen der Stasi-Überläufer im Westen mehr oder weniger unter. Doch einige von ihnen verschafften sich Gehör. »Unter bestimmten Umständen könnten Teile des Netzwerks reaktiviert werden«, sagte einer von ihnen. »Niemand im Westen hat eine Garantie dafür, dass der KGB nicht einige der Agenten erneut einsetzt.«[101]

*

Als Putin im Februar 1990 aus Dresden nach Russland zurückkehrte, wirkten die Erschütterungen durch den Fall der Berliner Mauer immer noch in der ganzen Sowjetunion nach. Überall gewannen nationale Bewegungen an Einfluss und drohten das Land zu zerreißen. Michail Gorbatschow war in die Defensive geraten und verlor gegenüber den aufstrebenden demokratischen Anführern immer mehr an Boden. Der Kommunistischen Partei der Sowjetunion entglitt langsam ihr Machtmonopol, die Zweifel an ihrer Legitimität nahmen zu. Im März 1989, fast ein Jahr vor Putins Rückkehr nach Russland, hatte Gorbatschow eingewilligt, den neu erschaffenen Volksdeputiertenkongress in einer offenen Wahl zu besetzen – zum ersten Mal in der Geschichte der Sowjetunion. Dabei gewann eine bunt gewürfelte Truppe rund um Andrej Sacharow, Atomphysiker und Stimme der Moral unter den Dissidenten, und Boris Jelzin, damals ein ungestümer Rebell auf dem Weg zum politischen Star, der wegen seiner unaufhörlichen Kritik an den kommunistischen Autoritäten aus dem Politbüro ausgeschlossen worden war, einige Sitze und lieferte sich erstmalig Debatten mit der

Kommunistischen Partei. Die sieben Jahrzehnte andauernde kommunistische Herrschaft steuerte im Eiltempo auf ihr Ende zu.

Inmitten der Tumulte versuchte Putin sich anzupassen. Doch statt seinen Lebensunterhalt als Taxifahrer bestreiten zu müssen oder den traditionellen Weg eines heimgekehrten Auslandsagenten zu beschreiten und einen Posten im »Zentrum« anzunehmen, wie das Moskauer KGB-Hauptquartier genannt wurde, wählte Putin einen anderen Weg. Er war von seinem ehemaligen Mentor und Chef in Dresden, Oberst Lasar Matwejew, angewiesen worden, seine Zeit nicht in Moskau zu vertändeln, sondern in seine Heimatstadt Leningrad zurückzukehren.[102] Dort fand er sich in einer Stadt in Aufruhr wieder, da die Stadtratswahlen, die aufgrund von Gorbatschows Reformen ebenfalls zum ersten Mal frei durchgeführt wurden, einen Machtkampf zwischen einer Gruppe aufstrebender Demokraten und der Kommunistischen Partei ausgelöst hatten. Zum ersten Mal hatten die Demokraten eine Chance, die kommunistische Mehrheit zu brechen. Statt die alte Garde gegen den Aufstieg der neuen Kräfte zu verteidigen, versuchte Putin sich der lokalen demokratischen Bewegung anzudienen.

Ohne lange abzuwarten, trat er an eine der kompromisslosesten Anführerinnen der Bewegung heran, Galina Starowoitowa, eine beherzte und furchtlose Vertreterin des neugewählten Volksdeputiertenkongresses. Starowoitowa war eine bekannte Menschenrechtsaktivistin, die ihre Ansichten über das Versagen der sowjetischen Autoritäten klar und offen zum Ausdruck brachte. Nach einer ihrer klangvollen Reden im Vorfeld der Stadtratswahlen ging Putin, ein helläugiger und damals unauffälliger Mann, auf sie zu und teilte ihr mit, wie sehr ihre Worte ihn beeindruckt hätten. Dann fragte er, ob er ihr in irgendeiner Weise behilflich sein könne – er bot sich sogar als Fahrer an. Doch Starowoitowa machte dieser unerbetene Vorschlag offenbar misstrauisch, sie lehnte entschieden ab.[103]

So übernahm Putin zunächst eine Stelle als Assistent des Rektors der Leningrader Universität, wo er in jungen Jahren Jura studiert hatte und in den KGB eingetreten war. In dieser Funktion war er für die internationalen Beziehungen zuständig, er sollte die ausländischen Studenten und zu Gast weilenden Würdenträger im Auge behalten. Nach seiner Tätigkeit in Dresden wirkte das auf den ersten Blick wie eine enorme Degradierung, eine Rückkehr zu der höchst stumpfsinnigen Aufgabe, den KGB über die Aktivitäten von Ausländern informiert zu halten. Doch es dauerte nur wenige Wochen, bis Putin darüber einen Posten in der Führungsebene der demokratischen Bewegung ergatterte.

Anatoli Sobtschak war der charismatische Juraprofessor der Uni. Der großgewachsene, gebildete und gutaussehende Mann überzeugte die Studierenden schon seit Langem mit seinen gemäßigten regierungskritischen Ansichten und war einer der mitreißendsten Redner der neuen demokratischen Bewegung, der die Partei und den KGB immer wieder aufs Neue herausforderte. Er gehörte der Gruppe von Unabhängigen und Reformern an, die seit der Wahl im März 1990 die Mehrheit im Stadtrat stellten, und wurde im Mai zu dessen Vorsitzenden ernannt. Fast zur selben Zeit stieg Putin zu seiner rechten Hand auf.

Putin sollte Sobtschaks Problemlöser werden, sein Verbindungsmann zu den Sicherheitsbehörden, sein Schatten, der im Hintergrund über ihn wachte. Das hatte der KGB von Anfang an so arrangiert. »Putin wurde dort platziert. Er hatte eine Funktion zu erfüllen«, sagte Franz Sedelmayer, der deutsche Sicherheitsberater, der später mit Putin zusammenarbeitete. »Der KGB teilte Sobtschak mit: ›Hier ist unser Mann. Er kümmert sich um dich.‹« Die Anstellung an der Universität habe nur der Verschleierung gedient, meinte Sedelmayer, der glaubte, dass auch Sobtschak bereits lange inoffiziell mit dem KGB zusammengearbeitet habe: »Die beste Tarnung für diese Leute waren Juraabschlüsse.«[104]

Trotz seines Ansehens bei den Demokraten und seiner beißenden Reden über den Machtmissbrauch durch den KGB verstand Sobtschak nur zu gut, dass seine politische Macht ohne die Unterstützung von zumindest Teilen der alten Garde begrenzt wäre. Er war eitel, geckenhaft und in erster Linie an seinem persönlichen Aufstieg interessiert. Deshalb hatte er neben Putin auch einen hochrangigen Vertreter des Leningrader Establishments mit ins Boot geholt und den Konteradmiral der Nordseeflotte, den Kommunisten Wjatscheslaw Schtscherbakow, zu seinem ersten Stellvertreter im Stadtrat ernannt. Sobtschaks Mitstreiter aus der demokratischen Bewegung, die ihn zu ihrem Anführer gemacht hatten, waren entsetzt. Aber Sobtschak kletterte durch seine Kompromissbereitschaft immer höher hinauf. Im Juni 1991 wählte die Stadt einen Bürgermeister, und der favorisierte Sobtschak entschied die Wahl mit Leichtigkeit für sich.

Als es im August zum Aufstand durch eine Gruppe kommunistischer Hardliner kam, vertraute Sobtschak zum Teil auch auf die alte Garde, vor allem auf Putin und seine KGB-Verbindungen, um die Stadt – und sich als Person – ohne Blutvergießen durch den Putschversuch zu manövrieren. Die Verschwörer, die Gorbatschows zunehmendes Entgegenkommen den nach Veränderungen gierenden Demokraten gegenüber als Bedrohung empfanden, hatten den Notstand ausgerufen und verkündet, die Führung über die Sowjetunion übernommen zu haben. Um zu verhindern, dass Gorbatschow einen neuen Unionsvertrag aufsetzte, der den Regierungen der verbliebenen Sowjetrepubliken die Kontrolle über ihre wirtschaftlichen Ressourcen zugestand, hatten die Putschisten Gorbatschow in seinem Sommerhaus auf Foros am Schwarzen Meer festgesetzt.

Doch in Sankt Petersburg, wie Leningrad nun wieder hieß, lehnte sich die demokratische Stadtverwaltung gegen den Putsch auf, ebenso wie in Moskau. Während sich einige Mitglieder des Stadtrats um die Verteidigung der Zentrale der Demokraten im heruntergekommenen Marienpalast kümmerten, sicherten sich Putin und Sobtschak die Unterstützung des örtlichen Polizeichefs und von sechzig Mitgliedern einer Sondereinheit. Gemeinsam überzeugten sie den Chef des lokalen Fernsehsenders, Sobtschak am ersten Abend nach dem Coup einen Liveauftritt zu gewähren.[105] Die Rede, die Sobtschak an diesem Abend hielt und in der er die Putschisten als Verbrecher brandmarkte, elektrisierte die Bewohner der Stadt, sodass sie am nächsten Tag zu Hunderttausenden auf die Straße gingen und sich im Schatten des Winterpalasts der Romanows versammelten, um gegen den Putsch zu demonstrieren. Sobtschak trieb die Menge mit eindringlichen Aufrufen zu Einheit und Widerstand an, doch die wichtigste und schwierigste Mission überließ er seinen Stellvertretern Putin und Schtscherbakow.

Nach dem Fernsehauftritt verkroch sich Sobtschak in seinem Büro im Marienpalast, während Putin und Schtscherbakow den KGB-Chef der Stadt und den regionalen Militärkommandanten dazu bringen mussten, die Panzer der Hardlinertruppen, die auf die Stadt zurollten, rechtzeitig aufzuhalten.[106] Als Sobtschak sich am folgenden Tag an die auf dem Palastplatz versammelte Menge wand, befanden sich Putin und Schtscherbakow weiterhin in den Verhandlungen. Und obwohl die Panzer schließlich noch am selben Tag direkt an der Stadtgrenze zum Stehen kamen, verschwand Putin mit Sobtschak und einer Phalanx von Sondereinsatzkräften in einem Bunker tief unter der größten Rüstungsfabrik der Stadt, dem Kirow-Werk, um die Gespräche mit dem KGB-Chef und dem Militärkommandanten an einem sicheren Ort über ein verschlüsseltes Kommunikationssystem fortzuführen.[107]

Als Putin und Sobtschak am nächsten Morgen den Bunker verließen, war der Putsch vorbei. Der Griff der Hardliner nach der Macht war vereitelt. In Moskau hatten die Eliteeinheiten des KGB den Befehl verweigert, auf das Weiße Haus zu schießen, wo Boris Jelzin, mittlerweile gewählter Regierungschef der russischen Republik, Zehntausende Unterstützer gegen die Forderung der Putschisten versammelt hatte, die durch Gorbatschows Reformen erlangten Freiheiten zurückzunehmen. Die Überreste der Kommunistischen Partei hatten jeglichen Machtanspruch verspielt, und die Anführer der neuen Demokratie in Russland waren bereit, Verantwortung zu übernehmen. Was auch immer Putins Motive gewesen sein mögen – er hatte seinen Teil dazu beigetragen, dass sie nun in dieser Position waren.

Dabei hatte Putin die ganze Zeit über nur die Ansichten seiner Gegenüber gespiegelt, wie er es in der KGB-Ausbildung gelernt hatte: Erst die seines neuen, angeblich demokratischen Vorgesetzten, und dann die der alten Garde, als er mit ihr zu tun hatte. »Er wechselte seinen Standpunkt so schnell, dass man nie sagen konnte, wer er wirklich war«, meinte Sedelmayer.[108]

# 2

# VON INNEN HERAUS

*

»Wir haben darüber gesprochen, dass die finstersten Kräfte niemals aufgeben. Die Französische Revolution, die sowjetische und alle anderen wirken anfangs wie ein Freiheitskampf. Doch es dauert nicht lange, bis sie in eine Militärdiktatur übergehen. Die frühen Helden sehen aus wie Idioten, die Schurken zeigen ihr wahres Gesicht, und der Kreis (der nicht das Ziel einer Revolution ist) schließt sich.«

– CHRISTIAN MICHEL

*

MOSKAU, 25. August 1991 – Es war schon spät am Abend, als Nikolai Krutschina müde durch die Tür zu seiner Wohnung in der streng bewachten Wohnanlage für Parteikader trat. Nur vier Tage zuvor, am 21. August, war der versuchte Putsch der kommunistischen Hardliner, die den Erhalt der Sowjetmacht angestrebt hatten, gescheitert. Jetzt lösten sich die Behörden und Institutionen, denen Krutschina einen Großteil seines Lebens gewidmet hatte, vor seinen Augen auf. Am Abend zuvor hatte er gemeinsam mit dem mächtigen Leiter der Internationalen Abteilung des Zentralkomitees, Walentin Falin, eine Reihe von Gesprächen auf höchster Ebene geführt, und jetzt wirkte er erschöpft.[1] Dem KGB-Wachmann vor seinem Haus fiel Krutschinas gesenkter Blick, sein offensichtlicher Widerwillen gegen eine Unterhaltung auf.[2]

In diesen vier Tagen hatten sich die Ereignisse überschlagen. Erst hatte der prodemokratische russische Präsident Boris Jelzin vor Livekameras ein Dekret unterzeichnet, das die Auflösung der Kommunistischen Partei der Sowjetunion und das Ende ihrer jahrzehntelangen Herrschaft besiegelte. Seine entschiedene Haltung gegen die Anführer des Putschversuchs hatte Jelzin viel Ansehen eingebracht. Mittlerweile überstrahlte er Gorbatschow, der während Jelzins Rede vor dem russischen Parlament leicht verzagt neben dem Podium stand, bei Weitem. Da die Kommunistische Partei Jelzins Meinung nach die Schuld am versuchten Staatsstreich trug, ordnete er an, den riesigen, von verschachtelten Gängen durchzogenen Sitz des Zentralkomitees am Moskauer Alten Platz umgehend zu versiegeln. Dort lagerten in Hunderten von Räumen die Geheimnisse des weitverzweigten sowjetischen Finanzimperiums, das neben Tausenden von Verwaltungsgebäuden, Hotels, Datschen und Sanatorien auch die Bankkonten mit den harten Devisen der Partei und Hunderte, wenn nicht gar Tausende von ausländischen Firmen umfasste, die in den letzten Tagen der Sowjetunion als Gemeinschaftsunternehmen gegründet worden waren. Über diese Konten und weitere, damit verbundene Unternehmen waren die strategischen Aktivitäten der Kommunistischen Partei – und verbündeter Gruppierungen – im Ausland finanziert worden. Das Gebäude bildete die Schaltzentrale der sowjetischen Bemühungen um die Vorherrschaft gegenüber dem Westen. Das war das Reich, in dem Krutschina als Liegenschaftsverwalter der Kommunistischen Partei seit 1983 das Sagen gehabt hatte. Die abrupte Versiegelung wirkte wie ein Sinnbild des Verlusts.

Krutschinas Frau ging an jenem Abend früh zu Bett und ließ ihren Mann allein im Wohnzimmer zurück, wo er, wie sie annahm, die Nacht auf dem Sofa verbringen würde. Doch am frühen Morgen wurde sie von einem Klopfen an der Tür geweckt. Draußen stand der KGB-Wachmann. Ihr Mann, sagte er, sei aus dem Fenster der Wohnung im sechsten Stock in den Tod gestürzt.[3]

Es gab keine Anzeichen für ein Handgemenge, und der Wachmann berichtete, er habe einen zerknitterten Zettel neben Krutschinas Leiche auf dem Asphalt gefunden. »Ich bin kein Verschwörer«, stand darauf. »Aber ich bin ein Feigling. Bitte richten Sie dem sowjetischen Volk das aus.«[4] Der KGB erklärte den Todesfall sofort zum Selbstmord.

Doch bis heute weiß niemand genau, was passiert ist – oder falls doch, so spricht zumindest niemand darüber. Diejenigen, die damals im Zentrum des Geschehens standen, etwa Wiktor Geraschtschenko, der damalige Chef der sowjetischen Staatsbank, beschränken sich auf ein orakelhaftes »Er ist gestürzt«.[5] Andere, wie Nikolai Leonow, damals Leiter der analytischen Abteilung des KGB und ein einflussreicher Mann, beharren darauf, dass der Zusammenbruch der Sowjetunion eine »schwere Depression« bei Krutschina ausgelöst habe.[6]

Gut einen Monat später ereilte Krutschinas Amtsvorgänger in der Liegenschaftsverwaltung das gleiche Schicksal. Am Abend des 6. Oktober stürzte Georgi Pawlow aus dem Fenster seiner Wohnung in den Tod. Auch sein Ableben im Alter von einundachtzig Jahren wurde als Selbstmord gewertet. Elf Tage nach Pawlows Tod fiel ein weiteres hochrangiges Mitglied des parteilichen Finanzapparats von seinem Balkon. Dieses Mal handelte es sich um den Leiter des amerikanischen Bereiches innerhalb der Internationalen Abteilung der Kommunistischen Partei, Dmitri Lissowolik. Auch dieser Fall galt als Selbstmord.

Was die drei Männer verband, war ihre genaue Kenntnis der geheimen Finanzierungssysteme der Kommunistischen Partei zu der Zeit, als sich der KGB auf einen Übergang zur Marktwirtschaft im Rahmen der Perestroika-Reformen Gorbatschows vorbereitete. Die Liegenschaftsverwaltung, der Krutschina und Pawlow vorgestanden hatten, war angeblich mit einem Gesamtwert von 9 Milliarden Dollar betraut.[7] Westliche Experten schätzten die Vermögenswerte im Ausland auf ein Vielfaches dieser Summe.[8] Doch in den ersten Tagen nach dem Zusammenbruch der Kommunistischen Partei stellten die neuen Herrscher des Landes erstaunt fest, dass die Schatztruhen der Partei so gut wie leer waren. Stattdessen gab es überall Gerüchte, dass Beamte unter der Leitung von Krutschina Milliarden Rubel und andere Währungen über in den letzten Jahren der Sowjetunion hastig gegründete Gemeinschaftsunternehmen außer Landes gebracht hätten.[9] Die russische Staatsanwaltschaft, von Jelzin eigentlich damit beauftragt, die Rolle der Kommunistischen Partei beim Augustputsch zu untersuchen, richtete ihre Aufmerksamkeit schon bald auf den Verbleib der Parteigelder.

Obwohl Jelzin angeordnet hatte, die Büros des Zentralkomitees am Alten Platz zu versiegeln, befahl Walentin Falin, Chef der Internationalen Abteilung des Zentralkomitees, die die Finanzierung der Auslandseinsätze beaufsichtigte, seinen Untergebenen sofort, alle Dokumente zu vernichten.[10] Schließlich konnte das, was dort in den Archiven lag, den Weg zu den Verbrechen des kommunistischen Regimes und vor allem zu den beiseitegeschafften Summen weisen.

Die geheimsten Operationen waren von Zimmer 516 aus koordiniert worden, dem Sitz der Sonderkommission für »Parteitechnologie« innerhalb der Internationalen Abteilung. Der Leiter dieser Kommission war Wladimir Osinzew gewesen, ein Meister der verdeckten Operation, der im Auftrag der Kommunistischen Partei mithilfe von Einflusskampagnen überall dort Zwietracht gesät hatte, wo die Partei verboten war, etwa in El Salvador, in der Türkei, in Südafrika und Chile. Als die russische Staatsanwaltschaft Monate später, im Oktober 1991, endlich in dieses Zimmer vordrang, war der Boden mit massenhaft Schnipseln geschredderter Unterlagen bedeckt. Trotzdem gab es Hinweise darauf, wie viel Mühe sich die Parteifunktionäre bei der Ausstattung ihrer Agenten gegeben hatten. Die Staatsanwälte fanden stapelweise ausländische Pässe und Stempel aus vielen verschiedenen Ländern, zahllose Blankoreisedokumente und noch zu fälschende Behördenstempel und Visa. Es gab ein dickes Fotoalbum mit Bildern von Menschen verschiedener Gesichtstypen und Hautfarben, eine Auswahl an Perücken und Bärten und sogar Fingerabdruckattrappen aus Gummi.[11]

Einer der Mitarbeiter der Internationalen Abteilung, Anatoli Smirnow, hatte rebelliert und alles, was er finden konnte, herausgeschmuggelt.[12] Die streng geheimen Unterlagen, die er mitgenommen hatte, enthielten Details zu Zahlungen an kommunistisch orientierte Parteien im Ausland, die sich insgesamt auf Hunderte Millionen Dollar beliefen. Eines der Dokumente, datiert auf den 5. Dezember 1989, war die Anweisung an die sowjetische Staatsbank, 22 Millionen Dollar direkt an Falin zu überweisen, für den internationalen Fonds für linksgerichtete Organisationen, den die Partei unterhielt.[13] Ein anderes vom 20. Juni 1987 beauftragte die Gosbank, die Zentralbank der UdSSR, dem Parteizuständigen für internationale Angelegenheiten 1 Million Dollar zukommen zu lassen, um die Kommunistische Partei Frankreichs mit weiteren Mitteln zu versorgen.[14] Um das Überbringen des Geldes nach Frankreich sollte sich der KGB kümmern.

Smirnow hielt die Tatsache, dass die Partei sich regelmäßig an staatlichen Mitteln vergriff, um ihre politische Einflussnahme im Ausland zu finanzieren, für »ein Verbrechen an unserem Volk«.[15] Für ihn war damit eine rote Linie überschritten. Es verstieß gegen das sowjetische Gesetz. Die Parteiaktivitäten hätten aus Mitgliedsspenden finanziert werden müssen, nicht durch Staatsgelder.[16]

Die russische Staatsanwaltschaft schätzte, dass im letzten Jahrzehnt der Sowjetunion mehr als 200 Millionen Dollar außer Landes gebracht wurden, um kommunistisch orientierte Parteien zu unterstützen. Smirnow ging von einem Vielfachen dieser Summe aus.[17] Welche Beträge auf verborgeneren Wegen verschwanden, für noch geheimere Aktivitäten, bleibt unbekannt.

Doch als sich die Mitarbeiter der Staatsanwaltschaft durch die Überreste des ZK-Archivs wühlten, fanden sie Unterlagen, die etwas Licht in die Vielzahl von inoffiziellen Programmen brachten, über die anscheinend weitere Milliarden Dollar ins Ausland geflossen waren. Eines dieser Programme drehte sich um das, was die Sowjets als »befreundete« Firmen bezeichneten. Das waren die verbündeten Unternehmen im Zentrum des enormen Netzes aus Schwarzmarktaktivitäten, das dem Ostblock das Überleben sicherte. Meist ging es um den Schmuggel von Embargoware. Unter diesen Unternehmen waren diverse Tarnfirmen, die der ostdeutsche Handelsfunktionär Alexander Schalck-Golodkowski in der DDR, der Schweiz, in Österreich und Liechtenstein betrieben hatte. Andere Unternehmen verkauften der sowjetischen Öl-, Atomkraft- und Produktionsindustrie dringend benötigte Materialien zu völlig aufgeblasenen Preisen und nutzten die Profite, um damit die Aktivitäten der Kommunistischen Partei und anderer linker Bewegungen, unter anderem in Italien, Frankreich, Spanien und Großbritannien, zu finanzieren.[18]

Die Summen, die die KPdSU direkt in die Aktivitäten anderer kommunistischer Parteien steckte, seien nichts gewesen im Vergleich zu dem, was über die befreundeten Firmen floss, sagte Antonio Fallico, ein hochrangiger italienischer Bankier mit engen Verbindungen in die sowjetische Führungselite und später auch zu Putins Regierung. Die offiziellen Zuwendungen, die die italienische Kommunistische Partei jährlich aus der Sowjetunion erhielt, hätten »nur bei fünfzehn bis zwanzig Millionen Dollar [gelegen]. Das kann man kaum Geld nennen.« Die eigentliche Unterstützung, sagte er, sei über Vermittlungsbetriebe gelaufen. »Alle italienischen Unternehmen, die in der Sowjetunion Geschäfte machen wollten, mussten diesen Firmen Geld zahlen. (…) Da kamen kolossale Summen zusammen.«[19] Staatsanwälte, die die Archive durchsuchten, veröffentlichten eine Liste mit fünfundvierzig solcher »befreundeten« Firmen. Aus den zumeist völlig unbekannten Import-Export-Betrieben sticht zumindest ein geläufiger Name hervor: Pergamon Press, ein großer englischer Verlag von Robert Maxwell, der über viele Jahre hinweg wissenschaftliche Werke aus der Sowjetunion im Westen vertrieb.[20] Wenige Tage vor der Veröffentlichung der Liste war die Leiche des umstrittenen früheren Labour-Abgeordneten und Medienmoguls im Atlantik aufgefunden worden; sie trieb nicht weit von seiner Jacht entfernt auf dem Wasser.

Weitere Unternehmen, die mit dem Sowjetregime kooperierten, ohne darüber zu sprechen, seien Giganten der europäischen Industrie wie Fiat, Merloni, Olivetti, Siemens und Thyssen gewesen, berichteten ein ehemaliger KGB-Agent, der in den Neunzigerjahren eng mit Putin zusammenarbeitete, und ein Geschäftsmann, der zu Sowjetzeiten in einer der »befreundeten Firmen« tätig war. Dieser Geschäftsmann, der nur mit mir sprechen wollte, wenn ich seinen Namen nicht nenne, erzählte, sein Unternehmen habe militärische Lieferungen als Medizintechnik getarnt: »Die medizinische Ausrüstung – das war nur Fassade. Eigentlich stellte die Fabrik schweres militärisches Gerät her. Das Gleiche galt für Siemens und ThyssenKrupp. Alle versorgten die Sowjets mit Waren, die sich zu beiden Zwecken nutzen ließen. Diese befreundeten Firmen waren nicht einfach Tarnfirmen, wie es heute der Fall ist. Es waren große europäische Konzerne.«[21] Das Netzwerk der befreundeten Firmen befasste sich aber nicht nur mit Importgeschäften. Laut einem ehemaligen Mitarbeiter

Gorbatschows waren einige von ihnen auch in die Tauschgeschäfte involviert, die es seit den Siebzigerjahren unter Breschnew gab.[22] Das staatliche Ölexportmonopol Sojusneftexport beispielsweise war in ein kompliziertes Firmengeflecht verstrickt, über das Öl gegen Embargogüter getauscht wurde. Laut einem ehemaligen Geschäftspartner des Betriebs gelangte das Öl zunächst über Zwischenhändler in enorme Lagerstätten in Finnland, wo dessen Herkunft verschleiert wurde, bevor ein Heer von Mittelsmännern es gegen Embargotechnologien und andere Waren eintauschte. Ähnlich lief es lange Zeit mit Düngemitteln.

Bei der russischen Staatsanwaltschaft, die versuchte, die Parteifinanzen zu durchdringen, ließen die Hinweise auf solche Geschäfte alle Warnsignale aufleuchten. Gewaltige Mengen an Öl, Metallen, Baumwolle, Chemikalien und Waffen waren auf diesem Weg aus der Sowjetunion geschafft, entweder über Tauschgeschäfte oder durch Exportdeals, und zu Ramschpreisen an die befreundeten Firmen im Westen verscherbelt worden. Die Exportvereinbarungen sahen vor, dass diese Firmen die Rohstoffe zum in der Sowjetunion geltenden Preis aufkauften, der im Rahmen der Planwirtschaft auf einem niedrigen Niveau festgesetzt war, was ihnen ermöglichte, durch den späteren Verkauf zu Weltmarktpreisen enorme Gewinne einzustreichen. Der globale Erdölpreis beispielsweise übertraf den sowjetischen Preis jener Zeit fast um das Zehnfache.[23] Das auf diese Weise eingenommene Geld wurde dann auf verschiedenen Konten bei befreundeten Banken in Europa, etwa der Schweizer Banco del Gottardo, oder in Steuerparadiesen wie Zypern, Liechtenstein, Panama, Hongkong und den britischen Kanalinseln geparkt. Das so entstandene Vermögen finanzierte die Aktivitäten der Kommunistischen Partei im Ausland, etwa aktive Maßnahmen zur Destabilisierung des Westens. Am wichtigsten war, dass der ganze Prozess vom KGB beaufsichtigt wurde, dessen Partner in den befreundeten Firmen saßen und weite Teile des sowjetischen Handelsministeriums kontrollierten. »Die befreundeten Firmen verkauften das, was sie erhalten hatten, zu Weltmarktpreisen. Die Gewinne flossen aber nie in die Sowjetunion zurück«, schrieb Walentin Stepankow, der Generalstaatsanwalt, der die Ermittlung leitete. »Jeglicher Kontakt zu den befreundeten Firmen lief über den KGB.«[24]

In den letzten Jahren der Sowjetunion waren immer mehr Rohstoffe ins Ausland verschwunden. Der einstige Chef der Wirtschaftsanalyse innerhalb des Militärgeheimdienstes, Witali Schlykow, behauptete später, dass ein Großteil der gewaltigen Rohstoffbestände des sowjetischen Militärs – buchstäblich Berge an Aluminium, Kupfer, Stahl, Titan und anderen Metallen –, die eigentlich dazu gedacht gewesen waren, die Militärmaschinerie über Jahrzehnte am Laufen zu halten, zum Zeitpunkt des Zusammenbruchs der Union rasch dahinschwanden.[25] Doch die Staatsanwaltschaft fand dazu kaum Spuren. Die Rohstoffgeschäfte waren fast vollständig im Verborgenen abgelaufen.

Als die Mitarbeiter der Staatsanwaltschaft nun allerdings die Überreste und Trümmer, die Massen von geschredderten Unterlagen auf dem Boden durchsuchten, stießen sie auf ein Dokument, das aussah, als könnte es zumindest zum Teil erklären, was in den Übergangsjahren gegen Ende der kommunistischen Herrschaft passiert war. Es handelte sich um ein Memo vom 23. August 1990, unterschrieben von Gorbatschows stellvertretendem Generalsekretär Wladimir Iwaschko, in dem der Aufbau einer »unsichtbaren Wirtschaft« für die Kommunistische Partei angeordnet wurde.[26] Die Parteiführung hatte offensichtlich erkannt, dass sie dringend ein Netzwerk aus Firmen und Gemeinschaftsunternehmen schaffen musste, um die finanziellen Interessen der Partei zu verbergen und sie vor dem Chaos zu schützen, in die Gorbatschows Reformen das Land stürzten. Die Partei wollte ihre Reserven an Hartwährung in internationale Firmen investieren, die von »Freunden« betrieben wurden. Das Geld und die Geschäftsbeziehungen sollten »möglichst wenige sichtbare Verbindungen« erzeugen.

Ein noch aufschlussreicheres Dokument entdeckte man in Nikolai Krutschinas Wohnung. Als die Ermittler nach dessen Sturz in den Tod eintrafen, lag eine Akte auf dem Schreibtisch. Die darin befindlichen Unterlagen deuteten auf ein potenziell riesiges Netzwerk von Kontaktpersonen hin, die Geld für das Regime verwalteten.[27] Eines dieser Dokumente enthielt Leerfelder für den Namen, die Mitgliedsnummer und die Unterschrift des Parteimitglieds, das sich mit dem Ausfüllen zu einem »Treuhänder«, einem *dowerennoje lizo* erklärte – zu einem Verwalter der Mittel und Besitztümer der Partei.

> »Ich, _____ , Mitglied der KPdSU seit
> _____ , Mitgliedsnummer _____ , bestätige hier-
> mit meine bewusste und freiwillige Entscheidung, ein Treuhän-
> der der Partei zu werden und die Aufgaben, die mir die Partei
> zuweist, unabhängig vom Ort und der jeweiligen Situation aus-
> zuführen, ohne meine Eigenschaft als Mitglied der Gruppe der
> Treuhänder preiszugeben.
> Ich gelobe, die finanziellen und materiellen Ressourcen, die
> mir anvertraut werden, zu erhalten und im Interesse der Partei
> anzulegen, und garantiere, diese Ressourcen auf Nachfrage hin
> sofort zurückzuerstatten. Ich erkenne alle Einnahmen, die mir
> aus der wirtschaftlichen Nutzung der Parteimittel entstehen, als
> Eigentum der Partei an und garantiere, sie jederzeit und von je-
> dem Ort aus der Partei zu überstellen.
> Ich gelobe, diese Informationen streng geheim zu halten und
> alle Anweisungen der Partei, die mir von autorisierten Einzelper-
> sonen übermittelt werden, auszuführen.
>
> Unterschrift des KPdSU-Mitglieds _____
> Unterschrift der sich verpflichtenden Person
> _____«[28]

Die Staatsanwälte zerbrachen sich den Kopf darüber, was dieses Dokument bedeuten könnte. Die Parteikader, die sie vernahmen, halfen
ihnen nicht weiter. Die meisten behaupteten, nichts von solchen Vorgängen gewusst zu haben. Doch dann landete das Team einen Glücks-
treffer: Leonid Weselowski, ein ehemaliger Oberst aus der Auslandsabteilung des KGB, befürchtete Repressionen und berichtete offen, er
habe zu einer Gruppe hochrangiger KGB-Auslandsagenten gehört,
die dabei mitgeholfen hätten, die Besitz- und Reichtümer der Partei
zu verwalten und zu verstecken.[29] Diese Agenten seien hinzugezogen
worden, weil sie sich mit der Funktionsweise des westlichen Finanzsystems auskannten. Sie hätten Krutschina, dem Liegenschaftsverwalter der Partei, dem KGB-Chef Wladimir Krjutschkow, Filip Bobkow,

damals dessen erster Stellvertreter, und Wladimir Iwaschko, dem Schatzmeister des Zentralkomitees, unterstanden.

Weselowski, ein Experte für internationale Wirtschaft, war im November 1990 von seinem Posten in Portugal abgezogen worden, um sich dem Aufbau der »unsichtbaren Wirtschaft« für das Parteivermögen zu widmen. Er war es, der das System der »Treuhänder« ersann, die im Namen der Partei bestimmte Summen verwahren und anlegen sollten. Weselowski hatte Krutschina eine Reihe von Vorschlägen zukommen lassen, wie sich die Parteigelder so verstecken ließen, dass sie vor einer Beschlagnahmung geschützt waren. Man könne sie in wohltätige oder sozial ausgerichtete Stiftungen stecken oder anonym Aktien und Unternehmensanteile erstehen. Das alles sollte unter der Leitung des KGB geschehen.

»Einerseits garantiert uns das ein beständiges Einkommen unabhängig von der zukünftigen Stellung der Partei. Und andererseits lassen sich diese Anteile jederzeit über Börsen verkaufen. Dann kann das Vermögen in andere Bereiche verschoben werden, um die Beteiligung der Partei zu verschleiern, aber trotzdem die Kontrolle zu behalten«, schrieb er. »Um diese Maßnahmen durchzuführen, muss dringend eine Reihe von Treuhändern ausgewählt werden, die verschiedene Punkte des Plans umsetzen können. Möglicherweise könnte ein System aus geheimen Parteimitgliedern geschaffen werden, damit die Existenz der Partei in diesen extremen Zeiten unter allen Umständen gesichert ist.«[30]

In einem anderen Schreiben empfahl er den Aufbau eines Netzwerks aus Firmen und Gemeinschaftsunternehmen, darunter auch Makler- und Handelsgesellschaften, in Steuerparadiesen wie der Schweiz, deren Anteilseigner die »Treuhänder« sein sollten.[31]

So wie die Stasi kurz vor der Wende angefangen hatte, Gelder in ein Geflecht aus Tarnfirmen zu pumpen, bereitete der KGB jetzt die KPdSU auf den Systemwechsel vor, im vollen Bewusstsein, dass das Machtmonopol auf der Kippe stand. Einige Auslandsagenten, die in den Plan zur Rettung des Vermögens einbezogen wurden, verstanden Krjutschkows Anweisung, Privatunternehmen zu gründen, als klares Zeichen dafür, dass das kommunistische Regime am Ende war. »Als die Ansage kam, wusste ich, es ist vorbei«, erzählte Juri Schwez, ein hochrangiger KGB-Mitarbeiter, der bis 1987 in Washington stationiert war.[32]

Doch als die Kommunistische Partei der Sowjetunion nach dem gescheiterten Putsch im August 1991 plötzlich aufgelöst wurde, erschien völlig unklar, was aus den Strukturen geworden war, die man eigens erschaffen hatte, um deren Mittel zu schützen, oder wer für sie verantwortlich war. Die russische Staatsanwaltschaft konnte aus den in den Archiven und in Krutschinas Wohnung hinterlassenen Dokumenten nur vage Umrisse des Netzwerks ableiten. Die einzelnen Rädchen und Stellschrauben des Systems, die Treuhänder, die *dowerennije liza*, die das Vermögen verwalteten, das Geflecht aus Firmen, Gemeinschaftsunternehmen und Maklergesellschaften blieben verborgen.[33] Als man später ehemalige Mitglieder des Politbüros zu den Unterlagen vernahm, erklärten diese standhaft, der Zusammenbruch habe sich so schnell und unerwartet ereignet, dass keine Zeit geblieben sei, Iwaschkos Pläne einer »unsichtbaren Wirtschaft« umzusetzen.[34] Dennoch fand die Staatsanwaltschaft eine Vielzahl von Hinweisen darauf, dass das Vorhaben zumindest teilweise verwirklicht worden war, und das schon vor einiger Zeit – offensichtlich unter der Leitung der KGB-Auslandsabteilung.

Weselowskis Werdegang war nur ein Hinweis darauf. Zwei Wochen vor dem Augustputsch hatte er seinen Posten aufgegeben und war in die Schweiz gereist, wo er eine Stelle bei einer Handelsfirma namens Seabeco antrat – dem Inbegriff einer vom KGB unterstützten »befreundeten Firma«,[35] die enorme Mengen an Rohstoffen aus der Sowjetunion verkauft hatte. Ihr Inhaber war ein sowjetischer Auswanderer namens Boris Birstein, der in den Siebzigerjahren erst nach Israel und dann nach Kanada gegangen war, wo er eine Reihe von Gemeinschaftsunternehmen gründete, unter anderem mit einem führenden Mitglied des sowjetischen Auslandsgeheimdienstes.[36] Der Aufstieg von Seabeco trug in jeder Hinsicht die Handschrift des KGB. »Ohne die Unterstützung des KGB wäre das alles nicht möglich gewesen«, sagte Schwez.

Der ehemalige KGB-Chef Wladimir Krjutschkow gab in einer Vernehmung zu, dass die Handelsfirma durchaus gegründet worden sei, um darüber Parteimittel zu verschieben. Aber er beharrte erneut darauf, dass die Pläne niemals umgesetzt worden seien – der Zusammenbruch der Sowjetunion sei dem zuvorgekommen.[37] Trotzdem gab es eindeutige Hinweise auf eine fortwährende Zusammenarbeit zwischen dem KGB und Seabeco. Irgendwann gelangte ein mitgeschnittenes Telefonat zwischen einem Seabeco-Mitarbeiter und einer Person aus der Führungsriege des russischen Auslandsgeheimdienstes an die Öffentlichkeit, in dem sich die zwei Männer ganz offen über das Firmengeflecht unterhielten, das sie erschaffen hatten.[38] Dieser Seabeco-Mitarbeiter, Dmitri Jakubowski, behauptete später, dass Seabeco Dutzende Millionen Dollar erhalten habe, um damit KGB-Aktivitäten in Europa zu finanzieren.[39]

Doch als Weselowski spurlos von seinem Posten in der Schweiz verschwand, hatte die Staatsanwaltschaft keinerlei Chance mehr, der Spur des Geldes zu folgen. Ohne die nötigen finanziellen Mittel und mit kaum belastbaren Unterlagen waren keine Nachforschungen mehr möglich. Innerhalb von Russland war es ihr gelungen, den Weg von Milliarden Rubel aus Krutschinas Zuständigkeitsbereich zu mehr als hundert Firmen und Banken der Partei nachzuverfolgen.[40] Doch bei ihren Bemühungen, das Geld zurückzuholen, stieß sie auf Granit.[41]

Die neue Regierung unter Boris Jelzin schien wenig Interesse daran zu haben, die Mittel inmitten des Chaos, das nach dem Zusammenbruch der Sowjetunion herrschte, aufzuspüren. Einen kurzen Augenblick lang sah das anders aus, als der mondgesichtige Jegor Gaidar, Jelzins reformwilliger neuer Ministerpräsident, mit großem Tamtam verkündete, dass die Regierung das renommierte private Ermittlungsunternehmen Kroll engagiert habe, um das verschwundene Parteivermögen zu finden. Doch trotz eines mit 1,5 Millionen Dollar dotierten Vertrags und einer einjährigen Suche rund um den Globus hatte Kroll nach Ablauf dieser Zeit noch weniger Ergebnisse vorzuweisen als die Staatsanwaltschaft. Offenbar gab es einfach nichts, was sie entdeckt hatten. »Sie fanden nichts«, sagte Pjotr Awen, der Minister, der Kroll überhaupt ins Spiel gebracht hatte. »Nur ein paar Konten einer Handvoll hochrangiger Funktionäre. Auf diesen Konten befand sich nicht mehr als eine halbe Million Dollar.«[42]

Der entscheidende Punkt war offenbar, dass die Regierung gar keine Ergebnisse wollte. Kroll kam hauptsächlich deshalb mit fast leeren Händen zurück, weil das Unternehmen keinerlei Unterstützung seitens der russischen Regierung erhielt. Eine Zusammenarbeit mit der russischen Staatsanwaltschaft war untersagt worden. »Die russische Regierung hatte kein Interesse daran, dass wir etwas fanden, also fanden wir auch nichts«, sagte Tommy Helsby, ehemaliges Vorstandsmitglied von Kroll, der an dem Auftrag mitarbeitete.[43] »Sie war nur darauf aus, unseren Namen in der Pressekonferenz nennen zu können.« Es sollte einfach der Eindruck entstehen, dass eine Untersuchung durchgeführt wurde.

Die Aufarbeitung wurde auch dadurch erschwert, dass ein Großteil des sowjetischen Vermögens nicht durch Überweisungen, sondern durch den Rohstoffhandel über »befreundete Firmen« wie Seabeco aus dem Land geflossen war. Laut Helsby war an diesen Vorgängen auch der umstrittene, in Genf ansässige Glencore-Gründer und Rohstoffhändler Marc Rich in großem Umfang beteiligt.[44]

Die KGB-Auslandsagenten, die das System mit aufgebaut hatten, hielten jetzt den Schlüssel zu verborgenen Reichtümern in der Hand. »Am Ende, als die Sowjetunion zusammenbrach, als der Vorhang fiel, waren diese KGB-Männer diejenigen, die wussten, wo sich das Geld befand«, sagte Helsby. »Doch ihr Arbeitgeber, der sowjetische Staat, existierte nicht mehr.«

Davon ließen sich einige von ihnen allerdings nicht stoppen; einzelne Teile des KGB-Auslandsnetzwerks blieben erhalten. Hinter den Kulissen, inmitten des Chaos, »fuhren manche von ihnen fort, Gelder für den KGB zu verwalten«, sagte Helsby.

Die Nacht, in der Nikolai Krutschina in den Tod stürzte, war die Nacht, in der das Vermögen der Kommunistischen Partei auf eine neue Elite überging – und ein Teil davon landete bei den Auslandsagenten des KGB. Eine gewisse Summe hatten sich sicherlich Parteikader und Mitglieder des organisierten Verbrechens in die Taschen gesteckt. Doch die Auslandsagenten waren diejenigen, die die Macht über die Konten hatten, als Jelzin die Kommunistische Partei der Sowjetunion per Unterschrift in die Geschichtsbücher verbannte. Möglicherweise war Krutschina an der Erkenntnis zerbrochen, dass die Männer, die das Vermögen verwalteten, sich nun seiner Kontrolle entzogen. Vielleicht war er aber auch von genau diesen Männern in den Tod geschickt worden, damit er für immer schwieg.

»Krutschina hatte wahrscheinlich Angst davor, dass ihn jemand nach dem Verbleib des Vermögens fragen könnte«, meinte Pawel Woschtschanow, ehemaliger Sprecher Jelzins und Journalist, der viele Jahre damit zubrachte, den gestohlenen Reichtümern der Partei nachzuspüren. »Krutschina hatte die Anweisungen erteilt, aber jetzt hatte er keinen Überblick mehr darüber, wo das Geld war. Der Staat zerfiel. Der KGB zerfiel. Und schon wusste niemand mehr, wo diese KGB-Typen waren – und wer sie waren.«[45]

*

Die Suche der Staatsanwaltschaft nach dem verschwundenen Parteivermögen geriet im Tumult des Zusammenbruchs schnell wieder in Vergessenheit. Doch was die Ermittler damals herausfanden, war eine Blaupause für alles, was später folgen sollte. Die Schmuggelstrategien, die befreundeten Firmen und die Treuhänder bildeten die Vorlage für die Regierungsweise und die Einflusskampagnen Putins in späteren Jahren. Teile der KGB-Auslandselite hatten sich schon auf den Übergang zur Marktwirtschaft vorbereitet, seit der ehemalige KGB-Chef Juri Andropow 1982 zum Staatsoberhaupt der Sowjetunion aufgestiegen war. Anfang der Achtzigerjahre hatte eine Handvoll sowjetischer Wirtschaftswissenschaftler angefangen, vorsichtig zu überlegen, ob vielleicht eine Öffnung des Marktes nötig sein könnte. Sie hatten sich in der sicheren Umgebung ihrer privaten Küchen flüsternd über die chronischen Mängel des sowjetischen Wirtschaftssystems ausgetauscht und im Untergrund Traktate über erforderliche Reformen veröffentlicht. Gleichzeitig gelangte eine eingeschworene Gruppe innerhalb der Geheimdienstelite langsam zu der Erkenntnis, dass sich die sowjetische Wirtschaft in einer Todesspirale befand und es unmöglich war, die Macht des Ostblocks aufrechtzuerhalten, geschweige denn groß angelegte Einfluss- und Störkampagnen in Südamerika, dem Nahen Osten, Afrika und dem Westen durchzuführen. »Wer für sich den Anspruch erhebt, eine Weltmacht zu sein, sollte viel Geld zur Verfügung haben«, sagte jemand, der in jener Zeit eng mit den reformorientierten Chefs des Auslandsgeheimdienstes zusammenarbeitete.[46] »Uns fehlten die Mittel, um mit den USA mitzuhalten. Das war sehr teuer und sehr schwer, vielleicht sogar unmöglich.« Schon bevor sich die progressiveren Kräfte innerhalb des KGB allmählich auf eine mögliche Wende in der DDR vorbereiteten, hatten sie in der Sowjetunion umfassende Reformen gefordert.

Die sowjetische Wirtschaft blutete durch den ständigen Druck, militärisches Gerät zu produzieren und das Wettrüsten mit dem Westen über alles andere zu stellen, langsam aus. In der Theorie erfüllte der kommunistische Staat das Versprechen des Sozialismus, allen Arbeitern und Arbeiterinnen eine kostenlose Bildung und Gesundheitsversorgung zu gewähren. Doch in der Praxis ging das Konzept der Planwirtschaft einfach nicht auf. Stattdessen gab es ein korruptes System, in dem die normale Bevölkerung, die der kommunistische Staat eigentlich beschützen sollte, größtenteils in Armut lebte. Der Staat hatte Zugriff auf große Mengen an natürlichen Ressourcen, um damit korrupte Geschäfte zu tätigen, schaffte es aber nicht, die nötige Leichtindustrie auf die Beine zu stellen, um konkurrenzfähige Gebrauchsgegenstände zu produzieren. Es gab kein Privateigentum und kein Verständnis dafür, was Gewinne waren. Stattdessen schrieb die Regierung jedem einzelnen Unternehmen Fertigungsquoten vor, kontrollierte die Erträge und legte alle Preise fest. So fehlte jede Motivation; das System funktionierte schlicht nicht. Die Fixpreise für Gebrauchsgüter lagen unheimlich niedrig, was aber zu einem akuten Mangel an allem führte – von Brot, Wurst und anderen Lebensmitteln über Autos, Fernseher und Kühlschränke bis hin zu Wohnungen. Das bedeutete Schlangestehen und Rationierungen, manchmal über Monate. Informelle Beziehungen und Schmiergelder waren oft der einzige Weg, sich direkt an die Spitze von ellenlangen Wartelisten für unerlässliche Dinge des Alltags zu setzen, Schusterarbeiten, ein Krankenhausbett, Särge und Beerdigungen. Die maßlose Macht der sowjetischen Bürokratie hatte die Korruption tief im System verankert, wodurch der Schwarzmarkt florierte.[47]

Ende der Sechzigerjahre begannen Schwarzmarkthändler, die sogenannten *zechowiki*, Untergrundfabriken zu errichten, in denen sie
mithilfe von Restbeständen und abgezwackten Maschinen aus den
staatlichen Werken Produkte herstellten und sie abseits der regulier-
ten Wirtschaft verkauften. Darauf standen Haftstrafen von zehn Jahren oder mehr, doch die Waren aus diesen Fabriken stellten zunehmend die einzige Möglichkeit dar, die Engpässe in der sowjetischen
Planwirtschaft zu überbrücken. Währungsspekulanten trieben sich in
den Foyers der sowjetischen Intourist-Hotels herum und riskierten
Gefängnisstrafen, um den zu Besuch weilenden Touristen ihre Dollars abzukaufen, zu einem Wechselkurs, der für die Touristen deutlich
günstiger war als der offiziell festgesetzte. Und auch für die Spekulan-
ten lohnte sich das Geschäft. In der sowjetischen Mangelwirtschaft
war jeder Zugang zu einer harten Währung ein Triumph. Wer über
Dollar verfügte, erhielt Zutritt zu den gut gefüllten *berjoska*-Läden,
die der Elite vorbehalten waren und deren Regale sich unter hoch-
klassigen Lebensmitteln und anderen Luxusgütern aus dem Westen
bogen. Mit Fremdwährungen konnte man westliche Kleidung, Pop-
musik und alles andere erstehen, was außerhalb der stagnierenden
und trostlosen Sowjetunion produziert wurde – und es dann mit
gewaltigem Gewinn weiterverkaufen. Die Engpässe in der sowjetischen Wirtschaft waren so ausgeprägt, dass laut dem ehemaligen
KGB-Agenten Juri Schwez jeder und jede käuflich war. Fabrikchefs
frisierten die Bilanzen, um den Schwarzmarkthändlern gegen eine
Gewinnbeteiligung Materialien überlassen zu können. Die Strafverfolgungsbehörden stellten sich blind, wenn die Währungsspekulanten
in den Hotels herumlungerten, solange sie dafür ein Schmiergeld und
Zugang zum Hotelbüfett erhielten.[48] Und an der Spitze der Pyramide
kassierte auch die Parteielite seit den Siebzigerjahren ihren Anteil an
den Schmuggel- und Handelsgeschäften. All das untergrub sämtliche
Bemühungen, die Produktion zu verbessern. »Die Sowjetunion war
nicht einmal in der Lage, ein Paar Schuhe oder Strumpfhosen herzustellen«, sagte Schwez. »Prostituierte gaben sich in einer Nacht für
einen Strumpf und in der nächsten für den zweiten hin. Es war ein
Albtraum.«[49]

Am deutlichsten erkannten die Mitglieder des Auslandsgeheimdienstes, dass sich das System verändern musste. Sie durften reisen,
sie sahen, wie die Marktwirtschaft im Westen funktionierte und wie
sehr das sozialistische System darin versagte, mit den technologischen Entwicklungen dort mitzuhalten. Unter ihnen war eine legen-
däre Führungsfigur des Militärgeheimdienstes, Michail Milstein, ein
durchtrainierter, Kojak-kahler Mann mit buschigen Augenbrauen,
der jahrzehntelang in den USA tätig gewesen und anschließend nach
Moskau zurückgekehrt war, um dort die Geheimdienstabteilung an
der sowjetischen Militärakademie zu leiten. In den Siebzigern wechselte er an das Institut für die USA und Kanada, ein Thinktank, der
eng mit Falins einflussreicher Internationaler Abteilung zusammenarbeitete, und bemühte sich dort gemeinsam mit anderen darum, Wege
für eine Annäherung an den Westen zu finden. In den Hallen des Instituts, das in einem eleganten, aus vorrevolutionären Zeiten stammenden Gebäude am Ende einer engen, baumbestandenen Straße abseits
der großen Moskauer Verkehrsadern angesiedelt war, arbeitete Milstein zusammen mit anderen Mitgliedern der nachrichtendienstlichen
Elite Abrüstungsvorschläge aus. Beim Versuch, einen Ausweg aus dem
»Teufelskreis« zu finden, wie er die Pattsituation mit dem Westen bezeichnete, knüpfte er enge Bande zum ehemaligen US-Außenminister
Henry Kissinger.[50]

Auf der anderen Seite der Stadt, in einem düsteren, ausladenden
Gebäudekomplex aus den Siebzigerjahren, mitten in einem der süd-
lichen Vororte gelegen, befasste sich eine Gruppe von Ökonomen am
IMEMO, dem Institut für Weltwirtschaft und internationale Beziehungen, mit möglichen Reformen, die das staatliche Wirtschaftsmo-
nopol aufbrechen könnten. Unter ihnen befand sich Rair Simonjan,
ein intelligenter junger Ökonom Anfang dreißig und Sohn eines hochrangigen Generals des Militärgeheimdienstes. Sein Stellvertreter und
enger Kollege war Andrej Akimow vom Auslandsgeheimdienst, der
später nach Wien entsandt werden sollte, um die dortige Zweigstelle
der sowjetischen Staatsbank zu leiten, und anschließend zu einem der
bedeutendsten Geldgeber hinter Wladimir Putins Regierung aufstieg.
Simonjan unternahm Forschungsreisen in die DDR, wo er deutlich se-

hen konnte, wie weit die sowjetische Wirtschaft hinterherhinkte. »Es war eine andere Welt«, sagte er.[51]

Simonjan hatte bereits 1979 eine Reform erarbeitet, die vorsah, durch die Gründung von Gemeinschaftsunternehmen zwischen ausländischen und sowjetischen Firmen ausländisches Kapital in die sowjetische Wirtschaft zu spülen. Das war ein gewagtes Unterfangen, das das staatliche Auslandshandelsmonopol untergrub, und der Direktor des Instituts hatte umgehend ein Veto eingelegt. Doch als unter Andropow 1983 ein neuer Direktor ins Amt kam, begann »ein völlig anderes Leben«, erinnerte sich Simonjan. Dieser neue Direktor war Alexander Jakowlew, ehemaliger Botschafter in Kanada, der ein Mentor Gorbatschows werden und für dessen Perestroika-Reformen Pate stehen sollte. Außerdem arbeitete Simonjan eng mit Jewgeni Primakow zusammen, einem hochrangigen Funktionär des Auslandsgeheimdienstes, der viele Jahre im Nahen Osten stationiert gewesen war, vorgeblich als Korrespondent der sowjetischen Zeitung *Prawda*, und dort enge Kontakte zu Saddam Hussein und anderen führenden Kräften unter der schützenden Hand der Sowjetunion geknüpft hatte. Während der Siebzigerjahre war Primakow am IMEMO tätig gewesen und hatte eine enge Zusammenarbeit mit Milstein vom Institut für die USA und Kanada gepflegt, bevor er nach Jakowlews Beförderung ins Politbüro die Leitung des IMEMO übernahm. Somit stand er an der Spitze eines der bedeutendsten progressiven Zentren des Auslandsgeheimdienstes. Das IMEMO entwickelte sich zur Schaltzentrale der Perestroika-Reformen.

Unter Andropow wuchs eine neue Generation von Wirtschaftswissenschaftlern heran. Jegor Gaidar, noch keine dreißig, diskutierte mit dem genauso jungen Pjotr Awen über weitreichende Marktreformen, die für den Sowjetblock seiner Meinung nach überlebenswichtig waren. Beide waren an einem weiteren Schlüsselinstitut der frühen Achtzigerjahre tätig, dem Sowjetischen Institut für Systemforschung, und beide entstammten der sowjetischen Elite. Awens Vater war einer der renommiertesten Akademiker des Landes gewesen, während der von Gaidar, getarnt als Korrespondent der *Prawda*, in Kuba eingesetzt gewesen war, wo er bis in den Rang eines Admirals aufstieg.

Er empfing Fidel Castro und Che Guevara in seinem Haus, und sein Sohn wuchs inmitten hochrangiger Sowjetgeneräle auf. Sowohl Gaidar als auch Awen sollten bei den Marktreformen im neuen Russland eine wichtige Rolle spielen. »Alle Marktreformer, die es später zu etwas brachten – von Gorbatschow bis zu den jungen Kräften –, stammten aus Institutionen, die Andropow schuf«, sagte Wladimir Jakunin, ein enger Verbündeter Putins aus KGB-Zeiten und später eine wichtige Figur in der russischen Politik. »Die ersten Marktreformen wurden dort ersonnen.«[52]

Sobald Andropow im Amt war, begannen die progressiven Kräfte innerhalb des KGB, angeführt vom Auslandsgeheimdienst und der Abteilung für Wirtschaftskriminalität, probeweise eine neue Klasse von Unternehmern zu schaffen, die außerhalb der engen Grenzen der sowjetischen Planwirtschaft agieren sollten. Ausgangspunkt waren die Schwarzmarkthändler, die *zechowiki*. »Die wahre Perestroika begann unter Andropow«, sagte Christian Michel, ein Finanzverwalter, der mehr als ein Jahrzehnt lang Fonds der sowjetischen und später der russischen Regierung betreute. »Damals erging die Anweisung, beim Schwarzmarkt einfach wegzuschauen. Andropow wusste, dass das Land anderenfalls auf eine massive Hungersnot zusteuerte.«[53] »Der Schwarzmarkt wurde bewusst gefördert«, stimmte Anton Surikow zu, ein ehemaliger hochrangiger Mitarbeiter des russischen Militärgeheimdienstes. »Wer allerdings keine Verbindungen zum KGB hatte und nicht unter dessen Schutz stand, konnte nicht auf dem Schwarzmarkt tätig sein. Ohne diese beiden Bedingungen waren keine Geschäfte in der Schattenwirtschaft möglich.«[54]

Was als korruptes Vorgehen innerhalb des Systems begonnen hatte, wurde somit zu einer vom KGB kultivierten Petrischale für eine zukünftige Marktwirtschaft – und einer Notlösung, um den Engpässen der Planwirtschaft entgegenzuwirken. Die Schwarzmarkthändler entstammten zumeist den sowjetischen Minderheiten und hatten kaum eine Wahl, weil die Vorurteile der Parteikader einen Aufstieg verhinderten. »Die einzigen Menschen, die sich darauf einließen, waren diejenigen, die im normalen sowjetischen System keine Zukunft für sich sahen, die an eine gläserne Decke gestoßen waren und nicht weiterkamen«, sagte Michel. »Das waren die ethnischen Minderheiten: die Georgier, die Tschetschenen, die Juden.«

Mit dem Schwarzmarktexperiment nahm plötzlich auch das Tempo zu, in dem das enorme Vermögen der Sowjetunion über die KGB-kontrollierten befreundeten Firmen ins Ausland floss. Das war der Auftakt zur Plünderung des sowjetischen Staates und auch der Auftakt eines Bündnisses zwischen dem KGB und der organisierten Kriminaliltät, das sich für beide Seiten als vorteilhaft erweisen sollte und von Boris Birsteins Firma Seabeco in der Schweiz über Nordex in Wien bis nach New York reichte, über einen Metallhändler namens Michail Tschernoi und seinen in Brooklyn ansässigen Geschäftspartner Sam Kislin. Birstein und der Inhaber von Nordex, Grigori Lutschanski, waren sowjetische Emigranten, die vom KGB angeworben worden waren, um kurz vor dem Zusammenbruch der Sowjetunion Staats- und Parteigelder ins Ausland zu schaffen, wie der Schweizer Geheimdienst später erklärte.[55] Birstein und Kislin schlossen sich mit der Zeit einem Netzwerk an, das Geld aus der Sowjetunion in die USA verschob, auch – indirekt – in das Firmenimperium von Donald Trump.

*

Zu der Zeit, als Putin in Dresden war, läuteten die progressiven KGB-Mitglieder in Moskau die zweite Phase des Marktexperiments ein. Sie fingen an, in der kommunistischen Jugendorganisation, dem Komsomol, eigene Unternehmer heranzuzüchten.

Dabei fiel ihr Blick bald auf Michail Chodorkowski, einen überaus ehrgeizigen jungen Moskauer Anfang zwanzig, der es bereits zum stellvertretenden Leiter seiner Komsomol-Ortsgruppe gebracht hatte. Chodorkowski war einer Kindheit in einer Gemeinschaftswohnung, einer sogenannten Kommunalka, im Norden Moskaus entflohen, wo er schon in frühen Jahren gelernt hatte, welche Gefahren es barg, durch das Raster der sowjetischen Gesellschaft zu fallen. Die andere Familie, mit der sich seine Eltern die Zweizimmerwohnung teilten, führte ihm klar vor Augen, wie viele Dinge im Leben schieflaufen konnten: Der Vater war ein halb wahnsinniger Bolschewik, der ohne Hose in der

Wohnung herumlief und Chodorkowskis Mutter in Angst und Schrecken versetzte, der Sohn war ein Säufer[56], und die Tochter verdingte sich im »ältesten Gewerbe der Welt«, berichtete einer von Chodorkowskis ehemaligen Geschäftspartnern. »Die ganze Atmosphäre dort trieb ihn dazu an, sich Lenins Prinzip ›Lernen, lernen und nochmals lernen‹ zu verschreiben. Er verstand, dass man es im Leben zu nichts brachte, wenn man nicht alles versuchte und hart arbeitete.«[57] Zu Chodorkowski Jugendzeiten war seine Familie bereits aus der geteilten Wohnung ausgezogen, doch die Zeit dort prägte ihn. Seine Eltern waren Ingenieure, und Chodorkowski fing mit vierzehn Jahren an zu arbeiten; er fegte nach Unterrichtsschluss den Schulhof, um sich etwas dazuzuverdienen.[58] Als ich ihn viele Jahre später traf, nachdem er einen kometenhaften Aufstieg und einen ebenso schwindelerregenden Fall erlebt hatte, erzählte er mir, dass er damals davon geträumt habe, Direktor einer sowjetischen Fabrik zu werden, aber immer befürchtete, dass der jüdische Familienhintergrund seines Vaters ihm im Weg stehen würde.[59]

In jener Zeit sah Chodorkowski aus wie ein stiernackiger Straßengangster, in Jeans und Jeansjacke mit dicker Brille und dunklem Schnurrbart. Doch sein ausgeprägter Ehrgeiz brachte ihn an die Spitze seiner Komsomol-Ortsgruppe, wo er zu Beginn Discoabende für die Studenten des Chemisch-Technischen Mendelejew-Instituts organisierte. Dabei bewies er ein solches unternehmerisches Geschick, dass die Führung des Moskauer Komsomol ihn bald mit der Durchführung einer ambitionierten neuen Initiative beauftragte: den »wissenschaftlichen Jugendzentren«, die unter der Abkürzung NTTMs bekannt wurden und deren Aufgabe darin bestand, für die führenden Moskauer Forschungsinstitute Programmierarbeiten zu erledigen und Möglichkeiten auszuloten, wie sich Forschung zu Geld machen ließ. Außerdem sollten sie Zugang zu einer potenziell enormen Menge an Mitteln erhalten, den *besnalitschnije*. Im sowjetischen Zerrbild einer Alice-im-Wunderland-Welt, der Planwirtschaft, bedeuteten Gewinne nichts; alles, von den Materialkosten bis zum Preis des fertigen Produkts, war vom Staat festgesetzt. Die Firmen mussten nichts weiter tun, als sich streng an die staatlichen Jahresproduktionsvorgaben zu halten. Deshalb sollten sie nie mehr Geld auf ihren Konten haben, als nötig war, um die Löhne zu zahlen. Stattdessen sammelten sich dort Buchungseinheiten namens *besnalitschnije*, »Nicht-Bargeld«. Echtes Bargeld war so knapp, dass ein realer Rubel so viel wert sein konnte wie zehn *besnalitschnije*-Rubel.[60]

Unternehmen war es gesetzlich verboten, »Nicht-Geld« in echtes Geld umzutauschen. Doch durch Gorbatschows Reformen erhielten die NTTMs die Genehmigung, *besnalitschnije* in Rubel umzuwandeln, einfach indem sie die Beträge von einem Konto auf ein anderes übertrugen. Das setzte enorme Mengen an Kapital frei und erzeugte gewaltige Gewinne. Chodorkowski hatte sich mittlerweile mit dem Kybernetikabsolventen Leonid Newslin, einem wortgewandten geborenen Politiker mit strahlend grünen Augen und charmantem Wesen, und Wladimir Dubow vom Moskauer Institut für Hochtemperaturphysik zusammengetan. Auch von oben kam Hilfe. Dubows Arbeitsplatz war eines der geheimnisumwobensten Forschungsinstitute der Sowjetunion, ein gigantischer Komplex, der massiv in die Forschungen rund um Laserwaffen und das Wettrennen in den Weltraum involviert war. Der Leiter des Instituts, Alexander Scheindlin, gewährte den dreien Zugang zu 170 000 Rubel in *besnalitschnije*, was fast 2 Millionen realen Rubel entsprach. Er fragte nicht einmal, wofür sie das Geld verwenden wollten.[61]

So stießen Chodorkowski und seine Partner in die erste Reihe einer neuen Bewegung vor, die durch Gorbatschows Perestroika-Reformen entstanden war, und gründeten eine der ersten »Kooperativen« des Landes – was im Grunde nichts anderes war als eines der ersten sowjetischen Unternehmen in Privatbesitz. 1987 hatten bahnbrechende Gesetze die Gründung solcher Firmen in Wirtschaftszweigen erlaubt, in denen der Mangel besonders ausgeprägt war, etwa in den Bereichen Konsumgüter, Schuhreparaturen und Wäscherei. Ein Jahr später wurden sie auf die lukrativste Branche der Sowjetunion ausgedehnt: den Rohstoffhandel. Chodorkowski und sein Team setzten die *besnalitschnije* aus dem Institut für Hochtemperaturphysik extrem gewinnträchtig ein, indem sie sie gegen harte Devisen eintauschten, die von staatlichen Holzexporteuren erwirtschaftet worden waren; damit kauften sie dann Computer. Allerdings wurde ihr Tun zum Teil weiterhin von oben gesteuert. Die sowjetische Wirtschaft benötigte dringend westliche Technologien; die eigenen Computersysteme konnten nicht ansatzweise mit denen aus dem Westen mithalten. Doch das Embargo auf Hightechgüter erschwerte den Import von Computern massiv. Chodorkowski und seine Partner waren auf die geheimen Handelskanäle des KGB angewiesen.[62]

»Die neue Generation von Geschäftsleuten kam nicht aus dem Nichts«, sagte Thomas Graham, früher im Nationalen Sicherheitsrat der USA für Russland zuständig. »Sie hatten Menschen, die ihnen halfen. Bestimmte Elemente in der sowjetischen Regierung und der Ersten Hauptverwaltung des KGB hatten ein Gespür dafür, wie die westliche Welt tickte, und verstanden, dass sich etwas ändern musste.«[63]

»Gorbatschow machte Druck. Es war die offizielle Politik«, sagte Christian Michel, der sich 1989 bereits um die Verwaltung von Chodorkowskis neuem Vermögen kümmerte. »Es gab zwei Abteilungen des KGB, die ein besonderes Interesse daran hatten. Die eine war die Hauptverwaltung für Schwarzmarkt und Wirtschaftsverbrechen. Die zweite war der Auslandsgeheimdienst, weil er das Geschehen besser einordnen konnte als der Rest des Politbüros und Zugang zu einer Menge Geld hatte. Darauf wollte er eine bessere Rendite, also gab er es Leuten wie Chodorkowski und sagte: ›Macht mal was damit.‹«[64]

Bei unserem Treffen beharrte Chodorkowski darauf, nichts davon gewusst zu haben, dass er Teil eines KGB-Experiments war. Er sei zu jung und erfolgsversessen gewesen, um zu bemerken, dass er womöglich eine Figur in einem größer angelegten Spiel war. Seine Aktivitäten seien jahrelang nur ein Job für ihn gewesen, und er habe erst 1993 verstanden, dass man das Unternehmen, das er führte, als sein eigenes betrachten könne. Er habe die ganze Zeit über Anweisungen erhalten: »Sie fragten: ›Kannst du Computer hierhin liefern, kannst du Computer dorthin liefern? Könntest du dies tun, könntest du das tun?‹ Sie hätten das Recht gehabt, mir Befehle zu erteilen, aber sie fragten immer nur.«[65] (Wer diese Strippenzieher waren, wollte er allerdings nicht verraten.)

Hunderte junger Geschäftsleute gründeten nun Kooperativen. Die meisten von ihnen wollten Computer importieren oder Konsumgüter vertreiben. Doch die erfolgreichsten unter ihnen, diejenigen, die in den Rohstoffhandel oder ins Bankgeschäft einstiegen, waren die mit den einflussreichsten Verbindungen. Einer dieser Schwarzmarkthändler aus dem Komsomol war Michail Fridman, ein besonders cleverer und ehrgeiziger Mittzwanziger mit rundem Gesicht und streitlustigem Auftreten, dem ein Studium an den besten Moskauer Universitäten aufgrund der inoffiziellen Antijudenpolitik dort verwehrt geblieben war. Stattdessen hatte er sich am Moskauer Institut für Stahl und Legierungen eingeschrieben. Neben seinem Studium verkaufte er ahnungslosen Touristen Theaterkarten zu Schwarzmarktpreisen.[66] Zusammen mit Freunden gründete er eine weitere der ersten Kooperativen, Alfa Foto, die zuerst Fenster putzte, dann Computer importierte und schließlich zu den ganz wenigen Betrieben zählte, die ihre Tätigkeiten auf den Rohstoffhandel ausdehnen durften. Die Kooperative änderte ihren Namen in Alfa-Eko und schlug als eines der ersten sowjetisch-schweizerischen Gemeinschaftsunternehmen ihre Zelte in der Schweiz auf. »Es wurde alles von der Sowjetunion aus gesteuert«, sagte ein ehemaliger Regierungsbeamter, der mit Fridmans Aktivitäten wohlvertraut war.[67]

Der KGB war bestrebt, das Rohstoffgeschäft strikt unter seiner Kontrolle zu halten, doch das 1988 verabschiedete Gesetz, das den Kooperativen den Zugang zu dieser Branche ermöglichte, erschwerte dieses Vorhaben enorm. Nun wollten auch die Direktoren der staatlichen Unternehmen am Goldrausch teilhaben und gründeten ihre eigenen Kooperativen, um die enormen Rohstoffvorräte der von ihnen geleiteten Werke – Aluminium, Stahl, Kupfer und Düngemittel – zu exportieren. Sie nutzten ihren Zugriff auf die Kapitalströme und privatisierten die Unternehmen von innen heraus, bevor irgendjemand das Wort »Privatisierung« überhaupt in den Mund genommen hatte. Obwohl der KGB versuchte, zumindest die strategisch bedeutendsten Rohstoffe – von allem das Öl – nicht aus der Hand zu geben, entwickelten sich Teile des Rohstoffhandels rasch zu einem rechtsfreien Raum. Gorbatschows Reformen hatten den Geist aus der Flasche gelassen. Der sowjetische Staat wurde geplündert, doch was vor allem entscheidend war: Die Macht der Kommunistischen Partei über die Wirtschaft und das Land an sich schwand, und zwar rasch.

Eine kaum beachtete Klausel im Kooperativengesetz erlaubte die Gründung von Finanz- oder Kreditunternehmen – mit anderen Worten: die Gründung von Banken. Chodorkowski war einer der ersten, die darauf aufmerksam wurden. Er war bei einer örtlichen Filiale der Staatsbank für Wohnungswesen, der Schilsoz-Bank, vorstellig geworden, um einen Kredit für seine Kooperative zu beantragen, und erfuhr dort, dass er diesen nur bekäme, wenn er selbst zuerst eine Bank gründete. Auch dieses Mal gab es freundliche Unterstützung von oben. Die Schilsoz-Bank willigte eine, sich an der Gründung der Bank, die schließlich unter dem Namen Menatep angemeldet wurde, zu beteiligen, und der Leiter des Instituts für Hochtemperaturphysik übernahm einen Posten im Vorstand. Chodorkowski steuerte Kapital aus den NTTM-Gewinnen bei und bewilligte sich die Kredite für sein Computerimportgeschäft kurz darauf selbst. Dann stieß er auf ein Schlupfloch, das ihm eine noch lukrativere Chance bot: den Handel mit harten Devisen. Jetzt hob sein Unternehmen wirklich ab. Er konnte Rubel zum staatlich festgelegten Kurs von 65 Kopeken pro Dollar gegen amerikanisches Geld eintauschen und dann Computer zu einem Preis verkaufen, der einem Kurs von vierzig Rubel pro Dollar entsprach.[68] Die Gewinnspanne war enorm. Die sowjetische Zentralbank gewährte Menatep eine der ersten Lizenzen zum Handel mit harten Devisen, und schon bald überwies die Bank gewaltige Summen ins Ausland.

Damit waren die Schleusen geöffnet; schon bald flossen über den Devisenhandel Hunderte Millionen Dollar auf ausländische Konten. Das geschah größtenteils noch während Gorbatschows stellvertretender Generalsekretär Wladmir Iwaschko den Plan für das Projekt »unsichtbare Wirtschaft« unterschrieb und Leonid Weselowski vom KGB vorschlug, das System aus Treuhändern oder *dowerennije liza* zu erschaffen. Jahrelang hielt sich in Moskau die Legende, dass Chodorkowskis Menatep-Bank einer der Hauptkanäle für den Abfluss von Geldern der Kommunistischen Partei ins Ausland gewesen sei. Chodorkowski leugnete das immer, aber mindestens ein führender Moskauer Banker und zwei ehemalige ranghohe Auslandsagenten sagen, dass Menatep bei der Verschiebung des Parteivermögens eine Schlüsselstellung innegehabt habe. »Dem Zentralkomitee ist eine Menge Geld verloren gegangen. Ich weiß mit Sicherheit, dass Chodorkowski daran beteiligt war«, sagte der Banker.

*

Gorbatschow gab Anfang 1989 erstmals zu, dass ihm das Treiben, das er durch seine Wirtschaftsreformen entfesselt hatte, Angst einjagte. Er und seine Regierung wollten beschränken, wie viel die Eigentümer der neuen Kooperativen verdienen durften. Ihr Vorschlag sah vor, dass diese Eigentümer – und ihre Angestellten – sich nur ein Gehalt von hundert Rubel am Tag auszahlen könnten, während der Rest der Einnahmen auf ein gesondertes Konto bei einer staatlichen Bank überwiesen werden müsste. Gorbatschow versuchte eindeutig, einer Plünderung des sowjetischen Staates Einhalt zu gebieten: Es zeichnete sich bereits jetzt ab, dass die Staatskassen fast leer waren. Doch der Vorschlag stieß sofort auf massiven Widerstand. Einer der Kooperativeninhaber, Artjom Tarasow, der erste bekannte Rubelmillionär der Sowjetunion, machte sich öffentlich dagegen stark und schaffte es, das halbe Politbüro, unter anderem Alexander Jakowlew und den ehemaligen KGB-Chef Wiktor Tschebrikow, auf seine Seite zu ziehen.[69] Gorbatschow hatte immer eine schrittweise Reform der Wirtschaft gewollt, innerhalb der Grenzen des sozialistischen Staates. Doch jetzt, als der große Reichtum lockte, bekam die Geschlossenheit der Parteiführung erste Risse; die Kluft verlief vor allem zwischen den Progressiven und den alteingesessenen Konservativen. Die Progressiven stellten sich einer nach dem anderen hinter Boris Jelzin, das aufstrebende ehemalige Mitglied des Politbüros, das die Autorität von Gorbatschow und seiner Regierung zunehmend infrage stellte – und auch einige Mitglieder des KGB schlossen sich ihnen insgeheim an. Jelzin hatte sich im Zusammenhang mit Gorbatschows Reformen einen Ruf als unabhängiger Anführer erarbeitet, zuerst als er 1990 zum Vorsitzenden des Obersten Sowjets Russlands ernannt wurde, und dann als man ihn bei der ersten demokratischen Wahl im Juni 1991 zum Präsidenten der Russischen Föderation wählte.

Die handverlesenen neuen jungen Wölfe des wirtschaftlichen Umbruchs versammelten sich hinter Jelzin, und auch reformorientierte politische Größen wie Alexander Jakowlew suchten den Schulterschluss mit ihm. Chodorkowski und sein Team finanzierten Teile von Jelzins Präsidentschaftswahlkampf, sie wirkten an seiner Medienkampagne mit und schlossen Bündnisse, die tief in seine Regierung hineinreichten.[70]

*

Als die fünf schwarzen Wolga-Limousinen an jenem schicksalhaften Abend des 18. August 1991 vor den schmiedeeisernen Toren von Gorbatschows Sommerresidenz in Foros am Schwarzen Meer vorfuhren, war die Kommunistische Partei der Sowjetunion eigentlich schon am Ende.

Teile des KGB hatten den Hardlinerputsch wohl nie unterstützt. Die Verschwörer erklärten, KGB-Chef Wladimir Krjutschkow stünde auf ihrer Seite, aber er unterließ es, hart gegen die Gegendemonstranten durchzugreifen. Weder verhaftete der KGB Jelzin, als er am Morgen nach der Machtübernahme durch die Verschwörer in einer Maschine aus Kasachstan in Moskau landete, noch setzte ihn die ALFA-Truppe, die KGB-Eliteeinheit, die im Gebüsch rund um Jelzins Moskauer Datscha lauerte, fest, als er dort über seine nächsten Schritte nachdachte. Stattdessen gelangte Jelzin ungehindert ins Weiße Haus, dem Sitz des russischen Parlaments, wo er sich dem Putsch entschieden entgegenstellte, unterstützt von Zehntausenden, die sich dort vor den Toren versammelten. Als die Verschwörer schließlich den Befehl gaben, Jelzins Bollwerk am Nachmittag des dritten Putschtages zu stürmen, weigerten sich die ALFA-Kräfte, auf das Weiße Haus zu schießen. Und nachdem in den frühen Morgenstunden drei Menschen starben, weil eine Gruppe von Demonstranten in einer nahe gelegenen Straße Barrikaden gegen die anrollenden Panzer errichtet hatte, nahm Krjutschkow den Befehl zurück. Niemand wollte noch mehr Blutvergießen.

Die progressiven Kräfte in der Partei und im KGB hatten sich mittlerweile eindeutig hinter die demokratische Führung gestellt, weil sie nicht wollten, dass die Geldströme versiegten.[71] »Ein Teil des KGB unterstützte Jelzin«, sagte Andrej Illarionow, der Putin in den ersten Jahren seiner Präsidentschaft in Wirtschaftsfragen beriet. »Sie betrachteten Jelzin als eine Alternative, als jemanden, der die Marktreformen umsetzen würde.«[72]

»Die Unternehmen und Menschen, die die Perestroika mit initiiert hatten, entschieden, dass sie mehr wollten«, sagte Rair Simonjan, der junge Ökonom mit Verbindungen zum Militärgeheimdienst, der die Reformbemühungen am IMEMO angeführt hatte. »Das entwickelte sich zur politischen Frage, weil ihnen klar wurde, dass ihre Bemühungen ansonsten in eine Sackgasse führten. Gorbatschow war einfach zu unentschlossen.«[73]

Lange Zeit über tobten die KGB-Hardliner, der Zusammenbruch der Sowjetunion sei von Agenten aus den Vereinigten Staaten herbeigeführt worden. Viele waren – nicht ganz unbegründet – davon überzeugt, dass sich die USA Schwächen im System zunutze gemacht hätten und die Demonstrationen für die Unabhängigkeit in den Republiken des Warschauer Paktes befeuert hätten. Man munkelte, dass Alexander Jakowlew, der für Gorbatschows Perestroika-Reformen Pate gestanden hatte, als CIA-Agent in die Führungsriege des Politbüros eingeschleust worden sei, um das sowjetische Weltreich zu Fall zu bringen, und Boris Jelzin entsprechend eine Marionette der USA sei. Doch in Wahrheit verlief die Revolution, die der sieben Jahrzehnte währenden kommunistischen Herrschaft ein Ende setzte, vor allem deshalb größtenteils unblutig ab, weil viele innerhalb des Systems der Partei und des Sozialismus überdrüssig waren. »Die oberste Riege der sowjetischen Nomenklatura wurde aus dem Amt gefegt, und anschließend übernahmen Teile der zweiten und dritten Reihe das Ruder«, meinte Thomas Graham vom Nationalen Sicherheitsrat der USA. »Diese Leute hatten verstanden, dass es ihnen ohne die ideologischen Vorgaben besser erging. Die Sowjetunion ging unter, weil die Vertreter aus der zweiten und dritten Reihe kein Interesse an ihrem Überleben hatten. Sie hatten herausgefunden, wie sie das neue System zu ihrem Vorteil nutzen konnten.«[74]

Letztlich wurde der Zusammenbruch von innen heraus herbeigeführt. Die Männer an der Spitze des KGB-Auslandsgeheimdienstes
hatten entschieden, »ihr eigenes Zuhause in die Luft zu jagen«, wie es
ein ehemaliger ranghoher Agent formulierte.[75]

Und als die russische Staatsanwaltschaft sich auf die Suche nach dem
verschwundenen Vermögen der Kommunistischen Partei machte, waren es auch die Wachposten des Auslandsgeheimdienstes, die alles in
ihrer Macht Stehende unternahmen, um die Ermittlungen zu behindern. Diese Aufgabe fiel in erster Linie Jewgeni Primakow zu, dem
ehemaligen Leiter des IMEMO, das still und heimlich eine treibende
Kraft hinter den Reformbestrebungen gewesen war. Primakow wurde
kurz nach dem Putsch von Jelzin zum Chef des neuen russischen Auslandsgeheimdienstes ernannt.[76] »Primakow sabotierte den einzigen
ernsthaften Versuch, den massiven Diebstahl aufzuklären, der die russischen Kassen leergespült hatte, nach Kräften«, sagte Richard Palmer,
in den frühen Neunzigerjahren Leiter des für die ehemalige Sowjetunion zuständigen CIA-Standorts.[77]

Primakow und sein enger Verbündeter Michail Milstein, der einstige Chef des Militärgeheimdienstes am Institut für die USA und
Kanada, hatten die ganze Zeit über Pläne ausgearbeitet, wie sich die
Pattsituation zwischen ihrem Land und dem Westen beenden ließe.
Doch gleichzeitig hatten sie eine neue Gruppe von Agenten als Auswanderer in den Westen geschleust, damit diese Teile des heimlichen
Finanznetzwerks des russischen Auslandsgeheimdienstes überwachen
konnten.[78] Auf diesem Weg wurde Geld aus dem Land geschafft und
für ein späteres, geheimeres Vorhaben aufbewahrt. Ein hochrangiger
Mitarbeiter des Auslandsgeheimdienstes, Sergej Tretjakow, behauptete
später, dass so Dutzende Milliarden Dollar abgeschöpft worden seien,
um die Netzwerke des KGB im Ausland aufrechtzuerhalten.[79] Im Jahr
vor dem Putsch waren Hunderte ausländische Tarnfirmen und sowjetische Gemeinschaftsunternehmen gegründet worden, einige von
sowjetischen Auswanderern, andere von den handverlesenen Gesandten aus dem Komsomol.[80]

Das sowjetische Weltreich war verloren, aber die progressiven Kräfte
beim Auslandsgeheimdienst wussten, dass für die Planwirtschaft in der

Auseinandersetzung mit dem Westen ohnehin nicht viel zu holen war. Für diese Leute bedeutete das Ende der kommunistischen Herrschaft nicht das Ende der Kampfhandlungen, sondern eine Gelegenheit, sie später unter anderen Vorzeichen fortzuführen.

## EIN NEUER TAG

Als Boris Jelzin, vom hellen Sonnenlicht geblendet, am Nachmittag des 19. August 1991 inmitten des Hardlinerputsches aus dem russischen Weißen Haus heraustrat, glaubte die Welt, ein Symbolbild für das neue Zeitalter zu erblicken. Jelzin trotzte dem schweren militärischen Gerät rund um das Regierungsgebäude, kletterte steif auf einen Panzer und schüttelte den Soldaten an den Maschinengewehren die Hand.

In den euphorischen Tagen, die nun folgten, wurde das Symbol der alles überragenden Macht des KGB, eine Statue von Felix Dserschinski, dem Gründervater der sowjetischen Geheimpolizei, von ihrem Sockel vor der Geheimdienstzentrale am Moskauer Lubjanka-Platz gestürzt. Schon bald eilten westliche Banker und Staatsvertreter nach Russland, um Jelzins neuer Regierung Ratschläge für den Übergang zur Marktwirtschaft zu geben. Das neue Kabinett bestand zum Teil aus klugen jungen Ökonomen, unter ihnen Jegor Gaidar und Pjotr Awen. Russland sollte in die westlichen Märkte integriert werden, und man begrüßte eine neue Ära der Kooperation.

Obwohl Jelzin den KGB im Oktober 1991 per Dekret auflöste und ihn durch vier getrennte Inlandsdienste ersetzte, war die Ernennung Wadim Bakatins zum Leiter der Organisation in den letzten Monaten ihres Bestehens ein frühes Anzeichen, dass der Wandel eher kosmetischer Natur sein würde. Bakatin war ein unerfahrener Außenseiter, der in den letzten Jahren der Sowjetunion kurz als Innenminister gedient hatte, und seine neuen Untergebenen beim KGB taten, was sie wollten. Der Moskauer Journalistin Jewgenija Albaz gegenüber gab er zu, dass er so gut wie keine Kontrolle über seine Mitarbeiter habe und wisse, dass sie ihn manipulierten und ihm Informationen vorenthielten: »Wenn die *komitetschiki* nicht wollen, dass ich etwas weiß, dann erfahre ich es auch nicht, davon bin ich überzeugt«, sagte er zu ihr.[81]

Und auch als der KGB dann offiziell zerschlagen war, blieb der mächtige Auslandsgeheimdienst, jetzt unter dem Namen SWR, unter der Leitung Primakows bestehen. Obwohl Zehntausende offensichtlich demoralisierte Agenten den Dienst quittierten und in die Wirtschaft strömten, zog ein Teil des Systems sich einfach in den Untergrund zurück. Genau wie Putin unter Sobtschak »verbarg man sich im Schatten«, sagte ein ehemaliger Verbindungsmann des KGB, der anonym bleiben wollte.[82] »Da wurde gar nichts abgeschafft. Sie haben nur die Fassade verändert und sich einen neuen Namen gegeben. Aber ansonsten blieb alles gleich.« Und auch wenn das offizielle Budget des SWR stark zusammengestrichen wurde, fand man doch schnell inoffizielle Finanzquellen.

Obwohl die russische Regierung im Chaos, das auf den Zusammenbruch der Sowjetunion folgte, Probleme hatte, die Renten sowie die Gehälter der Lehrer, Ärzte und anderer Staatsangestellter auszuzahlen, sorgte der neue Ministerpräsident Jegor Gaidar dafür, dass genügend Geld für die strategischen Außenposten des Auslandsgeheimdienstes da war. So gingen 1992 200 Millionen Dollar an Fidel Castros Regime in Kuba, damit der russische Geheimdienst weiterhin dessen Lourdes-Überwachungsstation mitbenutzen und die USA belauschen konnte. Die Zahlung erfolgte mittels eines komplizierten Tauschhandels von Erdölerzeugnissen gegen Zuckerimporte – genau wie bei den KGB-Schmuggelaktionen über die befreundeten Firmen.[83] Zur selben Zeit betrug Russlands offizieller Staatshaushalt nur 148 Millionen Dollar. Später in jenem Jahr verwendete Gaidar einen 1 Milliarde Dollar umfassenden Kredit des Internationalen Währungsfonds, der zur Stabilisierung der russischen Wirtschaft gedacht war, um einem der wichtigsten Finanzakteure im Netzwerk des russischen Auslandsgeheimdienstes, der sowjetischen Staatsbank in Paris namens Eurobank, aus der Klemme zu helfen.[84]

In der ersten Hälfte der Neunzigerjahre blieb der KGB eine einflussreiche Macht hinter den Kulissen. Seine Agenten waren immer noch überall vertreten, als Berater für Handels- oder Regierungsbeziehungen oder als Sicherheitschefs. Bis 1995 befand sich ein Großteil des Ölsektors in Staatshand, und die Exporte wurden von den Auslandsagenten des KGB überwacht. »Sie waren praktisch überall zu finden, in allen Unternehmen, in allen Behörden«, sagte Christian Michel. »Durch ihre Verbindungen untereinander waren sie weit mehr als nur Einzelpersonen. Diese Männer vom KGB kontrollierten Netzwerke, und ohne sie ging nichts.«[85]

Anfangs waren viele der erfahreneren KGB-Agenten, die am Übergang zur Marktwirtschaft mitwirkten, für die jungen Tycoons tätig, die sie selbst durch Gorbatschows Perestroika-Reformen groß gemacht hatten.[86] Meistens wollten sie einfach nur ihren Anteil einstreichen, aber manchmal übten sie auch Macht aus. »Sie sagten: ›Du machst das Geld und reichst es an uns weiter‹«, berichtete Juri Schwez, der ehemalige Auslandsagent.[87]

Doch als die jungen Tycoons durch die von der Jelzin-Regierung angestoßenen Marktreformen langsam zu Geld und Macht kamen, begannen sie, ihre ehemaligen Unterstützer vom KGB zu umgehen. Ein neues Russland schien zu entstehen, mit den früheren Komsomol-Mitgliedern als schillernden Symbolen des neuen kapitalistischen Zeitalters. Chodorkowski und sein Team von der Menatep-Bank veröffentlichten sogar ein Manifest, das sie in einer Auflage von fünfzigtausend Stück auf der Straße verteilten und in dem sie die Vorteile des Reichwerdens anpriesen: »Unser Kompass ist der Gewinn. Unser Idol ist seine finanzielle Hoheit, das Kapital.«[88] Ihr Ziel war es, »Milliardär zu werden«, und sie wollten zeigen, dass Wohlstand nun, nach Jahrzehnten, in denen Gewinne als Verbrechen galten, nichts Anstößiges mehr hatte. Doch in Wahrheit konnten sie von Anfang an auf Hilfe von innerhalb des Systems zählen.

Die Reformen von Gaidars neuer Regierung zielten darauf ab, Russland möglichst schnell zu einer Marktwirtschaft zu machen – ohne Rücksicht auf die Konsequenzen. Unterstützung erhielt sie auch von einem Team US-amerikanischer Wirtschaftswissenschaftler aus Harvard unter der Leitung von Jeffrey Sachs, der hoffte, den Erfolg der sogenannten »Schocktherapie«-Reformen in Polen wiederholen zu können, wo zwei Jahre zuvor eine Transformation im Eiltempo gelungen zu sein schien.[89] Doch in Russland wog das Erbe des Sowjetstaates deutlich schwerer. Gaidars Marktreformer stellten lediglich eine Minderheit dar, und das korrupte System, in dem sie ihre Reformen anstießen, führte nur zu einer weiteren Verzerrung der Wirtschaft. Nur wer wie Chodorkowski in den letzten Jahren der Sowjetunion eine Bank gegründet hatte, konnte profitieren. Eine Zeit lang schienen die amerikanischen Wirtschaftswissenschaftler das jedoch mitzumachen. Sie glaubten, zur Erschaffung einer neuen Klasse von Unternehmern beizutragen, und waren anscheinend zu allem bereit, um den Klammergriff der alten sowjetischen Garde aufzubrechen.[90]

Als die Jelzin-Regierung am 1. Januar 1992 nach jahrzehntelanger Kontrolle durch die Sowjets über Nacht die Preisbindung aufhob, verdienten die jungen Ökonomen viel Geld, während die Bevölkerung und der Staat ums Überleben kämpfen mussten. Die Preisfreigabe löste eine vernichtende Hyperinflation aus, da Lieferanten und Produzenten Probleme hatten, die seit Langem bestehenden Engpässe zu überwinden. Anders als in Polen, wo die Inflation sich nach einem kurzen, rasanten Anstieg wieder beruhigt hatte, musste sich Gaidar mit einem ausgefuchsten Zentralbankchef der alten Garde herumschlagen: Wiktor Geraschtschenko, der einst an der Spitze des sowjetischen Netzwerks von Auslandsbanken gestanden hatte, die die Tätigkeiten des KGB finanziert hatten; er ließ jetzt einfach immer mehr Geld drucken. Die Preise für Verbrauchsgüter stiegen um 400 Prozent an, manche auch noch deutlich stärker. Während die Hyperinflation die Kaufkraft des Staates zunichtemachte und die ohnehin geringen Ersparnisse der Bevölkerung auffraß, konnten sich Chodorkowski und die anderen jungen Ökonomen gegen die Entwertung schützen. Sie hatten durch ihre Banken Zugriff auf harte Devisen und waren in der Lage, jeden eingehenden Rubel schnell in Dollar zu tauschen.

Darüber hinaus profitierten die Tycoons auch von der nächsten anstehenden Reform der Gaidar-Regierung, der Privatisierung der staatlichen Unternehmen. Die Einzigen, die über die nötigen Mittel verfügten, um sich an den sogenannten Massenprivatisierungen zu beteiligen, waren die Mitglieder der kleinen Elite, die bereits unter Gorbatschows Perestroika-Reformen weite Teile der Kapitalflüsse der Unternehmen für sich genutzt hatten: die jungen Geschäftsleute aus dem Komsomol, die Schwarzmarkthändler, das organisierte Verbrechen, der KGB und die hohen Beamten.

Eine Privatisierung in Zeiten einer Hyperinflation habe nur zu einer weiteren Konzentration des staatlichen Vermögens in den Händen dieser kleinen Gruppe führen können, sagte Grigori Jawlinski, einer der prinzipientreusten Wirtschaftswissenschaftler Russlands, der sich nachdrücklich für eher schrittweise Reformen ausgesprochen hatte. »Wie kann man eine Privatisierung durchführen, wenn sich das Geld an sich quasi aufgelöst hat? Das kann nur eine kriminelle Privatisierung werden. Der nächste Schritt war die kriminelle Privatisierung.«[91]

»Als Gaidar versuchte, die ersten Privatisierungen durchzuführen, war die Beute schon verteilt«, sagte Gleb Pawlowski, ein ehemaliger Kreml-Berater.[92] »Gaidars größter Fehler war, dass er zu Beginn seiner Reformen davon ausging, die Sowjetunion aus dem Jahr 1987 vor sich zu haben. Aber die sowjetische Wirtschaft existierte bereits nicht mehr.« Die Gaidar-Regierung wollte den Privatisierungsprozess für alle öffnen, indem sie Coupons an Werksarbeiter ausgab, damit sich auch diese an den Verkäufen beteiligen konnten. Aber die Arbeiter waren häufig gezwungen, ihre Coupons gegen Bargeld oder sogar gegen Brot einzutauschen, wenn sie die Hyperinflation überleben wollten.

Die neuen Tycoons aus dem Komsomol profitierten am stärksten, als ihnen die Jelzin-Regierung Zugang zu enormen Summen gewährte, ohne dass sie dafür einen Finger rühren mussten. Statt eine eigene Staatskasse einzurichten, legte die Regierung strategische Mittel aus dem russischen Staatshaushalt bei den Banken der Tycoons an, unter anderem bei Chodorkowskis Menatep und Fridmans Alfa. Das bot diesen erklärten Lieblingen der Jelzin-Regierung die perfekte Gelegenheit, schnell reich zu werden. Sie konnten Hunderte Millionen Dollar an Staatsgeldern für ertragreiche Investitionen und manchmal sogar für die Privatisierungsversteigerungen verwenden, während der Staat keine andere Wahl hatte, als auf die Rückzahlung seiner Mittel zu warten. Wichtige Zahlungen wie das Geld für den Verteidigungshaushalt oder für ein Hilfsprogramm für Bürger, die in den halbverlassenen Industriewüsten hoch im Norden des Landes lebten, verzögerten sich oder blieben ganz aus, weil die skrupellosen neuen Banker die

Regierung mit Schuldscheinen abspeisten. Der Staat blutete aus, während die neuen Wölfe der russischen Wirtschaft kunstvolle Konstrukte ersannen, um Steuerzahlungen oder Zölle zu vermeiden.

Da sie auf den Märkten schneller und geschickter agierten als ihre einstigen Mentoren vom KGB, entwickelten sich die jungen Komsomol-Tycoons bald zu einer Art Frankensteins Monster, das seinen Schöpfer immer wieder abhängt. Der entscheidende Wendepunkt, an dem die Kontrolle über die Wirtschaft wohl unwiderruflich auf die neuen Tycoons überging, kam Mitte 1995. Ein Jahr vor der ersten Präsidentschaftswahl der Nachsowjetzeit waren die Staatskassen leer. Gehalts- und Pensionszahlungen ließen Monate auf sich warten, und Jelzins Zustimmungswerte waren niederschmetternd gering – sie lagen bei 6 Prozent. Die Tycoons fürchteten eine Rückkehr zum Kommunismus, was sie ihr Vermögen kosten und sie vielleicht sogar ins Gefängnis bringen würde. Noch wichtiger war aber, dass sie schon seit Langem ein Auge auf die Kronjuwelen der sowjetischen Wirtschaft geworfen hatten: die Industrieriesen. Denn verglichen mit den enormen Ressourcen, die sich immer noch in staatlicher Hand befanden, hatten sie bisher nur »Kleinvieh« erstanden.

Wladimir Potanin, der wortgewandte Sohn eines hochrangigen sowjetischen Diplomaten, der zu einem der größten neuen Banker des Landes aufgestiegen war, ersann einen auf den ersten Blick genialen Plan. Er schlug vor, dass die jungen Banker der klammen Jelzin-Regierung mit einer Reihe von Krediten aushelfen könnten. Als Sicherheit sollten die Tycoons Anteile an einigen der größten Staatsunternehmen erhalten. Sie würden die Geschäfte führen und könnten ihre Anteile verkaufen, falls der Staat das geliehene Geld nicht zurückzahlen konnte. Als die Idee aufkam, höhnten außenstehende Beobachter, dass daraus nichts werden könne: Das Korruptionspotenzial sei einfach zu groß.[93] Es wäre zu leicht für die Banker, die Anteile an sich selbst zu verkaufen.

Doch die jungen Tycoons hatten mächtige Freunde in der Jelzin-Regierung, allen voran Anatoli Tschubais, den rothaarigen stellvertretenden Ministerpräsidenten, ein enger Verbündeter Gaidars, der federführend am bisherigen Privatisierungsprogramm beteiligt gewesen war. Tschubais hatte – mit entschiedener Unterstützung durch die US-Wirtschaftswissenschaftler – alles darangesetzt, den Klammergriff, in dem der Staat die Wirtschaft gehalten hatte, zu lösen. Zu große Anteile der Industrie waren noch im Besitz des Staates, der »roten« Direktoren aus der Sowjetzeit und des KGB, während die Gefahr einer Rückkehr zum Kommunismus bedrohlich real wirkte. Wenn die Regierung auf den Vorschlag der Banker einging, entstünde quasi über Nacht eine neue Klasse von Unternehmenseigentümern, und die leeren Staatskassen würden durch die Kredite mit geschätzt 1,8 Milliarden Dollar gefüllt. In der Folge würden die Tycoons Jelzin bis aufs Blut gegen die Kommunisten verteidigen, um ihren neuen Reichtum zu schützen. Tschubais glaubte, dies könne den endgültigen Sieg der Reformer über die Kräfte der alten Garde bedeuten.

Doch der Vorgang sollte sich als eine der Ursünden beim Übergang Russlands zur Marktwirtschaft herausstellen. Er war der ewige Makel, der Wegbereiter für ständige Zweifel an der Rechtmäßigkeit des Besitzes, den die jungen Tycoons in dieser Zeit erwarben. Das Verfahren wurde unter der Bezeichnung »Darlehen gegen Anteile«-Privatisierung bekannt und war eine Art Insiderhandel, der die enormen Ressourcen des Landes zu einem Schleuderpreis in den Besitz der jungen Banker brachte. Da die jungen Tycoons finanziell deutlich flexibler waren und durch das rasche Wachstum ihrer Banken und die Staatseinlagen auf deutlich größere Summen zugreifen konnten als ihre einstigen Lehrmeister vom KGB, gingen diese leer aus. Dem KGB und den ehemaligen sowjetischen Direktoren gelang es selbst mit vereinten Kräften nicht, bei mehr als zwei der Auktionen Anteile an Ölfirmen zu erstehen: 5 Prozent an einer Ölfirma namens Lukoil und 40 Prozent an Surgutneftegas, wo die Geschäftsführer größte Anstrengungen unternahmen, die jungen Banker fernzuhalten. Sie ließen den Flughafen, der der sibirischen Ölstadt Surgut, wo die Versteigerung stattfand, am nächsten war, einfach schließen und die Hauptzufahrtsstraßen durch Barrikaden mit bewaffneten Wachleuten blockieren.[94]

Die übrige Sowjetindustrie ging überwiegend in den Besitz der jungen Banker über, in Versteigerungen, die weithin als manipuliert galten. Potanin erhielt den großen Preis, hinter dem er schon lange her gewesen war: die Mehrheit am weltgrößten Nickel- und Platin-hersteller Norilsk Nickel, einer riesigen Industrieanlage nördlich des Polarkreises, deren Gewinne 1995 bei 1,2 Milliarden Dollar lagen. Dafür hatte Potanin nichts weiter tun müssen, als dem Staat einen Kredit in Höhe von 170 Millionen Dollar zu gewähren – als der weiterhin klamme Staat das Geld nach Jelzins Wahlsieg wie erwartet nicht zu-rückzahlen konnte, hatte Potanin freie Bahn und konnte die Anteile für kaum mehr als die Kreditsumme erstehen.

Chodorkowski hatte schon seit Langem ein Auge auf Jukos gewor-fen, einen Ölkonzern in Westsibirien, dem einige der größten Ölvor-kommen Russlands gehörten. Er übernahm ihn jetzt, indem er dem Staat 159 Millionen Dollar lieh und dafür 45 Prozent der Unterneh-mensanteile erhielt, die er durch eine Investition von noch einmal 150 Millionen Dollar um weitere 33 Prozent aufstockte. Ein anderer Ölgigant, Sibneft, wurde durch Boris Beresowskis Anstrengungen für 100 Millionen Dollar erworben, der bereits den Vertrieb von Russ-lands größtem Autobauer kontrollierte und eine eigene Bank besaß. Die meisten dieser Unternehmer waren erst Anfang dreißig, schafften es aber mithilfe der wohlwollend gesinnten Regierungsbeamten, die die Auktionen organisierten, sich die Grundlagen eines Vermögens zu sichern, das wenige Jahre später Milliarden und bald darauf Dutzende Milliarden Dollar betragen sollte. Beresowski brüstete sich kurz darauf damit, dass eine Gruppe von sieben Bankern die Hälfte der russischen Wirtschaft kontrolliere.[95]

Die Darlehen-gegen-Anteile-Versteigerungen führten zu einer enormen Verschiebung der wirtschaftlichen Machtverhältnisse. Von nun an waren die Tycoons keine reinen Banker mehr, sondern Eigen-tümer der wichtigsten Wirtschaftsgüter des Landes, die die lukrativs-ten Gewinne einbrachten. »In diesem Augenblick fingen sie an, sich neu zu erfinden«, sagte Christian Michel. »Sie erstanden echte Vermö-genswerte und wurden viel mehr als nur Finanzunternehmer.«[96]

Gegen Ende der Neunzigerjahre gelang es den jungen Tycoons, das sowjetische Erbe aus sinkenden Produktionszahlen, massiven Schulden und Verfall zu überwinden. Doch für die Mitglieder der Si-cherheitsbehörden, die diese neuen Milliardäre groß gemacht hatten, waren die Darlehen-gegen-Anteile-Versteigerungen etwas, was sie weder vergeben noch vergessen würden, die Keimzelle des späteren Rachefeldzugs des KGB. Bis dahin hatten die KGB-Männer im Hintergrund noch einen Großteil der Finanzströme im Ölgeschäft kontrolliert, doch jetzt hatte man sie überlistet und abgehängt und ihnen die finanziellen Zügel weitgehend aus der Hand genommen. »Der Wendepunkt kam, als [die jungen Tycoons] die Kontrolle übernahmen«, sagte Rair Simonjan, der Kollege von Jewgeni Primakow, der an den frühen Perestroika-Reformen mitgearbeitet hatte. »Es war ein Paradigmenwechsel.«[97]

Doch damals jubelten die Geschäftsmänner der neuen russischen Ordnung erst einmal über den gerade gewonnenen Reichtum. Schon bald waren sie Oligarchen mit einem beträchtlichen Einfluss auf die geschwächte Jelzin-Regierung. Die verbliebenen Vertreter der alten Sicherheitsbehörden, die noch für die Regierung tätig gewesen waren, hatten sich im Vorfeld der Präsidentschaftswahl durch Skandale disqualifiziert, und so kamen nun westlich orientierte Reformer wie Tschubais an die Macht. Potanin ließ sich gleich nach dem Erfolg des von ihm ersonnenen Darlehen-für-Anteile-Ausverkaufs zu Jelzins stellvertretendem Ministerpräsidenten küren, während Beresowski Vizepräsident des Nationalen Sicherheitsrats wurde. Tschubais übernahm die Leitung der Präsidialverwaltung. Es war die Krönung ihrer Ära. Das Land gehörte den Oligarchen. Der KGB schien sich in den Hintergrund zurückgezogen zu haben.

Aber »sie alle vergaßen, bei wem sie in der Schuld standen«, meinte der ehemalige Mitarbeiter des Auslandsgeheimdienstes Juri Schwez.[98] In ihrer Eile, sich die wichtigsten Positionen zu sichern, im Wettstreit um immer mehr Reichtum bemerkten Chodorkowski und die anderen nicht, dass gar nicht weit entfernt, in Sankt Petersburg, ein eisiger Hauch in der Luft lag. Dort liefen die Dinge anders. Fernab der Goldrauschstimmung des Moskauer Wirtschaftsbooms, in einer Stadt, in der das Geschäftsleben härter und düsterer ablief und der Kampf ums Geld mit brutalen Mitteln geführt wurde, war die Macht des KGB deutlich größer.

# 3

# »DIE SPITZE DES EISBERGS«

SANKT PETERSBURG – Am südwestlichen Rand von Sankt Petersburg, wo die Stadt auf den Finnischen Meerbusen stößt, ragt zwischen den eleganten Fassaden der vorrevolutionären Paläste ein Gewirr aus Kränen und Containern in die Bucht hinein. Auf einer kleinen Insel warten haufenweise Holz und verbogenes Altmetall darauf, von Frachtschiffen abgeholt zu werden, während auf der anderen Seite eines Wasserarms noch die Backsteingebäude stehen, die in vorrevolutionären Zeiten den angesehensten Händlern der Stadt als Zollhäuser und Lagerräume dienten und jetzt halb verfallen zwischen dem schweren Gerät auszumachen sind. Weit draußen am westlichen Rand führt ein Betonkai zu einem Ort, der manchmal als »Golden Gates« bezeichnet wird: eine Betonlandschaft aus Öltanks, die so typisch sind für Sankt Petersburgs strategisch wichtigsten Außenposten – das Ölterminal, wo sich in den Neunzigerjahren einige der brutalsten Bandenkämpfe abspielten.

Dieser Archipel beherbergt den Petersburger Seehafen, der in der turbulenten Geschichte Russlands immer eine wichtige Rolle gespielt hat. Als Peter der Große Sankt Petersburg Anfang des 18. Jahrhunderts gründete, hoffte er, dort den größten Hafen Russlands entstehen zu lassen, eine elementare, entscheidende Verbindung zwischen dem eurasischen Teil dieses riesigen Landes und den Märkten des Westens. Tausende Leibeigene schufteten und starben für seine Vision einer Stadt aus prächtigen Barockvillen und eleganten Kanälen inmitten der eisigen Sumpflandschaft. Sankt Petersburg war immer schon als Russlands »Fenster zum Westen« gedacht gewesen, als Hafenstadt, die das

Land ohne Rücksicht auf Kosten und Verluste aus seiner mittelalterlichen und asiatisch geprägten Vergangenheit befreien sollte.

Schon bald trafen hier immer mehr Schiffe aus den Kolonialreichen des Westens ein, beladen mit Stoffen, Tee, Seide und Gewürzen, während die Schätze des russischen Reiches – Holz, Pelze, Hanf und Kali – das Land in umgekehrter Richtung verließen. Die Petersburger Händler und Adligen wurden reich, aber die Arbeiterschaft innerhalb der rapide wachsenden Stadtbevölkerung wurde geknechtet wie kaum irgendwo anders auf der Welt. Die Hafenarbeiter schleppten die Fracht, die auf die Schiffe geladen oder gelöscht werden musste, auf ihrem Rücken, ohne Schutz vor der Eiseskälte oder dem scharfen Wind, die den Hafen sechs Monate im Jahr fest im Griff hatten. Als Wladimir Lenin die Arbeiter der Stadt 1917 versammelte, um die Übergangsregierung zu stürzen, standen die Hafenarbeiter in der ersten Reihe. Während der Blockade der Stadt, die nun den Namen Leningrad trug, durch die Nazis im Zweiten Weltkrieg, erlebte der Hafen den dramatischen Überlebenskampf gegen den Hunger und die Bomben an vorderster Front mit.

Auch als Russland sich aus der dritten Revolution des 20. Jahrhunderts herauskämpfte, spielte der Petersburger Hafen eine entscheidende Rolle. Hier entstand die Allianz zwischen dem KGB und der organisierten Kriminalität, deren Einfluss sich über ganz Russland und später sogar bis in die westlichen Märkte und Institutionen hinein erstrecken sollte. Der Hafen bildete die Grundlage der Geschäftskontakte zwischen dem stellvertretenden Bürgermeister der Stadt, Wladimir Putin, dem örtlichen Mafiaboss und Herrscher über den Hafen sowie dem Ölhändler, der über das Ölterminal ein Exportmonopol erlangte. Die damals durch ein komplexes Geflecht aus Tauschhandel und Exportgeschäften geschmiedeten Beziehungen entwickelten sich zum Modell dessen, wie Putins Russlands funktionieren sollte.

Anfang der Neunzigerjahre war der Hafen eine der finstersten Ecken in einer Stadt, in der Schießereien zwischen Banden und brutale Auseinandersetzungen um Geld an der Tagesordnung waren. »Die Geschichte des Hafens ist massiv von Kriminalität und schmutzigen Geschäften geprägt«, sagte ein ehemaliger hochrangiger Mitarbeiter des Petersburger Stadtrates.[1] »Im Hafen herrschten die Verbrecher.

Es gab ständig Schießereien«, meinte auch ein einstiges Mitglied des größten örtlichen Mafiaclans, der Tambow-Gruppe.[2]

Durchsetzen konnte sich letztlich eine Allianz aus Mafiamitgliedern und dem KGB, die Sankt Petersburg in den Neunzigerjahren fest im Griff hatte und in deren Mittelpunkt Wladimir Putin stand. Während sich die KGB-Kräfte in Moskau größtenteils zurückhielten, waren sie in Sankt Petersburg deutlich präsenter. Der Wirtschaftssektor der Stadt war deutlich kleiner als der Moskaus, der Kampf um das Geld erbitterter, und die Verbindungen des Bürgermeisters und seiner Mitarbeiter reichten in die meisten Unternehmen hinein. Der Hauptgrund für den enormen Einfluss des KGB in Sankt Petersburg war die Tatsache, dass der Bürgermeister Anatoli Sobtschak kaum Interesse an den alltäglichen Aufgaben seines Amtes hatte. Die überließ er Putin, dem Leiter des Komitees für Außenbeziehungen, das für den gesamten Handel und weite Teile der übrigen Geschäftstätigkeiten zuständig war, und seinem anderen Stellvertreter, Wladimir Jakowlew, dem die Verantwortung für Wirtschaftsfragen in der Stadt zukam.

Sobtschak und seine Stellvertreter verlegten den Sitz des Bürgermeisteramts vom Marienpalast, wo der demokratisch dominierte Stadtrat ansässig war, in die verschachtelten Gänge des Smolny-Instituts, von wo aus die Kommunistische Partei seit Lenins Machteroberung die Geschicke der Stadt geführt hatte. Was sie erbten, war eine Katastrophe. Die Kassen der Stadt waren leer. Es gab kein Geld, um Importe zu bezahlen, und die Ladenregale leerten sich schnell. Die einheimische Lebensmittelproduktion war in einem desolaten Zustand. An den Straßenrändern verrottete Getreide, das die ineffizienten Kolchosen dort liegen ließen, und eine Reihe von Missernten verschlimmerte die Situation noch. Die Stadt erlebte nicht nur eine Nahrungsmittelkrise, sondern auch eine gewaltige Zunahme an Kriminalität. In den Wirren rund um den Zusammenbruch der Sowjetunion schienen alle Machtzentren zu kollabieren. Sofort war das organisierte Verbrechen zur Stelle, um das Vakuum zu füllen; es erpresste Schutzgelder von den örtlichen Betrieben und übernahm den Handel.

Hinter den imposanten Säulen und der leicht ramponierten Fassade des Smolny-Instituts saß Sobtschak in seinem Büro und schien unfähig, die sich zuspitzende Situation in den Griff zu bekommen. Er war ein talentierter und überzeugender Redner, der sehr stolz auf sein Erscheinungsbild war, aber seine Beziehung zu dem, was von den Strafverfolgungsbehörden der Stadt übrig war, galt als angespannt. »Sobtschak war ein Idiot«, sagte ein ehemaliges hochrangiges KGB-Mitglied, das in Sankt Petersburg eine Zeit lang mit Putin zusammenarbeitete. »Er wollte immer die elegantesten Anzüge tragen und konnte stundenlange Reden halten. Er liebte die Attribute der Macht, und seiner Frau schwebte das Leben einer Aristokratin vor. Sobtschak fuhr gern in Limousinen durchs Land, aber irgendjemand musste die Arbeit erledigen. Wer sollte die Scheiße von den Straßen räumen und sich um die Verbrecher kümmern?«

In den Strafverfolgungsbehörden nahm niemand Sobtschaks Anrufe entgegen. »Der ehemalige Chef des Petersburger KGB weigerte sich, auch nur im gleichen Raum zu sein«, meinte das einstige KGB-Mitglied. »Statt zu versuchen, [Sobtschak] Sicherheitskonzepte darzulegen, hätte man auch versuchen können, ihm Atomphysik zu erklären. Aber mit Putin konnte man diese Dinge besprechen. Ihm konnte man sagen: ›Wolodja, hier haben wir es mit dieser Situation zu tun und dort mit jener.‹ Und wenn er bei der Polizei anrufen musste, um etwas zu klären, legte niemand einfach auf.«

Sobtschak brauchte Putin also, denn der hatte sich seine Kontakte in die Spitze des örtlichen KGB bewahrt: Wiktor Tscherkessow, sein ehemaliger Mentor in der gefürchteten fünften Hauptverwaltung des Leningrader KGB, die sich dem Kampf gegen Dissidenten verschrieben hatte, war nun Leiter des Petersburger FSB, wie die Nachfolgebehörde des KGB hieß. Putin wurde zum Ansprechpartner in Sachen Strafverfolgung. Er »war jemand, der jemanden anrief und sagte: ›Wir müssen etwas tun, sonst wird das hier zum Albtraum‹«, sagte das ehemalige KGB-Mitglied. »Er war in der Lage, sich mit einem General zu unterhalten, der früher bei den Spezialkräften war und der ihm jetzt sagen konnte, wie er mit einer Situation umzugehen hatte, und ihm vielleicht sogar Unterstützung anbot. Das waren Leute mit Verbindungen. Das System war zusammengebrochen, aber ein Teil von ihm blieb erhalten.«[3]

Was aus dem Chaos und dem Kollaps – und Sobtschaks Unfähigkeit – hervorging, war ein Bündnis zwischen Putin, seinen KGB-Freunden und der organisierten Kriminalität, das danach strebte, weite Teile der Petersburger Wirtschaft auf den eigenen Profit auszurichten. Statt eine Ordnung zu erschaffen, die der Stadtbevölkerung zugutekam, setzten die Verbündeten nur solche Regeln durch, die vor allem ihnen selbst nützten. Für sie bot der Zusammenbruch der Sowjetunion in erster Linie eine Chance, sich zu bereichern, und – insbesondere für Putin und seine KGB-Verbündeten – die Gelegenheit, schwarze Kassen zu schaffen, die ihre Verbindungen und Positionen über Jahre hinweg sichern sollten. Diese Kassen hatten ihren Ursprung in den Tauschgeschäften der KGB-geführten »befreundeten Firmen«. Später wurden sie auf den Hafen und das Ölterminal selbst ausgedehnt. Immer mit dabei war die Tambow-Gruppe, ein Teil der Petersburger Mafia. Das Geschäftsmodell bestand laut einem ehemaligen örtlichen FSB-Mitarbeiter aus »Mord und Plünderung«: »Die Waffen der Tambow-Mafia trieften von Blut.«[4]

*

Das Jahr 1991 neigte sich dem Ende zu, als Marina Salje zum ersten Mal bemerkte, dass etwas nicht stimmte. Der Stadtrat hatte die hitzige Politikerin, die einst mit Sobtschak um die Führung der Demokraten in Sankt Petersburg konkurriert hatte, damit beauftragt, einen Ausweg aus der Nahrungsmittelkrise zu finden. Salje, eine furchtlose Geologin Mitte fünfzig mit seidigem, langsam ergrauendem Haar und tiefen Schatten unter den entschlossen dreinblickenden Augen, ließ niemals locker. In jenem Herbst hatte sie durchgesetzt, dass die Stadt Bezugsscheine einführte. Das war das erste Mal seit den furchtbaren Hungertagen der Leningrader Blockade, dass die Nahrungsmittel rationiert werden mussten.[5] Jetzt wollte sich Salje für einen Tauschhandel einsetzen, der es der Stadt ermöglichte, Rohstoffe gegen Lebensmittelimporte auszuführen. Das schien der einzige Weg zu sein, um eine Hungersnot zu verhindern.

Auf föderaler Ebene war bereits ein solches System eingeführt worden, um der Krise, die das ganze Land bedrohte, entgegenzuwirken. Die Moskauer Regierung hatte begonnen Lizenzen zu verteilen, die zur Ausfuhr bestimmter Mengen an Rohstoffen wie Erdölerzeugnissen, Metall und Holz aus staatlichen Betrieben berechtigten, wenn im Gegenzug Lebensmittel importiert wurden. Doch als Salje Druck auf den Bürgermeister ausüben wollte, damit er Exportlizenzen für Sankt Petersburg beantragte, vernahm sie das Gerücht, dass diese bereits Putins Komitee für Außenbeziehungen zugestanden worden seien. »Was für Lizenzen? Wo sind die Lizenzen? Offiziell wusste niemand etwas darüber«, erzählte sie später in einem Interview.[6] Als sie versuchte, dem Bürgermeisterbüro weitere Informationen zu entlocken, blieben ihre Nachfragen unbeantwortet. Die Planungen, fand sie heraus, liefen bereits seit mindestens Anfang Dezember, und niemand war darüber informiert worden.[7] Das größte Problem war, dass die erwarteten Lebensmittellieferungen nirgends aufzufinden waren. Zum Jahreswechsel reichten die Vorräte der Stadt gerade noch für einen Monat.[8]

Salje leitete eine offizielle Untersuchung ein und verlangte Informationen über die Handelsverträge.[9] Als Putin sich den Forderungen schließlich fügte und vor dem Stadtrat aussagte, mit fahlem Blick und trotziger Miene, brachte er nur zwei Seiten an Unterlagen mit und erklärte den Abgeordneten, der Rest fiele unter das Geschäftsgeheimnis.[10] Seine Aussage unterschied sich stark von dem Inhalt der Dokumente, die Salje später vom Staatlichen Zollausschuss und anderen Beamten erhielt, als sie ihre Untersuchungen intensivierte.[11]

Als Salje alle Puzzlestücke zusammengesetzt hatte, wurde deutlich, dass Putins Komitee Exportlizenzen im Wert von mehr als 95 Millionen Dollar an ein obskures Netzwerk von Tarnfirmen vergeben hatte und buchstäblich keiner der als Gegenleistung erwarteten Lebensmittel eingetroffen waren.[12] Der Staat hatte weitere Exportkontingente in Höhe von 900 Millionen Dollar freigegeben, unter anderem für Aluminium im Wert von 717 Millionen Dollar.[13] Ob Putin diese Kontingente an andere Firmen vergeben hatte, die daraufhin ebenfalls mit den Erträgen von der Bildfläche verschwanden, war unmöglich festzustellen, da Salje keinen Zugang zu weiteren Dokumenten erhielt. Aber sie ging davon aus, dass es so war.[14]

Während Salje und ihre Leute sich durch die Papiere arbeiteten, schien der Skandal immer weitere Kreise zu ziehen. Einige Zollbeamte und Vertreter des Petersburger Auslandshandelsministeriums hatten sich schriftlich bei Putin darüber beschwert, dass er die Exportlizenzen entgegen den geltenden Gesetzen bezüglich solcher Tauschgeschäfte vergeben habe.[15] Ein Fachgutachten, das von Saljes Kommission in Auftrag gegeben wurde, warnte, dass die involvierten Firmen so undurchdringlich seien, dass sie sich über Nacht mit den Gewinnen aus dem Staub machen könnten.[16] Die meisten von ihnen sollten unvorstellbare Beteiligungen für ihre Dienste erhalten: 25 bis 50 Prozent des Vertragswerts statt der üblichen drei bis vier Prozent.[17] Eine Handvoll Verträge schien den beteiligten Unternehmen zu gestatten, Rohstoffe weit unter dem Marktpreis zu erwerben. Eine von Putin ausgestellte Lizenz gewährte einer nur zwei Monate zuvor gegründeten Firma, 13 997 Kilogramm Seltene-Erden-Metalle für ein Zweitausendstel des Weltmarktpreises einzukaufen, was ihr gewaltige Gewinne einbrächte, wenn sie diese dann auf den Märkten der Welt anbot.[18]

Das System, das Salje aufgedeckt hatte, war fast identisch mit den Praktiken der KGB-Gemeinschaftsunternehmen in der Endphase der Sowjetunion, die damals dazu geführt hatten, dass eine Flut von Rohstoffen aus den staatlichen Betrieben zu den niedrigen sowjetischen Preisen aus dem Land geschwemmt worden waren, während die Profite aus den Verkäufen zu den deutlich höheren Weltmarktpreisen auf ausländischen Konten hängenblieben. In jenen Tagen benötigte jede Firma, die Rohstoffe exportieren wollte, eine Sonderlizenz des Außenhandelsministeriums, das hauptsächlich mit KGB-Getreuen besetzt war. Als die russische Regierung eine Reihe von Tauschprogrammen aufsetzte, um die drohende humanitäre Krise nach dem Zusammenbruch der Sowjetunion abzuwenden, liefen die Geschäfte ganz ähnlich ab. Aber Putin verfügte über die Genehmigung, im Rahmen des sogenannten Öl-gegen-Lebensmittel-Programms seine eigenen Kontingente, Lizenzen und Verträge zu vergeben, was ihm ersparte, für jede einzelne Aktion die Einwilligung des Ministeriums einzuholen.[19] Dieses Recht hatten ihm Gaidar und der Außenhandelsminister Pjotr Awen persönlich eingeräumt – der brillentragende Wirtschaftswissenschaftler, der Anfang der Achtzigerjahre mit Gaidar zusammen Reformen erarbeitet hatte und keinerlei Kritik an Putin übte, als dessen Öl-gegen-Lebensmittel-Geschäfte genauer unter die Lupe genommen wurden.

Einer der Verträge, die Putin bewilligte, ging an ein sowjetisch-finnisches Gemeinschaftsunternehmen namens Sfinks, das Ende Dezember 1991 die Lizenz erhielt, im Austausch gegen 200 000 Tonnen Viehfutter Diesel, Zement und Dünger zu exportieren.[20] Eine sowjetisch-deutsche Kooperation namens Tamigo erhielt eine Lizenz für den Tausch von 500 Tonnen Kupfer gegen Zucker und Speiseöl.[21] Einer der Geschäftsführer von Dschikop, der Firma, die Seltene-Erden-Metalle für ein Zweitausendstel des Marktpreises erstehen durfte,[22] war der Bruder eines Studienfreunds von Putin, der dessen Begeisterung für Kampfsport teilte.[23] Ein weiterer Profiteur eines Dieselkontingents war ein Unternehmen mit dem Namen Interkommerts, geleitet von Gennadi Miroschnik, einem verurteilten Kriminellen, der daran beteiligt gewesen war, 20 Millionen Deutsche Mark aus Mitteln abzuzwacken, die für die Verlegung sowjetischer Truppen aus Ostdeutschland vorgesehen waren.[24] Später erzählte Putins Frau Ljudmila einer Freundin, dass es eine Verbindung gebe zwischen Interkommerts und einigen Ostdeutschen, die ihr Mann in Dresden kennengelernt habe.[25]

Die Tauschgeschäfte »gingen an seine Freunde«, sagte Alexander Beljajew, der damalige Vorsitzende des Petersburger Stadtrats, der die Salje-Kommission leitete.[26] »Sie mussten an Leute vergeben werden, denen Putin vertraute. Es gab damals keine offiziellen Ausschreibungen, daher war klar, dass seine Bekannten den Zuschlag bekommen würden, Leute, die er unter Kontrolle hatte. Beim Verkauf von Erdölerzeugnissen ging es dabei vor allem um Kirischi. Sie waren quasi Monopolisten – ich meine Timtschenko, Katkow, Malow.«[27]

Die Männer, denen Putin offensichtlich die Lizenzen zuschusterte, schienen viel mehr zu sein als nur Mitglieder eines Netzwerks aus Freunden. Einer von ihnen, Gennadi Timtschenko, war ein agiler Mann mit einem gewinnenden Lächeln, der fließend Deutsch und Englisch sprach und auch ein paar Brocken Französisch beherrschte. Er und seine Partner, Andrej Katkow und Jewgeni Malow, hatten das

Ölhandelsunternehmen Kirischineftechimexport gegründet, als Gorbatschow 1987 die ersten Lockerungen erließ und siebzig Betrieben,
darunter auch der Kirischi-Ölraffinerie in der Nähe von Leningrad,
das Recht zugestand, ihre Produkte außerhalb des sowjetischen Monopols zu vertreiben.[28] Katkow und Malow hatten auf ihren bisherigen
Stellen im sowjetischen Außenhandelsministerium nichts anderes getan, als Unterlagen für Exportgeschäfte zu stempeln und abzuheften,
und griffen sofort zu, als sich ihnen die Chance bot, selbst ins Geschäft
einzusteigen.

Doch bei Timtschenko schien die Sache anders gelagert. In seiner
offiziellen Biografie steht, er sei als leitender Ingenieur im Ministerium tätig gewesen. Drei Menschen zufolge, die es wissen müssten,
war sein Weg allerdings ganz anders verlaufen. Timtschenko hatte mit
Putin zusammen Deutsch am Rotbanner-Institut des KGB studiert,
bevor Putin nach Dresden und Timtschenko nach Wien und Zürich
entsandt worden war,[29] wo er, wie zwei ehemalige hochrangige Mitglieder des russischen Auslandsgeheimdienstes bezeugten, als Under-
coveragent in sowjetischen Handelsorganisationen eingesetzt wurde.[30]
Es sei möglich, meinte ein drittes ehemaliges Mitglied im Gespräch
mit der russischen Zeitung *Wedomosti*, dass Timtschenko dort für die
Konten verantwortlich gewesen sei, über die der KGB das Netzwerk
der Illegalen finanzierte.[31] »Nicht auszuschließen, dass Timtschenko
Putin damals schon kannte«, meinte einer der ehemaligen Agenten
schelmisch zu mir.[32] Timtschenko hat jede Verbindung zum KGB wiederholt als unwahr abgetan. Ein hochrangiger russischer Bankier mit
Beziehungen zu den Sicherheitsbehörden deutete aber ebenfalls an,
dass es schon zu Putins Dresdner Zeiten einen Kontakt zwischen den
beiden gegeben haben könnte.[33]

Obwohl Timtschenko auch lange leugnete, dass sein Unternehmen
Kirischineftechimexport je in das skandalträchtigen Öl-gegen-Lebensmittel-Programm verwickelt war, und später hinzufügte, dass alle Aktivitäten des Unternehmens »transparent und legitim« gewesen seien,
erzählten mir einer von Timtschenkos früheren Teilhabern und zwei
weitere Geschäftspartner, dass die Firma doch daran beteiligt gewesen
sei. Sie beharrten allerdings darauf, dass sämtliche Nahrungsmittel,

die sie hatten importieren sollen, nach Sankt Petersburg geliefert worden seien.[34] Doch insgesamt endete das Programm in einem Desaster: Nur ein winziger Bruchteil der vereinbarten Importe kam jemals an. Stattdessen, vermutete Salje, wurden durch die Geschäfte KGB-Netzwerke finanziert. Sie erzählte einem Freund, dass sie das Gefühl habe, ihre Untersuchung hätte nur »die Spitze eines Eisbergs« freigelegt.[35] Darunter, so glaubte sie, befände sich eine gewaltige Struktur, die in den schwarzen Auslandskassen des KGB fußte, in den Netzwerken, die das Programm erhalten sollte.

Wie sich herausstellte, hatte Salje wahrscheinlich recht.

*

»Salje hatte keinen blassen Schimmer! So ist es tatsächlich gelaufen. Aber das waren völlig normale Handelsaktivitäten. Wie soll man das einer Frau in den Wechseljahren erklären?«[36] Diese Worte fielen im Mai 2013, mehr als zwanzig Jahre nach dem Öl-gegen-Lebensmittel-Programm, im Gespräch mit Felipe Turover, einem ehemaligen hochrangigen Auslandsgeheimdienstler des KGB, der zum ersten Mal erzählte, wie er Putin damals geholfen hatte, das Programm umzusetzen.

Wir saßen auf der Sonnenterrasse eines Cafés in Boadillo del Monte, einem verschlafenen Marktstädtchen in den Bergen bei Madrid. Laut Turover hatte das Programm, das Anfang der Neunzigerjahre offiziell als Maßnahme präsentiert wurde, um dringend benötigte Nahrungsmittel ins Land zu holen, einem ganz anderen Zweck gedient. In Wahrheit sei es nie beabsichtigt gewesen, dass die Lebensmittel tatsächlich eintrafen. Es habe deutlich wichtigere Probleme gegeben, um die man sich kümmern musste: »Dieser ganze Schwachsinn rund um den Bericht von Marina Salje. Das ging völlig an der Realität vorbei. Damals stand alles vor dem Kollaps. Es gab keinerlei Mittel vom Staat, und Moskau hat nur gesoffen und geklaut. Wir mussten etwas tun, damit nicht alles zusammenbrach. Es war wie auf einem Schiff ohne Kapitän, und wenn man versucht am Steuerrad zu drehen, bricht es ab. So sah es aus. Hätten wir nichts unternommen, wäre Sankt Petersburg in Scheiße ertrunken.«

Turover, der mit seiner Figur auch Bodybuilder sein könnte, den Kopf glattrasiert trug und die Augen hinter einer dunklen Sonnenbrille verbarg, verfügte über ein dämonisches Lachen und einen reichhaltigen Vorrat an Geschichten aus der Zeit des Zusammenbruchs der Sowjetunion. Er entstammte der Elite des sowjetischen Auslandsgeheimdienstes. Sein Vater war Sprachlehrer am Rotbanner-Institut des KGB gewesen und hatte Leonid Breschnew als Übersetzer gedient; zu seinen Freunden zählte Giulio Andreotti, der langjährige italienische Ministerpräsident. Zu Sowjetzeiten hatte Turover eng mit Wladimir Osinzew zusammengearbeitet, dem legendären *komitetschik*, der die »Parteitechnologie«-Kommission innerhalb der Internationalen Abteilung des Zentralkomitees geleitet hatte. Diese Kommission hatte Geheimoperationen in Ländern durchgeführt, in denen die Kommunistische Partei verboten war, und dort »Illegale« eingeschleust. Im Chaos nach dem Zusammenbruch der Sowjetunion hatte Turover den Auftrag erhalten, Mittel und Wege zu finden, wie man den »befreundeten Firmen«, die im Zentrum der klandestinen Finanzierungsprogramme des KGB und der Einflusskampagnen der Partei im Ausland standen, das ihnen geschuldete Geld zurückzahlen konnte – viele von ihnen belieferten die Sowjetunion auch mit wichtigen Gütern, vor allem für die Energieinfrastruktur, und das zu sehr hohen Preisen.

Das Problem war, dass Russland nach dem Zusammenbruch der Sowjetunion eingewilligt hatte, alle Auslandsschulden der ehemaligen Sowjetrepubliken zu übernehmen, solange es dafür auch deren Besitztümer im Ausland erhielt, und dann umgehend den Staatsbankrott erklärt hatte. Daraufhin war ein internationales Moratorium für sämtliche Auslandsschulden Russlands erlassen worden. Turover, der diese Anordnung umgehen musste, um die »befreundeten Firmen« zu bezahlen, ohne dass es jemand bemerkte, behauptete, dass die Tauschgeschäfte in Wahrheit diesem Zweck gedient hätten. Irgendwann fand er einen Zahlungsweg über eine kleine Schweizer Bank in Lugano, wie Unterlagen belegen. »Wir konnten nicht einfach sagen, dass wir manche Leute bezahlten, Philip Morris aber nicht«, sagte er. »Das war keine Kleinigkeit. Manche Gelder mussten umgehend fließen. Hätten wir die Bauteile für die Atomkraftwerke nicht bezahlt, hätte es eine

Katastrophe gegeben. Als das Land aufhörte zu existieren, waren alle Lieferungen eingestellt worden.«

Er sei nach Sankt Petersburg geschickt worden, sagte Turover, um Putin bei der Einführung eines eigenen Programms zu helfen, über das sich die Schulden bei einigen »befreundeten Firmen« bezahlen ließen. Eine davon sei ein italienisches Unternehmen namens Casa Grande del Favore gewesen, seiner Aussage zufolge eine von nur einer Handvoll Firmen, die in der Lage waren, die heiklen Reparaturarbeiten am Abwassersystem durchzuführen, das sich kreuz und quer durch die unzähligen Petersburger Kanäle zog: »Wir mussten bezahlen, denn wenn die Arbeiten nicht durchgeführt worden wären, wäre Sankt Petersburg bald schon bis zu den Spitzen der Kuppeln in Scheiße versunken.« Er habe Putin geraten, das Öl-gegen-Lebensmittel-Programm ins Leben zu rufen, sagte Turover, weil »wir ein Instrument brauchten, über das wir schnell Zahlungen durchführen konnten.«[37]

Turover gab also im Grunde zu, dass das Programm von Anfang an nicht dazu gedacht war, Lebensmittel zu importieren, sondern der Stadt als eine Art schwarze Kasse für harte Devisen diente. Doch ohne jede Kontrollinstanz war es unmöglich zu beurteilen, ob überhaupt ein Teil des Geldes dazu verwendet wurde, ausstehende Summen bei befreundeten Firmen zu begleichen, oder ob es doch an die weiterhin bestehenden KGB-Netzwerke im Ausland floss. Turover beharrte darauf, man habe damals keine andere Chance gehabt, weil die für den Außenhandel zuständige Staatsbank, Wneschekonombank (VEB), mehr oder weniger kollabiert war. Am 1. Januar 1992, als die russische Regierung die Zahlungsunfähigkeit erklärte, waren alle Konten eingefroren worden. »Es war unumgänglich«, meinte Turover. »Anders hätten die Ausgaben der Stadt nicht beglichen werden können.«[38] Alle Hartwährungsreserven, die sich offiziell der Stadt zuordnen ließen, wären direkt eingefroren worden, gemeinsam mit allen anderen Konten, die im Rahmen der sowjetischen Staatsinsolvenz beschlagnahmt wurden: »Hätten sie das Geld auf den Konten der Stadt gelagert, hätten sie es auch gleich bei der VEB lassen können. Aber wer sein Geld irgendwo auf einem ausländischen Konto liegen hatte, in Liechtenstein, konnte sofort zahlen.«[39]

Der gleichen Argumentation bediente sich Ende der Neunzigerjahre dann auch die russische Zentralbank, als sie einen Skandal wegerklären wollte. Damals kam nämlich heraus, dass sie Dutzende Milliarden harte Devisen aus den Reserven des Landes über eine kleine Offshore-Firma namens Fimaco beiseitegeschafft hatte, die im November 1990 gegründet worden war, kurz nach Iwaschkos Anordnung, eine »unsichtbare Parteiwirtschaft« aufzubauen. Die geheimen Überweisungen über Fimaco, behauptete der Chef der russischen Zentralbank später, seien notwendig gewesen, damit die Mittel nach dem Staatsbankrott der Sowjetunion nicht gepfändet wurden und man die Auslandsschulden des internationalen Bankennetzwerks der Sowjetunion begleichen konnte.[40]

Doch die Transaktionen unterstanden keiner Aufsicht, und viele argwöhnten, dass mit dem Geld keine Schulden beglichen, sondern KGB-Netzwerke im Ausland finanziert wurden. In vielerlei Hinsicht waren das Fimaco-Geschäft der Zentralbank und Putins Öl-gegen-Lebensmittel-Programm aus dem gleichen Holz geschnitzt. Beide Unternehmungen brachten schwarze Kassen für den russischen Staat hervor und liefen so intransparent ab, dass sie genauso gut als private Schmiergeldfonds für die Mächtigen des Landes gedient haben könnten. Turover beharrte darauf, dass Putin sich nie an den Kassen bedient habe, die er durch sein Programm erschaffen hatte. »Aber natürlich hat er Geld ausgegeben. Selbstverständlich hat er einen Teil des Geldes ausgegeben und es irgendwie verwaltet, denn er musste ja reisen, Hotelzimmer bezahlen und wahrscheinlich auch etwas essen.«[41]

Im Grunde war auf diese Weise das entstanden, was unter russischen Kriminellen als *obschak* bezeichnet wird – eine gemeinsame Kasse einer Verbrecherbande. Auch dabei überließ man einem streng kontrollierten Netz von engen Verbündeten große Mengen Geld, wobei die Grenze zwischen dem, was für strategische Operationen eingesetzt wurde, und privaten Ausgaben praktischerweise stets verschwamm. Dieses Modell entwickelte sich nun zur Blaupause für die Kleptokratie des Putin-Regimes und später auch deren Einflussoperationen – und fußte auf den geheimen Netzwerken und Zahlungssystemen des KGB.

Was Salje angeht, so konnte sie im politischen System keinen Fuß mehr fassen. Sobtschak blockierte jede weitere Untersuchung des Öl-gegen-Lebensmittel-Programms seines jungen Protegés. Mitte der Neunzigerjahre zog sie nach Moskau, wo ihre Stimme im politischen Getöse der Hauptstadt unterging. Doch am Abend von Putins Wahl zum Präsidenten tauchte sie wieder auf und veröffentlichte unter dem Titel »W. Putin – Präsident einer korrupten Oligarchie!« den ersten, ausführlichen Investigativartikel über diese Geschäfte. Obwohl ihre Erkenntnisse unter Liberalen für eine Menge Aufruhr sorgten, hielt sich das Interesse landesweit in Grenzen. Schon bald nach der Wahl zog sie sich weit aufs Land zurück, an die Grenze zu Finnland, wo sie viele Kilometer und eine schlaglochübersäte Straße vom nächsten Dorf trennten. Nur eine Handvoll Journalisten nahmen es auf sich, sie dort für ein Interview zu besuchen. Aber Putins Programm – und die Ermittlungen dagegen – blieben ihr Steckenpferd, bis zum Tag ihres Todes wenige Wochen nach dem Beginn von Putins dritter Amtszeit 2012. Salje wusste, dass in diesen Geschäften das wahre Gesicht seiner Regierungsweise zum Vorschein gekommen war.[42]

## U-BOOT-MATROSE, SOLDAT, HÄNDLER, SPION

Die KGB-Männer, die gemeinsam mit Putin über Sankt Petersburg herrschten, waren deutlich profitorientierter als ihre Vorgängergenera-tion. Obwohl man den Zusammenbruch des Sowjetreiches bedauerte, hatten die jüngeren Vertreter in der mittleren Stufe der Sicherheitsbe-hörden, unter ihnen Putin, schon bald die Lehren des Kapitalismus für sich entdeckt und die Dogmen der Kommunistischen Partei über Bord geworfen. In den Augen dieser neuen Generation war es der Kommu-nismus gewesen, der für das Scheitern der Sowjetunion verantwortlich war; er hatte sie in Afghanistan im Stich gelassen und sie in der DDR ihrem Schicksal ausgeliefert. »Sie fühlten sich vom Kommunismus be-trogen«, sagte Andrej Illarionow, Putins ehemaliger Wirtschaftsbera-ter.[43] Diese Leute waren das Produkt der Anstrengungen, die der KGB in den letzten Jahren der sowjetischen Herrschaft unternommen hatte, um Netzwerke ausländischer Firmen zu erschaffen. Die Geheimnis-krämerei rund um diese Aktivitäten bedeutete, dass die Methoden der

KGB-Männer in den Achtzigerjahren von Beginn an Geldwäschege-
schäften glichen.

Sobald das Öl-gegen-Lebensmittel-Programm abgeschlossen war,
nahmen sich Putins Verbündete den Hafen vor, der ursprünglich zusammen mit dem Ölterminal und einer Flotte von Schiffen einem gi-
gantischen Staatsbetrieb gehört hatte, der Petersburger Ostsee-Schifffahrtsgesellschaft (BMP). Die KGBler aus Sankt Petersburg hatten die
BMP schon lange als strategisches Gut ins Auge gefasst, und die Geschichte, wie Putins Leute die Gesellschaft übernahmen, ist untrennbar mit der aufkeimenden Allianz zwischen Putins Rathaus und dem
berüchtigtsten Verbrecherclan der Stadt verbunden, der Tambow-Mafia. Zu Sowjetzeiten war der KGB oft an Bord der BMP-Schiffe dabei
gewesen, um die Kapitäne beim Handel zu unterstützen.[44] Die Agenten
kannten sich also mit den Handelsrouten, der Fracht und der Schmuggelware aus und wussten, wie viel Geld sich damit machen ließ. Zu
Hochzeiten hatten regelmäßig Hunderte Schiffe mit Ölerzeugnissen,
Metall und Getreide an Bord in Leningrad abgelegt, während andere,
die aus weit entfernten Teilen der Welt wie etwa Südamerika kamen,
mit Obst, Zucker und Schmugglergut beladen hier eintrafen – Letz-
teres war unerlässlich für die Geheimoperationen und die Finanzbe-
stände. In jenen Tagen stellte die BMP den wichtigsten strategischen
Cashflow der Stadt dar. Noch 1991, im Jahr des Zusammenbruchs der
Sowjetunion, betrug der Nettogewinn des Unternehmens Hunderte
Millionen Dollar.[45] Es verfügte nicht nur über fast zweihundert Passa-
gier- und Frachtschiffe, sondern kontrollierte auch den gesamten Leningrader Hafen samt dem Ölterminal sowie die benachbarten Häfen
in Vyborg und Kaliningrad. Die BMP war der Schlüssel zu den Reichtümern der Stadt.

Der Chef der Ostsee-Schifffahrtsgesellschaft zu Zeiten von Jelzins
Wirtschaftsrevolution, Wiktor Chartschenko, war ein überzeugter Li-
beraler, der im Rahmen von Gorbatschows Perestroika-Reformen die
Genehmigung erhalten hatte, das Unternehmen zu seinem eigenen
Reich auszubauen. Chartschenko, ein Schrank von Mann mit kantigem
Kinn, hatte sich mit der Zeit eine große Unabhängigkeit erarbeitet. Er,
der seine Kindheit im Waisenhaus verbracht hatte, zählte zwischenzeit-

lich zu den angesehensten Geschäftsleuten der Stadt. 1990 pachtete er
die BMP vom Staat, der allerdings 50 Prozent der Gewinne einbehielt,
um sie direkt wieder zu investieren.[46] Das Verhältnis zwischen Chartschenko und Jelzin wurde immer enger, und als das kommunistische
Regime nach dem gescheiterten Augustputsch zusammenbrach, entließ
Chartschenko kurzerhand alle KGB-Mitglieder aus seiner Flotte.[47]

Chartschenko bastelte an seiner eigenen Machtbasis, und das zu einer Zeit, in der der Petersburger KGB unbedingt die Kontrolle über die
Geldflüsse behalten wollte. Im Chaos rund um das Ende der Sowjetunion – und mit der Mafia im Nacken, die ebenfalls scharf auf einen
Teil des Hafens und des Ölterminals war – dauerte es über ein Jahr, bis
die Ex-Agenten endlich Rache üben konnten.

Zu Beginn gingen sie leise vor. Als Wiktor Chartschenko im Februar
1993 eines späten Abends nach einem Treffen mit Jelzin in Moskau auf
dem Weg nach Hause war, stoppte die Polizei den »Roten Pfeil«, den
Zug, in dem er saß, kurz vor Sankt Petersburg. Chartschenko wurde
herausgezerrt, beschuldigt, 37 000 Dollar der Ostsee-Schifffahrtsgesellschaft veruntreut zu haben, und verhaftet.[48]

Vier Monate später kam er gegen Kaution frei, verlor aber seinen
Posten an der Spitze der BMP. Die Petersburger KGB-Leute setzten ihren eigenen Vorstand ein, zerschlugen die Flotte und verteilten die einzelnen Schiffe auf unzählige Offshore-Firmen. Im Verlauf der Aktion
wurde einer der Direktoren des Unternehmens erschossen.[49] »Es war
eine richtige Plünderung«, sagte einer von Chartschenkos Geschäftspartnern. »Sie haben die Schiffe quasi verschenkt. Alles verschwand
einfach. Sie brachten jedes bisschen außer Landes.«[50]
Chartschenkos ehemalige Kollegen trauen sich bis heute nicht, sich
zu den damaligen Geschehnissen oder zur Frage, wer dahintersteckte,
zu äußern. Aber die Spuren führten eindeutig zum örtlichen KGB.
»Schließlich mussten sie ihre Schuhe putzen und essen«, sagte einer.
»Ob sie jemand sah, war ihnen völlig egal. Sie schnappten sich die
BMP einfach und nahmen sie aus.«[51]

Dieser Raubzug war ein Vorgeschmack auf das, was später kommen
sollte. Die KGBler hatten so viel Macht über die Strafverfolgungsbehörden von Sankt Petersburg, dass sie die wichtigste Handelsverbindung

der Stadt einfach übernehmen konnten. Chartschenko hatte seinen Posten im entscheidenden Moment verloren. Parallel dazu wurden der Hafen und das Ölterminal von der Flotte abgespalten und von Putins Stadtregierung privatisiert. »Sie rissen der Schifffahrtsgesellschaft die Hafenwände aus«, meinte einer von Chartschenkos ehemaligen Partnern.[52]

## U-BOOT-MATROSE

Als die Stadt sich anschickte, ihre Anteile am Hafen zu verkaufen, stand Ilja Traber, ein mutmaßliches Mitglied der Petersburger Mafia, den die spanische Staatsanwaltschaft später mit dem Tambow-Clan in Verbindung brachte, schon bereit.[53] Sobald der Ausverkauf begann, kauften seine Männer den Hafenarbeitern die Coupons ab, mit denen sie Anteile erstehen konnten. Dabei ging es ziemlich brutal zu. »Bei der Privatisierung des Hafens gab es massive Gesetzesverstöße. Aber sie wurden alle vertuscht«, berichtete ein ehemaliger Geschäftspartner von Traber.[54] Traber schien von Anfang an Verbündete auf der anderen Seite zu haben. Auf dem Papier behielt der Staat 49 Prozent der Anteile am Hafen: 20 Prozent über die Liegenschaftsverwaltung und 29 Prozent über die Stadt Sankt Petersburg. Doch irgendwie gab ein Mitarbeiter der städtischen Behörde durch eine »irrtümliche« Unterschrift das Stimmrecht auf, das mit den 29 Prozent einherging, sodass Traber und seine Leute freie Hand hatten.[55]

»Diese raubüberfallartige Übernahme muss mit dem Bürgermeisterbüro abgestimmt gewesen sein«, sagte ein ehemaliges Petersburger FSB-Mitglied.[56] Nach einer Reihe gewalttätiger Auseinandersetzungen sicherte sich Traber, der sich zum klassischen Mittelsmann zwischen dem Petersburger KGB und der Tambow-Mafia entwickelt hatte, schließlich auch die Kontrolle über das Ölterminal.[57] Der Ex-Offizier der sowjetischen Atom-U-Bootflotte, ein gedrungener Mann mit einem fleischigen Hals und eng stehenden Augen, war Anfang der Achtzigerjahre in die Stadt gekommen und damals in einer Bar im Stadtzentrum gestrandet, dem Schiguli,[58] einem bevorzugten Treffpunkt der Leningrader Straßendiebe und der neuen Schwarzmarkthändler.

Traber machte sich dort hinter der Theke und in der Buchhaltung nützlich und handelte im schummrigen Licht erst mit harten Devisen und später irgendwann mit dem reichhaltigen Bestand an Antiquitäten aus der Zarenzeit, den die Stadt bereithielt. Es dauerte nicht lange, bis er diesen Markt beherrschte, was ihm den Spitznamen »Antikwar« einbrachte. Gegen Ende der Achtziger verlagerte er seine Geschäfte vom Schwarzmarkt in den offiziellen Sektor und eröffnete das edelste Antiquitätengeschäft am Newski-Prospekt. Dort kam er mit dem neu gewählten Bürgermeister Anatoli Sobtschak und dessen Frau Ljudmila Narussowa in Kontakt, die Stammkunden von ihm wurden. Die tiefe Freundschaft zwischen den dreien hielt weit über Sobtschaks Zeit im Amt hinaus an.[59]

Traber hatte immer eng mit dem Petersburger KGB zusammengearbeitet, da er beim Antiquitätenschmuggel auf dessen Unterstützung angewiesen war. »Es war klar, dass er gute Beziehungen zu den Strafverfolgungsbehörden der Stadt hatte«, meinte ein ehemaliger hochrangiger Beamter aus dem Stadtparlament.[60] Außerdem habe er »Geschäfte mit der Tambow-Mafia« gemacht, erklärte ein einstiges FSB-Mitglied, das in Sankt Petersburg in der Abteilung für Schmuggel tätig gewesen war.[61]

## SOLDAT

Zu der Zeit stieg die Tambow-Mafia zum mächtigsten Clan der Stadt auf. Ihr Anführer, Wladimir Kumarin, hatte 1991 nach einer gewalttätigen Auseinandersetzung mit einer rivalisierenden Bande einige Zeit im Gefängnis gesessen. Als er wieder freikam, übernahmen er und seine Leute mit Unterstützung von Putin, Traber und dessen Männern die Kontrolle über den gesamten Öl- und Energiesektor der Stadt. Die Gangrivalitäten waren damit aber nicht vorbei: 1994 verlor Kumarin einen Arm bei einem Bombenanschlag. Doch damals war er schon dabei, die Petersburger Ölgesellschaft PTK aufzubauen, die beim Vertrieb inländischer Ölerzeugnisse die Monopolstellung in der Stadt erlangen sollte. Ilja Traber übernahm währenddessen im Auftrag der Tambow-Mafia die Kontrolle über den Hafen und das Ölterminal.[62]

(Die spanische Staatsanwaltschaft ging später davon aus, dass Traber neben Kumarin Miteigentümer von PTK war.[63]) Kumarins Macht war irgendwann so groß, dass er als »Nachtregent« von Sankt Petersburg bezeichnet wurde. Im Grunde repräsentierte er die dunkle Seite der Stadtverwaltung.

Putin schien bei diesen Vorgängen eine zentrale Rolle zu spielen, er war der Ansprechpartner, wenn es um logistische Hilfestellung aus dem Rathaus ging. Zusammen mit seinem treuen Stellvertreter Igor Setschin, der im Vorzimmer zu Putins Büro hinter einem Pult aufragte und jeden, der eintreten wollte, eindringlich musterte, war es Putin, der die Lizenzen ausstellte, die Traber die Kontrolle über den Hafen und das Ölterminal ermöglichten. Er war es, der Kumarins PTK einen Exklusivvertrag über die Treibstoffversorgung der städtischen Krankenwagen, Busse, Taxen und Polizeiwagen verschaffte.[64]

Das erste Anzeichen für eine Zusammenarbeit mit der Tambow-Mafia tauchte im Sommer 1992 auf, als Putins Komitee für Außenbeziehungen ein russisch-deutsches Gemeinschaftsunternehmen registrierte, die Sankt Petersburg Immobilien Aktiengesellschaft (SPAG), die ins Immobiliengeschäft der Stadt einsteigen wollte. Dieser SPAG warf die deutsche Staatsanwaltschaft später vor, sie diene der Tambow-Mafia und kolumbianischen Kartellen als Instrument zur Geldwäsche.[65] Während seiner Amtszeit als stellvertretender Bürgermeister von Sankt Petersburg saß Putin im Beirat von SPAG. Laut dem Kreml handelte es sich dabei nur um eine der vielen Positionen, die er als stellvertretender Bürgermeister »ehrenhalber« bekleidet habe. Einer der Mitgründer von SPAG erklärte jedoch, dass er sich fünf- oder sechsmal mit Putin getroffen habe, um die Geschäfte in Sankt Petersburg zu besprechen.

## HÄNDLER

Auch Gennadi Timtschenko, der mutmaßliche ehemalige KGB-Agent, den Putin vermutlich schon seit ihren gemeinsamen Ausbildungstagen am Rotbanner-Institut des Geheimdienstes kannte, hatte immer schon den Zugriff auf das Ölterminal angestrebt. Er brüstete sich gern mit seinen Überzeugungskünsten und erklärte seinen Erfolg in späteren Interviews oft augenzwinkernd mit seiner Fähigkeit, jedem alles verkaufen zu können.[66] Timtschenko war schon als Kind Teil der sowjetischen Elite gewesen. Sein Vater war ein ranghoher Militär, und Gennadi verbrachte in seiner Kindheit einige Jahre in der DDR. Seine Deutschkenntnisse halfen ihm später dabei, im Außenhandel unterzukommen, und führten ihn seinen ehemaligen Geschäftspartnern zufolge auch zum KGB, für den er angeblich als verdeckter Handelsvertreter in Wien und in der Schweiz aktiv war. Über diese Verbindungen knüpfte er Kontakt zu einem ehemaligen hochrangigen KGB-Mitglied, Andrej Pannikow, einem untersetzten Mann mit breitem Grinsen und tellergroßen Händen. Pannikow hatte sich in seinem Studium am Sowjetischen Handelsinstitut mit Offshore-Geschäften beschäftigt und dann mit Einwilligung von Leonid Schebarschin, dem Chef der KGB-Auslandsabteilung, das erste Gemeinschaftsunternehmen gegründet, das die Lizenz erhielt, abseits des sowjetischen Monopols Ölerzeugnisse zu exportieren.[67] Timtschenko ging mit seiner Ölhandelsgesellschaft Kirischineftechimexport eine Partnerschaft mit Pannikows Urals Trading ein und leitete ab 1990 eine Zeit lang die Geschäfte von Urals in Finnland. Laut einem Bericht des französischen Nachrichtendienstes war das Unternehmen ursprünglich in den Achtzigerjahren vom KGB gegründet worden, als Teil eines Netzes von Firmen, die für die Kommunistische Partei Vermögen beiseiteschafften[68] – ein Vorwurf, den Timtschenko zurückwies.

Trotz all ihrer Verbindungen bemühten sich Timtschenko und Pannikow mindestens zwei Jahre lang vergeblich, Zugang zum Petersburger Ölterminal zu erhalten.[69] Doch das Terminal war nicht nur Teil von Chartschenkos Reich, sondern entwickelte sich, als die Macht der Sowjetunion zerbröselte, zu einem blutigen Schlachtfeld der rivalisierenden Verbrecherclans der Stadt. Die Ölhandelsgesellschaft, deren Mitgründer Timtschenko war, hatte als Vertriebsstelle der nahegelegenen Kirischi-Raffinerie, die zum Ölunternehmen Surgutneftegas gehörte, freien Zugang zu Lieferungen. Aber ohne Zugang zum Ölterminal war sie gezwungen, das Öl über die Schiene zu Häfen in den Nachbarländern Estland oder Finnland zu transportieren und von dort zu exportieren, was deutlich teurer war.[70]

Irgendwann war die Notwendigkeit, Exporte über das Terminal in Sankt Petersburg abwickeln zu können, so dringend, dass Timtschenko Putin um Hilfe bat. Im Januar 1992 meldete Timtschenko zusammen mit Pannikows Urals Trading ein Gemeinschaftsunternehmen mit Putins Komitee für Außenbeziehungen an, unter der Bezeichnung »Golden Gates«.[71] Ziel war es, das von den rivalisierenden Gangs belagerte und von Chartschenko kontrollierte Terminal zu umgehen und sich Gelder aus dem Westen zu beschaffen, um damit ein neues, moderneres Terminal zu bauen.[72]

Das war das erste Mal, dass Putin und Timtschenko ihre Verbindung öffentlich zeigten. Fast ein Jahr lang führte Putin mit der französischen Bank BNP Paribas Verhandlungen über einen möglichen Kredit für das neue Ölterminal, abgesichert durch Exporte über Urals Trading.[73] Doch die Gespräche scheiterten, als einer der Hauptakteure, ein ehemaliger KGB-Agent namens Michail Gandorin, der in Paris tätig war, kurz vor der Bewilligung verstarb.[74] »Es schien, als sei ihm etwas verabreicht worden«, meinte ein ehemaliger Geschäftspartner Timtschenkos, der ebenfalls in die Verhandlungen involviert war. »Er rief mich zwei Tage vor seinem Tod an und konnte nicht mehr sprechen.«[75] In jenem Sommer erhielt ein weiteres Mitglied der Golden-Gates-Gruppe, Sergej Schutow, Drohungen, er solle sich von dem Projekt fernhalten.

Das Projekt stand schwer unter Beschuss, da sich die Petersburger Mafia, darunter der Tambow-Clan, untereinander bekämpfte, um sich die Erträge aus dem bestehenden Terminal zu sichern. Irgendwann war der Druck so hoch, dass Putin seine beiden kleinen Töchter aus Sicherheitsgründen nach Deutschland brachte, wie zwei hochrangige Bankiers aus dem Westen berichteten.[76] Es gibt keine Hinweise darauf, dass Timtschenko etwas mit den gewalttätigen Auseinandersetzungen rund um Trabers Übernahme des Hafens und des Ölterminals zu tun hatte. Doch irgendwann eröffnete sich ihm die Chance, das Exportmonopol im bestehenden Terminal zu erlangen, statt ein neues zu bauen.[77]

Ein ehemaliger Geschäftspartner von Traber, ein weiterer von Timtschenko und eine Person mit Verbindungen zum KGB behaupteten, dass Timtschenko dieses Monopol nur durch irgendeine Art von Vereinbarung mit Traber erlangt haben könne. »Traber hatte immer schon gute Beziehungen zu Timtschenko«, berichtete einer von Trabers ehemaligen Geschäftspartnern. »Das Exportmonopol, das man Timtschenko zugestand, war nur durch eine solche Verbindung denkbar.«[78] »Wenn du Öl verschiffen willst und der Hafen ist voller Verbrecher, musst du dich auf sie einlassen«, meinte ein ehemaliges hochrangiges KGB-Mitglied, das in den Neunzigerjahren mit Putin zusammenarbeitete. »Ohne ihre Einwilligung ging gar nichts.«[79]

Timtschenkos Anwälte behaupteten, die Beziehung sei immer »geschäftlicher, distanzierter« Natur gewesen und alle Andeutungen, dass Timtschenko in Sankt Petersburg in das organisierte Verbrechen, Korruption oder andere illegale oder unmoralische Aktivitäten verwickelt gewesen sei, egal ob »über Herrn Traber oder sonst wie«, seien falsch und Verleumdung. 2011 erklärte ein Repräsentant Timtschenkos der russischen Zeitung *Nowaja Gaseta*, dass Dmitri Skigin, der neben Traber Miteigentümer des Hafens und des Ölterminals war, durchaus ein Bekannter von Timtschenko sei; die beiden Männer hätten aber keinerlei Geschäfte zusammen gemacht.[80]

Zur selben Zeit ließ sich Timtschenko seine Handelsvorhaben von einem Netzwerk ausländischer Banken mit Verbindungen zum KGB finanzieren. Eine von ihnen war die Dresdner Bank, deren Ableger in Sankt Petersburg von einem ehemaligen Stasi-Kollegen Putins geleitet wurde, Matthias Warnig. Warnig war in Dresden mit Putin zusammen Teil einer KGB-Zelle gewesen.[81] Dann war da Andrej Akimow, der mit Jewgeni Primakow am Institut für Weltwirtschaft tätig gewesen war, bevor er zum jüngsten Chef der sowjetischen Auslandsbank in Wien aufstieg, wo er im Jahr vor dem Zusammenbruch der Sowjetunion ein eigenes Gemeinschaftsunternehmen gründete, IMAG, das Timtschenko mit Geld versorgte.[82]

Putin unterstützte Timtschenko die ganze Zeit über in verschiedener Weise, er stellte die Lizenzen aus, die ihm ermöglichten, Ölspeicherkapazitäten in Trabers Hafen zu nutzen, und vermittelte Lieferverträge zwischen Timtschenkos Kirischineftechimexport und Kumarins

PTK.[83] Kumarin erhielt in der Zwischenzeit einen Sitz im Vorstand der Bezugsquelle beider Firmen, der Kirischi-Ölraffinerie.[84]

»Es war alles sehr gut organisiert«, sagte Maxim Freidson, Miteigentümer einer weiteren Petersburger Ölhandelsgesellschaft. »Putin und seine Leute sorgten für Unterstützung aus dem Rathaus. Aufgrund seiner KGB-Vergangenheit konnte er auch bei der logistischen Organisation helfen. Es war ein einziges großes Team.«[85]

Das Bündnis, das damals geschlossen wurde, griff die KGB-Traditionen von vor dem Zusammenbruch der Sowjetunion auf und führte sie einem noch gewinnträchtigeren Zweck zu. »Soweit ich mich erinnere, gab es die Symbiose zwischen den Kriminellen und dem KGB immer schon«, sagte Freidson. »Der KGB hatte bereits auf dem Devisenmarkt und bei Prostitutionsringen mit der Mafia zusammengearbeitet. Die Agenten waren Informationsquellen. Es war eine naheliegende Konstellation: Keiner von beiden kannte moralische Grenzen. Für den KGB waren die Kriminellen quasi Fußsoldaten. Sie gingen die Risiken ein.«[86]

Putins Interesse am Petersburger Hafen und am Ölterminal wirkte häufig ausgeprägter, als man es von einem Beamten, der sich für die städtischen Interessen einsetzte, erwartet hätte. Sein Bündnis mit Ilja Traber und dessen Männern beunruhigte sogar Geschäftsleute, die nur vorübergehend in der Stadt waren. Als ein solcher Geschäftsmann zu Besuch kam, weil er bei der Finanzierung des Hafens helfen sollte, wurde er direkt am Flughafen Pulkowo abgeholt und, begleitet von Polizisten und Trabers Wachleuten, in einem gepanzerten Wagen zu dessen Unterschlupf gefahren. Als sie an dem massiv geschützten Gebäude in einer Nebenstraße angekommen waren, führte man ihn an bewaffneten Wachen und knurrenden Schäferhunden vorbei. Er musste mehrere Räume voller Ikonen durchqueren, bevor er in einem innenliegenden Zimmer auf den wartenden Traber traf, der in Jogginghose und Hausschlappen gekleidet war und ein großes goldenes Kreuz um den Hals trug – die Uniform der Petersburger Mafia. Der Geschäftsmann machte sich keine Illusionen, wen er da traf. »Es war wie im Film«, sagte er. »Mein Herz setzte kurz aus, als ich ihn sah.«[87]

Damit hatte er nicht gerechnet, als er eine offizielle Einladung aus dem Rathaus erhalten hatte, sich an der Finanzierung des Hafens zu beteiligen. Aber nach einem angespannten Gespräch mit Traber gab dieser seinen Segen. Den nächsten Tag durfte der Geschäftsmann in einer angenehmeren Umgebung verbringen: in der Kanzlei eines Geschäftspartners von Traber, Boris Scharikow, an einem der schönsten Kanäle im Stadtzentrum Sankt Petersburgs. Ebenfalls anwesend waren ein ehemaliges KGB-Mitglied, das mittlerweile auch mit Traber zusammenarbeitete, Putin und der Verantwortliche für die städtischen Liegenschaften, Michail Manewitsch, sowie ein redegewandter Mittdreißiger namens Dmitri Skigin, der, wie der Geschäftsmann erfahren sollte, gemeinsam mit Traber Eigentümer des Hafens war. Skigin war das öffentlichkeitstaugliche Gesicht des Hafens, ein sanftmütiger Nerd, der die Sprache der internationalen Finanzwirtschaft beherrschte, ein disziplinierter Geschäftsmann, der Englisch und Französisch sprach und in seiner Freizeit kletterte. Sein Vater Eduard war laut dem französischen Nachrichtendienst ein enger Vertrauter Putins.[88] Doch zwei ehemalige Geschäftspartner Skigins behaupten, dass Skigin auch als Vertreter eines anderen Petersburger Mafiabosses dabei gewesen sei, des streitlustigen ehemaligen Boxers Sergej Wassiljew, mit dem Traber in Bezug auf den Hafen und später auch auf das Ölterminal einen brüchigen Frieden geschlossen hatte.[89]

Das Bündnis zwischen der Petersburger Stadtverwaltung und der Tambow-Mafia hatte enorme Auswirkungen auf die Infrastruktur der Stadt. Mithilfe von Putins Leuten im Rathaus habe sich der Hafen zu einem Drehkreuz für den Schmuggel kolumbianischer Drogen nach Westeuropa entwickelt, sagte der ehemalige hochrangige KGB-Offizier Juri Schwez später vor einem Londoner Gericht aus. Einer von Putins engsten Verbündeten in den Petersburger Sicherheitsbehörden, Wiktor Iwanow, sei dem Tambow-Clan dabei behilflich gewesen, die Kontrolle über den Hafen zu erlangen, während Putin für den Schutz aus dem Rathaus gesorgt habe.[90] (Iwanow wies den Vorwurf entschieden zurück, aber weitere Hinweise untermauerten, dass der Petersburger Hafen ein wichtiger Drogenumschlagplatz war.[91])

Die Kontrolle über den Hafen war so wichtig geworden, dass Michail Manewitsch, der Leiter der Petersburger Liegenschaftsverwaltung, 1997 beim Versuch, das im Rahmen der Privatisierung verloren gegangene Stimmrecht zurückzuerlangen, das eigentlich mit dem städtischen 29-Prozent-Anteil einherging, auf dem Weg zur Arbeit von einem Scharfschützen erschossen wurde.[92]

»Manewitsch drängte darauf, dass alles zurück an den Staat gehen solle«, meinte ein ehemaliger Geschäftspartner Trabers. »Sein Druckmittel war, dass er die Lizenzverlängerung für die Langzeitmiete des Hafens einschließlich des Ölterminals verweigern konnte. Und dafür zahlte er mit seinem Leben.«[93] Wjatscheslaw Schewtschenko, ein ehemaliges Mitglied des Petersburger Stadtparlaments und ein Vertrauter Manewitschs, sagte im Rahmen der polizeilichen Mordermittlungen aus, dass Manewitsch sich in den letzten Tagen seines Lebens große Sorgen um die Situation im Hafen gemacht habe: »Ich bin auf seine Bitte hin zweimal zum Hafen gefahren und habe mit dem obersten Verantwortlichen dort gesprochen. Mein Vorschlag lautete, die englische Versicherungsgesellschaft Lloyds eine Analyse der finanziellen Situation des Hafens durchführen zu lassen. Eine Woche später tauchten zwei von Trabers Schlägern bei mir auf und erklärten mir, dass man mir den Kopf mit der Axt abschlagen würde, wenn ich mich noch einmal im Hafen blicken ließe.«[94]

Traber verweigerte jede Aussage für dieses Buch, alle Vorwürfe seien »Fantasiegespinste und Verleumdung«.[95] Nur drei Monate nach dem Mord an Manewitsch boten die Anteilseigner am Hafen einem neuen Unternehmen von Traber, OBIP, als dessen Eigentümerin eine Liechtensteiner Stiftung namens Nasdor Incorporated angegeben war, einen Langzeitvertrag für den Hafen an.[96] Der Einzige, der es später wagte, sich offen über die Plünderung der Ostsee-Schifffahrtsgesellschaft zu äußern, war der damalige Bürgermeister der Stadt, Anatoli Sobtschak. Er verfasste, lange, nachdem er aus dem Amt geschieden war, einen Zeitungsartikel, in dem er zum ersten und einzigen Mal offen Kritik an den Aktivitäten des Petersburger KGB nach dem Ende der Sowjetunion übte. »Die Staatsanwaltschaft, der FSB und die Polizisten, die an diesen Taten beteiligt waren, sollten wegen Machtmissbrauchs und der enormen Verluste, die sie diesem Land beschert haben, vor Gericht gestellt werden«, schrieb er.[97] Vier Monate später war er tot. »Ich befürchte, das war es, was Sobtschak das Leben gekostet hat«, meinte einer der Geschäftspartner von Chartschenko.[98]

In den Augen von Putins KGB-Verbündeten waren die Allianzen, die sie damals schmiedeten, der einzige Weg, inmitten des Chaos nach dem Zusammenbruch der Sowjetunion eine gewisse Kontrolle zurückzuerlangen. Die Mafia lieferte die Fußsoldaten, die sie brauchten, um die Menge auf den Straßen in Schach zu halten – und auch die in den Gefängnissen, meinte einer von Putins damaligen Geschäftspartnern. Das war eine typische KGB-Praxis, ein Überbleibsel aus der sowjetischen Vergangenheit, als unter anderem Putin »Illegale« über die DDR koordiniert hatte. »Sie lenkten Menschen. So tickten sie«, sagte ein ehemaliges KGB-Mitglied. »Stellen Sie sich vor, Sie müssten eine Horde Alphamännchen beruhigen. Wenn Sie sie nicht niederschießen können, ist das harte Arbeit.«[99] Doch die Begründung, die Vorgänge seien nötig gewesen, um für Ordnung zu sorgen, war nichts anderes als eine Rechtfertigung des Griffs nach der Macht. Auch das Öl-gegen-Lebensmittel-Programm war angeblich entstanden, um die Stadt zu retten – egal ob es nun darum ging, Nahrungsmittel zu importieren oder Schulden zu begleichen. Im Endeffekt hatte es jedoch nur ein Geflecht aus schwarzen Kassen geschaffen, um die Macht und die Netzwerke des KGB zu sichern.

In der Gemengelage dieser Beziehungen führte eine weitere Spur zu einer Einrichtung, die im Zuge der »unsichtbaren Wirtschaft« entstanden war, die die Kommunistische Partei in den letzten Tagen ihrer Herrschaft gefordert hatte. Die Bank Rossija war eine kleine Petersburger Bank, die bei einigen der Öl-gegen-Lebensmittel-Geschäfte eine Schlüsselrolle eingenommen hatte. Wie so viele der Institutionen und Firmen, die die Partei kurz vor dem Untergang gegründet hatte, ging auch die Bank Rossija stillschweigend in die Hände von KGB-Vertretern über, als der Augustputsch 1991 scheiterte und die Kommunistische Partei der Sowjetunion verboten wurde. Zu den neuen Anteilseignern gehörten ein hochrangiges KGB-Mitglied und zwei mit dem KGB verbandelte Physiker, deren Spezialgebiet die Seltenen Erden waren – ein Rohstoff, der so rar und strategisch wichtig war, dass der Handel mit ihm KGB-Mitgliedern vorbehalten war.

## SPION

Als der hochrangige KGB-Agent Wladimir Jakunin, der in verdeckter Mission bei den Vereinten Nationen in New York tätig gewesen war, im Februar 1991, ein Jahr nach Putin, nach Leningrad zurückkehrte, war er schockiert, welche Lebensumstände ihn hier erwarteten. Er hatte seine bequeme Wohnung in New York gegen den Schmutz eines Arbeiterviertels in Leningrad eingetauscht, wo nur wenige Straßenlaternen funktionierten und seine Frau tränenüberströmt vom Einkaufen nach Hause kam, weil in den Regalen ausschließlich eingelegte Gurken standen. »Das Land, das mich ins Ausland entsendet hatte, in dem ich aufgewachsen war und in dem meine Kinder zur Welt kamen, hatte im Grunde zu existieren aufgehört«, sagte er. »Und das galt auch für die Werte – die sozialen und moralischen Werte –, die die Grundlage jeder Gesellschaft bilden. Das ganze Land war in einer Art Finsternis versunken.«

Es kam ihm vor, als sei alles, woran er einst geglaubt hatte, zusammengebrochen: »Wir waren mit einer tiefempfundenen Loyalität der Partei und dem Volk gegenüber aufgewachsen. Wir glaubten wirklich daran, etwas Sinnvolles für unser Land und die Menschen zu tun.« Doch wie so viele Agenten des Auslandsgeheimdienstes war ihm schon seit Langem bewusst gewesen, dass die Parteiführung versagte: »Es war niemand da, der wusste, wie mit den zunehmenden Problemen umzugehen war. (...) Die Lücke, die zwischen der Realität und dem ideologischen Dogma klaffte, erzeugte ein tiefsitzendes Misstrauen den Mächtigen gegenüber.«[100]

Obwohl der Verlust des Sowjetreiches und die Niederlage im jahrzehntelangen Kalten Krieg Männern wie Jakunin schwer zu schaffen machten, zählte er zu denen, die den Kapitalismus mit offenen Armen begrüßten. Und obwohl er davon sprach, die alte Gewissheit, die Moral und die Werte zu vermissen, die für ihn die Grundlage des Kommunismus gebildet hatten, hielt ihn das nicht davon ab, noch vor dem letztendlichen Zusammenbruch der Sowjetunion ins Geschäft einzusteigen und gewaltige Summen Geld einzustreichen, sowohl für sich selbst als auch – und das war noch wichtiger – für die Netzwerke des KGB.

In den ersten vier Jahren nach dem Ende der Sowjetunion war Jakunin offiziell weiterhin Mitglied der Sicherheitsbehörden. Obwohl er für sich reklamierte, keine entsprechenden Befehle erhalten zu haben, räumte er ein, dass der Zweck der Geschäftstätigkeiten, die er gemeinsam mit seinen Partnern durchführte, zum Teil darin bestanden habe, so viel zu bewahren, wie sie konnten: »Wir mussten uns neu ausrichten. Wir brauchten Unternehmen, die Geld einbrachten. (…) Wir alle waren Teil dieses Prozesses. Die traditionellen Kommunikations- und Kooperationsstrukturen blieben bestehen.«

Jakunin schloss sich mit einigen Mitarbeitern des renommierten Joffe-Instituts zusammen, einem Petersburger Forschungsinstitut für Physik, wo er selbst vor seiner Entsendung nach New York als Koordinator der internationalen Beziehungen tätig gewesen war. Unter diesen Mitarbeitern war der damals neununddreißig Jahre alte Juri Kowaltschuk, der zu den führenden Physikern seiner Zeit zählte. Kowaltschuk hatte eine hohe Stirn und den Blick eines Habichts, und er arbeitete eng mit Andrej Fursenko zusammen – am Joffe-Institut waren beide für die Erforschung der hochempfindlichen Halbleitertechnologien zuständig, die in Laser- und Satellitensystemen zum Einsatz kamen. Das Interesse des KGB an diesem Forschungsbereich war enorm gewesen, und so hatte er alle möglichen Methoden angewandt, um Embargos zu umgehen und Technologien aus dem Westen zu stehlen (über Jakunin heißt es, er sei in New York ebenfalls hinter solchen Technologien her gewesen). Ihr Fachwissen brachte Jakunin, Kowaltschuk und Fursenko ein lukratives Geschäft ein: Sie sollten eine Lieferung Seltener Erden verkaufen, darunter rare und strategisch bedeutsame Isotope, die nicht nur in der Halbleitertechnologie, sondern auch in der Raumfahrt und beim Militär Verwendung fanden.[101] Diesen Auftrag hatte ihnen laut Jakunin ein hochrangiger KGB-General verschafft. Als sie ihn erfüllt hatten, strich Temp, eines der Gemeinschaftsunternehmen, das sie gegründet hatten, Gewinne in Höhe von 24 Millionen Rubel ein.[102] Das war damals eine gewaltige Summe, und sie ermöglichte ihnen, die Bank Rossija zu übernehmen.

Die drei Männer hatten in den letzten Monaten vor dem Zusammenbruch der Sowjetunion, als der KGB die Vorbereitungen für den Übergang zur Marktwirtschaft intensivierte, eine ganze Reihe solcher Gemeinschaftsunternehmen ins Leben gerufen und schon damals eng mit der Bank Rossija zusammengearbeitet. Nach dem gescheiterten Augustputsch, sagte Jakunin, hätten sie kurz befürchtet, ihre Unternehmen aufgeben zu müssen, als die Konten bei der Bank gesperrt wurden, genauso wie der übrige Besitz der Kommunistischen Partei. Aber ihre Verbindungen und die Gewinne aus dem Verkauf der Seltenen-Erden-Metalle hatten sie gerettet. Die Führungsriege der lokalen Kommunistischen Partei und des KGB gaben ihnen grünes Licht, die Bank Rossija zu übernehmen und sie wieder zum Leben zu erwecken. »Wir waren Menschen, die innerhalb der Parteistrukturen in Leningrad durchaus bekannt waren«, meinte Jakunin. »Wir hatten Kontakte, und die Leute vertrauten uns. Die Genehmigung, die Mehrheit an der Bank Rossija zu erstehen, erhielten wir, eben weil diese Leute uns vertrauten und uns respektierten.«[103]

Die Bank Rossija verfügte von Anfang an über strategische Verbindungen zu Putins Komitee für Außenbeziehungen. Die Büroräume der Bank befanden sich im Smolny-Institut, wo nun auch der Bürgermeister der Stadt saß, und sie spielte eine Schlüsselrolle bei der Einrichtung des *obschak*, der Gemeinschaftskasse für Putins Leute. Die mit dem KGB verbandelten Geschäftsleute der Stadt, darunter Jakunin, Kowaltschuk und Fursenko, befolgten fast schon ehrfürchtig alle Vorgaben, die der KGB in den Niedergangsjahren des kommunistischen Regimes festgelegt hatte, wie der Handel durch Gemeinschaftsunternehmen mit ausländischen Firmen abzulaufen hatte. Jede dieser Firmen musste von Putins Komitee abgenickt werden, und die meisten von ihnen wurden angewiesen, Konten bei der Bank Rossija zu eröffnen. In einem Fall flossen Millionen Dollar aus dem Haushalt der Stadt über Konten bei der Bank in ein Geflecht von Unternehmen, das mit Putins Männern in Verbindung gebracht wurde. Das Geld lief über einen Fonds, der als »Zwanzigster Trust« bekannt war. Zwischenzeitlich hatte kurz die Gefahr bestanden, dass Putin deswegen in eine Strafsache verwickelt werden könnte. Wie so viele der von seinen Männern erschaffenen schwarzen Kassen wurden mit dem Geld auch hier strategische Notwendigkeiten wie Wahlkampagnen, aber auch private Anschaffungen für städtische Beamte, etwa Luxusimmobilien in Finnland und Spanien, finanziert.[104]

Als Putin und seine KGB-Verbündeten die Herrschaft über die Wirtschaft der Stadt als gesichert betrachteten, kamen auch bei ihnen bürgerliche Träume auf. Bei einer konkreten Überweisung sei es darum gegangen, Putin und dem Chef des Zwanzigsten Trusts den Aufenthalt in einem Fünfsternehotel in Finnland zu bezahlen, wo sie sich mit einem Architekten der Petersburger Stadtverwaltung getroffen und wahrscheinlich ihre Pläne für eine Reihe von Datschen erörtert hätten, erklärte ein ranghoher Polizeibeamter, der in dem Fall ermittelte.[105] »Alle Sowjetbürger träumen von einer Datscha«, meinte ein damaliger Geschäftspartner von Putin.[106] »Es hieß immer, dass es nicht nur wichtig sei, ein gutes Stück Land zu haben, sondern dass man auch die richtigen Nachbarn braucht.«

Das Grundstück, das Putin auswählte, um dort in Ruhe und Frieden die Wochenenden zu verbringen, lag ein Stück abseits einer Fernstraße, die sich von Sankt Petersburg Richtung Norden wand, zwischen den Wäldern und Seen von Karelien hindurch. In der Nähe der finnischen Grenze führte eine unbeschilderte Straße zu einer behaglichen Holzhäuseransammlung am Ufer des Komsomolskoje-Sees, der für seine hervorragenden Angelbedingungen bekannt war. Vor Putins Eintreffen war die Straße kaum mehr als ein Waldweg gewesen. Doch kurz nach der Ankunft der neuen Bewohner wurde sie asphaltiert und mit Beleuchtung versehen.

Die Dorfbewohner, die seit vielen Generationen friedlich auf dem begehrten Streifen Land am Seeufer gelebt hatten, sahen jetzt zu, wie neue, leistungsstärkere Stromleitungen verlegt wurden, von denen aber keine zu ihren Häusern führte. Stattdessen wurden sie einer nach dem anderen aufgefordert wegzuziehen und erhielten dafür entweder Geld oder fertige Neubauten weiter im Inland. Die mächtigen neuen

Nachbarn setzten ausladende Holzhütten im finnischen Stil auf die großzügig bemessenen Grundstücke. Sie gründeten eine Gruppe, die später als die Osero-Datschengemeinschaft bekannt wurde, und beanspruchten das gesamte Ufer, von dem ihre früheren Nachbarn nun durch einen hohen neuen Zaun getrennt waren, für sich. Wenn die Neuankömmlinge Feste feierten, konnten die alten Bewohner die Feierlichkeiten und Feuerwerke nur von Weitem verfolgen. Sie wussten, dass Protest sinnlos war. »Meine Mutter hat mir eine einfache Wahrheit beigebracht: Kämpf nicht gegen die Starken, und verklage nicht die Reichen«, sagte einer von ihnen.[107] Die einzige frühere Bewohnerin, die versuchte, sich aufzulehnen, verlor ihren Prozess in allen Instanzen.

Die Männer, die mit Putin an den Komsomolskoje-See zogen, waren die Crème de la Crème seiner KGB-Bekannten. Die meisten von ihnen waren Anteilseigner der Bank Rossija, wie Jakunin, Fursenko und Kowaltschuk, und alle hatten Putin schon vor seiner Zeit in Sankt Petersburg kennengelernt. »Das waren Leute, die Putin schon früher nahestanden«, meinte ein ehemaliger Geschäftspartner Putins.[108] »Sie waren nicht aufgrund ihrer Arbeit oder ihrer Kenntnisse dort, sondern einfach nur, weil sie alte Freunde waren.«

Das war ein Prinzip, das später auf das ganze Land ausgedehnt wurde. Nach Putins Aufstieg zum Präsidenten übernahmen er und seine Verbündeten aus der Osero-Datschengemeinschaft Stück für Stück die strategisch wichtigen Wirtschaftssektoren und schufen ein eng verflochtenes Netz loyaler Kameraden – sozusagen Treuhänder –, die sich die größten Goldgruben des Landes sicherten und alle anderen ausschlossen. Die Bank Rossija sollte das Herz des Finanzimperiums hinter dieser Gruppe bilden, dessen Tentakel ganz Russland durchdrangen und auch weit bis in den Westen hinein reichten.

Diejenigen, die mit Putin im Petersburger Hafen und beim Ölterminal zusammengearbeitet hatten, begleiteten ihn auch, als er an die Macht kam. Das galt vor allem für Timtschenko, der zwei ehemaligen Geschäftspartnern zufolge zunächst als inoffizieller Schattenberater für Putin tätig war und dann zum größten Ölhändler des Landes aufstieg. Die Männer, die unter Trabers Aufsicht den Hafen kontrollierten, erhielten die ersten Führungspositionen beim staatlichen

Gasgiganten Gazprom, als Putin anfing, die strategisch wichtigsten Wirtschaftsgüter des Landes zu übernehmen. Als er sich dann daran machte, westlich orientierten Oligarchen wie Michail Chodorkowski aus der Ölindustrie zu verdrängen, zählten Timtschenko und Akimow zu denjenigen, die am meisten davon profitierten.

Doch damals in den Neunzigerjahren, als sie gerade ihre ersten Schritte taten, war es schwer vorstellbar, dass ihr Weg jemals so weit nach oben führen würde. Die Mitglieder der Osero-Datschengemeinschaft blieben unter sich; sie wechselten kaum ein Wort mit den ehemaligen Nachbarn, die sie vom Seeufer vertrieben hatten. Nach Putins Umzug nach Moskau wurden die Wochenendbesuche dann aber immer seltener. Die neu gebauten Häuser standen plötzlich leer, wie Geister am Rand des Sees. »Es wurde ihnen zu klein hier. In Moskau hatten sie ganz andere Möglichkeiten«, sagte einer der Nachbarn.[109]

*

Als Putin im Sommer 1996 plötzlich eine wichtige Position im Kreml in Moskau übernahm, erklärte einer der ranghohen KGB-Generäle, der seine berufliche Entwicklung in Sankt Petersburg die ganze Zeit über verfolgt hatte, seine Zufriedenheit mit seinem Schützling. »Er hat hier bei null angefangen«, meinte dieser General, Gennadi Belik, später zu einem Journalisten. »Natürlich hat er Fehler gemacht. Für ihn war das alles völlig neu. (…) Keine Fehler macht nur, wer nichts tut. Aber gegen Ende seiner Tätigkeit in Sankt Petersburg hatte Wladimir Wladimirowitsch enorm viel gelernt.«[110]

Belik war ein Veteran des Auslandsgeheimdienstes und hatte in Sankt Petersburg ein Netz von Firmen beaufsichtigt, die mit Seltene-Erden-Metallen handelten. Er war eine Art Mentor für Putin gewesen, als der für die Wirtschaft der Stadt zuständig war, wenngleich Putin laut einem engen Verbündeten auch mit dem ehemaligen KGB-Chef Wladimir Krjutschkow in Kontakt geblieben war.[111] Doch obwohl Putins Leute einen Großteil der lokalen Wirtschaft kontrollierten, waren die Summen, die sie in Sankt Petersburg handhaben, im Vergleich zu jenen, mit denen die jungen, westlich orientierten Tycoons wie

Chodorkowski in Moskau zu tun hatten, eher gering. Sankt Petersburg war weit weg, als die neuen Oligarchen der Jelzin-Ära das Industrievermögen des Landes unter sich aufteilten.

Viele der Petersburger KGB-Mitglieder hielten die Geschehnisse in Moskau für den Untergang des russischen Staates. Wladimir Jakunin beispielsweise war der Ansicht, dass eine verschworene Truppe aus korrupten Parteibonzen und Männern wie Chodorkowski, die er als »Kriminelle« bezeichnete, das Land in ihre Gewalt brachte.[112] Jelzin betrachteten diese KGB-Leute als einen betrunkenen Clown, einen mittelrangigen Funktionär der Kommunistischen Partei, der nach der Pfeife des Westens tanzte und die strategisch wichtigen Güter nun für einen Apfel und ein Ei an eine korrupte Bande habgieriger Geschäftsleute verscherbelte. »Menschen hatten ihr Leben gelassen. Sie hatten ihrem Land aufrichtig gedient und sich in Gefahr gebracht. Aber alles, was sie dafür bekamen, war ein ausgestreckter Mittelfinger von einem besoffenen Bastard, der darüber hinaus auch noch kaum fähiger war als jeder Dorfvorsitzende der Kommunistischen Partei«, urteilte ein ehemaliges KGB-Mitglied, das in Sankt Petersburg mit Putin zusammenarbeitete.[113]

Obwohl es damals sehr unwahrscheinlich schien, war Putins Umzug nach Moskau der erste Schritt in Richtung eines Wandels. Seine Beförderung ereignete sich zu einer Zeit, in der er aller Logik nach eigentlich aus dem Spiel hätte sein müssen. Im Sommer 1996 hatte Anatoli Sobtschak gerade die Wiederwahl zum Bürgermeister von Sankt Petersburg verloren. Dafür war zum Teil auch Putin, sein Wahlkampfmanager, verantwortlich. Sobtschak unterlag um Haaresbreite – ihn trennten 1,2 Prozent vom Sieg. Das entsprach, wie seine Witwe Ljudmila Narussowa später sagte, den Bewohnern eines großen Wohnblocks. Es gab Gerüchte, dass Sobtschaks Niederlage von Jelzin organisiert worden sei, weil er sich seiner entledigen wollte, da der extravagante und charismatische Sobtschak eine Bedrohung für Jelzin im Kampf um seine eigene Wiederwahl zum Präsidenten wenige Monate später dargestellt hätte. Narussowa war davon überzeugt: »Er war zu unabhängig geworden. Jelzin betrachtete ihn als Rivalen und erteilte deshalb den Befehl, die Wahlen zu manipulieren.«[114] Sobtschak hatte sich schon vor Beginn des Wahlkampfs gegen Bestechungsvorwürfe wehren müssen. Viele glaubten, dass es sich dabei um eine Schmutzkampagne der alten Sicherheitskräfte rund um Jelzin handelte.[115]

Die Vorwürfe hatten mit Sicherheit einen Einfluss auf den Ausgang der Wahl, und Putin trat nach der Niederlage sofort von seinem Amt in der Stadtverwaltung zurück. Die Spindoktoren des Kreml betonen in der offiziellen Erzählung über Putins Leben stets, wie sehr dieser Schritt seine Loyalität Sobtschak gegenüber beweise und dass er aufgrund seiner Prinzipien riskiert habe, arbeitslos zu sein. Aber in Wahrheit dauerte es nicht einmal einen Monat, bis Putin nach Moskau berufen wurde, ursprünglich, um dort den renommierten Posten des stellvertretenden Leiters der Präsidialverwaltung zu übernehmen. Das hatte er unter anderem Alexej Bolschakow zu verdanken, einem Urgestein aus dem Leningrader Verteidigungssektor, der höchstwahrscheinlich auch beim KGB aktiv war und jetzt irgendwie erreicht hatte, dass Jelzin ihn zum stellvertretenden Ministerpräsidenten ernannt hatte.

Obwohl Putins Ernennung unerwarteterweise von Anatoli Tschubais blockiert wurde, dem westlich orientierten Privatisierungszar, den Jelzin zum neuen Chef der Präsidialverwaltung gemacht hatte, ließ man ihn nicht fallen. Stattdessen trug man ihm die Leitung der berühmten Auslandsliegenschaftsverwaltung des Kreml an, der nach dem Zusammenbruch der Sowjetunion die Kontrolle über den überaus umfangreichen Besitzstand des Reiches im Ausland zukam. Dazu zählten die herrschaftlichen Handelsvertretungen und Botschaften sowie eine Vielzahl an Militärbasen und anderer militärischer Einrichtungen, geheim oder nicht, und obwohl nicht wenige dieser Besitztümer bereits einfach aus den Büchern verschwunden waren, stellte das, war noch da war, weiterhin ein strategisches Herzstück des imperialen Reichtums dar. Für Putin war die Beförderung daher durchaus prestigeträchtig.

Es war der Auftakt zu einem schwindelerregenden Aufstieg. Nur sieben Monate nach seinem Umzug nach Moskau wurde Putin erneut befördert. Zuerst ernannte man ihn zum Leiter des Hauptkontrollamts, einem zentralen Machtzentrum des Kreml, wo er sicherzustellen hatte, dass die Anordnungen des Präsidenten auch in den schwer zu bändigenden Regionen des Landes umgesetzt wurden. »Sie haben Putin nicht einfach von der Straße eingestellt«, sagte ein enger Verbündeter. »Er war in Moskau als Berater Sobtschaks bekannt, als einflussreicher Mann in Sankt Petersburg. (…) Ich glaube, der Wechsel war geplant.«[116] Ein Jahr später stieg Putin dann zum ersten Stellvertreter des Leiters der Präsidialverwaltung auf und war als solcher für die Regionen zuständig – es war die drittmächtigste Position im Kreml hinter dem Präsidenten. Nach nur drei Monaten auf diesem Posten wurde er zum Chef der KGB-Nachfolgeorganisation FSB berufen. Zu der Zeit war Putin nur Oberstleutnant, und der FSB war noch nie von jemandem geleitet worden, der kein General war. Die FSB-Generäle seien entsetzt gewesen, heißt es, aber Putins Verbündete bestanden darauf, dass sein Status als erster Stellvertreter in der Präsidialverwaltung ihm einen Rang verlieh, der dem eines Generals gleichzusetzen sei – eben nur auf ziviler Ebene, sagten sie.[117]

Jelzins Schwiegersohn Walentin Jumaschew, ein gutmütiger ehemaliger Journalist, der mittlerweile zum Leiter von Jelzins Präsidialverwaltung aufgestiegen war, beharrte darauf, dass Putins wundersamer Aufstieg auf seine herausragenden Fähigkeiten zurückzuführen war. »Er war einer meiner stärksten Stellvertreter«, erzählte er mir. »Seine Arbeit war immer brillant. Er formulierte seine Ansichten präzise. Er analysierte Situationen präzise. Ich war immer froh, einen solchen Stellvertreter zu haben.«[118] Doch andere, die Putin in Sankt Petersburg gekannt hatten, empfanden dessen Karrieresprung als eher surreal. Einige seiner ehemaligen Geschäftspartner überlegten, ob dahinter die KGB-Generäle stecken könnten, die Putin von Anfang an gefördert hatten. »Man könnte schon überlegen, ob seine Aufgabe zunächst lautete, die demokratische Gemeinschaft durch die Arbeit für Sobtschak zu infiltrieren«, meinte einer. Hatte Putin dazu beigetragen, dass Sobtschak die Wahl verlor, nachdem er für überflüssig befunden wurde? »Es ist absolut denkbar, dass Putin auf Weisung des Kreml handelte und nach Erfüllung seiner Mission dorthin versetzt und mit wichtigen Ämtern betraut wurde«, sagte der ehemalige Geschäftspartner. »Wenn man das Ganze als Spezialauftrag betrachtet, um Sobtschak als Rivalen aus dem Weg zu räumen, ergibt alles einen Sinn.«[119] Andere hingegen argumentierten, dass Sobtschak in Sankt Petersburg ohnehin zunehmend umstritten gewesen sei, vor allem wegen seiner Arroganz, die ihm viele übelnahmen. Es hatte nicht viel gebraucht, um seine Bemühungen um eine Wiederwahl vor die Wand zu fahren.

Wie auch immer er dorthin gekommen war, sobald Putin die Stelle als FSB-Chef angetreten hatte, fing er an, die Makel aus seiner Petersburger Vergangenheit auszumerzen. Einer seiner größten Feinde aus jener Zeit war Juri Schutow, ein ehemaliger Stellvertreter Sobtschaks, der mit Putin aneinandergeraten war und kompromittierendes Material über ihn gesammelt hatte – zu den Öl-gegen-Lebensmittel-Geschäften, der Privatisierung des städtischen Eigentums und Putins Verbindungen zur Tambow-Mafia. Kurz nach Putins Ernennung wurde Schutow mit vorgehaltener Waffe verhaftet. Er galt schon seit Langem als überaus umstritten, und es gab viele Gerüchte über seine Beziehungen zur Petersburger Unterwelt. Aber als Putin die Leitung des FSB übernahm, wurde aus den Mutmaßungen eine Anklage. Schutow wurde vorgeworfen, vier Morde und zwei Mordversuche in Auftrag gegeben zu haben. Obwohl ihn ein Amtsgericht kurzzeitig freisprach, weil es der Ansicht war, dass es keine Grundlage für ein Strafverfahren gebe, wurde Schutow direkt im Anschluss wieder verhaftet und in Russlands härteste Strafkolonie geschickt, die tief in Sibirien lag, in Perm, und unter dem Namen *Belij Lebed*, »Weißer Schwan«, bekannt war. Von dort kehrte er nie wieder zurück. Das Material, das er über Putins Verbindungen zur Tambow-Mafia gesammelt hatte, sei einfach verschwunden, sagte Andrej Kortschagin, ein ehemaliger Mitarbeiter der Stadt, der Schutow gut gekannt hatte: »Er war Russlands erster und einziger echter politischer Gefangener.«[120]

Ein noch verstörenderes Omen folgte nur vier Monate nach Putins Ernennung zum FSB-Chef. Galina Starowoitowa, die stämmige, tweedtragende Menschenrechtsaktivistin mit dem seidigen braunen Haar, bei der Putin sich nach seiner Rückkehr aus Dresden in Leningrad nach einem Job erkundigt hatte, wurde eines späten Novemberabends 1998 im Treppenhaus ihres Mietshauses erschossen. Sie war mittlerweile die führende Demokratin in Sankt Petersburg und die

lauteste Stimme gegen die Korruption. Nach ihrem Tod verfiel die
Stadt in tiefe Trauer, und das ganze Land stand unter Schock. Viele
Beobachter zogen eine Verbindung zwischen dem Mord und den
Spannungen, die rund um die im folgenden Monat anstehende Wahl
des Lokalparlaments entstanden waren. Aber einer von Starowoitowas ehemaligen Mitarbeitern, Ruslan Linkow, der zum Zeitpunkt der
Schüsse bei ihr gewesen, aber irgendwie mit dem Leben davongekommen war, glaubte, dass sie wegen ihrer Korruptionsermittlungen ermordet worden sei.[121] Eine ihrer besten Freundinnen, Waleria Nowodworskaja, ebenfalls eine führende Demokratin, war überzeugt, dass
die Petersburger Sicherheitsbehörden Starowoitowas Tod angeordnet
hatten: »Es war völlig klar, dass sie dahintersteckten. Sie führten den
Killern die Hand.«[122]

Ein ehemaliger Geschäftspartner von Ilja Traber sagte, die größte
Bedrohung für Starowoitowa dürfte von den *silowiki* ausgegangen sein,
die den Hafen, die Schiffsflotte und das Ölterminal kontrollierten: »Sie
hatte ein Dossier über die Leute angelegt, die das Ölgeschäft in Sankt
Petersburg in der Hand hatten. Davon hat Traber mir erzählt. Er fragte:
›Warum zum Teufel befasst sie sich jetzt mit dem Ölgeschäft?‹ Deshalb
musste sie sterben.«[123] Später erzählte mir ein ehemaliger FSB-Agent,
der in dem Fall ermittelt hatte, dass er tatsächlich von einer Tat der
Tambow-Mafia ausging: »Wir erkannten, dass wir in dem Fall niemals
weiterkommen würden.«[124]

Die Ereignisse, die Putins Aufstieg begleiteten, waren unheilvoll.
Aber das Land raste auf eine neue Finanzkrise zu, und so gingen die
Warnsignale offenbar unter. Jelzins Gesundheitszustand verschlechterte sich zusehends, und wenn man der Aussage von mindestens einer Person Glauben schenkt, bereiteten die alten KGB-Generäle ihre
Rückkehr vor. Eines Abends kurz nach dem Finanzcrash im August
1998, der die russische Wirtschaft in die Knie zwang, traf sich eine
kleine Gruppe von KGB-Agenten mit einem Amerikaner zu einem
privaten Abendessen in Moskau. Unter ihnen waren der ehemalige
KGB-Chef Wladimir Krjutschkow, Robert Eringer, der einst als Sicherheitsberater in Monaco, aber auch kurz als Informant für das FBI
tätig gewesen war, und Igor Prelin, ein Mitarbeiter Krjutschkows und

einstiger Dozent Putins am Rotbanner-Institut des Geheimdienstes. Laut Eringer erklärte Prelin den restlichen Anwesenden, dass der KGB schon bald an die Macht zurückkehren würde: »Er sagte: ›Wir kennen da jemanden. Ihr habt noch nie von ihm gehört. Wir verraten euch nicht, um wen es geht, aber er ist einer von uns, und wenn er Präsident wird, sind wir wieder im Spiel.‹«[125]

# 4

# OPERATION NACHFOLGER: »ES WAR BEREITS NACH MITTERNACHT«

»Später haben das alle vergessen. Alle glaubten, dass die Demokratie einfach da war. Jeder hatte nur seine eigenen Interessen im Kopf.«

– ANDREJ WAWILOW, EHEMALIGER STELLVERTRETENDER FINANZMINISTER DER JELZIN-REGIERUNG[1]

## PLAN A

MOSKAU – Im Sommer 1999 hatte sich eine tödliche Stille über den Kreml gesenkt. In den verschachtelten Korridoren des Hauptverwaltungsgebäudes war nur das stetige Surren elektrischer Motoren zu hören, als die Putzkräfte die Parkettböden polierten. Aus der Ferne hallten die harten Schritte eines einsamen Wachmanns auf Patrouille durch die Flure. Büros, in denen einst Bittsteller, die auf Gefälligkeiten aus waren, Schlange gestanden hatten, waren nun größtenteils leer, während sich die dort tätigen Mitarbeiter in ihre Datschen fernab der Stadt zurückgezogen hatten und nervös an ihrem Tee nippten. »Die Stimmung war wie auf einem Friedhof«, sagte Sergej Pugatschow, der Kreml-Bankier, der eine ganze Reihe von Leitern der Präsidialverwaltung beraten hatte. »Wie in einem Unternehmen, das bankrottgegangen war. Plötzlich war alles weg.«[2]

Für Pugatschow und die anderen Mitglieder von Jelzins engstem Kreis, weithin als »die Familie« bekannt, die sich nach wie vor im Kreml aufhielten, waren angespannte Zeiten angebrochen. Jelzin hatte sich seit Oktober immer wieder im Krankenhaus behandeln lassen müssen, und vor den Toren des Kreml schienen die Vorbereitungen für einen Coup zu laufen. Die Grundmauern von Jelzins Regentschaft wurden Stück für Stück geschliffen, eine Folge der katastrophalen Entwertung des Rubels im vergangenen Sommer, als 40 Milliarden Dollar Staatsschulden nicht zurückgezahlt werden konnten. Das leichte Geld, das Selbstbedienungsbüfett für gut vernetzte Auserwählte, das die Boomjahre der Marktumstellung geprägt hatte, war mit einem lauten Knall verpufft. Die Regierung hatte den Haushalt vier Jahre lang über die Ausgabe kurzfristiger Staatsanleihen finanziert, was ein Schneeballsystem erschuf, dessen einzige Profiteure eine Handvoll Oligarchen gewesen waren, die jungen Wölfe der Jelzin-Ära. Eine Zeit lang hatten die Tycoons die steigenden Zinsen auf Staatsanleihen und den fixen Wechselkurs dazu genutzt, die Gewinne einer todsicheren Wette zu kassieren, während die Zentralbank einen immer größeren Teil ihrer Hartwährungsreserven aufbrauchen musste, um den Rubel stabil zu halten.

All das war im August 1998 in sich zusammengefallen, und wieder einmal hatte es die russische Bevölkerung am härtesten getroffen. Viele Banken der Oligarchen waren unter der Krise eingebrochen, doch sie selbst hatten den Großteil ihres Vermögens rechtzeitig ins Ausland geschafft, sodass nur die Ersparnisse der Bürger und Bürgerinnen verloren gingen. Das Parlament, damals noch in der Hand der Kommunisten, geriet in Aufruhr. Der in die Defensive gedrängte Jelzin erklärte sich bereit, mit Jewgeni Primakow, dem ehemaligen Chef des Auslandsgeheimdienstes und langjährigen Vorposten des KGB-Netzwerks, einen Vertreter aus der Führungsriege der ehemaligen Sicherheitskräfte zum Ministerpräsidenten zu ernennen. Dann hatte sich der Präsident, dessen Werk in Scherben lag, von Krankheit geplagt in den Urlaubsort Sotschi am Schwarzen Meer zurückgezogen, während Primakow eine Reihe kommunistischer Stellvertreter, angeführt vom ehemaligen Leiter des sowjetischen Komitees für Wirtschaftsplanung (Gosplan), in die Regierung holte. Jelzin kam wiederholt ins Krankenhaus, und ein Kreml-Mitarbeiter deutete an, dass er sich von nun an eher im Hintergrund halten werde.[3]

Die Mitglieder der alten kommunistischen Garde hatten sich Stück für Stück die politischen Führungsposten erobert. Nun, da sie die Kontrolle über das Kabinett hatten, deckten sie einen Finanzskandal nach dem anderen auf, und alle drehten sich um die Exzesse ihrer Gegner in der Jelzin-Regierung. Die federführende Kraft bei diesen Korruptionsvorwürfen war Juri Skuratow, der rundliche und scheinbar sanftmütige Generalstaatsanwalt. Bis zum Frühjahr war er eher dafür bekannt gewesen, Strafverfahren still und leise einzustellen, statt sie zu eröffnen, aber jetzt hatte er inmitten der öffentlichen Entrüstung rund um die Finanzkrise angefangen, gegen Korruption auf höchster Ebene vorzugehen. Als Erstes hatte er eine Breitseite gegen die Zentralbank gefahren. In einem Brief an den kommunistischen Sprecher der Duma legte er dar, wie die Bank insgeheim Hartwährungsreserven im Wert von 50 Milliarden Dollar außer Landes geschafft hatte, über Fimaco, die obskure Offshore-Firma, die in Jersey registriert war[4] – eine Enthüllung, die gewissermaßen eine Büchse der Pandora öffnete, was den Insiderhandel und das Abschöpfen von Geldern über staatliche Schuldverschreibungen anging.

Hinter den Kulissen liefen noch weitere bedrohliche Ermittlungen. Bei einer von ihnen bestand das Risiko, dass sie direkt zu den Konten der Jelzin-Familie führen könnte. Im Mittelpunkt stand Mabetex, ein kaum bekanntes Unternehmen im Schweizer Alpenstädtchen Lugano nahe der italienischen Grenze, das im Verlauf der Neunzigerjahre milliardenschwere Aufträge zur Renovierung des Kreml, des russischen Weißen Hauses und anderer prestigeträchtiger Objekte erhalten hatte. Anfangs schienen sich die Ermittlungen, die Skuratow in Zusammenarbeit mit der Schweizerische Bundesanwaltschaft durchführte, auf mutmaßliche Schmiergeldzahlungen an Mittelsmänner rund um Pawel Borodin zu konzentrieren, den herzlichen und etwas derben sibirischen Parteikader, der seit 1993 die riesige Liegenschaftsverwaltung des Kreml geleitet hatte. Doch dahinter verbarg sich ein potenziell größerer Skandal. Und das wussten diejenigen im Kreml, die an Jelzins Stelle die Regierungsarbeit machten, nur zu gut. »Jeder hatte Angst davor, was passieren könnte«, meinte Pugatschow. »Niemand traute sich, zur Arbeit zu gehen. Alle zitterten wie Espenlaub.«[5]

Die Eckpfeiler des Falls waren leise zusammengetragen worden. Ein Teil der alten Garde, vor allem die im Schatten lauernden Vertreter der Sicherheitsbehörden, hatten seit dem Beginn von Jelzins Amtszeit nach einer Möglichkeit gesucht, ihn abzusetzen. Sie hatten seine Bemühungen um mehr Demokratie lange voller Abscheu beobachtet, und als er die russischen Regionen dazu aufrief, so viel Freiheiten für sich in Anspruch zu nehmen, wie sie vertragen konnten, hielten sie das für einen Teil einer westlichen Verschwörung mit dem Ziel, die Russische Föderation zu schwächen und letztendlich zu zerstören. Sie steckten immer noch in der Nullsummendenkweise des Kalten Krieges fest und meinten, dass Jelzin der US-Regierung hörig sei, die ihn überhaupt nur ins Amt gehievt hätte, um die Sowjetunion zunichtezumachen. Sie verachteten seine augenscheinliche Freundschaft mit US-Präsident Bill Clinton und waren fest davon überzeugt, dass die Marktreformen, die sie selbst ersonnen hatten und die ihren Teil dazu beigetragen hatten, dass Jelzin an die Macht kam, nun pervertiert worden seien, um die Oligarchenherrschaft der *semibankirschtschina* zu ermöglichen – die Herrschaft jener sieben Bankiers, die ihre ehemaligen Meister vom KGB ausgestochen hatten und mittlerweile über weite Teile der Wirtschaft herrschten. Jelzins demokratische Errungenschaften waren dieser alten Garde völlig egal, in ihren Augen war er ein verwirrter Alkoholiker, der nicht in der Lage war, das Land zu führen. Gleichzeitig bilde seine »Familie«, zu der Jelzins Tochter Tatjana, sein Leiter der Präsidialverwaltung (und zukünftiger Schwiegersohn) Walentin Jumaschew und verschiedene Gefolgsleute des Oligarchen Boris Beresowski zählten, eine unheilige Allianz, die hinter den Kulissen illegal die Macht an sich gerissen hätte und das Land nun in den sicheren Untergang führe.

»Eine gewisse Gruppe von Menschen verstand, dass es so nicht weitergehen konnte«, sagte einer der Beteiligten an der Verschwörung, Felipe Turover, der ehemalige KGB-Agent, der im Rahmen des Petersburger Öl-gegen-Lebensmittel-Programms mit Putin zusammengearbeitet hatte. »Das ganze Unterfangen entstand aus einer Notwendigkeit heraus. Uns blieb keine andere Wahl. Es musste getan werden. Jelzin war ein Säufer und schwer drogenabhängig. Tatsache war, dass das Land von seiner Tochter regiert wurde und von einem Haufen Idioten, die nur auf ihre eigenen Interessen schauten. (…) Die Gouverneure widersetzten sich dem Kreml. Die Regionen machten Anstalten, zu unabhängigen Staaten zu werden. Wir mussten diesen Abschaum loswerden.«

Turover weigerte sich, die Namen der Sicherheitskräfte zu nennen, die an der Verschwörung gegen Jelzin beteiligt waren. Aber es war klar, dass die Gruppe darauf abzielte, ihn durch Primakow zu ersetzen, der als ehemaliger Chefspion einer von ihnen war. Die Verschwörer suchten von Anfang an nach Material, das Jelzin direkt mit Korruption in Verbindung brachte – nach irgendetwas, was den Präsidenten unwiederbringlich beschädigen und so die weitverbreitete und althergebrachte russische Überzeugung widerlegen würde, dass alle Probleme des Landes auf die falschen Entscheidungen und die Bestechlichkeit der Höflinge, der Bojaren rund um den Zaren, zurückzuführen seien, nicht aber auf den Präsidenten selbst. »Da er als der große Demokrat gepriesen worden war, wusste niemand, wie man ihn loswerden könnte«, meinte Turover. »Der einzige Weg führte über die Gerichte. Den Menschen musste vor Augen geführt werden, dass es einfach nicht stimmte, dass der Zar ein guter Mann ohne Fehl und Tadel war, während die Bojaren die Schurken waren. Ist der Präsident selbst ein Dieb, ist alles klar. Wir brauchten etwas Konkretes.«[6]

Es war Turover, der schließlich das passende Material fand und veröffentlichte. Da er Einblick in die geheime Rückzahlung strategischer Schulden aus Sowjetzeiten hatte, sammelte und durchkämmte er jahrelang *kompromat* – kompromittierendes Material – über die Finanzvorgänge innerhalb der Jelzin-Regierung, in der Hoffnung, dass irgendwann einmal der richtige Augenblick käme. Als enger Freund des ehemaligen Leiters der KGB-Geheimabteilung für die Finanzierung illegaler Operationen im Ausland gehörte er seit den Achtzigerjahren zum Establishment der Sicherheitsbehörden. Er war derselbe ständig Witze reißende harte Hund vom Auslandsgeheimdienst, der Wladimir Putin schon Anfang der Neunzigerjahre geholfen hatte, das Öl-gegen-Lebensmittel-Programm in Sankt Petersburg ins Leben zu rufen – das Programm, über das eine schwarze Kasse für Putin und seine KGB-Partner eingerichtet wurde. Darüber hinaus war er auch an anderen Geheimprojekten beteiligt gewesen, die seiner Aussage nach dafür sorgen sollten, dass die strategischen Schulden der Sowjetunion bei »befreundeten Firmen« beglichen wurden, deren Zweck aber fast mit Sicherheit ebenfalls schwarze Kassen für den KGB waren.

Unterlagen zeigen, dass viele dieser Vorgänge über die Banco del Gottardo liefen, eine kleine Bank am Rand von Lugano, für die Turover als Berater tätig war.[7] Die Wahl sei auf diese Bank gefallen, sagte Turover, weil »wir eine sehr kleine Bank mit einem sehr schlechten Ruf brauchten«.[8] Die Banco del Gottardo war die Auslandstochter der Banco Ambrosiano, der Bank, die eng mit dem Vatikan kooperiert hatte und in den Achtzigern unter einem Skandal zusammengebrochen war, an dessen Ende ihr Chef Roberto Calvi tot von der Blackfriars Bridge in London baumelte. Jetzt lief eine Vielzahl russischer Schwarzgeldtransaktionen über die Konten dieser Bank, darunter ein Geflecht aus Tausch- und Warenexportgeschäften, über das Milliarden Dollar außer Landes geschafft wurden.

Das war ein weiteres Zeichen dafür, dass die alten Verhaltensweisen der *komitetschiki*, der KGB-Leute, trotz aller Bemühungen Jelzins, den Markt zu reformieren und auf den Trümmern der Sowjetunion ein neues Russland aufzubauen, hinter den Kulissen immer noch Bestand hatten. Obwohl Jelzin versucht hatte, viele Posten in seiner Regierung mit sogenannten »jungen Reformern« zu besetzen, die die russische Wirtschaft aus der Kontrolle des Staates lösen und das Land gemäß der Transparenzvorgaben der westlichen Institutionen leiten sollten, begünstigten die Umstände doch immer noch die Insider mit großer Nähe zum Staat – und zum Geheimdienst. Durch solche Geschäfte hatte sich die Jelzin-Familie angreifbar gemacht, und es sagte sehr viel aus, dass der Schlag gegen die Freiheiten, die Jelzin Russland hatte verschaffen wollen, von jemandem aus der Riege des KGB-Auslandsgeheimdienstes ausging. Jelzin war es nicht gelungen, sein Land oder auch nur seine eigene Familie von den Praktiken der Vergangenheit zu lösen.

Die Banco del Gottardo beherbergte die Konten von Mabetex, der undurchsichtigen Schweizer Firma, die sich die Verträge rund um die

Kreml-Renovierung gesichert hatte, und in diesem Zusammenhang ergab sich auch die Verbindung zu Jelzin und seiner Familie. Als Turover diese entdeckte, habe er anfangs dagegen protestiert, Gelder zu verwalten, die mit Jelzin oder seiner Familie zu tun hatten. »Aber dann hielt ich lieber den Mund, weil ich mir überlegte, dass das alles mir eines Tages durchaus gelegen kommen könnte.«[9]

Unter den Konten bei der Banco del Gottardo, die Turover einsehen konnte, hatte er Kreditkartenkonten für Jelzin und dessen Familie entdeckt. Ausgestellt hatte die Karten der Gründer von Mabetex, ein streitlustiger Kosovoalbaner namens Behgjet Pacolli, der schon seit den Siebzigerjahren im Auftrag des sowjetischen Regimes in den Niederungen der Finanz- und Baubranche tätig gewesen war.[10] Pacolli, der einst für den Chef der Kommunistischen Partei in Jugoslawien gearbeitet hatte, sei bereits lange zuvor in Schwarzgeldtransaktionen rund um den Kauf von Embargoware, die sich auch für militärische Zwecke nutzen ließ, involviert gewesen, sagte Turover.[11] Auf den ersten Blick wirkten die Kreditkarten wie eine offenkundige Bestechung Jelzins und seiner Familie durch Pacolli, und die Tatsache, dass das Geld von einem ausländischen Bankkonto kam, war ein klarer Bruch des Gesetzes, laut dem es russischen Staatsbeamten untersagt war, über solche Konten zu verfügen. Am meisten Geld hatte Jelzins Tochter Tatjana ausgegeben; ihre Abrechnungen summierten sich auf 200 000 bis 300 000 Dollar pro Jahr.[12] Eine weitere Million war offensichtlich von Jelzin im Rahmen eines Staatsbesuchs in Budapest verprasst worden.[13]

Gemessen an den Summen heutiger Korruptionsskandale mit ihren vielen Milliarden Dollar erscheinen diese Beträge beinahe lachhaft. Aber damals sah die Gleichung anders aus. Der Schwerpunkt der Macht hatte sich bereits vorher rasch vom Kreml hin zu Primakows Weißem Haus verschoben. Die alte Garde und die Kommunisten waren wieder im Aufstieg begriffen. In den Nachwehen der Wirtschaftskrise waren Jelzins Umfragewerte auf ein Allzeittief von 4 Prozent gesunken. Die Kommunistische Partei, die in der Duma immer noch dominierte, setzte Termine für ein Amtsenthebungsverfahren an, in dem Jelzin sich für alles verantworten sollte, was die Kommunisten für die Sünden seiner achterbahnfahrtartigen Regierungsweise hielten:

das Kriegsdesaster in Tschetschenien, das so viele russische Soldaten das Leben gekostet hatte, der Zerfall der Sowjetunion und das, was sie als den »Völkermord« an der russischen Bevölkerung bezeichneten – die Marktreformen, durch die der Lebensstandard drastisch gesunken war und die nach Meinung der Kommunistischen Partei Millionen Russen frühzeitig den Tod gebracht hatten. Die Enthüllungen über die Kreditkarten würden der Tropfen sein, der das Fass zum Überlaufen brachte. »Primakow sollte im Föderationsrat aufstehen und den Senatoren erklären, dass der Präsident ein Dieb sei«, sagte Turover.[14]

Außerdem drang die Untersuchung ungemütlich weit in Richtung der deutlich größeren Summen vor, die über einen Ölexporteur namens »Internationale Wirtschaftskooperation« (oder MES) geflossen waren, der Konten bei der Banco del Gottardo hatte und tief in die Verträge zur Kreml-Renovierung verstrickt war. MES hatte vom russischen Staat die Genehmigung erhalten, mehr als 8 Prozent der gesamten für den Export bestimmten Öl- und Ölerzeugnismengen des Landes zu verkaufen, was dem Unternehmen 1995 einen Umsatz von fast 2 Milliarden Dollar bescherte.[15] Aktiv war MES seit 1993, als Mitglieder der alten Garde aus der Jelzin-Regierung versuchten, die Kontrolle über den Ölhandel zurückzuerlangen, und das System der *spezeksportery* wieder einführten, der Sonderexporteure, über die alle Ölhändler ihr Öl verkaufen mussten.[16] Es war ein Insidergeschäft, das die Taschen einer kleinen und undurchsichtigen Gruppe von Unternehmern füllte, von denen die meisten den Sicherheitskräften der Jelzin-Regierung nahestanden. MES war ursprünglich gegründet worden, um die Renovierung der Russisch-Orthodoxen Kirche nach der jahrzehntelangen Zerstörung und Unterdrückung zu Sowjetzeiten zu finanzieren. Aber das Rohöl, das MES von der russischen Regierung zugesprochen bekam, um es zollfrei ins Ausland zu verkaufen, übertraf mit seinem Wert von mehreren Milliarden Dollar jeden Betrag, den der Aufbau der Kirche kosten konnte, bei Weitem.

Bei MES handelte es sich im Grunde um eine aufgemöbelte Version der schwarzen Kassen, die durch Putins Öl-gegen-Lebensmittel-Programm entstanden waren. Alle Geschäfte des Unternehmens waren undurchsichtig, und die Grenze zwischen dem, was als »strategisch«

galt, und privaten Ausgaben und Bestechungsgeldern war praktischerweise nicht allzu klar gezogen. MES erzeugte in erster Linie Schwarzgeld, das dazu verwendet wurde, politische Entscheidungen gemäß
den Wünschen einer Gruppe Jelzin zugeneigter Sicherheitsdienstler
im Kreml zu beeinflussen. »Die hohen Tiere brauchten immer Geld.
Man könnte meinen, dafür gäbe es den Haushalt. Aber wenn du Mittel benötigst, um sicherzustellen, dass eine Abstimmung im Parlament
zum erwünschten Ergebnis gelangt, kannst du das Geld dafür nicht
aus dem Haushalt nehmen«, erzählte mir Skuratow später.[17] Die Aktivitäten von MES standen in engem Zusammenhang mit Mabetex
und der Kreml-Renovierung. Als Pawel Borodin, der Chef der Liegenschaftsverwaltung des Kreml, die Regierung ursprünglich nach
Geld für die Renovierungsarbeiten gefragt hatte, hieß es, im Haushalt
seien keine Mittel verfügbar.[18] Also bat er um die Genehmigung, Öl
über MES verkaufen zu dürfen und das Geld auf diesem Weg aufzu-
treiben. Aber die Anordnungen, die MES die entsprechenden Lizenzen zugestanden – erst für 2 Millionen Tonnen Öl, dann für weitere
4,5 Millionen Tonnen –, unterlagen allesamt der Geheimhaltung.[19] Es
wurde nie öffentlich dargelegt, wofür die Erträge verwendet wurden.
Und dann verkündete die Regierung plötzlich, dass sie die Renovierung des Kreml mit 312 Millionen Dollar aus internationalen Krediten
finanzieren werde, ganz so, als hätte der Ölverkauf über MES nie stattgefunden.[20] Offenbar hatte MES den Gewinn von bis zu 1,3 Milliarden
Dollar aus dem Ölverkauf einfach eingestrichen, und niemand wusste,
wo das Geld war.[21]

Im Zentrum des Ganzen stand Sergej Pugatschow, der Kreml-Bankier, der später erst nach London und dann nach Paris fliehen sollte.
Der hochgewachsene, gesellige Mann war ein Meister der Hinterzimmerdeals und hatte sich mit Borodin zusammengetan – die Meschprombank, die er mit gegründet hatte, war die Hauptkreditgeberin der
Kreml-Liegenschaftsverwaltung.[22] Diese Abteilung war zu jener Zeit
ein riesiges Geflecht, dem die Aufsicht über Immobilien im Wert von
Milliarden Dollar zukam, die der Staat nach dem Zusammenbruch
der Sowjetunion übernommen hatte.[23] Mit Pugatschows Hilfe vergab
die Abteilung Wohnungen und Datschen an Mitglieder der Jelzin-

Regierung, kümmerte sich um die medizinische Versorgung der Leute und finanzierte ihnen sogar Urlaube. Es war eine Vetternwirtschaft im Sowjetstil, die sich allem Anschein nach auch auf die Jelzin-Familie erstreckte: Pugatschow sagte, er habe Jelzins Tochter Tatjana über die Meschprombank eine Wohnung gekauft.[24]

Im Vergleich zu dem, was man im Zuge der Systemumstellung auf den boomenden Märkten verdienen konnte, war der Beamtensold immer noch ziemlich dürftig, und Pugatschow beharrte darauf, dass die Vorgehensweise der Liegenschaftsverwaltung der einzige Weg gewesen sei, sich ehrliche, unbestechliche Beamten zu erhalten. Doch im Grunde war die Abteilung eine einzige schwarze Kasse, und das verlieh Borodin enorme Macht – er konnte Karrieren fördern oder beenden. »Die Leute standen Schlange, um ihn zu treffen«, sagte Pugatschow. »Als Minister bekamst du nichts, wenn Borodin es dir nicht gab. Wenn du eine Wohnung, ein Auto oder sonst irgendetwas brauchtest, musstest du dafür zu Borodin gehen. Seine Position war sehr einflussreich.«[25]

Pugatschow wollte sich nicht dazu äußern, inwieweit er in die MES-Affäre verwickelt war. Seine Meschprombank hatte jedoch bei der Finanzierung des Ganzen geholfen,[26] und ihn selbst verband mittlerweile eine innige Freundschaft mit dem Anführer der Russisch-Orthodoxen Kirche, Patriarch Alexi II., mit dem er seit dessen Ernennung eng zusammenarbeitete.[27] Die Renovierung des Kreml war Pugatschows Projekt, und er begleitete es auf jedem Schritt des Weges. Er kannte sich mit den komplexen Finanzierungsstrukturen von Jelzins Kreml aus und schaffte es, dabei selbst ein Vermögen zu machen. Irgendwie war es ihm gelungen, schon zu Beginn der Neunzigerjahre eine Zweigstelle der Meschprombank in San Francisco zu eröffnen,[28] und er verbrachte große Teile des Jahres in den USA. Sein direkter Zugang zum westlichen Finanzsystem steigerte seine Bedeutung für die Führungsriege innerhalb der Jelzin-Regierung. »Ich konnte ihnen erklären, wie das Finanzsystem im Westen funktionierte«, sagte er. Er mietete das teuerste Haus von San Francisco und kaufte sich später eine mit Fresken dekorierte Villa in Südfrankreich, hoch in den Hügeln mit Blick auf die Bucht von Nizza. Seine Beziehung zur Jelzin-Familie, vor allem zu

Tatjana, intensivierte sich, als er sich 1996 an der Kampagne für Jelzins Wiederwahl beteiligte und ein Team aus amerikanischen Spindoktoren einbrachte. Sie organisierten einen Wahlkampf im US-Stil, der Jelzins Umfragewerten in die Höhe trieb und die Aufmerksamkeit hauptsächlich auf die Gefahren einer Rückkehr der Kommunisten lenkte.[29]

Die ganze Zeit über arbeitete Pugatschow eng mit Behgjet Pacolli zusammen, dem Eigentümer von Mabetex. Die Renovierung des Kreml habe er persönlich beaufsichtigt, von der Unterschrift der Verträge bis zu den Bauarbeiten selbst, erklärte er. Dabei ging es von Anfang an ziemlich nobel zu. Obwohl Pugatschow behauptete, sein Möglichstes dafür getan zu haben, dass der Kreml stets den günstigsten Preis zahlte, macht es den Eindruck, als habe man keinerlei Kosten und Mühen gescheut. Um die kunstvollen Muster auf dem Boden des Kreml-Palasts nachzubilden, kamen dreiundzwanzig verschiedene Holzarten zum Einsatz. Für die Dekoration der Säle erstand man mehr als 50 Kilogramm pures Gold, und um die Wände zu bedecken, brauchte man schließlich 662 Quadratmeter feinste Seide.[30] Der Kreml sollte nach der jahrzehntelangen Herrschaft der Kommunisten, während derer alle Schätze aus vorrevolutionären Zeiten – die Mosaikböden, die kostbaren Ornamente, die goldenen Spiegel und Kronleuchter – herausgerissen und durch schlichte Elemente ersetzt worden waren, wieder im Glanz der Zarenzeit erstrahlen. 2500 Arbeiter und Arbeiterinnen schufteten Tag und Nacht, um einen Palast zu erschaffen, wie er für Russlands neuen Zaren angemessen war.[31] Jedes Detail wurde von Pugatschow begutachtet. Als Jelzin fragte, warum vor seinem Büro eine Urne stand, und schnauzte: »Hier wird nicht geraucht«, ließ Pugatschow sie schnellstens entfernen. Und als Jelzin wissen wollte, warum die neuen Böden quietschten und knarzten, erklärte er ihm geduldig, dass sich darunter jetzt Hohlräume für Kabel befänden, für das streng geheime Kommunikationssystem des Kreml.[32]

Als alles fertig war, staunten die ausländischen Staatsgäste über die Pracht dessen, was sie auf ihren Besuchen zu sehen bekamen. US-Präsident Bill Clinton und dem deutschen Kanzler Helmut Kohl stockte beim Anblick der gewölbten, mit goldenen Blättern überrankten Decke des Katharinensaals samt seinen goldenen Kronleuchtern kurz der

Atem. Kohls Kommentar lautete: »Und diese Leute wollen Geld von uns?«[33]

Die Renovierung hatte etwa 700 Millionen Dollar gekostet,[34] in einer Zeit, in der Russland milliardenschwere Hilfen aus dem Ausland erhielt, angeblich, weil man das Geld zum Überleben brauchte. Aber insgesamt betrugen die Ausgaben für den Staat ein Vielfaches dieser Summe. Allein die Öllizenzen, die MES erhalten hatte, waren 1,5 Milliarden Dollar wert, während Jelzin per Erlass ausländische Kredite im Wert von 300 Millionen Dollar aufgenommen hatte. Außerdem hatte Pugatschow den ersten Stellvertreter des Finanzministers, Andrej Wawilow, dazu gebracht, Garantien für Schatzanweisungen der Liegenschaftsverwaltung in Höhe von weiteren 492 Millionen Dollar zu übernehmen – offenbar ein weiteres Programm, um Geld für die Renovierungsarbeiten aufzubringen.[35] Nirgendwo wurde festgehalten, wohin die Gelder flossen.

Von den Kreditkarten der Jelzin-Familie hatte Pugatschow bereits erfahren, kurz nachdem Pacolli sie ausgestellt hatte. »Ich fragte ihn: ›Warum hast du das gemacht?‹ Er meinte, dass er sie mit den Kreditkarten in der Hand habe. Er verstand, dass es gesetzeswidrig war und im Grunde bedeutete, dass sich der Präsident bestechen ließ.«[36] Außerdem, so sagte er, habe er noch von größeren Summen gewusst, die offenbar an die Jelzin-Familie gingen. Bald danach kam heraus, dass 2,7 Millionen Dollar auf zwei Konten der Bank of New York auf den Cayman Islands eingezahlt worden waren, die auf den damaligen Mann von Jelzins Tochter Tatjana, Leonid Djatschenko, liefen.[37] Ein Anwalt der Ölfirma, die Djatschenko später leitete, sagte, es habe sich um Honorare für dessen Arbeit gehandelt.

Als die Schweizerische Bundesanwaltschaft nun also an einem kalten grauen Morgen Ende Januar 1999 mit Helikoptern und mehreren Dutzend gepanzerten Wagen bei Mabetex, der Firma von Pacolli in Lugano, auftauchte, um eine Razzia durchzuführen, und mit einer Lkw-Ladung Unterlagen wieder abzog, war das, milde formuliert, ein Schock.[38] Pacolli setzte Pugatschow und Borodin sofort über die Situation in Kenntnis, und die Nachricht drang wie ein vergifteter Pfeil zu Jelzins Tochter Tatjana durch, die in Abwesenheit ihres Vaters als

inoffizielles Staatsoberhaupt fungierte, und zu dem Mann, den sie
später heiraten sollte, dem kurz zuvor abgelösten Leiter der Präsidialverwaltung Walentin Jumaschew, oder »Walja«, wie er liebevoll genannt wurde.[39] Für Pugatschow war die Situation vor allem deshalb
bedrohlich, weil so viel Geld über MES geflossen war. Was Tatjana und
Jumaschew anging, konnte die Spur zu den Kreditkarten und anderen – größeren – Summen führen, die anscheinend auf private Offshore-Konten überwiesen worden waren.

Still und leise, ohne jemanden zu informieren, hatte Generalstaatsanwalt Skuratow strafrechtliche Ermittlungen hinsichtlich der mutmaßlichen Veruntreuung von für die Renovierung des Kreml vor-
gesehenen Geldern über Mabetex aufgenommen.[40] Er hatte in den
vergangenen Monaten unbemerkt mit der Schweizerische Bundesanwaltschaft zusammengearbeitet, und bis zur Razzia war niemandem
bewusst gewesen, dass er eine Untersuchung in die Wege geleitet hatte.
Den ersten Stapel an Unterlagen zu dem Fall hatte er schon in den Wochen nach der Rubelkrise im August 1998 erhalten. Um ein Abfangen
zu verhindern, hatte die Schweizer Bundesanwältin Carla del Ponte
sie ihm per Diplomatenpost an die Schweizer Botschaft in Moskau geschickt.[41] Wenige Wochen später, Ende September, hatte Skuratow sich
heimlich mit del Ponte getroffen, indem er sich bei einem offiziellen
Besuch in Paris absetzte, um in Genf mit ihr zusammenzukommen.
Dort stieß er auch zum ersten Mal auf Felipe Turover, den KGB-Infor-
manten, der die Sache ins Rollen gebracht hatte und der schon bald
unerkannt nach Moskau reiste, um dort eine offizielle Zeugenaussage
zu machen.[42] Skuratows engster Stellvertreter wusste Bescheid,[43] aber
darüber hinaus hatte sich Skuratow ausschließlich mit dem Jewgeni
Primakow, dem Ministerpräsidenten aus der alten Garde des KGB, abgestimmt.[44]

Doch sobald Skuratow im Januar den Befehl zur Razzia in Lugano
erteilt hatte, war es mit der Geheimniskrämerei vorbei. »Sämtliche
unserer Bemühungen, den Fall vertraulich zu halten, brachen in sich
zusammen«, sagte er. »Nach dem Schweizer Gesetz musste del Ponte
Pacolli den internationalen Durchsuchungsbefehl vorlegen. Natürlich
nahm er sofort Kontakt zu Borodin auf.«[45] Auch Turover war nicht

glücklich darüber, dass das Geheimnis nun aufgeflogen war: »Sie [del Ponte] hätte nicht so viel Lärm schlagen müssen. Die ganzen Helikopter wären nicht nötig gewesen. Das war ein klares Signal an Moskau, dass sie sich die Unterlagen geholt hatten.«[46]

Die Razzia markierte den Beginn eines nervösen Katz-und-Maus-Spiels, in dem Pugatschow alles daransetzte, Juri Skuratow als Generalstaatsanwalt abzusetzen und den Fall einzustellen. Gleichzeitig fing für Pugatschow – und die Jelzin-Familie – in diesem Moment das Schachspiel um ihr eigenes Überleben an, das schließlich Wladimir Putin an die Macht brachte. Mit der Razzia war ein Kipppunkt erreicht – die »Familie« erkannte, dass sie vollständig unter Belagerung stand.

»Sie brauchten nur vier Tage, um sich zu organisieren«, sagte Skuratow.[47]

*

Wenn Pugatschow heute zurückschaut, wirke vieles ganz verschwommen, sagt er – die unablässigen Telefonate, die Treffen bis weit in die Nacht hinein. Manche der Daten geraten durcheinander, er erinnert sich nur noch an die Jahreszeit und daran, wie das Wetter draußen vor dem Fenster war. Aber die Treffen selbst, zumindest die wichtigen, haben sich tief und dauerhaft in sein Gedächtnis eingebrannt. Andere sind in Kalendereinträgen aus der Zeit festgehalten.[48] In jenen Tagen entschied sich die Zukunft Russlands, und Pugatschow, der glaubte, sich gegen eine drohende Machtübernahme durch die Allianz aus Primakow und den Kommunisten wehren zu müssen und der natürlich auch seine eigene und die Haut der Jelzin-Familie retten wollte, versuchte so schnell zu handeln, dass er gar nicht bemerkte, wie er letztendlich die Rückkehr des KGB ermöglichte. Pugatschows Geschichte ist ein bisher unbekannter Insiderbericht dessen, wie Putin an die Macht kam – sie enthielt das, von dem die Jelzin-Familie nie wollte, dass es an die Öffentlichkeit gelangte. Zum Zeitpunkt der Mabetex-Razzia strebte Primakow politisch ehrgeizige Ziele an, und das Bündnis, das er mit dem mächtigen Bürgermeister Moskaus, Juri Luschkow, und den Gouverneuren einiger weiterer Regionen eingegangen war, drohte ohnehin schon Jelzins Regierungszeit vorzeitig zu beenden. Skuratows Ermittlungen lieferten ihnen nun eine noch schlagkräftigere Waffe.

Jahrelang hatte Pugatschow sich sein eigenes Netzwerk innerhalb der russischen Staatsanwaltschaft aufgebaut. Wie jede mächtige Institution in Russland war auch diese ein Schlangennest, wo Angestellte aus der zweiten Reihe um die Posten rangelten und *kompromat* übereinander zusammentrugen. Pugatschows engster Verbündeter war Nasir Chapsirokow, der listige Kopf der Immobilienabteilung innerhalb der Staatsanwaltschaft, einer Art Miniaturversion von Borodins Kreml-Behörde. Da Chapsirokow, ein Meister der Intrige, in der Lage war, Staatsanwälten Wohnungen und andere nützliche Dinge zu vermitteln, verfügte er – ganz ähnlich wie Borodin und Pugatschow im Kreml – über die Macht, Karrieren voranzutreiben oder zu beenden. »Er war mein Mann in der Staatsanwaltschaft«, sagte Pugatschow. »Er lieferte mir alle Informationen. Und nun erzählte er mir, dass ein Aufstand gegen Jelzin im Gange war. Dann brachte er mir ein Video mit den Worten: ›Da ist Skuratow mit ein paar Mädels drauf.‹«[49] Pugatschow sagte, dass er Chapsirokow anfangs nicht geglaubt habe – so eine Aufnahme wäre das ultimative *kompromat*, wirksam genug, um Skuratow den Job zu kosten und den Mabetex-Fall zu begraben.

Pugatschow nahm das Tape mit in sein Büro, schaffte es aber – ungeübt im Umgang mit Technik, wie er war – nicht, den Videorekorder zum Laufen zu bringen. Er nestelte ewig an den Einstellungen herum, um den richtigen Kanal zu finden, bevor er schließlich die Hilfe seiner Sekretärinnen in Anspruch nehmen musste. Sobald sie auf Abspielen gedrückt hatten, bereute Pugatschow, sie in die Sache hineingezogen zu haben. Die grobkörnige Aufnahme des stämmigen Generalstaatsanwalts, der sich nackt auf einem Bett mit zwei Frauen, offenbar Prostituierten, vergnügte, war kein schöner Anblick. Während Pugatschow sich mit rotem Kopf räusperte, fertigten seine Sekretärinnen eine Kopie der Aufnahme an. Das war laut Pugatschow ein entscheidender Augenblick. »Hätten wir keine Kopie erstellt, wäre das alles nicht passiert«, meinte er. »Dann wäre die Geschichte anders verlaufen und Putin wäre nicht an der Macht.«

Er sagte, er habe das Originalvideo an Walentin Jumaschew weitergegeben, Jelzins Schwiegersohn, der die Präsidialverwaltung geleitet hatte und diese Position hinter den Kulissen im Grunde immer noch bekleidete.[50] Jumaschew sollte es an Nikolai Bordjuscha weiterleiten, einen ehemaligen General der russischen Grenztruppe, der kurz zuvor zu Jumaschews Nachfolger in der Präsidialverwaltung ernannt worden war. Dann würde Bordjuscha Skuratow zu sich rufen, ihm von dem Video erzählen und ihm erklären, dass so ein Verhalten dem Amt des Generalstaatsanwalts nicht angemessen sei.

Pugatschow, der stets dazu neigte, seine eigene Rolle überzubewerten, sagte, dass niemand sonst gewusst habe, wie zu reagieren sei: »Sie zitterten immer noch alle.« Bordjuscha führte ein unangenehmes Gespräch mit Skuratow, der sofort einwilligte, zurückzutreten. Daraufhin überreichte ihm Bordjuscha die Aufnahme, als wollte er ihm zu verstehen geben, dass nun alles vergeben und vergessen wäre, wie unter Freunden üblich.

Doch statt den Rücktritt Skuratows zu besiegeln, ergab das Kreml-Treffen am Abend des 1. Februar eine ausweglose Pattsituation. Die Position des Generalstaatsanwalts wurde durch spezielle Gesetze geschützt, um ihre Unabhängigkeit zu gewährleisten. Skuratows Rücktritt würde erst dann wirksam werden, wenn er vom Föderationsrat, dem russischen Oberhaus, bestätigt war. Doch viele der Abgeordneten im Rat stellten sich hinter Primakow und den Moskauer Bürgermeister Juri Luschkow und damit gegen den Kreml. Sie waren fest entschlossen, Skuratow zu schützen. Während er selbst wochenlang aus der Öffentlichkeit verschwand, vorgeblich, um sich in der Zentralklinik des Kreml behandeln zu lassen, schob der Föderationsrat die Abstimmung über den Rücktritt immer wieder auf.

Die Jelzin-Familie schlug sich mit den Anfängen eines potenziellen Staatsstreiches herum. Nur wenige Tage nach der Razzia bei Mabetex im Januar hatte Primakow Jelzin den Fehdehandschuh hingeworfen, indem er dessen Macht öffentlich infrage stellte. Mit Rückendeckung des Parlaments kündigte er einen politischen Nichtangriffspakt an, vorgeblich um den zunehmenden Reibereien zwischen der kommunistisch geführten Duma und dem Kreml ein Ende zu bereiten.[51] Die

Duma erklärte sich bereit, die Anhörungen zum Amtsenthebungsverfahren einzustellen und nicht von ihrem verfassungsgemäßen Recht des Misstrauensvotums Gebrauch zu machen, zumindest bis zur Parlamentswahl Ende des Jahres. Im Gegenzug sollte Jelzin auf sein Recht verzichten, die Duma und die Primakow-Regierung auflösen zu können. Jelzin war entrüstet über den Vorschlag, der abgestimmt und verkündet worden war, ohne ihn darüber auch nur in Kenntnis zu setzen. »Da das alles hinter seinem Rücken gelaufen war, fiel er aus allen Wolken«, sagte Jumaschew, damals noch Jelzins engster Vertrauter.[52] »Am schlimmsten war, dass Primakow jetzt nicht mehr vor Jelzins Leuten verbarg, dass er anstrebte, der nächste Präsident zu werden.« Hinzu kam, dass Primakow vorgeschlagen hatte, Jelzin Immunität vor jeglicher zukünftigen Strafverfolgung zu gewähren, für alles, was er während seiner achtjährigen Amtszeit getan haben mochte. Es war, als glaubte er, Jelzin habe bereits in einen Amtsverzicht eingewilligt.

Die Spannungen zwischen Primakow und der Jelzin-Familie waren offenkundig. Primakow hatte der Familie eine Gänsehaut eingejagt, als er nur wenige Stunden bevor Skuratow in den Kreml zitiert und ihm der Rücktritt wegen des *kompromat*-Videos nahegelegt wurde, dazu aufgerufen hatte, in den russischen Gefängnissen Platz für Geschäftsleute und korrupte Beamte zu schaffen.[53] »Wir verstanden, dass er, falls er wirklich an die Macht käme, eine ganz andere Ausrichtung des Landes im Kopf hatte«, sagte Jumaschew.[54] Und als Skuratow seine Staatsanwälte am nächsten Tag, in einer letzten Aktion des Widerstands nur wenige Stunden vor der Verkündung seines Rücktritts, eine Razzia beim Ölriesen Sibneft hatte durchführen lassen, war eindeutig, gegen wen sich diese Aktion richtete.[55]

Es hatte schon lange Gerüchte gegeben, dass die Beziehungen zwischen Sibneft und der Jelzin-Familie zu eng seien, dass das Unternehmen Boris Beresowski als Grundlage gedient habe, zu einer Art Hofoligarchen aufzusteigen. Sibneft hatte Öl über zwei Handelsgesellschaften verkauft: Eine von ihnen, Runicom, gehörte Beresowskis Kollegen Roman Abramowitsch, während der Eigentümer und Geschäftsführer der anderen, einer eher undurchsichtigen Firma namens Belka Trading, Tatjanas damaliger Mann Leonid Djatschenko war.[56] »Die

Razzia bei Sibneft war lebensbedrohlich für die Jelzin-Familie«, sagte ein enger Geschäftspartner von Beresowski.[57] In einem offensichtlichen Versuch, Schadensbegrenzung zu betreiben, distanzierte sich die Familie von Beresowski, der sich politisch zu einem toxischen Partner für sie entwickelt hatte.

Jumaschew hatte seinen Posten als Leiter der Präsidialverwaltung bereits im Dezember abgegeben.[58] Diese Entscheidung, sagte er, habe auf der Erkenntnis beruht, dass es Primakow wirklich auf die Präsidentschaft abgesehen hatte, was weit über die Absprache hinausging, die sie getroffen hatten, als Jelzin ihn zum Ministerpräsidenten machte. »Ich war persönlich dafür verantwortlich, dass Primakow ins Amt kam«, sagte Jumaschew. »Jetzt widersetzte er sich all unseren Vereinbarungen.«[59] Gleichzeitig kursierte aber das Gerücht, dass die Ernennung von Jumaschews Nachfolger, Nikolai Bordjuscha, der aus der Grenztruppe kam und somit ein Mann der Sicherheitsbehörden war, einen Versuch darstellte, Jelzins Regierung öffentlichkeitswirksam von der »Familie« zu trennen.

Sergej Pugatschow behauptete, er habe sich selbst darum bemüht, hinter den Kulissen eine Einigung mit dem Föderationsrat zu erzielen, um sicherzustellen, dass Skuratow von der Bildfläche verschwand.[60] Aber die politisch einflussreichen Regionalgouverneure des Rates scharten sich um Primakow und Luschkow und stellten sich gegen den Kreml. Gleichzeitig wirkte sich die stetig steigende Anspannung in Bezug auf Skuratows Ermittlungen langsam auch auf die Führungsebene von Jelzins Kreml aus. Da alle große Furcht davor hatten, was die Untersuchung zutage fördern konnte, brach einer nach dem anderen unter dem Druck zusammen. Als Erstes fiel Jelzin aus, er kam wegen eines blutenden Magengeschwürs erneut ins Krankenhaus. Dann wurde Nikolai Bordjuscha in die Kreml-Klinik eingeliefert, anscheinend mit einem Herzinfarkt, wo sich kurz darauf Pawel Borodin zu ihm gesellte, der ungeschliffene Leiter der Kreml-Liegenschaftsverwaltung, der im Mittelpunkt der Mabetex-Untersuchung stand.[61] Der Kreml leerte sich rasch, und in diesem Vakuum nahm Skuratow seine Arbeit wieder auf.[62]

Am 9. März, mehr als einen Monat nachdem Skuratow seinen Posten eigentlich hatte räumen sollen, setzte der Föderationsrat schließlich die Abstimmung über seinen Rücktritt an.[63] Pugatschows Versuch, sich die nötigen Stimmen der Gouverneure zu sichern, scheiterte. Am Tag der Abstimmung, dem 17. März, trat Skuratow unerwartet vor den Rat, um eine Rede zu halten. Es wurde eine glühende Ansprache, in der er behauptete, der Angriff auf ihn ginge von mächtigen Feinden aus dem engen Umfeld des Präsidenten aus; er rief die Abgeordneten dazu auf, seinen Rücktritt abzulehnen.[64] Das taten sie dann auch fast einstimmig.

In den Medien kursierten mittlerweile Gerüchte über ein kompromittierendes Video mit Skuratow. Doch nach der gescheiterten Abstimmung hätten Jumaschew und der damals nach wie vor eher unbekannte Wladimir Putin, der im Sommer zuvor zum Chef des FSB ernannt worden war, die Sache selbst in die Hand genommen, behauptete Pugatschow. Sie übermittelten die Kopie des Videos an einen staatlichen Fernsehsender, der es daraufhin einem Millionenpublikum im ganzen Land zeigte, ohne Rücksicht auf Skuratows Schamgefühl oder die Auswirkungen auf dessen Familie. Sie wollten ihn einfach nur aus dem Amt jagen. »Skuratow ist ein Idiot«, sagte Pugatschow. »Wir wollten die Sache diskret handhaben, aber er stellte sich quer.«[65]

Das sei der Zeitpunkt gewesen, erklärte Pugatschow, an dem ihm Putin zum ersten Mal wirklich aufgefallen sei. Am Tag nach der Ausstrahlung des Videos gab Putin gemeinsam mit dem Innenminister Sergej Stepaschin eine Pressekonferenz, auf der er die Echtheit des Videos garantierte. Im Gegensatz zu Putins klarem, entschlossenem Auftreten hielt Stepaschin den Blick durchgehend gesenkt, als sei es ihm peinlich, mit der Sache zu tun zu haben. Pugatschow sagte, damals habe er erkannt, dass man sich auf Putin verlassen könne:[66] »Er äußerte sich ganz sachlich. Im Fernsehen wirkte er wie ein Held. Das fiel mir da zum ersten Mal auf. Zu dem Zeitpunkt hatte ihn sonst noch niemand auf dem Zettel. Aber ich dachte: Er macht sich gut im Fernsehen. Wir sollten ihn zum Präsidenten machen.«[67]

Trotz alledem war Skuratow immer noch im Amt und erhöhte den Druck in Bezug auf die Mabetex-Affäre. Am 23. März, während eines erneuten Besuchs der Schweizer Bundesanwältin Carla del Ponte in Moskau, spitzte sich die Situation zu. Skuratow schickte einen Trupp

Staatsanwälte los, der Unterlagen aus Borodins Liegenschaftsverwaltung beschlagnahmen und die Moskauer Büros von Mabetex durchsuchen sollte.[68] Dass ein Staatsanwalt eine Razzia in einer Kreml-Behörde anordnete, hatte es noch nie gegeben. Die Mitglieder der »Familie«, auch Borodin und Pugatschow, waren schockiert. Dieser Auftritt verhieß nichts Gutes, und die alte Garde hatte noch einen weiteren Pfeil im Köcher. Am selben Tag erhöhte ein führender Abgeordneter der Kommunisten, Wiktor Iljuchin, den Druck noch einmal und hielt eine Pressekonferenz ab, in der er behauptete, Beweise dafür zu haben, dass ein Teil des 4,8 Milliarden Dollar schweren Notkredits, den Russland auf dem Höhepunkt der Rubelkrise 1998 vom Internationalen Währungsfonds erhalten hatte, an Unternehmen weitergeflossen sei, die über Verbindungen zur Jelzin-Familie verfügten. Unter anderem ging es um 235 Millionen Dollar, die offenbar über die Bank of Sydney an eine Firma gegangen waren, die sich zu 25 Prozent im Besitz von Leonid Djatschenko befand.[69] Die Medien waren außer sich, und die politischen Analysten meldeten Zweifel daran an, ob Jelzin noch den Rückhalt des Militärs hätte.

Pugatschow sagte, er sei in den Föderationsrat zurückgekehrt, um eine weitere Abstimmung über Skuratows Rücktritt zu erzwingen.[70] Doch der ehemalige Kommunist, dem die Leitung des Votums oblag, deutete erneut an, dass es mehr Unterstützer für die Gegenposition gebe. Daraufhin marschierte Pugatschow zu Luschkow, dem Moskauer Bürgermeister, dessen Einfluss auf die Senatoren im Oberhaus immer größer wurde. Aber Luschkow arbeitete schon seit Beginn der Finanzkrise im August daran, das Parlament gegen den Kreml aufzubringen. Er hatte mittlerweile eigene Machtansprüche entwickelt, meinte Jumaschew: »Luschkow war im Föderationsrat durchaus aktiv. Er verkündete den Gouverneuren der Regionen: ›Ich werde Präsident, und dann tue ich dieses und jenes für euch. Wir kämpfen gegen den Präsidenten, und der Generalstaatsanwalt ist eine wichtige Ressource für uns.‹ Im Grunde war es ein Kampf um die Zukunft der Präsidentschaft.«[71] »Luschkow brüstete sich damit, dass er 40 000 Leute aus dem Moskauer Innenministerium hinter sich habe, und außerdem den örtlichen FSB«, sagte Pugatschow.[72] »Primakow und Luschkow hatten daran gearbeitet, sich die Unterstützung Zehntausender Soldaten aus den mittleren Rängen des Militärs zu sichern. So langsam sah es aus, als könnte es ein richtiger Putsch werden.« Ein russischer Tycoon aus dem Umfeld von Luschkow sagte, dass der politische Einfluss des Moskauer Bürgermeisters tatsächlich rapide zugenommen habe: »Angesichts des strauchelnden Jelzin war es eindeutig, dass er das neue Machtzentrum war. Die Marschälle und Generäle gingen nun zu ihm. Sie wollten sich vor dem neuen Zaren verbeugen und erbaten seine Anweisungen.«[73]

Was dann passierte, sei in der besten Absicht geschehen, versicherte Pugatschow. Er sagte, er hätte nicht zulassen können, dass Primakow und seine Leute an die Macht kamen und die Freiheiten der Jelzin-Jahre gefährdeten, und außerdem sei ihm gleich nach Primakows Einzug ins Weiße Haus der Gestank der Stagnation und Korruption der Sowjetzeit in die Nase gestiegen: »Als Erstes fragten sie nach Schmiergeldern. Ich hatte viel Mühe darauf verwendet, dass die Demokraten an der Macht und die Kommunisten außen vor blieben«, sagte er und meinte damit seine Mitarbeit an Jelzins Wiederwahlkampagne 1996. »Man muss verstehen, dass die Jelzin-Familie aus ganz normalen Leuten bestand. Kein Vergleich mit der Art von Korruption, die man heute sieht. Mein Gedanke war, das alles vor dem Kollaps zu bewahren.«[74] Aber die Angst vor der Spur des Geldes, die Skuratow verfolgte, und den möglichen Auswirkungen war trotzdem größer.

Skuratow hatte den Vormittag des 1. April damit verbracht, Jelzin einen Bericht zu übergeben, in dem laut seiner Aussage die illegalen Schweizer Konten von vierundzwanzig Russen aufgeführt waren.[75] Bis zum Abend hatte der Kreml einen weiteren Versuch unternommen, Skuratow von seinem Posten zu entfernen. Dafür bestellte man dessen Stellvertreter Juri Tschaika und den leitenden Militärstaatsanwalt Juri Demin ins Büro der Präsidialverwaltung, wo mit Alexander Woloschin mittlerweile ein Geschäftspartner von Beresowski saß, ein schlanker, bärtiger Wirtschaftswissenschaftler.[76] Dieser habe nun gemeinsam mit Putin, Nikolai Patruschew – der zusammen mit Putin aus dem Petersburger KGB gekommen war und in den vergangenen vier Jahren hohe Positionen beim FSB bekleidet hatte – und Pugatschow auf die beiden eingewirkt, Anklage gegen Skuratow zu erheben, wie Pugatschow später behauptete. Sie wollten, dass er wegen des Umgangs mit Prostituierten suspendiert wurde.

Tschaika und Denim waren völlig verschreckt. »Sie verstanden nicht, warum sie da waren. Es war wie ein Treffen von Blinden und Tauben«, sagte Pugatschow. »Sie hatten beide Angst. ›Wie können wir Anklage gegen den Generalstaatsanwalt erheben?‹, fragten sie. Sie schauten sich an, wem sie da gegenübersaßen. Putin war damals ein Niemand, Patruschew ebenso. Sie sahen uns an und dachten: ›Wir schießen uns ins Aus, und am Ende wirft man uns vor, einen Putsch organisiert zu haben.‹ Ich sah, wie ihnen das durch den Kopf ging. Ich erkannte es innerhalb von fünf Minuten. Also nahm ich sie mir einzeln vor.«

Pugatschow erzählte, dass er dafür einen Konferenzraum gegenüber von Woloschins Büro benutzte. Erst rief er Tschaika herein. »Ich fragte ihn: ›Was hättest du gern, um die Anklage zu erheben?‹ Aber ich sah, dass ich keine Chance hatte. Dann holte ich mir Demin und fragte: ›Bist du bereit, Generalstaatsanwalt zu werden?‹« Als Pugatschow bemerkte, dass er mit seinem Angebot, eine Kooperation mit Reichtum und Beförderungen zu belohnen, nicht weiterkam, wollte er zumindest im Detail erklärt haben, was nötig war, um eine Anklage auf den Weg zu bringen. »Wir unterhielten uns sechs Stunden lang und gingen alles durch. Sie erklärten mir, dass nur ein Generalstaatsanwalt Anklage gegen einen Generalstaatsanwalt erheben könne. Ich sagte zu Tschaika: ›Schau her, du bist der erste Stellvertreter und wirst zum kommissarischen Generalstaatsanwalt aufsteigen. Da kannst du doch wohl Anklage gegen den ehemaligen erheben.‹ Aber er sagte: ›Nein, erst muss der Föderationsrat zustimmen.‹ Ich sagte, dass der Rat nicht zustimmen würde, solange es keine Anklage gäbe. Und so bewegten wir uns stundenlang im Kreis. Ich erkannte, dass bei ihnen nichts zu machen war, dass nichts funktionieren würde.«

Es war bereits nach Mitternacht, und Pugatschow gingen langsam wirklich die Optionen aus. Ihm blieb nur noch eine Möglichkeit. In den frühen Morgenstunden rief er den Chef der Moskauer Staatsanwaltschaft auf seinem privaten Anschluss an. »Ich sagte: ›Ich brauche Sie.‹ Er antwortete: ›In Ordnung, Sergej Wiktorowitsch, was soll ich tun?‹ Ich sagte, dass könne ich ihm nicht am Telefon erklären. Aber er fragte noch einmal, wo das Problem lag. ›Sie müssen es mir sagen.‹ Daraufhin schickte ich einen meiner Leute mit einer Nachricht zu ihm nach Hause.«[77] Doch der Moskauer Staatsanwalt schien wenig Interesse daran zu haben, selbst in das Geschehen einzugreifen. Pugatschow glaubt, dass Tschaika ihn angerufen und gewarnt hatte. Als sich Pugatschow kurze Zeit später erneut bei ihm meldete, riet ihm der Mann, sich stattdessen bei dem Staatsanwalt zu melden, der in jener Nacht Dienst hatte.

Das war Wjatscheslaw Rosinski, ein grauhaariger Mann mit Brille, der in jener Nacht in einem fürchterlichen Zustand war. Er hatte getrunken – seine Tochter hatte vor nicht allzu langer Zeit Selbstmord begangen, sie hatte sich in ihrer Wohnung aufgehängt, und er war noch in tiefer Trauer um sie. Aber Pugatschow schickte ihm trotzdem einen Wagen, der ihn in den Kreml bringen sollte. Als Rosinski durch die Tore zum Kreml rollte, war er laut Pugatschow »völlig verblüfft. Er hatte keine Ahnung gehabt, wohin er unterwegs war. In meinem Büro setzte er sich und starrte betrunken vor sich hin. Er war ziemlich am Ende. Aber ich sagte zu ihm: ›Schau, es ist ganz einfach. Du kannst Anklage gegen den Generalstaatsanwalt erheben.‹ Ich zeigte ihm das Anklageprotokoll« – das natürlich vorab vorbereitet worden war –, »und er erklärte mir, was geändert werden müsste. Dann unterschrieb er.«[78]

Pugatschow überlegte, was er Rosinski im Gegenzug anbieten könnte. »Ich erklärte ihm, dass ich ihn nicht gleich zum stellvertretenden Generalstaatsanwalt machen könne. Aber er meinte: ›Schon in Ordnung. Das will ich gar nicht. Wenn möglich, wäre ich gern der oberste Staatsanwalt von Moskau.‹« Pugatschow sagte, er werde sich darum kümmern. Und obwohl er es am Ende nicht schaffte, schien es keine Rolle zu spielen. In der Anklage wurde Skuratow vorgeworfen, sein Amt missbraucht zu haben, sodass Jelzin ihn umgehend suspendierte. Skuratows Position wurde weiter geschwächt, als die Prostituierten, die auf dem Video zu sehen waren, aussagten, sie seien von einem Verwandten eines Geschäftsmanns und Bankiers bezahlt worden, gegen den Skuratow ermittelte.

Eine Zeit lang kämpfte Skuratow noch mit aller Macht gegen seine Suspendierung an. Er bezeichnete das Video als gefälscht und erklärte, die Anklage sei ein politisches Manöver, um ihn davon abzuhalten, Korruptionsvorfälle auf der obersten Ebene des Kreml zu untersuchen. Außerdem sei die Anklage illegal gewesen – was die Moskauer Militärstaatsanwaltschaft, die zur Untersuchung hinzugezogen wurde, bestätigte. Der Föderationsrat lehnte seinen Rücktritt auch in einer zweiten Abstimmung ab, selbst nach der Anklage. Woloschin, der frischgebackene Leiter der Präsidialverwaltung, hielt eine katastrophal schlechte Rede – er stolperte und stammelte sich durch die Zeilen, während ihn die Senatoren durch Zwischenrufe aus dem Konzept brachten. Diese zweite Niederlage des Kreml interpretierten die Zeitungen am nächsten Tag als Anfang vom Ende der Macht Jelzins. »Heute, am 21. April 1999, ist die Machtposition des russischen Präsidenten in sich zusammengebrochen«, sagte ein führender Abgeordneter.[79]

Primakow und seine Koalition aus der kommunistisch geführten Duma und den Gouverneuren im Föderationsrat – sowie die KGBler, die den Mabetex-Fall vorantrieben – schienen die Familie am Kragen zu haben. Doch irgendwann gingen sie wohl zu weit. Pugatschow sagte, er habe versucht, Luschkow und Primakow zum Rückzug zu bewegen, indem er ihnen drohte, dass sie wegen Beihilfe zum Putsch angeklagt würden, während er gleichzeitig mit Jumaschew absprach, dass er Luschkow im Zweifelsfall auch das Amt des Ministerpräsidenten anbieten könne.[80] Aber all diese Manöver hätten zu nichts geführt, wäre Jelzin nicht mit lautem Gebrüll wieder auf die politische Bühne zurückgekehrt.

Er war monatelang immer wieder im Krankenhaus gewesen, was seine Position Primakow gegenüber weiter geschwächt hatte, da dieser in der Wahrnehmung vieler währenddessen die Zügel der Macht in die Hand genommen hatte. Doch im April sammelte Jelzin all seine Kräfte für einen letzten Showdown. Nur drei Tage bevor in der Duma die ersten Anhörungen zum Amtsenthebungsverfahren stattfinden sollten, beschloss Jelzin, der mit einem animalischen Überlebensinstinkt und einem Hang zum dramatischen politischen Schachzug ausgestattet war, dass es nun an der Zeit sei zu handeln. Er beorderte Primakow in den Kreml und erklärte ihm, er sei gefeuert. Sein Amt ginge an Sergej Stepaschin über, den Innenminister, der seit den frühen Tagen der Demokratiebewegung ein enger Verbündeter Jelzins und einer der ersten Leiter des FSB gewesen war. Obwohl die Medien schon lange spekuliert hatten, dass Jelzin eine solche Umbesetzung vornehmen könnte, kam die Entscheidung trotzdem wie aus dem Nichts.

Jelzin hatte bis zum letzten Augenblick abgewartet. »Er verstand: Drei Tage später wäre es vielleicht zu spät«, sagte Pugatschow.[81] »Das traf die Duma völlig unvorbereitet«, meinte Jumaschew. »Viele von unseren Kollegen im Kreml hielten es für Selbstmord und glaubten, dass wir die Duma so erst recht gegen uns aufbrachten. Doch in Wahrheit trat das Gegenteil ein. Wir zeigten, wozu Jelzin fähig war. Er war die Ruhe selbst, als er einen einflussreichen Mann wie Primakow rausschmiss, und diese Machtdemonstration schüchterte die Duma ein.«[82] Primakow konnte nichts tun, und seine Entlassung nahm der Duma den Wind aus den Segeln.[83] Da sie nun Angst hatte, dass Jelzin auch das Parlament auflösen könnte, fiel das Amtsenthebungsverfahren wenige Tage später einfach in sich zusammen.

Plan A des KGB war gescheitert. »Wenn es glatt gelaufen wäre, hätte Primakow Präsident werden sollen«, seufzte Turover. »Es war geplant, dass er während der zweiten Skuratow-Abstimmung im Föderationsrat aufstand und sagte: ›Der Präsident ist ein Dieb.‹ Dann sollte er die Beweise vorlegen. Das hätte genügt. Das Amtsenthebungsverfahren war bereits angesetzt. Es hätte ausgereicht, wenn er einfach aufgestanden wäre und gesagt hätte: ›Ich habe das Recht, all das hier zu beenden.‹ Das Material war da. Aber ihm fehlten die Eier. Im letzten Augenblick gingen seine Nerven mit ihm durch.«[84]

Obwohl Skuratow darauf beharrte, dass er nie an politischen Spielchen beteiligt gewesen sei, sondern einzig und allein gegen die korrupten Geschäfte im Kreml hatte vorgehen wollen, verstand auch er nur allzu gut, dass Primakow Jelzins Regentschaft hätte beenden können: »Es gab damals zwei Machtzentren. Auf der einen Seite die Legislative – der Föderationsrat und die Gouverneure, angeführt von Primakow und den Leuten des Moskauer Bürgermeisters. Dem gegenüber standen Jelzin an der Spitze und die Familie. Und ja, wenn der Föderationsrat und Primakow sich einig gewesen wären und Druck gemacht hätten, hätte die Familie klein beigegeben. Alle hätten Primakow unterstützt. Die Geheimdienste hätten ihn unterstützt. Die Familie wäre auseinandergehuscht wie die Kakerlaken. Dann hätte Jelzin die präsidialen Befugnisse aus gesundheitlichen Gründen auf Primakow übertragen, und das Land wäre ein anderes geworden. Aber Primakow … Er ist ein sehr vorsichtiger Mensch. Vielleicht war er nicht entschlossen genug. Er kämpfte nicht bis zum Schluss für sein Land.«[85]

## PLAN B

Jewgeni Primakow war immer schon ein Mann des Konsenses gewesen, ein typischer Diplomat, der nur ungern für Unruhe sorgte. Mittlerweile war er siebzig Jahre alt und zog sich für eine Weile zurück – er schien seine zwischenzeitliche Niederlage anzuerkennen. Jelzins Kreml hatte sich offenbar etwas Luft zum Atmen verschafft.

Aber wenn Primakow nur Plan A des KGB gewesen war, um die Macht zurückzuerlangen, hieß das, dass noch eine weitere Option bereitlag. Ob nun durch Zufall oder durch Absicht – letztendlich ergab sich eine Kombination aus juristischen Drohungen, Ängsten, Rivalitäten und reinem politischen Kalkül, die dazu führte, dass Russland im Endeffekt von einer deutlich skrupelloseren Generation von KGBlern übernommen wurde. Die »Familie« war fest davon überzeugt gewesen, dass Primakow nur durch jemanden ersetzt werden durfte, der den Sicherheitsbehörden entstammte. »Nach Primakow war es nicht möglich, einen Liberalen zu ernennen«, sagte Jumaschew. »Es musste jemand sein, den die Duma – und die Gesellschaft – als starken Mann betrachtete, jemand wie Stepaschin, der General war.«

Dabei war Sergej Stepaschin vermutlich der Freidenker unter den Anführern der russischen Sicherheitskräfte, er hatte sich in der Duma sogar der progressiven Jabloko-Partei angeschlossen. Trotz seiner Vergangenheit im sowjetischen Innenministerium hatte der studierte Historiker Jelzin lange sehr nahegestanden. Die beiden hatten zusammengearbeitet, seit Jelzin ihn mit der Leitung der Kommission betraut hatte, die die Rolle des KGB beim gescheiterten Augustputsch offiziell untersuchte. Doch für Jumaschew und Pugatschow war Stepaschin nie mehr als ein Übergangskandidat gewesen. Stepaschin, meinte Pugatschow, sei *wjaly* – das russische Wort für »schwach«. Er glaubte nicht, dass Stepaschin entscheidungsfreudig genug war, um die nötigen Maßnahmen zu ihrem Schutz zu ergreifen: »Mir erschien er wie jemand, der Kompromisse mit den Kommunisten eingehen würde.«[86] Jumaschew sagte, dass auch ihm irgendwann Zweifel an Stepaschins Eignung kamen. Die beiden waren eifersüchtig auf Stepaschins enge Beziehung zu Anatoli Tschubais, dem ehemaligen Leiter der Präsidialverwaltung und Privatisierungszar, mit dem sie schon seit Langem um Jelzins Zuneigung konkurrierten. Bis Ende Juni erwogen Teile der Jelzin-Familie einen anderen Kandidaten, den Eisenbahnminister Nikolai Aksjonenko, von dem sie glaubten, er würde ihre Interessen besser vertreten können. Aber Jelzin entwickelte schnell eine starke Abneigung gegen ihn.[87]

Im Hintergrund, sagte Pugatschow, hätte er schon lange daran gearbeitet, seinen Kandidaten zu lancieren, den Mann, den er für den sichersten, loyalsten Fürsprecher hielt. Dieser Mann war Wladimir Putin, den Pugatschow erstmals als potenziellen Nachfolger Jelzins in Erwägung gezogen hatte, als er die Angelegenheit mit Skuratows Prostituiertenvideo so gelassen gehandhabt hatte. Zum ersten Mal getroffen hatten sich die beiden Anfang der Neunzigerjahre in Sankt Petersburg, und die Beziehung hatte sich vertieft, als Putin zu Borodins Stellvertreter in der Kreml-Liegenschaftsverwaltung ernannt worden war. Dort hätten sie tagtäglich zusammengearbeitet, sagte Pugatschow. Pugatschows Meschprombank war daran beteiligt, Gelder für Putins Abteilung für Auslandsimmobilien aufzubringen (obwohl Pugatschow sich im Gespräch nicht dazu äußern wollte, was genau die Bank tat).[88]

Von seinem kleinen Büro im ehemaligen Hauptsitz des Zentralkomitees am Alten Platz aus widmete sich Putin der Aufgabe, die Vielzahl von Auslandsliegenschaften zu sichten, die Russland durch den Zusammenbruch der Sowjetunion geerbt hatte. Dazu zählten die palastähnlichen Gebäude der Handelsvertretungen – die Lebensadern der exportbasierten Wirtschaft der UdSSR – ebenso wie die Botschaften und die strategisch gelegenen Militärstützpunkte, die Waffenlager und die geheimen Unterschlupfe des KGB. Viele der Immobilien hatten sich im Chaos nach dem Ende der Sowjetunion der KGB und das organisierte Verbrechen unter den Nagel gerissen. Offiziell hätten sie alle in der Bilanz des Außenministeriums aufgelistet sein müssen, aber viele waren nirgendwo vermerkt. Putins Auftrag bestand darin, diese Besitztümer wieder in die Bücher aufzunehmen, aber es ist nicht klar, ob es ihm je gelang. Die Abteilung für Auslandsimmobilien war von großem strategischem Interesse für den KGB, und obwohl Pugatschow behauptete, dass Putin nicht das Geringste über die Schwarzgeldflüsse via Mabetex oder die Ölhandelsgesellschaft MES gewusst habe, ist es ausgesprochen zweifelhaft, ob das wirklich der Fall war.

Der enge Kontakt zwischen den beiden blieb auch bestehen, als Putin seinen rasanten Aufstieg im Kreml fortführte und erst zum Leiter des Hauptkontrollamtes und im Juli 1998 zum Chef des FSB berufen wurde. Putin sei die ganze Zeit über sein Protegé gewesen, behauptete Pugatschow. Sein Vorzug sei gewesen, dass Pugatschow ihm Befehle erteilen konnte, meinte er: »Er war gehorsam wie ein Hund.«[89]

Anfangs, behauptete Jumaschew, habe er »Putin nicht [als Kandidaten] im Auge« gehabt und sich stattdessen für Aksjonenko eingesetzt.[90] Er sei sich Putins Fähigkeiten aber immer bewusst gewesen. Als Leiter der Präsidialverwaltung hatte er alle Schlüsselmomente in Putins Karriere verfolgt und abgenickt, und das hatte für eine enge Beziehung zwischen den beiden gesorgt. Im März 1997 war Putin zu seinem Stellvertreter ernannt worden. Trotzdem sei er immer bescheiden aufgetreten, so Jumaschew, und habe, anders als die meisten anderen Beamten, kein Interesse daran gezeigt, seine Karriere weiter voranzutreiben: »Er war einer meiner stärksten Stellvertreter. Seine Arbeit war immer brillant. Aber irgendwann kam er zu mir und sagte, er wolle seinen Posten abgeben. Ich bat ihn, nicht zu gehen. Daraufhin sagte er: ›Ich bin mit dieser Aufgabe fertig. Jetzt würde ich gern etwas Neues finden.‹«[91] Kurze Zeit später, im Mai 1998, gab Jumaschew Putin den drittmächtigsten Posten im Kreml: Er ernannte ihn zum Ersten stellvertretenden Leiter der Präsidialverwaltung mit Verantwortung für die Regionen, eine Rolle, in der er deutlich regelmäßiger mit Jelzin in Kontakt stand. Und dann, nur zwei Monate später, bugsierte Jumaschew Putin auf den Posten des FSB-Chefs.

Das war das erste Anzeichen dafür, dass Putin das absolute Vertrauen Jumaschews – und damit der »Familie« – genoss. In jener Zeit, nur einen Monat vor der Finanzkrise im August 1998, hingen die Wolken über der Jelzin-Regierung bereits ziemlich tief. Das Land litt unter einer Reihe von Bergarbeiterstreiks, bei denen es um unbezahlte Löhne ging und die sich langsam auch auf den Atomsektor ausdehnten. Die Bergleute blockierten die Transsibirische Eisenbahn, eine Herzschlagader der russischen Wirtschaft. Putins Vorgänger an der Spitze des FSB hatte den Kommunisten nahegestanden, und in jenem Sommer, in dem die Streiks um sich griffen, eine Wirtschaftskrise drohte und im Parlament schon über ein Amtsenthebungsverfahren gemunkelt wurde, war es für Jelzins Kreml von größter Bedeutung, dass die Sicherheitsbehörde von jemandem aus den eigenen Reihen geleitet wurde.[92] Die Tatsache, dass Putin nur Oberstleutnant war und kein General, wurde weggewischt – man bezeichnete ihn einfach als den ersten zivilen Chef des FSB. In jenem Sommer voller Krisen und Wirrnis kam man damit durch.

Jumaschew beharrte darauf, dass er nie an Putins demokratischen Überzeugungen gezweifelt habe. Am meisten beeindruckt hätte ihn dessen unbeirrbare Loyalität seinem einstigen Mentor und Vorgesetzten, dem ehemaligen Petersburger Bürgermeister Anatoli Sobtschak, gegenüber. Dabei sei ihm vor allem ein Vorfall im November 1997 im Gedächtnis geblieben: »Der Grund, warum ich mich so nachdrücklich für ihn [als Chef des FSB] einsetzte, war ein Erlebnis aus seiner Zeit als Leiter des Hauptkontrollamtes, als er zu mir kam und sagte: ›Sobtschak soll verhaftet werden, und ich muss ihn retten.‹ Seine Worte lauteten: ›Ich muss ihn außer Landes bringen, weil die *silowiki* – die Staatsanwaltschaft, der Innenminister und der FSB – ihn sonst in den nächsten zwei oder drei Tagen festsetzen.‹ Die Chancen standen fünfzig zu fünfzig, dass die Sache auffliegen würde, das war ihm und mir völlig klar. Ich meinte: ›Wladimir Wladimirowitsch, Ihnen ist bewusst, dass Sie Ihre Posten verlieren werden, wenn man Sie erwischt, und dass Sie vielleicht nie wieder eine Stelle bekommen werden. Sie verstoßen gegen das Gesetz.‹«[93]

Doch Putin ließ sich nicht beirren. Er bestand darauf, dass die Vorwürfe gegen Sobtschak konstruiert seien, Teil einer Schmutzkam-

pagne, die 1996 vor Sobtschaks Bemühungen um eine Wiederwahl in
Sankt Petersburg von der alten Garde der Sicherheitskräfte betrieben
worden sei, weil sie ihn ideologisch verachteten. Damals hatte es Ermittlungen wegen Bestechlichkeit gegen Sobtschak gegeben.[94] Was Putin allerdings nicht erwähnte – genauso wenig wie Jumaschew, als er
die Geschichte erzählte –, war, dass eine Verhaftung Sobtschaks auch
zu Putin selbst hätte führen können. Es war unmöglich abzuschätzen,
welche Folgen es gehabt hätte, wenn die gegnerische Seite ihn ins Visier genommen hätte.[95]

Putin hatte dafür gesorgt, dass Sobtschak an einem Feiertag, als gerade niemand hinsah, aus dem Krankenhaus verschwinden konnte.
Er hatte ihn an Bord eines Privatjets geschleust, der laut einem Insider seinem engen Verbündeten Gennadi Timtschenko gehörte, dem
mutmaßlichen früheren KGB-Mitglied, das sich das Exportmonopol
im Petersburger Ölterminal gesichert hatte. Als Putin nach kurzer Abwesenheit wieder in den Kreml zurückkehrte, war Jumaschew extrem
erleichtert: »Zwei oder drei Tage lang schwankte ich zwischen Sorge
und Entsetzen, weil es einen riesigen Skandal gegeben hätte, wenn der
FSB oder das MWD [Innenministerium] Putin und Sobtschak beim
Überqueren der [russischen] Grenze erwischt hätten. Für mich war
es wichtig, dass ein Mensch bereit war, seine Karriere für die gerechte
Sache zu opfern, und als er zurückkehrte, erzählte ich Boris Nikolajewitsch [Jelzin], was geschehen war.«[96]

Außerdem habe es noch ein weiteres Ereignis gegeben, das Jumaschews Ansichten über Putin prägte. Ende 1998, als Primakow Ministerpräsident war, hatte Putin Jumaschew aus seinem Auto heraus
angerufen und ihm erzählt, dass er gerade bei Primakow gewesen
sei und sich dringend mit Jumaschew treffen müsse. »Als er ankam,
meinte er: ›Es liegt eine seltsame Situation vor.‹ Er sagte: ›Primakow
hat mich angerufen und mich als Chef des FSB gebeten, Jawlinski ab-
zuhören.‹« Grigori Jawlinski war einer der liberalen Oppositionsführer in der Duma, der sich offen über die Korruption in Primakows
Kabinett geäußert hatte. Anscheinend hatte Primakow nun von Putin verlangt, Jawlinksi zu überwachen, mit der Begründung, er sei ein
amerikanischer Spion. »Putin erklärte mir, dass er abgelehnt habe, weil

die Anfrage absolut inakzeptabel sei. Er sagte, wenn wir mit dem FSB wieder in Sowjetgewohnheiten verfielen und politische Dissidenten verfolgten, würde das den Untergang der Sicherheitsbehörden besiegeln. Wenn Jelzin in dieser Sache mit Primakow übereinstimme, wäre er bereit, seinen Posten zur Verfügung zu stellen.«[97]

Keine dieser Einschätzungen passte in irgendeiner Weise zu dem Verhalten, das Putin als Vizebürgermeister von Sankt Petersburg an den Tag gelegt hatte, wo ein skrupelloses Bündnis aus KGB und Mafia die Stadt regiert hatte. Genauso wenig passten sie zu Putins Aktivitäten in Dresden, wo er den Westen mithilfe von Illegalen ausspioniert hatte. Trotzdem behauptete Jumaschew, seine Aussage ernst genommen zu haben. Noch viele Jahre später, nach allem, was in Putins mehr als zwanzigjähriger Regentschaft geschah, blieb er dabei: »Ich bin mir hundertprozentig sicher, dass er mir nichts vorgemacht hat. Er wäre wirklich zurückgetreten, weil er entschieden gegen diese Aktion war. Aber natürlich hätte Boris Nikolajewitsch auch niemals grünes Licht gegeben.«[98]

Jumaschew war fest davon überzeugt, dass Anatoli Sobtschaks glühende Reden für die Demokratie während Putins Zeit als stellvertretender Bürgermeister von Sankt Petersburg auf diesen abgefärbt hätten. Aber er schien nicht zu wissen – oder zu verdrängen –, wie Sankt Petersburg damals eigentlich regiert wurde.

Putin war ein Altmeister in der Kunst des Rekrutierens. Beim KGB sei genau das seine Spezialität gewesen, sagte ein ehemaliger enger Geschäftspartner.[99] »In der KGB-Ausbildung lernt man, einen guten Eindruck bei den Menschen zu hinterlassen, mit denen man spricht. Putin hatte diese Fähigkeit perfektioniert«, erzählte ein hochrangiges Mitglied des russischen Auslandsgeheimdienstes. »Im kleinen Kreis konnte er extrem charmant sein. Er konnte jeden für sich einnehmen. Und als Stellvertreter war er überaus effektiv. Er erledigte sämtliche Aufgaben schnell und kreativ, ohne sich den Kopf über die Methoden zu zerbrechen.«[100]

Wenn Jumaschew in jenem Jahr, in dem Primakow die Jelzin-Familie derart unter Druck setzte und attackierte, naiv gewesen war, galt das wohl auch für Boris Beresowski, den gewieften, schnell sprechenden Oligarchen, der zum Inbegriff der Insidergeschäfte in den Jelzin-Jahren geworden war, als eine kleine Clique von Geschäftsleuten die wichtigsten Wirtschaftsgüter und Regierungsposten hinter den Kulissen unter sich aufteilte. Der ehemalige Mathematiker hatte durch den Vertrieb für AwtoWAS, dem Hersteller des kantigen Sowjetsymbols Schiguli, im Westen unter der Marke Lada eingeführt, ein Vermögen gemacht, und das zu einer Zeit, in der die Autobranche tief mit der organisierten Kriminalität verstrickt war. Er hatte einen Mordanschlag überlebt, bei dem sein Fahrer geköpft worden war. Und trotzdem hatte ihn sein Weg in den Kreml geführt. Er hatte viel Zeit teetrinkend im Büro von Jelzins Hauptleibwächter, Alexander Korschakow, verbracht und sich irgendwann die Gunst des Präsidenten und seiner Familie gesichert. Gleichzeitig pflegte er Kontakte zu den Anführern der tschetschenischen Separatisten. Beresowksis LogoWAS-Klub in einer restaurierten Villa in der Moskauer Innenstadt wurde zum inoffiziellen Zentrum der politischen Entscheidungen. Auf dem Höhepunkt seiner Macht, im Jahr 1996, saßen die »jungen Reformer« der Jelzin-Regierung und die Oligarchen dort nächtelang zusammen, um Pläne gegen die Hardliner zu schmieden.

1999 galt Beresowski dann allerdings als politisches Gift. Seine Beziehungen zu Mitgliedern der Jelzin-Familie waren ins Visier der Ermittler geraten. Denn neben der Tatsache, dass die Razzia bei der Ölfirma Sibneft, die er mitgestaltet hatte, deren Geschäfte mit der Ölhandelsgesellschaft des damaligen Mannes von Jelzins Tochter Tatjana, Leonid Djatschenko, zu enthüllen drohte, gab es auch Ermittlungen wegen seiner Geschäftätigkeiten im Rahmen von Aeroflot, der staatlichen Fluglinie Russlands, an der Beresowski einen nicht unerheblichen Anteil hielt und deren Präsident der Mann von Jelzins zweiter Tochter Elena war. Die »Familie« gab sich alle Mühe, die Verbindungen zu Beresowski zu kappen. Es kamen Gerüchte auf, dass seine Sicherheitsfirma die Büros der Familie verwanzt habe, und er hatte bereits im April seinen Posten als Exekutivsekretär der Gemeinschaft Unabhängiger Staaten verloren, wie sich die lose Verbindung der ehemaligen Sowjetrepubliken damals nannte. Auch Jumaschew war den Umgang mit Beresowski leid: »Irgendwann ertrug er es nicht mehr,

Beresowski ständig sagen zu hören, er verstehe es nicht«, meinte ein enger Verbündeter von Beresowski.[101] »Er ging ihm auf die Nerven.« Beresowski schien völlig isoliert zu sein. Und so rührte es ihn sehr, als Wladimir Putin Anfang 1999 auf der Geburtstagsfeier seiner Frau Lena auftauchte – er verstand es als Zeichen der Solidarität in einer Zeit, in der alle anderen schon die Messer gewetzt hatten.

Putins Geste trug dazu bei, dass Beresowksi seine Bedenken hinsichtlich dessen KGB-Vergangenheit beiseiteschob. Anfangs hatte er in erster Linie den Eisenbahnminister Aksjonenko als Nachfolger Jelzins unterstützt – sein Verhältnis zu Putin kühlte stark ab, nachdem Putin als FSB-Chef im März 1999 die Verhaftung Alexander Litwinenkos angeordnet hatte, dem FSB-Mitglied, das Beresowski am nächsten stand. Doch angesichts der ständigen Gefahr, selbst verhaftet zu werden, stellte sich schließlich auch Beresowski, der das wahre Ausmaß seines Einflusses in Jelzins Kreml mit Vorliebe übertrieb, hinter den Kandidaten Putin. Später behauptete er gern, dass Putin nur dank seiner Unterstützung an die Macht gekommen sei, da er ihn Jumaschew im Sommer 1998 als möglichen FSB-Chef vorgeschlagen habe. Er erzählte, es hätten geheime Treffen zwischen ihm und Putin im Aufzug der imposanten FSB-Zentrale an der Lubjanka stattgefunden, wo die beiden sich über Putins mögliches Interesse an der Präsidentschaft unterhalten hätten.[102]

Zuvor waren sich die beiden Männer nur einmal begegnet, als Beresowski Anfang der Neunzigerjahre nach Sankt Petersburg kam und Putin ihm dabei half, vor Ort ein LogoWAS-Autohaus zu eröffnen. Die Autobranche war ein Geschäftszweig, in dem die Mafia kräftig mitmischte, und Beresowski müsse von Putins Verbindungen zum organisierten Verbrechen dort gewusst haben, meinte ein Geschäftspartner Beresowskis: »Putin half ihm bei allem, was mit dem Verkauf von LogoWAS-Autos in Sankt Petersburg zu tun hatte. Das war ein Mafiageschäft, ein Verbrechergeschäft, und in Moskau regelte Beresowski das mithilfe der Tschetschenen und der korrupten Behörden. In Sankt Petersburg ließ er sich von Putin helfen. Daher war ihm klar, wie dessen Verbindungen und Situation aussahen. Er war kein Kind.«[103]

Aber obwohl Beresowski zweifellos eine große Rolle bei Primakows Niederlage im weiteren Verlauf des Jahres spielte, waren seine Beziehung zu Putin und die Zusammenarbeit mit ihm doch nie so eng wie die Pugatschows. Und einem seiner engsten Mitarbeiter, Alex Goldfarb, zufolge behauptete er auch nie, Putin Jelzins Tochter Tatjana vorgestellt oder ihn als Ersatz für Stepaschin oder sogar als Nachfolger für Jelzin selbst vorgeschlagen zu haben.[104]

*

Der Augenblick, in dem sich alles änderte, kam Mitte Juli, während der Hundstage des Moskauer Sommers, als der Kreml leer stand und viele, auch Jelzin, im Urlaub waren. In dieser Zeit schockierte die Schweizerische Bundesanwaltschaft die Jelzin-Familie mit einer Ankündigung. Die Familie hatte geglaubt, der Mabetex-Fall sei abgehakt – Skuratow war wegen der Anklage, für die unter anderem Pugatschow gesorgt hatte, schon seit einigen Monaten nicht mehr im Amt. Aber die Schweizer waren weiter aktiv gewesen, ebenso Skuratows Stellvertreter. Am 14. Juli verkündete die Schweizerische Bundesanwaltschaft, dass sie vierundzwanzig Russen, unter anderem Pawel Borodin und weitere hochrangige Kreml-Mitarbeiter, wegen Geldwäsche über Schweizer Konten anklagte, und deutete an, dass das Geld durch »Korruption oder Amtsmissbrauch« erlangt worden sein könnte. Auf die Frage, ob auch Jelzins Tochter Tatjana auf der Liste stehe, antwortete einer der Untersuchungsrichter: »Noch nicht.«[105] Die Schlinge zog sich zu, so viel war klar, und laut Pugatschow brach nun erneut Panik aus.

Die Schweizerische Bundesanwaltschaft sagte, dass ihre russischen Partner parallel immer noch Ermittlungen durchführten. Da habe er beschlossen zu handeln, sagte Pugatschow: »Wir brauchten jemanden, der mit all dem umgehen konnte. Stepaschin war nicht der Richtige dafür. Aber da war Putin mit seinem FSB, mit dem Sicherheitsrat, mit Patruschew. Er verfügte über ein ganzes Team.«[106] Pugatschow erinnerte sich, wie ruhig Putin die Sache mit dem Skuratow-Video gehandhabt hatte, und beschloss, so berichtete er später, ihn Jelzins Tochter Tatjana vorzustellen, die in jener Zeit immer noch die direkte Verbindung zum Präsidenten darstellte. Wie auf ein Stichwort hin eröffnete Putins FSB am folgenden Tag die Ermittlungen gegen die Baufirma, die der Frau des Moskauer Bürgermeisters Juri Luschkow gehörte, eines politischen Gegners der Jelzins.[107] Pugatschows Ansatz bestand darin, Tatjanas Meinung von Stepaschin zu untergraben, indem er ihr vor Augen führte, wie wenig energisch dieser die Aufnahme von Skuratow und den Prostituierten nach der Ausstrahlung im Fernsehen verteidigt hatte – im Gegensatz zu Putin. »Ich sagte zu ihr: ›Tanja, du brauchst jemanden, der dich rettet. Stepaschin würde Kompromisse mit den Kommunisten eingehen. Er würde uns vor unseren Augen Schaden zufügen. Guck dir doch an, wie es ihm jetzt gerade ergeht.«[108] Dann sagte er, dass er Putin aus seinem Büro im Sicherheitsrat des Kreml zu ihr beordert habe. »Ich erklärte ihr, dass Putin ein viel aufgeräumterer Mensch sei. Er sei jung und höre aufmerksam zu. Stepaschin hörte nicht mehr zu.« Pugatschow behauptete, dass Jumaschew Tatjana später dazu gebracht hätte, zu ihrem Vater zu gehen und ihn von dem Personalwechsel zu überzeugen.

Jumaschew hingegen beharrte darauf, dass Pugatschow keine Rolle bei Putins Aufstieg gespielt habe und die Ermittlungen in der Schweiz und in den USA nie eine Bedrohung dargestellt hätten: »Diese angebliche Gefahr war natürlich totaler Unsinn«, sagte er. »Meine einzige Überlegung lautete – und so sahen es auch Woloschin und Jelzin –, dass die Macht an einen Menschen gehen sollte, der mental, ideologisch und politisch genau auf unserer Linie lag. Wir hatten als Team im Kreml zusammengearbeitet. Wir waren uns mit Putin absolut einig darüber, wie die Dinge in der Welt und in Russland zu laufen hatten.«[109]

Aber dies waren die Tage, in denen sich alles entschied. Stepaschins Welt – und die Chancen auf eine liberalere Regierung – wurde hinweggefegt. Es hätte keinen zwingenden Grund für das Risiko gegeben, Stepaschin durch Putin, einen relativ unbekannten Beamten, zu ersetzen, wenn die Jelzin-Familie nicht jemanden gebraucht hätte, den sie für loyaler – und skrupelloser – hielt im Angesicht der Gefahr durch die sich zuspitzende Mabetex-Ermittlung. Jumaschew versuchte den Wechsel mit lahmen Ausreden zu begründen, etwa dass Stepaschin unter dem Pantoffel seiner Frau stünde. Er gab gern lange, verschachtelte Erklärungen dazu ab, wie nachdrücklich er damals dafür argumentiert habe, schnell zu handeln, bevor es zu spät war, um Stepaschin, der einfach nicht der Richtige gewesen sei, zu ersetzen. Aber bis auf die zunehmende Panik wegen der Schweizer Ermittlungen ergab keine dieser Erklärungen einen Sinn. Doch genau dieses Motiv wollte die Jelzin-Familie niemals offenbart haben, weil es darlegte, inwieweit ihre hektischen Bemühungen, die eigene Haut zu retten, unweigerlich zu Putins Aufstieg und dem Niedergang der Welt beitrugen. Sie brauchten einen harten Hund, der ihre Interessen schützte, und schossen damit über das Ziel hinaus. Das erkannte Jumaschew in seinem autorisierten Bericht der Ereignisse jedoch nicht an. Pugatschow war derjenige, der von der offiziellen Geschichte des Kreml abwich und damit wohl die Wahrheit sagte.[110]

Anfangs hatte Jelzin gezögert. Doch in der letzten Juliwoche kam es zu bewaffneten Überfällen durch tschetschenische Rebellen an der Grenze zu Dagestan, der Gebirgsregion, die an die abtrünnige tschetschenische Republik angrenzte, und Stepaschin schien laut Jumaschew nicht zu wissen, was zu tun sei.[111] Vor seiner ersten Washingtonreise als Ministerpräsident, die am 27. Juli stattfand, hatte er öffentlich gelobt, dass es keinen erneuten Krieg gegen Tschetschenien geben werde. Doch in der Woche nach seiner Rückkehr kam es an der Grenze fast täglich zu Zusammenstößen. Am Sonntag, dem 8. August, folgte eine massive Eskalation, als zwei- bis dreihundert bewaffnete tschetschenische Aufständische zwei Dörfer in Dagestan einnahmen. Jelzins Bemühungen, Stepaschin als Ministerpräsidenten zu halten, ließen nach. Und selbst da hätte Anatoli Tschubais, der eng mit Stepaschin zusammenarbeitete, es fast noch geschafft, die Pläne Pugatschows und der Jelzin-Familie in letzter Minute zu durchkreuzen, als er von der bevorstehenden Ablösung erfuhr. Tschubais versuchte Jelzin am Wochenende vor der offiziellen Ankündigung in seiner Datscha zu kontaktieren und ihm die Umbesetzung auszureden. Aber er erreichte nur einen Wachmann, der seine Anfrage prompt an Pugatschow weiterleitete.

Der Versuch, seine Pläne zu untergraben, habe ihn rasend gemacht, sagte Pugatschow, und er habe dafür gesorgt, dass der Wachmann

Jelzin nichts von Tschubais' Anruf erzählte: »Ich hatte acht Monate lang ohne Unterlass daran gearbeitet, Putin ins Amt zu heben. Ich machte ihn von einem absoluten Niemand, dem Leiter des FSB, zu einem echten Anwärter auf die Macht. Ich hatte ihn pausenlos überwacht und überprüft. Und wo war Tschubais, als wir den Mabetex-Skandal am Hals hatten?«, tobte er. »Wo war er? Was tat er? Er war komplett von der Bildfläche verschwunden.«[112]

Selbst als sie am Montag, den 9. August, morgens in Jelzins Büro zusammenkamen, habe der Präsident noch gezögert, sagte Pugatschow. Stepaschin weigerte sich, ohne Parlamentsabstimmung zurückzutreten, und Jelzin verließ sein Büro, um noch einmal nachzudenken. »Ich erinnere mich noch ganz genau«, sagte Pugatschow. »Stepaschin erklärte Jelzin, Putin sei ein Niemand; er werde das nicht hinnehmen. Aber es war bereits beschlossene Sache. Es war einer der seltenen Fälle, in denen Jelzin nicht selbst entschied. Es ging um Leben und Tod.«[113]

Als Jelzin die Umbesetzung im weiteren Verlauf des Tages schließlich verkündete, war das Volk überrascht, wer der neue Ministerpräsident war. Putin war ein kaum bekannter Bürokrat, eine farblose Persönlichkeit, die nur selten in den Nachrichten zu sehen gewesen war. Die Medien hatten große Mühe, seine Biografie zusammenzustellen. Was das Land aber am meisten erstaunte, war die Tatsache, dass Jelzin Putin ganz offen als den Mann bezeichnete, von dem er hoffte, er werde seine Nachfolge als Präsident antreten. In der Fernsehansprache sagte er: »Ich habe beschlossen, den Mann zu ernennen, der meiner Meinung nach am besten dazu in der Lage ist, die Gesellschaft auf Basis der breitesten politischen Kräfte zusammenzuhalten und eine Fortführung der Reformen in Russland zu gewährleisten. Ihm wird es gelingen, diejenigen um ihn herum zu einen, denen die Aufgabe zukommt, Russland im 21. Jahrhundert zur Größe zu führen. Dieser Mann ist der Sekretär des Sicherheitsrates, der Direktor des Föderalen Sicherheitsdienstes, Wladimir Wladimirowitsch Putin.«[114]

Damit war Putin der atemberaubendste Sprung seiner schwindelerregenden Karriere gelungen. Das russische Parlament war im Schockzustand, obwohl die meisten Abgeordneten glaubten, dass er ein Niemand sei, dessen man sich später ohne Weiteres entledigen könnte. Das trug dazu bei, dass er überhaupt bestätigt wurde.[115] Zu dem Zeitpunkt war Primakow bereits wieder ins politische Geschehen zurückgekehrt, um zu den anstehenden Parlamentswahlen eine kühne neue Allianz mit Juri Luschkow einzugehen, dem mächtigen Bürgermeister von Moskau. Im Vergleich, sagte Jumaschew, »wirkte Putin wie ein Kind«.[116] Doch im Kreml befürchteten trotzdem viele, dass Jelzin zu weit gegangen war, als er Putin als seinen erwünschten Nachfolger bezeichnete. »Viele unserer Kollegen waren entschieden der Meinung, dass Jelzin das nicht hätte tun sollen – weil Putin eine unbekannte Größe war und Jelzins Umfragewerte bei fünf Prozent lagen. Sie glaubten, dass Putin nach einer solchen Ankündigung niemals gewinnen würde«, sagte Jumaschew.

Auf die Außenwelt wirkte es, als würde die Jelzin-Familie ein enormes Risiko eingehen. Doch es gab weitere Pläne. Schon damals war eine Ausweitung der russischen Militäroffensive gegen Tschetschenien in der Diskussion, sagte Stepaschin später.[117] Für die Bürokraten und Spindoktoren innerhalb des Kreml war es jedoch entscheidend, den etwas tölpelhaft wirkenden Kandidaten, der ihnen vorgesetzt worden war, in eine Figur zu verwandeln, mit der man rechnen musste. Auf den ersten Blick mutete das Material nicht gerade vielversprechend an. Die Leute fielen Putin bei Zusammenkünften immer noch ständig ins Wort. Der Plan war, ihn nach dem Bild eines überaus beliebten TV-Helden aus Sowjetzeiten zu formen – er sollte eine moderne Version von Max Otto von Stierlitz werden, des Spions, der in verdeckter Mission bis tief hinter die Feindeslinie vorgedrungen war, um die Kommandostrukturen von Nazideutschland zu unterwandern. Putin würde der *kandidat resident* sein, der Kandidat in geheimer Mission, ein Patriot, der den russischen Staat wiederherstellte.[118]

Die Hauptaufgabe bestand darin, ihn in den Augen der Öffentlichkeit von der Jelzin-Familie abzugrenzen, damit er als unabhängig wahrgenommen wurde. Sein jugendliches Alter stellte im Kontrast zum alternden und kränkelnden Jelzin einen unmittelbaren Vorteil dar, und die zum Kreml gehörenden Fernsehsender präsentierten ihn vehement als jemanden, der angesichts der separatistischen Überfälle auf Dagestan entschlossen durchgriff. Beresowski sei es ohne Weiteres zuzutrauen gewesen, hinter den Kulissen einen kleinen, triumphalen Krieg vom Zaun zu brechen, um Putins Aufstieg zur Macht zu beschleunigen, meinten zwei von dessen engen Geschäftspartnern.[119]

In der Hektik, Putins Machtübernahme herbeizuführen, übersah Pugatschow offenbar alle Warnsignale, die auf Putins Doppelzüngigkeit hinwiesen. Im Juli, während Pugatschow noch damit beschäftigt war, die Auswirkungen der Schweizer Ermittlungen in den Griff zu bekommen und im Kreml bis spät in die Nacht Gespräche mit Putin, Patruschew und Woloschin führte, um den kommissarischen Generalstaatsanwalt Juri Tschaika gegen einen noch loyaleren Verbündeten auszutauschen, hatte Putin offenbar ein doppeltes Spiel getrieben. Tschaika weigerte sich zunächst, den Posten freizugeben, nur um ein paar Tage später dann doch einzuwilligen, nach Einzelgesprächen mit Pugatschow, in denen er ihn warnte, dass Putin dem Kreml gegenüber nicht uneingeschränkt loyal sei. »Bei Putin ist Vorsicht geboten«, sagte er. »Als Sie sich alle mit mir im Kreml getroffen und sechs Stunden lang versucht haben, mich zum Rücktritt zu bewegen, begleitete Putin mich am Anschluss nach draußen. Er sagte mir, dass meine Weigerung richtig sei. Einzuwilligen sei ein Verbrechen.«[120]

Aber Pugatschow hatte Tschaikas Warnung schnell wieder vergessen. Der Mabetex-Skandal flaute trotz aller Bemühungen einfach nicht ab, und Ende August wurden schließlich alle Befürchtungen wahr, als Einzelheiten über die Verbindungen zwischen dem Fall und der Jelzin-Familie an die Öffentlichkeit drangen. Die italienische Zeitung *Corriere della Sera* brachte einen Artikel darüber, dass der Mabetex-Eigentümer Behgjet Pacolli der Jelzin-Familie Kreditkarten besorgt und die Abrechnungen übernommen habe.[121] Laut der Zeitung ging die Schweizerische Bundesanwaltschaft davon aus, dass es sich bei den Zahlungen um Schmiergelder für die Aufträge rund um die Kreml-Renovierung handle. Als wichtigster Zeuge wurde Felipe Turover genannt.

In Jelzins Kreml schlug die Nachricht wie eine Bombe ein.[122] Bis dahin hatten nur die Beteiligten – und die Staatsanwälte – gewusst, was die Ermittlungen ans Licht bringen könnten. Wieder einmal eilte Pugatschow der Familie zu Hilfe. »Tanja fiel aus allen Wolken, als die Artikel herauskamen«, sagte er. »Aber ich versprach ihr, dass ich die

Sache in Ordnung bringen würde.«[123] Er bot der Familie an, Konten bei seiner eigenen Meschprombank zu eröffnen, und erklärte den Medien dann, dass die fraglichen Kreditkarten bereits Jahre zuvor durch seine Bank ausgestellt worden seien. Das sollte die Presse ablenken und Fragen danach verhindern, ob Jelzin mit dem ausländischen Konto das Gesetz gebrochen hatte.[124]

Aus Pugatschows Sicht waren die gesamten Ermittlungen unfair. Jelzin, sagte er, habe nie verstanden, was Geld eigentlich war. Einmal habe er seinen obersten Leibwächter, Alexander Korschakow, betrunken dazu aufgefordert, ihm Wodka zu kaufen, und einen Stapel Banknoten aus einem Safe in seinem Zimmer geholt. Dort bewahrte er laut Pugatschow die Tantiemen aus den Verkäufen der Bücher auf, die er mit Jumaschew zusammengeschrieben hatte. Jelzin hatte Korschakow Scheine im Wert von 100 Dollar in die Hand gedrückt. »Er fragte ihn, ob das genug sei. Er hatte keine Vorstellung von Geld oder davon, wie viel Dinge kosteten. Er hatte sich nie um so etwas kümmern müssen.« Mit der Kreditkarte, die auf Jelzins Namen lief, sei fast nichts bezahlt worden – nur ein geringer Betrag bei einem Staatsbesuch in Budapest. Doch seine Töchter hatten deutlich mehr ausgegeben. »Es kam vor, dass Tanja in einem Monat Pelze für 100 000 Dollar kaufte«, sagte Pugatschow. Aber niemand von ihnen verstand, was eine Kreditkarte war, wie sie funktionierte oder was sie bedeutete: »Sie nahmen das Stück Plastik einfach mit und nutzten es, um Dinge zu kaufen. Sie verstanden nicht, dass jemand dafür bezahlen musste.«[125]

Laut Jumaschew waren sich die drei sicher, dass die Karten über Jelzins Tantiemen aus seinen Memoiren finanziert würden. Das habe ihnen Borodin, der Leiter der Kreml-Liegenschaftsverwaltung, erzählt: »Sie haben das Geld in der aufrichtigen Überzeugung ausgegeben, dass es aus den Tantiemen für die Bücher stammte. Aber ich habe keinen Zweifel daran, dass diese Dummheit Borodins von allen möglichen Kräften gegen uns verwendet werden könnte, auch von Primakow und Skuratow.«[126]

Die Wolken, die am Himmel aufzogen, wurden also immer dunkler, und es bestand weiterhin die Gefahr, dass die Spur des Geldes zu noch mehr Enthüllungen führen würde. Im August 1999, ein Jahr nach der Rubelkrise, berichtete die *New York Times* über einen neuen russischen Finanzskandal.[127] Die US-Strafverfolgungsbehörden untersuchten Transaktionen in Höhe von mehreren Milliarden Dollar über die Bank of New York, bei denen es sich mutmaßlich um Geldwäsche durch die russische Mafia handelte. Einen Monat später tauchten Berichte über eine Verbindung zur Jelzin-Familie auf. Die Ermittler waren bei der Rückverfolgung einer Überweisung von 2,7 Millionen Dollar auf zwei Konten der Bank of New York auf den Cayman Islands gestoßen, die auf den Namen von Tatjanas damaligem Mann Leonid Djatschenko liefen.[128] Später ergaben Unterlagen der Schweizerische Bundesanwaltschaft, dass man auch dort eine deutlich umfangreichere Transaktion über die Banco del Gottardo auf ein Konto zurückgeführt hatte, von dem Tatjana profitierte.[129] Es kam nie zur Anklage. Jumaschew sagte, jede Andeutung, Tatjana habe derartige Gelder erhalten, sei »schlicht gelogen«.

Die zunehmend angespannte Situation und die Bemühungen, sich gegen die Angriffe zu erwehren, bewirkten, dass Pugatschow eine Warnung von Putins einstigem Mentor Anatoli Sobtschak ignorierte, der ihm prophezeite, er begehe einen großen Fehler: »Ich vermutete, dass er eifersüchtig war. Aber natürlich wusste er alles.«[130] Pugatschow hatte Beresowskis Bedenken bereits vergessen, als Sobtschak zu ihm sagte: »Sergej, das ist der größte Fehler deines Lebens. Er kommt aus einem verdorbenen Umfeld. Ein *komitetschik* verändert sich nicht. Du verstehst nicht, wer Putin ist.«[131] Beresowski hatte seine eigene tiefsitzende Abneigung gegenüber dem KGB vergessen, hatte verdrängt, wie er viele Jahre zuvor, als er als Jugendlicher in den Touristenhotels von Leningrad mit Devisen gehandelt hatte, immer wieder vor dem Geheimdienst getürmt war. Er hatte auch Tschaikas Warnung vergessen, und niemand – nicht einmal Pugatschow – bemerkte, dass Putin sich weiterhin häufig mit Primakow traf, der doch der Erzfeind hätte sein sollen, nachdem er als Ministerpräsident gefeuert worden war. Wie sich herausstellte, hatte Putin die gesamte Führungsriege des FSB in Primakows Datscha eingeladen, wo man auf ihn anstieß, und im Oktober jenes Jahres auf der Feier zu Primakows siebzigstem Geburtstag eine Lobeshymne auf ihn gehalten.[132]

Vor all dem hatten Pugatschow und die Jelzin-Familie die Augen verschlossen. Sie wollten unbedingt glauben, dass Putin einer von ihnen war. In jenem Sommer der sich zuspitzenden Ermittlungen suchten sie verzweifelt nach einem Nachfolger aus den Sicherheitsbehörden, der sie beschützen konnte. Irgendwie gelangten sie zu der Überzeugung, dass dafür einzig und allein Putin infrage käme. Der zunehmend von Krankheit gezeichnete Jelzin war gezwungen, mitzuziehen. Seit Primakow in den Nachwehen der Rubelkrise im August 1998 zum Ministerpräsidenten ernannt worden war, hatte die Jelzin-Familie geglaubt, dass sie sein Amt im Anschluss unbedingt mit jemanden von außerhalb der *silowiki* besetzen musste. Seit dem Finanzcrash haftete den liberalen Ideen und den jungen Reformern, unter denen Jelzin sich einst nach einem Nachfolger hatte umsehen wollen, ein Makel an. »Wir schluckten so viel Freiheit, dass es uns vergiftete«, meinte Jumaschew später trocken.[133]

Putins Lippenbekenntnis zum Markt und den demokratischen Prinzipien hatte die Familie glauben lassen, dass er ihren Kurs fortführen würde. Aber auch sein Harakirimanöver, seinen früheren Mentor Anatoli Sobtschak außer Landes zu bringen und ihn so vor einer drohenden Verhaftung zu bewahren, hatte sie maßgeblich beeinflusst. »Diese Loyalitätsbekundung galt (…) als gewichtiger Faktor bei der Entscheidung«, sagte Gleb Pawlowski, der damals als Kreml-Berater und Spindoktor tätig war.[134] Die Familie wusste, dass Putin, eher als Stepaschin, über die nötige Skrupellosigkeit verfügte, im Zweifelsfall das Gesetz zu brechen, um seine Verbündeten zu schützen.

Außerdem, sagte Pugatschow, habe Putin loyal und folgsam gewirkt. Er glaubte immer noch, dass er ihm gehorchte wie ein Hund, und schrieb ihm weiterhin die liberalen und demokratischen Überzeugungen Sobtschaks zu: »Mein Gefühl war: Wenn er aus Sobtschaks Umfeld stammte, dürfte er ein Mensch mit liberalen Ansichten sein. Ich habe nicht eingehend geprüft, wofür er stand.« Zudem habe Putin zunächst gezögert, den Posten des Ministerpräsidenten anzunehmen. Er habe ihn drängen müssen, sagte Pugatschow, und ihm versichern müssen, dass es nicht für lange sei, nur bis sich die Situation stabilisiert habe.

Was Pugatschow nicht wusste, war, dass Putin einst eng mit einem der Hauptverantwortlichen für den Versuch, die Jelzin-Regierung zu stürzen, zusammengearbeitet hatte. Ihm war nicht klar, dass Felipe Turover, der KGB-Agent, der hinter den Leaks im Zusammenhang mit Mabetex und den Jelzin-Konten steckte und Verbindungen in die Spitze der legendären KGB-Abteilung für Geheimoperationen hatte, Putin in Sankt Petersburg dabei geholfen hatte, das Öl-gegen-Lebensmittel-Programm aufzusetzen.

Er hatte nie die Geschichte gehört, die Turover mir erzählte: Als Jelzins Chefleibwächter nach der Veröffentlichung von Turovers Namen in der italienischen Zeitung im August angeblich anordnete, ihn aus dem Weg zu räumen, habe Putin seinen alten Verbündeten, der sich damals in Moskau aufhielt, aufgesucht, ihn gewarnt und ihm geraten, das Land möglichst schnell zu verlassen: »Er sagte mir, ich solle mich aus dem Staub machen, weil er eine Anordnung vom Präsidenten erhalten habe, mich auszuschalten. Er sagte, er würde unterwegs für meine Sicherheit garantieren.«

Pugatschow wusste nicht, dass Putin die ganze Zeit über ein doppeltes Spiel getrieben hatte. »Er hielt, was er versprach«, sagte Turover. »Er arbeitete niemals für die Familie gegen Primakow. Und gegen Skuratow wurde er nur nach außen hin tätig.«[135]

Genauso wenig kam Pugatschow auf die Idee, dass Putin eine Art Plan B des KGB darstellen könnte, nachdem die Machtübernahme durch Primakow gescheitert war. Er behauptete immer, Putin für jemanden gehalten zu haben, den er unter Kontrolle hatte. Ihm war nie der Gedanke gekommen, dass Putin die Familie angelogen haben könnte, als er vorgab, sie zu unterstützen. Putin »täuschte sie«, sagte Turover. »Kriegsführung beruht auf Täuschung. So schreibt es schon Sunzi vor 2600 Jahren in *Die Kunst des Krieges*«, einem uralten chinesischen Werk über Militärstrategien. »Putin hatte das, was er beim Judo gelernt hatte, tief verinnerlicht.«

# 5
# »KINDERSPIELZEUG IN SCHLAMMPFÜTZEN«

Statt dem befürchteten Putsch durch Kräfte der kommunistischen Vergangenheit war die Jelzin-Familie nun also in Wahrheit einem schleichenden Staatsstreich durch die Sicherheitsbehörden zum Opfer gefallen. Da sie von allen Seiten unter Beschuss stand, hatte sie kaum eine andere Wahl, als irgendwie zu einer Übereinkunft mit dem KGB zu gelangen.

»Sie mussten einen Kompromisskandidaten finden«, sagte ein ehemaliges hochrangiges KGB-Mitglied aus Putins Umfeld.[1] »Es gab eine riesige Armee aus einstigen und aktuellen Sicherheitsdienstlern, die immer noch auf ihren Posten waren. [Die Familie] brauchte jemanden, der die Beziehung zu diesen Kräften nach Jelzins Abschied glätten konnte. Sie stand von allen Seiten unter Druck und hatte keine Wahl. Die Entscheidung wurde dadurch erzwungen, dass Jelzins Leute große Angst davor hatten, sein Rückzug könnte eine echte Gegenrevolution auslösen, sodass sie alles verlieren würden, was sie sich so mühsam erarbeitet hatten. Es war eine Frage der Sicherheit und der Absprachen. Sie hielten Putin für eine Zwischenlösung, die sie kontrollieren konnten. Der Einzige, der entschieden dagegen war, war Tschubais. Er befürchtete, dass Putins Hintergrund – seine Zeit beim KGB – bedeutete, dass er eben keine fügsame Marionette in den Händen der Familie sein würde. Seine Intuition trog ihn nicht.«

Putin wurde lange Zeit über als der »zufällige Präsident« Russlands dargestellt. Aber weder sein Aufstieg durch die Ränge des Kreml noch sein Sprung an die Spitze scheinen viel mit Zufall zu tun zu haben. »Als man ihn nach Moskau schickte, war man bereits dabei, seine Eignung zu prüfen«, sagte Putins ehemaliger KGB-Kollege.[2] Auch wenn Jelzins Russland der Außenwelt wie ein Staat im epochalen Wandel erschien, der die Sicherheitsbehörden schon lange entmachtet hatte, waren diese Behörden unter der Oberfläche doch immer noch eine Kraft, mit der man im Land stets rechnen musste. In Jelzins Kreml und in den zweiten Reihen vieler Institutionen und Unternehmen gab es überall KGB-Leute, von denen manche zehn Jahre zuvor dafür gekämpft hatten, Russland zur Marktwirtschaft zu machen, weil sie nur zu gut verstanden hatten, dass die Planwirtschaft der Sowjetunion niemals mit dem Westen mithalten konnte. Sie hatten aus dem Hintergrund heraus verfolgt, wie ihnen die Reformen, die sie mit angestoßen hatten, unter Jelzins Regentschaft immer mehr entglitten. Als die Freiheiten der Jelzin-Ära zum immer rasanteren Aufstieg der Oligarchen führte, die ihre einstigen KGB-Meister Mitte der Neunziger klar abgehängt hatten, hatten diese größtenteils nur zuschauen können. Die Freiheiten hatten eine Art Raubzugkapitalismus erzeugt, über den es den Sicherheitsleuten letztendlich gelungen war, Jelzin und seine Familie zu kompromittieren. Mit der Rubelkrise war ihr Augenblick gekommen. Jelzin und seine Familie hatten sich durch die Mabetex-Konten und ihre engen Geschäftsbeziehungen zu Beresowksi angreifbar gemacht, während die Männer hinter den Kulissen des Kreml längst eine etatistische Kehrtwende geplant hatten.

»Die Institutionen, in denen die Sicherheitsbeamten tätig waren, brachen nicht zusammen«, sagte Thomas Graham, der ehemalige Russlandverantwortliche im Nationalen Sicherheitsrat der USA. »Die privaten Netzwerke verschwanden nicht. Was sie brauchten, war schlicht und einfach jemand, der diese Netzwerke wieder zusammenführen konnte. Das war die Zukunft. Wäre es nicht Putin gewesen, hätte es einen anderen wie ihn gegeben.«[3]

Die breite Masse der Sicherheitsbeamten hinter den Kulissen des Kreml war nur darauf aus, das Eigentum und die wirtschaftlichen Vorteile abzusichern, die sie während des Übergangs zur Marktwirtschaft erlangt hatten. Innerhalb des Kreml war man weitgehend überzeugt, dass der neue Präsident, wer auch immer es sein mochte, nach dem Chaos der Jelzin-Jahre eine etatistische Kehrtwende in die Wege leiten müsse, eine Wiedergutmachung für die Verlierer der Jelzin-Jahre, in denen die staatlichen Angestellten – die Lehrer, Ärzte und Polizisten – am meisten gelitten hatten. »Wir suchten nach dem passenden Leim für die Pro-Kreml-Koalition«, sagte Gleb Pawlowski, der damalige Kreml-Berater und Spindoktor.[4] »Nun musste ein Politiker anderen Schlags an die Macht kommen und die postsowjetische Transformation vollenden.«

»Der KGB hätte die Regierung so oder so übernommen«, meinte Andrej Illarionow, der ehemalige Wirtschaftsberater des Präsidenten.[5]

Stand Primakow, also Plan A, für das Risiko einer kommunistisch orientierten Kehrtwende und die sehr reale Gefahr, dass ein Bündnis aus Primakow und Luschkow Jelzin und seine Familie für den Rest ihres Lebens hinter Gitter geschickt hätte, war Putin der *silowik*, der sie retten sollte, der Charmeur, der der »Familie« die ganze Zeit über den Eindruck vermittelte, dass er progressiv sei, einer von ihnen. »Putin ist ein herausragender Politiker, und er bemühte sich sehr erfolgreich darum, das Vertrauen der Familie zu gewinnen«, sagte Illarionow. »Primakow galt als größter Feind Jelzins. Die Sicherheitsleute kalkulierten ganz richtig, dass Jelzin die Macht nicht ohne Weiteres aus der Hand geben würde.«[6]

Aber in der Hektik, die eigene Stellung zu sichern, gab die Jelzin-Familie die Zügel einer Gruppe jüngerer KGB-Leute in die Hand, die sich in ihrem Machtstreben als deutlich skrupelloser erweisen sollten, als es die ältere, staatsmännischere Generation rund um Primakow wohl gewesen wäre. In den Wirren der Kreml-Intrigen und -Fehden – die sich selbst innerhalb der Sicherheitsbehörden abspielten – überließen sie die Macht einer Truppe von Männern, die ihre Bündnisse auf den brutalen Schlachtfeldern von Sankt Petersburg geschmiedet hatten und deutlich machthungriger waren und vor nichts zurückschreckten, um ihre Loyalität zu beweisen.

Die Spindoktoren des Kreml arbeiteten unablässig daran, Putin als jemanden darzustellen, der entschieden gegen die tschetschenischen Vorstöße in Dagestan vorging. Aber in den ersten Monaten als Ministerpräsident zogen seine Umfragewerte kaum an. Immer wieder wurde er als farblos beschrieben. Er blieb ein grauer und undurchschaubarer Bürokrat, während Primakows neu gegründetes Bündnis mit Luschkow immer mehr an Fahrt gewann und einen mächtigen Regionalgouverneur nach dem anderen für sich gewann. Gleichzeitig ließen die Nachrichten aus dem Ausland alle Alarmglocken schrillen. Die Enthüllungen über die Ermittlungen rund um die Bank of New York und die möglichen Spuren, die zur Jelzin-Familie führen könnten, glichen einer tickenden Zeitbombe, und die Schlagzeilen rund um die Verbindung zwischen dem Mabetex-Fall und den Kreditkarten der Jelzins ließen den Druck noch weiter steigen. Irgendwo in einem Safe im herrschaftlichen Bürogebäude des stellvertretenden Generalstaatsanwalts in der Petrowka-Straße lagen die unterschriebenen Haftbefehle schon bereit.

Doch ein wichtiger Schritt stand noch bevor.

Ungefähr zu dieser Zeit, erzählte Pugatschow mir, habe er den bisher kühnsten Schritt vorgeschlagen. Er versuchte Tatjana und Jumaschew davon zu überzeugen, dass Jelzin sein Amt frühzeitig niederlegen solle, damit Putin dessen Nachfolge schon vor der nächsten Wahl antreten könne. Nur so ließe sich garantieren, dass er die Präsidentschaft übernahm. »Wir werden es nicht schaffen, die Macht bis zu den Wahlen im nächsten Sommer zu halten«, erklärte er ihnen. »Die Tatsache, dass Jelzin sich ihn als Nachfolger wünscht, ist nicht hilfreich. Wir müssen ihn erst einmal dorthin bekommen.« Die Diskussion zog sich über mehrere Stunden. Jumaschew war fest überzeugt, dass Jelzin nicht einwilligen würde. »Ich sagte zu ihm: Es ist eine Frage deiner eigenen Freiheit, der Freiheit seiner Familie, für dich und für uns alle. Es ist eine Frage der Zukunft dieses Landes. Aber er meinte: ›Dir muss doch klar sein, dass er die Macht niemals aufgeben wird.‹«

Letzten Endes erklärte sich Jumaschew laut Pugatschow bereit, mit Jelzin zu sprechen. Die drei gingen spät am Abend auseinander, und am nächsten Tag, als Pugatschow wieder im Kreml war, erhielt er einen Anruf von Jumaschew: »Er sagte mir, die Sache sei entschieden.«[7] Jumaschew hingegen beharrte darauf, dass damals kein derartiger Entschluss gefallen sei. Die offizielle Version des Kreml lautete stets, dass Jelzin erst viel später, gegen Ende des Jahres, beschloss, frühzeitig abzutreten.

Doch auch zwei weitere ehemalige Kreml-Mitarbeiter deuteten an, dass die Entscheidung früher getroffen wurde,[8] und ein Putin nahestehender KGB-Kamerad bemerkte damals, dass etwas Wichtiges im Gange war. Ende August hatte sich Putin für ein paar Tage mit diesem Kameraden in seine alte Datscha in der Osero-Siedlung zurückgezogen. Er habe für sich sein wollen, sagte dieser.[9] Putin sei tief in Gedanken versunken gewesen und habe eindeutig eine Last mit sich herumgeschleppt.

Die öffentliche Meinung über Putin wandelte sich erst nach drei tragischen Wochen des Terrors im September. In dieser Zeit lösten sich die Schlagzeilen rund um Mabetex in Luft auf, während Putin das Kommando übernahm und Jelzin von der Bildfläche verschwand.

*

Am späten Abend des 4. September 1999 jagte eine Autobombe ein Mietshaus in der dagestanischen Stadt Buinaksk in die Luft und riss 64 Menschen in den Tod, die meisten von ihnen Angehörige der russischen Sicherheitskräfte. Die Explosion wurde als Reaktion auf die Ausweitung des bewaffneten Konflikts mit den tschetschenischen Rebellen verstanden, die am selben Wochenende einen neuen Überfall auf Dagestan unternommen hatten. Nur einen Tag nachdem die Rebellen dort mehrere Dörfer erobert hatten, hatte der neu ernannte Ministerpräsident Putin den Sieg der russischen Truppen in Dagestan verkündet. Der Anschlag wirkte wie ein weiteres entsetzliches Kapitel in der Geschichte der wiederkehrenden Zusammenstöße, die Russland erlebte, seit Jelzin 1994 gegen die tschetschenischen Rebellen in den Krieg gezogen war.

Als eine weitere Explosion nur vier Tage später den mittleren Teil eines Wohnblocks in einem verschlafenen Arbeitervorort im Südosten Moskaus zerstörte und 94 Menschen in ihren Betten starben, schien die militärische Auseinandersetzung Russlands im Kaukasus eine neue, fatale Dimension erreicht zu haben. Anfangs gingen die Ermittler davon aus, dass die Explosion auf ein Gasleck zurückzuführen sei.[10] Nur wenige der im Gebäude lebenden Familien standen in irgendeiner

Verbindung zur abtrünnigen tschetschenischen Republik. Wie konnte die Explosion etwas mit einem militärischen Konflikt zu tun haben, der sich in weiter Ferne abspielte? Doch Stück für Stück fingen die Behördenvertreter an, den Vorfall als Angriff tschetschenischer Terroristen zu bezeichnen, ohne Beweise vorzubringen. Kaum hatten die Rettungskräfte die letzten verkohlten Leichen aus den Trümmern dessen gezogen, was einst die Gurjanow-Straße 19 gewesen war, als vier Nächte später eine weitere Explosion ein tristes neunstöckiges Mietshaus an der Kaschirsker Chaussee im Süden Moskaus dem Erdboden gleichmachte. 119 Menschen starben. Das Einzige, was noch auf menschliches Leben verwies, waren die Kinderspielzeuge, die auf den Schlammpfützen trieben.[11]

In Moskau machte sich Panik breit. Obwohl die Auseinandersetzungen mit den separatistischen Rebellen im Süden jetzt schon fast ein Jahrzehnt andauerten, hatten sie doch noch nie auf das Herz der Hauptstadt übergegriffen. Die zunehmende Angst und Anspannung im Land verdrängten die Finanzskandale rund um die Jelzin-Familie von den Titelseiten der Zeitungen, und plötzlich ging es dort vor allem um Wladimir Putin. Das war der Wendepunkt, an dem Putin Jelzin die Zügel aus der Hand nahm. Plötzlich war er der Oberbefehlshaber der Nation, der eine bombastische Serie von Luftangriffen gegen Tschetschenien fliegen ließ, um die Anschläge zu rächen.

Was genau in jenem Herbst geschah, in dem die Anzahl der Toten durch die Explosionen auf über dreihundert stieg, während der Kreml eine perfekt orchestrierte PR-Kampagne startete, hat sich zur gefährlichsten und zentralen Frage rund um Putins Aufstieg entwickelt. Ist es möglich, dass Putins Sicherheitsleute ihre eigene Bevölkerung in die Luft jagten, im zynischen Bestreben, eine Krise herbeizuführen, die ihm die Präsidentschaft sicherte? Diese Frage ist häufig gestellt worden, aber die Beweislage ist dünn. Es machte den Eindruck, als ob jeder, der sich ernsthaft mit dem Thema befasste, starb oder unerwartet verhaftet wurde.[12]

Doch ohne die Explosionen und den konzertierten militärischen Vorstoß im Anschluss ist es eigentlich nicht vorstellbar, dass Putin die nötige Unterstützung hinter sich versammelt hätte, um es im Wahlkampf mit Primakow und Luschkow aufnehmen zu können. Die

Jelzin-Familie hätte weiterhin mit den Ermittlungen gegen Mabetex und die Bank of New York zu kämpfen gehabt, und das hätte auch Putin als Jelzins auserwählten Nachfolger mit in den Abgrund gezogen. Jetzt wirkte er wie auf ein Kommando hin plötzlich selbstbewusst und gut vorbereitet. Er war der zupackende Held, der am 23. September Luftangriffe auf die tschetschenische Hauptstadt Grosny fliegen ließ, während sich Jelzin völlig aus der Öffentlichkeit zurückzog. Putin wendete sich in der Sprache der Straße an das Volk, er schwor, die Terroristen »auf dem Scheißhaus auszulöschen«[13], und stellte die abtrünnige Republik als einen Verbrecherstaat dar, in dem »Banditen« und »internationale Terroristen« frei herumliefen und unschuldige Russen versklavten, vergewaltigten und töteten.[14] Das empfanden die Russen als frischen Wind. Plötzlich hatten sie statt des kranken und dahinsiechenden Jelzin einen Anführer, der das Kommando übernahm.

In einer Serie gut gemachter TV-Spots mit den militärischen Befehlshabern in Dagestan konnten die Zuschauer Putin dabei zuschauen, wie er gefechtsbereit in Tarnfleckhose und einer leichten Einsatzjacke aus einem herabsinkenden Militärhubschrauber sprang oder feierlich in einem Zelt mit Kommandanten anstieß. »Wir haben kein Recht dazu, auch nur eine Sekunde Schwäche zu zeigen, denn das würde bedeuten, dass alle, die ihr Leben gelassen haben, umsonst gestorben sind«, erklärte er voller Überzeugung.[15] Er wurde als Retter der Nation präsentiert, als russischer James Bond, der wieder für Ordnung und Hoffnung sorgen würde.

Die Kampagne versetzte dem gedemütigten Nationalstolz der Russen einen enormen Schub und erzeugte einen klaren Schnitt zwischen Putin einerseits und dem Chaos und Niedergang der Jelzin-Jahre andererseits. Der massive Luftangriff bot ein Ventil für den über zehn Jahre angestauten Frust der Russen, der im Verlauf des Jahres noch enorm angewachsen war, weil die NATO durch die Bombardierung des Kosovo im ehemaligen Jugoslawien in den traditionell russischen Interessensbereich in Osteuropa vorgedrungen war. Als die Luftangriffe bis weit in den Herbst hinein immer weitere Teile Tschetscheniens zerstörten und auch Tausende zivile Opfer forderten, schossen Putins Zustimmungswerte in die Höhe, von nur 31 Prozent im August auf 75 Prozent Ende November.[16] Wenn sie so geplant gewesen war, ging die »Operation Nachfolger«, wie sie später genannt wurde, voll auf: Es bildete sich eine enorme Pro-Putin-Mehrheit.

Doch sofort tauchten auch die ersten nagenden Zweifel in Bezug auf die Explosionen in Moskau auf. Einer der ersten, die Alarm schlugen und behaupteten, dass der Kreml hinter den Anschlägen stecken könnte, um eine Hysterie herbeizuführen und Luschkow zu schaden, war der kommunistische Abgeordnete Wiktor Iljuchin.[17] Schon seit Monaten kursierten in Moskau Gerüchte, dass der Kreml eine Krise provozieren könnte, um einen Vorwand zur Absage der Wahlen zu haben. Der Duma-Sprecher Gennadi Selesnjow hatte den Abgeordneten mitgeteilt, dass es einen weiteren Anschlag in der südrussischen Stadt Wolgodonsk gegeben habe – drei Tage bevor dieser erfolgte.[18]

Die meisten Fragen warf jedoch ein Ereignis am späten Abend des 22. September auf, als ein Bewohner der Stadt Rjasan, nicht weit von Moskau, der örtlichen Polizei meldete, dass er drei verdächtig aussehende Personen dabei beobachtet habe, wie sie Säcke in den Keller seines Wohngebäudes schleppten. Als die Polizei eintraf, waren die Verdächtigen bereits in einem Auto, dessen Nummernschilder teilweise abgeklebt waren, weggefahren.[19] Die Beamten durchsuchten den Keller des Hauses und kamen blass und schockiert wieder heraus: Sie hatten drei Säcke gefunden, die mit einem Zeitzünder verbunden waren.[20] Sofort wurde das gesamte Gebäude evakuiert, und die verängstigsten Bewohner durften bis zum Abend des folgenden Tages nicht in ihre Wohnungen zurück. Anfangs sagte die Polizei, dass die Säcke ihren Tests zufolge Spuren von Hexogen enthalten hätten,[21] einem starken Sprengstoff, der auch bei den anderen Anschlägen verwendet worden war. Der örtliche FSB-Chef erklärte, dass der Timer auf 5.30 Uhr morgens eingestellt gewesen sei, und gratulierte den Bewohnern dazu, dass sie dem Tod nur um wenige Stunden entronnen seien.[22]

FSB und Polizei aus Rjasan setzten ein großes Aufgebot ein, um die mutmaßlichen Terroristen zu finden, und sperrten die gesamte Stadt ab. Einen Tag später, am 24. September, berichtete der russische Innenminister Wladimir Ruschailo den versammelten Polizeichefs in Moskau, dass ein erneuter Anschlag abgewendet worden sei. Doch nur eine halbe Stunde später erklärte Nikolai Patruschew, der eiskalte, scharfzüngige FSB-Chef, der beim Leningrader KGB eng mit Putin zusammengearbeitet hatte, einem Fernsehreporter gegenüber, dass in den Säcken nur Zucker gewesen sei und es sich bei dem gesamten Vorfall um eine Übung gehandelt habe, um die Wachsamkeit der Bevölkerung zu testen.[23] Patruschews Skrupellosigkeit war genauso groß wie seine Unerbittlichkeit bei Schachzügen hinter den Kulissen,[24] und seine neue Erklärung stand nicht nur in direktem Widerspruch zu den Worten Ruschailos, sondern schien auch den Rjasaner FSB zu überraschen, der anscheinend kurz davor stand, die Männer zu fassen, die die Säcke in den Keller gebracht hatten.[25] Der Hausbewohner, der die Polizei gerufen hatte, sagte später, dass die Substanz, die er in den Säcken gesehen hatte, gelb gewesen sei und vom Aussehen her eher wie Reis als wie Zucker gewirkt habe – eine Beschreibung, die laut Experten auf das Aussehen von Hexogen passt.[26]

Die widersprüchlichen Aussagen hatten zur Folge, dass die Bewohner des Mietshauses in der Noweselow-Straße 14 noch Monate nach dem Ereignis wütend, verwirrt und traumatisiert waren. Mehrere von ihnen beharrten darauf, dass es sich nicht um eine Übung gehandelt haben könne.[27] Später tauchte ein Bericht auf, laut dem die örtliche Polizei einen Anruf eines der mutmaßlichen Terroristen auf einen Anschluss in Moskau abgehört hatte, der mit dem FSB in Verbindung stand.[28] Wenn das stimmte, konnte man langsam den Eindruck bekommen, dass Patruschew den Vorfall zur Übung erklärt hatte, um weitere Ermittlungen abzuwenden. Die lokalen Behörden, die mit der Untersuchung zu tun hatten, schwiegen plötzlich und verweigerten jeden Kommentar gegenüber der Presse, außer um die offizielle Erklärung zu wiederholen, dass alles nur eine Übung gewesen sei. Der Sprengstoffexperte der Polizei, der die ersten Tests durchgeführt hatte, wurde in eine Spezialeinheit versetzt, deren Mitgliedern es untersagt war, mit der Presse zu sprechen.[29] Die Akten zum Fall wurden umgehend als geheim eingestuft.[30]

Einige Jahre später, 2003, wurde ein mutiger ehemaliger Oberst des FSB, Michail Trepaschkin, zu vier Jahren Haft in einem Militärgefängnis verurteilt, als er es wagte, die Moskauer Bombenanschläge zu untersuchen. Seine Festnahme erfolgte nur wenige Tage nachdem er einem Journalisten erzählt hatte, dass eine Skizze eines der Verdächtigen vom ersten Anschlag in der Moskauer Gurjanow-Straße 19 einem Mann ähnlich sehe, den er als FSB-Agenten identifizierte.[31] (Die Zeichnung, die auf der Beschreibung eines Augenzeugen basierte, eines Hausmeisters, war später gegen das Bild eines genehmeren Mannes ausgetauscht worden, eines Tschetschenen, der beklagte, man wolle ihm die Sache nur anhängen. Das ursprüngliche Bild ist aus den polizeilichen Unterlagen verschwunden.[32])

Wenn das wirklich das tödliche Geheimnis hinter Putins Aufstieg war, lieferte es einen ersten erschreckenden Hinweis darauf, wie weit die KGBler zu gehen bereit waren. Seit Jahren stehen die Fragen zu den Bombenanschlägen im Raum; immer wieder haben Investigativjournalisten umfassende Berichte über alles geschrieben, was damals passierte, während der Kreml sich hinter Dementis verschanzte. Doch vor Kurzem tat sich in der offiziellen Version schließlich ein erster Riss auf. Ein ehemaliger Kreml-Mitarbeiter behauptete, er habe Patruschew einmal offen über die Geschehnisse in Rjasan reden hören. Dieser habe getobt, weil der Innenminister Wladimir Ruschailo, ein Überbleibsel aus den Jelzin-Jahren mit engen Verbindungen zu Beresowski, die Beteiligung des FSB an den Anschlägen fast verraten habe: Seine Leute waren nah dran gewesen, die FSB-Agenten festzunehmen, die den Sprengstoff platziert hatten. Fast hätte Ruschailo die gesamte Operation auffliegen lassen, weil er belastendes Material gegen den FSB und Patruschew sammelte. Der FSB sei gezwungen gewesen, zurückzurudern und zu behaupten, dass die Säcke nur Zucker enthielten, um weitere Ermittlungen zu unterbinden.[33]

Patruschew hatte offensichtlich keine Reue gezeigt, sondern war nur wütend über die Beinaheentlarvung des FSB gewesen. Der ehemalige Kreml-Mitarbeiter sagte, er könne immer noch kaum fassen, was er damals zu hören meinte: »Die Bombenanschläge wären nicht nötig gewesen. Wir hätten die Wahl ohnehin gewonnen.« Die Propagandamaschine des Kreml war mächtig genug, um Putin so oder so zum Sieg zu führen. Aber Patruschew, sagte der Mitarbeiter, »wollte Putin an sich binden und seine Hände in Blut tauchen.«[34]

Der Kreml-Sprecher Dmitri Peskow tat diese Behauptung als »völligen Unsinn« ab. Und Walentin Jumaschew beharrt bis heute darauf, dass hinter den Bombenanschlägen unmöglich eine FSB-Verschwörung gestanden haben könne: »Ich bin mir absolut sicher, dass das nicht stimmt. Das Land war entschieden gegen einen zweiten Tschetschenienkrieg.«[35] Der erste war so demütigend ausgefallen – Russlands ehemals überragende Armee hatte in der winzigen Republik, die kaum auf der Landkarte auszumachen war, extrem viele Opfer beklagen müssen –, dass es »Selbstmord gewesen wäre, einen zweiten Krieg vom Zaun zu brechen«. »Wohnhäuser in die Luft zu sprengen, um einen zweiten Krieg zu beginnen, hätte die politische Zukunft der Person, die man so unterstützen wollte, komplett zunichtegemacht«, so Jumaschew.

Aber die Strategie, die Putin nun verfolgte, sah völlig anders aus als der verlustreiche Krieg, den Jelzin geführt hatte. Sie bestand größtenteils aus Luftangriffen statt aus Bodentruppen, und diesen Unterschied hatte Putin von Anfang an klar herausgestellt: »Dieses Mal werden wir unsere Jungs nicht ins Gefecht schicken«, sagte er.[36] Auch Pawlowski, der Spindoktor des Kreml, bestritt, dass es je eine Verschwörung gegeben hatte: »Die Anschläge auf die Mietshäuser (…) stellten in unseren Augen einen Wahlvorteil für Luschkow dar. Doch der verschwand plötzlich von der Bildfläche. (…) Im Hexogen-September verspielte der Moskauer Bürgermeister die Chance darauf, an die Spitze Russlands aufzusteigen.«[37]

Als Bürgermeister Moskaus fehlte Luschkow jedoch die Autorität, Vergeltungsangriffe auf Tschetschenien zu fliegen. Obwohl er die Unterstützung des Fernsehsenders NTW hatte, der dem Medienmogul Wladimir Gussinski gehörte, wäre er niemals dazu in der Lage gewesen, ein derartiges Propagandafeuerwerk zu zünden, wie es der staatliche Sender RTR oder Beresowskis ORT taten, die ausnahmslos jede Tat Putins im Fernsehen bewarben. Alle Gegenargumente des Kreml wirkten schwach. Wenn die Bombenanschläge auf eine FSB-Verschwörung zurückgingen, war es möglich, dass sie ohne das Wissen oder das Zutun der Jelzin-Familie durchgeführt wurden. Vielleicht hatten Putins KGBler skrupellos selbst die Initiative ergriffen. »Wir hielten es alle für einen terroristischen Akt. Wir wären nie auf die Idee gekommen, dass es etwas anderes sein könnte«, sagte eine Person aus dem Umfeld der Jelzin-Familie.[38] Aber wenn es eine FSB-Verschwörung war, übertraf sie selbst die KGB-Methoden, zu denen seit den Sechzigerjahren ja immerhin die Unterstützung terroristischer Vereinigungen im Nahen Osten und in der Bundesrepublik Deutschland gehört hatte, um den Westen zu erschüttern und zu destabilisieren. Die Rote Armee Fraktion hatte in Absprache mit der Stasi und dem KGB amerikanische Soldaten in Berliner Nachtklubs und deutsche Bankiers auf dem Weg zur Arbeit in die Luft gejagt[39] – wenn man den Erzählungen eines ehemaligen RAF-Mitglieds Glauben schenken will, auch unter Anleitung von Wladimir Putin, als dieser in Dresden stationiert war.[40]

Doch es war natürlich etwas ganz anderes, solche Maßnahmen gegen das eigene Volk zu richten. »Ich konnte damals nicht glauben, dass ein Bürger Russlands bereit wäre, derart viele Zivilisten umzubringen, um die eigenen politischen Ziele zu erreichen«, sagte ein russischer Tycoon, der einst zum Umfeld von Beresowski gehört hatte. »Und obwohl ich immer noch nicht weiß, ob sie wirklich in die Sache verwickelt waren, bin ich mir einer Sache heute ganz sicher: Sie wären sogar zu weitaus mehr fähig.«[41] »Egal wie man es betrachtet, seine Wahlkampagne begann mit den Bombenanschlägen«, meinte ein hochrangiger russischer Bankier mit Verbindungen in die Sicherheitsbehörden.[42]

Putin hatte sich als hart durchgreifender Anführer aus einer neuen Generation erwiesen. »Vom Stil her war die Wahlkampagne wie eine nationale Befreiungsbewegung aufgezogen«, sagte Pawlowski. »Putin als der einfache Mann aus einer Sozialwohnung in Leningrad, der im Namen des Volkes in den Kreml einzog. (…) Putins Entscheidung, Krieg zu führen, um Vergeltung für die Anschläge zu üben, war spontan, fügte sich aber gut in unsere Strategie. Es passte zum Konzept einer starken, neuen Regierung.«[43]

*

Die Bombenanschläge setzten Boris Beresowski, dem schnellsprechenden Mathematiker und Inbegriff eines Oligarchen der Jelzin-Ära, noch jahrelang zu. Später, als er sich mit Putins Kreml entzweit hatte und gezwungenermaßen nach London ins Exil gegangen war, behauptete er wiederholt, dass der FSB in die Explosionen involviert gewesen sei.[44]

Doch so weit war es in jenen Tagen noch nicht, und als die Parlamentswahlen im Dezember 1999 bevorstanden, schob Beresowski seine Bedenken hinsichtlich Putins KGB-Vergangenheit beiseite[45] und stellte sich entschieden hinter ihn. Obwohl er mit Hepatitis im Krankenhaus lag, ließ er seinen staatlichen Fernsehsender ORT im Herbst eine furiose Rufmordkampagne gegen Primakow und Luschkow fahren. Die beiden Männer hatten unter dem Namen Vaterland – Ganz Russland eine einflussreiche Allianz im Parlament gegründet, und die Duma-Wahlen galten als erster echter Stimmungstest für sie. Vom Krankenhausbett aus rief Beresowski spätabends bei ORT an und übermittelte seine Anweisungen an Sergej Dorenko,[46] einen beliebten Nachrichtensprecher mit tiefer Stimme, der Primakow und Luschkow in seiner Sendung Woche für Woche so niedermachte, dass es selbst nach den Maßstäben der russischen Schlammschlachtmedien grenzwertig war.

In einer Sendung beschuldigte Dorenko Luschkow, 1,5 Millionen Dollar vom korrupten Bürgermeister einer spanischen Küstenstadt angenommen zu haben, während seine Frau, Jelena Baturina, die größte Baulöwin Moskaus, über eine Kette ausländischer Banken angeblich Hunderte Millionen außer Landes geschleust habe.[47] Der neunundsechzig Jahre alte Primakow, behauptete Dorenko in einem anderen Beitrag, sei körperlich nicht in der Lage, das Präsidentenamt zu erfüllen, weil er sich in der Schweiz gerade einer Hüftoperation unterzogen habe. Dieses Argument wurde durch fürchterliche Aufnahmen einer ähnlichen Operation an einem Patienten in Moskau untermalt, auf denen viel Knochen und viel Blut zu sehen waren. Außerdem behauptete Dorenko, Primakow sei als Chef des russischen Auslandsgeheimdienstes möglicherweise in zwei Attentate auf den georgischen Präsidenten Eduard Schewardnadse verwickelt gewesen. Dazu spielte der Sender mehr oder weniger rund um die Uhr das Video von Skuratow und den Prostituierten ab, um die Gouverneure der Regionen bloßzustellen,

die sich Vaterland – Ganz Russland angeschlossen hatten und Skuratow damals den Rücken gestärkt hatten.[48]

Beresowski verkündete in seiner markigen Art, er sei fest entschlossen, Primakow und Luschkow zu vernichten. Im frühen Herbst verließ
er das Krankenhaus für einen Abend, um mit einem Geschäftspartner
die Organisation der Kampagne durchzusprechen. »Er war total besessen und wirkte völlig wahnsinnig«, sagte dieser Partner.[49] »Er hatte wie
üblich drei Mobiltelefone dabei und redete ununterbrochen. Immer
wieder sagte er: ›Ich werde sie in Stücke schlagen. Von ihnen bleibt
nichts übrig.‹« Obwohl Putins Zustimmungswerte stetig stiegen, stand
viel auf dem Spiel. Die Ermittlungen gegen Beresowski und seine Geschäfte, die unter Primakow aufgenommen worden waren, liefen weiter. Beresowski drohte immer noch die Haft.[50]

Dorenko erwies sich als eine äußerst effektive Bulldogge, und so
langsam sank die Zustimmung für Vaterland – Ganz Russland. Doch
im Vergleich zu den Finanzskandalen der Jelzin-Familie, die auf dem
konkurrierenden Sender NTW, der Primakow und Luschkow unterstützte, in voller Länge ausgebreitet wurden, wirkten die Anschuldigungen gegen Primakow und Luschkow eher zahm. Und obwohl Beresowski sich nach Kräften darum bemühte, gemeinsam mit anderen
eine neue Pro-Kreml-Partei für das Parlament zusammenzuschustern,
die unter dem Namen Einheit ein Gegengewicht zu Vaterland – Ganz
Russland darstellen sollte, erweckte diese doch den Eindruck einer
eher formlosen Masse aus obskuren und gesichtslosen Bürokraten.
Mitte November erreichte Einheit nur Umfragewerte von sieben Prozent, verglichen mit zwanzig Prozent für Vaterland – Ganz Russland.[51]

Erst als sich Putin Ende November öffentlich für Einheit aussprach,
legte die Partei zu. Putin hatte sich durch die ständige Berichterstattung
über sein entschlossenes Durchgreifen gegen Tschetschenien mittlerweile in einen politischen Midas verwandelt, und es dauerte nur eine
Woche, bis die Umfragewerte von Einheit von 8 auf 15 Prozent gestiegen waren.[52] Vaterland – Ganz Russland war auf etwa 10 Prozent
abgestürzt, obwohl Primakow persönlich weiterhin sehr beliebt war.
Am meisten Zustimmung verzeichneten mit 21 Prozent die Kommunisten. Putins persönliches Ergebnis lag bei überwältigenden 75 Pro-

zent.[53] Trotz der Herkulesarbeit von Beresowski und Dorenko hätte der Kreml das Parlament ohne Putins Unterstützung von Einheit womöglich verloren.

Am Wahltag, dem 18. Dezember 1999, fuhr Einheit mit 23 Prozent ein überraschend gutes Ergebnis ein und lag nur einen Prozentpunkt hinter den Kommunisten. Noch wichtiger war, dass Vaterland – Ganz Russland, die Partei von Primakow und Luschkow, mit nur 12,6 Prozent der Stimmen eine herbe Niederlage erlitt.[54] Jumaschew behauptete, dass Jelzin erst zu diesem Zeitpunkt ausreichend von Putins Strahlkraft als neuer politischer Größe überzeugt gewesen sei, um den Entschluss zu fassen, zurückzutreten und den Weg freizumachen. Er beharrte darauf, dass Jelzin diese Entscheidung allein getroffen habe, Pugatschows Einfluss sei minimal gewesen.[55]

In den Memoiren, die Jumaschew als Ghostwriter für Jelzin verfasste, erzählt der russische Präsident, wie er Putin am 14. Dezember, vier Tage vor der Wahl, zu sich bestellte und ihn über seine Rücktrittsentscheidung informierte. Laut Jelzin zögerte Putin, die Macht zu übernehmen. Jelzin schreibt, dass er an jenem Tag zu Putin sagte: »Ich will noch in diesem Jahr gehen. Das ist wichtig. Das neue Jahrhundert Russlands muss mit der Ära Putin beginnen. Verstehen Sie das?« Daraufhin habe Putin lange geschwiegen, bevor er antwortete: »Ich bin nicht bereit, diese Entscheidung jetzt zu treffen. Verstehen Sie, Boris Nikolajewitsch, es ist ein sehr schweres Los.«[56]

Aber weder die Geschichte von Putins angeblicher Zurückhaltung noch Jelzins Rücktrittsentschluss in letzter Minute passten zu dem, was bis dahin passiert war. Es entsprach auch nicht dem, was Pugatschow und die beiden anderen Kreml-Mitarbeiter erzählten, nämlich dass die Entscheidung schon viel früher gefallen sei. Im Grunde hatte Putin schon in den Monaten vor der Parlamentswahl die Führung der Armee und der Strafverfolgungsbehörden einschließlich der Sicherheitskräfte übernommen, während Jelzin sich komplett zurückgezogen hatte. Hätte Putin nicht bereits mit einer gewissen Bestimmtheit davon ausgehen können, dass er Präsident würde, hätte er beim Militäreinsatz gegen Tschetschenien weder so entschieden noch so präsidentiell handeln können.

Selbst wenn Putin persönlich zögerte, die Präsidentschaft zu übernehmen, war er in jenen Tagen doch nur ein Vertreter einer Gruppe
von Sicherheitskräften, die an die Macht kamen. Als er Ende 1999 anlässlich der Jahresfeier der Tschekisten, wie die sowjetische Geheimpolizei genannt wurde, eine Rede hielt, nahm er klar und deutlich auf
deren Vormachtstellung Bezug: »Die Gruppe von FSB-Mitgliedern,
deren Auftrag die verdeckte Arbeit innerhalb der Regierung ist, hat
die erste Phase dieses Auftrags erfolgreich abgeschlossen«, sagte er.[57]
Dabei blieb sein Gesichtsausdruck zwar neutral, aber gegen Ende der
Rede konnte er sich das Grinsen dann doch nicht verkneifen. Wenn
die Aussage als Witz gemeint war, erzählten die tiefen Schatten unter
seinen Augen und seine blasse, ausgemergelte Gestalt eine andere Geschichte. Im Grunde erklärte Putin den Sicherheitskräften, dass das
Land nun endlich ihres sei.

Doch kaum jemand schenkte diesen Bemerkungen Putins Beachtung. Nur die Sicherheitsleute im Kreml, die hinter ihm standen, hatten still und leise ihre Vorbereitungen getroffen. Drei Tage vor dem
Jahreswechsel hatte Putin einen Artikel auf einem neuen staatlichen
Portal veröffentlicht, der wie ein Manifest für die Sicherheitskräfte
klang. Unter dem Titel »Russland an der Jahrtausendwende«[58] legte er
zum ersten Mal seine Vision für das Land dar.

Der Artikel deutete an, dass Putin anstrebte, der moderne Erbe An-
dropows zu werden. Er präsentierte ein Programm für eine neue Ära
des Staatskapitalismus, in der Russland die starke Hand des Staates mit
Elementen der Marktwirtschaft verbinden sollte. Das Ziel war es, das
Land durch die Förderung des Wirtschaftswachstums zu modernisieren und effizienter zu machen und die Integration in die Weltwirtschaft voranzutreiben, gleichzeitig aber auch auf Stabilität und einen
starken Staat zu setzen. Das war einerseits eine unmissverständliche
Zurückweisung des dogmatischen Kommunismus, den Putin »einen
Weg in die Sackgasse« nannte, der dem Land einen »ungeheuerlichen
Preis« abverlangt und es dazu verdammt habe, hinter wirtschaftlich
weiter entwickelte Staaten zurückzufallen. Zugleich war es aber auch
eine Abkehr von Jelzins Weg, der Russland zu einer liberalen, dem
Westen nachempfundenen Demokratie hatte formen wollen. Das

Land solle einen dritten Weg einschlagen, der auf den Traditionen eines starken Staates aufbaute. »Es ist nicht in Kürze damit zu rechnen – falls es überhaupt je möglich ist –, dass Russland eine Neuauflage von Ländern wie den USA oder Großbritannien wird, in denen die liberalen Werte historisch tief verwurzelt sind«, schrieb er. »Für die Russen ist ein starker Staat keine Anomalie, die es loszuwerden gilt. Ganz im Gegenteil – sie betrachten ihn als Quelle und Garanten der Ordnung und als Initiator und Triebkraft jedes Wandels.«[59]

Inmitten der Eile und der Vorbereitungen rund um die Neujahrsfeierlichkeiten und den Anbruch des neuen Millenniums fiel der Beitrag kaum jemandem auf. Eine einzige überregionale Zeitung brachte einen Kommentar dazu.[60] Ansonsten ging er völlig unter. Überall in Russland hetzten sich Familien ab, um die letzten Geschenke zu besorgen. Auf den schneebedeckten Marktplätzen wurden Tannen verkauft. In den Straßen staute sich wie üblich der Verkehr. Am Silvesterabend versammelten sich die meisten Familien um den Fernseher, um die traditionelle Neujahrsansprache des russischen Präsidenten zu verfolgen.

Doch das neue Jahrtausend begann um Punkt zwölf Uhr Mitternacht mit einer Riesenüberraschung. Jelzin wirkte etwas unstet und aufgequollen, sprach aber mit großer Würde, als er dem Land verkündete, dass er vorzeitig abtreten und Putin zum kommissarischen Präsidenten ernennen werde. Diese Mitteilung erfolgte mit derselben Selbstsicherheit und Dramatik, die Jelzins turbulente Amtszeit geprägt hatten. Seine Entscheidung war bis zum letzten Augenblick geheim gehalten worden. »Ich habe schon mehr als einmal gehört, wie jemand sagte, dass Jelzin so lange wie möglich an der Macht klebt, dass er niemals loslässt«, erklärte er nun. »Das ist eine Lüge. Russland sollte mit neuen Politikern ins nächste Jahrtausend gehen, mit frischen Gesichtern, anderen Menschen, die intelligent, stark und dynamisch sind, während wir, die wir seit vielen Jahren an der Macht sind, abtreten müssen.«

Aber Jelzin verabschiedete sich auch mit einer außergewöhnlich demütigen Geste, einer Entschuldigung für das fast ein Jahrzehnt während Chaos, das seine Bemühungen, das Sowjetregime zu überwinden, mit sich gebracht hatten, und für sein letztendliches Versagen, dem Land die endgültige Freiheit zu bringen: »Ich möchte Sie um Vergebung bitten – für die Träume, die nicht wahr geworden sind, und für die Dinge, die leicht erschienen, sich aber als so unheimlich schwer erwiesen. Ich bitte Sie um Vergebung dafür, dass ich die Hoffnungen derjenigen enttäuscht habe, die mir glaubten, als ich sagte, wir würden den Sprung von der grauen, totalitären Vergangenheit des Stillstands in eine leuchtende, wohlhabende und zivilisierte Zukunft schaffen. Ich glaubte an diesen Traum. Ich glaubte, dass es uns mit einem Sprung gelingen könnte. Aber so kam es nicht.«[61]

Das war eine treffende Formulierung für das, was hätte sein können – und möglicherweise prophetisch angesichts dessen, was kommen sollte. Jelzin hinterließ ein Land, das von einer Wirtschaftskrise nach der anderen heimgesucht worden war. Aber er übergab es an einen Mann, den eine Gruppe von Sicherheitsbeamten an die Macht gehievt hatte, die der Meinung waren, dass die alles überragende Leistung der Jelzin-Ära – die Einführung grundlegender demokratischer Werte – das Land an den Rand des Zusammenbruchs geführt habe. Als Jelzin Putin zum Präsidenten ernannte, schienen die demokratischen Werte fest verankert zu sein. Es wurden Gouverneure gewählt. Die Medien verrichteten ihre Arbeit größtenteils ohne staatliche Einmischung. Die beiden Kammern des Parlaments boten ein Forum für Kritik an der Regierungspolitik. Aber diejenigen, die Putins Aufstieg unterstützten, glaubten, dass Jelzin es mit den hart erkämpften Freiheiten des Landes zu weit getrieben und unter dem Einfluss des Westens ein gesetzloses Treiben zugelassen habe, das eine korrupte Oligarchie an die Macht gespült und den Staat selbst zum Verkauf angeboten habe. Statt die demokratischen Institutionen zu stärken, um die wahnwitzigen Exzesse der Jelzin-Jahre einzudämmen, wollten sie die Demokratie aushöhlen – um ihre eigene Macht zu festigen.

Wenn Jelzin auch nur die geringste Vorstellung davon hatte, dass Putin unter dem Einfluss dieser Denkweise stand, dass er eine Kehrtwende hin zu einer düsteren Kopie der grauen, totalitären Vergangenheit anstrebte, gab er sich alle Mühe, es nicht zu zeigen. Aber im Grunde reichte er die Macht an den *komitetschik* weiter, den die

Elite des Auslandsgeheimdienstes zum Vorkämpfer erkoren hatten – eben jene Elite, die ursprünglich die Öffnung der Sowjetunion für die Märkte eingeleitet hatte, weil sie erkannt hatte, dass das Land nur durch einen Wandel überlebensfähig war. Für diese Männer bedeutete Putins Aufstieg zu Jelzins Nachfolger, dass die Revolution, die sie initiiert hatten, um den Markt nach Russland zu holen, nun abgeschlossen werden könnte. Jetzt ließen sich die Überbleibsel der KGB-Netzwerke reaktivieren, die sie nach dem Ende der Sowjetunion am Leben gehalten hatten, als sie der Aufforderung Folge leisteten, eine unsichtbare Wirtschaft zu erschaffen. Der finanzielle Kollaps unter Jelzin hatte ihnen in die Karten gespielt, um sich die Führungsrolle zurückzuerobern. Putins Konzept eines stärkeren Staates traf bei einer Bevölkerung, die durch die Exzesse der Jelzin-Jahre tief enttäuscht war, auf viel Zustimmung. Nach einem Jahrzehnt, in dem eine Finanzkrise auf die andere folgte, während eine Handvoll Geschäftsmänner aus dem Umfeld der Macht unvorstellbare Reichtümer anhäufte, waren die Menschen erschöpft. Mit der richtigen Vorgehensweise standen den Vertretern der Sicherheitsbehörden alle Türen offen. »Putins Aufstieg war die logische Folge der Neunzigerjahre«, meinte ein ehemaliger hochrangiger Regierungsbeamter mit engen Verbindungen in die Sicherheitsbehörden.[62]

Sobald Jelzin verkündet hatte, er werde zurücktreten und Putin die Regierungsgeschäfte übergeben, verschwanden Primakow und Luschkow im Hintergrund, um Putin freie Bahn zu lassen. Nach der Niederlage von Vaterland – Ganz Russland bei den Parlamentswahlen kandidierte keiner von beiden für das Präsidentenamt. Stattdessen schoben sie ihre angebliche frühere Rivalität beiseite und stellten sich voll und ganz hinter Putin. Primakow, der ehemalige Chef des russischen Auslandsgeheimdienstes, der eine tragende Rolle bei den sowjetischen Bemühungen um die Perestroika und ein Ende der ideologischen Konfrontation mit dem Westen gespielt hatte, steckte nun zugunsten eines Vertreters der jüngeren KGB-Generation zurück. So machte er den Weg frei für eine Gruppe von Leuten, die sich besser darauf verstanden, den Übergang Russlands zu einem Staatskapitalismus mit weitreichendem Zugriff auf die internationalen Märkte zu vollenden. Putins

Männer waren frei vom Makel einer kommunistischen Vergangenheit, anders als Primakow, dessen Taten und Ansichten trotz seiner Rolle bei Russlands Transformation noch stark von den alten Zeiten geprägt waren. Die neuen Männer gehörten einer deutlich kommerzieller orientierten Generation an, die sich anfänglich gern als progressiv ausgab. Sie waren jünger, und die in die Jahre gekommenen Generäle an der Spitze des russischen Auslandsgeheimdienstes glaubten immer noch, sie kontrollieren zu können. Doch Primakow reichte den Staffelstab an eine Truppe weiter, die deutlich skrupelloser war als sein eigenes Umfeld und auf dem Weg zur Macht vor nichts zurückschrecken sollte.

Obwohl Primakow mit Sicherheit ebenfalls versucht hätte, die Macht des Staates und des KGB wiederherzustellen, hatte er sich in den Neunzigerjahren nicht durch die von Kriminalität verheerten Trümmer der Stadt Sankt Petersburg kämpfen müssen. Er war nicht an der Allianz aus KGB und organisiertem Verbrechen beteiligt gewesen, die rücksichtslos den Hafen und das Ölgeschäft der Stadt in Beschlag nahm, hatte nicht die Gewinne aus der Privatisierung des städtischen Eigentums mit der Tambow-Mafia geteilt und das Geld anschließend gewaschen. Er gehörte nicht der jüngeren KGB-Generation an, deren Erfolge in den Achtzigerjahren darauf beruhten, dass sie Geld und Technologien über die Systeme des Westens schleusten und dabei auf eine Kombination aus KGB-Netzwerken und einer aggressiv-kapitalistischen Vorgehensweise setzten. Primakow war ein eher prinzipientreuer *elder statesman* aus den Zeiten des Kalten Krieges, mit wenig Interesse an der Habgier der Neunzigerjahre. Das unterschied ihn von Putins Männern, die am Schlemmerbüfett der Neunzigerjahre leer ausgegangen waren und nun begierig darauf lauerten, sich eine Scheibe vom Reichtum abzuschneiden.

Die Entscheidung der Jelzin-Familie, Putin zu fördern, um sich vor den Angriffen Primakows und der Staatsanwälte zu retten, sollte Auswirkungen auf ganz Russland und die gesamte Welt haben, über Jahrzehnte hinweg. Wir werden nie wissen, was passiert wäre, wenn Primakow Präsident geworden wäre. Aber es lässt sich mit einiger Sicherheit sagen, dass die Rückkehr des KGB unter ihm niemals so nachhaltig ausgefallen wäre wie unter Putin und er auch auf der internationalen Bühne deutlich weniger skrupellos agiert hätte. Sein kommunistisches Erbe hätte immer eine Angriffsfläche geboten und er hätte wie ein Dinosaurier aus der Vergangenheit gewirkt,[63] während ein Präsident Stepaschin wohl weitaus milder gehandelt und deutlich weniger Freiheiten zurückgenommen hätte als die Regierung Putin.

*

Durch seine Einwilligung, frühzeitig abzutreten, machte Jelzin den Weg für die sofortige Rücknahme einiger demokratischer Errungenschaften seiner Amtszeit frei. Er hatte Putins Wahl zum Präsidenten quasi besiegelt. Als kommissarischer Präsident hatte Putin den ganzen Staatsapparat hinter sich und konnte die Haushaltsmittel mehr oder weniger nach Belieben einsetzen. Am Vorabend der Präsidentschaftswahl, die am 26. März 2000 stattfand, unterschrieb er einen Erlass, der Lehrern, Ärzten und anderen Staatsangestellten eine Gehaltserhöhung um 20 Prozent gewährte.[64] Niemand zweifelte daran, dass er gewinnen würde.

Auf einen echten Wahlkampf konnte er im Grunde verzichten, für das ganze Prozedere hatte er nur Verachtung übrig. »Ich hätte mir in meinen schlimmsten Albträumen nicht vorstellen können, je an einer Wahl teilzunehmen«, erklärte er einigen Journalisten am Wahlabend. »Es scheint mir ein höchst schändliches Geschäft zu sein. (…) Man muss immer mehr versprechen als der Gegner, um Erfolgsaussichten zu haben. Ich will mir gar nicht vorstellen, Versprechungen machen zu müssen, von denen ich im Voraus weiß, dass sie nicht zu halten sind. Zum Glück lief die Präsidentschaftskampagne so ab, dass ich solche Dinge vermeiden konnte. Es blieb mir erspart, weite Teile der Bevölkerung zu täuschen.«[65]

Putin weigerte sich, an TV-Debatten mit den anderen Kandidaten teilzunehmen – dem unerschütterlichen Chef der Kommunisten, Gennadi Sjuganow, und dem glühenden Nationalisten Wladimir Schirinowski von der Liberaldemokratischen Partei, die beide bereits 1996 gegen Jelzin verloren hatten und gegen Putin erst recht keine Chance hatten. Er mied die TV-Spots und Wahlkampfveranstaltungen nach westlichem Vorbild, wie sie Jelzins Kampagne geprägt hatten. »Diese Clips sind Werbung«, sagte er zu Reportern und höhnte: »Ich werde im Rahmen meiner Wahlkampagne nicht versuchen herauszufinden, was wichtiger ist – Snickers oder Tampons.«[66]

Die Wahrheit war: In einer Fernsehdebatte hätte Putin damals wohl keine Chance gehabt. Er hatte keine Erfahrung in der Rolle des Politikers. Doch ihm bot sich ein einfacher Ausweg: Als kommissarischer Präsident war er ständig auf allen Bildschirmen präsent. Die Fernsehsender stellten ihn kriecherisch als resoluten Anführer dar. Sie zeigten, wie er quer durch das Land reiste, um Fabriken zu besuchen, und in einem Suchoi-Kampfjet über Tschetschenien flog. Laut seinem Team waren all diese Aktivitäten Teil der Regierungsarbeit, kein Wahlkampf. Diese Strategie kam bei der Wählerschaft, die von Jelzins Selbstdarstellungsdrang und dem ewigen politischen Drama desillusioniert war, gut an. Das Volk wünschte sich einfach eine starke Führung. Putins Konkurrenten fielen weit zurück und wurden schnell zu Randfiguren einer Wahl, deren Ergebnis eigentlich im Voraus feststand. Zwei Tage vor dem Urnengang traten Putin und Luschkow zusammen auf einer Moskauer Baustelle auf und stellten ihren Burgfrieden zur Schau.[67]

Der Kreml war Putin auf dem Silbertablett überreicht worden. »Es war wie ein Weihnachtsgeschenk. Man wacht eines Morgens auf, und plötzlich ist es da«, meinte Pugatschow. »Es gab keine richtige Wahl, das gesamte System stand bereits.«[68]

Doch inmitten der Hektik, Putin an die Macht zu hieven, ging ein unheilvolles Omen fast völlig unter. Putin begann seine Kampagne mit dem Abschied von dem Mann, der sein Mentor gewesen war und der Jelzin-Familie Anlass zu der Überzeugung gegeben hatte, dass er ein Demokrat mit progressiven Ansichten war. Anatoli Sobtschak, der ehemalige Bürgermeister von Sankt Petersburg, war plötzlich verstorben, gerade als der Wahlkampf offiziell beginnen sollte. Er war kurz vor Putins Ernennung zum Ministerpräsidenten im vorausgegangenen Sommer aus seinem erzwungenen Exil in Paris nach Russland zurückgekehrt. Die Ermittlungen gegen ihn, die dem Verdacht nachgingen, er könnte während seiner Zeit als Bürgermeister bestechlich gewesen sein, waren eingestellt worden, möglicherweise auf Veranlassung

Putins. Und nun, da sich sein ehemaliger Protegé auf direktem Wege an die Spitze des Staates befand, musste er sich auch keine Sorgen machen, dass ihm die Sache noch einmal gefährlich werden könnte. Nach außen hin unterstützte er Putins Kandidatur uneingeschränkt. Doch laut Pugatschow hatte Sobtschak ihn gewarnt, dass er mit der Unterstützung von Putin einen Fehler begehe, und im November 1999 wetterte er – was bei ihm selten vorkam – lautstark gegen den Petersburger FSB und alle anderen Staatskräfte, die an der aggressiven Übernahme der Ostsee-Schifffahrtsgesellschaft beteiligt gewesen waren. Seiner Meinung nach gehörten diejenigen, die hinter deren Insolvenz steckten, ins Gefängnis.[69] Das war das erste Mal, dass er die Behörden der Stadt in der Zeit nach dem Ende der Sowjetunion kritisierte, und es sollte das einzige Mal bleiben.

Am Tag seines Todes, dem 20. Februar 2000, befand er sich in Begleitung einer Figur aus der russischen Schattenwelt, die der undurchsichtigen Schnittmenge zwischen den Sicherheitskräften und dem organisierten Verbrechen entstammte. Es handelte sich um Schabtai Kalmanowitsch, einen KGB-Agenten, der 1988 in Israel wegen Spionage für die Sowjetunion zu fünf Jahren Haft verurteilt worden war und nach seiner Entlassung aus dem Gefängnis enge Kontakte zu den Anführern des mächtigsten Mafiaclans Russlands, der Solnzewskaja, pflegte. Kalmanowitsch hatte mit einem Geschäftsmann zusammengearbeitet, der über den Petersburger Hafen Obst aus Südamerika importierte, und einem ehemaligen städtischen Mitarbeiter zufolge auf diesem Weg auch andere Ware ins Land geschmuggelt. Für Sobtschaks Witwe war Kalmanowitsch ein Freund der Familie.[70] Doch das FBI betrachtete ihn als »einen mächtigen Verbündeten der Solnzewskaja-Organisation (…) einen russischen Emigranten mit Millionenvermögen (…) und Verbindungen zu ehemaligen KGB-Agenten und hochrangigen Regierungsmitgliedern in Russland, Israel und anderen Staaten auf der ganzen Welt.«[71]

Wohin er auch ging, der Petersburger Hafen schien Sobtschak immer noch auf Schritt und Tritt zu verfolgen. In Paris hatte Ilja Traber zu seinen Nachbarn gezählt,[72] einer der Anführer der Tambow-Mafia, der die Kontrolle über den Hafen innegehabt und sich Anfang der

Neunzigerjahre, als er mit Antiquitäten handelte, mit den Sobtschaks angefreundet hatte. Zum Zeitpunkt seines Todes schien jetzt Kalmanowitsch den Hafen wieder zu ihm gebracht zu haben. Sobtschak hatte sich an jenem Tag aufgrund von Brustschmerzen früh auf das Hotelzimmer in Kaliningrad zurückgezogen, das er während einer Vorlesungsreihe an der dortigen Universität bewohnte. Eine halbe Stunde später fand ihn »die Person, die im Zimmer neben ihm untergebracht war«,[73] bewusstlos vor. Die Tür war unverschlossen gewesen. Aus irgendeinem Grund dauerte es dreißig Minuten, bis ein Krankenwagen gerufen wurde, und als der dann weitere zehn Minuten später eintraf, war Sobtschak tot.[74] Es sei Kalmanowitsch gewesen, erzählte Sobtschaks Witwe später, der ihn gefunden habe.[75]

Die örtlichen Behörden leiteten zunächst eine Ermittlung wegen Verdachts auf Vergiftung ein, verkündeten aber kurz darauf, dass Sobtschak eines natürlichen Todes gestorben sei. Er hatte bereits zuvor einen Herzinfarkt erlitten. Doch es gibt Menschen, die sich bis heute fragen, ob er in den Augen von Putins Männern nicht einfach zu viel wusste. Sobtschak hatte einige der schmutzigsten Deals zu Putins Zeiten in Sankt Petersburg miterlebt: das Öl-gegen-Lebensmittel-Programm, die Geldwäsche über die Immobilienfirma SPAG zugunsten der Tambow-Mafia, die Privatisierungen und die Zerschlagung der Ostsee-Schifffahrtsgesellschaft, die zur Übernahme des Hafens und des Ölterminals durch Traber führte. Niemand konnte erklären, warum der Krankenwagen nicht sofort gerufen wurde, als man Sobtschak bewusstlos aufgefunden hatte. »Ich glaube nicht, dass er einfach so gestorben ist«, meinte ein ehemaliger Geschäftspartner Trabers. »Er wusste zu viel über das alles. Natürlich haben sie ihn ausgeschaltet, aber sie sind zu clever, um Spuren zu hinterlassen.«[76]

Putin tröstete Sobtschaks Witwe Ljudmila Narussowa, als ihr im Taurischen Palast in Sankt Petersburg, wo der Leichnam aufgebahrt war, die Tränen über die Wangen liefen. Er äußerte öffentlich Kritik an denen, die Sobtschak wegen der Korruptionsvorwürfe verfolgt hatten, und behauptete, er sei einer Hetzkampagne zum Opfer gefallen.[77] Narussowa, eine elegante Blondine, die später selbst als Senatorin in den Föderationsrat einzog, schien unbedingt glauben zu wollen, Putin sei ihrem Mann gegenüber immer loyal geblieben. Nur einmal, Jahre später, gestattete sie sich, Zweifel an den Umständen seines Todes zu äußern. Das war im November 2012, kurz nachdem ihre Karriere als Abgeordnete abrupt zu Ende gegangen war, weil sie plötzlich von der Liste der Kandidaten gestrichen wurde, die zur Wiederwahl standen. Als Putins Regierung alles daransetzte, sämtliche parlamentarische Freiheiten abzuschaffen, war sie irgendwann zu kritisch geworden und hatte ihre Ansichten zu offen bekundet. Ihre Absetzung und die rigorose Einschränkung der politischen Gestaltungsmacht im Land habe »gewisse Illusionen zerstört«, erklärte sie einer Journalistin.[78] Sie beharrte darauf, Putin als »einen absolut aufrichtigen, anständigen und beflissenen Menschen« zu kennen, sei aber »angewidert« von denen, die ihn umgaben.

Nach dem Tod ihres Mannes hatte sie eigenständig eine Autopsie durchführen lassen. Laut deren Befund sei ihr Mann gestorben, weil sein Herz aufhörte zu schlagen, sagte sie. Aber sie wollte nicht sagen, wie genau es dazu gekommen war – nur dass die Untersuchungen ergeben hätten, dass es kein Herzinfarkt war. »Die Narben auf seinem Herzen waren alt, sie stammten von dem Herzinfarkt 1997. Warum sein Herz stehenblieb, ist eine andere Frage«, sagte sie zu der Journalistin. Sie kenne die Antwort, könne sie aber nicht verraten, weil sie um das Leben ihrer Tochter fürchte: »Ich sehe, wozu diese Leute fähig sind, diese Leute, die kein Wort der Wahrheit hören wollen. Alle Unterlagen dazu befinden sich in einem Safe im Ausland. Selbst wenn mir etwas zustößt, bleiben sie dort.« Als sie gefragt wurde, wen sie mit »diese Leute« meine, sagte sie: »Manche von ihnen sind an der Macht.« Diese Anschuldigung wiederholte sie nie.[79]

*

Nach der Ernennung zum kommissarischen Präsidenten ließ Putin seine Petersburger Vergangenheit langsam hinter sich und fing an, sich an sein neues Leben zu gewöhnen. In der ersten Zeit blieben Jelzin und seine Familie im weitläufigen Präsidentenwohnsitz »Gorki-9« in den Wäldern außerhalb von Moskau wohnen, und Putin, der bisher in der staatseigenen Datscha des Ministerpräsidenten lebte, brauchte eine Präsidentenresidenz. Pugatschow fuhr ihn zu drei Villen, die noch aus Sowjetzeiten im Staatsbesitz waren und gerade frei waren.[80] Eine stand zu nah an der Straße, die zweite passte überhaupt nicht. Aber die dritte, ein geräumiges Anwesen, errichtet im 19. Jahrhundert, vor der Revolution, war genau das Richtige.

Für Pugatschow hatte der Bau namens Nowo-Ogarjowo eine historische und spirituelle Bedeutung. Um die Jahrhundertwende hatten dort Großfürst Sergej Alexandrowitsch, ein Sohn von Zar Alexander II., und seine Frau Jelisaweta Fjodorowna gelebt. In den Wirren der vorrevolutionären Jahre hatte die Bombe eines Terroristen den erzkonservativen Großfürsten, der Generalgouverneur von Moskau war, das Leben gekostet. Seine Frau hatte die Überreste seines Körpers schweigend von der Straße aufgesammelt und den Rest ihres Lebens den Bedürftigen gewidmet, später auch als Nonne. Nach der Machtübernahme durch die Bolschewiki wurde sie ermordet, indem man sie in einen Minenschacht stieß, und 1981 sprach die russische-orthodoxe Kirche sie heilig.

In den Augen des gläubigen Orthodoxen Pugatschow war Nowo-Ogarjowo eine Art Reliquie der Zarenzeit. Auf Putin hingegen übte das im Stil einer neugotischen schottischen Burg erbaute Anwesen mit seiner riesigen Rasenfläche, die sich bis zur Moskwa erstreckte, eine andere Anziehungskraft aus: Es gab dort ein Fünfzig-Meter-Schwimmbecken. Als er das sah, sagte Pugatschow, »wurden seine Augen groß und rund. Ich verstand, dass er im Leben nichts anderes mehr brauchen würde. Damit schienen alle seine Träume erfüllt zu sein.«

Pugatschow, der anscheinend immer noch glaubte, Putin kontrollieren zu können, meinte, ihn durch die Vorzüge des Präsidentenlebens beeindrucken zu können: »Vor dem Ende der Sowjetunion hatte er die meiste Zeit in staatlichen Mietwohnungen verbracht. Er war vierzig, als er die Stelle im Rathaus antrat.« Putin war in einer engen Wohnung in Sankt Petersburg aufgewachsen, und bevor ihn der KGB nach Dresden geschickt hatte, hatten er und seine Frau Ljudmila weiterhin in einer solchen Wohnung gelebt. »Dort erklärte man Ljuda, dass sie die Küche nur zwischen drei und fünf Uhr nachmittags benutzen dürfe«, sagte Pugatschow. »Können Sie sich vorstellen, wie es ist, von einem solchen Leben in dieses zu wechseln?«[81]

Nowo-Ogarjowo war zu Sowjetzeiten zu einem Gästehaus für ausländische Regierungsdelegationen umgebaut worden. Dabei entstand ein zweites Haus, eine Kopie des ersten, in unmittelbarer Nähe gegenüber der Orangerie. Dort fanden die Empfänge des Zentralkomitees statt. An diesem Ort hatten sich die Regierungschefs der Sowjetrepubliken getroffen, um Gorbatschows historischen neuen Unionsvertrag auszuarbeiten, die schicksalsträchtige Reform der Beziehungen zwischen den sowjetischen Republiken, die 1991 einer der Auslöser für den Augustputsch gewesen war. Pugatschow erkannte, dass bis auf kleinere Renovierungsarbeiten nur ein hoher Zaun gebaut werden musste, bevor die Putins einziehen konnten.

Pugatschow glaubte damals wohl immer noch, dass Putin das Amt nur widerwillig übernommen habe. Putin bezeichnete sich selbst häufig als »angestellten Geschäftsführer« und schien davon überzeugt zu sein, dass er nur wenige Jahre an der Macht bleiben werde. Er hatte sich seit dem Beginn seiner Karriere in Sankt Petersburg, seit dem ersten Interview mit Igor Schadchan, immer als »Diener des Staates« präsentiert.

Als sich das Ergebnis der Präsidentschaftswahl am Abend des 26. März 2000 schließlich abzeichnete, wirkte Putin nach außen hin immer noch ganz benommen von seinem plötzlichen Aufstieg. Selbst als die Anzahl der Stimmen für ihn die 50 Prozent überstieg, die für einen Sieg im ersten Wahlgang nötig waren, schien ihn die bevorstehende Aufgabe eher einzuschüchtern. »Jeder hat das Recht zu träumen«, verkündete er in einem Konferenzraum in seiner Wahlkampfzentrale, in dem sich die Journalisten dicht an dicht drängten. »Aber niemand sollte auf Wunder hoffen. Die Erwartungshaltung ist wirklich sehr hoch. (…) Die Menschen sind müde, das Leben ist hart und sie warten darauf, dass es sich zum Besseren wendet. (…) Aber ich habe nicht das Recht zu sagen: Von nun an werden Wunder geschehen.«[82]

Doch hinter den Kulissen, in Jelzins Datscha außerhalb von Moskau, feierte Tatjana bereits den Sieg. Aufnahmen für einen Dokumentarfilm von Witali Manski zeigen, dass die Familie Jelzin rund um einen prächtigen Esstisch aus Eichenholz versammelt war.[83] Als Putin die

50-Prozent-Marke erreicht, ist der Jubel groß. Der Champagner fließt, und Tatjana hüpft vor Freude fast auf und ab. »Zeit für den Champagner – kleine Schlucke«, strahlt sie. »Wir haben gewonnen!« Doch Jelzin selbst scheint der Machtverlust – und der mögliche Verlust seines Erbes – zuzusetzen. Mit aufgequollenem Gesicht und von Krankheit gezeichnet, scheint es ihm schwerzufallen, dem Geschehen zu folgen. »Warum so traurig, Papa?«, fragt Tatjana ihn zwischenzeitlich. »Papa, bist du glücklich? Du hast alles getan. Du hast ihn dir angeschaut und erkannt, dass er der Richtige ist.«

Aber als Jelzin seinen Nachfolger an jenem Abend anrief, um ihm zu gratulieren, erlebte er die ultimative Zurückweisung. Der Mann, dem er ins Präsidentenamt verholfen hatte, war zu beschäftigt, um seinen Anruf entgegenzunehmen. Jelzin war zum Niemand geworden, ein alter Mann, dem das Sprechen schwerfiel und der mit dem Telefon herumhantierte. Tatjana hingegen war spürbar erleichtert. Später am Abend strahlte sie und schmiegte sich in Putins Wahlkampfzentrale, wo die Relikte der Jelzin-Ära – Woloschin, Pawlowski und Tschubais – mit einigen von Putins Petersburger Sicherheitsleuten feierten, an Jumaschew. Gemeinsam hatten sie alle den Sieg errungen.

Die »Familie« war immer noch überzeugt, dass Putin für ihre Sicherheit sorgen und ihr Vermögen vor Angriffen schützen würde. Als Jelzin eingewilligt hatte, vorzeitig das Feld zu räumen, hatte man laut einem engen Verbündeten Putins und einem ehemaligen hochrangigen Regierungsbeamten diskret einen Pakt mit seinem Nachfolger geschlossen.[84] Eine von Putins ersten Amtshandlungen als kommissarischer Präsident hatte darin bestanden, Jelzin per Dekret Straffreiheit zu gewähren. Doch darüber hinaus war im Hintergrund ein weitergehendes Abkommen geschlossen worden. »Die Verhandlungen rund um Putins Aufstieg und Jelzins Abschied drehten sich um Besitztümer«, sagte Andrej Wawilow, damals erster stellvertretender Finanzminister. »Es ging um Besitztümer, nicht um die Strukturen der Gesellschaft. (…) Später haben das alle vergessen. Alle glaubten, dass die Demokratie einfach da war. Jeder hatte nur seine eigenen Interessen im Kopf.«

Das Abkommen bestand darin, der Jelzin-Familie Immunität zu gewähren und die Finanzimperien ihrer Anhänger zu erhalten, vor allem die riesigen Unternehmen von Beresowskis Kollegen Roman Abramowitsch, den die Medien damals schon lange als der Jelzin-Familie nahestehend bezeichneten. Zu den betroffenen Firmen gehörten der Ölriese Sibneft und der Aluminiumgigant Rusal, der kurz vor Putins Amtsübernahme entstanden war und die Genehmigung erhalten hatte, sich mehr als sechzig Prozent der russischen Aluminiumindustrie einzuverleiben – ein starkes Symbol der fortwährenden Macht der Familie.[85] Die Übereinkunft habe den entsprechenden Personen auch das Recht eingeräumt, während Putins erster Amtszeit weiterhin die Wirtschaft zu kontrollieren, berichtete der enge Verbündete Putins.[86]

Jumaschew bestreitet allerdings, dass es eine solche Absprache je gegeben habe. Das Dekret, mit dem Putin Jelzin Straffreiheit gewährte, habe die Familie nicht erwähnt, sagte er, sie habe keine Firmen besessen, die erhalten werden mussten. Was die Zusammensetzung der Regierung anging, »stand es Putin völlig frei, auszuwählen, wen er wollte. Er hätte alle entlassen können.« Der einzige Grund für Putins Aufstieg an die Spitze war seiner Aussage nach, dass Jelzin an Putins demokratische Grundüberzeugung geglaubt habe.[87]

In diesem Zusammenhang berichtet Pugatschow von einem seltsamen Moment. Er behauptet, mit Jumaschew und Tatjana abgesprochen zu haben, dass sie das Land verlassen und Putin nach Belieben schalten und walten lassen würden. Das Einzige, was ihnen noch fehlte, war eine Immunitätsgarantie, glaubte er. Aber dann habe sich Putin, als sie sich kurz nach der Wahl in seiner Datscha trafen, um die offizielle Machtübergabe zu feiern, in letzter Minute umentschieden und darauf bestanden, dass die Jelzin-Familie und ihre Vertreter in der Regierung blieben. »Ich verstand es nicht. Er hatte die ganze Zeit über betont, wie wichtig ein klarer Schnitt sei. Aber dann hieß es plötzlich: ›Wir sollten das alle zusammen angehen. Wir sind ein Team.‹«[88]

Trotz der augenscheinlichen Kehrtwende erkannte Pugatschow, dass ein Umschwung im Gange war. Putins Leute, die KGB-Männer, erlangten immer mehr Macht, und er gab sich Mühe, sich bei ihnen einzuschmeicheln. »Es war eindeutig, dass die Männer aus der Truppe – die Sicherheitsdienstler und Spione, die als *silowiki* bekannt waren – auf dem Weg nach oben waren«, sagte er.[89]

Viele, unter ihnen Chodorkowskis Geschäftspartner Leonid Newslin, sind angesichts dessen, was dann folgte, bis heute irritiert darüber, dass die Jelzin-Familie einen solchen Pakt mit jemandem wie Putin einging: »Sie hatten doch Zugriff auf alle Informationsquellen – wie konnten sie ihn dann in den Kreml holen? Er gehörte schon in Sankt Petersburg zur Mafia. Wie konnten sie ihn zum Nachfolger machen?«[90]

# TEIL ZWEI

# 6

# »DER INNERE ZIRKEL SETZTE SICH DURCH«

Als Wladimir Putin allein durch die hohen Säle des Großen Kremlpalastes schritt, ließ ihn die Erhabenheit der Amtseinführungszeremonie klein wirken. Seine Miene war feierlich, sein Blick gesenkt, und auf seinem Gesicht lag der Anflug eines Lächelns – ein Mann mit einem etwas schiefen Gang in einem dunklen Anzug, der sich kaum von der Alltagskleidung eines Büroangestellten unterschied. Putin war dazu ausgebildet, möglichst farblos und unauffällig zu sein und mit der Umgebung zu verschmelzen. Doch an diesem Tag kündigten Trompeter in weiß-goldenen Paradeuniformen sein Erscheinen an, während die Staatsbeamten, die sich in den golden schimmernden Palasträumen drängten, jeden seiner Schritte über den scheinbar endlosen roten Teppich zum glitzernden Andreassaal mit Applaus begleiteten.

Am 7. Mai 2000 war der *kandidat resident* im Kreml angekommen. Der ehemalige KGB-Agent, der nur acht Monate zuvor einer von vielen gesichtslosen Bürokraten gewesen war, übernahm nun das Amt des russischen Präsidenten. Das viele Gold, das die Wände und die Kronleuchter schmückte, kündete sowohl vom Plan der KGB-Männer, für eine Wiederauferstehung des Russischen Reiches zu sorgen, als auch von den korrupten Mabetex-Verträgen, die den Kreml in einem Glanz erstrahlen ließen, der den zu vorrevolutionären Zeiten weit übertraf – und die Putin an die Macht verholfen hatten.

Noch nie zuvor hatte eine Amtseinführung im Kreml inmitten von so viel Prunk stattgefunden – es handelte sich um die erste Staatszeremonie in den frisch renovierten Palastsälen –, und auch eine friedliche Machtübergabe von einem Präsidenten an den nächsten hatte es in der Geschichte des Landes noch nie gegeben. Für Boris Jelzin muss es bitter gewesen sein, inmitten der Pracht und des Goldes zu stehen, die ihn zu Fall gebracht hatten. Doch er hielt steif und tapfer durch, als er, mit seinen Emotionen ringend, die hart erkämpfte Freiheit des Landes pries: »Wir können stolz darauf sein, dass die Machtübergabe friedlich abläuft, ohne Revolution oder Putsch, respektvoll und aus freien Stücken«, sagte er. »Das ist nur in einem freien Land möglich, einem Land, das nicht nur aufgehört hat, andere zu fürchten, sondern auch sich selbst. (…) Das ist nur in einem neuen Russland möglich, in dem die Menschen gelernt haben, frei zu denken und zu leben. Die Geschichte des neuen Russlands ist die eines Neuanfangs. (…) Es gab viele Herausforderungen, viele Schwierigkeiten. Aber jetzt haben wir etwas, worauf wir alle stolz sein können. Russland hat sich verändert. Es hat sich verändert, weil wir uns dafür eingesetzt haben (…) und unsere größte Errungenschaft, die Freiheit, mit aller Kraft verteidigt haben. (…) Wir haben nicht zugelassen, dass das Land der Diktatur anheimfiel.«[1]

Jelzins Abschiedsworte klangen fast wie eine Warnung. Aber der Mann, der an jenem Tag seine Nachfolge antrat, war entschlossen und fokussiert, und als er zu seiner Rede ansetzte, sprach er von einer Rückkehr zu einem Russland, in dem die gesamte Geschichte des Landes – so brutal sie in Teilen auch verlaufen sein mochte – gewürdigt und in Ehren gehalten würde. Trotz eines Lippenbekenntnisses zu den demokratischen Erfolgen unterschieden sich seine Ansprache und die von Jelzin im Kern wie Tag und Nacht. »Die Mauern des Kreml sind seit Jahrhunderten von der Geschichte unseres Landes durchdrungen. Es steht uns nicht zu, ›Iwans ohne Erinnerung an ihre Geburt‹ zu sein. Wir sollten nichts vergessen. Wir sollten unsere Geschichte kennen, daraus lernen und immer im Gedächtnis behalten, wer den russischen Staat gegründet und seine Werte verteidigt hat, wer ihn groß und mächtig gemacht hat. Dieses Andenken und dieses Wissen werden wir über alle Zeit hinweg bewahren … und die besten Errungenschaften an unsere Nachkommen weitergeben. Wir glauben an unsere Stärke, daran, dass wir unser Land wirklich erneuern können. (…) Ich kann Ihnen versichern, dass mein Handeln ausschließlich von den Interessen des Staates geleitet sein wird. (…) Ich betrachte es als meine heilige Pflicht, die Russen und Russinnen zu vereinen, sie um klare Ziele und Aufgaben zu versammeln und jeden Tag und jede Minute daran zu denken, dass wir ein Vaterland haben, ein Volk sind und einer gemeinsamen Zukunft entgegenstreben.«[2]

Ganz vorn unter den Menschen, die ihm an diesem Tag Beifall klatschten, saßen die Vertreter der Jelzin-Familie, die ihn an die Macht gebracht hatten. Einer von ihnen war Alexander Woloschin, der geschickte ehemalige Wirtschaftswissenschaftler, der Jelzin als Leiter der Präsidialverwaltung gedient hatte. Neben ihm saß Michail Kasjanow, ein Mann mit rauer Stimme und breiter Brust, der ebenfalls unter Jelzin Karriere gemacht hatte und als Finanzminister für die Rückzahlung der strategischen Auslandsschulden des Landes zuständig gewesen war. Als Jelzin zum Jahreswechsel die Zügel an Putin übergeben hatte, hatte Kasjanow als kommissarischer Ministerpräsident übernommen. Gemäß des Kontinuitätspakts, den Putin mit der Jelzin-Familie geschlossen hatte, bestand seine erste Amtshandlung als Präsident darin, Kasjanow erneut zum Ministerpräsidenten zu ernennen, und auch Woloschin führte sein Amt in der Präsidialverwaltung ab Mai fort.

Doch gleichzeitig verbargen sich in der Menge aus Staatsangestellten, die sich im goldglänzenden Andreassaal drängten, auch die KGB-Männer, die Putin aus Sankt Petersburg mitgebracht hatte. In jenen Tagen war nur wenig von ihnen zu sehen und zu hören, aber es handelte sich um die *silowiki*, die zunächst in Zusammenarbeit mit Jelzins Leuten und dann allein ihre Muskeln spielen lassen und ihre Anwesenheit unmissverständlich klar machen sollten. Nur wenige Tage nach der Amtseinführung sendeten sie ein erstes deutliches Signal aus, dass das Jahrzehnt der Freiheit, auf das Jelzin so stolz war, zu Ende ging.

Unter ihnen waren dem KGB nahestehende Geschäftsmänner wie Juri Kowaltschuk, der ehemalige Physiker und mittlerweile größte Anteilseigner der Bank Rossija, der Petersburger Bank, die die Kommunistische Partei kurz vor dem Untergang der Sowjetunion gegründet hatte. Dann war da Gennadi Timtschenko, der mutmaßliche einstige KGB-Agent, der eng mit Putin zusammengearbeitet hatte, als es darum ging, die Kontrolle über die Ölexporte der Stadt zu erlangen. Diese Männer waren durch den brutalen Kampf ums Geld, der in der Petersburger Wirtschaft herrschte, abgehärtet worden und gierten jetzt nach den Reichtümern, die Moskau zu bieten hatte. Außerdem in der gesichtslosen Masse verstreut war ein Netzwerk aus kaum bekannten Verbündeten, mit denen zusammen Putin im Leningrader KGB tätig gewesen war und die er nach seiner Ernennung zum FSB-Chef im Juli 1998 als Stellvertreter um sich geschart hatte. Kaum jemand hatte ihnen viel Beachtung geschenkt.

Zu diesen Männern zählte Nikolai Patruschew, der raubeinige und erfahrene Agent, der laut einem ehemaligen Kreml-Mitarbeiter vor Wut geschäumt hatte, als seine Beteiligung am versuchten Sprengstoffattentat auf das Wohnhaus in Rjasan aufzufliegen drohte. Patruschew war Putin ins Amt des FSB-Chefs nachgefolgt, als Letzterer Ministerpräsident wurde, und sollte diesen Posten die zwei ersten Amtszeiten Putins über behalten. Er hatte bereits seit 1994, lange vor Putins Aufstieg, hohe Posten beim Moskauer FSB bekleidet. Ende der Siebzigerjahre war der ein Jahr Ältere mit Putin zusammen in der Spionageabwehr des Leningrader KGB tätig gewesen. Als Putin zu Sobtschaks Stellvertreter ernannt wurde, übernahm Patruschew die Schmuggelabteilung des neu geschaffenen Petersburger FSB, gerade zu der Zeit, in der das Bündnis rund um Putins ehemalige KGB-Kollegen die Hauptschmuggelroute der Stadt übernahm – die Ostsee-Schifffahrtsgesellschaft und den strategisch wichtigen Hafen.

Kurz darauf wurde Patruschew nach Moskau versetzt, wo er schnell in die Führungsebene des FSB aufstieg. Der trinkfeste Ex-KGBler verband starke kapitalistische Neigungen, wenn es um das Ansammeln von Reichtum ging, mit einer umfassenden, expansiven Vision für den Wiederaufbau des Russischen Reiches. »Er ist ziemlich einfach gestrickt, ein Sowjet der alten Schule. Er will die Sowjetunion, aber mit Kapitalismus. Er betrachtet den Kapitalismus als Waffe«, um Russlands Macht in der Welt wiederherzustellen, sagte eine Person aus seinem Umfeld.[3] Ein enger Verbündeter Putins sah das genauso: »Er hatte stets klare, unabhängige Ansichten.«[4] Patruschew war immer schon ein Visionär gewesen, ein Ideologe, der das Russische Reich zurückwollte.

»Er ist eine echte Persönlichkeit und derjenige, der wirklich an den Wiederaufbau des Reiches glaubt. Von ihm hat Wladimir Wladimirowitsch die ganzen Ideen«, meinte die Person aus seinem Umfeld.[5] Er galt als Experte für die Grundlagentexte der geopolitischen Ambitionen Russlands,[6] und zugleich war er rücksichtslos und unerbittlich und schreckte vor nichts zurück, um sich durchzusetzen. Er brachte keinen Satz heraus, ohne zu fluchen, und wer nicht zurückfluchte, den respektierte er nicht. »Er kennt es nicht anders«, meinte die ihm nahestehende Person. »Er kann sich nicht anders ausdrücken oder verhalten. Wenn er zu einer Besprechung dazustößt, sagt er: ›Also, ihr Hurensöhne, was habt ihr jetzt schon wieder verkackt?‹« Der Verbündete Putins gab nur zu verstehen, dass Patruschew immer schon ein harter Hund gewesen sei, während Putin anfangs noch liberaler auftrat. Die Person aus dem Umfeld von Patruschew erklärte, dass dieser sich stets für klüger und gerissener gehalten habe als Putin: »Er betrachtete Putin nie als seinen Chef.« Patruschew trug eine Fehde gegen die Rebellen in der abtrünnigen Republik Tschetschenien aus – er verabscheute die »Tschetschis« und alle, die mit ihnen kooperierten, aus tiefstem Herzen.

Ein weiterer der unauffälligen *silowiki*, die Putins Amtseinführung im Andreassaal beklatschten, war Sergej Iwanow, ein ehemaliger hochrangiger Auslandsagent des KGB. Sein elegantes Auftreten und sein fließendes Englisch täuschten über seine scharfe Zunge und sein bisweilen hinterlistiges Verhalten hinweg. Auch er hatte beim Leningrader KGB eng mit Putin zusammengearbeitet. Die beiden hatten zwei Jahre lang im gleichen schäbigen Raum im *bolschoi dom* gesessen, dem Hauptquartier des Geheimdienstes, das wie ein gewaltiger Granitblock am Liteini-Prospekt aufragte, bis Iwanow befördert und ins Ausland versetzt wurde – lange bevor Putin den Sprung ins Rotbanner-Institut schaffte. Iwanow war in Finnland und möglicherweise auch in Großbritannien tätig gewesen, bevor man ihn eilig in die Botschaft in Kenia versetzte, weil ihn ein Spion, der zu den Briten überlief, enttarnt hatte.[7] In den Neunzigerjahren war er als Primakows Stellvertreter an der Spitze des Auslandsgeheimdienstes SWR für Europa zuständig gewesen und zum jüngsten General seit dem Zusammenbruch der Sowjetunion ernannt worden. Als Putin FSB-Chef wurde, berief er Iwanow neben Patruschew zu einem seiner Stellvertreter, und nach seinem Aufstieg zum Ministerpräsidenten wurde Iwanow Sekretär des Russischen Sicherheitsrates – ein Posten, der sich zur zweitmächtigsten Position im Kreml entwickelte. Unter der Regierung Putin sollte sein Einfluss weiter wachsen.

Darüber hinaus verbarg sich in der grauen Masse aus Anzugträgern auch Wiktor Iwanow, ein schnauzbärtiger KGB-Agent der alten Schule, der die Welt weiterhin durch die Brille des Kalten Krieges betrachtete. Er war zwei Jahre älter als Putin und für die Partei tätig gewesen, bevor ihn der Leningrader Geheimdienst rekrutierte, kurz nachdem auch Putin dort angefangen hatte. Iwanow arbeitete sich zwei Jahrzehnte lang hoch, über die Personalverwaltung des KGB bis an die Spitze der Schmuggelabteilung des Petersburger FSB. Dort löste er Patruschew ab, als Ilja Trabers Leute den Hafen unter ihre Kontrolle brachten. Laut einem früheren Kollegen aus dieser Abteilung war Iwanow dafür bekannt, keinen Finger zu rühren, um Schmugglern das Handwerk zu legen: »Seine Lieblingsausdrücke waren ›später‹ und ›nicht jetzt‹.«[8] Ein Geheimdienstbericht eines ehemaligen ranghohen KGB-Mitarbeiters deutete an, dass Iwanow sehr gute Gründe für seine Untätigkeit gehabt haben könnte: Er habe die Tambow-Mafia – zu der auch Traber gehörte – darin unterstützt, die Herrschaft über den Hafen zu übernehmen, über den Drogen aus Kolumbien nach Westeuropa geschmuggelt wurden.[9] In diesem Bericht, der später im Rahmen eines Gerichtsprozesses in London an die Öffentlichkeit gelangte und dessen Aussagen Iwanow entschieden widersprach, wurde auch behauptet, dass Putin während Iwanows Zeit in Sankt Petersburg immer eine schützende Hand über ihn gehalten habe.

Als Putin FSB-Chef wurde, machte er Iwanow sofort zu seinem Stellvertreter, bevor er ihn später als Präsident zum stellvertretenden Leiter seiner Präsidialverwaltung ernannte. Seine Aufgabe bestand darin, alles und jeden im Blick zu behalten, und laut einer Person aus seinem Umfeld hatte Iwanow »ein phänomenales Gedächtnis« und registrierte die Eigenheiten eines jeden Menschen.[10] Juri Schwez formulierte es in seinem Bericht deutlich weniger wohlwollend. Der Auftrag der Personalverwaltung habe darin bestanden, belastendes Material über Kollegen zu sammeln und es dazu einzusetzen, ihre Karrieren zu zerstören: »Wo immer Iwanow tätig war, setzte er die Leute bewusst aufeinander an, was für eine unangenehme Atmosphäre sorgte, in der er dominieren konnte, indem er die von ihm erschaffenen Konflikte löste. Er ist ein Meister darin, das Zusammenspiel der Kräfte um ihn herum zu durchschauen.«[11]

Doch der Mann, der dem neuen Präsidenten wohl am nächsten stand, war Igor Setschin. Er war acht Jahre jünger als Putin und seit dessen Ernennung zum stellvertretenden Bürgermeister im Grunde sein Schatten. Er hatte ihm als Sekretär gedient und wie ein Wachposten hinter einem Pult im Vorzimmer zu Putins Büro im Smolny-Institut gestanden – ein strenger Kontrolleur, der alle Besucher prüfte. Er bestimmte darüber, wer Zugang zu Putin bekam und welche Unterlagen ihm vorgelegt wurden. Jeder, der Putins Unterschrift brauchte, um eine Firma zu gründen, musste an Setschin vorbei. Als ein Petersburger Geschäftsmann Putins Einwilligung in ein Gemeinschaftsunternehmen mit einem niederländischen Öl- und Kohlehändler benötigte, verschafften ihm seine Freunde einen Termin bei ihm. Nach dem Gespräch verwies Putin den Mann an seinen Sekretär Igor Setschin: »Der wird Ihnen sagen, welche Dokumente Sie vorlegen müssen, damit ich unterschreibe.« »Daraufhin verließ ich das Büro und ging zu Setschin, ohne darüber nachzudenken, wer er war«, erinnerte sich dieser Geschäftsmann, Andrej Kortschagin. »Ich wunderte mich nur, dass es ein Sekretär war, keine Sekretärin, wie sonst üblich. Wir hatten für diese kleinen Angestellten damals nicht viel übrig. Nun ging es also darum, welche Unterlagen ich brauchte, und plötzlich schrieb Setschin etwas auf ein Stück Papier. Er sagte: ›Und das hier müssten Sie auch mitbringen‹ und zeigte mir den Zettel, auf dem ›10 000 Dollar‹ stand. Ich wurde wütend und rief: ›Was? Haben Sie den Verstand verloren?‹ Aber er antwortete nur: ›So läuft das hier.‹ Ich sagte ihm, wo er sich den Zettel hinstecken könne, aber damit hatte sich die Sache erledigt: Das Unternehmen wurde nie gegründet. Die Zeiten waren damals ganz anders. Ich hatte keine Ahnung, wer Setschin war. So kamen sie an ihre Schmiergelder.«[12]

Setschin habe immer als letzte Hürde vor seinem Chef gestanden und Zusammenkünfte für diejenigen organisiert, die etwas von ihm wollten, sagte ein ehemaliger enger Verbündeter Putins. Selbst wenn ein Treffen bereits im Kalender stand, habe Setschin verlangt, dass es über ihn vereinbart werden müsse: »So behielt er die Kontrolle über die Beziehung. Und wenn sich herausstellte, dass jemand Setschins Anordnungen nicht befolgte, hatte diese Person einen neuen Feind und war zum Abschuss freigegeben.«[13]

Setschin sei lange für den KGB tätig gewesen, sagten zwei Leute aus seinem engeren Umfeld, nicht für den Militärgeheimdienst, wie es häufig heißt.[14] Er sei Ende der Siebzigerjahre angeworben worden, als er an der staatlichen Universität in Leningrad Sprachen studierte und man ihn bat, Dossiers über seine Kommilitonen anzufertigen, wie eine ihm nahestehende Person erzählte. Setschins Eltern hatten sich getrennt, als er noch klein war, und er war ein strebsamer Student, angetrieben vom unerbittlichen Ehrgeiz, etwas erreichen und der Armut seiner Kindheit in einem heruntergekommenen Vorort von Leningrad entkommen zu wollen. »Er litt an Minderwertigkeitskomplexen«, sagte ein ehemaliger Kreml-Beamter, der Setschin gut kannte. »Er stammte aus einem sehr armen Teil Leningrads, doch an seinem Teil der Uni, an der Fakultät für Sprachen, tummelten sich lauter Diplomatenkinder.«[15]

Setschin hatte immer verdeckt für den KGB gearbeitet, und seine Tätigkeit dort tauchte nie in seinem offiziellen Lebenslauf auf. Stattdessen gab er stets an, Dolmetscher und Übersetzer gewesen zu sein, zunächst in Mosambik, wo seine Portugiesischkenntnisse gefragt waren, weil dort ein Bürgerkrieg tobte und sowjetische Soldaten die örtliche Armee ausbildeten und ausrüsteten. Danach hatte man ihn – offiziell wieder aufgrund seiner Sprachkenntnisse – nach Angola geschickt, wo das sowjetische Militär, das in Afrika weiter Stellvertreterkriege gegen den Westen ausfechten ließ, Rebellen in einem weiteren Bürgerkrieg beriet und mit Waffen versorgte. Als Setschin nach Russland heimkehrte, trat er eine Stelle an der Universität in Leningrad an, wo er Putin kennenlernte und mit ihm zusammen sämtliche Auslandskontakte kontrollierte, bevor die beiden später im Stadtrat die Beziehungen zu den ausländischen Partnerstädten überwachten. Insgeheim war Setschin dabei die ganze Zeit über weiter für den KGB tätig. Von da an war er Putin nicht mehr von der Seite gewichen und stets als dessen allgegenwärtiger Untergebener aufgetreten, der auf Reisen seine Taschen trug und ihm auf Schritt und Tritt folgte. Er war Putins Stellvertreter in der Liegenschaftsverwaltung des Kreml gewesen und hatte mit ihm zusammen im kleinen Büro im ehemaligen Hauptsitz des Zentralkomitees gesessen. Mit Putins Aufstieg hatte auch er immer höhere Positionen im Staatsapparat erlangt. Als Putin dann Präsident wurde, machte er Setschin zum stellvertretenden Leiter seiner Präsidialverwaltung. Doch hinter dessen unterwürfigem Verhalten verbargen sich ein schonungsloser Kontrollzwang und eine unerschöpfliche Neigung zu Intrigen. Außerdem – sagten zwei Personen aus seinem Umfeld – hasse und verabscheue er seinen Meister.

Während Setschin sich darum bemühte, Putin still und unbemerkt Ideen einzupflanzen, betrachtete dieser ihn als eine Art Schatten, als bloßen Diener seiner Regierung. »Für ihn war Setschin immer nur der Kerl, der seine Taschen trug«, sagte der ehemalige Kreml-Beamte, der beide Männer gut kannte.[16] Putin war immer peinlich genau darauf bedacht, dass er gemäß seinem Rang und seiner Position behandelt wurde. Zu Beginn der Kreml-Laufbahn beider Männer Mitte der Neunzigerjahre hatte Pawel Borodin, der Chef der Liegenschaftsverwaltung, ihnen Wohnungen im Zentrum von Moskau gestellt, doch als Putin feststellte, dass die von Setschin größer war als seine, reagierte er ziemlich heftig. Setschin hatte Putin kurz nach dem Einzug zu sich eingeladen und ihn herumgeführt, um ihm den Ausblick über Moskau zu zeigen. Putin fragte, wie groß die Wohnung sei, und Setschin hatte nach einem Blick in die Unterlagen geantwortet: 317 Quadratmeter. Putin zuckte zusammen. »Ich habe nur 286«, sagte er. Er beglückwünschte Setschin, verschwand dann aber sofort, als habe dieser ihm etwas gestohlen oder ihn hintergangen.

»Putin hat ein Problem mit Neid«, meinte der Beamte, der von dem Zwischenfall berichtete.[17] »Man muss ihn gut kennen, um zu wissen, was das bedeutet. Igor erzählte mir, ihm sei in jenem Augenblick sofort klar gewesen, dass alles auf der Kippe stand, dass Putin ihn, als er ihn beglückwünschte, eigentlich lieber erschossen hätte, und zwar mit einem gezielten Kopfschuss. Er sagte, danach hätte er wochenlang nicht mit ihm reden können. Es war so eine kleine, banale Sache. (...) Aber Putin hat eben Komplexe. Wenn man ihn trifft, ist es immer besser, ihm zu erzählen, wie schlecht alles gerade läuft. Igor lernte das sehr schnell.«[18]

Das war ein aufschlussreicher Hinweis auf Putins Denkweise und lieferte einen Vorgeschmack darauf, wie schnell er in den folgenden Jahren beleidigt reagieren sollte, wenn er sich herabgesetzt fühlte. Ganz ähnlich wie Setschin hatte auch er sich aus armen Verhältnissen hochgearbeitet, aus den Gassen von Leningrad, wo er sich den Respekt hart erkämpfen musste. Diese Wunde schloss sich nie, der Minderwertigkeitskomplex blieb bestehen.

Der letzte aus dem Netzwerk ehemaliger Leningrader KGB-Männer, die Putin mit in den Kreml brachte, war Wiktor Tscherkessow, der den dortigen FSB geleitet hatte, seit Putin zum stellvertretenden Bürgermeister ernannt worden war. Er war zwei Jahre älter als Putin und hatte fast acht Jahre lang Spitzenpositionen im Leningrader KGB bekleidet, wo er Putins Vorgesetzter gewesen war, bevor dieser zur Ausbildung nach Moskau geschickt wurde. In den letzten Jahren der Sowjetunion hatte Tscherkessow einer der gefürchtetsten Abteilungen des KGB vorgestanden, die die Aktivitäten der Dissidenten überwachte. Doch nach dem Zusammenbruch hatte er sich direkt dem neuen Schattenkapitalismus zugewandt, der nun in Sankt Petersburg herrschte, und als Vermittler zwischen dem Bürgermeisterbüro, dem Geheimdienst und dem organisierten Verbrechen gedient. Er hatte entscheidend dazu beigetragen, dass sich die Tambow-Mafia den Hafen und die Ostsee-Schifffahrtsgesellschaft aneignen konnte,[19] und Putin hatte ihm immer enormen Respekt entgegengebracht. »Er hatte schon etwas zu sagen, als Putin noch ein Niemand war«, sagte eine Person, die beiden nahestand. »Er stammt aus dem engsten Kreis. Er repräsentiert die Elite.«[20]

Als Putin zum Ministerpräsidenten ernannt wurde, hatte er Tscherkessow eigentlich zu seinem Nachfolger an der Spitze des FSB machen wollen, aber diesen Posten hatte sich bereits Patruschew gesichert.

Man hatte Jumaschew angewiesen, Putin nicht jeden seiner Wünsche zu erfüllen, weil es auch Gegengewichte geben müsse. So wurde Tscherkessow stattdessen stellvertretender Leiter des Geheimdienstes.

*

In Putins ersten Jahren im Amt teilten sich diese Leningrader KGB-ler, die *silowiki*, die noch etwas unbeständige Macht mit den Relikten aus der Jelzin-Zeit. Sie hielten sich zurück und schauten zu, während Woloschin, der gewiefte Leiter der Präsidialverwaltung, den Putin in dieser Position beließ, dafür sorgte, dass der neue Präsident eine »gut geölte Maschine« erbte. Woloschin war der wichtigste Vertreter der »Familie« im Kreml, ein Wirtschaftsliberaler mit etatistischen Überzeugungen, wenn es um Politik ging. Er trug dazu bei, dass die Macht schließlich an den KGB überging. Der studierte Ökonom hatte seinen Abschluss an der Außenhandelsakademie erlangt – die immer schon über Verbindungen zur Ersten Hauptverwaltung, dem Auslandsgeheimdienst des KGB, verfügt hatte[21] – und war in den Perestroika-Jahren stellvertretender Leiter des dortigen »Zentrums für kompetitive Forschung« gewesen. Später schickte Putin Woloschin, der fließend Englisch sprach, als Sondergesandten in die USA, um dort militärische Angelegenheiten mit den Topgenerälen zu klären. Doch anfangs war Woloschin ein wichtiger Verbündeter der *silowiki*, weil er Putin dabei half, politische Feinde auszubooten.

Außerdem hatte er bereits Erfahrung in der Zusammenarbeit mit der zweiten zentralen Figur, die aus Jelzins Zeiten stammte: Michail Kasjanow, den Putin erneut zum Ministerpräsidenten ernannt hatte. Kasjanow, zu dessen Aufgabenbereich als erster stellvertretender Finanzminister auch die Auslandsschulden gezählt hatten, war tief in die zwielichtigen Schuldgeschäfte verstrickt gewesen, die das Herz der dubiosen staatlichen Finanzierungsmethoden gebildet hatten. Trotz seiner prowestlichen, wirtschaftsliberalen Ansichten galt er für die neue Regierung als sichere Bank. Doch in Wahrheit war er der Inbegriff der Jelzin-Jahre, ein onkelhafter Kerl mit tiefer Stimme und dem – von ihm entschieden dementierten – Ruf, gegen Bezahlung vieles ermöglichen

zu können, was ihm den Spitznamen »Mischa zwei Prozent« eingebracht hatte.

Passend zum marktfreundlichen Ansatz, mit dem er das Vertrauen
der Jelzin-Familie errungen und den er auch in seinem Manifest für
die Präsidentschaft vertreten hatte, kündigte Putin zunächst einmal
eine Reihe liberaler Reformen an, die ihm den Beifall von Ökonomen
auf der ganzen Welt einbrachten und von Investoren als Bekenntnis
zur Marktwirtschaft verstanden wurden. Er führte eine der niedrigsten Einkommenssteuern der Welt ein, pauschal 13 Prozent, was auf
einen Schlag einen Großteil der Probleme ausräumte, die der Jelzin-
Regierung durch die Zahlungsunwilligkeit vieler Bürger entstanden
war. Er erließ Bodenreformen, die es ermöglichten, Privatbesitz zu
erstehen und zu verkaufen, was ein weiteres Investitionshindernis ausräumte. Als Wirtschaftsberater hatte er Andrej Illarionow engagiert,
der weithin als einer der prinzipientreusten liberalen Ökonomen galt.
Inmitten dieser marktorientierten Reformen stieg endlich auch der
Ölpreis, von dem so viele Bereiche des russischen Haushalts abhingen.
Aufgrund der Mehreinnahmen konnte Putins Regierung nun damit
beginnen, die gewaltigen Kredite abzubezahlen, die Jelzin beim Internationalen Währungsfonds aufgenommen hatte. Die Instabilität und
das Chaos der Jelzin-Jahre schienen endlich ein Ende zu haben.

Auch Putins Versuche einer Annäherung an den Westen wurden in
der Welt sehr positiv aufgenommen. Eine seiner ersten Amtshandlungen als Präsident bestand darin, die Abhörstation Lourdes auf Kuba zu
schließen, für deren Erhalt Jegor Gaidar so vehement gekämpft hatte.
Putin bemühte sich um eine enge Beziehung zum US-Präsidenten
George W. Bush und war der erste Staatschef, der nach den Anschlägen vom 11. September 2001 bei Bush anrief und ihm sein Beileid aussprach. Er widersetzte sich sogar dem Rat seines Verteidigungsministers – damals Sergej Iwanow – und gewährte dem US-Militär Zutritt
zu den russischen Stützpunkten in Zentralasien, damit es von dort aus
Angriffe auf das benachbarte Afghanistan durchführen konnte. Putins
KGB-Vergangenheit rückte in den Hintergrund, als George W. Bush
erklärte, er habe nach einem tiefen Blick in dessen Augen »seine Seele
gespürt«.

Doch all das war nicht von Dauer. Die frühen Tage der Regierung Putin wirken heute wie eine Zeit, die von Wunschdenken und enormer Naivität geprägt war. Laut Pugatschow waren die Annäherungsversuche an den Westen nicht auf Großmut zurückzuführen, sondern darauf, dass Putin eine Gegenleistung erwartete.[22] Als daher George W. Bush im Juni 2002 trotz monatelangen Werbens durch Putin verkündete, dass die Vereinigten Staaten einseitig vom ABM-Vertrag, einem zentralen Rüstungskontrollvertrag aus dem Kalten Krieg, zurücktreten würden, fühlten sich Putin und seine Berater verraten. Der Rückzug aus dem Vertrag ermöglichte den Amerikanern, ein Raketenabwehrsystem zu testen, das sie in den ehemaligen Staaten des Warschauer Paktes errichten wollten. Laut den USA sollte es zur Verteidigung gegen iranische Raketen dienen, aber Putins Regierung glaubte, dass es eigentlich um Russland ging. »Es ist eindeutig, dass der Raketenschild gegen kein anderes Land gerichtet sein kann als gegen Russland«, erklärte Woloschin vor Journalisten. Die amerikanischen Zuständigen hätten »noch Kakerlaken aus dem Kalten Krieg im Kopf«.[23] Gleichzeitig dehnte sich die NATO unerbittlich immer weiter nach Osten aus. Dabei ignorierte sie die Zusicherungen einer Reihe westlicher Staatschefs gegenüber Gorbatschow, dass es keine Erweiterung Richtung Osten geben würde. Bereits in den letzten Jahren von Jelzins Amtszeit hatte sich die NATO Polen, Ungarn und die Tschechische Republik einverleibt, und im November 2000 lud sie sieben weitere Staaten in Zentral- und Osteuropa ein, sich dem Bündnis anzuschließen.[24] Auf den Kreml wirkte das, als würde die USA Russland die Vorherrschaft des Westens immer wieder unter die Nase reiben.

Hinter der wirtschaftsliberalen Fassade der neuen Regierung gab es von Anfang an ausgeprägte Tendenzen, den Zugriff des Staates zu stärken. Putins frühe Reformen waren dazu gedacht, ein System nach dem Vorbild Augusto Pinochets zu etablieren, in dem Wirtschaftsreformen mit der »totalitären Macht« eines starken Staates durchgedrückt wurden. Schon kurz nach Putins Wahl hatte Pjotr Awen, der brillentragende Ökonom, der erst mit Gaidar zusammen und dann an einem KGB-nahen Wirtschaftsinstitut in Österreich studiert hatte, den neuen Präsidenten dazu aufgerufen, das Land so zu regieren, wie

Pinochet es in Chile getan hatte.[25] Offenbar war Putin Awens Meinung nach jetzt in der Position, Russlands Übergang zur Marktwirtschaft so zu vollenden, wie Andropow es geplant hatte, bevor das Vorhaben außer Kontrolle geriet. Bei Awen handelte es sich um den ehemaligen Außenhandelsminister, der im Auftrag von Ministerpräsident Gaidar die Petersburger Öl-gegen-Lebensmittel-Programme genehmigt hatte und auch in die internationalen Ermittlungen durch die Firma Kroll involviert gewesen war, als diese dem verschwundenen Parteivermögen nachspürte, bis die russische Regierung dem Unternehmen den Zugang zu den Informationen der russischen Staatsanwaltschaft verwehrte. Mittlerweile hatte er sich mit Michail Fridman zusammengetan, einem der jungen Männer aus dem Komsomol, die zu den ersten Unternehmern des Landes aufstiegen. Awen war Vorsitzender von Fridmans Alfa-Bank, dem Herzstück eines der größten Finanzkonglomerate Russlands, das auch Öl- und Telekommunikationsfirmen umfasste. Dem Finanznetzwerk der Alfa-Gruppe gehörte unter anderem Franz Wolf an, Direktor eines der wichtigsten Unternehmen der Gruppe in Gibraltar und Sohn von Markus Wolf, dem skrupellosen ehemaligen Stasi-Spionagechef.[26]

Die Anzeichen dafür, dass Putin eine andere Art der Macht anstrebte, waren von Beginn an da. Die Optimisten hofften anfänglich noch, dass er eine Art Balanceakt zwischen den relativ liberalen, relativ prowestlichen Vertretern der Jelzin-Familie in seiner Regierung und den Petersburger Sicherheitsmännern versuchen würde. Doch es dauerte nicht lange, bis der Einfluss der KGBler alles andere überlagerte. Ihre Weltsicht war von der Logik des Kalten Krieges geprägt, und mit der Zeit ging das auf Putin über. Bei ihrem Bestreben, Russland wieder zur alten Macht zu führen, gingen sie davon aus, dass das Ziel der USA stets darin bestand, das Land zu spalten und dessen Macht zu schwächen. Für sie musste die Wirtschaft als Waffe dienen, zunächst, um die Macht des russischen Staates – und ihre eigene als Anführer des KGB – wiederherzustellen, und dann, um sie gegen den Westen zu richten. Putin hatte sich die liberalen Ansichten Sobtschaks in Teilen bewahrt, aber irgendwann »setzte sich der innere Zirkel durch«, meinte Pugatschow. »Sie machten ihn zu einem anderen Menschen.

Die USA hatten ihn enttäuscht, und er wollte einfach nur reich werden. Es war der innere Zirkel, der ihn drängte, den Staat wieder zu
alter Stärke zurückzuführen.«[27]

Vor allem der FSB-Chef Patruschew war bemüht, Putin an die ehemaligen Geheimdienstler und deren Kalter-Krieg-Weltsicht zu binden.
Er hatte in der Hierarchie des FSB über Putin gestanden und über lange
Strecken der Neunzigerjahre hinweg Spitzenpositionen in Moskau bekleidet. Als Putin erst zum FSB-Chef und dann zum Präsidenten aufstieg, war er skeptisch gewesen und hatte geglaubt, ihn manipulieren
zu können. »Er war immer der Entschlossenste von allen – kein Vergleich zu Putin«, meinte ein Kreml-Insider.[28] Patruschew wollte Putin
an die Präsidentschaft ketten, sodass er niemals ohne Weiteres abtreten
könnte. Dieses Vorhaben hatte er seit Beginn von dessen Kandidatur
verfolgt, mithilfe der Bombenanschläge, die zum Tschetschenienkrieg
führten. Doch im ersten Jahr von Putins Amtszeit schien die Jelzin-
Familie diesen Aspekt zu übersehen – oder sie wollte nichts davon
wissen, weil sie davon ausging, ihre eigene Position gesichert zu haben.

Pugatschow blieb währenddessen im Verborgenen und wachte mit
Argusaugen über seinen Schützling, während er versuchte, den Einfluss der gegenläufigen Kräfte – der Jelzin-Familie und der Geheimdienstler – auf den Präsidenten im Gleichgewicht zu halten. Er habe
Putin vor Bestechungsversuchen geschützt, sagte er, und stattdessen
alles, was dieser brauchte, selbst bezahlt. Im ersten Jahr von Putins
Amtszeit habe er 50 Millionen Dollar dafür ausgegeben, dessen Familie jeden Wunsch zu erfüllen, und sogar das Besteck für ihren Haushalt
besorgt. Er kaufte Wohnungen für Staatsanwälte, um sicherzustellen,
dass sie im Sinne des Präsidenten – und von ihm selbst – handelten.
Das sei unerlässlich gewesen, um den Präsidenten und seine Staatsanwaltschaft vor Korruption zu bewahren, beharrte er: »Es gab immer
Menschen, die ihm Geld für dieses und jenes boten. Meistens lief es
über Juri Kowaltschuk«, sagte er[29] und bezog sich damit auf den alten
Verbündeten aus Sankt Petersburg, der die Bank Rossija übernommen
hatte, die wichtigste Kasse, an der sich Putins Petersburger Gefährten
bedienten. Pugatschow behauptete, er habe die Praktiken der Jelzin-
Zeit beenden wollen, in der die Oligarchen glaubten, den Kreml über

»Spenden« an Beamte lenken zu können – vielleicht ohne sich darüber im Klaren zu sein, dass er im Grunde genau das Gleiche tat.

»Ich wollte nur sicherstellen, dass das nicht passierte. Die Regeln mussten nun andere sein«, sagte er.

\*

Als Putin Präsident wurde, war die Macht der Oligarchen aus der Jelzin-Ära noch groß. Die Moskauer Geschäftsmänner, die durch die Marktexperimente im Rahmen der Perestroika mit Unterstützung des KGB erste Erfolge gefeiert hatten, hatten sich mittlerweile längst von ihren früheren Meistern emanzipiert und waren an die Spitze der Macht aufgestiegen. Sie hatten weite Teile der russischen Wirtschaft übernommen, indem sie Jelzins Hilflosigkeit kurz vor den Wahlen 1996 ausnutzten und ihn dazu überredeten, ihnen die Kronjuwelen des Landes zu überlassen. Die Darlehen-gegen-Anteile-Versteigerungen hatten dazu geführt, dass fast 50 Prozent des russischen Vermögens in den Händen von nur sieben Geschäftsmännern landeten, während Jelzin noch abhängiger und schwächer war als zuvor. Er war teilweise auf die Mittel dieser Oligarchen angewiesen gewesen, um sich die Wiederwahl 1996 zu sichern, und sie hatten sich schnell daran gewöhnt, ihn nicht nur zu unterstützen, sondern ihm einige Gesetze einfach zu diktieren.

Seit 1994 waren jährlich geschätzt rund 20 Milliarden Dollar auf Konten im Westen geflossen, während sich die Kassen der Jelzin-Regierung weiter leerten.[30] Die von Oligarchen wie Chodorkowski und Beresowski ins Ausland geschleusten Summen hatten den russischen Staat so geschwächt, dass Putins KGB-Männer behaupteten, er befinde sich am Rand des Zusammenbruchs. In den Neunzigerjahren war der Staat bei den Gehaltszahlungen immer weiter in Rückstand geraten, während fast niemand Steuern entrichtete. Russland schuldete westlichen Institutionen wie dem IWF und der Weltbank gewaltige Summen, und die 40 Milliarden Dollar, die der Staat während der Rubelkrise nicht hatte zurückzahlen können und von denen mehr als ein Drittel im Ausland aufgenommen worden waren, hatten die Finanzsituation des Landes weiter geschwächt. In den Augen der KGB-Männer hatten die Freiheiten, die Jelzin den Regionen gewährt hatte, das Land noch näher an den Abgrund geführt. Im politischen Tumult von Jelzins letztem Regierungsjahr hatten einige Regionalgouverneure sich geweigert, einen Teil ihrer Steuereinnahmen an die Staatskasse zu überweisen. »Wir sahen, wie das Land sich auflöste«, sagte Sergej Bogdantschikow, ein enger Verbündeter Putins, der der einzigen verbliebenen staatlichen Ölgesellschaft Rosneft vorsaß und auch Primakow nahegestanden hatte.[31] »Was Putin übernahm, war ein Land, das in Bruchstücke zerfiel. Einige Gouverneure erwogen schon, eigene Währungen einzuführen. (…) Wenn noch zwei oder drei weitere Jahre ohne Putin an der Macht vergangen wären, hätte die Russische Föderation nicht mehr existiert. Dann hätte es nur noch einzelne Staaten gegeben wie auf dem Balkan. Für mich war der Kollaps abzusehen.«[32]

Die KGB-Männer hatten sich die Situation lange intensiv angeschaut. Wladimir Jakunin, der stets gut gelaunte hochrangige Ex-KGB-ler, der in verdeckter Mission bei den Vereinten Nationen in New York tätig gewesen war und nach seiner Rückkehr nach Leningrad an der Übernahme der Bank Rossija beteiligt war, hatte eine Untersuchung zu den Eigentumsverhältnissen in der russischen Wirtschaft erstellt, die ergab, dass in den Jahren 1998 bis 1999 fast die Hälfte des nationalen Bruttoinlandsproduktes auf Unternehmen entfiel, die nur acht Familien gehörten. »Wenn sich nichts geändert hätte, wären es bald mehr als fünfzig Prozent gewesen«, sagte Jakunin über zwanzig Jahre später. »Die Gewinne flossen ausschließlich in private Taschen. Es wurden keine Steuern bezahlt. Es war schlicht und ergreifend eine Plünderung. Ohne ein stärkeres Eingreifen des Staates würde dieser Weg in eine Sackgasse führen, so viel war mir klar.«[33] Jakunin, der Putin seit den gemeinsamen Zeiten in der Osero-Datschengemeinschaft nahegestanden hatte, sagte, er habe den Bericht mitsamt seinen Kommentaren an diesen überreicht, kurz nachdem er Präsident geworden war.

Putins Geheimdienstlern dienten die Summen, die die Oligarchen aus der Jelzin-Zeit auf Konten im Westen verschoben, als willkommener Ansatzpunkt, um ihren eigenen Einfluss zu mehren. So konnten sie behaupten, dass die Macht der Geschäftsmänner eine Bedrohung für die nationale Sicherheit darstelle, obwohl sie vor allem ihre eigene Position gefährdete. Sie betrachteten sich als auserwählt, die Rückkehr Russlands zur Weltmacht zu bewerkstelligen, und glaubten, dass das Wiedererstarken des Staates und ihr eigenes Schicksal – praktischerweise – untrennbar miteinander verbunden seien.

Kurz nach Putins Amtseinführung hatte Zbigniew Brzeziński, der den USA zu Zeiten des Kalten Krieges als Sicherheitsberater diente, laut Jakunin ziemlich spöttisch reagiert, als es um das Geld ging, dass die russische Elite auf Konten im Ausland geparkt hatte. Wenn doch das ganze Geld im Westen angelegt sei, habe er gefragt, um wessen Elite handle es sich dann? Die Russlands oder die des Westens?[34] Brzezińskis Bemerkung hatte die KGB-Männer in Rage versetzt. Noch schlimmer war es, so etwas von einem Recken des Kalten Krieges zu hören, der ihrer Ansicht nach mit hinter den Bemühungen des Westens gesteckt hatte, das sowjetische Regime zu entmachten.

Wohl kein Finanztransfer war den KGBlern verhasster gewesen als die Milliarden, die über Valmet flossen, den Offshore-Fonds von Chodorkowskis Berater Christian Michel. Valmet hatte Ableger in London, Genf und auf der Isle of Man und verwaltete die Auslandskonten von Chodorkowskis Menatep-Gruppe sowie die der Schweizer Ölhandelsgesellschaft Runicom, dem Exporteur des russischen Ölkonzerns Sibneft, der von Boris Beresowski und Roman Abramowitsch geschaffen worden war. Chodorkowski und Beresowski zählten zu den eigenständigsten unter den Oligarchen, und Valmet stand in vielerlei Hinsicht für die neue Ordnung nach dem Kalten Krieg, in der die USA die unangefochtene Herrschaft übernommen hatten und das Geld der mittlerweile unabhängigen russischen Oligarchen auf westliche Bankkonten floss. Das verstärkte sich noch, als eine der ältesten und renommiertesten Banken der USA, die Riggs National Bank aus Washington, 51 Prozent der Anteile an Valmet aufkaufte. Die Bank, die über Jahrzehnte hinweg die Konten der US-Botschaften auf der ganzen Welt geführt hatte, wollte nach Osteuropa und Russland expandieren, und Valmet bot sich dafür an. Das war ein starkes Symbol für den Sieg des Westens im Kalten Krieg. Der Leiter des internationalen Bankgeschäfts bei Riggs, Alton G. Keel, war früher US-Botschafter bei der NATO gewesen und betrachtete es als seinen Auftrag, »Privatunternehmen in einstmals feindseligen Umgebungen« zu fördern.[35] Christian Michel, ein überzeugter Wirtschaftsliberaler, war davon überzeugt, dass Riggs-Valmet dazu beitrug, die russischen Geschäftsleute aus dem Klammergriff des Staates zu befreien. Als sich schließlich auch Chodorkowskis Menatep-Bank Anteile an Riggs-Valmet sicherte, meinte Michel, dieser Einstieg sei »ein tolles Symbol der neuen Weltordnung, auf die Präsident Bush senior so stolz war. (…) Die älteste US-Bank und eine aufstrebende russische Bank mit Beteiligungen an Valmet. Ich hielt es für einen gelungenen Coup.«[36]

Doch die Petersburger KGBler und die Generäle, die hinter ihnen standen, betrachteten den Riggs-Menatep-Zusammenschluss als ein Symbol der Jelzin-Ära – eines vom Westen geförderten Clankapitalismus, in dem Oligarchen wie Chodorkowski der Staatsmacht ihren Willen hatten aufzwingen können. Vor allem Anatoli Tschubais, der Architekt des russischen Privatisierungsprogramms, galt für sie als Handlanger des Westens.

In den Augen der vom Kalten Krieg geprägten Ex-Geheimdienstler, für die alles, was geschah, Teil eines Nullsummenspiels war, konnten die amerikanischen Wirtschaftswissenschaftler, die nach Russland strömten, um Tschubais zu beraten, nur CIA-Agenten sein, deren oberstes Ziel es war, die Überreste der russischen Wirtschaft zu zerstören, da diese unter Mithilfe der Amerikaner in die Hände privater Unternehmer überging, während die Rüstungsindustrie Stück für Stück zerlegt wurde. Der KGB hatte sich bemüht, die Kontrolle über die Geldflüsse zu behalten, aber unter Tschubais' Aufsicht waren die staatlichen Betriebe aufgeteilt und in unabhängige Hände übergeben worden. »Die USA schickten hochrangige CIA-Mitarbeiter nach Russland, um den Privatisierungsprozess voranzutreiben«, sagte ein enger Verbündeter Putins, der auch mehr als zwanzig Jahre später noch vor Wut schäumte. »Sie nutzten die Situation aus und schlugen Profit daraus. Sie hatten kein Recht, mit der Privatisierung Geld zu verdienen.«[37]

Trotz aller Beteuerungen, Russlands Übergang zur Marktwirtschaft weiter voranzutreiben, hatte Putin seine Ansichten über die Oligarchen schon zu Beginn des Wahlkampfes klar zum Ausdruck gebracht.

Der erste Hinweis fand sich Ende Februar in seiner Antwort auf die Frage eines Kampagnenmitarbeiters, wann er den »Egeln«, die sich Macht verschafft hätten – damit waren die Oligarchen gemeint – »den Garaus« zu machen gedenke. Putin erwiderte, dass seine Regierung mehr tun müsse als sie nur »vernichten«. »Es ist äußerst wichtig, gleiche Bedingungen für alle zu schaffen, damit niemand die Macht an sich reißen und die Vorteile zu seinen Gunsten ausnutzen kann (…) kein einziger Clan, kein einziger Oligarch. (…) Alle sollten den gleichen Abstand zur Macht halten.«[38] Die nächste Warnung folgte eine Woche vor der Wahl, als er einem Moskauer Radiosender erklärte, dass er dem Oligarchentum ein Ende setzen wolle: »Eine solche Klasse von Oligarchen wird nicht mehr existieren. (…) Wenn wir nicht die gleichen Bedingungen für alle schaffen, werden wir das Land nicht aus seinem augenblicklichen Zustand herausholen können.«[39]

Bei der Bevölkerung, die die Exzesse der Jelzin-Jahre satthatte und von den relativ freien Medien, die von ihren unabhängigen Konzernchefs als Waffe gegen Rivalen eingesetzt wurden, täglich neue Korruptionsgeschichten vorgesetzt bekam, stießen solche Aussagen natürlich auf Begeisterung. Putin schlug damit in die gleiche Kerbe wie Primakow, als dieser gefordert hatte, in den Gefängnissen Platz für die Geschäftsleute und die korrupten Beamten zu schaffen.

Aber während Primakows Aufruf der Jelzin-Familie eine Gänsehaut eingejagt hatte, schienen sie Putins Bemerkungen völlig kaltzulassen. Er war ihr Agent im Kreml, und sie waren sich sicher, dass er sie nie anrühren würde. »Der innere Zirkel und die Oligarchen hielten ihn für eine vorübergehende Erscheinung; sie glaubten wirklich, ihn steuern zu können«, sagte eine Person aus Putins Umfeld. Vor der Präsidentschaftswahl war offenbar ein Oligarch zu Putin ins Weiße Haus gekommen, den russischen Regierungssitz, in dem er damals noch sein Büro hatte, und hatte ihm unverhüllt klargemacht, dass er ohne die Unterstützung der Geschäftsleute niemals gewählt würde und sich deshalb entsprechend verhalten solle. Putin verzog kaum die Miene und antwortete nur: »Wir werden sehen.« »Er warf niemanden aus seinem Büro. Aber natürlich spielte er mit ihnen. Sie unterschätzten ihn maßlos.«[40]

Der Oligarch, der Putin damals aufsuchte, war wahrscheinlich Boris Beresowski. Zu der Zeit schien er der Einzige zu sein, der sich langsam fragte, ob sie einen fatalen Fehler begangen hatten. Nach seinen erfolgreichen Attacken gegen das Duo Primakow und Luschkow hatte er den Großteil der Wahlkampfperiode mit einer neuen Freundin zusammen auf Anguilla verbracht. Als er zurückkehrte, war er von den Veränderungen, die er wahrnahm, sichtlich irritiert:»Er kam aus dem Urlaub zurück, und dann passierte etwas, was ihm nicht gefiel«, sagte eine Person aus seinem Umfeld.»Er hatte sich mit Putin getroffen, um einen Präsidentschaftskandidaten für 2004 abzusprechen. Sein Vorschlag lautete, dass Putin selbst nur vier Jahre lang im Amt bleiben solle, während er, Beresowski, in der Zeit eine Oppositionspartei aufbaute. Er wollte eine echte Demokratie.«[41] Doch falls dieses Gespräch wirklich stattfand, verlief es offensichtlich nicht gut. Wenige Tage vor Putins Amtseinführung schlug Beresowskis Zeitung *Kommersant* Alarm und veröffentlichte einen Artikel über mutmaßliche Pläne, den Kreml mit dem FSB zusammenzulegen. Auf diese Weise sollte allen Oppositionsparteien, Kritikern und der freien Presse ein Maulkorb verpasst werden.

Obwohl eine solche Zusammenlegung offiziell nie erfolgte, wirken die im Artikel beschriebenen Pläne aus heutiger Sicht erschreckend hellsichtig. Denn natürlich ging Putins Aufstieg zur Macht mit einer Eroberung des Kreml durch den KGB einher. Im Grunde verschmolzen die beiden Institutionen miteinander. Es war, als hätte Beresowski plötzlich das Ausmaß seines Fehlers erkannt.»Der neue Präsident braucht, wenn er wirklich für Ordnung und Stabilität sorgen will, kein sich selbst regulierendes politisches System«, so stand es im mutmaßlichen Entwurf des Kreml.»Stattdessen benötigt er eine politische Struktur in seinem Regierungsapparat, über die eine klare Kontrolle der politischen und gesellschaftlichen Prozesse in der Russischen Föderation erfolgen kann. Daher sollte das intellektuelle, personelle und professionelle Potenzial des FSB genutzt werden, um den politischen Prozess zu überwachen.« Der FSB sollte für Schadensbegrenzung sorgen, wenn Informationen an die Öffentlichkeit gelangten, die nicht im Interesse des Präsidenten oder seines inneren Kreises waren.[42]

Der Kreml bestritt, dass ein solcher Vorschlag diskutiert wurde. Aber nur vier Tage nach Putins Amtsantritt schien Phase eins des Plans in Kraft zu treten. Sie zielte eindeutig darauf ab, die Medien gefügig zu machen. Maskierte Polizeieinheiten mit automatischen Waffen schwärmten aus und besuchten die Büros von Wladimir Gussinski, den Eigentümer des Media-Most-Imperiums, zu dem auch der Fernsehsender NTW gehörte, der Putin am schärfsten kritisierte.[43] NTW war der zweitbeliebteste Sender Russlands, und Gussinski hatte sich nie davor gescheut, ihn zu politischen Zwecken einzusetzen, bei den Parlamentswahlen hatte er Luschkows Vaterland-Block unterstützt. Außerdem war der Kanal ein energischer Fürsprecher der Unabhängigkeit und hatte Putins Tschetschenienkrieg stets kritisch beäugt. Am Vorabend der Präsidentschaftswahl strahlte er zur besten Sendezeit eine Debatte über die verdächtigen Ereignisse in Rjasan aus und stellte offen die Frage, ob der FSB hinter den Bombenanschlägen steckte. Die wöchentliche Satiresendung *Kukly*, »Puppen«, war Putin immer schon ein Dorn im Auge gewesen. Dort war er mehr als einmal als der plumpe Zwerg Zaches aus einem Märchen von E.T.A. Hoffmann dargestellt worden, der ein bestehendes Königreich voller Schätze erbt, ohne sich dafür anstrengen zu müssen.

Die Razzia bei Gussinski war nicht die einzige Duftmarke, die die neuen Herren im Kreml in den ersten Tagen von Putins Präsidentschaft setzten. Am zehnten Tag im Amt legte Putin einen umfassenden Plan vor, wie er die Macht der russischen Regionalgouverneure eindämmen wollte – Maßnahmen, die eindeutig darauf abzielten, dass sich die gewählten Gouverneure nie wieder so gegen den Kreml verbünden würden, wie sie es zugunsten von Luschkow und Primakow getan hatten. Die Gesetzesvorschläge sahen vor, den Gouverneuren ihre Sitze im Föderationsrat zu entziehen, dem Oberhaus des Parlaments, wo sie sich so lange gegen die Absetzung Skuratows als Generalstaatsanwalt gesträubt und sich somit im Grunde zu einer eigenständigen politischen Macht entwickelt hatten.[44] Die Abschaffung ihrer Sitze im Rat bedeutete, dass sie ihre Immunität verlören, und zugleich gestattete der Gesetzesvorschlag dem Präsidenten, Gouverneure, gegen die ein Ermittlungsverfahren lief, aus dem Amt zu entlassen, was ganz offensichtlich bewirken sollte, dass sie nie wieder von der Kreml-Linie abwichen. Um dem Kreml noch mehr Einfluss zu verschaffen, schlug Putin die Einführung sieben vom Kreml ernannter Bevollmächtigter vor – eine Art Supergouverneure, die jeweils für einen Landesteil zuständig sein sollten. Diese sieben Posten gingen direkt an fünf Generäle aus dem Militär und vom FSB und an zwei weitere Kreml-Getreue.

Für Beresowski stellten diese neuen Gesetze einen gefährlichen Rückbau der demokratischen Errungenschaften der Jelzin-Ära dar. Am 31. Mai schrieb er einen offenen Brief an Putin, in dem er die Vorschläge als »Bedrohung für die territoriale Integrität und die Demokratie Russlands« bezeichnete.[45] Der Brief schaffte es auf die Titelseiten fast aller Moskauer Zeitungen, und der von Beresowski kontrollierte Fernsehsender ORT eröffnete damit die Abendnachrichten. Einer von Beresowskis Freunden, ein Geschäftsmann, der den Sicherheitsbehörden und insbesondere Primakow immer nahegestanden hatte, riet ihm entschieden zu mehr Zurückhaltung: »Ich sagte: ›Das reicht, Borja. Was machst du da? Dein Mann ist Präsident geworden. Was willst du denn noch?‹« Aber Beresowski habe geantwortet: »Er ist ein Diktator.« »Er hatte es vor allen anderen erkannt.«[46]

Beresowski stand mit seinen Warnungen vor dem Zerfall der Demokratie damals ziemlich allein da. An dem Plan, die Regionalgouverneure zu entmachten, hatten die Kreml-Männer aus dem Umfeld der Jelzin-Familie, namentlich der Leiter der Präsidialverwaltung Alexander Woloschin und sein kindergesichtiger Stellvertreter Wladislaw Surkow, maßgeblich mitgewirkt. Hinter den Kulissen unterstützten sie auch das Vorhaben, die Freiheiten der Medien zu beschneiden. Es war, als wollten sie sich an den Kräften rächen, die sie nur zwölf Monate zuvor beinahe hinter Schloss und Riegel gebracht und die ihnen so viel Angst eingejagt hatten. Jumaschew beharrte darauf, dass er Putin, als dieser das Thema aufbrachte, darauf hingewiesen habe, dass jede Attacke gegen NTW ein Angriff auf die Meinungsfreiheit sei. Aber weder er noch Woloschin unternahmen etwas gegen die Kampagne, die darauf abzielte, die Fernsehsender unter staatliche Kontrolle zu bringen; Woloschin setzte sich sogar aktiv dafür ein. »Putin erklärte mir, dass die Geschichtsbücher ein negatives Bild von Jelzin zeichnen würden«, erinnerte sich Jumaschew.[47] »Er meinte, die Familie würde in allen Büchern vorkommen, und dort stünde dann eine Lüge nach der anderen, und das wegen NTW. Putin fragte: ›Warum sollte ich das hinnehmen? Warum sollten wir ihnen erlauben, die Regierung durch den Dreck zu ziehen? Warum sollte ich stillhalten, wenn sie jeden Tag Lügen erzählen?‹ Ich erklärte ihm, dass die Meinungsfreiheit das höchste Gut sei. Daran müssten wir denken. Aber er sagte, so etwas solle bei einer schwachen Regierung nie toleriert werden. Man könne es aushalten, wenn sie stark sei, aber wenn sie schwach sei, würde sie es nicht vertragen. Und dann handelte er so, wie er es für nötig befand.«

Putins Art der Gesprächsführung war ganz typisch für die manipulative Vorgehensweise des KGB: Er setzte auf die tiefreichende Antipathie, welche die Jelzin-Familie NTW gegenüber empfand, nachdem der Sender sie im Zusammenhang mit den quälenden und demütigenden Korruptionsskandalen im vorausgegangenen Jahr immer wieder gnadenlos ins Scheinwerferlicht gerückt hatte, bis sie schließlich übereilt die Macht abgegeben hatten. Er nutzte ihre Angst, auf Dauer gebrandmarkt zu sein, um sie dazu zu bewegen, eine Attacke auf den Sender zu unterstützen. »Ihm zufolge war das Ziel des Senders nicht, Menschen zu informieren, sondern die Interessen seines Eigentümers durchzusetzen«, sagte Jumaschew. »Er sagte: ›Sie sind aufgeflogen. Sie haben einen Kredit vom Staat angenommen.‹ Dann sagte er: ›Wenn es diesen Kredit nicht gäbe, hätte ich sie nicht angerührt. Aber sie haben sich kompromittiert, und das müssen wir nutzen.‹«[48]

Die Razzia bei Gussinskis Media-Most war der Auftakt zu einer umfangreichen Kampagne von Putins Kreml, auch von Woloschin und anderen Beamten aus der »Familie«, gegen viele der Oligarchen aus der Jelzin-Zeit. So begegnete Putin von nun an allen, die seine Macht herausforderten. Der Gegner musste sich nur auf irgendeine Weise kompromittiert haben – und jetzt, da Putins Männer die Strafverfolgungsbehörden übernommen hatten, war es nach dem turbulenten Übergang zur Marktwirtschaft unter Jelzin nicht schwer, etwas zu finden, was man jemandem anlasten konnte.

Was in jenem Sommer folgte, war eine sorgfältig geplante Serie ko-
ordinierter Razzien, die darauf abzielten, die Tycoons aus der Politik
zu vertreiben. Sie wurden mit der KGB-typischen Präzision durchgeführt. Zunächst einmal wurde Gussinski verhaftet, kaum einen Monat
nach der Razzia bei Media-Most. Obwohl er nur drei Tage im berüchtigten Moskauer Butyrka-Gefängnis festgehalten wurde – der Vorwurf
lautete, er habe staatliche Mittel in Höhe von 10 Millionen Dollar
veruntreut –, war für die Oligarchen, die sich während Jelzins Regierungszeit an eine Art Quasi-Immunität gewöhnt hatten, damit das Unvorstellbare eingetreten. Bisher hatte der redselige, weithin bekannte
Gussinski die Autoritäten immer über seine Medienkanäle kritisieren
können, ohne Folgen befürchten zu müssen. Die Tycoons schlossen
sich zusammen und verfassten einen gemeinsamen Brief, in dem sie
gegen Gussinskis Verhaftung protestierten und sie als »Racheakt …
gegen einen politischen Gegner« bezeichneten.[49]

Aber falls einer von ihnen mit dem Gedanken gespielt haben sollte,
sich gegen die neue Regierung aufzulehnen, folgte bald der nächste
Warnschuss. Eine Woche später erhob die Moskauer Staatsanwaltschaft Klage gegen die 1997 erfolgte Privatisierung von Norilsk Nickel,
dem riesigen Nickelwerk, das im Rahmen der umstrittenen Darlehen-
gegen-Anteile-Versteigerungen trotz eines Wertes von 1,5 Milliarden
Dollar für nur 170 Millionen an Wladimir Potanin gegangen war, den
Architekten des Privatisierungsprogramms. Igor Malaschenko, der
Vizedirektor von Gussinskis Media-Most, warnte, dass diese Anklage
zeige, jeder Geschäftsmann, der in die Privatisierung involviert war,
»könne morgen ins Gefängnis geworfen werden. (…) Es entsteht eine
neue Ordnung im Land, und das bedeutet in den Augen der neuen
Führung, dass alles unter der Kontrolle des Kreml zu stehen hat.«[50]

Als wollten sie mit Nachdruck den Beginn eines neuen Regimes her-
vorheben, in dem sich kein Tycoon seines Besitzes sicher sein konnte,
führten Putins Männer Anfang Juli innerhalb von zwei Tagen drei weitere Razzien durch. Die erste galt Lukoil, dem gewaltigen Energiekong-
lomerat, dessen Eigentümer und Geschäftsführer ein durchtriebener
Ex-Sowjetbeamter aus Aserbaidschan war, Wagit Alekperow. Der Vorwurf lautete, dass Lukoil sich Steuerrückzahlungen erschlichen habe.

Dann folgte eine erneute Durchsuchung bei Gussinskis Media-Most und zum ersten Mal auch beim dazugehörigen Fernsehsender NTW.[51] Am folgenden Tag war ein weiteres mächtiges Symbol des Jelzin-Ära-Kapitalismus an der Reihe: das weitläufige Gelände von AwtoWAS, dem größten Autobauer des Landes, an dessen Spitze Geschäftspartner von Beresowski standen. Der Chef der Steuerpolizei behauptete, das Unternehmen habe Steuern in Höhe von Hunderten Millionen Dollar hinterzogen.[52]

Nun brach die Geschäftswelt vollends in Panik aus. Am selben Tag, an dem die Steuerpolizei AwtoWAS durchsuchte, gab Putin ein Fernsehinterview, in dem er die Razzien rechtfertigte und schwor, diejenigen, die ihr Vermögen in den »trüben Gewässern« nach dem Zusammenbruch der Sowjetunion gemacht hätten, zur Rechenschaft zu ziehen. »Wir dürfen Demokratie nicht mit Anarchie verwechseln«, warnte er.[53] »In Russland haben wir ein Sprichwort über das Fischen in trüben Gewässern. Es gibt Fischer, die bereits viele Fische gefangen haben und das System gern so beibehalten würden, wie es ist. Aber ich glaube nicht, dass unser Volk diesen Zustand schätzt.« Am nächsten Tag gab er einer Zeitung ein Interview, in dem er behauptete, dass die aktuellen Entwicklungen keine Rückkehr zum Polizeistaat bedeuteten. Doch die Geschäftswelt müsse sich »an die Spielregeln« halten, warnte er – vor allem jetzt, da es die neue, pauschale Einkommenssteuer von 13 Prozent gab, die die Liberalisierung weiter vorantreiben sollte.[54]

Das war die typische Lockvogeltaktik des KGB, und Putin konnte auf die gut geölte Maschinerie des Kreml zurückgreifen. Die Propagandakanäle des Kreml und die Strafverfolgungsbehörden zogen an einem Strang, und die Tycoons, die verzweifelt in Erfahrung bringen wollten, wie die neuen Spielregeln denn aussahen, flehten Putin um ein Treffen an. Chodorkowski warnte insgeheim davor, dass jedem von ihnen Verstöße gegen die Postsowjetgesetze vorgeworfen werden könnten, da diese widersprüchlich formuliert seien und die Justiz Schwächen zeige.[55] Erneut war Beresowski der Einzige, der offen protestierte. Er hatte seinen Posten als Parlamentsmitglied unter lautem Getöse aufgegeben und den dicht gedrängten Journalisten auf der Pressekonferenz erklärt, er werde sich nicht »an der Demontage Russlands und der Einführung einer autoritären Herrschaft« beteiligen.[56] Seine Worte waren ein verzweifelter Aufruf an die anderen Moskauer Tycoons, aber sie kamen viel zu spät.

Als einundzwanzig der mächtigsten Geschäftsmänner Russlands Ende Juli mit Putin zusammenkamen, hatte die Audienz am ovalen Tisch im kunstvoll verzierten Katharinensaal des Kreml nichts mit den gemütlichen Geheimtreffen zu tun, die sie mit Boris Jelzin abgehalten hatten. Dies war ein formeller Termin – und eine öffentliche Abreibung. Ganz Russland konnte im Fernsehen verfolgen, wie Putin den Tycoons erklärte, dass sie die Schuld an den Razzien und den Ermittlungen nur bei sich selbst zu suchen hätten: »Sie müssen sich in Erinnerung rufen, dass Sie diesen Staat durch die von Ihnen kontrollierten politischen und quasipolitischen Strukturen selbst geformt haben.« Dann zitierte er ein bekanntes russisches Sprichwort: »Es bringt nichts, dem Spiegel die Schuld [für das hässliche Gesicht] zu geben.«[57] Obwohl er ihnen zusicherte, die Privatisierungen der Neunzigerjahre nicht rückgängig zu machen, ermahnte er sie am Ende doch, seine Wirtschaftsvorhaben zu unterstützen und ihre Medienkonzerne nicht länger dazu zu nutzen, die juristischen Ermittlungen gegen Unternehmen zu »politisieren«. Als die TV-Kameras abgebaut waren, machte er den Unternehmern klar, wie die neuen Spielregeln aussahen. Sie hatten sich aus der Politik herauszuhalten, sonst drohten ihnen Konsequenzen. Zwei Tycoons glänzten durch Abwesenheit: Beresowski und Gussinski, die beide öffentlich gegen Putins Politik gewettert und dazu auch ihre Medienimperien eingesetzt hatten.

Ein anderer fiel jedoch durch seine Nähe zu Putin auf. Zur rechten Hand des Präsidenten saß Sergej Pugatschow und flüsterte diesem ab und zu etwas ins Ohr. Während die anderen zitterten, wirkte er ganz gelassen. In jener Zeit, in der sich Putin noch an seine neue Rolle gewöhnte, sprachen die beiden täglich mehrmals miteinander. Später an jenem Tag brachte Putin die Oligarchen auf Pugatschows Vorschlag hin erneut zusammen, dieses Mal ohne Kameras, in einer symbolträchtigen Umgebung. Pugatschow hatte Putin überzeugt, die Geschäftsleute in einem weniger förmlichen Zusammenhang zu treffen, um ihnen zu zeigen, dass er es nicht auf einen Kampf gegen sie abgesehen hatte. Doch der Ort, den Putin für das »freundschaftliche« Grillen auswählte, hatte ebenfalls Signalwirkung.

Tief im Wald am Rand von Moskau stand Stalins Datscha, die fast unberührt geblieben war, seit er 1953 dort gestorben war. Die Telefone, in die der Diktator seine Befehle gebrüllt hatte, befanden sich noch dort. Das Sofa, auf dem er lieber schlief als im Bett, stand weiterhin im Arbeitszimmer. Es schien keine Zeit verstrichen zu sein, seit Stalin dort ganze Tage und Nächte verbracht und in Listen festgehalten hatte, welche Vertreter der Elite des Landes er als Feinde betrachtete. Putin hatte die Oligarchen an den Ort eingeladen, von dem aus Stalin im Rahmen der sogenannten »Großen Säuberung« Tausende Menschen in den Tod geschickt hatte. Er trug Jeans und T-Shirt und bemühte sich, entspannt und nahbar zu wirken. Viele der Geschäftsmänner hatte er bis zu jenem Tag nur im Fernsehen gesehen, meinte Pugatschow, und er wusste nicht genau, wie er sich in ihrer Gegenwart verhalten sollte. Doch wenn Putin nervös war, galt das erst recht für die Tycoons. An jenem Ort würde es niemand wagen, den neuen Präsidenten zu reizen. »Wir sind ja schon froh, wenn er uns wieder gehen lässt«, hörte Pugatschow damals einen der Anwesenden sagen.

Pugatschow war die ganze Zeit über hinter den Kulissen aktiv gewesen. Während die anderen Oligarchen mit Razzien und der Steuerpolizei zu kämpfen hatten, glaubte er damals, alles unter Kontrolle zu haben. Er hatte seinen Mann zum Präsidenten gemacht und einen Verbündeten zum FSB-Chef. Den neuen Chef des Föderalen Steuerdienstes, Gennadi Bukajew, einen Geschäftspartner aus Baschkortostan, wo Pugatschow über Verbindungen in die Ölbranche verfügte, hatte er selbst ins Amt geholt. Und auch an der Ernennung Wladimir Ustinows zum Generalstaatsanwalt hatte er im Rahmen der Bemühungen, die Mabetex-Ermittlungen einzustellen, mitgewirkt. Pugatschow gab sich gern dem Glauben hin, dass alle nach seiner Pfeife tanzten. Über seine Meschprombank verteilte er Geld an alle und jeden. Eine Wohnung für Ustinow hier, eine Wohnung für seinen Stellvertreter dort. Andere Tycoons standen Schlange, um mit ihm zusammenzuarbeiten. »Ständig kam einer zu mir und sagte: ›Machen wir doch eine Razzia bei diesem oder jenem und übernehmen dann sein Geschäft‹«, lachte er, voller Sehnsucht nach den alten Zeiten.[58]

Einer Quelle zufolge erkannte selbst Roman Abramowitsch, der scheinbar schüchterne, stoppelbärtige Ölhändler, der anfangs ein Schützling Boris Beresowskis gewesen war, Pugatschows Macht an: Lange Zeit später beklagte er angeblich gegenüber derselben Quelle, dass er damals alles mit Pugatschow habe abstimmen müssen. Ein Sprecher von Abramowitsch streitet ab, dass dieses Gespräch jemals stattfand. Eine Moskauer Zeitung kürte Pugatschow zum aktuellen Kreml-»Liebling«, während ihn andere als die neue graue Eminenz bezeichneten, die gemeinsam mit Putins KGB-Männern aus Sankt Petersburg die Geldströme übernahm.[59] Er galt als Ideologe hinter dem neuen politischen Ansatz, dass die Oligarchen »den gleichen Abstand zur Macht« bewahren müssten – ein Konzept, dem er in der Gegenwart nie zustimmen würde, mit dem er damals aber einverstanden schien, solange er über allen anderen stand.

Während einige Oligarchen wie Pugatschow und Abramowitsch offensichtlich gleicher waren als andere, wurden diejenigen, die Putins Macht am stärksten bedrohten, einer nach dem anderen aus dem Weg geräumt. Wenige Tage vor Putins Treffen mit den Tycoons hatte Gussinski ein Angebot erhalten, das er nicht ablehnen konnte. Putins neuer Presseminister, Michail Lesin, hatte ihn aufgefordert, seinen Media-Most-Konzern gegen 300 Millionen Dollar Bargeld und 473 Millionen Dollar Schuldenerlass an das staatliche Gasmonopol Gazprom zu verkaufen – anderenfalls käme er ins Gefängnis.[60] Die Schulden, die Putin in seinem Gespräch mit Jumaschew erwähnt hatte, hatte Media-Most vor allem beim staatlichen Gasgiganten, und der Medienkonzern war mit den Zahlungen in Rückstand geraten. Gussinski hatte umgehend eingewilligt – er wollte es nicht riskieren, weitere Nächte im heruntergekommenen Butyrka-Gefängnis zu verbringen. Als die Tycoons im Kreml eintrafen, hatte die Staatsanwaltschaft bereits verkündet, alle Anklagen gegen Gussinski fallenzulassen.

Doch kurz darauf floh Gussinski, und als er im Ausland wiederauftauchte, sagte er, er sei gezwungen worden, den Vertrag zu unterschreiben, praktisch »mit vorgehaltener Pistole«.[61] Deshalb sei dieser nichtig. Die Nachricht von der Übereinkunft war ein Schock für die russische Elite gewesen. Es war das erste Anzeichen dafür, wie weit Putins Regierung zu gehen bereit war, um sich die Kontrolle über die unabhängigen Medienkonzerne zu sichern. Putins Männer nutzten die Strafverfolgungsbehörden als Waffe, um »krude Erpressungen« durchzuführen und so eine Übernahme zu erzwingen. Für sie waren solche Methoden ganz normal.

Doch der große Showdown mit den Medienmoguln stand Putin noch bevor. Der Kreml richtete seine Bemühungen von Anfang an auf sie. Putin war mittlerweile besessen von der Macht der Medien, die ihm überaus bewusst war, weil er ja schließlich mithilfe von Beresowskis Fernsehsender von einem Niemand zum beliebtesten Anführer des Landes aufgestiegen war. Ihm war klar: Wenn er nicht die Kontrolle über die großen Fernsehsender erlangte, konnte diese Entwicklung jederzeit wieder rückgängig gemacht werden.

\*

Boris Beresowski war für Putins Männer der Inbegriff eines Oligarchen aus der Jelzin-Ära – mehr als jeder andere Tycoon. Sie beschimpften, verachteten und fürchteten ihn gleichermaßen. Er verkörperte die Insidergeschäfte der Jelzin-Jahre, als eine kleine Gruppe von Geschäftsleuten hinter den Kulissen die besten Güter und Posten unter sich aufgeteilt hatte. Durch seine Kontakte zu den tschetschenischen Rebellenführern war er den KGBlern verhasst, vor allem Patruschew, der jeden verabscheute, der mit den Tschetschenen zu tun hatte. Beresowski hatte den Separatistenführer Aslan Maschadow unterstützt und nach Jelzins desaströsem ersten Tschetschenienkrieg, in dem Tausende russische Soldaten und noch viel mehr tschetschenische Zivilisten ihr Leben verloren hatten, dazu beigetragen, einen Friedensvertrag auszuhandeln. Dieser Vertrag gewährte Maschadow weitgehende Autonomie für seine Republik – in den Augen von Putins KGB-Männern ein schwarzes Loch, das Menschen und Geld verschluckte. Dank Beresowski sei es den tückischen Clans der tschetschenischen Warlords gelungen, ihr Geld nicht nur durch Entführungen und Lösegeldzahlungen zu verdienen, sondern auch durch Kriegsgeschäfte. »Er ist ein Kriegsverbrecher. Er hat Menschen verschleppt«, behauptete ein Geschäftspartner Putins. »Das alles – der Krieg, die tschetschenischen Warlords – war Beresowskis Werk.«

Aber vor allem fürchteten Putins Männer die Macht von Beresowskis Medien. Obwohl sein Fernsehsender ORT auf dem Papier dem Staat gehörte, der eine Mehrheit von 51 Prozent an ihm hielt, war Beresowksi, der den Rest besaß und den Vorstand mit seinen Verbündeten besetzt hatte, de facto der Chef des Senders.

Bis Anfang August 2000 hatte er sich zu einem erklärten Gegenspieler des neuen Regimes entwickelt. Am Tag nachdem in einer Unterführung im Moskauer Zentrum die Bombe eines Terroristen hochging und sieben Menschen tötete und neunzig verletzte, hielt er eine Pressekonferenz ab, in der er verkündete, ein Oppositionsbündnis zu gründen, um Putins zunehmenden Autoritarismus, wie er es bezeichnete, zu bekämpfen. Er warnte, dass es zu weiteren derartigen Anschlägen kommen könnte, sollte der Kreml seinen »gefährlichen« Vorstoß fortsetzen, die Rebellen in Tschetschenien vernichten zu wollen.[62] Das machte aufgrund von Beresowskis Beziehungen zu den Tschetschenen den Eindruck, als hätte er der Putin-Regierung den Fehdehandschuh hingeworfen.

Als es später in jenem Monat zu einer Katastrophe kam und Putin die erste große Krise seiner noch jungen Präsidentschaft überstehen musste, wurde es für die Kreml-Männer umso wichtiger, Beresowski aus der Medienbranche zu verdrängen. Irgendwie war an Bord eines russischen Atom-U-Boots, der *Kursk*, ein Torpedo explodiert, was das U-Boot heftig beschädigt hatte und es mitsamt der Besatzung auf den Meeresgrund hatte sinken lassen. Beresowksi bot die ganze Macht von ORT auf, um heftige Kritik an Putins Umgang mit dem Unglück zu üben. Sechs Tage lang herrschte Ungewissheit, weil der Präsident sich nicht an die Öffentlichkeit wandte, sondern in seiner Sommerresidenz am Schwarzen Meer in der Nähe von Sotschi blieb und sich nur zeigte, als er auf einem Jetski über die Wellen raste – was ORT direkt ausstrahlte. Putin hüllte sich in Schweigen, während die Marine tagelang verschleierte, was genau passiert war, auch noch nachdem man zugegeben hatte, dass das U-Boot gesunken war. Die Angehörigen der Besatzung verzweifelten, eine Rettungsaktion war nur zögerlich angelaufen. Russland hatte die internationalen Hilfsangebote anfangs noch ausgeschlagen, aus Angst, es könnten Details über den Zustand der Atom-U-Boot-Flotte bekannt werden.

Putin, der trotz seiner jahrelangen Arbeit mit Illegalen im Westen und seinem entschiedenen Eingreifen in Tschetschenien immer noch ein unerfahrener Anführer war, sei anfangs vor Angst wie erstarrt gewesen, sagte eine Person aus seinem Umfeld. »Er war wie betäubt und leichenblass. Er wusste nicht, wie er mit der Situation umgehen sollte, und versuchte daher, sich einfach gar nicht mit ihr auseinanderzusetzen. Wir wussten, dass es eine Explosion gegeben hatte. (...) Wir glaubten, dass alle sofort tot waren. Putin wusste einfach nur nicht, wie er sich verhalten sollte, und als die Leute dann kamen und fragten: ›Wie lauten Ihre Anweisungen? Sollen wir eine Rettungsaktion in die Wege leiten, sollen wir den USA den Krieg erklären?‹ [eine der Theorien hatte gelautet, dass die *Kursk* mit einem amerikanischen U-Boot kollidiert war], spielte er auf Zeit. Obwohl wir glaubten, dass niemand mehr am Leben war, setzten wir die Rettungsaktion in Gang, und ab da schienen alle Berichte von flehentlichen Rufen von U-Boot-Soldaten zu handeln, die an Wände klopften. Die Norweger und andere meldeten sich und boten ihre Unterstützung an. Aber er wollte nicht, dass sie herausfanden, dass alle tot waren, und lehnte die Hilfe ab – was natürlich alles nur noch schlimmer machte. Die ganzen Lügen machten alles nur noch schlimmer.«[63]

Am siebten Tag nach dem Unfall flog Putin still und leise zurück nach Moskau. Vor die Öffentlichkeit trat er jedoch erst drei Tage später. Nach langem Drängen und Beschwören durch seine Berater flog er zum Heimathafen der Kursk nach Widjajewo, einer geschlossenen Militärstadt nördlich des Polarkreises, wo sich die angsterfüllten Angehörigen der Crew bereits Tage zuvor versammelt und vergeblich auf gute Nachrichten gewartet hatten. Mittlerweile herrschten dort Trauer, Wut und Verzweiflung. Am Tag zuvor hatten die russischen Behörden schließlich zugegeben, dass alle hundertachtzehn Besatzungsmitglieder tot waren, und die Medien hatten Putin wegen seiner Untätigkeit im Umgang mit dem Ereignis bereits schwer gescholten. Besonders hart ging Beresowskis Sender ORT mit ihm ins Gericht, der Interviews mit trauernden Verwandten ausstrahlte, die Putin dessen mangelnde Führungsstärke vorwarfen. Putin tobte und behauptete, dass es sich bei den Frauen, die in den Ausschnitten zu sehen waren, laut einem Bericht seiner Sicherheitsberater nicht um Ehefrauen oder Verwandte der Matrosen handelte, sondern um Prostituierte, die Beresowski bezahlt hätte, um ihn in Verruf zu bringen.

Doch als Putin in Widjajewo eintraf, erfuhr er den Zorn der Menschen am eigenen Leib, denn die Frauen und Verwandten stürzten sich sogleich auf ihn. Die Wut, die man in Beresowskis Beiträgen gespürt hatte, war echt; jeder Verdacht, sie könne gespielt gewesen sein, löste sich in Luft auf. Putins erste Reaktion zeigte erneut seine tiefsitzende Paranoia und seinen Mangel an Empathie. Drei Stunden lang sprach er mit den Angehörigen und versuchte sie zu beruhigen. Obwohl er ihnen erklärte, er sei bereit, die Verantwortung für alles zu übernehmen, was im Land in den hundert Tagen seit seiner Amtseinführung geschehen sei, könne er das doch nicht für die vergangenen fünfzehn Jahre tun: »Was das angeht, bin ich bereit, mich neben Sie zu setzen und anderen diese Fragen mit Ihnen zusammen zu stellen.«[64] Die vermasselte Rettungsaktion lastete er dem prekären, erbärmlichen Zustand des Militärs an, das während Jelzins Regierungszeit aufgrund fehlender Mittel dem Verfall überlassen worden sei.

Doch vor allem gab er den Medienmoguln die Schuld. In Wahrheit seien sie verantwortlich für die Probleme des Militärs, weil sie das Land um sein Geld gebracht hätten, während sie gleichzeitig noch versuchten, politisches Kapital aus der Tragödie zu schlagen. Das richtete sich eindeutig gegen Beresowski und Gussinski: »Es gibt heute Personen beim Fernsehen, die (…) in den letzten zehn Jahren die Armee und die Flotte zerstört haben, wodurch jetzt Menschen sterben. (…) Sie haben Geld gestohlen, die Medien gekauft und manipulieren jetzt die öffentliche Meinung.«[65]

Irgendwann schaffte es Putin, die Angehörigen zu besänftigen. Aber seine Aussagen, die Medienmoguln seien Diebe, die den Staat zersetzt hätten, bedeuteten, dass sich Beresowski und Gussinski keine

Hoffnungen mehr darauf machen durften, ihre unabhängigen Kanäle zu behalten. Auch in diesem Fall hatte der Geschäftspartner von Beresowski, der sich Kontakte in die Sicherheitsbehörden bewahrt hatte, seinen Freund gescholten und ihm geraten, sich endlich zurückzuhalten.[66] »Ich sagte: ›Borja, warum untergräbst du ihn, statt ihm eine Chance zu geben? Wie kannst du ihm die Schuld an diesem U-Boot zuweisen?‹« Aber Beresowski kannte keine Reue; er befürchtete einen KGB-Staat und wollte sich dem mit aller Macht widersetzen. Nach dem Ereignis mit der *Kursk* erklärte Woloschin Beresowski, dass seine Zeit an der Spitze von ORT beendet sei, weil man zu dem Schluss gekommen sei, dass er den Sender dazu nutze, »gegen den Präsidenten zu arbeiten«.[67] Dann teilte er ihm laut Beresowskis eigener Aussage mit, dass er zwei Wochen habe, um seine Anteile abzugeben, wenn er Gussinski nicht ins Butyrka-Gefängnis folgen wolle. Das betrachtete Beresowski als ein Ultimatum, das »das Ende der TV-Information in Russland einläutete«: »Stattdessen wird es von den [Kreml-]Beratern gesteuerte Fernsehpropaganda geben.«[68] Eine Zeit lang lieferte er sich noch ein riskantes Katz-und-Maus-Spiel mit dem Kreml und erklärte, er habe seine Anteile an ORT in die treuen Hände der Journalisten des Senders gegeben, während er gleichzeitig verkündete, er werde nicht zulassen, dass das Land in einen autoritären Abgrund stürze.

Trotz Beresowskis Hellsichtigkeit arbeiteten die Relikte aus der Jelzin-Zeit, die weiterhin im Kreml saßen, Hand in Hand mit Putin und den Strafverfolgungsbehörden. Die Kreml-Maschinerie stand vereint gegen Beresowski und Gussinski, die beiden hatten nie eine Chance. Gleb Pawlowski, der Spindoktor des Kreml, der an Putins PR-Kampagne vor der Präsidentschaftswahl mitgewirkt hatte, war jetzt daran beteiligt, eine neue »Doktrin zur Informationssicherheit« zu verfassen, die es der Regierung seiner Aussage zufolge gestatten würde, »zwielichtige Informationsvermittler« wie Gussinski und Beresowski, von denen »eine ernsthafte Bedrohung für die nationalen Interessen« ausgehe, einfach abzusetzen.[69]

Mitte Oktober nahm die Staatsanwaltschaft die Ermittlungen gegen Beresowski wieder auf. Man hatte ihm bereits früher vorgeworfen, Hunderte Millionen Dollar der staatlichen russischen Fluggesellschaft

Aeroflot, deren Teilhaber er war, über Schweizer Unternehmen ins Ausland geschleust zu haben. Der Druck wurde langsam unerträglich. Als die Staatsanwaltschaft am 13. November verkündete, dass man ihn zur Vernehmung einbestelle und die Anklage schon bereitliege, floh Beresowski aus Russland und erklärte, nie wieder zurückkehren zu wollen. »Sie haben mich zu der Entscheidung gezwungen, ob ich lieber politischer Gefangener oder politischer Flüchtling sein will«, sagte er in einer Stellungnahme, die er an einem unbekannten Ort abgab.[70]

Ganz ähnlich ging man auch gegen Gussinski vor. Er war am selben Tag zur Vernehmung einbestellt worden, doch er hatte sich schon lange aus dem Staub gemacht: Kurz nachdem er im Juli den Vertrag unterschrieben hatte, mit dem er seine Anteile an Media-Most abtrat, hatte er sich dem Zugriff der Staatsanwaltschaft entzogen und war in seine Villa in Spanien geflohen. Dann hatte er diesen Vertrag für nichtig erklärt, weil er ihn unter Zwang unterzeichnet habe, gegen das Versprechen der Freiheit. Doch dem langen Arm der russischen Staatsanwaltschaft konnte er nicht entkommen. Sie erhob Anklage in Abwesenheit, weil er seine Besitzverhältnisse in Bezug auf Media-Most falsch dargestellt habe, als er die Kredite von Gazprom in Anspruch genommen hatte, und erwirkte bei Interpol einen internationalen Haftbefehl gegen ihn.

Selbst im Exil wurde der Druck auf die beiden Männer irgendwann zu groß. Im Februar 2001 veräußerte Beresowski seine ORT-Anteile an Roman Abramowitsch, er folgte damit dem Drängen Woloschins, seine Beteiligung zu beenden. Die russische Regierung blieb der größte Anteilseigner und übernahm die Kontrolle über den Sender. (Möglicherweise verkaufte Abramowitsch den Großteil seiner Anteile an einen von Putins engsten Verbündeten, Juri Kowaltschuk, und den verbleibenden Rest an den Staat.) Im April des Jahres übernahm Gazprom dann Gussinskis Sender NTW mithilfe eines geschickten Schachzugs – das Unternehmen forderte 281 Millionen Dollar zurück, die es Media-Most geliehen hatte.

Putin und seine Männer wendeten also die erprobten Methoden aus Petersburger Tagen an, als sie den Hafen und die Ostsee-Schifffahrtsgesellschaft hatten übernehmen können, indem sie einfach deren

Chef ins Gefängnis steckten. Doch in dieser frühen Phase ihrer Regierungszeit hätten sie ohne die Unterstützung der verbliebenen Jelzin-Getreuen im Kreml nicht viel ausrichten können. »Die Pläne, wie wir die Medien in die Hand des Staates bringen konnten, die letztlich zur Zerstörung der unabhängigen Medienlandschaft führten, stammten von ihnen [den Mitgliedern der Jelzin-Familie]«, sagte Leonid Newslin, der ehemalige Menatep-Tycoon, der das Geschehen von der Seitenlinie aus genau beobachtete. »Das hat Putin ihnen zu verdanken. (…) Wir hätten schon im ersten Jahr von Putins Amtszeit erkennen müssen, wohin das führt. Stattdessen schauten wir lieber weiter durch die rosarote Brille, weil es der Wirtschaft ansonsten gut zu gehen schien.«[71]

Hinter dem Bühnenvorhang des Kreml, abseits der bombastischen Demonstration seiner Macht, habe Putin weiterhin Nerven gezeigt, meinte Pugatschow. Im Januar 2001, vor der Übernahme von NTW durch Gazprom, hatte er die Topjournalisten des Senders eingeladen, um sie von den wohlmeinenden Absichten des Staates zu überzeugen. Bevor er die Kreml-Bibliothek betrat und die Gäste begrüßte, sei er sichtbar fahrig gewesen, erinnerte sich Pugatschow: »Er fürchtete sich vor dem Treffen. Er wollte nicht hineingehen und mit ihnen reden. Ich musste ihm vorkauen, was er sagen sollte. Dort saß die Crème de la Crème der Moskauer Intellektuellen, Namen, die jeder kannte.«[72]

Putin sei so unsicher gewesen, dass er eine der Journalistinnen zu sich gerufen und mit ihr in einen Nebenraum gegangen sei, wo er sie fragte, was sie hören wolle, erzählte Pugatschow. Swetlana Sorokina moderierte seit vier Jahren die beliebteste Polittalkshow auf NTW, *Glas Naroda*, »Die Stimme des Volkes«. »Er sagte zu ihr: ›Sie und ich, wir kommen beide aus Sankt Petersburg, das haben wir gemeinsam. Sagen Sie mir, was Sie gern hören würden‹«, berichtete Pugatschow. Die restlichen Journalisten, die in der Bibliothek warteten, glaubten, Putin hätte Sorokina beiseitegenommen, um die anderen auf dem falschen Fuß zu erwischen, ihnen den Wind aus den Segeln zu nehmen. Aber Pugatschow beharrte darauf, dass Putin nicht gewusst habe, was er sagen sollte. Außerdem war es eine klassische Taktik, um sich Verbündete zu schaffen.

Als Putin schließlich in die holzvertäfelte Kreml-Bibliothek trat, um die Journalisten zu begrüßen, hatte er sich Sorokinas Erwartungen wie ein Chamäleon angepasst und konnte den Anwesenden genau das erzählen, was sie hören wollten. Er behandelte den Termin wie eine KGB-Operation. In den folgenden dreieinhalb Stunden versicherte er den Journalisten, dass der Kreml nur Gutes im Sinn habe. Der Konflikt, erklärte er, betreffe nur Gussinski. Die Redaktionsteams sollten unverändert bestehen bleiben. Auch ein ausländischer Investor sei durchaus willkommen. Er wolle die inhaltliche Unabhängigkeit des Senders bewahren. Gazprom, versicherte er, sei nicht der Staat. Und was die Staatsanwaltschaft anginge, die ihre Aufmerksamkeit mittlerweile auf einzelne Journalisten und ihre finanziellen Verbindungen zu Gussinski richtete – über die hätte er keine Macht, sie unterstünde nicht seinem Kommando.

»Wir lernten an jenem Tag, dass die Staatsanwaltschaft eine völlig unabhängige Behörde ist – Putin wiederholte es mehrere Male«, erinnerte sich einer der Journalisten, Wiktor Schenderowitsch, später. Er hatte kaum glauben können, was er da hörte. »Er sagte, er sei bereit, uns zu helfen, und halte die Staatsanwaltschaft hin und wieder für übereifrig.«[73] Putin hatte den Journalisten erklärt: »Sie werden es mir nicht glauben, aber ich kann nichts gegen sie ausrichten. Wollen Sie, dass ich wieder zur Telefonjustiz zurückkehre?«[74] Ein deutlicher Verweis auf die Zeiten, in denen das sowjetische Politbüro den Gerichten und Staatsanwälten die Urteile von oben diktiert hatte.

Es war ein Schauspiel, wie es Putin später noch viele Male abliefern würde, wenn er darauf beharrte, dass er den offiziellen, korrekten Weg der Institutionen einhalte, und dabei verbarg, was hinter den Kulissen wirklich ablief. Wenn er die Erwartungen und Befürchtungen anderer in sich aufsog, lief er zu Hochform auf. Das war eine Taktik, die er in Dresden perfektioniert hatte. »Er war wie ein Spiegel«, sagte Pugatschow. »Er erzählt einfach jedem, was er hören will.«[75]

Trotzdem verließen die Journalisten den Kreml mit einem unguten Gefühl. Wie sollten sie glauben, was sie gerade gehört hatten? Als Gazprom ihnen Anfang April eine neue Geschäftsführung vorsetzte, mit der Begründung, dass Gussinski seine Schulden nicht habe zurückzahlen können, organisierten die Journalisten ein Sit-in, um sich die Kontrolle über die Redaktion zu sichern, und brachten weiterhin kritische Berichte über den Kreml, ganz so, als hegten sie noch Hoffnungen, dass Putin seine Worte wirklich ernst gemeint hatte.

Doch am Morgen des elften Tages der Protestaktion traten Putins wahre Intentionen klar und deutlich zutage. Er hatte nichts von dem gemeint, was er über die fortwährende inhaltliche Unabhängigkeit des Senders gesagt hatte. Um vier Uhr morgens drang still und leise eine Schar von Sicherheitsbeamten in das Gebäude ein und nahm die Plätze des bisherigen Wachdienstes ein. Als die Journalisten am Vormittag zur Arbeit erschienen, wurden sie nur eingelassen, wenn sie der neuen Geschäftsführung die Treue schworen. Viele der dienstälteren Mitarbeiter kündigten sofort, als Protest dagegen, dass ihnen auf diese halbstarke Art und Weise ihre hart erkämpfte Unabhängigkeit genommen wurde. »In unserem Land findet ein schleichender Putsch statt«, erklärte Igor Malaschenko, ein Mitgründer des Senders. »Die Ziele gleichen denen des Augustputsches im Jahr 1991, und es stecken auch die gleichen Leute dahinter – Mitglieder des Geheimdienstes.«[76] »Wir tragen alle eine Mitschuld, weil wir den KGB wieder an die Macht gelassen haben«, erklärte Sergej Kowaljow, ein bekannter Menschenrechtsaktivist, vor Journalisten.[77]

Putins Kreml hatte die Kontrolle über die Medien zurückerobert. Die freie Presse der Jelzin-Jahre gehörte der Vergangenheit an.

# 7

## »OPERATION ENERGIE«

Weit im Osten von Moskau, jenseits des Ural, wo die Birkenwälder einer Taiga aus Fichten und Sümpfen weichen, erstreckt sich die weitläufige Ebene der westsibirischen Ölregion. Seit sowjetische Geologen dort in den Sechzigerjahren enorme Öl- und Gasvorkommen entdeckten, hatte diese Region den Treibstoff für die globalen Ambitionen des Sowjetreiches geliefert. Sie war der Schlüssel zur Weltmacht des Landes.

Die Ingenieure, Ölbohrexperten und Geologen, die das fast menschenleere Gebiet erschlossen, wurden als sowjetische Helden gefeiert. Sie hatten gegen das Eis und die extremen Temperaturen im Winter angekämpft, um Bohrtürme und Pipelines in einer Region zu errichten, die sich in den Sommermonaten in unüberwindbare Seen und mückenverseuchte Sümpfe verwandelte. Ihre Anstrengungen trugen dazu bei, dass sich die Sowjetunion zeitweilig in eine Wirtschaftsmacht verwandelte, die Ende der Achtzigerjahre zum größten Öl- und Gasproduzenten der Welt aufstieg. Die Fördermenge wurde gnadenlos immer weiter hochgeschraubt, um den stetig erhöhten Erwartungen des Politbüros zu genügen. Man pumpte Wasser in Bohrlöcher, um das Öl herauszutreiben, das dem gefräßigen militärisch-industriellen Komplex als Treibstoff diente. Hier wurden zwei Drittel des sowjetischen Öls gefördert. Die Region war der Goldschatz des sowjetischen Reiches, auf dessen Territorium sich insgesamt 40 Prozent der weltweiten Gasvorkommen und 12 Prozent der Ölvorkommen außerhalb des Nahen Ostens befanden.

Ein Großteil des geförderten Öls und Gases wurde zu einem niedrigen Fixpreis auf dem Inlandsmarkt verkauft und subventionierte so die Massenproduktion von Panzern und anderen Rüstungsgütern, die das Sowjetreich für den Kampf gegen den Westen herstellte.[1] Die Exporte hingegen liefen strategischer ab: Sie waren das schwarze Gold, auf dem der weltweite Einfluss des Sowjetreiches beruhte. Die Wirtschaft der DDR funktionierte hauptsächlich, weil man sowjetisches Öl und Gas zu einem Bruchteil der Weltmarktpreise kaufen konnte, und im Rest des Ostblocks lief es ganz ähnlich.[2]

Vor allem diese Exporte wurden vom KGB genauestens überwacht. Die Gewinne, die der staatliche Ölexportmonopolist Sojusneftexport durch die Differenz zwischen dem sowjetischen Preis und dem – sechsmal höheren – Weltmarktpreis machte, füllten die Kassen der Sowjetunion mit harten Devisen, womit sich Vorstöße in den Nahen Osten und nach Afrika, bewaffnete Konflikte und Aufstände sowie aktive Maßnahmen zur Destabilisierung des Westens finanzieren ließen.

Als mit der Sowjetunion auch die Kommandostruktur des Ölministeriums zusammenbrach, spaltete sich die Ölindustrie anfangs in vier separate, vertikal integrierte Produktionsgesellschaften auf: Lukoil, Jukos, Surgutneftegas und – für einen gewissen Zeitraum – Rosneft. Obwohl diese Betriebe offiziell immer noch dem Staat gehörten, wurden sie nun größtenteils von den Direktoren übernommen, den Ölgenerälen, die sie zu Sowjetzeiten geführt hatten, während die Mafiaclans, die in vielen Städten Russlands Angst und Schrecken verbreiteten, versuchten, ebenfalls irgendwie einen Fuß in die Tür zu bekommen.[3] Da die Ölfelder in Westsibirien durch das jahrzehntelange Missmanagement der Sowjets in weiten Teilen leergepumpt waren, brach die Fördermenge ein. Dennoch steuerte der Auslandsarm des KGB in der ersten Hälfte der Neunzigerjahre unbemerkt und aus dem Hintergrund heraus den Löwenanteil der Ölexporte. Die Produzenten waren angewiesen, bis zu 80 Prozent ihrer Erzeugnisse zum niedrigen Festpreis an den Staat zu verkaufen, sodass ein System aus *spezexportery*, ausgebildeten Exportspezialisten, die eng mit dem KGB oder deren Mafiaverbündeten zusammenarbeiteten, die Differenz zum Weltmarktpreis einstreichen konnte.[4] Oft flossen die Summen, die auf diese Weise hereinkamen, in die schwarzen Kassen des KGB oder des Kreml, um Wahlkämpfe zu finanzieren oder sicherzustellen, dass

Abstimmungen mit den gewünschten Ergebnissen endeten – oder sie verschwanden einfach.

Als die strategisch wichtigsten und lukrativsten Branchen der Sowjetindustrie Mitte der Neunzigerjahre im Rahmen der Darlehen-gegen-Anteile-Versteigerungen veräußert wurden, gelangten viele dieser Goldgruben der KGB-Netzwerke in private Hände. Die Kontrolle über Betriebe wie Jukos oder Sibneft, einen benachbarten Ölproduzenten in Westsibirien, gingen auf junge Banker mit Kontakten zur Jelzin-Regierung über, so auch auf Chodorkowski und, mit Unterstützung durch Beresowski, auf Abramowitsch, die sie für 300 bzw. 100 Millionen Dollar erstanden. Das Kapital, auf das die jungen Tycoons Zugriff hatten, weil ihre Banken Staatsgelder verwalteten, verschaffte ihnen im Kampf um die natürlichen Ressourcen des Landes die Oberhand. Derartige Summen konnten die KGB-Leute nicht aufbringen.

Die Folgen waren enorm. Öl machte – trotz des zu der Zeit niedrigen Weltmarktpreises – immer noch einen großen Anteil der Exporteinnahmen des Landes aus.[5] Chodorkowskis Männer etwa schufen gleich nach der Firmenübernahme 1996 eigene Vertriebskanäle für Jukos. Die Gewinne wurden auf den privaten Offshore-Konten von Chodorkowskis Menatep-Gruppe geparkt, auf die der russische Staat keinen Zugriff hatte, während der Konzern Schlupflöcher in den Gesetzen ausfindig machte, um die Steuerlast minimal zu halten. Der Schwerpunkt des Kräfteverhältnisses verschob sich eindeutig in Richtung der Tycoons. Die Privatisierung der Gewinne aus dem Ölexport änderte alles. Sie machte Menschen wie Chodorkowski und Beresowski zu echten Oligarchen, die in der Lage waren, Jelzins Leute zu bestechen und dafür zu sorgen, dass Parlamentsabstimmungen in ihrem Sinne ausgingen. Laut Andrej Pannikow, dem einstigen KGB-Mitglied, das ins Ölgeschäft eingestiegen war, bedrohte die Aufspaltung der Ölbranche in mehrere Privatbetriebe den Zusammenhalt des russischen Staates und hätte niemals passieren dürfen: »Ich hätte das Staatsmonopol niemals zerstört. Ich hätte alle Exporte in Staatshand behalten.«[6]

Für Putin und seine KGB-Männer war das natürlich ein Thema, das sofort ihre Aufmerksamkeit auf sich zog. Der globale Ölpreis setzte zum Höhenflug an, kurz nachdem Putin im Sommer 1999 von Jelzin

zum bevorzugten Nachfolger erklärt worden war. Mitte 2002 verkündete Chodorkowski, der als ehrgeiziger Chemiestudent mit leiser
Stimme in jungen Jahren damit angefangen hatte, Discoabende für den
Komsomol zu organisieren, dass sich das Privatvermögen, das er durch
eine 36 Prozent umfassende Beteiligung an der Menatep-Bank erlangt
hatte, auf 7 Milliarden Dollar belief.[7] Das war ein gewaltiger Sprung
im Vergleich zu 1995, als Menatep Jukos im Rahmen der Darlehen-
gegen-Anteile-Versteigerungen für 300 Millionen Dollar aufgekauft
hatte und das Unternehmen selbst noch in Schulden versunken war.[8]
Diese Enthüllung machte Chodorkowski offiziell zum reichsten Mann
Russlands, zu einer Zeit, in der der russische Staatshaushalt 67 Milliarden Dollar betrug und Russlands größter Staatskonzern Gazprom an
der Börse für 25 Milliarden Dollar gehandelt wurde.

Chodorkowski und seine Geschäftspartner bei Menatep waren die
ersten russischen Tycoons gewesen, die ihre Beteiligungen offenlegten. Die meisten Oligarchen versteckten sich hinter einem Geflecht
aus Briefkastenfirmen, aus Angst, dass der Staat nach der kontroversen Privatisierung in den Neunzigerjahren auf Rache sinnen könnte.
Chodorkowski wagte sich unter anderem deshalb an die Öffentlichkeit, weil Putins Einzug ins Präsidentenamt als Signal für die Legalisie-
rung des Zustands verstanden wurde, der sich durch den chaotischen
Übergang zur Marktwirtschaft ergeben hatte – nun galt die Beute der
Neunzigerjahre als gesichert. Das war einer der Gründe dafür, dass
Putin so viel Unterstützung erhalten hatte, vor allem von der Jelzin-
Familie. Trotz seiner gnadenlosen Jagd auf die Medienmogule hatte
Putin nie angedeutet, auch andere Unternehmen zurück in den Staats-
besitz holen zu wollen. Und obwohl er oftmals damit gedroht hatte, die
Oligarchen an die Leine zu legen, hatte er doch stets beharrt, die Pri-
vatisierungen der Neunzigerjahre anzuerkennen. Es schien, als hätte
Russland durch Chodorkowskis Offenlegung einen weiteren Schritt
hin zu einer reifen und fortschrittlichen Marktwirtschaft getan. Die
Angelegenheit wurde als Durchbruch in Sachen Transparenz gefeiert,
war aber gleichzeitig wohl eine Wette Chodorkowskis auf die Macht
des Marktes, ihn zu beschützen. Er setzte darauf, nach den Regeln der
westlichen Märkte spielen zu können.

Doch für die *silowiki*, die mit Putin an die Macht gekommen waren, stellte Chodorkowskis neuer Status als reichster Mann Russlands – der sich dazu noch ihrer Kontrolle entzog – ein rotes Tuch dar. Sie hatten seit dem Zusammenbruch der Sowjetunion darauf gelauert, Russlands Macht wiederherzustellen. Putins Einzug ins Präsidentenamt, erreicht durch subtile Täuschungen und Versprechen gegenüber der Jelzin-Familie, sollte der erste Schritt in Richtung dieses Ziels sein. Die KGB-Männer hatten die Ölindustrie des Landes immer als wichtiges Kapital im geopolitischen Machtspiel betrachtet. Ihrer Ansicht nach war es enorm wichtig, die russischen Ölvorkommen unter staatliche Kontrolle zu bringen, sowohl um ihre eigene Macht zu sichern als auch um Russlands Position gegenüber dem Westen aufzuwerten. Und was natürlich ebenfalls nicht schadete, war, dass sie sich dabei die eigenen Taschen füllen könnten.

Die Frage lautete nun, wie sie vorgehen sollten. Im Gegensatz zu den Kommunisten zog die neue Generation von *silowiki* – die dem Teil des KGB entstammten, der die Marktreformen überhaupt erst auf den Weg gebracht hatte – eine offene Wiederverstaatlichungskampagne gar nicht in Erwägung: Sie waren stets für den Markt eingetreten. Stattdessen zielten sie darauf ab, den Markt als Waffe einzusetzen und ihn dadurch umzugestalten. Sie wollten eine Art Quasistaatskapitalismus erschaffen, der ihre – oder wie sie es sahen: Russlands – Macht vergrößern würde.

In der Gasbranche ließ sich das deutlich leichter bewerkstelligen als im Ölsektor. Anders als beim Öl bestand hier noch ein fast vollständiges Monopol in Staatshand. Gazprom, der staatliche Gasgigant, war das strategisch wichtigste Wirtschaftsgut des Landes. Da das Unternehmen über die größten Gasvorkommen der Erde verfügte, war es der Weltmarktführer in der Gasproduktion und brachte dem Land die meisten Steuereinnahmen ein. Gazprom versorgte nicht nur die Häuser der Russen mit Wärme und Licht, sondern deckte auch 25 Prozent des europäischen Gasbedarfs ab. Dieser Status als vorherrschender Lieferant in weiten Teilen Mittel- und Osteuropas sowie in der Ukraine und in Belarus ließ sich als Mittel zur politischen Einflussnahme benutzen, während die enormen Gewinne und Vermögenswerte des Unternehmens Putins Leuten eine Bandbreite an Möglichkeiten boten.

Unter Jelzin hatte die Geschäftsleitung von Gazprom weite Teile des Unternehmens übernommen und zu ihrem eigenen Reich ausgebaut. Aber Putin machte sich gleich zu Beginn seiner Amtszeit daran, sie durch Verbündete auszutauschen; es kam zu einem kompletten Wechsel, nachdem eine Überprüfung durch die Anteilseigner ergeben hatte, dass die Manager aus Jelzin-Tagen eine Reihe von Gasfeldern und andere Güter aus dem Unternehmen herausgelöst und an Firmen überschrieben hatten, in die sie selbst involviert waren. Die Männer, die Putin jetzt bei Gazprom installierte, hatten alle bereits Führungspositionen im Petersburger Hafen bekleidet, dem strategischen Standort, den Putins *silowiki* erobert hatten, als sie erste Erfahrungen in der Zusammenarbeit mit der Tambow-Mafia sammelten. Das war der erste Hinweis darauf, dass die damals geschmiedete Allianz nun auch auf staatlicher Ebene agierte. Der neue Chef von Gazprom war der neununddreißig Jahre alte Alexej Miller, ein kleiner, schnauzbärtiger Mann, der erst Putins Stellvertreter im Komitee für Außenbeziehungen im Petersburger Rathaus und später Direktor des Hafens gewesen war.[9]

Die im Privatbesitz befindliche Ölindustrie stellte eine deutlich größere Herausforderung dar. In Sankt Petersburg hatten die *silowiki* die Strafverfolgungsbehörden nach ihrem Willen einspannen können, um Konkurrenten auszuschalten. Doch im Kampf gegen die Moskauer Oligarchen lagen die Dinge anders. Obwohl Putins Gefolgsleute über den FSB sehr viel Macht ausübten, hatten sie doch noch nicht das gesamte System unter ihre Kontrolle gebracht, und die Tycoons waren etablierte Größen, die auch im Westen bekannt waren und Unternehmen aufgebaut hatten, die an westlichen Börsen gehandelt wurden. Somit stand die Fähigkeit des Landes, ausländische Investitionen anzuziehen, auf dem Spiel, und der pragmatisch veranlagte Putin verstand, dass diese weiterhin entscheidend sein würden, wenn er die wirtschaftliche Erholung nach der Krise der Neunzigerjahre vorantreiben wollte.

Die *silowiki* gingen die sogenannte »Operation Energie« zunächst unauffällig an. Die Jelzin-Familie war immer noch davon überzeugt, dass Putin ein Mann des Marktes war. Sie betrachteten ihn als Präsidenten in Ausbildung, der das Regieren gerade erst lernte. Im ersten Jahr seiner Amtszeit habe er Englischintensivunterricht genommen, er habe sich beibringen lassen, wie man große Mengen an Dokumenten möglichst schnell durchlas, und sich eingehend über die Verwaltung und Geschichte des russischen Staates informiert, erzählte ein hochrangiger Bankier mit Verbindungen zum KGB, der es wissen musste. Er sagte: »Das System zur Ausbildung von Führungskräften war zusammengebrochen.«[10]

Die Jelzin-Familie glaubte weiterhin fest an Putins Loyalität und an seine Folgsamkeit. Anscheinend meinte sie auch, in seiner ersten Amtszeit über einen Großteil der Wirtschaft bestimmen zu können, während Putin anfangs anzudeuten schien, dass er im Anschluss nicht wieder antreten wolle. Die Familie fühlte sich so sicher und war sich der Ambitionen der Petersburger KGBler in Bezug auf die Ölindustrie so wenig bewusst, dass sie anfing, Pläne für eine Privatisierung des letzten staatlichen Ölriesen Rosneft zu schmieden. Roman Abramowitsch hatte schon lange ein Auge auf das Unternehmen geworfen – er und Beresowski hatten gehofft, es mit Sibneft zusammenlegen zu können, als die Privatisierung 1997 zum ersten Mal aufkam. Nun, da sie ihre Zukunft für gesichert hielten, erzählte Pugatschow, habe Woloschin sogar schon ein Dekret zum Verkauf von Rosneft vorbereitet gehabt, das Putin nur hätte unterschreiben müssen. Hinter den Kulissen hatte Abramowitsch unauffällig immer wieder versucht, einer Privatisierung den Weg zu ebnen. In einem Korridor von Putins Residenz Nowo-Ogarjowo stand plötzlich ein Ständer mit eleganten Anzügen und Schuhen aus Italien – eine Aufmerksamkeit von Abramowitsch, meinte Pugatschow. »Ich sagte: ›Wolodja, wofür um alles in der Welt brauchen Sie das alles? Sie sind der Präsident eines der größten Länder der Erde. Da können Sie sich Ihre Anzüge doch wohl selbst kaufen! Sie wollen diese Bestechung nicht. Die werden Gegenleistungen verlangen.‹«[11]

Für Pugatschow stellten Abramowitschs Bemühungen den Tropfen dar, der das Fass zum Überlaufen brachte. Ein Sprecher von Abramowitsch streitet dies ab. Er hielt es für unerlässlich, das letzte staatliche

Ölunternehmen vor der »Familie« zu schützen. Seit sein Mitwirken an Putins Aufstieg auch seine Position immer weiter verbessert hatte, schwankte seine Loyalität zwischen Putins Petersburger KGB-Männern und der Jelzin-Familie, je nachdem, was gerade politisch geboten war, und er behielt seine wahren Ansichten meistens für sich. Doch in dieser Sache schlug er sich entschieden auf die Seite der *silowiki*. »Sie [die Jelzin-Familie] hatten den Präsidenten in Woloschins Datscha eingeladen. Sie bestellten ihn zu sich. Es war absolut ungehörig«, erinnerte er sich. »Ich fragte: ›Warum fahren Sie dorthin? Warum sollte es [Rosneft] privatisiert werden, warum denken Sie darüber nach? Wir haben kein Geld im Haushalt. Wie wollen Sie ohne Rosneft auskommen, wovon wollen Sie die Gehälter bezahlen?‹«[12]

Im Hintergrund arbeiteten die *silowiki* bereits selbst daran, dass Rosneft nicht in private Hände fiel. Laut einem hochrangigen Bankier mit Verbindungen in die Sicherheitsbehörden hatten sie hinter dem Rücken der Jelzin-Familie still und leise ein parallel agierendes Regierungssystem aufgebaut.[13] Hauptinitiatoren waren laut diesem Bankier Igor Setschin, Putins treuer KGB-Kollege aus Sankt Petersburg, der zum stellvertretenden Leiter der Präsidialverwaltung ernannt worden war, und noch weiter im Hintergrund Gennadi Timtschenko, der mutmaßliche ehemalige KGB-Agent und enge Verbündete Putins aus den Zeiten des Petersburger Ölterminals. In jenen Tagen, sagte der Bankier, sei Timtschenko einer der einflussreichsten Akteure in Putins Umfeld gewesen: »Er erlangte enorm viel Macht, sobald Putin Präsident geworden war.« Doch Putin hielt ihn vor der Öffentlichkeit verborgen. »Er war im Grunde unsichtbar. Niemand bekam ihn je zu Gesicht«, sagte eine weitere Putin nahestehende Person.[14] (Timtschenko ließ über seine Anwälte ausrichten, dass jede Andeutung, er habe in irgendeiner Form zum Aufbau eines parallelen Regierungssystems beigetragen, »absolut falsch, ja geradezu absurd« sei. Timtschenko habe sich »schlicht nie auf politische Angelegenheiten eingelassen und auch keine politischen Angelegenheiten mit Herrn Putin oder dessen Mitarbeitern oder Ministern besprochen«.)

Eine der ersten Aufgaben der Männer bestand darin, Putins Wiederwahl sicherzustellen, völlig unabhängig davon, was er selbst zu dem Zeitpunkt von einer zweiten Amtszeit hielt. Um das zu erreichen, mussten sie ihre eigene Machtposition stärken. »Ihr Auftrag lautete, Zugriff auf weitere Geldströme zu erlangen«, sagte der Bankier. »Sie fürchteten, dass die Familie, dass Abramowitsch bestimmte Wirtschaftsbereiche dominieren könnte.«[15]

Im Hintergrund hatte eine größere Gruppe von KGB-Leuten in der Zwischenzeit eine Liste mit Zielen in der Ölbranche zusammengestellt.[16] Anfangs nahm man Surgutneftegas ins Visier, das westsibirische Ölförderungsunternehmen von Wladimir Bogdanow, der die Geschäfte schon seit Sowjetzeiten leitete. Aber Bogdanow und Surgutneftegas verfügten bereits über enge Beziehungen zu Putins KGB-Leuten, über Timtschenko, dessen Ölhandelsgesellschaft quasi ein Monopol auf Exporte aus Surguts Raffinerie in Kirischi hatte. »Timtschenko brachte Bogdanow in den Kreml, damit Putin ihn bei einer Tasse Tee kennenlernen konnte«, berichtete der hochrangige Bankier mit Verbindungen in die Sicherheitsbehörden. »Bei diesem Treffen sagte Bogdanow zu Putin: ›Es ist Ihr Unternehmen. Ich stehe fest auf Ihrer Seite. Sagen Sie mir einfach, wie ich das Geld ausgeben soll.‹«

Dann hatten die *silowiki* ihre Aufmerksamkeit auf Lukoil gerichtet, den zu der Zeit größten Ölkonzern Russlands, der entstanden war, als der ehemalige stellvertretende Öl- und Gasminister der Sowjetunion, Wagit Alekperow, nach dem Zusammenbruch der Union drei westsibirische Ölfirmen fusioniert hatte. Alekperow war ein gerissener Aserbaidschaner, der federführend an der Aufsplittung der russischen Ölindustrie beteiligt gewesen war. Er hatte den russischen Geheimdienstnetzwerken immer nahegestanden – Lukoil hatte sein Öl anfangs über Urals Trading verkauft, die Ölhandelsgesellschaft, die der ehemalige KGB-Agent und Timtschenko-Partner Andrej Pannikow gegründet hatte, und es dauerte nicht lange, bevor Putins Männer Lukoil auf Linie gebracht hatten.

Der erste Schlag gegen Lukoil erfolgte im Sommer 2000, während der ersten Offensive des Kreml gegen die Oligarchen. Die Steuerpolizei erklärte, dass sie wegen des Verdachts auf Steuerbetrug Ermittlungen gegen Alekperow eingeleitet habe. Diese seien Teil einer branchenweiten Aktion, von der später behauptet wurde, sie habe Steuerhinterziehung in Höhe von insgesamt 9 Milliarden Dollar aufgedeckt, die über spezielle Offshore-Zonen mitten in Russland stattgefunden habe.[17] Doch so richtig nahm der Druck auf Lukoil erst im September 2002 zu. Damals wurde der erste Vizepräsident von Lukoil, Sergej Kukura, eines frühen Morgens von maskierten Männern in Polizeiuniformen entführt, die ihn und seinen Fahrer offensichtlich außer Gefecht setzten, indem sie ihnen Heroin spritzten und ihnen Säcke über den Kopf zogen.[18] Kukura tauchte erst dreizehn Tage später wieder auf, konnte aber anscheinend nicht viel dazu sagen, wer hinter dem Angriff steckte. Vier Monate später stellte die russische Polizei die Untersuchung der Entführung mysteriöserweise ein.[19] Eine Woche zuvor hatte die Regierung verkündet, Lukoil sei willens, Steuernachzahlungen in Höhe von 103 Millionen Dollar zu leisten – genau die Summe, die der Staat angeblich durch Lukoils Aktivitäten im Zusammenhang mit den inländischen Offshore-Zonen verloren hatte.[20]

Wenn Alekperow und Lukoil eine Art Abkommen mit der neuen Regierung geschlossen hatten, gab es, wie bei Surgut, keinen Grund mehr, das Unternehmen offiziell zu übernehmen. Später erzählte mir eine Führungskraft aus der Ölbranche, dass Alekperow sich bereit erklärt habe, einen Teil seiner Anteile im Auftrag von Putin zu behalten – es war eine Art Tarnsystem für den Kreml, wie es in den strategisch wichtigsten Branchen Russlands bald weit verbreitet war.[21] (Lukoil bestreitet allerdings, dass ein solches System existiert.)

Doch während Lukoil sich dem Willen der neuen Meister offenbar schnell gefügt hatte, befand sich ein großer Teil der Ölfördermenge für den Kreml weiterhin außer Reichweite. Das wollten die *silowiki* unbedingt ändern, und so steuerten sie auf eine Auseinandersetzung zu, die Putins Amtszeit prägen sollte, weil sie das Gesicht der russischen Ölindustrie veränderte und das Land endgültig in eine Art staatskapitalistische Vetternwirtschaft verwandelte, in der die strategischen Gewinne so gelenkt wurden, dass sie in die Hände enger Verbündeter flossen. Auf diese Weise wurde die Macht von Putins KGB-Männern zementiert, was schließlich auch Russlands Rückkehr auf die Weltbühne besiegelte. Außerdem sollte der Konflikt den reichsten Geschäftsmann

Russlands entthronen und das gesamte russische Justizsystem auf den Kopf stellen.

Michail Chodorkowski war von allen Moskauer Oligarchen am meisten darum bemüht, sein Unternehmen für den Westen zu öffnen; er warb aktiv um westliche Investoren und Unterstützer. Nachdem er jahrelang ein Bad Boy der darwinistisch geprägten russischen Wirtschaftsszene gewesen war, verkörperte er mit seinen Unternehmen nun den Vorreiter in Sachen westlicher Corporate-Governance-Grundsätze und Transparenz. Der Konflikt, der sich auftat, als Putins *silowiki* Chodorkowski die Kontrolle über die zu Jukos gehörigen westsibirischen Ölfelder entreißen wollten, war zugleich ein Kampf der Visionen in Bezug auf Russlands Zukunft und eine Schlacht um ein Imperium. Er war die Definition der Rückkehr des russischen Reiches und von Putins Bemühungen, sein Land wieder zu einer unabhängigen Kraft gegenüber dem Westen zu machen. Aber zugleich war die Auseinandersetzung zutiefst persönlich. Ihre Wurzeln reichten bis in das Ende der Neunzigerjahre, als Chodorkowski Putins engsten Verbündeten, die einst im Auftrag des KGB Mittel der Kommunistischen Partei in den Westen geschleust hatten, einen ihrer letzten Schwarzgeldkanäle entriss.

Chodorkowskis Übernahme der Östlichen Ölgesellschaft, der VNK, war eine der letzten großen Privatisierungen innerhalb der Ölbranche in den Neunzigerjahren gewesen – und dass ihnen dieses Unternehmen vor der Nase weggeschnappt wurde, hatte das Fass für Putins Männer zum Überlaufen gebracht. »Das war der erste Konflikt zwischen Putins Gruppe und Jukos und gleichzeitig der schwerwiegendste«, sagte Wladimir Milow, ein ehemaliger stellvertretender Energieminister Russlands. »Damit fing alles an.«[22]

*

Wir sitzen weit entfernt von alldem in einem eichenvertäfelten Konferenzzimmer in seinem Londoner Büro mit Blick auf die Laubkronen des Hanover Square, als Michail Chodorkowski – nach dem Absitzen einer zehnjährigen Haftstrafe und mittlerweile im erzwungenen Exil fernab der Heimat – behauptet, damals nichts von den Verbindungen zwischen VNK und Putins KGB-Leuten gewusst zu haben. »Hätte ich geahnt, welch ein enormes Interesse der FSB an den Strukturen von VNK hatte, wäre ich das Risiko wahrscheinlich nicht eingegangen«, sagte er.[23] Bei unserem Gespräch hatte er ein schlichtes Stepphemd an, gar nicht unähnlich der wattierten Jacke, die er im sibirischen Gefangenenlager hatte tragen müssen, als sei das eine Gewohnheit, die er nicht mehr loswurde.

Ende der Neunzigerjahre hatte es Chodorkowski inmitten des chaotischen Übergangs zur Marktwirtschaft ganz nach oben geschafft, und VNK war eine der letzten Trophäen, die in der russischen Ölindustrie noch zu erringen war. Als das Unternehmen 1997 privatisiert werden sollte, wurde der Verkauf als Gegenstück zu den umstrittenen Darlehen-gegen-Anteile-Schnäppchen präsentiert. Für die Ölfördergesellschaft, zu der die Atschinsk-Raffinerie und die Tomskneft-Ölfelder rund um die zentralsibirische Universitätsstadt Tomsk gehörten, war ein Preis von sage und schreibe 1 Milliarde Dollar angesetzt, fast das Zehnfache dessen, was bei den Darlehen-gegen-Anteile-Versteigerungen von Jukos und Sibneft nur ein Jahr zuvor gezahlt worden war.[24] Anatoli Tschubais, der unbeugsame Privatisierungszar, war fest entschlossen, der Welt zu zeigen, dass Russland sich zu einer echten, auf festen Regeln beruhenden Marktwirtschaft entwickelte. Er wollte, dass VNK zum wahren Marktwert über den Tisch ging.[25]

Das einzige Problem war, dass die Männer, die das Unternehmen leiteten, offenbar der Ansicht waren, Tschubais hätte es ihnen versprochen. VNK sollte der Trostpreis für die KGB-Männer sein, die hinter der Firma standen, nachdem sie hatten zusehen müssen, wie fast der gesamte Rest der russischen Ölindustrie von den unabhängigen Tycoons verschlungen worden war. Das Unternehmen diente den Ex-KGBlern als *obschak*, als Geldquelle, seit es 1994 gegründet worden war. Ein Großteil der Ölexporte war über Handelsgesellschaften der kaum bekannten österreichischen Firma IMAG gelaufen, deren Geschäftsführer Andrej Akimow, ein hochrangiger Auslandsagent, bis zum Zusammenbruch der Sowjetunion deren Auslandsbank in Österreich, die Donau Bank, geleitet hatte.[26] Akimow war der jüngste sowjetische

Bankchef aller Zeiten gewesen, als man ihm mit vierunddreißig Jahren die Donau Bank übertrug. Zur selben Zeit fing der KGB an, Gelder der Kommunistischen Partei über ausländische Bankkonten aus Russland hinauszuschaffen, und Wien war schon lange ein strategischer Knotenpunkt für den Transfer sowjetischer Mittel in den Westen gewesen.[27]

Akimows Kontakte in die russischen Geheimdienstnetzwerke waren zahlreich und intensiv.[28] Sein Stellvertreter bei IMAG war ein Wirtschaftswissenschaftler, der Primakow am Institut für Weltwirtschaft, dem Tummelplatz der Auslandsagenten, dabei assistiert hatte, die Vorläufer der Perestroika-Reformen auszuarbeiten. Er hieß Alexander Medwedew und sollte sich zu Akimows engstem Vertrauten entwickeln,[29] während IMAG eine der ersten Finanzquellen für Gennadi Timtschenkos Handelsaktivitäten wurde.

Akimow war so fest davon überzeugt gewesen, den Zuschlag für VNK zu erhalten, dass er Medwedew schon vor dem Kauf zum Vizepräsidenten für Finanzen ernannt hatte.[30] Für IMAG ging es um Ölgeschäfte im Wert von Hunderten Millionen Dollar. VNK hatte sein Öl seit der Gründung des Unternehmens größtenteils über eine Handelsgesellschaft namens East Petroleum Ltd. vertrieben, die ganz in der Nähe des Bürogebäudes von IMAG registriert war und von einem weiteren Vertrauten Akimows geleitet wurde, Jewgeni Rybin.

Als die 84 Prozent Unternehmensanteile, die der Staat an VNK gehalten hatte, versteigert wurden und Chodorkowski sich entschloss, darauf zu bieten, stach er in ein Hornissennest. Akimow, der sich die Unterstützung eines amerikanischen Bankers namens Charlie Ryan gesichert hatte, dem Beziehungen zu Putin nachgesagt wurden, seit er in den frühen Neunzigerjahren kurz bei der Europäischen Bank für Wiederaufbau und Entwicklung in Sankt Petersburg tätig gewesen war, war fest entschlossen, die Auktion zu gewinnen, egal zu welchem Preis. Die beiden Männer waren sich von Anfang an darüber im Klaren, dass auch Chodorkowski Interesse hatte. »Wir entschieden, dass wir VNK kaufen würden«, sagte Ryan. »Sascha [Medwedew], Andrej und ich wollten ein geeignetes Angebot abgeben.«[31]

Doch der Verkauf entwickelte sich zu einem zermürbenden Gefecht zwischen Chodorkowski und Akimows Leuten und endete fast genauso zwielichtig wie die Darlehen-gegen-Anteile-Versteigerungen. Die 84 Prozent des Staates sollten in zwei Teilen verkauft werden – ein Paket von 50 Prozent minus einem Anteil konnte bei einer Versteigerung gegen Geld erworben werden, der Rest im Rahmen einer Investitionsausschreibung. Aber während der erste Teil des Verkaufs hinter verschlossenen Türen stattfand und sich daher jeder Kontrolle entzog, fiel der zweite letztlich aus, weil es nur einen Bieter gab, eine Briefkastenfirma, hinter der Chodorkowskis Jukos steckte.[32]

Statt einen neuen Transparenzstandard zu setzen, wirkte diese Privatisierung hinterher also genauso korrupt wie die vorherigen. Die Regierung verkündete, dass Chodorkowskis Konzern Jukos bei der Versteigerung gegen Geld durch ein Gebot in Höhe von 775 Millionen Dollar 45 Prozent der Anteile erlangt habe. Weitere 9 Prozent hatte er sich bereits auf dem freien Markt gesichert, sodass Chodorkowski nun die Mehrheit besaß.[33] Jukos zahlte deutlich mehr, als je zuvor bei einer Privatisierung geboten worden war, aber laut Ryan hatte er die Versteigerung trotzdem zu seinen Gunsten manipuliert und Akimows Leuten keine Chance gelassen. Chodorkowskis Männer hätten Akimow und sein Team bedroht und die russischen Sicherheitsbehörden dafür bezahlt, zwischen der ersten und der zweiten Auktion eine Razzia beim staatlichen Immobilienfonds durchzuführen, der die Privatisierung organisierte.[34] Bei der Razzia seien Unterlagen zu Akimows Angebot beschlagnahmt worden, was sich auf den Ausgang der Versteigerung ausgewirkt habe, beklagte Ryan. »Sie hatten unser Angebot gesehen und wussten, was wir bieten würden. Daraufhin versuchten sie mehr Geld zu beschaffen und boten als Garantie ihre eigenen Ölexporte an, auch die von VNK, bevor sie das Unternehmen überhaupt in Besitz genommen hatten.« Chodorkowski und sein Team schafften es, mehr Geld aufzubringen als Akimows Leute, und gewannen die erste Auktion. An der zweiten hatten sie im Grunde niemals teilnehmen wollen.

Chodorkowski bestritt, in derartige Machenschaften involviert gewesen zu sein. Doch was nun folgte, war ein langwieriger Kampf um die Exporte von VNK, denn Akimows Team hatte versprochen, sie auch in den kommenden zwanzig Jahre über Jewgeni Rybins East Petroleum zu verkaufen – eine weitere Absicherung, damit die Gewinne des Unternehmens nicht durch die Hände von Außenstehenden flossen.[35] Chodorkowski weigerte sich, den Vertrag zu verlängern, und so verlagerte sich der Konflikt aus dem Vorstandssaal erst vor Gericht und schließlich auf die Straße. Zwei Mordanschläge auf Rybin folgten. Der erste geschah an einem verschneiten Abend im November 1998 auf einer Moskauer Straße, wo jemand auf ihn schoss. Der zweite ereignete sich im März des folgenden Jahres, als eine Bombe explodierte und Rybins Fahrer tötete. Der bis ins Mark erschütterte Rybin verließ Hals über Kopf das Land und tauchte für die nächsten fünf Jahre unter.

Akimow und seine Männer empfanden die Übernahme von VNK durch Chodorkowski als Anmaßung und Demütigung. Im Chaos nach der Finanzkrise im August 1998 hatte der Kampf um das Unternehmen nur wenig Aufmerksamkeit auf sich gezogen, aber er war wegweisend für die bevorstehende Auseinandersetzung um Russlands Ölsektor. Von da an sann Akimow auf Rache. Und auch Rybin, der sich in Wien versteckte, fing an, kompromittierendes Material über Chodorkowskis Menatep-Gruppe zu sammeln und dieses an die russischen Strafverfolgungsbehörden weiterzuleiten, vor allem an befreundete Beamte beim FSB.[36]

Anfangs zeigten Rybins Bemühungen keine Erfolge. Aber nachdem Putin an die Macht gekommen war, veränderte sich die Atmosphäre im Land. Laut einem hochrangigen Bankier mit Einblick in die Vorgänge starteten Setschin und einer von Akimows Partnern eine Kampagne, um den Präsidenten davon zu überzeugen, dass Chodorkowski eine Gefahr für seine Macht darstellte. Rybin hatte zudem Jegor Ligatschow ins Boot geholt, einen prominenten Vertreter der alten Garde aus dem Politbüro, der mittlerweile Abgeordneter des sibirischen Wahlkreises von Tomsk war, wo sich die Ölfelder von VNK befanden.[37] Ligatschow übermittelte Putin eine eindringliche Botschaft: Chodorkowski bedrohe seine Regierungsmacht; seine Männer hätten alle Kapitalströme des Landes unter Kontrolle und würden schon bald über mehr Geld verfügen als der Staat selbst – er habe bereits jetzt mehr als die Hälfte aller einflussreichen Staatsbeamten in der Tasche.[38]

Bei Putin, der gerade damit beschäftigt war, seine Position gegenüber konkurrierenden Gruppen zu stärken, zeitigte diese Nachricht

Wirkung. Dennoch zögerte er zunächst, den Aufforderungen Folge zu leisten und gegen Jukos vorzugehen. Das Unternehmen war zu groß und zu etabliert auf den westlichen Märkten – das Vorhaben schien zu kompliziert, sagte ein hochrangiger Bankier aus dem Umfeld der Sicherheitsbehörden.[39] Jukos war das bekannteste, am meisten gehandelte Unternehmen des Landes. Es war zum Symbol für Russlands neue Marktwirtschaft geworden.

Vielleicht wäre es niemals zur Eskalation gekommen, wenn Chodorkowski sich anders verhalten hätte. Doch statt sich dem Willen des Kreml zu beugen, wie Lukoil und Surgutneftegas zuvor, trieb Chodorkowski die Sache immer weiter auf die Spitze, bis tatsächlich ein Kampf um die Vorherrschaft in Russland und die Ausrichtung des Landes daraus geworden war. Er war bereit, sein Leben darauf zu verwetten, dass Putins Männer es nicht wagen würden, ihn zu verhaften; er glaubte, ihre Macht reiche nicht aus und sie würden Russlands fragile Marktwirtschaft nicht dafür aufs Spiel setzen. Das war in vielerlei Hinsicht typisch für ihn. »Beim Aufbau seines Unternehmens legte er eine geradezu manische Energie an den Tag«, erinnerte sich sein Berater Christian Michel. »Nur eine Kugel konnte ihn aufhalten.«[40]

\*

Mittlerweile gibt Chodorkowski selbst zu, dass er ein *adrenalinschik* sei, ein Adrenalinjunkie, dem das Bewusstsein für Gefahren abgeht. Das habe er bereits viele Jahre vor der Schlacht um Jukos erkannt, als Chemiestudent am Mendelejew-Institut in Moskau, wo er sich auf Sprengstoffe spezialisiert hatte. »Ich bin ein Mensch, der aus irgendwelchen unbekannten Gründen keine Angst kennt«, erzählte er mir mit einem schiefen Grinsen in einer Kellerbar in Zürich, kurz nachdem er aus der zehnjährigen Haft entlassen worden war. »Ich habe mich nie gefürchtet, wenn ich eine Bombe baute oder in der Hand hielt. Mein Lieblingshobby war immer Felsklettern ohne Sicherung. Und das lag nicht daran, dass ich meine Furcht irgendwie überwunden hätte – ich hatte einfach keine. In den ganzen Jahren im Gefängnis habe ich immer absolut ruhig geschlafen. Obwohl ich mehrmals mit einem Messer angegriffen wurde, konnte ich mich danach auf meine Pritsche legen und friedlich einschlummern. Manchmal war das sogar für mich selbst schwer zu verstehen, wenn mich die Leute fragten, ob ich wüsste, dass hinter meinem Rücken ein Messer auftauchen könnte. Ich hatte einfach keine Angst.«[41]

Mitte 2002 erfuhr Chodorkowski zum ersten Mal, dass er in Gefahr schweben könnte. Lukoil stand bereits unter Beschuss, und die ehemaligen KGB-Mitglieder, die er selbst in seinem Sicherheitsteam beschäftigte, warnten ihn, dass der FSB die »Operation Energie« in die Wege geleitet habe, um kompromittierende Informationen über die Energieriesen des Landes zu sammeln. Im Fall von Jukos ziele man auf die Aktivitäten des Unternehmens im Zusammenhang mit der Beteiligung an VNK ab. Aber Chodorkowski glaubte, es handle sich nur um eine gewöhnliche Kampagne, um Informationen zusammenzutragen, mit deren Hilfe man sich die Ölbarone gefügig machen konnte. »Es war nicht die erste Aktion dieser Art, und wir hielten sie für nicht weiter gravierend«, sagte er, als wir uns im sicheren Umfeld seines Büros am Hanover Square trafen.[42]

Im Jahr 2002 hatte Chodorkowski offengelegt, welch ein Vermögen er über seine Beteiligung an Menatep angehäuft hatte. In Anbetracht der verworrenen Regeln, die das russische Wirtschaftsklima damals immer noch prägten, war er damit zu einem wahren Vorreiter in Sachen Transparenz geworden, zumindest im Vergleich zu anderen. Chodorkowski setzte im Hinblick auf sein Unternehmen und seine Zukunft voll und ganz auf eine Westbindung Russlands. Noch drei Jahre zuvor hatte er als Inbegriff des Raubzugkapitalismus des russischen »Wilden Ostens« gegolten; man hatte ihm vorgeworfen, er verletze die Rechte westlicher Minderheitsaktionäre. Doch jetzt wollte er die Legitimität und den Schutz, den die westlichen Märkte boten, und zugleich wollte er bessere, westlich geprägte Unternehmensstandards bei Jukos implementieren.

Er war immer noch genauso ehrgeizig und getrieben wie bei seinem Eintritt ins Geschäftsleben über den Komsomol. Doch inzwischen hatte er die sperrige, dicke Brille, die er Mitte der Neunzigerjahre getragen hatte, gegen ein leichtes Designermodell ausgetauscht, das so offen wirkte, als sollte es sein neues Ziel, die Transparenz, verdeutlichen. Er trug immer noch einfache Jeans und dunkle Poloshirts, doch die üppige schwarze Mähne aus den Neunzigern war jetzt einem Kurzhaarschnitt gewichen und stahlgrau geworden, auch der Schnauzbart war schon lange verschwunden. Chodorkowski hatte eine Reihe westlicher Führungskräfte engagiert, die die Finanzen und Produktionsprozesse bei Jukos beaufsichtigten, und leitete so eine branchenweite Kehrtwende ein, dank derer die Fördermengen in den westsibirischen Ölfeldern endlich wieder das Niveau aus den Zeiten vor dem Zusammenbruch der Sowjetunion erreichten. Alle Ölmagnaten setzten jetzt auf westliche Expertise in der Bohrtechnik, verbesserte Prozesse, Investitionen in die Ausrüstung und Buchhalter aus dem Westen. Jukos förderte mittlerweile mehr Öl als Kuwait.

Da Chodorkowskis Umstrukturierungen international begrüßt wurden und der Aktienpreis von Jukos stieg und stieg, vertiefte er die Zusammenarbeit mit dem Westen. Er speiste mit der Washingtoner Elite und gründete eine Wohltätigkeitsorganisation, Open Russia, in deren Vorstand unter anderem Henry Kissinger und ein ehemaliger amerikanischer Botschafter in Russland saßen. Er schickte einen Tanker voller Öl nach Texas, die erste Ladung russischen Öls, die je auf direktem Weg nach Amerika gelangte, und warb für eine private Pipeline zwischen Murmansk im hohen Norden Russlands und den USA.

All diese Aktivitäten brachten die KGB-Leute nur weiter gegen ihn auf. Sie empfanden Chodorkowskis Flirt mit dem Westen als Angriff auf ihre Autorität, wobei sein Aufruf an andere Ölbarone, sich zu verbünden und private Ölpipelines zu bauen, eine noch größere Bedrohung für sie darstellte.[43] Das Pipelinenetz war immer die Domäne des russischen Staates gewesen, und die Frage, wem er darauf Zugriff gewährte, war einer der wenigen Hebel, über den der Staat noch verfügte, um die Ölbarone in Schach zu halten.

Anfang 2003, als die Rachepläne von Putins Geheimdienstlern langsam Formen annahmen, gestand Chodorkowski im Privaten ein, dass er ein Problem haben könnte. Eines düsteren Februarmorgens saßen wir im matten Lichtschein seines riesigen Büros, im festungsähnlichen Klotz an einer der Hauptdurchfahrtsstraßen von Moskau, der

Menatep als Firmenzentrale diente. Seine Stimme war noch leiser als sonst, als er sagte, ihm würde langsam bewusst, dass »eine Gruppe von Menschen im Kreml mir meine Firma nehmen will«. Diese Männer wollten noch einmal ausprobieren, ob staatlich geführte Unternehmen nicht doch effektiver arbeiteten als private, meinte er. Doch er bestand darauf – er war fest davon überzeugt –, dass Putin das niemals zulassen würde und dass er es ernst gemeint habe, als er versprach, die Privatisierungen der Neunzigerjahre nicht rückgängig zu machen. »Putin hält sein Wort«, sagte er. »Da mache ich mir keine Sorgen.«[44]

Sein Optimismus an jenem dunkelgrauen Februarmorgen täuschte darüber hinweg, dass die Anspannung groß war und im Hintergrund bereits die Vorbereitungen auf die bevorstehende Schlacht liefen. Chodorkowski hoffte offensichtlich immer noch, dass Putin trotz seiner KGB-Vergangenheit auch über eine andere Seite verfügte, eine, die durch seine Arbeit mit dem liberalen und demokratischen Sobtschak in Sankt Petersburg geprägt wurde. Nur wenige Wochen später schien es, als wollte Chodorkowski genau diese gute Seite hervorlocken, als er beschloss, sich direkt an Putin zu wenden. Er hatte bereits einen Monat zuvor gewarnt, dass Russland am Scheideweg stehe, dass sich das Land entweder für den Weg des Bürokratiestaates entscheiden könne, wie Saudi-Arabien, wo die Hälfte des Staatshaushalts für die Gehälter der Beamten verwendet wurde, oder sich den westlichen Wirtschaftsstaaten angleichen und auf Produktivität und eine postindustrielle Gesellschaft mit wachsendem Dienstleistungssektor setzen könne.[45] Als sich die russischen Oligarchen später im Februar zu einem der mittlerweile regelmäßigen Treffen mit Putin an den riesigen ovalen Tisch im Katharinensaal des Kreml setzten, beschloss Chodorkowski, die zunehmende staatliche Einmischung in die Wirtschaft noch deutlicher anzusprechen.

Sein Plan war, die staatliche Korruption zu thematisieren, und er begann mit einer PowerPoint-Präsentation mit dem gewagten Titel: »Korruption in Russland: Ein Hemmschuh für das Wirtschaftswachstum«. Er erklärte, dass die Korruption im Land mittlerweile auf 10 Prozent des Bruttoinlandsprodukts, also 30 Milliarden Dollar pro Jahr, gestiegen sei, während die jährlichen Steuereinnahmen auf rund

30 Prozent des BIP geschätzt würden.[46] Wie könne es sein, fragte er, dass sich die Studierenden darum rissen, eine Stelle bei der russischen Steuerbehörde zu ergattern, wo das offizielle Gehalt nur 150 bis 170 Dollar im Monat betrug, während eine deutlich geringere Anzahl eine Tätigkeit als Ölingenieur anstrebte, wo man viermal so viel verdiente?[47] »Da kommt einem schon ein gewisser Verdacht«, sagte er mit einem kurzen Blick auf den Präsidenten, der auf der anderen Seite des riesigen Tisches saß. Dann wurde er noch konkreter und kam auf ein Geschäft des staatseigenen Ölgiganten Rosneft zu sprechen, der bei seiner ersten großen Firmenübernahme der letzten Jahre 600 Millionen Dollar für eine Ölfirma namens Sewernaja Neft mit gewaltigen Vorkommen im hohen Norden des Landes ausgegeben hatte. Die privaten Ölkonzerne hatten schon seit Monaten ein Auge auf das Unternehmen geworfen, aber Rosneft hatte sie ausgestochen und mehr als das Doppelte des ermittelten Firmenwertes gezahlt. Die Frage laute nun, so Chodorkowski, wo diese überzähligen 300 Millionen Dollar hingegangen seien. Das müsse untersucht werden, sagte er an den Präsidenten gerichtet, um den Grund für die überhöhte Summe zu ermitteln.[48] Es gingen schon seit Monaten Gerüchte um, dass es sich dabei um eine Schmiergeldzahlung an Beamte gehandelt hatte.

Chodorkowskis riskantes Spiel ging voll und ganz nach hinten los. Er hatte Putin an einer extrem empfindlichen Stelle getroffen. Die Gesprächsrunde wurde live im Fernsehen übertragen, und obwohl Putin lächelte, war deutlich zu erkennen, dass er innerlich kochte. »Rosneft ist ein staatliches Unternehmen, das seinen Zugriff auf Ölvorkommen erweitern sollte«, setzte er an. »Andere Firmen, etwa Jukos, verfügen über einen Überschuss an Ölfeldern, und wie sie an diese gekommen sind, ist eine der Fragen, die wir heute erörtern werden, wobei es auch um das Thema Steuervermeidung gehen wird. (...) Ich spiele den Puck zu Ihnen zurück!«[49]

»Als ich das im Fernsehen sah, wusste ich, dass es für uns vorbei war«, meinte Chodorkowskis Chefanalyst, der ehemalige KGB-General Alexej Kondaurow. »Das hatten wir vorher nicht besprochen. Als er aus dem Treffen kam, sagte ich: ›Michail Borissowitsch, warum konnten Sie die Korruptionspräsentation nicht vor irgendwem anders halten?‹, und er sagte: ›Wie hätte ich sie woanders halten können? Es gibt so wenige Kämpfer in unseren Reihen.‹ Und so fingen die Probleme an. Ich wusste, dass er [Putin] ihm das nie verzeihen würde. Putins Leute hatten sich dreihundert Millionen Dollar in die Tasche gesteckt.«[50]

Wenn Putins KGB-Männer wirklich eine Schmiergeldzahlung in Höhe von 300 Millionen Dollar erhalten hatten, war es das erste große Geschäft seit Putins Amtsantritt gewesen, bei dem sie sich hatten bereichern können. Die Übernahme hatte einer der ursprünglichen Eigentümer von Sewernaja Neft eingefädelt, Andrej Wawilow, ein ehemaliger stellvertretender Finanzminister, der einräumte, dass das Unternehmen nicht vollständig ihm gehörte. (Offiziell waren sechs undurchsichtige Firmen als Besitzer eingetragen.) Laut einer Person, die über das Geschäft Bescheid wusste, hatte Wawilow die überschüssige Summe über den Vorsitzenden von Rosneft, Sergej Bogdantschikow, an Putin übermittelt.[51] Als wir uns darüber unterhielten, bestritt Wawilow jedoch, dass ein Schmiergeld gezahlt worden sei,[52] und der Kreml wies jede Unregelmäßigkeit entschieden zurück.

Doch so wie Putin reagierte, hatte Chodorkowski ins Schwarze getroffen. Für Putin war es unvorstellbar, dass Chodorkowski diesen Vorwurf offen ansprechen könnte. Er nahm es dem Unternehmer zutiefst übel, dass dieser ihn der Korruption bezichtigte, wo Chodorkowski sein Vermögen, vor allem Jukos, in Putins Augen doch selbst auf illegitime Weise erlangt hatte.

Das verstand der Kreml als Einladung, die Angriffe auf Chodorkowskis Vermögen zu intensivieren. Dabei hatte dieser Putin den Fehdehandschuh zum Teil auch deshalb hingeworfen, weil ihm keine andere Wahl blieb. Die Übernahme von Sewernaja Neft, die Rosneft mehr Einfluss verschaffte, war ein Zeichen dafür, dass sich die Machtverhältnisse eindeutig in Richtung Staat verschoben, was Chodorkowskis gesamtes Geschäftsmodell infrage stellte. »Er begriff, dass er gar nicht anders handeln konnte«, sagte Kondaurow. »Ihm stand kein anderer Weg offen. Also ging er aufs Ganze. Er setzte alles auf eine Karte. Er hatte erkannt, dass der Weg ohnehin in eine Sackgasse führte.«[53]

Von diesem Augenblick an wirkte es, als sei Chodorkowski zu allem entschlossen. Er beschleunigte den Ausbau seines Imperiums und trieb die 36 Milliarden Dollar schwere Fusion von Jukos mit Abramowitschs Sibneft voran, wodurch der viertgrößte Ölkonzern der Welt entstand, mit den zweitgrößten Ölvorkommen.[54] Der Zusammenschluss wurde Ende April verkündet, völlig aus dem Nichts, vor blitzenden Kameras in der eleganten Lobby von Moskaus neuestem Luxushotel, dem Hyatt, ganz in der Nähe der FSB-Zentrale am Lubjanka-Platz. Es war, als glaubte Chodorkowski, dass diese Fusion ihm über die Verbindung zur Jelzin-Familie zusätzlichen Schutz verschaffen würde. Doch sein Geschäftspartner Leonid Newslin glaubt bis heute, dass Abramowitsch das Ganze als Falle geplant hatte und von Anfang an darauf aus war, Jukos nach dem Zusammenschluss zu übernehmen und Chodorkowski hinauszudrängen.

Chodorkowski machte trotzdem weiter. Er verstärkte seine Bemühungen um eine Zusammenarbeit mit dem Westen und initiierte im Verborgenen historische Gespräche, in denen es darum ging, einen Teil von JukosSibneft an einen US-amerikanischen Ölkonzern, entweder ExxonMobil oder Chevron, zu verkaufen.[55] Das würde Jukos' Schutzschild vergrößern und die Firma vor dem Zugriff des russischen Staates bewahren. Nur drei Monate zuvor hatte ein Zusammenschluss von Oligarchen unter der Leitung des Alfa-Gruppen-Chefs Michail Fridman, einem weiteren ehemaligen Komsomol-Mitglied, eine bahnbrechende Partnerschaft mit BP ausgehandelt, die dem britischen Konzern gegen eine Zahlung von 6,75 Milliarden Dollar 50 Prozent der Anteile an der Tjumen-Ölgesellschaft (TNK) einbrachte. Es schien nur natürlich, dass JukosSibneft nachzog. Anfangs billigte Putin die Verhandlungen offenbar, weil er, wie eine mit den Ereignissen vertraute Person sagte, die großspurige Hoffnung hegte, JukosSibneft könnte den Spieß umdrehen und mithilfe von Krediten der russischen Staatsbanken einen der amerikanischen Energieriesen übernehmen.[56] Doch während Fridman und sein Geschäftspartner Pjotr Awen, der einst eng mit Putin zusammengearbeitet hatte, als es um das Öl-gegen-Lebensmittel-Programm in Sankt Petersburg ging, sehr zurückhaltend auftraten und alles in ihrer Macht Stehende taten, um ihre

Loyalität zur Regierung Putin zu beweisen, wurde Chodorkowski jetzt auch politisch aktiv. Er gab über seine Stiftung Open Russia schon seit Längerem viel Geld für wohltätige Zwecke aus und versuchte russischen Jugendlichen die Grundsätze der Demokratie zu vermitteln, in jährlichen Sommerlagern und in einer Schule für die Kinder getöteter russischer Soldaten, die er vor den Toren Moskaus eröffnet hatte. Kurz bevor die Fusion zwischen Jukos und Sibneft publik wurde, hatte er seine politischen Ambitionen deutlich gemacht und verkündet, dass er an seinem fünfundvierzigsten Geburtstag als Chef von Jukos zurücktreten werde.[57] Das wäre 2007 gewesen, also nicht lange vor der Präsidentschaftswahl 2008, und erweckte den Eindruck, dass er eine Kandidatur anstrebte.

Außerdem debattierte Chodorkowski schon seit Längerem mit einigen einflussreichen Parlamentsmitgliedern darüber, wie sich Russland in eine parlamentarische Republik verwandeln ließe. So könnte das überwunden werden, was viele Kritiker als die entscheidende Schwäche des politischen Systems des Landes ansahen – die übermäßige Machtkonzentration beim Präsidenten. Dieses System, das es der Person an der Spitze im Grunde ermöglichte, das Land per Dekret zu regieren, war nach der gewalttätigen Auseinandersetzung zwischen Jelzin und dem Parlament 1993 eingeführt worden. Eine Umwandlung in eine parlamentarische Republik würde dem Präsidenten einen Teil seiner Entscheidungsmacht nehmen und stattdessen den Ministerpräsidenten stärken, der vom Parlament gewählt wurde. Heute behauptet Chodorkowski, dass Putin über diese Gespräche informiert gewesen sei und sie genehmigt habe.[58] Er sagte, es sei damals nicht darum gegangen, Putins Macht zu schwächen, sondern nach dem Ende von dessen zweiter Amtszeit 2008 – eine längere Regierungszeit sah die Verfassung damals nicht vor – ein ausgeglicheneres System zu schaffen. Doch viele glaubten, dass Chodorkowski zunehmend größenwahnsinnig wurde und es selbst auf die Rolle des Ministerpräsidenten abgesehen habe.

Wie so viele andere russische Wirtschaftstycoons unterstützte auch Chodorkowski einige politische Parteien in der Duma mit Zuwendungen. Das wurde von Alexander Woloschin, dem Leiter der Präsidialverwaltung, und seinem Stellvertreter Wladislaw Surkow durchaus befürwortet,[59] in der Hoffnung, dass sich die Kommunisten auf diese Weise zu einer Partei des linksgerichteten Bürgertums entwickeln würden. Doch es gab immer mehr Bedenken, dass Chodorkowski die Sache zu weit trieb. Er spendete Dutzende Millionen Dollar an die Kommunisten und zwei liberale Parteien, Jabloko und die Union der rechten Kräfte. Zwei seiner Jukos-Spitzenleute fanden sich ganz oben auf der Kandidatenliste der Kommunistischen Partei, während einer seiner engsten Geschäftspartner, Wladimir Dubow, ein Gründungsmitglied der Menatep-Gruppe, schon im Dezember 1999 zur Wahl gestanden hatte und nun den mächtigen Steuerausschuss im Parlament leitete.[60]

Chodorkowskis Einfluss auf das Parlament entwickelte sich langsam zum Problem für den Kreml. Das wurde besonders deutlich, als der Tycoon im Mai 2003 genügend Stimmen im Parlament zusammenbrachte, um eine umfassende Reform zur Besteuerung der Ölbranche zu blockieren, mit deren Hilfe der Kreml die russische Wirtschaft zum ersten Mal ein Stück weit aus ihrer übermächtigen Abhängigkeit vom Öl hatte lösen wollen.[61] Der Höhenflug des weltweiten Ölpreises – er war zwischen 1998 und 2003 von 12 auf 28 Dollar pro Barrel gestiegen – hatte gewaltige Mittel in die Staatskassen gespült und dafür gesorgt, dass ein Teil der Auslandsschulden beglichen werden konnte. Aber gleichzeitig verstärkte der hohe Preis auch die Abhängigkeit von den Einnahmen aus Öl und Gas, wenn es um die Haushaltsplanung oder die Wirtschaftsförderung ging. 2003 machten Öl und Gas 20 Prozent des russischen Bruttoinlandsprodukts aus, 55 Prozent der gesamten Exporterlöse und 40 Prozent aller Steuereinnahmen.[62] Laut einem Bericht des Internationalen Währungsfonds war Russland 2003 fünfmal stärker vom Ölpreis abhängig als vor der Rubelkrise im August 1998 – und bereits damals war schmerzhaft deutlich geworden, wie sehr das Land auf diese Größe angewiesen war.[63] Wenn der Preis wieder auf 12 Dollar pro Barrel fiel, wie es zuletzt 1998 der Fall gewesen war, könne Russland Haushaltseinnahmen in Höhe von 13 Milliarden Dollar verlieren, schrieb der IWF, was 3 Prozent des Bruttoinlandsprodukts entsprach.

Der liberale Flügel von Putins Regierung suchte schon seit Langem einen Ausweg aus Russlands immenser Abhängigkeit von den weltweiten Energiepreisen, über die das Land keinerlei Kontrolle hatte. In den Jelzin-Jahren war der Staat zu sehr damit beschäftigt gewesen, von Krise zu Krise zu taumeln, um etwas an diesem Umstand zu ändern; damals hatte das Land, das nur mühsam seine Steuern zusammenkratzte, jede Einkommensquelle benötigt, die verfügbar war. Doch jetzt, da der Ölpreis ein Hoch erlebte, konnte die liberale Fraktion – angeführt von Alexej Kudrin, dem Finanzminister, der auch schon unter Sobtschak in Sankt Petersburg mit Putin zusammengearbeitet hatte, und German Gref, dem Wirtschaftsminister, der ebenfalls in Sankt Petersburg als Immobilienverwalter tätig gewesen war – die etwas stabilere Situation und die steigenden Einnahmen endlich dazu nutzen, die Wirtschaft neu zu strukturieren. Schon im Februar 2003 hatte Gref Maßnahmen angekündigt, mithilfe derer die Steuereinnahmen aus den Gewinnen der Ölindustrie erhöht werden sollten, um so staatliche Investitionen in die Hightech- und die Verteidigungsbranche zu finanzieren.[64]

Die Regierung wollte die Steuerlast der Ölbranche sowohl durch eine höhere Exportsteuer als auch durch Lizenzgebühren vergrößern. Doch Letzteren widersetzte sich Chodorkowski mit aller Macht. Als es seinen Verbündeten im Parlament gelang, einen ersten entsprechenden Vorstoß der Regierung im Mai abzuwehren, nahm der liberale Teil von Putins Regierung – Gref und Kudrin – die Niederlage persönlich. Bis dahin hätten sie Chodorkowski stets vor der zunehmenden Gier der etatistischen Sicherheitsleute, die sich auf ihn eingeschossen hatten, zu schützen versucht, erzählte ein hochrangiger Bankier aus dem Umfeld von Kudrin. Aber jetzt hatte er nicht nur ihre Pläne durchkreuzt, sondern in seiner Verteidigungsstrategie auch ihre Argumente untergraben. »Er war zu einem Großinvestor in der Duma geworden«, sagte der Bankier. »Er schmierte die Hälfte der Abgeordneten. Mittlerweile war klar, dass es absoluter Unsinn war, ihn nicht als Bedrohung zu betrachten. Das Bündnis, das er geschmiedet hatte, um genügend Stimmen gegen die Steuererhöhung zu sammeln, umfasste nicht nur die wirtschaftsfreundlichen Abgeordneten, sondern auch unbelehrbare Kommunisten, hartgesottene antisemitische Nationalisten, Liberale und Konservative. Es war eine völlig absurde Konstellation, die da gegen die Steuererhöhung stimmte. Kudrin rief ihn an und sagte: ›Mischa, du reitest dich in die Scheiße. Du kannst nicht einfach Staatsorgane kaufen. Es gibt Leute dort draußen, die wollen die Steuern auf neunzig Prozent erhöhen. Du hättest dich auf den Kompromiss einlassen sollen.‹ Aber wissen Sie, was er Kudrin antwortete? Er sagte: ›Was glaubt du, wer du bist? Fick dich doch. Ich sorge dafür, dass du abgesetzt wirst.‹«

In den Augen von Gref und Kudrin wurde die Situation langsam untragbar. Laut dem Banker machte Chodorkowski alles noch schlimmer, als er, völlig euphorisch nach der gewonnenen Abstimmung, Kandidaten für den Posten des Ministerpräsidenten anrief und ihnen mitteilte, sie müssten ihr Wahlprogramm von ihm absegnen lassen. »Er erklärte ihnen, die Abstimmung sei eine objektive Demonstration seiner Macht in der Duma gewesen. Jetzt hätte er das Recht, den nächsten MP zu bestimmen.«[65]

Chodorkowski bestreitet, je solche Anrufe getätigt zu haben. Doch ein paar Wochen später ging ein Bericht durch die Medien, demzufolge er der Anführer einer »gefährlichen« Gruppe prowestlicher Oligarchen war, die die Macht des Präsidenten untergraben wollten. Ihre Absicht sei es, sich die Mehrheit im Parlament zu erkaufen und das Land zu einer parlamentarischen Republik umzubauen, in der dem Präsidenten nur noch eine repräsentative Funktion zukäme. Der Bericht, in dem Chodorkowskis jüngste Aktivitäten ziemlich genau beschrieben wurden, zielte eindeutig darauf ab, der Paranoia von Putins Männern weiter Futter zu geben. Die Handlungen der Oligarchen wurden als »antinational« bezeichnet. Ihr Besitz sei in Offshore-Zonen registriert, um ihn vor dem Zugriff des russischen Staates zu schützen: »Man könnte sagen, dass sich die Oligarchen (…) zur Absicherung ihrer politischen und wirtschaftlichen Interessen in Russland auf die Ressourcen anderer Staaten berufen. Nun, da sie die Privatisierung der wichtigsten nationalen Wirtschaftsgüter erreicht haben, gehen sie dazu über, auch die politische Macht zu privatisieren.«[66]

Der Bericht spiegelte exakt die Denkweise von Putins Leuten wider und gab laut seinem Verfasser und einem hochrangigen Bankier mit

Verbindungen in die Sicherheitsbehörden genau das wieder, was sie beim Abhören der Telefone und Büroräume von Chodorkowski und seinen Geschäftspartnern vernommen hatten. »Viele von denen, die heute im Gefängnis sitzen, sind dort, weil die Geheimdienstler mitbekamen, was sie von ihnen hielten. Sie hörten die Beleidigungen«, sagte Stanislaw Belkowski, ein renommierter politischer Analyst, der an dem Bericht mitgeschrieben hatte.[67]

Schon bald zeigte auch Putin, wie er zu dem Ganzen stand. Im Mai lud er Chodorkowski, Abramowitsch und mehrere ihrer wichtigsten Unterstützer zu einem privaten Abendessen im eichenvertäfelten Empfangssaal seines Wohnsitzes Nowo-Ogarjowo ein. Laut einem der Anwesenden wurde beim Essen zunächst das Exxon/Chevron-Geschäft besprochen, doch als man zum guten Kognak überging, wies Putin Chodorkowski an, seine Zahlungen an die Kommunisten einzustellen. Der lehnte ab – die Spenden seien mit Woloschin und Surkow, dem Leiter und dem stellvertretenden Leiter der Präsidialverwaltung, abgesprochen, aber Putin wiederholte: »Lassen Sie es sein. Sie haben ein großes Unternehmen, Sie haben viele Geschäfte, um die Sie sich kümmern müssen. Sie haben keine Zeit hierfür.« Chodorkowski blieb stur und sagte, er könne die anderen Anteilseigner von Jukos nicht davon abhalten, zu unterstützen, wen sie wollten, auch wenn er selbst der Kommunistischen Partei von nun an kein Geld mehr zukommen ließe. »Er sagte: ›In einem offenen und transparenten Unternehmen kann ich nichts dagegen tun, wenn die Anteilseigner und Angestellten eine bestimmte politische Linie verfolgen.‹ Er versuchte Putin zu erklären, dass ihm seine sozialen Projekte und die Förderung der Demokratie in Russland ebenso wichtig seien wie seine Geschäfte.«[68]

Das Gespräch endete abrupt. Aber Putin hatte nicht vor, es dabei zu belassen. Als er sich im Juni darauf vorbereitete, Russland in Richtung Großbritannien zu verlassen, wo ein Staatsbesuch mitsamt aller dazugehörigen Feierlichkeiten und Ruhmesbezeugungen anstand – sein erster als Präsident, bei dem er von Premierminister Tony Blair und der Queen empfangen werden sollte –, deutete er zum ersten Mal an, dass Chodorkowski Ärger bevorstehen könnte. Auf einer jährlich stattfindenden Pressekonferenz teilte Putin gegen die Wirtschaftsbarone aus, die dafür gesorgt hatten, dass die Steuererhöhungen für die Ölbranche im Parlament gescheitert waren. Obwohl er Chodorkowski nicht namentlich nannte, war es klar, wen er meinte. »Wir dürfen nicht zulassen, dass bestimmte Wirtschaftsgruppen das politische Leben in diesem Land gemäß ihren Partikularinteressen beeinflussen«, sagte er.[69] Gleichzeitig sprach er sich in diesem Zusammenhang zum ersten Mal öffentlich gegen eine Reform des politischen Systems hin zu einer parlamentarischen Republik aus. Das stünde außer Frage und sei sogar »gefährlich«.

Allen war klar, gegen wen sich diese Aussagen richteten. Und während Putin selbst im Ausland weilte, wo er an einem prachtvollen Bankett im Buckingham Palace teilnahm und die Vereinbarung zwischen BP und TNK unterschrieb, die Blair als Zeichen des »langfristigen Vertrauens« Großbritanniens Russland gegenüber begrüßte, rollte die Staatsmaschinerie langsam an. Es sollte bewusst der Eindruck entstehen, als hätte Putin nichts damit zu tun, als die Staatsanwaltschaft in aller Stille den ersten, folgenreichen Schritt gegen Jukos unternahm. Sie verhaftete den Sicherheitschef des Unternehmens, Alexej Pitschugin, und klagte ihn am vierzigsten Geburtstag seines Bosses Chodorkowski wegen Mordes an einem Ehepaar an, das ihn nach Aussage der Staatsanwaltschaft damit habe erpressen wollen, dass er den Mord an einem anderen Menatep-Mitarbeiter in Auftrag gegeben habe.[70] Stärker hätte die Drohung aus dem Kreml nicht ausfallen können. Aber Pitschugins Verhaftung wäre vielleicht untergegangen, hätte es nicht eine Woche später einen weiteren, deutlich prominenteren Verbündeten Chodorkowskis getroffen – Platon Lebedew, Chodorkowskis langjährige rechte Hand, ein Sprücheklopfer, der im Vorstand der Menatep-Gruppe saß und für viele von deren Geschäften zuständig war. Als dieser ebenfalls verhaftet wurde, stand Chodorkowskis Welt plötzlich in Flammen.

Lebedew war in Handschellen aus dem Krankenhausbett gezerrt worden, weil man ihm vorwarf, sich widerrechtlich 20 Prozent der Anteile von Apatit angeeignet zu haben, einem Düngemittelriesen, den Menatep als einen der ersten Betriebe aus Staatshand übernommen hatte.[71] Die Nachricht von der Verhaftung stand sofort in allen

Putins Stasi-Ausweis, der ihm direkten Zugang zu Stasi-Gebäuden verschafft haben dürfte, was es ihm erleichterte, Agenten anzuwerben.

In Dresden war Putin Verbindungs-offizier zwischen dem KGB und der Stasi und so auch zuständig für verdeckte Agenten, sogenannte »Illegale«.

Katerina, genannt »Katja«, die zweite Tochter Putins und seiner Frau Ljudmila, kam im August 1986 zur Welt, als die Familie in Dresden stationiert war.

Sergej Pugatschow *(links)*, der damals als »Bankier des Kreml« galt, arbeitete in den Neunzigerjahren eng mit Pawel Borodin *(rechts)*, dem Chef der Kreml-Liegenschaftsverwaltung, zusammen.

1999 sah sich der russische Präsident Boris Jelzin *(rechts)* zunehmend durch Jewgeni Primakow *(links)*, den ehemaligen Chefspion, den er zum Ministerpräsidenten ernannt hatte, unter Druck gesetzt.

Jelzins Tochter Tatjana Djatschenko und ihr Ehemann Walentin Jumaschew, ehemaliger Leiter von Jelzins Präsidialverwaltung.

Zum Jahreswechsel 1999/2000, um Schlag Mitternacht, übergab Jelzin die Präsidentschaft an Putin.

Putins Wahl zum Präsidenten war eine gute Nachricht für Pugatschow *(rechts)*, hier mit Putin bei einer Abendveranstaltung in Sankt Petersburg, bei der auch die engen Verbündeten Wladimir Jakunin und Juri Kowaltschuk anwesend waren.

Putins Krieg in Tschetschenien verhalf ihm zur Präsidentschaft und gewährleistete den Aufstieg der Petersburger *silowiki*, der »Männer der Stärke«, unter der Führung von Nikolai Patruschew *(rechts)*, dem damaligen Chef des Inlandsgeheimdienstes.

Nach Putins Wahl zum Präsidenten waren die Tage, als sich Oligarchen der Jelzin-Ära wie Michail Chodorkowski *(links)* und Boris Beresowski *(rechts)* nach Belieben bereichern konnten, gezählt.

Der ehemals reichste Mann Russlands, Michail Chodorkowski *(links)*, und sein engster Getreuer Platon Lebedew während des Gerichtsprozesses 2005, bei dem sie wegen Betrugs und Steuerhinterziehung angeklagt waren.

Die Vermögen von Igor Setschin *(links)*, dem Vorstandsvorsitzenden des staatlichen Ölriesen Rosneft, und von Gennadi Timtschenko *(rechts)*, dem Gründer des Ölhandelsunternehmens Gunvor, wuchsen rasant, nachdem der Kreml Chodorkowskis Ölkonzern Jukos übernommen hatte.

Juri Kowaltschuk, der größte Anteilseigner der in Sankt Petersburg ansässigen
Bank Rossija.

Martin Schlaff, der Milliardär und ehemalige Stasi-Agent, der in den Achtzigerjahren mutmaßlich Embargoware über
Dresden in die DDR schmuggelte.

Konstantin Malofejew, der russisch-
orthodoxe Tycoon.

Dmitri Firtasch, ein Tycoon mit engen
Kontakten zum Kreml, stand im Zentrum
eines dubiosen Gasgeschäfts zwischen
Russland, der Ukraine und Turkmenistan.

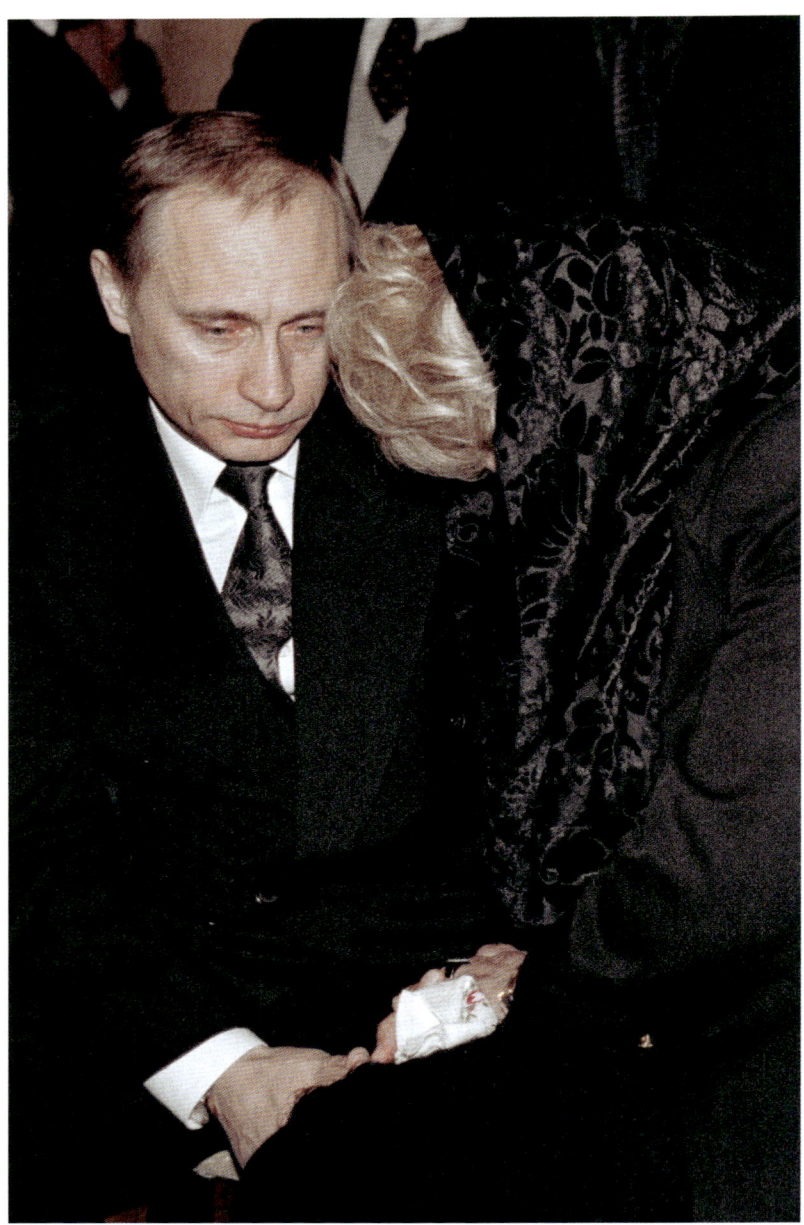

Putin tröstet Ljudmila Narussowa, die Witwe seines ehemaligen Mentors Anatoli Sobtschak, einstiger Bürgermeister von Sankt Petersburg, der nur einen Monat vor Putins
Wahl zum Präsidenten im Jahr 2000 unter mysteriösen Umständen ums Leben kam.

Zeitungen, und der Unternehmenswert von Jukos sank innerhalb eines Tages um 2 Milliarden Dollar.[72] Darüber hinaus wurde eine Anklage im Zusammenhang mit der Privatisierung von VNK erhoben und in diesem Zusammenhang eine weitere Führungskraft von Jukos zur Vernehmung einbestellt. Die Schlacht gegen den Ölkonzern hatte begonnen.

In jenem Sommer folgte eine Schlagzeile auf die nächste. Je intensiver die Staatsanwälte ermittelten, desto mehr sank der Börsenwert von Jukos. Ende Juli, vier Tage nachdem Chodorkowski von einer USA-Reise zurückgekehrt war, wo er um Investoren geworben hatte, kündigte die Staatsanwaltschaft vier weitere separate Untersuchungen wegen Mordes und versuchten Mordes gegen Pitschugin an.[73] Für Chodorkowski war es, als würde sein schlimmster Albtraum wahr. Es ging nicht nur um die Anschläge auf Jewgeni Rybin im Zusammenhang mit den VNK-Versteigerungen, sondern auch um den 1998 getöteten Bürgermeister von Neftejugansk, der westsibirischen Ölstadt, in der Jukos seinen Hauptsitz hatte. Der Bürgermeister, mit dem Chodorkowski nach der Übernahme von Jukos durch Menatep im Clinch gelegen hatte, war am Morgen von Chodorkowskis Geburtstag auf dem Weg zur Arbeit erschossen worden, und schon bald war das Gerücht umgegangen, dass er von einem übereifrigen Handlanger ermordet worden sei, der seinem Chef ein Geburtstagsgeschenk machen wollte.[74] Jukos hatte geplant, die Dienstleistungsabteilungen, die am Hauptsitz in Neftejugansk rund dreißigtausend Arbeitsplätze ausmachten, aus Rationalisierungsgründen auszugliedern, und der Bürgermeister hatte persönlich einen Protestbrief an Jelzin geschrieben, in dem er beklagte, wie sehr die Steuereinnahmen der Stadt unter der Jukos-Übernahme litten. Tausende Bürger gingen auf die Straße und warfen Chodorkowski offen vor, den Mord in Auftrag gegeben zu haben. Doch eine *Financial Times*-Journalistin, die kurz darauf mit Chodorkowski sprach, berichtete, dass dieser aufrichtig verstört gewirkt habe.[75]

Chodorkowski bestritt vehement, dass er oder seine Mitarbeiter irgendetwas mit den Mordfällen oder den Anschlägen zu tun gehabt hätten. Im Fall des Bürgermeisters von Neftejugansk verwiesen seine Anwälte auf gefährliche tschetschenische Gruppierungen, die einige der Exporte von Jukos kontrolliert hatten, bis Chodorkowskis Leute sie aus dem Geschäft verdrängten.[76] Als später mehr über die KGB-Männer bekannt wurde, denen Chodorkowski ihre VNK-Anteile streitig gemacht hatte, deutete eine Person aus seinem Umfeld an, dass die Morde möglicherweise auch auf das Konto dieser Geheimdienstler gehen könnten, die auf diese Weise Chodorkowskis Ruf schädigen wollten.[77]

Chodorkowski suchte Schutz in den USA. Direkt nach der Verhaftung seiner rechten Hand Lebedew hatte er sich in die amerikanische Botschaft begeben, wo er unter zur Feier des Unabhängigkeitstages aufgehängten Wimpeln und *Stars and Stripes* Journalisten gegenüber darauf beharrte, dass die Auseinandersetzung zwischen ihm und dem Staat seiner Ansicht nach nicht lange andauern würde.[78] Kurz darauf besuchte er eine Konferenz im Sun Valley in Idaho, wo er durch freundschaftliche Nähe zu Leuten wie Bill Gates und Warren Buffett auffiel.[79] Nach der Heimreise legte er in Moskau noch einmal nach und erklärte vor Fernsehkameras, dass eine Fortführung der Angriffe auf sein Unternehmen eine massive Kapitalflucht aus Russland auslösen würde, die das Investitionsklima nachhaltig beschädigen und eine Rückkehr in die totalitäre Vergangenheit einläuten würde.[80]

Doch Chodorkowskis Annäherungsversuche an die USA hatten den Zorn des Kreml nur weiter angefacht. Im September, als Putin sich auf eine größere Amerikareise vorbereitete, bei der unter anderem Gespräche mit dem Präsidenten George W. Bush in Camp David auf dem Programm standen, fand er deutliche Worte für alle, die glaubten, er könne die Staatsanwaltschaft in ihre Schranken weisen. In diesen Fällen ginge es um Morde, machte er den US-Journalisten unverblümt klar. »Wie kann ich mich da in die Arbeit der Staatsanwaltschaft einmischen?«, fragte er.[81]

Falls je die Chance bestanden hatte, dass der Kreml Chodorkowski gegenüber Milde walten lassen könnte, verpuffte diese, als Putin in den USA war. Dort besuchte er auf Einladung die New Yorker Börse und hielt eine Rede vor Dutzenden amerikanischen Wirtschaftsbossen, denen er versicherte, dass Russland eine Marktwirtschaft sei, in der keine Privatisierung rückgängig gemacht werde. Am Rand der Veranstaltung traf er sich mit dem Vorstandsvorsitzenden von ExxonMobil, Lee Raymond, einem hochgewachsenen Mann aus dem Mittleren Westen, der Exxon durch die Fusion mit Mobil zum größten Konzern der Welt gemacht hatte mit einem Wert von 375 Milliarden Dollar. Raymond, der für sein aggressives Auftreten bekannt war, nahm kein Blatt vor den Mund und erklärte Putin, dass Exxon in einer ersten Phase nur eine Minderheitsbeteiligung an JukosSibneft erstehen, irgendwann aber das ganze Unternehmen aufkaufen wolle.[82]

Putin war völlig entgeistert. In seinen Gesprächen mit Chodorkowski und mit Abramowitsch war nie ein Szenario vorgekommen, in dem ein US-Energieriese russische Ölvorkommen in seinen Besitz brachte. Er war immer davon ausgegangen, dass Exxon oder Chevron einen Minderheitenanteil erhalten würden, während JukosSibneft im Gegenzug auch bei einem der US-Konzerne einstieg. »Für Putin war dieser Austausch der Anteile wichtig«, sagte eine Person, die Einblicke in die Verhandlungen hatte. »So wäre eine Art Energiebrücke zwischen Russland und den USA entstanden.«[83] Doch als der Druck auf Jukos in jenem Sommer gestiegen war, hatten die Anteilseigner zum vorzeitigen Vertragsabschluss gedrängt. Sie wollten ihre Anteile lieber ganz veräußern als sie einzutauschen.

Für Putin kam es überhaupt nicht infrage, ExxonMobil die Mehrheit an JukosSibneft zu verkaufen. Er konnte auf gar keinen Fall zulassen, dass die USA die Kontrolle über die strategisch wichtigen Ölvorkommen Russlands erlangten. Das stand der Absicht der KGB-Männer, Russland wieder zu einer Weltmacht zu machen, konträr entgegen. Fridman und Awen mochten zwar die Erlaubnis erhalten haben, eine Fünfzig-Fünfzig-Partnerschaft mit BP einzugehen, aber sie hatten sich dem Kreml gegenüber, anders als Chodorkowski, auch immer loyal gezeigt und taten alles, was in ihrer Macht stand, um die Kontrolle über TNK-BP nicht aus der Hand zu geben.

Lee Raymond kam nur eine Woche später nach Moskau, offenbar in der Hoffnung, das Geschäft abzuschließen. An jenem Tag verkündete die *Financial Times* auf ihrer Titelseite, dass Exxon gerade intensiv darüber verhandle, JukosSibneft 40 Prozent seiner Unternehmensanteile für 25 Milliarden Dollar abzukaufen, und diese Beteiligung später auf 50 Prozent erhöhen wolle.[84] Doch anstelle von Handschlägen und Champagner erwartete Raymond die Nachricht, dass mehr als fünfzig Spezialkräfte mit Maschinenpistolen und schusssicheren Westen mit Jukos in Verbindung stehende Gebäude in ganz Moskau durchsuchten, auch die Wohnhäuser der Hauptanteilseigner von Menatep, Chodorkowskis engsten Geschäftspartnern, die alle in einer abgeriegelten Anlage hinter einem hohen Metallzaun im Edelvorort Schukowka lebten. Unter diesen Häusern war auch das von Lebedew, der ja bereits im Gefängnis saß.[85] Als Chodorkowskis Frau ihren Mann anrief und sagte, dass vor der Tür lauter Polizisten herumliefen, entschuldigte er sich eilig bei Raymond und machte sich auf den Weg.

Das Signal aus dem Kreml hätte nicht deutlicher ausfallen können. ExxonMobil würde die Anteile niemals bekommen. Als Chodorkowski den Anruf von seiner Frau erhielt, nahmen er und Raymond gerade an einer Konferenz des Weltwirtschaftsforums teil, bei der Putin als Hauptredner auftreten sollte. Doch während Chodorkowski nach Hause raste, um seinen Besitz gegen die Razzia zu verteidigen, konnte Raymond nichts anderes tun, als die Konferenzteilnehmer davor zu warnen, dass Russland Investoren nicht »willkürlich« behindern dürfe, wenn es Zugang zu den Weltmärkten wollte.[86] Putin, der so tat, als wüsste er nichts von den Durchsuchungen, beharrte weiter darauf, dass er alles in seiner Macht Stehende unternehme, um mögliche Hindernisse für Investoren aus dem Weg zu räumen.[87] Das war genau die Doppelzüngigkeit, die er seit dem Beginn seines Aufstiegs zur Macht praktizierte. Er pries den Markt, während seine Leute hinter den Kulissen daran arbeiteten, alles unter ihre Kontrolle zu bringen.

Chodorkowski weigerte sich dennoch, klein beizugeben; er verkündete der Welt, dass er bereit sei, wenn nötig auch ins Gefängnis zu gehen, um sein Unternehmen zu verteidigen.[88] Er würde nicht aufgeben und das Land verlassen. Im Privaten suchte er jedoch verzweifelt nach einem Ausweg. Dafür meldete er sich sogar bei Pugatschow, seinem alten Rivalen aus den Neunzigerjahren, der mittlerweile über gute Kontakte zu den Petersburger Geheimdienstlern verfügte, und fragte ihn nach den Beweggründen des Kreml. Pugatschow hörte sich um und kehrte mit einer unmissverständlichen Botschaft zurück. Wenn er weiter in Freiheit leben wollte, solle er das Land verlassen. Ansonsten lande er im Gefängnis.[89] Chodorkowski sagte später, er habe ihm nicht geglaubt. Er war überzeugt, dass der Kreml es nicht wagen würde, ihn zu verhaften – und falls doch, würden die USA sich für ihn einsetzen.

Es war ein Zeichen seiner Selbstüberschätzung, seiner überzogenen Vorstellung davon, wie weit die USA gehen würden, um einen Oligarchen zu beschützen, der versucht hatte, eine Brücke zu ihnen zu schlagen.

*

Chodorkowski befand sich gerade allen Warnungen zum Trotz auf einer Dienstreise durch Sibirien, als es geschah. Die Staatsanwälte hatten ihn am vorherigen Tag zur Vernehmung einbestellt, aber er war weit von Moskau entfernt. Als sein Privatjet am Samstag, dem 25. Oktober 2003, kurz vor der Morgendämmerung auf einem Flugplatz in Nowosibirsk landete, um dort aufzutanken, stürmte eine Einheit bewaffneter FSB-Beamter an Bord. Chodorkowski hielt sich im Erste-Klasse-Abschnitt des Flugzeugs auf, als sie ihn umringten und brüllten: »FSB! Waffen auf den Boden! Keine Bewegung oder wir schießen!«[90] Dann nahmen sie ihn wegen des Verdachts auf schweren Betrug und Steuerhinterziehung fest. Schon am selben Abend saß er im berüchtigten Matrosskaja-Tischina-Gefängnis in Moskau.

Das war der Augenblick, in dem sich Russland politisch und wirtschaftlich unwiderruflich von der vom Westen vorangetriebenen globalen Vernetzung abwandte und stattdessen auf Kollisionskurs mit ihm ging. Von hier an gab es kein Zurück mehr für die etatistisch orientierten Geheimdienstler, die immer wieder interveniert und intrigiert und Putin schließlich davon überzeugt hatten, dass die Rückkehr Russlands zu alter Macht – und ihr eigener finanzieller Einfluss – nur auf diese Weise zu gewährleisten war. Doch wie das ganze Land bewegten auch sie sich jetzt auf unbekanntem Terrain. Nur wenige von ihnen hatten erwartet, dass es so weit kommen würde, und viele Wirtschaftsvertreter hofften, dass es doch noch eine Kehrtwende gäbe, dass

Chodorkowski freikäme und sich die beiden Seiten einigten. Sogar Pugatschow erzählte, dass man lange davon ausgegangen sei, Chodorkowski und seine Geschäftspartner würden sich bereit erklären, Putin und seinen Leuten eine beträchtliche Summe zu bezahlen, um sich der Anklage zu entziehen – selbst ein Teil der *silowiki* habe damit gerechnet. »Jeder wartete auf das Bestechungsangebot«, sagte er. »Niemand war wirklich auf die Situation vorbereitet. Niemand wusste, was sie nun mit dem Unternehmen anfangen sollten. Damals hatten sie noch keine Erfahrung mit solchen Dingen.«

Chodorkowskis Verhaftung bedeutete einen Schock für die russische Wirtschaftswelt. Er war der reichste Mann des Landes, der bekannteste Fürsprecher des Marktes, der Mann, von dem sie geglaubt hatten, er stünde kurz vor dem Geschäft des Jahrhunderts – dem Verkauf seines Unternehmens für 25 Milliarden Dollar, nur sieben Jahre nachdem er es für 300 Millionen erstanden hatte. Wenn er zu Fall gebracht werden konnte, galt das für jeden von ihnen. Am Tag der Verhaftung versammelten sich die führenden Mitglieder des Russischen Verbands der Industriellen und Unternehmer, der sich zur wichtigsten offiziellen Vertretung der Oligarchen entwickelt hatte, zu einer Krisensitzung im Moskauer Baltschug-Hotel. Viele von ihnen hatten zu große Angst, um sich vor der Presse zu äußern, doch gemeinsam verfassten sie einen zurückhaltend und vorsichtig formulierten Brief an Putin, in dem sie die Verhaftung kritisierten und um ein Treffen baten: »Nur eine klare und unmissverständliche Stellungnahme des russischen Präsidenten Wladimir Putin kann die Situation verbessern. Das Ausbleiben einer solchen würde für eine unwiderrufliche Verschlechterung des Investitionsklimas sorgen und Russland in ein Land verwandeln, das Unternehmensentwickler scheuen.«[91]

Anatoli Tschubais, der Privatisierungszar und Kopf hinter den liberalen Reformen, ging sogar noch einen Schritt weiter. In einem Fernsehinterview an jenem Wochenende warnte er, dass Chodorkowskis Verhaftung und die Ungewissheit darüber, ob andere Unternehmer vielleicht als Nächstes an der Reihe wären, zu einer »unkontrollierbaren« Spaltung der Elite führen könnten, mit möglichen Auswirkungen auf die gesamte Gesellschaft.[92]

Aber Putin ließ sich nicht beirren. Trotz seines konsequenten Leugnens, irgendetwas mit Chodorkowskis Verhaftung zu tun zu haben, geschah so etwas doch niemals ohne Segen von oben. Vor allem zeigte die Verhaftung, dass Chodorkowski eine grundsätzliche Lehre der Regierung Putin verkannt hatte, die andere Oligarchen – aufgrund dieser Erfahrung – voll und ganz verinnerlichen sollten: »Wenn du in diesem Land ein großes Ölunternehmen kaufst, für 150 Millionen Dollar und mit Hilfe von Einlagen des Finanzministeriums, musst du nach den russischen Regeln spielen«, sagte Dmitri Gololobow, ein Anwalt, der einst für Chodorkowski tätig war, sich später aber von ihm abwandte. »Du kannst nicht einfach behaupten, du seist der legitime Eigentümer. Die Privatisierung hat kein legitimes Eigentum hervorgebracht. Die anderen Oligarchen verstanden das sehr gut. Keiner von ihnen bezeichnete sich als Eigentümer seiner Unternehmen. Sie hatten erkannt, dass sie nur Verwalter waren.«[93]

Das stand in Widerspruch zu allem, für das Putin eingetreten war, als er sich um die Präsidentschaft bewarb. Es war eine Täuschung, die der Überzeugung der KGBler entsprang, dass sie die Tycoons großgemacht hätten, als Russland zur Marktwirtschaft überging, und dass alles, was die neuen Milliardäre ihr Eigen nannten, eigentlich ihnen zustand. Was Chodorkowski widerfuhr, war eine Vergeltungsmaßnahme für die Neunzigerjahre, als der KGB zum Zuschauen verdammt gewesen war, weil der zunehmende Einfluss der westlich orientierten Moskauer Tycoons die Ex-Agenten an den Rand gedrängt hatte. »Was Putin jetzt veranstaltet, ist der Gegenschlag des KGB«, meinte ein ehemaliges ranghohes Mitglied des Militärgeheimdienstes damals. »Die KGBler haben die Oligarchie erschaffen, und dann mussten sie ihr dienen. Dafür rächen sie sich jetzt.«[94]

Die Schlacht hatte einen Punkt erreicht, an dem der KGB meinte, den Griff nach den Unternehmen damit rechtfertigen zu können, dass man so den Ausverkauf der größten Ölvorkommen des Landes an den Westen verhinderte. »Jukos hatte vor, weite Teile seiner Assets an den Westen abzutreten«, sagte jemand aus diesen Reihen. »Die Profite, die [Chodorkowski] blitzartig eingefahren hatte, all die Vermögenswerte wären über Tarnfirmen ins Ausland geflossen. Hätten wir dem keinen

Einhalt geboten, hätten wir die Kontrolle über unsere Öl- und Gas-
industrie verloren. Wir wären für lange Zeit zu Sklaven der westlichen
Industriellen geworden.«[95]

Und so kam es, dass die übrigen Milliardäre Russlands in den Tagen
nach Chodorkowskis Verhaftung fassungslos zusahen, wie die Staatsanwaltschaft dessen 15 Milliarden Dollar schwere Unternehmensanteile an JukosSibneft beschlagnahmte. Putin teilte ihnen klar und
deutlich mit, dass über die Verhaftung nicht zu verhandeln sei und die
Börsenkurse stürzten ab. Auf die Bitte der Oligarchen um eine Stellungnahme reagierte Putin am Montag nach der Verhaftung mit har-
schen und unmissverständlichen Worten: »Es wird keine Treffen oder
Verhandlungen über das Vorgehen der Strafverfolgungsbehörden geben, solange diese Behörden auf dem Boden der russischen Gesetze
handeln. Vor dem Gesetz sollte jeder gleich sein, unabhängig davon,
wie viele Milliarden er auf seinen privaten oder geschäftlichen Konten
hat. Nur so können wir die Menschen dazu bewegen und zwingen,
Steuern zu zahlen, und das organisierte Verbrechen und die Korruption bekämpfen.«[96]

Es war der Beginn einer neuen Ära. Putin hatte die Unsicherheit,
die die ersten zwei Jahre seiner Präsidentschaft geprägt hatte, überwunden. Die neuen Herrscher im Kreml waren bereit, die strategisch
wichtigen Güter des Landes unter sich aufzuteilen. Es gab keinen Weg
zurück, weder für Putin noch für seine Leute.

# 8

# AUS DEM TERROR
# ERWACHT EINE GROSSMACHT

## »WIE EIN KNOTEN MIT DREI ELEMENTEN«

Zu Beginn seiner Präsidentschaft schien Wladimir Putin die Führungsrolle eher zu widerstreben. Als er an die Macht katapultiert wurde, hatte er Boris Jelzin gesagt, er sei nicht bereit für diese Aufgabe. Mitgliedern der Jelzin-Familie gegenüber beschrieb er sich als »angestellter Manager« und suggerierte damit, dass er das Amt nur ein paar Jahre ausüben werde. Kam es zu einer Katastrophe wie dem Untergang des U-Boots *Kursk*, zog er sich zurück. Er war dann wie gelähmt, handlungsunfähig und manchmal weiß wie eine Wand. Aber nun, da er die Festnahme von Russlands reichstem Mann angeordnet hatte, gab es kein Zurück mehr. Selbst wenn er gewollt hätte – das war keine wirkliche Option mehr für ihn. Insbesondere seine Vertrauten, die *silowiki*, die er aus Sankt Petersburg mitgebracht hatte, drängten ihn, an der Macht zu bleiben. »Sie machten ihm Angst«, sagte Pugatschow. »Sie sagten ihm: ›Niemand wird dir Jukos oder die Übernahme von NTW verzeihen. Wenn du in den Westen gehst, wirst du sofort verhaftet.‹«[1] Nun, da sie Gefallen an der Macht gefunden hatten, hatten die KGB-Leute nicht vor, ihre Plätze zu räumen. Sie bereiteten eine weitere Machtübernahme im Land vor. Nach einer Wiederwahl Putins 2004 würden sie einige Abmachungen ignorieren können, die er mit der Jelzin-Familie getroffen hatte, als er den Stab von ihr übernahm.[2]

Putin hatte die Medienmogule Wladimir Gussinski und Boris Beresowski ausgeschaltet. Frühe Reformen seiner Regierung hatten die Macht regionaler Gouverneure durch die Schaffung sogenannter

»Superregionen«, die von durch den Kreml eingesetzten Gesandten regiert wurden, drastisch eingeschränkt. Mit solchen Maßnahmen – geleitet von Dmitri Kosak, einem ehemaligen Militärgeheimdienstler und Staatsanwalt aus Sankt Petersburg – war die Politik der Jelzin-Jahre rückgängig gemacht worden, während derer der Präsident seine Gouverneure aufgefordert hatte, »sich so viel Freiheiten zu nehmen wie nur möglich«. Liberale und die früheren Medienmogule sprachen düstere Warnungen vor einer Rache des KGB aus, vor dem zunehmend autoritären Griff des Kreml. Die Verhaftung Chodorkowskis und die Beschlagnahmung seines Anteils an JukosSibneft hatten die Börse und die Geschäftswelt erschüttert. Doch Putin und der Kreml bemühten sich, dies als Sonderfall darzustellen, als Bestrafung eines einzelnen skrupellosen Oligarchen, der zu weit gegangen war. Der Rest des Landes profitierte von gestiegenen Ölpreisen, die seit Putins Amtsantritt von 12 Dollar auf 28 Dollar pro Barrel geklettert waren. Putins Umfragewerte während seiner ersten Amtszeit lagen gleichbleibend bei ungefähr 70 Prozent, sie waren Ausdruck der Zustimmung der Bevölkerung zur Beendigung der chaotischen Situation der Neunzigerjahre und zu seinen Bemühungen, die Oligarchen in die Schranken zu weisen.

Die Zeichen standen gut für einen problemlosen Übergang in eine zweite Amtszeit. Aber die Übernahme von NTW und die Verhaftung von Chodorkowski waren nicht die einzigen Ereignisse, die in seiner ersten Amtszeit für Kontroversen gesorgt hatten – und einem bislang unveröffentlichten Insiderbericht zufolge waren führende *silowiki* bestrebt, nichts dem Zufall zu überlassen. Am Abend des 23. Oktobers 2002, einem Mittwoch, verschafften sich mindestens vierzig bewaffnete tschetschenische Kämpfer Zutritt zum Dubrowka-Theater in einem Moskauer Vorort südlich des Kreml und feuerten mit Sturmgewehren in die Luft, gerade in dem Moment, als eine Gruppe Stepptänzer und Stepptänzerinnen auf die Bühne ausschwärmte, um den zweiten Akt des populären neuen russischen Musicals *Nord-Ost* zu eröffnen.[3] Im Theater befanden sich fast neunhundert Zuschauer, Angehörige der in Putins Russland aufblühenden Mittelschicht, die sich eine Hommage an den Heldenmut der Sowjets während der Belagerung Leningrads im Zweiten Weltkrieg ansehen wollte. Die Tschetschenen verminten das Theater mit Sprengvorrichtungen, während sich einige der Geiselnehmerinnen in schwarzen Hidschabs, sogenannte »Schwarze Witwen«, die sich offensichtlich Sprengstoffgürtel umgeschnallt hatten, inmitten der verängstigten Menge positionierten und andere Kämpfer den Saal abriegelten.

Die Geiselnahme, die sich über drei Tage zog, schien Putins schlimmster Albtraum zu sein. Die tschetschenischen Kämpfer, angeführt von Mowsar Barajew, dem Neffen von Tschetscheniens bekanntestem Rebellen, forderten ein Ende der russischen Kampfhandlungen in der Republik. Die Auseinandersetzungen hatten 1999 infolge der Bombenanschläge auf Wohnhäuser begonnen, die Putins Aufstieg an die Macht vorangetrieben hatten. Die Geiselnehmer gaben Russland sieben Tage Zeit, seine Truppen zurückzuziehen; andernfalls würden sie das Gebäude sprengen.[4] An dem Abend, als sich die Nachricht von der Geiselnahme verbreitete, versammelten sich Oppositionspolitiker und Sicherheitskräfte vor dem Theater, bei Dunkelheit und kaltem Regen, entsetzt, dass so etwas nur wenige Kilometer vom Kreml entfernt passieren konnte. Wie war es möglich gewesen, dass so viele bis an die Zähne mit Sprengstoff bewaffnete Rebellen das Theater offenbar unter aller Augen hatten stürmen können?

In den folgenden drei Tagen verschanzte sich Putin in seinem Büro in einem der oberen Stockwerke des Kreml, von Panik überwältigt angesichts der außer Kontrolle geratenden Ereignisse nicht weit von ihm entfernt. Während er nach einem Ausweg aus der Krise suchte, sagte er eine geplante Reise nach Mexiko ab, wo er andere Staatschefs, unter ihnen George W. Bush, treffen sollte. Die Geiselnehmer hatten ein paar prominenten Persönlichkeiten erlaubt, das Theater zu Verhandlungen zu betreten, darunter der Parlamentarier und populäre Sänger Iossif Kobson, liberale Oppositionspolitiker und –politikerinnen sowie eine Journalistin, Anna Politkowskaja, bekannt für ihre furchtlose Berichterstattung über den Tschetschenienkrieg. Es gelang ihnen zwar, die Freilassung einer Reihe von Geiseln durchzusetzen, darunter einige der Kinder und Ausländer, doch die Angreifer weigerten sich, von ihrer Forderung nach einem Ende des Krieges abzurücken.

Am dritten Abend der Geiselnahme durfte eine NTW-Crew das Theater für ein Interview mit Barajew betreten. »Unser Ziel ist, wie wir mehr als einmal erklärt haben, die Beendigung des Krieges und der Abzug der Truppen«, sagte er.[5] Eine der Geiselnehmerinnen, mit einem Sprengstoffgürtel ausgerüstet, sagte zu dem Reporter: »Wir folgen Allahs Pfad. Wenn wir hier sterben, ist das nicht das Ende.«

Wieder war Putin vor Angst gelähmt. Die Angreifer hatten klargemacht, dass sie die Geiseln töten und das Gebäude in die Luft sprengen würden, sollten die Sicherheitskräfte eingreifen,[6] und es hatte bereits Tote gegeben: Zwei Zivilisten und ein FSB-Oberst waren bei dem Versuch, das Theater zu betreten, erschossen worden.[7]

Am Samstag, dem 26. Oktober, kurz vor Morgengrauen, handelten die russischen Sicherheitskräfte schließlich. Damit die Geiselnehmer keine Explosionen auslösen konnten, wurde durch die Lüftungsschächte Gas in den Saal gepumpt. Die Geiseln und einige der tschetschenischen Kämpfer und Kämpferinnen wurden tatsächlich bewusstlos, aber auch viele Geiseln starben – und der Rettungsdienst war nicht gut darauf vorbereitet, denjenigen zu helfen, die noch am Leben waren. Sie wurden an den Straßenrand gelegt, einige erbrachen sich, andere waren bewusstlos, wieder andere drohten an ihren Zungen zu ersticken.[8] Neunzig Minuten vergingen, bis sie zur Behandlung in ein Krankenhaus gebracht wurden.[9] Da sie mit einem Blutbad infolge von Explosionen und Schüssen gerechnet hatten, hatten achtzig Prozent der Krankenwagen, die am Ort des Geschehens ankamen, nur Ausrüstung zur Behandlung schwerer äußerer Verletzungen dabei, nicht für die Auswirkungen von Gas.[10] Am Ende des folgenden Tages lag die Zahl der Todesopfer unter den Geiseln bei mindestens 115 Personen. Nur zwei waren durch Schüsse umgekommen. Alle anderen hatte das Gas getötet.[11]

Eine Zeit lang hatte Putin mit öffentlicher Empörung wegen des Umgangs mit der Geiselnahme zu kämpfen. Wie war es überhaupt dazu gekommen? Warum war der Rettungsdienst nicht darüber informiert, um welches Gas es sich handelte? Mehreren Überlebenden zufolge war es von unter der Bühne in den Saal geströmt und hatte die Geiselnehmer im näheren Umkreis bewusstlos gemacht, doch es hatte sich so langsam verbreitet, dass andere den beißenden Geruch und das grünlich aussehende Gas hatten bemerken können.[12] Unter dem steigenden Druck, preiszugeben, welches Gas verwendet worden war, erklärte der russische Gesundheitsminister schließlich, es sei ein Aerosolderivat von Fentanyl gewesen, ein starkes Opioid, das als Schmerzmittel bekannt ist und das seiner Meinung nach »für sich genommen nicht tödlich sein kann«.[13] Der Tod der Geiseln sei auf ihren geschwächten Zustand nach drei Tagen durch erheblichen Stress, Dehydrierung und Hunger zurückzuführen. Im abschließenden Bericht der Moskauer Staatsanwaltschaft, der ein Jahr später auftauchte, wurde das Gas schlicht als »nicht identifizierte chemische Substanz« bezeichnet.[14]

Was sich in der Nacht, als das Theater gestürmt wurde, im Kreml abspielte, ist seither hinter einer Mauer des Schweigens verborgen. Doch dann begann ein Insider, der laut eigener Aussage damals an den Diskussionen im Kreml beteiligt war, Licht in die Ereignisse zu bringen. Er behauptete, das Geschehen sei das tragische Scheitern einer Verschwörung gewesen, die nicht nach Plan gelaufen war. Laut seinem Bericht wurde der Angriff auf das Theater von Nikolai Patruschew, dem mürrischen FSB-Chef, geplant, um Putins Präsidentschaft weiter zu festigen. Es sollte nichts weiter als ein vorgetäuschtes Manöver sein, um Putins Autorität zu fördern, indem er die Geiselnahme erfolgreich beendete, und den nachlassenden Rückhalt in der Bevölkerung für den Krieg in Tschetschenien zu stärken. Patruschew habe Putin mitgeteilt, so der Insider, die angeheuerten Terroristen hätten keine echten Bomben dabei. Wenn die Geiselnahme vorbei sei, würden sie unter dem Schutz des FSB in die Türkei ausgeflogen, während Putin als Held aus der Sache hervorgehen würde – als Staatschef, der eine Geiselkrise beendet hatte, ohne dass dabei Zivilisten zu Tode gekommen waren. In der Folge hätte er in Tschetschenien noch härter durchgreifen können.

Doch bereits am ersten Tag der Geiselnahme sei der Plan in sich zusammengefallen, als einer der Tschetschenen eine Zivilistin erschoss, die das Theater betreten hatte. Putin wurde nervös, so der Informant: »Alles geriet außer Kontrolle. Niemand wusste, auf wen oder was er noch vertrauen konnte.«[15] Als die Sicherheitskräfte sich bereitmachten, das Gebäude zu stürmen, wurde die Geiselnahme wie ein echter Terrorakt behandelt. Igor Setschin, Putins engster KGB-Kollege aus Sankt Petersburg, wurde hinzugezogen, um die Situation in den Griff zu bekommen, und Patruschew, der von Setschins Neigung zu Übereifer wusste, stärkte ihm den Rücken, wie die an den Diskussionen beteiligte Person berichtete. »Er hat zu ihm gesagt: ›Igor, du hast doch Militärerfahrung. Hilf uns, das Problem zu lösen.‹«

Der Aussage dieser Person nach war die Verwendung von Gas Setschins Idee gewesen. Er hatte mit einem früheren Kommandanten von Russlands Abteilung für chemische Kriegsführung gesprochen, der ihm gesagt habe, das Gas sei alt, es könne daher möglicherweise unwirksam sein. »Setschin hat mir gesagt, er habe deshalb angeordnet, eine zehnfach erhöhte Dosis zu verwenden«, sagte der ehemalige Beamte, der auch behauptete, Putin habe, entsetzt über die Entwicklung der Ereignisse, eine Rücktrittserklärung unterzeichnet. Aber zu diesem Zeitpunkt sei er schon zu tief involviert gewesen, man habe ihm zu verstehen gegeben, dass er bleiben müsse. Patruschew schien die Planung des Angriffs und die Erwiderung der Sicherheitskräfte darauf absichtlich missverständlich gehalten zu haben. Auch Blutvergießen und Tod würden Putins Position als Präsident festigen. »Es war so organisiert, dass Putin auf jeden Fall für eine zweite Amtszeit bleiben müsste.« Falls irgendetwas schiefgehen sollte, würde er noch tiefer in die Sache hineingezogen werden müssen. »Wäre Putin ausgetauscht worden, hätte das für Kolja [Patruschew] das Aus bedeutet. Also hat er diese Geschichte organisiert, damit Putin Blut an den Händen hatte.«[16]

Dmitri Peskow, der Kreml-Sprecher, tat den Bericht des Insiders als »absoluten Blödsinn« ab und sagte, diese Person »weiß gar nichts«. Womöglich lässt sich diese Geschichte niemals vollständig verifizieren. Nur ein sehr kleiner Kreis von Personen aus dem Führungszirkel weiß, was sich wirklich abgespielt hat, aber der ehemalige Funktionär, von dem ich diese Version der Ereignisse habe, war nah genug dran, um Bescheid wissen zu können.

Wäre da nicht ein wenig beachteter Bericht der Moskauer Staatsanwaltschaft, der ein Jahr nach der Geiselnahme auftauchte, könnte man seine Behauptungen leicht als eine weitere wilde Verschwörungstheorie abtun, wie sie immer entstehen, wenn im Kreml Entscheidungen hinter verschlossenen Türen getroffen werden – insbesondere nach den Unklarheiten im Zusammenhang mit den früheren Bombenanschlägen auf Wohnhäuser. Aber als die Staatsanwaltschaft ihre Ermittlungen abschloss, hatte sie festgestellt, dass die beiden größten Bomben im Saal im Prinzip harmlose Nachbauten waren. Zumindest ein Teil der Geschichte des Insiders scheint also wahr zu sein. »Die Bomben waren nicht gebrauchsfertig: Es gab nichts, was die Zünder hätte auslösen können«, hieß es in dem Bericht. »Es gab keine Batterien. (…) Die Bomben stellten sich als ungefährliche Attrappen heraus.«[17] Dasselbe galt für die Selbstmordgürtel, die einige der Frauen getragen hatten, sowie für andere Sprengkörper. Viele der Frauen, die die Gürtel umgelegt hatten, befanden sich mit den Geiseln im Zuschauerraum, doch statt die Sprengkörper wie angedroht explodieren zu lassen, wurden sie durch das Gas ohnmächtig. Danach wurden sie von russischen Sicherheitskräften nicht etwa befragt, um die terroristische Verschwörung aufzuklären, sondern erschossen.[18]

Obwohl es fünf bis zehn Minuten dauerte, bis die Wirkung des Gases eingetreten war, wie die Staatsanwaltschaft feststellte, hatten die Terroristen keine Bombe zur Detonation gebracht. War es wirklich denkbar, dass sie nie vorgehabt hatten, irgendetwas in die Luft zu sprengen, und dass die Verwendung des Gases zu vermeidbaren Todesfällen geführt hatte? Nicht namentlich genannte Quellen innerhalb des FSB und des Innenministeriums sagten dem *Kommersant*, der einzigen russischen Zeitung, die anscheinend über die Ergebnisse der Ermittlungen durch die Staatsanwaltschaft berichtete, dass die Terroristen selbst dafür gesorgt hatten, die Zünder zu entfernen, aus Angst vor ungeplanten Explosionen.[19] Auch die liberale Politikerin Irina Chakamada, die das Gebäude zu Verhandlungen betreten hatte, äußerte Zweifel bezüglich der Geiselnahme: »Ich bin zu dem Schluss gekommen, dass die Terroristen nicht die Absicht hatten, das Theater zu sprengen, und dass die Behörden kein Interesse an der Befreiung aller Geiseln hatten. Aber der Chef der Präsidialverwaltung befahl mir in drohendem Ton, die Finger von dieser Geschichte zu lassen.«[20]

Fragen ergaben sich auch hinsichtlich einiger der beteiligten Terroristen. Ihr offenkundiger Anführer, Mowsar Barajew, war Berichten zufolge nur zwei Monate zuvor verhaftet worden.[21] Wie konnte er unmittelbar nach seiner Entlassung aus dem Gefängnis diesen Anschlag durchführen? Dasselbe gilt für die eine vermeintliche Selbstmordattentäterin, deren Mutter sie auf Filmmaterial von der Geiselnahme erkannte.[22] Waren die Behörden daran beteiligt gewesen, diese Personen aus dem Gefängnis zum Theater zu bringen?

Es war nicht das erste Mal, dass ein Terrorangriff in Russland Fragen über die Beteiligung der Sicherheitsbehörden aufwarf. Die bekanntesten vorherigen Fälle waren die Bombenanschläge auf Wohngebäude, die Putin halfen, seine Macht zu festigen. Doch in diesem Fall rief der Angriff weit weniger Kontroversen hervor. Die meisten Unklarheiten betrafen die Verwendung des Gases. Während sich die Ergebnisse der Staatsanwaltschaft bezüglich der Bombenattrappen am Ende des *Kommersant*-Berichts verbargen, wurde die Festnahme einer angeblichen Terrorgruppe, die weitere Attacken vorbereitet habe, an den Anfang des Artikels gesetzt.[23]

Nach dem Angriff wurden kritische Stimmen zu den Ereignissen weitgehend beiseite gewischt, und der Großteil der Bevölkerung stieß einen Seufzer der Erleichterung aus, dass die Anzahl der Todesopfer nicht noch höher war. Putin wurde von internationalen Staatschefs und russischen Politikern gleichermaßen für seinen Umgang mit der Situation gelobt.[24] Seine Umfragewerte erreichten ihren höchsten Stand seit seiner Wahl.[25] Statt dass bei den russischen Sicherheitsbehörden Verantwortliche gehen mussten, weil sie zugelassen hatten, dass eine Gruppe bewaffneter Terroristen ins Zentrum Moskaus vordringen konnte, wurden sie mit einer Mittelerhöhung belohnt.[26] Der Terrorakt ermöglichte es Putins Männern außerdem, beim Militäreinsatz in Tschetschenien einen Gang hochzuschalten, Pläne, die Truppenzahl zu reduzieren, wurden verworfen.[27] Unzählige Tschetschenen verschwanden nun bei nächtlichen Razzien aus ihren Häusern, und der zuvor gestiegene Druck auf den Kreml, Friedensgespräche mit dem Tschetschenenführer Aslan Maschadow zu führen, löste sich in Luft auf. Wieder einmal war der Rückhalt in der Bevölkerung für den Krieg erreicht, während Maschadow vollkommen diskreditiert war. Die russischen Behörden beschuldigten ihn, hinter der Attacke zu stecken,[28] aber sie präsentierten abgesehen von einer alten Videoaufnahme, in der er eine neue Offensive androhte, nie Beweise. Maschadow selbst bestritt jegliche Beteiligung.

Die Geiselnahme bot dem Kreml außerdem eine Gelegenheit, dem Krieg in Tschetschenien den Anstrich eines westlichen Kriegs gegen den Terror zu verpassen. Der Versuch, Verbindungen zwischen tschetschenischen Rebellen und militanten Islamisten aus dem Ausland herzustellen, hatte bereits in den Monaten vor dem Anschlag begonnen,[29] und die Geiselnahme verstärkte diese Sichtweise noch. Al Dschasira sendete ein Video, in dem Menschen vor Bannern, auf denen »Allah ist groß« auf Arabisch stand, behaupteten, Komplizen der Tschetschenen zu sein, während Putin die Attacke als »monströse Manifestation des Terrorismus« bezeichnete, geplant von »ausländischen Terrorzentren«.[30] In den darauffolgenden Monaten begannen die USA, ihre Sicht auf die Streitkräfte der tschetschenischen Rebellen zu verändern. Sie bezeichneten drei Gruppen, die an der Attacke beteiligt gewesen sein sollen, als Terrororganisationen mit Verbindungen zur al-Qaida,[31] und stuften Maschadow nicht länger als moderat ein. »Unsere Tschetschenienpolitik hat sich der Russlands angenähert«, sagte ein hochrangiger US-Diplomat kurz nach dem Überfall. »Dieser Angriff hat der [tschetschenischen] Sache massiv geschadet.«[32]

\*

Während einerseits die KGB-Leute versuchten, Putin fest mit der Präsidentschaft zu verbinden, war zu beobachten, wie er sich zugleich auch an diese Rolle gewöhnte – wenn man von schrecklichen Ereignissen wie dem Dubrowka-Überfall absah. »Es fing an, ihm zu gefallen, all die Feierlichkeiten, die G8-Gipfel, die Anerkennung«, sagte Pugatschow.[33] Vom engsten Führungskreis wurde er als Retter Russlands gefeiert. Er habe das Land vor dem sicheren Zusammenbruch bewahrt, sagten sie, vor der Versklavung durch die Oligarchen und den zerstörerischen Kräften des Westens. Selbst diejenigen, die in der KGB-Hierarchie über ihm gestanden hatten, schmierten ihm nun Honig um den Bart.

Bei einer Gelegenheit zu Beginn seiner ersten Amtszeit, als Putin einen kleinen Kreis von Freunden zur Feier seines Geburtstags versammelt hatte, brachte einer seiner ehemaligen Chefs in Dresden, Sergej Tschemesow, einen Toast auf seinen Aufstieg zur Macht aus. »Er war einer seiner engsten Vertrauten, der in einem früheren Leben, bevor Putin Präsident wurde, nicht nur älter, sondern auch ranghöher war als dieser, und den Putin respektierte«, sagte Pugatschow. »Er sagte zu ihm: ›Wladimir Wladimirowitsch, ich erhebe mein Glas auf dich. Wie du weißt, ist viel Zeit vergangen, seit ich erfahren habe, dass du Präsident geworden bist, aber das Gefühl von damals ist geblieben. Für mich war es, als wäre über Russland die Sonne aufgegangen. (…) Jetzt teilen anscheinend hundert Prozent der Bevölkerung dieses Gefühl.‹«

Pugatschow fand die Rede peinlich. Er unterbrach sie, weil er mit der Besprechung der politischen Lage, der gewaltigen Aufgaben, die vor ihnen lagen, fortfahren wollte. Doch Putin habe ihn wütend angefunkelt und ihm gesagt, er solle seinen Freund aussprechen lassen. »Tschemesow sah ihm direkt in die Augen und sagte ihm, er sei ein Geschenk Gottes. Er sagte, Gott habe dem Land einen Herrscher gegeben, der das große Leid des russischen Volkes beenden werde. Das war ein Typ, der ihn seit fünfzehn Jahren kannte und einmal sein Chef gewesen war. (…) So etwas habe ich da zum ersten Mal erlebt. (…) Doch so war es von Anfang an, fast vom ersten Tag an. Er ist unglaublich eitel.« Wollte man Putin eine Frage stellen, wurde es üblich, ihm zuerst ausführlich zu schmeicheln. »Setschin war darin sehr gut. Mit einer tiefen Verbeugung sagte er zu ihm: ›Wladimir Wladimirowitsch, ich erinnere mich an deine Handlungen – du hast die Welt verändert.‹ Als ich das alles zum ersten Mal hörte, dachte ich, ich wäre in einer Irrenanstalt gelandet. Sie sagten Dinge zu ihm wie: ›Du hast das Wesentliche in der Menschheit aufgerüttelt. Du bist eine beeindruckende Persönlichkeit.‹«[34]

Das ständige Katzbuckeln gefiel Putin zunehmend. Er begann an seine Macht als neuer Zar zu glauben, und wurde mutiger darin, härtere und autoritärere Entscheidungen zu treffen – unter anderem die, sich mit Chodorkowski und seinen Leuten anzulegen. »Im Grunde hatte sich ihm die gesamte Oligarchie unterworfen, bot ihm dies und jenes an und kam zu ihm, um wegen der geringfügigsten Dinge um Erlaubnis zu bitten«, erzählte Pugatschow. »Und das stieg ihm zu Kopf. Es war ein schleichender Prozess. Er hatte diese Tendenzen schon immer, aber an irgendeinem Punkt veränderte er sich, und dieser grandiose Glaube an sich als Zar ergriff Besitz von ihm.«[35]

Zunächst hatte sich Putin den Staatsapparat noch mit Vertretern der Jelzin-Familie geteilt, doch nach der Festnahme von Chodorkowski lag er allein in seiner Hand. Entsetzt über die Ereignisse und weil er im Unklaren gelassen worden war, trat der gewiefte Alexander Woloschin von der alten Garde der Jelzin-Ära, seit März 1999 Leiter der Präsidialverwaltung im Kreml, zurück. Woloschin hatte mehrmals mit Putin über die juristische Attacke auf Chodorkowski gesprochen, aber bis zum letzten Moment hatte er geglaubt, dass sie noch verhindert werden könnte: »Ich habe ehrlich nicht damit gerechnet, dass sie ihn ins Gefängnis stecken würden. Ich hielt das alles für eine Art Missverständnis. Es war deutlich, dass es sich um eine Kampagne handelte, und sie war schlimm. Aus meiner Sicht schadete es der Entwicklung des Landes.«[36]

Putin ersetzte Woloschin durch einen eigenen Mann, einen Kollegen aus Sankt Petersburg: Dmitri Medwedew, einen zurückhaltenden Anwalt, der Putin in rechtlichen Fragen beriet, darunter die Eindämmung der Auswirkungen des Öl-gegen-Lebensmittel-Skandals. Er besaß den Ruf, stets um Präzision bemüht, aber auch schüchtern zu sein. Vor allem aber war er buchstäblich von Putin großgezogen worden, nachdem er mit nur fünfundzwanzig Jahren in die Petersburger Verwaltung eingetreten war. »Putin hat Medwedew herangezogen«, sagte Waleri Mussin, der ebenfalls als Rechtsberater in Sobtschaks Bürgermeisterbüro tätig gewesen war. »Medwedew hat immer zu Putin aufgesehen; er betrachtete ihn als jemanden, von dem er lernen konnte.«[37]

Das einflussreichste Relikt aus der Jelzin-Zeit war durch einen Jasager aus Sankt Petersburg ersetzt worden, der kaum mehr als drei Jahre Kreml-Erfahrung als stellvertretender Leiter der Präsidialverwaltung besaß. Am selben Tag, an dem Medwedews Ernennung bekanntgegeben wurde, signalisierten die Petersburger *silowiki* ihre Absichten unmissverständlicher denn je. Die Staatsanwaltschaft verkündete, dass sie 15 Milliarden Dollar Jukos-Aktien eingefroren habe – die 44 Prozent, die Chodorkowski indirekt am JukosSibneft-Konzern hielt –, um zu verhindern, dass er sie verkaufte.[38] Zutiefst erschüttert interpretierte der Markt diese Maßnahme als das offenkundigste Zeichen dafür, dass es den *silowiki* nicht nur mit Chodorkowskis Verhaftung ernst war, sondern auch mit der Übernahme von Jukos selbst. Darüber hinaus wurde dieser Vorgang als das Ende der Oligarchen der Jelzin-Ära gewertet, der »Familie«, deren Interessen fast vier Jahre sorgfältig gegen die der *silowiki* ausbalanciert worden waren. Für den Fall, dass es noch nicht alle begriffen hatten, machte Alexej Kudrin, Putins vergleichsweise liberaler Finanzminister, es noch einmal deutlich, als er Woloschins Rücktritt öffentlich als Ende der Jelzin-Jahre bejubelte. »Byzanz ist erledigt!«, erklärte er. »Bei allem Respekt gegenüber Alexander Woloschin möchte ich unterstreichen, dass sein Rücktritt mit dem Ende der Jelzin-Epoche zusammenfällt. (…) [Die Oligarchen] müssen nun wieder in einem wirtschaftlichen Umfeld agieren, in dem man nur mit Fairplay erfolgreich sein kann.«[39]

Es war, als würde die Maschinerie der Parallelregierung, an der Setschin und andere heimlich hinter den Kulissen gearbeitet hatten, nun langsam in Gang gesetzt, es wirkte, als würde eine PR-Kampagne lanciert werden. Am selben Tag, an dem die Jukos-Aktien beschlagnahmt wurden und Medwedew zum Leiter der Präsidialverwaltung im Kreml ernannt wurde, hielt Putin ein vertrauliches Treffen mit den Chefs einiger der weltweit größten Finanzinstitute ab, darunter die CitiGroup, Morgan Stanley und die ABN Amro.[40] Der in den USA geborene Chef der russischen Investmentbank United Financial Group, Charlie Ryan, half Putin, seine Absichten zu vermitteln. Die beiden hatten seit Putins Petersburger Zeiten in den frühen Neunzigerjahren zusammengearbeitet. Von Anfang an war Ryan ein wichtiges Sprachrohr für die Botschaften von Putins Kreml an die globale Finanzgemeinde und die übrige Welt gewesen.

Putin teilte den Investoren mit, die Jukos-Kampagne kündige keineswegs einen größer angelegten Angriff auf die Privatwirtschaft an[41] und die Beschlagnahmung der Aktien sei kein Konfiszieren, es gehe dabei lediglich um die Deckung von Verbindlichkeiten. Die

Kampagne sei nichts weiter als die Durchsetzung des Rechts. Zu einem gewissen Grad ließen sich die Banken – von denen einige, unter anderem die CitiBank, Risikopositionen von Jukos-Schulden im Wert von einigen Milliarden Dollar hielten – überzeugen. Sie forderten die Kredite nicht ein. Hätten sie es getan, hätten sich Chodorkowskis Voraussagen über den Zusammenbruch der Wirtschaft bewahrheiten können. Die Macht im Kreml war gekippt, und Putins Leute bauten bereits neue Kommunikationskanäle mit dem globalen Finanzwesen auf, dessen Giganten eines Tages auf Knien um die Hunderte Milliarden Dollar schweren Vermögenswerte unter Putins Kontrolle betteln würden.

Stellte Woloschins Rücktritt bereits einen Machttransfer von der Jelzin-Familie zu Putins Petersburger *silowiki* dar, so zementierten die Parlamentswahlen nur etwa einen Monat später ihren politischen Einfluss. Die prowestlichen liberalen Parteien hatten während der gesamten Ära Jelzin mit Anatoli Tschubais' Union der rechten Kräfte und Grigori Jawlinskis Jabloko eine sichere und wichtige Vertretung im Parlament gehabt. In den Dezemberwahlen 2003 wurden sie jedoch vernichtend geschlagen.[42] Die TV-Sender, nun ein staatliches Monopol, verweigerten ihnen Sendezeit, während der Kreml sich hinter eine Partei der neuen Putin-Generation stellte, die nationalistische Rodina, über die ausgiebig im Staatsfernsehen berichtet wurde. Ihre Chefs, Sergej Glasjew und Dmitri Rogosin, kündigten einen entschieden staatstreuen Kurs an, der zu der neuen Stimmung im Kreml passte, den Oligarchen seien die Profite wegzunehmen und dem Staat zurückzugeben: »Gebt den Reichtum der Nation dem Volk!«, lautete einer der Slogans der Partei.[43]

Das entsprach exakt der augenblicklichen Gemütslage, in der die staatlichen Fernsehsender Nachrichten über Chodorkowskis Verhaftung in Endlosschleife sendeten. Die liberale Union rechter Kräfte und Jabloko hatten keine Chance. Sie schafften es nicht über die Fünfprozenthürde, um Sitze in der Duma zu erlangen, während Rodina aus dem Nichts 9 Prozent der Stimmen auf sich vereinte.[44] Die Pro-Kreml-Partei Einiges Russland, die erst vier Jahre zuvor als Vehikel, um Putin an die Macht zu bringen, gegründet worden war, sicherte sich die absolute Mehrheit im Parlament, obwohl sie – abgesehen vom Thema der Präsidententreue – einen nahezu inhaltslosen Wahlkampf führte.[45] Die Kommunisten, der große Feind in der Jelzin-Ära, schleppte sich mit mageren 12,6 Prozent der Stimmen in die Duma.

Es war klar, dass Putin von nun an für jegliche politische Maßnahme, die er plante, freie Hand haben würde. Von den Liberalen würde es keinen nennenswerten Gegenwind geben. Die Pro-Kreml-Parteien verfügten über eine durchschlagende Mehrheit. In Russland hatte die Ära eines Scheinparlaments begonnen. In einem solchen Umfeld schien Putins Wiederwahl für eine zweite Amtszeit von vornherein so gut wie festzustehen, seine Umfragewerte lagen bei über 70 Prozent. Doch selbst in dieser Situation überließen er und seine Leute nichts dem Zufall.

*

Seit der Verhaftung von Chodorkowskis Geschäftspartner Platon Lebedew im Juli hatten die Spannungen zwischen Putin und Michail Kasjanow, dem geselligen Ministerpräsidenten und letztem Überbleibsel aus der Jelzin-Zeit in einer Machtposition, zugenommen. Kasjanow war unter Jelzin Finanzminister gewesen, seine Verbindungen in die »Familie« wurzelten tief. Als Putin an die Macht kam, hatte Roman Abramowitsch darauf bestanden, dass Kasjanow als ihr Vertreter zum Ministerpräsidenten ernannt würde, so die Behauptung eines hochrangigen russischen Bankers, der dem Sicherheitsapparat nahestand. Ein Sprecher von Abramowitsch streitet das ab.[46] Kasjanow hatte wenig Lust auf dieses Amt; es erschien ihm gefährlich. Er hatte sich an seine bequeme Position im Finanzministerium gewöhnt, wo er als stellvertretender Finanzminister für die Auslandsschulden verantwortlich gewesen war. Im Zentrum eines heiklen Machtwechsels zu stehen, wo er sowohl der Familie als auch Putin verpflichtet war, hatte nicht zu seinen beruflichen Zielen gehört. Aber man überredete ihn, und er gewöhnte sich nach und nach an seine neue Rolle. »Dreieinhalb Jahre lang war ich der Ansicht, dass wir die richtigen Leute am richtigen Ort waren, die das Richtige taten«, sagte er. »Aber als sie Lebedew ins Gefängnis warfen und es zu einer Reihe anderer Skandale kam, begriff ich, dass es vorbei war.«[47]

Kasjanows Regierung hatte die Wirtschaftsreformen mit liberalem Anstrich aus Putins erster Amtszeit umgesetzt, die Reduzierung des Einkommenssteuersatzes auf pauschale 13 Prozent sowie die Landreformen, die endlich eine Privatisierung von Land erlaubten. Als Ministerpräsident führte er außerdem die Gespräche mit Lee Raymond von Exxon über den möglichen Verkauf von JukosSibneft an ExxonMobil. »Damals«, sagte er, »waren wir und die USA uns freundschaftlich gesinnt. Die Beziehungen zu Bush und [Vizepräsident] Cheney waren sehr gut. Ich sprach viel mit Cheney über die Energiewirtschaft. Unsere Kooperation nach der Tragödie des 11. September war großartig, und die beiden Regierungen arbeiteten beim Truppentransit nach Afghanistan zusammen. (…) Hätte es einen Austausch von Unternehmensanteilen zwischen Jukos und ExxonMobil gegeben, hätte das den gesamten Energiesektor verändert. Er wäre viel liberaler geworden.«

Doch ab 2003 kam es zu häufigen Konfrontationen zwischen Kasjanow und Putins KGB-Leuten. Zu Beginn drehten sich diese Konflikte um Gazprom. Putin hatte seinen eigenen Mann, Alexej Miller, ans Steuer des staatlichen Gasgiganten gesetzt und begann dies als Möglichkeit für Muskelspiele des Kreml und für mehr Kontrolle über die früheren Sowjetrepubliken zu nutzen, die Russland gern als »nahes Ausland« bezeichnete. Auf Putins Anordnung hin wurde Gazprom unnachgiebiger, was die Zahlungen für Gaslieferungen an Belarus und die Ukraine anging. Der Kreml versuchte dafür zu sorgen, dass die ehemaligen Sowjetstaaten spurten.

Kasjanow dagegen hatte eine Gazprom-Reform verfolgt, auf die die Liberalen im Parlament seit den Jelzin-Jahren gedrängt hatten: Er wollte den Gasmarkt liberalisieren und Gazprom in eine Produktions- und eine Transportsparte aufteilen, also die Gasproduktion von dem Leitungsnetz zu trennen. Lange hatte dies als notwendige Reform gegolten, um den wirtschaftlichen Wettbewerb zu fördern. Doch nun verstärkten die Putin-Leute ihre Kontrolle, und die Umstrukturierungen wurden auf unbestimmte Zeit auf Eis gelegt – genau zu dem Zeitpunkt, als Kasjanow geglaubt hatte, er sei kurz davor, diese Reform von großer Tragweite verkünden zu können.[48] Im September hatte sich die Presse zu einer Versammlung des Kabinetts eingefunden, bei der die Gasreform ganz oben auf der Tagesordnung stand. Da erhielt Kasjanow einen Anruf von Putin. »Er sagte: ›Ich bestehe darauf, dass Sie diesen Punkt von der Agenda streichen‹«, erinnerte Kasjanow sich. »Wir waren so kurz davor. Wir waren in diesem Punkt sogar Europa voraus. Wir waren bereit. Aber Putin rief mich wenige Minuten vorher an.«

Kasjanows Position wurde allmählich unhaltbar. Als Chodorkowski einen Monat später verhaftet wurde, war Kasjanow einer von nur zwei erfahrenen Regierungsbeamten, die es wagten, das zu kritisieren. Bei einer Kabinettsitzung befahl Putin ihm jedoch vor allen Anwesenden, er solle »mit dem hysterischen Unsinn aufhören«.[49] »Das war eine Art Warnung an mich«, sagte Kasjanow.[50] Unbeeindruckt erhob er erneut öffentlich seine Stimme, als das Steuerministerium im Januar 2004 seit einiger Zeit kursierende Gerüchte bestätigte, dass Jukos rückwirkend 3 Milliarden Dollar Steuern für 2000 nachzahlen müsse. Kasjanow sagte gegenüber der Zeitung *Wedomosti,* eine rückwirkende Anwendung von Steuergesetzen sei nicht rechtmäßig.[51] Das alles werfe kein gutes Licht auf die Rechtsstaatlichkeit, sagte er.

Kasjanow war nahezu die einzige mächtige Stimme, die sich gegen Putins Griff nach dem Energiesektor aussprach. Sie redeten noch miteinander, aber Putin wurde Kasjanow gegenüber kälter und misstrauischer, als könne er seinen Anblick kaum ertragen. Mitte Februar, als die Temperaturen bei minus 24 Grad Celsius lagen, unternahm Gazprom erste Schritte, die Gasversorgung eines Nachbarlandes, in diesem Fall Belarus,[52] zu kappen, und die Spannungen zwischen den beiden Männern eskalierten zu einer offenen Auseinandersetzung.[53] Gazprom hatte in harten Verhandlungen mit Belarus über das Ende subventionierter Gaspreise für die ehemaligen Sowjetrepubliken und darüber, dass Gazprom sich in das Gastransportnetz des Landes einkaufen wollte, festgesteckt. Dabei hatte der russische Gasgigant schon lange damit gedroht, die Versorgung zu unterbrechen, aber Kasjanow hatte sich hartnäckig gegen diese Maßnahme gewehrt. »Ich hatte Miller [dem Vorstandsvorsitzenden von Gazprom] verboten, die Gasversorgung von Belarus abzustellen. In Minsk herrschten minus 25 Grad. Aber an diesem Morgen Mitte Februar riefen mich der polnische und der lettische Premierminister an und sagten: ›Wir haben kein Gas.‹ Man hatte mich nicht einmal informiert. Wir hatten einen öffentlichen Skandal.« Miller sagte, er habe auf Anordnung Putins gehandelt. »Wir schrien uns gegenseitig an und wir schrien Putin an. Alle anderen Minister hätten sich am liebsten unter dem Tisch verkrochen.« Putin hatte die Nase voll. Nur zehn Tage später feuerte er Kasjanow.[54] »Es war eins zum anderen gekommen«, sagte Kasjanow. »Chodorkowski, Exxon, die Gasreform, Belarus und die Ukraine. Und ich hatte diesen Skandal ausgelöst. Ich war für ihn untragbar geworden.«[55]

Es waren nur noch zwei Wochen bis zur Präsidentschaftswahl, und man rechnete damit, dass Putin sein Kabinett nach der Wahl umstellen würde. Er und seine Männer überließen jedoch nichts dem Zufall. Nun, da sie konkret dabei waren, ihre Macht zu festigen, konnten sie sich keine Pannen leisten. Sollte Putin etwas zustoßen, würde gemäß der Verfassung der Ministerpräsident die Regierungsgeschäfte übernehmen.

In einem Wahlkampf, der im Grunde keiner war, hatte Putin das letzte Risiko ausgeräumt. Das letzte Relikt aus der Jelzin-Ära, das noch in der Lage gewesen wäre, ihn herauszufordern, war aus dem Weg geschafft. Als Ersatz für Kasjanow ernannte er Michail Fradkow, einen unbekannten Technokraten, der jahrzehntelang im Schatten der Sicherheitselite gearbeitet hatte.[56] Vor seiner Ernennung war er russischer Sonderbeauftragter in der EU gewesen. Er hatte sich für Putins KGB-Leute als treuer Verbündeter erwiesen. Seit den Achtzigerjahren war er in Schlüsselfunktionen im Bereich strategische Operationen im Außenhandel tätig gewesen, unter anderem hatte er mit sogenannten befreundeten Firmen zusammengearbeitet, die das Sowjetregime aus dem Ausland unterstützten. Zu Zeiten des Petersburger Öl-gegen-Lebensmittel-Programms war er stellvertretender Minister für Außenhandelsbeziehungen gewesen. Als Pjotr Awons Mann in Sankt Petersburg hatte er die Verträge, die Putin an den kleinen Kreis von Verbündeten und befreundeten Firmen aushändigte, bewilligt, wodurch schließlich ein strategisches Schwarzgelddepot für Putin und die Leute von den Sicherheitsbehörden in der Stadt errichtet worden war.

Auch nach seinem unverblümten Rauswurf glaubte Kasjanow noch, Putin könnte dazu gebracht werden, einen anderen Weg einzuschlagen. Es war für ihn schwer zu begreifen, dass Russland von dem Kurs, auf dem es sich seit dem Zusammenbruch der Sowjetunion befunden hatte, in die Gegenrichtung umgeschwenkt war. »Selbst nachdem ich die Regierung verlassen hatte, glaubte ich noch sechs weitere Monate, Putin habe sich geirrt, all dies könne und würde korrigiert werden. Erst später – nach dem Terrorangriff in Beslan – begriff ich, dass alles geplant worden war, um das gesamte politische System umzustürzen.«[57]

\*

Die Präsidentschaftswahlen in jenem März drangen kaum ins Bewusstsein der Öffentlichkeit. Putin gewann sie mit Leichtigkeit, er bekam mehr als 71 Prozent der Stimmen. Die bedeutendsten politischen Gegner aus der Jelzin-Zeit, Gennadi Sjuganow, Vorsitzender der Kommunistischen Partei, und Wladimir Schirinowski von der nationalistischen Liberaldemokratischen Partei, konnten sich nicht einmal dazu aufraffen, anzutreten. Sie schickten Stellvertreter zur Wahl; und der kommunistische Kandidat – der weitgehend unbekannte Nikolai Charitonow –, wurde mit großem Abstand und mit dreizehn Prozent der Stimmen Zweiter.[58] Es war nicht einmal ein Wettbewerb. Trotzdem hatte der Kreml nichts dem Zufall überlassen. Das staatliche Fernsehen gewährte den Kandidaten der Opposition praktisch keine Sendezeit: Charitonow rechnete aus, dass seine Treffen mit Wählern bloße vier Minuten und fünfzig Sekunden lang gezeigt wurden, im Gegensatz zu der flächendeckenden Berichterstattung über Putin. Putins KGB-Leute besetzten rasch alle einflussreichen Posten im Kabinett. So begann eine zweite Amtszeit ohne die Gegenmacht der Strippenzieher aus der Jelzin-Ära.

Der einzige Mensch, der Einwände gegen Putins zweite Amtszeit äußerte, war seine Frau Ljudmila. Sie war in einem ärmlichen Dorf in Kaliningrad aufgewachsen. Ihr Vater war ein schwerer Trinker, und sie hatte Mühe gehabt, sich mit dem Rampenlicht und dem Tamtam eines Lebens als Präsidentengattin anzufreunden. »Sie wollte ihn verlassen, als er ihr mitteilte, dass er sich ein zweites Mal aufstellen lassen würde«, sagte Pugatschow, der ihr Vertrauter wurde und häufig stundenlang mit ihr in der Küche des Präsidentenpalasts saß und auf Putins Rückkehr wartete. »Sie sagte, sie habe vier Jahren zugestimmt, nicht mehr. Er musste sie zum Bleiben überreden, weil alles andere schlecht gewesen wäre für die Umfragewerte. Er konnte nicht als Präsident kandidieren, während sie versuchte, sich von ihm scheiden zu lassen. Sie trank immer sehr viel.«[59]

Es war schwierig für Ljudmila, sich an Putins ständige Abwesenheit zu gewöhnen. Während seiner gesamten Laufbahn hatte er viel gearbeitet, aber nun schien er gar kein Ende mehr zu finden. Als würde er sich für sie schämen, ging Putin auf Distanz zu ihr und nahm sie immer seltener mit auf offizielle Besuche und Reisen. Kam er dann nach Hause zurück, häufig mitten in der Nacht, setzte er sich lieber in Hausschuhen vor den Fernseher und schaute sich eintönige Comedysendungen an, als dass er Zeit mit seiner Frau verbracht hätte.

Pugatschow hatte die zunehmende Macht der KGB-Männer die ganze Zeit mit leichtem Unbehagen verfolgt. In den Achtzigern hatte er in seiner Heimatstadt Leningrad gegen den KGB gekämpft. Für ihn als Schwarzmarkthändler war der KGB damals der erklärte Feind gewesen, da der Geheimdienst versuchte, seine Geschäfte zu unterbinden, und ihm mit Gefängnis drohte. Aber er hatte auch gelernt, wie man KGB-Mitglieder kaufte. Und nun war er mit den neuen Mächtigen per Du, lud sie häufig zu sich nach Hause ein und lachte vertraut mit Witja (Iwanow) und Igor (Setschin). Er war ein Senator im Föderationsrat geworden, wurde aber immer noch als Drahtzieher im Hintergrund betrachtet. Eine Zeit lang behielt er sein Büro im Kreml, das dem des Leiters der Präsidialverwaltung gegenüber lag. Und eine Weile blieb Putin ein ständiger Wegbegleiter.

Aber die ganze Zeit, so sieht Pugatschow es heute, war er besorgt über die etatistische Richtung, in die sich die Politik entwickelte, über die Beschneidung der Freiheit und über die Ereignisse, die zur Festigung von Putins Macht beitrugen. Er sagt, er habe diese Bedenken zwar häufig geäußert, aber entschieden, nichts dagegen zu unternehmen. Wie er es darstellt, glaubte er damals, mehr von innen ausrichten zu können als durch Widerspruch und Rückzug. Er meinte, die autoritären Tendenzen Putins und seiner Leute besser ausbremsen zu können, wenn er nah dranblieb. Aber in Wahrheit genoss er seine Macht und seinen Status genauso wie die anderen. Und im Grunde genommen glaubte er schlichtweg, keine Wahl zu haben: »Das ist wie wenn man in ein Auto steigt, die Türen werden zugeschlagen, und man realisiert, dass der Fahrer am Rand des Wahnsinns ist«, sagte er. »Die Türen sind geschlossen, und das Auto fährt bereits mit recht hoher Geschwindigkeit. Nun muss man entscheiden, was gefährlicher ist – drinbleiben oder rausspringen. Der Moment, in dem man einfach ruhig aus dem Auto steigen kann, ist vorbei.«[60]

Eine neue Ideologie entstand. Sie wurde von den KGB-Männern propagiert, um die Größe des russischen Staates und die imperialistischen Verbindungen zu den früheren Sowjetrepubliken wiederherzustellen. Eine von Putins ersten Amtshandlungen als Präsident war es gewesen – zum Entsetzen von Beamten aus der Jelzin-Ära wie Pugatschow und Woloschin –, die sowjetische Hymne, die mit den Worten »Die unzerbrechliche Union der freien Republiken« beginnt, wieder einzusetzen.[61] Der Klang von Alexander Alexandrows machtvoller Musik – entstanden als Hymne, um Stalin und die Heldentaten der Nation als globale Supermacht sowie die großen, fürchterlichen Opfer, die sie auf dem Weg dorthin hatte bringen müssen, zu ehren – war mehr als Nostalgie, sie war ein Aufruf, das russische Imperium der Sowjetzeit wiederaufleben zu lassen.

Mit dieser Verneigung vor der sowjetischen Vergangenheit schien die herrschende Elite zugleich eine neue Leidenschaft für die orthodoxe Kirche zu erfassen. Putin hatte der Welt seine religiösen Überzeugungen in einem Interviewbuch mitgeteilt, das wenige Monate vor seiner ersten Wahl zum Präsidenten erschienen war. Stolz erzählte er darin, wie seine Mutter und eine Nachbarin ihn in ihrer gemeinsamen Leningrader Wohnung heimlich tauften; sie verheimlichten es sogar seinem Vater, der Parteimitglied war und Religiosität nicht dulden konnte.[62] Putin erzählte, wie seine Mutter ihm in den frühen Neunzigerjahren, als er in seiner Funktion als Bürgermeister von Sankt Petersburg Israel besuchen sollte, sein Taufkreuz mitgegeben habe, damit er es am Grab Jesu segnen lassen konnte. »Ich habe es seitdem nicht mehr abgenommen«, sagte er. Bei seinem ersten Treffen mit George W. Bush im Jahr 2001 nahm er den US-amerikanischen Präsidenten mit der Geschichte für sich ein, wie er sein Kreuz vor einem Feuer, bei dem Mitte der Neunziger seine Datscha zerstört worden war, gerettet habe. Bush sagte hinterher, er habe »einen Einblick in seine Seele«[63] bekommen.

Es erschien merkwürdig, dass ein KGB-Beamter, der sein Leben lang für einen Staat gearbeitet hatte, in dem die orthodoxe Kirche geächtet wurde, nun offen seinen Glauben bekundete. Doch einer nach dem anderen folgten die mit Putin gemeinsam an die Macht gekommenen KGBler seinem Beispiel. Von Anfang an hatten sie nach einer neuen nationalen Identität gesucht. Die Glaubenssätze der orthodoxen Kirche stellten ein starkes, einigendes Credo dar, das über die Sowjetzeit hinaus in Russlands Vergangenheit als Großmacht zurückreichte und die großen Opfer, das Leid und Durchhaltevermögen des russischen Volks ansprach sowie einen mystischen Glauben, dass Russland das dritte Rom sei, das nächste Weltreich. Es war der perfekte Stoff, um eine Nation aus Not und Entbehrung wiederaufzubauen. Einem Oligarchen zufolge, der die zunehmende Religiosität kritisch sah, bot sie sich an, um das russische Volk wieder zu Leibeigenen zu machen und es im Mittelalter leben zu lassen, sodass Putin, der Zar, mit absoluter Macht herrschen konnte: »Das zwanzigste – und nun das einundzwanzigste – Jahrhundert stellten in Russland eine Fortführung des sechzehnten Jahrhunderts dar: Der Zar steht über allem, und seine Position ist eine heilige, göttliche … Diese heilige Macht umgibt sich mit einem vollkommen undurchdringlichen Band der Schuldlosigkeit. Die Behörden trifft nie die Schuld an irgendetwas. Sie agieren mit uneingeschränkter Macht.«[64]

Pugatschow zufolge, seit seiner Jugend ein frommer orthodoxer Christ, verstand Putin wenig vom echten orthodoxen Glauben. Pugatschow gab sich oft selbst die Schuld daran, wie sich die Dinge entwickelten, da er es war, der Putin mit Bischof Tichon Schewkunow bekanntgemacht hatte, dem Priester, der Putins »Beichtvater« wurde. Aber die Verbindung, so Pugatschow, war für beide Seiten vorteilhaft. Schewkunow ermöglichte sie, die orthodoxe Kirche und ihre Lehren in den Vordergrund zu rücken sowie Wohlstand und finanzielle Mittel für sein Kloster Sretenski zu erlangen. Und Putin sprach dadurch noch stärker die breite Masse an – mehr bedeutete sie auch nicht für ihn. »Ich hätte Putin nie in die Kirche eingeführt, hätte ich gewusst, wie das alles endet«, sagte Pugatschow. Einmal besuchten Putin und Pugatschow gemeinsam einen Gottesdienst am Tag der Vergebung, dem letzten Sonntag vor der orthodoxen Fastenzeit. Pugatschow sagte Putin, er möge, wie in der Kirche üblich, vor dem Priester niederknien und um Vergebung bitten. »Er sah mich erstaunt an. ›Warum sollte ich?‹, fragte er. ›Ich bin der Präsident der Russischen Föderation. Warum sollte ich um Vergebung bitten?‹«[65]

Als sie nach einer neuen Erzählung Ausschau hielten, um die Nation nach einem Jahrzehnt des Auseinanderbrechens zu einigen, war Putin und seinen Unterstützern längst klar, dass der Kommunismus gescheitert war. »Der Kommunismus hat seine Unfähigkeit, sich angemessen weiterzuentwickeln, deutlich gezeigt und unser Land dazu verdammt, dauerhaft hinter wirtschaftlich fortgeschritteneren Staaten zurückzubleiben. Er hat in eine Sackgasse geführt, fort von der Hauptströmung der Zivilisation«, hatte Putin am Abend seiner Ernennung zum Präsidenten gesagt. Und so bezogen sich Lehrer und andere Experten, die dem neuen Präsidenten im ersten Jahr seiner Amtszeit die Geschichte Russlands näherbringen sollten, auf dessen Vergangenheit als orthodoxes Zarenreich. Putin erfuhr von den Emigranten, die während der Oktoberrevolution aus Russland geflohen waren und ihren Aufenthalt im Exil dazu genutzt hatten, eine neue Ideologie für den Wiederaufstieg des Landes zu entwickeln, falls die Sowjetunion jemals zusammenbrechen sollte. Da war beispielsweise das Werk des Religionsphilosophen Iwan Iljin, der glaubte, dass Russlands neue nationale Identität auf dem orthodoxen Glauben und Patriotismus beruhen solle; Überzeugungen, auf die sich Putin in Reden während seiner zweiten Amtszeit bezog. Dazu kamen die Schriften des Linguisten Nikolai Trubetzkoy und Lew Gumiljows, des sowjetischen Historikers und

Ethnologen, der Russlands einzigartige Natur als eine Verschmelzung slawischer, europäischer und türkischer Kulturen nach Jahrhunderten der Invasion durch mongolische Horden darstellte. Diese Denker unterstrichen Russlands besonderen eurasischen Weg und propagierten die Philosophie des Eurasismus als Alternative zum Atlantismus des Westens. Putin bezog sich immer wieder auf diese Philosophie, als er sich bemühte, die erste gemeinsame eurasische Wirtschaftszone zu gründen, die zunächst Belarus, die Ukraine und Kasachstan einschließen sollte und dann ein größeres Imperium, basierend auf den Allianzen früherer Sowjetstaaten, das, wie er hoffte, eines Tages bis nach Europa reichen würde.[66]

Ziel war es, eine Identität für das Putin-Regime zu schmieden, die es gegen den inneren Zerfall und einen Angriff von außen stärken würde. Direkte Nachfahren von Emigranten, von denen viele enge Kontakte zum KGB pflegten, wurden in Putins engsten Kreis geholt, um eine Brücke zu Russlands Großmachtvergangenheit zu schlagen. Einer von ihnen beschrieb die Philosophie, die Putins Herrschaft zugrunde liegt, als einen »Knoten mit drei Elementen. Das erste ist die Autokratie – eine starke Regierung, ein starker Mann, ein Papa, ein Onkel, ein Boss. Also ein autokratisches Regime. Das zweite Element ist das Territorium, die Heimat, die Vaterlandsliebe und so weiter. Das dritte Element ist die Kirche. Dies ist das Element, das alles zusammenbringt. Der Mörtel, wenn man so will. Dabei spielt es keine Rolle, ob es sich tatsächlich um die Kirche oder um die Kommunistische Partei handelt. Das macht keinen großen Unterschied. Schaut man sich die russische Geschichte an, hat man immer diese drei Elemente. Nur so lässt sich dieses Land zusammenhalten. Nimmt man ein Element weg, bricht es auseinander.«[67]

Diese Philosophie war eine direkte Kopie der Staatsdoktrin »Orthodoxie, Autokratie und Nationalität« von Zar Nikolaus I., einem der reaktionärsten Zaren, berüchtigt für seine brutale Unterdrückung eines der ersten demokratischen Aufstände in Russland. Nun wollten Putins KGB-Männer seine Ideologie neu auflegen, um ihre Herrschaft zu verdeutlichen und die Unterdrückung jeglicher Opposition zu rechtfertigen.

Doch dies waren nur die ersten Keime einer umfassenden Trans-formation. Erst gegen Ende 2004, als die Macht des Kreml über die wichtige ehemalige Sowjetrepublik Ukraine infrage gestellt und Russ-land von einem weiteren entsetzlichen Terrorangriff heimgesucht wurde, verschärften Putin und seine Verbündeten ihre Maßnahmen. Erst jetzt schlug Putin, auf Basis der Schriften über Russlands ortho-doxe Großmachtvergangenheit, eine Richtung ein, die das, was von der Demokratie im Land übriggeblieben war, unterlief und die versuchte, das Land zu einen, indem es gegen den Westen ausgespielt wurde.

In den Köpfen von Putins Männern schienen die Ursachen der Krise in der Ukraine nur allzu deutlich: Sie glaubten, der Westen habe sich verschworen, um Kiew von Moskau zu lösen. Keineswegs so klar waren die Ursachen eines weiteren schrecklichen Terrorangriffs – ei-nes Angriffs, bei dem mehr als dreihundert Geiseln starben und der Putins Kreml dazu veranlasste, die Zügel zu straffen.

*

Am Morgen des 1. September 2004 bereiteten sich Kinder in ganz Russ-land auf ihren ersten Schultag vor. Die Mädchen trugen ihre schönsten Kleider und große bunte Schleifen im Haar. Die Jungen hatten Blumen für ihre Lehrer und Lehrerinnen dabei, und die Eltern standen an den Schultoren, wuselten um ihren Nachwuchs herum und fotografier-ten ihn stolz. In Beslan, einer kleinen Stadt im Nordkaukasus, rund hundert Kilometer von der tschetschenischen Grenze entfernt, wurde die traditionelle Feier zum Schulstart allerdings gestört. Obwohl Pu-tins verheerender Krieg in Tschetschenien offiziell vorbei war, hielten nach wie vor russische Truppen die Republik besetzt, und die gesamte Region war ein Pulverfass. Brutale Gefechte mit russischen Truppen waren nahezu an der Tagesordnung, und bewaffnete Überfälle auf be-nachbarte Republiken fanden weiterhin statt.[68]

Kurz nach neun Uhr, als die Kinder von Beslan sich kurz vor Be-ginn der Feier am Schultor versammelten, fuhren Dutzende bewaff-nete Terroristen in einem Polizeitransporter vor und schossen auf die Handvoll Polizisten, die vor der Schule Wache stand. Sie stürmten die

Schule und nahmen über tausendeinhundert Eltern, Kinder und Lehrer als Geiseln. Mehrere Geiseln beschrieben später, dass die Terroristen große Mengen an Munition unter den Dielenbrettern der Schule hervorholten. Ein ranghoher Polizeibeamter erklärte, sie seien dort von Arbeitern während Renovierungsarbeiten vor Schuljahresbeginn versteckt worden.[69] Die Terroristen trieben die Geiseln in die Turnhalle und verteilten Sprengstoff im gesamten Schulgebäude. Bomben wurden an einer Leine zwischen zwei Basketballkörben aufgehängt, an je einem Ende der Halle, zwei weitere wurden an einer Tretmechanik an den Füßen zweier sitzender Terroristen befestigt. Um Rettungsversuche zu verhindern, wurde Stolperdraht rund um das Schulgebäude gezogen. Damit sie nicht wie bei der Dubrowka-Geiselnahme mit Gas betäubt werden konnten, waren die Terroristen mit Gasmasken ausgestattet. Zusätzlich schlugen sie alle Fenster der Turnhalle ein. In den folgenden zwei Tagen bekamen die Geiseln trotz der schrecklichen Hitze nichts zu essen oder zu trinken. Die Kinder bettelten sich gegenseitig um ihren Urin an und aßen die Blumen, die sie mitgebracht hatten.[70] Gelegentlich kam es zu Schusswechseln, und am zweiten Tag feuerten die Terroristen Granaten auf zwei Autos, die sich ihrer Ansicht nach zu weit der Schule genähert hatten.[71] Wieder forderten sie den sofortigen Rückzug russischer Truppen aus Tschetschenien, die Anerkennung der tschetschenischen Unabhängigkeit und ein Ende jeglicher kriegerischer Aktivitäten in der Republik.[72]

Die Verhandlungen begannen umgehend. Am zweiten Tag gestatteten die Geiselnehmer Ruslan Auschew, dem ehemaligen Präsidenten der Nachbarrepublik Inguschetien, den Zutritt zur Schule, er erreichte prompt die Freilassung von sechsundzwanzig Müttern und Babys.[73] Der Tschetschenienberater des Präsidenten, Aslambek Aslachanow, ein gebürtiger Tschetschene, verkündete, er habe eine Vereinbarung erzielt, dass er das Schulgebäude am folgenden Tag um drei Uhr nachmittags betreten dürfe.[74] Er schlug vor, dass siebenhundert russische Prominente sich freiwillig als Geiseln zum Tausch gegen die Kinder anbieten sollten, und flog in der Hoffnung, den Plan umsetzen zu können, von Moskau nach Beslan. Später stellte sich heraus, dass die lokalen Behörden sogar Aslan Maschadow kontaktiert hatten, der Mitte der Neunziger Präsident des damaligen Separatistenstaates Tschetschenien gewesen war.[75] Für den Kreml war Maschadow nach wie vor Persona non grata, der Erzfeind, den sie als Terroristen betrachteten und den sie für die Geiselnahme im Dubrowka-Theater verantwortlich machten. Doch die Lage war so verzweifelt, dass ein Berater des stellvertretenden Vorsitzenden des Regionalparlaments von Nordossetien Maschadows engsten Vertrauten in London anrief, der sagte, er habe mit Maschadow gesprochen und dieser werde in die Schule kommen und mit den Geiselnehmern verhandeln. Maschadows einzige Bedingung war, dass seine Sicherheit für den Weg dorthin garantiert wurde. Am Mittag des dritten Tages wurde diese Nachricht dem Präsidenten von Nordossetien direkt übermittelt.

Doch nur eine Stunde nach diesem Gespräch fand plötzlich eine Explosion in der Turnhalle statt. Es folgte eine zweite, und dann weitere, eine ganze Reihe.[76] Schüsse waren zu hören und Raketenfeuer zu sehen, als eine russische Spezialeinheit die als Schmel (»Hummel«) bekannten Panzerabwehrgeschosse auf die Schule abfeuerten.[77] Bald stand das Dach in Brand. Gegen halb drei fuhr Augenzeugenberichten zufolge mindestens ein russischer Panzer auf das Gebäude zu und schoss auf die Mauern der Schule.[78] Als sich das Feuer ausbreitete, trieben die Terroristen viele Geiseln aus der brennenden Turnhalle in den Speisesaal, wo sie gezwungen wurden, sich als menschliche Schutzschilde in die Fenster zu stellen.[79] In einer unabhängigen Untersuchung wurde später festgestellt, dass dabei einhundertzehn Geiseln starben.[80] Währenddessen wütete das Feuer in der Turnhalle, aber erst zwei Stunden später traf die Feuerwehr ein.[81] Zu diesem Zeitpunkt war das Dach eingestürzt. Viele Geiseln, darunter Kinder, verbrannten bei lebendigem Leibe, während andere, die versucht hatten, aus der Schule zu fliehen, im Kugelhagel starben. Nur wenige Rettungswagen standen bereit, um die Verwundeten ins Krankenhaus zu fahren.[82] Die Schießerei setzte sich bis in die Nacht fort.

Als Aslambek Aslachanow in Beslan ankam, konnte er nur noch das Ende eines Terrorangriffs zur Kenntnis nehmen, der so viele Todesopfer gefordert hatte wie noch nie einer zuvor.[83] »Unterwegs dorthin war ich voller Vorfreude, weil wir die Kinder nun befreien würden«, sagte er. »Und als ich aus dem Flugzeug stieg, war ich schlicht und einfach ratlos. Ich fragte mich, wie das passieren konnte.«[84]

Dreihundertdddreißig Geiseln starben, über die Hälfte davon Kinder. Bis heute ist ungeklärt, weshalb sie sterben mussten, warum russische Spezialeinheiten begonnen hatten, das Gebäude mit Raketen- und Granatfeuer anzugreifen, und vor allem, was die erste Explosion in der Turnhalle verursacht hatte. Niemand vermochte zu sagen, ob sie absichtlich von den Terroristen ausgelöst worden war oder versehentlich von den russischen Truppen. Und: War die Ursache des Feuers, dem so viele Menschen zum Opfer fielen, die Explosion in der Schule oder waren es die Flammenwerfer des Militärs?

Widerwillig stimmte Putin einer parlamentarischen Untersuchung zu, die allerdings von einem engen Vertrauten geleitet wurde, Alexander Torschin, einem Senator mit langjährigen Verbindungen zum FSB. Die Untersuchungen konnten also kaum als unabhängig bezeichnet werden, und als sie nach über zwei Jahren endlich abgeschlossen wurden, war man zu dem Ergebnis gelangt, dass einer der Terroristen die Zerstörung der Schule durch eine absichtlich herbeigeführte Detonation einer Bombe verursacht hätte.[85] Er »handelte nach einem zuvor entwickelten Plan«, hieß es, während die staatlichen Behörden vollkommen im Einklang mit dem Gesetz gehandelt hätten.[86] »Als sich die tragischen Ereignisse entwickelten, wurden alle nur denkbaren Maßnahmen ergriffen, um Leben zu retten«, heißt es in dem Bericht, in dem auch behauptet wird, dass die Panzer und Flammenwerfer erst zum Einsatz gekommen wären, nachdem die Geiseln das Gebäude verlassen hätten. Das stand in direktem Widerspruch zu den Augenzeugenberichten,[87] während die Feststellung, die Explosion der ersten Bombe sei vorsätzlich von einem Terroristen ausgelöst worden, den Ergebnissen anderer unabhängiger Untersuchungen widersprach. Eine dieser Untersuchungen wurde von Stanislaw Kesajew, dem stellvertretenden Sprecher des nordossetischen Parlaments, geleitet, der bei der Geiselnahme anwesend gewesen war. Sie zitierte die Aussage eines festgenommenen Geiselnehmers, dass die erste Explosion dadurch zustande kam, dass ein Scharfschütze einen der Terroristen tötete, dessen Fuß auf dem Auslöser gestanden habe.[88]

Es war recht leicht für Torschins Kommission, diese Behauptung anzuzweifeln, da die Schulfenster nicht transparent waren, wodurch es für einen Scharfschützen fast unmöglich gewesen sein dürfte, hineinzuschauen.[89] Aber es war viel schwerer, die Ergebnisse einer dritten Untersuchung zu ignorieren, die von dem Waffen- und Sprengstoffexperten Juri Saweljew, einem unabhängigen Duma-Abgeordneten, durchgeführt wurde. Er fand heraus, dass die ersten Explosionen nur von Raketen hervorgerufen worden sein konnten, die außerhalb der Schule abgefeuert worden waren.[90] Sein Bericht stellte fest, dass die Spezialkräfte ohne Warnung Panzerfäuste abgefeuert hatten, als die Verhandlungen noch liefen.[91] Es war das Eingreifen des russischen Militärs, das die Reihe an Explosionen ausgelöst hatte, die das sinnlose Sterben so vieler Menschen zur Folge hatten, lautete seine Kernaussage.

Saweljew war eine Autorität auf seinem Gebiet. Anfangs hatte er zu Torschins Gremium gehört, und zwar als einziger Ballistik- und Waffenexperte, doch er hatte es verlassen, als klar wurde, dass die offiziellen Ergebnisse stark von seinen eigenen abweichen würden. Seine Schlüsse passten zu einem Video, das fast drei Jahre nach den Ereignissen in Beslan veröffentlicht wurde. Es zeigte offenbar, nach dem Ende des Geiseldramas, Ingenieure der Armee im Gespräch mit Vertretern der Strafverfolgungsbehörden.[92] Die Ingenieure untersuchten mehrere von den Terroristen selbstgebastelte Sprengkörper, die ungezündet auf einem Tisch in der Schule lagen. Es waren mit Schrapnell und Kugellagern gefüllte Plastikflaschen. »Die Löcher im Inneren [in den Wänden der Schule] können nicht von diesen Sprengkörpern verursacht worden sein«, kommentiert einer der Ingenieure. »Es heißt ja immer, all diese [Kugellager] würden durch die Gegend fliegen, aber an den Kindern, die wir rausgeholt haben, haben wir keine solchen Verletzungen gesehen. Und auch sonst nirgendwo.« »Im Gebäude hat also keine Explosion stattgefunden?«, fragt ein anderer Ingenieur. »Im Gebäude hat keine Explosion stattgefunden«, wiederholt der erste.

Durch das Ausmaß des Blutbads war es schwierig, die Beweise so zu präsentieren, dass sie absolut eindeutig waren. Aber die Behauptung, die ersten Schüsse seien von außerhalb der Schule abgefeuert worden, wurde von Überlebenden in einem Interview mit der *Los Angeles*

*Times* wiederholt. Eine der Geiseln berichtete von dem Entsetzen auf den Gesichtern der Geiselnehmer, als die Explosionen begannen: »Sie haben nicht mit den Explosionen gerechnet. Und dieser Satz – ich werde ihn nie vergessen: ›Eure eigenen Leute sprengen euch in die Luft.‹ Einer der Geiselnehmer wiederholte ihn mehrmals mit seiner sehr tiefen Stimme. Ich werde ihn nie vergessen.«[93] Könnte es sein, wie ein ehemaliger Kreml-Insider nahelegte, dass die russischen Behörden die Schüsse, die den Sturm auf die Schule auslösten, angeordnet hatten, weil sie nicht riskieren wollten, dass Maschadow, der ehemalige Rebellenführer und erklärte Feind, zu Hilfe kam und Gespräche führte?[94] Nur eine Stunde nachdem sein Vertrauter die Nachricht überbracht hatte, dass er zu Verhandlungen kommen würde, waren die ersten Explosionen zu hören. Es war ein Gerücht, viel zu entsetzlich, um es näher in Betracht zu ziehen.

Putin sah sich mit einer Welle der Wut über seinen Umgang mit der Geiselnahme konfrontiert. Statt wie nach der Beendigung des Dubrowka-Attentats gelobt zu werden, wurden Fragen über Fragen gestellt, nicht nur bezüglich des Blutbads, das sich ereignete, als russische Militärs das Gebäude stürmten, sondern auch dazu, wie die Terroristen überhaupt dorthin gelangen konnten, wieder bis an die Zähne bewaffnet, wieder unter aller Augen. Die wenigen verbliebenen unabhängigen Parlamentarier in der Duma zweifelten an, dass er die Sicherheit der Nation garantieren könne. Einer der wesentlichen Punkte des Gesellschaftsvertrags, den Putin bei seinem Amtsantritt als Präsident dem russischen Volk angeboten hatte, war das Ende des Terrorismus, der als Folge des Krieges gegen Tschetschenien zu den Bombenanschlägen auf Wohnblocks geführt hatte. Seine Sicherheitsbehörden hätten versäumt, die Lektion aus der Geiselnahme im Dubrowka-Theater zu lernen, sagten seine Kritiker. Der bekannte politische Kommentator Sergej Markow, der als Kreml-nah gilt, bezeichnete die Situation als »eine gewaltige Krise«.[95] Sogar die Kommunisten, die sich als oppositionelle Kraft lange eingeschüchtert und still verhalten hatten, begannen Putins rigoroses Vorgehen gegen politische Gegner dafür verantwortlich zu machen, dass seine Regierung das größere Problem des Terrorismus nicht angegangen war. »Sie haben eine Machtvertikale errichtet, die sich angesichts dieser terroristischen Bedrohung als nutzlos erwiesen hat«, sagte Iwan Melnikow, stellvertretender Vorsitzender der Kommunistischen Partei.[96] Seit Putins Wiederwahl waren seine Umfragewerte stetig gesunken, der Überdruss über den Tschetschenienkrieg hatte zugenommen; nach Beslan stand sein Zuspruch bei 66 Prozent, der tiefste Punkt innerhalb von vier Jahren.[97]

Doch die Antwort, die Putin bleich, aber entschlossen verkündete, als klar war, dass die Zahl der Toten eine katastrophale Dimension erreicht hatte, lautete: Der Angriff sei von ausländischen Mächten inszeniert worden, mit dem Ziel, die territoriale Integrität des Landes zu zerstören und einen Kollaps herbeizuführen. In einer Ansprache an die Nation am Tag nach dem Ende der Geiselnahme bezeichnete er die tragischen Ereignisse als »eine Herausforderung für ganz Russland, für unser gesamtes Volk. Das ist ein Angriff auf uns alle. Wir haben es mit einer direkten Attacke des internationalen Terrorismus gegen Russland zu tun, mit einem absoluten, umfassenden Krieg, der wieder und wieder die Leben unserer Landsleute fordert«, sagte er. Statt tschetschenischen Terroristen die Schuld zu geben, behauptete er, der Angriff sei Teil einer größeren Verschwörung, die, wie er zu glauben schien, ihren Ursprung im Westen hatte: »Manche wollen ein ›wertvolles Stück Kuchen‹ von uns haben. Andere helfen ihnen. Sie helfen ihnen, weil sie Russland unverändert für eine der größten Nuklearmächte der Welt halten und als solche für eine Bedrohung. Also setzen sie alles daran, die Bedrohung zu beseitigen. Terrorismus ist nur ein Mittel, um dieses Ziel zu erreichen.«[98]

Der Angriff, so seine Argumentation, sei eine unmittelbare Folge des Zusammenbruchs der Sowjetunion gewesen, der ihm und seinen KGB-Männern zufolge vom Westen herbeigeführt wurde. Russland, das im Kern ein »weitläufiger, großer Staat« gewesen sei, sei unfähig gewesen, »die Komplexität und die Gefahren des Prozesses zu verstehen, der in unserem Land und im Rest der Welt ablief. Jedenfalls waren wir nicht in der Lage, angemessen zu reagieren. Wir haben Schwäche gezeigt. Und die Schwachen werden geschlagen. Wir können und sollten nicht länger so arglos leben wie bisher. Wir brauchen ein viel effektiveres Sicherheitssystem. (...) Vorrang hat nun angesichts dieser allgemeinen Gefahr die Mobilisierung der ganzen Nation.« Bei einem Jahrestreffen mit westlichen Akademikern ging er noch weiter und zog eine direkte Parallele zwischen dem Terrorangriff in Beslan und der Pattsituation mit dem Westen im Kalten Krieg: »Dies ist eine Neuauflage der Mentalität des Kalten Krieges. (…) Gewisse Leute wollen, dass wir unsere Aufmerksamkeit auf interne Probleme richten, und sie ziehen hier die Strippen, damit wir uns international nicht einmischen.«[99]

Obwohl Untersuchungen zu ergeben schienen, dass die meisten Opfer in Beslan wegen des Eingreifens des russischen Militärs gestorben waren, kam es in der Folge zu erheblichen Umwälzungen in Putins Russland, als seine KGB-Leute sich bemühten, ihren Einfluss auszuweiten. Putin sprach von der größten Verfassungsänderung in der Geschichte der postsowjetischen Nation. Zehn Tage nach der Geiselnahme von Beslan erklärte er die Abschaffung der Regionalgouverneurswahlen in Russland. Dies ging wesentlich weiter als die bisherigen bereits vom Kreml durchgesetzten Bemühungen, die Macht der Regionalgouverneure zu beschränken. Sie sollten von nun an nicht mehr gewählt, sondern vom Kreml eingesetzt und durch die Regionalparlamente bestätigt werden. Diese Maßnahme würde das System gegen Bedrohungen von außen stärken, sagte Putin: »Die Organisatoren, diejenigen, die den Terrorangriff durchgeführt haben, zielen auf die Zerstörung des Landes, auf das Auseinanderbrechen Russlands. (…) Der staatliche Machtapparat muss aufgrund der Tragödie von Beslan nicht nur angepasst werden, sondern auch dafür sorgen, dass sich eine solche Krise nicht wiederholt.«[100]

Unabhängige politische Kommentatoren wie Nikolai Petrow und unabhängige Duma-Abgeordnete warnten vor diesen Veränderungen – in ihren Augen eine Rückwendung zu sowjetischen Praktiken, gleichbedeutend mit einer Rückkehr zum Einparteiensystem mit der uneingeschränkten Herrschaft des Kreml.[101] Die Maßnahme bedeutete die vollständige Umkehr einer der wichtigsten Freiheiten, die während Jelzins Präsidentschaft errungen worden waren. Dadurch wurde ein System abgeschafft, das Wählern und regionalen Eliten gleichermaßen eine der deutlichsten Lektionen in lokaler Demokratie bot. Der Kreml hingegen argumentierte, er hebele damit korrupte Strukturen aus, in denen Regionalgouverneure von denen, die über das meiste Geld verfügen, gekauft werden konnten. Russlands junge Demokratie sei zu schwach für das Risiko von Direktwahlen, und die Bedrohung seiner Einheit von außen sei zu groß.

Putins Männer errichteten eine Festung Russland und stellten es so dar, als würde sich das Land im Belagerungszustand durch eine externe Gefahr befinden. In Wahrheit ging es ihnen nur darum, ihre eigene Macht zu sichern. Putins außenpolitische Vertreter hatten schon lange den Westen attackiert, weil er Menschen aufnahm, die ihrer Meinung nach tschetschenische Terroristen unterstützten – Achmed Sakajew in Großbritannien und Iljas Achmadow in den USA.[102] Sie diskutierten, ob die tschetschenischen Rebellen das Pankissi-Tal, ein schmales Tal zwischen Georgien und dem Nordkaukasus, als Route für Terrorangriffe auf russischem Boden genutzt hätten. Aber bis zu diesem Augenblick hatten Putins Leute selten öffentlich darauf angespielt, der Westen könne die Absicht haben, den Staat Russland zu zerschlagen.

Die Beweise für die Mitverantwortung des Westens an der Geiselnahme von Beslan waren Putin einem Kreml-Insider zufolge von Patruschew unterbreitet und vom Präsidenten natürlich widerspruchslos hingenommen worden: »Putin glaubte das, weil es ihm gelegen kam. Für ihn war das Wichtigste, einen Mythos zu schaffen und dem Westen die Schuld zu geben. So konnten sie alles vertuschen. Erst danach beschlossen sie, dass dies auch eine gute Begründung für die Abschaffung der Gouverneurswahlen wäre.«[103] In Wirklichkeit war dieser Schachzug schon lange geplant gewesen. Die Männer aus den Sicherheitsbehörden hatten nur auf den geeigneten Moment gewartet, um ihn durchzuführen.

Nach der Geiselnahme im Dubrowka-Theater hatte Putin keine vergleichbaren Anschuldigungen über eine Beteiligung des Westens geäußert. Hinzu kommt, dass keinerlei Beweise präsentiert wurden, dass westliche Kräfte in den Terrorakt involviert waren. In einem Bericht, der aus den russischen Sicherheitsbehörden geleakt wurde, hieß es, dass drei in Großbritannien lebende Männer an der Geiselnahme beteiligt gewesen sein sollten, einer von ihnen Besucher einer bekannten radikalen Moschee in Finsbury Park, London, die anderen beiden in

London ansässige Algerier.[104] Doch bald war davon keine Rede mehr, die Behauptungen wurden nie bestätigt.

Was sich zu jener Zeit tatsächlich änderte, war der Einfluss, den Russland auf seinen wichtigsten Nachbarn ausüben konnte. In der Ukraine standen in jenem Herbst Präsidentschaftswahlen bevor. Die verfassungsgemäße Amtszeit von Leonid Kutschma, dem ehemaligen Vorsitzenden der Kommunistischen Partei, der das Land seit 1994 in der Balance zwischen Ost und West gehalten hatte, näherte sich dem Ende. Der Kandidat des Kreml war der damalige Ministerpräsident Viktor Janukowitsch, ein ehemaliger Strafgefangener und Industrieboss, der aus dem prorussischen Stützpunkt Donezk in der Ostukraine stammte. Er sah sich einer wachsenden Herausforderung durch einen Kandidaten gegenüber, der eine engere Anbindung an den Westen bevorzugte. Dieser Kandidat war Wiktor Juschtschenko, der ebenfalls eine Zeit lang Ministerpräsident gewesen war. Alles, was er repräsentierte, stand Putins Ukraineplänen diametral entgegen.

Von allen ehemaligen Sowjetrepubliken hatte Moskau den Verlust der Ukraine nach dem Zusammenbruch der Sowjetunion am stärksten gespürt, als handelte es sich bei dem Land um ein Phantomglied des Reiches, von dem Russland glaubte, es befinde sich noch an seinem Körper. Die Ukraine war nach Russland und Kasachstan die drittgrößte ehemalige Sowjetrepublik. Für fast 30 Prozent seiner Bevölkerung war Russisch die Muttersprache, und ihre Wirtschaft war seit Sowjetzeiten eng mit der russischen verknüpft. Das Politbüro hatte in großem Stil in die Industrialisierung der Ukraine investiert, die einst eine Agrarregion gewesen war, und hatte das Land zu einem wichtigen Rüstungshersteller für Russland umgebaut. Die Stahlwerke des Landes waren in der sowjetischen Planwirtschaft mit den russischen zusammengelegt worden, während die Fabriken nach wie vor unverzichtbare Lieferanten von Rohstoffen für Russlands Aluminiumindustrie waren. Vor allem jedoch war die Ukraine eine unerlässliche Transitzone für Russlands strategisch relevantestes Exportgut. 85 Prozent der russischen Gasexporte nach Europa wurden durch das ukrainische Rohrnetz geleitet, Arterien des Reiches, die in der Sowjetzeit erbaut wurden. Auf der ukrainischen Halbinsel Krim am Schwarzen

Meer befand sich überdies nach wie vor ein strategisch bedeutsamer russischer Marinestützpunkt.

Dass die Ukraine sich Richtung Westen wandte, war das Letzte, was Putin in seinem Streben, die russische Großmacht wiederauferstehen zu lassen, gebrauchen konnte. Aber das Land war lange zwiegespalten gewesen, ein Scheidepunkt seit vorrevolutionären Zeiten zwischen Ost und West. Seit 1686, als Russland und Polen das Land nach dreißig Kriegsjahren unter sich aufteilten, hatten Polen und Litauen große Teile der Westukraine kontrolliert. Auch wenn die sowjetische Herrschaft dieser Teilung ein Ende gesetzt hatte, blieb der westliche Einfluss in der Westukraine unauslöschlich bestehen, und die proeuropäische Unabhängigkeitsbewegung war unvermindert stark. Während seiner Amtszeit hatte Kutschma geschickt die prowestlichen und prorussischen Kräfte des Landes ausbalanciert. Aber nun war Juschtschenko aufgetaucht und stellte Putins Pläne für eine stärkere Einheit der ehemaligen Sowjetrepubliken durch die Schaffung einer gemeinsamen eurasischen Wirtschaftszone infrage. Die Parlamente beider Länder hatten im April die Gründung der gemeinsamen Wirtschaftszone ratifiziert. Aus Putins Sicht wurde Juschtschenko jedoch von westlichen Regierungen unterstützt, die es darauf abgesehen hatten, Russlands Wiederaufstieg zu verhindern.

Juschtschenko trat mit Nachdruck für die Aufnahme der Ukraine in die Europäische Union und die NATO ein – Kutschma hatte ihn als Ministerpräsidenten genau deshalb, wegen seiner prowestlichen Neigung, abgesetzt. Seine ukrainisch-amerikanische Frau war in Chicago aufgewachsen und hatte im US-Außenministerium gearbeitet. Die beiden hatten sich kennengelernt, als sie nebeneinander im Flugzeug saßen, was Putin als Rekrutierung Juschtschenkos durch die CIA interpretierte.

Putin und seine Leute waren entsetzt über ein aus ihrer Sicht klares Eindringen auf ihr Territorium, eine unmittelbare Gefahr für die engere eurasische Anbindung, die sie planten. Putin hatte bereits im Sommer eine erste Warnung zum Thema Ukraine in Richtung Westen ausgesprochen, einige Monate vor dem Terrorangriff in Beslan. Die Pläne des Kreml für die ersten Schritte hin zu einer Wiederauferstehung der russischen Großmacht, die sogenannte Eurasische Wirtschaftsunion zwischen Russland, der Ukraine, Belarus und Kasachstan, standen auf dem Spiel. »Indem wir näher zusammenrücken, erhöhen wir unsere Wettbewerbsfähigkeit. Doch das wissen nicht nur wir, sondern auch ernstzunehmende Partner im Ausland«, hatte Putin bei einem Treffen mit Kutschma im Juli erklärt.[105] »Ihre Vertreter, sowohl in unseren Ländern als auch im Ausland, versuchen mit allen Mitteln, die Integration Russlands und der Ukraine zu stören.« Putin hatte die Kulisse für diese Aussage sorgfältig gewählt: Das Treffen mit Kutschma fand im historischen Liwadija-Palast in Jalta statt, in dem Stalin, Roosevelt und Churchill Europa kurz vor dem Ende des Zweiten Weltkriegs in Einflusssphären zwischen Ost und West aufgeteilt hatten. Putin machte auf diese Weise ein historisches Recht geltend, beanspruchte eine russische Einflusszone im nahen Ausland.

Aber seine Warnung schien keine Wirkung zu entfalten. Trotz einer Entsendung von Spindoktoren des Kreml nach Kiew, um Stimmen für Janukowitsch zu werben, nahm Juschtschenkos Beliebtheit täglich zu. Am 5. September, nur einen Tag nachdem Putin in seiner Rede über Beslan behauptet hatte, ausländische Kräfte würden versuchen, sich wertvolle Stücke Russlands zu sichern, gingen Juschtschenkos Gegner in die Offensive. Juschtschenko war zum Abendessen in die Datscha von General Ihor Smeschko eingeladen, dem Chef des ukrainischen Geheimdienstes. Am nächsten Tag fühlte er sich krank, und schreckliche Zysten brachen in den Folgetagen in seinem Gesicht aus. Ärzte in Österreich, wohin er zur Behandlung gebracht wurde, kamen zu dem Schluss, er sei mit reinem Dioxin vergiftet worden. Die Wahlkampfmaschinerie lief jedoch unaufhaltsam weiter.

Juschtschenko war zwar kurzfristig außer Gefecht gesetzt worden, aber Julija Timoschenko, eine eindrucksvolle politische Akteurin und ukrainische Nationalistin, führte den Wahlkampf in seiner Abwesenheit fort. Die Kampagne war eingängig und clever. Der Slogan war auf eine einfaches *Tak* – Ja – beschränkt, und die orangefarbenen Transparente und Plakate der Bewegung schienen überall zu sein. Putins Versuche einzugreifen – er besuchte sogar die ukrainische Hauptstadt Kiew nur Tage vor der Wahl, um die Bevölkerung aufzufordern, für den Pro-Kreml-Kandidaten Janukowitsch zu stimmen –, schienen nach hinten loszugehen.[106] Die flächendeckende Unterstützung des russischen Staatsfernsehens für den schroffen Janukowitsch, den Parteichef und ehemaligen Strafgefangenen aus der russischen Hochburg in der Ostukraine, der gelegentlich wirkte, als würde er keinen vollständigen Satz aussprechen können, ging den Wählern, die sich nach Jahrzehnten der Sowjetherrschaft nach Unabhängigkeit sehnten, auf die Nerven. Im Vergleich mit dem gebildeten Juschtschenko, der außerdem als Held gefeiert wurde, weil er den Giftanschlag überlebt hatte, der sein Gesicht verunstaltet hatte und nach wie vor lebensbedrohlich sein konnte, verblasste Janukowitsch.

Als die Nation Ende November an die Wahlurnen ging, schien Putins Eingreifen erneut eher zu stören. Er gratulierte Janukowitsch zu seinem Sieg, bevor die Ergebnisse ausgezählt waren und obwohl Nachwahlbefragungen auf das gegenteilige Ergebnis hindeuteten.[107] Die offizielle Zählung wurde von einem engen Putin-Verbündeten überwacht, und als sie schließlich mit Putins vorzeitiger Aussage übereinstimmte, behauptete die Opposition, die Wahl sei manipuliert worden. Zehntausende von Juschtschenkos Unterstützern gingen auf die Straße, darunter unzählige junge Menschen. Viele von ihnen waren in der Jugendgruppe *Pora!* organisiert, die eine Zeltstadt auf Kiews zentralem Platz, dem Majdan, aufgebaut hatte.[108] Trotz der eisigen Kälte wurden die Proteste immer größer, es versammelten sich bis zu einer Million Menschen auf dem Majdan. Schließlich sah sich Kutschma gezwungen, einer Wahlwiederholung zuzustimmen. Diesmal endete die Abstimmung, die im Dezember unter intensiver Aufsicht lokaler und internationaler Beobachter stattfand, mit einem Sieg Juschtschenkos. Der Kandidat des Westens hatte gewonnen.

Für Putin und seine Unterstützer war das eine verheerende Niederlage, die viele bis heute nicht vergessen haben. Die Auswirkungen der sogenannten Orange Revolution waren so gravierend, der Schlag für die Pläne des Kreml so schwer, dass Putin zwei Vertrauten zufolge einen Rücktritt erwog.[109] Doch niemand aus seinem inneren Zirkel wollte seinen Platz einnehmen, niemand war bereit, die enorme Verantwortung zu übernehmen.

Es handelte sich um die zweite prowestliche Revolution in Russlands Hinterhof. Erst ein Jahr zuvor war der westfreundliche Columbia-Absolvent Micheil Saakaschwili in der ehemaligen Sowjetrepublik Georgien an die Macht gekommen. Putin und seinen Verbündeten schien es, als würden die Kräfte des Westens überall um sie herum aktiviert, als breiteten sie sich in Russlands Einflussbereich und womöglich bald sogar in Russland selbst aus. Es war der schlimmste Albtraum von Putins KGB-Männern, dass russische Oppositionelle, inspiriert durch die Ereignisse um sie herum und finanziert durch den Westen, versuchen würden, auch Putins Regierung zu stürzen. Von diesem Zeitpunkt an waren viele ihrer Maßnahmen von einer solchen düsteren Paranoia beeinflusst und initiiert.

Wieder bestand die Reaktion Putins und seiner Vertrauten darin, ihre Bemühungen zu verstärken und Russland als eine Nation im Belagerungszustand darzustellen. Was in der Ukraine und Georgien geschehen war, würde Putins Vorgehen im Kreml für die nächsten Jahre prägen. Da sie glaubten, sich im Kampf um das Imperium und um die eigene Selbsterhaltung zu befinden, konnten sie nicht zulassen, dass irgendein Einfluss von außen noch hinzukam; eine Sichtweise, die sicherlich auch ihre Entscheidung, die Regionalgouverneurswahlen abzuschaffen, beeinflusst hatte.

Im Dezember, wenige Tage vor der zweiten Abstimmung in der Ukraine, nutzte Putin seine jährliche Pressekonferenz dazu, gegen den Westen zu wüten, der angeblich versuchte, Russland zu isolieren, indem er Revolutionen im benachbarten Ausland schürte. Wieder verknüpfte er dies mit den Unruhen in Tschetschenien: »Sollte dies der Fall sein, wird die Tschetschenienpolitik des Westens verständlicher (…) als eine Politik, die darauf abzielt, Elemente durchzusetzen, welche die Russische Föderation destabilisieren.« Die Umbrüche in den ehemaligen Sowjetrepubliken, behauptete er, seien »anderswo« geplant worden, und er fügte hinzu, die neue georgische Regierung stehe bei dem US-amerikanischen Milliardär George Soros auf der Gehaltsliste.[110]

Als Putin im folgenden April seine jährliche Rede zur Lage der Nation hielt, waren darin Argumentationslinien zu erkennen, die er von den Emigranten über die imperiale Vergangenheit übernommen hatte. Er zitierte gern Iwan Iljin, den Religionsphilosophen, der vor der bolschewistischen Revolution geflohen war, und führte Sergej Witte an, den reformatorischen Ministerpräsidenten des letzten Zaren, indem er sagte, Russland folge einem individuellen Weg, seiner eigenen Bestimmung. Seine Form der Demokratie habe ihr Vorbild nicht in den westlichen Modellen. Der Zusammenbruch der Sowjetunion zähle zu den größten Tragödien des 20. Jahrhunderts: »Viele dachten oder schienen damals zu denken, dass unsere junge Demokratie keine Fortführung der russischen Souveränität sei, sondern ihr endgültiger Kollaps, das fortgeführte Sterben der Sowjetunion. Aber sie haben sich getäuscht«, sagte er. Nun trete das Land in eine neue Entwicklungsphase ein: »Unsere Gesellschaft hat nicht nur die Energie zur Selbsterhaltung aufgebracht, sondern auch den Willen zu einem neuen Leben in Freiheit. (...) Wir mussten unseren eigenen Weg finden, um eine Gesellschaft und einen Staat, die demokratisch, frei und gerecht sind, aufbauen zu können.«[111]

Vor dieser Zeit hatte sich Putin in seinen Reden zur Lage der Nation meist nahezu vollständig auf die Wirtschaft konzentriert, auf Maßnahmen zur Verdoppelung des Bruttoinlandsprodukts, zur Schaffung eines »angenehmen« Lebens für die russische Bevölkerung und eine engere Anbindung des Landes an die Weltwirtschaft und Europa. »Die Expansion der Europäischen Union sollte uns einander nicht nur geografisch näherbringen, sondern auch wirtschaftlich und geistig«, hatte er in seiner Ansprache noch ein Jahr zuvor gesagt.[112] In der diesjährigen Rede klangen nun andere Töne an: »Russland sollte seine zivilisatorische Mission auf dem eurasischen Kontinent fortführen. Die internationale Unterstützung für den Respekt der Rechte Russlands im Ausland ist für uns von großer Bedeutung und kann nicht politisch oder diplomatisch verhandelt werden.«[113]

Russland steckte seinen Einflussbereich in den ehemaligen Sowjetrepubliken ab, wenn auch etwas spät. Es befand sich auf einer neuen Marschroute. Es war dabei, eine Brücke zu seiner Großmachtvergangenheit zu errichten.

# 9

# »DER APPETIT KOMMT BEIM ESSEN«

Als Michail Chodorkowski im Juni 2004 in Handschellen in einen vollen Moskauer Gerichtssaal geführt wurde, begann ein Prozess, der den Lauf der russischen Wirtschaft verändern und die Justiz auf eine Weise untergraben würde, wie es Putins Leuten zugutekam. Chodorkowski war seit seiner Verhaftung in der Morgendämmerung auf einem sibirischen Rollfeld nicht mehr gesehen worden. Doch nun war er da, hinter den Gittern des Metallkäfigs, in dem Angeklagte gemäß den drakonischen russischen Regeln für Gerichtssäle sitzen mussten, und es war für alle sichtbar, dass er in Ungnade gefallen war. Ein Trio von Richterinnen mit hochtoupierten Haaren blickten mit strengen Gesichtern von einer Sperrholztribüne herunter. Bewaffnete Wachen umstanden den Käfig.[1]

Die Hitze in dem winzigen Gerichtssaal an jenem Sommertag war drückend. Auf improvisierten Holzbänken drängten sich Anwälte in Power-Suits Schulter an Schulter mit Reportern und Familienmitgliedern Chodorkowskis, darunter seine Eltern, die bereits im fortgeschrittenen Alter waren. Staub hing in der Luft. Von Zeit zu Zeit drangen die hilflosen »Freiheit!«-Rufe einer Handvoll Protestierender durch ein offenes Fenster herein. Chodorkowski trug schlichte Jeans und eine braune Jacke und wirkte gefasst und eindringlich wie immer, als er forderte, auf Kaution freigelassen zu werden. Bei seiner achtmonatigen Inhaftierung in dem berüchtigten Moskauer Gefängnis Matrosskaja Tischina, sagte er ruhig, habe es sich um Machtmissbrauch gehandelt, der den Staat ermutigen würde, auch andere Menschen zu verfolgen: »Mein Fall ist ein Präzedenzfall für die Justiz im Allgemeinen; er wird dazu führen, dass Hunderte vor ihren Prozessen inhaftiert werden.«[2]

Das Ergebnis des elfmonatigen Verfahrens, von Hunderten Stunden an Kreuzverhören und Zeugenaussagen, bildete die Basis von Putins Staatskapitalismus. Der Fall eröffnete den KGB-Leuten die Möglichkeit, die Kontrolle über die »Kommandohöhen« der Wirtschaft des Landes zu übernehmen, und schuf tatsächlich einen Präzedenzfall für die Verwandlung der russischen Justiz: als erweiterter langer Arm von Putins *silowiki*. Der Prozess half, die gesamte Strafverfolgung – die Polizei, die Staatsanwaltschaften und die Gerichte – in eine verbrecherische Maschinerie umzubauen, die Unternehmen in ihren Besitz nahm und politische Rivalen von Putins herrschender Elite aus dem Weg räumte. Als die Umwandlung vollzogen war, wurden jedes Jahr Tausende Geschäftsleute vor ihren Prozessen in Untersuchungshaft genommen, und viele von ihnen wurden nur freigelassen, wenn sie sich bereit erklärten, ihre Unternehmen abzugeben.[3] Es war die gröbste Waffe, die die *silowiki* in ihrem juristischen Arsenal hatten. Für den FSB und die Polizei wurde diese Vorgehensweise schließlich im ganzen Land im Großen wie im Kleinen systematisch ausgebaut.

Durch die Verhaftung Chodorkowskis bekamen Putins Sicherheitsleute einen so großen Spielraum, dass 2012 mehr als 50 Prozent von Russlands Bruttoinlandsprodukt unter der unmittelbaren Kontrolle des Staates und von Geschäftsleuten mit engen Verbindungen zu Putin standen – eine gewaltige und schnelle Kehrtwende seit der Zeit des Chodorkowski-Prozesses, als über 70 Prozent der Wirtschaft in privater Hand waren.[4] Es förderte zudem eine riesige Schattenwirtschaft mit Schwarzgeld für die wieder erstarkenden Sicherheitsbehörden, das zum Teil aus Bestechungen bei Razzien stammte und mit dem unzählige FSB-Leute und andere Polizeibeamte aufgemotzte Humvees und Luxuswohnungen finanzierten, die weit über der Kaufkraft ihrer offiziellen Gehälter lagen. Es bescherte den Beamten der Sicherheitsbehörden ungehinderten Zugang zu Insiderdeals, durch die sie Billionen Rubel in bar gewannen, die beiseitegeschafft und später auf Konten im Westen gewaschen werden konnten.

Der Prozess veränderte, vereinfacht gesagt, alles. Er fand zu einem Zeitpunkt statt, als Putins Männer an dem – aus ihrer Sicht – Wiedererstarken ihres Landes gegenüber den Mächten des Westens arbeiteten, vor dem Hintergrund von Beslan und den ukrainischen und georgischen gesellschaftlichen Umbrüchen. Aus ihrer Perspektive war die Übernahme von Jukos der entscheidende Schritt, um den Glanz der Großmacht wiederherzustellen und die Kontrolle über das Land und seine Finanzflüsse zu verstärken. Zumindest rechtfertigten sie die Maßnahmen damals auf diese Weise vor sich selbst. »Der KGB sah, dass er ein Monster geschaffen hatte, das zur Hälfte ein eigenes Leben besaß – den Kapitalismus«, sagte Chodorkowskis früherer Berater Christian Michel. »Sie sahen, wie die Oligarchen, die sie selbst groß gemacht hatten, nun Milliarden machten, während sie nichts davon abbekamen. Und so begannen sie sich die Ressourcen im Namen des Landes zurückzuholen. Sie sagten sich: ›Wir holen uns die Ressourcen zurück, die der Nation gehören. Sonst erkaufen sich die Amerikaner die Kontrolle.‹«[5]

Diese praktische Erfindung eines Mythos war nicht nur Antrieb und Motivation, sie erlaubte ihnen auch, sich zu verhalten, wie es ihnen beliebte. Aus ihrer Sicht waren sie die Hüter von Russlands Erneuerung; sie sahen sich als Russlands Retter, die es verdienten, ein eigenes Vermögen aufzubauen. Wie vor ihnen schon die sowjetische Führung waren sie die Personifikation des Staates, ihre Interessen stimmten vollkommen mit den staatlichen überein. Doch während der Staat früher synonym war mit der Partei, waren sie nun dabei, eine neue Ära des Staatskapitalismus einzuläuten, in denen die Grenzen zwischen den strategischen Zielen des Staates und ihren eigenen, individuellen nahezu ununterscheidbar waren. »Sie gaben allem den Anschein, es diene einem höheren Zweck. Aber es befriedigte auch die persönliche Gier, und da begannen die Probleme«, sagte Michel.

Dass der Staat wieder das Kommando über die Wirtschaft übernahm, hatte bereitwillige Unterstützung in einer Bevölkerung gefunden, die über die Milliardäre der Jelzin-Zeit ebenso erbittert war wie Putins KGBler. Putin fasste die verbreitete Missgunst zusammen, als er eine Woche vor Chodorkowskis Festnahme auf die Magnaten der Neunzigerjahre schimpfte, weil sie ein System der »Oligarchenherrschaft« geschaffen hätten: »Wir haben eine Kategorie von Leuten, die, wie man so schön sagt, über Nacht Milliardäre geworden sind. Der Staat hat sie zu Milliardären gemacht. Er verteilte ein gewaltiges Vermögen, praktisch gratis. Als sich das Spiel entwickelte, bekamen sie den Eindruck, als würden die Götter sie beschützen, als wäre ihnen alles erlaubt.«[6] Der Kreml versuchte sogar das Vorgehen gegen Jukos als Teil des Kampfes gegen den Terrorismus darzustellen. Drei Wochen nach der Geiselnahme von Beslan sendete der inzwischen staatlich gelenkte Sender NTW eine merkwürdige Anschuldigung – ohne jegliche Beweise –, dass Chodorkowski und seine Partner die tschetschenischen Terroristen finanziert hätten.[7]

Sergej Iwanow, Putins enger KGB-Vertrauter aus Sankt Petersburg und nun Verteidigungsminister, war der Erste gewesen, der offen signalisiert hatte, womit nun zu rechnen war. »Der Staat darf nicht die Kontrolle über strategische Wirtschaftssektoren verlieren«, sagte er im November 2003, einen Monat nach Chodorkowskis Verhaftung. »Wir sollten die Kontrolle über die Ölförderung und -erschließung behalten. (…) Die Sowjetunion hat ungeheure Mittel in die Exploration und Entwicklung der Felder investiert, und nun streichen die Chefs der Mineralölkonzerne gewaltige Gewinne ein. Ölquellen und -reserven sind in jedem Fall staatliches Eigentum, kein privates. Der Staat hat also das volle Recht, diesen Prozess zu lenken.«[8]

Doch obwohl die Signale deutlich waren, dass Umwälzungen in Russlands Führung bevorstanden, schienen westliche Regierungen nicht davon auszugehen, dass diese so weit gehen würden wie es letztendlich der Fall war. Anfangs hatten US-Beamte Mühe zu verstehen, ob es sich hier um einen Kreuzzug allein gegen Chodorkowski handelte oder eine breiter angelegte Kampagne, sich den Energiesektor unter den Nagel zu reißen.[9] Sie realisierten nicht, dass es der Beginn einer Machtübernahme der gesamten Justiz und Politik war und dass die Mittel, die Putins KGB-Leute anhäuften, schließlich gegen den Westen eingesetzt würden. Obwohl Sergej Iwanow unmissverständlich auf ihren Wunsch, den Einfluss des Staates zu vergrößern, hingewiesen hatte, achteten er und Putins Leute darauf, es so darzustellen, dass dies keine Revision der Privatisierungen der Neunzigerjahre darstellte, dass der Fall Chodorkowski der eines einzelnen skrupellosen Oligarchen war, dass Eigentumsrechte respektiert würden und dass Russland nach wie vor eine Marktwirtschaft war und die Integration in den Westen anstrebte.

Die scharfe Verurteilung seiner Verhaftung durch die US-Regierung, mit der Chodorkowski gerechnet hatte und von der er geglaubt hatte, sie würde zu einer schnellen Freilassung führen, blieb aus. Die Reaktionen waren eher gedämpft. Einzelne Politiker wie der republikanische Senator John McCain oder George Soros, der Milliardär, der sich vom Devisenhändler zum Philanthropen gewandelt hatte, verlangten, Russland solle aus der Elitegruppe der Industrienationen, der G8, ausgeschlossen werden, die Russland ohnehin erst mit Beginn von Putins Präsidentschaft aufgenommen hatte. Doch nur McCain schien die möglichen Konsequenzen eines staatlichen Sturms auf Jukos zu erkennen: »Eine schleichender Coup gegen die Kräfte der Demokratie und des Marktkapitalismus in Russland bedroht die Grundlage der Beziehungen zwischen den USA und Russland und beschwört das Gespenst einer neuen Ära des kalten Friedens zwischen Washington und Moskau herauf«, sagte er vor dem US-Senat nach Chodorkowskis Verhaftung. »Die Vereinigten Staaten können kein normales Verhältnis, geschweige denn eine Partnerschaft mit einem Land pflegen, das zunehmend mehr Gemeinsamkeiten mit seinen sowjetischen und zaristischen Vorgängern hat als mit dem modernen Staat, den Wladimir Putin angeblich aufbauen will.«[10]

Doch die Regierung von George W. Bush verhielt sich im Großen und Ganzen nicht anders als vorher. In jener Zeit, nach den Terrorattacken vom 11. September, lag der Fokus auf dem gemeinsamen Kampf gegen den Terrorismus. Deshalb war es wichtig, den Dialog mit Russland aufrechtzuerhalten, besonders jetzt, da es Russland gelungen war, den Westen von den Verbindungen zwischen den tschetschenischen Rebellen und dem globalen Terrorismus zu überzeugen. Die USA wurden zudem immer abhängiger von Moskaus Unterstützung in Afghanistan, unter anderem wegen der Bereitstellung einer

Transportroute für Kriegsmaterial durch Russland. »Das Mindeste, was die US-Regierung wollte, war, dass Russland ihren Plänen nicht im Weg stand«, sagte Thomas E. Graham, damaliger Direktor für Russland im Nationalen Sicherheitsrat der USA. »Beispielsweise gab es Meinungsverschiedenheiten über den Irak, und bestenfalls wollte sie Unterstützung im Kampf gegen den Terrorismus, wie wir sie in Afghanistan erlebt haben.«[11]

Dennoch äußerte die US-Regierung in mehreren Gesprächen mit dem Kreml Bedenken bezüglich Chodorkowskis Inhaftierung und der staatlichen Übernahme von Jukos, sagte Graham. »Aber sie konzentrierte sich damals nicht so stark auf die innenpolitischen Entwicklungen in Russland.« Damals habe man nicht den Eindruck gehabt, Russland wende sich von der Demokratie ab, sagte er, und Putins Bemühungen, die Macht des Staatsapparats zu vergrößern, wurden nach dem Chaos der Jelzin-Jahre nicht als etwas Schlechtes betrachtet. Die erzwungene Ausreise der Medienmogule Wladimir Gussinski und Boris Beresowski und die Übernahme ihrer Sender durch den Staat wurden als interne Angelegenheit betrachtet. Keiner von beiden galt als Unterstützer der Demokratie, so Graham. Sie hätten ihre Medienimperien genutzt, um ihre eigene Agenda zu verbreiten.[12] Chodorkowski dagegen hatte sich zu einer anderen Art von Oligarch entwickelt, seit er sein Image als Räuberbaron allmählich ablegen konnte und eine bessere Corporate Governance verfolgte – wie auch der Verkauf seines Ölunternehmens an die USA zeigte. »Doch vom Standpunkt der Regierung war das keine große Sache, keine, die uns dazu veranlasste, einen Schritt zurückzutreten und unsere Russlandpolitik zu überdenken.«[13] Im Grunde hatte die US-Regierung Chodorkowski trotz seiner Bemühungen, Verbindungen nach Amerika zu knüpfen, den Wölfen zum Fraß hingeworfen.

Für die internationalen Investoren, die an eine Transformation des russischen Marktes geglaubt hatten, besaß die Verhaftung Chodorkowskis und die darauffolgende Übernahme seines Unternehmens eine wesentlich größere Bedeutung. Vom Augenblick der Festnahme und des Einfrierens von Chodorkowskis 44-Prozent-Anteil an Jukos durch den Staat waren die Augen der Investoren auf das Unternehmen gerichtet, man verfolgte genau, ob der Staat den Prozess dazu nutzen würde, Jukos zu zerschlagen. Jukos war Russlands Mineralölproduzent Nummer eins, es förderte mehr Öl als Kuwait. Es war das bekannteste Unternehmen des Landes, ein Flaggschiff für Investitionen aus dem Westen, und jeder staatliche Anspruch auf den Konzern konnte auf eine allgemeine Revision der Marktreformen hindeuten. Investoren fürchteten, je länger Chodorkowski im Gefängnis säße, desto größer wäre das Risiko, dass die *silowiki* sein Unternehmen beschlagnahmen würden, was den gesamten russischen Markt für Investments uninteressant machen würde.[14] Sie fürchteten eine Wiederholung der Behandlung Gussinkis im Fall von NTW, und dass Chodorkowskis Inhaftierung dazu genützt würde, ihn zu zwingen, seine Anteile abzugeben – Taktiken, die von Putins KGB-Männern in Sankt Petersburg entwickelt worden waren.

Trotz global hoher Ölpreise und einer wachsenden Wirtschaft war der russische Aktienmarkt derjenige mit der schlechtesten Performance weltweit in jenem Jahr, und Jukos-Aktien hatten seit ihrem Hoch im Herbst zuvor über die Hälfte ihres Wertes verloren.[15] Chodorkowskis engster Geschäftspartner, Leonid Newslin, hatte bereits vorgeschlagen, dass Menatep-Anteilseigner die Kontrolle über Jukos dem Staat überlassen sollten, im Austausch für die »Geiseln«. Dabei erklärte er, er spreche bloß öffentlich aus, welche Deals ihm tagtäglich von Vermittlern in Hinterzimmern angeboten würden.[16]

Doch in diesem Fall kamen solche Vorschläge bei Putins Kreml überhaupt nicht gut an, der nach wie vor verzweifelt darum bemüht war, sich westliche Investoren – und den Westen im Allgemeinen – gewogen zu halten. Den KGB-Männern war klar, dass sie sich jeden Schritt gut überlegen mussten. Die Festnahme und Inhaftierung Chodorkowskis wegen Vorwürfen von Betrug und Steuerhinterziehung mussten einen rechtmäßigen Eindruck machen und als Teil eines Prozesses verstanden werden können, der die Zerschlagung und Übernahme von Jukos legitimierte und aus einem bestimmten Blickwinkel auch dem Westen gerechtfertigt erscheinen konnte. Damals fürchteten Putins Leute noch die Konsequenzen internationaler Gerichtsverfahren. Sie waren erpicht darauf, Russlands stärkere Anbindung an die internationalen Märkte voranzutreiben, und sie wussten, dass sie westliche Investitionen benötigten, damit sich die wirtschaftliche Erholung des Landes fortsetzte. Nur so konnten sie einen Staatskapitalismus etablieren, mit dem sie in den Westen expandieren – und ihn infiltrieren – konnten, ohne als Bedrohung wahrgenommen zu werden.

Statt also einfach Menateps Anteile an Jukos zu beschlagnahmen, starteten sie einen ausgeklügelten juristischen Feldzug, in dem Chodorkowskis Prozess nur ein Element einer quälend langsamen Übernahme darstellte. Die Anfänge eines raffinierten Verfahrens, in dem stark kontrollierte gerichtliche Verfügungen und das Gerichtswesen insgesamt als Tarnung dienten für die Enteignung durch die *silowiki*.[17]

Es war ein Verfahren, das durch den chaotischen Übergang während der Neunziger begünstigt wurde, als die Oligarchen, darunter auch Chodorkowski, ihr Umfeld zu ihren Gunsten beeinflussen und die Rechte kleinerer Investoren und anderer mit Füßen treten konnten, wobei es insgesamt bei den Privatisierungen nicht immer mit rechten Dingen zuging. Die meisten Geschäftsleute hatten in einem rechtlichen Vakuum agiert, der Staat war so schwach, dass er kaum Gesetze durchsetzen konnte. Das Gerichtswesen und die Polizei waren im Grunde bereit für den Ausverkauf. Doch nun, da Putins KGB-Leute den Kreml übernommen hatten, begannen sie die Situation fast vollständig umzukehren. In Chodorkowskis Fall wurden die Gerichtsurteile gleichsam vom Kreml diktiert. Die Anhörungen waren voller Verfahrensfehler, Gesetze wurden rückwirkend und selektiv angewendet. Statt die Institutionen zu stärken, um den Missbrauch in der Vergangenheit zu überwinden, kaperten Putins Verbündete sie einfach und gaben sich selbst das Monopol für Machtmissbrauch.

Die Tatsache, dass viele russische Gesetze voller Schlupflöcher waren, half ihnen dabei. Dies erleichterte es, allen möglichen Personen vorzuwerfen, gegen sie zu verstoßen. In einem solchen Umfeld waren Gesetze frei für Auslegungen und galten weniger als ein mafiaartiges System von »Abmachungen« oder Übereinkünften zwischen Freunden, in dem man auf der richtigen Seite des Kreml stehen musste, wenn man überleben wollte.

Als Chodorkowskis erster Prozesstag bevorstand, hatte Jukos gewarnt, dass das Unternehmen am Rande des Konkurses stand. Die
Strafverfolgungsbehörden hatten gleichzeitig einen Belagerungskrieg
geführt und rückwirkend 3,4 Milliarden Dollar Steuern für das Jahr
2000 nachgefordert. Investoren fürchteten, die Absicht sei, Jukos bewusst zahlungsunfähig zu machen, damit der Staat den Konzern übernehmen könne. Ausländische Gläubiger waren bereits besorgt, dass
das Unternehmen nicht in der Lage sein würde, Schulden in Höhe
von einer Milliarde zurückzuzahlen.[18] Regierungsbeamte unter der
Leitung von Finanzminister Alexej Kudrin, einem Technokraten mit
liberalen Tendenzen, waren schon lange frustriert über die Ölfirmen,
die die heimischen Offshore-Gebiete nutzten, um Steuern zu sparen.
Aber Jukos war bei Weitem nicht das einzige Unternehmen, das solche Tricks anwandte, die zudem damals nach russischem Recht legal
waren. Der effektive Steuersatz, den Jukos zahlte, glich dem anderer
Ölfirmen in privater Hand, etwa Roman Abramowitschs Sibneft und
TNK-BP.[19] Während Investoren fürchteten, dass ähnliche rückwirkende Steuerforderungen auch gegen andere Unternehmen eingesetzt
werden könnten, waren der Kreml und servile westliche Banker darauf bedacht zu betonen, dass es in diesem Fall einzig und allein um
Chodorkowski ging.

Es zeugt von der Raffiniertheit des Kreml, dass Putin einen Tag nach
Chodorkowskis erstem Auftritt hinter Gittern in dem Gerichtssaal in
Moskau mit einer beruhigenden Ansprache für Investoren über den
Fall an die Öffentlichkeit trat, wie er es selten tat. Bei einem offiziellen
Besuch der benachbarten ehemaligen Sowjetrepublik Usbekistan gab
er den großmütigen Staatslenker und betonte noch einmal, wie sich
Chodorkowskis Schicksal gewendet hatte. »Die offiziellen Behörden
der Russischen Föderation, die Regierung und die Wirtschaftsbehör-
den des Landes haben kein Interesse an der Insolvenz eines Unternehmens wie Jukos«, sagte er. Erleichterte Investoren ließen den Aktienpreis innerhalb eines Tages um 34 Prozent in die Höhe schießen. Aber
Putin behielt sich selbst ein Hintertürchen offen, wobei das Schauspiel
eines Prozesses innerhalb eines unabhängigen Gerichtssystems als
Tarnung dafür diente, dass sich der Staat Vermögen einverleibte: »Die

Regierung wird alles tun, um einen Zusammenbruch des Unternehmens zu verhindern. Aber was im Gericht passiert, ist eine andere Geschichte. Die Gerichte sollen für sich selbst sprechen.«[20]

Er erwähnte natürlich nicht, dass alles, was in den Gerichten geschah, damals bereits vollständig von seinem engsten Vertrauten Igor Setschin diktiert wurde, seinem stellvertretenden Leiter der Präsidialverwaltung, der die juristische Attacke auf Chodorkowski von Anfang an vorangetrieben und gesteuert hatte. Als wollte er eine enge Zusammenarbeit sicherstellen, wurde Setschin sogar Teil der Familie des Generalstaatsanwalts Wladimir Ustinow: Seine Tochter hatte Ustinows Sohn im November 2003 geheiratet, genau zu dem Zeitpunkt, als die Attacke gestartet wurde. In seiner Rolle als Überwacher des Feldzugs hatte der untertänige ehemalige KGB-Mann nichts als Gelegenheiten gesehen.

Für Setschin war der Jukos-Fall eine einmalige Gelegenheit, seine Position als bislang stets unterwürfiger Diener Putins zu verbessern. Jahrelang hatte er für Putin die Taschen getragen und den Zugang zu ihm kontrolliert; nun konnte er diese Funktion zu seinem eigenen Vorteil nutzen. Ein Kreml-Insider beklagte sich einmal mir gegenüber, dass Setschin absichtlich eine Direktive verloren habe, die der Insider mit Putin abgestimmt hatte: »Alle fragten, wo sie sei. Sie war noch nicht veröffentlicht worden. Putin hatte sie unterschrieben und sie Igor gegeben. (…) Ich ging zu ihm und er sagte: ›Ups, sie muss hinter den Schrank gefallen sein. Ich habe so viel Papier hier.‹ Und so ging es weiter. Er tat das, um zu zeigen, dass er derjenige war, der Entscheidungen traf und der entschied, ob etwas umgesetzt wurde oder nicht, und dass ich zu ihm kommen sollte, um Dinge abzusprechen.«[21]

Mit dem Jukos-Fall erhielt Setschin eine Gelegenheit, seine Machtbasis zu erweitern und sein eigenes Reich zu schaffen. »Er begriff, dass es eine Gelegenheit für ihn war, zwei Fliegen mit einer Klappe zu schlagen«, sagte Alexander Temerko, einer von Jukos' früheren Hauptaktionären. »Sich das Vermögen zu schnappen und den Fall zu nutzen, um die Kontrolle über die Strafverfolgung zu erlangen.« Als Setschins Tochter den Sohn des Generalstaatsanwalts heiratete, »wurde daraus ein Familienunternehmen«.[22]

Temerko war der einzige Anteilseigner von Jukos, der in Moskau blieb, um zu versuchen, einen Ausweg aus der Sackgasse zu finden. Alle anderen Geschäftspartner Chodorkowskis, mit denen er das Menatep-Imperium gegründet hatte, auch Newslin, waren aus Angst, verhaftet zu werden, aus Russland geflohen, in den meisten Fällen nach Israel. Aber Temerko war anders. Drei- und Viersternegeneräle hatten früher unter ihm gearbeitet, und er war im Grunde unantastbar.[23] Zu Beginn von Jelzins Präsidentschaft hatte er einen staatlichen Militärausschuss geleitet. Er hatte gute Kontakte zu einer Reihe von Verteidigungsministern der Jelzin-Ära und führte ein strategisches staatliches Rüstungskonglomerat. Er kannte Chodorkowski seit seinen Tagen im Komsomol und hatte Jukos geholfen, einen wichtigen Vertrag zur Versorgung der Armee mit Treibstoff abzuschließen.[24] Temerko war der unübertroffene Lobbyist. Er war charmant und aufbrausend, mit einem runden Bauch und einem dichten Schnurrbart. Falls irgendjemand in der Lage war, eine Lösung für den Konflikt mit dem Kreml zu verhandeln, dann war er das. Er bildete eine Brücke zwischen der Welt von Chodorkowski und jener der undurchsichtigen Sicherheitsbehörden, die Putins Kreml in der Hand hatten – seine Geschäftspartner sagten, er sei ein Vertrauter des FSB-Chefs Nikolai Patruschew, eines Hardliners, gewesen.

Westliche Investoren setzten ihre Hoffnungen auf eine Verhandlungslösung auf die zwei amerikanischen Ölhändler, die noch als Führungskräfte bei Jukos verblieben waren: Steven Theede, der vorher bei ConocoPhilips gewesen war, und Bruce Misamore, ein Texaner von Marathon Oil. Beide waren in westlichen Managementtechniken ausgebildete, hart arbeitende US-Amerikaner, die mit der Moskauer Metro ins Büro zu fahren pflegten. Aber in den byzantinischen Labyrinthen der Kreml-Verhandlungen waren sie völlig überfordert. Temerko war der Einzige, der es damit aufnehmen konnte. Hinter den Kulissen nahm er die Rolle des Hinterzimmerunterhändlers ein; er saß manchmal acht Stunden lang im Vorraum von Setschins Büro im Kreml und wartete auf eine Gelegenheit, mit ihm zu sprechen. Einmal versuchte er Setschin zu umgehen und sein Anliegen Putin direkt vorzutragen. Dazu vereinbarte er mit einem einflussreichen Kreml-Beamten, dass er ein Treffen des Sicherheitsrats durch den Hinterausgang verlassen konnte, um den Präsidenten abzufangen. Aber Setschin erfuhr von dem Plan und versperrte ihm wütend den Weg.»Es war Setschins Aufgabe, dem Präsidenten ernst zu nehmende Vorschläge zu übergeben«, sagte Temerko. »Aber er sagte immer: ›Das ist nicht korrekt, das ist nicht ernst zu nehmen.‹ Und wir fingen noch einmal von vorn an.«[25]

Von Anfang an kämpften Chodorkowskis Leute auf verlorenem Posten. Anfang Juli, keine drei Wochen nach Putins beruhigenden Kommentaren, wurde der Druck auf Jukos verstärkt. Das System, das der Präsident aufbaute, zeigte sein wahres Gesicht. Dutzende Regierungsbeamte führten eine Razzia in Jukos' Hauptgeschäftsstelle in einem von Moskaus schicksten neuen Bürotürmen durch, beschlagnahmten Server und froren die Konten des Unternehmens ein.[26] Wie um noch eins draufzusetzen, überreichten bewaffnete Steuerbeamte persönlich den Bescheid über eine weitere Steuerschuld von 3,4 Milliarden Dollar für das Jahr 2001 an Steven Theede. Dies verdoppelte die Steuerbelastung des Unternehmens zu einem Zeitpunkt, zu dem es nicht in der Lage war, die vorherige Schuld zu bezahlen, und die Frist war kurz davor auszulaufen.»Das ist sein Ende«, sagte Igor Jurgens, ein erfahrenes Mitglied der Lobbygruppe des Oligarchen.[27]

In den Tagen nach der Razzia trat Chodorkowski mit einem weiteren Angebot, Menateps Anteile an Jukos abzugeben, um die Steuerschuld anzuzahlen, an die Öffentlichkeit.[28] Jukos' Führungsmannschaft, geleitet von Theede und Misamore, hatte einen Restrukturierungsplan vorgelegt, der es dem Unternehmen erlauben würde, über drei Jahre hinweg 8 Milliarden Steuerschulden zu begleichen – wenn die Regierung Jukos Konten wieder freigab, damit es dazu überhaupt in der Lage wäre.[29]

All diese Bemühungen fruchteten nicht. Die Verhandlungen wurden den Juli über fortgesetzt, als plötzlich die Regierungsseite verkündete, sie werde die Restrukturierungspläne nicht akzeptieren und stattdessen Juganskneftegas (kurz Jugansk), die Hauptproduktionseinheit von Jukos, verkaufen, um damit die Steuerschulden hereinzuholen.[30] Die Anlage allein war verantwortlich für 60 Prozent von Jukos Gesamtproduktion, das war mehr Öl, als Libyen verkaufte. Die Entscheidung sandte erneut Schockwellen durch den Markt. Die Zerschlagung von Jukos war Realität geworden. Nur Tage nach der Ankündigung legte sich Setschin, der die Attacke hinter den Kulissen koordiniert hatte, fest. Er war zum Vorstand des staatlichen Ölkonzerns Rosneft berufen worden,[31] und Gerüchte, dass Rosneft hinter Jukos Vermögen her war, wurden plötzlich plausibel.

Mit jedem koordinierten Schlag gegen Jukos war Setschins Einfluss gewachsen. Er wandelte sich vom vertrauenswürdigen Putin-Stellvertreter, strengen Wächter und Kontrolleur von Informationen selbst zu einem mächtigen Akteur. Während der Verhandlungen hatte er den unterwürfigen Assistenten gespielt, angeboten, mit der Steuerbehörde und dem Justizministerium zu sprechen und Vorschläge an Putin weiterzuleiten, um die Verhandlungen von Menatep voranzutreiben. »Anfangs versuchte er sich zu distanzieren. Er verriet nie, dass er den Prozess leitete«, sagte Temerko. »Aber jedes Mal, wenn wir glaubten, eine Einigung erzielt zu haben, froren sie ein weiteres Konto ein, sodass wir nicht zahlen konnten.« Dann schüttelte Setschin bedauernd den Kopf und sagte Temerko, wie leid es ihm tue, dass er nicht zustimmen könne. »Er sagte zu uns, wir seien nicht fähig, uns zu einigen. Dabei war seine eigentliche Absicht, uns zu mehr und mehr Kompromissen und der Preisgabe von Informationen zu zwingen.«[32]

Die Regierung versuchte jedoch nach wie vor, westliche Investoren bei der Stange zu halten. Sie versprach den Verkauf von Jukos Hauptproduktionseinheit, Jugansk, zu einem fairen Marktpreis, aber mit der Bewertung wurde die Moskauer Zweigstelle der Dresdner Bank beauftragt, die einer von Putins engsten Verbündeten leitete, der frühere Stasi-Agent Matthias Warnig, mit dem er in Dresden zusammengearbeitet hatte.[33] Durch die nur spärlich an die Öffentlichkeit gelangenden Informationen und die nicht endenden Attacken gewöhnte sich der Westen an den Gedanken, dass Jukos zerschlagen würde. Als die Regierung den Verkauf von Jugansk verkündete, boten westliche Ölkonzerne ihre Hilfe dabei an, Chodorkowski das Unternehmen aus den Händen zu nehmen. Diese Angebote schwächten die Warnsignale der US-Regierung an den Kreml im Fall Jukos. »Das Problem war: Jedes

Mal, wenn wir den Russen sagten, dass ihre Handlungen negative Folgen für das Investitionsklima in Russland haben würden, meldete sich eine der westlichen Firmen mit einem Kaufangebot für Jukos«, sagte Thomas Graham. »Dem Kreml lagen zwei oder drei Angebote vor, die Jukos-Anteile aufzukaufen und damit die Probleme zu mildern, die Russland mit seinem Image hatte.«[34]

Die Angebote bestätigten zudem Putins schon lang gehegte zynische Überzeugung, dass im Westen alles käuflich war und kommerzielle Zwänge immer moralische oder andere Bedenken dominieren würden. Und bald startete der Kreml eine neue Charmeoffensive, um sich die Unterstützung westlicher Investoren beim staatlichen Griff nach Privatunternehmen zu sichern.

\*

Zu diesem Zeitpunkt hatte der Kreml bereits zu einer professionellen Arbeitsweise gefunden. Im Hintergrund berieten westliche Investmentbanker, darunter auch Charles Ryan, ein US-Bürger, der einer weiteren Moskauer Investmentbank, der United Financial Group, vorstand, die Regierung zur Übernahme von Jukos. Als Putin Mitte September als Reaktion auf die Tragödie von Beslan verkündete, dass er eine der größten Errungenschaften von Russlands Übergang zur Demokratie, die Wahlen von Regionalgouverneuren, aufheben werde, hätten diese Nachrichten vor dem Hintergrund der zunehmend offensichtlicher werdenden Bemühungen des Staates, Jukos zu zerschlagen und zu übernehmen, bedrohlich wirken können.

Doch Putin hatte eine angenehme Überraschung für ausländische Investoren parat. Am Tag nachdem der Kreml das Ende der Gouverneurswahlen erklärt hatte, teilte er der Wirtschaft auch mit, dass er plane, den weltgrößten Energiekonzern zu gründen. Er werde den staatlichen Gasriesen Gazprom mit dem letzten verbliebenen staatlichen Ölkonzern, Rosneft, zusammenlegen, um einen Energiegiganten zu schaffen, der nach Saudi-Arabiens Aramco die zweitgrößten Reserven der Welt haben und fünfmal größer sein werde als sein nächster Mitspieler im Westen, ExxonMobil. Anders als bei Aramco sollten westliche Investoren hier jedoch die Möglichkeit bekommen, Anteile zu erwerben.[35]

Der geplante Deal bewies die kühnen globalen Ambitionen Putins und seines Zirkels zu einer Zeit, in der das Interesse des Westens an Russlands Rolle als Energieversorger wegen der Unruhen im Nahen Osten wuchs. Es war eine große Kehrtwende im Vergleich zu sechs Monaten zuvor, als Ministerpräsident Michail Kasjanow Gazprom im Zuge liberaler Reformen zerschlagen wollte, um dessen Monopol auf dem Gasmarkt zu reduzieren. Putin hatte das kurzerhand abgelehnt, und der neue Plan, den Gasmonopolisten mit Rosneft zu fusionieren, war ein deutliches Symbol für die Absichten der Regierung, die Macht über den Energiesektor zu erlangen.

Doch für westliche Investoren waren dies zugleich gute Nachrichten. Die Zunahme des staatlichen Einflusses auf die Wirtschaft, die sie lange gefürchtet hatten, ging einher mit der verlockenden Aussicht, ein Stück eines gewaltigen neuen Energieriesen erwerben zu können. Der Deal würde die Beteiligung des Staates an dem zusammengeschlossenen GazpromRosneft-Konzern auf 51 Prozent erhöhen, womit der Staat den Konzern kontrollierte und automatisch die Beschränkungen für die Menge an Aktien wegfielen, die ausländische Investoren an Gazprom halten durften. Pläne, diese »ring-fence« genannten Beschränkungen aufzuheben, waren lange von Putins Regierung in Erwägung gezogen worden; nun hatten sie anscheinend grünes Licht bekommen, was den Aktienpreis sofort in die Höhe trieb.

Westliche Investoren leckten sich die Finger nach dem Geld, das sie mit dem Handel von Anteilen des geplanten staatlichen Ungetüms verdienen konnten. »Dies wird das größte Öl- und Gasunternehmen der Welt, in das Ausländer investieren können, zu einer Zeit, in der die Preise für Öl und Gas durch die Decke gehen«, sagte William Bowder, Chef des Investmentfonds Hermitage Capital Management, der einen bedeutenden Anteil an Gazprom-Aktien hielt,[36] und fügte hinzu, es sei »eine Art Zucker gewesen, damit die Jukos-Medizin leichter zu schlucken war«.[37] Ian Hague, Vorstand des in New York ansässigen Firebird Fund, beschrieb den Vorschlag des Kreml mit deutlicheren Worten: »Sie erkaufen sich die Loyalität der ausländischen Investorengemeinde, während sie etwas entwickeln, das nach einer politischen Diktatur aussieht. Und es funktioniert.«[38]

Für manche war es der Beginn einer wunderbaren Freundschaft, da der Kreml signalisierte, dass ausländische Investitionen willkommen seien, solange Putins Männer die Kontrolle behielten. Das Unbehagen über den Abbau von Jukos verflüchtigte sich, als die Investoren Schlange standen, um einen Teil des neuen Staatsriesen zu ergattern. Der einzige Mensch, dem diese Aussicht nicht zu gefallen schien, war der Rosneft-Vorstand Igor Setschin, da die geplante Verbindung zwischen Rosneft und Gazprom seinen eigenen Träumen von einem staatlichen Energiegiganten einen Riegel vorzuschieben drohte.

Setschin schäumte, doch das Drama um den geplanten Jukos-Ausverkauf war noch lange nicht vorbei. In einem durchgesickerten Bericht stand, die Dresdner Bank habe den Wert der Produktionseinheit auf 15,7 bis 17,3 Milliarden Dollar geschätzt, was mit der Einschätzung des Marktes, wie ein fairer Preis aussehen würde, übereinstimmte,[39] und was die westlichen Jukos-Manager dazu verleitete zu glauben, es würden liquide Mittel übrigbleiben, um den Rest des Unternehmens nach dem Verkauf von Jugansk zusammenzuhalten. Jegliche Hoffnung darauf wurde allerdings Ende November des Jahres unwiederbringlich zerstört, als das Justizministerium für die staatliche Versteigerung von Jugansk nicht nur einen Eröffnungspreis von 8,65 Milliarden Dollar festlegte, somit einen Preis weit unter dem Schätzwert der Dresdner Bank, sondern dem Unternehmen noch zwei weitere gewaltige Steuernachforderungen für 2002 und 2003 stellte.[40] Dies erhöhte die Steuerschuld von Jukos auf monumentale 24 Milliarden, mehr als viermal so viel wie die angeschlagene Marktkapitalisierung des Unternehmens. Für das Jukos-Management war nun vollkommen klar, dass das Spiel vorbei war und dass der Rest des Unternehmens aufgeteilt und zu einem Schleuderpreis verkauft würde.

Sollte die Botschaft nicht deutlich genug gewesen sein: In der Nacht vor der Verkündung der neuen Steuerforderungen veranstaltete die Polizei Razzien bei Dutzenden Jukos-Managern, die hinterher sagten, die Aktion habe sie an die stalinistischen Säuberungen von 1937 erinnert. Sie hätten »Angst, nachts zu Hause zu sein, Angst um ihre

Verwandten«, berichtete einer von ihnen.[41] Die Position wurde auch westlichen Ölmanagern gegenüber klargemacht, die Chodorkowski als Symbol für seine Bemühung um bessere Unternehmensführung in den Konzern geholt hatte. Bruce Misamore, der umgängliche Finanzvorstand aus Texas, war an jenem Tag in London. Als er abwog, ob er den Rückflug nach Russland riskieren sollte, erreichte ihn ein Anruf von Temerko, der ihn warnte, dass er bei der Ankunft festgenommen würde.[42] Er kehrte nie zurück. Dasselbe galt für Steven Theede, Jukos-Chef seit Juni 2004. Auch er war an jenem Tag auf Geschäftsreise außer Landes gewesen, und eine Razzia der Polizei in seinem Büro sandte ein unmissverständliches Signal, dass er nicht nach Moskau zurückkehren sollte. Der niedrige Preis, den die Regierung für den Verkauf von Jugansk ansetzte, hielt er für »staatlich organisierten Diebstahl, um eine politische Rechnung zu begleichen«.[43]

Bruce Misamore hatte begriffen, dass alle Anstrengungen des Managements, zu einer Einigung zu kommen, vergeblich waren. Dadurch, dass es in letzter Minute Steuerforderungen über insgesamt 24 Milliarden Dollar hagelte, konnten alle Jukos-Aktien Stück für Stück an staatlich kontrollierte Unternehmen veräußert werden. Misamore glaubte, dass dies von Anfang an das Ziel des Kreml gewesen war. Das Einfrieren der Vermögenswerte und Konten sorgte dafür, dass das Unternehmen nie in der Lage sein würde, mit der Abzahlung der Schulden zu beginnen. »Anfangs glaubten wir, wenn wir das Geld bezahlen würden, würden sie vielleicht von Jukos ablassen«, sagte er. »Wir haben ganz unterschiedliche Wege ausprobiert, um die richtigen Leute im Kreml zu erreichen, um eine Einigung zu erzielen. Sie führten uns an der Nase herum, und wir glaubten immer wieder, wir wären einer Lösung nahe, aber dann traf sich jemand mit Putin und das Ganze wurde fallen gelassen.«[44]

Auch für Alexander Temerko war schließlich deutlich, dass die Verhandlungen nirgendwohin geführt hatten, sondern lediglich Setschin, Putin und seinen Leuten als Tarnung für die Übernahme gedient hatten, da sie den Markt und ausländische Staatschefs glauben machen mussten, dass ein reguläres Verfahren eingehalten würde. Aber letztendlich galt: »Wir wurden angelogen. Sie sandten falsche Botschaften.

Einige hochrangige Leute aus Putins Umfeld hatten mir gesagt: ›Das ist alles ein Spiel.‹ Sie sagten: ›Wenn sie angefangen haben, an dem Unternehmen zu knabbern, nagen sie es vollständig auf, bis auf die Knochen.‹ Sie dachten wahrscheinlich, sie müssten irgendeinen Fortschritt zeigen, eine gewisse Verhandlungsbereitschaft. Aber als alle sich an das gewöhnten, was da vor sich ging, dachten sie sich: ›Warum sollen wir zustimmen? Es gehört sowieso alles uns.‹« Die Bewertung der Dresdner Bank, das ständige Winken mit möglichen Deals waren »typisch tschekistische Methoden. Sie gaben Falschinformationen heraus und fuhren nebenbei mit ihren eigenen Plänen fort.«

Diese Taktik sollte von Putins Kreml immer wieder eingesetzt werden, bis zu Russlands Übernahme der Krim von der Ukraine 2014, viele Jahre später. Dabei behaupteten sie zuerst, das plötzliche Erscheinen der Truppen auf der Krim hätte nichts mit ihnen zu tun. Aber als die Annexion der Halbinsel gesichert war, gab Putin zu, dass es sich um russische Streitkräfte handelte. »Sie haben die westlichen Staatschefs angelogen«, sagte Temerko. »Sie behaupteten, wir seien Kriminelle, sie würden uns das Unternehmen aber nicht wegnehmen, sie würden bloß eine gemeinsame Sprache finden wollen. Putin wiederholte mehrmals: ›Wir wollen nicht, dass Jukos bankrottgeht.‹ Aber dann wollten sie es doch. Im Jukos-Fall haben sie das Lügen gelernt. Mittlerweile sind sie Profis darin.«[45]

Als Russland den Verkauf von Jugansk vorbereitete, brach zwischen den beiden Hauptfraktionen von Putins Männern in den Sicherheitsbehörden ein Konflikt über die Beute aus. Ermutigt durch Putins Rückhalt bei der Fusion mit Rosneft, war Gazprom, der Gasgigant des Landes, ebenfalls entschlossen, Jugansk zu erwerben. Es hatte die Unterstützung der liberaleren Technokraten in Putins Regierung, angeführt von Alexej Kudrin, dem Finanzminister, dem daran gelegen war, dass sich die Macht des Rosneft-Vorstands Setschin, des militantesten führenden Mitglieds des Sicherheitsblocks und größten Rivalen der liberaleren Kräfte, nicht weiter ausdehnte. Sie drängten darauf, dass Jugansk zu einem fairen Marktpreis verkauft würde, und wollten, dass Gazprom den Segen des Westens für die Übernahme in Form von Milliardendarlehen westlicher Institutionen vorwies.[46] Sie glaubten, ein solches Ergebnis würde eine akzeptablere Version des Staatskapitalismus hervorbringen, und der Westen war mehr als bereit, sich zu solchen Bedingungen zu beteiligen.

Als die Versteigerung stattfinden sollte, hatte Gazprom das größte Darlehen in Russlands Unternehmensgeschichte zusammenbekommen – über 13 Milliarden Dollar von einem Bankenverband, angeführt von der Deutschen Bank und der Dresdner Bank.[47] Gazprom hatte außerdem die Unterstützung derselben Energieriesen, Chevron und Exxon, gewonnen, die einst fast einen Deal mit Chodorkowski abgeschlossen hätten und nun bereit waren, sich gegen ihn zu wenden. Jetzt diskutierten sie, zwei eingeweihten Personen zufolge, einen Anteil an Jugansk in einem Konsortium mit Gazprom zu erwerben,[48] während die britische Royal Dutch Shell ebenfalls Gespräche über eine Beteiligung führte.

Für Putin war dies bloß ein weiteres Beispiel dafür, wie für den Westen wirtschaftliche Überlegungen gegenüber Bedenken wegen der Richtung, in die sich die Demokratie entwickelte, überwogen. Doch für Chodorkowskis Partner hatte dieser Verkauf nicht einmal einen Hauch von Seriosität, und Kudrins Versuche, ihn durch die Beteiligung des Westens zu legitimieren, stellten nichts weiter als eine Verschleierungstaktik dar – und einen Ausverkauf der Prinzipien des Westens. Aus ihrer Sicht war der Jugansk-Verkauf schlicht und einfach Diebstahl, und sie mussten alles in ihrer Macht Stehende tun, um ihn zu verhindern.

Alles war durch den Kreml vorbereitet für den Verkauf des Jahrhunderts, die Versteigerung, bei der eines der wertvollsten Beutestücke der Mineralölindustrie zurück in die Hände des Staats geholt werden sollte, noch dazu mit Zustimmung und Beteiligung westlicher Banken und Ölkonzerne. Doch nur vier Tage bevor der Verkauf von Jugansk stattfinden sollte, stürzte sich die Geschäftsleitung von Jukos, nach wie vor unter der Führung von Theede und Misamore aus dem Londoner Exil, in ein letztes Aufbegehren. Der Schlag kam ohne Vorwarnung: Still und heimlich meldeten sie bei einem Gericht in Houston für Jukos Konkurs an, wodurch es ihnen gelang, den Verkauf vorerst zu stoppen.[49] Plötzlich brachen Gazproms westliche Unterstützer weg.[50]

Die Jukos-Manager hatten argumentiert, das Unternehmen stehe unter dem Schutz der US-Justiz, weil amerikanische Minderheitsgesellschafter 10 Prozent der Aktien hielten, während der Ölkonzern selbst »Geschäfte in bedeutendem Umfang« in den USA tätige.[51]

Diese Aktion in letzter Minute ließ Putin vor Wut ausfallend werden. »Ich bin mir nicht sicher, ob die Richterin überhaupt weiß, wo Russland liegt«, kommentierte er giftig.[52] Der Kreml beharrte darauf, dass die US-Gerichte keinerlei Zuständigkeit für Geschehnisse in Russland hätten, und trieb den Verkauf voran. Doch für Gazprom wurde es zu riskant, sich an der Auktion zu beteiligen. Dadurch, dass der Konzern ein Geflecht an Vermögenswerten im Westen besaß, Lagerhallen, Handelszentren und Gemeinschaftsunternehmen zur Gasverteilung in Europa, war er anfällig für Klagen, falls er Gebote bei dem Verkauf abgab und damit die Verfügung des US-Gerichts verletzte. Stattdessen war nun der Weg frei für Igor Setschin, den *silowik*, der in Bankkreisen von vielen wegen seines Hangs zu Intrigen und seines skrupellosen Ehrgeizes der »dunkle Lord« genannt wurde, erneut auf Jugansk zu bieten. Sein Ölkonzern Rosneft besaß keine Vermögenswerte im Westen.

Der Verkauf von Jugansk sollte das Gegenteil der hinter verschlossenen Türen ausgehandelten Darlehen-gegen-Anteile-Auktionen darstellen, bei denen die Kronjuwelen der Sowjetindustrie zu Schleuderpreisen in den Händen einiger weniger gut vernetzter Tycoons gelandet waren. Auch wenn Jukos ihn als Diebstahl verunglimpfte, versuchte die russische Regierung den Verkauf so darzustellen, als folgte er den üblichen Marktregeln.

Wie um den Unterschied zu den Vorgängen hervorzuheben, die in den Hinterzimmern der Neunziger stattgefunden hatten, waren Journalisten eingeladen worden, die Versteigerung zu beobachten, die live über zwei Bildschirme in den luxuriösen roten Konferenzsaal des Eigentumsfonds der Russischen Föderation übertragen wurde.[53] Damit sollte ein neues Beispiel für Transparenz gesetzt werden. Doch der Insolvenzantrag in letzter Minute an dem texanischen Gericht führte dazu, dass der Verkauf in einer Farce endete. Alles wurde zwar für die Journalisten übertragen, aber es gab nur ein Gebot, und niemand wusste, wer es abgegeben hatte. Von den zwei Gruppen anzugtragender Manager, die an Tischen in einem kleinen Raum mit Holzpaneelen saßen, wurde nur eine Frau identifiziert. Sie gehörte zu GazpromNeft, der Ölsparte von Gazprom, die nur wenige Wochen zuvor gegründet worden war. Die anderen beiden, ein großer Mann in einem grauen Anzug und eine untersetzte Frau mit Brille, waren vollkommen unbekannt. Ihr Unternehmen hatte sich nur drei Tage zuvor zur Teilnahme an der Versteigerung registriert, und nun waren sie die einzigen Bieter. Der große Mann hob feierlich seine Tafel, um 9,37 Milliarden Dollar zu bieten, was nur 500 Millionen über dem Eröffnungspreis lag, während die Angestellten von GazpromNeft einen Anruf tätigten und dann überhaupt nicht mitboten. Kaum hatte der mit Spannung erwartete Verkauf begonnen, war er mit einem plötzlichen Hammerschlag des Auktionators auch schon wieder vorbei.

Die Ölproduktionseinheit, die mehr Öl als Libyen erzeugte, war an ein später als Baikal-Finanzgruppe bezeichnetes Unternehmen verkauft worden, von dem noch nie jemand etwas gehört hatte. Selbst der Vorsitzende des Eigentumsfonds der Russischen Föderation, Juri Petrow, wusste nicht mehr. »Wir wissen nichts über dieses Unternehmen«, sagte er.[54] Wie sich herausstellte, war die Baikal-Finanzgruppe erst zwei Wochen zuvor in einem vorrevolutionären Gebäude über einer Bar namens »London« in der russischen Provinzstadt Twer gegründet worden.[55] Niemand schien die Eigentümer zu kennen.

Putin aber wusste genau, wer hinter dem Gebot steckte, das den Zuschlag bekam, und sagte allen, sie müssten sich keine Sorgen machen. Die Personen hinter dem Unternehmen besäßen »jahrelange Erfahrung im Energiesektor«.[56] Wie sich zeigen sollte, hatten sie Verbindungen zu zweien seiner engsten Verbündeten. Auf einem der beiden war Chodorkowski herumgetrampelt, als er in den Neunzigerjahren die Östliche Ölgesellschaft (VNK) übernahm: Gennadi Timtschenko, der Mineralölhändler, der mit Putin in Sankt Petersburg zusammengearbeitet hatte, und Andrej Akimow, der ehemalige sowjetische Staatsbankier, der Timtschenkos Handelsunternehmen finanziert und ein konkurrierendes Gebot für VNK abgegeben hatte. Die Mitarbeiter, die bei der Auktion geboten hatten, wurden als Angestellte im mittleren

Management von Surgutneftegas, dem Kreml-treuen Ölkonzern, identifiziert.[57] Surgutneftegas war der Hauptlieferant von Timtschenkos Mineralölhandelsfirma, zum Zeitpunkt des Jugansk-Verkaufs kontrollierte er einen bedeutenden Anteil an dem Unternehmen, wie Wladimir Milow, der frühere stellvertretende Energieminister, ein ehemaliger Timtschenko-Geschäftspartner sowie ein hochrangiger russischer Bankier, der mit Timtschenko zusammengearbeitet hatte, sagten.[58] Timtschenko behauptete, er sei nie mit mehr als 0,01 Prozent an Surgutneftegas beteiligt gewesen. Seine Anwälte sagten, er habe keine Verbindung zu und kein Eigentum an der Baikal-Finanzgruppe.

Putins KGB-Verbündete hatten sich endlich an Chodorkowski gerächt, weil er sie aus der VNK herausgedrängt hatte. Sie schnappten sich das erste und größte Stück von Jukos, nachdem sie über ein Jahr mit Winkelzügen hinter den Kulissen daran gearbeitet hatten, Putin zum Angriff auf Chodorkowski zu überreden. Sie scheinen die Baikal-Finanzgruppe schnell als Tarnfirma aus dem Boden gestampft zu haben, um ihre Beteiligung am Verkauf zu verschleiern und rechtliche Konsequenzen aus dem amerikanischen Gerichtsbeschluss zu vermeiden. Innerhalb von vier Tagen nach dem Erwerb verkaufte die Baikal-Finanzgruppe Jugansk an Setschins Rosneft.[59]

Über Nacht wurde Rosneft von einem kleinen Fisch, der nicht mehr als 6 Milliarden Dollar wert war, zu einem Ölgiganten von globalem Format mit einem Vermögen im Wert von fast 30 Milliarden. Ganz nebenbei wuchs dadurch Setschins Einfluss. Statt den Ausverkauf zu stoppen, kreierte das Insolvenzverfahren von Jukos ein neues Machtzentrum für einen *silowik*, der einen großen Teil der juristischen Kampagne orchestriert hatte, die Jukos stürzen sollte.

Wäre Gazprom in der Lage gewesen, Jugansk legal zu erwerben, ohne rechtliches Risiko, wäre Rosneft wahrscheinlich auch mit Gazprom fusioniert worden, wodurch Setschin ein wesentliches Machtelement gefehlt hätte. Setschin wäre zwar einflussreich gewesen, aber ein reiner Bürokrat geblieben. Doch nun wurde das Unternehmen, dessen Vorstand er war, ein neuer staatlicher Ölchampion und mauserte sich vom Hintergrundakteur im Kreml zu einer echten Wirtschaftsmacht. Sein neuer Rang barg Probleme für die vielgepriesene Fusion von Rosneft und Gazprom. Setschin wollte, dass Rosneft eine unabhängige Kraft blieb.

Für einen der westlichen Banker, die mit Gazprom daran gearbeitet hatten, das Kapital für den Kauf von Jugansk aufzubringen, war der Insolvenzantrag in Houston nur eine lästige Lappalie. Ihm zufolge beeinflusste er den Prozess dahingehend, dass die *silowiki* gestärkt wurden. Für ihn waren die liberalen Technokraten unter der Führung von Kudrin, die Gazprom unterstützt hatten, eine harmlosere Kraft, die in der Zukunft für ein investorenfreundlicheres Klima in Russland gesorgt hätte. »Wir bereiteten einen Deal vor, der die Transparenz verbessert und den Einfluss des Westens verstärkt hätte«, sagte er. »Wir wollten eine dieser Firmen als strategischen Partner einbringen. Aber dann gab es diese einstweilige Verfügung, und die Bösen haben wieder übernommen. Macht, Einfluss und Karriere von Igor [Setschin] wären dramatisch beschnitten worden. Diese dumme US-Richterin war einfach verrückt.«[60]

Falls dieser westliche Banker wirklich geglaubt hatte, der Verkauf von Jugansk an Gazprom hätte die Rechtsstaatlichkeit des Verfahrens verbessert, so täuschte er sich vermutlich. Relevant war, dass der Verkauf im Grunde genommen eine staatliche Enteignung war, ausgelöst dadurch, dass die Regierung selektiv Dutzende Milliarden Dollar Steuerschulden einforderte wegen Tricks, die zum fraglichen Zeitpunkt legal gewesen waren. Jegliche Beteiligung westlicher Banken wäre nichts weiter als Augenwischerei gewesen, während es bei der Enttäuschung der Technokraten vermutlich um bloße interne Streitigkeiten um die Beute ging. Ein Verkauf an Gazprom wäre für den Westen vielleicht leichter zu schlucken, das Ergebnis aber wäre dasselbe gewesen.

Für Setschin war es zweifellos ein Sieg, für die Transparenz – und den russischen Haushalt – ohne Zweifel ein weiterer Verlust. Der Verkauf, der von westlichen Banken finanziert werden sollte, wurde am Ende durch einen undurchsichtigen Deal unter anderem aus der Staatskasse bezahlt. Obwohl der Jugansk-Verkauf vordergründig durchgesetzt worden war, um Milliarden Dollar Steuerschulden für den Staatshaushalt zurückzugewinnen, zeigten Daten der Zentralbank, dass die Staatskasse letztlich 5,3 Milliarden über die staatliche Wneschekonombank an Rosneft überwies, um die Finanzierung des Kaufs zu unterstützen.[61] Einer der größten Skandale der Darlehen-gegen-Anteile-Verkäufe der Neunziger war die weitverbreitete Überzeugung, dass die Oligarchen sich zur Finanzierung an staatlichem Vermögen bedienten, das sich auf Konten ihrer Banken befand. Nun schien es, als hätte Rosneft fast genau das Gleiche getan. Doch diesmal war von einem Skandal kaum die Rede. Nur eine Zeitung, die Tageszeitung *Wedomosti*, berichtete über diese Finten, und nur ein einziger staatlicher Beamter meldete sich zu Wort. Das Geld wurden erst 2005 an die Staatskasse zurückgezahlt, als Rosneft und die Wneschekonombank Soforthilfe in Höhe von 6 Milliarden Dollar von chinesischen Banken als Teil eines Ölversorgungsdeals, dessen Bedingungen nie an die Öffentlichkeit drangen, bekamen.[62]

Der einzige Beamte im Kreml, der gegen den Verkauf protestierte und ihn als »Halsabschneiderei« bezeichnete,[63] war Andrej Illarionow, ein liberaler Ökonom, der seit den Anfangstagen von Putins Präsidentschaft dessen Wirtschaftsberater gewesen war. Die Finanzierung des Kaufs aus der Staatskasse, sagte er, entlarvte die Heuchelei, dass es angeblich nur darum gehe, Steuerschulden einzutreiben. Illarionow, für seine Prinzipientreue hochangesehen, fühlte sich zunehmend unbehaglich. Er wusste nicht, wie lange er auf seinem Posten bleiben konnte, wenn sich das Land endgültig von jeglicher Variante eines freien Marktes abwandte und der entstehende Staatskapitalismus einen so korrupten Eindruck machte. Wegen seiner Kritik war er bereits von einer seiner Hauptfunktionen degradiert worden. Die offizielle Erklärung für die Attacke auf Jukos »hatte weder Hand noch Fuß«, sagte er. »Es ging nicht um die Existenz von Steuerrückständen, denn in diesem Fall interessierte sich niemand für sie. Das Unternehmen hatte mit den Rückzahlungen begonnen, als es noch nicht einmal zugegeben hatte, dass sie existierten. (…) Sie waren bereit, selbst diese fantastischen Summen zu bezahlen, aber niemand wollte davon etwas wissen.« Die gesamte Kampagne mit Steuernachforderungen gegen Jukos war, wie er glaubte, ausgeheckt worden, um an das Konzernvermögen zu gelangen. Putins Kreml »verzichtete zugunsten des Eigentums auf weitere Steuerzahlungen. Das ist die dramatischste und frei-mütigste Offenlegung ihrer wahren Interessen in der Jukos-Affäre.«[64]

In den folgenden Monaten und Jahren unterwarfen sich die Institu-tionen des Westens Putins neuer Wirtschaftsordnung. Der Weg dazu war letztendlich Tausende Kilometer entfernt von Moskau in einem Gerichtssaal im texanischen Houston freigemacht worden, wo im Feb-ruar 2005, zwei Monate nach dem Verkauf, eine Richterin die Begrün-dung von Jukos' Eingabe bezüglich des Insolvenzschutzes abwies und starken Argumenten der Rechtsvertreter von Gazprom aus der mäch-tigen texanischen Kanzlei Baker Botts folgte. Auch wenn ein vorüber-gehender Aufschub rechtzeitig vor dem Verkauf ergangen war, urteilte die Richterin nach dem Abwägen aller Argumente, dass Jukos nicht genügend stark in den USA vertreten sei, um sich auf den Schutz der US-Gerichte berufen zu können.[65] Diese Entscheidung war im Grunde genommen das Startsignal für die Zerschlagung des restlichen Jukos-Konzerns. Der Weg war frei für westliche Unternehmen, die hungrig waren auf ein Stück vom Kuchen, sich weiter an dem Konkursausver-kauf des Jukos-Vermögens zu beteiligen.

Als das Urteil erging, sagte Temerko: »Mir wurde klar, dass der Kampf vorbei war, dass die USA nicht im Weg stehen würden.«[66] Bis dahin, so Temerko, sei der Kreml nervös gewesen, dass die Amerika-ner zurückschlagen könnten. Aber obwohl das US-Außenministerium den Verkauf weiter hinter verschlossenen Türen verurteilte – die Aus-sicht auf einen größeren Aufschrei des Westens, auf den Chodorkow-ski und seine Partner gehofft hatten, schwand. Stattdessen begannen die westlichen Ölgiganten immer begieriger Schlange zu stehen, um als Investoren und Partner des vergrößerten Rosneft Teil von Putins neuer Ordnung zu werden. Insbesondere die Deutsche Bank und die westlichen Gazprom-Anwälte ebneten dafür den Weg. Ein wichtiger Akteur war und blieb Charlie Ryan, der Chef der Moskauer Invest-mentbank United Financial Group, an der die Deutsche Bank seit Ende 2003 mit 40 Prozent beteiligt war. Ryan hatte Gazprom geholfen, Kredite von westlichen Institutionen zu bekommen und stellte den Gasgiganten dann der Kanzlei Baker Botts vor, die für ihn entschieden gegen den Insolvenzantrag von Jukos in Houston kämpfte.

Ryan hatte Russlands Kampagne, die Zustimmung des Westens zu erlangen, zu einer der renommiertesten Anwaltskanzleien der USA, tief im Herzen des republikanischen Establishments verankert, getragen. Baker Botts' Unterstützung des Kreml und seiner Energieriesen Gazprom und Rosneft folgte einem Modell, das die Kanzlei bereits in vielen autokratisch regierten Ländern auf der ganzen Welt erprobt hatte, in denen sie seit Jahrzehnten die Interessen der großen US-Ölfirmen vertrat. Der Hauptpartner der Kanzlei, der ehemalige Außenminister James Baker, war mit Alexej Miller, dem engen Putin-Vertrauten und Vorstandsvorsitzenden von Gazprom, bekannt gemacht worden; beim Frühstück im vornehmen Speisesaal des Hotel Rossija gegenüber dem Kreml hatte man ihn überzeugt, die Verteidigung von Gazprom zu übernehmen. [67] »Ich sagte ihm, Chodorkowski sei ein Mörder«, sagte einer der westlichen Mittelsmänner, die bei dem Prozess involviert waren. »Baker ist sehr klug.« Er begriff sofort.

Etwas moralischer Relativismus half, die texanische Kanzlei zu gewinnen. Die Männer, mit denen sie es in Russland zu tun hatten, wirkten im Vergleich zu einigen Staatsoberhäuptern, mit denen sie im Nahen Osten zu tun gehabt hatten, harmlos. »Von allen Orten in der Welt, wo Gott in seiner unendlichen Weisheit beschlossen hatte, Öl sprudeln zu lassen, schien Russland eine der zivilisierteren Regionen zu sein, verglichen mit der Schurkengalerie, mit denen sie sich sonst in Person von Gaddafi und Saddam Hussein beschäftigten«, sagte der westliche Mittelsmann. »Gegen diese Truppe wirkte Alexej Miller wie ein Schuljunge.«[68]

Aber Miller, ein Bürokrat, der im Petersburger Bürgermeisteramt im Komitee für Außenbeziehungen gearbeitet hatte, war nichts anderes als ein Stellvertreter Putins. Es spielte keine Rolle, dass er ein wenig wie ein Schuljunge aussah, weil Putin bei Gazprom die Entscheidungen traf. Für Baker Botts erwies sich die neue Beziehung als lukrativ. Die Kanzlei sollte über ein Jahrzehnt eng mit Gazprom und Rosneft zusammenarbeiten und schließlich den Weg für Exxon bereiten, eine strategische 3,2-Milliarden-Dollar-Verbindung mit Rosneft einzugehen, um gemeinsam in der Arktis und dem Schwarzen Meer nach neuen Ölreserven zu forschen.[69] Sie half bei Rosnefts Verteidigung gegen Klagen von Jukos-Managern und Menatep wegen der staatlichen Enteignung. E-Mails beweisen, dass sie Rosneft offenbar sogar bei der Rechtsverdrehung unterstützte, indem sie bei der Vorbereitung von Urteilsentwürfen half, die Rosneft-Anwälte für ein armenisches Gericht schrieben, als sich der staatliche Ölriese gegen die Anschuldigungen von Menatep wehrte.[70]

Die Folgen des Jugansk-Verkaufs hatten es Putin ermöglicht, eine wichtige Schwachstelle in der Rüstung des Westens auszumachen: Am Ende überwogen dessen finanzielle Interessen die Bedenken über den Missbrauch von Recht und Demokratie durch sein Regime. Es gehörte zu der weitverbreiteten egozentrischen Sichtweise – zu einem gewissen Grad auch der Arroganz – des Westens, dass Russland für ihn keine Gefahr mehr darstelle, dass das Land nach dem Zusammenbruch der Sowjetunion so sehr am Boden lag, dass der Westen nur einen Weg finden müsse, einen Anteil von dessen reichen Energiereserven an sich zu reißen, während die Integration des Landes in die Märkte des Westens bedeuten würde, dass es Teil der westlich dominierten Globalisierung werden und denselben Regeln folgen würde wie andere Nationen auch. Doch für Temerko sah es so aus, als würden sich die USA auf einen Nichtangriffspakt mit Russland stützen, der Putin und seinen Männern erlaubte zu tun, was immer sie wollten.

Für den Kreml wurde der Weg freigemacht, immer größere Geldströme zu kontrollieren, die es ihm eines Tages ermöglichen würden, den Westen herauszufordern. Seine Übernahme des Ölsektors erhielt im Sommer 2006 noch einmal die Zustimmung des Westens, als Rosneft mit Aktien im Wert von 10,4 Milliarden Dollar an die westlichen Börsen ging. Bis dahin war das Unternehmen auf fast 80 Milliarden Dollar bewertet gewesen, eine gewaltige Steigerung gegenüber den 6 Milliarden Dollar vor der Fusion mit von Jugansk. BP kaufte Beteiligungen im Wert von 1 Milliarde Dollar, und andere internationale Ölkonzerne erwarben ebenfalls große Anteile.[71] Investoren weltweit setzten auf den fortgesetzten Rückhalt des Kreml bei der Übernahme von Jukos durch den staatlichen Ölgiganten sowie auf rasch steigende Ölpreise. All dies diente dazu, die Putin-Regierung zu legitimieren und ihre weitere Integration in die westlichen Märkte zu erleichtern, wodurch sich der Wirkungsbereich des Kreml vergrößerte. Die Möglichkeiten waren potenziell unendlich. »Vorher dachten sie nur an Kaffee und vielleicht ein wenig Salat«, sagte Temerko. »Aber als der Salat gebracht wurde, stellte sich heraus, dass sie das gesamte Büfett leeressen konnten. Der Appetit kommt beim Essen«, kommentierte er verächtlich.[72]

Als der Rest von Jukos bei einer Reihe von Insolvenzversteigerungen 2007 unter den Hammer kam, erleichterten westliche Ölkonzerne und Finanzinstitute den Prozess. Sie boten sogar eine gern gesehene Tarnung für Putins Männer. Zuerst reichte ein Konsortium westlicher Banken 2006 unter Leitung der französischen Société Générale – und nicht der russische Staat – einen Konkursantrag für Jukos ein, es ging um ausstehende Darlehen in Höhe von 482 Millionen Dollar.[73] Obwohl die westlichen Banken den Konkursantrag gestellt hatten, hatten Rosneft und der Kreml das Ruder in der Hand. Der Londoner Rechtsanwalt Tim Osborne, der die Interessen der bedrängten Menatep-Gruppe vertrat, war der Ansicht, die westlichen Banken würden in Rosnefts Auftrag agieren.[74] Und tatsächlich, drei Tage nachdem sie den Antrag gestellt hatten, kaufte Rosneft den westlichen Banken die ausstehenden Schulden ab.[75]

Als die Zeit gekommen war, dass der Hammer über Jukos' verbleibende Vermögenswerte fallen sollte, erteilte ein anderes westliches Bankenkonsortium Rosneft einen rekordverdächtigen Kredit in Höhe von 22 Milliarden Dollar,[76] während drei westliche Energiekonzerne den Prozess legitimierten – trotz der Proteste von Menatep, dass es sich bei den Verkäufen um unverblümten Diebstahl handelte. Beim ersten Insolvenzverkauf eines Anteils von 9,4 Prozent, den Jukos an Rosneft besaß, stieg TNK-BP, das russische Energieunternehmen, das zur Hälfte BP gehörte, nach nur zehn Minuten des Bietverfahrens aus, sodass Rosneft den Zuschlag bekam.[77] Als Jukos' Gaswerte dann zum Verkauf standen, bekamen die italienischen Energiekonzerne Eni und Enel den Zuschlag für 5,6 Milliarden und übergaben die Vermögenswerte prompt an Gazprom, als Teil eines größer angelegten Deals mit dem Gasgiganten.[78] In beiden Fällen buhlten die ausländischen Teilnehmer um die Gunst des Kreml, und das aus Sicht von Marktanalysten zu einer Zeit, in der es unerlässlich war, die Unterstützung des Staates zu gewinnen, wollte man einen Fuß in den russischen Energiesektor bekommen. »Der Kreml begrüßt es, wenn Unternehmen wie Eni oder BP mitbieten, weil er zeigen will, dass trotz der Zerstörung von Jukos (…) die Realität so aussieht, dass internationale Ölkonzerne Schlange stehen, um in den russischen Energiesektor zu gelangen«, sagte Chris Weafer, damaliger Chefstratege bei der russischen Alfa-Bank.[79]

Am Ende der Zerschlagung von Jukos hatte der Staat die Kontrolle über 55 Prozent der nationalen Mineralölproduktion inne – eine gewaltige Kehrtwende im Vergleich zu den 80 Prozent, die in privater Hand waren, als Putin an die Macht kam.[80] Manche westliche Anwälte und Banker hatten sich insgeheim bemüht, ihre Unterstützung des Kreml bei einer Kampagne, die ihm solche Reichtümer bescherte, zu rechtfertigen. »Chodorkowski war extrem aggressiv an der Steuerfront«, sagte Frank Kujilaars, der damals Vorstand für den Bereich globales Öl und Gas der nun nicht mehr existierenden niederländischen Bank ABN Amro war, die die Finanzierung der Übernahme von Jukos durch Rosneft anführte. »Er versuchte die Renditen zu maximieren, indem er jedes Schlupfloch nutzte. Das war nicht illegal, aber doch grenzwertig.«[81]

*

Während westliche Anwälte und Banker sich bei der Übernahme von Jukos durch den Kreml die Taschen füllten, war Chodorkowskis Lage deutlich trostloser. Elf Monate lang war er fast jeden Tag in Handschellen in denselben Moskauer Gerichtssaal geführt worden, wo er stundenlang den Zeugenaussagen beiwohnen musste, während der Kreml, entschlossen, die Legitimität seines Falls gegen den Oligarchen zu beweisen, seine Anschuldigungen darlegte. Aber diese Anschuldigungen waren äußerst mangelhaft – wie selbst die ausländischen Banker zu erkennen schienen, die dem Kreml bei der Enteignung halfen. Ein Teil der Vorwürfe bezog sich auf Chodorkowskis Privatisierung von Apatit, einem großen Düngemittelhersteller im hohen Norden

von Russland, im Jahr 1994 sowie einem daran angeschlossenen Forschungsinstitut im Jahr darauf. Dies waren die ersten großen Privatisierungen, an denen Chodorkowskis Menatep-Gruppe beteiligt war.
Chodorkowskis Anwälte argumentierten, dass die Vorwürfe keine fak-
tische oder gesetzliche Grundlage hätten. Sie bezogen sich außerdem
auf Ereignisse, deren zehnjährige Verjährungsfrist sich mit großen
Schritten näherte. Der zweite Teil der Anklagepunkte bezog sich auf
Jukos' Nutzung von Steueroasen innerhalb Russlands in den Jahren
1999 und 2000, was laut Staatsanwaltschaft illegal war. Solche Methoden wendeten jedoch auch andere Ölkonzerne in großem Stil an, und
sie waren zu jenem Zeitpunkt gemäß russischem Gesetz rechtmäßig.
Chodorkowski werde rückwirkend und selektiv ins Visier genommen,
sagten seine Anwälte.

Als Chodorkowski endlich seine Position in einem Schlussplädoyer
darlegen durfte, holte er zu einer Tirade aus, in der er einen Anklagepunkt nach dem anderen abarbeitete. Es gab »kein einziges Dokument – lassen Sie mich das unterstreichen –, kein einziges, das auf illegale Aktivitäten meinerseits hindeutet«, sagte er. »Nach zwei Jahren
unglaublicher Mühen der Generalstaatsanwaltschaft – ein Nichtergeb-
nis!«

Der ganze Fall, behauptete er, sei als Schauprozess in Gang gesetzt
worden, um die Enteignung von Jukos durch gierige Staatsbeamte
zu verschleiern: »Das gesamte Land weiß, warum ich im Gefängnis
saß: damit ich die Plünderung von Jukos nicht durchkreuzen konnte.
Indem sie das taten, versuchten die Personen, die meine persönliche
Verfolgung organisierten, den Autoritäten und der Gesellschaft mit
meinem vermeintlichen politischen Ehrgeiz Angst einzujagen. Wenn
sie sagen, der ›Jukos-Fall‹ habe zu einer Stärkung der Rolle des Staates
in der Wirtschaft geführt, ruft das bei mir bitteres Gelächter hervor.
Diese Leute, die heute eifrig das Vermögen von Jukos plündern, haben
in Wirklichkeit nichts mit dem russischen Staat und seinen Interessen
zu tun. Sie sind ganz einfach dreckige, eigennützige Bürokraten und
sonst nichts.«

Er beendete seine leidenschaftliche Rede mit einem direkten Appell
an den Gerechtigkeitssinn der Richterin und äußerte seine Hoffnung,

dass die Staatsanwaltschaft mit solch einer »direkten, unverfrorenen Täuschung« des Gerichts doch sicherlich nicht durchkommen werde: »Ich glaube daran, dass mein Land, Russland, ein Land der Gerechtigkeit und des Rechts sein wird. Und deshalb muss das Gericht auf der Grundlage von Gerechtigkeit und Recht urteilen.«[82]

Doch obwohl die drei Richterinnen aufmerksam zuzuhören schienen und sich Notizen machten, während er sprach,[83] stand ihr Urteil bereits fest. Ein Augenzeugenbericht ist aufgetaucht, der erstmals ausführlich beschreibt, wie Setschin und einer seiner Stellvertreter den Prozess während jeder Etappe engmaschig kontrollierten.[84] Um jegliche Unsicherheit über die Entscheidung der Richterinnen auszuräumen, sorgte der Kreml dafür, dass sie, während sie ihr Urteil schrieben, auf Staatskosten in einem Sanatorium fünfzig Kilometer vor Moskau untergebracht wurden. In jenen Tagen konnte sich der Kreml der Loyalität der Richterinnen noch nicht hundertprozentig sicher sein, doch dies war der Zeitpunkt, in dem die russische Justiz vollends unter die Herrschaft des Kreml geriet. Der Kreml war ängstlich darauf bedacht sicherzustellen, dass Chodorkowskis Geschäftspartner die Richterinnen nicht durch Bestechung dazu bringen konnten, zu seinen Gunsten zu entscheiden. In dem Sanatorium konnten Vertreter der Sicherheitsbehörden sie im Auge behalten.

Setschin und sein Stellvertreter in der Präsidialverwaltung, ein strenger, blasser FSB-General namens Wladimir Kalanda, der zufällig mit der Chefjuristin von Rosneft verheiratet war, hatte die Situation genauestens beobachtet. Als eine der Richterinnen sich weigerte, unter Polizeibegleitung in das Sanatorium zu fahren, stattete Kalanda der Vorsitzenden des Moskauer Stadtgerichts einen Besuch ab. Diese Frau war eine furchtlose Blondine namens Olga Jegorowa, die sich seit Sowjetzeiten an die Spitze der Justiz hochgearbeitet hatte und nun dafür sorgen sollte, dass ihre Untergebene sich fügte.[85]

Nach einem Monat im Sanatorium hatten die drei Richterinnen das Urteil immer noch nicht zu Ende geschrieben. Es fiel ihnen schwer, mehr als nur einen Bruchteil den Wünschen des Kreml entsprechend zu formulieren. Also nahm sich Jegorowa der Aufgabe an und wies einen Kollegen an, das Urteil blindlings zu verfassen und sich jeglicher

Zweifel zu enthalten. Dem Augenzeugenbericht zufolge habe der Kollege ihr gesagt, dass die Vorwürfe keinen Sinn ergäben, doch Jegorowa war von Anfang an klargewesen, wie das Urteil aussehen sollte. »Wenn ich mich entschieden habe, dann bleibe ich dabei«, erklärte sie.[86]

Das Moskauer Stadtgericht tat den Augenzeugenbericht als »Erfindung« ab, die keines Kommentars bedürfe. Als das Urteil schließlich im Gericht verlesen wurde, wich es kaum von den Vorwürfen ab, welche die Staatsanwaltschaft erhoben hatte, und erschien teilweise, als wäre es einfach aus der Anklageschrift der Staatsanwaltschaft kopiert worden. Zudem wurden Unmengen an Zeugenaussagen für die Staatsanwaltschaft wortwörtlich zitiert. Abgesehen von dem Anklagepunkt im Zusammenhang mit der Privatisierung der Apatit-Düngemittelfabrik, dessen Verjährungsfrist abgelaufen war, wiesen die Richterinnen die Argumente der Verteidigung eins nach dem anderen zurück. »Ich habe den Eindruck, das sind im Kern genau die Vorwürfe der Staatsanwaltschaft, nur ein wenig überarbeitet«, kommentierte Chodorkowskis betagter Vater kopfschüttelnd nach dem ersten Tag des Urteilsspruchs.[87] »Die Richterin hat sich ganz auf die Seite der Staatsanwaltschaft gestellt«, sagte einer von Chodorkowskis führenden Anwälten.[88]

Das Strafmaß, das die Richterinnen nach zwölf langen Tagen der Urteilsverlesung mit monotoner Stimme verkündeten, war streng. Chodorkowski wurde für die rückwirkenden Steuerbetrugsvorwürfe und in Verbindung mit der Privatisierung des Apatit-Forschungsinstituts wegen Betrugs, dessen Verjährungsfrist noch nicht abgelaufen war, zu neun Jahren Haft verurteilt.[89]

Auch wenn das Urteil die ganze Zeit feststand, war es dennoch ein Schock. Im Gerichtssaal waren Schluchzer zu hören, als Chodorkowskis schlanke, blonde Frau die Arme vor der Brust verschränkte, während sie Mühe hatte, sich zusammenzureißen.[90] Auch Chodorkowski wurde blass, als hätte er das nicht erwartet, als hätte er geglaubt, die Kreml-Maschinerie würde doch noch Milde walten lassen, oder vielleicht sogar, dass die Gerechtigkeit irgendwie siegen würde. Obgleich er zusammengesunken an den Käfigstäben lehnte, während der Rest des Urteils verkündet wurde, nahm er die Kraft für einen letzten Protest zusammen. Als alle aus dem Gerichtssaal strömten, wie um ihn seinem Schicksal zu überlassen, kletterte er auf eine Bank und rief einem Reporter entgegen: »Das ist gesetzlos!«, obwohl bewaffnete Wachen versuchten, ihn davon abzuhalten. »Dafür gibt es keine rechtliche Grundlage.«[91]

Falls Chodorkowski immer noch auf Milde gehofft hatte: Als sein Berufungsverfahren nur vier Monate später, im September 2005, stattfand, hatte der Kreml die Zügel noch stärker angezogen. Setschin hatte Druck auf Jegorowa ausgeübt, das Verfahren eilig abzuhandeln. Der Kreml war beunruhigt, weil die Verjährungsfrist für den verbleibenden Betrugsvorwurf im Zusammenhang mit der Privatisierung des Apatit-Forschungsinstituts, der mit einer Höchststrafe von sieben Jahren belegt werden konnte, kurz davor war abzulaufen. Die anderen Vorwürfe in Verbindung mit Steuerbetrug konnten nur mit vier, drei und anderthalb Jahren geahndet werden, und obwohl es einen weiteren Betrugsvorwurf im Zusammenhang mit der Verwendung von Schuldscheinen bei einer der Steuertricksereien mit einer möglichen Haftstrafe von sieben Jahren gab, war der Kreml – in jenen Tagen noch darauf bedacht, dass das Verfahren den Anschein von Rechtmäßigkeit hatte – besorgt, dass das Strafmaß kaum haltbar wäre.[92] Das Verfahren gegen Chodorkowski musste rechtmäßig wirken, um die Übernahme von Jugansk durch Rosneft zu legitimieren. Jegorowa musste die Berufungsentscheidung bekanntgeben, bevor die Verjährung bei dem Apatit-Vorwurf eintrat. Andernfalls fürchtete der Kreml eine Auseinandersetzung vor dem Europäischen Gerichtshof für Menschenrechte.

Als das Berufungsverfahren begann, ließ Setschin Jegorowa jeden Tag in sein Büro kommen – so oft, dass die Wachen sie bald vom Sehen kannten.[93] Nervös setzten ihr Setschin und einer seiner engsten Vertrauten, der Personalchef des Kreml, Wiktor Iwanow, der den Jukos-Fall genau beobachtet hatte, zu, um sicherzustellen, dass das Urteil zum Betrugsvorwurf rechtzeitig gesprochen wurde. Sie fürchteten, das Strafmaß reduzieren zu müssen, wenn die Verjährungsfrist ablief, sodass Chodorkowski vor der nächsten Präsidentschaftswahl 2008 wieder auf freiem Fuß sein könnte. In diesem Fall könnte die gesamte

Übernahme von Jukos möglicherweise rückgängig gemacht werden. Sie waren über die Ereignisse in der Ukraine im Vorjahr so erschrocken, dass sie fürchteten, sie könnten ihre eigene Orange Revolution bekommen, sollte Chodorkowski rechtzeitig freikommen, um einen Aufruhr zu organisieren. »In drei Jahren«, sagte Setschin dem Augenzeugenbericht zufolge zu Jegorowa, »wird das hier ein Tollhaus sein. Der Häftling muss im Gefängnis bleiben.«[94]

Setschins Nerven waren am ersten Tag des Berufungsverfahrens, dem 14. September, zum Zerreißen gespannt, als niemand von Chodorkowskis Verteidigungsteam erschien. Chodorkowski sagte dem Gericht, der einzige Anwalt, der autorisiert sei, ihn zu vertreten, liege im Krankenhaus. Jegorowa blieb also nichts anderes übrig, als die Verhandlung auf den folgenden Montag, den 19. September, zu verschieben. Ein vor Wut schäumender Setschin rief sie zu sich in den Kreml und befahl ihr, den Prozess ohne die Verteidigung zu beginnen. Als Jegorowa sich weigerte, ließ er sie ein weiteres Mal zu sich kommen, und Iwanow und der stellvertretende Generalstaatsanwalt setzten sie unter Druck, die Sache zu beschleunigen. In Moskau ging ein Gerücht herum, Jegorowa habe Bestechungsgelder in Höhe von 1 Milliarde Dollar von Chodorkowskis Partnern bei Menatep entgegengenommen, um die Verhandlung zu verschieben, sodass sich die Strafe in Luft auflösen würde.

Es waren die Gerüchte, die sie zum Einknicken brachten. Jegorowa konnte die Vorstellung nicht ertragen, dass der Kreml sie für korrupt hielt. Obwohl sie weiterhin auf Chodorkowskis Recht auf Verteidigung bestand, sagte sie Setschin und dem Leiter der Präsidialverwaltung, Putins Getreuem Dmitri Medwedew, dass sie eine Haftstrafe von acht Jahren verhängen werde – ein Jahr weniger als im ursprünglichen Urteil –, was auch geschah. »Ich übernehme dafür die alleinige Verantwortung«, sagte sie. »Und wenn ich Sie damit irgendwie enttäusche, dann kündige ich. Mir reicht es.«[95]

Das Verfahren wurde unter weiteren Spannungen und Verzögerungen wegen der Abwesenheit von Chodorkowskis Hauptanwalt, Genrich Padwa, fortgeführt, und der Druck auf Jegorowa wuchs, weil es weiterhin hieß, sie habe sich bestechen lassen. »Sollen sie mich doch verhaften«, gab sie zurück. »Sollen sie tun, was sie wollen. Ich war noch nie in meinem Leben so verletzt. (…) Damit Sie nicht glauben, ich hätte irgendetwas angenommen, werden es acht Jahre«, sagte sie zu Setschin und Medwedew. Als Chodorkowski sich in letzter Minute einverstanden erklärte, Padwa durch einen anderen Anwalt zu ersetzen, der mit dem Fall vertraut war, wurde die Verhandlung an einem einzigen Tag, dem 22. September, durchgezogen, damit die Verjährungsfrist auf keinen Fall vorher ablief.

Chodorkowskis Verteidigung protestierte wiederholt während der Verhandlung gegen das Tempo, mit dem sie durchgeführt wurde. »Wir haben es hier nicht mit der Staatsanwaltschaft oder den Richterinnen zu tun, sondern mit dem gesamten Gewicht des Staatsapparats«, sagte sein führender Anwalt.[96] »Die politischen Behörden diktieren, was hier passiert.« Die Akte des ursprünglichen Prozesses umfasste sechshundert Seiten, und die Verteidigung beklagte sich, dass sie nicht genug Zeit gehabt habe, sie zu studieren. Doch die Richterinnen pflügten erbarmungslos vorwärts. Als Chodorkowski eine Abschlussrede zu seiner Verteidigung hielt, versuchten sie, ihn nach einer Stunde zum Schweigen zu bringen. »Wir haben alle Dokumente. Wir sind bereit für den Urteilsspruch«, sagte eine von ihnen.[97]

Es war bereits 19.20 Uhr, weit nach der üblichen Feierabendzeit des Gerichts. Die Richterinnen räumten Chodorkowski noch eine weitere Stunde Redezeit ein. Aber es spielte keine Rolle, was er sagte. Sie hatten die Entscheidung längst gefällt. Sie verließen den Gerichtssaal nur für wenige Minuten, bevor sie zurückkehrten, um ihr Urteil zu sprechen: acht Jahre, genau wie Jegorowa angekündigt hatte. Es war neun Uhr abends am 22. September. Die Verjährungsfrist für den Betrug war noch nicht abgelaufen.

Chodorkowski und sein Geschäftspartner Platon Lebedew sollten in noch nicht bekanntgegebene Straflager geschickt werden. Blass und erschöpft hatte Chodorkowski diesmal nichts mehr zu sagen, als er aus dem Saal geführt wurde. Seine Eltern, Boris und Marina, winkten ihm mit Tränen in den Augen zu. Nur rund drei Wochen später wurde er in einem fensterlosen Waggon über die russische Steppe ans Ende der Welt, in ein Straflager in der tristen Uranbergbaustadt Krasnokamensk in der abgelegenen östlichen Region Tschita gebracht, wohin fast zwei Jahrhunderte zuvor die politischen Gefangenen der Zarenzeit, die Dekabristen, geschickt worden waren.[98]

*

Es war dieser Prozess, der alles in Putins Russland veränderte. Der Druck, den Setschin auf die Richterinnen ausgeübt hatte, das Tempo des Berufungsverfahrens, der Mangel an Substanz bei den Vorwürfen hatten die Justiz endgültig den *silowiki* untergeordnet. Hatten die lächerlich niedrigen Gehälter zuvor Tür und Tor für Bestechungen von mächtigen Oligarchen geöffnet, übernahm nun der Kreml. »Das war eine Staatsangelegenheit«, sagte Putin dem Augenzeugenbericht zufolge zu Jegorowa, als er sie nach dem Prozess im Kreml empfing, um ihr für ihre Arbeit zu danken.[99] Er verteidigte die Hast, mit der Chodorkowski hinter Gitter gebracht wurde, indem er erklärte: »Ausländisches Kapital hat dieses Land regiert, daher das ganze Chaos hier.« Putin und der Kreml rechtfertigten ihre Machtübernahme, indem sie Chodorkowski und seine Verbündeten als Agenten des Westens darstellten. Chodorkowskis Männer hätten 10 Milliarden Dollar zusammengelegt, um sich in das Verfahren einzumischen, sagte er ihr. Diese Behauptung wurde nie überprüft. Sie war einfach Teil des ausgeklügelten Lügengebäudes, das errichtet wurde.

Putins Kreml beeilte sich, seine Herrschaft abzusichern. Dies war der Beginn von etwas, was allgemein als *rutschnoje uprawlenije* oder manuelle Steuerung bekannt wurde, in dem die Mechaniken jedes Prozesses eng von den Männern des Kreml kontrolliert wurden. Putin hatte immer beharrt, der Jukos-Fall habe nichts mit ihm oder dem Kreml zu tun. Doch von Anfang an war jede Entscheidung, jeder Schritt genauestens überwacht worden. Die Übernahme der Justiz hatte mit Anschuldigungen und Gerüchten begonnen, die Richterinnen würden Schmiergelder von den Kreml-Gegnern entgegennehmen. Die Richterinnen bemühten sich, solchen Vorwürfen entgegenzutreten und ihre Loyalität unter Beweis zu stellen, indem sie Urteile ergehen ließen, die genau den Vorgaben des Kreml entsprachen. Dieses Muster ging auf

Sowjetzeiten zurück, als Kollegen einander ausspioniert und verraten hatten, als alle unter Verdacht standen und scharf beobachtet wurden.

Diese Paranoia war nie ganz verschwunden. Und nun verfiel das Land wieder in Zeiten, in denen erneut alle in »wir und die« aufgeteilt wurden, in denen die Furcht vor einem externen Feind herrschte, der das System angeblich korrumpieren wollte. Aber nun, und das war der neue Dreh, wurden die Richter vom Kreml manipuliert. Der Ehemann einer Richterin beispielsweise wurde an seinem Geburtstag von Sicherheitsbeamten von zu Hause abgeholt und zu einem Subaru-Händler gefahren, wo man ihm sagte, er solle sich einen Wagen aussuchen.[100] Allen war klar, dass er sich das Auto von seinem Gehalt nicht leisten konnte. Alle wussten, welchen Beruf seine Frau hatte und welchen Fall von großem öffentlichen Interesse sie gerade geleitet hatte. Alle würden davon ausgehen, dass es sich um Bestechung handelte, egal wie sehr der Ehemann auch protestieren mochte, er habe keine Wahl gehabt. Mit solchen Mitteln wurden die Leute beschmutzt, an den Kreml gebunden und kontrolliert. Im Laufe der Zeit, als Putins Regime seine Macht festigte, wurden diese »Geschenke« noch sehr viel größer.

Für Jegorowa, die mit einem FSB-Beamten, einem späteren General, verheiratet war, stellte der Prozess ebenfalls einen Wendepunkt dar. Sie wurde als »Eiserne Lady« der russischen Justiz bekannt, sie war jetzt die Vorsitzende, die eine starke Kontrolle über die Gerichte etablierte und Richtern mit dem Verlust ihrer Position und ihrer Wohnungen drohte, wenn sie sich nicht fügten.[101]

Das Land kehrte zu Gulag-Zeiten zurück. Das sowjetische System der »Telefonjustiz« wurde wieder eingeführt. Der Kreml hatte die Kontrolle über die Justiz übernommen. Die Macht des Geheimdienstes wurde gefestigt. Chodorkowski, einst der reichste Mann des Landes, schmachtete in einem Straflager in Krasnokamensk dahin. Und der Westen machte sich mitschuldig an diesem Prozess.

# TEIL DREI

# 10

# OBSCHAK

Während ganz Moskau im Sommer 2004 im Bann des Angriffs auf Jukos stand, fanden unbemerkt eine Reihe von Transaktionen an der Börse der Stadt statt. Aktien von Sogas, einer relativ unbekannten Versicherungsgesellschaft, die zu Gazprom gehörte, waren in drei Tranchen verkauft worden: zuerst 49,9 Prozent, dann weitere 26 Prozent und schließlich 12 Prozent.[1] Das schien anfangs nicht weiter bemerkenswert. Die Aktien wurden, wie sich herausstellte, unter dem Nennwert gekauft, und zwar von drei undurchsichtigen Unternehmen, die mit der Bank Rossija in Verbindung standen, jener Petersburger Bank, die einst als Vehikel für das Vermögen der Kommunistischen Partei und dann für Putins Verbündete aus dem Umfeld des KGB gedient hatte.

Die Transaktionen hatten sich im Stillen abgespielt, fernab vom Lärm der Regierungsdebatten und -beschlüsse, die normalerweise den Verkauf derartigen Staatseigentums begleiteten. Jahrelang hatte die Regierung diskutiert, was mit Sogas und den anderen Vermögenswerten, die Gazprom angehäuft hatte, zu tun wäre. Anstelle einer Versteigerung, einer Ankurbelung der Wirtschaft durch Konjunkturhilfen westlicher Investmentbanken, wie Kasjanow und andere in seiner Regierung sie überlegt hatten, fand dieser unangekündigte Verkauf an der Börse statt. »Die Tatsache, dass Sogas so schnell und billig verkauft wurde, stellte eine neue Entwicklung dar«, sagte Wladimir Milow, ehemaliger stellvertretender Energieminister in Kasjanows Kabinett. »Wir haben das nie besprochen. Dass Kasjanow gefeuert wurde, machte den Weg frei für eine solche Art von Geschäft. (…) Es stand nie zur Debatte,

ob es an Verbündete verkauft würde. Das kam alles so unerwartet. (…)
Aber damals verstand ich noch nicht, dass der Sogas-Verkauf der Beginn eines gewaltigen neuen Prozesses war. Es war schließlich nur eine Versicherung.«[2]

Der Sogas-Verkauf war, wie sich zeigte, der Startschuss für eine Reihe ähnlich unbeachteter Transaktionen, durch die Dutzende Milliarden Dollar finanzieller, industrieller und medialer Vermögenswerte, die einst Gazprom gehört hatten, in die Bank Rossija – das Reich von Juri Kowaltschuk, dem Putin-Gefährten aus Petersburger Tagen – gelenkt wurden. Er markierte den Beginn einer *obschak*-Bildung im großen Stil für Putins strategische – und persönliche – Zwecke. Er kündigte außerdem den Aufstieg einer neuen Oligarchenkaste an, allesamt Putins Petersburger Partner mit KGB-Verbindungen und, im Fall der Mehrheitseigner der Bank Rossija, in der Regel Mitglieder von Putins Datschengemeinschaft Osero.

Während Putin den Oligarchen der Jelzin-Ära die Unabhängigkeit abzwang, indem er Chodorkowski ins Gefängnis schickte und drohte, die anderen als gesamte Gesellschaftsklasse zu eliminieren, stand Kowaltschuk im Mittelpunkt einer Gruppe loyaler KGB-Verbündeter, die schnell aufstiegen und in Putins zweiter Amtszeit als Präsident die Plätze der Oligarchen einnehmen sollten. Zunächst im Stillen, dann immer offener begannen sie von Insiderdeals zu profitieren. Die Zahlungen von Gazprom führten beispielsweise bei der Bank Rossija zu der Wandlung von einer kleinen Regionalbank, von der in Moskau nur wenige überhaupt je gehört hatten, zu einer neuen finanziellen Machtzentrale mit Tentakeln, die sich über ganz Russland erstreckten. Ihr Vermögen stieg nach 2004 sprunghaft um das Vierzigfache, innerhalb von acht Jahren auf 8,9 Milliarden.[3] Die Überweisungen führten darüber hinaus dazu, dass die Kontrolle über die Gazprombank, drittgrößte Bank des Landes und finanzieller Zweig von Gazprom, die Vermögen im Wert von Dutzenden Milliarden Dollar besaß, an die Bank Rossija überging.

Keine dieser Zahlungen hätte stattgefunden, hätten Putins Leute nicht zu Beginn seiner Präsidentschaft Gazprom übernommen. Seit Putin die Ersetzung des Managements durch seine eigenen Verbündeten aus Sankt Petersburg zu einer seiner obersten Prioritäten gemacht hatte, hatten die gewaltigen Cashpools und finanziellen Assets eine Fülle an Möglichkeiten für seinen inneren Kreis dargestellt. Zu den Verkäufen von Vermögenswerten wäre es außerdem nie gekommen, wären mehr liberale Politiker aus der Jelzin-Ära wie Kasjanow und Woloschin in der Regierung verblieben. »Vorher mussten alle zustimmen«, sagte Wladimir Milow. »Aber in Putins zweiter Präsidentschaft gab es einen deutlichen Moment, in dem die Petersburger Gruppe sich nahm, was die Moskauer Gruppe nicht hatte abgeben wollen.« Einem nach dem anderen wurden Putins Leuten die Verantwortung für große Teile der Wirtschaft übertragen, während die *silowiki* die Justiz, die Steuerbehörden und andere staatliche Organe übernahmen, die vorher außerhalb ihrer Reichweite gewesen waren.

Der Vorgang war Teil eines Prozesses, der als »Kreml GmbH« bekannt wurde, bei dem Putin während seiner zweiten Amtszeit wichtigen Getreuen die Kontrolle strategischer Sektoren der Wirtschaft übergab. Der Prozess wurde besonders offensichtlich, als er seine engsten KGB-Vertrauten nicht nur als Verantwortliche für die staatlichen Energiekonzerne Gazprom und Rosneft einsetzte, sondern in einer ganzen Reihe weiterer Staatsunternehmen.[4] Den Anfang machte Aeroflot, die Fluggesellschaft, die einst zum Herrschaftsbereich der Jelzin-Familie gehört hatte. Wiktor Iwanow, Putins KGB-Kamerad aus Sankt Petersburg, nun stellvertretender Regierungschef, wurde Ende 2004 ihr Aufsichtsratsvorsitzender. Dann folgte die staatliche Eisenbahngesellschaft, ein riesiges Imperium mit 1,3 Millionen Beschäftigten und einer Rendite, die fast 2 Prozent von Russlands Bruttoinlandsprodukt ausmachte. Wladimir Jakunin, der raubeinige ehemalige leitende KGB-Beamte, der ein wichtiger Anteilseigner der Bank Rossija und Mitglied der Datschengemeinschaft Osero gewesen war, wurde im Juni 2005 ihr Präsident.

Andrej Akimow, der ehemalige sowjetische Staatsbankier mit Verbindungen zu ausländischen Geheimdiensten, wurde aus Wien zurück nach Russland geholt und zum Vorstandsvorsitzenden der Gazprombank befördert. Andrej Kostin, ein früherer Sowjetdiplomat, der einst in der Londoner Botschaft seinen Dienst versah, übernahm die Zügel in der Wneschtorgbank (VTB), der direkten Nachfolgerin der sowjetischen Außenhandelsbank. Putin ernannte 2004 seinen engsten Vertrauten aus Dresden, Sergej Tschemesow, zum Chef des staatlichen Waffenherstellers Rosoboronexport.

»Die Leute vom KGB und die Kapitalgeber des KGB sind diejenigen, die jetzt das Sagen haben«, meinte ein wichtiger Beteiligter an diesem Prozess triumphierend. »Endlich übernehmen sie die Kontrolle aus den Händen der ersten Riege des Kapitalismus.«[5] »Die Oligarchen der Neunziger haben aufgehört, Oligarchen zu sein, und sind wieder Geschäftsleute geworden. Nun haben wir eine tschekistische Oligarchie«, kommentierte der führende oppositionelle Politiker Boris Nemzow sarkastisch.[6]

Doch es waren die Anteilseigner der Bank Rossija, die am leisesten und schnellsten Reichtum anhäuften. Zu ihnen gehörte eine Zeit lang der zum Mineralölhändler gewordene angebliche Ex-KGB-Mann Gennadi Timtschenko, der früher mit Putin in Sankt Petersburg zusammengearbeitet hatte und sich nun weitgehend im Hintergrund hielt. Nachdem Chodorkowski inhaftiert worden war und Setschins Rosneft begann, Jukos aufzukaufen, konzentrierte Timtschenko sich stärker auf den Mineralölhandel. Sein jüngstes Unternehmen, Gunvor, etablierte sich in der Schweiz. Unauffällig, ja, zu Beginn nahezu unbemerkt, begann es, die Ölfässer einzusammeln, mit denen früher Chodorkowskis Jukos gehandelt hatte.

Die Rossija-Gesellschafter bildeten die Elite von Putins innerem Kreis. Parallel zur Vergrößerung der Bank während Putins zweiter Amtszeit wurden auch die Residenzen der Teilhaber größer. Sie zogen in Massen auf eine baumbestandene Insel im Delta der Newa, die Sankt Petersburg durchfließt, wo einst die Kanzler der Zaren ihre Wohnsitze hatten.[7] Das abgeschirmte Gelände mit luxuriösen Villen auf Kamenny-Ostrow, der Steininsel, war von einem geschwungenen Graben umgeben, verfügte über elegante Steinbrücken und war schwer bewacht. Die neuen Bewohner des neu gestalteten Geländes, die Finanzhöflinge hinter dem Putin-Regime, gerierten sich als moderne Aristokraten. Sie feierten geheime Partys in ihren Luxusvillen, zu denen sie im Frack und ihre Ehefrauen oder Freundinnen in

Ballkleidern aus der Epoche Katharinas der Großen erschienen. Den
Starlets, die vor ihnen auftraten, wurde bei ihrem Engagement nicht
gesagt, wer ihr Publikum sein würde, und sie wurden mit Diamantrin-
gen, Armbanduhren und Ikonen bezahlt – mit allem, was wertvoll war
und keine Spuren hinterließ.[8]

Mehr als alles andere schien die Geschichte der schnellen Expansion der Bank Rossija in Putins zweiter Amtszeit ein Licht darauf zu
werfen, wie ein neuer *obschak* des Kreml entstand, der sowohl für Putins persönlichen Bedarf als auch für den Machterhalt des KGB-Clans
genutzt werden konnte. Genau wie im Fall der schwarzen Kassen, die
in den frühen Neunzigerjahren in Liechtenstein und anderen Steueroasen für Putin und seine Petersburger Clique angelegt worden waren, verschwammen hier die Grenzen zwischen der Entnahme von
Barmitteln aus strategischen und der aus persönlichen Gründen. Die
Übertragungen der Sogas-Aktien waren beispielsweise der Beginn eines Prozesses, durch den ein gewaltiges nationales Medienimperium
in Kowaltschuks loyale Hände gelenkt wurde, was zur Festigung des
strategischen Medienmonopols des Kreml beitrug. Aber ermöglicht
wurde auch der Bau eines Palastes, der eines Zaren würdig wäre, für
Putin am Schwarzen Meer. Einige Hundert Millionen Dollar, die in
dem hinter der Bank Rossija stehenden Firmennetzwerk geparkt wurden, schienen direkt zu Putin zu führen. Sie waren Teil von Putins persönlichem Wohlstand, wenn man einem Finanzier Glauben schenkt,
der an den Machenschaften beteiligt gewesen war.[9]

Der Mann, der den Vorhang aufzog und einen Blick auf die Funktionsweise des Systems ermöglichte, war Sergej Kolesnikow, ein Mitglied des engen Kreises von Kapitalgebern, die in die Operationen der
Bank Rossija involviert waren. Er war zunehmend besorgt, weil ihm
das rasante Wachstum der Bank symptomatisch für eine zunehmende
Auflösung der Gewaltenteilung in Putins Regime erschien. »Als Putin
an die Macht kam, war ich zunächst sehr erfreut«, sagte er. »Wir alle
hielten es für den Beginn einer neuen Ordnung im Land. In den ersten drei Jahren unterstützte ich ihn und sah, dass alles, was er tat, gut
war. Selbst als er Chodorkowski ins Gefängnis werfen ließ, hielt ich
das für richtig. Aber dann, nach der zweiten Wahl 2004, stellte sich

allmählich die Erkenntnis ein, dass er für immer an der Macht bleiben könnte. (…) Sie hatten durch den Chodorkowski-Fall die Kontrolle über die Medien und dann über die Wirtschaft übernommen. Doch dann räumten sie das politische Feld frei. Sie strichen die Wahlen der Gouverneure und Bürgermeister in den größten Städten. Das war der wichtigste Schritt. So konnten keine unabhängigen Leute mehr auftauchen und sich entwickeln.«[10]

Es war ein Prozess, meinte Kolesnikow kopfschüttelnd, an dessen Ende Putin wie ein Zar über eine im Entstehen begriffene nahezu feudalistische Wirtschaft herrschte. Die Oligarchen der Jelzin-Ära waren durch den Chodorkowski-Prozess eingeschüchtert und befürchteten, dass jedem von ihnen ein ähnliches Schicksal blühen könnte. Statt dass die Oligarchie als Gesellschaftsschicht ausgemerzt wurde, wie Putin es versprochen hatte, waren, so Kolesnikow, die Männer hinter der Bank Rossija Teile der neuen Oligarchie geworden.

Kolesnikow selbst hatte auch zu ihnen gehört. Er war mit dem System Putin vertraut. Er hatte unter den Gesellschaftern der Bank Rossija auf Kamenny-Ostrow gelebt. Aber zunehmend entsetzte ihn die Eskalation der Vermögensabzweigung von Gazprom: »Sobald man an die finanziellen Ressourcen geht, gibt es kein Zurück mehr. So läuft das in der Geschäftswelt.«[11]

Im Herbst 2010 ertrug er dieses System nicht mehr. Er nahm nur eine kleine Tasche mit, in die er unter anderem USB-Sticks mit unzähligen Dokumenten über all die Geschäftsvorgänge, die er für Putins Männer ausgeführt hatte, packte, verließ seine Villa auf der Steininsel und eilte zum Flughafen, wo er ein One-Way-Ticket in die Türkei buchte und von dort aus in die USA. Die Dokumente, die er mitnahm, waren ein Fahrplan zur Schaffung eines *obschak* für den Präsidenten.

Kolesnikow – ernster Blick hinter Brillengläsern – hatte zu Sowjetzeiten zunächst als Physiker an einem streng geheimen Forschungsinstitut gearbeitet, wo er medizinische und andere Apparate entwickelte.[12] Die beiden Männer, mit denen er später Geschäfte machte, waren auf demselben Gebiet tätig. Einer von ihnen war Dmitri Gorelow, der damalige leitende *resident* in Dänemark. Mit ihm hatte Putin in Dresden eng zusammengearbeitet, als er an Operationen beteiligt war, bei denen es um Technologieschmuggel ging, um die Embargos des Westens zu umgehen.[13] Der andere war Nikolai Schamalow, der Petersburger Vertreter des deutschen Technologieriesen Siemens, der schon lange von sowjetischen Agenten infiltriert war, die den KGB mit militärisch und zivil nutzbaren Dual-Use-Gütern versorgen wollten[14] – ein weiterer alter Freund von Putin. »Es war klar, dass sie sich schon vor den Neunzigern gekannt hatten«, sagte Kolesnikow. »Aber bei diesen Dingen in der Vergangenheit zu wühlen, war nicht gern gesehen.«[15]

Kolesnikow, Gorelow und Schamalow taten sich in den frühen Neunzigern zusammen, um Petromed zu gründen, ein Unternehmen für Medizintechnik, das Siemens-Geräte an Krankenhäuser in Sankt Petersburg verkaufte. Sie gehörten zu Putins engsten Freunden, besonders Schamalow, der auch Teil der Datschengemeinschaft Osero war. Durch ihre Aktivitäten erhielten sie die alten KGB-Netzwerke aufrecht. »Fragmente des Systems blieben bestehen«, erklärte ein ehemaliger KGB-Beamter, der mit Putin in Sankt Petersburg gearbeitet hatte. »Putin und sein Team waren eins davon.«[16]

Als Putin Präsident wurde, wurde Petromed zu einer zentralen Stelle, wo Hunderte Millionen Dollar Spenden gesammelt wurden, mit denen angeblich medizinische Geräte von Siemens und General Electric gekauft werden sollten, um die Militärmedizinische Akademie in Sankt Petersburg besser auszustatten.[17] Die »Spenden« wurden von manchen als Tribute verstanden, die von Oligarchen an den neuen russischen Zaren gezahlt wurden; ein Teil der Spenden, so Kolesnikow, floss später auf die Schwarzgeldkonten für Putins Herrschaft. Ein großer Anteil des Geldes war für die rasche Expansion der Bank Rossija verwendet worden. Von dort kam das Kapital, um Gazproms Versicherungsgesellschaft Sogas zu kaufen – und das Geld, mit dem Gorelew und Schamalow Beteiligungen an der Bank Rossija erwarben. Zu diesem Zeitpunkt gehörte Matthias Warnig, der ehemalige Stasioffizier, mit dem Putin ebenfalls beim Technologieschmuggel eng zusammengearbeitet hatte, dem Aufsichtsrat der Bank Rossija an. Es war ein Zeichen dafür, dass Putins frühere KGB-Netzwerke nicht nur aufrechterhalten wurden: Sie wurden reaktiviert und versorgt mit

Dutzenden Milliarden Dollar, die von Gazprom abgeschöpft worden waren.

Jahre später, als er das alles hinter sich gelassen hatte, erzählte Kolesnikow mir die Geschichte, immer noch staunend über die Geheimnisse, die er sich preiszugeben traute. Sie beschreibt, wie er gemeinsam mit Schamalow und Gorelow die Petromed-»Spenden« durch ein Gespinst von Briefkastenfirmen schleuste, das sich von Liechtenstein über die Britischen Jungferninseln bis nach Panama erstreckte. 35 Prozent einer solchen Spende – von 203 Millionen Dollar eines Oligarchen aus der Jelzin-Familie, Roman Abramowitsch, im Juli 2001 – wurden durch Petromed an eine Firma namens Rollins International auf den Jungferninseln überwiesen, und 50 Millionen davon gingen an eine panamaische Firma namens Santal Trading, die Kolesnikow gern als seinen »Safe« bezeichnete.[18] Ein Sprecher von Abramowitsch sagt, das Geld sei zu karitativen Zwecken gespendet worden, um medizinische Geräte zu erwerben. Kolesnikow hat in Interviews bestätigt, dass Abramowitsch keinerlei Wissen hatte über eine spätere nicht autorisierte Verwendung der Gelder. Der »Safe« war das Bargelddepot, aus dem die Expansion der Bank Rossija finanziert wurde, während Rollins International Gorelows und Schamalows Kauf von jeweils 12,6 Prozent Aktien der Bank Rossija kurz vor deren rasantem Wachstum finanzierte. Zuerst zahlte Rollins Kolesnikow zufolge jeweils 22,3 Millionen beziehungsweise 21,8 Millionen an Dividenden an Gorelow und Schamalow aus, und diese nutzten das Geld, um die Beteiligungen zu erwerben.[19] Dann, im Sommer 2004, überwies Santal diskret 18 Millionen Dollar und 41 Millionen Dollar an Krediten und Garantien an zwei undurchsichtige Unternehmen – Aksept und Abros –, die mit der Bank Rossija verbunden waren. Sie verwendeten das Geld, um 13,5 Prozent beziehungsweise 51 Prozent Anteile an Sogas zu kaufen.[20] Weitere 12,5 Prozent wurden von einer anderen Investmentgruppe namens Lirus erworben, die von Kolesnikow geleitet wurde.

Solche Summen mögen gering erscheinen verglichen mit den Dutzenden Milliarden Dollar, über die Putins Vertraute nun verfügten. Aber diese Zahlungen waren die ersten Schritte in Richtung des Auf-

baus eines weitaus umfangreicheren Pools an Vermögenswerten. Die
Übernahme von Sogas markierte den Beginn eines bemerkenswer-
ten Prozesses. Sobald Putins Männer den Konzern erworben hatten,
machten sie zunehmend fantastische Gewinne. Die größten Unternehmen des Landes beeilten sich, dort Kunden zu werden. Sogas war
nicht mehr nur die bevorzugte Versicherungsgesellschaft für Gazprom,
sondern auch für das russische Staatsbahnmonopol und Rosneft. Der
Sohn von Putins Verteidigungsminister Sergej Iwanow, ein weiterer
enger Verbündeter aus Sankt Petersburg, wurde als Verwaltungsrats-
vorsitzender von Sogas eingesetzt, was dem Unternehmen noch mehr
Gewicht als Einrichtung für den Putin-Clan verlieh.

Durch den Zustrom an Spitzenkunden hatte sich der Nettogewinn
des Versicherers mehr als verdreifacht. Mit seinem boomenden Geschäft wurde Sogas nun als Sprungbrett für eine viel begehrenswertere
Trophäe genutzt. In einer Reihe von Deals im August 2006 erwarb das
Unternehmen für eine unbekannte Summe einen Anteil von 75 Prozent an dem passenderweise Leader Asset Management genannten
Fonds.[21] Dies war die Vermögensverwaltung, die Gazproms gewaltigen Pensionsfonds Gazfond managte. In Gazfond steckten über 6 Milliarden Dollar (167,7 Milliarden Rubel) – damit handelte es sich um
einen der größten Rentenfonds des Landes – sowie ein Anteil von
3 Prozent an Gazprom (damals 7,7 Milliarden Dollar wert).[22] Als Sah-
nehäubchen wurde Schamalows Sohn Juri Gazprom-Chef.

Als all diese Puzzleteile an ihrem Platz waren, wurde Gazfond genutzt, um ein noch größeres Ziel in Angriff zu nehmen: Gazproms
Finanzzweig, die Gazprombank, damals die drittgrößte Bank des Landes und vor allem eine Schatzkammer, in der der Erdgasproduzent zig
Milliarden Dollar seiner größten Vermögenswerte geparkt hatte. Der
Deal lief wieder still und leise ab und wurde kaum registriert. Statt
einer Versteigerung mit verschiedenen Bietern und westlichen Investmentbanken, wie die Regierung Kasjanow sie diskutiert hatte, wurde
die Bank in einem schlichten Anlagentausch gegen Ende von Putins
zweiter Amtszeit übergeben.[23] Gazfond tauschte seine Anteile an einem
Moskauer Stromversorger namens Mosenergo, damaliger Unternehmenswert 1,8 Milliarden Dollar, gegen Gazproms Mehrheitsanteil an

der Gazprombank und transferierte dann diesen an das Leader Asset Management der Bank Rossija. Dadurch übernahm die Bank praktisch unbemerkt die direkte Kontrolle über die drittgrößte Bank des Landes.[24] »Gazprom hat alles einfach so weggegeben«, sagte Milow, der ehemalige stellvertretende Energieminister in Kasjanows Kabinett.[25]

Es war, als wäre die Verantwortung für die drittgrößte Bank Russlands nach dem Prinzip einer Matrjoschka in die Hände der Bank Rossija übergeben worden. Der Deal war unglaublich komplex, als sollten damit das Ergebnis verschleiert und genaue Prüfungen möglichst verhindert werden. Gazprom behauptete später, der Anlagentausch sei in Übereinstimmung mit einer Marktbewertung durch die Dresdner Bank geschehen. Aber Gazprom selbst hatte die Gazprombank nur wenige Monate nach dem 1,8-Milliarden-Deal mit 8 Milliarden Dollar bewertet – eine Bewertung, die sich später, als die Gewinne der Bank während Putins Präsidentschaft unaufhaltsam stiegen, nahezu verdoppelte.

Bei dem Deal gab Gazprom außerdem Industrie- und Medienwerte in Höhe von Dutzenden Milliarden Dollar ohne jede Gegenleistung ab. Zunächst das staatliche Medienimperium, das Gazprom nach und nach erworben hatte, wozu auch NTW gehörte, Gussinskis einst erbittert unabhängiger TV-Sender. Ein Jahr bevor der Anlagentausch vollzogen wurde, hatte Gazprom der Gazprombank seine Medienwerte für 166 Millionen Dollar verkauft. Knapp zwei Jahre später, als sich dieses Imperium fest in den Händen von Kowaltschuk und der Bank Rossija befand, schätzte Dmitri Medwedew, Putins Leiter der Präsidialverwaltung aus Sankt Petersburg, den Wert des gesamten Medienvermögens auf 7,5 Milliarden Dollar, wodurch Kowaltschuk sich an der Spitze des größten »privaten« Medienkonglomerats in den wichtigsten Medienmogul des Landes verwandelte.[26] Das Imperium wurde um den Ersten Kanal erweitert, der früher Beresowski gehört hatte, um zwei kleinere Sender, Ren TV und STS, sowie um eine der angesehensten Zeitungen des Landes, *Iswestija*, und das meistkonsumierte Boulevardblatt *Komsomolskaja Prawda*; dazu kam der von der Intelligenzija geschätzte Radiosender Echo Moskwy. Nach und nach entwickelte sich dieser zu einem wichtigen Rädchen in der Propagandamaschinerie des Kreml.

Es folgte Sibur, Russlands größter Petrochemiekonzern, an dem die Gazprombank mit 75 Prozent beteiligt war, während Gazfond die übrigen 2 Prozent hielt. In dem Jahr nachdem die Gazprombank für 1,8 Milliarden Dollar in die Hände der Bank Rossija überging, wurde Sibur mit 4 bis 5 Milliarden Dollar bewertet: Der Unternehmensumsatz lag bei 6 Milliarden und sein operativer Gewinn bei 1,2 Milliarden. Trotzdem vollzog sich die Übernahme des Konzerns durch die Bank Rossija unbemerkt. Im Jahr 2011 reichte die Gazprombank Sibur zu einem unbekannten Preis an zwei Geschäftsleute aus Putins Umfeld, Timtschenko und Leonid Michelson, weiter. Gleichzeitig ließ die Gazprombank verlauten, sie bewerte das Unternehmen mit 7,4 Milliarden Dollar.

Durch das Anteilsgeschiebe wurden Schätzungen von Wladimir Milow zufolge heimlich 60 Milliarden Dollar an Vermögenswerten aus der staatlichen Gazprom in die Hände der Bank Rossija geschleust. Ein Teil davon war an Putins engste Vertraute geflossen.[27] Kein Teil dieser Operation war von einer unabhängigen Stelle wie Regierung, Aktionären oder Parlament überwacht worden. Gazprom sollte das größte und wichtigste Unternehmen des russischen Staates sein, sein herausragender Einnahmengenerator, doch die Zerstückelung des Konzerns hatte ohne Diskussionen hinter verschlossenen Türen stattgefunden. »Das war ein reines Verschleudern aller finanziellen und sonstigen Vermögenswerte. Und Gazprom bekam nichts dafür. Das ist völlig absurd«, stellte Milow fest.[28]

Milow, damals Anfang dreißig, mit dichtem, schwarzem Haar und einer offenen, neugierigen Ausstrahlung, war einer der intelligentesten jungen Beamten in der Putin-Regierung während der ersten Amtszeit des Präsidenten. Nach weniger als einem Jahr verließ er sie jedoch, enttäuscht von dem Mangel an Reformen, um Monopole wie Gazprom zu zerschlagen, und wurde zu einer der wenigen Stimmen, die die Regierungspolitik kritisierten. Mit der Gründung eines unabhängigen Thinktanks, der die Energiepolitik der Regierung kommentierte, erwarb er sich einen Ruf als scharfsinniger, liberal eingestellter Experte. Im Jahr 2008, als Putins Herrschaft mehr und mehr Züge einer Kleptokratie annahm, schloss Milow sich der vom ehemaligen stellvertretenden Ministerpräsidenten Boris Nemzow geführten liberalen Oppositionsbewegung an. Er wurde Co-Autor einiger Analysen, die sich mit den Fehlern des Putin-Regimes auseinandersetzten, darunter ein Bericht über das Abziehen von Vermögenswerten von Gazprom mit dem Titel »Putin und Gazprom«.

In jener Zeit war Milow eine einsame, mutige Stimme, die das Ausmaß der Vermögensabzweigung öffentlich anprangerte. Als Putins Leute zunehmend alle Hebel der Macht besetzten, untersuchten nur wenige Investmentbanken oder Investoren diese Geldflüsse. Als wir miteinander sprachen, verwies Milow häufig auf die Ironie, dass Putins Männer behaupteten, sie hätten Gazprom übernommen, um das Plündern von Vermögenswerten durch Konzernmanager aus der Jelzin-Ära zu unterbinden – wodurch es noch zynischer wirkt, dass dies in weitaus größerem Stil stattfand, als Putin die Kontrolle über den Gasgiganten übernahm. »Das vorherige Gazprom-Management trennte sich aus bestimmten Gründen von Vermögenswerten«, sagte Milow. »Posten, die Gazprom nicht selbst weiterentwickeln konnte, stieß es zu einem Schnäppchenpreis an andere ab. Doch als Putins Männer an die Macht kamen, gaben sie sie grundlos weg, praktisch zum Nulltarif.«[29]

Nachdem Sergej Kolesnikow in den Westen geflohen war, erklärte er, dass dafür ein einfacher Grund vorlag. Putin hatte Gazprom zu seinem persönlichen Lehnsbesitz gemacht, seinem Eigentum, das er sowohl als geopolitisches Instrument zur Manifestation der Macht des Kreml nach außen als auch als Geldquelle für seinen inneren Zirkel nutzte. »Wissen Sie, wer der wahre Eigentümer von Gazprom ist?«, fragte Kolesnikow mich. »Derjenige, der dem Vorstandschef Alexej Miller sagt, was er zu tun hat, der ihm sagt, an wen und zu welchem Preis er Aufträge vergeben soll, zu welchen Bedingungen er mit Sogas arbeiten sollte, an wen es zu verkaufen war und an wen die Gazprombank verkauft werden sollte? Hinter all dem steht Putin.«[30]

Kolesnikow war in hochsensible Informationen eingeweiht. Er verstand genau, wie das *obschak*-System funktionierte, und abgesehen von dem Abschöpfen von Vermögenswerten bei Gazprom verstörte ihn am meisten, dass mehr und mehr von dem Geld in dem Netzwerk, das er beaufsichtigte, für Putins persönlichen Bedarf abgezweigt wurde.

Einer der Fonds, die Kolesnikow managte, sollte Teile der »Spenden-gelder« in Investitionen in die russische Realwirtschaft lenken, unter anderem in Werften in Sankt Petersburg. Anfangs war dadurch ein Teil des Spendendiebstahls für Kolesnikow leichter zu schlucken ge-wesen – wenigstens ein Teil des Vermögens wurde in die Schaffung von Arbeitsplätzen und das Wirtschaftswachstum gesteckt. Ein an-derer Teil sollte jedoch für den Bau eines opulenten Palastes für den Präsidenten an der Schwarzmeerküste verwendet werden. Das Projekt war ursprünglich als relativ bescheidenes Tausend-Quadratmeter-Haus begonnen worden, entwickelte sich jedoch zu einem Viertau-send-Quadratmeter-Palast im italienischen Stil mit drei Hubschrau-berlandeplätzen, einem Freiluftamphitheater, einem Jachthafen und einem Teehaus mit Pools. Das Ganze kostete eine Milliarde Dollar.[31] Als Putin nach der Finanzkrise 2008 Anweisungen gab, dass alle ver-bliebenen Finanzmittel aus der Petromed-Schwarzgeldkasse statt für Werften oder andere Projekte in der Realwirtschaft für seinen Pa-last ausgegeben werden sollten, begann Kolesnikow seinen Ausstieg zu planen. »Es stellte sich heraus, dass ich fünfzehn Jahre lang jeden Tag zehn Stunden dafür gearbeitet hatte, einen Palast für den Zaren zu bauen«, erzählte er. »Damit konnte ich mich nicht abfinden. Aber als ich Einspruch erhob, sagten sie: ›Gegen wen wendest du dich? Du wendest dich gegen den Zaren.‹«[32]

Die Abzweigung der Mittel für den Präsidentenpalast war das deutlichste Zeichen dafür, dass das Unternehmensgeflecht, an dessen Aufsicht Kolesnikow beteiligt gewesen war, eng mit Putins persönli-chem Wohlstand verknüpft war – dass dies eine schwarze Kasse war, auf die er für die eigenen Zwecke zurückgreifen konnte. Kolesnikow behauptet, dass es Schamalow, Putins engster Freund, war, den Putin persönlich beauftragte, immer größere Summen in das Palastprojekt statt in Investitionen in die Realwirtschaft zu stecken. Tatsächlich war der Palast im Besitz eines Unternehmens, das Schamalow gehörte.[33] »Schamalow vertrat Putin«, so ein Insider.[34] »Er war derjenige, der die Anweisungen bekam, wohin das Geld fließen sollte.«

Diese Aktivitäten warfen eine interessante Frage auf. Wenn Scha-malow Putins Interessen beim Bau des Palastes vertrat, war dann auch seine Teilhaberschaft an der Bank Rossija durch Putins persönliche Interessen begründet? Schamalow verweigerte dazu einen Kommentar. Aber als Kolesnikow diese Geschichte öffentlich verbreitete, spottete Putins Sprecher Dmitri Peskow, solche Behauptungen seien »Unsinn«: »Putin hatte und hat keinerlei Verbindungen zur Bank Rossija; genauso wenig ist er an Transaktionen oder Deals irgendwelcher Briefkastenfirmen oder an den erwähnten Unternehmen beteiligt. Er hat mit dem Wachstum der Bank nichts zu tun.«[35]

Wären nicht die Gelder gewesen, die für Putins persönliches Vergnügen ausgegeben wurden, wäre jegliche Verbindung zu seinen Privatinteressen unmöglich nachzuvollziehen gewesen. »Es existieren keinerlei Dokumente oder Papiere, die beweisen, dass Putin irgendetwas besitzt«, sagte Kolesnikow.[36] »Putin ist ein Mensch, der speziell dafür ausgebildet wurde, keine Spuren zu hinterlassen.« Diejenigen, die das Bank-Rossija-Netzwerk managten, waren außerdem angewiesen worden, ihre Geschäfte im Verborgenen zu tätigen. Wenn sie sich trafen, um sich zu besprechen, benutzten sie Decknamen, damit – falls ihnen jemand zuhörte – unklar war, von wem die Rede war. Putin war »Michail Iwanowitsch« nach dem allwissenden Polizeichef in einer klassischen sowjetischen Filmkomödie.[37] Kowaltschuk bekam den merkwürdigen Namen »Kosoi«, was »schielen« bedeutet. »Als sie beschlossen, allen Spitznamen zu geben, hatte er ein entzündetes Auge, deshalb hieß er so«, erzählte Kolesnikow.[38] Schamalow suchte sich »Professor« aus, nach der Figur, die in Michail Bulgakows satirischer Erzählung über den Zustand des Sowjetmenschen, *Hundeherz*, an einem streunenden Hund ein Experiment durchführt. Alexej Miller von Gazprom hieß »Soldat«, eine Anspielung auf seine Rolle als loyaler Jasager, der Befehle ausführt. Putins enger Vertrauter Timtschenko wurde »Gangrena«, »Wundbrand«, genannt, weil sich sein Mineralölhandel damals so schnell entwickelte.[39]

Als Koleschnikow in die USA floh, nahm er nicht nur Dokumente über Geldflüsse mit, sondern auch Aufnahmen von Gesprächen zwischen Mitgliedern dieser Gruppe. Eins von ihnen scheint von einem Treffen mit Schamalow in Sankt Petersburg zu stammen. Darin geht es um das bei Rollins International auf den Britischen Jungferninseln gebunkerte Geld, die Petromed-»Spende«, und Koleschnikow und Schamalow zählen auf, was davon wem gehört. »Michail Iwanowitsch hat 439 Millionen Dollar. Das ist Michail Iwanowitschs Geld«, sagt Koleschnikow da.[40]

Was da geschaffen wurde, war ein ausgeklügeltes System von Tarnorganisationen, die für Putin und seinen Apparat an *komitetschiki* agieren konnten. Während die Tycoons der Jelzin-Ära danach gestrebt hatten, einen schwachen Kreml dahingehend zu manipulieren, dass er Vermögenswerte zu Schleuderpreisen herausgab, schuf Putin ein loyales Netzwerk an zuverlässigen Vermögensverwaltern mit Verbindungen zum KGB. Dieser Prozess weitete sich bis in den Westen aus, bis nach Europa, nach Liechtenstein und Monaco und dann nach Panama und die Britischen Jungferninseln.

Timtschenko hatte seine Petersburger Basis schon lange verlassen und sich in Genf niedergelassen. Zwischen den schneebedecken Alpen und dem Jura gelegen, stellte die Stadt seit geraumer Zeit ein natürliches Ziel für russisches Geld dar. Als Teil der neutralen Pufferzone zwischen Ost und West seit dem Ende des Zweiten Weltkriegs waren die finanziellen Geheimnisse der größten Weltmächte hinter seinen Mauern gut geschützt. »Es war ein sicherer Hafen für beide Seiten«, sagte ein ehemaliger KGB-Beamter, der dort tätig gewesen war.[41] »Es war wie ein Restaurant in der Mitte zwischen Chinatown und Little Italy, wo zwei Mafiabosse zum Essen und Geschäftebesprechen hingehen können. Es war das sicherste Restaurant der Welt.« Schon lange lagerte KGB-Vermögen in den Tresoren der Stadt: Banker flüsterten sich Geschichten darüber zu, wie sie in den Tagen des Kalten Krieges von sowjetischen Geschäftsleuten mit Koffern voller Bargeld von Telefonzellen aus angerufen wurden.[42] Das waren die Tage der Nummernkonten, der Codewörter und der Geschäftsabschlüsse durch ein Nicken und ein Zwinkern. Nun, da der Kalte Krieg lange für beendet erklärt war, wurde Genf erneut zu einem wichtigen Außenposten für den Ölreichtum, über den Putins KGB-Männer verfügten.

Von einem exklusiven Platz mit Blick auf den Genfer See aus wurde Timtschenkos Ölhandelsunternehmen Gunvor ein direkter Profiteuer der Übernahme von Jukos durch den Kreml. Eine Zeit lang galt sein

Aufstieg als größtes Rätsel der Branche. Zuerst registrierten nur wenige, dass, nachdem Setschins Rosneft Jugansk geschluckt hatte, der neue staatliche Ölchampion anfing, den Großteil seiner Exporte über Gunvor zu tätigen. Als die staatlich kontrollierte Gazprom 2005 mit dem Kauf von Roman Abramowitschs Sibneft ihren eigenen Brocken der Ölindustrie erwarb, begann ihre Ölsparte ebenfalls, große Aufträge an Gunvor zu vergeben. Eingeschüchtert durch die wachsende Macht des Kreml, folgten umgehend andere Ölkonzerne im Bemühen sich anzubiedern. Innerhalb von vier Jahren tätigte Gunvor 30 Prozent aller russischen Exporte, die über den Seeweg liefen.[43] Gunvors Aufstieg war derart rasant, dass die Firma nicht mehr im Verborgenen operieren konnte: 2008 war sie das drittgrößte Ölhandelsunternehmen der Welt mit Umsätzen in Höhe von 70 Milliarden Dollar.

Einer nach dem anderen mussten die anderen unabhängigen Ölhändler, die in Genf in den Jelzin-Jahren erfolgreich gewesen waren, aufgeben. Als Jukos Mineralöl über seinen in Genf ansässigen Händler Petroval verkauft hatte, waren die Milliarden Dollar, die es durch die Differenz zwischen lokalen und globalen Ölpreisen einnahm, ein großes Thema für das Putin-Regime gewesen. Doch nun, da die Ölströme über einen Händler liefen, der einem von Putins engsten Verbündeten gehörte, schienen die diesbezüglichen Bedenken nicht mehr so groß zu sein. Ohne Öl musste Petroval, das seinen Sitz im Zentrum Genfs auf der Rue du Rhône hatte, ganz in der Nähe von Gunvor, sein Geschäft aufgeben.[44] Gunvor »hat alle unsere Fässer übernommen«, kommentierte ein ehemaliger Petroval-Händler.[45]

Putins Regierung schien scharf gegen die schlimmsten Exzesse des sogenannten Transferpreishandels der Neunziger vorzugehen, bei dem Güter über Mittelsmänner und Händler zu niedrigen heimischen Preisen verkauft wurden, der Gewinn wurde durch die Differenz zum Weltmarktpreis erzielt. Aber Gunvor legte seine Bilanzen nie offen, und lange gelang es dem Unternehmen und seinem Hauptlieferanten Rosneft, kritische Blicke zu vermeiden. Vor Ende 2007 verkaufte Rosneft nichts von seinen Rohölexporten über offene Ausschreibungen. Anfangs seien »die Gewinnspannen unglaublich« gewesen, erzählte eine Person, die an den Handelsabläufen bei Gunvor beteiligt war.[46]

Timtschenko ließ durch seine Anwälte mitteilen, dass alle Aufträge für Rosneft ausschließlich auf Leistung beruhten und Gunvors »führenden Status und die Tiefe seiner Expertise und Erfahrung« widerspiegelten.

Eine Zeit lang waren die Eigentumsverhältnisse bei Gunvor ein ebensolches Geheimnis wie seine Finanzen. Auf dem Papier gehörte es Timtschenko und seinem schwedischen Geschäftspartner Torbjörn Törnqvist, aber auch einem dritten Teilhaber, dessen Name laut dem Unternehmen nicht offengelegt werden konnte.[47] Von allen von Putins nahen KGB-Kollegen, die nun in der Wirtschaft Karriere machten, hatte Timtschenko sich am unauffälligsten verhalten. Er agierte in einer Welt voller Geheimnisse, pendelte zwischen Moskau und der Schweiz, wo er anonym in einer Villa umgeben von einem sorgsam gepflegten Garten und einem hohen Sicherheitszaun im vornehmen Örtchen Cologny mit Blick auf den Genfer See lebte. Die Geschäfte, die er tätigte, waren so sensibel, dass er niemals per E-Mail kommunizierte.[48] Sprach er am Handy, war ihm bewusst, dass er abgehört wurde.[49] Er hatte bis 2008, als Gunvors kometenhafter Aufstieg ihn in die Öffentlichkeit zwang, nie ein Interview gegeben.[50] Zu diesem Zeitpunkt war nur ein einziges Foto von ihm bekannt.

In den frühen Tagen wurde dafür gesorgt, dass Timtschenko auch vor Putins engsten Vertrauten nahezu unsichtbar blieb. Sergej Pugatschow verbrachte oft Zeit mit Leuten wie Juri Kowaltschuk, aber er hatte Timtschenko nur einmal gesehen. »Putin hat ihn immer vor mir versteckt«, sagte er.[51] An einem Winterabend besuchte er Putins Residenz Nowo-Ogarjowo vor den Toren Moskaus, wo er in der Küche auf Timtschenko stieß. Putin wies Timtschenko sofort an, draußen im Schnee zu warten, während er und Pugatschow ihre Angelegenheiten besprachen. Es war, als wollte er Pugatschow demonstrieren, dass Timtschenko nicht wichtig für ihn war. Pugatschow jedoch interpretierte den Vorfall so, dass die Beziehung zwischen den beiden Männern äußerst vertraulich sein musste.

Der Grund für die augenscheinliche Geheimhaltung wurde Pugatschow klar, als ein Bankier Ende 2003 aus der Schweiz eingeflogen kam, um ihn zu sehen. Der Mann fragte nach Timtschenko, ihm sei mitgeteilt worden, dieser sei der Vermögensverwalter des Präsidenten:

»Er sagte mir: ›Da ist so ein Typ, Timtschenko, der uns eine gewaltige Menge Geld gebracht hat.‹ Und er meinte, all dieses Geld gehöre Putin«, berichtete Pugatschow.[52]

\*

Seit Gunvors Aufstieg Spekulationen über finanzielle Verbindungen zu Putin befeuert hatte, hatte Timtschenko immer vehement abgestritten, dass der Erfolg des Unternehmens irgendetwas mit dem Präsidenten zu tun gehabt habe. Er bestand darauf, dass er allein seiner eigenen Geschäftstüchtigkeit zu verdanken sei. Als Stanislaw Belkowski, ein gut vernetzter Politikanalyst, gegen Ende von Putins zweiter Amtszeit öffentlich zu behaupten wagte, im Endeffekt sei Putin der Nutznießer von Gunvor,[53] wischte Putin die Anschuldigungen mit mehr als seiner üblichen Verachtung beiseite. Sie seien Unsinn, sagte er Reportern, »den sich jemand aus der Nase gepopelt und auf Papier geschmiert hat«.[54]

Aber aus Pugatschows Sicht konnte die Vorsicht und Geheimniskrämerei rund um Timtschenko nur eines bedeuten: Er war der Erste aus Putins innerem Kreis gewesen, der während dessen Präsidentschaft Gelder für ihn verwaltete. Das, so Pugatschow, müsse der Grund dafür gewesen sein, dass Putin so schockiert wirkte, als er ihn nach einem Besuch bei Beresowski, der seinerzeit in London im Exil lebte, nach Timtschenko gefragt und ihm erzählt hatte, sein Erzrivale habe gedroht, einen Skandal auszulösen, der Timtschenko involviere. »Er wurde leichenblass«, sagte Pugatschow. »Er beendete das Gespräch sofort. Er fragte nicht einmal, worum es bei dem Skandal ging.«[55]

Für zwei von Timtschenkos ehemaligen KGB-Kollegen und zwei engen Partnern Putins konnte Gunvors Erfolg nur in den finanziellen Verbindungen zu dem russischen Präsidenten wurzeln. »Putins Geld ist natürlich da«, sagte einer von ihnen. »Wie sonst wäre Timtschenko solch ein Milliardär geworden?«[56] »Als Gunvor gegründet wurde, gehörte das Unternehmen zu hundert Prozent Putin«, erklärte ein russischer Tycoon aus Putins Umfeld.[57] »Timtschenko trägt nur die Brieftasche – mit zehn Milliarden Dollar darin. Er mag Unterschiedliches behaupten, wie viel davon ihm gehört und wie viel Putin. Aber in

Wahrheit spielt es keine Rolle.« Später ließ das US-Finanzministerium rundheraus verlauten: »Putin ist in Gunvor investiert und könnte Zugriff auf die Geldmittel des Unternehmens haben.«[58]

Timtschenko hat wiederholt jede Verknüpfung von Putin und Gunvor geleugnet und die Sanktionen als bloßen Versuch bezeichnet, Druck auf das russische Regime auszuüben. In Genf hinterließ jedoch ein Netzwerk von Männern aus der Finanzbranche, von denen einige Geschäfte mit Timtschenko getätigt hatten, Spuren, die auf Verbindungen zum Präsidenten hinwiesen. Sie deuteten auch ein größeres strategisches Ziel an. Unter den Männern waren Nachfahren der Aristokraten und anderer Angehörigen der Oberschicht, die infolge der Oktoberrevolution geflohen waren, und sie träumten davon, das russische Imperium wiederauferstehen zu lassen. Außerdem verfügten sie über gute Kontakte zum KGB. Es war fast selbstverständlich, dass sie das Wiedererstarken Russlands als Großmacht befürworteten, und als Putins Leute die Kontrolle über die Wirtschaft übernahmen, unterstützten sie jeden seiner Schritte.

Einer von ihnen war ein Bankier, auf dessen Ernennung zum Chef des russischen Privatkundengeschäfts der HSBC in Genf 2007 nahezu unmittelbar folgte, dass Timtschenko und seine Tochter dort Kunden wurden.[59] Der Banker, Jean Goutchkoff, hatte bei einer Reihe von Topprivatbanken in Genf eng mit Timtschenko zusammengearbeitet, wie zwei Personen, die mit der Situation vertraut sind, berichteten.[60] (Timtschenko ließ über seine Anwälte ausrichten, er kenne Goutchkoff zwar, pflege aber keine Geschäftsbeziehung zu ihm. Er wiederholte, dass es keinen Zusammenhang mit Putin gebe.)

Goutchkoff ist der Enkel eines Emigranten, der Vorsitzender einer der ersten Staatsdumas war und führend in der Partei der Oktobristen, die, bevor die Bolschewiki an die Macht kamen, verzweifelt Reformen in Richtung einer konstitutionellen Monarchie durchsetzen wollten.[61] Goutchkoff pflegte das vornehme Auftreten seiner illustren Vorfahren. Kalte blaue Augen unter einer hohen Stirn mit zurückgekämmtem Haar. Jahrelang hatte er eng mit der Putin-Regierung zusammengearbeitet, reiste standesgemäß zwischen Moskau und seinem jeweiligen Arbeitsort hin und her und umgarnte reiche russische Kunden, während er für die New Yorker Inter Maritime Bank und später für die Bank Julius Bär und die HSBC-Bank arbeitete. Aber die wenigsten seiner Kollegen wussten über sein Kommen und Gehen Bescheid. »Er sagte nie, wann er in Moskau war, und auch nie, mit wem er sich traf«, sagte ein ehemaliger HSBC-Kollege.[62] »Er kam und ging ohne jede Spur.« Diejenigen, die ihn kannten, sagten, diese Geheimhaltung habe gute Gründe gehabt. »Der Mann steht im Zentrum der russischen Macht«, meinte einer seiner Genfer Partner.[63]

In den Neunzigerjahren spielte Goutchkoff zwei seiner Genfer Kollegen zufolge eine entscheidende Rolle, indem er Timtschenko seinem schwedischen Geschäftspartner Torbjörn Törnqvist vorstellte.[64] Damals waren Goutchkoff und Törnqvist in dem Firmenimperium eines umstrittenen Schweizer Financiers, Bruce Rappaport, tätig gewesen, der lange mit den Sowjets Geschäfte gemacht hatte: Goutchkoff bei der Inter Maritime Bank und Törnqvist bei dem Ölhändler Petrotrade.[65] (Timtschenko hatte behauptet, seine Begegnungen mit Törnqvist hätten erst Jahre später stattgefunden, als der Schwede bei einem Handelsunternehmen in Estland arbeitete.) Goutchkoff stritt ab, Putin persönlich zu kennen. Drei seiner Geschäftspartner jedoch gaben an, nachdem Putin Präsident geworden sei, hätten Goutchkoff und er ein enges Verhältnis entwickelt.[66] Als 2010 Goutchkoffs Frau starb, reiste er mit Putin und Timtschenko zu einem alten Kloster am Ladogasee in der Nähe der finnischen Grenze, ein Ort, der seit Langem von russisch-orthodoxen Gläubigen verehrt wird,[67] wie einer der Geschäftsleute erzählte, und kehrte noch zwei- oder dreimal mit den beiden dorthin zurück. Zum Dank für Goutchkoffs Dienste hatte Putin ihm laut zwei Personen aus seinem Umfeld einen russischen Pass ausstellen lassen.[68] Als einer von Goutchkoffs Genfer Geschäftspartnern gefragt wurde, ob dessen Freundschaft mit Putin so weit reiche, dass er Finanzdienstleistungen für ihn erbringe, antwortete er schmallippig: »Es ist eher eine Freundschaft. Aber sie ist strategisch. Wenn Putin irgendetwas will, kann Goutchkoff das in die Wege leiten.«[69]

Goutchkoffs Nähe war ein Zeichen dafür, dass es bei Timtschenkos Aufstieg – genau wie bei Kowaltschuk und der Bank Rossija – um weitaus mehr ging als um die persönlichen Finanzen des Präsidenten.

Es ging darum, eine schwarze Kasse für Putins KGB-Clan einzurichten, die dazu diente, ihre Macht aufrechtzuerhalten und nach außen zu demonstrieren. Timtschenko und Goutchkoff schienen Teil eines strategischen Netzwerks zu sein, das, genau wie zu Sowjetzeiten die finanziellen Untergrundnetzwerke des KGB die Interessen der Kommunistischen Partei befördert hatten, Kapital für die strategischen Belange von Putins Regierung managen und bereitstellen würde. »Natürlich stehen hinter Timtschenkos Handeln einige Interessen Putins«, sagte ein ehemaliger KGB-Beamter, ein Partner der Genfer Geldmänner.[70] Aber das nicht unbedingt in Form persönlichen Vermögens. Das kann Schwarzgeld zur Finanzierung von Parteiaktivitäten sein oder ein Wohltätigkeitsfonds, der die Stimmung bei einer Wahl beeinflussen kann. Es können strategische Ressourcen sein.« »Timtschenko setzt um, was umgesetzt werden muss«, meinte ein enger KGB-Vertrauter Putins. »Er ist die Quelle der Mittel zur Realisierung einer bestimmten Strategie für bestimmte Interessen.«[71] Zwei hochrangige US-Beamte sagten, sie teilten diese Ansicht.[72]

Es war eine Vorgehensweise, die für den KGB essenziell war – als wüsste er nicht, wie er ohne die intransparenten finanziellen Netzwerke überleben sollte, die er zu Sowjetzeiten genutzt hatte, um mit einem Ausfuhrverbot belegte Technologien zu schmuggeln, wodurch die Einflusskampagnen der Kommunistischen Partei und Geheimoperationen im Ausland finanziert wurden. Putins Leute kopierten die KGB-Strukturen der Vergangenheit, in denen Mineralölexporte eine wichtige Schwarzgeldquelle darstellten. Russland hatte die Regeln der Planwirtschaft hinter sich gelassen und war ein vollwertiger Teilnehmer der globalen Marktwirtschaft geworden. Aber seit Putin und seine KGB-Leute die Macht übernommen hatten, veränderten sie die Art und Weise, wie Russland in ihr agierte, und pflegten eine Art Staatskapitalismus, in dem – genau wie es die KGB-Memos vor so langer Zeit für den Übergang zur Marktwirtschaft empfohlen hatten – zuverlässige Verwalter wie Timtschenko im Auftrag des Regimes handelten. Sie waren der verlängerte Arm des Kreml, keine unabhängigen Unternehmer, die nur den Maximen des Eigennutzes folgten, wie es in den gängigen westlichen Wirtschaftssystemen der Fall war.

Die KGB-Blaupause hatte vorgesehen, dass sich Unternehmen mit Sitz im Ausland »an allen Arten von Informations und Mittleraktivitäten beteiligen: Händler, Makler, Dienstleistungsunternehmen und Repräsentantenbüros« mit vertrauenswürdigen »Verwaltern als Teilhabern«. Insbesondere hatten die Memos darauf hingewiesen, dass solche Operationen »in einem der kapitalistischen Länder mit einem laxen Steuersystem wie der Schweiz«[73] stattfinden sollten.

Für Putins Männer war es nur logisch, dass der größte und strategisch wichtigste Geldstrom, der aus dem Mineralölhandel, in die Hände eines engen Verbündeten gelegt wurde. Aus ihrer Sicht belegte die politische Herausforderung, die Chodorkowski dargestellt hatte, die Notwendigkeit dafür. »Man könnte sagen, alles Geld [von Gunvor] gehört Putin«, meinte Pannikow, der ehemalige KGB-Mitarbeiter, der einer von Timtschenkos ersten Partnern im Mineralölhandel war. »Aber es ist viel komplizierter als das: Wenn der Markt sich in loyalen Händen befindet, bedeutet das, es gibt eine Preiskontrolle. Und es bedeutet auch, dass die Gewinne nicht zur Finanzierung von Terrorismus dienen.«[74] Pannikow war ein Pionier darin, innerhalb des westlichen Finanzsystems zu operieren.[75] In den Achtzigern hatte er Offshore-Finanzwesen an der Sowjetischen Außenhandelsakademie studiert, als der KGB gerade mit den Vorbereitungen für eine neue Phase in seinem Kampf gegen den Westen begann.

Das ursprünglich vom KGB vorgeschlagene Off-Book-System schien unter Putin in die Tat umgesetzt zu werden. Es lief an den heute üblichen Strukturen moderner Buchhaltung wie einem Staatshaushalt vorbei, in dem Ausgaben für Spionage, Wahlen, Justiz und Politik vom Parlament genehmigt werden. Stattdessen wurden üppige Schwarzgeldkonten eingerichtet; und das Fehlen jeglicher Transparenz oder Notwendigkeit, sich zu verantworten, eignete sich für ein Regime, das eine autoritäre Herrschaft und die Wiederherstellung von Russlands geopolitischer Macht anstrebte.

Jean Goutchkoff wuchs in einer gut vernetzten Gemeinde russischer Emigranten mit weiteren Mitgliedern der späteren Geldmänner in Paris auf. Serge de Pahlen, ein hochgewachsener, alle überragender Mann mit dichten, ehrfurchtgebietenden Augenbrauen und einer hohen Stirn, war lange ein Gefährte Putins gewesen.[76] »De Pahlen ist einer von Putins engsten Freunden. Er stammt aus einer der ältesten Adelsfamilien Russlands«, sagte ein Genfer Geschäftspartner.[77]

Als Goutchkoffs Großvater sich in Paris niederließ, nachdem er wie Hunderttausende andere Vertreter der »Weißen Bewegung« nach der Oktoberrevolution von 1917 vor den Bolschewiki geflohen war,[78] hatten seine und de Pahlens Familie in einer von starkem Zusammenhalt geprägten, durch die Trauer um den Verlust ihres Zarenreiches und ihre Verehrung der russischen Kultur und der orthodoxen Kirche zusammengeschweißten Diaspora gelebt. Die meisten russischen Emigranten in Paris lebten sehr bescheiden: In der Stadt kursierten zahlreiche Geschichten über Taxi fahrende oder kellnernde Großfürsten und Prinzen. Es war eine Gemeinde, die permanent durch Intrigen, Doppelagenten und Verschwörungen gespalten war. Während viele weiterhin auf die Bolschewiki schimpften und aus dem Ausland versuchten, oppositionelle Zellen zu organisieren, waren andere dazu übergegangen, ihre Landsleute zu bespitzeln. Die sowjetischen Sicherheitsbehörden hatten schon lange versucht, die russische Diaspora zu infiltrieren – zuerst, um die Oppositionsbewegungen zu unterwandern, und dann, um Agenten zu rekrutieren, mit deren Hilfe sie ihre eigene Macht stärken wollten. Für die Angeworbenen war dies eine dringend benötigte Geldquelle und für manche unter ihnen ein Fenster, das ihnen einen Blick auf ein russisches Imperium bot, an das sie immer noch glaubten, egal wer die Zügel der Macht in der Hand hielt.

Laut einem ehemaligen ranghohen russischen Auslandsgeheimdienstler waren Serge de Pahlen und Alexander Trubezkoi, Sohn eines emigrierten Fürsten, unter denjenigen, die an die Großmacht Russland glaubten und die in den Achtzigerjahren vom KGB angeworben wurden.[79] Sie wurden Teil eines Netzwerks, das Igor Schtschogolew, später Putins Kommunikationsminister, leitete, der damals nicht nur Pariskorrespondent der staatlichen sowjetischen Nachrichtenagentur TASS war, sondern auch in verdeckter Mission für den KGB tätig.[80] Als sich der Technologieschmuggel auf seinem Höhepunkt befand, arbeitete Trubezkoi bei Thomson, einer Firma, die Halbleiter und Mikroelektronik herstellte und schon lange von sowjetischen Agenten infiltriert war. De Pahlen pendelte indessen für eine französische Firma, die sowjetische Ölraffinerien mit Maschinen versorgte, zwischen Paris und Moskau hin und her. Sie war Teil des Netzwerks befreundeter Firmen, die Einflussoperationen mitzufinanzieren schienen.

1981 ging er eine unschätzbare Verbindung ein, indem er Margherita Agnelli, die Tochter des Oberhaupts der Fiat-Familie, heiratete,[81] und wurde prompt als Vizepräsident für internationale Beziehungen bei Fiat eingesetzt. Von da aus machte er weiterhin regelmäßige Besuche in Moskau und verkehrte mit Parteigrößen und ausländischen Bankiers, die das Sowjetregime unterstützten.[82] Fiat war immer ein wichtiger Partner der Sowjetunion gewesen, und zwei ehemaligen KGB-Mittelsmännern zufolge wurde der Autokonzern über eine ganze Reihe befreundeter Firmen zum Lieferanten von Dual-Use-Technik.[83] Goutchkoff arbeitete derweil in Moskau, wo er eine französische Bankengruppe führte, die Gelder für die sowjetische Ölindustrie bereitstellte.[84] Die beiden Männer waren Teil eines Geflechts von Agenten, die dem Sowjetregime zuarbeiteten.

De Pahlen lernte Wladimir Putin im November 1991 kennen, als dieser stellvertretender Bürgermeister von Sankt Petersburg war. De Pahlen half, die Rückkehr des letzten Nachkommen der Zaren, des Großfürsten Wladimir, nach Russland zu organisieren.[85] Er kannte den Petersburger Bürgermeister Anatoli Sobtschak bereits durch die Pariser russische Gemeinde, und er und Putin verstanden sich auf Anhieb. De Pahlen »guckte sich Putin aus«, erzählte Konstantin Malofejew, ein weiteres Mitglied dieser imperial gesinnten Gruppe: »Er sagte: ›Dieser Typ denkt wie wir.‹«[86] Keiner der beiden konnte sich Russland anders vorstellen denn als Großmacht. Sie waren beide entsetzt vom Zusammenbruch des Landes und dem Chaos, das nach dem gescheiterten Augustputsch ausbrach. Sie blieben lose in Kontakt: Immer wenn Putin in Paris war, besuchte er de Pahlen, und Sobtschak und seine Familie blieben ebenfalls seine Vertrauten.

Als Putin Präsident wurde, versprach de Pahlen ihm sofort seine Unterstützung. Vor seinem ersten Treffen mit seinem französischen Kollegen Jacques Chirac fragte Putin de Pahlen um Rat.[87] Sie verabredeten sich zum Abendessen in einem Privatraum eines Pariser Restaurants, bei dem de Pahlen ihm nahelegte, er solle dreißig Jahre lang herrschen, genau so lange wie Katharina die Große. Dies sei die einzige Möglichkeit, die Ordnung wiederherzustellen, sagte er. Der einzige Weg, um Russland als globale Macht wieder auf die Weltbühne zu holen.

Goutchkoff und de Pahlen waren die führenden Mitglieder eines Netzwerks von Menschen aus Emigrantenfamilien, die dabei halfen, Putin mit den Mitteln zur Durchführung seiner Mission auszustatten, nämlich nach dem Zerfall der Sowjetunion Russlands globalen Status wiederherzustellen. Als Putin nach Inspiration für eine neue russische Identität suchte und Brücken zur vorrevolutionären Großmachtvergangenheit bauen wollte, hatte er auf die Schriften und Philosophien von Exilrussen zurückgegriffen. Diese hatten über den einzigartigen Weg des Landes als eurasische Großmacht geschrieben, deren Schicksal es sei, ein Gegengewicht zum Westen zu bilden. Ihre Worte schienen ihn tief zu beeindrucken, und Goutchkoff und de Pahlen unterstützten ihn nach Kräften, als er zu Beginn seiner Präsidentschaft versuchte, die Macht der Oligarchen aus der Jelzin-Ära zu beschneiden. Sie befürworteten es, dass für ihn der Aufbau eines neuen Systems von Kremltreuen an erster Stelle stand. »Arbeitest du in strategischen Sektoren, bist du Teil des Staates«, sagte einer der Genfer Geschäftspartner. »Öl, Gas, Telekommunikation – dies sind per definitionem strategische Sektoren. Wenn du in einem dieser Bereiche tätig bist, dienst du. Du bist nicht unabhängig vom Staat.«[88]

Putin war »auf einer heiligen Mission, das Land zu retten«, sagte eine Person aus Goutchkoffs näherem Umfeld.[89] De Pahlen erläuterte, als wir uns in seinem mit Büchern vollgestopften Genfer Büro trafen, Putin sei für ihn der Schlüssel zu Russlands Wiedererstarken: »Er hat das Auseinanderbrechen des Landes gestoppt und mit dem Wiederaufbau eines neuen Russlands begonnen. Das ist sehr wichtig für Amerika, das kein Interesse an einer multipolaren Welt hat. Es will kein starkes Russland.«[90] Die Privatisierungen der Neunziger, sagte er, seien »barbarisch« gewesen.

Goutchkoff und de Pahlen schien es nicht sonderlich zu stören, dass Putins KGB-Leute ihre eigenen barbarischen Methoden anwandten und verbürgte Rechte mit Füßen traten, als sie die Kontrolle über die

Wirtschaft beanspruchten. Sie beruhigten sich, die Zersetzung der Justiz durch den Kreml sei eine Notwendigkeit innerhalb der historischen Mission, die russische Macht als Gegenpart zum Westen wiederherzustellen. »Alle stahlen«, erzählte einer ihrer Genfer Partner. »Doch dann kam Putin und sagte: ›Es reicht. Nun ist die Zeit, da Russland eine Großmacht des 21. Jahrhunderts wird. (...) Ihr habt sehr von den russischen Ressourcen profitiert. Nun ist die Zeit, etwas zurückzugeben.‹ Ich verstehe, dass es vom Standpunkt der Rechtsstaatlichkeit betrachtet vielleicht hätte anders ablaufen sollen. Aber Putin hatte keine Zeit. Er musste Abkürzungen nehmen. Mag sein, dass Chodorkowski gelitten hat, aber Putin musste tun, was zu tun war. (...) Patriotismus ist wichtiger.«[91]

Es schien sie auch nicht weiter zu stören, dass Putins KGB-Leute sich ebenfalls bedienten – und zwar parallel zum Anstieg der Ölpreise in immer größerem Stil. Entscheidend war, die Macht des Kreml wieder geltend zu machen. Es spielte keine Rolle, wie man dorthin gelangte. »Geld und Macht gehen seit den alten Pharaonen Hand in Hand«, sagte der Genfer Geschäftspartner. »Es hat immer eine höhere Ebene gegeben, wo sich Geld und Macht trafen. Die Leute in Russland sind nicht dumm. Natürlich hat Putin auch ein paar persönliche Interessen. Aber der Punkt ist: Kein anderer politischer Führer ist so erfolgreich. Die normale Bevölkerung will einen Kühlschrank, einen Fernseher, ein Haus, Kinder und ein Auto. Alles andere ist mehr oder weniger egal, solange es nicht ihre materielle Situation berührt.« Das Ziel sei gewesen, Russlands Position als geopolitische Macht wiederherzustellen: »Was wir in den letzten zwanzig, dreißig Jahren mit dem Auftritt Gorbatschows gesehen haben, war ein kurzer Augenblick der Schwäche, wie ihn jede Großmacht einmal haben kann. (...) Nun, da die Wirtschaft wieder stark ist, will Putin die Interessensphären zurückgewinnen.«[92] Ein anderer KGB-Kollege der Genfer Geldmänner schimpfte über den ungerechtfertigten Einfluss, den die USA seiner Meinung nach seit dem Ende des Zweiten Weltkriegs über Deutschland hatten, und sprach davon, dass dieser eines Tages zurückgedrängt werden müsse.

Doch anfangs waren dies Ziele, von denen sie nur träumen konnten, und in Putins zweiter Amtszeit hatten sie noch einen langen Weg vor

Auf dem Weg in den funkelnden Andreassaal: Der *kandidat resident* bei seiner Amtseinführung als Präsident im Mai 2000.

Mehr als 115 Geiseln starben, als russische Spezialkräfte im Oktober 2002 ein nicht identifiziertes Gas in das Moskauer Dubrowka-Theater einleiteten, im verzweifelten Versuch, dessen Besetzung durch tschetschenische Terroristen zu beenden.

Es war das erste Geiseldrama, das Putin als Präsident erlebte, und laut einem Insider geriet er in Panik, als sich die Situation ganz anders entwickelte als geplant.

Glanzvolle Zeiten für Putins engste Verbündete: Pugatschow beim festlichen Abendessen mit Tichon Schewkunow, Igor Setschin und Nikolai Patruschew.

Feierlicher Empfang für Putin und Ljudmila beim Staatsbesuch in Großbritannien 2003, während die Staatsanwaltschaft zu Hause in Russland Jagd auf den reichsten Mann des Landes, Michail Chodorkowski, machte.

Trauernde in der einstigen Sporthalle der Schule in Beslan, wo 330 Geiseln starben, mehr als die Hälfte davon Kinder, nachdem tschetschenische Terroristen sie in ihre Gewalt gebracht und an mehreren Stellen Sprengsätze angebracht hatten.

Das Geiseldrama endete mit einem tödlichen Großbrand, als die russischen Spezialkräfte die Sporthalle nach einer Reihe von Explosionen mit Panzerabwehrraketen beschossen. Was die Explosionen auslöste, wurde nie endgültig geklärt.

Semjon Mogilewitsch kam wegen Steuerhinterziehung achtzehn Monate hinter Gitter. Er war der Verbindungsmann zwischen den Sicherheitsbehörden und dem organisierten Verbrechen und seit den Achtzigerjahren für den Transfer von Mafiageld in den Westen zuständig gewesen.

Die Moskauer Polizei bei der Durchsuchung der Datscha von Sergej Michailow, dem mutmaßlichen Anführer des mächtigen Mafiaclans Solnzewskaja, im Jahr 2002. Zu einer Anklage kam es allerdings nie.

Wladimir Jakunin war einer der ersten KGB-Männer aus Putins Umfeld, die nach langjähriger Verteidigung des atheistischen Sowjetstaates zum russisch-orthodoxen Glauben konvertierten.

Nachdem der russische Milliardär Roman Abramowitsch *(oben rechts)* 2003 den Londoner Fußballverein Chelsea FC erstanden hatte, galt er schon bald als fester Bestandteil der englischen Fußballszene.

Als Putin nach der Wahl 2012 seinen Sieg erklärte, konnte er die Tränen nicht zurückhalten. Die Meldung, dass er nach vier Regierungsjahren des liberaleren Präsidenten Dmitri Medwedew *(rechts)* erneut die Macht übernehmen wollte, hatte die ersten ernstzunehmenden Proteste seiner Laufbahn ausgelöst.

Die engsten Verbündeten Putins wie Gennadi Timtschenko gelangten während Putins dritter Amtszeit zu noch mehr Macht und Reichtum.

Donald Trump in seinem funkelnden Taj-Mahal-Casino in Atlantic City, wenige Wochen vor dessen offizieller Eröffnung im April 1990. Das Casino entwickelte sich schnell zum Lieblingstreff russischer Mafiamitglieder und Expats.

Donald Trump mit Tevfik Arif und Felix Sater, den beiden aus der Sowjetunion stammenden Köpfen hinter der Bayrock Group, der in New York ansässigen Firma für Immobilienentwicklung.

sich. Die Bemühungen, die russische Macht wiederherzustellen, sollten zunächst viel näher an der Heimat beginnen.

\*

Es war November 2005, etwa ein Jahr nachdem die Orange Revolution die Ukraine aus Russlands Einflussbereich in die Arme des Westens gewirbelt hatte, und Oleh Rybatschuk, Leiter der Präsidialverwaltung des ukrainischen Präsidenten Wiktor Juschtschenko, war auf dem Weg nach Moskau.[93] Er war nervös. Das Ziel seines Besuches war es, Gespräche über ein neues Abkommen über Gaslieferungen von Russland an die Ukraine zu führen, und die Zeichen standen nicht gut. Die Ukraine war beim Großteil ihrer Gasversorgung von Russland abhängig, und ihre Konjunktur schwächelte bereits. Seit dem Sommer hatten Kreml-Beamte gewarnt, dass es zu einer empfindlichen Preissteigerung kommen würde, und nun, da der prowestliche Juschtschenko an der Macht war, machten sie deutlich, dass sie nicht bereit waren, die ukrainische Wirtschaft im Grunde zu subventionieren, besonders da die führenden Politiker des Landes angeblich bereits »offen oder verdeckt auf der Gehaltsliste der Amerikaner« stünden.[94]

Durch seine Position im Zentrum des Gashandels zwischen den ehemaligen Sowjetrepubliken war Gazprom mit seinen gewaltigen Gasreserven und seinem weitläufigen Rohrleitungsnetz quer durch Russland schon lange ein entscheidender Hebel für den russischen Einfluss auf seine Nachbarländer. Während die zentralasiatischen Republiken über eigene Gasreserven verfügten, waren Georgien, Belarus und die Ukraine abhängig von der Versorgung durch Gazprom und andere damit verbundene Unternehmen. In der Regel hatte Gazprom Gas zu stark reduzierten Preisen ausgegeben, genau wie damals, als diese Länder Teil der Sowjetunion waren. Vor allem die Ukraine stellte einen unerlässlichen Transitkorridor für russisches Gas in Richtung Westen dar, wo es 25 Prozent des europäischen Bedarfs deckte. Doch nun, da sich die ukrainische Führung mehr dem Westen zuneigte, deutete der Kreml an, dass er vorhabe, die Subventionen zu beenden.

Als Rybatschuk im Kreml eintraf, machte ihm Putin seine Absichten klar. Russland wollte die Preise deutlich anheben, und die Ukraine würde »bestimmte Bedingungen« akzeptieren müssen, andernfalls würde sie von der Gasversorgung abgeschnitten.[95] Dmitri Medwedew, damaliger Leiter der Präsidialverwaltung und Vorsitzender des Gazprom-Aufsichtsrats, öffnete ein Schlupfloch für einen Kompromiss. Wenn die Ukraine sich bereiterklärte, mehr Gas statt von Gazprom über einen bestimmten Händler zu beziehen, den der Kreml für geeignet hielt, dann würde der Preis insgesamt niedrig bleiben. Medwedew sagte, er könne weiter ins Detail gehen, sobald Rybatschuk Juschtschenkos volles Einverständnis hätte, aber als Vorgeschmack versprach er, mit einem solchen Deal würde jede Seite 500 Millionen Dollar Gewinn im Quartal machen – also 2 Milliarden Dollar im Jahr –, während zugleich eine günstige Gasversorgung gewährleistet wäre. »Er sagte, das sei unser Anteil, also der Anteil der ukrainischen Regierung«, erzählte Rybatschuk.[96]

Rybatschuk traute seinen Ohren kaum. Was ihm da angeboten wurde, klang nach Bestechung: »Mit dem Deal sollte die ganze Regierung korrumpiert werden.« Der Gashändler, auf den Medwedew und der Kreml als Mittler bestanden, hieß RosUkrEnergo. Wer der Eigentümer war, wurde geheim gehalten.

Was Medwedew beschrieb, war die jüngste Inkarnation einer Reihe undurchsichtiger Machenschaften des Kreml beim Gashandel mit der Ukraine und mit Turkmenistan. Große Mengen billigen Gases aus Turkmenistan konnten durch Russlands Pipelines geleitet, mit russischem Gas gemischt und dann in die Ukraine geschickt werden, sodass der Gesamtpreis für die Ukraine niedriger bleiben würde, selbst wenn Russland die eigenen Preise anzog. Statt das Gas mit einem transparenten Preissystem direkt über Gazprom zu verkaufen, würde es durch einen zwielichtigen Zwischenhändler gehandelt, was die Möglichkeit eröffnete, Dollargewinne in Milliardenhöhe abzuschöpfen – und potenziell als Schmiergelder zu verteilen.

Die Art und Weise, wie das geschah, wurde von dem amerikanischstämmigen William Browder aufgedeckt, dem dunkelhaarigen, entschlossenen Manager des größten Auslandsinvestitionsfonds in Russland, Hermitage Capital. Der Enkel des langjährigen Vorsitzenden der Kommunistischen Partei der USA, Earl Browder, war mit Leib und Seele Kapitalist und einer der aggressivsten Anwälte für unternehmerische Transparenz in Russland geworden. Er machte es zu einem Eckpfeiler der Investmentstrategie seines Fonds, die Gazprom-Bücher nach Anzeichen von Vermögensabzweigungen zu durchsuchen. Ende 2003 stießen seine Researcher auf einen obskuren Händler, Eural Trans Gas, dem Gazprom die Rechte, Gas im Wert von Milliarden Dollar aus Turkmenistan durch seine Leitungen in die Ukraine zu transportieren, übertragen hatte – einen Tag bevor das Unternehmen überhaupt gegründet worden war.[97]

Es war ein Deal, bei dem fast 1 Milliarde Dollar an Gewinnen vor Steuern abgezogen werden sollten, sagte Browder. Eural Trans Gas war in einem ungarischen Dorf registriert, und seine vier Eigentümer schienen geradezu spektakulär ungeeignet für die Aufgabe, die vor ihnen lag. Es waren drei Rumänen ohne Erfahrungen in der Wirtschaft – eine Schauspielerin, die Geld zu verdienen hoffte, um ihre Telefonrechnung bezahlen zu können, eine Krankenschwester und ein Programmierer – sowie ein israelischer Anwalt, der einen von Russlands größten Mafiosi zu seinen Klienten zählte. Es gab Browder zufolge keinen Grund, warum Gazprom diesen Handelskanal an ein unabhängiges Unternehmen abgeben sollte, erst recht nicht an eines, dessen Eigentümerschaft so eindeutig eine Fassade war.[98]

Gazprom hatte Eural Trans Gas dann fast 300 Millionen Dollar an Darlehen und Garantien zugesagt. Der US-Botschafter in der Ukraine, Carlos Pascual, drückte öffentlich seine Besorgnis über die offensichtlichen Verbindungen der Firma zur russischen organisierten Kriminalität aus.

In dem anschließenden Skandal wickelte Gazprom Eural Trans Gas klammheimlich ab und ersetzte es durch RosUkrEnergo. RosUkrEnergo erschien zunächst viel seriöser als sein Vorgänger – es gehörte zu 50 Prozent Gazprom. Doch obwohl die österreichische Raiffeisenbank das Eigentum an dem Unternehmen verwaltete, blieb zunächst im Dunkeln, wer die anderen 50 Prozent besaß, und RosUkrEnergos Beteiligung an dem Deal mit der Ukraine sollte Gazprom 2004 und

2005 trotzdem Umsatzeinbußen in Höhe von über 1 Milliarde Dollar bescheren, sagte Browder. Dieser schimpfte eine Weile auf Ros-UkrEnergo und informierte die Presse über die augenscheinliche Korruption, aber der betrügerische Plan im Zentrum seiner Kritik stand für weit mehr als einfache Gewinnabschöpfung zur persönlichen Bereicherung: Browder betrat das Minenfeld von Russlands Bemühungen, Einfluss auf seine nächsten Nachbarn zu gewinnen. Ros-UkrEnergo war im Grunde genommen ein Bestechungsfonds, der als Werkzeug für politischen Einfluss verwendet werden konnte: um Beamte zu korrumpieren und zu kaufen und auf diese Weise die Demokratie in Russlands Nachbarstaaten zu untergraben. Es war zentral für die Aktivitäten von Putins KGB-Regime, in dem eine Schmuggelwirtschaft wiederaufgebaut wurde und das durch Einfluss – nicht bloß Gewinne – motiviert war. Dies war die erste Schwarzgeldoperation von Putins Männern, die für den Westen sichtbar wurde.

Während Rybatschuk sich auf den Weg zum Kreml machte, um den neuen Gasversorgungsvertrag auszuhandeln, hatte Browders sich mit seiner Offenheit in Teufels Küche gebracht. Ihm wurde die Einreise nach Russland verboten – weil er dem russischen Außenministerium zufolge eine Gefahr für die nationale Sicherheit darstellte. Die neue, prowestliche Führung der Ukraine hatte sich eigentlich verpflichtet, solche undurchsichtigen Gasdeals zu unterlassen. »Es war immer ein korrupter Mechanismus, bei dem beide Seiten sich Unmengen Geld in die Taschen steckten«, sagte Rybatschuk.[99] Er fügte hinzu, dass stets der KGB hinter diesen Händlern stand und dass das im wohlhabenden Zug in der Schweiz registrierte Unternehmen RosUkrEnergo, in dem zwei von drei Geschäftsführern ehemalige KGB-Beamten waren, keine Ausnahme darstellte.

Doch nun schien es, als würde der Kreml einen neuen Gasvertrag vorlegen, durch den sich die Rolle von RosUkrEnergo noch einmal vergrößern würde. Rybatschuk kehrte nach Kiew zurück in der Annahme, dass Juschtschenko, der die Ukraine auf einen neuen Kurs bringen sollte, weg von den undurchsichtigen Übereinkünften der Vergangenheit, die russischen Vorschläge ablehnen würde. Darüber hinaus sollte der aktuelle Gasversorgungsvertrag zwischen der Ukraine und Russland, in dem ein niedriger Preis von 50 Dollar pro tausend Kubikmeter vereinbart worden war, bis 2009 in Kraft sein. Als Rybatschuk Bericht erstattete, bat Juschtschenko ihn, die westlichen Verbündeten der Ukraine – das US-amerikanische und das deutsche Außenministerium – zu fragen, ob sie eine alternative Versorgung bieten könnten, falls Moskau der Ukraine den Gashahn abdrehte. Innerhalb von zwei Wochen hatte Rybatschuk die Zusage des Westens erhalten, dass dieser die Ukraine unterstützen würde. »Sie sagten uns, dass wir nicht unter Druck geraten würden«, erzählte er. Rybatschuk und seine Familie brachen zu einer Neujahrsreise nach Slowenien auf. Er war überzeugt, dass die Führung dem russischen Druck nicht nachgeben würde. Es kam ihm auf jeden Fall unwahrscheinlich vor, dass Russland eine so drastische Maßnahme wie die Unterbrechung der Gaslieferungen riskieren würde.

Doch als er am Neujahrstag den Fernseher einschaltete, sah er in den CNN-Nachrichten, dass die Krise eingetreten war. Russland hatte die Gaslieferungen an die Ukraine eingestellt. Und da die Ukraine ein wichtiges Transitland für russisches Gas war, sank auch bei einer Reihe europäischer Versorger der Druck in den Gastanks. Der Winter in jenem Jahr war besonders kalt, und die europäischen Staatschefs zeigten sich entsetzt. Am selben Tag übernahm Russland den Vorsitz der G8, der Gemeinschaft der führenden Industrienationen. Dies sollte einen großen Schritt nach vorn zur Integration des Landes in die Weltwirtschaft einläuten, und das Thema seiner Präsidentschaft sollte die Energiesicherheit sein. Stattdessen war das Abdrehen des Gashahns an jenem Tag das erste klare Zeichen dafür, wie Russland seine Integration im eigenen Interesse interpretierte, wie es das globale System aus Eigennutz untergraben würde, statt sich den Regeln des Westens anzupassen. Die Unterbrechung der Versorgung, so das US-Außenministerium, »wirft ernsthafte Fragen über die Nutzung von Energie als politischem Druckmittel auf«.[100]

Rybatschuk rechnete immer noch damit, dass der Westen mit der versprochenen Hilfe zur Stelle sein würde. Er wusste, dass Russland den Gastransport nicht länger als drei Tage abgeschaltet lassen konnte, ohne sein eigenes Pipelinesystem zu beschädigen. Um 15 Uhr am nächsten Tag strömte das Gas plötzlich wieder.[101] Ohne Rybatschuks Wissen hatte Juschtschenko dem von Medwedew angedeuteten Deal zugestimmt. Die Bedingungen waren erstaunlich. Statt dass RosUkr-Energo die Anteile an dem Geschäft verlor, die es bereits besaß, wurde dem Unternehmen das Monopol auf die gesamte Gasversorgung der Ukraine sowie Zugang zur Hälfte des nationalen Distributionsmarktes garantiert. Diese Vereinbarung erlaubte es Russland, das Gesicht zu wahren und zu verkünden, es verkaufe der Ukraine Gas zu dem sehr viel höheren Tausend-Kubikmeter-Preis von 230 Dollar. Doch das Gas sollte mit wesentlich günstigerem zentralasiatischem Gas kombiniert werden, sodass die Ukraine insgesamt nur 95 Dollar pro tausend Kubikmeter bezahlte.[102] Juschtschenko bezeichnete die Abmachung als »gesunden Kompromiss«, während Putin die »für beide Seiten vorteilhaften Entscheidungen« lobte.[103]

Doch aus Rybatschuks Sicht war daran etwas faul: »Ich begriff es nicht. Da waren die russische und die ukrainische Regierung. Wozu brauchten wir einen Zwischenhändler?«[104] Nichts davon passte zu den Idealen der Orangen Revolution, die die Ukraine in ein Land mit einer transparenteren, westlicher geprägten Wirtschaft verwandeln wollte. Darüber hinaus sei Gazproms Beharren, dass es nur ein Marktmodell anwende, Rybatschuk zufolge Unsinn gewesen: »Gazprom hat nie mit Marktmodellierungen gearbeitet. Es hat sich bei der Festlegung des Gaspreises immer auf politische Faktoren gestützt.« Belarus zahlte nach wie vor nur 49 Dollar pro tausend Kubikmeter, während RosUkrEnergo womöglich Milliarden Dollar an Gewinn davontragen würde.[105]

Rybatschuk sagte, er werde nie die Worte vergessen, mit denen ihn der US-amerikanische Botschafter begrüßte, als er nach Kiew zurückkehrte: »Willkommen im Club der Korrupten.«[106] Der Deal führte zu Chaos in der ukrainischen Regierung und zu einem tiefen Riss zwischen Juschtschenko und seiner Ministerpräsidentin, der führenden Aktivistin der Orangen Revolution, Julija Timoschenko, die eine erbitterte Gegnerin von RosUkrEnergo und seinen Gashandelskomplotten war. Doch Juschtschenko und sein Minister für Treibstoff und Energie sowie der Vorstand des staatlichen Energieunternehmens Naftohas (oder Naftogas) standen entschieden hinter dem Deal. Wie sich herausstellte, hatte Juschtschenko bereits vor Rybatschuks Reise nach Moskau eigene Gespräche geführt und sich hinter verschlossenen Türen mit einem Mann namens Dmytro Firtasch getroffen, einem vierzig Jahre alten ukrainischen Gashändler, der insgeheim und mit dem Segen des Kreml den größten Teil der anderen 50 Prozent von RosUkrEnergo besaß.[107]

Wie das alles genau ablief, weiß Rybatschuk bis heute nicht, aber anscheinend war Juschtschenko durch den Deal kompromittiert worden. Rybatschuks Verdacht fiel auf die engen Beziehungen, die Firtasch zu Juschtschenkos Bruder und einem syrischen Geschäftsmann aus dem näheren Umfeld der Juschtschenko-Familie aufgebaut hatte: »Wir können es nicht beweisen. Aber es ist die einzige logische Erklärung dafür, dass dieser Vertrag geschlossen wurde.«[108] Ministerpräsidentin Timoschenko, deren hitzköpfiges Auftreten und blonde Bauernzöpfe in den Augen vieler geradezu für die ukrainische Revolution gestanden hatten, wetterte ebenfalls gegen den Deal: »Eine solche Vereinbarung konnte unmöglich ohne Korruption zustande kommen.«[109]

Vom Moment der Vertragsunterzeichnung an wurde der Riss in der prowestlichen Koalition der Ukraine noch größer, und das Land versank im politischen Chaos. Das Parlament sprach der Regierung sein Misstrauen aus, und vor den bevorstehenden Parlamentswahlen im März 2006 waren der prorussische Kandidat Viktor Janukowitsch – der frühere, durch die Orange Revolution abgesetzte Ministerpräsident – und seine Partei der Regionen wieder auf dem Vormarsch. Ohnehin geschwächt durch interne Machtkämpfe und einen Konjunkturrückgang, wurde Juschtschenkos Ansehen durch die Korruptionsanschuldigungen im Zusammenhang mit dem RosUkrEnergo-Gasdeal weiter beschädigt. Im August, nach Monaten politischen Ringens, übernahm Russlands Mann Janukowitsch erneut das Amt des Ministerpräsidenten.[110] Der Traum der Orangen Revolution, engere politische und wirtschaftliche Verbindungen zwischen der Ukraine und dem Westen zu knüpfen, schien kaum ein Jahr nach Beginn des Aufstands geplatzt zu sein.

Aus Rybatschuks Sicht war der RosUkrEnergo-Deal ein klassisches Beispiel russischer Einflussnahme: »Um sicherzustellen, dass die Ukraine nicht von einer prowestlichen Allianz geführt wurde, versuchten sie [deren Regierung] mit allen Mitteln zu korrumpieren. Juschtschenko war der erste ukrainische Präsident, der nicht von Moskau abgesegnet worden war, und das machte Putin wütend. Die Idee war, die Orange Koalition zu zerstören und den prorussischen Kandidaten wieder einzusetzen.«[111]

Der Deal war auch ein Hinweis darauf, dass Putins KGB-Leute sich weiterhin mit der organisierten Kriminalität zusammenschlossen, um ihre Einflussoperationen durchzuführen. Firtasch, der Ukrainer, der verdeckt fast 50 Prozent von RosUkrEnergo besaß, hatte immer behauptet, es sei seinem Geschäftssinn und seinen Verbindungen zur turkmenischen Regierung geschuldet, dass er den Gashandel zwischen Turkmenistan und der Ukraine übernehmen konnte, als Putins Männer die Bosse der Jelzin-Ära hinauswarfen. Aber in Wahrheit wäre dies nie ohne die Unterstützung des Kreml zustande gekommen. »Er war hundertprozentig Putins Mann«, sagte eine Person, die sowohl Firtasch als auch Putin kannte.[112] Er wäre außerdem nie in der Lage gewesen, dieses Ziel ohne die Rückendeckung der wichtigsten Figur der russischen organisierten Kriminalität zu erreichen, deren israelischer Anwalt Eural Trans Gas ursprünglich registrieren ließ.

Der Mobster hinter Eural Trans Gas besaß zahlreiche Pässe und zwei verschiedene Geburtsdaten. Manchmal wurde er »Schimon« genannt, manchmal nannte er sich »Sergej Shnaider«. Doch seine Vertrauten kannten ihn vor allem unter dem Namen »Sewa«.[113] Sein richtiger Name lautete Semjon Mogilewitsch, er war ein Kette rauchender, dreihundert Pfund schwerer ehemaliger Ringer mit tellergroßen Händen und einem pockennarbigen Gesicht, der wegen Brandstiftung im Gefängnis gesessen hatte. Er war der Kopf hinter den Geldströmen der russischen organisierten Kriminalität in den Westen. Begonnen hatte er in den Siebzigerjahren, als er der ersten Welle jüdischer Emigranten, denen es erlaubt worden war, die Sowjetunion zu verlassen, half, ihre Besitztümer zu verkaufen, um die Reise zu finanzieren. Vor allem jedoch half er, sie übers Ohr zu hauen, sagten ein früherer Partner und ein ehemaliger westlicher Beamter.[114] Später wurde er der Hauptansprechpartner für russische Gangster, die ihr Geld im Westen waschen wollten.[115]

Mogilewitsch selbst hatte immer steif und fest behauptet, er sei nur ein Geschäftsmann. Er war so überzeugt von sich, dass er Leuten sagte, er wolle es eines Tages auf die Liste der *Sunday Times* der reichsten Bürger Großbritanniens schaffen.[116] »Er dient dem Westen bloß als Feindbild oder Schreckgespenst, dem man alles Mögliche anhängen kann«, sagte mir sein Anwalt Zeev Gordon.[117] Doch dem FBI und zwei seiner ehemaligen Kumpane zufolge hatte er mit der mächtigsten Bande im organisierten Verbrechen, die sich in jenen Tagen herausbildete, zusammengearbeitet. Es handelte sich um die Solnzewskaja-Gruppe, eine gewaltige und ausgedehnte Organisation, die ihre Tentakel über ganz Russland und darüber hinaus in die Ukraine, Zentralasien und Ungarn ausstreckte. Ihre Bosse waren Sergej Michailow, auch »Michas« genannt, ein pummeliger Gangster mit Engelsgesicht und einem unschuldigen Lächeln, und sein Partner Wiktor Awerin oder »Awera«. Auch Michailow behauptete gern, er sei bloß Geschäftsmann. Aber die beiden zählten zu den gefährlichsten Männern Russlands. Anfangs hatten sie ihr Geld mit Prostitutionsringen verdient und waren dann zum Handel mit Waffen und Drogen übergegangen. »Wer war Michas? Unter uns, er war Kellner und Zuhälter«, sagte einer seiner früheren Partner.[118] »Als Kellner hatte er Zugriff auf harte Devisen und als Zuhälter erst recht auf das Geld von den Huren.« Michas und Awera hatten den Ruf, furchterregende Kämpfer zu sein: Manche bezeichneten sie als »Psychopathen«.[119] Doch sie wussten nicht, was sie mit den Dollars anfangen sollten, die sie so schnell verdienten. Mit seinem Wirtschaftsstudium an einer westukrainischen Universität »war Sewa der Einzige, der wusste, wie man investiert«, sagte der ehemalige Partner. »Awera und Michas sorgten dafür, dass Geld hereinkam. Sewa kümmerte sich um die Logistik.«[120]

Mogilewitsch hatte immer auch die Schnittstelle zwischen dem KGB und dem organisierten Verbrechen dargestellt, als der KGB Geld aus dem sowjetischen Imperium hinausschleusen wollte und die Netzwerke der organisierten Kriminalität als Tarnung dienten. Putin hat diese Praktik fortgeführt, indem er sich in Sankt Petersburg mit der Tambow-Mafia einließ und die Kooperation unter seiner Präsidentschaft vertiefte. Mogilewitsch war in den Siebzigern vom KGB rekrutiert worden: »Im Gegenzug dafür, dass er die jüdische Gemeinde bespitzelte, erlaubte man ihm, die Wertsachen der Auswanderer zu verhökern«, berichtete ein ehemaliger westlicher Beamter.[121] In dem Maße, wie sich seine Geschäftsaktivitäten mit Führungspersonen im organisierten Verbrechen ausweiteten, nahm auch seine Kooperation mit dem KGB zu. »Sewa war immer für die Sicherheitsbehörden aktiv«, berichtete eine Person, die mit ihm zusammengearbeitet hat. »Er war der kriminelle Teil des russischen Staates.«[122]

Mogilewitschs Präsenz hinter Eural Trans Gas und bei anderen Transaktionen war nützlich für den Kreml, sagten Leute, die mit der Angelegenheit vertraut sind. Er konnte während der hitzigeren Verhandlungsphasen mit Kiew über den Gaspreis hervorgezaubert werden: Seine Verbindungen zu lokalen Netzwerken des organisierten Verbrechens dienten dazu, die ukrainischen Beamten an die Macht der Leute zu erinnern, denen sie gegenübersaßen. Und »seine Aufgabe war es, die Ukrainer daran zu erinnern, dass sie im Endeffekt gekauft waren«, erklärte ein ehemaliger westlicher Beamter.[123]

Doch die offene Involvierung von Mogilewitschs Anwalt bei der Registrierung von Eural Trans Gas war für Gazprom ein zu heißes politisches Eisen geworden. Auch wenn der staatliche Gasgigant leugnete, dass er irgendetwas mit der Sache zu tun hatte, waren seine Spuren bei dieser Operation allzu deutlich. Zu der Zeit stand Mogilewitsch auf der FBI-Liste der meistgesuchten Verbrecher: Ihm und seinen Partnern wurde vom US-amerikanischen Justizministerium Aktienbetrug vorgeworfen – sie sollten amerikanische Investoren um 150 Millionen Dollar geprellt haben, indem sie vorgaben, einen Magnethersteller, YBM Magnex, den sie an amerikanischen und kanadischen Börsen gelistet hatten, zu repräsentieren.[124] Außerdem warf ihm das FBI Beteiligung an Waffenhandel, Auftragsmorden, Erpressung, Drogenhandel und Prostitution in internationalem Umfang vor.

Firtasch war als Ersatz ins Spiel gekommen, als vorzeigbares Gesicht. Er hatte immer darauf insistiert, alle Verbindungen zu Mogilewitsch gekappt zu haben, sobald er sich an die Spitze des turkmenisch-ukrainischen Gashandels gesetzt hatte, indem er Mogilewitschs Frau Anteile an einer der Firmen abkaufte, die er 2003 übernommen hatte,[125] und dass er nie Geschäfte mit Mogilewitsch selbst getätigt habe.[126] Doch es blieben Spuren von Berührungspunkten in dem Firmennetz-werk hinter RosUkrEnergo.[127] Später gab Firtasch dem US-Botschafter in der Ukraine gegenüber zu, dass er Mogilewitschs Erlaubnis hatte, Geschäfte zu tätigen.[128] Damals, in der Zeit nach dem sowjetischen Kollaps, als die Kriminalität blühte, war es unmöglich, ein Mitglied der ukrainischen Regierung zu treffen, ohne zugleich in Kontakt mit Ver-tretern der organisierten Kriminalität zu kommen, sagte er. Andere sind der Ansicht, dass seine Beziehungen weiterreichen. »Ohne Sewa wäre Firtasch nichts«, sagte mir einer von Mogilewitschs ehemaligen Partnern. »Alles, was Firtasch hat, hat er von Mogilewitsch.«[129]

Genau wie die russischen Netzwerke organisierter Kriminalität, die sich über Österreich nach Europa und in die USA erstreckten, gehörte auch die Nähe zwischen Firtasch und Mogilewitsch zur Schatten-seite von Putins Einflussoperationen. Doch als sich die Konten von RosUkrEnergo füllten, gewann Firtasch an Ansehen. Er wurde zum Powerbroker in der Ukraine, dessen Einfluss über die politischen Gräben hinwegreichte. Zuerst kooperierte er mit Juschtschenko. Als dessen Macht schwand, tat er sich mit dem Kreml-Kandidaten Janu-kowitsch zusammen, der praktisch sofort sein politisches Comeback inszenierte.[130]

Später befand sich Firtasch unter einer Handvoll ukrainischer Wirt-schaftsbosse, die mit Paul Manafort zusammenarbeiteten, dem aalglat-ten amerikanischen Lobbyisten, der geholt wurde, um Janukowitschs Image als Antikorruptionskandidat aufzupolieren.[131]

Das Geld, das Firtaschs Gruppe in der Ukraine umsetzte, begann nach Europa zu fließen. RosUkrEnergo berichtete einen Jahresüber-schuss von über 700 Millionen Dollar, während die Chemiekonzerne, die Firtasch ebenfalls besaß, weitere Milliarden Dollar machten. Sein Imperium hatte seinen Sitz in Wien, seit Sowjetzeiten ein Hauptein-fallstor für russisches Geld in den Westen. Dort war seine Hälfte von RosUkrEnergo als Teil einer Unternehmensgruppe namens GroupDF registriert.

Firtasch errichtete seine Basis in einer Stadt, die durchdrungen war von Geheimnissen. Durch seine Lage zwischen den Großmächten des

Zweiten Weltkriegs und dann an der Trennlinie zwischen Ost und West im Kalten Krieg, war Wien seit Langem die Spionagehauptstadt der Welt. Seit 1955 war Österreich neutral, und seine Spionagegesetze waren notorisch locker. Einst waren unzählige hungernde Geflüchtete bereit gewesen, die Geheimnisse ihres Heimatlandes für eine Scheibe Brot und ein Glas Bier zu verkaufen, und noch immer lebten dort Tausende Spione. Manche taten politische Spionage in der Zeit der westlichen Vorherrschaft nach dem Kalten Krieg als irrelevant ab, doch dabei entging ihnen, dass sich die russischen Operationen im Stillen in Wien etablierten – so wie jene rund um Firtasch und RosUkrEnergo und einen weiteren undurchsichtigen Gazprom-Zwischenhändler namens Centrex. Diese Unternehmen standen an vorderster Front bei einer anderen Art politischer Operation – vielleicht eine Erweiterung der Tätigkeiten von Putins Männern in der Ukraine. An der Schnittstelle zwischen Russlands wachsendem wirtschaftlichen Einfluss und Putins Ehrgeiz, das geopolitische Ansehen des Landes wiederherzustellen, bildeten sie Schichten intransparenter Eigentumsstrukturen, in denen es an Gelegenheiten zum Abzweigen von Barvermögen und Machtgeschachere nicht mangelte.

In Wien tat sich Firtasch mit Andrej Akimow zusammen, einem der wichtigsten Geldgeber von Putins Regime. Als KGB-Banker, der Gennadi Timtschenko finanziert hatte, hatte Akimow 1990 in der österreichischen Hauptstadt die Investmentfirma IMAG gegründet. Akimow hatte sich von Putins Leuten am stärksten im Hintergrund gehalten und Kontakte zu vielen mit Gazprom verknüpften Mittelsmännern aufgebaut. Bald nachdem Putin Präsident geworden war, hatte Akimow den Vorstandsposten bei der Gazprombank übernommen, die über Dutzende Milliarden Dollar an Vermögenswerten verfügte und aufgrund ihres Verkaufs an die Bank Rossija zu einem finanziellen Schlupfwinkel für Putins Männer geworden war. Gazproms Anteile an RosUkrEnergo wurden durch eine Offshore-Firma auf Zypern gehalten, die mit der Gazprombank assoziiert war, und Akimow hatte einen Sitz im Koordinierungsausschuss von RosUkrEnergo bekommen. Firtasch und seine Partner gehörten diesem ebenfalls an; ebenso sein langjähriger Vize Alexander Medwedew, der damals Gazproms strategisch relevantester Sparte Gazexport vorstand, verantwortlich für alle Exporte des staatlichen Gasgiganten. Gemeinsam managten sie die Milliarden Dollar, die aus Gazproms Kassen an RosUKrEnergo geflossen waren, als das Unternehmen selbstständig begann, überschüssiges Gas von der Ukraine nach Europa zu liefern.

Alte Netzwerke aus dem Kalten Krieg wurden reaktiviert, als RosUkrEnergo einer von Dutzenden mit Gazprom verbundenen Zwischenhändlern wurde, die überall in Europa wie Pilze aus dem Boden schossen. In Berlin war das Gazprom Germania, bei dem viele ehemalige Stasileute beschäftigt waren.[132] Gazproms Auslandsoperationen waren immer schon »eine Tarnung für russische Spionage«, sagte ein leitender Bankier mit Verbindungen in die Kreml-Spitze.[133]

In Wien kreuzten sich die Wege von Akimows Geschäftspartner und anderen Köpfen hinter RosUkrEnergo außerdem mit einem weiteren Mitglied aus dem alten KGB- und Stasigeflecht. Dieses Mitglied stellte ein Bindeglied zu Putins Dresdner Vergangenheit dar: Martin Schlaff, der ehemalige Stasioffizier, der in Dresden daran arbeitete, mit einem Embargo belegte Technologien aus dem Westen zu schmuggeln, und Hunderte Millionen Deutsche Mark durch gefälschte Verträge abschöpfte, um Stasinetzwerke auch nach dem Fall der Berliner Mauer aufrechtzuerhalten.[134] Schlaff hatte sich in Wien als einer der erfolgreichsten Geschäftsleute des Landes etabliert. Als Putin an die Macht kam, war er in seinen Fünfzigern und hatte mit seinem Zellstoff- und Papierhandel expandiert, in dem er nach dem Zusammenbruch der Sowjetunion Herbert Köhler, den Dresdner Chef der Auslandsaufklärung der Stasi, beschäftigt hatte.[135] Schlaff war Milliardär mit einer Vorliebe für kubanische Zigarren, die ihm angeblich persönlich von Fidel Castros Gesandtem überbracht wurden, und besaß Casinos überall in Mittel- und Osteuropa sowie in Israel. Er war mit der Elite des österreichischen Bankwesens vernetzt und stand in engem Kontakt zum dortigen politischen Establishment. Seine Verbindungen zu russischen Netzwerken organisierter Kriminalität schienen noch tiefer zu reichen.[136]

Als Gazprom mit Centrex über Akimow einen weiteren europäischen Zwischenhändler für den Gasexport nach Österreich, in die

Schweiz, nach Italien und Ungarn gründete, kauften sich Schlaff und einer seiner wichtigsten Geschäftspartner in den Wiener Ableger Centrex Europe Energy & Gas AG ein.[137]

Das Centrex-Geschäft war ein weiterer Außenposten von Gazproms Handelsimperium, der bald Hunderte Millionen Euro durch undurchsichtige Handelstricks und intransparente Eigentumsstrukturen machte.[138] Centrex war von demselben zypriotischen Offshore-Unternehmen gegründet worden, das Gazproms Anteil an RosUkrEnergo besitzen sollte. Für die Jahre 2005 und 2006 existieren jedoch keine Bilanzen.[139] Die Handelsunternehmen waren komplex aufgebaut – und die meisten schienen Gazprom zu umgehen. Bei manchen Experten schrillten wegen der komplizierten Eigentumsverhältnisse die Alarmglocken. »Der Mangel an Transparenz, die Angewohnheit, die Namen der Profiteure geheim zu halten, die Nutzung von Offshore-Briefkastenfirmen und der geheimniskrämerische Charakter von Gazproms Verträgen mit seinen Kunden ließ nichts Gutes für die EU erahnen«, schrieb der Energieexperte Roman Kuptschinski in einem ausführlichen Bericht über diese Machenschaften. »Solch ausgeklügelte Ebenen (…) sind ein Hinweis auf Geldwäsche und mögliche Bestechungsgelder für Beamte, die an ihrer Entstehung beteiligt sind.«[140]

Damals schienen dem wenige politische Entscheidungsträger Aufmerksamkeit zu schenken. Schlaffs Gegenwart war jedoch ein Indiz dafür, dass es bei Gashandelstarnfirmen wie RosUkrEnergo um mehr ging als um das Abzweigen von Geld. Er war ein Vertreter alter Netzwerke aus dem Kalten Krieg, ein Lobbyist, gegen den die israelische Polizei aufgrund des Verdachts ermittelt hatte, er habe Ariel Sharon, den damaligen Premierminister des Landes, bestochen.[141] Sein Einfluss war weitreichend, nicht nur in Österreich, sondern auch im Nahen Osten, wo er Kontakte zu hochrangigen israelischen und arabischen Politikern pflegte, darunter zu Palästinenserführer Jassir Arafat, Libyens Machthaber Muammar al-Gaddafi und Syriens Präsidenten Baschar al-Assad.[142] Er schien ein wichtiges Element in einem Netzwerk einflussreicher Personen zu sein, das seit Sowjetzeiten bestand. Die Staatschefs der arabischen Welt, zu denen er Verbindungen ge-

knüpft hatte, waren dieselben Männer, die von sowjetischen Auslandsgeheimdienstlern im Kalten Krieg umworben worden waren.

2005 war Centrex in einen Skandal verwickelt, als das italienische
Parlament seine Beteiligung an einer Operation aufdeckte, bei der
Gelder an einen engen Freund des italienischen Ministerpräsidenten
Silvio Berlusconi umgeleitet wurden. Gazprom war mit dem italienischen Gasriesen Eni übereingekommen, Gas an Italien zu verkaufen,
und zwar über eine weitere undurchsichtige Firma, die zu 41 Prozent
von Centrex und zu 25,1 Prozent von Gazproms Exportzweig Gazexport gehalten wurde, während die übrigen 33,9 Prozent zwei Unternehmen eines Berlusconi-Freundes gehörten. Als das Parlament
die Verbindung nachwies, waren die Parlamentarier empört, dass ein
Teil des erwarteten Jahresgewinns in Höhe von 1 Milliarde an diesen
Freund fließen sollte, von dem sie annahmen, dass es sich bloß um
einen Strohmann des Präsidenten selbst handelte.[143]

Sie konnten diesen einen Deal verhindern. Aber Mitglieder von
Berlusconis Partei sagten später dem US-amerikanischen Botschafter
in Italien, dass sie glaubten, er profitiere nach wie vor »ganz hübsch«
von anderen geheimen Energieverträgen.[144] Putins Männer bauten erneut auf Kontakte auf, die bereits zu Zeiten der Sowjetunion geknüpft
worden waren, als Berlusconi einer der Mittelsmänner gewesen war,
die eng mit dem sowjetischen Politbüro zusammengearbeitet hatten.

Der ursprüngliche Zweck solcher Operationen war es, eine Plattform
zu schaffen, von der aus Russland die europäische Politik beeinflussen
konnte, sagte mir ein ehemaliger österreichischer Geheimdienstchef,
der früher eng mit Akimow kooperiert hatte.[145] 2009 beklagte sich beispielsweise der US-Botschafter in Italien, dass Berlusconis prorussische
Bemerkungen die westliche Einheit in Bezug auf Verteidigungsinitiati-
ven wie das Raketenabwehrsystem in Osteuropa und die Erweiterung
der NATO unterminierten. Putins Männer etablierten sich in Europa.
Dabei wurde insbesondere London ein Ziel: Firtasch kaufte eine Immobilie im Herzen des Londoner Establishments, und sein wichtigster
Londoner Protegé schleuste beträchtliche Spendensummen zu einigen
Granden der Konservativen Partei. War das Ziel anfangs noch gewesen, die westliche Einigkeit im Hinblick auf den russischen Interes-

sen entgegenstehende Sicherheitsinitiativen ins Wanken zu bringen, nahmen die Dinge später eine finsterere Wendung. Oleh Rybatschuk, dem ehemaligen Leiter der Präsidialverwaltung des ukrainischen Präsidenten Juschtschenko, schien es, als würden Firtaschs Investitionen einem bekannten Muster folgen. »In der Ukraine hat Russland für die Untergrabung der EU geübt«, sagte er.[146]

Die Schwarzgeldoperationen innerhalb von Gazproms Zwischenhändlergeflecht waren nur der Beginn von Putins Bemühungen, Russlands Einfluss weltweit zu erneuern. In Russland selbst fand noch eine graduelle Transformation statt, bei der Putins KGB-Leute immer größere Teile der Wirtschaft übernahmen. Am Ende seiner zweiten Präsidentschaft hatte die Wirtschaft immer stärkere Ähnlichkeit mit feudalen Strukturen. Für den Genfer Bankier Jean Goutchkoff und seine Partner war es nur natürlich, dass russische Geschäftsleute den Eindruck haben sollten, sie verdankten einem modernen Zaren alles. »Das ist ein orientalisches Volk. Sie haben ein anderes Verständnis vom Leben, vom Dasein«, sagte einer der Genfer Geldmänner. »Wegen der Größe des Territoriums ist ihr Eigentumsbegriff ein völlig anderer. Eigentum an Menschen war Teil dieser zentralen Kultur. Jahrhundertelang widmeten die Leute ihr Leben ihren Herren, dann der Partei. Sie brauchen einen Herrn, einen starken Zaren.«[147]

Eingeschüchtert durch die juristische Attacke auf Chodorkowski schworen die anderen Tycoons der Jelzin-Ära dem Putin-Regime nach und nach ihre Treue. Die aufsässigen Medienmagnaten Gussinski und Beresowski waren im Exil, ihr Vermögen hatte der Staat kassiert. Eine Konsolidierung von Werten fand in allen Branchen statt – insbesondere im Sektor strategische Metalle –, und die neuen Führungskräfte verneigten sich alle vor der Macht des Kreml. Aber es war der Milliardär und Ölhändler Roman Abramowitsch, der als der Jelzin-Familie nahestehend galt, der nach dem Eindruck von Beobachtern das erste und offensichtlichste Zeichen seiner Treue setzte.

# 11

# LONDONGRAD

Als Roman Abramowitsch sein Amt als Gouverneur von Tschukotka im fernen Osten Russlands antrat, einer abgeschiedenen, vom Eis eingeschlossenen Region, die von Alaska nur durch die Beringstraße getrennt ist, befand sich Putin im ersten Jahr seiner Präsidentschaft. Abramowitschs Ziel war ein gottverlassenes Gebiet am Ende der Welt, gut sechstausend Kilometer von Moskau entfernt, wo kaum Bäume wuchsen und der Wind so wild heulte, dass er Hunde über die Straße wirbelte. Tschukotka war immer schon dünn besiedelt, aber nach dem Zusammenbruch der Sowjetunion hatte der Großteil der Bevölkerung die Region verlassen. Zum Zeitpunkt von Abramowitschs Ankunft war ihre Zahl von 153 000 auf 56 000 geschrumpft, und die Menschen, die zurückgeblieben waren, kämpften, aufgerieben durch Armut und Alkoholismus, um ihr Überleben. Er sei dorthin gegangen, sagte Abramowitsch in einem seiner seltenen Interviews, da er vom ständigen Geldverdienen »die Nase voll« gehabt habe.[1] Er stellte den Schritt immer als seine eigene Entscheidung dar, behauptete, er habe eine »Revolution hin zum zivilisierten Leben«[2] in Gang setzen wollen. Mit dem Versprechen, die Lage dort zu verbessern, gewann er im Dezember 2000 die Gouverneurswahl mit 92 Prozent der Stimmen.

Die Bevölkerung von Tschukotka war begeistert von Abramowitsch. Der bärtige Milliardär mit dem scheuen Lächeln war als Waise bei seinen Großeltern in einer trostlosen, ärmlichen Ölstadt in Nordrussland aufgewachsen. Aber nun trat er als Wohltäter für die Bewohner der Region auf, holte Managerteams herbei, die an der Verbesserung des Lebensstandards arbeiten sollten. Sie bauten neue Fernseh- und

Radiokanäle auf, eine Bowlingbahn, eine beheizte Indoor-Eislaufbahn und ein Kino. Abramowitsch gab Dutzende Milliarden seiner privaten Rubel dafür aus.[3] Es war, als würde er sich unmittelbar als Zeichen der Treue Putins Aufruf beugen, das Big Business solle nach den Exzessen der Neunziger mehr soziale Verantwortung übernehmen.

Manche behaupteten, Abramowitsch hätte kaum eine andere Wahl gehabt. Einem anderen Tycoon zufolge, der ihn gut kennt, wurde er auf Befehl Putins nach Tschukotka geschickt,[4] weil dieser das von Abramowitsch durch seine Beteiligungen an dem Ölkonzern Sibneft und dem mehr als 90 Prozent der russischen Aluminiumproduktion liefernden Giganten Rusal erwirtschaftete Vermögen unter seiner Kontrolle haben wollte. Es genügte nicht, dass Abramowitschs Stiftung Pfahl der Hoffnung bereit war, später 203 Millionen Dollar an Petromed, den mit der Bank Rossija verbundenen Medizintechnikkonzern, zu spenden.[5] Putin wollte auch auf Abramowitschs übriges Vermögen Zugriff haben, und unter den damaligen Gesetzen war es leichter, Funktionäre zu inhaftieren als Geschäftsleute.

»Putin hat mir gesagt, wenn Abramowitsch als Gouverneur das Gesetz bricht, kann er ihn sofort ins Gefängnis werfen«, erzählte der Abramowitsch-Partner.[6] Abramowitschs Investition großer Summen seiner privaten Mittel in Tschukotka schien dieses Risiko zu minimieren. Aber das Damoklesschwert rückwirkender Steuerforderungen ähnlich wie bei Jukos schien immer über Sibneft zu hängen – besonders da Abramowitsch nach Ansicht von Beobachtern gerade wegen seiner persönlichen Investitionen in Tschukotka stärker an der Angel des Kreml hing. Kurz nachdem er Gouverneur geworden war, übertrug Sibneft einen großen Anteil seines Ölhandels auf Unternehmen, die in der abgelegenen östlichen Region registriert waren und prompt Hunderte Millionen Dollar Steuererleichterungen bekamen. Ein Sprecher von Abramowitsch bestreitet diese Darstellung und weist darauf hin, dass Abramowitsch bereits vor der Wahl von Putin zum Präsidenten von der Duma als Gouverneur für Tschukotka gewählt worden war.[7]

Diese Steuersparmanöver sahen denen, durch die Chodorkowski im Gefängnis gelandet war, bemerkenswert ähnlich – und für Sibneft war es dadurch möglich, sogar noch weniger Steuern zu zahlen als Jukos.[8]

Wie zur Warnung wurde Abramowitsch nur wenige Monate nach Beginn seiner Amtszeit als Gouverneur von der Moskauer Staatsanwaltschaft zu einer Befragung vorgeladen.[9] Der Steuerbetrug, der ihm vorgeworfen wurde, schien vergleichsweise gering: die Unterschlagung von 350 000 Dollar. Drei Jahre später jedoch, im März 2004, unmittelbar nachdem die russische Steuerbehörde die erste Serie von Nachforderungen stellte, deretwegen Jukos schließlich bankrottging und vom Staat übernommen wurde, stieg die Summe auf einmal an. Gegen Sibneft wurde nun wegen Unterschlagung von über 1 Milliarde Dollar im Jahr 2001 ermittelt.[10]

Die Ermittlungen endeten ergebnislos, und Sibneft ist immer dabeigeblieben, dass seine Steuertricks legal gewesen seien.[11] Doch die stets präsente Bedrohung durch Vorwürfe der Steuerhinterziehung übte auf die Jelzin-Ära-Oligarchen Druck aus und machte sie zahm gegenüber Putins Regime. Manche hatten den Eindruck, Abramowitsch sei von ihnen nur der erste gewesen, lange vor allen anderen. Wie um das zu unterstreichen, eröffnete ihm Putin angeblich, nachdem die acht Jahre harter Arbeit als Gouverneur von Tschukotka endlich vorbei waren, sein nächstes Ziel sei eine weitere verarmte, trostlose Region in Russlands fernem Osten. »Er ist ein junger Kerl. Der kann ruhig arbeiten«, hatte Putin gesagt.[12] »Er sollte nach Kamtschatka gehen und noch mehr von seinem privaten Kapital einsetzen«, so eine Person aus Abramowitschs näherem Umfeld. Schließlich, und erst nach langen Verhandlungen, blieb Abramowitsch dies erspart.

Nach dem Chodorkowski-Prozess war Russlands Geschäftsleuten nur zu bewusst, dass sie jederzeit damit rechnen mussten, angeklagt zu werden, und dass sie in einem solchen Verfahren von Anfang an schlechte Karten haben würden – ob sie nun schuldig waren oder nicht. Ein Feudalsystem wurde wiedereingeführt, in dem die Eigentümer der größten Unternehmen des Landes, besonders jene im Sektor strategischer Ressourcen, zunehmend wie angestellte Manager des Staates agierten. Sie waren fortan bloß die Hüter ihrer Unternehmen und durften sie nur dank der Gnade des Kreml behalten.

Diese Mentalität hatte ihre Wurzeln im zaristischen System und in den Überzeugungen von Männern wie Jean Goutchkoff und Serge de Pahlen. Putins KGB-Leute waren die neuen Herrscher des Landes mit imperialen Ambitionen, die rechtmäßigen Eigentümer seiner Ressourcen, und seine Vermögenswerte sollten an Kreml-Günstlinge verteilt werden, die für den Staat arbeiten und natürlich an ihre Herren Tribut entrichten mussten. »2003 war die erste Phase von Russlands Transition – die Phase des Oligarchenkapitalismus – vorbei, und die zweite Phase – die des staatsfreundlichen Kapitalismus – begann«, sagte Jewgeni Jasin, ein einflussreicher Ökonom und treibende Kraft bei dieser Neuordnung. Die KGB-Männer, die an die Macht gekommen waren, sagte er, sahen es als ihr gutes Recht an, den Reichtum des Landes als ihren eigenen zu betrachten: »Sie glaubten, sie hätten das Land vor dem endgültigen Zusammenbruch bewahrt. Aber in Wirklichkeit haben sie bloß die Macht an sich gerissen; und das Land wird so geführt, dass die herrschende Klasse bestehen bleibt.«[13]

*

Die Anzeichen hätten beunruhigen sollen. Aber lange Zeit konnte man den Eindruck gewinnen, als würde der Westen nicht verstehen, wie weit die russische Transformation ging. Der Aufstieg von Putins KGB-Männern war offensichtlich, da sie den strategisch wichtigen Energiesektor lenkten und die Aufsichtsräte und Vorstände der größten staatlichen Unternehmen besetzten. Die übrige Wirtschaft des Landes, so schien es dem Westen, wäre hingegen nach wie vor zu weiten Teilen unabhängig. Tycoons aus der Jelzin-Ära wie Abramowitsch wurden als Symbole der modernisierenden, prowestlichen Kräfte in der russischen Wirtschaft gesehen. Und vor allem schien es, als würde die Wirtschaft endlich einmal brummen, und so wuchs die Hoffnung, dass eine aufstrebende Mittelschicht eines Tages mehr Mitsprache in politischen Prozessen verlangen würde.[14]

Seit Putin als Jelzins Nachfolger eingesetzt worden war, waren die Ölpreise gestiegen und hatten die wirtschaftliche Erholung vorangetrieben. 2005 hatte sich der Ölpreis verdreifacht, und Russlands desaströse Schulden in Höhe von 40 Milliarden Dollar und die Rubelabwertung von 1998 schienen nur noch eine schwache Erinnerung zu sein.

Zu diesem Zeitpunkt verfügte das Land über 150 Milliarden Dollar Devisenreserven, die fünftgrößten der Welt.[15] Unter der Federführung des liberalen Finanzministers Alexej Kudrin hatte die Regierung einen Stabilitätsfonds eingerichtet; er speiste sich aus den zusätzlichen Einnahmen aus den Mineralölsteuererträgen, zu denen es durch die Änderung der Steuergesetze gekommen war, gegen die sich die Ölmagnaten so gewehrt hatten. 2005 befanden sich in diesem Fonds, der als Puffer für die Wirtschaft dienen sollte, falls es zu einem plötzlichen Absturz des Ölpreises käme, 30 Milliarden Dollar.[16] Im darauffolgenden Jahr waren es 70 Milliarden, während die Währungsreserven auf 260 Milliarden Dollar angewachsen waren.[17] Der Ölpreis war zu diesem Zeitpunkt auf mehr als 60 Dollar pro Barrel gestiegen – von 17,4 Dollar im Jahr 1999, als Russland gerade eben seine jüngste Wirtschaftskrise überstanden hatte und Jelzin Putin zu seinem Nachfolger gekürt hatte. Der Anstieg des Ölpreises veränderte alles. Das wirtschaftliche Chaos, das geholfen hatte, die Jelzin-Familie davon zu überzeugen, ihre Macht an die Geheimdienstler abzutreten, schien Welten entfernt.

Während Roman Abramowitsch hart an der Verbesserung des Lebensstandards in Tschukotka arbeitete, fand in anderen regionalen Hauptstädten und Moskau eine nicht gelenkte Transformation statt. Zunächst langsam, dann immer schneller wurden in den Innenstädten hell erleuchtete Shoppingmalls nach westeuropäischen Vorbildern errichtet. Geschäfte wie Mango, Benetton, Diesel und Adidas traten an die Stelle schäbiger Imbissbuden und Kaufhäuser aus der nicht allzu fernen sowjetischen Vergangenheit.[18] Edelrestaurants in Städten im tiefsten Sibirien servierten Lamm aus Neuseeland, Kalbfleisch aus Australien und Wein aus Frankreich.[19] Die Konsumausgaben stiegen in ungeahnte Höhen. In Russland entstand plötzlich eine Mittelschicht. Die Leute hatten nach einem Jahrzehnt, in dem ihre Ersparnisse sich zweimal über Nacht in Nichts aufgelöst hatten, endlich Geld, das sie ausgeben konnten. Während der Ölpreis in den Jahren nach Putins Amtsantritt nach oben kletterte, wuchs die Konjunktur im Schnitt um 6,6 Prozent, und das durchschnittliche Monatsgehalt vervierfachte sich.[20]

Dies war eine Zeit des Wohlstands und der Stabilität. Und obwohl es keine Verbindung zwischen dem Anstieg des Ölpreises, der diese

Entwicklung antrieb, und Putin gab, war dies ebenfalls die Zeit, in der sich sein gottgleicher Status als der Zar, der Russland gerettet hat, herausbildete. Das gehörte zu dem ungeschriebenen Pakt, den das russische Volk anscheinend mit seinem Präsidenten eingegangen war. Es entschied sich, die zunehmende staatliche Korruption, die wachsende willkürliche Macht des FSB und aller Zweige der Strafverfolgung über große wie kleine Unternehmen zu ignorieren. Dass die Freiheit der Medien beschnitten wurde, kümmerte die Menschen nicht, solange ihr Einkommen stieg, solange finanzielle Stabilität herrschte. Die Leute begannen zu leben wie ihre europäischen Nachbarn. Putin und seine KGB-Männer konnten anscheinend ins Gefängnis bringen, wen sie wollten, solange die aufstrebende Mittelschicht sich einen jährlichen Urlaub in Ländern wie der Türkei leisten konnte.

Die Geschichten der Besetzung von Spitzenpositionen durch KGB-Leute, dem Abzweigen von Vermögenswerten und der Korruption der Rechtsprechung erreichten die Bevölkerung zumeist gar nicht, schließlich lenkte Putins Kreml die Medien und hatte jeglichen politischen Wettbewerb beseitigt. Die nunmehrige Kontrolle aller Hebel der Macht durch den Kreml führte dazu, dass den Leuten der Bezug zu politischen Prozessen abhandenkam. Stattdessen gab sich die russische Bevölkerung in einem von der Politologin Masha Lipman später als »Nicht-Partizipationspakt«[21] bezeichneten Einvernehmen damit zufrieden, dass sämtliche politische und wirtschaftliche Entscheidungsgewalt im Kreml zusammenlief, solange sich dies nicht auf ihr Privatleben auswirkte.

Dies war ein völlig anderes Modell als das sowjetische. Damals hatte die anmaßende Macht der Partei und des KGB nahezu alle Aspekte des Alltags durchdrungen. Nun hielten sich die staatlichen Organe weitgehend zurück, solange die Interessen der Sicherheitsbehörden unberührt blieben. Ein Großteil der Bevölkerung akzeptierte bereitwillig das neue System, das die Regierungsweise, die in Russland seit Zarenzeiten vorherrschte, weiter zementierte. Es war, wie Lipman schrieb, »die immer wiederkehrende russische Ordnung – der dominante Staat und die machtlose, zersplitterte Gesellschaft«.[22]

Die Geschäftsleute mit KGB-Verbindungen, mit denen ich gesprochen habe, haben häufig auf diese Denkweise verwiesen, um ihr Handeln und ihre Macht zu rechtfertigen. Es sei, sagten sie, Russlands Tragödie, dass sein Volk gar keine politische Teilhabe wolle, ja, es wisse gar nicht, wie das gehe. Dies sei von Anbeginn tief in der russischen Mentalität verankert, behaupteten sie und schüttelten dabei traurig den Kopf. In Wahrheit überzeugten sie sich aber einfach mit dieser bequemen Erklärung selbst davon, dass es richtig sei, die Bevölkerung aus demokratischen Prozessen herauszuhalten. Die KGB-Männer hatten die Lektionen der sowjetischen Vergangenheit gelernt. Anstelle eines erdrückenden Staates war nun der Kapitalismus das Instrument geworden, das ihnen erlaubte, tun und lassen zu können, was sie wollten. Tatsächlich glaubten seine Repräsentanten, die Leute wären zufrieden, wenn sie »einen Kühlschrank, einen Fernseher, ein Haus, Kinder, ein Auto« hätten, wie ein Genfer Geschäftspartner von Jean Goutchkoff es zynisch formuliert hat.[23]

Manche politische Entscheidungsträger im Westen glaubten jedoch weiterhin an einen anderen Traum für Russlands aufstrebende Mittelschicht. Ihre Hoffnung war, dass die Menschen mit steigenden Einkommen und engerem Kontakt zu westlichen Ländern mehr politische Rechte fordern würden.[24] Bestärkt durch den augenscheinlichen Sieg im Kalten Krieg und die Vergrößerung der Europäischen Union um Länder des ehemaligen Ostblocks glaubte der Westen an die globale Integration Russlands und öffnete seine Märkte noch stärker für das Land. Der Glaube an die Macht der Globalisierung, an liberale Märkte und die Demokratie befand sich auf seinem Höhepunkt. Die Erweiterung der Europäischen Union Richtung Osten sei »der wichtigste Beitrag für Frieden, Stabilität und Wohlstand in Europa in den vergangenen Jahren gewesen«, erklärte der zuständige EU-Kommissar Günter Verheugen in der Euphorie des Jahres 2004.[25]

Russische Unternehmen beeilten sich, ihre Aktien an westlichen Börsen zu listen, vor allem in London. Allein im Jahr 2005 nahmen sie in der britischen Hauptstadt über 4 Milliarden Dollar durch Aktienverkäufe ein – verglichen mit 2,3 Milliarden auf allen Märkten in den dreizehn Jahren unmittelbar nach dem Zerfall der Sowjetunion.[26] Im Westen war man der festen Überzeugung, dass diese Unternehmen und die zumeist noch aus der Jelzin-Zeit stammenden Wirtschaftsbosse hinter ihnen Russlands Zukunft darstellten. Trotz der Ängste, die durch die staatliche Übernahme von Jukos geweckt worden waren, glaubte man, dass die steigende Zahl der Aktienangebote ein Zeichen dafür sei, dass sich Russland zu einer echten Marktwirtschaft entwickelte.

Die Unternehmen, die es nach London zog, mussten drei Jahre nach internationalen Standards geprüfte Bilanzen vorweisen sowie mindestens sechs Monate an der Moskauer Börse gehandelt worden sein, um dort gelistet zu werden.[27] Viele politische Entscheidungsträger im Westen glaubten, je mehr russische Firmen an westliche Börsen gingen, desto mehr müssten sie sich an die westlichen Transparenz- und Governance-Regeln anpassen. »Die allgemeine Überzeugung war, dass die Oligarchen, die ihre Unternehmen an die Börse brachten, den Corporate-Governance-Normen folgen müssten, dass sie Teil des globalen Systems würden«, sagte Nigel Gould-Davies, ein früherer Wirtschaftsattaché an der britischen Botschaft in Moskau und späterer britischer Botschafter in Belarus.[28] Statt ihre Aggressivität während der Transition in den Neunzigern beibehalten zu können, »würden sie dazu gezwungen sein, ihr Verhalten zu ändern«. Eine Börsenzulassung in London wurde außerdem als zusätzlicher Schutz vor einer Attacke durch Putins *silowiki* und als begehrtes Symbol der Respektabilität betrachtet.

Westliche Banker und der Politikbetrieb setzten ihre Hoffnungen auf die steigende Zahl russischer Unternehmen in London, die das Wachstum der Mittelschicht in ihrem Heimatland weiter vorantrieben. Die heranwachsende Generation von Geschäftsleuten würde eines Tages Druck auf Putins Regierung ausüben und sie zur Liberalisierung von Politik und Wirtschaft drängen, so die Überzeugung. »Die Chancen stehen gut, dass sich die Dinge aufgrund der gesellschaftlichen Veränderungen in die richtige Richtung entwickeln«, meinte Stephen Jennings, der aus Neuseeland stammende Vorstand von Moskaus größter Investmentbank Renaissance Capital. »An irgendeinem Punkt werden diese Bedingungen nach einer liberaleren, stärker modernisierenden Führung verlangen. Wir wissen nur noch nicht, ob es die nächste oder die übernächste sein wird.«[29]

Westliche Banker pilgerten nach Moskau, um dort mit den Börsengängen russischer Unternehmen Geld zu machen – manche in der festen Überzeugung, »Gottes Werk« zu tun, indem sie den Menschen die Marktwirtschaft brachten und sie von der harten Hand des Staates befreiten. Delegationen aus der Londoner City, dem Finanzplatz der Stadt, flogen regelmäßig nach Moskau, um dort Kundschaft aufzutun, und betonten dabei die Vorteile von Londons »zurückhaltender Regulierung«.[30] Zu einer Zeit, in der die Schwellenländer weltweit boomten, insbesondere China und Indien, war Russland die größte Quelle internationaler Aktienangebote an der Londoner Börse geworden.[31]

Vielleicht war die Londoner City so in den Bann gezogen von der Kapitalflut, dass Banker und Investoren häufig Bedenken über die ganz andere Anmutung der nächsten Welle russischer Angebote beiseiteschoben. Bei den Unternehmen, die nun nach London kamen, handelte es sich vorwiegend um die neuen Giganten von Putins Staatskapitalismus, der keinerlei Interesse an einer Liberalisierung der russischen Wirtschaft hatte. Die City beschloss auch, die Tatsache zu ignorieren, dass die Transparenz der Eigentumsverhältnisse und Bücher einiger dieser Firmen große Mängel aufwies. Einer der Gründe, weshalb russische Unternehmen nach London strömten, war, dass die Anforderungen für die Aufnahme an der Börse dort wesentlich niedriger waren als in New York. In den USA verlangen die Vorschriften, dass Unternehmensleitung und Finanzvorstände von Unternehmen, die an die Börse wollen, die Korrektheit der Bilanzen bestätigen.[32] Falls sich dann etwas als unwahr oder irreführend herausstellte, galt dies als Straftatbestand. »Kein russisches Unternehmen war dafür bereit. Wir hätten weitere fünf Jahre gebraucht, um alles in Ordnung zu bringen, vielleicht länger«, sagte Dmitri Gololobow, ein russischer Anwalt, der an einer Listung von Global Depository Receipts von Jukos mitgearbeitet hatte, das die Pläne dann aber wegen zu hoher Risiken fallen ließ.[33] In London dagegen wurden diese Unternehmen mit offenen Armen von einem System empfangen, das wesentlich niedrigere Due-Diligence-Standards erlaubte und es den Investoren überließ zu überprüfen, ob die von den Unternehmen bereitgestellten Informationen korrekt waren oder nicht.[34]

Die Londoner *Financial Times* bemerkte trocken, die Seiten des Wertpapierprospekts des bevorstehenden Londoner Aktienangebots von NLMK-Stahl enthielten »mehr Drama als ein Dostojewski-Plot«.[35]

Der Prospekt bildete einen Dschungel an Insiderhandel und undurchsichtigen Transaktionen ab. Dutzende Millionen Pfund wurden zwielichtigen Unternehmen als zinsfreie Darlehen gegeben, welche dann später vom Mehrheitsaktionär des Stahlherstellers gekauft wurden. Weitere Millionen wurden als »Beraterhonorare« an dieselbe Person überwiesen. Vor allem aber hatte die Privatisierung von NLMK während Russlands darwinistischer Wildostphase in den Neunzigern stattgefunden, und das Unternehmen gab zu, dass sein Eigentum und Eigentumsanspruch an jeder anderen Firma, die es je erworben hat, jederzeit infrage gestellt werden konnten. Dennoch standen die Investoren Schlange. Tony Blairs Regierung schien der City den Befehl gegeben zu haben, ihre Tore für russisches Geld zu öffnen, aus welchen Quellen auch immer es stammen mochte.

Russische Börsengänge bescherten London einen gewaltigen Einkommensstrom für Armeen von Bankern, Anwälten, Beratern und PR-Agenturen. Die Stadt wurde mit russischem Geld überflutet. Doch nicht Russland wurde durch seine Integration in westliche Märkte verändert, sondern der Westen. Die Tycoons, die nach London kamen, von denen der Westen sich erhofft hatte, dass sie die treibenden Kräfte des Wandels sein würden, wurden im Gegenteil noch abhängiger vom Kreml. Sie waren zu Geiseln geworden von Putins zunehmend autoritärem und kleptokratischem Staat. Statt dass Russland sich an das auf Regeln basierende System des Westens anpasste, wurde dieser langsam korrumpiert. Es war, als wäre ihm ein Virus gespritzt worden.

*

Der Weg war zum Teil bereitet, wie es schien, als Roman Abramowitsch im Sommer 2003 den FC Chelsea kaufte. Die Übernahme für 150 Millionen Pfund (240 Millionen Dollar) war eine Art PR-Coup. Londoner Zeitungen bestaunten Abramowitschs private Boeing 767, wenn er in die britische Hauptstadt einflog, um seinen neu erworbenen Fußballclub zu inspizieren. Sie widmeten seinen Luxusjachten, darunter die größte der Welt, die *Eclipse*, ein 168 Meter langer schwimmender Palast mit zwei Hubschrauberlandeplätzen und einem eigenen U-Boot, zahlreiche Zeilen. Der verschlossene Oligarch mit dem Vollbart und den schlichten Jeans wurde dafür gelobt, dass er hohe Summen dafür ausgab, weltberühmte Spieler zu Chelsea zu holen und das Vereinsstadion an der Stamford Bridge umzubauen. Nur wenige fragten, woher sein Geld eigentlich stammte. »Das war sehr gute Publicity«, sagte ein ehemaliger Geschäftspartner von Abramowitsch. »Mit Chelsea bekommt er drei Seiten im Sportteil, und da steht dann nichts Schlechtes. Niemand stellt ihm unangenehme Fragen.«[36]

Sergej Pugatschow zufolge hatte Putins Kreml korrekt kalkuliert, dass der Weg, die Akzeptanz der britischen Gesellschaft zu gewinnen, über die größte Liebe des Landes ging – seinen Nationalsport. Nach Pugatschows Ansicht hatte der Kauf des Clubs von Anfang an dazu gedient, einen Brückenkopf für den russischen Einfluss in Großbritannien zu etablieren.[37] »Putin hat mir persönlich von seinem Plan erzählt, den Chelsea Football Club zu kaufen, um seinen Einfluss zu erhöhen und die Wahrnehmung Russlands zu stärken, nicht nur bei der Elite, sondern auch beim gewöhnlichen britischen Volk«, sagte er und bezog sich dabei auf ein Treffen, das er angeblich ein Jahr, bevor Abramowitsch den Kauf realisierte, mit Putin gehabt hatte.[38] Für einen anderen russischen Tycoon und ehemaligen Geschäftspartner Abramowitschs sah es so aus, als habe Putin Abramowitsch gebeten, den Club zu kaufen. Der Kauf machte Abramowitsch über Nacht zu einer Berühmtheit in Großbritannien. Die Einladung, ein Match von seiner privaten Lounge aus anzuschauen, war heißbegehrt. Für Abramowitsch »war das … die Eintrittskarte in die englische High Society«, sagte ein russischer Tycoon.[39]

Der ehemalige Abramowitsch-Partner vermutete, dass Abramowitschs Einstieg in den Premier-League-Fußball offenbar außerdem darauf abgezielt hätte, Russlands Geltung beim Weltfußballverband FIFA zu erhöhen, der später Russland zum Austragungsland der Weltmeisterschaft 2018 kürte. »Putin forderte Roman auf, in den Fußball einzusteigen«, sagte ein ehemaliger Abramowitsch-Partner. »Er fand, das sollten sie tun, um Einfluss in der FIFA zu gewinnen, die bekanntermaßen eine korrupte Organisation war.«[40] »Chelsea war seine Eintrittskarte in die Fußballwelt«, stellte der russische Tycoon fest. »Er konnte den Club nutzen, um für Moskau als WM-Austragungsort zu werben, was für die Stadt viel bedeutete. Sie wollten unbedingt Gastgeber sein, um den Leuten zu zeigen, dass Russland nicht isoliert war. Das war ihnen sehr wichtig.«[41]

Außer den Statements der Beteiligten gibt es keinen Beleg für die Aussagen von Pugatschow, des früheren Geschäftspartners und des russischen Tycoons zum Kauf des Chelsea Football Club, und eine Person aus Abramowitschs näherem Umfeld stritt vehement ab, dass der Milliardär auf Geheiß des Kreml handelte, als er den Club kaufte.[42] Dieselbe Person berichtete, Abramowitsch habe sich zunächst nach Clubs in Italien und Spanien umgesehen, doch diese hätten sich als ebenso »problematisch« herausgestellt wie vier andere Clubs in Großbritannien, bevor er bei Chelsea zugriff; hierbei habe es sich um einen »Notkredit« gehandelt. Sie fügte hinzu, dass der Präsident möglicherweise über den Kauf informiert war. Abramowitsch selbst erklärte, er habe als Chelsea-Eigner zwei Ziele bei seiner Investition verfolgt: »Weltklasse-Teams auf den Platz zu bringen und dafür zu sorgen, dass der Club eine positive Rolle spielt gegenüber seinen Bezugsgruppen«. Ein Sprecher von Abramowitsch wies darauf hin, dass Pugatschow bei früheren Gerichtsverfahren in Großbritannien als unglaubwürdiger Zeuge eingestuft wurde.[43] Der Sprecher ergänzte, die Übernahme des FC Chelsea habe nicht das Ziel verfolgt, Russlands Einfluss bei der FIFA auszubauen, der Kauf sei mehrere Jahre vor der Ankündigung Russlands, sich für die Ausrichtung der Fußball-Weltmeisterschaft 2018 bewerben zu wollen, erfolgt. Abramowitsch würde in seine Stadionlounge die Familie und Freunde einladen, nie jedoch englische Politiker, so der Sprecher.

Als der Deal über die Bühne ging gab es allerdings auch Beobachter, die vermuteten, Abramowitsch habe den Club in der Absicht erworben, im Falle eines Kreml-Angriffs zumindest einen Teil seines Vermögens gesichert zu haben. Was auch immer seine Motive gewesen sein mögen, Abramowitschs Entscheidung für Chelsea wurde zu einem Sinnbild russischen Kapitals, das nach Großbritannien floss; und die Bereitwilligkeit der Insel, das Geld anzunehmen, trug dazu bei, dass sich das russische Geld mit dem Londoner Gesellschaftsleben verwob.

Weshalb nur wenige Fragen zu Abramowitsch gestellt wurden, lag teilweise daran, dass er nichts mit Putins KGB-Männern zu tun zu haben schien. Er hielt enge Verbindungen zur Jelzin-Familie aufrecht, so zu Walentin Jumaschew und Alexander Woloschin, dem Leiter der Präsidialverwaltung der Jelzin-Ära. Er wurde als vorzeigbares Gesicht der russischen Geschäftswelt gesehen, als Vertreter des liberaleren Flügels der russischen Elite, um die Großbritannien so bemüht war. Alexander Temerko, der frühere Jukos-Anteilseigner, der Ende 2004 aus Russland nach Großbritannien geflohen war, weist jedoch darauf hin, dass diese Wahrnehmung für Putin letztlich bloß praktisch war. »Putin mag es, wenn Leute wie Abramowitsch und Jumaschew durch die Welt reisen und überall erzählen, dass er gar kein Raubtier ist. Er braucht sie dafür. Sie sind ehrenamtliche, unbezahlte Botschafter für ihn.« Ein Sprecher von Abramowitsch weist diese Behauptung zurück.[44]

Der KGB-Kapitalismus wurde extrem dynamisch, als er seinen Wirkungsbereich in den Westen ausweitete, während die Energiepreise stetig stiegen. Die Übernahme von Abramowitschs Sibneft-Ölkonzern war Teil der Transformation. Im September 2005 wurde auch dieser vom Staat geschluckt, als der Kreml fortfuhr, seine Kontrolle über den Energiesektor auszuweiten. Doch statt wie Chodorkowski im Gefängnis zu landen und sein Unternehmen über Milliarden Dollar Steuernachforderungen bankrottgehen zu sehen, konnte Abramowitsch Sibneft für 13 Milliarden Dollar – in bar – an den Staat verkaufen. Statt das Unternehmen mit Jukos zu fusionieren und es dann an einen US-Konzern wie Exxon oder Chevron zu verkaufen, wie Chodorkowski und er es einst geplant hatten, hatte Abramowitsch, so sahen es einige, sich der Macht des Kreml gebeugt. Wieder einmal hatte er kaum eine andere Wahl. Der Verkauf von Sibneft an Gazprom Ende 2005 war eine weitere Stufe in dem Prozess, in dem die Übernahme des Energiesektors durch den Kreml international legitimiert und der russische Börsenboom weiter befeuert wurde.

Der Deal wurde in einem mehrstufigen Verfahren durchgeführt; es begann knapp zwei Wochen nachdem ein Moskauer Gericht im Mai 2005 Chodorkowskis Schuldspruch verkündet hatte. Zu jenem Zeitpunkt bemühte sich die russische Regierung, die Stimmung der ausländischen Investoren mit dem ultimativen Lockmittel zu heben, und verkündete, dass sie 7 Milliarden Dollar Kredite von internationalen Banken aufnehmen werde, um ihre Beteiligung an Gazprom auf einen Mehrheitsanteil von 51 Prozent zu bringen.[45]

Das war die Aktion, auf die ausländische Investoren lange gewartet hatten. Es mag widersprüchlich erscheinen, dass mehr Regierungskontrolle über Gazprom gut für sie sein sollte, aber sie waren jahrelang vom freien Handel mit Wertpapieren des weltgrößten Gasproduzenten ausgeschlossen gewesen, da der russische Staat nicht offiziell Mehrheitseigner war. Tatsächlich kontrollierte er den Gaskonzern natürlich, aber auf dem Papier gehörten ihm nur 38 Prozent, und die Regierung fürchtete, ohne Einschränkungen, wie viel von Gazprom ausländische Investoren besitzen durften, würden diese die Kontrolle über Russlands strategisch wichtigstes Unternehmen übernehmen. Im vorausgegangenen Jahr, als die Regierung Pläne öffentlich machte, Gazprom und Rosneft zu fusionieren, hatte sie mit der Aussicht gewinkt, ihre Anteile bis zur Mehrheit aufzustocken und die Beschränkungen aufzuheben und dadurch den weltgrößten Energiekonzern ausländischen Investoren zugänglich zu machen. Doch diese Pläne scheiterten, als Jukos den verzweifelten Versuch unternahm, in Houston Gläubigerschutz zu erhalten, und wegen der rechtlichen Risiken Rosneft statt Gazprom Jugansk von Jukos erwarb. Diese Übernahme befeuerte die Ambitionen von Rosnefts Vorstandsvorsitzendem Igor Setschin, seinen eigenen Staatskonzern aufzubauen, unabhängig von Gazprom, und interne Machtkämpfe zwischen den beiden staatlichen Giganten machten die Fusionierungspläne zunichte.

Nun, da sich die Wogen geglättet hatten, kündigte die Regierung einen viel einfacheren Deal an. Sie würde sich 7 Milliarden Dollar von internationalen Banken leihen, um die Anteile zu kaufen, die sie benötigte, um Gazproms größte Gesellschafterin zu werden, und sie würde die Aktien direkt vom Unternehmen kaufen. Die Ankündigung ließ die Börse nach dem zermürbenden Chodorkowski-Fall jubeln. Nun, da dieses Verfahren vorbei war, glaubten Investoren, ein neues Kapitel habe begonnen. Die Aufhebung der Anteilsbeschränkungen für ausländische Eigentümer war immer als Weg für den Kreml betrachtet worden, sich das Wohlwollen ausländischer Investoren nach dem vergifteten, erzwungenen Verkauf von Jugansk zu erkaufen. Nun hofften die Investoren, dass das Urteil im Fall Chodorkowski das Ende der staatlichen Attacken markierte, dass es sich um einen Einzelfall handelte und dass der Kreml keine weiteren Vermögenswerte beschlagnahmen werde. Der Aktienmarkt boomte, der RTS-Index verdoppelte sich innerhalb eines halben Jahres. Das Wachstum, das während der Chodorkowski-Affäre stagniert hatte, hatte sich nun vollständig erholt, angetrieben durch die Gazprom-Aktien, deren Wert um hundert Prozent stieg. Zu der vorsätzlichen Blindheit gegenüber der zunehmenden Reichweite des staatlichen Einflusses gehörte, dass diese anscheinend keine Rolle spielte, solange sich die Aktienpreise positiv entwickelten.

Gazprom wiederum kündigte an, die Mittel, die sie von der Regierung für ihre Anteile erhalten hatte, selbst für einen Unternehmenskauf zu verwenden: Statt Abramowitschs Sibneft in den Bankrott zu treiben und dann zu übernehmen, wollte Gazprom den Konzern kaufen. Dies war ein Kompromiss in dem internen Machtkampf mit Setschin, durch den Gazprom einen eigenen Ölproduzenten bekam. Am Ende erwarb Gazprom Sibneft von Abramowitsch für 13 Milliarden Dollar in einem Geschäft, das zu unterstreichen schien, wie sehr sich Abramowitschs Schicksal von dem Chodorkowskis unterschied.[46] Durch den Deal gelangte ein weiterer Ölkonzern aus dem privaten Sektor in die Hände von Putins Leuten. Doch wie es aussah, war Abramowitsch mit einem fairen Marktpreis für sein Unternehmen davongekommen, ohne den Zwangsverkauf, den Konkurs und die Steuernachforderungen wie im Fall Chodorkowski – trotz der Tatsache, dass Sibneft Steuern nach einem noch niedrigeren Steuersatz gezahlt hatte, als Jukos es jemals getan hat. Die Übernahme wurde als größte in der Geschichte Russlands gepriesen und vom Markt als Zeichen wahrgenommen, dass der Kreml die Jukos-Affäre hinter sich gelassen hatte und es keine weiteren Enteignungen geben werde.

Tatsächlich handelte es sich um eine Weiterentwicklung eines entstehenden KGB-Kapitalismus. Von Boris Beresowski kamen die Gerüchte, dass Abramowitsch den Löwenanteil der 13 Milliarden Dollar mit Putins Männern würde teilen müssen. »Ich sage schon lange, dass Putin ein Geschäftspartner von Abramowitsch ist«, kommentierte sein ehemaliger Geschäftskollege Boris Beresowski damals. »Ich habe keinen Zweifel daran, dass der Gewinn aus dem Sibneft-Verkauf zwischen Abramowitsch und Putin und weiteren Personen aufgeteilt wird.«

Bei den Recherchen zu diesem Buch wurde ein Sprecher von Abramowitsch nach solchen Forderungen gefragt. Er habe, antwortete er, nie irgendwelche Beweise dafür gesehen. Ein anderer Sprecher Abramowitschs wies später die Behauptung entschieden zurück und machte darauf aufmerksam, dass Beresowski bei seinem Rechtsstreit mit Abramowitsch nie einen Beweis erbrachte, der seine Behauptung gestützt hätte.

Es entwickelte sich ein System, in dem alle Unternehmen jeder Größe vom Wohlwollen des Kreml abhängig waren, in dem Tycoons dem Staat dienen mussten, wollten sie ihr Ansehen und ihren Reichtum behalten. Aber es war auch ein System, das durch List immer mehr an internationaler Akzeptanz und Legitimität gewann. Der Westen hatte die scheinbar liberalen Tycoons wie Abramowitsch sofort akzeptiert, und nun begann er sich auch mit der neuen Energieordnung des Kreml abzufinden. Im darauffolgenden Jahr, im Sommer 2006, schob er Bedenken hinsichtlich der De-facto-Konfiszierung von Jukos' Hauptproduktionseinheit Jugansk beiseite und erlaubte Rosneft den Gang an die Londoner Börse. Dies war der Punkt, an dem die Integrität der westlichen Märkte ihren ersten echten Schlag abbekam.

Die Aktienofferte von Igor Setschins Rosneft in jenem Jahr war als einer der weltweit größten Börsengänge begrüßt worden. Anfangs hieß es vonseiten des Unternehmens, es plane damit, 20 Milliarden Dollar einzunehmen, eine Summe, die Rekorde gebrochen hätte.[47] Auch wenn Rosneft die Summe schließlich auf die Hälfte beschränkte, war der Umfang für westliche Banker immer noch gigantisch, und sie beeilten sich, einen Teil der 120 Millionen Dollar Gebühren abzugreifen.[48] Der Börsengang, immer noch der drittgrößte in jenem Jahr, war im Grunde genommen ein Investorenreferendum über die Übernahme des russischen Energiesektors durch den Kreml. Die westlichen Manager, die Jukos oder das, was von dem Unternehmen übriggeblieben war, aus dem Exil heraus führten, schimpften über den Verkauf und behaupteten, er sei ein wesentlicher Schritt zur Begünstigung der Veräußerung von Diebesgut, und versuchten ihn über die britische Marktregulierungsbehörde zu stoppen.[49] Alles an der Übernahme von Jugansk durch Rosneft sei illegal gewesen, sagten sie – angefangen mit den selektiven und rückwirkenden Steuernachforderungen, die zu dem Zwangsverkauf geführt hatten, bis zum Verkauf selbst, der gegen eine einstweilige Verfügung des Gerichts in Houston verstieß und zu einem Schleuderpreis geschah.

Für alle, die knapp ein Jahr zuvor entsetzt zugesehen hatten, wie Putins KGB-Männer das juristische Verfahren auf den Kopf stellten, um die Kontrolle über Jugansk zu erlangen, warf die Börsennotierung ernste moralische und ethische Bedenken auf. George Soros, der Philanthrop gewordene Milliardeninvestor, schrieb an die *Financial Times* und stellte infrage, ob der Börsengang überhaupt zugelassen werden sollte: »Zu argumentieren, dass er die Transparenz verbessere, lässt die Tatsache außer Acht, dass Rosneft ein Instrument des Staates ist, das immer zuvörderst den politischen Zielen Russlands dienen wird, nicht denen der Anteilseigner.«[50] Andere Jukos-Verteidiger glaubten, ein erfolgreicher Börsengang würde vom Kreml als Gütesiegel betrachtet werden. »Westliche Führungskräfte müssen eine realistische und langfristige Perspektive auf die Auswirkungen in Bereichen wie fundamentale Menschenrechte und Rechtsstaatlichkeit einnehmen, die ein Appeasement gegenüber den Russen mit sich bringt«, schrieb Robert Amsterdam, einer von Chodorkowskis Anwälten, dessen Klient zu diesem Zeitpunkt schon rund ein Jahr in einem Straflager in Russlands fernem Osten verbracht hatte. »Tun sie das nicht, werden diejenigen, die zurzeit in Russland an der Macht sind, die westliche Doppelmoral als Lizenz zur Straffreiheit auslegen. Zu leugnen, nicht ernst zu nehmen oder kleinzureden, wie schwerwiegend die Konsequenzen sein werden, bedeutet, die Lektionen der Geschichte zu ignorieren.«[51]

Obwohl sich das, was Amsterdam schrieb, im Rückblick wie eine Warnung vor dem liest, was dann geschah, hatten Putins Männer korrekt kalkuliert, dass Geld für den Westen alle Bedenken überwiegen würde. »Letztendlich will jeder nur Geld machen, und das weiß der

Kreml«, sagte Harvey Sawikin, Vorstand des New Yorker Hedgefonds Firebird Management.[52] Trotz all der Proteste und drohender Gerichtsverfahren wurde der Börsengang durchgezogen und als Putins Triumph dargestellt, als dieser in jenem Sommer die G8 in Sankt Petersburg empfing. Rosneft wurde auf 80 Milliarden Dollar geschätzt, ein gewaltiger Sprung seit der Zeit vor der Übernahme von Jugansk für schlappe 9,4 Milliarden Dollar,[53] als sein Wert bei maximal 6 Milliarden Dollar lag. Die sich rasch verbessernde Bewertung war ein Beweis für die Macht von Putins KGB-Kohorte und das Wissen, dass ihr Rückhalt für Rosneft die künftige Expansion des Unternehmens garantierte: Die Unterstützung durch den Kreml bedeutete, dass Rosneft sich ohne jeden Zweifel in kommenden Konkursversteigerungen den Rest des Jukos-Vermögens für ein Butterbrot einverleiben würde.

Der öffentliche Börsengang war im Grunde genommen gar nicht öffentlich. Es handelte sich eher um eine Privatplatzierung. Ausländische Ölkonzerne wie BP, das malaysische staatliche Ölunternehmen Petronas und die China National Petroleum Corporation hatten, um sich mit dem Kreml gutzustellen, fast die Hälfte des gesamten Aktienangebots aufgekauft, während die Gazprombank mit ihren KGB-Verbindungen Anteile für 2,5 Milliarden Dollar erwarb.[54] Angeblich hätte der Kreml, der ein Scheitern des Verkaufs nicht riskieren konnte, Tycoons wie Abramowitsch gedrängt, sich daran zu beteiligen. Abramowitsch soll Aktien im Wert von 300 Millionen Dollar erworben haben.[55] Ein Sprecher von Abramowitsch erklärte, das Investment in Rosneft-Aktien sei ausschließlich aus finanziellen Erwägungen erfolgt, auf Grundlage einer Einschätzung der finanziellen Aussichten von Rosneft zum Zeitpunkt des Börsengangs. BP hatte kein Geheimnis daraus gemacht, dass es das Angebot nutzen wollte, um sich die Gunst des Kreml zu erkaufen, da es ihm hier um »den Aufbau von Beziehungen« ging. »Wir halten dies für ein gutes strategisches Investment für unsere Position in Russland und unsere Beziehung zur russischen Ölindustrie und zu den russischen Behörden«, sagte ein Sprecher des Unternehmens.[56] Doch andere Investoren beklagten, dass der Verkauf eine typische KGB-Operation gewesen sei, während US-amerikanische Investoren und Ölunternehmen sich aus Angst vor rechtlichen

Risiken fernhielten. »Das war eine gigantische Erpressung«, sagte ein Fondsmanager, der der Meinung war, der Verkaufspreis sei viel zu hoch angesetzt worden. »Sie haben in echter KGB-Manier Druck auf Investoren ausgeübt, um sicherzustellen, dass das Angebot erfolgreich über den Ladentisch ging.«[57]

Es schien für die Investoren jedoch keine große Rolle zu spielen, dass sie eine staatliche Übernahme durch Putins KGB-Männer legitimierten. Es schien sie auch nicht zu beunruhigen, dass die eingenommenen Gelder am russischen Staatshaushalt vorbeiliefen und stattdessen dafür genutzt wurden, das 7-Milliarden-Dollar-Darlehen zurückzuzahlen, das eine undurchsichtige Holding namens Rosneftegaz von internationalen Banken aufgenommen hatte, als der Staat seinen Anteil an Gazprom im vorausgegangenen Jahr erweitert hatte. Es war Teil dessen, was der ehemalige stellvertretende Energieminister Wladimir Milow als »einen Taschenspielertrick« bezeichnet hatte, der einzig und allein darauf abzielte, die Transparenz zu vermeiden, die normalerweise bei Privatisierungen von Staatsunternehmen erforderlich ist: »Das ist sehr typisch für die gegenwärtige Regierung. Sie operiert mittels intransparenter Täuschungsmanöver, bei denen Putins Männer persönlich profitieren und sich das Geld untereinander aufteilen können, ohne dass sie irgendjemandem Rechenschaft schulden.«[58]

Für Andrej Illarionow, den Wirtschaftsberater des Kreml, der zu diesem Zeitpunkt aus Abscheu vor den Entwicklungen zurückgetreten war, war der Verkauf von Rosneft »ein Verbrechen gegen den russischen Staat und das russische Volk«.[59] Indem sie daran teilnähmen und dies ermöglichten, würden »westliche Unternehmen de facto langfristige Beziehungen zu den Kräften in Russland aufbauen, die die Säulen einer modernen Gesellschaft zerstören: eine Marktwirtschaft, den Respekt vor Privateigentum und die Demokratie«.[60] Doch für die KGB-Leute hinter der Rosneft-Transformation war es das Gütesiegel, auf das sie hingearbeitet hatten und das es ihnen erlaubte, die Infiltrierung der internationalen Märkte voranzutreiben.

Als Rosneft bei Insolvenzversteigerungen Jukos' verbleibende Vermögenswerte aufsaugte, halfen westliche Investoren weiter dabei, die neue Ordnung des Kreml zu festigen. Zwei weitere Giganten des staatlich geführten Systems folgten auf dem Fuße mit ähnlich gewaltigen Aktienangeboten. Weder das eine noch das andere war ein Muster der Transparenz. Sie standen vielmehr für ein sich rasch entwickelndes System, in dem der Kreml alles dominierte. Als Erstes kam im Februar 2007 ein Angebot in Höhe von 8,8 Milliarden Dollar von der staatlichen Sberbank, das ausländische und nationale Investoren gleichermaßen anzog.[61] Auch wenn sich Investoren wegen der mangelnden Transparenz besorgt zeigten, wurde die Bank doch als Stellvertreterin für Russlands boomende Konsumgesellschaft gesehen, und die staatliche Kontrolle über sie wurde als Vorteil betrachtet. Der Kreml würde nie zulassen, dass sie unterging.

Dann, nur drei Monate später, debütierte Russlands zweitgrößte Bank, die ehemalige sowjetische Handelsbank VTB, ebenfalls in staatlicher Hand, mit dem weltweit höchsten Einstiegsangebot in jenem Jahr von 8,2 Milliarden Dollar an der Londoner Börse.[62] Der Ruf der VTB als Hausbank für die »speziellen Projekte« des Kreml in Zusammenhang mit dem KGB konnte den Enthusiasmus der Investoren kaum dämpfen. Ihr jovialer Vorstandsvorsitzender Andrej Kostin, ein ehemaliger Sowjetdiplomat in London, hatte – abgesehen von seiner Fähigkeit, Milliarden Dollar an staatlicher Unterstützung für die Bank zu gewinnen – wenig Talent als Bankier gezeigt. Nur zwei Jahre zuvor hatte ein ehemaliger Vorstand der Zentralbank die VTB als »eine sinkende *Titanic*«[63] bezeichnet. Aber als sie in jenem Frühjahr gelistet wurde, war die Nachfrage nach Aktien achtmal so hoch wie das Angebot. 2007 war das Jahr, in dem das globale Investoreninteresse seinen Höhepunkt erreichte. Die Ölpreise näherten sich dem Rekordpreis von 70 Dollar pro Barrel, und sogar der Vorstandsvorsitzende von Goldman Sachs, Lloyd Blankfein, ein Wall-Street-Urgestein, schrieb Putin mit der Bitte um ein Treffen an – eine Tatsache, die der Kreml stolz für alle sichtbar auf seiner Website präsentierte.[64]

Angelockt durch die Milliarden-Dollar-Geschäfte, die überall gemacht wurden, strömten internationale Investmentbanken wieder zurück nach Moskau – einige zum ersten Mal, seitdem sie in der Krise im August 1998 pleitegegangen waren. Allein 2006 erreichten Fusionen und Übernahmen die 71-Milliarden-Dollar-Marke.[65] Doch die Tycoons, mit denen die ausländischen Investoren in Moskaus zunehmend exklusiven Clubs und Restaurants feierten, waren zu diesem Zeitpunkt häufig Vertreter der Interessen des Kreml. Da war beispielsweise der lebhafte einundvierzigjährige Suleiman Kerimow, der aus Dagestan stammte, der explosiven Nachbarregion von Tschetschenien. Das erste Mal geriet er 2006 in den Schlagzeilen, als er auf Nizzas Promenade des Anglais mit seinem Ferrari an einen Baum krachte und fast an seinen Verbrennungen starb,[66] woraufhin er sich in die dämmrige Kühle seines klimatisierten Büros im obersten Stockwerk seines schwer bewachten Moskauer Domizils zurückzog, die verbrannten Hände durch dünne, fingerlose Handschuhe geschützt. Nachdem er genesen war, gab er wieder seine verschwenderischen Partys, auf denen Stars wie Beyoncé für die hochrangigen Bankiers von Morgan Stanley und Goldman Sachs in seiner Villa in Cap d'Antibes sangen. Anfang 2007 schätzte Forbes sein Vermögen auf 14,4 Milliarden Dollar, womit er Russlands zweitreichster Mann nach Abramowitsch war.

Kerimow gehörte zu einer neuen Generation von Finanzmagnaten, die aus Putins KGB-Kapitalismus hervorgingen und deren Wohlstand vollkommen von dem Zugang zu staatlichen Ressourcen abhing.[67] Die Tycoons der Jelzin-Ära hatten ihr Vermögen anfangs gemacht, indem sie Treuhänderkonten der Regierung bei ihren Banken hatten, bevor sie begannen, die größten Industriewerte des Landes zu übernehmen. Kerimows Reichtum dagegen bestand nahezu vollständig aus Wertpapieren. 2004 hatte er Kredite in Höhe von 3,2 Milliarden Dollar bei der Sberbank aufgenommen, die er nutzte, um 6 Prozent der Sberbank selbst sowie 4,2 Prozent von Gazprom zu erwerben.[68] Als sich der Wert der Sberbank verzehnfachte und der von Gazprom versechsfachte, wuchs Kerimows Vermögen rasch auf 17,5 Milliarden Dollar an. Die international gehandelten Aktien von Gazprom und der Sberbank ermöglichten es Kerimow, sein Kapital einzusetzen, um enge Bindungen zu den westlichen Finanzmärkten aufzubauen und signifikante Anteile unter anderem von Morgan Stanley, Lehman Brothers, Fortis und Credit Suisse zu erwerben.[69]

Das Problem war, dass niemand sicher sein konnte, ob sein angehäuftes Vermögen wirklich ihm selbst gehörte. Kerimow hatte immer in einer undurchsichtigen Sphäre operiert, die eng mit den Interessen von Russlands Auslandsgeheimdienst verflochten war.[70] Früher hatte ihn kaum einer gekannt, doch auch jetzt, da er dank der Milliarden-kredite einer Staatsbank ins Bewusstsein der Öffentlichkeit gelangt war, waren sich nicht einmal die westlichen Banker, die mit ihm zu-sammenarbeiteten, sicher, mit wem sie es zu tun hatten. »Es gab Zei-ten, in denen ich mich gefragt habe, ob er ein Strohmann des Kreml war«, sagte einer von ihnen.[71] »Niemand wäre überrascht, wenn das der Fall wäre«, ein anderer.[72] »Es gab immer Spekulationen, dass er ein Vermögensverwalter für das Geld des Kreml war«, meinte ein dritter. »Aber wie sollte man das beweisen? Da gibt es kein echtes Geld, also auch nichts zu managen. Es ist alles Leverage.«[73]

Die Vermögen, die unter Putin gemacht wurden, waren um ein Vielfaches größer als die in den Jelzin-Jahren, und die Art und Weise, wie die Tycoons ihren Wohlstand aufbauten, unterschied sich fun-damental von den Oligarchen der Neunzigerjahre. Alles wurde vom Kreml diktiert. Geschäftsgelegenheiten hingen von Putin ab, den Ty-coons und ihre Handlanger flüsternd als »den Boss« oder »die Num-mer eins« bezeichneten und an die Decke zeigten, wenn sie auf ihn anspielten. (Bei zahlreichen Treffen bin ich gebeten worden, mein Handy auf einem Tisch vor dem Büro der Person, die ich interviewte, liegenzulassen, so groß war die Angst, alles könnte verwanzt sein.) Sie fürchteten und verehrten Putin gleichermaßen und waren von seinem Wohlwollen abhängig, wenn sie Kredite von staatlichen Banken oder Aufträge vom Staat bekommen wollten, was damals die hauptsächli-chen Wege waren, um in Russland zu Geld zu kommen.

Es war ein mafiöses System, in dem Geschäfte wie bei kriminellen Banden basierend auf informellen »Übereinkünften« abgeschlossen wurden. Wenn das ganze System auf Korruption, auf Bestechungen und Zugang basiert, kann jeder Teilnehmer kontrolliert werden. Putin und seine Leute besaßen *kompromat* über jeden – von Geschäftsleuten bis zu geschmierten Staatsbeamten. Es war eine Methode, um alle in der Hand zu haben und ihnen klarzumachen, dass sie jederzeit ins Ge-fängnis wandern konnten, wenn sie aus der Reihe tanzten. Die Staats-gewalt hatte sich in Big Business verwandelt, und man rechnete bei jedem Regierungsbeamten damit, dass er seine Position zur eigenen Bereicherung nutzte, sagten zwei ehemalige Kreml-Insider.

Oleg Deripaska, ein junger Metallmagnat, der nach den heftigen Kämpfen um die Vormachtstellung in den Neunzigern an der Spitze der russischen Aluminiumindustrie gelandet war, war der Erste, der das veränderte Klima öffentlich ansprach. »Wenn der Staat sagt, wir müssen es abtreten, treten wir es ab«, sagte er mir 2007, wobei er sich auf sein Unternehmen, den Aluminiumgiganten Rusal, bezog. »Ich existiere nicht unabhängig vom Staat. Ich habe keine anderen Interessen.«[74]

Die Abhängigkeit von Putins Kreml verschärfte sich in der Finanzkrise 2008. Der Zusammenbruch von Lehman Brothers sandte Schockwellen durch den russischen Aktienmarkt und vernichtete 230 von insgesamt 300 Milliarden Dollar an Aktienwerten allein im September und Oktober des Jahres.[75] Russlands Milliardäre hatten sich viel Geld von westlichen Banken geliehen, um die schnelle Expansion ihres Wirtschaftsimperiums zu finanzieren. Eine als Lombardgeschäft bezeichnete Praxis hatte sich verbreitet, bei der die Tycoons Unternehmensanteile als Sicherheiten für Milliardendarlehen hinterlegten. Nun, da der Wert dieser Aktien in die Tiefe stürzte, verlangten die ausländischen Banken die Rückzahlung der Kredite. Signifikante Anteile von Deripaskas Rusal und Michail Fridmans VimpelCom, Russlands zweitgrößtem Mobilfunkanbieter, drohten von westlichen Banken gepfändet zu werden.[76]

Als Putins Regierung einsprang, um die Milliardäre des Landes zu retten, verstaatlichte sie ihre Vermögenswerte nicht. Sie spielte ein subtileres Spiel. Statt die Anteile für den Staat zu beschlagnahmen, stellten staatliche Banken wie die Sberbank, die VTB und die Wneschekonombank Milliarden-Dollar-Darlehen bereit, um die unter Druck geratenen Tycoons freizukaufen, wodurch diese dem Regime noch stärker verpflichtet waren.[77] Unzählige andere waren gerettet worden, weil die Staatsbanken sich bereiterklärten, die ungeheuren Kredite zu verlängern, die ihnen die Geschäftsleute schuldeten. »Es war eine sehr durchdachte Strategie«, sagte einer der Tycoons, der von einer dieser staatlichen Rettungsaktionen profitiert hatte. »Putin wollte, dass die Leute ihm dankbar sind. Er hat wirklich großen Unternehmen geholfen. Wenn die Regierung dir Darlehen von 2 oder 3 Milliarden Dollar gegeben hat und du dann einen Anruf aus dem Kreml bekommst, du mögest bitte eine Milliarde für ein Projekt spenden, kannst du nicht einfach Nein sagen. Man muss mitmachen.«[78]

Dieses Vorgehen wurde ein strategischer Eckpfeiler der Putin-Regierung.»Putin sieht es so«, sagte der Tycoon:»›Ich gebe dir Kredite. Du musst mir gegenüber loyal sein.‹ Das ist ein sehr orientalischer Ansatz. Es ist ein feudalistisches System.« Der Kreis der Kreml-Treuhänder vergrößerte sich weit über Putins Petersburger Kameraden hinaus.

*

Für die westlichen Banker, die sich so bemüht hatten, die russischen Milliardäre in die Weltwirtschaft zu integrieren, war die Abhängigkeit vom Kreml immer zweitrangig gewesen. Sie waren geblendet von der Geldflut, die aus der ehemaligen Sowjetunion in die Londoner City strömte, und verließen sich zunehmend darauf – insbesondere als das westliche Bankensystem auf die Finanzkrise von 2008 zusteuerte. Ein erfahrener westlicher Banker sagte mir, damals hätten er und seine Kollegen Due-Diligence-Berichte über neue Kunden verlangt, die sich nach dem Lesen praktischerweise auf ihren Computern selbst vernichteten, sodass alles gelöscht war, das die Alarmglocken hätte läuten lassen können.[79] Obendrein entwickelte sich ein ganzes Geschäftsfeld von Wirtschaftsdetekteien, die Hintergrundberichte produzierten, in denen die bunte Vergangenheit russischer Tycoons günstigerweise kaschiert wurde.

Daten über den gesamten Zustrom russischen Geldes nach London sind rar. Das meiste kommt über Briefkastenfirmen aus Zypern, von den Britischen Jungferninseln und aus Panama oder über die britischen Kronbesitzungen Jersey, Guernsey und Isle of Man, die alle dafür bekannt sind, wirtschaftliches Eigentum hinter einem undurchdringlichen Dickicht zu verbergen. Einer der Genfer Geldmänner beschrieb mir, wie die meisten russischen Kunden ihre Gelder zunächst nach Zypern oder Österreich schickten, die beide ein Abkommen mit Russland hatten, aufgrund dessen sie nicht zweimal besteuert werden konnten.[80] Von da aus floss das Geld nach Großbritannien und dann in einen anonymen Fonds in Panama. Dieses System nutzte ein Schlupfloch zwischen den kontinentaleuropäischen und angelsächsischen Steuersystemen aus, wodurch die Steuerlast auf nahezu null sank.

Das meiste Geld, das in den vergangenen zehn Jahren oder noch früher nach London geflossen ist, war unbekannter Herkunft. Zum Beispiel brachten allein im zweiten Quartal 2009 die drei Kronbesitzungen 332,5 Milliarden Dollar in die Londoner City.[81] Man ging davon aus, dass vieles davon ausländisches Geld war, die ursprüngliche Herkunft konnte aber unmöglich identifiziert werden. Doch Londoner Maklern fiel durchaus auf, dass ihre größten Kunden, die Millionen für die nobelsten Immobilien der Hauptstadt ausgaben, aus der ehemaligen Sowjetunion stammten, während die Anwälte und Banker der Stadt Schlange standen, um sich um die Milliarden Dollar im Besitz der russischen Tycoons zu kümmern. Die Herkunft des Geldes und wem es wirklich gehörte, kümmerte dagegen niemanden so recht.

Es war kaum bekannt, dass die britischen Lords, denen großzügige Gehälter gezahlt wurden, damit sie in den Aufsichtsräten russischer Unternehmen saßen, wenig Einsicht in die Unternehmensaktivitäten bekamen. »In London regiert das Geld alles«, stellte ein russischer Tycoon fest. »Alles und jeder kann gekauft werden. Die Russen sind nach London gekommen, um die politische Elite Großbritanniens zu korrumpieren.«[82] »Die Russen wissen genau, wie man das Spiel spielt«, sagte ein ehemaliger hochrangiger Bankier mit Verbindungen zur Kreml-Spitze. »Sie haben sehr viele Menschen mithilfe von Geld manipuliert. Ich könnte aus dem Stand fünfzig aufzählen. Was glauben Sie, was die ganzen Lords in den Aufsichtsräten der russischen Unternehmen machen? Sie bekommen 500 000 Pfund im Jahr.«[83]

Während London sich zu Londongrad oder *Moskwa-na-Temsa* (Moskau an der Themse) entwickelte, ließen sich zwei von Russlands reichsten Milliardären, Roman Abramowitsch und Alischer Usmanow, ein in Usbekistan geborener Metalltycoon, dessen Geschäfte immer Hand in Hand mit dem russischen Staat gegangen waren, in der Stadt nieder und nahmen die führenden Plätze auf der Top-Ten-Reichenliste der *Sunday Times* ein. Im Namen beider Tycoons wurde vehement abgestritten, dass auch nur einer von ihnen auf irgendeine

Weise versucht hätte, die englische politische Elite zu korrumpieren oder zu infiltrieren. Einen russischen Tycoon erinnerte dieser Prozess an eine alte sowjetische Anekdote.[84] Damals, als sich die Sowjetunion auf den Bankrott zubewegte, bereitete der KGB einen Agenten auf einen Einsatz in den USA vor. Der Agent hatte sich eine attraktive Coverstory für sich ausgedacht: Er würde als reicher Mann nach Amerika kommen, mit einer Flotte von Jachten und einer repräsentativen Villa. Die gesamte amerikanische High Society würde dadurch angelockt. Er erzählte seinem Vorgesetzten beim KGB, wie effektiv dieser Plan sein würde, und der pflichtete ihm voll und ganz bei. Als es jedoch darum ging, die Zustimmung der KGB-Finanzabteilung zu bekommen, mussten sie das Konzept etwas abändern. Dem Agenten wurde gesagt, für eine solche Operation sei kein Geld da. Stattdessen würde er als Obdachloser ohne Geld nach Amerika gehen müssen.

»Das war die Situation«, sagte der Tycoon. »Und nun wurde der Traum wahr. Sie haben die großen Jachten und die Privatflugzeuge. Und sie haben hier große Häuser. Den Chelsea Football Club. Eine ganze Gruppe ist in den Westen eingefallen. Die Infiltration Großbritanniens war erfolgreich.«

# 12
# DIE SCHLACHT BEGINNT

Nichts davon hätte eine Rolle gespielt, hätten die KGB-Männer, die Russland führten, den Reichtum des Landes dazu genutzt, marktwirtschaftliche und demokratische Institutionen zu stärken, statt den Erhalt und die Ausweitung des eigenen Einflusses zu befördern. Es hätte keine Rolle gespielt, hätte der harte Kern der *silowiki* um Putin den Westen als möglichen Partner und nicht zunehmend als Feind betrachtet, der es darauf abgesehen habe, Russlands Stellung als globale Macht zu schwächen.

Aber sie kamen aus einer Welt, in der der Kalte Krieg nie wirklich geendet hatte, wo das einzig Wichtige war, Russlands geopolitische Stärke wiederherzustellen. In dieser Welt sahen bestimmte Teile des KGB den Kapitalismus seit Russlands Übergang zur Marktwirtschaft als Werkzeug, eines Tages mit dem Westen abrechnen zu können, und Putin glaubte, jeden kaufen zu können. Für seine Leute stellte das Vordringen des Westens bis an die russischen Grenzen durch die NATO-Erweiterung eine existenzielle Bedrohung dar, und die Demokratiebewegungen, die prorussische Regierungen in der Ukraine und Georgien stürzten, wurden als von den USA finanzierte Revolutionen betrachtet, nicht als Ausdruck des freien Willens der dort lebenden Menschen.

Diese Paranoia erwuchs aus dem Zusammenbruch des Imperiums; sie hatte ihre Wurzeln in der bitteren Niederlage des Kommunismus. Das Problem war, dass sie von einer Gruppe von KGB-Männern gepflegt wurde, die in ihrem Machtstreben immer skrupelloser wurde.

Putin hatte diese Position am deutlichsten dargelegt, als er im Februar 2007 zum ersten Mal auf der jährlichen Münchner Sicherheitskonferenz vor Staatschefs aus aller Welt sprach. Viele glaubten, er befinde sich im letzten Jahr seiner Präsidentschaft. Das Ende seiner zweiten Amtszeit rückte näher, und laut Verfassung durfte er kein drittes Mal kandidieren. Doch Putin begann seine Rede gleich mit der provokativen Warnung, dass wahrscheinlich nicht allen gefallen werde, was er zu sagen habe. In den folgenden zwanzig Minuten wetterte er gegen die Weltordnung nach dem Kalten Krieg, die die USA als einzige Supermacht dominierten: »Die Vereinigten Staaten haben ihre Grenzen in allen Bereichen überschritten. Sie zwingen anderen Staaten wirtschaftlich, politisch und humanitär ihren Willen auf. Und wem gefällt das? Wem gefällt das?«[1]

Er griff die Erweiterung der NATO um die Länder des ehemaligen Warschauer Paktes an. Der Westen, sagte er, habe die Zusagen mit Füßen getreten, die er der Sowjetunion nach dem Fall der Berliner Mauer gegeben habe. Vor allem verurteilte er die amerikanischen Pläne, ein Raketenabwehrsystem in Polen und Tschechien aufzubauen. Die USA behaupteten, dies sei nötig, um Europa vor Raketen aus dem Iran und Nordkorea zu schützen, doch Russland war seit Langem überzeugt, die Pläne könnten nur darauf abzielen, russische Nuklearangriffe zu verhindern. Weder Nordkorea noch der Iran verfügten über die technische Kapazität, Europa zu erreichen, glaubte Russland, und selbst wenn Nordkorea Raketen Richtung USA abschösse, würde deren Weg nicht über Europa führen. »Das widerspricht eindeutig den Gesetzen der Ballistik«, sagte Putin. Der Bau eines Raketenabwehrsystems an der russischen Grenze, drohte er, werde nur zu einem neuen Wettrüsten führen.

Putins Tirade endete mit einer Warnung an den Westen. Der Kalte Krieg habe ein Minenfeld hinterlassen, das noch geräumt werden müsse. Die ideologischen Stereotype, die Doppelmoral, die Muster des »Blockdenkens« seien weiterhin vorhanden, während die unipolare Welt, in der die USA alles dominierten, zum Scheitern verurteilt sei: »Dies ist eine Welt mit einem Herrn, einem Souverän. Und das schadet letztendlich nicht nur jedem innerhalb des Systems, sondern auch

dem Herrscher selbst – denn er wird sich selbst von innen vernichten.«
Die Welt, bemerkte er ruhig, verändere sich rasant. Die sogenannten
BRIC-Staaten – die Schwellenländer Brasilien, Russland, Indien und
China – würden schnell an Einfluss gewinnen und die Wirtschafts-
macht der Industrieländer herausfordern.

Doch damals hatte der Westen andere Sorgen. Er hatte immer noch
mit den Folgen der Terrorattacken vom 11. September 2001 und den
Militäreinsätzen im Irak und in Afghanistan zu kämpfen. Die terroristische Bedrohung war nach wie vor sehr präsent. Das Letzte, was
man in dieser Situation hören wollte, war, dass der Emporkömmling
Russland einen Platz an der Spitze der globalen Sicherheitsarchitektur
beanspruchte. Man war der festen Überzeugung, diese Zeiten seien
seit Langem vorbei und Russland sei als globale Supermacht erledigt.
Diese Haltung brachte der damalige US-Verteidigungsminister Robert
Gates auf den Punkt, der nach Putins Rede seufzte: »Ein Kalter Krieg
war mehr als genug.«[2]

Und so setzte der Westen Ende des Jahres seine Hoffnungen auf den
Mann, den Putin zu seinem Nachfolger im Präsidentenamt erkoren
hatte: Dmitri Medwedew, der zurückhaltende Rechtsanwalt, der seit
Petersburger Tagen sein Stellvertreter gewesen war. Medwedew mit
seinem dunklen, welligen Haar, seiner kleinen Statur und seiner ge-
stelzten, angespannten Art bezeichnete sich selbst als Liberalen. Der
Büchernarr war in einem Leningrader Vorort aufgewachsen, wo er
sich Bände klassischer Literatur und illegale Aufnahmen westlicher
Rockmusik organisiert hatte. Seine Kandidatur hatte der einundvierzigjährige Medwedew mit der dramatischen Erklärung »Freiheit
ist besser als Unfreiheit« eingeleitet und versprochen, die Rolle des
Staates in der Wirtschaft zu verringern. Der Westen spekulierte darauf, dass Russland sich während seiner Präsidentschaft mehr zu einer gewöhnlichen Marktwirtschaft entwickeln würde und dass die
weitere Integration des Landes in die globale Ordnung helfen würde,
die Entwicklung einer politisch aktiven Mittelschicht voranzutreiben.
Medwedews Kür wurde als ermutigendes Zeichen interpretiert, dass
der liberalere Flügel von Putins Regierung auf dem Vormarsch sei
und dass die schlimmsten Exzesse der *silowiki* – unter anderem die

Übernahme der Justiz und die wachsende Unterdrückung der politischen Opposition – eingeschränkt würden. Russland, so die Hoffnung, würde dann denselben Regeln folgen wie alle anderen. Kurz nachdem die Obama-Regierung im Januar 2009 ihre Geschäfte aufgenommen hatte, verkündeten die USA einen »Neustart« der Beziehungen, selbst nach Russlands militärischer Auseinandersetzung mit dem westlich orientierten Nachbarn Georgien im August 2008.

Anfang des Monats waren die Kämpfe zwischen dem georgischen Militär und den mit schweren russischen Waffen ausgestatteten Separatisten in der abtrünnigen Republik Südossetien zu einem Fünftagekrieg ausgeufert. Georgische Panzer beschossen die Separatisten, die ihrerseits Granaten auf georgische Dörfer abfeuerten, und stürmten dann Zchinwali, die Hauptstadt der Region, wobei Dutzende, vielleicht Hunderte Zivilisten ihr Leben verloren.[3] Russland und Georgien gaben sich gegenseitig die Schuld an der Eskalation. Russische Flugzeuge bombardierten die Stellungen der georgischen Truppen, während gleichzeitig russische Panzer auf georgisches Gebiet vorrückten. Der georgische Präsident Micheil Saakaschwili behauptete, er habe den Angriff auf Zchinwali erst befohlen, nachdem er erfahren habe, dass aus dem Norden russische Streitkräfte durch den Roki-Tunnel einmarschiert seien, während Russland dagegenhielt, seine Truppen seien erst hineingegangen, nachdem der georgische Angriff begonnen habe.

Die Wahrheit wird wohl im Nebel des Krieges verborgen bleiben. Mehrere unabhängige Militärexperten waren jedoch der Ansicht, Russland hätte Saakaschwili eine Falle gestellt, die Kampfhandlungen der Separatisten absichtlich eskalieren lassen und die Invasion von langer Hand geplant.[4] Die Auseinandersetzung führte dazu, dass Georgien ein großes Gebiet abtreten musste, und machte jegliche Hoffnungen auf einen möglichen NATO-Beitritt des Landes zunichte (es hatte in jenem Jahr Gespräche über eine Mitgliedschaft gegeben). Russland erkannte unilateral Südossetiens Unabhängigkeit an und machte es damit zu einer Zone des »eingefrorenen Konflikts«. Kaum jemand zweifelte daran, dass Russlands aggressive Reaktion darauf hindeutete, dass das Land mit einer neuen Forschheit anstrebte, die

Kontrolle über seine Nachbarstaaten zu übernehmen. »Russland beansprucht für sich eine ganz neue Rolle, und das wird überall zu spüren sein«, sagte Dmitri Trenin, damals als Politologe am Moskauer Carnegie Center tätig. »Von nun an wird sich Russland überall auf der Welt stärker mit den USA anlegen. Diese Haltung existierte vor einem Monat noch nicht – jetzt hat sich die Situation verändert. Russland will seine regionale Hegemonie sichern.«[5]

Trotz dieser Aggressionen signalisierte die neue Regierung unter Obama, dass sie für die Beziehungen zu Russland den Resetknopf drücken wollte. Das Gezänk sollte ein Ende haben, stattdessen sollten Engagement, Kooperation und Partnerschaft in den Vordergrund treten. Dies schien Medwedews Absichten zu entsprechen, der die Wahl Obamas als »hervorragende Chance« bezeichnete, »gute, kooperative Beziehungen« aufzubauen,[6] der Russlands Wunsch zu verstehen gab, sich weiter in das globale Finanzsystem zu integrieren, und darüber hinaus einen Plan für eine Reform der internationalen Finanzmärkte skizzierte: »Russland ist bereit, sich in vollwertigen Kooperationen mit EU-Mitgliedsstaaten und anderen Partnern zu engagieren und würde sich gerne an einer Erneuerung der globalen Finanzarchitektur beteiligen.«

Eines der großen Themen seiner Präsidentschaft war das Bestreben, Moskau zu einem »internationalen Finanzzentrum« zu machen. Er bot an, Pläne zur Stationierung von Iskander-Raketen, die mit Nukleargefechtsköpfen bestückt werden können, in der zwischen Polen und Litauen gelegenen russischen Enklave Kaliningrad auf Eis zu legen; aufgekommen waren sie als Reaktion auf das amerikanische Raketenabwehrsystem.[7] Einflussreiche US-Außenpolitikstrategen wie Strobe Talbott, unter Clinton stellvertretender Außenminister, meinten, die Weltwirtschaftskrise habe Russland so geschwächt, dass es keine Gefahr mehr als »Petrosupermacht« darstelle.[8] Talbott glaubte außerdem an eine Zukunft, in der Russlands weitere Integration in das globale System bedeutete, dass es der »regelbasierten internationalen Ordnung« folgen werde.

Daraus entwickelte sich ein gegenseitiges Schulterklopfen zwischen Medwedew und Obama, der den russischen Präsidenten als einen

»umsichtigen, weitblickenden Menschen« lobte.[9] Man führte Gespräche über eine Verschiebung der amerikanischen Raketenabwehrpläne;
im Gegenzug sollte Russland seine Unterstützung zusichern, Pläne des
Irans für den Bau von Langstreckenraketen zu stoppen.[10] »Gemeinsame Absichtserklärungen« über die Reduzierung der Atomwaffen-
arsenale beider Länder wurden abgegeben und Vereinbarungen getroffen, die Zusammenarbeit in Afghanistan zu verbessern.[11]

Bei Obamas erstem Besuch in Moskau 2009 schienen er und Medwedew sich gut zu verstehen. Und bei Medwedews Gegenbesuch im
darauffolgenden Jahr lag der Fokus auf der Vertiefung der Wirtschafts-
beziehungen. Medwedew war bemüht, sich als Modernisierer darzustellen, als völlig neuen, iPad-schwingenden, twitternden russischen
Präsidenten. Er legte Wert darauf, einen Abstecher ins Silicon Valley
zu machen, und äußerte seine Hoffnungen auf eine Zusammenarbeit
zur Unterstützung von Russlands Bemühungen in der Hightechent-
wicklung.[12] Die Kameraderie setzte sich fort, als Obama und Medwedew gemeinsam das Lieblingsburgerrestaurant des US-Präsidenten
besuchten.[13] In der Hoffnung, er werde Russlands Integration vorantreiben, setzten die USA starkes Vertrauen in Medwedew.

Doch nach dem Ende von Putins zweiter Amtszeit als Staatspräsi-
dent hatte dieser Medwedews bisherigen Posten als Ministerpräsident
übernommen und lenkte hinter den Kulissen größtenteils weiterhin
die Geschicke des Landes. Medwedew traf wenige unabhängige Entscheidungen, und seine Reformen zum Rückzug des Staates aus der
Wirtschaft waren nicht viel mehr als Augenwischerei. In vielerlei Hinsicht war er bloß eine Marionette. Putin hatte ihn zum Nachfolger bestimmt, weil er von allen Kandidaten aus dem engeren Kreis derjenige war, bei dem die geringste Gefahr bestand, dass er genügend an
Statur gewinnen würde, um ihn herauszufordern. Von Anfang an war
der Plan gewesen, dass Putin sich nach Medwedews Amtszeit erneut
zum Präsidenten wählen lassen würde. »Wissen Sie, bei der ganzen
Medwedew-Geschichte ging es nur darum, einen Weg zu finden, wie
er selbst zurückkehren konnte«, sagte Sergej Kolesnikow, der ehemalige Physiker, der einer der Geldgeber von Putins Regierung mit
Verbindungen zur Bank Rossija gewesen war.[14] Eine von Medwedews

ersten Amtshandlungen als Präsident war es, die Regierungszeit seines Nachfolgers von vier auf sechs Jahre zu verlängern, als würde er bereits Putins Rückkehr vorbereiten.[15]

Statt das politische Klima zu entspannen, verstärkten die amerikanischen Bemühungen um Medwedew nur Putins Misstrauen gegenüber dem Westen und sollten später zu einem schärferen Vorgehen gegen Kritiker führen. Als Putin im September 2011 ankündigte, dass er sich tatsächlich wieder als Kandidat für die Präsidentschaft zur Wahl stellen werde, war das eine Art Todesstoß für die Strategie des Westens. Das Medwedew-Experiment schien vorbei zu sein – falls es überhaupt jemals begonnen hatte.

Dennoch – einen Moment lang sah es in diesem Winter so aus, als könnte Russland an einem Wendepunkt stehen, und Hoffnungen, dass Medwedews Präsidentschaft eine Wirkung gehabt haben könnte, flammten kurzfristig wieder auf. Als Putin seine Rückkehr als Präsident bekanntgab, bekam er erstmals seit er an die Macht katapultiert worden war, echten politischen Gegenwind zu spüren. Die Anzeichen, dass etwas im Argen lag, zeigten sich kurz nachdem er die Ankündigung gemacht hatte: Er wurde ausgebuht, als er in den Ring trat, um dem Gewinner eines live im Fernsehen übertragenen Martial-Arts-Kampfes zu gratulieren.[16] Das Pfeifen und Johlen der Menge stellte das erste Mal dar, dass er etwas dieser Art in beinahe zwölf Jahren an der Macht, acht davon als Präsident und fast vier als Ministerpräsident, erlebte. Obwohl der Kampf live gesendet wurde, gelang es den Tontechnikern beim Staatsfernsehen, das Buhen auszublenden. Aber als sich sechs Wochen später, am 10. Dezember 2011, Zehntausende Demonstranten in Richtung einer kleinen Insel auf der Moskwa begaben und Plakate hochhielten, die ein »Russland ohne Putin« forderten, waren diese Protestrufe viel schwerer auszublenden.

Die Demonstration an diesem Tag war die größte seit dem Zusammenbruch der Sowjetunion. Schnee fiel auf den Bolotnaja-Platz, während die Protestierenden Slogans wie »Putin ist ein Dieb!« und »Der Dieb sollte im Gefängnis sitzen!« skandierten – nur durch den Fluss von den roten Mauern des Kreml getrennt. Der unmittelbare Grund für die Demonstration war der umfassende Wahlbetrug, der bei den

Parlamentswahlen in der Woche zuvor aufgedeckt worden war.[17] Zunehmend aktive Angehörige der Moskauer Zivilgesellschaft hatten den Kreml auf frischer Tat bei Wahlmanipulation und Wahlfälschung zugunsten der Partei Einiges Russland ertappt. Die Partei wurde zu diesem Zeitpunkt weithin als Masse grauer Bürokraten verachtet, deren Loyalität zu Putins Staat durch nichts anderes als Korruption und dem Wunsch nach persönlichem Fortkommen bedingt war. Aber hinter dem verzweifelten Protest gegen die Wahl lag eine viel tiefere Unzufriedenheit, dieselbe wie bei den Zuschauern, die Putin bei dem Martial-Arts-Kampf ausgebuht hatten. Die russischen Bürger fühlten sich durch Putins Rückkehr an die Macht betrogen. Obwohl den meisten klar war, dass Medwedew ein Mitglied von Putins Clan war, hatten vier Jahre seiner liberaleren Rhetorik Hoffnungen auf politisches Tauwetter geweckt, besonders bei Moskaus urbaner Elite. Nun fühlten sie sich hinters Licht geführt.

Putin hatte die gesamte Nation auf die Folter gespannt, ob Medwedew eine weitere Amtszeit bleiben oder ob er selbst zurückkehren würde. Aber als er auf dem Parteitag von Einiges Russland im September seine Kandidatur bekanntgab, deutete er an, dass er und Medwedew dies bereits vor Jahren so abgesprochen hatten. Es war, als wäre Putin auf die Bühne getreten und hätte ihnen zugerufen, dass alles, was sie in den vergangenen vier Jahren gehört hatten, eine Täuschung gewesen sei. Durch seine Entscheidung »fühlte sich das Land wirklich sehr gedemütigt«, sagte Jewgenija Albaz, Herausgeberin von *The New Times*, einem der wenigen unabhängigen, kremlkritischen Magazine.

Die Enttäuschung war so groß, dass sie Banker und Geschäftsleute mit Rentnern und Teenagern zusammenbrachte, linke Anarchisten, Liberale und Ultranationalisten in ihrem Protest vereinte. Während die Demonstrationen bis weit in den Moskauer Winter hinein fortgeführt wurden, fand Russlands Opposition einen charismatischen Anführer, der sie einte – den ersten, seit Boris Jelzin gegen das Sowjetsystem aufgestanden war: Alexej Nawalny, ein sympathischer, etwas schlaksiger fünfunddreißigjähriger Anwalt, der lange versucht hatte, einen Weg in die Politik zu finden. Er hatte als Antikorruptionsblogger während Medwedews Präsidentschaft eine große Followerschaft

im Internet gewonnen, und viele waren der Meinung, dass er eine auf-
fällige Ähnlichkeit mit Jelzin in jüngeren Jahren aufwies. Er war einer
der wenigen Mutigen, die die größten Staatskonzerne wegen manipulierter Verträge und Bestechung anprangerten. Bei den Protesten in jenem Winter ging von ihm die elektrisierende Präsenz eines Rockstars
aus, wenn er rief: »Wer ist hier die Macht? Wir sind die Macht!«, und
die Menge ihm lauthals mit denselben Worten antwortete. Er hielt
flammende Reden, in denen er die Korruption der Putin-Regierung
verurteilte, die er als Herrschaft der »Gauner und Diebe« bezeichnete.
Als die Proteste auch im neuen Jahr und in die Zeit der Präsidentschaftswahlen im März hinein fortgeführt wurden, begann man von
einem Kampf zwischen den liberaleren Kräften und den Hardlinern
im Kreml zu sprechen.[18]

Für einige der progressiveren Vertreter der russischen Wirtschafts-
elite war die Nachricht von Putins Rückkehr ein Schlag gewesen. »Es
fühlte sich an, als wenn ein Verwandter unheilbar krank ist«, sagte einer von ihnen. »Wenn er stirbt, hat man zwar vorher gewusst, dass
es passieren wird, aber das ändert nichts daran, dass man um ihn
trauert.«[19]

Eine Zeit lang schürte die aufgeladene Atmosphäre in jenem Winter
Hoffnungen auf einen politischen Frühling, auch wenn die Demonstranten in Wahrheit keine Chance hatten. Sie waren eine kleine, ur-
bane Minderheit, während Putins KGB-Männer die gesamte Strafverfolgung kontrollierten. Putin hatte an das russische Herzland
appelliert, an die »schweigende Mehrheit« des Landes, die Arbeiter,
denen Stabilität wichtiger war als alles andere und die Putin immer
noch zugutehielten, dass er das Chaos der Jelzin-Jahre beendet hatte.
Und Putin konnte einfach nicht glauben, dass die Protestwelle ein
echter Ausbruch der Frustration und Enttäuschung darüber war, dass
Medwedews Versprechen einer größeren Offenheit sich als reine Farce
erwiesen. Stattdessen sah er die Hand des US-Außenministeriums im
Spiel. Wie sonst, dachte er, war es möglich, dass sich zuweilen fast hun-
derttausend Menschen an den Protesten beteiligten? Aus Putins Sicht
hatten die USA die Aufstände in der Ukraine und Georgien angesta-
chelt, und nun weiteten sie ihren Einfluss auf Russland selbst aus.

»Wir werden nicht zulassen, dass irgendjemand sich in unsere inneren Angelegenheiten einmischt!«, rief er im Präsidentschaftswahlkampf im Februar vor einem Stadion voller Unterstützer. »Wir werden nicht zulassen, dass irgendjemand uns seinen Willen aufzwingt, denn wir haben unseren eigenen. (…) Wir sind ein siegreiches Volk! Das liegt uns im Blut und wird von einer Generation zur nächsten weitergegeben. Wir werden unseren Sieg erlangen!«[20]

Dass fand beim Großteil der Bevölkerung Anklang. Das Volk fühlte sich nach wie vor durch den Zusammenbruch des Sowjetreiches beraubt und misstraute dem Westen zutiefst. Seine Botschaft half Putin, die Wahl mit 64 Prozent der Stimmen zu gewinnen.[21] Als er am Wahlabend auf die Bühne trat, um seinen Sieg vor seinen massenweise vor dem Kreml versammelten Anhängern zu verkünden, konnte er nicht verhindern, dass er ein paar Tränen verdrückte. Seine Sprecher behaupteten, es sei nur der Wind gewesen, doch es schien, als habe ihn das Gespenst des Arabischen Frühling heimgesucht, bei dem 2010 und 2011 überall im Nahen Osten autoritäre Regimes gestürzt worden waren. Der Kreml war genauso überzeugt, dass die USA diese Demokratiebewegungen finanziert hatten, wie er es von ihrer Beteiligung an den Moskauer Protesten war. (Wahrscheinlich hatte der spöttische Tweet des republikanischen Senators und scharfen Putin-Kritikers John McCain in jenem Winter diese Überzeugung noch verstärkt: »Lieber Wladi, der Arabische Frühling kommt ganz in deine Nähe.«[22]) Wie es schien, wurde er nun von den Emotionen seines selbsterklärten Kampfes für den Erhalt von Russlands globaler Stellung überwältigt, als ob er wirklich glaubte, dass es ihm gelungen sei, eine Verschwörung der USA niederzuwerfen.

Von dem Moment an, in dem Putin wieder Präsident war, griff er hart durch, was die Ohnmacht von Russlands liberaler Elite deutlich machte. Als Erstes wurden Dutzende Protestierende bei einer teilweise gewalttätigen Demonstration im Juni, am Vorabend von Putins Amtseinführung, festgenommen und ins Gefängnis geworfen. Ihnen wurden die Teilnahme an Massenunruhen und Angriffe auf die Polizei vorgeworfen. Dann wurden Razzien und Hausdurchsuchungen bei Oppositionsführern, darunter auch Nawalny, durchgeführt. Einen

Monat später wurde Nawalny der Veruntreuung in großem Stil beschuldigt, worauf eine Haftstrafe von zehn Jahren stand.[23] Ein neues Gesetz verhängte signifikante Restriktionen gegen jede Nichtregierungsorganisation, die finanzielle Unterstützung aus dem Ausland erhielt.

Die Auswirkungen waren erschreckend. Statt dass es Lockerungen im politischen System im Rahmen des von Medwedew versprochenen Tauwetters gab, hatten Putins KGB-Leute ihre Macht erhalten, ja, sogar ausgebaut. Sie kontrollierten nach wie vor die Justiz und die gesamte Strafverfolgung. Sie konnten jeden ins Gefängnis stecken, der ihnen im Weg stand. Selbst wenn sie gewollt hätten, hätten sich Russlands Tycoons aus der Jelzin-Ära der neuen Entwicklung des Landes nicht widersetzen können. Sie hatten bereits zu viel investiert. »Sie alle sind abhängig von der Nummer eins«, sagte ein enger Partner eines von ihnen. »Sie können nur in Russland Geld machen. Also sind alle auf Putins Zustimmung dazu angewiesen.«[24] »Wie können wir gegen sie arbeiten, wenn sie die ganze Macht haben?«, fragte einer der Milliardäre.[25]

Statt Medwedews vielgerühmter Liberalisierung ging aus seiner vierjährigen Amtszeit ein System hervor, in dem der Staat die Wirtschaft noch stärker im Griff hatte als zuvor. Dies lag nicht nur an den Rettungsaktionen, die Tycoons nach der Finanzkrise 2008 vor westlichen Gläubigern bewahrten, sondern auch daran, dass während Medwedews Präsidentschaft im Namen der wirtschaftlichen Modernisierung Milliarden Dollar der Regierung in große staatliche Vorzeigeprojekte gesteckt worden waren.

Den Anfang machte Rosnano, ein Unternehmen, das als Brutkasten zur Entwicklung von Nanotechnologie gegründet wurde – ein Feld, das Putins Leute als maßgeblich identifiziert hatten, wenn Russland mit den westlichen Fortschritten in der Militärtechnologie und Künstlichen Intelligenz mithalten wollte. Es folgte Skolkowo, ein 2010 von Medwedew ins Leben gerufener Hightech-Hub, der die Entstehung von Tech-Start-ups befördern sollte. Beide Unternehmungen entwickelten sich zu riesigen schwarzen Löchern, in denen Regierungsgelder verschwanden, mit wenig Aufsicht oder transparenten Angaben darüber, wie sie ausgegeben wurden. Als Rosnano mehr als 1 Milliarde Dollar in US-Techunternehmen investierte und Skolkowo seine Kooperationen im Silicon Valley und mit dem Massachusetts Institute of Technology ausweitete, wurden die US-Strafverfolgungsbehörden nervös, weil sie befürchteten, Russland könnte sich auf die Strategien aus dem Kalten Krieg besinnen. Das FBI warnte Techführungspersonen in Boston, dass russische Staatsprojekte in Wirklichkeit ausgeklügelte Tarnkonstrukte seien, über die das Land Zugang zu amerikanischen Dual-Use- und Militärtechnologien erlangen wolle.[26]

Die Annäherung an die USA während Medwedews Präsidentschaft und der dadurch geförderte stete Zustrom westlicher Investitionen hatten nur dazu beigetragen, dass die KGB-Männer ihre Macht ausbauen konnten. »Der Westen war sehr naiv«, sagte Lilia Schewzowa, eine Politologin der Denkfabrik Chatham House: Die Unterstützung der Obama-Regierung sei wie finanzielles und technologisches »Viagra« für Putins bestehendes System gewesen.[27] Wieder steigende Ölpreise hatten für zusätzlichen Aufschwung gesorgt. Als Putin das Präsidentenamt ein drittes Mal antrat, waren sie auf beinahe 100 Dollar pro Barrel geklettert, der Preis von 35 Dollar im Zuge der Finanzkrise hatte sich also fast verdreifacht. Russlands Hartwährungsreserven beliefen sich jetzt auf über 500 Milliarden Dollar und waren damit die viertgrößten der Welt.

Das Feudalsystem, unter dem Wohlstand grundsätzlich von der Gunst des Kreml abhängig war, hatte sich weiter etabliert. Entgegen Medwedews Reden vom harten Vorgehen gegen die Korruption behaupteten zwei erfahrene westliche Banker, mehrere Milliardäre hätten für ihn als Strohmänner agiert, während mindestens ein Tycoon einen Deal ausgearbeitet habe, der sowohl der Zustimmung des Kreml bedurfte als auch so konzipiert war, dass Medwedew seinen Anteil bekam. Medwedew hatte zuvor jegliche Korruptionsvorwürfe zurückgewiesen. Während er auf der einen Seite predigte, die Rolle des Staates in der Wirtschaft müsse kleiner werden, wuchs auf der anderen Seite der Wohlstand von Putins engsten Verbündeten.[28]

*

Während das Vermögen von Putins KGB-Kumpanen zunahm, sank der Stern von Männern wie Sergej Pugatschow. Pugatschow war zu einem Anachronismus geworden, dem Symbol einer anderen Ära – der Jelzin-Jahre und des Übergangs zu Putin, als die Wirtschaft noch viel freier war. Nach der Attacke auf Chodorkowski war Pugatschow nach und nach an den Rand gedrängt worden. »Nach dieser Machtübernahme durch den KGB hatte ich keinen Einfluss mehr«, sagte er.[29] »Wie ein Tsunami hatten sie alles an sich gerissen.«

Irgendwann in Putins zweiter Amtszeit verabschiedete er sich von seinem Büro im Kreml. Er schien es nicht mehr zu benötigen, und er fühlte sich dort zu stark auf dem Präsentierteller. Zu einem gewissen Grad blieb er Teil von Putins näherem Umfeld, half ihm beispielsweise im Sommer 2007, einen Urlaub für ihn und Fürst Albert von Monaco in der sibirischen Wildnis von Tuwa zu organisieren, einer Region in der Nähe der Grenze zur Mongolei, die Pugatschow als Senator vertrat. Dort, umgeben von der Pracht der sibirischen Berge, angelten die beiden Männer im Jenissei, und Putin posierte zum ersten Mal für die berühmten Fotos mit heroisch nacktem Oberkörper, zeigte sich als Macho in grünen Khakihosen und mit Angel in der Hand.

Doch Pugatschow konnte sich nicht dazu überwinden, vor Putin im Staub zu kriechen wie die Jasager um ihn herum. Er blieb ihm gegenüber aufmüpfig und sprach aus, was er dachte. Zwischen den beiden hatte es immer Spannungen gegeben; es schien, als würde es Putin nicht gefallen, Pugatschow verpflichtet zu sein, weil dieser ihn mit an die Macht gebracht hatte. Und die Spannungen nahmen allmählich zu. Schon vor der Finanzkrise und bevor Medwedew Putins Nachfolger wurde, hatten sich die Wolken über Pugatschows Reich zusammengezogen. Es umfasste die beiden größten Werften des Landes in Sankt Petersburg, ein Kokskohlevorkommen in Sibirien sowie Bauprojekte.

Kurz nach Beginn von Putins erster Amtszeit 2001 hatte Pugatschow seinen Posten als Verwaltungsrat der Meschprombank aufgegeben und seine Anteile einer neuseeländischen Vermögensverwaltung überschrieben. Doch trotz seiner persönlichen Aufsässigkeit Putin gegenüber hatte er alles finanziert, worum ihn der Präsident gebeten hatte. Er galt immer noch als der Bankier des Kreml.[30]

Im ersten Jahr von Medwedews Präsidentschaft bat Putin ihn, den Aufstieg eines anderen Tycoons zu finanzieren, der als Putin-näher und -loyaler galt. Als Russland 2008 in die globale Finanzkrise steuerte, wurden Tycoons mit liquiden Mitteln rarer. Doch Pugatschow war immer noch einer von ihnen. Im Sommer 2008 erhielt er einen Anruf von Putin, der ihn ersuchte, Kredite in Höhe von 500 Millionen Dollar für seinen Freund Arkadi Rotenberg lockerzumachen. »Er sagte mir: ›Es ist nur geliehen. Du bekommst es in sechs Monaten zurück‹«, erzählte Pugatschow.[31] Pugatschow traf sich in dem Jahr häufig mit Rotenberg, der mit Putin in den Straßen von Leningrad aufgewachsen war, wo sie miteinander rauften und später zusammen Judo trainierten. Obwohl Rotenberg vermehrt Geschäfte tätigte, nachdem Putin Präsident wurde, und er mit seinem Bruder in Sankt Petersburg die SMP-Bank gründete, war er nicht besonders bekannt. Doch Pugatschow half mit, ihn aufzubauen und sein Geldinstitut zu einer weiteren finanziellen Stütze Putins zu machen, während Rotenberg selbst Aussichten auf einen Staatsauftrag mit einem Milliarden-Dollar-Volumen hatte.

In jenem Frühling erwarb Rotenberg eine Reihe von Bauunternehmen von Gazprom,[32] und nur wenige Wochen später vergab Gazprom einen mehrere Milliarden Dollar schweren Auftrag für den Bau des russischen Teils der strategisch wichtigen neuen Gaspipeline Nord Stream durch die Ostsee nach Deutschland an die von Rotenberg gegründete Holding Stroigasmontasch.[33] Das einzige Problem war, dass es Rotenberg bis zu jenem Sommer noch nicht gelungen war, die Mittel aufzubringen, um Gazprom für die Bauunternehmen zu bezahlen.[34] Das war der Punkt, an dem Putin Pugatschow anrief, der, wie er versicherte, gern aushalf. Doch Putins direktes Interesse an der Angelegenheit zeigte ihm deutlich, wer wirklich hinter Rotenbergs Bauunternehmen stand. »Putin wollte Rotenberg dabeihaben, weil er ihn wirklich kontrollieren konnte«, sagte Pugatschow. »Er gehörte ganz ihm.«

»Rotenberg war bis dahin gar kein richtiger Unternehmer«[35] – im Gegensatz zu anderen Geschäftspartnern Putins aus Sankt Petersburg. Der Deal machte Rotenberg zu einem Milliardär. Rotenberg hat geleugnet, dass sein wachsendes Vermögen irgendetwas mit seiner

Freundschaft zu Putin zu tun haben könnte. Aber er gesellte sich rasch zu der Riege Timtschenko, Setschin und Kowaltschuk, als einer von Putins engsten Vertrauten, die immer größere Teile der russischen Wirtschaft übernahmen.[36]

Dies war der letzte Gefallen, den Pugatschow Putin tat, bevor er plötzlich ausgeschlossen wurde. Als die Finanzkrise nur Monate nachdem er Rotenberg das Geld geliehen hatte, Russlands Bankensystem erschütterte, rutschte die von ihm mitbegründete Meschprombank, deren direkter Eigentümer er aber angeblich nicht mehr war, genau wie viele andere russische Banken tief in die roten Zahlen. Anders als bei anderen hochverschuldeten Banken war die Zentralbank in diesem Fall weniger erpicht darauf, die Fälligkeiten der Kredite zu stunden oder Rettungsdarlehen umzuschulden, um die Bank am Leben zu erhalten. Zuerst war sie der Meschprombank, genau wie allen anderen russischen Banken, mit 2,1 Milliarden Dollar an Notkrediten schnell zu Hilfe gekommen, damit sie zahlungsfähig blieb.[37] Doch als die Bank die Kredite im Sommer 2010 immer noch nicht an die Zentralbank zurückgezahlt hatte, wurden die ausstehenden Schulden zu einem Hebel, mit dessen Hilfe Putins Regierung versuchte, die Kontrolle über Pugatschows Werften, Sewernaja Werf (Nordwerft) und Baltijskij Sawod (Baltisches Werk) zu erlangen.

Trotz Medwedews enthusiastischer Aussagen, dass er die Rolle des Staates in der Wirtschaft reduzieren wolle, hatte Putin vor, einen staatlichen Schiffsbaukonzern aufbauen. Igor Setschin, der enge KGB-Verbündete, der die staatliche Attacke auf Jukos arrangiert hatte, sollte ihn leiten. Pugatschows Werften, dem Kai des Petersburger Hafens gegenüberliegend, sollten dabei wichtige Wertobjekte darstellen. Die Nordwerft und das Baltische Werk waren Russlands größte militärische Werften, wo Fregatten und Korvetten für die russische Marine gefertigt wurden. Pugatschow hatte eine Menge Geld in die Modernisierung der Produktionsanlagen investiert, und die Werften waren die aussichtsreichsten Kandidaten dafür, einen wegweisenden Vertrag zwischen Russland und dem französischen Verteidigungsministerium zu ergattern, in Lizenz zwei Schiffe der *Mistral*-Klasse für die russische Kriegsmarine zu bauen.

Als Putin die Werften zum ersten Mal besuchte, zum Stapellauf von Russlands erstem Atomeisbrecher *50 Let Pobedy* (50. Jahrestag des Sieges), traute er seinen Augen kaum. »Ich erinnere mich an sein Erstaunen«, sagte Pugatschow. »Es gab einen Swimmingpool, Gärten und eine Orangerie an Bord. Dieser Eisbrecher war über eine Milliarde Dollar wert. Aber für ihn war es unbegreiflich. Er war der Ansicht, dass ein privater Eigentümer Brötchen backen, aber keine Eisbrecher und Militärschiffe bauen kann.« Es war, als hätte Putin zum ersten Mal begriffen, was Pugatschow tat. »Es passte Putin nicht, dass ich eine Militärschiffswerft besaß. Er war der Ansicht, dass sie nicht mir gehören sollte. Er ist ein Sowjetmensch, ein Tschekist. Ich glaube, dass er in diesem Moment beschlossen hat, sie mir wegzunehmen.«[38]

Als Pugatschow im November 2009 von Putin einbestellt und ihm gesagt wurde, die Regierung werde einen staatlichen Schiffsbaukonzern aufziehen, verstand er sofort, dass sein Unternehmen nun dran war. Putin teilte ihm mit, Setschin werde den Konzern leiten. »Er sagte zu mir: ›Du wirst große Probleme mit ihm haben. Willst du nicht verkaufen?‹« Aber damals glaubte Pugatschow noch, sie könnten sich einigen. Der Wert der Werften war hoch. Sie hatten Verträge in Höhe von Dutzenden Milliarden Dollar mit dem Staat abgeschlossen. Er verlangte 10 Milliarden Dollar. Nach einigen Verhandlungen informierte ihn Finanzminister Alexej Kudrin, die Regierung könne 5 Milliarden zahlen, mehr nicht. Pugatschow war einverstanden.

Aber irgendwann habe Setschin beschlossen, dass er die Werften für einen Bruchteil ihres Wertes haben wollte. Es war das Jahr nach der Krise, und der neu gegründete Schiffsbaukonzern verfügte über keine liquiden Mittel. Obwohl Pugatschow behauptete, er hätte nichts mehr mit dem Management der Meschprombank zu tun gehabt, sagte er, er sei bereit gewesen, seine Anteile an den Werften als Sicherheit für die Notkredite der Zentralbank in Höhe von 2,2 Milliarden Dollar zu hinterlegen. Die unabhängigen Wirtschaftsprüfer von BDO hatten sie auf 3,5 Milliarden Dollar geschätzt, während die japanische Investmentbank Nomura ihren Wert auf 2,2 Milliarden bis 4,2 Milliarden Dollar festgelegt hatte. Ihr Verkauf würde mehr als genug einbringen, um die Schulden abzudecken.[39]

Doch statt mit den Vorbereitungen für den Verkauf fortzufahren, entzog die Zentralbank der Meschprombank im Oktober 2010, nachdem die Bank eine Zinszahlung versäumt hatte, auf einmal die Lizenz. Dann reichte sie Klage ein, um die Anteile an den Werften zu pfänden, und löste damit eine Kette von Ereignissen aus, die 2012 zum Zwangsverkauf der Anteile führte. Das Verfahren war dasselbe wie bei den erzwungenen Jukos-Veräußerungen. Ein Moskauer Gericht legte hinter verschlossenen Türen fest, dass die Nordwerft und das Baltische Werk weit unter Wert verkauft werden sollten – die Betriebe gingen für 415 Millionen beziehungsweise gerade einmal 7,5 Millionen Dollar an die staatliche, von Setschin geführte Vereinigte Schiffsbaugesellschaft (OSK).[40]

Durch den Verkauf war also keineswegs genügend Kapital eingenommen worden, um die Schulden der Meschprombank zu begleichen, sondern der Staat hatte Pugatschows Werften für einen Bruchteil ihres Wertes erworben. Wieder einmal war die Justiz passend gelenkt worden, um Putins Männern strategische Vermögenswerte einzubringen. »Als sie der Meschprombank die Lizenz entzogen, entwickelte sich dies zu einem Beutezug quer durch meine Betriebe, und dann war alles möglich«, sagte Pugatschow.[41] Als wäre die Jagd auf ihn eröffnet worden, musste er bald auch die Enteignung seines übrigen Besitzes mitansehen. Sein Immobilienprojekt am Roten Platz Nummer 5, einem von Moskaus prestigeträchtigsten Wahrzeichen, für das Putin ihm Jahre zuvor die Baugenehmigung erteilt hatte, wurde einfach ohne jegliche Kompensation zurück an die Liegenschaftsverwaltung des Kreml übertragen. Dann bemächtigte sich die Konkurrenz des von ihm gegründeten Kohleunternehmens EPK. Obwohl es Pugatschows Ansicht nach eine Übereinkunft gab, dass er es für 4 Milliarden Dollar an ein von Ruslan Bajsarow, einem engen Partner des tschetschenischen Präsidenten, geleitetes Konsortium verkaufen würde (die Käufer hatten das Geschäft sogar schon in der russischen Presse verkündet), entzog die russische Regierung EPK die Lizenz, das riesige Elegest-Kohlefeld zu erschließen, nachdem Pugatschow die erste Tranche für 150 Millionen Dollar verkauft hatte, und sprach es einem neuen, von Bajsarow gegründeten Unternehmen zu.

Während Medwedew noch die Notwendigkeit predigte, den staatlichen Einfluss auf die Wirtschaft zu reduzieren, und die Strafverfolgungsbehörden aufforderte aufzuhören, den Unternehmen »Albträume zu bescheren«, hatten Putin und Setschin eine ausgezeichnet koordinierte Attacke gestartet.[42] Es war ein Beispiel dafür, wie ausgeklügelt Putins staatliche Übernahmen geworden waren. Statt dass er durch den Verkauf der Werften genügend Mittel aufbringen konnte, um die Schulden der Meschprombank bei der Zentralbank zu begleichen, wurde Pugatschow nun für den Zusammenbruch der Bank verantwortlich gemacht. Bald sah er sich polizeilichen Ermittlungen gegenüber. Ihm wurde vorgeworfen, den Konkurs der Bank verursacht zu haben, indem er 2008 auf dem Höhepunkt der Krise 700 Millionen Dollar seines eigenen Kapitals von einem Konto bei der Bank auf ein Schweizer Konto überwiesen habe.[43]

Der Mann, der Putin in den Kreml gebracht hatte, war entbehrlich geworden. Pugatschow passte nicht mehr zu den Zielen der Regierung, galt als nicht mehr loyal genug. Der KGB hatte zugehört und zugesehen, wenn er sich mit Jumaschew, Pjotr Awen, Finanzminister Alexej Kudrin und den Köpfen von Russlands größten Staatsbanken im Speisezimmer seines Moskauer Büros traf. Sie hatten seinen respektlosen Ton bemerkt, wenn er über Putin sprach und darüber, wie das System nun funktionierte. »Er war das Opfer seiner eigenen Zunge«, sagte ein anderer Tycoon.[44] Vor allem hatte es den KGB-Hardlinern nicht geschmeckt, dass Pugatschow sich um einen französischen Pass bemühte, also um die Staatsbürgerschaft des Landes, in dem er seit den frühen Neunzigern eine Villa besaß und in das er später fliehen sollte.

*

Als wir uns trafen, war es bereits September 2014, und wir saßen in Pugatschows Büro in Knightsbridge, dem wohlhabenden Stadtteil Londons, der zu einem Tummelplatz für Russlands Reiche geworden war. Nebenan befand sich das Mandarin Oriental, ein Luxushotel, in dem zwei Jahre zuvor der bereits damals als der harte Hund des Kreml bekannte Igor Setschin seine erste Rede vor internationalen Investoren gehalten hatte – am Abend des jüngsten Vorstoßes von Rosneft in das, was von Russlands privatem Ölsektor übriggeblieben war. Nur wenige Schritte weiter war der baumbestandene Lowndes Square, an dem Roman Abramowitsch zwei weiß verputzte Villen in nächster Nähe der beiden exklusivsten Shoppingreiche Londons, Harrods und Harvey Nichols, gekauft hatte. Ein Stück entfernt, am Eaton Square, lag die 25-Millionen-Dollar-Residenz von Oleg Deripaska, dem Metalltycoon, der die Tochter von Jelzins Schwiegersohn Walentin Jumaschew geheiratet und dann öffentlich seine Treue gegenüber Putins Staat erklärt hatte. Pugatschow wünschte, so sein Kommentar, er hätte dort nie ein Büro gemietet. »Es ist abstoßend«, sagte er. Die Konzentration russischen Geldes im Umkreis einer Meile um ihn herum war eine bittere Erinnerung daran, wie weit Russlands Einfluss in der britischen Elite mittlerweile reichte.

Damals kämpfte Pugatschow gegen eine Verfügung des Londoner High Court, durch die sein Vermögen eingefroren wurde, während der Kreml seine Justizkampagne gegen ihn fortsetzte. Es schien keine Rolle zu spielen, dass von den beiden Hauptzeugen gegen ihn einer, der ehemalige Verwaltungsratsvorsitzende der Meschprombank, spurlos verschwunden war, während der andere, der ehemalige Geschäftsführer der Bank, Alexander Didenko, sich auf einen Deal mit der Staatsanwaltschaft geeinigt hatte, bei dem ihm im Gegenzug für seine Aussage gegen Pugatschow Straffreiheit gewährt wurde. (Später bekam Didenko eine Stelle bei einer Bank, die von derselben Regierungsbehörde geleitet wurde, die Pugatschow ins Visier genommen hatte.) Der Kreml verfolgte Pugatschow wegen der Überweisung der 700 Millionen Dollar, aber Pugatschow betrachtete den Fall als Teil der umfassenderen Kampagne der Putin-Regierung mit dem Ziel, sein Wirtschaftsimperium zu übernehmen. Die Kisten mit Dokumenten über die Maßnahmen der Regierung gegen ihn beinhalteten auch eine Notiz von Setschin, in der dieser darlegt, wie die Werften beschlagnahmt werden sollten. Die Mitteilung ging in Kopie an den FSB, die Ermittlungskommission der Staatsanwaltschaft und das Moskauer Schiedsgericht, und darin wurde die Anklage, die gegen Pugatschow erhoben werden sollte, genau beschrieben.[45]

Wie Setschins Notiz zeigt, war sich der Kreml nicht zu schade, den Strafverfolgungsbehörden des Landes direkte Anweisungen zu geben, um Besitztümer zu konfiszieren. Aber die Übernahme von Vermögenswerten war nicht immer der beste Weg zur Vergrößerung der staatlichen Macht – oder zu einer boomenden Wirtschaft. Indem Putins Männer ihre Kontrolle ausweiteten, begann die Konjunktur zu stagnieren. Nachdem Setschins Schiffsbaukonzern Pugatschows Werften übernommen hatte, kam der Bau von Kriegsschiffen zum Erliegen.[46] Als die internen Auseinandersetzungen über Geldflüsse eskalierten, wurde das neue Management nach und nach wegen Korruptions- und Untreuevorwürfen verhaftet.[47] Und nachdem der enge Vertraute des tschetschenischen Präsidenten, Ruslan Bajsarow, das EPK-Kokskohlefeld übernommen hatte, geriet die Erschließung ins Stocken. Als Pugatschow noch Eigentümer war, lag die Produktion bei zehn Millionen Tonnen, und die Arbeit an Plänen für eine Bahnlinie vom Kohlefeld nach China ging in großen Schritten voran. Nun wurde dort gar nicht mehr produziert.

Dasselbe geschah mit Setschins Rosneft. Nachdem der staatliche Ölriese Ende 2004 Jugansk übernommen hatte, sank die Produktion fast auf null. Die Steigerung von Rosnefts Produktion war nahezu vollständig auf Übernahmen zurückzuführen, während die Schulden auf über 80 Milliarden Dollar stiegen.[48] Hinter vorgehaltener Hand beklagten sich Führungskräfte darüber, dass Setschin versuchte, sich in jede Entscheidung einzumischen, bis hin zur Absegnung von Geschäftsreisen des Managements.

All dies deutete auf ein größeres Problem hin. Das Wirtschaftswachstum während der ersten beiden Präsidentschaften Putins, das sich nach der Krise in den Medwedew-Jahren kurzfristig erholt hatte, geriet ins Stocken. In Putins ersten beiden Amtszeiten hatten die steigenden Ölpreise ein durchschnittliches Wachstum von 6,6 Prozent bewirkt, aber 2013 verlangsamte es sich auf 1,3 Prozent, und viele Ökonomen sagten eine Rezession voraus. Die Ursünde der Putin-Regierung – die Unterwanderung der Strafverfolgung, um die Übernahme von Jukos zu garantieren – rächte sich nun. Aus Angst vor Razzien durch die Behörden erfolgten kaum noch Investitionen. Putins Männer missbrauchten die Justiz, um sich ungestraft Unternehmen unter den Nagel zu reißen, und die staatlichen Giganten, die sie auf diese Weise schufen, wurden so groß, dass sie nicht wussten, was sie mit ihnen anfangen sollten. »Der Jukos-Fall verlieh der Korruption in den Strafverfolgungsbehörden zusätzlichen Schwung«, sagte ein ehemaliger ranghoher Kreml-Beamter. »Danach begann sie sich auszubreiten, weil sie erkannten, dass sie freie Hand hatten, aktiv in die Wirtschaft einzugreifen. Alle hatten Angst, und deswegen investierte keiner.«

Die wirtschaftlichen Probleme schlugen sich auch in Putins Umfragewerten nieder, die bei 47 Prozent dümpelten, dem niedrigsten Wert seit er erstmals Präsident geworden war.[49] Seine Regierung schien sich auf dem Weg in eine Sackgasse zu befinden, und die einzige Möglichkeit, die Konjunktur anzukurbeln, wäre gewesen, Reformen zu initiieren, um die staatliche Kontrolle über die Wirtschaft, die den Stillstand erst verursacht hatte, rückgängig zu machen – und die Macht von Putins Kreis zu reduzieren. Das Einzige, was blühte, war die Korruption.

Doch zu dem Zeitpunkt, als Pugatschow und ich in seinem Büro in Knightsbridge zusammensaßen und zu verstehen versuchten, wie es so weit kommen konnte, hatte Putin, statt die wirtschaftlichen Probleme anzugehen, den Fokus dramatisch verschoben. Fort waren die dauernden Sorgen um die Wirtschaft und seine eigene sinkende Beliebtheit, die ihn in den ersten beiden Jahren nach seiner Rückkehr ins Präsidentenamt geplagt hatten. Auch die Furcht vor Protesten hatte sich vollständig in Luft aufgelöst.

Stattdessen setzte Putin alles auf eine Wiederherstellung von Russlands Weltmachtstatus. Er hatte einen großen ersten Schritt unternommen, um den Platz seines Landes in der globalen Ordnung geltend zu machen. In jenem März hatte Russland die Halbinsel Krim annektiert, die zur Ukraine gehörte und wo die russische Marine seit Langem den Stützpunkt ihrer Schwarzmeerflotte unterhielt. Zum ersten Mal seit dem Ende des Kalten Krieges war Russland in das Gebiet eines anderen Landes eingedrungen und hatte dort die Macht übernommen, was das Regime Putin unmittelbar in eine tiefgreifende Konfrontation mit dem Westen manövrierte.

In London hatten die westlichen Banker, die geglaubt hatten, zur Integration Russlands in den Westen beizutragen, Mühe zu verstehen, wie das alles hatte derartig schieflaufen können. Die Ereignisse schienen zunehmend außer Kontrolle zu geraten. Doch Teile der militärischen Handlungen wirkten, als würden sie ausgesprochen präzise durchgeführt. Kaum jemand hatte bezweifelt, dass Russland und der Westen sich hinsichtlich der Zukunft der Ukraine schon lange auf Kollisionskurs befanden – entweder würde das Land näher an die Europäische Union oder an Russlands gemeinsame eurasische Wirtschaftszone rücken. Aber hatte Putin, wie ein hochrangiger westlicher Banker behauptete, tatsächlich »einen Plan aus der Versenkung geholt«? »Er musste irgendetwas tun, um aus der Defensive zu kommen. Die einzige Möglichkeit, wie er die Wirtschaft hätte ankurbeln können, wäre die Dezentralisierung der Macht gewesen. Aber als es hart auf hart kam, waren der Wunsch nach Kontrolle und die Notwendigkeit, an der Macht zu bleiben, wichtiger für ihn. (…) Was wir nun sehen, scheint Teil einer uralten Strategie zu sein, um von Problemen abzulenken und Unterstützung zu mobilisieren.«[50] Konnte es sein, dass Putins Männer aufgrund der wirtschaftlichen Schwierigkeiten Russlands noch entschlossener waren, die Ukraine zu kontrollieren – und damit die Krise ausgelöst hatten, die zur Annexion der Krim geführt hatte? Wann und wie hatte das begonnen?

\*

Die ersten Signale aus dem Kreml, dass Russland auf einen tiefgreifenden Konflikt mit der Ukraine zusteuern könnte, kamen viel früher, nämlich im September 2013. Zu diesem Zeitpunkt war der Pro-Kreml-Kandidat Viktor Janukowitsch Präsident, ins Amt katapultiert mithilfe von Firtasch und Paul Manafort, nachdem die Koalition der Orangen Revolution ebenso wie Juschtschenkos Präsidentschaft aufgrund von internen Auseinandersetzungen und Korruptionsvorwürfen nach dem Gasdeal von 2006 gescheitert waren. Janukowitsch hatte, seitdem er 2010 an die Macht gekommen war, an Souveränität und Reichtum gewonnen. Trotz seiner politischen Nähe zum Kreml hatte er, ermuntert von anderen unabhängig gesinnten Oligarchen, Gespräche über ein Handels- und Kooperationsabkommen mit der Europäischen Union geführt, das die politischen und wirtschaftlichen Verbindungen der Ukraine mit dem Westen festigen würde. Diese Gespräche ließen ein uraltes Schreckgespenst Russlands wiederauferstehen, und der Zeitpunkt hätte kritischer nicht sein können. Jegliche Bewegung der Ukraine Richtung Westen, insbesondere so kurz nach dem politischen Gegenwind, den Putin bei seiner Rückkehr erfahren hatte, stellte eine ernste Bedrohung für Putins KGB-Leute dar. Sie gefährdete das gesamte Modell von Russlands etatistischer Entwicklung unter Putin und würde wahrscheinlich die Entschlossenheit seiner liberalen Gegner stärken.

Janukowitsch sollte den Vertrag mit der EU im November unterzeichnen, und als der Termin näher rückte, übte Putins Regierung immer mehr Druck auf ihn aus. Im September warnte ein vom Kreml gesandter Aufwiegler, Sergej Glasjew, öffentlich, dass der Ukraine eine Katastrophe bevorstünde, sollte sie den Vertrag unterzeichnen. Russland werde dann nämlich Strafzölle einführen, die das Land Milliarden Dollar kosten und es daran hindern würden, ausstehende Kredite in Höhe von 15 Milliarden Dollar zurückzuzahlen.[51] Darüber hinaus, wetterte Glasjew noch unheilvoller, könne der Vertragsabschluss zum Zusammenbruch des ukrainischen Staates führen, da Russland nicht länger verpflichtet sei, ein Abkommen einzuhalten, das die Grenzen zwischen den beiden Staaten festlegte. Der Kreml könne eingreifen, falls prorussische Regionen in der Ukraine Moskau direkt um Hilfe bitten würden. »Wird dieser Vertrag unterschrieben, führt dies zu politischen und sozialen Unruhen«, warnte Glasjew. »Der Lebensstandard wird dramatisch sinken. (…) Es wird Chaos geben.«[52]

Janukowitsch hatte Glasjews Drohungen so ernst genommen, dass er im November von der Unterzeichnung des Vertrags mit der EU plötzlich Abstand nahm. Doch obwohl die Ereignisse eine andere Wendung nehmen würden, sollte sich Glasjews Warnung hinsichtlich russischer Maßnahmen als erschreckend klarsichtig erweisen. Janukowitschs Rückzieher ließ ein Pulverfass explodieren. Langgehegte Erwartungen, dass die Ukraine sich endlich dem Westen annäherte, wurden erneut zerstört. Dies führte zu proeuropäischen Protesten, bei denen bald Hunderttausende auf die Straßen gingen. Studierende, unterstützt von ukrainischen Oligarchen, die genug hatten von der feigen Korruption der Janukowitsch-Regierung, errichteten erneut eine Zeltstadt auf Kiews symbolträchtigem Majdan, dem Ort des prowestlichen Aufstands 2004, der zur Orangen Revolution geführt hatte.[53] Fast drei Monate lang hielt eine Gruppe von Demonstranten durch, trotz Eis und Schnee. Von Zeit zu Zeit kam es zu Zusammenstößen mit der Bereitschaftspolizei, wenn die Regierung versuchte, den Platz räumen zu lassen. Die Gewalt eskalierte, als Janukowitsch drakonische Gesetze erließ, die Demonstrationen verboten und bei Zuwiderhandlungen hohe Geldbußen und Haftstrafen androhte.[54] Aus Protest kaperten die Demonstranten Busse, setzten einen davon in Brand und steuerten andere in die Kolonnen der Bereitschaftspolizei. Einige rissen Metallzäune herunter und setzten die Stäbe als Waffen gegen die Polizei ein. Die Demonstranten wurden von Rechtsradikalen unterwandert, die sich immer stärker organisierten, angeführt von nationalistischen Gruppierungen, die die Barrikaden um den Platz herum besetzten. Bewaffnet sogar mit Katapulten standen sie in den Auseinandersetzungen mit der Polizei in der ersten Reihe.[55] Es schien nicht viel zu fehlen, um die Proteste eskalieren zu lassen. Und dann, eines Tages, geschah es.

Am frühen Morgen des 20. Februar 2014 waren Schüsse von Scharfschützen zu hören. Bis heute weiß niemand genau, wie es begann oder woher die ersten Schüsse kamen. Innerhalb von zwei Stunden waren vierundsechzig Demonstranten tot.[56] Am Ende des Tages betrug die Zahl der Toten siebzig, und Janukowitsch führte Krisengespräche über sein politisches Überleben mit dem französischen, dem deutschen und dem polnischen Außenminister. Die Verhandlungen endeten damit, dass die ukrainische Führung sich bereiterklärte, noch vor Jahresende Präsidentschaftswahlen durchzuführen und durch eine Verfassungsänderung die Macht des Präsidenten einzuschränken. Russland jedoch heizte das Geschehen weiter an. Ein hochrangiger russischer Regierungsbeamter sagte der *Financial Times* am selben Tag, wenn die Ukraine damit fortfahre, sich dem Westen zuzuwenden, sei Moskau bereit, über die Krim einen Krieg anzufangen, um seine Militärbasis dort zu verteidigen und die Bevölkerung der ethnischen Russen zu beschützen: »Wir werden nicht zulassen, dass Europa und die Vereinigten Staaten uns die Ukraine wegnehmen«, sagte ein Mitarbeiter des Außenministeriums. »Sie glauben, Russland sei immer noch so schwach wie Anfang der Neunziger, aber das ist falsch.«

Am 22. Februar erfuhr die Welt nach dem Aufwachen, dass Janukowitsch mitten in der Nacht geflohen war, dass er seine Regierung trotz der scheinbar erreichten Einigung über seinen vorgezogenen Rücktritt im Stich gelassen hatte. Anscheinend fühlte er sich nicht mehr sicher. Die Präsidialgarde war desertiert, und die radikaleren Oppositionsführer hatten sich geweigert, den von ihm geschlossenen Kompromiss anzuerkennen, und geschworen, die Proteste fortzusetzen, bis er abgetreten war. In diesem Vakuum ergriff eine proeuropäische Übergangsregierung die Macht.

Doch in weniger als einer Woche nahm der scheinbare Durchbruch für die Ukraine eine erneute Wendung. Russland hatte seine Drohungen wahrgemacht. Am 27. Februar stürmten vor Tagesanbruch Einheiten, maskiert und ohne Militärabzeichen, das Parlament auf der Krim und hissten eine russische Flagge über dem Gebäude aus Sowjetzeiten, während bei einer spontan zusammengerufenen Sitzung ein neuer regionaler Ministerpräsident ernannt und ein Referendum über den Beitritt zu Russland verlangt wurde.[57] In der Zwischenzeit versammelten sich 150 000 russische Soldaten an der ukrainischen Grenze. Die Ereignisse überschlugen sich, genau wie Glasjew es vorhergesagt hatte. Später wunderten sich westliche Beamte, wie detailliert die Operation vorbereitet gewesen zu sein schien.[58]

Der Westen war ganz benommen von den dreisten Schritten der Putin-Regierung. Russland rechtfertigte sich mit der Behauptung, es sei zu einer Reaktion gezwungen gewesen, um seine Interessen gegen den von den USA unterstützten Umsturz in Kiew zu verteidigen. »Wir sind Zeugen eines ungeheuren geopolitischen Spiels, in dem das Ziel die Zerstörung Russlands als geopolitischer Gegner der USA oder der globalen Finanzoligarchie ist«, erklärte Wladimir Jakunin, ein enger KGB-Vertrauter Putins aus Sankt Petersburg. Die Vereinigten Staaten, sagte er mir, als wir uns zur Hochzeit der militärischen Spannungen trafen, setzten eine Doktrin fort, die die CIA seit den Sechzigerjahren verfolgt habe – die der Abspaltung der Ukraine von Russland.[59] Der ehemalige Nationale Sicherheitsberater der USA, Zbigniew Brzeziński, hatte schon 1996 geschrieben, mit der Ukraine sei Russland eine Großmacht, ohne sie jedoch nicht: »Das war keine neue Idee«, sagte Jakunin. »Vor über vierzig Jahren, als die USA Pläne zur Zerschlagung der UdSSR entwickelten, hieß es in CIA-Dokumenten, dies solle von der Trennung der Ukraine von Russland begleitet werden. Irgendwo in den Regalen der CIA-Führungspersonen befinden sich die Ordner über diese Projekte, und sie holen sie ungefähr alle drei Jahre hervor.«[60]

Ohne jemals Beweise vorzulegen, stürzten sich russische Regierungsvertreter und die staatlichen Medien in eine nie dagewesene Propagandakampagne, in der sie behaupteten, die USA stünden hinter den Protesten gegen die Janukowitsch-Regierung. »Neonazis« hätten die Proteste angeführt, erklärten sie – trotz der Tatsache, dass es sich bei der großen Mehrheit der Demonstranten um dieselben westlich orientierten, gebildeten Ukrainer handelte, die schon 2004 an der Spitze der Orangen Revolution gestanden hatten. Ein Großteil der ukrainischen Elite war der Korruption, die Janukowitschs Regierung geprägt hatte, überdrüssig.[61] Den Russen zufolge waren es Neonazis, »bewaffnete Kämpfer«, die die ersten Schüsse an jenem schicksalshaften Tag im Februar abgegeben hatten, an dem über siebzig Menschen auf dem Majdan starben.[62] Die Tatsache, dass Mitglieder der Berkut, einer Einheit der ukrainischen Sicherheitskräfte, die die Barrikaden besetzt hatten, größtenteils nach Russland oder in von Russland kontrollierte Regionen der Ukraine geflohen waren, wurde nicht erwähnt. Ihre Waffen wurden später auf dem Grund eines Sees gefunden.[63] Die Berkut war bekannt dafür, von russischen Agenten unterwandert worden zu sein, besonders während der Amtszeit Janukowitschs. Später behaupteten ukrainische Strafverfolgungsbehörden, russische Sicherheitskräfte seien an den Morden beteiligt gewesen.[64] Nach einer forensischen Untersuchung des Videomaterials klagten die Strafverfolgungsbehörden eine schwarz gekleidete Eliteeinheit der Berkut an, neununddreißig Demonstranten getötet zu haben. Ein Mitarbeiter der Staatsanwaltschaft und eine Quelle aus den ukrainischen Sicherheitsbehörden sagten der *Financial Times*, eine nicht identifizierbare Truppe hätte die Schießerei ausgelöst, indem sie von den Dächern rings um den Majdan sowohl auf Demonstranten als auch auf Polizisten geschossen habe.[65]

Das alles widersprach der allgegenwärtigen russischen Propaganda. Als Janukowitsch zwei Tage nach den tödlichen Schüssen floh, lag das, wieder der russischen Propaganda zufolge, an dem von den USA unterstützten Staatsstreich und hatte nichts damit zu tun, dass sein eigener Personenschutz ihn im Stich gelassen hatte.

Russische Regierungsvertreter beharrten darauf, der Tropfen, der das Fass zum Überlaufen gebracht habe, sei die eilige Aufhebung eines Gesetzes von 2012 durch das ukrainische Parlament gewesen, das die Rechte russischsprachiger Ukrainer gestärkt hatte.[66] Doch die eilig aufgestellte neue, westlich orientierte Regierung der Ukraine hatte unverzüglich eingestanden, dass dies ein Fehler war, und sich gegen die Entscheidung gestellt. Die russische Kampagne wurde trotzdem fortgesetzt.

Als ich mich mit Jakunin traf, heizte Putin die Spannungen weiter an, indem er die Entsendung russischer Truppen in die Ukraine forderte. Jakunin sagte, er hoffe, diese Drohung sei »eine kalte Dusche« für westliche Staatschefs: »Es wäre großartig, wenn sie verstehen würden, dass es nicht in Ordnung ist, in Stiefeln in anderer Leute Häuser herumzutrampeln.«

Die Rhetorik und die staatliche Propaganda, von der die Militäraktion begleitet wurde, schienen die tiefe Paranoia zu reflektieren, die Putin und seine Leute seit der Orangen Revolution 2004 – oder eigentlich bereits seit Putin von der Veranda seiner Dresdner Villa am Elbufer Zeuge des Zusammenbruchs der Sowjetunion wurde – zu plagen schien. Putin und seine Männer glaubten an eine Verschwörung des Westens, die darauf abzielte, Russlands Macht zu untergraben. Andererseits wirkten ebendiese Rhetorik und Propaganda wie bloße Täuschungsmanöver, um die Handlungen des Kreml zu rechtfertigen. Es war, als wäre all das Reden über die globale Einbindung Russlands, die Notwendigkeit, ausländische Direktinvestitionen ins Land zu holen, die Wirtschaft zu modernisieren und eine Einigung mit den USA zu erzielen, weggewischt worden und das Putin-Regime habe plötzlich sein wahres Gesicht gezeigt. Ein ehemaliger Berater des letzten sowjetischen Staatschefs Michail Gorbatschow sagte, die Atmosphäre in jenen Tagen sei so gewesen, als habe jemand die Kellertüren des Kreml aufgestoßen, woraufhin die Geister und der Gestank der Sowjetvergangenheit hervorgequollen seien.[67]

Für Putin war die Annexion der Krim der Moment, um triumphierend eine neue Weltordnung nach dem Kalten Krieg zu erklären, der Moment, in dem Russland trotzig begann, den Spieß umzudrehen und sich weigerte, sich der Dominanz der Vereinigten Staaten weiterhin zu beugen. Nachdem die Krim mit überwältigender Mehrheit für den Beitritt zu Russland gestimmt hatte, wurde Putin von stürmischen stehenden Ovationen der Regierungsbeamten empfangen, die unter den hohen Bögen und goldenen Kronleuchtern im Georgssaal des Kreml zusammengekommen waren, um ihn reden zu hören. »Was in der Ukraine geschehen ist, spiegelt wider, was sich auf der ganzen Welt ereignet hat«, sagte er. »Nachdem die in zwei Supermächte geteilte Welt zusammengebrochen war, beschlossen die USA, eine Einschüchterungspolitik zu betreiben. Sie halten sich für Gottes Gesandte.«[68] Der Westen habe jahrhundertelang versucht, Russland in die Ecke zu drängen und zu unterdrücken. »Aber alles hat seine Grenzen. (...) Drückt man eine Feder zu stark zusammen, springt sie wieder auseinander. (...) Russland hat wie jedes Land nationale Interessen, die respektiert werden müssen.«[69]

Am Ende seiner Rede wischten sich ein paar Beamte Tränen des Stolzes aus den Augen, während andere »Russland! Russland!« skandierten. Putin sprach eine tiefsitzende Sehnsucht nach den glorreichen Tagen der sowjetischen Großmachtvergangenheit an, die viele Russen teilten. Es war dieselbe nostalgische Sehnsucht, die ihm dazu verholfen hatte, als *kandidat resident*, als Mann des KGB im Kreml, dreimal gewählt zu werden. Erst jetzt wurde in den Augen vieler russischer Bürger dieses implizite Versprechen endlich eingelöst. Die Krim war bereits viele Jahre vor dem Kollaps der Sowjetunion verloren gewesen: 1954, als der damalige Führer der Kommunistischen Partei, Nikita

Chruschtschow, sie an die Ukraine überschrieben hatte. Die meisten Russen gaben jedoch Boris Jelzin die Schuld, der den Status quo im Dezember 1991 mit seiner Unterschrift bestätigt hatte, als er und die Staatschefs der anderen Sowjetrepubliken die Existenz der Sowjetunion mit einem Federstreich auslöschten.

Als die Sowjetunion zusammenbrach und die Krim Teil des Staatsgebiets eines anderen Landes blieb, »fühlte sich Russland nicht nur beraubt, sondern regelrecht geplündert«, sagte Putin den an diesem Tag versammelten Beamten. »Millionen Russen gingen abends in einem Land schlafen und wachten am nächsten Morgen in einem anderen auf. Von einem Moment auf den anderen wurden sie eine Minderheit in den ehemaligen Sowjetrepubliken. (…) Doch dann senkte Russland bloß den Kopf und nahm die Schande hin.«[70]

Nun, da er erstmals Schritte unternahm, das russische Imperium wiederaufleben zu lassen, stieg Putins Popularität auf über 80 Prozent. Er musste nie irgendwelche Beweise vorlegen, dass die USA an dem Volksaufstand gegen Janukowitsch beteiligt gewesen waren – die Propaganda passte einer Bevölkerung, die immer noch von Russlands Demütigung nach dem sowjetischen Kollaps überzeugt war, einfach zu gut ins Bild. Es genügte, Bilder zu zeigen, auf denen die amerikanische Staatssekretärin Victoria Nuland in der eisigen Kälte auf dem Kiewer Majdan Kekse an proeuropäische Demonstranten verteilte.

Später wurde die Propaganda zunehmend raffinierter. Cyber-Einheiten des russischen Militärgeheimdienstes GRU überschwemmten Facebook und ein russisches soziales Netzwerk mit erfundenen Geschichten, die die russische Invasion rechtfertigten und die angeblich von Neonazis geführte Revolution verurteilten, während die Ukraine als Brutstätte tschetschenischer Terroristen dargestellt wurde.[71] Als der Konflikt sich in die Ostukraine ausweitete, sendete das russische Fernsehen Behauptungen über einen »Genozid« der ukrainischen Armee. Es berichtete sogar, Soldaten hätten ein dreijähriges Kind gekreuzigt.[72] Nach und nach ließen sich die meisten Menschen durch die konstante Flut dieser Nachrichten überzeugen.

Der Westen musste sich Russlands neugewonnenem Selbstbewusstsein auf eine Weise stellen wie seit Moskaus kurzem, siegreichem

Krieg gegen Georgien 2008 nicht mehr. Die Angst war, dass Russlands Stellvertreterkrieg nach Europa vordringen könnte. Niemandem war klar, wie weit Putin gehen würde. Seine Manöver in der Ukraine stellten »die europäische Friedensordnung insgesamt infrage«, sagte die deutsche Kanzlerin Angela Merkel.[73]

In ganz Europa und den USA suchten die Regierungen nach einer Antwort. Als der Kreml im März mit einem Referendum auf der Krim über ihren Beitritt zu Russland weitermachte, reagierten die Vereinigten Staaten mit wirtschaftlichen Sanktionen für Putins inneren Zirkel. Unter den zwanzig Russen, über die Vermögens- und Visasperren verhängt wurden, waren hochrangige Personen wie Sergej Iwanow, der frühere Verteidigungsminister, der nun Putins Leiter der Präsidialverwaltung war, und Wiktor Iwanow, der schnauzbärtige ehemalige Vize in diesem Amt, ein weiterer KGB-Kollege aus Sankt Petersburg, der nun im russischen Sicherheitsrat saß, sowie der Chef des Militärgeheimdienstes, Igor Sergun.[74] Die USA setzte außerdem die Verbündeten auf die schwarze Liste, von denen bekannt war, dass sie Putins wichtigste Geschäftspartner waren – die Treuhänder im System der Kreml-Tarnfirmen: den Gunvor-Ölhändler Gennadi Timtschenko, den Mehrheitseigner der Bank Rossija Juri Kowaltschuk, und Arkadi Rotenberg, Putins früheren Judopartner, dem Pugatschow nur vier Jahre zuvor 500 Millionen Dollar für Milliardendeals mit Gazprom geliehen hatte.

Zum ersten Mal benannte die US-Regierung diese Männer öffentlich als Putins Banker. Putin »ist in Gunvor investiert und hat möglicherweise Zugriff auf Gunvors Gelder«, erklärte sie, und Kowaltschuk sei »der persönliche Bankier hochrangiger Beamter der Russischen Föderation inklusive Putin«.[75] Rotenberg, heißt es weiter, habe von Staatsaufträgen in Milliarden-Dollar-Höhe profitiert, darunter zuletzt Bauprojekte im Wert von 7 Milliarden Dollar für die Olympischen Winterspiele 2014 in Sotschi. Die US-Regierung legte das System von Putins engsten Strohmännern offen. Ein hochrangiger Regierungsbeamter sagte, diese würden nun keinerlei Finanzdienstleistungen in den USA in Anspruch nehmen können und Schwierigkeiten haben, Geschäfte in Dollar abzuwickeln: »Diese Personen werden ernsthafte

Probleme haben, weiterhin in irgendeiner Form in der Weltwirtschaft tätig zu sein.«[76]

Die Europäische Union verhängte ebenfalls Sanktionen über Mitglieder des russischen Parlaments und die gerade erst eingesetzten russischen politischen Führer auf der Krim – und schloss darüber hinaus gemeinsam mit den USA Russland aus den G8 aus, der Gruppe der Industrienationen, in der das Land so dringend Mitglied werden wollte, um zu zeigen, wie gut es in die Weltwirtschaft integriert war. Doch nachdem der russische Börsenmarkt zunächst noch härtere wirtschaftliche Maßnahmen befürchtet hatte, vergleichbar denen, die die iranische Wirtschaft in die Knie gezwungen hatten, erholte er sich rasch wieder. An der ukrainischen Grenze versammelten sich weiterhin unbeirrt russische Truppen.

Der Konflikt eskalierte. Söldner – laut offiziellen russischen Angaben »Freiwillige« – begannen in die Ostukraine vorzudringen, wo sie zu einer beträchtlichen Truppe örtlicher prorussischer Milizen stießen, die mit russischem Militärgerät ausgestattet waren. Im April übernahmen sie die Regierungsgeschäfte in den ostukrainischen Regionen Donezk, Lugansk und, eine Zeit lang, Slowjansk.[77] Für westliche Regierungen und die Regierung der Ukraine ähnelte die Situation verdächtig der, als russische Einheiten ohne eindeutige Militärabzeichen in die Krim einmarschiert waren und dort die Macht übernommen hatten.

Die Gefahr noch viel härterer wirtschaftlicher Sanktionen wendete eine vollständige Invasion der Ukraine ab. Was stattdessen folgte, war ein Hybridkrieg, in dem Russlands Stellvertreter gegen die bunt zusammengewürfelte ukrainische Armee kämpften, als die Kiewer Regierung sich bemühte, das Vordringen der Separatisten auf ukrainisches Gebiet zu verhindern. Die russischen Truppen, die noch zu Zehntausenden an der Grenze stationiert waren, dienten gewissermaßen der psychologischen Kriegsführung, sie sollten die ukrainische Armee einschüchtern, während schwere russische Waffen und sogenannte »russische Freiwillige« weiterhin ungehindert in die Ostukraine gelangten.[78]

In dem Versuch, Russland zum Rückzug zu zwingen, schlugen die Vereinigten Staaten und die Europäische Union im Juli mit weiteren

Sanktionen zurück. Diesmal nahmen die USA die größten Staatsunternehmen Russlands ins Visier und verwehrten den Giganten des staatlichen Bankensektors – darunter Andrej Achimows Gazprombank, Andrej Kostins Wneschtorgbank (VTB) sowie der Wneschekonombank – den Zugang zu langfristigen US-Krediten.[79] Sie setzten außerdem Russlands wertvollen Ölchampion Rosneft sowie Timtschenkos Gasproduzenten Nowatek auf die schwarze Liste und begrenzten so deren Möglichkeiten, an Geldmittel zu gelangen. Die EU folgte zwei Wochen später mit ähnlichen Maßnahmen. Verschärft wurde die Auseinandersetzung durch den für alle 298 Insassen tödlichen Abschuss einer Passagiermaschine der Malaysia Airlines am 17. Juni, als sich diese über von prorussischen Separatisten besetztem Gebiet befand.[80]

Während Russland fortfuhr, den Stellvertreterkrieg zu befeuern, der die Ostukraine zerstörte, wachten westliche Regierungen allmählich auf und begriffen, dass die hoffnungsvolle Annahme, von der sie seit dem Zusammenbruch der Sowjetunion ausgegangen waren – dass Russland sich zwangsläufig der westlichen Welt annähern würde –, nichts als eine Illusion war.[81] Sie mussten sich mit einem Regime herumschlagen, das aggressiv eigene Interessen zu verfolgen schien, ganz egal, welche Konsequenzen dies für sein Ansehen im Westen hatte. Für Putins Regierung hatte die Wiederherstellung der globalen Position Russlands oberste Priorität. Das Land wollte nicht Teil der westlich dominierten Weltordnung sein. Es wollte seine eigenen Regeln festlegen.

Dem Westen wurde klar, dass diese Regierung viele Gesichter hatte und zu Tricks greifen würde, um ihren Willen zu bekommen. Die Taktik war letztlich offensichtlich geworden, als Putin zunächst leugnete, dass sich russische Truppen auf der Krim befanden, und dann, als die Annexion vollendet war, zugab, dass die nicht identifizierbaren Truppen, die den Spitznamen »kleine grüne Männer« bekommen hatten, doch Russen waren. Für diese Regierung beherrschte das Großmachtstreben alles, gleichgültig, welche Sanktionen ihr der Westen auferlegte. Zu Beginn des vorläufigen Waffenstillstands im September 2015 hatte Russlands Stellvertreterkrieg über achttausend Menschenleben gekostet, und die prorussischen Separatistenhochburgen Donezk und Lugansk blieben bestehen.[82] Russland hatte die Ukraine erfolgreich gespalten, und trotz des vermeintlichen Waffenstillstands brechen noch heute sporadisch Kämpfe aus. Inzwischen liegt die Zahl der Toten bei 13 000, von denen über ein Viertel zivile Opfer sind.[83]

Möglicherweise erfahren wir nie, wie alles begann, wer den ersten Schuss abgab. Aber wie es scheint, hatte Russland sich seit Längerem auf verschiedene Szenarien vorbereitet. Falls die Rache in irgendeiner Weise geplant worden war, waren die Grundlagen dafür vor langer Zeit gelegt worden – in der Zeit, als der KGB in den letzten Tagen vor dem Kollaps der Sowjetunion still und leise sein Überleben durch den Erhalt von Netzwerken und befreundeten Firmen geplant und Geld abgezweigt hatte. Diese Bemühungen waren intensiviert worden, als Putin das Präsidentenamt übernahm, und das ermöglichte den KGB-Männern, beginnend mit Jukos, strategisch wichtige Unternehmen zu übernehmen und sich dann in die übrige Wirtschaft vorzuarbeiten.

Falls irgendeiner der Oligarchen der Jelzin-Ära noch hoffte, unabhängig agieren zu können, bekam er das endgültige Signal des Gegenteils kurz nach der Annexion der Krim, als sogar einer der loyalsten Tycoons, Wladimir Jewtuschenkow, gezwungen wurde, seinen Ölkonzern Baschneft dem Staat zu überlassen. Er wurde verhaftet und seine Mehrheitsbeteiligung an Baschneft wurde zuerst verstaatlicht und dann von Setschins Rosneft gekauft.

Das war ein Zeichen dafür, dass die russische Marktwirtschaft nur noch eine Farce war. Hinter den Kulissen wurden unaufhörlich Gewinne geteilt. Gelder flossen in die allgemeine Schatztruhe des Kreml, den *obschak*, und jeder Deal, fast gleichgültig, wie klein, musste von der Nummer eins abgesegnet werden. »Jewtuschenkow glaubte, Baschneft gehöre ihm, er habe für das Unternehmen bezahlt«, sagte ein hochrangiger Kreml-Beamter. »Aber wie sich herausstellte, gehörte es ihm nicht und konnte ihm jederzeit genommen werden. Für die russische Geschäftswelt ist heutzutage vollkommen klar, dass der Kreml jedem alles nehmen kann. Eigentum ist in Russland heute nicht heilig, insbesondere in den Neunzigern erworbenes. Es wird einzig und allein durch Putins Autorität geschützt.«[84]

Die russische Wirtschaft befand sich nun im Kriegsmodus, und alles gehorchte dem Willen des Kreml, sagte Pugatschow: »Nun gibt es nur noch Putin und seine Stellvertreter, die seine Befehle ausführen. Jegliche finanziellen Erträge werden Putin gutgeschrieben. Das Land ist im Kriegszustand. Das Big Business kann nicht so weitermachen wie zuvor. Es muss sich den Ausnahmeregeln des Krieges beugen.«[85]

Fast die gesamte Wirtschaft stand nun unter Putins Kommando, und er konnte sie nutzen, wie es ihm gefiel. »Das ganze Geld gehört Putin«, erklärte ein hochrangiger Bankier mit Verbindungen in die Sicherheitsbehörden. »Als er an die Macht kam, bezeichnete er sich anfangs bescheiden als angestellten Manager. Doch dann wurde er zum Mehrheitseigner von ganz Russland. Zuerst gaben sie ihm einen Anteil, und dann übernahm er die Kontrolle. Es ist eine nicht öffentlich gehandelte Aktiengesellschaft.«[86] »Putin ist der Zar, der Herrscher über das ganze Land«, stimmte ein anderer Tycoon zu.[87]

Für einen von Putins engsten Verbündeten, Wladimir Jakunin, das ehemalige KGB-Mitglied, das eines der ersten Aktionäre der Bank Rossija gewesen und nun Chef der Russischen Eisenbahnen war, stellte es eine Auszeichnung dar, auf der US-Sanktionsliste zu erscheinen. Aus seiner Sicht hinkte die US-Regierung jedoch der Realität hinterher, wenn sie glaubte, nur Timtschenko und Kowaltschuk seien Putins Bankiers: »Der russische Präsident hat Zugang zu allen Geldtöpfen im ganzen Land«, sagte er.[88]

Es war eine Einschätzung, die in der Warnung eines wichtigen ehemaligen Geschäftspartners von Timtschenko widerhallte. Als wir uns an einem regnerischen Tag im November 2014 trafen, sagte er, die US-Sanktionen seien vollkommen wirkungslos. Zu diesem Zeitpunkt agierte ein ausgedehntes Netz an Geldmännern und Tycoons als Strohmänner für Putins Regime. »Man müsste jeden einzelnen von ihnen mit Sanktionen belegen.«[89]

Obwohl der Rubel im Dezember 2014 unter dem Druck der Sanktionen und dem Mangel an Refinanzierungsmöglichkeiten für russische Unternehmensschulden fiel, stellte sich die Wirtschaft des Landes letztlich als widerstandsfähig heraus. Die Regierung hatte die Regeln einer normalen Marktwirtschaft außer Kraft gesetzt. Staatsbanken forderten keine Kreditrückzahlungen, wenn russische Unternehmen die Verträge verletzten. Für die meisten Schulden bestanden als Teil einer unendlichen Refinanzierungspyramide die Möglichkeiten von Frist-verlängerungen und Umschuldungen. Die Regierung bediente sich teilweise am Stabilisierungsfonds, den sie mit Sondererträgen aus dem Ölgeschäft im Laufe fast der gesamten vergangenen zehn Jahre ange-legt hatte, um Unternehmen mit Verbindungen zum Staat, die die Kre-ditablösung am dringendsten brauchten, zu retten. Vor allem habe der Westen, sagte mir ein russischer Finanzier lächelnd, das Ausmaß der informellen russischen Wirtschaft unterschätzt: das weitläufige Netz an schwarzen Kassen, die nicht in den Bilanzen auftauchten und auch nicht in die offiziellen Zahlen des Bruttoinlandsprodukts einflossen, aber gewaltige Summen enthielten.

Während der Westen fortfuhr, Sanktionen anzudrohen, falls Russ-land sich einem Waffenstillstand verweigere, verlangte Putin eine Än-derung der Regeln der globalen Sicherheitsarchitektur, in der Moskau eine größere Rolle spielte. Angela Merkel erklärte nach Gesprächen zu dem Thema, Putin habe den Bezug zur Realität verloren.[90] Doch für Putins früheren Wirtschaftsberater Andrej Illarionow war es der Wes-ten, der den Sinn für die Realität verloren hatte: »Die Leute im Westen halten Putin für irrational oder verrückt. Aber er ist seiner eigenen Logik gemäß sehr rational und er ist sehr gut vorbereitet.«[91]

Die Anzeichen für die Macht des russischen Geldes, das im vergan-genen Jahrzehnt nach Europa geflossen war, wurden sichtbar, als sich innerhalb der Europäischen Union Gräben auftaten über die Frage, wie weit man mit den Wirtschaftssanktionen gehen sollte. In Großbri-tannien wurde ein Beamter des Außenministeriums mit einem Hin-tergrundpapier fotografiert, in dem argumentiert wurde, Großbritan-nien solle »den Russen Londons Finanzzentrum nicht verschließen«, während eine Lobbygruppe für Anwaltskanzleien vor den potenziellen Auswirkungen auf Londons Status als Zentrum der Austragung von Rechtsstreitigkeiten warnte.[92]

Für Pugatschow war die Gefahr eindeutig. Das Schwarzgeldsystem, um Beamte zu korrumpieren und zu kaufen, ging schon längst über die ersten Treuhänder des Putin-Regimes, über Timtschenko, Kowalt-schuk und Rotenberg, hinaus und hatte sich auf alle russischen Mil-liardäre ausgeweitet, die auf Befehl des Kreml als Strohmänner tätig waren. »Sie alle bekommen Anrufe, dass sie Geld für dies und jenes überweisen sollen. Sie alle sagen: ›Kein Problem. Was brauchen Sie sonst noch?‹ Das ist das System. Es hängt alles an der Nummer eins, denn die hat unbeschränkte Macht. Alle sind bereit, nach diesen Regeln zu arbeiten. Und diejenigen, die sich weigern, sind entweder im Gefängnis oder im Ausland.«[93]

Hatte die Sowjetunion Einflussoperationen tief im Nahen Osten und Afrika geführt, drang Putins KGB-Kapitalismus nun weit nach Europa vor. »Dieses Schwarzgeld ist wie eine schmutzige Bombe«, sagte Pugatschow. »Irgendwie ist es da, irgendwie nicht. Heutzutage ist es sehr viel schwerer zu verfolgen.«[94]

Für die ukrainische Regierung war das, was der Kreml in ihrem Land tat, eine Warnung, dass Russland anstreben könnte, seine Aktivitäten auf die Förderung politischer Verwerfungen im Westen und auf dessen Spaltung auszuweiten. »Russland versucht Turbulenzen in der EU zu erzeugen, indem es politische Rechtsaußenbewegungen unterstützt«, sagte der westlich gesinnte ukrainische Premier Arsenij Jazenjuk Anfang 2015. »Das ist genau dasselbe, was sie in der Ukraine getan haben.«[95]

# 13

# SCHWARZGELD

Als ein geheimnisvoller Whistleblower, der sich »John Doe« nannte, eine beispiellose Datenmenge von einer panamaischen Anwaltskanzlei leakte, bekam die Welt einen direkten Einblick in die Funktionsweise der schwarzen Kassen der Putin-Regierung.[1] Der Datenfund wurde unter dem Namen »Panama Papers« bekannt und öffnete ein Fenster in eine geheime Welt. Da gab es die ernannten Offshore-Geschäftsführer, das Geflecht an Briefkastenfirmen, das sich über die Seychellen, die Britischen Jungferninseln und Panama erstreckte, das geheime Decknamensystem, das erdacht wurde, damit die Kunden ihren Reichtum verbergen konnten.[2] Die geleakten Unterlagen des viertgrößten Offshore-Dienstleisters Mossack Fonseca enthüllten die Maschinerie eines Finanzsystems, das außerhalb der Gesetze operierte, die für die meisten anderen Menschen gelten.

Unter den Gigabytes an Daten, die vom Internationalen Netzwerk investigativer Journalisten (ICIJ) durchsucht wurden, befanden sich Dokumente, die auf einen russischen Staatsbürger namens Sergej Roldugin verwiesen. Seit 2005 war er Teilhaber der Bank Rossija gewesen, die Putins Verbündeten mit KGB-Kontakten gehörte und die das US-Finanzministerium als »die persönliche Bank für hochrangige Vertreter der Russischen Föderation« bezeichnet hatte.[3] Die Dokumente zeigten, dass Roldugin eine zentrale Rolle in einem Firmennetzwerk spielte, das von den Britischen Jungferninseln bis nach Panama reichte und Verbindungen zur Bank Rossija aufwies. Mehr als 2 Milliarden Dollar waren zwischen 2009 und 2012 durch es hindurchgeschleust worden.[4]

Roldugin war weit entfernt davon, einer der grauen, anonymen Off-shore-Verwalter zu sein, auf die ein Großteil der Dokumente nun den Scheinwerfer richtete. Er war ein renommierter Cellist, saß im Mariin-ski-Theater in Sankt Petersburg am ersten Pult und war der Rektor des dortigen Konservatoriums. Er war einer von Putins engsten Freunden. Die beiden Männer hatten sich in den späten Siebzigern kennengelernt, als Roldugins Bruder Jewgeni mit Putin beim KGB diente. Sie waren zu einer Zeit, in der der Besitz eines eigenen Autos als Luxus galt, in einem winzigen, klapprigen Sowjetauto namens Saporoshez durch Leningrad gefahren. Sie hatten gemeinsam gesungen und das Theater besucht. Manchmal gerieten sie in Prügeleien. Und als Roldugin begann, mit einer Aeroflot-Flugbegleiterin aus Kaliningrad auszugehen, stellte er Putin eine ihrer Kolleginnen vor, eine rehäugige Blondine namens Ljudmila. Nach langem Werben wurde sie Putins Frau. Als ihr erstes Kind, Maria, geboren wurde, wählten sie Roldugin als Taufpaten.

Diese spezielle schwarze Kasse schien eine der privateren zu sein, die in den Panama Papers offengelegt wurden. Von all den engen Putin-Verbündeten, die Anteile an der Bank Rossija hielten, war Roldugin derjenige, dessen Rolle am wenigsten bekannt war: Lange nachdem die engen Verbindungen der anderen – Schamalow, Gorelow, Timtschenko und Kowaltschuk – zu Putin offengelegt worden waren, blieben seine unbemerkt. Er war auch derjenige, der als professioneller Musiker ohne eigenes Unternehmen am wenigsten in diese Reihe passte. Laut einem Tycoon, der in engem Kontakt zu Putin steht, hatte er als ein Strohmann für dessen eiserne Reserven gedient.[5] Er war Teil von »Putins goldenem Fallschirm«.[6]

Vor seiner Entlarvung hatte Roldugin kaum Fragen dazu beantworten müssen, wie er zu einem Anteilseigner der Bank Rossija geworden war. Als sich die *New York Times* 2014 erstmals danach erkundigte, sagte er vage, er habe die Aktien gekauft, weil er »etwas Geld haben musste«. »Es gab nirgendwo Geld für die Kunst«, sagte er und fügte hinzu, er habe die Mittel zusammenbekommen, indem er sich Geld geliehen habe und durch »viele Kunstgriffe«.[7] Aber er gab nie preis, wann genau er seinen Anteil erworben oder wie viel er gekostet hatte.

Später wurden Unterlagen der Bank Rossija veröffentlicht, die zeigten, dass er sie erst 2005 bei einer Aktienausgabe für 13,5 Millionen Dollar gekauft hatte.[8] Es war nie klar, wie ein Cellist Zugang zu so viel Geld haben konnte. 2014 war Roldugins Anteil 350 Millionen Dollar wert. Er betonte jedoch immer, wie bescheiden er lebe. »Sehen Sie, sogar mein Cello ist gebraucht«, sagte er einem Reporter nach den Enthüllungen der Panama Papers.[9]

Das Netzwerk, das durch die Panama-Papiere aufgedeckt wurde, zeigte, dass Offshore-Unternehmen mit Verbindung zu Roldugin Hunderte Millionen Dollar indirekter Zahlungen von Tycoons aus Putins näherem Umfeld erhalten hatten.[10] Die mit Roldugin verknüpften Offshore-Firmen profitierten außerdem von einer Reihe rückdatierter Aktientransaktionen, die scheinbar Dutzende Millionen Rubel am Tag generierten.[11] Eines dieser Unternehmen, die auf Zypern registrierte Sandalwood Continental, erhielt eine Kreditlinie in Höhe von 650 Millionen Dollar, die nicht durch irgendwelche Garantien abgesichert war, von der zypriotischen Niederlassung der VTB, der Staatsbank für »spezielle Projekte«, die von einem ehemaligen Sowjetdiplomaten geleitet wurde.[12] Die VTB-Filiale auf Zypern war bei Bankern und Tycoons bekannt dafür, eine Schleuse für Schmiergelder zu sein, während die VTB seit ihrem Londoner Börsengang 2007 die Institution geworden war, in der die Söhne von Russlands ranghöchsten Geheimdienstlern arbeiteten.[13]

Eine von Roldugins Firmen – International Media Overseas S.A. (oder IMO) – hielt heimlich eine 20-prozentige Beteiligung an Russlands größter TV-Werbeagentur Video International, die Jahresgewinne von über 800 Millionen Dollar einfuhr.[14] Dokumente aus dem Datenfund entlarvten Roldugin als Nutznießer von IMO, eine Position, die ihm Zugang zu Barvermögen im Wert von 19 Millionen Pfund (26,6 Millionen Dollar) verschaffte.[15]

Die Enthüllungen der Panama-Papiere hatten Roldugins Tarnung auffliegen lassen und Offshore-Machenschaften im Gesamtwert von 2 Milliarden Dollar offengelegt. Später machte Putin deutlich, wie sehr ihm die Leaks missfielen, indem er behauptete, es handle sich dabei um eine von »Gegnern« verabredete Verschwörung, um Russland mittels erfundener Korruptionsvorwürfe zu destabilisieren. »Sie versuchen uns von innen zu erschüttern, um uns leichter beeinflussen zu können«, sagte er.[16] Andere russische Regierungsvertreter waren direkter und behaupteten, das ICIJ bestehe aus ehemaligen Mitarbeitern des US-Außenministeriums und der CIA. Die vom ICIJ aufgedeckten kriminellen Strukturen schienen auf den ersten Blick einen unverstellten Einblick in eine der vetternwirtschaftlichen Schwarzgeldkassen zu gewähren, die untrennbar mit Putins Regierung verknüpft waren, eine Geldmaschine, über die Tycoons »Spenden« oder Tribute an Putins *obschak* leisteten, für die sie manchmal im Gegenzug Aufträge des Staates erhielten.[17]

Die Dokumente zeigten auch, wie ein Teil des Geldes aus dem Netzwerk in Projekte floss, die Putin und seinen Männern Annehmlichkeiten boten. Die ICIJ-Journalisten entdeckten, dass Millionen Dollar an eine russische Firma überwiesen wurden, die Putins Lieblingsskigebiet, Igora, besaß. Es lag nicht weit vom Gelände der Osero-Datschen entfernt, wo er und die Anteilseigner der Bank Rossija angefangen hatten. Die mit Roldugin assoziierte Sandalwood Continental hatte 2011, kurz bevor sie das Resort erwarb, dem russischen Unternehmen Ozon 3 Millionen Dollar in nahezu zinsfreien Darlehen überlassen.[18] Kurz darauf begann Ozon mit dem Bau eines Luxushotelkomplexes in Igora, einschließlich hochmodernem Spa und Eispalast.[19] 2013 hatte sich das einst heruntergekommene Resort zu einem Veranstaltungsort für eine ganz besondere Gelegenheit gemausert: eine üppige Hochzeit, bei der sich alle Gäste zur Geheimhaltung verpflichteten.[20] Die Braut, die später in einem Pferdeschlitten davonfuhr, war Katerina, Putins zweite Tochter. Sie hatte Kirill geheiratet, den Sohn von Nikolai Schamalow, Teilhaber der Bank Rossija mit dem engsten Kontakt zu Putin. Ein Jahr nach der Hochzeit erhielt Kirill einen Anteil von 17 Prozent an Russlands größtem Petrochemieunternehmen Sibur von Putins engstem Vertrauten Gennadi Timtschenko. Die Kreml-freundliche Gazprombank unterstützte den Kauf durch einen Kredit in Höhe von 1 Milliarde Dollar.[21]

Die in den Panama-Papieren nachgezeichneten Strukturen ähnelten dem Offshore-»Spenden«-System, das Sergej Kolesnikow als

Erster beschrieb. Die Unternehmen, die Kolesnikow leitete, stellten das Startkapital für die Expansion der Bank Rossija bereit, wodurch ihre Teilhaber unvorstellbar reich werden konnten, und waren später eine Geldquelle für den Bau von Putins verschwenderischem Palast am Schwarzen Meer. Die Panama-Daten legten die nächste Stufe in der Entwicklung der schwarzen Kassen offen, auf der Putins Vertraute von immer größeren Geldströmen profitierten, die in ihre Richtung gelenkt wurden. Auf eine weitaus raffiniertere und komplexere Art und Weise als zuvor war ein weitläufiges Netz an Offshore-Firmen geschaffen worden.

Die durch die Panama-Papiere aufgedeckten Offshore-Strukturen dienten nicht nur dazu, persönlichen Reichtum anzuhäufen: Sie standen in Zusammenhang mit einem ausgedehnten Schwarzgeldsystem, einer schwarzen Kasse, die so groß geworden war, dass sie eine neue Ebene erreicht hatte und für Einflussoperationen im Ausland genutzt werden konnte. Im Dickicht der Informationen in den Hunderttausenden von Dokumenten fanden sich Spuren eines weiterreichenden Schachzugs. Wie sich herausstellte, hatte einer der beiden Schweizer Banker, die einen Großteil der Unternehmen mit Verbindungen zu Roldugin und der Bank Rossija leiteten, eine Nebenbeschäftigung, die in die tschechische Politik führte: Der Anwalt Fabio Delco besaß eine Reihe von Firmen in Tschechien, von deren Beschäftigten über die Hälfte der Spenden an die Partei des tschechischen Präsidenten Miloš Zeman stammten, der schon lange als enger Verbündeter Putins galt.[22]

Dieser Bestechungsfonds von Roldugin verwies auf einen umfassenderen Prozess. In ganz Russland hatte die Kapitalflucht auf westliche Konten irrsinnige Ausmaße angenommen. Eine Schätzung des amerikanischen National Bureau of Economic Research, an der unter anderem der französische Ökonom Thomas Piketty beteiligt war, kam zu dem Ergebnis, dass seit dem Zusammenbruch der Sowjetunion 800 Milliarden Dollar unbemerkt beiseitegeschafft wurden, das ist mehr als das Vermögen der gesamten russischen Bevölkerung.[23] Unter denjenigen, die dieses System ausnutzen, finden sich nicht nur Kriminelle, sondern auch gewöhnliche Geschäftsleute, die sicherere Häfen für ihr Vermögen suchten – ein Zeichen für große Unsicherheiten in-

nerhalb der heimischen Wirtschaft. Der hohe Ölpreis und die zunehmende Stabilität unter Putin hätten die Menge des Kapitals, das aus
dem Land geschafft wurde, sinken lassen müssen, aber in der zweiten
Hälfte von Putins Regentschaft war die Summe des ausströmenden
Geldes um ein Vielfaches höher als in den Jelzin-Jahren.[24]

Dieser Kapitalabfluss senkte die Steuereinnahmen, schwächte den
Wert des Rubel und versetzte den Investitionen in allen Branchen einen Schlag. Doch Putin tat wenig, um ihn zu bremsen. Er initiierte eine
Kampagne und unterschrieb Gesetze, die Geschäftsmänner drängten,
ihren Reichtum in die Heimat zu bringen. Doch in Wirklichkeit hatten
diese Maßnahmen keinen echten Biss. Vielmehr war der Kreis seiner
vertrauten Treuhänder ein integraler Bestandteil dieser Geldströme
ins Ausland. Es war ein System, in dem die KGB-Männer, die Russland beherrschten, eine schwindelerregende Zahl an Offshore-Firmen
nutzten, um ihren Wohlstand zu verbergen, und in dem systemati-
sches Plündern staatlicher Unternehmen und Bestechungsgelder ihnen erlaubten, nicht nur wie Russlands neue Aristokratie zu leben,
sondern auch für Mittel, die zur Unterminierung westlicher Demokratien dienten, strategische Schwarzgeldverstecke anzulegen. Selbst
über den Offshore-Reichtum der Oligarchen aus der Jelzin-Ära hatten
die KGB-Männer die Kontrolle.

Anfangs wirkte das auf den Westen wie banale Vetternwirtschaft
und Kleptokratie. Paläste wurden nicht nur für Putin gebaut, sondern
auch für seine Höflinge. Einer war nach der Herrlichkeit des zaristischen Schlosses Peterhofs gestaltet, großzügig mit ornamentalen Gärten und einem imposanten Kanal ausgestattet, angeblich für den Vorstandsvorsitzenden von Gazprom, Alexej Miller, gebaut.[25] Ein siebzig
Hektar großes Anwesen vor Moskau mit einer Marmorvilla, einem
Fünfzig-Meter-Schwimmbecken, einer Garage für fünfzehn Autos
und einem begehbaren Schrank für Pelzmäntel gehörte anscheinend
Wladimir Jakunin, dem ehemaligen hochrangigen KGB-Beamten und
Teilhaber der Bank Rossija, der seit 2005 Präsident der Russischen Eisenbahnen war, dem staatlichen Monopolisten, dessen Jahresgewinn
bei 42 Milliarden Dollar lag, mit anderen Worten, bei 2 Prozent des
Bruttoinlandsprodukts.[26]

Der Zugang zu Milliarden Dollar aus aufgeblähten Staatsaufträgen war ein neuer Weg zur Bereicherung geworden, der nahezu ausschließlich für Putins Männer reserviert war. Das wurde besonders deutlich, als der Staat eine Reihe prestigeträchtiger Infrastrukturprojekte in Angriff nahm. Dazu gehörten die Olympischen Winterspiele in Sotschi, deren Kosten sich von den 2007 angekündigten 12 Milliarden Dollar auf über 50 Milliarden Dollar zum Zeitpunkt ihrer Durchführung 2014 fast verfünffachten, womit sie sogar die 40 Milliarden Dollar übertrafen, die China 2008 für die Sommerspiele ausgegeben hatte; sie waren somit die teuersten Olympischen Spiele der Welt. Die meisten Aufträge in diesem Zusammenhang gingen an Putins engste Verbündete.[27]

Das teuerste Projekt war der Bau einer 48 Kilometer langen Verkehrsverbindung für Auto und Bahn vom zentralen Olympischen Park an Sotschis Schwarzmeerküste durch gewundene Tunnel und Brücken hoch in die Berge zum Skigebiet. Er kostete astronomische 9,4 Milliarden Dollar, eine Summe, die, wie der Oppositionspolitiker Boris Nemzow hervorhob, dreieinhalbmal so hoch war wie die Ausgaben der NASA, um einen Rover zum Mars zu schicken.[28] Eine der Hauptfirmen, die, ohne je ein Angebot abgegeben zu haben, den Auftrag bekam, die Bahngleise und die Straße zu bauen, war SK-Most, ein Unternehmen, in das sich Putins enger Vertrauter Gennadi Timtschenko einkaufte, als er 2012 ins Baugeschäft einstieg.[29] Putins früherer Judopartner Arkadi Rotenberg bekam Bauprojekte im Wert von 235 Milliarden Rubel oder 7,2 Milliarden Dollar zugeschanzt.[30] Die Tycoons der Jelzin-Ära dagegen häuften, statt Multimilliarden-Dollar-Staatsaufträge zu ergattern, Verluste an. Männer wie Oleg Deripaska, Wladimir Potanin und Wiktor Wekselberg, die einst zu den größten Gewinnern der Privatisierungswelle der Neunziger gehört hatten, wurden nun vom Kreml aufgefordert, Milliarden Dollar ihres eigenen Vermögens zu investieren.[31]

Putins wichtigste Geschäftspartner waren über alle anderen erhaben. »Die Leute aus dem inneren Zirkel leben auf einem anderen Planeten«, sagte ein leitender russischer Bankier. »Sie haben ihre eigenen Banken. Sie sind sogar auf ihren eigenen Wegen unterwegs. Es gibt solche, die allen offenstehen, und wenn man dort die Regeln bricht, wird man geschnappt. Aber Leute wie die Rotenbergs haben ihre eigenen Wege ohne Regeln, die sie brechen könnten.«[32]

Die ehemaligen KGB-Leute, die diesen Wohlstand erreicht hatten, betrachteten ihn als verdient. Sie waren der Meinung, sie hätten Russland vor dem Kollaps bewahrt und aus den Krallen der Tycoons der Jelzin-Ära befreit; sie hätten für die Wiederauferstehung des Landes als eine Macht, die es mit dem Westen aufnehmen konnte, gesorgt. Sie verliehen sich selbst Medaillen für ihre Verdienste. Rotenberg, der in den Neunzigern nur mit Mühe über die Runden gekommen war, gab für seine Familie sogar ein eigenes Wappen in Auftrag.[33]

Aber die Übernahmen der Geldflüsse durch Putins Männer erreichten derartige Ausmaße, dass sie nicht nur durch Selbstbereicherung motiviert gewesen sein konnten. Die Schmuggelwirtschaft, auf der die KGB-Operationen immer beruhten, wurde wiederbelebt. Zugang zu Kapital durch aufgeblähte Staatsaufträge war ein Weg, weit entfernt von jeder demokratischen Aufsicht, parallele Budgets zu schaffen, die zur Beeinflussung von Wahlen und zur Bestechung in- und ausländischer Beamter genutzt werden konnten, wie Beteiligte aussagten. Das Ganze war ein Mechanismus für autoritäre Kontrolle in der Heimat und zur Untergrabung von Institutionen im Westen.

## DER MOLDAUISCHE WASCHSALON

Als im März 2012 ein russischer Banker, der gerade dabei war, sein Haus im Schatten des Londoner Bürokomplexes Canary Wharf zu betreten, auf der Straße niedergeschossen wurde, kam eine dieser Betrügereien ans Licht. Der Banker, German Gorbuntsow, war Miteigentümer eines Bankennetzwerks, über das wichtige Auftragnehmer von Jakunins staatlichen Russischen Eisenbahnen Milliarden Dollar aus Staatsaufträgen abzweigten und die Gewinne wuschen.

Gorbuntsow war zwischen die Fronten von mächtigen Staatsbeamten und Mafiaclans geraten, die sich über das Geld stritten, das bei dem Finanzcrash 2008 verschwand.[34] Er überlebte den Anschlag. Aber die Geschichte, die er zu erzählen begann, als er schließlich aus dem künstlichen Koma erwachte, führte zu einer gewaltigen Geldwäsche-maschinerie, die als Moldauischer Waschsalon bekannt wurde; in ihm wurden mehr als 20 Milliarden Dollar gewaschen, die zwischen 2010 und 2014 illegal über moldauische, lettische und estnische Banken aus Russland herausgeschleust wurden.[35] Der Cashflow, der durch den Moldauischen Waschsalon gespült wurde, ließ sich mit derselben Gruppe von Auftragnehmern der Eisenbahngesellschaft in Verbindung bringen, an deren Spitze Andrej Krapiwin, ein enger Geschäfts-partner von Jakunin seit den Neunzigerjahren, und Waleri Markelow standen.[36] Laut Gorbuntsow steckten sie hinter dem Angriff auf sein Leben, und so händigte er Scotland Yard eine Datenbank mit Material über einige dieser Transaktionen aus.[37]

Im Jahr 2014 begann die moldauische Staatsanwaltschaft, das System zu untersuchen. Es dauerte weitere vier Jahre, bis sich auch die russischen Strafverfolgungsbehörden der Sache annahmen: Zu diesem Zeitpunkt waren die beauftragten Firmen Opfer der sich bekriegen-den Fraktionen im Kreml geworden. Als eine rivalisierende Gruppe aus den Strafverfolgungsbehörden eine Razzia in der Wohnung eines Oberst aus dem Innenministerium durchführte, fand sie einen eigens angefertigten Tresorraum, der über 124 Millionen Dollar Bargeld enthielt, in Weinkisten und Plastiktüten gestopft – zum Teil waren das Schmiergelder von den Eisenbahnbaufirmen, damit der Mann bei dem Betrug wegsah.[38] Die Aussage des Polizeioberst führte zu mehr als 3 Milliarden Dollar, die diese Männer von den Russischen Eisenbah-nen abgezweigt, im Moldauischen Waschsalon gewaschen und in den Westen geschleust hatten.[39]

Die 3 Milliarden waren verborgen unter Schichten weit größerer il-legaler Mittelabflüsse, hauptsächlich von russischen Geschäftsleuten, die es über diesen Weg vermieden, Zölle oder Steuern zu entrichten. Die Banker hinter dem Moldauischen Waschsalon hatten sich eine ge-niale Methode ausgedacht, um Gelder aus Russland abzuziehen – sie schufen ein Netz an in Großbritannien gemeldeten Briefkastenfirmen, die untereinander unechte Kreditvereinbarungen unterzeichneten.[40] Für diese fiktiven Darlehen bürgte ein separates Netz russischer Fir-men und moldauischer Staatsbürger, die dann den britischen Firmen

Entschädigungen auszahlen mussten, nachdem die Banker gemeinsam mit eingeweihten Richtern an moldauischen Gerichten entsprechende Entscheide gefälscht hatten. Über 20 Milliarden Dollar waren
auf diese Weise aus Russland in Offshore-Häfen abgeflossen, bis die
moldauische Staatsanwaltschaft der Sache auf die Spur kam und das
System trockenlegte. Da sich das von den Russischen Eisenbahnen gestohlene Geld mit noch größeren Kapitalabflüssen von Unternehmern,
die ihr Geld dem langen Arm des russischen Staates entziehen wollten,
mischte, war eine Nachverfolgung nahezu unmöglich, und das meiste
verlor sich in einem Geflecht an Offshore-Firmen, deren tatsächliche
Eigentumsverhältnisse verschleiert wurden.

All das war Teil eines viel größeren Geldstroms, der außer Reichweite des russischen Staates gebracht und in Luxuswohnungen und
-güter gesteckt wurde. »Die gesamte Kapitalflucht betrifft den Handel. Sie ist notwendig, um die Zölle und Steuern zu reduzieren«, sagte
der hochrangige Bankier. »Jeden Tag kommen gewaltige Mengen an
Waren nach Moskau. Nehmen wir als Beispiel einen Fernseher. Um
die anfallenden Zölle und Steuern zu minimieren, könnten die Kosten
dafür künstlich mit 100 Dollar angegeben werden. Der wahre Produk-
tionspreis beträgt jedoch 300 Dollar. Es werden also 100 Euro direkt
in Russland bezahlt und der Rest im Ausland. Die Gelder müssen aus
Russland herausgebracht werden, damit man für die Waren bezahlen
kann. So funktioniert das ganze System. Die wichtigsten Kunden sind
Händler.«

Aber moldauische Ermittler, die diesen Fall untersuchten, fürchteten, dass darin auch Schwarzgeld involviert war, das in Verbindung
mit den russischen Sicherheitsbehörden stand und für Einflussoperationen im Ausland vorgesehen war – um damit extrem linke und
extrem rechte politische Parteien zu finanzieren und so Unruhe in
westliche Institutionen zu bringen und sie zu untergraben.[41] Der Widerstand der russischen Sicherheitsbehörden, auf den die prowestlichen moldauischen Staatsanwälte stießen, als sie mit den Ermittlungen zu diesen Machenschaften begannen, war ein Hinweis darauf, dass
der Betrug Schutz von ganz oben genoss. Als einer der moldauischen
Ermittler 2017 zu Untersuchungen nach Russland reiste, wurde er an

der Grenze festgenommen und durchsucht, während die russische Staatsanwaltschaft Hilfegesuche ignorierte.[42] Ein weiterer Hinweis darauf, dass hinter den Überweisungen viel mehr steckte als ein reines Abzweigen von Geldern, war, dass das Netzwerk russischer Banken hinter dem System zu Igor Putin, einem Cousin des russischen Präsidenten führte, ebenso wie zu hohen Beamten aus den Sicherheitsbehörden.[43]

Journalisten beim Organised Crime and Corruption Reporting Project (OCCRP) verfolgten eine der Zahlungen direkt zurück zu einer kleinen polnischen Nichtregierungsorganisation, die von dem Pro-Kreml-Politaktivisten Mateusz Piskorski geleitet wurde. Dieser hatte öffentlich die »Entamerikanisierung« Europas gefordert und andere wichtige Punkte der russischen Agenda unterstützt.[44] Piskorski wurde später wegen Spionage für Russland und der Annahme von Geldern verhaftet.

Später, 2018, als russische Strafverfolgungsbehörden endlich begannen, einige Beteiligte an dem Betrug festzusetzen, gab ein hoher Beamter, der mit den Aufträgen für die Russischen Eisenbahnen zu tun gehabt hatte, mir gegenüber zu, dass das Abzweigen von Finanzmitteln ein Weg gewesen sei, ein paralleles Schwarzgeldbudget für die strategischen Operationen des Kreml anzulegen. Ohne Regeln oder Aufsicht, so mein Gesprächspartner, sei es leicht gewesen, die Grenzen zwischen strategischen und persönlichen Zwecken verschwimmen zu lassen. Aber es war eben auch ein System, in dem man, falls man in Ungnade fiel, jederzeit von den russischen Strafverfolgungsbehörden ins Visier genommen werden konnte: »Was vorher erlaubt war und gutgeheißen wurde, war dann plötzlich nicht mehr in Ordnung«, sagte er.[45]

Eine der wichtigsten Banken, die Geld über das moldauische System schleusten, war die Russische Landbank (RZB). Dass sie involviert war, deutete darauf hin, dass hier eine noch viel größere Sache im Gange war. Die RZB stand teilweise im Besitz und unter der Leitung eines streitlustigen ehemaligen Boxers mit Kontakten zur organisierten Kriminalität, dem Petersburger Geschäftsmann Alexander Grigorjew. Lange genoss er Schutz von ganz oben.[46] Als er und seine Leute Anfang 2012 die RZB kauften, kam der Cousin des damaligen Ministerpräsidenten, Igor Putin, in den Verwaltungsrat.[47] Später in dem Jahr, nachdem Wladimir Putin erneut Präsident geworden war, wurden Grigorjew und Igor Putin zusammen mit einem weiteren Banker, Alexej Kulikow, Verwaltungsratsmitglieder einer anderen mittelgroßen Bank, der Promsberbank, die bald darauf ein weiteres umfangreiches illegales Geldtransfersystem aufsetzte.[48]

## MIRROR TRADES

Die Promsberbank gehörte zu einem Netz von Finanzinstituten, das von demselben engen Geflecht von Beamten aus den Sicherheitsbehörden und Mitgliedern des organisierten Verbrechens dazu genutzt wurde, den Westen mit Schwarzgeld zu überschwemmen. Zwischen 2011 und 2014 wurde sie einer der Hauptkanäle für den Transfer von über 10 Milliarden Dollar aus Russland heraus.[49] Diese Mittel flossen durch eine scheinbar perfekte Tarninstitution: eines der größten Finanzinstitute des Westens, die Deutsche Bank. Die Zahlungen bauten auf keinen betrügerischen Gerichtsurteilen wie in Moldawien auf, sondern auf einem Aktienhandelssystem.

Von 2011 an begann ein verzweigtes Netzwerk russischer Unternehmen und Investmentbanken Wertpapiere beim Moskauer Zweig der Deutschen Bank zu ordern. Sie erteilten Aufträge zum Kauf großer Mengen erstklassiger russischer Aktien in Rubel, während gleichzeitig scheinbar unabhängig agierende Unternehmen mit Sitz in Großbritannien oder in Offshore-Gebieten wie den Britischen Jungferninseln dieselbe Menge derselben Aktien über die Deutsche Bank in London verkaufen ließen. Dort wurden sie für die Anteile in Dollar oder Euro bezahlt.[50] Später stellten Aufsichtsbehörden fest, dass viele dieser Firmen durch gemeinsame Geschäftsführer, Adressen oder Eigentümer verbunden waren. Bei diesen Transaktionen, die als »Mirror Trades« bekannt wurden, ging es nicht ums Geldverdienen, sondern darum, die russischen Vorschriften zum Außerlandesbringen von Geldern zu umgehen.

Viele der Investmentbanken, die diese Geschäfte durchführten, standen in irgendeiner Art und Weise in Verbindung mit der

Promsberbank. Da war die IK Financial Bridge, eine Teilhaberin der Promsberbank, die eine der wichtigsten Akteurinnen beim Erteilen von Zeichnungsaufträgen bei der Deutschen Bank in Moskau wurde.[51] Dann war da die Lotus Capital, eine weitere Moskauer Investment-bank, die ihre Aktien der russischen Zentralbank zufolge von einem Rubelkonto bei der Promsberbank bezahlte und die Anteile über eine Depotbank namens Laros Finance hielt, die ebenfalls zur Promsber-bank gehörte. Einer der Eigentümer der Promsberbank, Alexej Kuli-kow, traf sich mit Managern in der Deutschen Bank in Moskau, um sie zu überzeugen, mit den Betrügereien weiterzumachen, so Kulikows spätere Aussage.

Die Banker schienen einen idealen Kanal gefunden zu haben. Der Moskauer Zweig der Deutschen Bank hatte immer eine besondere Be-ziehung zur Putin-Regierung gepflegt. Für einen Großteil der Nuller-jahre war er das Reich von Charlie Ryan, dem amerikanischen Banker, der Putin bereits in dessen Petersburger Zeit kennengelernt hatte und der dann die United Financial Group mitgründete, die Moskauer In-vestmentbank, die schließlich von der Deutschen Bank gekauft wurde. Man hatte dort immer sensible Kunden aus den obersten Rängen für die Putin-Regierung betreut. Igor Lojewski, der Ryans Nachfol-ger wurde, als dieser von seinem Vorstandsposten bei der Moskauer Deutschen Bank zurücktrat, war ähnlich gut vernetzt. Er war in hohen Positionen bei russischen Staatsbanken tätig gewesen und hatte kurz-fristig Putins engsten Verbündeten aus der Stasi, Matthias Warnig, als Chef der Dresdner Bank in Moskau ersetzt. Er soll enge Kontakte zum russischen Auslandsgeheimdienst gehabt haben.

Die jungen westlichen Banker, die für die Deutsche Bank in Mos-kau arbeiteten, führten ein unbeschwertes Expat-Leben. Sie genossen das Leben in Nachtclubs voller Prostituierter und das Geld, das so frei verfügbar schien, als käme es aus dem Wasserhahn. Die Aktienhändler hatten wenig Bedenken oder Fragen bezüglich der Spiegeltransaktio-nen, die sie durchführten. »Die Hälfte des täglichen Handelsvolumens ging auf die Mirror Trades zurück«, sagte einer der Händler, die da-mals mit ihnen zusammengearbeitet hatten. »Das war keine große Sa-che. Sie haben offen darüber gesprochen.«[52]

Aber ihre Welt fiel krachend in sich zusammen, als ein Compliance-Beauftragter in Moskau schließlich entschied, dass die Transaktionen verdächtig seien, und genauere Untersuchungen anordnete.[53] Einigen der russischen Unternehmen, die die Aufträge erteilten, wurden die Lizenzen entzogen, weil sie gegen Wertpapier- und Geldwäschegesetze verstoßen hatten, und im Februar 2015 stattete die Moskauer Polizei der Filiale der Deutschen Bank im Zusammenhang mit einer Betrugs-ermittlung gegen eine der Investmentbanken einen Besuch ab.[54] Die internen Untersuchungen, die die Deutsche Bank daraufhin einleitete, sprachen die ganze Schuld einem vergleichsweise niedriggestellten Mit-arbeiter zu: Tim Wiswell, der adrette, gesellige sechsunddreißigjährige Chef der Aktienabteilung. Praktischerweise für die Topmanager der Deutschen Bank, könnte man vielleicht sagen, wurden 3,8 Millionen Dollar nicht nachgewiesener Gelder auf einem Offshore-Bankkonto von Wiswells Frau gefunden – und 250 000 Dollar davon stammten von einer Firma, die an den Mirror Trades beteiligt war.[55] Einige von Wiswells Kollegen waren entsetzt. Die höheren Angestellten hatten natürlich von den Transaktionen gewusst. »Man kann nicht einfach 10 Milliarden auf ein Offshore-Konto überweisen, ohne dass irgend-jemand weiß, was los ist. Und das über vier Jahre«, sagte einer von ihnen. »Tim hat zahlreiche Gespräche über diese Typen mit London geführt. (…) Alle wussten, dass sie regelmäßig anriefen, und sie kauf-ten und verkauften vier Jahre lang täglich. Es ist ziemlich schwierig, das geheim zu halten. Der Typ in London – selbst wenn er behauptet, ahnungslos zu sein – musste wissen, wer diese Auftraggeber waren, wenn sie vier Jahre zu den Top Five der Kundschaft gehörten.«[56]

Als die Moskauer Aufsichtsbehörden schließlich gegen den Betrug vorgingen, konzentrierten sie sich ebenfalls auf kleinere Fische. Kuli-kow, der dünne, belesene Anteilseigner der Promsberbank, der ver-sucht hatte, einige der Transaktionen mit der Deutschen Bank in die Wege zu leiten, wurde angeklagt, 3,3 Milliarden Rubel von der Proms-berbank veruntreut zu haben, während Grigorjew, dem Eigentümer sowohl der Promsberbank als auch der RZB, später wegen seiner Rolle in dem moldauischen System die Leitung einer kriminellen Verei-nigung vorgeworfen wurde.[57] Sowohl Kulikow als auch ein weiterer hochrangiger Bankier mit Einblick in das Betrugssystem deuteten an, dass die wahren Köpfe viel weiter oben in der Hierarchie säßen.[58]

Der Moldauische Waschsalon und die Mirror Trades waren miteinander verbunden, und sie spielten sich in einem solchen Umfang ab, dass sie nicht ohne die Aufsicht und die Beteiligung des FSB hätten stattfinden können. »Das war eine gigantische Operation«, sagte der ehemalige Deutsche-Bank-Mitarbeiter Roman Borisowitsch.[59] »Das wäre in dem Ausmaß ohne die Beteiligung des FSB nicht möglich gewesen«, meinte ein anderer leitender Angestellter der Deutschen Bank mit Verbindungen in die Sicherheitsbehörden.[60]

Das umgelenkte Geld war über so komplexe Wege zu Tarnfirmen in London und den USA geschleust worden, dass niemand wusste, wofür es ausgegeben wurde. Laut dem ehemaligen Mitarbeiter der Deutschen Bank beispielsweise schienen die Mirror Trades nicht dazu zu dienen, Steuern oder Zölle zu vermeiden, sondern Schwarzgeld anzuhäufen, um Beamte zu bestechen, ob zu Hause in Russland oder im Ausland.[61] Über ein Verfahren mit dem Namen *obnalitschiwanije* wurde Geld aus Geschäftsbüchern in nicht mehr verfolgbares Schwarzgeld umgewandelt.[62] »In den Neunzigern«, so dieser Banker, »diente *obnalitschiwanije* dazu, Steuern zu umgehen. Heute wird es zur Bestechung benutzt, um Staatsbeamte zu kaufen. Das brauchen nur Kriminelle und der FSB.«[63]

Als Kulikow wegen der Unterschlagungsvorwürfe vor Gericht stand, zeigten er und ein anderer Manager der Promsberbank mit dem Finger auf einen weiteren verborgenen Teilhaber: Iwan Mjasin, einen schlanken Mann Anfang fünfzig, der sich gern teuer kleidete und in Zusammenhang mit der Schwarzgeldwäsche im Zentrum der Verbindung zwischen der organisierten Kriminalität und dem FSB stand.[64] Mjasin, sagten sie, sei der wahre führende Kopf sowohl hinter dem Moldauischen Waschsalon als auch hinter den Mirror Trades bei der Deutschen Bank. »Das ist eine sehr interessante Persönlichkeit«, erklärte ein hochrangiger russischer Bankier, der mit beiden Betrugsmodellen vertraut war. »Das ist die Person, die diese Ideen entwickelt hat. Er hat sehr respektable Freunde im FSB.«[65]

Hinter Mjasin gab es jedoch eine weitere, noch höhere Ebene, die sich bis in die Führung des FSB und des russischen organisierten

Verbrechens erstreckte.[66] Als Mjasin 2018 schließlich ebenfalls festgenommen wurde – ein weiteres Opfer der gnadenlosen Machtkämpfe innerhalb der russischen Sicherheitsbehörden und des Innenministeriums –, kamen diese hochrangigen Akteure trotzdem ungeschoren davon. Einen Hinweis auf die mächtige Gruppe hinter Mjasin gibt seine frühere Freundschaft mit einem von Russlands berüchtigsten Mafiosi, Wjatscheslaw Iwankow, auch bekannt als »Japontschik«, »kleiner Japaner«. Er war klein und dünn, hatte einen Fusselbart und eiskalte Augen. Seine fehlende Körpergröße machte er durch grausame Energie wett, und sein Jähzorn war weithin gefürchtet.

In den frühen Neunzigern hatte er eine Zeit lang in New York gelebt und dort für Russlands größten Mafiaclan, die Solnzewskaja, die Geschäfte geführt. Das FBI bezeichnete ihn als »einen der mächtigsten international tätigen eurasischen Gangsterbosse«.[67] Im Jahr 1995 wurde ihm von den US-Strafverfolgungsbehörden vorgeworfen, zwei russischen Geschäftsmännern 3,5 Milliarden Dollar abgepresst zu haben; außerdem habe er ihnen mit dem Tod gedroht und einen brutalen Angriff auf den Vater eines von ihnen organisiert, der zu dessen Tod führte.[68] Doch für Mjasin war er »ein ruhiger, intelligenter, einfacher Mann«, mit dem er »gemeinsam mit unseren Familien« Silvester feierte.[69]

Während Japontschik in den USA im Gefängnis saß, schloss er enge Freundschaft mit Jewgeni Dwoskin, einem russischen Gangster aus Brighton Beach, der wegen betrügerischen Treibstoffhandels einsaß.[70] Er stellte sich als Japontschiks Neffe heraus. Als die beiden Männer 2004 gemeinsam nach Moskau zurückkehrten, wurde Dwoskin mithilfe von Japontschiks Verbindungen und der engen Freundschaft, die er mit Iwan Mjasin schloss, die treibende Kraft hinter vielen der größten Geldwäscheprogramme,[71] der Schattenbanker, der sich einen Ruf als König des russischen Schwarzgelds erwarb.[72] »Es stellte sich heraus, dass es da eine Verbindung gab: Mjasin, Japontschik und Schenja [Verkleinerungsform von Jewgeni]«, sagte ein ehemaliger leitender russischer Banker, der mit allen drei Männern zusammengearbeitet hat. »Und gemeinsam beschlossen sie, die Weltherrschaft zu übernehmen.«[73]

Japontschik wurde 2009 in Moskau erschossen. Aber Dwoskin war einer, der immer überlebte, der bei Ermittlungen gegen die Geldwäschestrukturen stets irgendwie ungeschoren davonkam. Er fand einen einflussreichen Beschützer in Iwan Tkatschew, einem FSB-General, mit dem er eng kooperierte und der Chef des allmächtigen Direktorat K der Sicherheitsbehörden wurde.[74] Das war die Abteilung, die vermeintlich mit der Bekämpfung von Wirtschaftskriminalität befasst war, im Grunde aber fast das Gegenteil davon tat: Sie beaufsichtigte und kontrollierte Russlands größte Geldwäschekanäle in den Westen, wie zwei leitende russische Banker mit intimer Kenntnis der Sache berichteten.[75]

Der erste Hinweis darauf, in welchem Maße diese Machenschaften während Putins Amtszeit systemimmanent wurden – und wie sehr die Sicherheitsbehörden an ihnen beteiligt waren –, kam, als der ehemalige Präsident der russischen Zentralbank, Sergej Ignatjew, es wagte, sie öffentlich zu erwähnen. In einem Abschiedsinterview mit der russischen Zeitung *Wedomosti* 2013 sprach der spröde, ernste Ignatjew von 49 Milliarden Dollar, die das Land allein im Vorjahr auf illegalen Wegen verlassen hätten.[76] Er sagte, über die Hälfte dieser Summe sei anscheinend von miteinander verbundenen Firmen abgeschöpft worden: »Man hat den Eindruck, dass sie alle von einer organisierten Personengruppe geleitet werden.« Ein ehemaliger FSB-Agent und ein hochrangiger russischer Bankier berichteten beide, sie seien sicher, dass Ignatjew damit auf den FSB angespielt habe.[77]

Später beklagte Ignatjew sich bei einem Kollegen, jedes Mal, wenn er den Betrug stoppen wollte, habe sich der FSB quergestellt: »Er sagte mir, er hätte das alles schon lange beendet, hätte der FSB nicht an seine Tür geklopft, um ihn davon abzuhalten«, sagte diese Person.[78]

## DISKONT BANK

Ignatjew hatte gute Gründe gehabt, vorsichtig zu sein. Zwei Wochen, nachdem der stellvertretende Zentralbankchef Andrej Koslow auf seinem Kreuzzug gegen diese Kapitalabschöpfungen versucht hatte, einer der betrügerischen Strukturen den Riegel vorzuschieben, indem er einer russischen Bank namens Diskont Bank 2006 die Lizenz entzog, wurde er auf der Straße erschossen.[79] Kurz vorher hatte Koslow seinen Kollegen in Estland einen Eilbesuch abgestattet, den dortigen Chef der Antigeldwäscheabteilung gewarnt, dass die estnische Filiale der Sampo Bank Milliarden schmutzige russische Rubel wusch, und die Schließung mehrerer Konten verlangt.[80] Einem Bericht des Investigativmagazins *The New Times* zufolge wurde bei den Ermittlungen der russischen Polizei zu Koslows Tod festgestellt, dass hochrangige Kreml-Beamte sowie der stellvertretende FSB-Chef in die Geldwäsche involviert waren.[81] Aber die Verbindungen zu allen Oberen wurden rasch vertuscht, und offiziell endete die Spur – und die Verantwortung für den Mord – bei einem Moskauer Banker niedrigen Ranges, der dafür ins Gefängnis wanderte.[82] Andere Personen, die am Aufbau des Geldwäschesystems beteiligt waren, besaßen Verbindungen zu Dwoskin und Mjasin, aber die beiden kamen erneut ungeschoren davon.[83]

Während österreichische und russische Staatsanwaltschaften den Diskont-Betrug aufdeckten, fanden andere Machenschaften statt, und die Route des russischen Schwarzgeldes durch Estland wurde nur noch verzweigter. Als die dänische Danske Bank 2007 die estnische Sampo Bank trotz wiederholter Warnungen der russischen Zentralbank übernahm, wurde sie einer der wichtigsten Kanäle für das Umleiten von Geldern aus dem Moldauischen Waschsalon und den Mirror Trades der Deutschen Bank in den Westen.[84] Insgesamt, so fanden Ermittler später heraus, waren über 200 Milliarden Dollar Schwarzgeld über Konten bei der Danske Bank geflossen. Dieselbe Bank schleuste außerdem im Jahr 2007 als Teil eines separaten Betrugs über 200 Millionen Dollar unrechtmäßiger Steuerrückzahlungen des russischen Steuerdienstes (zuvor Steuerministerium) außer Landes. Der russische Steueranwalt Sergej Magnitski, der dies aufgedeckt hatte, starb nach der Veröffentlichung seiner Funde in einem Moskauer Gefängnis.[85] Weitere Untersuchungen ergaben, dass zwischen 2006 und 2010 insgesamt mehr als 800 Millionen Dollar über irreguläre Steuerrückzahlungen aus dem Land geschafft wurden, wofür Teile desselben Netzwerks an Firmen und Banken genutzt wurden.[86]

Die Zahl der Gemeinsamkeiten zwischen all diesen Betrugsfällen – die fingierten Steuerrückzahlungen, der Moldauische Waschsalon und die Mirror Trades – war erstaunlich, und für einen Banker, der sich im Zentrum all dessen befand, war sie tödlich. Alexander Perepilitschnij war einer der Eigentümer der IK Financial Bridge, die wiederum Anteile an der Promsberbank hielt und im Rahmen der Spiegeltransaktionen eine wichtige Kundin im Aktiengeschäft der Deutschen Bank Moskau war. Nachdem er begonnen hatte, seine Informationen über einige der Transaktionen im Zusammenhang mit den betrügerischen Steuerrückzahlungen, an denen er ebenfalls beteiligt war, an Ermittler weiterzugeben, starb er beim Joggen in einem Park in der Nähe Londons unter verdächtigen Umständen an einem Herzinfarkt.

Obwohl all diese Machenschaften irgendwann beendet wurden, wenn sie zu viel Aufmerksamkeit auf sich gelenkt hatten, war das jedes Mal nur ein Tropfen auf den heißen Stein. Bis die russische Aufsichtsbehörde reagierte, waren bereits Dutzende Milliarden Dollar illegal in den Westen geschafft worden. Dwoskin und seine hochrangigen Kontaktpersonen im FSB kamen ungeschoren davon, weil sie sich die Hände nicht schmutzig machten. Im Fall des Moldauischen Waschsalons und der Mirror Trades bei der Deutschen Bank trat der Cousin des Präsidenten, Igor Putin, unmittelbar bevor die Aufsicht aktiv wurde, von seinen Verwaltungsposten bei den beteiligten Banken zurück, während die Geldwäschekanäle schlicht und einfach von anderen Bankern bei anderen Banken übernommen wurden. Als beispielsweise der Betrug mit den Spiegeltransaktionen beendet wurde, wurden diese durch andere Mechanismen zur Umleitung von Geld wie gefälschte gerichtliche Verfügungen oder Versicherungsbetrug ersetzt. »Man kann ein Objekt nur begrenzt nutzen«, erklärte ein leitender russischer Banker, der mit diesen Täuschungsmanövern vertraut ist. »Man kann zum Beispiel nicht hundert Jahre denselben Fernseher einschalten. Das gilt auch für Banken. Wenn es einen Rahmen gibt und die beteiligten Personen über dessen Grenzen hinausgehen, fangen sie an, alles zu gefährden. Sie fallen auf.«

Mjasin, sagte er, »kleidete sich gern gut und reiste sehr komfortabel. Das passte nicht zu seiner Position. In Russland gibt es zwei Arten von kriminellen Aktivitäten. Die von Wanja Mjasin, der Kontakte zu allen Gruppen pflegte und die zu auffällig sind. Und dann sind da die halbmilitärischen Strukturen, die diszipliniert arbeiten, von denen niemand etwas weiß.« Der Aufbau veränderte sich ständig. Sobald ein Kanal geschlossen wurde, öffnete sich ein neuer. »Der Betrug, den man beobachtet hat – der hinterlässt keine Spur. Das Geld wurde abgebucht und mit anderem vermischt. Es hat keinen Sinn zu versuchen, es zu verfolgen«, erzählte der hochrangige russische Bankier.[87]

## DIE BANK OF NEW YORK

Das erste Anzeichen dafür, dass die russischen Sicherheitsbehörden und die organisierte Kriminalität tief in das Schleusen von Milliarden Dollar auf westliche Märkte verstrickt waren, hatte es bereits im Sommer 1999 gegeben. Als die Nachrichten verkündeten, dass US-Ermittler untersuchten, ob eine der Säulen des amerikanischen Bankensystems, die Bank of New York, über 7 Milliarden Dollar russisches Geld, möglicherweise aus Mafiaquellen, gewaschen habe, schrillten die Alarmglocken. Anfangs schien es auf einen atemberaubenden Skandal hinzudeuten: Wie schon beschrieben, trugen die Schlagzeilen dazu bei, die Machtübergabe von Jelzin an Putin zu beschleunigen, nachdem es so aussah, als würden sich die Ermittlungen auf die Konten der Jelzin-Familie ausdehnen. Ganz Washington war alarmiert wegen der potenziell zerstörerischen Macht des russischen Schwarzgeldes.

An zwei Anhörungstagen durchforstete der Kongress die möglichen Verbindungen zwischen der Geldwäscheoperation, dem organisierten Verbrechen und dem KGB.[88] Die Abgeordneten hörten den früheren CIA-Direktor James Woolsey ebenso wie andere frühere Russlandspezialisten der CIA an. Juri Schwez, der ehemalige in Washington stationierte KGB-Beamte, beschrieb offen den Ursprung des Ganzen: »Die umfassende Infiltrierung des westlichen Finanzsystems durch die russische organisierte Kriminalität begann am Vorabend des Zusammenbruchs der Sowjetunion. (…) Die wichtigsten Akteure in dem Spiel waren hochrangige Mitglieder der sowjetischen Kommunistischen Partei, die KGB-Spitze und die obersten Unterweltbosse.«[89]

Die kühne Schlichtheit der Operation, in die die Bank of New York verwickelt war, war verblüffend. Sie war weit weniger raffiniert als die späteren moldauischen Betrügereien und die Mirror Trades. Zwei russische Banker von nicht besonders bekannten, mittelgroßen Banken hatten Gelder russischer Kunden auf Konten zweier ominöser Firmen, Benex und Becs, bei der Bank of New York umgelenkt, häufig über Offshore-Tarnfirmen und eine Briefkastenbank, die in Nauru registrierte Sinex Bank.[90] Danach war das Geld umgehend auf Konten Dritter überwiesen worden. Ermittler fanden heraus, dass von dem Benex-Konto im Durchschnitt »alle fünf Minuten, ununterbrochen, Tag und Nacht, achtzehn Monate lang eine elektronische Geldüberweisung« getätigt wurde.[91] 1998 hatte die so bewegte Summe 200 Millionen Dollar im Monat erreicht.[92]

Was die Ermittler in den USA und Großbritannien am meisten beunruhigte, war, dass einige der Benex-Transaktionen auf einen von Russlands berüchtigsten Mafiosi, Semjon (»Sewa«) Mogilewitsch, zurückzuführen waren. Britische Ermittler waren erstmals auf Benex gestoßen, als sie Kisten mit Dokumenten wegen eines anderen Falls durchsuchten – einer Aktienbetrugsermittlung bei einer Tarnfirma Mogilewitschs.[93] Dann stellte das FBI fest, dass ein damit in Verbindung stehendes Benex-Reisebüro Visaanträge für zahlreiche erwiesene Geschäftspartner Mogilewitschs finanziert hat.[94]

Die westlichen Strafverfolgungsbehörden vermuteten daraufhin, dass Mogilewitsch möglicherweise der Kopf hinter den gesamten Geldwäscheoperationen sein könnte. Diese Verbindung allein hatte »unglaubliche Implikationen«, sagte der ehemalige stellvertretende Staatssekretär für internationale Strafverfolgung, Jonathan Winer, als er vor dem Kongress zu dem Fall aussagte: »Demzufolge musste man ernsthaft in Betracht ziehen, dass es sich bei Benex um ein Multimilliardengeldwäschegeschäft handelte, das von ein paar Russen betrieben wurde, darunter einem Insider bei einer großen US-Bank, und dass Benex unter anderem in New York Gelder für einige der schlimmsten Elemente der russischen Mafia wusch. Mir fiel buchstäblich die Kinnlade herunter, als ich diese Information bekam.«[95]

Mogilewitsch, der Kette rauchende, fast dreihundert Pfund schwere Gangster mit dem Narbengesicht, den Putins KGB-Leute als Mittelsmann bei den zweifelhaften Gashandelsgeschäften zwischen Turkmenistan, Russland und der Ukraine eingesetzt hatten, hatte immer Kontakte zu den russischen Sicherheitsbehörden gepflegt.[96] Schon als er in den Siebzigerjahren mit seinen Geschäften begann und jüdischen Emigranten half, die Sowjetunion zu verlassen – wobei er sie bekanntlich häufig um ihre Besitztümer brachte –, arbeitete er mit dem KGB zusammen.[97] Sein Wirtschaftsstudium trug dazu bei, dass er der Kontaktmann für das Schleusen von Geld aus der russischen organisierten Kriminalität in den Westen wurde.[98] Den drei ehemaligen Mogilewitsch-Partnern und einem FBI-Dossier über ihn zufolge arbeitete er am engsten mit der Solnzewskaja zusammen, die sich zu Russlands mächtigster Mafiavereinigung entwickelte und über gute Kontakte in die Moskauer Stadtregierung verfügte.[99] »Sie hatten sehr viele Devisen und wussten nicht, was sie damit machen sollten. (...) Sewa hat sie für sie investiert«, sagte ein ehemaliger Geschäftspartner. »Er ist ihr Banker«, sagte ein anderer. »Sie holen das Geld rein, wissen aber nicht, was sie damit anfangen sollen.«[100]

Das FBI glaubte, dass Mogilewitsch mittlerweile seit Langem ein eigenes kriminelles Imperium führte, das unter anderem Prostitutionsringe unterhielt und Waffen und Drogen schmuggelte.[101] Bei seinen Aktivitäten hatte er schon immer gemeinsame Sache mit dem KGB gemacht. »Bei der Hälfte seiner Geschäfte kooperierte Sewa mit den Sicherheitsbehörden«, sagte ein früherer Partner. »Er hat immer für sie gearbeitet. Der KGB wird sich nie gegen ihn wenden. Er ist der kriminelle Teil des russischen Staates.«[102]

Der Überweisungsbetrug bei der Bank of New York war wohl keine Ausnahme. Er schien eine Fortführung des Prozesses zu sein, bei dem sich der KGB vor dem Kollaps der Sowjetunion mit der organisierten Kriminalität zusammengetan und begonnen hatte, das Vermögen der Kommunistischen Partei auf ausländische Bankkonten zu leiten. Nichts von den Kapitalabflüssen durch Benex und die Konten bei der Bank of New York wäre ohne Abstimmung mit dem FSB und dem Auslandsgeheimdienst möglich gewesen – und New Yorker Strafverfolger gingen davon aus, dass das russische organisierte Verbrechen zunehmend raffinierte Offshore-Mechanismen nutzte, die zuvor von Kokainhändlern verwendet worden waren, unter anderem die Manipulation öffentlich gehandelter Aktien, berichtete Jonathan Winer.[103]

Während anscheinend ein großer Teil der Struktur der Betrugsmechanismen von einem Bündnis aus KGB und organisierter Kriminalität bereitgestellt wurde, nutzte sie jeder, der Geld aus Russland herausbringen und in einem sicheren Hafen im Westen parken wollte. Genau wie bei den späteren russischen Schwarzgeldoperationen wie dem Moldauischen Waschsalon und den Mirror Trades bei der Deutschen Bank stammte der größte Anteil des Geldes, der durch Benex floss, von russischen Geschäftsleuten, die Zölle und Steuern vermeiden wollten. Aber unter den Nutznießern waren auch Kriminelle, Mitglieder der italienischen Mafia und – offenbar – Mitglieder der Jelzin-Familie. Der KGB und die Geldmänner der organisierten Kriminalität arbeiteten lose zusammen: Sie dachten sich die Operationen aus und warben dann überall damit. »Wenn man so ein Instrument hat, vermarktet man es«, so Mark Galeotti, ein Experte für russische Schwarzgeldoperationen. Es war wie bei Supermarktkunden, meinte Jonathan Winer: »Man kann zehnmal pro Woche in denselben Supermarkt gehen. Das bedeutet noch nicht, dass man Teil der Organisation ist.« Die Leute, die dahinterstanden, gehörten zu einem Netzwerk spontaner »Aushilfen«. »Sie kommen zusammen, um Geld zu verschieben«, sagte Winer. »Das sind Leute, die Dinge erledigen können. Aber keiner von ihnen ist angestellt.«[104]

Obwohl die Alarmglocken wegen der Geldwäsche bei der Bank of New York anfangs laut geschrillt hatten, wurde es mit der Zeit, als sich herausstellte, dass längst nicht alle Transaktionen im Zusammenhang mit dem organisierten Verbrechen standen, ruhiger darum. Statt dass es zu groß angelegten Ermittlungen kam, wurde der Skandal heruntergespielt und bald vergessen. Zwei aus der Sowjetunion emigrierte Amerikaner, Lucy Edwards, die die Osteuropaabteilung der Bank leitete, und ihr Mann Peter Berlin, der Benex von einem kleinen Büro in Queens aus führte, wurden wegen Geldwäsche verurteilt.[105] Aber niemand aus den höheren Etagen der Bank of New York musste irgendwelche Konsequenzen tragen. Die Bank erzielte schließlich eine Einigung mit der Staatsanwaltschaft und erklärte sich bereit, 38 Millionen Dollar Strafe zu zahlen.[106]

Juri Schwez betrachtete dies als fatalen Fehler: »Die Ermittlungen führten zu nichts. Sie wurden blockiert. [Präsident] Clinton hatte keine Zeit dafür. Er wusste, dass Jelzin ein Scheißkerl war. Aber aus amerikanischer Sicht zählte vor allem, dass er *ihr* Scheißkerl war. Die USA gaben Russland Geld, und es wurde gestohlen. Aber das war ihnen egal. Clinton gab einfach noch mehr. Er hatte zu viel um die Ohren. Der Bank-of-New-York-Fall war aber eine Operation, die vom russischen Auslandsgeheimdienst über Mogilewitsch durchgeführt wurde. Es war definitiv eine Operation der russischen Sicherheitsbehörden, aber die USA ignorierten das. Das Ergebnis ist die Situation, wie sie jetzt ist. In den USA haben wir Trump, und in Großbritannien ist es genau das Gleiche.«[107]

Der Weg für spätere Machenschaften war geebnet, unter anderem für den Moldauischenn Waschsalon und die Spiegeltransaktionen bei der Deutschen Bank, die Dutzende Milliarden Dollar russisches Schwarzgeld in den Westen leiten sollten. Ein Teil dieses Geldes floss in Luxuswohnungen und Villen oder auf Privatkonten, ein anderer Teil zurück nach Russland und wurde dort reinvestiert. Ein weiterer Teil scheint über ein Netz an Fonds und Investmentbanken mit Verbindungen zur organisierten Kriminalität auf dem US-Börsenmarkt gelandet zu sein.[108] Schwarzgeldkassen wurden geschaffen, die eines Tages genutzt werden konnten, um sich Einfluss zu erkaufen. Und Mogilewitsch war der Ausgangspunkt des Ganzen.

In den frühen Neunzigern hatte er mit dem KGB kooperiert, um die vorzeitige Entlassung von Japontschik aus der russischen Haft zu bewirken, dem gefürchteten »Dieb im Gesetz«, der sich später mit Jewgeni Dwoskin zusammentat und ihm half, die neue Generation komplexerer Geldwäscheoperationen zu entwickeln, nachdem Mogilewitschs Rolle in dem Skandal um die Bank of New York und bei den undurchsichtigen Gashandelsdeals aufgedeckt worden war. Damals war Mogilewitsch zu sichtbar geworden. Er landete 2007 für kurze Zeit im Gefängnis, als Putins Sicherheitsleute ihre Vormachtstellung deutlich machen wollten, und war laut einem ehemaligen Geschäftspartner gleichzeitig gezwungen worden, einen Teil seiner Geschäfte an den FSB abzutreten.[109] »Dwoskin gehört definitiv einer neuen Generation an«, sagte Mark Galeotti, der Experte für die russische Mafia. »Er könnte einige der Konten übernommen haben, die Mogilewitsch verwaltete.«[110]

Nach dem Skandal um die Bank of New York und die Terrorattacken vom 11. September führten die USA strengere Vorschriften für Banken ein, die den Weg für russisches Schwarzgeld nach Amerika auf den ersten Blick erschwerten. Diese Vorschriften, die Teil des Patriot Act waren, verlangten von den US-Banken, die wirtschaftlichen Eigentümer von Konten zu identifizieren, und verboten die Nutzung von Briefkastenbanken. Einfache Modelle, wie die von Benex verwendeten, waren dadurch nicht mehr so leicht umsetzbar. Aber die raffinierteren fanden schnell ihre Schleichwege.

In London wurden die Türen für russisches Geld noch weiter geöffnet. Der Moldauische Waschsalon, die Deutsche-Bank-Mirror-Trades und der Danske-Bank-Betrug zeigten, dass die russischen Schattenbanker sich besonders eine britische Unternehmensform zunutze machten: die sogenannte Limited Liability Partnership (LLP), die nahezu null Transparenz erforderte.[111] Die britischen LLPs wurden in den frühen Zweitausenderjahren nach dem Enron-Skandal und dem Zusammenbruch der Wirtschaftsprüfungsgesellschaft Arthur Andersen als Möglichkeit für die Partner der vier anderen großen Wirtschaftsprüfungsgesellschaften geschaffen, persönliche Haftung für die Schulden ihrer Unternehmen zu vermeiden.[112] Es scheint, als habe niemand realisiert, dass ihre Einführung weitreichende Konsequenzen haben könnte. Aber Mitte der Nullerjahre waren die britischen LLPs das Instrument der Wahl für Geldwäscher geworden, und London hatte einen Ruf als Waschsalon der Welt erworben. Hunderte Milliarden Pfund schmutziges Geld wurden dort jedes Jahr gewaschen, schätzte die britische Kriminalpolizei.[113] Die LLPs erlaubten den Briefkastenfirmen nicht nur, den Stempel eines im Vereinigten Königreich gemeldeten Unternehmens zu bekommen, ohne dort Geschäfte tätigen zu müssen, sie ermöglichten auch das Anlegen frei erfundener Konten. LLPs waren nicht abgabenpflichtig, es war also nicht möglich zu überprüfen, ob die Konten, die bei der offiziellen britischen Meldestelle, dem Companies House, korrekt registriert waren oder nicht. Das Eigentum solcher Unternehmen wurde in der Regel in notorisch undurchdringlichen Offshore-Gerichtsbarkeiten wie den Marshall-inseln oder den Seychellen verwaltet. »Wir haben keine Ahnung, was als Nächstes mit dem Geld geschieht«, sagte Graham Barrow, ein unabhängiger Geldwäscheexperte.[114] Westliche Banken wurden immer empfänglicher für derartige Transaktionen, als die Finanzinstitute angesichts der sich anbahnenden Finanzkrise 2008 dringend liquide Mittel benötigten.

Das Ausmaß des Problems wurde erst erkannt, als es längst zu spät war. Die engagierte Journalistin Daphne Caruana Galizia, berühmt für ihre Korruptionsermittlungen in ihrem Heimatland Malta, hatte vor möglichen Konsequenzen gewarnt, als sie, kurz bevor sie 2017 durch ein Bombenattentat getötet wurde, mit einem Mitglied des britischen Parlaments sprach. »Sie besuchte mich in meinem Büro«, erzählte der Politiker, »und sagte mir, die gesamte [maltesische Regierung] sei mit russischem und aserbaidschanischem Geld gekauft worden, und sie schickten alles nach London. Sie sagte mir: ›Auf London rollt eine Welle an Geld zu.‹ Aber ich habe mich nicht eingemischt. Ich habe Familie. Ich habe Kinder.«[115]

In vielerlei Hinsicht war in die »zurückhaltende Regulierung« des Westens bereits der Mechanismus ihrer eigenen Zerstörung integriert. Der KGB hatte freie Bahn, ein gewaltiges Schwarzgeldgeflecht aufzubauen, viel größer und verwickelter als alle Netzwerke, die er für verdeckte Operationen und Einflussnahme im Großmachtstreben der Sowjetunion genutzt hatte. Diese Netzwerke blieben erhalten, als der KGB in der Dämmerstunde der Sowjetunion Vorbereitungen für den Übergang zur Marktwirtschaft traf. Aber sie waren so komplex geworden, dass die unterfinanzierten, personell schlecht ausgestatteten Strafverfolgungsbehörden des Westens immer noch Mühe haben, sie aufzuspüren.

Für ein ehemaliges KGB-Mitglied, das jahrelang Offshore-Systeme studiert hat, hat Russland mit den Schwarzgeldoperationen eine mächtigere Waffe geschaffen als alle anderen, die es je besessen hat: »Atomwaffen kann man nicht jeden Tag benutzen, Schwarzgeld schon. Es kann verwendet werden, um das westliche System von innen zu zersetzen.«[116]

Der hochrangige russische Beamte, der für die Aufsicht der Russischen Eisenbahnen zuständig war, als Auftragsmittel über den moldauischen Betrug abgeschöpft wurden, war lange im Westen aktiv gewesen und hatte ein Netzwerk an Denkfabriken und Bündnissen errichtet, das bis in die obersten Etagen der Sicherheitsbehörden in Deutschland, ins britische Parlament und in die Spitze der französischen Politik reichte. Wladimir Jakunin, der ehemalige hochrangige KGB-Beamte aus Putins innerem Kreis, war, zwei Jahre bevor der Sohn seines engen Verbündeten Andrej Krapiwin mit 277 Millionen Dollar aus dem Moldauischen Waschsalon auf seinen Konten erwischt wurde, als Vorstand der Russischen Eisenbahnen zurückgetreten.[117] Er behauptet, nichts von diesen finanziellen Winkelzügen gewusst zu haben.

# 14

# WEICHE MACHT IN EISERNER HAND –
# »ICH NENNE SIE DIE ORTHODOXEN TALIBAN«

Bereits eine ganze Weile bevor russische Agenten Regionalregierungen im Osten des Landes infiltrierten und Pro-Kreml-Separatisten halfen, diese mühelos zu übernehmen, hatten die Einflussoperationen in der Ukraine still und heimlich begonnen. Ukrainische Politiker hatten schon lange vor der zerstörerischen Macht des russischen Schwarzgelds gewarnt. Dessen Einfluss war bereits bei den undurchsichtigen Gashandelsabkommen spürbar geworden, die man dafür verantwortlich machte, eine Reihe ukrainischer Präsidenten korrumpiert zu haben. Er zeigte sich auch in Russlands zunehmenden Investitionen in die Aktivitäten der orthodoxen Kirche, deren Wurzeln historisch weit in die Ukraine hineinreichten. Lange bevor die Region von den Pro-Kreml-Milizen besetzt wurde, forderten Priester der russisch-orthodoxen Kirche Moskau auf, die »Heilige Rus« zu retten – das ist die Bezeichnung für die Wiege des russischen Großreiches, das Jahrhunderte zuvor in Kiew gegründet worden war und Russland, die Ukraine und Belarus vereinte. Das orthodoxe Christentum wurde zunehmend als Gegengewicht zu den liberalen Werten des Westens propagiert, und seine Ausbreitung zuerst in der Ukraine und dann im Westen wurde aus den tiefen Taschen russisch-orthodoxer Oligarchen gefördert.

Zu diesen gehörten der ehemalige KGB-Mann und Vorstand der Russischen Eisenbahnen, Wladimir Jakunin, und Konstantin Malofejew, der pausbäckige Geschäftspartner des Netzwerks von Genfer Geldmännern und ein Schützling Serge de Pahlens und Jean Goutchkoffs, der in Genf ansässigen imperial gesinnten Nachfahren der exilierten »Weißen«, die Putin und seinem Ölhändler Gennadi Timtschenko nahestanden.

Als er de Pahlen im schummrigen Spektrallicht der Petersburger Peter-und-Paul-Kathedrale kennenlernte, war Malofejew ein siebzehnjähriger Monarchist.[1] De Pahlen alias Großfürst Wladimir Kirillowitsch, der letzte direkte Nachfahre des russischen Zaren, betete zum ersten Mal an der Begräbnisstätte seiner Vorfahren, und für die Sowjetunion brach der letzte Monat ihrer Existenz an. Die Beziehung, die Malofejew an jenem grauen Novembertag 1991 mit dem hochgewachsenen, gebeugten de Pahlen knüpfte, sollte sich, wie bereits die von Putin und de Pahlen, als lange während erweisen. De Pahlen »spielte eine große Rolle in meinem persönlichen Schicksal«, sagte Malofejew. »Er ist eine einzigartige Persönlichkeit. Die ganze russische Geschichte lebt in ihm.«[2] Malofejew sollte ein integraler Bestandteil eines Netzwerks von KGB-Männern und Imperialisten werden, das Russland nach Putins Amtsantritt wieder zur Großmacht machen wollte. Seine Unterstützer prahlten gern, er sei die russische Version von George Soros, dem milliardenschweren Financier, der einen großen Teil seines Vermögens für die Förderung des Liberalismus in den Staaten des ehemaligen Sowjetblocks ausgegeben hatte. Doch Malofejew war zugleich natürlich auch dessen Antithese.

2005, im zarten Alter von einunddreißig Jahren, gründete er den Investmentfonds Marshall Capital, der bald Werte aus den Bereichen Telekommunikation, Babynahrungsproduktion, Hotels und Immobilien in Höhe von über 1 Milliarde Dollar verwaltete.[3] Er legte nie offen, wer seine Investoren waren,[4] aber etwa zur selben Zeit gründete er gemeinsam mit de Pahlen, der dort dann auch im Vorstand saß, eine russisch-orthodoxe Wohltätigkeitsorganisation, die Stiftung Sankt Basilius der Große – angeblich zur Verbreitung orthodoxer Werte und konservativer Ideale in der Ukraine, Europa und schließlich den USA.[5] Er gewann schnell hochrangige Unterstützung von Putins KGB-Leuten, und 2009 ergatterte er einen Posten im inneren Zirkel als unabhängiger Direktor im Vorstand der staatlichen Telekommunikationsgiganten Swjasinwest und Rostelekom, als dort eine umfassende Restrukturierung stattfand.[6] Während Malofejews Partner bei Marshall Capital die

Funktion des Aufsichtsratsvorsitzenden von Rostelekom übernahm,[7] begann die von der Bank Rossija kontrollierte Gazprombank still und leise in Malofejews Auftrag einen Anteil von 7 Prozent an der Telekommunikationsfirma zusammenzukaufen.[8] Es war eine schleichende Übernahme, die Malofejews engen Geschäftspartnern half, genau wie Jakunin, von Milliarden Rubel schweren Staatsaufträgen zu profitieren. Rostelekom vergab Aufträge im Wert von über 12 Milliarden Rubel, das waren mehr als 80 Prozent des Gesamtvolumens, an ein Unternehmen, das von einem anderen Malofejew-Partner bei Marshall Capital geleitet wurde.[9] »Malofejew stand im Zentrum der aus Rostelekom herausgeschleusten Mittel«, sagte Jewgeni Jurtschenko, der ehemalige Chef von Swjasinwest, das später in der Rostelekom aufging.[10]

Dank der staatlichen Unterstützung wurde Malofejew schnell zum Milliardär, während das Vermögen, das von seiner Firma Marshall Capital gemanagt wurde, noch schneller wuchs. Wie sich herausstellte, gab es dafür einen Grund. Malofejews Stiftung Sankt Basilius der Große sollte eine wichtige Akteurin bei dem zunehmend in den Vordergrund rückenden politischen Projekt des Kreml werden, Russlands Einflussbereich auszuweiten, und Malofejew ein Frontmann im Kampf des Landes gegen den Westen um die Vormachtstellung in der Welt. Er war Teil eines Prozesses, der kurz nach der prowestlichen Wende der Ukraine während der Orangen Revolution begann, als der Kreml anfing, ein Netzwerk russischer Nichtregierungsorganisationen und stellvertretender Interessengruppen für den Staat aufzubauen, das als Erstes versuchte, sich in der Ukraine zu etablieren und von da aus in den Westen zu expandieren. Ihre Mission war es, ein Gegengewicht zu den US-finanzierten Nichtregierungsorganisationen wie National Endowment for Democracy, Freedom House und George Soros' Open Society, die Putin und seine Kumpane am meisten verachteten, zu bilden.[11] Putins KGB-Männer glaubten, diese Gruppen hätten sich mit dem US-Außenministerium verschworen, um Russlands Macht in der Ukraine zu verringern. Aus Sicht des Kreml war die Konzentration dieser Organisationen auf Menschen- und Bürgerrechte und auf die Förderung der Demokratie bloß ein zynischer Vorwand, um ehemalige Sowjetstaaten, die Moskau immer als seinen eigenen

Hinterhof betrachtet hatte, in die Umlaufbahn des Westens zu ziehen.

Im Gegensatz zu Soros, der eine Person des öffentlichen Lebens war, operierte Malofejew im Schatten. Er ließ sich weder in die Kassen noch in die Karten schauen. Und statt der liberalen Offenheit, die Soros' Open Society voranzutreiben versuchte, wollten Putins Männer eine Ideologie basierend auf den gemeinsamen slawischen Werten des russisch-orthodoxen Glaubens durchsetzen, die nahezu das Gegenteil der westlich-liberalen Vorstellungen von Toleranz propagierte. Der russisch-orthodoxe Glaube galt innerhalb der Kirche als der einzig wahre, alle anderen als Irrlehren. Individuelle Rechte, predigte sie, müssten sich der Tradition und dem Staat unterwerfen, Homosexualität sei eine Sünde. Putins KGB-Leute hatten eine ideologische Begründung für ihre Kampagne zur Auferstehung des russischen Imperiums gefunden, die bei denjenigen Anklang fand, die sich im Tumult der Globalisierung übersehen fühlten, sowie bei allen mit tiefsitzenden niederen Vorurteilen. Sie wendeten sich einst randständigen Philosophen wie Alexander Dugin zu, einem bärtigen politischen Denker, der einem Dostojewski-Roman entsprungen zu sein schien, um Theorien über Russlands Schicksal als eurasisches Großreich zu verbreiten, das seinen rechtmäßigen Platz als die eine, wahre Macht, als das dritte Rom, einnehmen würde. Sie hatten händeringend nach einer Ideologie gesucht, die ihre Verbündeten gegen den liberalen Westen einen würde, und Putin hatte diese Ideen – und die anderer Exilrussen – lange mit de Pahlen und den anderen Genfer Geldmännern diskutiert. Ihre Worte schienen tiefen Eindruck bei ihm hinterlassen zu haben. »Wir hatten großes Glück mit dieser Gruppe«, sagte Malofejew. »Dieses Zivilisationsprojekt entstand aus ihrem Hintergrund und ihrem Verständnis der Vergangenheit und der Zukunft des Landes heraus. Putin redete viel mit ihnen.«[12] Seit dem Kollaps der Sowjetunion hatte sich der KGB mit mehr oder weniger Erfolg darin versucht, sich Russlands ultrarechte nationalistische und imperialistische Gruppen zu erschließen. Aber erst nach der Orangen Revolution in der Ukraine Ende 2004 wurden die Gruppierungen nach und nach – anfangs noch kaum wahrnehmbar – von den Rändern in die Mitte gezogen und erhielten allmählich Zugang zu einem steten Strom finanzieller Mittel.

Malofejew und Jakunin – Letzterer über die von ihm gegründete, nach dem Apostel benannte russisch-orthodoxe Sankt-Andreas-Stiftung – waren bei Weitem nicht die Einzigen, die mobil machten. Russlands zunehmender offizieller und inoffizieller Wohlstand brachte es mit sich, dass immer höhere Summen in ein Netz staatlicher Organisationen gesteckt wurden, die die »weiche Macht« Russlands im Ausland verbreiten sollten. Dazu gehörten Rossotrudnitschestwo und die Stiftung Russkij Mir (»die russische Welt«), die 2007 beziehungsweise 2008 gegründet wurden.[13] Sie boten Kultur- und Sprachprogramme für die russische Diaspora und weitere Interessierte an und investierten Millionen, um die Kreml-Versionen von Ereignissen zu verbreiten. Wie Russkij Mir es ausdrückte, stellten sie »objektive Informationen« über das aktuelle Russland und seine Bürger zur Verfügung. Doch ihre finanziellen Strukturen waren undurchsichtig, und laut einem ehemaligen sowjetischen Auslandsgeheimdienstler waren sie im Grunde genommen Tarnorganisationen des russischen Nachrichtendienstes.[14] Weder Rossotrudnitschestwo noch Russkij Mir veröffentlichen jemals Finanzberichte, und die staatliche Unterstützung dieser Operationen wurde zwar (basierend auf einer Regierungswebsite, auf der Verträge mit dem Staat aufgelistet wurden) 2015 auf 130 Millionen Dollar geschätzt, aber diese Zahl bildet nicht die gesamte Finanzierung ab, denn Hilfe kam auch, über den Kreml vermittelt, von Oligarchen.[15]

Eine Vielzahl anderer Stellvertreterorganisationen trat ebenfalls in Aktion. Russische Kosakengruppen führten soldatisch organisierte Jugendlager durch. Eine buntgemischte Bikergang, die Nachtwölfe, die mal als Propaganda-, mal als Kampftruppe diente, gewann Putins ausdrückliche Unterstützung. Vier Jahre bevor seine »kleinen grünen Männer« auf der Krim auftauchten, fuhr Putin triumphierend röhrend und Staub aufwirbelnd mit einer Nachtwölfe-Gang in Lederjacken und mit Bandanas auf einer riesigen dreirädrigen Harley Davidson auf die Halbinsel.[16] Niemandem ist es bisher gelungen, die finanziellen Ressourcen solcher Gruppen vollständig zu berechnen. Die Nachtwölfe beispielsweise bekamen 2014 vom Kreml für »die patriotische Aufklärung der Jugend« 18 Millionen Rubel, eine der größten Subventionen dieser Art.[17] Aber da der Kreml – und insbesondere der FSB –

sich bei jedem Geschäftsmann und jeder schwarzen Kasse bedienen konnte, wurden auch inoffizielle Geldquellen genutzt.

Die Ukraineoperation begann beinahe unmerklich. Als eine zusammengewürfelte Gruppe prorussischer Separatisten 2005, kurz nach der Orangen Revolution, in der Ostukraine die politische Bewegung »Republik Donezk« gründete, nahm niemand sie besonders ernst. Ihre Anführer galten als »drei verrückte Typen«,[18] und bei keinem von ihnen schien die Biografie viel herzumachen. Einer von ihnen, Andrej Purgin, ein stämmiger russischer Nationalist mit einem drahtigen Bart, schien bereits siebzig verschiedene Jobs gehabt zu haben – darunter war auch ein Abstecher in den Zirkus –, bevor er sich für das Leben als Separatist entschied.[19] Die Gruppe hielt spärlich besuchte Versammlungen ab, auf denen sie forderte, dass Donezk ein besonderer föderaler Status mit mehr Nähe zu Russland gewährt werden solle. Sie verteilten trostlos aussehende Flugblätter, in denen ukrainische Nationalisten als Faschisten bezeichnet wurden. Und sie begannen lose Kontakte zu den neu geschaffenen, vom Kreml bezahlten russisch-nationalistischen Gruppen zu knüpfen, besuchten Jugendlager des Kreml und traten dem von Alexander Dugin – mit dem Malofejew ebenfalls zusammenarbeitete – gegründeten Eurasischen Jugendbund bei.[20] Eine Zeit lang verbot die prowestliche Regierung der Ukraine die Bewegung Republik Donezk, aber diese führte ihre Tätigkeit im Untergrund fort. »Sie reisten nach Moskau und nahmen an den Rossotrudnitschestwo-Programmen teil«, sagte Kostyantyn Batozsky, Berater eines früheren Donezker Gouverneurs und führenden Industriellen, Sergej Taruta. »Sie wurden nie ernst genommen.«[21] Selbst die Pro-Kreml-Regierung von Viktor Janukowitsch ignorierte sie weitgehend.

Irgendwann jedoch änderten sich die Dinge. 2012 verfügte die Bewegung Republik Donezk über das nötige Kleingeld, um ihre eigene »Botschaft« im Hauptquartier von Dugasins Eurasischem Jugendbund in Moskau zu eröffnen, wo sie Pässe der Volksrepublik Donezk ausgab, die jedoch nirgends anerkannt wurden.[22] Und dann, eines Tages, so erzählt es Batozsky, als die Ukraine während der Proteste auf dem Majdan im Januar und Februar 2014 ins Chaos stürzte, erschienen mehrere nicht identifizierte Russen in der sogenannten Botschaft und teilten den Anführern der Volksrepublik Donezk mit, sie müssten nun an die Arbeit gehen, und Russland stünde hinter ihnen.[23]

Als Janukowitsch kurz nach den Schüssen auf dem Majdan floh, wurden die politischen Ziele der Randgruppe Wirklichkeit. Sie beteiligte sich an der Erstürmung der Donezker Regierungsgebäude, wo sie kurzfristig die russische Flagge hisste.[24] Ihr erster Versuch, eine Volksrepublik Donezk zu proklamieren, dauerte nur wenige Tage, dann führte die Bereitschaftspolizei die Aktivisten ab. Dennoch standen sie an der Spitze der Ereignisse, die der Kreml gern als »den Russischen Frühling« bezeichnete, Russlands erste echte Reaktion auf die prodemokratischen Proteste in aller Welt. Die Bewegung Republik Donezk führte Demonstrationen an, deren Teilnehmerzahlen rasch von wenigen Hundert Anfang März 2014 auf Tausende anwuchsen, als russische Nationalisten über die Grenze strömten, um sich ihnen anzuschließen.[25] Ukrainische Regierungsvertreter behaupteten, einige wären, als Touristen getarnt, mit Bussen herangekarrt worden, darunter Mitglieder des Militärgeheimdienstes, die Waffen in die Ukraine schmuggelten.

Im April wurde aus den Demonstrationen ein gewaltsamer Aufstand, als Hunderte vermummter und bewaffneter Männer überall in der Ukraine Regierungsgebäude stürmten und besetzten.[26] Obwohl die lokale Unterstützung nur Hunderte Menschen zu umfassen schien, war aus dem, was als Protest von ein paar Dutzend »Verrückten« begonnen hatte, im Mai, als die ukrainischen Truppen um die Wiedererlangung der Kontrolle kämpften, irgendwie plötzlich eine Armee sehr gut organisierter und mit Waffen ausgestatteter Pro-Kreml-Separatisten geworden.[27] Die Anführer der Bewegung Republik Donezk wurden nicht vergessen: Andrej Purgin, der es nie zuvor geschafft hatte, länger auf einer Arbeitsstelle zu bleiben, wurde der erste Vizeregierungschef der selbstproklamierten Volksrepublik Donezk,[28] und die aus Moskau gekommenen Militärführer nahmen gemeinsam mit ihnen die Zügel der neuen Separatistenrepublik in die Hand.[29] Die russische Regierung beharrte darauf, dass dies alles Freiwillige seien, doch zwischen einigen von ihnen und den Pro-Kreml-Oligarchen bestanden intensive, langjährige Verbindungen.

Der Krieg in der Ukraine, der mehr als 13 000 Todesopfer forderte und eine große Krise im Westen auslöste, hätte ohne russisches Schwarzgeld nie stattgefunden. Manches davon entstammte komplexen Geldwäschesystemen, anderes wurde einfach direkt abgezweigt. Es war ein wesentlicher Faktor in einem Stellvertreterkrieg, in dem alles inoffiziell war: von den russischen Militärs, die die Kämpfe anführten, bis zu den eingeschmuggelten Waffen. Alles ließ sich leugnen. Nichts konnte nachverfolgt werden. Ein Teil der Mittel, die in das Wiedererstarken der Pro-Kreml-Separatisten in jenem Frühjahr gesteckt wurden, schien von den Rebellen über die ukrainische Grenze geschleust worden zu sein. Es hatte immer schon inoffiziellen Handel und eine beträchtliche Schattenwirtschaft zwischen der Ukraine und Russland gegeben, während die Grenze extrem durchlässig war und jeden Versuch, den Weg des Geldes nachzuvollziehen, nahezu unmöglich machte. »Es war alles Schwarzgeld. Es wurde in Koffern reingebracht«, sagte Batozsky. »Wir konnten niemanden auf frischer Tat ertappen.«[30] Ukrainische Offizielle glaubten, dass ein großer Teil der ersten Mittel für den Aufstand vom russischen Geheimdienst stammte, der kurz nach der Annexion der Krim in die Region kam.

Mittendrin bewegte sich Malofejew. Sein zentral gelegenes Moskauer Büro beherbergte nicht nur eine beeindruckende Sammlung antiker Ikonen und seltener Karten aus der Zarenzeit, sondern es war auch der Arbeitsplatz der Männer, die die Anführer von Russlands verdecktem Einmarsch in die Ukraine wurden: Malofejews früherer Sicherheitschef, ein Militärgeheimdienstler mit schmalem Oberlippenbart, der wahlweise als Igor Strelkow, »Strelok« oder Igor Girkin bekannt war,[31] kommandierte die russischen Ad-hoc-Streitkräfte, die von der Krim aus in die Ostukraine vordrangen; sein stämmiger PR-Berater war der neue Ministerpräsident der Volksrepublik Donezk.[32] Im November 2013, bevor die Kämpfe ausbrachen, machte Malofejew seinen Anteil an Rostelekom zu Geld, indem er ihn für 700 Millionen Dollar zurück an das Staatsunternehmen verkaufte, um sich auf »humanitäre Projekte« zu konzentrieren.[33]

Malofejews Sicherheitschef Igor Strelkow hatte bereits zuvor in verdeckten Kriegen in Tschetschenien und Bosnien für Russland gekämpft[34] und wurde vom ukrainischen Innenminister als »Monster und Mörder« bezeichnet.[35] In den Monaten, bevor die Ukraine ins Chaos stürzte, begleitete er Malofejew auf einer von ihm für die russisch-orthodoxe Kirche organisierten Triumphtour, bei der die Gaben der Heiligen Drei Könige aus einem orthodoxen Kloster in Griechenland nach Moskau gebracht wurden, von dort nach Kiew und dann auf die Krim.[36] Strelkow war vorgeblich für die Sicherheit der antiken Schätze Gold, Weihrauch und Myrrhe zuständig, die Tausende orthodoxe Gläubige sehen wollten. Aber die beiden Männer hatten eine weitere Mission auf der Krim. Sie trafen sich dort mit Sergej Aksjonow, der einen Monat später der neue prorussische politische Führer der Krim werden sollte.[37] Der Vorsitzende der kleinen Pro-Moskau Partei Russische Einheit war praktisch aus dem Nichts aufgetaucht, fast genauso plötzlich wie die nicht gekennzeichneten russischen Truppen auf der Halbinsel.[38] »Bei diesen Ausstellungen lernten Malofejew und Strelkow einander gut kennen«, sagte Batozsky. »Für das, was später passierte, gibt es keine Zeugen.«[39] Zumindest ein ehemaliger orthodoxer Kirchenführer hielt die Reliquientour für bloße Tarnung einer Aufklärungsmission für alles, was danach geschah. »Die Gaben wurden auf die Krim gebracht, um den Boden für die Machtübernahme zu bereiten und um nachrichtendienstliche Informationen zu sammeln«, sagte Waleri Ostawnich, der sein Kirchenamt später abgab, weil er fürchtete, als Handlanger von Putins Staat benutzt zu werden.[40]

Malofejew galt als wesentliche Figur bei den Geldschiebeaktivitäten zugunsten der Pro-Kreml-Separatisten, die wohl über ein Geflecht von Wohltätigkeitsorganisationen verliefen, die mit seiner Stiftung Sankt Basilius der Große verknüpft waren. Später leakten die ukrainischen Sicherheitsbehörden Dokumente, bei denen es sich um von ihnen abgehörte Telefonate zwischen Malofejew und Strelkow handeln sollte, in denen die beiden Männer Kampferfolge gegen die ukrainische Armee besprechen. Laut der Transkription eines Telefonats sagt Strelkow zu Malefejew: »Von unserer Seite wurde keine einzige Position aufgegeben. Alle Stellungen in Kramatorsk wurden gehalten. Aber, Konstantin Walerjewitsch, könnten Sie mir sagen, wen genau wir getroffen haben?« Malefejew antwortet, dass er die Nachricht von

Strelkows Erfolgen an den Ministerpräsidenten der Krim, Aksjonow, weitergeben werde, der bei ihm zu Besuch sei.[41]

Malofejew stritt ab, in irgendeiner Weise an dem Konflikt beteiligt gewesen zu sein, abgesehen davon, dass er Flüchtlinge aus den Kampfgebieten finanziell unterstützt habe, und tat seine Verbindungen zu den Rebellenführern als »Zufall« ab.[42] Doch sogar die EU war der Ansicht, dass er bis zum Hals in der Sache drinsteckte, und verhängte wegen seiner Beziehungen zu den Separatisten Sanktionen gegen ihn.[43] Die ukrainische Regierung warf ihm die Finanzierung von Terroristen vor und leitete ein Ermittlungsverfahren gegen ihn ein.[44]

Für den Kreml war Malofejew jedoch der ideale Counterpart. Seine Beteiligung verschaffte der russischen Regierung Spielraum, ihre eigene abzustreiten. Sie konnte behaupten, er, der hitzköpfige Imperialist, agiere auf eigene Faust. Tatsächlich konnte sich Malofejew in Interviews oft nicht zurückhalten. »Tut mir leid, wenn das nicht politisch korrekt ist«, äußerte er gegenüber Bloomberg, »aber die Ukraine ist ein Teil Russlands. (…) Sie wurde künstlich auf den Ruinen des russischen Imperiums erschaffen.«[45] »Aus Russlands Sicht ist das eine Schlacht ums politische Überleben«, sagte er mir. »Russland ist seiner Natur nach ein Großreich. Als die USA entstanden, war es bereits eine Großmacht. Und es kann in keiner anderen Form existieren.«[46] Doch hinter den Kulissen hatte er lang gepflegte solide Verbindungen in die Kreml-Spitze. Neben seiner Freundschaft mit de Pahlen baute er über den orthodoxen Priester Tichon Schewkunow, den immer mächtiger werdenden Beichtvater des Präsidenten, auch Kontakt zu Putin auf.[47]

Als Malofejew Russland half, seinen Einfluss in der Ostukraine auszuweiten, betrachteten die Genfer Geldmänner mit KGB-Verbindungen, die im Hintergrund mit Putin und Timtschenko zusammenarbeiteten, dies mit Wohlwollen. »Es ist wirklich ein Religionskrieg«, sagte einer von ihnen. »Schaut man sich die Leute aus Donezk und Charkow an, also ihre Vorfahren, dann waren sie schon immer russisch. Sie sind seit ewigen Zeiten Russen.«[48]

Von Anfang an scheinen Malofejews Operationen in Zusammenhang mit dem russischen Geheimdienst gestanden zu haben. Der Telekommunikationssektor, in dem er den Großteil seines Vermögens erwirtschaftete, ist traditionell die Domäne des Militärgeheimdienstes. Die Unterstützung des Kreml von rechtsnationalistischen russischen Gruppierungen, deren Ziel es war, die Ukraine zu spalten und ihren EU-Beitritt zu verhindern, wirkte wie eine Wiederholung von Putins Aktivitäten in seiner Dresdner Zeit. Damals hatte der KGB (und auch Putin, seinen beiden ehemaligen Kollegen zufolge, die wir getroffen haben) Agenten tief in deutsche Neonazigruppen eingeschleust ebenso wie in die Rote Armee Fraktion, die Angehörige des amerikanischen Militärs und westdeutsche Industrielle ermordete, um Chaos und Instabilität auszulösen.[49]

Das Vordringen des Kreml in die Ukraine wirkte wie eine Passage aus einem alten KGB-Handbuch zum Thema teilen und Unruhe stiften, zum Schmuggel von Waffen und Geld über eine Reihe von Scheininstitutionen und Mittelsmännern – wie aus der Zeit, als die strategischen Operationen auf Schwarzhandel basierten und für die sowjetische Führung nur die Demonstration der eigenen Macht und der Kampf gegen den Westen um die Vorherrschaft der Mächte von Bedeutung waren. Putins Männer holten die Taktiken aus der Versenkung, die damals zum Einsatz kamen, als, genau wie nun, Russland einer direkten Konfrontation nicht gewachsen war und auf Täuschungsmanöver, Stellvertreter, Einflussagenten und Tarneinrichtungen zurückgreifen musste, auf Propaganda und offensichtliche Lügen, um den Gegner aus dem Gleichgewicht zu bringen und von innen heraus zu schwächen.

Zu Sowjetzeiten wurden solche Methoden als »aktive Maßnahmen« bezeichnet. Und 2014, nachdem Russland den Übergang zu seiner eigenen verzerrten Version des Staatskapitalismus vollzogen hatte, war der Kreml bereit, es erneut mit dem Westen aufzunehmen. Einige der in der Ukraine verfeinerten Taktiken wurden rasch auch in Osteuropa und dann im Westen angewendet. Alte Netzwerke wurden reaktiviert und neue Tarnorganisationen eingesetzt.

Die Ukrainer waren die Ersten gewesen, die davor gewarnt hatten, dass ein wiedererstarkendes Russland versuchen würde, den Westen auseinanderzutreiben. »Alle dachten, die Russen würden nur stehlen«, sagte Kostyantyn Batozsky, der Berater des ehemaligen Donezker

Gouverneurs. »Aber sie arbeiten daran, ihren eigenen Kreis korrupter Politiker aufzubauen. Das läuft bereits seit Langem, und Russland wird Europa untergraben. Russland legt eine gewaltige Bombe an die Fundamente der Europäischen Union. Es sucht nach Schwachstellen, um einen Keil zwischen die europäischen Staaten zu treiben. Das ist heute eine gewaltige Gefahr. Russische NGOs sind sehr aktiv und verteilen Mittel an Gruppen am linken und am rechten Rand.«[50]

Auch im Westen wurde einigen Experten zunehmend bewusst, dass Russlands mit Schwarzgeld finanzierte Einflusskampagnen sich nicht auf die Ukraine beschränkten. »Russland unterstützt den Front National in Frankreich, die Jobbik in Ungarn, die Lega Nord sowie die Fünf-Sterne-Bewegung in Italien«, sagte Michael Carpenter, damaliger Russlandberater von US-Vizepräsident Joe Biden im September 2015. »Sie haben die Syriza in Griechenland und, wie wir vermuten, Die Linke in Deutschland finanziell unterstützt. Sie sind hinter all diesen Antiestablishmentparteien her, links wie rechts. Sie sind in dieser Hinsicht überhaupt nicht wählerisch und nutzen dafür die Schwarzgeldkonten. Sie zielen auf die europäischen Länder ab, um die EU zu schwächen und den Konsens hinsichtlich der Sanktionen zu zerstören. Das ist sehr ernst zu nehmen. Sie haben eine Menge Zeit und Geld dafür aufgewendet.« Aber solche Befürchtungen gingen angesichts anderer Bedrohungen unter, die auf politische Akteure, die sich weniger gut mit Russland auskannten, konkreter und greifbarer wirkten. »Uns wurde gesagt, wir seien voreingenommen«, so Carpenter. »Sie sagten zu mir: ›Ihr Spezialgebiet ist Russland, natürlich halten Sie Russland für eine Gefahr.‹«[51]

Erschöpft von dem Ukrainekonflikt, den zunehmenden Spannungen im Nahen Osten und der wachsenden Flüchtlingswelle glaubte im Westen kaum jemand so recht, dass Putins Russland in seine politischen und wirtschaftlichen Institutionen vordringen könnte. Seine offensichtlich erfolgreiche Spaltung der Ukraine wurde im Westen als Pyrrhussieg interpretiert. Russlands Wirtschaft galt lange als hoffnungsloser Fall und sein Auslandsgeheimdienst nach dem Kollaps der Sowjetunion als geschwächt. Das Geld, das in den Westen strömte, wurde nur als gestohlen betrachtet und nicht als ein riesiger Bestechungsfonds, auf den für jede strategische Agenda zugegriffen werden konnte.

Doch überall in Europa wurden alte KGB-Strukturen wieder zum Leben erweckt. Als Konstantin Malofejew noch ein Kind war, das in einem Moskauer Vorort aufwuchs, war Serge de Pahlen in verdeckter Mission für den KGB in Paris tätig, als Teil eines von Igor Schtschogolew aufgebauten Netzwerks,[52] und hatte mit Jean Goutchkoff für befreundete Firmen gearbeitet, um die Sowjetindustrie auszustatten.[53] Ein weiterer »weißer« Verbündeter, Alexander Trubezkoi, war ebenfalls Teil von Schtschogolews Netzwerk und versorgte die Sowjets mit französischer Computertechnologie.[54] Nun unterstützten sie alle Malofejew: De Pahlen saß im Vorstand der Stiftung Sankt Basilius der Große und Goutchkoff in dem einer Firma mit Verbindungen zu Malofejew.[55] 2011 wurde Trubezkoi Aufsichtsratsvorsitzender von Swjasinwest, dem staatlichen Telekommunikationsgiganten, der zu diesem Zeitpunkt in Rostelekom integriert worden war – und an dem Malofejew einen Anteil besaß.[56] Er war ebenfalls Vorstandsmitglied der Sankt-Basilius-Stiftung, während Schtschogolew als Putins Kommunikationsminister seine Hand über Malofejews geschäftlichen Fortschritt hielt.

Ohne ihre Unterstützung wäre Malofejew möglicherweise nicht weit gekommen. Als seine Stiftung sich nach Osteuropa ausbreitete, machte es den Eindruck, als würden Putins Männer Distanz wahren. In Tschechien schien Malofejew eine chaotische Kampagne zu führen, um antiwestliche Politiker jeglicher Couleur zu umgarnen, und er übergab einer belarussischen politischen Kontaktperson mindestens 100 000 Euro, damit diese die Machtergreifung der dortigen prorussischen Gruppen orchestrierte, wie durchgestochene E-Mails der beiden Männer belegen.[57]

Aber die Leaks zeigten nur die Oberfläche dessen, was bereits eine ausgeklügelte Operation war, in der Malofejew nur einer aus einem ganzen Kreis von Akteuren war. Jakunin beispielsweise hatte den Politiker Miloš Zeman lange vor dessen Wahl zum tschechischen Präsidenten 2013 hofiert, während Martin Nejedlý, der Chef der tschechischen Lukoil-Sparte, also eines großen, Kreml-treuen Mineralölkonzerns, ein wichtiger Berater Zemans und Mitgründer der Partei war, die Zemans Präsidentschaftswahlkampf finanzierte.[58] Die Angestellten beider Unternehmen, die einem der Schweizer Anwälte aus dem Umfeld des Bank-Rossija/Rodulgin-Bestechungsfonds gehörten, waren ebenfalls einflussreiche Unterstützer von Zeman,[59] der ein verlässlicher Fürsprecher von Putins Kreml wurde: Er war einer der ersten EU-Staatschefs, die öffentlich eine Aufhebung der EU-Sanktionen gegen Russland forderten.

In Ungarn wurden die Interessen des Kreml durch einen raschen Aufstieg der Rechtsaußenpartei Jobbik gefördert, deren Glück sich seit 2005, als sie noch eine bloße Randpartei gewesen war, gewendet hatte. Die geleakten E-Mails belegen, dass Malofejews Kontaktperson auch mit der Jobbik kooperiert hat.[60] Aber der Katalysator, der sie zu Ungarns größter Oppositionspartei machte, war das scheinbare Auftauchen aus dem Nichts eines geheimnisvollen ungarischen Geschäftsmanns namens Béla Kovács, der, nachdem er jahrelang in Russland gearbeitet hatte, der Partei beitrat und sie dann prompt vor dem Bankrott bewahrte.[61] Kovács behauptet steif und fest, er habe die Rettung aus eigener Tasche bezahlt, aber 2014 begannen ungarische Strafverfolgungsbehörden zu ermitteln, ob er ein KGB-Agent sei, und das Europäische Parlament war davon immerhin so überzeugt, dass es ihm seine Immunität als EU-Parlamentarier entzog. Die Ermittlungen endeten jedoch ergebnislos – der ungarische Präsident Viktor Orbán war nämlich ebenfalls ein enger Verbündeter des Kreml geworden.

Indem der Kreml sowohl linke als auch rechte politische Gruppierungen unterstützte, hängte er sich an eine zunehmende Frustration in Osteuropa und befeuerte sie weiter. Nun, da die ehemaligen Ostblockstaaten seit fast einem Jahrzehnt EU-Mitglieder waren, begann der Glanz des Westens und des Liberalismus Risse zu bekommen. Die Konsumgütersehnsucht infolge der Knappheit der Planwirtschaft war längst gestillt, und Osteuropa war voll mit glänzenden Shoppingmalls und den neuesten iPhone-Modellen. Aber die Konsequenzen des Beitritts zur liberalen Ordnung der Europäischen Union waren deutlich spürbar, und die Geister der Sowjetvergangenheit – das Geflecht von Agenten, die einst mit dem KGB zusammengearbeitet hatten – durchdrangen nach wie vor die Gesellschaft.

Als Russland, das gerade erst dazu beigetragen hatte, die Ukraine zu spalten, sich im Nahen Osten einmischte und 2015 mit Bombereinsätzen in Syrien begann, um das Regime des langjährigen Kreml-Verbündeten Baschar al-Assad zu stützen, verschärften sich Europas Probleme. Die Bombardements führten dazu, dass eine ohnehin beträchtliche Flüchtlingswelle von Hunderttausenden, die in Europa Schutz suchten, noch anschwoll. Im Jahr 2015 flohen über eine Million Menschen aus Syrien nach Europa. Für Putins Kreml stellte dies eine Gelegenheit dar, Unzufriedenheit, Hass und Widerstand gegen die herrschende liberale Ordnung zu schüren. Die Taktiken des Kreml fielen insbesondere in Osteuropa auf fruchtbaren Boden, wo die Verteilung wirtschaftlichen Wohlstands extrem ungleich war und die konservative Meinung der russisch-orthodoxen Kirche, die gegen die liberalen Freiheiten des Westen wetterte, auf offene Ohren stieß.

In Genf träumte der Timtschenko-nahe Schweizer Bankier Jean Goutchkoff offen von der Schaffung eines slawischen Europas, das Polen, Tschechien und Bulgarien mit Russland und der Ukraine verschmelzen, sich bis nach Ungarn ausdehnen und sich von der französisch-deutsch dominierten EU lossagen würde.[62] Im Mai 2014, auf dem Höhepunkt der Ukrainekrise, behauptete Goutchkoff, die Europäische Union sei dem Untergang geweiht und die französischen und deutschen Staatschefs wollten ein neues Europa ohne die lästigen jüngsten Mitglieder aus dem Osten errichten. Das war erst der Beginn eines Prozesses, von dem Putins Männer hofften, er werde Europa auseinanderbrechen lassen.

Der Kreml weitete die Taktiken aus, die er zunächst im Osten verfolgt hatte, und begann seine Ressourcen im Westen einzusetzen. Die Genfer Geldmänner beispielsweise hatten seit Langem Verbindungen zur französischen Elite gepflegt, insbesondere zur Aristokratie. Als Gennadi Timtschenko anfing, eine Beziehung zu Frankreichs wichtigstem Energiekonzern Total aufzubauen, war der Weg frei, den russischen Einfluss noch weiter in die Spitze der französischen Gesellschaft zu tragen. 2009, als Timtschenko sich gerade in Russlands zweitgrößten Gasproduzenten Nowatek einkaufte, hatte Alain Bionda, ein jovialer Genfer Anwalt, der eng mit Goutchkoff und Timtschenko zusammenarbeitete, zwei Topmanager von Total zu einem fürstlichen Abendessen eingeladen; Goutchkoff hingegen nahm Anfang 2013 an einem Arbeitsfrühstück mit François Hollande bei dessen erstem Moskaubesuch als französischer Präsident teil.[63]

Mithilfe seiner Genfer Geschäftspartner festigte Timtschenko diese Verbindungen, indem er 12 Prozent seiner Firma Nowatek und 20 Prozent ihres Flüssigerdgasprojekts für 4 Milliarden Dollar an Total verkaufte. Zwei Jahre später wurde er mit dem höchsten französischen Verdienstorden, dem Orden der Ehrenlegion (Légion d'honneur), ausgezeichnet. Er war außerdem in den Vorstand des Wirtschaftsrats der Französisch-Russischen Industrie- und Handelskammer gewählt worden, eines Handelsorgans, in das bald darauf Frankreichs wichtigste Industrielle sowie Spitzenvertreter von Putins KGB-Kapitalismus eintraten, darunter Andrej Akimow, der Gazprombank-Aufsichtsrat mit KGB-Verbindungen, und Sergej Tschemesow, Putins KGB-Kamerad aus Dresdner Zeiten, der nun Russlands staatlichen Waffenmonopolisten leitete.[64] Als der Westen beschloss, Russland nach seinem Einmarsch auf die Krim zu sanktionieren, blieben Timtschenko und Akimow von EU-Sanktionen verschont, obwohl die USA sie ins Visier nahmen, während es Tschemesow irgendwie gelang, im Vorstand des Wirtschaftsrats zu bleiben, obwohl ihm EU-Sanktionen drohten. Total verlangte, dass die Sanktionen aufgehoben würden, Punkt.

Russlands Bemühungen erschöpften sich nicht darin, geschäftliche Kontakte zu knüpfen, oder in Versuchen, die Einheit des Westens durch Konflikte über Sanktionen zu gefährden. Durch staatliche Organisationen wie Rossotrudnitschestwo und Russkij Mir begann eine Reihe von Thinktanks in Paris Wurzeln zu schlagen. Russlands Institut für Demokratie und Zusammenarbeit schlug 2008 in einer ruhigen Straße im 7. Arrondissement seine Zelte auf. Es sollte die russische Antwort auf die US-amerikanische Carnegie Endowment for International Peace sein, negativen westlichen Wahrnehmungen Russlands entgegentreten und, einem seiner Gründer zufolge, »das westliche Monopol« über die Definition von Menschenrechten und ihrer Einhaltung durch Russland beenden. Es war Teil einer PR-Offensive, die ihren Anfang genommen hatte, als Putins Regierung Russia Today gründete, das weltweit in englischer Sprache operierende TV-Netzwerk, das die Hegemonie westlicher Kanäle wie CNN und der BBC herausfordern sollte.[65] Doch an dem imposanten steinernen Gebäude, das vermeintlich das Institut beherbergte, deutete nichts auf es hin. Geleitet wurde es von einer Frau namens Natalija Narotschnizkaja, deren Identität als russische Geheimdienstlerin kaum verhüllt wurde und die zu Sowjetzeiten eine hochrangige UN-Diplomatin gewesen war. Laut einem früheren leitenden russischen Geheimdienstmitarbeiter hatte sie bereits damals für den KGB gearbeitet. Die stets elegant gekleidete, vogelartig wirkende Brünette war zur Zeit der Perestroika-Reformen Protegé des Meisterspions Jewgeni Primakow am Institut für Weltwirtschaft in Moskau gewesen.[66] Während ihre Organisation ihren Beitrag dazu leistete, die Weltsicht von Putins KGB-Männern zu verbreiten, arbeitete sie nebenbei daran, zukünftige Einflussagenten zu finden und zu rekrutieren.[67] Ihre Finanzierung war unklar – einer ihrer Gründer konnte dem US-Botschafter in Moskau nicht mehr sagen, als dass sie unter anderem von »zehn Geschäftsleuten« unterstützt werde.[68]

Narotschnizkaja stand in engem Kontakt zu Wladimir Jakunin, der über seine russisch-orthodoxe Sankt-Andreas-Stiftung und seine Denkfabrik »Dialog der Zivilisationen« Verbindungen in europäische politische Kreise knüpfte, darunter die Spitze der französischen Partei Les Républicains, mit denen de Pahlen ebenfalls verbandelt war. Im Mai 2014 sprachen de Pahlen und ich in seinem Genfer Büro miteinander, wo auf dem Schreibtisch ein paar Bücher seines eigenen Verlags verteilt lagen (den ein undurchsichtiger Investmentfonds finanzierte). Er sagte mir, die Zeit der US-Hegemonie sei vorbei. »Die Soft Power der USA scheitert«, erklärte er, ein sanfter, über den Schreibtisch gebeugter Riese. »Sie haben schon keine Macht mehr. Die Zeiten, in denen sie die EU dominierten, sind vorüber. Nun ist Russland groß, genau wie China. Die Vereinigten Staaten besitzen heute keine Glaubwürdigkeit mehr. Was sie in Libyen getan haben, machen sie nun in der Ukraine. Vielleicht ist Amerika nicht klar, dass seine Macht schwindet.« Als ich fragte, ob er versuche, die europäischen Einflussnetzwerke der Sowjetvergangenheit wiederzubeleben, schaute er mich ungläubig an und grinste dann breit. »Wenn Sie damit Lobbying meinen, dann Ja. Alle tun es.«[69]

Genau wie damals die Sowjetunion die Finanzierung politischer Verbündeter und Parteien in ganz Europa über ein Geflecht befreundeter Firmen gesteuert hatte, um im Kalten Krieg die Einheit des Westens zu unterminieren, nutzte Moskau nun ein neues Geflecht von Strohmännern und Stellvertretern, um überall Parteien der extremen Linken und der extremen Rechten zu unterstützen. Teile des alten Netzwerks und einige der Geldmänner, darunter Goutchkoff und de Pahlen, waren noch da und erhielten nun neues Kapital. In Frankreich lag Moskaus Fokus hauptsächlich auf der Förderung rechter Parteien. Obwohl es in Jean-Luc Mélenchon einen bereitwilligen Fürsprecher im linken Lager fand (er war bereits erklärtermaßen gegen die USA und gegen die NATO, ohne dass es dazu Moskaus Hilfe bedurft hätte), öffnete es zügig Kreditlinien für den Front National von Jean-Marie Le Pen und seiner Tochter Marine. Die Quelle dieser Mittel wurde wieder durch Stellvertreter verschleiert, um dem Kreml zu ermöglichen, sich davon zu distanzieren, aber es wurde leichter, einige aufzudecken. Im November 2014 beispielsweise kam heraus, dass der Front National 9,4 Millionen Euro von einer tschechischen Bank mit Verbindungen zu Gennadi Timtschenko geliehen hatte.[70] (Timtschenkos Anwälte sagen, er habe bei der Entscheidung keine Rolle gespielt und sei nie am Management der Bank beteiligt oder ein Nutznießer gewesen.) Konstantin Malofejew half indessen, einen weiteren Deal zu organisieren, um Jean-Marie Le Pen 2 Millionen Euro zu leihen.[71] Bei einer anderen Gelegenheit machte eine französische Dokumentarfilmerin Aufnahmen von Le Pen, wie er das Marshall-Capital-Büro von Malofejew in Moskau betrat und später mit einem Aluminiumkoffer wieder verließ. Man nahm daraufhin an, dieser sei mit Bargeld gefüllt gewesen – eine Behauptung, der Le Pen (genau wie Malofejew) energisch widersprach.[72]

Die Aktivitäten wurden verwirrend. Moskau hatte lange daran gearbeitet, sich Unterstützung in ganz Europa zu sichern. In Deutschland hatte Putin einen treuen Kameraden in Ex-Kanzler Gerhard Schröder,

der für seine Mühe, Putins Handeln in der Ukraine und Syrien und sein rigoroses Vorgehen gegen die Demokratie zu Hause zu verteidigen, reich belohnt wurde. Gemeinsam mit Matthias Warnig, Putins engem Stasi-Verbündeten, saß Schröder in der Unternehmensführung der Nord Stream AG, dem von Russland angeführten 14,8 Milliarden Euro teuren Gaspipelineprojekt, um Gas direkt von Russland am Boden der Ostsee nach Europa exportieren zu können, ohne die Ukraine passieren zu müssen.

In Italien hatte Putin lange einen Freund in Silvio Berlusconi. Die beiden Männer machten zusammen Urlaub auf Sardinien, und Berlusconi war häufig zu Gast in Putins Residenz in Sotschi. Berlusconi war außerdem ein Mitglied des Finanz- und Einflussnetzwerks, das bereits zu Sowjetzeiten existiert hatte. In den späten Achtzigern bekam sein Fininvest-Medienkonzern Sendezeit vom staatlichen TV-Unternehmen der Sowjetunion, um italienische Filme zu zeigen.[73] Berlusconi arbeitete außerdem eng mit dem Bankier Antonio Fallico zusammen, der sich mit der Mittelbeschaffung der Kommunistischen Partei bestens auskannte, und dessen Intesa-Bank (heute Intesa Sanpaolo) eine wichtige finanzielle Stütze von Putins KGB-Kapitalismus blieb. Als der offensichtliche Versuch eines mit Gazprom verbundenen Mittelsmanns, Geld an Berlusconi zu schleusen, vom italienischen Parlament enthüllt wurde, sagten Politiker sowohl aus Berlusconis eigener Partei als auch aus der Opposition dem US-Botschafter in Rom, dass sie glaubten, es sei nicht die einzige Maßnahme des Kreml zur persönlichen Bereicherung Berlusconis.[74]

Diese Beziehungen waren schon lange bekannt, doch nun trat Russlands Engagement im Westen in eine wesentlich aktivere Phase ein. Überall in Europa warb Malofejew für eine rechtspopulistische Agenda, eine Rebellion gegen das liberale Establishment. Im Juni 2014 veranstaltete er eine Konferenz rechter Kräfte in Wien, bei der Marine Le Pens Nichte Marion sich unter die Chefs von Österreichs rechter Freiheitlicher Partei und Bulgariens Rechtsaußenpartei Ataka mischte. Auch Serge de Pahlen war dort.[75] Malofejew hatte immer darauf bestanden, dass er als Förderer und Beschützer von Christen keine politischen, sondern ausschließlich religiöse Ziele verfolge.[76]

Aber die Spuren seiner Verbündeten fanden sich überall, auch im Zusammenhang mit dem Aufstieg von Syriza, der radikalen Linkspartei, die im Januar 2015 in Griechenland an die Macht gelangte: Durch geleakte E-Mails kam ans Licht, dass der Eurasienphilosoph Alexander Dugin, der mit Malofejew zusammengearbeitet hatte, sie bei Strategie und PR beraten hatte. Malofejew entwickelte außerdem enge Bindungen zur rechten Partei Anexartiti Ellines (Unabhängige Griechen), deren Vorsitzender Panos Kammenos war, ein nationalistischer Aufwiegler, der schließlich das Amt des Verteidigungsministers bekam.[77] Kammenos war ein häufiger Moskaubesucher gewesen, wo er eine tiefe Freundschaft mit Malofejew aufbaute, während sein in Athen ansässiges Institut für Geopolitische Studien eine »Absichtserklärung« unterschrieb, man wolle mit dem einflussreichen Russländischen Institut für Strategische Studien zusammenarbeiten, das wiederum eng mit Natalija Narotschnizkajas Institut in Paris kooperierte und im Grunde genommen ein Zweig des russischen Auslandsgeheimdienstes war.[78]

Keine dieser Aktivitäten hörte auf, als die USA und Europa im März 2014 Sanktionen gegen Russland verhängten. Vielmehr beschleunigte und intensivierte Russland seine Anstrengungen, den Westen zu spalten, noch. Beispielsweise wurden die Allianzen in Italien vertieft, wo ein weiterer Geschäftspartner von Malofejew eng mit Gianluca Savoini zusammenarbeitete, einem wichtigen Berater des Chefs der rechten Partei Lega Nord, Matteo Salvini.[79] Gemeinsam gründeten sie den Lombardisch-Russischen Kulturverein, der Kreml-freundliche rechtspopulistische Ansichten zu verbreiten begann und sich dann zum Ziel machte, »ganz Europa zu verändern«.[80] Währenddessen prüfte Savoini Mineralöldeals mit Kreml-nahen Unternehmen, um die Wahlkampagne der Lega Nord zu finanzieren: Zuerst verfolgte er Geschäfte über die recht unbekannte Ölfirma Awangard – die, laut einer Investigativrecherche des italienischen Magazins L'Espresso zufällig dieselbe Adresse besaß wie Malofejews Büro im Moskauer Stadtzentrum.[81] Dann ging es um einen Deal, mit dem der Partei Dutzende Millionen Euro durch Ölverkäufe von Rosneft über einen Mittler des italienischen Energiekonzerns Eni zufließen würden.[82]

Diese Deals sollten genauso strukturiert sein wie die einstigen Auslandsfinanzierungsgeschäfte der KGB-gelenkten Kommunistischen Partei. Das Öl sollte zu einem rabattierten Preis über einen Mittelsmann verkauft werden, der Mittler konnte dadurch die Differenz einstecken und die Gewinne (ungefähr 65 Millionen Dollar im Laufe eines Jahres) auf die Konten der Lega Nord weiterleiten, wie Buzz-Feed berichtete.»Das ist genau dasselbe Prinzip wie bei den Finanzierungsgeschäften, die wir über die befreundeten Firmen abwickelten«, sagte ein ehemaliger leitender KGB-Beamter, der zu Sowjetzeiten am Ölhandel beteiligt gewesen war.[83]

Salvini leugnete, dass diese Pläne jemals umgesetzt wurden. Einer Abschrift der Diskussionen, die bei BuzzFeed veröffentlicht wurden, ist jedoch zu entnehmen, dass sein Berater Savoini deutlich machte, dass das Bündnis, das als Ergebnis des vorgeschlagenen Deals geschmiedet würde, den Dreh- und Angelpunkt einer prorussischen Koalition in ganz Europa darstellen sollte. »Das neue Europa muss Russlands Nähe suchen, denn wir wollen unsere Souveränität«, sagte er. »Wir dürfen nicht von den Entscheidungen der Illuminati in Brüssel oder in den USA abhängig sein. Salvini ist der erste Mann, der ganz Europa verändern will (…) gemeinsam mit unseren Verbündeten«, fuhr er fort und listete dann andere Kreml-freundliche Parteien des rechten Spektrums auf wie die österreichische FPÖ, die deutsche AfD und Marine Le Pens Rassemblement National (wie der Front National seit 2018 heißt) in Frankreich. »Wir wollen wirklich eine große prorussische Allianz mit diesen Parteien bilden.«[84]

Statt sich um die Aufhebung der Sanktionen zu bemühen, indem es sich an die vorrangig liberale, regelbasierte Ordnung des Westens hielt, versuchte Putins Russland, sich aus ihnen herauszukaufen. Doch seine Absichten reichten noch viel weiter. Seine Männer strebten danach, ihren eigenen Block in Europa aufzubauen und die politische Landschaft des gesamten Kontinents auf den Kopf zu stellen. Und Politiker aus vielen politischen Gruppierungen vom rechten Rand waren nur allzu empfänglich für das Schwarzgeld und den Einfluss des Kreml. In Österreich sah sich FPÖ-Chef Heinz-Christian Strache zum Rücktritt gezwungen, nachdem ein Video von einem alkoholgeschwängerten

Treffen in einer Villa auf Ibiza geleakt wurde, bei dem er um die politische Unterstützung einer Frau warb, die behauptete, die Nichte eines russischen Gastycoons zu sein.[85] Im Gegenzug für Hilfe bei den Wahlen hatte Strache lukrative staatliche Aufträge angeboten, unter anderem durch die Übernahme der *Kronen Zeitung*, die auflagenstärkste Tageszeitung Österreichs.

Putin und seine Männer hatten sich schon längst über alle Einwände gegen Russlands Rebellion von westlich gesinnten Wirtschaftsbossen hinweggesetzt. Unmittelbar nach dem Beginn der Sanktionen im März 2014 traf Putin sich hinter verschlossenen Türen mit führenden russischen Industriellen. Einer von ihnen versuchte dem Präsidenten respektvoll zu erklären, dass solche Sanktionen nun, da Russland in einer globalisierten Welt agierte, kein gutes Ergebnis seien. Die Reaktion auf diese Meinungsäußerung war ein Faustschlag auf den Tisch. Putin machte den Anwesenden klar, dass es für ihn keine Rolle spiele, ob ihnen das gefiel oder nicht. »Kein Widerspruch!«, sagte er laut einem Genfer Geschäftspartner eines der Oligarchen, die bei dem Treffen vor Ort waren.[86] Die Tycoons mögen persönlich enttäuscht gewesen sein, aber sie hatten keine andere Wahl, als die Situation zu akzeptieren. In der Euphorie nach der Besetzung der Krim galt Patriotismus mehr als alles andere.

Timtschenko seinerseits soll Freunden zufolge am Boden zerstört gewesen sein, als er sich auf der Liste der US-Sanktionen wiederfand. Er hatte immer davon geträumt, ein internationaler Geschäftsmann zu sein. Er packte seine Sachen in Genf und verließ seine schmucke Villa im vornehmen Cologny am Genfer See. Er fürchtete, in seinen Worten, »Provokationen« der USA, vielleicht sogar eine Festnahme, da das Justizministerium Timtschenkos Geschäfte auf Geldwäsche hin überprüft haben soll.[87] Er wagte es nicht, aus Russland westwärts nach Europa zu gehen, obwohl er dort nicht auf der Sanktionsliste stand. Stattdessen flog er Richtung Osten, nach China, wo er mithilfe von Alain Bionda, dem Genfer Anwalt, der mit Timtschenko und Goutchkoff zusammengearbeitet hatte, begann Verbindungen zur politischen Führung zu knüpfen.[88] Wegen des amerikanischen Herstellers musste sein Gulfstream-Privatjet während der Dauer der Sanktionen am Boden bleiben. (Die Piloten waren nicht in der Lage, die eingebauten Navigationskarten zu nutzen, und das Unternehmen Gulfstream annullierte seine Serviceverträge für das Flugzeug.)[89] Ansonsten lief im Großen und Ganzen alles weiter wie gehabt.

Timtschenkos Einfluss in westlichen Politikkreisen reichte anscheinend so weit, dass er möglicherweise vorab von den US-Sanktionen erfahren hatte. Wenige Tage bevor sie erlassen wurden, arbeitete eine kleine Gruppe bis spät in die Nacht in Biondas Büro im Genfer Finanzdistrikt hastig daran, die Holding eines von Biondas russischen Klienten umzustrukturieren. »Das gesamte Team war da«, sagte einer der Anwesenden. »Der Zigarrenrauch stand im Raum. Einer der Klienten machte sich große Sorgen wegen der Sanktionen. Man hatte ihm mitgeteilt, dass er auf der erweiterten Liste stehe.«[90]

Bionda stritt ab, dass diese Aktivitäten irgendetwas mit Timtschenko zu tun gehabt hatten, aber als die Sanktionen am nächsten Tag verkündet wurden, war Timtschenkos Ölhändler Gunvor vorbereitet. Er gab bekannt, dass Timtschenko seinen Unternehmensanteil an seinen schwedischen Geschäftspartner Torbjörn Törnqvist verkauft hatte, wodurch Gunvor trotz der Sanktionen weitermachen konnte. Laut einem von Biondas Geschäftspartnern handelte es sich bei dem Deal um »eine Fronting-Operation«: »Die Banken hatten alle Kreditlinien gestoppt, bis sie diese Ankündigung machten. Das Problem war, dass sie ihre Geschäfte in Dollar abwickelten. Aber sobald sie erklärten, dass sie den Anteil verkauft hatten, verschwanden die Probleme.«[91] (Timtschenko sagte, Bionda sei an der Transaktion nicht beteiligt gewesen und die Verhandlungen hätten begonnen, »lange bevor« die Sanktionen verhängt wurden. Jede Andeutung, es habe sich um eine reine »Fronting-Operation« gehandelt, sei völlig aus der Luft gegriffen.)

Die Sanktionen erschwerten das Leben. Konten wurden in China und Hongkong eröffnet. Umstrukturierungen wurden vorgenommen. Jean Goutchkoff trat still und leise von seinem Posten als Vorstand des Privatkundengeschäfts bei der Genfer Société Générale zurück, anscheinend befürchtete er genauere Untersuchungen seiner Beziehung zu Timtschenko.[92] »Heute bedeuten Verbindungen dieser Art ein

Risiko«, sagte einer seiner Geschäftspartner.[93] Die Sanktionen beende-
ten jedoch nicht die Geschäftstätigkeit oder die gezielte Einflussnahme
der Genfer Geldmänner. Bionda beispielsweise hatte sich immer gern
mithilfe der Beteiligung einer seiner Firmen am Lotus-Formel-1-Team
bei Giganten der globalen Energiewirtschaft eingeschmeichelt. »Wenn
du in Shanghai oder Singapur bist, ist es toll für die Manager aus der
Ölindustrie, mit ihren Geliebten dorthin zu kommen. Dafür ist es
gut«, sagte einer der Genfer Geldmänner.[94] Nach dem Ende der Sanktionen lenkte einer von Biondas Kontakten Geld auf die Konten der
britischen Conservative Party.

Über seine Kontakte zu Timtschenko und Goutchkoff hatte Bionda
lange an der Schnittstelle von russischem Geld und Einfluss gestanden. Von seinem Büro am Place du Port Nummer 1 aus, dem Tor zu
Genfs Finanzdistrikt, verwaltete er seinen Anteil an einer Firma namens Genii Energy. Sein Partner bei Genii und beim Lotus-Formel-
1-Team war ein Spanier namens Gerard López, der seine erste Milliarde durch eine Investition in Skype gemacht hatte und ein enger
Freund des russischen Präsidenten wurde. Mit ihm verbrachte er Zeit
in dessen Sommerresidenz, verfütterte dort Äpfel an die Haustiere und
lauschte Live-Klaviermusik.[95] Eine andere Firma, in die López investiert war, Rise Capital, bekam bald darauf russische Staatsaufträge in
Milliarden-Dollar-Höhe. Als Großbritannien im Juni 2016 vor dem
Referendum über seine EU-Mitgliedschaft stand, spendete López
überraschend 400 000 Pfund an die Konservativen. Fragen wurden
hierzu keine gestellt.[96]

Es war Teil der Ströme russischen Geldes, das in die britische Politik geflossen war, darunter das von zwei prominenten Männern mit
engen KGB-Verbindungen, die ebenfalls große Summen an die Tories
spendeten. Einer von ihnen war Alexander Temerko, der redselige
ehemalige Jukos-Großaktionär, der sein Geschäftsleben an der Spitze
der staatlichen russischen Waffenindustrie begonnen hatte. Nachdem
er zunächst in Russland geblieben war, um mit dem Kreml zu verhandeln, während die anderen Jukos-Eigner flohen, hatte er 2011 die
britische Staatsbürgerschaft erworben und mehr als 1 Million Pfund
in die Kassen der Konservativen gespült. Er stellte sich als Kritiker des

Putin-Regimes dar, privat lobte er jedoch weiterhin leitende Mitglieder der russischen Sicherheitselite, darunter den mächtigen Chef des
Sicherheitsrats, Nikolai Patruschew. Er lud Granden der Konservativen zu üppigen Abendessen ein und knüpfte eine enge Beziehung zu
Boris Johnson, der die Brexit-Kampagne anführte. Öffentlich behauptete er, gegen den Brexit zu sein, aber privat feierte er die Initiative
gelegentlich als »eine Revolution gegen die Bürokratie«. Außerdem
waren all seine Verbündeten prominente Brexit-Befürworter. Ehemalige Geschäftspartner sagten, er hätte bereits seit Langem bestehende
Verbindungen zu den russischen Sicherheitsbehörden. Leonid Newslin, der ehemalige Hauptanteilseigner von Jukos, sagte, Temerko sei
ursprünglich wegen seiner Kontakte im »Föderalen Sicherheitsdienst
und im Verteidigungsministerium« zu Jukos geholt worden, und ergänzte, Temerko kenne Patruschew »gut«.[97]

Hauptsächlich schienen die russischen Aktivitäten jedoch auf britische Geschäftsleute abzuzielen, die aus dem Nichts aufgetaucht waren, um sich maßgeblich an der Finanzierung der Brexit-Kampagne
zu beteiligen. Einer von ihnen war Arron Banks, ein schriller Mil-
lionär, der sein Vermögen anfänglich in der Versicherungsbranche
gemacht und seine unternehmerischen Tätigkeiten dann auf südaf-
rikanische Diamantminen ausgeweitet hatte. Banks' Frau war in den
späten Neunzigern als junge Russin mit einem Studierendenvisum
nach Großbritannien gekommen und war, nachdem ihre erste Ehe
mit einem pensionierten Soldaten der Handelsmarine, der mehr als
doppelt so alt war wie sie, Misstrauen geweckt hatte, nur knapp einer Abschiebung entronnen.[98] (Nachdem die Sicherheitspolizei kurz
gegen sie ermittelt hatte, kaufte sie sich das Autokennzeichen »XMI5
SPY«.) Banks war mit einer Spendensumme von 8,4 Millionen Dollar
der größte finanzielle Unterstützer der Leave.EU-Kampagne. Laut einer parlamentarischen Untersuchungskommission, die sich mit dem
Referendum befasste, hatte er jedoch nie deutlich gemacht, woher
das Geld stammte. Die Kommission reichte den Fall an die Kriminalpolizei weiter, weil sie der Meinung war, es bestehe Grund zu der
Annahme, dass Banks nicht die »wahre Quelle« des Geldes sei. Die
Ermittler blieben ohne Erfolg und gaben an, es habe keine Hinweise

auf Gesetzesverstöße gegeben.[99] Banks hatte die Mittel zusammenbekommen, indem er 6 Millionen Pfund von einer auf der Isle of Man
registrierten Firma namens Rock Holdings Ltd. lieh, deren Mehrheitseigner er war – ein Kredit, der Banks nach Polizeiangaben rechtmäßig
zustand.

Doch sowohl die Kommission als auch Transparency International
kritisierten die Ermittlungen scharf: Sie demonstrierten die »Schwäche« der britischen Gesetze, die den Weg für Spenden aus dem Ausland in die britische Politik freimachte.[100] Banks hat wiederholt vehement abgestritten, irgendwie geschäftlich mit Russland verbandelt zu
sein. Die Spekulationen hatten erst begonnen, nachdem geleakte E-
Mails offenlegten, dass er sich in den Monaten vor dem Referendum
mit hochrangigen russischen Diplomaten getroffen und eine Reihe
lukrativer Deals in Russland angeboten bekommen hatte, die er nach
eigener Aussage jedoch nicht verfolgt habe.[101]

Während die ursprüngliche Quelle des Rock-Holdings-Geldes
möglicherweise nie bestimmt werden wird, hatte Banks' wichtigster Geschäftspartner seine eigenen Beziehungen. Jim Mellon, neben
Banks Eigentümer der weitläufigen Manx Financial Group (Banks'
Anteil wurde über Rock Holdings verwaltet), war Gründer eines Investmentfonds, der Hunderte Millionen Dollar angehäuft hatte, indem
er in den Neunzigern an der russischen Börse investierte. In jüngerer
Zeit hielt Mellon immer noch einen Anteil von 20 Prozent an einem
anderen Fonds mit Russlandfokus, Charlemagne Capital, der bis Ende
2016 eng als Co-Investor mit dem Staatsfonds des Kreml zusammengearbeitet hatte.[102]

Die Zeichen standen auf Spaltung, und Europa befand sich vor seiner turbulentesten Zeit seit dem Ende des Kalten Krieges.

\*

Als wir uns trafen – in Sankt Petersburg und Moskau und später in
London, wo sein Sohn die britische Staatsbürgerschaft erworben
hatte –, stellte Wladimir Jakunin sich und die Putin-Regierung gern
als Kämpfer für konservative Werte dar, die im Westen im Zuge der

fortschreitenden Globalisierung verlorengegangen seien. Er gab den jovialen Patrioten, der zufällig mit einem Großteil des Westens uneins war.

Eines unserer ersten Treffen fand im Juni 2013 statt, kurz nachdem das vom Kreml gesteuerte russische Parlament ein Gesetz verabschiedet hatte, das die Verbreitung von »Propaganda über nichttraditionelle sexuelle Beziehungen« unter Kindern und Jugendlichen verbot. Das Gesetz rief überall in Europa Kritik hervor, weil es Russlands ohnehin schon tiefsitzende Homophobie verschärfen würde: Schwule wurden regelmäßig verprügelt, und später in Tschetschenien wurden sie gejagt, festgenommen und gefoltert. Aber Jakunin war stolz auf das Gesetz und behauptete, viele europäische Politiker hätten ihm im Vertrauen gesagt, sie hätten gern ähnliche Verordnungen in ihren Ländern. »Vertreter französischer Organisationen, die gegen das Gesetz zur gleichgeschlechtlichen Ehe demonstrierten, sagten mir, sie betrachteten Russland als das einzige Bollwerk, das diese Verkommenheit noch stoppen könne«, erzählte er. »Sie erwarteten nicht, dass ihre Aussagen an Putin weitergegeben würden. Sie erwarteten keine Belohnung. Sie erzählten bloß von ihrer Verzweiflung. Ich bin häufig in Griechenland. Heute gibt es praktisch keinen Griechen mehr, der, wenn er erfährt, dass du Russe bist, nicht sagt: ›Wir zählen auf euch, dass ihr die Orthodoxie verteidigt.‹ Und wenn ich mich mit westlichen Partnern und Politikern treffe, sagen sie, Russland sei heute objektiv die führende positive Kraft, die dafür sorgen könne, dass die Menschheit nicht in den Abgrund stürzt. Das ist keine Putin-Schmeichelei, sondern die reine Feststellung einer Tatsache.«[103]

Diese angebliche Verteidigung von »Familien«-Werten gegen die Toleranz und den Liberalismus des Westens wurde zum Leitmotiv von Putins Regierung, als sie die Unterstützung rechter Nationalisten und Konservativer in Russland, Europa und den Vereinigten Staaten suchte. Jakunin war einer der ersten KGB-Männer aus Putins Umfeld, die demonstrativ zum russisch-orthodoxen Glauben konvertierten, nachdem sie den Hauptteil ihrer beruflichen Laufbahn damit verbracht hatten, den offiziell atheistischen sowjetischen Staat zu verteidigen. Seine Sankt-Andreas-Stiftung gab viel Geld für die Restauration russisch-orthodoxer Klöster und Außenposten des Kirchenimperiums aus. Konstantin Malofejew behauptete ebenfalls, christliche Werte gegen die Verdorbenheit des Westen zu verteidigen, und er und Jakunin taten sich zusammen, um im September 2014 in Moskau eine Veranstaltung im Rahmen des World Congress of Families abzuhalten, einer obskuren, in den USA beheimateten homosexuellenfeindlichen Organisation, die enge Kontakte zu Amerikas mächtiger evangelikaler Bewegung pflegte.[104] Malofejew erklärte auf der Versammlung, die trotz der aktuellen US-Sanktionen stattfand und an der prominente Mitglieder des Front National und der FPÖ teilnahmen, dass die Welt Zeugin »eines nie dagewesenen Triumphes der Orthodoxie« sei und Russland eine Bastion, die christliche Werte gegen den Säkularismus des Westens verteidige.[105]

Ein großer Teil dieses neuen religiösen Eifers war in Wahrheit nichts als ein Deckmantel. In Russland war die Verbindung von Kirche und Staat nur ein weiteres Element der Erosion jeglichen demokratischen Rests; die Hinwendung der herrschenden Elite zum orthodoxen Christentum erlaubte ihr, weiter hart gegen jeden vorzugehen, der außerhalb ihres Systems operierte. »Ich nenne sie die orthodoxen Taliban«, sagte Ljudmila Narussowa, die Witwe von Putins einstigem Mentor Anatoli Sobtschak. »Das ist die Rückkehr zu einer Art Mittelalter. Sie benutzen die Religion, um die Verfassung und die fundamentalen Rechte der russischen Bürger zu untergraben.«[106]

Jakunin und die anderen Männer aus Putins innerstem Zirkel hatten diese Vorgehensweise seit Langem verinnerlicht. Als Jakunin im KGB begann, tat er das in der Abteilung zur Bekämpfung von Dissidenten, Homosexuellen und allen Andersdenkenden.[107] Nun verwendeten sie dieselben Methoden, um die westliche Politik zu infiltrieren. Der World Congress of Families war eines der Vehikel, das Putins Leuten die Kontaktaufnahme zu US-amerikanischen Rechtskonservativen ermöglichte. Jakunin baute außerdem eine Beziehung zu Dana Rohrabacher auf, einem republikanischen Kongressabgeordneten, der für seine Putin-freundlichen Positionen bekannt wurde,[108] während Malofejew und Serge de Pahlen durch die Pro-Life-Bewegung eine Verbindung mit Rand Paul knüpften, dem republikanischen Senator, dessen Vater,

Mitglied der Libertarian Party, einst die Tea-Party-Bewegung inspirierte.[109]

Diese Taktiken stammten, wieder einmal, direkt aus dem Skript aus Sowjetzeiten, als der KGB die amerikanische Anti-Atomkraft-Bewegung und die Proteste gegen den Vietnamkrieg unterwanderte. Doch nun appellierten Putins Verbündete an den niederträchtigsten Populismus, an Vorurteile gegenüber Immigranten und Minderheiten. Es war eine verführerische Botschaft für viele, die sich in der Hektik der Globalisierung und des Multikulturalismus zurückgelassen fühlten und nach vermeintlich einfacheren Zeiten zurücksehnten – eine deutlich gewachsene Gruppe, seit die Finanzkrise 2008 die Kluft zwischen Arm und Reich vergrößert hatte.

Doch selbst Jakunin musste zugeben, dass das, was er als »Kampf der Zivilisationen« bezeichnet hatte, in Wahrheit nicht viel mehr als eine ideologische Tarnkappe für dasselbe alte Ringen gegen den Westen um die geopolitische Vorherrschaft war, das seit Beginn des Kalten Krieges stattfand. »Was vorher ein Konflikt zwischen zwei Ideologien war, der kommunistischen gegen die kapitalistische, (…) ist heute einer zwischen Ideen einer traditionellen humanistischen Gesellschaft und dem absoluten Materialismus. Ich werde Ihnen nicht widersprechen«, sagte er, »dies ist in der Tat ein Kampf, den Russland nutzt, um seine globale Position wiederherzustellen. Natürlich ist der Streit um Ideen immer auch eine Form der Staatspolitik und sollte ein konkretes Ziel verfolgen. Aber ich möchte noch einmal zu Putins Münchener Rede zurückkehren«, sagte er, nicht imstande, nicht auf den Moment im Jahr 2007 zu verweisen, an dem Putin zum ersten Mal die tiefen Frustrationen seines KGB-Clans mit dem Westen herunterbetete: die Expansion der NATO bis an Russlands Grenzen, das Raketenabwehrsystem in Rumänien und Polen und die Reihe von Farbenrevolutionen, aufgrund derer die ehemaligen Sowjetrepubliken sich zum Westen hin orientierten. »Putin sprach damals offen über das, was Russland Sorgen bereitete. Er hat es nicht versteckt. Er hat nicht den russischen Geheimdienst überallhin geschickt. (…) Er stellte sich hin und sagte: ›Leute, das ist es, was uns Sorgen macht. Das ist ungerecht.‹ Und danach machten sie ihn zum Außenseiter. Sie wiesen ihn ab. Verstehen Sie?«[110]

Das war die Erklärung für Russlands zunehmende Aktivität, die Motivation hinter den Bemühungen des Kreml, im Westen Spaltung und Chaos hervorzurufen, die Weltordnung nach dem Kalten Krieg zu zerstören. Putin hatte für Russland einen Platz am Tisch der globalen Sicherheit verlangt und fühlte sich nun auf ganzer Linie ignoriert. Während Barack Obama auf Dmitri Medwedew zugegangen war, hatte die US-Regierung sich von Putin und seinen Männern aus den Sicherheitsbehörden während dessen zweiter Präsidentschaft distanziert, als hoffte sie, sie so in die Vergangenheit verbannen zu können. Und Putin glaubte, die USA wären daran beteiligt gewesen, die Proteste gegen ihn nach seiner zweiten Machtübernahme anzustacheln.

Putin hatte in seiner Münchner Rede gewarnt, der Westen solle den Aufstieg der Schwellenländer Russland, Indien und China zur Kenntnis nehmen. Der Westen hatte Russlands Wirtschaft immer als ressourcenbasierten, hoffnungslosen Fall betrachtet, unfähig, dieselben Produktivitätssteigerungen wie er selbst zu erzielen. Russland durch diese Linse zu betrachten, bedeutete jedoch, die kurzfristigen Ambitionen von Putins Geheimdienstlern zu übersehen. Das wirtschaftliche Wohlergehen der Menschen in ihrem Land war ihnen nicht sonderlich wichtig, solange die Wirtschaft stabil genug war, sodass sie die Macht behalten konnten – und sie der ganzen Welt diese Macht vorführen konnten. Russlands Bruttoinlandsprodukt betrug nun 1,6 Billionen Dollar, und die Hälfte – oder mehr – davon hatten Putins KGB-Männer auf Offshore-Bankkonten geparkt.

Dies war ein Punkt, den Jakunin ab und zu gern deutlich machte, wenn auch ein wenig subtiler. Er erzählte beispielsweise eine Geschichte, wie Putin in den Anfangstagen seiner Präsidentschaft und sein innerer Zirkel sich mit Zbigniew Brzeziński, dem nationalen US-Sicherheitsberater zur Zeit des Kalten Krieges, trafen, der mit einem bedauernden Kopfschütteln die Milliarden Dollar der russischen Elite auf Überseekonten erwähnte. Brzeziński fragte, um wessen Elite es sich denn handle, wenn sich all das Geld auf Konten im Westen befinde, womit er sagen wollte, dass nun der Westen sie in der Hand habe. Solche Kommentare des Kalten Kriegers hatten die Russen aufgebracht. Doch nun, sagte Jakunin gelassen, »haben sich die Bedingungen geändert«.[111] Dieses Geld kontrollierten nun hauptsächlich Putins Männer.

Einige Kommentatoren haben vermutet, das Leaken der Panama Papers mit den Details über Putins vetternwirtschaftlich gemanagte Bankkonten sei der Grund gewesen, weshalb Putin begann, sich in die westliche Politik einzumischen. Doch das traf nicht den Kern. Der Kampf von Putins KGBlern gegen den Westen hatte sich schon lange zusammengebraut. Er war schon vor dem Kollaps der Sowjetunion vorbereitet worden, als Teile des KGB sich bemühten, ihre Netzwerke nach dem Übergang zur Marktwirtschaft zu erhalten, und verschiedenen Fraktionen halfen, Putins Aufstieg an die Macht zu planen und zu unterstützen.

»Bush verkündete den Sieg des Westens im Kalten Krieg, und das war's«, sagte Jakunin. »Und sie entschieden«, wenn sie die Sieger sind, könnten sie die Vorgaben machen. Plötzlich stellte sich jedoch heraus, dass nicht alle bereit sind, nach dieser Ordnung zu leben. Putins Anstrengungen wurden kurzerhand zurückgewiesen. Heute ernten wir nun alle die Früchte dieser kurzsichtigen westlichen Politik.« Die Sanktionen, die der Westen Russland nach dessen Einmarsch in die Ukraine auferlegt hatte, hätten den Konflikt nur verschärft und beschleunigt, sagte er. »Sie kennen die Russen gut. Wir können faul sein, wir können betrunken sein. Wir können uns selbst Verletzungen zufügen, bis wir bluten. Aber sobald eine Bedrohung von außen kommt, verlangt unser genetisches Erbe, egal ob wir jung sind oder alt: Verteidige dich. Die Sanktionen haben stärker dazu beigetragen, die russische Gesellschaft zusammenrücken zu lassen als alle Informationskampagnen des Kreml. Warum sollten wir uns zurücklehnen und uns abwischen, wenn man uns anspuckt? Das Verhängen der Sanktionen war eine Kriegserklärung.«[112]

\*

Russland stürzte sich tiefer in einen Konflikt mit dem Westen hinein, und manche in der Obama-Regierung wurden zunehmend besorgt über das, wozu Putins Regierung in der Lage war. Eine der lautesten

Stimmen war damals Vizepräsident Joe Biden, der davor warnte, dass der Kreml inzwischen die Fähigkeit besitze, loyale Oligarchen dazu zu bringen, geopolitische strategische Operationen durchzuführen, und Korruption nutzte, um demokratische Regierungen zu schwächen. »Korruption ist das neue Werkzeug ihrer Außenpolitik«, sagte Biden. »Und sie ist praktisch und nützlich in den Händen einer Nation, die spalten will, und von Oligarchen, die auf ihr Wort hören. Sie ist wie das Kryptonit einer funktionierenden Demokratie. (…) Die Risiken sind sowohl strategischer als auch wirtschaftlicher Art, da Russland und andere Staaten Korruption und Oligarchen als Instrumente zur Nötigung nutzen.«[113]

Westliche Russlandexperten erlebten ein schrittweises Erwachen. Die ersten echten Weckrufe über die wahre Natur der Putin-Regierung erreichten das US-Justizministerium und das FBI im November 2006 mit dem qualvollen Poloniumtod von Alexander Litwinenko, einem ehemaligen FSB-Agenten aus dem Umfeld von Boris Beresowski, und dann durch spanische Ermittlungen gegen die russische Mafia, an denen Litwinenko beteiligt war. Dort hoben die Fahnder mit seiner Hilfe einen russischen Geldwäschering aus. Führende Mitglieder der Tambow-Mafia, mit der Putin zu seinen Petersburger Zeiten eng zusammengearbeitet hatte, waren darin involviert.

Was sie aufdeckten, unter anderem durch Mitschnitte von Telefonaten zwischen verschiedenen Bandenmitgliedern, war unglaublich. Die Anführer der Gruppe, zu denen Gennadi Petrow gehörte, ein ehemaliger Anteilseigner der Bank Rossija, standen in regelmäßigem Kontakt mit leitenden Beamten der russischen Strafverfolgungsbehörden. Mit einem Anruf dort konnte eine russische Ermittlung, die ihnen zu sehr auf den Pelz rückte, abgewendet werden, ein weiterer Anruf konnte helfen, Druck auf Zollbeamte auszuüben, damit sie Schiffsladungen in den Petersburger Hafen durchwinkten, der nach wie vor ein Tor für Drogenlieferungen an den Westen war. Bestechung hochrangiger Ermittlungsbeamter sorgte dafür, dass Rivalen festgenommen wurden und belastende Beweise aus Regierungsdatenbanken verschwanden, während Petrow kontinuierlich im Austausch mit dem russischen Verteidigungsminister stand, der ebenfalls aus Sankt Petersburg stammte.[114]

Russland, so der spanische Ermittler, der die Untersuchungen leitete, gegenüber seinen Kollegen im US-Verteidigungsministerium, sei »faktisch ein Mafiastaat«.[115] Die Allianz, die im Bürgermeisteramt von Sankt Petersburg begonnen hatte, hatte ihren Einfluss auf ganz Russland ausgeweitet, und die organisierte Kriminalität war mit den höchsten Ebenen der Sicherheitsbehörden verstrickt. Zu den Aktivitäten der Tambow-Gruppe in Spanien zählten Drogenhandel und Waffenschmuggel: Der dortige Stützpunkt war notwendig, um die schwarzen Kanäle des Waffenhandels nach Syrien und in den Iran zu überwachen, erklärte der ehemalige Militärgeheimdienstler Anton Surikow.[116]

Die zunehmende Besorgnis über die Verschmelzung des organisierten Verbrechens mit den höchsten Regierungsebenen in Russland fiel zusammen mit einem wachsenden Bewusstsein für russische Geheimdienstaktivitäten im Westen. 2010 nahm das FBI zehn russische Staatsbürger fest, die es beschuldigte, Agenten des russischen Geheimdienstes zu sein, darunter die rothaarige Femme fatale Anna Chapman, die ein Onlinemaklerbüro in New York führte und gleichzeitig Kontakt zu politischen Spitzenbeamten suchte. Acht von ihnen wurden angeklagt, unter extremer Geheimhaltung als »Illegale« agiert und sich Tarnidentitäten zugelegt zu haben, mit denen sie ein scheinbar normales amerikanisches Leben führten. Die Aktivitäten dieses Spionagerings wurden von vielen Kommentatoren abgetan, die meinten, sie würden höchstens beweisen, wie sehr die Fähigkeiten des russischen Auslandsgeheimdienstes seit dem Ende des Kalten Krieges nachgelassen hätten. Aber für ehemalige westliche Geheimdienstmitarbeiter war die Affäre ein Zeichen dafür, dass die Netzwerke des russischen Auslandsgeheimdienstes quicklebendig waren. Die Gruppe, die sie festnahmen, sei nur die »Spitze des Eisbergs«, sagte einer von ihnen.[117] »Die Zahl der Mitarbeiter des russischen Geheimdienstes in den USA ist viel höher, als alle geglaubt haben«, bekräftigte ein anderer.[118]

Doch die Obama-Regierung entschied sich, viele Bedenken der Experten beiseitezuwischen. Sie war nach wie vor entschlossen, auf den Neustart der Beziehungen zu Russland zu setzen, der während Medwedews Amtszeit als Präsident begonnen hatte. »Das Interesse an einem Neuanfang war groß«, sagte Frank Montoya Jr., damaliger

Chef der Spionageabwehr des FBI. »Das lag teilweise daran, dass man glaubte, durch Medwedew Einfluss gewinnen und die Welt dadurch verändern zu können.«[119]

Als Vizepräsident Joe Biden 2015 seine Warnungen aussprach, stellte sich bald heraus, dass die Gefahr für die Einheit des Westens viel größer war, als er vermutet hatte. Die Schwächen des westlichen politischen Systems hatten die Gesellschaft geprägt. Zunehmende Ungleichheit und die Sparpolitik nach der Finanzkrise 2008 hatten den Westen für Russlands aggressive neue Taktik, die rechten und linken Ränder aufzuheizen, geöffnet. »Wir beobachteten ein neues Selbstbewusstsein in Georgien, auf der Krim und in den baltischen Staaten«, sagte Montoya. »Man machte sich große Sorgen, dass sie sich gegen uns wenden könnten. Doch die Befürchtungen wurden ausgeblendet, weil sie das noch nie getan hatten. Und dann explodierte es plötzlich.«

Als Großbritannien am 24. Juni 2016 erwachte und das schockierende Ergebnis des Referendums lautete, dass eine Mehrheit für den Austritt aus der Europäischen Union war, geriet die Weltordnung nach dem Kalten Krieg auf bisher unbekanntes Terrain. In den USA zeichnete sich ab, dass auch die bevorstehende Präsidentschaftswahl eine Abstimmung über die etablierte Ordnung sein würde. Ein weitverbreitetes Gefühl, dass die herrschende Elite das amerikanische Herzland und die Arbeiterklasse zurückgelassen und vergessen habe, hatte den Weg freigemacht dafür, dass ein Promi-Immobilienmogul der führende Kandidat der Republikaner werden konnte. »Wenn Donald gewinnt, begräbt er die EU«, sagte Alexander Temerko, der ehemalige russische Waffenmagnat, der Verbindungen zu den tonangebenden Mitgliedern der Pro-Brexit-Kampagne in Großbritannien pflegte. »Das war's dann für das transatlantische Bündnis.«[120]

# 15

# DAS NETZWERK UND DONALD TRUMP

»Ihr im Westen glaubt, ihr spielt Schach mit uns. Aber ihr werdet nie gewinnen, denn wir halten uns an keinerlei Regeln.«

– EIN RUSSISCHER MAFIOSO ZU SEINEM ANWALT

\*

»Einmal wurde ein sowjetischer Agent nach Großbritannien geschickt, und ihm ging das Geld aus. Man führte ihn in einen Pokerring ein, und er beschloss zu spielen, um seine Situation zu retten. Ihm fiel auf, dass das Blatt beim Pokerspielen im Vereinigten Königreich normalerweise nicht überprüft oder gezeigt wird. Alle verlassen sich auf dein Wort als Gentleman. Er begann zu gewinnen, weil niemand seine Karten kontrollierte. Er gewann hohe Summen. Das hier ist dieselbe Situation.«

– EIN RUSSISCHER TYCOON, DER ZU DEN ERSTEN ILLEGA-
LEN GEHÖRTE, DIE ZUR ZEIT DER PERESTROIKA IN DEN
WESTEN GESCHICKT WURDEN

\*

Als Schalwa Tschigirinski Donald Trump im November 1990 im Taj-Mahal-Casino in Atlantic City das erste Mal traf, lebte er bereits seit über drei Jahren im Westen.[1] Mit Erlaubnis der Regierung war er aus Russland fortgegangen, um seiner Frau, einer in der Sowjetunion aufgewachsenen Spanierin, die das Land während einer Repatriierungswelle in den frühen Achtzigerjahren verlassen durfte, zu folgen. Doch diese angebliche Ehe war, das gab Tschigirinski selbst zu, Fiktion. Lange vor seinem Weggang hatten sich zwei führende Persönlichkeiten des sowjetischen Auslandsgeheimdienstes mit ihm angefreundet. Er selbst erzählte gern, er sei vom KGB wegen seiner Schwarzmarktgeschäfte in einem solchen Maße verfolgt worden, dass er fünf Jahre lang kein Telefon benutzt habe. Tatsächlich aber war der russische Meisterspion Jewgeni Primakow wie ein Vater für ihn, und Michail Milstein, den ehemaligen Chef des sowjetischen Militärgeheimdienstes in den Vereinigten Staaten, nannte er »Professor« und besuchte ihn häufig zu Hause. »Er war ein General und ein Freund«, sagte Tschigirinski zu mir »Er hat mich sehr gemocht, und ich habe es geliebt, mit ihm über Geschichte zu diskutieren.«[2]

Tschigirinski, ein gebürtiger Georgier mit einer dichten, schwarzen Mähne und einer distinguierten Ausstrahlung, hatte in Moskau Medizin studiert, verdiente sein Geld aber mit Antiquitätenschmuggel: Er verkaufte antike Ikonen, Gemälde und andere Wertgegenstände in den Westen. Während ein Zweig des KGB ihn wegen seiner Schwarzmarktaktivitäten verfolgte, ermunterten und förderten ihn Spitzenvertreter des Auslandsgeheimdienstes und halfen ihm dann, in den Westen zu gehen. Dieser Gegensatz spiegelte im Kleinen die Spaltung der sowjetischen Sicherheitsbehörden wider: Seit Juri Andropow KGB-Chef war, drängten Progressive auf einen Übergang zur Marktwirtschaft, den sie als einzige Möglichkeit betrachteten, den Wettbewerb mit dem Westen zu überleben, und bereiteten sich auf ihn vor, während sich die alte Garde gegen jeglichen Wandel wehrte. Die Progressiven bauten ein Agentennetzwerk auf dem Schwarzmarkt auf und schleusten darüber Antiquitäten und später Rohstoffe aus dem Land. Sie wendeten sich an die Gruppen organisierter Kriminalität, die mit dem Strom an Emigranten, denen die Ausreise in den späten Siebzigern und frühen Achtzigern erlaubt wurde, Mitglieder in den Westen entsandten, die dann Handelsunternehmen in Österreich und der Schweiz und anderen westlichen Ländern gründeten. Sicherheitsbeamte wie Primakow vom Moskauer Institut für Weltwirtschaft und Milstein vom Institut für die USA und Kanada drängten auf Reformen.[3] Als die Sowjetunion unter der Kraft der Veränderung und den riesigen Vermögen, die in den Westen verschoben wurden, kollabierte, waren die progressiven KGBler zu einem gewissen Grad vorbereitet. Ihre Agenten waren bereits etabliert, das Kapitalgeflecht, das sie geschaffen hatten, zumindest teilweise nach wie vor unter ihrer Kontrolle.

Tschigirinski hat nie direkt zugegeben, dass er an diesem Prozess beteiligt war. Aber die Geschichte, er habe Russland verlassen, um mit seiner Frau zusammen zu sein, war reine Tarnung, und die Identitäten der Männer, mit denen er verkehrte, als er seinen Weg in die Geschäftswelt auf der anderen Seite des Eisernen Vorhangs machte, deuteten darauf hin, dass er Rückhalt von ganz oben hatte.[4]

Er behauptete, er habe die ersten Monate nach seinem Aufbruch aus der Sowjetunion 1987 in Armut gelebt: »Zwei Monate lang habe ich in der Wohnung eines Freundes auf dem Boden geschlafen.«[5] Im selben Jahr hatte er jedoch schon eines der ersten sowjetischen Gemeinschaftsunternehmen von seinem Stützpunkt auf der Westseite der Mauer in Berlin aus gegründet. Er wurde ein Grenzgänger zwischen Ost und West und schmuggelte Zigaretten und Alkohol zu sowjetischen Militärbasen im Osten. Er mietete sich eine kleine Wohnung oberhalb eines von sowjetischen Emigranten geführten Casinos in unmittelbarer Nähe des Kurfürstendamms und frequentierte bald die prächtigen Flure des Hotel Bristol, in dessen Nähe er ein Büro eröffnete. In Westberlin hatte er sich mit dem sowjetischen Konsul Rudolf Alexejew angefreundet und genoss somit Schutz von höchster Stelle. Im Jahr des Mauerfalls besuchte Tschigirinski am 9. Mai mit Alexejew und anderen sowjetischen Würdenträgern in der Spandauer Zitadelle die Feierlichkeiten zum Sieg über Nazideutschland.[6]

Als er Donald Trump im November 1990 kennenlernte, hatte Tschigirinski es zu etwas gebracht. Das Gemeinschaftsunternehmen, das er gegründet hatte – wobei er fast bis aufs Wort den KGB-Memos zum Übergang zur Marktwirtschaft gefolgt war –, hatte seine Tätigkeiten auf den Computerhandel ausgedehnt und war dann ins Baugeschäft eingestiegen. Sein Auftrag, das erste Handelszentrum für ausländische Unternehmen in Moskau zu bauen, in dem der französische Energieriese Elf Aquitaine untergebracht werden sollte, trieb seinen Partnern im sowjetischen Außenministerium Freudentränen in die Augen. So konnten sie nicht nur ihre ausländischen Pächter im Blick behalten, sondern bekamen auch noch gewaltige Summen von ihnen. Tschigirinski war bereits reich genug, um im Casinojargon ein sogenannter High Roller zu sein, und als er Trumps Taj Mahal in Atlantic City betrat, gefiel ihm, was er sah.

Das Taj Mahal war ein weitläufiger, von Zwiebeltürmen gekrönter Palast mit neununddreißig Etagen, üppig mit Kronleuchtern und Gold dekoriert. Es gab dort Hunderte Spieltische und elegante Lounges, Restaurants und Bars. »Das erste Mal sah ich ihn gegen drei Uhr morgens«, erinnerte sich Tschigirinski. »Plötzlich war Trump da, umgeben von ungefähr vierzig Personen. Wir verbrachten dort drei oder vier Tage, und jede Nacht erschien er um drei oder vier Uhr. Es war ein einmaliges Projekt. Ein riesiger Betrieb. Er hat unglaublich viel Geld dafür ausgegeben. Trump war so ein attraktiver Mann. Er war sehr elegant und voller Energie. Wir spielten im Casino. Damals hatten wir schon Geld. Eine Menge Geld. Trump führte uns durch das Taj Mahal, zeigte uns, wo der Zählraum war, der Tresor, die Computer und alles andere. Er lebte da, und ihn umschwirrten viele schöne Mädchen.«[7]

Die Beziehung zu Trump, die Tschigirinski in jener Nacht zu knüpfen begann, sollte den Keim eines Netzwerks russischer Geheimdienstmitarbeiter, Tycoons und Personen aus dem organisierten Verbrechen bilden, das Trump seither umkreiste. Unter den mit Tschigirinski verbundenen Menschen befanden sich ein Georgier, Tamir Sapir, sein Geschäftspartner Sam Kislin und ein Aserbaidschaner, Aras Agalarow, der noch vor dem Zusammenbruch der Sowjetunion einige der ersten sowjetisch-amerikanischen Joint Ventures gründete sowie amerikanische Handelsbetriebe ins Leben rief. Die Männer waren Teil eines verwobenen Geflechts von Personen, das die beständige Macht der Schwarzgeldnetzwerke bezeugte, die in den letzten Jahren der Sowjetregierung geschaffen worden waren. Einige von ihnen beteiligten sich später an Trumps Immobiliengeschäften, halfen ihm aus der Klemme, als er in finanzielle Schwierigkeiten geriet, und boten ihm die Aussicht auf lukrative Bauaufträge in Moskau, während Agalarow 2013 für ihn die Miss-Universum-Wahl in Moskau organisierte. Sie gehörten zu denen, die laut Juri Schwez später dazu beitrugen, »Trump vor der Pleite zu retten«.[8]

Die Geldströme, die über Teile dieses Netzwerks in Trumps Unternehmungen flossen, sind noch nicht vollständig aufgedeckt – sie stehen nach wie vor im Zentrum einer juristischen Auseinandersetzung zwischen der Trump Organization und dem Kongress über die Offenlegung bestimmter Unterlagen. Einige Grundzüge von Moskaus Einfluss auf Trump lassen sich jedoch rekonstruieren.

Tschigirinski, Agalarow, Sapir und dessen Geschäftspartner Kislin mischten bei den ersten KGB-Experimenten zum Schleusen von Geld in den Westen mit. Sie operierten im Zwielicht zwischen den russischen Sicherheitsbehörden und der Mafia, wobei beide Seiten die jeweils andere zum eigenen Vorteil benutzten. Über Tschigirinski waren Gerüchte im Umlauf, er habe Verbindungen zur Solnzewskaja, der Gruppe, die Ende der Achtzigerjahre zu Russlands mächtigster Vereinigung der organisierten Kriminalität aufstieg, die Kontakte in die Spitze der Moskauer Stadtregierung pflegte und mit der Semjon Mogilewitsch zusammengearbeitet hatte, als er für den KGB und die Mafia Geld in den Westen lenkte.[9] Tschigirinski hat stets jegliche Verbindung zur organisierten Kriminalität bestritten. (»So etwas wie organisiertes Verbrechen existiert nicht«, sagte er. »Bloß eine Gruppe von Menschen, die sich gegenseitig unterstützen und beschützen.«) Aber er gab zu, dass er Mogilewitsch und einige von dessen wichtigsten Partnern kannte.[10] Andere aus demselben Netzwerk waren ebenfalls eng mit dieser Gruppe verknüpft.

Tschigirinski war von einem bedeutenden Akteur in der Spielcasinobranche in Atlantic City, einem Anwalt namens Martin Greenberg, der in den frühen Achtzigern an dem Entwurf für New Jerseys Casinogesetze mitgeschrieben hatte und dann das Golden Nugget, eines der größten Spielcasinos des Bundesstaates, leitete, eingeladen worden, Trump an diesem Abend zu treffen.[11] Greenberg hatte Tschigirinski ein Jahr zuvor, 1989, kennengelernt, als gerade progressive Kräfte in der Auslandsabteilung des KGB Pläne, das Vermögen der Kommunistischen Partei in sichere Häfen ins Ausland zu transferieren, vorantrieben.[12] Gerüchte über den sagenhaften Reichtum der

Kommunistischen Partei hatten Greenberg gereizt, gemeinsam mit Alfred Luciani, einem leitenden Beamten der Staatsanwaltschaft von New Jersey, der ebenfalls an den Casinogesetzen des Bundesstaates mitgewirkt und dann eine Führungsposition im Golden Nugget eingenommen hatte, mit Tschigirinski über Geschäfte zu sprechen.[13] Die drei Männer trafen sich im verblassenden Glanz des sowjetischen Touristenorts Jalta auf der Krim und besprachen potenzielle Investitionsprojekte, darunter den möglichen Bau eines sowjetischen Spielcasinos auf der Halbinsel. Aber die Amerikaner »waren auch auf Investitionen in ihre Casinos aus«, sagte Tschigirinski. »Sie hatten vom Mythos des Parteigelds gehört und entschieden, dass es in ihren Casinos gut aufgehoben wäre.«

Tschigirinski bestritt, dass diese Gespräche zu irgendwelchen Investitionen führten. (»Die amerikanische Wirtschaft ist zu transparent. Da kann man nichts machen«, sagte er.) Doch kurz darauf reiste er mit einem seiner Freunde vom Auslandsgeheimdienst nach Atlantic City, und Greenberg brachte ihn ins Taj Mahal und stellte ihn Trump vor.[14] Zu diesem Zeitpunkt war Tschigirinski bereits eine geschäftliche Partnerschaft mit dem Sohn des Mannes eingegangen, den er »Professor« nannte, dem ehemaligen Chef des russischen Militärgeheimdienstes in den USA, Michail Milstein, der Generationen zukünftiger Geheimdienstler ausbildete. Sein Sohn Wadim war offiziell Ökonom,[15] hatte aber ein Übersetzungsbüro gegründet, das wie eine Scheinfirma wirkte. Zu seinen Geschäftspartnern dort gehörten ein Ex-Mitglied der KGB-Elitetruppe ALFA sowie der ehemalige sowjetische Gesandte bei den Vereinten Nationen.[16]

Als er Tschigirinski das erste Mal begegnete, hatte Trump so viel Geld – über eine Milliarde Dollar – in den Bau des von ihm als »das achte Weltwunder« bezeichneten Taj Mahal gesteckt, dass er hochverschuldet war und vor dem Konkurs stand.[17] Tschigirinski erinnerte sich, dass Trump bemerkt habe, das Spielcasinogeschäft sei »eine mühselige Aufgabe«. Später, 1990, erzählte Trump dem *New York Magazine,* er habe Schulden in Höhe von 5 Milliarden Dollar; 980 Millionen davon seien persönliche Sicherheiten. »Ich war minus 900 Millionen Dollar wert«, sagte er. Auf dem Immobilienmarkt hatte eine Flaute eingesetzt, und er erzählte dem Magazin, wie er, als er mit seiner damaligen Frau Marla Maples, einer glamourösen blonden ehemaligen Schönheitskönigin, spazieren ging, auf einen blinden Bettler vor Tiffany's in New York gedeutet und zu ihr gesagt habe: »Niemand würde vermuten, dass er heute 900 Millionen Dollar mehr wert ist als ich.«[18]

Doch 1992 war Trump eine bemerkenswerte Kehrtwende gelungen. Er hatte durch den Verkauf einer Reihe von Jachten und Flugzeugen seine persönlichen Sicherheiten auf 115 Millionen Dollar reduziert und irgendwie eine Ablösung seiner übrigen Verbindlichkeiten erreicht.[19] Im Juli 1991 war das Taj Mahal in die vorbereitete Insolvenz gegangen, aber Trump wurde von Anleihegläubigern gerettet, die sich einverstanden erklärten, die Rückzahlungsfrist seiner persönlichen Schulden zu verlängern, wenn er ihnen das Casino zur Hälfte überließ.[20] Dabei hatten ihn zwei Wall-Street-Giganten unterstützt: Der Hedgefondsmanager Carl Icahn und Wilbur Ross, Leiter der Insolvenzabteilung bei der Investmentbank N. M. Rothschild.[21] Gemeinsam sollen sie die Anleihegläubiger zu einem Deal überredet haben. Auch Martin Greenberg, der Mann, der Tschigirinski Trump vorgestellt hatte, war in die Angelegenheit involviert: Er vertrat die Gläubiger bei der Umschuldung. Tschigirinski seinerseits bestätigte, Icahn zu kennen.[22]

Ob Tschigirinski an der Übereinkunft mit den Anleihegläubigern beteiligt war, werden wir vielleicht nie erfahren. (Er beharrte darauf, er sei nie im Taj Mahal investiert gewesen, aber einmal sprachen wir über die damaligen finanziellen Schwierigkeiten des Casinos, und er drückte sich fast so aus, als wäre es sein eigenes. »Wir waren vorher nie in dieser Branche«, sagte er. »Wir wussten damals nicht alles darüber.«[23]) In jedem Fall liefen die Geschäfte im Taj Mahal bald wieder. Im September 1992 prahlte Trump mit Rekordgewinnen in drei aufeinanderfolgenden Monaten, wobei allein in den zwei vorausgegangenen Monaten 80 Millionen Dollar eingenommen worden waren.[24] Seit seiner Eröffnung waren russische Emigranten in Scharen ins Taj Mahal geströmt, angezogen von dem Bling-Bling, Trumps Namen und den russischen Popstars, die dort auftraten. Russische Glücksspieler setzten bei einem Besuch schon mal 100 000 Dollar ein und erhielten die Spezialbehandlung für Vorzugskunden,[25] darunter exklusive Hotelzimmer, kostenloses Essen und Alkohol sowie Chauffeurdienste in Stretchlimousinen oder sogar Helikoptern. Das Taj Mahal war außerdem ein Ort, an dem wenig Fragen gestellt wurden, es entwickelte sich daher zu einem beliebten Anlaufpunkt für Geldwäsche. Die dem amerikanischen Finanzministerium zugehörige Behörde Financial Crimes Enforcement Network (FinCEN) fand später heraus, dass das Taj Mahal regelmäßig versäumte, verdächtige Transaktionen zu melden und die Berichte einzureichen, zu deren Abgabe es verpflichtet war, wenn ein Kunde innerhalb von 24 Stunden mit mehr als 10 000 Dollar spielte.[26]

Das Casino wurde zum Lieblingstreffpunkt von Wjatscheslaw Iwankow (»Japontschik«), dem gefürchteten Solnzewskaja-Verbündeten mit den eiskalten Augen und dem aufbrausenden Temperament, der im März 1992, nachdem Mogilewitsch in Partnerschaft mit dem KGB geholfen hatte, ihn frühzeitig aus dem russischen Gefängnis zu holen, wo er zehn Jahre wegen Fälschung und Drogenhandel abgesessen hatte, in New York gelandet war.[27] Das FBI glaubte, dass Japontschik von seiner Basis in Brighton Beach aus eine internationale kriminelle Vereinigung leitete, die in den Bereichen Drogenhandel, Erpressung und Mord tätig war, und dass er die Interessen der Solnzewskaja in den USA durchsetzte.[28] Agenten verfolgten seine Spur schließlich bis zu einer Luxuswohnung im Trump Tower in Manhattan und dann ins Taj Mahal, das er während der Beschattung von März bis April 1993 neunzehnmal besuchte, wobei sein Einsatz insgesamt 250 000 Dollar betrug.[29]

Trump war dem ersten drohenden Bankrott entkommen, und unter denjenigen, die ihm das ermöglicht hatten, waren die Russen. Das Taj Mahal wurde zu einer derart beliebten Anlaufstelle russischer Auswanderer, dass dort Szenen einer russischen Komödie gedreht wurden, in der ein von der russischen Mafia betriebenes Spielcasino vorkam.[30]

Als Trump sich aus seinem Beinahekonkurs herauskämpfte, war Tschigirinski stets in der Nähe. Er freundete sich mit dem Sotheby's-Eigentümer Alfred Taubman und dessen Schwiegersohn Louis Dubin an, einem New Yorker Immobilienhändler, der wiederum ein guter

Bekannter von Donald Trump war.[31] Er stellte eine von Trumps wichtigsten Mitarbeiterinnen ein, Louise Sunshine, die bei Trump in einer Führungsposition tätig gewesen war, und kaufte beinahe Mar-a-Lago, Trumps palastähnliches Anwesen in Palm Beach, Florida. Letztlich entschied er sich laut eigener Aussage dagegen, weil Taubman ihn vor dem Fluglärm dort gewarnt hatte. Er verkehrte mit Steve Wynn, dem Besitzer des Golden Nugget, der zuerst ein Konkurrent und dann ein enger Freund Trumps wurde.

Die Hunderte Millionen Dollar, die der charmante, elegante Tschigirinski machte, als er seine Geschäfte in Moskau ausweitete, hatten ihm den Eintritt in die amerikanische High Society erleichtert.[32] Er arbeitete eng mit Juri Luschkows Moskauer Stadtregierung zusammen, teilte sich sogar ein Büro mit höheren Beamten in der neuen städtischen Baubehörde. Gemeinsam mit Milstein und Jelena Baturina, der Frau des Moskauer Bürgermeisters, besaß er die Moskauer Ölraffinerie, die dank eines lukrativen Vertrags mit BP einen Großteil der Stadt und des Umlandes versorgte.[33] Der Vertrag sah vor, dass die Raffinerie Ölprodukte im Wert von mindestens 800 Millionen Dollar über Tschigirinskis geheimnisvollen georgischen Geschäftspartner Tamir Sapir in New York exportieren sollte.[34]

Sapir war 1975 aus der Sowjetunion nach New York emigriert und ein Pionier der ersten vom KGB genehmigten Ölhandelsunternehmen dort.[35] Er arbeitete anfangs als Taxifahrer und versorgte dann eine exklusive Kundschaft aus sowjetischen Regierungsvertretern und KGB-Beamten mit der neuesten Elektronik aus den Vereinigten Staaten. In jenen Jahren tätigte er seine Geschäfte von einem Laden namens Joy Lud im Zentrum von Manhattan aus, unter dessen Kunden sich der sowjetische Außenminister Eduard Schewardnadse sowie Jewgeni Primakow befanden. Der Laden diente schließlich als Tarnung für eine viel größere Operation, die Sapir lukrative Lizenzen für den Handel großer Mengen an Dünger und Ölprodukten aus der Sowjetunion garantierte.

Schon bald war er Milliardär. Sein Partner bei diesen Geschäften war Sam Kislin, ein kräftiger gebürtiger ukrainischer Auswanderer, der aus der Hafenstadt Odessa stammte und gemeinsam mit Michail

Tschernoi im Metallgeschäft tätig war; Tschernoi war unter den ersten mutmaßlichen Mafiosi, die sowjetisches Vermögen über Firmen mit KGB-Verbindungen außer Landes brachten. Keiner von ihnen wäre ohne die ausdrückliche Unterstützung und Beteiligung des KGB in der Lage gewesen, solche Operationen von New York aus durchzuführen.[36] Wie Kislin später erzählte, hatte er Trump bereits in den Siebzigerjahren kennengelernt, als er dem Amerikaner einen Kredit für siebenhundert Fernsehgeräte gewährte.[37]

Einige Zeit darauf sollten Sapir und ein Geschäftspartner von Kislin, ein sowjetischer Handelsfunktionär namens Tevfik Arif, gemeinsam den Bau eines Trump Tower in Manhattan, SoHo, finanzieren – zu einem Zeitpunkt, an dem Trump das Geld am dringendsten benötigte. Kislin knüpfte eine enge Beziehung zum New Yorker Bürgermeister Rudy Giuliani, der später Trumps persönlicher Anwalt werden sollte.

## AGALAROW

Der Moskauer Milliardär, der Trump später einladen sollte, die Miss-Universum-Wahl 2013 in Moskau abzuhalten – und der ein schicksalhaftes Treffen zwischen Trump und einer geheimnisvollen Moskauer Anwältin arrangieren würde, die »Schmutz« zu Hillary Clintons Präsidentschaftskandidatur versprach –, war Tschigirinskis Schützling, der Baulöwe Aras Agalarow. Der imposante Ex-Funktionär der Kommunistischen Partei, in der Sowjetrepublik Aserbaidschan geboren, war ausgewählt worden, ein weiteres der ersten Gemeinschaftsunternehmen nach den Anweisungen des KGB für den Übergang zur Marktwirtschaft aufzuziehen. Er gehörte zu den wenigen, denen der KGB erlaubte, in die Vereinigten Staaten auszuwandern, wo er 1989 das amerikanisch-sowjetische Joint Venture Crocus International gründete. »Er ist mein Schüler«, sagte Tschigirinski. »Ich kenne ihn schon sehr lange.«[38] Dann fügte er hastig hinzu, er habe Agalarow alles beigebracht, was er über das Baugeschäft wisse. Für einen großen Teil der Neunzigerjahre, bevor er in Moskau in die Baubranche einstieg, blieb Agalarow jedoch in den USA, wo er ein Import-Export-Unternehmen zuerst von einem kleinen Büro in Manhattan und später von New Jersey aus führte.

Agalarow schien ein weiterer Agent zu sein, den der KGB in den letzten Jahren der Sowjetunion angeworben hatte, um Geld in den Westen zu schleusen, so sieht es jedenfalls Juri Schwez.[39] »Damals konnte
jegliches sowjetisch-amerikanische Gemeinschaftsunternehmen nur
mit Zustimmung des KGB gegründet werden«, sagte er. »Nach meiner
professionellen Einschätzung, was die Vorgehensweise der russischen
Sicherheitsbehörden betrifft, deutet alles darauf hin, dass er rekrutiert
wurde.« Wie viele damalige Joint-Venture-Unternehmer begannen
Agalarow und seine Partner damit, dringend benötigte Computer-
technologien in die Sowjetunion zu importieren. Nach dem Zusammenbruch der UdSSR expandierten sie in den Handel mit Konsumgü-
tern auch aus China nach Russland.[40] Agalarow besaß außerdem einen
Anteil an Europas größtem Markt, dem Tscherkisowskij Rinok, einem
weitläufigen Gelände mit Bretterbuden am Rande Moskaus, der sich
einen Ruf als Mekka für chinesische Importe und Schmuggelware und
als »Staat im Staat« erworben hatte, samt »Polizei, Zoll und Gerichten«
sowie Legionen von Wanderarbeitern.[41] Unter den Miteigentümern
des Marktes waren andere aserbaidschanische Geschäftspartner von
Tevfik Arif, dem ehemaligen sowjetischen Handelsfunktionär, der später den Bau des Trump Towers in SoHo finanzierte.[42]

Als Agalarows in den Vereinigten Staaten ansässiges Import-Ex-
port-Geschäft in den Neunzigern zu wachsen begann, wurde gegen
einen seiner engsten Partner wegen Geldwäsche ermittelt. Amerikanischen Beamten fiel allmählich das russische Schwarzgeld auf, das
ins Land zu strömen begann, und sie verdächtigten Irakli Kaweladse,
daran beteiligt zu sein. Juri Schwez zufolge war der elegante Georgier
ein »Illegaler«, ein Agent, den die russischen Geheimdienste in die
USA einschleusen wollten, wo er die amerikanische Staatsbürgerschaft
erwerben sollte.[43] Hatte der KGB sich anfangs noch hauptsächlich darauf konzentriert, ein ausgeklügeltes Programm zu entwickeln, womit
seine »Illegalen« gestohlene westliche Identitäten annehmen konnten,
versuchte er, seit in den Siebzigern die Emigration zugenommen hatte,
Agenten unter den Auswanderern zu rekrutieren. Kaweladse war einer
von ihnen, so Schwez.

1989, nachdem er einen Abschluss an der renommierten Moskauer

Wirtschaftsuniversität gemacht hatte, durfte er im Alter von achtundzwanzig Jahren in die USA reisen, wo er sich in Gettysburg, Pennsylvania, mit einer amerikanischen Familie anfreundete. Zwei Jahre später erhielt er die amerikanische Staatsbürgerschaft: Anscheinend war er von der Mutter der Familie, Judith Shaw, »adoptiert« worden. (Als sie 1993 im Alter von neunundvierzig Jahren starb, wurde Kaweladse in ihrem Nachruf als »adoptierter Sohn« bezeichnet.[44]) »Man hat ihn als normalen Immigranten getarnt dorthin geschickt«, sagte Schwez. »Die sowjetischen Geheimdienste waren schon lange neidisch auf die Chinesen und den Mossad gewesen. Egal in welches Land man kam, fand man dort eine große chinesische und jüdische Diaspora vor. Sie konnten immer zu ihren Landsleuten gehen. Vor dem Kollaps der Sowjetunion gab es eine enorme, vom KGB gelenkte Auswanderungswelle. Kaweladse wurde als Emigrant fortgeschickt.«[45] (Kaweladse selbst reagierte nicht auf Kommentaranfragen.)

Fast ein Jahrzehnt diente Kaweladse als Mittelsmann, um mehr als 1,4 Milliarden Dollar russischen und osteuropäischen Schwarzgelds auf amerikanische Konten zu transferieren.[46] Nach seinem Universitätsabschluss bekam er bald eine Führungsposition in Agalarows Gemeinschaftsunternehmen Crocus International, und im Oktober 1991 erlaubte ihm seine frisch erhaltene US-Staatsbürgerschaft, ein Geflecht an Bankkonten in den Vereinigten Staaten zu eröffnen. Er gründete sein eigenes Unternehmen, International Business Creations, das sich eine Adresse in Manhattan mit anderen Agalarow-Firmen teilte und über das er, wie US-Fahnder später herausfanden, Konten für über hundert verdächtige russische Klienten bei der Citibank, einer Säule des US-Finanzsystems, eröffnete, sowie hundert weitere bei der Commercial Bank of San Francisco, die zum Teil einem Letten gehörte, der ebenfalls mutmaßlich Verbindungen zum KGB hatte.[47] Die Citibank gab Ermittlern gegenüber später zu, dass Kaweladse diese Konten eröffnet hatte, ohne dass seine russischen Kunden jemals persönlich erscheinen oder einen Nachweis ihrer Geschäftstätigkeiten abgeben mussten.[48] Kaweladse meldete außerdem ungefähr tausend Unternehmen für russische Kunden in Delaware an, über die ihm angeblich wenig bekannt war – nicht einmal ihre wahre Identität.[49]

Einem ehemaligen Kreml-Funktionär zufolge stammten Teile der Geldströme aus einer Milliarden-Dollar-Schwarzgeldkasse eines russischen Unternehmens namens Nationaler Sportfonds (NFS),[50] dem Jelzin Mitte der Neunzigerjahre die Erlaubnis erteilte, zollfrei Alkohol und Tabak nach Russland zu importieren. Diese Tarnorganisation wurde zu einem schwarzen Loch für den Schmuggel und war mit hochrangigen Sicherheitsleuten der Jelzin-Ära vernetzt, darunter Jelzins Leibwächter Alexander Korschakow. Was einen der US-Fahnder, die im Fall der von Kaweladse eingerichteten Konten ermittelten, besonders beunruhigte, war, dass dort niemals irgendwelche Transaktionen stattfanden. Es war, als würden Zellen für zukünftige Operationen aufgebaut, sagte eine mit den Ermittlungen vertraute Person. »Er hat so viele verdammte Firmen aufgezogen. Er benutzte sie, wenn er sie brauchte – wie Wegwerfhandys.«[51]

Die Kaweladse-Konten waren nur die Spitze des Eisbergs. Wie festgestellt wurde, standen einige der Überweisungen bei der Commercial Bank of San Francisco im Zusammenhang mit einer sehr viel größeren Operation: dem 7-Milliarden-Dollar-Geldwäscheskandal bei der Bank of New York.[52] Im Grunde genommen gehörten die Mittel, die Kaweladse managte, zu dem Strom russischen Schwarzgelds, der schon vor dem Zusammenbruch der Sowjetunion in die USA zu fließen begann, und ein großer Teil der Strukturen dieses Transfersystems scheint vom KGB und der russischen Mafia verwaltet worden zu sein.

Die Geldpipeline bei der Bank of New York war mit dem russischen Mafioso Semjon Mogilewitsch verknüpft, den Schwez als einen »besonders wichtigen Agenten des russischen Auslandsgeheimdienstes« bezeichnete und der lange für die Solnzewskaja und den KGB Geld in den Westen geschleust hatte. Nachdem der Betrug im Sommer 1999 aufgeflogen war, wurde der Skandal jedoch schnell vergessen. Es fand keine richtige polizeiliche Ermittlung statt, und die Tricksereien wurden hauptsächlich als Zoll- und Steuervermeidung normaler russischer Unternehmen abgetan. Die Verbindungen der Architekten des Systems zu Mogilewitsch und den russischen Sicherheitsbehörden wurden heruntergespielt, genauso mögliche Zusammenhänge mit amerikanischen Investmentbanken und Aktienbetrügereien.

Aus Schwez' Sicht ein fataler Fehler. Der Westen war von seinem vermeintlichen Sieg im Kalten Krieg geblendet: »Sie dachten, die Russen seien für immer erledigt. (…) Das Stehlen war ihnen egal, solange es nicht zu sehr auffiel. Als Bush senior sagte, der Kalte Krieg sei vorbei und ein neues Zeitalter der Kooperation beginne, war es das. Aber die Russen nutzten die Zusammenarbeit, um die USA zu täuschen. Die Amerikaner sind wie Kinder. Wenn man kooperiert, kooperiert man. So einfach ist das, weitere Fragen werden nicht gestellt – selbst wenn die Russen hinter dem Rücken einen Ziegelstein in der Hand halten.«[53]

Für die russischen Nachrichtendienste und ihre Partner in der organisierten Kriminalität war der Weg frei, andere Möglichkeiten zu suchen, um Geld in die USA zu schleusen. Später erfand eine neue Generation von Schattenbankern mit Kontakten zur selben Mafia und dem KGB den Moldauischen Waschsalon und die Mirror-Trade-Manöver. Zunächst jedoch scheint laut Schwez und einem früheren Geschäftspartner von Mogilewitsch einer der Kanäle, auf die sie sich konzentrierten, die Geschäftstätigkeit von Donald Trump gewesen zu sein.[54] »Sie mussten unauffälligere Methoden finden, Geld über Unternehmen zu waschen und nicht direkt über US-Banken«, erklärte Schwez. »Und da war Trump, der finanzielle Probleme hatte – eine Lösung, die gerade zur rechten Zeit kam.«[55]

Es lässt sich nicht nachweisen, ob Trump wusste, dass es irgendwelche Probleme mit den ehemaligen sowjetischen Geschäftsleuten geben könnte, die Anfang der Nullerjahre Schlange standen, um ihm lukrative Deals vorzuschlagen. Der Leiter der Rechtsabteilung der Trump Organization, Alan Garten, sagte, er habe keinen Anlass gehabt, die Quellen der Gelder infrage zu stellen.[56] Doch damals war Trump noch hoch verschuldet. Er war der Privatinsolvenz in den frühen Neunzigern entronnen, aber gezwungen gewesen, Vermögenswerte wie das Plaza Hotel und ein prestigeträchtiges Immobilienprojekt in Manhattans Upper West Side sowie einen Teil des Taj-Mahal-Casinos zu verkaufen.[57] Die Eigentumsverhältnisse, was den Rest seines gewaltigen Immobilienimperiums anging, waren bestenfalls als undurchsichtig zu bezeichnen, und er kämpfte noch mit fast 2 Milliarden Dollar Anleiheschulden der Trump Hotels and Casino Resorts.[58] Westliche

Banken – abgesehen von der Deutschen Bank – liehen ihm nicht mehr so bereitwillig Geld. Stattdessen kamen nach und nach einige sowjetische Geschäftsmänner zu ihm mit Angeboten, eine Reihe von Trump Towers zu bauen. Zum ersten Mal wurden Trump ansehnliche Lizenz- und Verwaltungsgebühren allein für die Ehre versprochen, dass er den Projekten seinen Namen lieh. In mindestens einem Fall erhielt er eine Beteiligung von 18 Prozent, ohne irgendeine Investition getätigt zu haben. Die Deals hätten für Trump nicht passender sein können. Und es wurden wenig Fragen gestellt. »Donald hat es nicht so mit Due Diligence«, sagte ein Ex-Manager der Trump Organization, Abe Wallach, später.[59]

Die meisten Geschäftsleute, die zu Trump kamen, waren Teil des Geflechts von Geldmännern mit KGB-Unterstützung, die Kontakte zur Solnzewskaja-Gruppe pflegten. Da war Schalwa Tschigirinskis georgischer Geschäftspartner Tamir Sapir. Da war Tevfik Arif, der ehemalige sowjetische Handelsfunktionär mit Verbindungen zu Aras Agalarow, der ein Trio kasachischer Metalltycoons im Hintergrund hatte, die wiederum schon früher Geschäfte mit einem mutmaßlichen Partner der Solnzewskaja-Organisation gemacht hatten. Da war Alex Shnaider, der mit Metallen handelnde Schwiegersohn eines mutmaßlichen Solnzewskaja-Verbündeten, der während des Niedergangs der sowjetischen Regierung Mittel der Kommunistischen Partei außer Landes gebracht hatte.

Die Charme- und Kapitaloffensive dieses Netzwerks begann mit dem Sohn eines Geschäftspartners von Semjon Mogilewitsch, der in Brighton Beach, der New Yorker Enklave, die viele russische Einwanderer und Mafiagangs ihr Zuhause nannten, aufgewachsen war.

## SATER

Als Felix Sater irgendwann im Jahr 2001 auf Donald Trump zuging, hatte er bereits mehrere Leben hinter sich und, wie er selbst zugab, mit hochrangigen Personen in den russischen Nachrichtendiensten zusammengearbeitet.[60] Der streitlustige ehemalige Börsenmakler mit dem Boxergesicht hatte die Sowjetunion mit seiner Familie im Alter von acht Jahren verlassen, als Teil der Welle jüdischer Emigranten, denen in den frühen Siebzigern die Auswanderung erlaubt wurde. Sie ließen sich in Brighton Beach nieder, wo Saters Vater, Michail Scheferowski, zwei ehemaligen Mogilewitsch-Partnern zufolge ein »Vollstrecker« einiger von Mogilewitschs Unternehmungen wurde.[61] Sater wuchs in einer Welt auf, in der Schießereien zwischen Gangs und Revierkämpfe zwischen Mafiagruppen an der Tagesordnung waren. Dort versuchte sich das russische organisierte Verbrechen erstmals an der Wirtschaftskriminalität und schloss Bündnisse mit italienischen Verbrecherfamilien. Zuerst, um geschmuggeltes Benzin zu verkaufen, dann, um in die Diamantenindustrie in Sierra Leone zu expandieren, und schließlich, um Aktienmanipulationen, Betrug und komplexe Rohstoffgeschäfte sowie die eher konventionellen Zweige Waffen- und Drogenhandel zu betreiben.

Sater behauptete immer, er sei nie in irgendetwas davon verwickelt gewesen. Aber als wir miteinander sprachen, konnte er den Stolz auf seinen Hintergrund nicht verbergen. »Meine Freunde und ich sind in Brooklyn groß geworden; Angst hatten wir keine«, erklärte er mit geschwellter Brust. »Ich würde sagen, es war eine ziemlich einzigartige Gruppe von Menschen.«[62] Kurz nachdem er als Börsenmakler an der Wall Street begonnen hatte, bekam er Probleme mit dem Gesetz. 1991 wanderte er für fünfzehn Monate ins Gefängnis, weil er einen Rohstoffmakler mit dem abgebrochenen Stiel eines Cocktailglases ins Gesicht und in den Hals gestochen hatte. Dann entging er einer Strafe für einen 41 Millionen Dollar schweren »Pump and Dump«-Betrug gemeinsam mit Mitgliedern der italienischen Mafiafamilien Gambino und Gravese. Die Kontakte waren durch Beziehungen seines Vaters zustande gekommen.[63] Über zwei in New York ansässige Finanzdienstleister, deren Mitgründer er war, hatten Sater und seine Partner heimlich große Aktienpakete gekauft und dann deren Preis künstlich aufgebläht, indem sie Börsenmakler dafür bezahlten, falsche Aussagen zu treffen, und italienische Mafiafamilien die Muskeln spielen ließen.[64]

Gegen einige der beteiligten Finanzunternehmen war wegen Verbindungen zum Geldwäschebetrug bei der Bank of New York ermittelt worden.[65] Als dieser 1996 aufflog, verließ Sater New York Richtung

Moskau, wo ihm seine Brighton-Beach-Beziehungen halfen, Freunde an der Spitze der russischen Geheimdienste zu finden. Er behauptete, er sei als Berater des US-Telekommunikationsunternehmens AT&T nach Russland gegangen, um ein Hundert-Millionen-Dollar-Geschäft zu verhandeln, bei dem es um die Verpachtung eines transatlantischen Kabels an die USA ging, und dass er über diesen geplanten Deal mit ranghohen Beamten des russischen Militärgeheimdienstes, der die Telekommunikation des Landes kontrollierte, in Kontakt kam.[66] Zu diesen Personen gehörte auch Mogilewitsch, der laut Juri Schwez und einem ehemaligen engen Mogilewitsch-Vertrauten, der damals mit Sater zu tun hatte, mit dem russischen Auslandsgeheimdienst kooperierte.[67]

Im Januar 1998, kurz nachdem das FBI in New York auf Dokumente stieß, die seine Beteiligung an dem Aktienbetrug bewiesen, kontaktierte Sater US-Geheimdienstler in Moskau und bot an, mit ihnen zu kooperieren.[68] Er würde erstklassige Informationen über die Aktivitäten der Taliban und der Nordallianz in Afghanistan liefern, wo der russische Nachrichtendienst und die organisierte Kriminalität seit Langem aktiv waren.

Für Sater – und für den russischen Geheimdienst – war es der Beginn einer wunderbaren Freundschaft. Sater stellte zunächst sein Wissen über verschollene Stinger-Raketen zur Verfügung, denen die US-Regierung lange nachgespürt hatte (inklusive Seriennummern), und teilte mit, dass sie sich in den Händen der Nordallianz befänden, die sie nun verkaufen wolle.[69] Nachdem er weitere Angaben, unter anderem über die Koordinaten von al-Qaida-Lagern und seiner Aussage nach fünf Satellitentelefonnummern von Osama bin Laden, geliefert hatte, kehrte er in die USA zurück, um sich zu stellen. Bei seiner Ankunft schloss er einen Deal mit dem FBI, durch den er einer Anklage – und potenziell zwanzig Jahren Haft – wegen des Aktienbetrugs entging. Stattdessen sammelte er erste Lorbeeren für, wie sich herausstellte, zehn Jahre fruchtbarer Kooperation mit dem FBI.[70]

Sater folgte damit einer althergebrachten Tradition. Bereits zu Sowjetzeiten hatten russische Mafiaverbündete aus Brighton Beach sich dem FBI als Informanten angeboten, und im Tausch waren ihre

Anklagen fallengelassen worden.[71] Angesichts von Saters Kontakten zur organisierten Kriminalität und dem russischen Geheimdienst hätten jedoch die Alarmglocken schrillen sollen. Er erleichterte dem FBI sogar die Aufdeckung des Aktienbetrugs, indem er Dokumente in einem Bankschließfach hinterlegte, für das er nicht bezahlte, und Beamten dann half, die Unterlagen zu entschlüsseln.[72]

Als wir uns im Mai 2018 trafen, sagte er mir, seine Kontakte bei den russischen Nachrichtendiensten, darunter auch der Militärgeheimdienst GRU, hätten sich bereiterklärt, ihn mit Informationen zu versorgen, weil sie dringend Geld benötigten. »Die GRU machte sich damals keine Gedanken über Spionage in den USA. Sie sorgten sich nur ums Geldverdienen. Ihr unternehmerisches Geschick war nicht sehr ausgeprägt, und ich war jemand, der an der Wall Street gearbeitet hatte, fließend Russisch und Englisch sprach und sich mit Finanzen auskannte – und ich redete mit ihnen über ein Geschäft, bei dem sie hundert Millionen Dollar machen konnten.« Zu diesem Abschluss kam es jedoch nicht, und Sater konnte nicht erklären, wie viel sie von ihm bekamen – falls überhaupt irgendetwas.

Laut Juri Schwez war es seit Sowjetzeiten gängige Praxis, Detailwissen über einen Mittelsmann weiterzugeben, um dessen Rang und Einfluss zu erhöhen. Es wäre Sater unmöglich gewesen, ohne die aktive Kooperation und Unterstützung hochrangiger Mitglieder des russischen Geheimdienstes und der organisierten Kriminalität Zugang zu solchen Informationen zu bekommen. Schwez sagte, er glaubte, Saters Beziehungen entstammten einer Allianz mit Mogilewitsch und Schabtai Kalmanowitsch, einem weiteren mit dem KGB vernetzten Solnzewskaja-Partner, der in Israel in den Achtzigern im Gefängnis saß, weil er für die Sowjets spioniert hatte: »Kalmanowitsch hat die Entscheidungen für Sater getroffen.«[73] Mogilewitsch und Kalmanowitsch standen im Zentrum eines Waffenschmuggelimperiums, das alle Seiten mit Waffen versorgte, die Taliban genauso wie ihre Gegner, die Nordallianz, sowie nachrichtendienstliche Aufgaben für Russland erledigte. Laut einem ehemaligen Mogilewitsch-Verbündeten, der Sater damals begegnet war, hatte dieser Afghanistan nie betreten, und die Informationen über bin Ladens Telefonnummern und die ver-

lorengegangenen Stinger-Raketen »stammten höchstwahrscheinlich
von Sewa«.[74]

Seit seiner Kindheit war Sater Teil einer gnadenlosen Welt, in der
man, um zu überleben, doppeltes – oder sogar dreifaches – Spiel spielen und je nach Situation eine andere Maske aufsetzen musste. »Jeder
hat viele Gesichter, und es ist für uns schwer zu sagen, welches davon
das wahre ist«, sagte ein ehemaliger Partner von Mogilewitsch. »Sie
mussten so sein, um zu überleben.«[75] Diese Welt wurde von Hinterzimmerdeals und einer Schattenwirtschaft beherrscht, die sich seit
Sowjetzeiten im Verborgenen abgespielt hatte. Wegen eines einzigen
Fehltritts konnte man lebenslänglich hinter Gittern oder, viel wahr-
scheinlicher, mit einer Kugel im Kopf enden.

Sater bestand darauf, dass er nie Kontakt zu Mogilewitsch gehabt
habe; auch habe der Mafiosi ihm nicht dabei geholfen, die Waffen und
das al-Qaida-Lager für das FBI aufzuspüren. Bei der kleinsten Andeutung, er könne Verbindungen zu Mogilewitsch haben, hieß es: »Ich
sage Ihnen, das ist vollkommener Blödsinn. Es ist eine verdammte
Lüge. Ich würde ihn nicht einmal erkennen, wenn er hier hereinkom-
men und sich neben uns setzen würde.«[76] Er konnte es sich jedoch
nicht verkneifen, damit anzugeben, dass er Beziehungen in Etagen
weiter oben pflegte: »Jede Behauptung, ich sei mit Mogilewitsch verbündet, ist in gewisser Weise eine Beleidigung. Ich bin auf viel höheren
Ebenen aktiv als er.«[77]

Tatsächlich reichen Saters Kontakte in die neue Generation russischer Mafiosi, die, nachdem Mogilewitsch mit dem Skandal um die
Bank of New York aufgeflogen war, einige der Schwarzgeldstrukturen
übernommen hatten. Sein engster Freund seit Kindheitstagen war
Jewgeni Dwoskin, der Schattenbanker, der eng mit einem ranghohen
FSB-General zusammengearbeitet hatte und der Kopf hinter vielen
der neuen Geldwäschesysteme – dem Moldauischen Waschsalon und
den Mirror Trades bei der Deutschen Bank – werden sollte, über die
Dutzende Milliarden Dollar illegal in den Westen transferiert wurden.[78] Die beiden waren im selben Wohnblock in Brighton Beach aufgewachsen, auf der Brighton Twelfth Street.[79] »Ich kannte ihn immer
schon«, sagte Sater. »Ich habe seine erste Ehe mitbekommen, dann die

zweite. Ich bin mit ihm aufgewachsen. Er ist ein alter, guter Freund von mir.«[80]

Sater war stolz auf seine Verbindung zu Dwoskin, der, wie er sagte, »auf Mogilewitsch nicht einmal pissen würde, wenn er brennt«. Er erzählte, dass Dwoskin eng mit Ded Hasan zusammengearbeitet habe, einem weiteren mächtigen russischen Mafioso, der später in einem Moskauer Restaurant erschossen wurde. Als ich naiv nachfragte, ob es ihn nicht beunruhigt habe, dass sein bester Freund mit Ded Hasan Geschäfte machte, schnaubte Sater verächtlich: »Sehen Sie sich an, was mit Ded Hasan passiert ist. Die waren diejenigen, die hätten besorgt sein sollen, weil sie Geschäfte mit [Dwoskin] machten.«[81]

*

Zum Zeitpunkt seiner Begegnung mit Donald Trump 2001 hatte Sater sich geschäftlich mit dem ehemaligen sowjetischen Handelsfunktionär Tevfik Arif zusammengetan.[82] Arif hatte sein Geld mit dem Verkauf von Chrom aus Kasachstan als Agent von Michail Tschernois Metallhandel TransWorld Group verdient. Er ging eine enge Partnerschaft mit einer Gruppe kasachischer Metallmagnaten ein, »das Trio« genannt, die von Alexander Maschkewitsch angeführt wurden. Dieser hatte seine Unternehmerkarriere begonnen, indem er für Boris Bilstein, einen mutmaßlichen Solnzewskaja-Geschäftspartner, arbeitete.[83] (Maschkewitsch hat auf Kommentaranfragen nicht reagiert.) Arif »machte Geschäfte mit Maschkewitsch. Sie kannten sich seit zwanzig, dreißig Jahren«, sagte Sater. »Es war TransWorld (…) und Michail Tschernoi. Anfangs hat er für Tschernoi gearbeitet.«[84]

Sater behauptete, er habe Arifs Bekanntschaft erst drei Monate bevor er sich entschloss, mit ihm zusammenzuarbeiten, gemacht. Sie seien sich begegnet, weil Arif sein Nachbar in Sands Point war, einer exklusiven Enklave auf Long Island, in der einst William Randolph Hearst und die Guggenheims gelebt hatten und die das Vorbild für East Egg in *Der große Gatsby* war.[85] Gemeinsam hatten sie eine Immobilienentwicklungsfirma namens Bayrock Group aufgebaut und waren in ein Büro eine Etage unter der Firmenzentrale der Trump

Organization im Trump Tower an der Fifth Avenue 725 gezogen. In ihrem Büro beschäftigten sie »ins Auge springende« osteuropäische Frauen.[86] Einer von Trumps Managern kam nun öfter dort vorbei, und bald stellte er Sater Trump vor.[87] So, wie Sater es erzählt, war das Treffen spontan und seiner Initiative zu verdanken: »Ich bin in sein Büro gegangen und habe ihm gesagt: ›Ich werde der größte Immobilienentwickler in New York City.‹ Er lachte. Ich glaube, ihm gefiel mein Trump-mäßiger Auftritt. Wir fingen sofort an, miteinander zu arbeiten.«[88]

Sater und Arif machten Trump ein Angebot, das er kaum ausschlagen konnte. Die Bayrock Group würde die Finanzierung und Entwicklung einer Reihe von Luxusimmobilien übernehmen und Trump für die Ehre, seinen Namen verwenden zu dürfen, eine Lizenzgebühr bezahlen.[89] Ein luxuriöses Apartment- und Hotelresort in Fort Lauderdale, Florida, wurde Ende 2003 angekündigt.[90] Dann würde es das 200 Millionen Dollar schwere Trump International Hotel and Residence in Phoenix, Arizona geben, das von Bayrock ungefähr zur selben Zeit gekauft wurde.[91] 2005 erwarb Bayrock ein Grundstück in einer aufstrebenden Straße in Manhattan, wo Trump SoHo entstehen sollte, ein 450 Millionen Dollar teurer gläserner Wolkenkratzer voller Luxus und Maßlosigkeit mit Wohnungen, einem Hotel und Möbeln von Fendi auf vierundsechzig Etagen.[92] Trump sollte eine Aktienbeteiligung von 18 Prozent an dem Projekt erhalten sowie einen steten Strom an Verwaltungsgebühren, obwohl er keinen Cent in die Entwicklung steckte.[93] Die Deals hätten für Trump kaum zu einem besseren Zeitpunkt kommen können. 2004 meldete die Spielcasino- und Hotelsparte seines Imperiums Insolvenzschutz unter Chapter 11 an und verkündete weitere finanzielle Umstrukturierungsmaßnahmen.[94]

Die Verbindung sollte sich auch für Bayrock als profitabel erweisen. Immobilienprojektentwicklung bot eine Gelegenheit, die strengere US-Bankenregulierung zu umgehen. »Sie konnten nicht mehr so einfach Geld über Tarnfirmen hereinbringen«, sagte Jack Blum, ein auf Wirtschaftskriminalität spezialisierter Anwalt aus Washington. »Das Geld floss stattdessen in Immobilien in Miami, New York und London. Immobilien waren von jeder Offenlegungspflicht verdächtiger

Aktivitäten ausgenommen. Auf einmal wurden überall diese Luxuswohnungen gebaut. Niemand fragte, woher das Geld kam. Wer in dieser Zeit als Krimineller jemanden suchte, der ihm beim Vertuschen
half, musste nur fragen: ›Wie wäre es, wenn ich in deine Immobilien
investiere? Ich übernehme den Bau, und du bietest die Tarnung. Du
verdienst damit sogar Geld.‹ Das wurde das weltweite Modell für die
Trump Organization.«[95]

Es dauerte fast zwei Jahrzehnte, bis Beamte des US-Finanzminis-
teriums warnten, dass Premiumimmobilien in den USA zu einem
Geldwäscheinstrument korrupter ausländischer Beamter und international agierender Krimineller geworden seien. Eine Untersuchung des
Finanzministeriums von 2018 ergab, dass einer von drei Barzahlern
von Luxusimmobilien verdächtig war und dass die meisten Verkäufe
im Spitzensegment dieses Marktes über Firmen abgewickelt wurden,
deren Eigentümer unbekannt waren.[96] Und selbst wenn die Menschen,
die hinter diesen Betrügereien steckten, Wohnungen mit Verlust verkauften, erklärte ein US-Fahnder, machten sie trotzdem Profit, indem
sie einen Anteil an dem gewaschenen Geld einstrichen.

Für Bayrocks ehemaligen Finanzchef Jody Kriss wurde die Quelle
des Unternehmenskapitals zu einer alarmierenden Frage. In einer
Klage gegen Bayrock wegen illegaler Geschäftspraktiken gab er später
an, dass sich unter den Geldgebern des Unternehmens »unbekannte
Akteure in Russland und Kasachstan« befänden und dass Bayrock eine
reine Tarnorganisation zur Geldwäsche sei. »Steuerhinterziehung und
Geldwäsche sind der Kern des Geschäftsmodells von Bayrock«, heißt
es in der von Kriss ursprünglich eingereichten Klage.[97] Bayrock, behauptete er, sei »zu großen Teilen im Besitz und unter der Verwaltung
der Mafia«, die »Zugang zu Konten eines Chromaufbereitungswerks in
Kasachstan«[98] hätten. Bayrock stritt die Vorwürfe ab.

Das Werk, auf das Kriss sich bezog, war die weitläufige Anlage der
Aktyubinsk Chromium Chemicals Plant, des zweitgrößten Produzenten von Chemikalien auf Chrombasis. Dort wurden Rauch in die öde
kasachische Steppe ausgestoßen und giftige Stoffe in die lokale Was-
serversorgung geleitet, wodurch das Wasser untrinkbar wurde.[99] Das
Unternehmen gehörte Arif und seinem Bruder, der in den Neunzigern

ein hochrangiger Beamter im kasachischen Industrieministerium gewesen war. Wie eng dieses Netzwerk verknüpft war, zeigt auch die Tatsache, dass die Chrommine, von der die Anlage beliefert wurde, den
kasachischen Metallmagnaten gehörte, die als »das Trio« oder, offizieller, als Eurasian Natural Resources Corporation (ENRC) bekannt sind.
Die um die Anlage herum gelegene Stadt war nichts weiter als ein
verarmter Knotenpunkt für Wanderarbeiter. Die Profite flossen eindeutig woandershin. Bayrock selbst schien nie an Geldmangel zu lei-
den. Kriss zufolge stellten Arif und Sater »zwei Jahre lang Monat für
Monat, ja, eigentlich noch häufiger, immer wenn das Geld bei Bayrock
knapp wurde«,[100] Mittel bereit. Jedes Mal, wenn der Cashflow zu ver-
siegen drohte, heißt es in der Anklageschrift, hätten die Besitzer »eine
Überweisung von ›irgendwo‹ hergezaubert, die gerade groß genug
war, damit das Unternehmen weiterlaufen konnte«.[101] Trump schien
jedoch nie irgendwelche Fragen zu stellen. Ja, er gab später sogar vor
Gericht zu, er habe »nie so recht verstanden, wem Bayrock gehört«.

Gleichzeitig begann Trump ähnliche Deals mit einer Reihe ehemals sowjetischer Firmen abzuschließen. Anfang 2002 unterschrieb
der aus der Sowjetunion nach Israel emigrierte Michael Dezer gemeinsam mit seinem Sohn Gil einen Lizenzvertrag mit Trump über
die 600 Millionen Dollar schweren Trump Grand Ocean Resort and
Residences in erstklassiger Strandlage in Sunny Isles in der Nähe
von Miami.[102] Reuters schätzte laut einer Recherche, dass Trump
Dutzende Millionen Dollar bei dem Geschäft verdiente, bei dem die
Dezers alle Kosten und Risiken trugen.[103] Insgesamt kauften Russen in
Südflorida in sieben Luxushochhäusern, die unter der Marke Trump
liefen, Apartments im Wert von mehr als 98,4 Millionen Dollar. Sechs
der Gebäude waren von den Dezers gebaut worden. Ein Drittel der
über zweitausend Wohnungen in den sieben Trump-Immobilien
war über anonyme Eigentümerkonstruktionen erworben worden,
die oben bereits erwähnten Limited Liability Companies oder LLCs.
Einige politisch vernetzte russische Geschäftsleute aus der zweiten
und dritten Liga, auch »Minigarchen« genannt, darunter drei ehemalige Staatsbeamte, zahlten Millionen Dollar für Wohnungen in
den Trump-Immobilien.[104]

Dann gab es Alex Shnaider, einen sechsunddreißigjährigen russischstämmigen Unternehmer, der mit dem Kauf eines ukrainischen Stahlwerks und der darauffolgenden Expansion über ganz Osteuropa nach Serbien, Montenegro und Armenien, wo er das Stromnetz des Landes besaß, ein Zwei-Milliarden-Dollar-Vermögen gemacht hatte.[105] Er hatte die Statur eines Boxers, kurzgeschorenes Haar und ein kantiges, entschlossen gerecktes Kinn – und war zufällig der Schwiegersohn von Boris Birstein, laut FBI ein Geschäftspartner der Solnzewskaja-Gruppe.[106] 2003 erhielt Shnaiders Firma Midland Resources den Auftrag, das 500 Millionen Dollar schwere Trump International Hotel and Tower in Toronto zu bauen, ein fünfundsechzig Stockwerke hoher Apartment- und Hotelblock hinter einer glänzenden Glasfassade.[107] Zu Sowjetzeiten hatte sein Schwiegervater Seabeco gegründet, den Rohstoffhandel, der zu den ersten vom KGB eingerichteten Konstruktionen gehörte, um das Vermögen der Kommunistischen Partei auf Konten im Westen zu schleusen.[108] In dieser Zeit wurde er außerdem ein wichtiger Agent der Solnzewskaja-Gruppe. Einem FBI-Bericht zufolge veranstaltete Birstein im Oktober 1995 in seinem Büro im Diamond Center in Tel Aviv ein Treffen der Solnzewskaja-Bosse.[109] Unter ihnen waren Semjon Mogilewitsch und der Chef der Gruppe, Sergej Michailow. Laut FBI-Bericht war das Thema, über das sie sprachen, »die Aufteilung von Geschäftsinteressen in der Ukraine«.

Das FBI war nicht die einzige westliche Strafverfolgungsbehörde, die diese Zusammenhänge untersuchte. Der Schweizer Nachrichtendienst erwähnte in einem Bericht von 2007 ebenfalls Birsteins »enge Verbindungen« zur Solnzewskaja,[110] und die Schweizer Polizei bemerkte, dass Birstein, als er Seabeco in den späten Neunzigern verließ, um in Antwerpen ein eigenes Unternehmen zu gründen, auch dort, in Belgien, mindestens eine Firma gemeinsam mit Michailow hochzog, MAB International.[111] Birstein ließ über seinen Anwalt bestreiten, jemals mit der Solnzewskaja kooperiert zu haben.[112] Er knüpfte außerdem verlässliche Kontakte zu dem Trio kasachischer Metalltycoons, die eng mit Arif und Bayrock zusammenarbeiteten. Ein Mitglied dieses Trios, Patoch Tschodijew, eröffnete 1991 eine Niederlassung von Seabeco in Brüssel, während ein anderer, Alexander Maschkewitsch, der in den späten Achtzigern als leitender Manager bei Seabeco begonnen hatte, ein anderes Unternehmen in Brüssel mit einem weiteren Seabeco-Partner gründete.[113] Shnaider behauptete, er und sein Schwiegervater hätten sich entfremdet, aber seine wichtigsten Geschäftspartner sagten vor dem Londoner High Court aus, er habe seine Karriere der Beziehung zu Birstein zu verdanken.[114]

Trump wurde bald von anderen hofiert, die ihm halfen, in andere Länder zu expandieren. 2005 trat Roger Khafif, ein libanesischer Import-Export-Unternehmer mit keinerlei Erfahrung im Immobiliengeschäft mit einem Angebot auf ihn zu, das Trump Ocean Club International Hotel in Panama zu bauen.[115] Das glänzende siebzigstöckige Gebäude sollte Trump 75 Millionen Dollar an Gebühren bescheren. Der Makler, den Khafif hinzugeholt hatte, um Apartments in dem Hochhaus zu verkaufen, war ein ehemaliger brasilianischer Autohändler namens Alexandre Ventura Nogueira, der später wegen Geldwäsche angeklagt wurde.[116] Nogueira, den ein Ex-Geschäftspartner dabei aufnahm, wie er über das Waschen von »Drogengeld« sprach, arbeitete seinerseits mit zwei kanadischen Emigranten aus der Sowjetunion, Alexander Altshoul und Stanislau Kavalenka, zusammen, um die Wohnungen im Trump Ocean Club an den Mann zu bringen – ungeachtet der Tatsache, dass beide von kanadischen Strafverfolgungsbehörden beschuldigt wurden, Verbindungen zum organisierten Verbrechen zu unterhalten.[117] Altshoul wurde vorgeworfen, an einem Hypothekenbetrug beteiligt gewesen zu sein, und Kavalenka, russische Prostituierte entführt und für sich arbeiten gelassen zu haben.[118] In beiden Fällen wurden die Anklagen später fallengelassen.

Alan Garten, Leiter der Rechtsabteilung der Trump Organization, erklärte gegenüber Reuters, niemand im Unternehmen könne sich daran erinnern, Umgang mit Nogueira gehabt zu haben oder beim Verkauf der Wohnungen involviert gewesen zu sein. Trump, sagte er, habe bloß seine Marke lizensiert und Verwaltungsdienste zur Verfügung gestellt. Aber Trump musste bei den Deals, egal wer oder was dahinterstand, nicht zweimal überlegen. Sie wurden zum Symbol für seine finanzielle Sanierung. Als die USA Ende 2007 in eine Kreditklemme gerieten, wedelte Trump mit ihnen als Beweis, dass sein Imperium auf festen Füßen stehe. »In einem Umfeld, in dem kein Immobilienentwickler Kredite für seine Arbeit bekommt«, schrieb er im November 2007 in einem Brief an das *Wall Street Journal*, »haben wir in den vergangenen drei Monaten erfolgreich die Finanzierung für unser Trump International Hotel & Tower in Toronto, Trump SoHo und Trump International Hotel & Tower in Panama gesichert. Diese Tatsachen bezeugen die Kraft des Namens und der Marke Trump innerhalb der Finanzwelt.«[119]

Die Männer, die damals mit Trump Geschäfte machten, waren alle miteinander vernetzt. Zu dem Zeitpunkt, als er den Brief an das *Wall Street Journal* schrieb, hatten sie tatsächlich Schritte unternommen, um weiteres Kapital einzubringen. Tamir Sapir, der sein Vermögen mit dem Verkauf sowjetischen Öls gemacht hatte, beteiligte sich 2006 neben Bayrock an der Entwicklung von Trump SoHo. Anfang 2007 kam das kasachische Trio offiziell mit seiner Holding ENRC als strategischer Partner von Bayrock mit einer Beteiligungsfinanzierung hinzu.[120] Ohne Einsicht in Bayrocks Finanzen bleibt unklar, wie viel Kapital die Group wohl zur Verfügung stellen konnte, falls überhaupt welches. Aber das Netzwerk vervollständigte sich. Und auch Schalwa Tschigirinski gehörte dazu. Er, Maschkewitsch, Sapir, Arif und Sater waren alle untereinander Freunde und Geschäftspartner. Sie besuchten gegenseitig die Hochzeiten ihrer Kinder[121], und jeder von ihnen machte zu irgendeinem Zeitpunkt Geschäfte mit Trump.

Die Finanzkrise kam immer näher, und Bayrock bemühte sich weiter um Unterstützung. Im Mai 2007 unterschrieb die Firma einen »Darlehensvertrag« über 50 Millionen Dollar mit einem undurchsichtigen isländischen Finanzdienstleister, der FL Group. Dieser Kredit wurde in eine Mehrheitsbeteiligung an einem neuen Joint Venture aus Bayrocks Anteilen an vier weiteren Projekten, darunter Trump SoHo, umgewandelt, kurz bevor diese Projekte im Verlauf der folgenden zwei Jahre mehr als 500 Millionen Dollar Gewinn an seine Aktionäre ausschütten sollten.[122] Tatsächlich war dieses Arrangement laut der ursprünglichen Version der Klage wegen illegaler Geschäftspraktiken, die später vom Bayrock-Finanzchef Jody Kriss eingereicht wurde, als Weg für die FL Group, Sater und Arif gedacht, Hunderte Millionen

Dollar Gewinne von den Projekten »abzuschöpfen« und andere Gläubiger auf dem Trockenen sitzen zu lassen.[123] Dieser Vorwurf wurde jedoch später zurückgezogen, und es ist nicht klar, ob Barmittel und andere Vermögenswerte in dieses neue Unternehmen flossen – wodurch die ursprüngliche Immobilienfirma Bayrock eine leere Hülle geworden wäre –, oder ob Trump aufgrund der 18 Prozent, die ihm aus Trump SoHo zustanden, irgendeine Beteiligung zukam. Das in Island gemeldete Unternehmen war Teil eines verwickelten Firmengeflechts mit unklarer Eigentümerschaft, das mutmaßlich mit Putins Kreml in Verbindung stand. Nach Vorwürfen der Wirtschaftskriminalität ging die FL Group in der Finanzkrise bankrott. Jody Kriss gab später zu Protokoll, Arif und Sater hätten ihm gesagt, die FL Group sei »Putinnah«. Die Wahrheit hat die Finanzkrise vermutlich begraben.[124]

Als das Kapital noch knapper wurde, tauchte ein weiterer russischer Tycoon am Horizont auf, um Trump aus der Klemme zu helfen. Im Juli 2008, kurz vor der Krise, erklärte sich der Düngemittelmagnat Dmitri Ribolowlew bereit, für 95 Millionen Dollar eine Villa in Palm Beach von Trump zu kaufen – das war mehr als doppelt so viel, wie Trump ursprünglich dafür hingelegt hatte. (Ribolowlew lebte nie dort. Er ließ die Villa irgendwann abreißen und verkaufte das Grundstück.)

Dass viele dieser Projekte infolge der Finanzkrise scheiterten, schien die Beteiligten nicht sonderlich zu stören. Zuerst taumelte Bayrocks Immobilienprojekt in Fort Lauderdale, für dessen Entwicklung über 140 Millionen Dollar gezahlt worden waren, in den Konkurs.[125] 2009, als das Hochhaus nach wie vor eine Betongerippe war, zog Trump seinen Namen von dem Projekt zurück, während Bayrock die wichtigste kreditgebende Bank um Millionen Dollar brachte – genau wie unzählige Käufer, die Anzahlungen in Millionenhöhe geleistet hatten. Zu diesem Zeitpunkt übertrug Bayrock jedenfalls offenbar eine Mehrheitsbeteiligung an diesem und anderen Projekten an das neue, von der FL Group finanzierte Unternehmen.[126] Mit dem Bau der glamourösen Immobilie, die Bayrock in Phoenix, Arizona, angekündigt hatte, war wegen eines Konflikts mit einem lokalen Investor, der Felix Sater vorwarf, Kapital davon abgeschöpft zu haben, nicht einmal begonnen worden.[127] Trump SoHo eröffnete 2010 mit großem Trara, aber

Bayrock und Trump drohten Gerichtsverfahren von Käufern, die behaupteten, durch künstlich aufgeblasene Umsatzzahlen in den Erwerb von Apartments gelockt worden zu sein.[128] Drei Jahre später folgte die Zwangsvollstreckung.[129] Vier Jahre nach seiner Eröffnung 2012 stand Alex Shnaiders Trump Tower in Toronto immer noch zu drei Vierteln leer, das Projekt war ein Pleitefall. Die Immobilienentwicklungsgesellschaft, die Shnaider gegründet hatte, um den Wolkenkratzer zu bauen, hatte bereits 2015 Konkurs angemeldet und ein Darlehen über 300 Millionen Dollar der Raiffeisen Bank – der österreichischen Bank, die wegen ihrer Verstrickung mit der herrschenden Elite im Kreml und davor wegen der Schwarzgeldtransfers rund um die Diskont Bank bekannt war – nicht zurückgezahlt.[130]

Auch wenn das alles eine reine Fata Morgana war, profitierte Trump massiv von nicht veröffentlichten Lizenzeinnahmen und Verwaltungsgebühren, während es Bayrock, Shnaider und ihresgleichen gelungen war, Geld durch die Projekte zu schleusen, und sie möglicherweise immer noch Reibach machten. »An vielen Orten lohnte es sich, pleitezugehen«, sagte der auf Wirtschaftskriminalität spezialisierte Anwalt Jack Blum. »Man leiht sich von Banken Kapital für das Projekt und lässt es dann scheitern. Dann bleibt einem immer noch das Baugeld.«[131]

## VERLOCKENDE ANGEBOTE

Während die US-Immobiliengeschäfte sich wie erhofft entwickelten, lockte dasselbe Netzwerk mit einer Reihe von Angeboten für einen grandiosen Trump Tower in Moskau, mit dem Trump erneut einen ordentlichen Anteil dafür einstreichen würde, seinen Namen herzugeben, ohne für die Baukosten aufkommen zu müssen. Keines dieser Vorhaben wurde je umgesetzt, aber sie hielten Trumps Interesse wach – und sorgten dafür, dass er und seine Familie mehrmals nach Moskau reisten. 2005 versprach Sater im Namen von Bayrock einen Trump Tower auf dem Gelände einer alten Bleistiftfabrik an der Moskwa.[132] Das Grundstück gehörte zwei Bankern, von denen einer im Vorstand der Diskont Bank saß, jenes Moskauer Finanzinstitut, das im Zentrum des Geldwäscheskandals gestanden hatte, in dessen Zuge

Vizezentralbankchef Andrej Koslow ermordet wurde.[133] Das Geschäft scheiterte, als der Banker nach dem Skandal aus Russland floh, wobei er behauptete, er sei gezwungen gewesen, die Überweisungen durchzuführen, weil ihn die Sicherheitsbehörden bedrohten.[134] Doch zu diesem Zeitpunkt hatte Sater Trumps Tochter Ivanka und seinen ältesten Sohn Donald Jr. bereits bei Besuchen in Moskau begleitet. Einmal, im eisigen, grauen Moskauer Winter, im Februar 2006, nutzte er seine Kontakte, um für Ivanka eine Besichtigungstour durch Putins Büro im Kreml zu organisieren.[135]

Bald mischte sich Tschigirinski ein. Der gebürtige georgische Geschäftsmann traf sich häufig mit Ivanka und Donald Trump Jr. in Moskau und Mayfair und schlug den Bau eines raffinierten, von Norman Foster entworfenen gläsernen Wolkenkratzers in Moskaus aufstrebendem Finanzdistrikt vor, der Europas höchster sein und 2 bis 2,5 Milliarden Dollar kosten würde.[136] Er sagte, er sei bereit, Trump allein für das Recht, seinen Namen nutzen zu dürfen, eine Gewinnbeteiligung von 20 Prozent zu gewähren. Dieses Projekt scheiterte in der Finanzkrise 2008, als Tschigirinskis Firmenimperium – bis zum Anschlag überschuldet – zusammenbrach.

Schnell übernahm Aras Agalarow, das ehemalige Mitglied der Kommunistischen Partei und Tschigirinskis Schützling. Damals hatte Agalarow seine Anfänge beim ersten sowjetisch-amerikanischen Gemeinschaftsunternehmen längst hinter sich gelassen und war dabei, einer von Moskaus größten Baulöwen zu werden, bekannt für Crocus City, eine riesige, prunkvolle Shoppingmall mit Konzertsaal, die er am Stadtrand von Moskau gebaut hatte. Im November 2007 lud er Trump zur Millionaire Fair ein, einer jährlich stattfindenden Messe für Luxusgüter, die er dort veranstaltete. Vordergründig besuchte Trump dieses Fest der Verschwendung und des Protzes, wo teure Jachten, diamantverzierte Smartphones und ganze Inseln zum Verkauf angeboten wurden, wegen der Einführung seines »24K Super Premium Vodka« der Marke Trump, abgefüllt in eine mit 24-karätigem Gold besetzte Flasche. Der Versuch, ein Wodkageschäft in Moskau zu starten, war genauso erfolgversprechend wie Kühlschränke am Nordpol anzubieten, aber anscheinend knüpfte Trump mit Agalarow eine neue, schicksalhafte Verbindung.

Im November 2013 empfing Agalarow Trump erneut in Moskau, diesmal zur Miss-Universum-Wahl, die ebenfalls unter der Marke Trump lief. Agalarows Partys waren legendär – und, einem westlichen Banker zufolge, ebenso die schönen Mädchen, die für ihn arbeiteten. Trump verbrachte zwei Nächte in der Penthouse Suite des noblen Ritz-Carlton mit Blick auf den Roten Platz und verließ das Hotel danach strahlend. Die Tatsache, dass es zu keiner Begegnung mit Wladimir Putin kam, wie er ursprünglich gehofft hatte, trübte seine Stimmung kein bisschen. »Ich hatte ein tolles Wochenende in Moskau mit Ihnen und Ihrer Familie«, twitterte er den Agalarows. »Der TRUMP TO-WER – MOSKAU kommt.«

Die Idee, einen Trump Tower in Moskau zu errichten, war wieder aus der Schublade geholt worden, und Agalarow begann über eine große neue Unternehmung zu sprechen. Irakli Kaweladse, der mit Agalarow, wie beschrieben, Hunderte Bankkonten in den Vereinigten Staaten eröffnet hatte, leitete die Gespräche. Pläne für den Bau von zwölf Immobilien in der Nähe der Crocus City Mall wurden angestoßen. Das Projekt sollte »Manhattan« heißen und zwei Hochhäuser im Zentrum haben – eines sollte nach Trump benannt werden, das andere nach Agalarow.[137] Die staatliche russische Sberbank sollte die Finanzierung organisieren.

Dies war jedoch bloß ein weiteres Projekt, das niemals umgesetzt wurde. Trotzdem kletterte Agalarow, während er seine Beziehung zu Trump vertiefte, rasch die Ränge in Moskau hinauf. Putins Regierung wählte ihn für eine Reihe prestigeträchtiger Infrastrukturvorhaben aus: zuerst den Bau einer neuen Universität im fernen Osten Russlands im Auftragswert von 73 Milliarden Rubel, und dann sollte er zwei jeweils 18 Milliarden Rubel teure Fußballstadien für die Weltmeisterschaft 2018 hochziehen.[138]

2015, als Trump seine Präsidentschaftskandidatur beschloss, befand sich Schalwa Tschigirinski in seinem Dunstkreis. Er sagte mir, er sei mit Trumps engem Freund und Verbündeten Steve Wynn, dem Spielcasinobesitzer, der ein Großspender für Trumps Wahlkampf und später Finanzvorstand der Republikaner werden sollte, zusammen gewesen, kurz nachdem die Entscheidung verkündet worden war. Tschigirinski erinnert sich, dass er den Kopf schüttelte – vor Freude, aber auch vor Ungläubigkeit: »Wynn sagte mir: ›Schalwa, das geht maximal zwei Monate, dann ist er erledigt. Das weiß er.‹ Aber nach drei Monaten hatte er immer noch nicht aufgegeben. Er wurde immer beliebter und hielt überall in den USA Reden. Er hatte so viel Energie. Als ich mit ihm sprach, überraschten mich seine Entschlossenheit, seine Energie und sein Selbstvertrauen.«[139]

Während Trump seinen Wahlkampf hochfuhr, intensivierte das altbekannte russische Netzwerk sein Werben um ihn. Felix Sater erschien auf der Bildfläche, praktisch im selben Moment, als Trumps Kandidatur ankündigt wurde. Er begann mit Trumps persönlichem Anwalt Michael Cohen, den er seit seiner Jugend in Brighton Beach gut kannte, und dessen Stiefvater Yefim Shusterman, einem ukrainischstämmigen Taxiunternehmer, der enge Verbindungen zur Moskauer Stadtregierung unterhielt, zusammenzuarbeiten.[140] Gemeinsam verfolgten sie ein weiteres Trump-Tower-Projekt, noch grandioser als alle bisherigen. Sater prahlte, der Wolkenkratzer, ein hundert Stockwerke hoher glasverkleideter Obelisk, werde Trump 100 Millionen Dollar Lizenzgebühren einbringen.[141] In einem Brief an Cohen im Oktober 2015 versprach er alle Hebel im Kreml in Bewegung zu setzen, um das Projekt durchzubekommen: »Ich werde Putin an Bord holen und wir werden dafür sorgen, dass Donald die Wahl gewinnt«, schrieb er. »Wir wissen beide, dass niemand anderes das durchziehen kann, ohne über Dummheit oder Gier zu stolpern. (…) Ich werde dafür sorgen, dass Putins gesamte Mannschaft dahintersteht.«[142]

Wegen der Finanzierung hatte sich Sater an die VTB, die staatliche Bank für Spezialprojekte des Kreml, und an die Genbank, eine undurchsichtige, mit Sanktionen belegte Bank auf der Krim, gewandt, deren Miteigentümer und Co-Chef sein Kindheitsfreund Jewgeni Dwoskin war – der Schattenbanker hinter so vielen Schwarzgeldsystemen. Es schien, als seien alle Skrupel wegen möglicher Interessenkonflikte über Bord geworfen worden. Aber für Sater – und die russischen Nachrichtendienste – war vielleicht genau das der Punkt. So betrachtet mussten sie den Kandidaten weiter kompromittieren. Wie um das zu unterstreichen, schlug Sater sogar vor, dass man Putin ein

Penthouse in dem Wolkenkratzer im Wert von 50 Millionen Dollar schenken sollte. Diese Initiative hatte keine Chance auf Umsetzung, aber sie hätte dem zukünftigen US-Präsidenten natürlich geschadet. E-Mails über das geplante Hochhaus wurden noch im Juni 2016, als Trump offiziell als Kandidat der Republikanischen Partei bekannt gegeben wurde, hin und her geschickt.

Während Michael Cohen und Sater diese Pläne schmiedeten, probierte Agalarow einen anderen Ansatz. Er organisierte ein Treffen zwischen der Moskauer Anwältin Natalija Wesselnizkaja, die er gut kannte, und Donald Trump Jr. Diese Zusammenkunft war von Agalarows Sohn Emin, einem bekannten Popstar in den ehemaligen Sowjetstaaten, über seinen Publicitymanager Rob Goldstone vorgeschlagen worden, ein gedrungener ehemaliger Journalist aus Nordengland, der Donald Jr. sagte, Wesselnizkaja besitze belastendes Material über Trumps demokratische Konkurrentin Hillary Clinton. Details des Meetings, das im New Yorker Trump Tower am 9. Juni 2016 stattfand, kamen ans Licht, nachdem Paul Manafort, der amerikanische Lobbyist mit Kreml-Verbindungen, der eine Zeit lang Trumps Wahlkampfmanager gewesen und bei dem Termin vor Ort gewesen war, vor Ermittlern des US-Kongresses aussagte. Geleakte E-Mails zeigten später, dass Goldstone an Donald Jr. geschrieben und dreist behauptet hatte, Aras Agalarow habe eine wichtige Person aus der russischen Staatsanwaltschaft getroffen und biete an, »den Trump-Wahlkampf mit offiziellen Dokumenten und Informationen zu versorgen, die Hillary und ihre Geschäfte mit Russland in den Schmutz ziehen würden und sehr nützlich für Ihren Vater wären. (…) Das gehört zu der Unterstützung von Russland und seiner Regierung für Mr. Trump – vermittelt durch Aras und Emin.«[143] »Wenn es das ist, was Sie sagen, bin ich begeistert«, antwortete Donald Jr.[144]

Schenkt man den Berichten der Anwesenden Glauben, war die Begegnung jedoch ein Flop. Wesselnizkaja hatte sich bloß für die Aufhebung des Magnitsky Act eingesetzt, eine Reihe von Sanktionen gegen russische Strafverfolger wegen Menschenrechtsverletzungen, die von dem amerikanischen Aktivisten und Investor Bill Browder nach dem Tod seines Anwalts Sergej Magnitski in einem Moskauer Gefängnis durch den Kongress gebracht wurde. Das einzige belastende Material, das Wesselnizkaja über Trumps Konkurrentin im Präsidentschaftswahlkampf zu haben schien, waren einige Unterlagen, die bewiesen, dass ein Hedgefondsfinanzier von Browder einige Millionen Dollar für den Clinton-Wahlkampf gespendet hatte. Selbst Goldstone schien das Treffen peinlich zu sein. Doch schon am nächsten Tag hatte er eine neue Botschaft der Agalarows an Trump und teilte dessen Assistentin mit, Emin und Aras Agalarow hätten »ein ziemlich ansehnliches Geburtstagsgeschenk für Trump«, dessen Geburtstag einige Tage später, am 14. Juni, war. Kurz darauf wurde ein Gemälde mit einem Brief, den anscheinend niemand außer Trump gelesen hat, geliefert.[145] Wenige Tage später verbreitete sich die Nachricht, dass einige Zeit zuvor, im Frühling, Server der Demokraten gehackt worden waren, offenbar von einer russischen Gruppe, die sich »Guccifer2.0« nannte.[146]

Der Rest ist Geschichte. Einen Monat vor der Wahl begann WikiLeaks eine Reihe von E-Mails zu veröffentlichen, die aus dem von den Russen gehackten Account von John Podesta, Clintons Wahlkampfleiter, stammten. Diese Leaks wirken heute banal im Vergleich zu dem, was über die Machenschaften der Trump Organization bekannt wurde. Aber die Geschichte, die um sie herum gesponnen wurde, bekräftigte Trumps populistische Behauptungen, dass Washington ein Sumpf sei, von dem aus die Vereinigten Staaten von einer Insiderelite geführt würden, die sich nur um ihr eigenes Wohlergehen kümmere. Der Veröffentlichung der Daten waren zwei Tweets des engen Trump-Verbündeten Roger Stone vorausgegangen, dass WikiLeaks kurz davor sei, Clinton zu vernichten.[147]

Als Trump die Wahl im November 2016 gewann, konnten die Russen ihr Glück anfangs kaum fassen. Die Szenen aus dem russischen Parlament waren tumultartig: Als ein Abgeordneter an diesem Morgen in die Sitzung des Parlaments lief und rief, Trump sei der Wahlsieger, sprang der ganze Saal auf und spendete tosenden Beifall. Am Abend stieß man mit Champagner an. »Heute Abend heißt es: Trump für alle Amerikaner und für die ganze Welt«, erklärte Boris Tschernischew, ein Mitglied der nationalistischen LDPR. »Heute Abend können wir in Bezug auf Mr. Trump sagen: Yes we did it«, kommentierte er in Anspielung auf Barack Obamas Wahlkampfslogan von 2008.[148] »Dies ist ein großer Tag für die amerikanische Demokratie«, jubelte Sergej Markow, einer der Chefideologen des Kreml. »Wir müssen die amerikanische Demokratie respektieren.« Putins Sprecher Dmitri Peskow, der vorgeblich wegen eines Schachturniers in New York zu Besuch war, konnte seine Begeisterung kaum verbergen. Putin und Trump, sagte er, »verfolgen dieselben politischen Ziele, und das ist unglaublich. Es ist phänomenal, wie nah die beiden einander sind, was ihre konzeptuellen Ansätze bei der Außenpolitik angeht.«[149]

∗

Hatte Russland eine gewaltige Operation durchgezogen, um seinen Mann ins Weiße Haus zu bringen? Und falls nicht, was waren dann die Gründe dafür, dass die mit dem russischen Geheimdienst verbundenen Männer Trump vor seiner Präsidentschaft umwarben und mit Deals winkten? War das alles minutiös geplant oder reiner Opportunismus? Konnte es wirklich sein, dass sie ihn in der Hand hatten? Laut Juri Schwez war Trump für sie schon lange eine Person von besonderem Interesse gewesen. Eine erste Annäherung fand im Juli 1987 statt, bei seinem ersten Besuch in Moskau auf Einladung von Juri Dubinin, dem damaligen sowjetischen Botschafter in den Vereinigten Staaten.[150] Enthusiastisch pries er die spektakuläre Architektur, die großzügige Gastfreundschaft und besonders die Frauen. »Seine Vorliebe für russische, für slawische Mädchen, war ohne Zweifel immer groß«, sagte mir ein ehemaliges hochrangiges KGB-Mitglied aus Putins näherem Umfeld mit einem Kichern.[151]

Juri Schwez zufolge glaubte der KGB damals zumindest, er habe Trump rekrutiert. Ob Trump sich dessen bewusst war, ist eine andere Frage. Kurz nach seiner Rückkehr aus Moskau veröffentlichte er jedoch eine ganzseitige Anzeige in drei amerikanischen Zeitungen, in der er seine Meinung kundtat, dass Amerika die Unterstützung und Verteidigung wichtiger strategischer Verbündeter in Japan und im Persischen Golf aufgeben solle. »Es ist an der Zeit, dass wir unser enormes Haushaltsloch stopfen, indem wir Japan und andere, die es sich leisten

könnten, bezahlen lassen«, schrieb er. »Unsere weltweite Beschützer-
rolle ist für diese Länder Hunderte Milliarden Dollar wert, und ihnen
liegt wesentlich mehr daran als uns.« Es war eine Strategie, die darauf ausgerichtet schien, die Position der USA als globale Supermacht
aufzugeben. Und, so Schwez: »Es war eine komplette Sammlung von
Sichtweisen und Interessen, die der KGB förderte.«[152]

Möglicherweise werden wir nie erfahren, ob Russland Trump vor
so langer Zeit mit Kapital versorgte. Trump selbst hat konsequent geleugnet, jemals Mittel aus russischen Quellen erhalten zu haben. »ICH
HABE NICHTS MIT RUSSLAND ZU TUN – KEINE DEALS, KEINE
KREDITE, GAR NICHTS!«, twitterte er im Januar 2017. Aber klar ist,
seit Tschigirinski 1991 erstmals das Taj Mahal betrat, war Trump umgeben von einem Geflecht von Geldmännern aus Moskau, von Soln-
zewskaja-Mitgliedern und Geheimdienstlern, und nachdem Bayrock
2000 auf der Bildfläche erschien, haben sie die Geschäftsbeziehungen
intensiviert.

Letztlich kam es nie zu einer Einigung über einen Trump Tower in
Moskau. Aber es spielte keine Rolle, ob Trump einen Vertrag unter-
schrieb oder nicht: Es reichte aus, ihm ständig die Möglichkeit vor-
zuhalten. Stattdessen sorgten die von dem altbekannten Netzwerk
ehemaliger sowjetischer, mit der Solnzewskaja verknüpfter Unterneh-
mer durchgeführten Immobiliengeschäfte in den USA dafür, dass das
Geld floss. Dasselbe Prinzip galt für die Besprechung im New Yorker
Trump Tower im Juni 2016. Für die Russen genügte es, dass Donald
Jr. klar und deutlich die Vorstellung begrüßte, von jemandem aus der
Staatsanwaltschaft – und somit einem Repräsentanten der russischen
Regierung – belastendes Material über die Konkurrentin seines Vaters
zu erhalten, um diese mit Schmutz zu überziehen. Aus der Sicht von
Juri Schwez ging es bei dem Treffen einzig und allein um Geheim-
dienstspielchen. Es war eine Gelegenheit, den zukünftigen Präsidenten
weiter zu kompromittieren.

Wir wissen immer noch nicht, wie viel die Trump Organization
durch die Lizenzgeschäfte und die 18-prozentige Aktienbeteiligung an
Trump SoHo verdient hat oder ob Trump weitere versteckte Anteile an
den Immobilienprojekten von Bayrock oder an Alex Shnaiders Trump

Tower Toronto hatte. In einer eidesstattlichen Erklärung versicherte Sater 2008, die Trump Organization erhalte »laufende« monatliche Zahlungen von Bayrock für »Entwicklungsdienstleistungen« für den Trump Tower in Phoenix, obwohl dieses Projekt nie umgesetzt wurde.[153] Die Höhe dieser Zahlungen gab er jedoch nicht preis, mit Ausnahme einer Überweisung von 250 000 Dollar für »geleistete Dienste«.[154] Ohne Einsicht in Trumps Finanzen können wir unmöglich wissen, wie viel Bayrock ihm zahlte.

In einem Interview mit dem amerikanischen Fernsehsender ABC behauptete Sergej Millian, einige der Antworten zu kennen. Millian, der seinerzeit aus der Sowjetunion emigriert war, sagte, er habe als Makler für Trump-Immobilien in Florida russische Käufer herangeholt und dabei Trump und Michael Cohen kennengelernt. Er behauptete, Trump habe »beträchtliche Geschäfte mit Russen« getätigt und »Hunderte Millionen Dollar durch den Umgang mit russischen Geschäftsleuten« erhalten. Er sprach vor allem über den Unternehmer Tamir Sapir, den gebürtigen Georgier, der sich mit Bayrock zusammengetan hatte, um Trump SoHo zu finanzieren. Einige der Russen, mit denen Trump zu tun hatte, berichtete Millian, hätten in der Folge »Dutzende Millionen Dollar« verloren. Aber während sie Verluste machten, »verdiente Donald Trump eine Menge Geld durch Geschäfte mit Russen«.[155]

Gerüchte hielten sich, dass Trump finanzielle Unterstützung aus Moskau über die Deutsche Bank erhielt. Sie hatte Trump in den Jahren, nachdem er in den frühen Neunzigern kurz vor der Privatinsolvenz stand, Finanzspritzen im Wert von mehr als 4 Milliarden Dollar gewährt. Die Deutsche Bank wurde Trumps Kapitalgeberin, als nichts anderes mehr ging, weil andere Wall-Street-Banken ihn als zu großes finanzielles Risiko ablehnten. Nach 2011 stellte ihr Privatkundenzweig Kredite in Höhe von über 300 Millionen Dollar für Trumps Projekte zur Verfügung, darunter das Trump International Hotel and Tower in Chicago und das Doral Golf Resort and Spa in Florida. Dies sorgte für große Kontroversen innerhalb der Bank, denn Trump schuldete ihrem Geschäftszweig bereits 334 Millionen Dollar aus einem 640-Millionen-Dollar-Kredit für den Trump Tower in Chicago.

Die Deutsche Bank hatte immer eine besondere Beziehung zu Putins Kreml gepflegt. Unter Charlie Ryan, der Putin in den frühen Neunzigern in Sankt Petersburg kennengelernt hatte, verwaltete ihre Moskauer Zweigstelle die Firmenkonten von Putins engsten Verbündeten – Timtschenko, Rotenberg und Kowaltschuk –, unterhielt gleichzeitig enge Kontakte zur russischen Staatsbank VTB und beschäftigte den Sohn von deren Vorstand, Andrej Kostin. Josef Ackermann, der damalige Deutsche-Bank-Chef, verkehrte mit Kostin und fragte ihn häufig um Rat. Über die Deutsche Bank Moskau liefen später die illegalen Transfers von mehr als 10 Milliarden Dollar im Rahmen des Mirror-Trade-Betrugs, dessen Architekt Felix Saters enger Freund Jewgeni Dwoskin war.

Anfangs waren Trumps Unternehmungen wahrscheinlich nicht mehr als ein praktisches Vehikel, mit dem sich Geld in die USA schleusen ließ. »Ich glaube nicht, dass dies eine lang geplante strategische Operation war«, sagte Juri Schwez.[156] Ab irgendeinem Punkt jedoch wurde Trump politisch interessant für sie.

### DIE RACHE DES KGB

Putins Männer aus den Sicherheitsbehörden schwelgten in Trumps Sieg. Vielen erschien er wie die Rache für den Kollaps der Sowjetunion. »Während der Westen James Bond spielte (…) richteten wir unseren Fokus darauf, Respekt zu bekommen«, sagte Konstantin Satulin, ein prominenter russischer Parlamentarier. »Als der Westen dachte, der Wettstreit des Kalten Krieges sei vorbei, verlor er den Respekt vor seinem Gegner. Nun wird er sich dessen wieder bewusst.«[157]

Auch lange nachdem sich die Aufregung gelegt hatte, konnte Putin seine Freude nicht verbergen. In ganz Europa kamen populistische Politiker an die Macht, und mit Trumps Wahl und dem drohenden Austritt Großbritanniens aus der EU begann sich die Weltordnung, die nach dem Kalten Krieg geherrscht hatte, aufzulösen. »Die liberale Idee ist überholt. Sie steht im Widerspruch zum Willen der überwältigenden Mehrheit der Bevölkerung«, sagte Putin gegenüber der *Financial Times* im Juni 2019. Die Liberalen, sagte er, »können nicht jedem alles diktieren, wie sie es in den vergangenen Jahrzehnten versucht haben«.

NETZWERK UND DONALD TRUMP 577

Schon vor Trumps Wahlsieg hatte Wladimir Jakunin seinerseits versucht, Parallelen zu ziehen zwischen dem Aufschwung des Populismus im Westen und den Forderungen nach einer Auflösung des politischen Monopols der Kommunistischen Partei, die dem Zusammenbruch der Sowjetunion vorausgegangen waren. In Wirklichkeit konnten diese beiden Prozesse unterschiedlicher nicht sein. Jakunin versuchte jedoch zu argumentieren, dass die westliche Elite fast genauso altersschwach und distanziert von der Bevölkerung sei wie die sowjetische Führung in ihren letzten Tagen. »Brexit und Trump könnten nützlich sein, weil sie die politische Elite beunruhigen und ihr vorhalten müssten, dass sie zu fett geworden ist«, sagte Jakunin in dem Sommer vor Trumps Wahlerfolg. »Sie haben die Fähigkeit verloren, auf politische Situationen zu reagieren, und sich von den Massen entfernt. (…) Es ist ein natürlicher Prozess. Wenn die Elite altert, kommen neue Kräfte, um sie zu ersetzen.«[158]

Nach Trumps Wahl freute sich Jakunin über das, was er als Niederlage der liberalen Weltordnung betrachtete: »Die Neokonservativen, die geglaubt haben, sie könnten die ganze Welt kontrollieren, sie hätten die ganze Welt in der Hand, bekamen plötzlich einen derartigen Schlag ins Gesicht, dass für sie alles ins Wanken geriet. Dieses System, das sie aufgebaut haben, kann nicht existieren, wenn es eine Alternative gibt. Das Schlimmste für sie ist eine Alternative. Putin ist eine Alternative. Trumps Auftauchen ist eine Alternative. Das aufgerüttelte Europa ist eine Alternative.«[159]

Russland, gab er schließlich zu, hatte, genau wie jede andere Weltmacht, seine Geheimdienste eingesetzt, um bereits bestehende Schwächen für sich zu nutzen. »Alle Nachrichtendienste führen aktive Maßnahmen durch«, sagte er. »Ich weiß, wovon ich rede. Bei Konflikten versucht natürlich jede Seite, daraus Vorteile für sich zu ziehen. Die Deutschen tun es. Die Franzosen tun es. Die Russen tun es. Es war nie das Ziel, irgendjemanden zu beeinflussen. Das Ziel war, dass Russland sich wieder von den Knien erhebt. Dies kann erreicht werden, indem man eine Politik der Unabhängigkeit verfolgt. (…) Und dafür braucht man einen Kreis von Freunden.« Das, erklärte er, sei ein Prozess, der Maßnahmen während des Kalten Krieges nicht unähnlich sei, als die Sowjets die Friedensbewegung im Westen finanziell unterstützten. »Sie erinnern sich, wie mächtig die Friedensbewegung war, als die Sowjetunion noch existierte. Die Sowjetunion hat sie finanziert. Nun haben wir eine vollkommen andere Konstellation. Das Problem ist, dass unsere Politiker noch nicht begriffen haben, dass es in dieser Schlacht keine Sieger geben wird«, sagte er nachdenklich und schüttelte langsam den Kopf.[160]

Diese »aktiven Maßnahmen« hatten zu einer Gegenreaktion geführt. In den USA wurden Vorwürfe geprüft, Russland habe sich bei Trumps Aufstieg eingemischt. Die unkluge Bemerkung eines von Trumps außenpolitischen Beratern, er habe im Voraus gewusst, dass die Russen Zugang zu Hillary Clintons E-Mails hatten, führte dazu, dass das FBI Ermittlungen einleitete, und die Tatsache, dass Trump den FBI-Direktor James Comey feuerte, verschärfte die Situation noch. Es hatte zur Folge, dass ein Sonderermittler Russlands Versuche, sich in die Wahl einzumischen, untersuchte – genau wie die Frage, ob Trump die Justiz behinderte, als er Comey rauswarf, und ob es in Trumps Wahlkampf geheime Absprachen mit Russland gab. Die US-Geheimdienstgemeinde gelangte mit überwältigender Mehrheit zu dem Schluss, dass der russische Nachrichtendienst die Server der Demokraten gehackt und versucht habe, die öffentliche Meinung mit einer Social-Media-Kampagne zu Trumps Gunsten zu beeinflussen – Ergebnisse, wegen denen die Falken in Trumps Regierung striktere Sanktionen gegen die russische Wirtschaft und ihre Tycoons verlangten. Für mehr als zwei Jahre beherrschten die Anschuldigungen, Russland habe den Wahlausgang aktiv beeinflusst, die Schlagzeilen. Aktivitäten der letzten Jahrzehnte kamen nach und nach ans Licht.

Aus Sicht von Juri Schwez war die Kampagne von Putins Regierung eine Katastrophe: plump, schlecht vorbereitet und opportunistisch und, wie er verächtlich kommentierte, ungefähr so raffiniert wie eine sowjetische Kolchose, ein gigantischer kollektiver Landwirtschaftsbetrieb voller Bauern. »Wie kann das ein Erfolg sein?«, rief er. »Sie haben Russland weltweit zu einem Außenseiter gemacht!«

\*

Trotz der neuen Sanktionen, die seine Regierung verhängte, war Trump nach wie vor ein Präsident, der viele Träume von Putins KGB-Männern erfüllte. Sein Antrieb waren seine langjährige »America first«-Einstellung und sein chaotischer Entscheidungsstil. Er hatte allerdings auch sofort seinen Respekt vor Putin und dessen Leuten deutlich gemacht. Bei einem noch nie dagewesenen Meeting im Oval Office zu Beginn seiner Präsidentschaft sagte er zu Russlands Außenminister, Sergej Lawrow, und Russlands Botschafter in den USA, Sergej Kislak, er mache sich keine Gedanken über die Anschuldigungen der US-Nachrichtendienste bezüglich Russlands Einmischung bei der Präsidentschaftswahl – Amerika tue schließlich das Gleiche anderswo.[161]

Bald machte er sich daran, die westliche Ordnung, die seit dem Ende des Kalten Krieges existierenden stabilen Bündnisse, auseinanderzunehmen. Im Wahlkampf hatte er die NATO als überflüssig bezeichnet und öffentlich darüber nachgedacht, Russlands Annexion der Krim anzuerkennen. Nach der Wahl ermunterte er die britische Premierministerin Theresa May (und dann ihren Nachfolger Boris Johnson), den Bruch des Königreiches mit der EU zu vertiefen, drohte sogar damit, ein Handelsabkommen zwischen der Insel und den USA zu verweigern, falls Großbritannien sich seinem Willen nicht beugte. Er bedrängte unablässig NATO-Mitgliedsstaaten mit Anschuldigungen, sie würden ihren finanziellen Verpflichtungen nicht nachkommen. Seine Beziehungen zur deutschen Kanzlerin Angela Merkel, einer Bastion der liberalen Weltordnung, waren bestenfalls angespannt, und er kritisierte sie wegen ihrer Einwanderungspolitik. 2019 zog er US-Truppen aus Syrien ab – eine verheerende Entscheidung, mit der Amerika seine kurdischen Verbündeten im Stich ließ und Russland und Iran die Gelegenheit bot, das resultierende Machtvakuum zu füllen. Trump war launisch, unvorhersehbar, und jede seiner Äußerungen schien die amerikanische Führungsrolle zu negieren. Unter seiner Aufsicht wurden demokratische Institutionen der Vereinigten Staaten geschwächt, die amerikanische Gesellschaft wurde stärker denn je gespalten. Außenpolitik wurde als Instrument genutzt, um Trumps eigene politische Interessen durchzusetzen. Die ehemalige US-Botschafterin in der Ukraine, die von ihrem Posten zurückbeordert worden war, sagte, das Außenministerium werde »von innen heraus angegriffen und ausgehöhlt«.[162] 2019 setzte sich Trump sogar öffentlich für den Wiedereintritt Russlands in die Gruppe der G8 ein.

Schalwa Tschigirinski seinerseits war hocherfreut über Trumps Effektivität. »Er liefert, was er versprochen hat«, sagte er, als wir uns im Mai 2018 trafen. Es fiel ihm schwer, nicht zu prahlen. Ein alter sowjetischer Traum, dass sich die europäischen Staaten ohne die militärische Unterstützung der USA gegenseitig bekämpfen würden, konnte wahr werden. »Dann bleibt nichts mehr zu tun für die Russen, als zu kommen und sich die Frauen zu holen«, lachte er.[163]

Tschigirinski, der den Kontakt zu hochrangigen russischen Auslandsgeheimdienstlern wie dem früheren Außenminister Igor Iwanow aufrechterhielt, schien natürlich zu scherzen. Aber sein Lachen besaß eine gewisse Schärfe. Die Welt befand sich auf einmal in einer disharmonischen neuen Realität, in der alles auf den Kopf gestellt zu sein schien. Als Trump Putin bei ihrem ersten gemeinsamen Gipfel in Helsinki im Juli 2018 endlich persönlich begegnete, waren all jene, die Vorwürfe, die Putin-Regierung könne Macht über den Amerikaner haben, als Medientheater abgetan hatten, mit einem krassen Bild konfrontiert. Da katzbuckelte der Präsident der Vereinigten Staaten offensichtlich vor Putin, war voll des Lobes darüber, wie dieser die eben zu Ende gegangene Fußballweltmeisterschaft durchgeführt hatte, und bezeichnete den russischen Staatschef unterwürfig als »guten Konkurrenten«. Trump widersprach direkt den Ergebnissen seiner eigenen Nachrichtendienste über Russlands Eingreifen in den Wahlkampf 2016 und verließ sich lieber auf – in seinen Worten – Putins »extrem starkes und überzeugendes« Dementi.[164]

Vor einem Saal voller Reporter übernahm ein lächelnder, manchmal geradezu süffisant grinsender Putin bei nahezu allen Themen die Führung. Zu Russlands Versuchen, die US-Wahl zu beeinflussen, befragt, tat er dies als Einmischung von »Privatpersonen« ab und verwies insbesondere auf die Anklageerhebung der amerikanischen Staatsanwaltschaft gegen einen seiner Vertrauten, den ehemaligen Gastronomen Jewgeni Prigoschin, Spitzname »Putins Koch«, und seine Firma Concord. Prigoschin wurde vorgeworfen, Chef einer Internettrollfabrik zu sein, die hinter den umfassenden Maßnahmen, die amerikanischen Wähler zur Entscheidung für Donald Trump zu bewegen, stand. »Sie vertreten nicht den russischen Staat«, behauptete Putin. »Das ist eine Sache von Privatpersonen, nicht des Staates. (…) Viele Leute, darunter solche mit Milliardenvermögen, zum Beispiel Mr. Soros, mischen sich überall ein. Und ist das die Position der amerikanischen Regierung? Nein. Es ist die Position einer Privatperson. Hier ist es das Gleiche.«[165]

Putins Bemerkung war der pure Hohn. Die Verwendung des Begriffs »Privatperson« war eine typische KGB-Taktik, um jegliche Beteiligung des Kreml abstreiten zu können, und sie stellte den Kern der Vorgehensweise von Putins Regierung dar. Zu diesem Zeitpunkt waren im KGB-Kapitalismus alle bedeutenden sogenannten »privaten« Geschäftsleute Agenten des Staates geworden. Seit Michail Chodorkowskis Verhaftung 2003 waren sie zunehmend ihrer Unabhängigkeit beraubt worden.

Die Finanzkrise 2008 hatte den Prozess verschärft, da viele russische Milliardäre auf staatliche Notkredite angewiesen waren. Als sich Russland 2014 in eine Auseinandersetzung mit dem Westen stürzte und sogar ein loyaler Milliardär gezwungen wurde, sein Unternehmen an den Staat abzutreten, war dies das endgültige Signal. Die Tycoons, die einst als mächtige Oligarchen gegolten hatten, waren nun Vasallen von Putins Kreml. Jede ihrer Bewegungen wurde überwacht, die meisten Telefone waren verwanzt. Die Sammlung von *kompromat*, um sie an der kurzen Leine zu halten, war eine der Hauptbeschäftigungen der Strafverfolgungsbehörden geworden. Viele Wirtschaftsbosse bemühten sich um den Erhalt von Putins Gnade, indem sie Aufgaben für ihn ausführten. »Sie sind Katzen, die dem Kreml tote Mäuse bringen«, so Mark Galeotti vom Institut für Internationale Beziehungen in Prag, ein Experte für Putins Einflussoperationen.[166] Sie brauchten Putins Zustimmung, um wirtschaftlich voranzukommen, aber auch, um Attacken der Strafverfolgungsbehörden und rivalisierender Oligarchen zu überstehen. »Jeder Einzelne von ihnen ist von der Nummer eins abhängig«, sagte ein enger Partner eines dieser Milliardäre. »Russland ist das Land, in dem sie überwiegend ihr Geld verdienen, und sie alle sind dazu auf die Zustimmung der Nummer eins angewiesen.«[167]

Sie waren Teil eines Feudalsystems geworden, in dem Putin seine Macht daraus bezog, dass er derjenige war, der beim Konkurrenzkampf um Geschäfte das letzte Wort hat. Nahezu jeder Deal ab einem gewissen Wert – manche sagen, ab 50 Millionen Dollar – erforderte Putins Einverständnis. Ein hochrangiger westlicher Bankier berichtete allerdings, manchmal schalte sich der Präsident auch schon bei niedrigeren Summen ein: »Was mich völlig umgehauen hat, war, dass Putin sich bei einem Deal einmischte, bei dem es um ungefähr 20 Millionen Dollar ging.« In diesem speziellen Fall wollte ein Geschäftsmann sein Unternehmen verkaufen und das Land verlassen. »Aber man sagte ihm, er werde nirgendwohin gehen, und er musste seine Firma behalten«, erzählte der Bankier.[168] In einem solchen Umfeld kann man sich leicht vorstellen, dass russische Geschäftsmänner sich bereiterklärten, ausländische Politiker für die Sache des Kreml einzunehmen, wenn sie dafür Putins Einwilligung bekamen, ein Grundstück zu erwerben, eine Baugenehmigung erhielten oder auch schlicht nicht ins Gefängnis wanderten.

Und Putins Männer hatten, insbesondere nach der Annexion der Krim, deutlich gemacht, wohin die Reise aus ihrer Sicht gehen sollte. »Die Idee ist völlig klar«, sagte ein russischer Unternehmer. »Der Westen wird Russland wegen seines orthodoxen Glaubens zerstören. (…) Wir verfügen über Ressourcen, die uns der Westen wegnehmen will. Wir haben die talentiertesten Sportler, Künstler und Tänzer, und man beneidet uns. Wir haben die am weitesten entwickelten, intelligentesten Menschen. Mittlerweile kümmert sich jeder Teil der Maschinerie um seine eigenen Angelegenheiten; die Maschine läuft von selbst. Jeder tut, was er kann.«[169]

Der Einfluss Putins und seiner KGB-Männer war weitreichend. Die Netzwerke, die sie kurz vor dem Zusammenbruch der Sowjetunion geschaffen hatten, um Vermögen in den Westen zu schleusen, waren erhalten geblieben und mit frischem Kapital versorgt worden. Die mutmaßlichen Partner aus der organisierten Kriminalität wie Boris Birstein waren nach wie vor aktiv und erreichbar, und die nach außen hin respektableren Geschäftsleute wie Schalwa Tschigirinski handelten ebenfalls vollkommen in Einklang mit dem russischen Staat.

Unter Jelzin hatte für kurze Zeit die Gefahr bestanden, dass einige dieser Gruppen außer Kontrolle geraten könnten, doch unter Putin hatten die Sicherheitsbehörden ihre Vormachtstellung wieder geltend gemacht.

In Tschigirinskis Fall beispielsweise hatten sie ein Druckmittel in der Hand: Sein Bruder Alexander war in Moskau geblieben, nachdem Tschigirinski Russland infolge der Finanzkrise 2008 erneut verlassen hatte. Tschigirinski erzählte jedem, er befinde sich im Exil und spreche nicht mehr mit seinem Bruder, sie hätten sich zerstritten. Aber er zeigte mir einen erst kürzlich erfolgten Nachrichtenaustausch mit seinem Bruder, der Fotos der Pensionierungsfeier eines hochrangigen Moskauer Stadtbeamten enthielt, die Alexander besucht hatte. Alexanders Immobiliengeschäft war darüber hinaus nahezu vollständig abhängig von guten Beziehungen zum Kreml.[170] Die Schwarzgeldstrukturen, die vor langer Zeit von Mogilewitsch und seinen Kumpanen über die Solnzewskaja-Gruppe und Sam Kislin, Tamir Sapir, Aras Agalarow und Tschigirinski errichtet worden waren, wurden nach wie vor genutzt. Solche Netzwerke der Sicherheitsbehörden, sagte Thomas Graham, der Direktor für Russland im Nationalen Sicherheitsrat der USA unter George W. Bush, »werden nie aufgegeben. Sie bleiben immer bestehen.«[171]

Über dieses Netzwerk Moskauer Geldmänner hinaus, zu dem mittlerweile die neue Generation aus Brighton Beach (Sater und Dowskin) gehörte, hatte Putin weitere Einflussmöglichkeiten entwickelt. Da war Dmitri Ribolowlew, der Düngemitteltycoon, der viel zu viel Geld für Donald Trumps Anwesen auf den Tisch gelegt hatte. Dann war da Wiktor Wekselberg, der Mandarin-ähnliche Chef des Innovationszentrums Skolkowo, der einen Teil seines Vermögens, das er im russischen Mineralölgeschäft gemacht hatte, dafür ausgab, amerikanische Vermögenswerte aufzukaufen – darunter eine Mehrheitsbeteiligung an CIFC, einem der größten Verwalter von Schuldverschreibungen, der 14 Milliarden Dollar Privatschulden managte, womit er das Unternehmen zu einem Instrument für potenziell sagenhaften Druck und Einfluss auf verschuldete amerikanische Geschäftsleute machte.

»Jeder Einzelne der zehn wichtigsten russischen Geschäftsmänner tut irgendetwas«, sagte ein ehemaliger enger Geschäftspartner eines russischen Milliardärs. »Sie haben so viel Geld. Sie können jeden kaufen. Die USA haben sich aufgeplustert, weil sie Bill Gates und Mark Zuckerberg haben, und dann kam Russland und zerstörte [diese Illusion] einfach. Die Russen sind immer cleverer. Nüchtern betrachtet erledigt Putin fantastische Arbeit für Russland. Er und seine Leute nutzen jedes erdenkliche Schlupfloch, um die Regeln zu umgehen. Sie haben stets drei oder vier verschiedene Geschichten, und dann geht alles im allgemeinen Trubel unter.« Putins Männer, sagte er, seien schon lange auf verschiedenen Ebenen aktiv. »Für sie ist es nicht viel Geld, wenn sie 3 Millionen Dollar für ein Gesundheitszentrum in Idaho ausgeben und so dazu beitragen, dass irgendein Typ gewählt wird. Das ist billig.«[172]

Dmitri Peskow, Putins mächtiger Pressesprecher, der zuvor als Diplomat im Ausland tätig gewesen war, hatte einmal geprahlt, dass die Bemühungen von Robert Mueller, dem Sonderermittler, der Trumps Russlandverbindungen untersuchen sollte, niemals zu einem Ergebnis gelangen würden. »In Russland bezeichnen wir das als Sieben von Wasser«, sagte er. »Genau so wirkt dieses Verfahren.«[173] Wie sich herausstellte, lag er damit vollkommen richtig. Das ehemalige KGB-Mitglied Juri Schwez hatte für den Mueller-Report nichts als Verachtung übrig. »Das war eine reine Sammlung von Befragungen«, sagte er. Das, was veröffentlicht wurde, enthielt keinerlei Material aus der Spionageabwehr. »Wie kann man ohne das gegen Trump ermitteln?«[174]

Die Mueller-Sonderermittlung schien, schenkte man den öffentlichen Kommentaren von Trump und der Republikanischen Partei Glauben, im Sande zu verlaufen. Aber es wurde deutlich, dass Teile des bewährten Netzwerks Moskauer Geldmänner weiterhin aktiv waren. Als es auf die Präsidentschaftswahl 2020 zuging, schienen einige von ihnen nach wie vor zu versuchen, die Dinge zu Trumps Gunsten zu beeinflussen. Sam Kislin, Sapirs Geschäftspartner und Tschigirinskis Verbündeter, hatte engen Kontakt zu Rudy Giuliani, dem ehemaligen New Yorker Bürgermeister, geknüpft, der zu diesem Zeitpunkt als Trumps persönlicher Anwalt tätig war. Kislin gab gern mit seiner freundschaftlichen Beziehung zu Trump an, und er hatte in den Neun-

zigern beträchtliche Spendensummen in Giulianis Bürgermeister-
wahlkampf gesteckt.[175]

2019 drängte er Giuliani, Korruptionsvorwürfen in der Ukraine
nachzugehen,[176] und forderte die Trump-Regierung auf, gegen den
früheren ukrainischen Präsidenten Petro Poroschenko zu ermitteln,
der das Land durch den bitteren Krieg mit den vom Kreml unterstützten Separatisten und die russische Annexion der Krim geführt hatte.
Er tat das zu einem entscheidenden Zeitpunkt, als Giuliani nämlich in
der Ukraine aktiv nach kompromittierendem Material gegen Trumps
möglichen demokratischen Rivalen im Wahlkampf 2020, Joe Biden,
suchte – und Kislin schien ihm hierfür die Türen zu öffnen.[177]

Dann gab es da noch die beiden in der Sowjetunion geborenen Geschäftsmänner Igor Fruman und Lev Parnas, die irgendwann wegen
»Verschwörung zur Umgehung von Gesetzen gegen Einfluss aus dem
Ausland« verhaftet wurden und ebenfalls mit Giuliani befreundet waren und – wie einer der beiden behauptete – auch mit Trump.[178] Sie
agierten als Mittelsmänner und stellten Giuliani drei gegenwärtigen
beziehungsweise ehemaligen ukrainischen Staatsanwälten vor, die Informationen über Korruptionsvorwürfe rund um einen ukrainischen
Gaskonzern, Burisma, besaßen, in dessen Verwaltungsrat Joe Bidens
Sohn Hunter gesessen hatte.[179] Gleichzeitig begannen sie nach allem
zu fischen, was eine Lieblingstheorie von Donald Trump bekräftigen
könnte, nämlich dass die Ukraine 2016 mit den Demokraten zusammengearbeitet habe, um die Kampagne mit den Behauptungen, es
gebe eine Verbindung zwischen dem Kreml und Trump, ins Rollen zu
bringen.[180]

Fruman und Parnas, die Zehntausende Dollar für Chauffeurdienste
und Aufenthalte in Trump-Hotels ausgaben und Hunderttausende
in mit Trump abgestimmte Lobbygruppen, sogenannte Super-PACs,
steckten, hatten anscheinend, wie bekannt wurde, für Dmytro Firtasch
gearbeitet[181] – den Energietycoon, der mit dem Rückhalt des Kreml
und Mogilewitschs den Gashandel zwischen Turkmenistan, Russland
und der Ukraine übernommen und einen Bestechungsfonds eingerichtet hatte, mit dem eine Reihe ukrainischer Präsidenten korrumpiert wurde. Zum damaligen Zeitpunkt hatte Firtasch seit 2014 in Wien

unter Hausarrest gestanden, da die Vereinigten Staaten seine Auslieferung wegen Bestechungsvorwürfen forderten. Doch sein Einfluss reichte immer noch weit – in Europa und später auch in den USA, wo Parnas seit 2019 als Dolmetscher für ihn arbeitete. Die beiden Männer prahlten damit, dass Firtasch ihren ausschweifenden Lebensstil finanziere.[182] Parnas und Fruman waren der Staatsanwaltschaft in Chicago bei deren Ermittlungen zu Firtaschs Bestechungen aufgefallen.[183]

Die russischen Schwarzgeldnetzwerke schienen sich etabliert zu haben. Ihre Aktivitäten und Trumps Missachtung der Institutionen und Verhaltensregeln der US-Demokratie führten zu einem Systemkonflikt. Als Trump dabei ertappt wurde, wie er am 25. Juli 2019 in einem Telefonat vom neuen Präsidenten der Ukraine, Wolodimir Selenski, verlangte, sich mit Giuliani zu treffen und eine Ermittlung gegen Biden voranzutreiben, wurde dies von vielen als Amtsmissbrauch gedeutet. Trump forderte ganz direkt von einer anderen Nation, ihm bei der Wahl 2020 behilflich zu sein. Trump schien anzudeuten, dass die militärische Unterstützung der Ukraine durch die USA davon abhänge, ob seiner Aufforderung nachgekommen würde.

Darin sahen viele eine Entwertung der Demokratie und die Untergrabung all dessen, wofür US-Diplomaten seit dem Zusammenbruch der Sowjetunion gestanden hatten. Die US-Regierung hatte sich lange bemüht, die Demokratie in der Ukraine zu fördern und vor Russlands Dominanzbestrebungen zu schützen, hatte versucht, die Korruption in der Regierung zu bekämpfen. Dieser »irreguläre politische Kanal lief den seit Langem verfolgten Zielen der US-Außenpolitik zuwider«, sagte William Taylor, der zum Zeitpunkt des Telefonats Amerikas Topdiplomat in der Ukraine war.[184] Der einzige Weg, damit umzugehen, war, die Möglichkeit eines Amtsenthebungsverfahrens zu prüfen.

Die Russen schienen begeistert von dem Chaos, zugleich aber auch unsicher, wohin eine Amtsenthebung führen könnte. Der Skandal legte offen, wie fragil und geschwächt das amerikanische politische System war. »Es sieht aus, als stünde die gesamte US-Politik zum Verkauf«, sagte ein ehemaliger russischer Banker mit Verbindungen in die Sicherheitsbehörden. »Wir haben an westliche Werte geglaubt. (…) Aber es stellte sich heraus, dass alles vom Geld abhängt und dass diese

Werte reine Heuchelei waren.«[185]

Von Anfang an waren die russischen Schwarzgeldnetzwerke unter anderem dazu da gewesen, das System zu untergraben und die Korruption im Westen zu fördern. Aus Sicht eines russischen Unternehmers stellte Putins Russland eine zunehmende Bedrohung der liberalen Demokratien des Westens dar. Im Amtsenthebungsverfahren und in der Präsidentschaftswahl 2020 lief die Auseinandersetzung zwischen liberalen Werten und einer korrupten autoritären Ordnung à la Putin auf ihren Höhepunkt zu. »Putin weiß, dass Russland so viel Geld ausgeben kann, wie es will, [um im Westen für Chaos zu sorgen]. Die Größe des *obschak*, der Schwarzgeldkasse, entspricht mittlerweile dem Volumen des Haushalts, und Putins Männer können auch den Oligarchen Befehle erteilen. Eine Mafia hat die Macht ergriffen; diese Mafia ist der Staat.«[186]

Das System des KGB-Kapitalismus funktionierte noch. Die Netzwerke bestanden nach wie vor.

# EPILOG

## SISTEMA

Stellte Putins Russland über seine Grenzen hinaus eine zunehmende Bedrohung für die liberale Ordnung des Westens dar, so schienen die Strukturen des KGB-Kapitalismus gleichzeitig von innen zu verkalken und nicht mehr aufrechtzuerhalten zu sein. Die Mafiamethoden der engmaschigen Kontrolle und Korruption durchdrangen jeden Winkel der Gesellschaft, jede politische Entscheidung und jeden Geschäfts-abschluss. Nach dem Einsatz gegen Jukos und der Verhaftung von Michail Chodorkowski hatte sich die Macht der Sicherheitsleute der-art ausgeweitet, dass der FSB Material über Druckmittel für nahezu jeden Geschäftsmann und jeden Regionalpolitiker verfügte, auch für diejenigen, die relativ weit unten in der Nahrungskette standen. Es war ein System rivalisierender Clans – darunter sogar die verschie-denen Zweige der Strafverfolgungsbehörden –, die um Stücke vom russischen Wohlstandskuchen stritten und in dem man, um zu über-leben, kooperieren musste. Diejenigen, die rebellierten, landeten im Gefängnis.

Das Beispiel eines Bürokraten relativ weit unten in der Hierarchie veranschaulicht die Funktionsweise des Systems. Im Gegensatz zu Tau-senden anderen, die spurlos verschwanden, nachdem sie in Untersu-chungshaft genommen wurden, konnte dieser Bürokrat vernichtende Beweise veröffentlichen, die belegten, dass die korrupten Verflechtun-gen der Sicherheitsbehörden mit der organisierten Kriminalität selbst über geringste Fragen in den regionalen Verwaltungen entschieden. Die Spur, die er offenlegte, führte zu dem FSB-General, der mit Felix

Saters Freund Jewgeni Dwoskin bei den Schwarzgeldbetrügereien zusammengearbeitet hatte.

Alexander Schestun war der Vorsitzende der Bezirksverwaltung von Serpuchow, eines kleinen, ländlichen Distrikts etwa hundert Kilometer südlich von Moskau. In Russlands rauem Neunzigerjahrekapitalismus wurde er als hartgesottener Baumaterialhändler erfolgreich und stieg zu einem der reichsten Geschäftsmänner in der Gegend auf, ein großer Fisch in einem kleinen Teich.[1] Seit seiner Wahl zum Chef der Bezirksverwaltung 2003 hatte er sich alle Mühe gegeben, seine Treue zu Putins Staat unter Beweis zu stellen. Er trat der Pro-Kreml-Partei Einiges Russland bei und arbeitete eng mit dem FSB zusammen. Schestun war das, was der FSB als »Torpedo« bezeichnete. Er war bereit, heimlich Gespräche mit regionalen Geschäftsleuten und Beamten aufzunehmen, um dem FSB belastendes Material zu liefern, mit dem dieser Rivalen aus dem Weg räumen konnte. Es handelte sich dabei fast um eine Kopie des sowjetischen Informantensystems, in dem Bürger Geschichten über ihre Nachbarn erzählten, um sich mit den Behörden gutzustellen und nicht ins Gefängnis zu wandern, nur dass es jetzt hundertmal ausgefeilter war.

Schestuns Arbeit hatte sich für den FSB als extrem wertvoll erwiesen; er half, dessen Vormachtstellung zu erhalten, indem er ihm Informationen über einen Ring lokaler Staatsanwälte zuspielte, die ein illegales Casinogeschäft betrieben.[2] Als 2013 jedoch ein neuer mächtiger Gouverneur der Moskauer Region ernannt wurde, waren seine Tage als Distriktleiter gezählt. Der neue Gouverneur war der ehemalige Stellvertreter des Verteidigungsministers Sergej Schoigu. Putins enger Verbündeter Gennadi Timtschenko hatte in das Unternehmen seiner Familie investiert, und er wollte die hochwertigen Immobilien, die Schestun kontrollierte, für sich selbst. Als sich Schestuns Amtszeit als Bezirkschef dem Ende näherte, eröffnete der FSB ein Ermittlungsverfahren gegen ihn, es ging um den Kauf des Grundstücks, auf dem er sein Haus gebaut hatte. Doch anstatt sich nun dem Unvermeidlichen zu beugen, wehrte Schestun sich. Als Iwan Tkatschew, der FSB-General, mit dem er früher kooperiert hatte, ihn im Zusammenhang mit dem Fall zu erpressen begann, nahm

Schestun ihre Gespräche auf und lud später einige von ihnen bei YouTube hoch.

Tkatschew war der Leiter des mächtigen FSB-Direktorats K, das offiziell Wirtschaftskriminalität bekämpfen sollte, in Wahrheit aber viele der Schwarzgeldstrukturen beaufsichtigte. Einem ehemaligen hochrangigen Bankier zufolge, der Jewgeni Dwoskin kannte, hatte er bei den Schwarzgeldtransfers eng mit Dwoskin und Iwan Mjasin zusammengearbeitet.[3] Schestun berichtete später, er habe Tkatschew häufig in Dwoskins Firma und mit einem anderen Banker zusammen gesehen, der die dazugehörigen Geldwäschekanäle managte, über die Dutzende Milliarden Rubel auf westliche Konten geschleust wurden.[4] Tkatschew hatte seine Position außerdem genutzt, um eine Untersuchung des Innenministeriums zu einigen dieser Kanäle zu verhindern. Als 2014 zwei Fahnder, Denis Sugrobow und Bors Kolesnikow, der Sache zu nahe kamen, organisierte Tkatschew ihre Verhaftung. Kolesnikow stürzte in der Haft von einem Balkon in den Tod.

Auf einer der von Schestun veröffentlichten Aufnahmen nehmen Tkatschew und ein leitender Beamter auf das Schicksal des Polizisten Bezug, als sie versuchen, Schestun dazu zu zwingen, sein Amt aufzugeben. »Sie wollen doch in Ruhe gelassen werden«, drohte Tkatschew. »Die Angelegenheit wurde dem Präsidenten vorgebracht. Der Leiter des FSB, der Leiter der Präsidialverwaltung, sie alle haben darüber gesprochen. Wenn Sie Ärger machen, werden Sie von denen mit einer Dampfwalze überfahren. Haben Sie nicht mitbekommen, was mit Kolesnikow passiert ist? (…) Wozu brauchen Sie das? Wozu brauchen Sie, Ihre Frau oder Ihre Kinder solche Probleme? Sie werden Sie ins Gefängnis stecken, und dort werden Sie sitzen, so lange wie die wollen. Das muss Ihnen klar sein.« Dann sagte er ihm, er habe bereits eine Reihe weitaus mächtigerer Regionalgouverneure hinter Gittern gebracht, die sich gegen ihre Absetzung gewehrt hatten, und zählte sie einen nach dem anderen auf. »Denken Sie an Udmurtia – er war der Zar und Gott dort. Denken Sie an Mari El, ebenfalls ein Zar und ein Gott. Sachalin in Wladiwostok – er war der Coolste, aber ich habe ihn mit meinen eigenen Händen rausgetragen. Ich habe mit allen Gouverneuren zusammengearbeitet, mit allen regionalen Chefs.«[5]

Tkatschew erklärte Setschun, er habe eine größere Überlebens-
chance, wäre er mit der organisierten Kriminalität in Konflikt geraten
statt mit Putins Staat: »Sie sind ein ganz normaler Typ. Sie sind kein
Verräter. Sie konnten immer einstecken. Aber nun sind Sie wirklich
unter die Räder gekommen. Es wäre besser für Sie, wenn Sie mit
Banditen aneinandergeraten wären.«[6] In jedem Fall, sagte er ihm,
stehe Putin in Kontakt mit Sergej Lalakin, auch bekannt unter dem
Namen Lutschok, dem Anführer einer lokalen Gruppe des organisierten Verbrechens. »Der Präsident redet mit ihm. Er hat eine Medaille
bekommen. Wie könnte er nicht mit ihm reden? So ist das Leben,
verstehen Sie?«[7]

Es war ein System, so ein Kreml-Insider, das sich eigentlich nicht
mehr aufrechterhalten ließ.[8] Der Erfolg von Putins außenpolitischen
Heldentaten hatte den Präsidenten weit über den Rest seines innersten
Zirkels erhoben. Doch nun eskalierten die internen Machtkämpfe unter seinen Sicherheitsleuten. Die aufgrund der westlichen Sanktionen
schwächelnde Wirtschaft führte zu einem noch erbitterteren Kampf
um die Kontrolle über Ressourcen und Vermögen. Igor Setschin, flüsterte der Kreml-Insider, gewann rasch an Macht. Zügig und ohne großes Aufheben war er in einen der höchsten Ränge im FSB gelangt, den
eines Generaloberst, und hatte seine eigenen Gefolgsleute, die seine
Befehle ausführten, mit leitenden Posten im FSB versorgt.

Der einst so mächtige Chef der Russischen Eisenbahngesellschaft
und Putin-Verbündete Wladimir Jakunin schien dagegen in Schwierigkeiten geraten zu sein. Seine engen Geschäftspartner wurden verhaftet. Ein russischer Tycoon spekulierte, dass sie nur eine Unterschrift
von einer Aussage gegen Jakunin selbst entfernt waren.[9] Gleichzeitig
durchdrang die Korruption jeden Bereich des Systems, bis hin zu
dunklen Geschäften mit aufgeblähten Preisen bei der Versorgung von
Putins persönlichen Sicherheitskräften, der Nationalgarde, mit Wurst
und anderen Lebensmitteln.[10]

Angesichts der zunehmenden Skrupellosigkeit und Russlands sich
verschärfender Isolation hätten »diejenigen, die sich Sorgen darüber
gemacht hatten, was der Westen denken könnte, längst damit aufgehört«, sagte der Tycoon. »Jetzt ist es nur noch ein Kampf ums Überle-

ben.« Eine leitende Moskauer Richterin, die früher zumindest versucht hatte, den Anschein zu erwecken, Recht und Gesetz aufrechtzuerhalten, sei schon lange vom System verschluckt worden. Ihre Tochter verdiene ein enormes Gehalt bei Rosneft, dem staatlichen Ölgiganten, und sie würde nichts tun, um das zu gefährden. »Diese Leute haben sich verändert«, sagte der Tycoon. »Es ist, als hätte die Richterin Blut geleckt. Sie ist ganz und gar Teil des Systems. Nun denken diese Leute nur noch darüber nach, wie sie härter und gemeiner als alle anderen auftreten könnten.«[11]

Russische Offizielle schienen sich so wenig um westliche Investitionen zu scheren, dass sie im Februar 2019 sogar einen der wenigen in Russland verbliebenen westlichen Investoren, Michael Clavey, verhafteten, die Werte in seinem Fonds einfroren und sie so bereit machten zur Übernahme durch Putins Männer.

Gleichwohl: Die Sanktionen, die internen Machtkämpfe und der nahezu monopolistische Einfluss von Putins Leuten erwiesen sich als Dauerbremse für die Wirtschaft. Vor dem Krieg auf der Krim, bemerkte ein westlicher Anwalt trocken, sei Russland auf dem Weg gewesen, bis 2020 die fünftgrößte Wirtschaftskraft der Welt zu werden.[12] Nun könne das Land von Glück reden, die Nummer dreizehn zu werden – aber das schien niemand zu kümmern. Das Wachstum stagnierte bei knapp über einem Prozent. Waren die meisten seiner Klienten zuvor Geschäftsmänner aus der Privatwirtschaft gewesen, so waren sie nun offenbar alle in irgendeiner Form für Putins Staat tätig, sagte er.

»Das passiert, wenn der KGB an die Macht kommt. Sie können nichts anderes als Geheimoperationen durchführen«, sagte ein ehemaliger hochrangiger Regierungsbeamter.[13]

Der Zuwachs an Patriotismus und Stolz nach Russlands Annexion der Krim hatte gerade lang genug angehalten, um Putin mit 77 Prozent der Stimmen durch die Wiederwahl im März 2018 zu tragen. Kurz darauf nahm die öffentliche Zustimmung für Putin jedoch endlich ab. Der ungeschriebene Pakt, der ihm und seinem Zirkel erlaubt hatte, nach Belieben zu herrschen, solange die Einkommen stiegen, war gefährdet.

Genau wie zu Sowjetzeiten konzentrierte sich auch Putins Russland auf Einflussoperationen und die Wiederherstellung des russischen Gewichts im Ausland und vernachlässigte gleichzeitig die Entwicklung der heimischen Wirtschaft. Im Bestreben, westliche Bündnisse zu zerstören, gab Putins Regierung immer offener immer mehr Geld für militärische Muskelspiele im Nahen Osten und für politische Unterstützung befreundeter Nationen aus. Ein Bericht des unabhängigen Senders TVRain setzte die Kosten des Militärschlags in Syrien bei 3 Milliarden Dollar an; eine weitere Milliarde wurde Syrien für den Wiederaufbau seiner Infrastruktur zugesichert.[14] Zur selben Zeit entwickelte Russland eine neue Raketengeneration. Kredite wurden an Schwellenländer vergeben – Venezuela hatte mehr als 20 Milliarden Dollar erhalten –, in der Hoffnung, dass sie Russland im Kampf gegen den liberalen Westen unterstützen würden. All das kam zu den immensen Summen Schwarzgeld hinzu, die aus dem Land geschleust und für verdeckte Operationen ausgegeben wurden, um ausländische Politiker und Einfluss zu kaufen.

Gleichzeitig teilte die Regierung der Bevölkerung 2018 mit, dass die Mittel zur Auszahlung der Renten knapp würden und sie das Rentenalter anheben müsse. »Die Leute wissen, dass die Regierung über eine Menge Geld verfügt«, sagte der ehemalige stellvertretende Energieminister und jetzige Oppositionspolitiker Wladimir Milow, »und vor diesem Hintergrund begeht sie einen großen Fehler, wenn sie behauptet, wir hätten kein Geld für die Rente. Die Renten sind eine der wichtigsten Garantien, die der Staat der Bevölkerung geben sollte. Die Leute haben ihr gesamtes Leben darauf ausgerichtet. Der Kreml glaubte, die Unterstützung der Bevölkerung für Putin sei bedingungslos, wie die für einen großen Zaren. Aber sie wird ihm nicht alles verzeihen.«[15]

Als Moskau auf die Regionalwahlen im September 2019 zusteuerte, gab es die ersten Anzeichen, dass es eines Tages zu einer kritischen Auseinandersetzung zwischen dem Zaren und seinem Volk kommen könnte. In diesem Sommer nahm die Bereitschaftspolizei gewaltsam Hunderte Demonstranten fest, die auf die Straße gegangen waren, um gegen die Sperrung von Oppositionskandidaten zu protestieren. Einigen drohten unter den neuen drakonischen Gesetzen fünfzehnjährige Haftstrafen, und Oppositionsführer wurden wochenlang ins Gefängnis gesteckt. Die harte Reaktion auf die friedlichen Proteste konnte nur eines bedeuten: Putins Sicherheitsmänner bekamen Angst. Das öffentliche Vertrauen in den Präsidenten sank auf 31,7 Prozent – bis der Kreml hastig die Umfragemethoden optimieren ließ.

Die Unruhen klangen rasch ab, und, gestärkt durch die konstante Fütterung mit Propaganda und Almosen aus dem Staatshaushalt, Putins Umfragewerte stiegen wieder. Putin und seine Leute nahmen die Warnhinweise jedoch ernst. Bald würde er erneut eine verfassungsrechtliche Beschränkung seiner Macht erreichen: Diesmal würde er 2024 – am Ende seiner zweiten Amtszeit in Folge seit seiner Wiederwahl als Präsident 2012 – gemäß Verfassung abtreten müssen. Die zunehmende Unsicherheit über einen potenziellen Nachfolger verschärfte die Machtkämpfe innerhalb der Elite, und Putins Leute waren sich der Risiken jeglicher Machtübergabe nur zu bewusst. Sie hatten die Gefahren gesehen, denen die Jelzin-Familie im letzten Jahr von Jelzins Präsidentschaft ausgesetzt war. Und mit jedem Jahr von Putins eigener zwanzigjährigen Herrschaft gingen die potenziellen Bedrohungen für ihn oder jeden seiner Sicherheitsleute persönlich weit über das hinaus, womit die Jelzin-Familie konfrontiert war. Jede Übergabe, selbst innerhalb der Führungsclique, war riskant. Da waren die Bombardierungen der Wohnhäuser, die Belagerung des Dubrowka-Theaters, der Umgang mit dem Terrorangriff in Beslan, die Verhaftung des einst reichsten Mannes Russlands und dann die Zersetzung der Justiz und der Wirtschaft sowie die Hunderte Milliarden Dollar, über die sie die Kontrolle erlangt hatten, als sie ihre eigene Macht verstärkten und nach außen hin demonstrierten. Niemand konnte sagen, wohin ein Rückschlag führen könnte. Putin und seine Männer aus den Sicherheitsbehörden waren bei der Errichtung ihrer eigenen Machtfestung so weit gegangen, dass sie sich in ein tiefes Netz von Bestechlichkeit und Kriminalität verstrickt hatten; der einzige Weg, um ihre Position zu sichern, bestand darin, Putins Herrschaft zu verlängern – oder den Machtwechsel zumindest hinauszuzögern.

Sie hatten das politische System derart im Klammergriff, dass jede Herausforderung von außen unwahrscheinlich erschien. Aber die Unsicherheit und die Machtkämpfe innerhalb der eigenen Reihen erzeugten Schwachstellen, und die nachlassende Unterstützung für die regierende Kreml-Partei Einiges Russland stellte ein immer größer werdendes Risiko dar. Am 15. Januar 2020 trat Putin mit einer überraschenden Ankündigung an die Öffentlichkeit: Er schlug Änderungen der Verfassung vor, die ihm den Weg freiräumen würden, die Kontrolle über das politische System zu behalten. Die Macht des Parlaments würde gestärkt werden, es würde mehr Kontrolle über die Regierung bekommen. Das galt aber vor allem auch für den Präsidenten. Zukünftige Präsidenten würden Richter, Minister und den Premierminister nach Belieben entlassen können. Am wichtigsten war wohl, dass die Ankündigung Putin die Möglichkeit einräumte, Präsident zu bleiben, sollten wachsende soziale Unruhen oder zunehmende interne Machtkämpfe eine sichere Übergabe seiner Macht verhindern. Mit einer neuen Verfassung könnte er für zwei weitere Amtszeiten als Präsident kandidieren, was ihm im Grunde genommen erlauben würde, Russland auf Lebenszeit zu regieren.

Alternativ erlaubten die vorgeschlagenen Änderungen Putin, die Politik aus großer Höhe zu steuern: als eine Vater-der-Nation-Figur, die einem neu ermächtigten Staatsrat vorstehen würde. Das hatte zuerst wie der wahrscheinlichere Weg gewirkt, schien aber letztlich ausgeschlossen worden zu sein. Es wäre der alternative Weg zur Machtübergabe gewesen, hätte Putin es als sicher eingeschätzt, sich nach und nach aus der aktiveren Politik zurückziehen zu können. Stattdessen begann er jedoch klare Signale zu senden, dass dies aus seiner Sicht nicht der Fall war, folglich stellte er die Verfassungsänderungen als notwendig dar, um das Land in Zeiten »extremen Aufruhrs« zu stabilisieren.

Auf einen Streich schien Putin jegliche potenzielle politische Herausforderung verhindern zu wollen. Nie zuvor hatte er es gewagt, formelle Verfassungsänderungen in den Raum zu stellen. Wenngleich seine Gefolgsleute die Verfassung ohnehin ignoriert hatten, war sie immer als Fundament der Stabilität des Landes bewahrt worden. Darüber hinaus behauptete Putin außerdem kühn, Russland werde sich nicht länger den Urteilen internationaler Gerichte beugen – als würde er potenzielle Bedrohungen von außen voraussagen –, und vertiefte so die Isolation seines Landes, diesmal als freiwillige Entscheidung seiner Regierung.

Die Macht seiner Männer schien nachzulassen. Nun, da er die Büchse der Pandora der Verfassungsänderungen geöffnet hatte, war die Gefahr gestiegen, dass sie Tag für Tag schwächer wurde.

## ABRECHNUNG

Als Wladimir Putin im Dezember 2013 der vorzeitigen Entlassung Michail Chodorkowskis aus der zehnjährigen Haft im sibirischen Straflager zustimmte, war dies die letzte großzügige Geste eines edelmütigen Zaren. Es war kurz vor den Olympischen Winterspielen in Sotschi, in einer – von heute aus betrachtet – anderen Welt. Es war die Zeit vor den Sanktionen, vor der Wiederbelebung der russischen Ambitionen auf der globalen Bühne und bevor sich der Westen der zerstörerischen Macht des russischen Schwarzgelds bewusst wurde. Doch schon damals erinnerte Chodorkowskis Freilassung, vielleicht wie ein Symbol für alles, was danach kommen sollte, an einen Gefangenenaustausch im Kalten Krieg.

Zehn Jahre lang hatte Chodorkowski eine Ernährung mit dünner Grütze und Kartoffeln überlebt, er hatte in einem riesigen, zugigen Hangar in Russlands eisigem hohen Norden Papiermappen gefaltet, wobei Überwachungskameras über seinem Kopf surrten und jede seiner Bewegungen beobachteten. Ohne Vorwarnung war er in einen Gefangenentransporter verfrachtet und durch den verschneiten Wald zu einer kleinen, eisbedeckten Landebahn gefahren worden, wo ein zweimotoriges Flugzeug auf ihn wartete. Er wurde nach Schönefeld geflogen, den tristen Flughafen im Süden Berlins, früher der westlichste Außenposten sowjetischer Herrschaft, wo er von Hans-Dietrich Genscher, dem ehemaligen deutschen Außenminister, begrüßt wurde, der einst im Zentrum der Verhandlungen um die Wiedervereinigung Deutschlands gestanden hatte. Am nächsten Morgen, nach einer kurzen Erholungspause und einem emotionalen Wiedersehen mit seinen Eltern, machte er sich auf den Weg zum Museum am Checkpoint Charlie, der Stelle, an der sich der berüchtigte Grenzübergang zwischen Ost und West befunden hatte.

Dort empfing er eine ausgewählte Gruppe von Journalisten, die er aus der Zeit vor seiner Inhaftierung kannte. Mit seinem angedeuteten Lächeln, dem makellos rasierten Gesicht und seinem schicken Armani-Anzug sah er auf den ersten Blick aus, als käme er aus einem Sitzungssaal. Aber seine graue Blässe und sein nervöser Blick verrieten den zermürbenden Weg, den er gegangen war. Sein Haar war kurz geschnitten, aber es war über die vergangenen Jahre weiß geworden. »Die meisten von Ihnen habe ich zuletzt vor zehn Jahren gesehen«, sagte er. »Für mich ist dieses Treffen eine Art Brücke in die Freiheit. Als Erstes möchte ich mit Menschen sprechen, die ich kenne.« Er beantwortete Fragen über seine Zeit in Gefangenschaft und die Ereignisse, die ihn dorthin gebracht hatten. Die Frage, die ihm die größten Schwierigkeiten bereitete, war die zur Reaktion des Westens auf seine Verhaftung. Er stolperte über seine Worte, errötete und sagte, die Handlungen einiger Leute hätten ihn enttäuscht.

Als wir fast vier Jahre später in seinem komfortablen Büro am Hanover's Square in London miteinander sprachen, ärgerte ihn die Angelegenheit der Beteiligung und Hilfe westlicher Banken und Energiekonzerne bei der Übernahme von Jukos nach wie vor. Ich fragte, ob der Westen zu einem gewissen Grad für Russlands darauffolgende Versuche, westliche Institutionen zu untergraben, den Boden bereitet habe. »Es war ein strategischer Fehler einiger westlicher Institutionen zu glauben, dass sie ohne Prinzipien leben könnten«, antwortete er. »Sie dachten, das wäre super: ›Wir arbeiten mit Putin zusammen, weil uns das Geld einbringt.‹ Aber es stellte sich als nicht sonderlich gute Idee heraus. Dieser Prinzipienmangel hat dem Westen die Konsequenzen gebracht, die er nun erlebt. Dieser ständige Wechsel dabei, was gut und was schlecht sein soll, hat dazu geführt, dass diese Prinzipien in der Gesellschaft selbst verlorengegangen sind. Und nun haben wir eine Situation, in der Populisten an die Macht kommen. Alles wird auf den Kopf gestellt. Sie zeigen auf Putin als Vorbild und sagen: ›Seht, er hat jeden getäuscht und war trotzdem politisch erfolgreich.‹«[16]

Auch wenn Chodorkowski kein Heiliger und ein etwas unwahr-
scheinlicher Freiheitskämpfer ist, war es so, dass der Rückhalt des
Westens bei der Übernahme seines Unternehmens durch den Kreml
und dessen Eingriff in die Justiz die Herrschaft von Putins Männern
aus den Sicherheitsbehörden ermöglichte und ihre Integration in
westliche Finanzmärkte vorantrieb. Die Schwäche des westlichen Kapitalismus, in dem Geld letztendlich alle Bedenken überwog, hat das
System weit für die Manipulationen des Kreml geöffnet.

In Russland hatte die bereitwillige Komplizenschaft des Westens
geholfen, die KGB-Simulation einer normalen Marktwirtschaft zu erschaffen. Mächtige Institutionen und der Markt, die unabhängig sein
sollten, waren in Wahrheit nur Tarnorganisationen des Kreml. Die Urteile, die an russischen Gerichten gefällt wurden, sahen auf dem Papier
aus, als könnten sie rechtmäßig sein. Im Chodorkowski-Fall machte
der Öltycoon über zwei Jahre Gerichtsverhandlungen und zwei verschiedene Klagen mit, wobei ihm in der zweiten vorgeworfen wurde,
er habe das ganze Öl, das Jukos je produziert hatte, gestohlen – dasselbe Öl, auf das er zuvor keine Steuern gezahlt haben soll. In Wirklichkeit waren die richterlichen Entscheide keine echten Gerichtsurteile, sondern Anweisungen des Kreml. Die Justiz war keine echte
Justiz, sondern ein Arm des Kreml. Dasselbe galt für das Parlament,
für die Wahlen und für die Oligarchie. Putins KGB-Männer hatten sie
alle unter Kontrolle. Es war ein Phantomsystem mit Phantomrechten,
sowohl für jeden Einzelnen als auch für Unternehmen. Jeder, der dem
Kreml in die Quere kam, konnte jederzeit mithilfe gefälschter oder
aufgeblähter Vorwürfe ins Gefängnis geworfen werden. Das Recht auf
Eigentum hing von der Loyalität gegenüber dem Kreml ab.

In einem System, in dem überall gestohlen wurde, wo Eigentum
ständig auf ein Nicken und ein Schmiergeld an eine entscheidende
Person im Kreml und in den Strafverfolgungsbehörden hin aufgeteilt
wurde, besaßen Putins Männer über jeden belastende Informationen.
Das Land war in die Zeit der Informanten zurückgekehrt. Alle nahmen sich gegenseitig bei Gesprächen auf. Es war bekannt, dass alle
Räume verwanzt waren. Im Dezember 2017 wurde der Wirtschafts-
entwicklungsminister Alexej Uljukajew zu acht Jahren Haft verurteilt,

nachdem er dabei gefilmt worden war, wie er von Setschin ein Beste-
chungsgeld in Höhe von 2 Millionen Dollar erhält. Es handelte sich
um eine Falle, die Setschin selbst ihm gestellt hatte, um ihn als politischen Rivalen loszuwerden. Die Magomedow-Brüder, einst prominente Oligarchen an der Spitze der strategischen Hafenindustrie,
kamen im März 2018 ins Gefängnis, augenscheinlich wegen illegaler
Geschäftsführung und Diebstahl von Staatsvermögen. Ihr wahres Verbrechen, so ein leitender russischer Banker, war es jedoch gewesen,
dass sie nicht rechtzeitig aufhörten: »Sie sind zu weit gegangen. Es ist
ganz einfach: Wenn der Film zu Ende ist, verlässt man das Kino. Man
bleibt nicht einfach sitzen und wartet auf die nächste Vorführung.«[17]
»Mittlerweile können sie jeden verschwinden lassen«, sagte ein Wirtschaftsboss. »Oligarchen, Minister. Niemand weiß, was im Fall der
Magomedow-Brüder passiert ist. Sie waren Superoligarchen, und jetzt
weiß niemand, wo sie sind.«[18]

Jeder war eine Geisel des Systems, auch die Strippenzieher der Jelzin-Ära, die den Weg für Putins Männer aus den Sicherheitsbehörden
an die Macht freigemacht hatten. Ehemalige Kreml-Beamte wie Alexander Woloschin und der frühere Ministerpräsident Michail Kasjanow würden nie offen sprechen oder frei agieren können. Putin hatte
ihnen deutlich gesagt, wenn sie ihre Macht abgeben würden, wüsste er,
wo ihr Geld stecke.[19]

Putin und die Männer aus den Sicherheitsbehörden waren am engsten an das System gefesselt. Nach allem, was sie getan hatten, um ihre
eigene Macht zu sichern, konnten sie niemandem mehr trauen, nicht
einmal innerhalb ihrer eigenen Kreise. Und Putin hatte, indem er kontinuierlich alle politischen Konkurrenten ausgeräumt und die Macht
in den eigenen Händen konzentriert hatte, sich selbst derart in die
Enge getrieben, dass es für ihn nahezu keinen Ausweg gab.

Selbst diejenigen, die aus Russland geflohen waren, wie Sergej Pugatschow, wussten, dass sie dem System niemals ganz entkommen
konnten. Für Pugatschow war sein Schachern und Manipulieren, um
Putin vor rund zwanzig Jahren an die Macht zu bringen, eine ständige
Quelle der Reue und des Bedauerns. »Ich habe eine wichtige Lektion
gelernt«, sagte er, als wir während der letzten juristischen Attacke auf

ihn in seinem Haus in Frankreich miteinander sprachen. »Und das ist, dass Macht heilig ist. Wenn man die Leute für dumm hält und glaubt, wenn man nichts tut, würden sie die Kommunisten wählen, dann ist das ein großer Fehler. Wir alle glaubten, das Volk wäre noch nicht bereit, und wollten deshalb Putin einsetzen. Aber Macht kommt von Gott. Und wenn die Macht von Gott kommt, dann braucht man sich nicht einzumischen. (…) Die Leute wussten nichts über Putin. Und innerhalb von drei Monaten wurde er Präsident. Wir fanden das natürlich cool. Wir waren überzeugt, wir hätten das Land vor den Kommunisten gerettet, vor Primakow und Luschkow. Aber heute ist nicht klar, welches Ergebnis schlimmer gewesen wäre. Es wäre besser gewesen, wenn Primakow an die Macht gekommen wäre. Innerhalb von einem Jahr wäre er abgesetzt worden. Als ich Russland verließ, dachte ich, ich hätte all das hinter mir gelassen. Aber es verfolgt mich immer noch. Mein Schicksal ist mit dem von Putin verknüpft. (…) Wir sind aneinander gebunden, was auch geschieht.«[20]

In der Eile, seinen Mann an die Macht zu bringen und die Jelzin-Familie vor einer Verhaftung zu bewahren, hatte Pugatschow die Warnungen von Boris Beresowski in den Wind geschlagen, der sagte, jemanden aus dem KGB zu ernennen bedeute, »einen Teufelskreis in Gang zu setzen. Sie können nicht alles ändern.« Er ignorierte die entsetzte Reaktion von Putins früherem Mentor Anatoli Sobtschak, der, als er hörte, dass Putin als Premierminister eingesetzt werden sollte, sagte: »Machen Sie mir keine Angst!« »Ich dachte, er wäre vielleicht eifersüchtig«, gab Pugatschow niedergeschlagen zu und errötete immer noch bei der Erinnerung daran. »Aber natürlich wusste er alles. Heute bin ich entsetzt über mich selbst.«[21]

In vielerlei Hinsicht war die jüngste Geschichte Russlands allerdings schon lange vor ihm geschrieben worden. Die Würfel waren bereits gefallen. Der KGB infiltrierte unverändert Russlands herrschende Elite. Die Idee der Lustration – ein Verbot für jeden, der mit dem KGB zusammengearbeitet hat, offizielle Posten einzunehmen – war von Jelzin eingebracht, dann aber schnell von den leitenden Beamten seiner Regierung verworfen worden, die alle KGB-Männer mit unterschiedlichen Erfahrungen und Rängen waren. »Sie sagten mir, das sei unmöglich«, erzählte Pugatschow. »Es wäre niemand übriggeblieben, der hätte arbeiten können. Es hätte neunzig Prozent der herrschenden Elite betroffen. Diejenigen, die nicht in irgendeiner Art und Weise [mit dem KGB] kooperierten, waren sehr wenige.«[22]

Hier schloss sich der Kreis von Russlands Revolution. Die Reformer, die der Welt vor fast dreißig Jahren so vielversprechend verkündeten, dass sich das Land auf einem Weg hin zu einer neuen Marktwirtschaft und in Richtung globaler Integration befände, sollten bald kompromittiert werden oder hatten schon lange mit dem KGB an Russlands Übergang zur neuen Ordnung gearbeitet. Diejenigen, die glaubten, dass sie daran mitwirkten, einen freien Markt einzuführen, hatten die anhaltende Macht der Männer aus den Sicherheitsbehörden unterschätzt. »Das ist die Tragödie Russlands im zwanzigsten Jahrhundert«, sagte Pugatschow. »Die Revolution wurde nie vollendet.« Von Anfang an hatten die Sicherheitsmänner den Samen für eine Revanche gesät. Aber sie waren anscheinend auch von Anfang an dazu verdammt, die Fehler der Vergangenheit zu wiederholen.

# DANK

Dieses Buch wäre nie geschrieben worden ohne meine fantastischen Freunde und meine fabelhafte Familie, die mir bei dem vermeintlichen Zweijahresprojekt, das sich zu einer Schreib- und Rechercheodyssee auswuchs, geholfen und mich unterstützt haben. Die Recherche begann vor langer Zeit in Moskau und Sankt Petersburg, wo dieses Buch durch stundenlange Gespräche mit Wladimir Milow, dem früheren Vizeenergieminister, angekurbelt und ermöglicht wurde. Dessen gnadenloses Aufspüren der Geschäfte von Putins innerstem Zirkel half mir, einen Überblick über die Geldgewinnungspraktiken der Putin-Regierung zu bekommen. Ebenso die Gespräche mit Andrej Illarionow, dem ehemaligen Wirtschaftsberater des Präsidenten, dessen Erfahrungen und analytische Fähigkeiten einen frühen Funken darstellten, der die These des Buches entfachte. Pawel Woschtschanow, der frühere Jelzin-Sprecher und Investigativreporter bei der *Komsomolskaja Prawda*, eröffnete mir Einblicke in eine lang vergessene Welt, in welcher der KGB während des Niedergangs der Sowjetunion Vermögenswerte an sich raffte. Außerhalb Russlands teilte Sergej Kolesnikow, der mutige Whistleblower, der aus Putins innerem Kreis floh, Unterlagen mit mir und trieb weitere Recherchen voran, während Felipe Turover, ehemaliges KGB-Mitglied und der Informant, der die Ermittlungen wegen der Mabetex-Kreml-Verträge anstieß, mir äußerst aufschlussreiche Einblicke gewährte. Tommy Helsby, der ehemalige Chefermittler bei Kroll, der 2019 viel zu früh verstarb, war eine großzügige Quelle der Inspiration und wertvoller Anhaltspunkte bei der Recherche. Er fehlt.

Wladimir Jakunin erklärte mir freigiebigerweise viele Stunden lang die Sichtweise der engen Clique Petersburger Sicherheitsmänner um Putin herum, zuerst in Sankt Petersburg und dann in London bei vielen Tassen Tee. Walentin Jumaschew, Jelzins früherer Leiter der Präsidialverwaltung und Schwiegersohn, erläuterte mir ebenfalls viele Stunden lang seine Version, wie Putin an die Macht kam. In Moskau erzählte Juri Skuratow, der ehemalige Generalstaatsanwalt im Zentrum der Ermittlungen, die teilweise zu Putins Aufstieg beigetragen haben, die dramatische Geschichte seiner Ermittlungen und des Gegenangriffs der Jelzin-Familie. Michail Chodorkowski traf ich erstmals kurz nach seiner Entlassung nach zehn Jahren im sibirischen Straflager und dann erneut, als er mir half, seine Auseinandersetzung mit dem russischen Staat zu verstehen.

Viele andere gegenwärtige und ehemalige russische Staatsvertreter, darunter Ex-Kreml-Beamte sowie russische Tycoons, Ex-KGB-Mitglieder und hochrangige Moskauer Banker genauso wie die gegenwärtigen und ehemaligen Geschäftspartner von Gennadi Timtschenko, schenkten mir dankenswerterweise Dutzende Stunden ihrer Zeit und erklärten, wie das System Putin funktionierte. Die meisten taten dies aus offensichtlichen Gründen anonym – ich bin ihnen unendlich dankbar für die Risiken, die sie eingingen. Mein großer Dank an N. und G.

Ohne das Vertrauen der *Financial Times*, für die ich sechs Jahre lang als Moskaukorrespondentin gearbeitet habe, wäre es unmöglich gewesen, dieses Buch zu schreiben. Durch die Zeit bei der *FT* konnte ich Kontakte zu russischen Oligarchen sowie zu aktuellen und ehemaligen Kreml-Beamten und Regierungsvertretern vertiefen und das Fundament meiner Berichterstattung in diesem Buch legen. Damals bekam ich erstmals die Gelegenheit, viele Menschen aus Putins näherem Umfeld kennenzulernen und zu befragen, darunter Igor Setschin, Arkadi Rotenberg, Wiktor Iwankow und Sergej Tschemesow. Die großartige Gelegenheit, für die *FT* zu schreiben und diesen Platz in der ersten Reihe einnehmen zu können, verdanke ich vor allem Lionel Barber, Neil Buckley und John Thornhill, die mich eingestellt und ab da unterstützt haben, genau wie meinen Kollegen und Kolleginnen zuerst in Moskau und dann in London – Charles Clover, Courtney Weaver, Cynthia O'Murchu und Michael Stott –, die mich alle angeleitet, inspiriert und mir meine Zeit verschönert haben. Darüber hinaus bin ich der *FT* unendlich dankbar für den Beitrag zur Finanzierung eines in dieses Buch eingegangenen Reportageprojekts, nachdem ich die Zeitung verlassen hatte, um mich ganz auf das Buch zu konzentrieren. Dem warmherzig mit mir geteilten Wissen von Elena Kokorina und Ekaterina Schawerdowa aus dem Moskauer *FT*-Büro, die mir bei Interviewanfragen halfen, auch nachdem die Auszeit zum Schreiben des Buches bereits begonnen hatte, verdanke ich ebenfalls viel.

Ohne die bahnbrechende und furchtlose Arbeit – und Unterstützung – meiner russischen Kolleginnen und Kollegen bei den wenigen verbliebenen Investigativmedien wäre es unmöglich gewesen, die russischen Netzwerke, in denen es um Einfluss und Geld geht, zu verstehen. Roman Anin von der *Nowaja Gaseta* teilte großzügig Unterlagen über die Operationen des Petersburger Seehafens und vermittelte mir einen entscheidenden Kontakt. Anastasia Kirilenko vom *Insider* führte das Rudel an, das über die mit Putin verbundenen Netzwerke der organisierten Kriminalität berichtete, und teilte Unterlagen und wichtige Kontakte mit mir, während Roman Schleinow von der *Nowaja Gaseta*, später *Wedomosti,* mir Dokumente zur Verfügung stellte über Putins Zeit als stellvertretender Bürgermeister in Sankt Petersburg; von ihm stammen einige der wichtigsten Nachforschungen über frühe geschäftliche Deals von Putins Umfeld. Die ungeheuer gut vernetzte Irina Resnik, die früher für *Wedomosti* tätig war und aktuell bei Bloomberg in Moskau arbeitet, vermittelte mir ebenfalls unschätzbare Kontakte. Ohne die bahnbrechenden investigativen Artikel dieser vier Journalistinnen und Journalisten lange vor mir wäre es unmöglich gewesen, mit der Arbeit, die Puzzleteile zusammenzusetzen, auch nur zu beginnen. Der verstorbene Wladimir Pribilowski, der eine Datenbank pflegte, in der er die Verbindungen von Putins Männern sammelte, war ebenfalls eine entscheidende Informationsquelle.

Darüber hinaus hat der verstorbene deutsche Investigativjournalist Jürgen Roth vor langer Zeit wertvolle Unterlagen zur Verfügung gestellt und noch jede Menge Inspiration. Steven Lee Myers von der

*New York Times* hat über seine frühere Berliner Rechercheassistentin Almut Schoenfeld einen weiteren unschätzbaren Kontakt vermittelt. Ich habe außerdem zu Beginn der Arbeit von Gesprächen mit Kollegen in den Vereinigten Staaten profitiert, darunter Andrew Weiss und Eugene Rumer von der Carnegie Endowment for International Peace, und Thomas Graham, dem ehemaligen Direktor für Russland im Nationalen Sicherheitsrat der USA. Im Vereinigten Königreich war Christian Michel eine frühe Inspirationsquelle, und ohne das Grundwissen aus meinem Studium russischer Politik am Institut für Slawische und Osteuropastudien am University College London wäre eine Laufbahn als Berufsreporterin in Moskau wohl nicht möglich gewesen.

Felicity Bryan MBE glaubte an das Buch. Als meine Agentin zog sie einen Vertrag mit William Collins in Großbritannien sowie Farrar, Straus & Giroux in den USA an Land. Ich bin meiner Lektorin Arabella Pike, Verlagsleiterin bei William Collins, und meinem Lektor Alex Star, dem leitenden Redakteur bei Farrar, Straus & Giroux, dankbar für die Mühe und für die große Geduld und den Glauben an das Projekt. Zarter besaitete Lektoren hätten längst aufgegeben! Ich hatte das enorme Glück, von Alex Stars scharfsinnigen Beobachtungen und seinen redaktionellen Ratschlägen zu profitieren, wodurch das Buch um Längen besser geworden ist. Arabellas Energie und ihr Gespür für die verschiedenen Perspektiven ließen das Projekt vom Manuskript zu einem echten Buch werden. Zugleich danke ich ihrem Team bei William Collins: Jo Thompson für ihre kluge Lektüre und die Kürzungsvorschläge, Robert Lacey für das sorgfältige Glätten der ersten Version und Iain Hunt für seine geduldige Arbeit am endgültigen Text. Eine tiefe Verbeugung auch vor der Rechtsabteilung.

Die ganze Zeit hatte ich die große Freude und Ehre, von David Hoffman Ermutigung und unendlich langmütig erteilten Rat zu bekommen. Der Herausgeber und ehemalige Moskauer Bürochef der *Washington Post* hat einige Kapitel gründlich gelesen. Sein 2002 erschienenes Buch *The Oligarchs* war für mich nicht nur Inspiration, sondern auch ein Modell für die Kunst des erzählenden Sachbuchs und der Ausgangspunkt meiner folgenden Berichterstattung über Russlands schwierigen Übergang zur Marktwirtschaft.

Trotz dieser hervorragenden professionellen Begleitung hätte ich es ohne wunderbare Freunde und Freundinnen, die mich die ganze Zeit unterstützt haben, nie bis ans Ende geschafft. Manche von ihnen, darunter Brad Cook, Miriam Elder, William Flemming, Gina Skilbeck und Emma Wells, haben mir nicht nur ihre Freundschaft geschenkt, sondern auch ihr Zuhause mit mir geteilt, wenn ich bei Recherchereisen eine Unterkunft benötigte. Andere, unter anderem Ellen Barry, Catherine Bell, Richard und Charles Emmerson, halfen mir, bei diesem Marathon nicht den Verstand zu verlieren.

Ich werde Chris für seinen moralischen Beistand auf ewig dankbar sein. Mein größter Dank geht an meine Eltern, Marjorie und Derek, sowie an Richard und an Catherine Birkett. Ohne ihre unermüdliche Unterstützung wäre nichts von alledem möglich gewesen.

# ANMERKUNGEN

## PROLOG

1   Die Schätzungen der genannten Vermögenswerte basieren auf Dokumenten, die die Autorin einsehen konnte und die Pugatschow offenlegte, als er eine Klage im Rahmen des Investitionsschutzabkommens einreichte und 12 Milliarden Dollar wegen mutmaßlicher Enteignung forderte. Aus ihnen geht hervor, dass die westliche Wirtschaftsprüfungsgesellschaft BDO den Wert der Werften auf 3,5 Milliarden Dollar schätzte, während die japanische Investmentbank Nomura ihnen einen Wert zwischen 2,2 und 4,2 Milliarden Dollar zuschrieb. Ernst & Young setzte den Wert des Kokskohleunternehmens EPK auf 4 Milliarden Dollar fest. Und tatsächlich hatten die Käufer von EPK, Ruslan Bajsarow und Igor Altuschkin, der russischen Presse anfänglich erklärt, das Unternehmen für 4 Milliarden Dollar gekauft zu haben.

2   Kopien eines Schriftwechsels zwischen Gläubigern, die durch die Nomura-Investmentbank vertreten wurden, und der russischen Zentralbank zeigen, dass die Zentralbank als Sicherheit für einen Notkredit Unternehmensanteile an den Werften erhalten hatte. Ein Verkauf zum Marktpreis hätte die Ansprüche aller Gläubiger decken können, heißt es dort.

3   Interview der Autorin mit Richard Hainsworth im Juni 2014.

4   Dem französischen Innenministerium wurde im Rahmen der Ermittlungen wegen der Drohungen ein Mitschnitt des Gesprächs übergeben, zu dem die Autorin Zugang hatte.

5   Jane Croft und Neil Buckley, »Kremlin Critic Loses $ 6.5 Billion Lawsuit Against Fellow Oligarch«, *Financial Times*, 1. September 2012; Konstantin Kagalowski, einstiger Vertreter der russischen Regierung bei internationalen Finanzinstituten und Architekt des Darlehen-gegen-Anteile-Privatisierungsprogramms, erklärte mir später, nach seinem Verständnis sei Beresowski einer der Besitzer von Sibneft gewesen; als er an der Privatisierung von Sibneft gearbeitet habe, hätte er Dokumente gesehen, die das belegten. Diese seien jedoch später vernichtet worden, sagte er. (Kagalowski war zugleich stellvertretender Vorsitzender von Chodorkowskis Menatep-Bank und bemühte sich Anfang des Jahres 1998 um einen Zusammenschluss von Chodorkowskis Jukos-Konzern und Sibneft.) In einem Interview vom 24. März 2013 sagte er der Zeitung *Vedomosti*, Beresowski sei Aktionär von Sibneft. »Ich wusste das hundertprozentig. Jeder in Russland wusste, dass Beresowski Anteile an Sibneft besaß. Allerdings bevorzugten es die mit der Angelegenheit Vertrauten, davon kein Aufhebens zu machen. Die Entscheidung des englischen Gerichts dazu war, meiner Ansicht nach, falsch.« Inmitten der Pläne eines Zusammenschlusses hatte Chodorkowski öffentlich erklärt, Beresowski würde an dem zusammengelegten Jukos-Sibneft-Konzern Anteile halten durch »seine früheren Investitionen in die Sibneft-Gruppe«.

6   »Roman Abramovich wins Court Battle against Berezovsky«, BBC News, 31. August 2012. David Leppard, »Berezovsky Cries Foul Over £3.5bn Abramovich Trial Judge«, *Sunday Times*, 22. September 2012. Richterin Gloster verweigerte einen Kommentar zu der Sache, während

das »Judicial Office«, die Vertretung der Richter und Richterinnen, verkündete, Gloster habe den Umstand angegeben und Beresowski keine Einwände erhoben.

7   Abljasow behauptete, Opfer einer politischen Hexenjagd geworden zu sein. Er war Nasarbajews einziger echter politischer Gegner. Der Zusammenbruch der Bank war ihm zufolge darauf zurückzuführen, dass dieser sie ihm weggenommen habe.

8   Interview der Autorin mit Pugatschow im Mai 2014.

9   Die Gerichtsmediziner kamen bei der Obduktion von Beresowskis Leiche zu keinem klaren Urteil, trotz aller Einwände der Polizei von Thames Valley. Ein Forensikexperte, der von Beresowskis Familie hinzugezogen wurde, sagte, dass er nach Begutachtung der Fotos des Leichnams nicht an einen Selbstmord glaube. Es fehle das V-förmige Mal am Hals, das vorhanden sein müsse, wenn Beresowski sich erhängt hätte. Zum Fingerabdruck, der auf der Duschstange gefunden wurde, konnte die Polizei in den Datenbanken von FBI und Interpol keine Übereinstimmung ausmachen (Jane Croft, »Open Verdict Fails to Dispel Mystery Over Death of Kremlin Critic Berezovsky«, *Financial Times*, 28. März 2014).

10   Im März 2018 erklärte die damalige Innenministerin Amber Rudd, dass die britische Polizei und der MI5 die Ermittlungen zu einer Reihe russischer Todesfälle auf britischem Boden wieder aufnehmen werde, darunter wohl auch Beresowskis (»Russia Spy Poisoning: Rudd Says Inquiry Widened to Other Deaths«, BBC News, 13. März 2018).

11   Unterlagen der Schweizerische Bundesanwaltschaft, die der Autorin vorliegen. Die russische Untersuchungsbehörde behauptet jedoch, dass die überwiesenen Gelder nicht aus Pugatschows Unternehmen OPK Development stammten, sondern aus dem Notkredit der Zentralbank. Laut den russischen Ermittlern wurden die OPK-Einlagen bei der Meschprombank, die bereits seit dem 19. Juni 2008, lange vor dem Notkredit der Zentralbank, Mittel aus einem Geschäftskredit der russischen Staatsbank VTB enthielten, gefälscht und zurückdatiert. Doch dieser Vorwurf beruht auf der Aussage zweier führender Mitarbeiter der Meschprombank, die sich unter Druck auf einen Deal mit der Staatsanwaltschaft einließen. Einer der beiden, Dmitri Amunts, willigte ein, die Fälschung der Einlagen zu bestätigen, nachdem die Staatsanwaltschaft ihm Straffreiheit versprach, wie den Transkripten der aufgezeichneten Gespräche zwischen Amunts' Frau und der Anwältin Marina Jarosch zu entnehmen ist, in denen hochrangige FSB-Funktionäre zitiert werden. (Amunts sagte entsprechend aus, kam aber nicht frei.) Der andere Bankmitarbeiter, Alexander Didenko, ließ sich ebenfalls auf eine Zusammenarbeit mit der Staatsanwaltschaft ein und wurde schnell aus der Haft entlassen. Er bekleidet heute eine hohe Position in einer Bank, die der Einlagensicherungsbehörde unterstellt ist, also der staatlichen Stelle, die hinter der Klage gegen Pugatschow steht. Für weitere Details vgl. Ilja Roschdestwenski, »Sbezhavshie Milliardy: kak Bankir Pugachev Vyvodil Dengi iz Rossii«, RBK, 14. November 2016.

12   Interview der Autorin mit einer Person aus dem Umfeld der anwaltlichen Vertretung des russischen Staates im Februar 2018. Der Insolvenzfall gegen Pugatschow basierte auch auf dem Vorwurf, er habe einen hochrangigen Bankmitarbeiter angewiesen, die Verpfändung von Anteilen an seinem Kokskohleunternehmen EPK aufzuheben, um einen Verkauf vorzubereiten, was angeblich zu einer weiteren Verschlechterung der finanziellen Situation der Bank beigetragen habe.

13   Interview der Autorin mit einer Person, die der anwaltlichen Vertretung des russischen Staates nahestand, im Februar 2018.

14   Interview der Autorin mit einem hochrangigen russischen Bankier im März 2018.


# I »OPERATION LUTSCH«

1   Igor Schadchan, *Vlast*, 1992.

2   Interview der Autorin mit Igor Schadchan im Juni 2013.

3   Wladimir Usolzew, *Sosluzhivets*, S. 239.

4   Interview der Autorin mit Oberstleutnant Horst Jehmlich, dem Sonderberater des Dresdner Stasi-Chefs Horst Böhm, im März 2018; Mark Franchetti, »Germans Flush Out Putin's Spies«, *Sunday Times*, 16. Januar 2000.

5    Andreas Förster, *Auf der Spur der Stasi-Millionen: Die Wien-Connection*, S. 20–22.

6    John O. Koehler, *Stasi: The Untold Story of the East German Secret Police*, S. 75.

7    Interview der Autorin mit Jehmlich im März 2018.

8    Kristie Macrakis, *Die Stasi-Geheimnisse. Methoden und Technik der DDR-Spionage*, S. 169.

9    Interview der Autorin mit Franz Sedelmayer im April 2018.

10   Interview der Autorin mit Jehmlich im März 2018.

11   Förster, *Auf der Spur*, S. 111.

12   Ebd., S. 50, 51, 68–71.

13   Ebd., S. 23–25.

14   Deutscher Bundestag, Beschlussempfehlung und Bericht, 27. Mai 1994, S. 97–102, 117–128, 137–141, 176–211.

15   Koehler, *Stasi*, S. 74, 76, 79–80.

16   Christopher Andrew und Wassili Mitrochin, *Das Schwarzbuch des KGB. Moskaus Kampf gegen den Westen*, S. 309, 566.(Die Autoren schreiben auch, dass die Hauptverwaltung Aufklärung, der DDR-Auslandsnachrichtendienst, eine wichtige Quelle für Informationen über westliche Technologien gewesen sei.)

17   Interview der Autorin mit Jehmlich im März 2018.

18   https://www.youtube.com/watch?v=9PAQ_Y5ins8, 21.7.2017. Putin beantwortet die Fragen von Schülern am Sirius-Bildungszentrum für Hochbegabte in Sotschi.

19   Interview der Autorin mit einem ehemaligen Mitglied der Rote Armee Fraktion im März 2018.

20   Michael Wines, »Putin Was Once Decorated as a Spy. Few Agree on his Deeds«, *New York Times*, 10. Januar 2000. Vgl. auch das Interview der Autorin mit Franz Sedelmayer im April 2018.

21   Guy Chazan und David Crawford, »In From the Cold: A Friendship Forged in Spying Pays Dividends in Russia Today«, *Wall Street Journal*, 23. Februar 2005.

22   Ebd.

23   Warnig wurde von der Abteilung für Raketentechnologie rekrutiert. Vgl. Macrakis, *Die Stasi-Geheimnisse*, S. 75; Karen Dawisha, *Putin's Kleptocracy: Who Owns Russia*, S. 51–52.

24   Interview der Autorin mit einem ehemaligen Mitglied der Rote Armee Fraktion im März 2018.

25   Mark Franchetti, »Germans Flush Out Putin's Spies«, *Sunday Times*, 16. Januar 2000; Geoffrey York, »Putin Brings Spies in From the Cold«, *Globe and Mail*, 8. Mai 2000.

26   Interview der Autorin mit Jehmlich im März 2018.

27   Natalja Geworkjan, Andrei Kolesnikow und Natalja Timakowa, *Aus erster Hand. Gespräche mit Wladimir Putin*, S. 82.

28   Förster, *Auf der Spur*, S. 111.

29   Interview der Autorin mit einem Bankier im Februar 2018; die Prinzessin reiste später in ihre Heimatstadt Sankt Petersburg, als Putin dort stellvertretender Bürgermeister war. Sie leitete den Lazarus-Orden, einen Wohltätigkeitsorden, der in den Monaten nach dem Zusammenbruch der Sowjetunion humanitäre Hilfe und Lebensmittelspenden nach Sankt Petersburg schickte. Von Putin hieß es später, er »schätze sie sehr«. (Zitat aus Tatjana von Metternichs Nachruf im *Daily Telegraph* am 19. August 2006. Außerdem schickte Putin einen Dankesbrief an von Metternich in ihrer Funktion als Leiterin des Lazarus-Ordens: »Putin Tenders Thanks to Leader of German Charitable Order«, ITAR-TASS, 25. Februar 2003.)

30   Förster, *Auf der Spur*, S. 31.

31   Koehler, *Stasi*, S. 411.

32   Förster, *Auf der Spur*, S. 29.

33   Ebd.

34   Ebd., S. 30.

35   Ebd., S. 29–31.

36   Stasi-Archiv Dresden, BStU-Nr. 10448. Das Dokument, das auf den 22. Dezember 1988 datiert

ist, listet die Geburtstage der sowjetischen Genossen in Dresden auf. Putin ist dort als Verbindungsoffizier und Parteisekretär aufgeführt. Er selbst behauptet in *Aus erster Hand. Gespräche mit Wladimir Putin*, S. 86, abseits von offiziellen Empfängen nie mit Modrow zu tun gehabt zu haben. »Unsere Arbeit betraf übrigens prinzipiell nicht die Parteifunktionäre, auch nicht die unsrigen. Das war verboten.« Seine offizielle Funktion als Parteisekretär straft diese Behauptung Lügen.

37  Förster, *Auf der Spur*, S. 33.

38  Leonid Nikitinski und Juri Spakow, »Putin v razvedke«, Interviews mit Wladimir Krjutschkow und Markus Wolf, *Moskowskie Nowosti*, 20. Januar 2000, http://flb.ru/info/3508.html.

39  Ebd.

40  Interview der Autorin mit Jehmlich im März 2018. In *Aus erster Hand. Gespräche mit Wladimir Putin*, S. 86–88, behauptet Putin ebenfalls, nichts mit der Operation Lutsch zu tun gehabt zu haben. »Jetzt verfolge ich nicht ohne Neugier, dass in den westlichen Staaten Agenten gesucht werden, die ich angeworben haben soll. Alles Unsinn. Unsere Freunde, wie wir die Mitarbeiter des Staatssicherheitsdienstes der DDR nannten, haben Kopien von allem, was wir zusammentrugen. Sie haben alles in ihren Archiven. (...) Alles ist eindeutig und transparent.« Dabei haben Putin selbst und seine Kollegen beschrieben, wie sie alle Unterlagen vernichteten, auch die der Stasi. Die Mitarbeiter des Dresdner Stasi-Archivs und Jehmlich bestätigen, dass die Russen fast alles zerstören konnten.

41  Förster, *Auf der Spur*, S. 26.

42  Ebd., S. 9–10. (Dieser hochrangige deutsche Funktionär war Dr. Klaus-Peter Wild, der Generalbevollmächtigte für den Bereich »Sondervermögen« innerhalb der Treuhandanstalt, die für die Privatisierung der DDR-Betriebe zuständig war.)

43  Ebd., S. 36; vgl. auch Deutscher Bundestag, 2. Untersuchungsausschuss »DDR-Vermögen«, Protokoll der Zeugenvernehmung von Herbert Köhler, Bonn, 27. Februar 1997.

44  Bericht der Schalck-Kommission, Beschlussempfehlung und Bericht des 2. Untersuchungsausschusses nach Artikel 44 des Grundgesetzes. Drucksache 13/10900, 1998, S. 221–223, und Andreas Förster, *Auf der Spur*, S. 98–107; vgl. auch Kristie Macrakis, *Die Stasi-Geheimnisse*, S. 185–186.

45  Förster, *Auf der Spur*, S. 131. Im Rahmen der 1997 erfolgten Vernehmung durch die Behörden des wiedervereinigten Deutschlands gab Köhler an, dass der Plan, ein Netz operativer Firmen für den Fall eines Zusammenbruchs der DDR zu erschaffen, nie umgesetzt worden sei, da die rasche Abfolge der Ereignisse alle überrascht und die Pläne hinfällig gemacht habe. Doch Unterlagen aus dem Stasi-Archiv zeigen, dass die Dresdner Stasi unter Köhlers Führung auch nach dem Fall der Berliner Mauer eine Reihe von Verträgen zur Einfuhr von Bauteilen für die Festplattenfabrik unterschrieb, die aber anscheinend nie eintrafen. Hunderte weitere Millionen Mark verschwanden durch verschiedene Verträge in Schlaffs Tarnfirmen in Liechtenstein, der Schweiz und Singapur. Im Gegenzug gewährten Schlaffs Unternehmen Firmen, die von ehemaligen Stasi-Mitarbeitern betrieben wurden, eine Reihe ungesicherter Darlehen. Zu den Kreditempfängern gehörten eine Reisebürokette und ein Stasi-IM, der ein Luxusgästehaus mit Blick auf die Elbe gekauft hatte, in dem auch Markus Wolf häufig zu Gast war. Köhler selbst übernahm einen Job als Berater für Schlaff. Was genau aus der Festplattenfabrik wurde, bleibt ein Geheimnis. Die deutsche Regierung erhob Ende der Neunzigerjahre in der Schweiz Anklage gegen Schlaff wegen Verdachts auf Hinterziehung von Dutzenden Millionen Mark, die für die Festplattenfabrik vorgesehen waren. 2002 wies ein Schweizer Gericht diese Klage ab. Schlaff bestreitet, je für die Stasi tätig gewesen zu sein. Auf eine Interviewanfrage für dieses Buch reagierte er nicht.

46  Interview der Autorin mit Jehmlich im März 2018.

47  Vgl. Kapitel 11.

48  Förster, *Auf der Spur*, S. 91.

49  Interview der Autorin mit Sven Scharl vom Stasiarchiv Dresden im März 2018.

50  Putins Stasi-Akte, Dresden, BStU, MfS, BV Dresden, 1. Stellvertr. d. LTR. 3, BStU 000004, 7. September 1989.

51  Christoph Seils, »Was tat Putin in Dresden?«, *Cicero Magazin*, November 2004; vgl. auch Leonid

Nikitinski und Juri Spakow, »Putin v razvedke«.

52 Wladimir Usolzew, *Sosluzhivets*, S. 61–62; Putin gestand seine Tätigkeit im Zusammenhang mit der »Illegalen«-Abteilung des KGB in einem Interview mit dem russischen Staatsfernsehkanal Rossija anlässlich des 95. Jahrestages der berüchtigten Uprawlenije S am 24. Juni 2017 ein, vgl. https://ria.ru/politics/20170624/1497226538.html

53 Wladimir Usolzew, *Sosluzhivets*, S. 69–70, 109–110. Im Buch geht es hauptsächlich um das Alltagsleben der in Dresden stationierten KGB-Agenten und ihrer Familien, um Ausflüge, um Besuche auf dem Weihnachtsmarkt und bei anderen Sehenswürdigkeiten Dresdens, um das Bier, das sie tranken, und die vielen offiziellen Feierlichkeiten, die sie aus »Protokollgründen« mit ihren Stasi-»Freunden« besuchen mussten. Der Autor ist sehr darauf bedacht, keinerlei Details über die eigentlichen Aktivitäten des KGB zu verraten, und betont die Banalität der Arbeit. Vgl. auch »Intervyu s byvshim sosluzhivtsom Vladimira Putina«, Radio Swoboda, 11. November 2003.

54 Putin, *Aus erster Hand*, S. 83.

55 Interview der Autorin mit einem ehemaligen RAF-Mitglied im März 2018.

56 Unterlagen aus dem Politbüro, beschafft vom sowjetischen Dissidenten Wladimir Bukowski. https://www.bukovsky-archives.net, Dokumente Nr. 0903, 0911, 0912.

57 Koehler, *Stasi*, S. 359.

58 Dr. Marian K. Leighton, »Strange Bedfellows: The Stasi and the Terrorists«, *International Journal of Intelligence and CounterIntelligence*, Bd. 27, 2014. (Laut diesem Text war Leighton ab 1980 für den US-Geheimdienst tätig, zunächst als Sowjetanalystin beim CIA, später als Expertin für Terrorismusbekämpfung beim militärischen Nachrichtendienst DIA und dann wieder als freie Auftragnehmerin für den CIA.)

59 Koehler, *Stasi*, S. 360.

60 Ebd., S. 361–362, 368–371; vgl. auch Leighton, »Strange Bedfellows«.

61 Leighton, »Strange Bedfellows«.

62 Koehler, *Stasi*, S. 333.

63 Ebd., S. 344.

64 Oleg Kalugin, CNN-Interview, 6. Februar 2007.

65 Ion Mihai Pacepa, »Russian Footprints: What does Moscow have to do with the recent war in Lebanon?«, *National Review Online,* 24. August 2006.

66 Ebd.

67 Koehler, *Stasi*, S. 389.

68 Interview der Autorin im April 2018.

69 Koehler, *Stasi*, S. 392.

70 Butz Peters, »Dresden vergessen«, *Sächsische Zeitung*, 1. August 2017, https://web.archive.org/web/20170802045025/http://www.sz-online.de/sachsen/dresden-vergessen-3739077.html; vgl. auch Leighton, »Strange Bedfellows«.

71 Koehler, *Stasi*, S. 392; vgl. auch Steven Kinzer, »Spy Charges Widen in Germany's East«, *New York Times*, 28. März 1991.

72 Jeffrey Steinberg, »Arrests Prove Stasi-KGB Control of Baader-Meinhof Terrorists«, *EIR*, Bd. 17, Nr. 27, 29. Juni 1990.

73 Interview der Autorin mit einem ehemaligen RAF-Mitglied im März 2018.

74 Koehler, *Stasi*, S. 370.

75 Leighton, »Strange Bedfellows«.

76 Koehler, *Stasi*, S. 392.

77 Interview der Autorin im April 2018.

78 Lally Weymouth, »East Germany's Dirty Secret«, *Washington Post*, 14. Oktober 1990. Den Überläufer, der im Rahmen dieses Artikels interviewt wurde, bezeichneten die westdeutschen Behörden als »einen der wichtigsten Geheimdienstmitarbeiter des Ostblocks, die ausgewandert sind«.

79 Interview der Autorin mit einem ehemaligen RAF-Mitglied im März 2018.

80 Koehler, *Stasi*, S. 392; vgl. auch David Crawford, »The Murder of a CEO«, *Wall Street Journal*, 15. September 2007.

81 Interview der Autorin mit einem westlichen Geheimdienstexperten im März 2018.

82 Koehler, *Stasi*, S. 392.

83 Interview der Autorin im März 2018; weitere Anschläge, die auf das Konto der RAF gingen, während Putin in Dresden stationiert war, waren das Sprengstoffattentat auf dem amerikanischen Luftwaffenstützpunkt Rhein-Main und die Ermordung eines Forschungsleiters von Siemens.

84 Interview der Autorin mit Horst Jehmlich im März 2018.

85 Interview der Autorin mit einem Verbündeten Putins im Oktober 2018.

86 David Crawford und Marcus Bensmann, »Putin's Early Years«, *Correctiv*, 30. Juli 2015.

87 Ebd.

88 Putin, *Aus erster Hand*, S. 90.

89 Ebd., S. 94.

90 Ebd.

91 Ebd., S. 95.

92 Wladimir Usolzew, *Sosluzhivets*, S. 253. »Alle Unterlagen, die etwas mit uns zu tun hatten, wurden von Thomas Müller eingesammelt, der sie auf Anordnung von Böhm allesamt an Wolodja Putin überreichte.«

93 Wladislaw Kramar, »Gruppa v Dresdene byla nebolshaya, no moshchnaya«, *Woenno-Promyschlennyi Kurier*, 14. Dezember 2005.

94 Ebd.

95 Masha Gessen, *Der Mann ohne Gesicht. Wladimir Putin – eine Enthüllung*, S. 126.

96 Interview der Autorin mit Jehmlich.

97 Zuchold hingegen war unmittelbar zum Westen übergelaufen und hatte fünfzehn Agenten in Berlin, Leipzig, Dresden und Erfurt enttarnt (Thomas Schade, »Verbrannte Vögel«, *Sächsische Zeitung*, 15. Oktober 2015).

98 »Putin Rasskazal o nelegalnoi razvedke i svoei rabote v KGB«, RIA Nowosti, 24. Juni 2017.

99 Weymouth, »East Germany's Dirty Secret«. Laut dem Artikel sagte der Überläufer, dass Modrow am 12. November 1989 bei einer Geheimkonferenz in der sowjetischen Botschaft in Ostberlin als Nachfolger von Egon Krenz, dem damaligen SED-Generalsekretär, ausgewählt worden sei. Anwesend gewesen seien Walentin Falin, der Leiter der Internationalen Abteilung der Kommunistischen Partei der Sowjetunion, Markus Wolf, Krenz und Modrow.

100 Förster, *Auf der Spur*, S. 122.

101 Weymouth, »East Germany's Dirty Secret«.

102 Oleg Blotski, *Wladimir Putin: Doroga k Vlasti*, S. 281–286.

103 Interview der Autorin mit Andrej Illarionow, einem ehemaligem Wirtschaftsberater Putins und Freund von Starowoitowa aus Leningrader Tagen, im September 2014.

104 Interview der Autorin mit Franz Sedelmayer im April 2018.

105 Archivaufnahmen in *Delo Sobchaka*, einem Film von Xenia Sobtschak und Wera Kritschewskaja aus dem Jahr 2018, zeigen, wie Putin vor der Ansprache zusammen mit Sobtschak ins Sendergebäude geht.

106 Interview der Autorin mit Alexander Beljajew, damals stellvertretender Stadtratsvorsitzender von Sankt Petersburg und Augenzeuge der Ereignisse, im Juni 2013.

107 Ebd.

108 Interview der Autorin mit Franz Sedelmayer, April 2018.

# 2 VON INNEN HERAUS

1 Sowerschenno Sekretno, *Taina Zolota Partii*, 2007. Interview mit Walentin Falin.

2 Walentin Stepankow, *Kremlyevsky Zagovor: Versiya Sledstviya*, S. 238–239. Dieser Bericht des russischen Generalstaatsanwalts, der für die Ermittlungen im Fall des verschwundenen Parteivermögens zuständig war, basiert auf den Aussagen von Krutschinas Frau und des KGB-Wachmanns, der die Leiche fand. Vgl. Sowerschenno Sekretno, *Taina Zolota Partii*.

3 Ebd., S. 235–236.

4 Ebd., S. 236.

5 Interview der Autorin mit Geraschtschenko im September 2013.

6 Interview der Autorin mit Leonow im September 2013.

7 »Soviet Turmoil; New Suicide: Budget Director«, *New York Times*, 27. August 1991.

8 Sergej Pluschnikow und Sergej Sokolow, »Kak KGB Svodil Schety c KPSS«, *Komsomolskaja Prawda*, 1. Januar 1992.

9 Peter Torday und Tony Barber, »Communists Pillaged Party Gold – Officials Investigate Flight of Soviet Billions«, *Independent*, 27. März 1992; John Rettle, »Russian government Launches Investigation into Missing Communist Party Billions«, *Guardian*, 10. September 1991. Nikolai Ryschkow berichtete später bei einer Parlamentsanhörung, dass die Goldreserven der Sowjetunion bei Gorbatschows Amtsantritt 1200 Tonnen betragen hätten, bis zu seinem Rücktritt aber auf fast nichts zusammengeschrumpft seien. Die russische Zeitung *Komsomolskaja Prawda* zitierte aus Dokumenten, die offenbar belegten, dass die Partei 280 Milliarden Rubel (12 Milliarden Dollar) auf Hartwährungskonten bei ausländischen Banken überwiesen hatte. Der entsprechende Artikel ist mittlerweile aus dem Internet verschwunden. Sowerschenno Sekretno, *Taina Zolota Partii*.

10 Stephen Handelman, »How Man's Conscience Overcame His Fear«, *Toronto Star*, 14. Februar 1992.

11 Stepankow, *Kremlevsky Zagovor*, S. 313–314.

12 Ebd., S. 284; Handelman, *Toronto Star*, 14. Februar 1992.

13 Stepankow, S. 286–287.

14 Ebd., S. 290.

15 Handelman, *Toronto Star*, 14. Februar 1992.

16 Bei späteren Vernehmungen zeigte sich, dass viele der Parteikader glaubten, im Recht zu sein, und die Interessen der Partei und die des Staates für ein und dasselbe hielten. Im Grunde *war* die Partei der Staat – und das schon seit der Oktoberrevolution durch die Bolschewiki. »Diese Vorgehensweise war keineswegs unüblich«, erklärte der ehemalige stellvertretende Generalsekretär der Partei, Wladimir Iwaschko, der Staatsanwaltschaft später. »Die Unterstützung gesellschaftlicher Kräfte (…) um die öffentliche Meinung zu beeinflussen, war immer schon eine der wichtigsten Aufgaben des Staates.« Aussage von Iwaschko, *Kremlevsky Zagovor*, S. 295–296.

17 Stepankow, S. 285. An anderer Stelle sagt Smirnow, dass zwischen 1977 und 1989 mindestens 200 Millionen Dollar pro Jahr aus der Sowjetunion ins Ausland überwiesen worden seien, um kommunistisch orientierte Parteien zu unterstützen; Handelman, *Toronto Star*, 14. Februar 1992.

18 Stepankow, S. 301; Wadim Belych und Waleri Rudnjew, »Dengi Partii: Milliardy Obnaruzheny, no sledstvie, pokhozhe, v tupike«, *Iswestija*, 10. Februar 1992, https://old.flb.ru/info/4896.html.

19 Interview der Autorin mit Antonio Fallico im Juni 2013. Fallico nannte drei befreundete Firmen, mit denen italienische Unternehmen zusammenzuarbeiten hatten, um Geschäfte in der Sowjetunion machen zu können. Eine davon hieß Restital, und selbst wenn sie nicht direkt an einem Auftrag beteiligt war, mussten die italienischen Firmen ihr laut Fallico einen Anteil zahlen. Die Namen der beiden anderen lauteten Italimpec und Esteuropa, während alle Touristen mit dem Ziel Sowjetunion ihre Reise über Italtourism, ein Unternehmen im Besitz der Kommunistischen Partei, buchen mussten.

20 Mary Dejevsky, »Maxwell's former firm on List of Soviet Favourites«, *Independent*, 9. November 1991; Peter Pringle, »Soviets to Conduct Inquiry Over Friendly Firms«, *Independent*, 11. November 1991.

21  Interviews der Autorin mit einem ehemaligen KGB-Mitglied im Mai 2013 und dem Betreiber einer der befreundeten Firmen, die medizinische bzw. militärische Ausrüstung lieferten, im März 2013. Christopher Andrew und Wassili Mitrochin bieten in *Das Schwarzbuch des KGB. Moskaus Kampf gegen den Westen*, S. 565–566, jedoch eine realistischere Erklärung an: Thyssen, Siemens und andere seien von sowjetischen Agenten infiltriert gewesen, die es auf westliche Technologien abgesehen hatten.

22  Interview der Autorin mit einem ehemaligen Mitarbeiter Gorbatschows im Juni 2014.

23  Wadim Belych und Waleri Rudnjew, »Dengi Partii: Milliardy Obnaruzheny, no sledstvie, pokhozhe, v tupike«, *Iswestija*, 10. Februar 1992, https://old.flb.ru/info/4896.html; Interview der Autorin mit Tommy Helsby, einem früheren Vorstandsmitglied von Kroll, im März 2013. Weitere Informationen zu den Aktivitäten der befreundeten Firmen und der Plünderung des Parteivermögens durch den KGB finden sich in der detaillierten Aussage von Richard Palmer, dem ehemaligen Leiter des CIA-Standorts in der Sowjetunion, vor dem Banken- und Finanzausschuss des US-Repräsentantenhauses am 21. September 1999, in der er sich zur Infiltration des westlichen Finanzsystems durch Mitglieder des russischen organisierten Verbrechens äußert.

24  Stepankow, S. 301.

25  Interview der Autorin mit Witali Schlykow im September 2006.

26  Stepankow, S. 301–303.

27  Stepankow, S. 236; Belych und Rudnjew, »Dengi Partii: Milliardy Obnaruzheny, no sledstvie, pokhozhe, v tupike«, *Iswestija*, 10. Februar 1992; Sokolow und Pluschnikow, »Zoloto KPSS: Desyat Lyet Spustya«, *Moskowskie Nowosti*, 18. September 2001, http://kompromat.flb.ru/mate-riall. phtml?id=566

28  Sokolow und Pluschnikow, »Zoloto KPSS: Desyat Lyet Spustya«, *Moskowskie Nowosti*, 18. September 2001.

29  Stepankow, S. 296; Sokolow und Pluschnikow, »Zoloto KPSS: Desyat Lyet Spustya«, *Moskowskie Nowosti*, 18. September 2001; Richard Palmer, Aussage vor dem Banken- und Finanzausschuss des Repräsentantenhauses, 21. September 1999; Interview der Autorin mit Juri Schwez im Mai 2018.

30  Sokolow und Pluschnikow, *Moskowskie Nowosti*, 18. September 2001.

31  Ebd.

32  Interview der Autorin mit Schwez im Mai 2018.

33  Sokolow und Pluschnikow, *Moskowskie Nowosti*, 18. September 2001. Das Ermittlungsverfahren zum verschwundenen Parteivermögen durch die russische Staatsanwaltschaft wurde später als vertraulich eingestuft – alle zweihundert Aktenordner stehen unter Verschluss. Bisher sind daraus nur Bruchstücke an die Öffentlichkeit gelangt.

34  Sowerschenno Sekretno, *Taina Zolota Partii*, Interview mit Oleg Schenin, einem ehemaligen Mitglied des Politbüros, der sagt, dass Gorbatschow das Memo von Iwaschko ignoriert habe und nichts weiter geschehen sei.

35  Stepankow, S. 303.

36  Eines der Gemeinschaftsunternehmen, das Seabeco in Toronto gründete, war der »Sowjetische Zentralrat der Gewerkschaften«, dessen Ziel darin bestand, »Ferienanlagen, ein Kaufhaus und sogar einen Mietwagenverleih« aufzubauen (»Soviet Organisation, Toronto Group of Firms Join Forces in Projects«, *Globe and Mail*, 12. Oktober 1988); ein weiteres entstand durch die Zusammenarbeit zwischen Seabeco und Georgi Arbatow, dem Direktor des Instituts für US-amerikanische und kanadische Studien in Moskau, das angeblich vom sowjetischen Geheimdienst betrieben wurde (Canada Newswire, 15. November 1988).

37  Sowerschenno Sekretno, *Taina Zolota Partii*. Interview mit Krjutschkow.

38  Sowerschenno Sekretno, *Taina Zolota Partii*. Das mitgeschnittene Gespräch führten offensichtlich Dmitri Jakubowski, der Anfang der Neunzigerjahre für Seabeco tätig war, und Juri Kotow, ein ehemaliger Oberst des russischen Auslandsgeheimdienstes SWR, der in den Siebzigerjahren über enge Verbindungen zu Primakow verfügte.

39  »Ex-Aide to Gaidar Targets Rutskoi in business scandal«, AFP, 12. August 1993. Der Schweizer

Nachrichtendienst bezeichnete Seabeco später als eines der Unternehmen, bei denen man davon ausging, dass sie im Zentrum der vom KGB aus der Sowjetunion geschleusten Staats- und Parteigelder stünden, und behauptete zudem, dass Birstein früher beim KGB tätig gewesen sei.

40 Sokolow und Pluschnikow, »Zoloto KPSS: Desyat Lyet Spustya«, *Moskowskie Nowosti*, 18. September 2001. Das Magazin »Sowerschenno Sekretno« berichtet in der Ausgabe *Taina Zolota Partii*, dass die Staatsanwaltschaft sechshundert Banken und Firmen in der Sowjetunion und fünfhundert weitere im Ausland ausfindig machen konnte, darunter Dutzende deutsche, Schweizer und Offshore-Unternehmen.

41 Andrej Illesch und Waleri Rudnjew, »Poisk deneg KPSS: Pessimistichesky Konyets«, *Iswestija*, 1. April 1993, https://old.flb.ru/info/4910.html.

42 Interview der Autorin mit Pjotr Awen im Mai 2015.

43 Interview der Autorin mit Tommy Helsby im März 2013.

44 Ebd. Rich wurde wegen Betrugs und organisierter Kriminalität verurteilt und später in einer umstrittenen Entscheidung vom US-Präsidenten Bill Clinton begnadigt. Ein leitender Staatsanwalt aus dem italienischen Bologna, Paolo Giovagnoli, sagte, dass Marc Rich eng mit einer in Wien ansässigen Handelsfirma zusammenarbeitete, die Grigori Lutschanski gehörte, einem mutmaßlichen Mitglied der russischen Mafia. Laut Giovagnoli war auch dessen Firma Nordex nur gegründet worden, um Gelder der Kommunistischen Partei vor dem Ende der Sowjetunion aus dem Land zu schleusen. (P. K.. Semier, »US Fugitive Rich Linked to Money Laundering; Russian-Mafia Prosecutors May Subpoena Him«, *Washington Times*, 21. Juni 2002.)

45 Interview der Autorin mit Pawel Woschtschanow im März 2013.

46 Interview der Autorin mit einem bedeutenden russischen Geschäftsmann im Mai 2018.

47 David Remnick, »Soviet Union's Shadow Economy – Bribery, Barter, Black Market deals are the Facts of Life«, *Washington Post*, 22. September 1990; weitere Informationen zu den Engpässen der unausgewogenen sowjetischen Wirtschaft liefert David Hoffmans hervorragendes Werk *The Oligarchs: Wealth and Power in the New Russia*, S. 11–20.

48 Interview der Autorin mit einem ehemaligen Währungsspekulanten.

49 Interview der Autorin mit Schwez im Mai 2018.

50 Interview der Autorin mit einem Mitarbeiter von Milstein im Mai 2018; Vesti, Programma 60 Minut: »Mikhail Milshtein: Genialny Razvedchik I Borets s Kholodnoi Voinoi«, 15. September 2010, https://www.vesti.ru/doc.html?id=392836.

51 Interview der Autorin mit Rair Simonjan im November 2013.

52 Interview der Autorin mit Wladimir Jakunin im August 2018; vgl. auch Wladimir Jakunin, *The Treacherous Path*, S. 21.

53 Interview der Autorin mit Christian Michel im Juni 2004.

54 Interview der Autorin mit Anton Surikow im Februar 2005.

55 Ein Bericht des Schweizer Nachrichtendienstes, der im Juni 2007 verfasst wurde und der Autorin vorliegt, legt dar, dass Lutschanski und Birstein vom KGB rekrutiert worden waren, um das sowjetische Vermögen in letzter Minute in private Hände zu überführen: »Das Geld war zum Teil für politische Kampagnen vorgesehen, wurde aber zum Teil auch gestohlen, um damit private Wirtschaftsvorhaben zu finanzieren.«

56 Michail Chodorkowski und Natalja Geworkjan, *Tyurma I Volya*, S. 91–92.

57 Interview der Autorin mit einem ehemaligen Geschäftspartner Chodorkowskis.

58 Chodorkowski und Geworkjan, S. 94.

59 Interview der Autorin mit Michail Chodorkowski im Mai 2014.

60 Hoffman, *The Oligarchs*, S. 107–110; Interview der Autorin mit Chodorkowski im Mai 2014; Chodorkowski und Geworkjan, S. 75–82.

61 Hoffman, *The Oligarchs*, S. 107–108; Interview der Autorin mit Chodorkowski im Mai 2014.

62 Interview der Autorin mit Christian Michel im Januar 2014.

63 Interview der Autorin mit Thomas Graham im Juni 2014.

64 Interview der Autorin mit Michel im September 2013.

65 Interview der Autorin mit Chodorkowski im Mai 2014.

66 So berichtet es der ehemalige Vorsitzende des Sicherheitsausschusses der Duma, Wiktor Iljuchin, der in einem Brief an den russischen Innenminister schrieb, dass Fridman seit seiner Studienzeit mit dem KGB zusammenarbeite.

67 Interview der Autorin mit einem ehemaligen Regierungsbeamten im Juni 2014.

68 Interview der Autorin mit Chodorkowski im Mai 2014; Chodorkowski und Geworkjan, S. 82–86.

69 Interview der Autorin mit Artjom Tarasow im November 2013; vgl. auch dessen Autobiografie *Millionaire: The Sermon of the New Russia's First Capitalist*, Kapitel 5.

70 Interview der Autorin mit Michel im Januar 2014.

71 Ein wichtiger Vermittler in den Gesprächen mit dem KGB, in denen es darum ging, eine Stürmung zu verhindern, war Arkadi Wolski, ein ehemaliger Wirtschaftsberater des KGB-Chefs Juri Andropow, der enge Kontakte zum Geheimdienst pflegte und später als Chef des einflussreichen russischen Industrie- und Unternehmerverbandes eine Art Großvaterfigur für die neuen Tycoons darstellte. Wolski war ebenfalls am Goldrausch beteiligt gewesen: Sein Unternehmen Simako hatte die Genehmigung erhalten, Rubel zum parteieigenen Sonderkurs von 1,8 Rubel pro Dollar einzutauschen und darüber hinaus große Mengen an Waffen zu exportieren.

72 Interview der Autorin mit Andrej Illarionow im September 2015.

73 Interview der Autorin mit Simonjan im November 2013.

74 Interview der Autorin mit Graham im Juni 2014.

75 Interview der Autorin mit einem ehemaligen ranghohen KGB-Agenten im Mai 2013.

76 Richard Palmer, Aussage vor dem Banken- und Finanzausschuss des Repräsentantenhauses, 21. September 1999; diese Aussage enthält auch eine klarsichtige Beschreibung der verschiedenen Phasen der KGB-Pläne, das Parteivermögen in den Westen zu schaffen.

77 Ebd.

78 Vgl. Kapitel 15; Interview der Autorin mit Juri Schwez im Mai 2018.

79 Pete Earley, *Comrade J: The Untold Secrets of Russia's Master Spy in America After the End of the Cold War*, S. 285–288.

80 Eine der größten Zweckgesellschaften namens Fimaco war nur Monate nach Iwaschkos Anordnung zum Aufbau einer »unsichtbaren Wirtschaft« still und leise von hochrangigen sowjetischen Bankmitarbeitern auf Jersey gegründet worden. Ein russischer Staatsanwalt behauptete später, darüber seien in den Neunzigerjahren Zentralbankreserven in Höhe von 50 Milliarden Dollar abgeflossen, darunter Milliarden aus Krediten vom Internationalen Währungsfonds. (»Acht Tonnen Platin, sechzig Tonnen Gold, große Mengen an Diamanten und geschätzt fünfzehn bis fünfzig Milliarden Dollar in Bargeld wurden (...) zwischen 1989 und 1991 von der Spionageabteilung des KGB in unbekannte Hände weitergereicht«, sagte Palmer später vor dem US-Kongress aus.)

81 Yevgenia Albats (= Jewgenija Albaz), *KGB: State Within a State*, S. 303.

82 Interview der Autorin mit einem Verbindungsmann des KGB im März 2013.

83 Interview der Autorin mit Andrej Illarionow im September 2015. Die 200 Millionen Dollar ergaben sich aus der Preisdifferenz zwischen den gelieferten Erdölerzeugnissen und den erhaltenen Zuckerimporten. Für eine umfassende Beschreibung dieses Deals vgl. Illarionow, »Trudny Put k Svobode« Teil 2, *Journal Kontinent*, Nr. 146, 4. Mai 2011, S. 13–17.

84 Interview der Autorin mit Illarionow im September 2015. Die fehlende Milliarde aus dem IWF-Kredit machte Illarionows Partner, dem damaligen Finanzminister Boris Fjodorow, nach 1992 lange zu schaffen. Was passiert war, fand Illarionow erst nach seiner Ernennung zum Wirtschaftsberater des Kreml im Jahr 2000 heraus. Ab da hatte er als Mitglied im Beirat der Zentralbank nämlich Zugriff auf die Konten der russischen Staatsbanken im Ausland, unter anderem der Eurobank: »Wir prüften die Konten, nachdem der Eurobank-Verbund weiterverkauft worden war, und ich sagte: › Woher kommt diese eine Milliarde? Wir müssen diese Summe, die die Bank Ende 1992 erhalten hat, unter die Lupe nehmen.‹ Wie sich herausstellte, war der IWF-Kredit an die Eurobank weitergeleitet worden, um sie zu retten. Sie war eine KGB-Bank, und Gaidar hatte es geschafft, sie

am Laufen zu halten.« Die Regierung hatte den Kredit erst von der Zentralbank an die staatliche Bank für Außenwirtschaft, die Wneschekonombank, überwiesen, von dort an die Eurobank und dann weiter an Fimaco im Steuerparadies Jersey, wo man das Geld dazu nutzte, die ungedeckten Schulden der Eurobank aufzukaufen. Weitere Details dazu finden sich in Illarionow, »Trudny Put k Svobode« Teil 2, *Journal Kontinent*, Nr. 146, S. 150–156.

85  Interview der Autorin mit Michel im Januar 2014.

86  Filip Bobkow, der ehemalige Chef der fünften KGB-Hauptverwaltung für Minderheiten, wechselte zur Most-Bank seines engen Schützlings Wladimir Gussinski, wo er als Leiter der Analyseabteilung tätig war. Leonid Schebarschin, der in den letzten Jahren der Sowjetunion die KGB-Auslandsabteilung geführt hatte, wurde Sicherheitschef der ersten Bank, die eine Fremdwährungslizenz erhielt, die Allrussische Börsenbank. Nikolai Leonow, der einflussreiche Mann an der Spitze der Abteilung für Auslandsanalyse, übernahm einen Posten als Vizepräsident dieser Bank. Auf dem Papier wurde sie vom dreiundzwanzigjährigen Finanzgenie Alexander Konanychin geleitet, aber in Wahrheit handelte es sich um ein Tarnunternehmen des KGB. Leonow arbeitete zudem eng mit einem Mann zusammen, der damals einer der verkanntesten Banker des Landes war, Sergej Pugatschow, dessen Meschprombank ebenfalls als eine der ersten eine Fremdwährungslizenz erhielt.

87  Interview der Autorin mit Schwez im Mai 2018.

88  Hoffman, *The Oligarchs*, S. 120–121.

89  Jeffrey D. Sachs, »Russia's Failure to Reform«, Project Syndicate, 30. August 1999.

90  Janine R. Wedel, »The Harvard Boys do Russia«, *The Nation*, 14. Mai 1998. (Wedel weist darauf hin, dass einer dieser in Harvard ausgebildeten Wirtschaftswissenschaftler, Andrej Schleifer, in seinem Buch *Privatising Russia* schreibt: »Hilfsleistungen haben Auswirkungen auf das politische Gefüge, weil sie den Reformern, die einen freien Markt anstreben, dabei helfen, sich gegen ihre politischen Gegner durchzusetzen.«)

91  Interview der Autorin mit Jawlinski im Februar 2014.

92  Interview der Autorin mit Pawlowski im Mai 2014.

93  Chrystia Freeland, *Sale of the Century*, S. 169.

94  Ebd., S. 173–174.

95  Chrystia Freeland, John Thornhill und Andrew Gowers, »Moscow's Group of Seven«, *Financial Times*, 1. November 1996. Interessanterweise hatte Chodorkowski vorab eine Vereinbarung mit den Geschäftsführern von Jukos getroffen, unter ihnen zwei ranghohe Ex-KGBler, die ihn verpflichtete, ihnen später 30 Prozent des Unternehmenswertes auszuzahlen. Einer der Beamten, der für die Jukos-Versteigerung zuständig war, gab später zu, dass Chodorkowski seine Verbindungen zum Unternehmen genutzt habe, um über die Zusicherung zukünftiger Ölverkäufe das nötige Geld für die Versteigerung aufzubringen.

96  Interview der Autorin mit Michel im Dezember 2012.

97  Interview der Autorin mit Simonjan im November 2013.

98  Interview der Autorin mit Schwez im Mai 2018.

## 3 »DIE SPITZE DES EISBERGS«

1  Interview der Autorin im Februar 2014.

2  Interview der Autorin im Juni 2014.

3  Interview der Autorin mit einem ehemaligen hochrangigen KGB-Mitarbeiter im Mai 2013.

4  Interview der Autorin mit einem ehemaligen Petersburger FSB-Mitarbeiter im Juni 2014.

5  Marina Salje, »V. Putin – ›President‹ Korrumpirovannoi Oligarkhii!«, Glasnost Foundation, 18. März 2000.

6  Anastasia Kirilenko, »Pochemu Marina Salye Molchala o Putine 10 Lyet?«, Interview mit Marina Salje, Radio Swoboda, 2.–4. März 2010; für weitere Informationen vgl. den hervorragenden Arti-

kel von Wladimir Iwanidse, »Spasaya Polkovnika Putina: Vtoraya Popytka«, Radio Swoboda, 16. März 2010.

7   Wladimir Iwanidse, »Spasaya Polkovnika Putina: Vtoraya Popytka«, Radio Swoboda, 16. März 2010. Laut den von der Salje-Stiftung zusammengetragenen – und von der Autorin eingesehenen – Unterlagen über die Geschäfte schickte Putin am 4. Dezember 1991 einen Brief an Pjotr Awen, in dem er ihn ersucht, der Stadt den Export von Rohstoffen im Wert von 124 Millionen Dollar gegen Lebensmittelimporte zu bewilligen, da das die einzige Möglichkeit sei, die Lebensmittelversorgung in den ersten beiden Monaten des Jahres 1992 zu gewährleisten. In diesem Brief bittet Putin darum, über sein Komitee für Außenbeziehungen Exportlizenzen an Firmen vergeben zu dürfen, die mit den Geschäften befasst seien. Jegor Gaidar, der russische Ministerpräsident, gab seine Zustimmung offenbar am 5. Dezember 1991 per Unterschrift (die Echtheit dieser Unterschrift wird von einigen angezweifelt). Die staatliche Genehmigung des Exportprogramms erging jedoch erst am 9. Januar 1992. Ein auf den 3. Februar 1992 datierter Brief vom Petersburger Vertreter des Ministeriums für Außenhandelsbeziehungen, Alexander Pachomow, an Awen deutet hingegen an, dass ein anderes Tauschprogramm für Sankt Petersburg bereits im November genehmigt worden, aber gescheitert sei. Diesem Brief ist zu entnehmen, dass die erste Lizenz für den Verkauf von 100 000 Tonnen Dieseltreibstoff am 21. November 1991 von Gaidar ausgestellt wurde und an das Unternehmen Kirischinefteorgsintes ging, das den Treibstoff laut Brief verkauft, von den Einnahmen aber nichts an die Stadt weitergeleitet habe, damit diese Lebensmittel davon kaufen könnte. Pachomow schreibt, dass die Gaidar-Regierung daraufhin eine neue Reihe von Lizenzen vergeben habe.

8   Interview der Autorin mit Alexander Beljajew, dem ehemaligen Vorsitzenden des Petersburger Stadtrats, im Juni 2013.

9   Marina Salje, »Nastal Chered Putina – ›Presidenta‹ Korrumpirovannovo Klana«, 29. Februar 2012; Iwanidse, »Spasaya Polkovnika Putina: Vtoraya Popytka«; Brief von Beljajew an Wladimir Putin mit der Aufforderung, am 14. Januar 1992 vor dem Stadtrat auszusagen und jegliche Unterlagen zu den Geschäften vorzulegen.

10  Iwanidse, »Spasaya Polkovnika Putina«; Marina Salje, »Nastal Chered Putina – ›Presidenta‹ Korrumpirovannovo Klana«; die zwei Seiten, die Putin vorlegte, finden sich auch in den Unterlagen der Salje-Kommission: Anhang 16 »O sostoyanii del po Vydache Litsenzii pod obespechenie goroda prodovolstviem«, W. Putin; Tabelle 1 »Prodovolstvie, poluch-aemoe v schet Vydannoi Litsenzii«.

11  Iwanidse, »Spasaya Polkovnika Putina«.

12  Salje, »V. Putin – ›President‹ Korrumpirovannoi Oligarkhii!«.

13  Ebd.

14  Ebd.; Salje, »Nastal Chered Putina – ›Presidenta‹ Korrumpirovannovo Klana«.

15  Unterlagen der Salje-Kommission: ein auf den 27. Januar 1992 datierter Brief vom Leiter des Petersburger Zollamts, W. T. Stepanow, an Putin, in dem es heißt, dass eine Holzlieferung nicht genehmigt werden könne, weil die Exportlizenz nicht den Gesetzen zu solchen Tauschgeschäften entspräche – nur 50 Prozent der Erträge aus dem Verkauf seien für den Kauf von Lebensmitteln vorgesehen, die Lizenz sei nicht von der richtigen Person unterschrieben und der Wert der Ware sei bewusst zu niedrig angesetzt worden; ein auf den 12. Februar 1992 datierter Brief von Fjodor Schkrudnew, dem stellvertretenden Vertreter des Präsidenten in der Region Sankt Petersburg, an Putin, in dem es heißt, die Lizenzen enthielten eine Reihe von Fehlkalkulationen hinsichtlich des Werts der exportierten Waren und der Sanktionen, die auferlegt werden sollten, wenn der Zwischenhändler seinen Teil des Auftrags nicht erfüllte; ein auf den 3. Februar 1992 datierter Brief von Alexander Pachomow, dem Petersburger Vertreter des Außenhandelsministeriums, an Awen, in dem darauf hingewiesen wird, dass die von Putin ausgestellten Lizenzen nicht vom Ministerium für Wirtschaft und Finanzen bestätigt worden seien, dass die Lizenzen an obskure Unternehmen gegangen seien statt an Firmen, die auf Auslandsgeschäfte spezialisiert seien, und dass die Fünfzig-fünfzig-Aufteilung der Erträge zwischen der Stadt (für Lebensmittelimporte) und den Zwischenhändlern nicht den Gesetzen zu Tauschgeschäften entspräche.

16  Fachgutachten der Salje-Kommission, Anhang 12.

17  Salje-Kommission: Kopien der Verträge und Lizenzen; Salje, »V. Putin – ›President‹ Korrumpiro-vannoi Oligarkhii!«.

18  Salje, »V. Putin – ›President‹ Korrumpirovannoi Oligarkhii!«.

19  Ebd.; Unterlagen der Salje-Kommission: ein auf den 4. Dezember 1991 datierter Brief von Putin an Awen mit der Bitte, dem Komitee für Außenbeziehungen das Recht zu erteilen, Exportlizenzen an mit den Tauschgeschäften betraute Firmen zu vergeben (vgl. Anmerkung 7). Später wies Gaidar Putins Befugnis in dieser Frage offenbar zurück und schreibt an den Vorsitzenden des Zollamts, dass dieses Recht laut einem Regierungserlass vom 31. Dezember 1991 nur dem Außenhandelsministerium und dessen regionalen Vertretern zukäme. Doch Awen verfasst am 25. März 1992 eine Anordnung, laut der Alexander Pachomow, der Petersburger Vertreter ebendieses Ministeriums, die Befugnis für den Außenhandel betreffende Aktivitäten an Putins Komitee für Außenbeziehungen zu übertragen habe, sodass Putins Komitee die Entscheidungsgewalt über die Ausstellung der Lizenzen behielt.

20  Unterlagen der Salje-Kommission: Anhang 3, Datum 20.12.1991.

21  Unterlagen der Salje-Kommission: Anhänge 30, 59, Datum 14.1.1992.

22  Salje, »V. Putin – ›President‹ Korrumpirovannoi Oligarkhii!«.

23  Dabei handelte es sich um einen Aserbaidschaner namens Dschandir Ragimow. »Er hatte eine sehr enge Beziehung zu Putin«, sagte ein ehemaliger Mitarbeiter der Firma Dschikop im März 2014 im Interview mit der Autorin. Auf dem Papier gehörte das Unternehmen dem Deutschen Peter Bachmann, von dem seither nie wieder etwas gehört wurde (Iwanidse, »Spasaya Polkovnika Putina«).

24  Salje, »V. Putin – ›President‹ Korrumpirovannoi Oligarkhii!«; Iwanidse, »Spasaya Polkovnika Putina«.

25  Irena Pietsch, *Pikantnaya Druzhba*, S. 171.

26  Interview der Autorin mit Beljajew im Juni 2013.

27  Laut den Unterlagen der Salje-Kommission, die der Autorin vorliegen (Anhang 44 vom 31.3.1992), erhielt Kirischinefteorgsintes, eine Raffinerie aus Kirischi, die zu der Zeit zur Handelsgesellschaft Kirischinefttechimexport mit ihrem Geschäftsführer Timtschenko gehörte, im Rahmen des Öl-gegen-Lebensmittel-Programms die Genehmigung zum Export von 150 000 Tonnen Diesel und Treibstoff. (Andrej Kortschagin, ein ehemaliger Mitarbeiter der Petersburger Stadtverwaltung, erklärte mir, dass Timtschenko 1991 bis 1992 auch als Finanzdirektor von Kirischinefteorgsintes tätig war.) Laut diesen Unterlagen gingen die Lizenzen zum Verkauf der Exporte entgegen der Gewohnheit an eine Firma namens Newski Dom, nicht an Timtschenkos Kirischinefttechimexport, obwohl Letztere sich normalerweise um alle Exporte der Raffinerie in Kirischi kümmerte. Einer von Timtschenkos ehemaligen Partnern bei Kirischinefttechimexport erzählte mir jedoch, dass das Unternehmen doch am Öl-gegen-Lebensmittel-Programm beteiligt gewesen sei und seine Verpflichtungen in vollem Umfang erfüllt habe (vgl. Anmerkung 34), und da Beljajew als hochrangiger Beamter eine bessere Übersicht über das Programm hatte als Salje (Saljes Kommission hatte nicht auf alle dazugehörigen Unterlagen Zugriff), ist seine Aussage, dass Timtschenko und Co. am Programm beteiligt gewesen seien, durchaus glaubwürdig.

28  Interview der Autorin mit einem ehemaligen Geschäftspartner Timtschenkos bei Kirischineftech-imexport im Juni 2013. »Wir entschieden, ein externes Handelsunternehmen für die Raffinerie zu gründen«, sagte er. »So fing es an … Wir gingen [zu den Chefs der Raffinerie] und lernten sie kennen. Die Initiative ging von uns aus.«

29  Interview der Autorin mit einer ehemaligen Geheimdienstquelle des Westens im Juli 2013.

30  Interview der Autorin mit einem ehemaligen hochrangigen KGB-Mitglied im März 2014; Interview der Autorin mit einem weiteren ehemaligen hochrangigen KGB-Mitglied und Ex-Geschäftspartner von Timtschenko im September 2013.

31  Irina Mokroussowa und Irina Resnik, »Chelovek s Resursom«, *Wedomosti*, 21. Januar 2013.

32  Interview der Autorin mit einem hochrangigen KGB-Mitglied im März 2014.

33  Interview der Autorin mit einem hochrangigen russischen Bankier mit Verbindungen in die Sicherheitsbehörden im September 2017; vgl. auch Alexander Lewinski, Irina Malkowa und Waleri

Igumenow, »Kak Matthias Warnig stal samim nadezhnym ›ekonomistom‹ Putina«, *Forbes*, 28. August 2012.

34  Interview der Autorin mit einem ehemaligen Geschäftspartner von Timtschenko im Juni 2013. Über die Beteiligung des Unternehmens am Öl-gegen-Lebensmittel-Programm äußerte sich der Interviewpartner wie folgt:»Wir verkauften Erdölerzeugnisse – Diesel und Treibstoff – und erhielten als Gegenleistung Nahrungsmittel. Es handelte sich um Tauschgeschäfte gemäß einem Sondererlass der Gaidar-Regierung. (…) Natürlich haben wir die Ware nicht selbst ausgesucht. Wir kamen in die Stadt und fragten: ›Was braucht ihr? Wir verkaufen für euch‹, und was wir für die Stadt kaufen sollten, wussten wir nicht. Was das anging, erhielten wir natürlich Anweisungen von der Stadtverwaltung. (…) 100 Prozent der Einnahmen flossen in Lebensmittel. Wir fragten, was gebraucht wurde. Ich weiß nicht mehr, was wir kauften. Ich glaube, es war zum Beispiel Kindernahrung.« Außerdem erzählte Timtschenkos ehemaliger Partner, dass sich die Firmengründer damals mit Putin getroffen hätten: »Zu seinen Zuständigkeiten gehörte auch der Außenhandel. Natürlich hatten wir mit ihm zu tun.« In einem früheren Interview mit der *Russian Forbes* (Irina Malkowa und Igor Terentjew, »U menya vezde yest optsiony«, November 2012), hatte Timtschenko bestritten, dass Kirischineftechimexport, auch als »Kinex« bekannt, an den Öl-gegen-Lebensmittel-Geschäften beteiligt gewesen sei.»Kinex hatte nie etwas damit zu tun. Ich habe lange gar nicht verstanden, woher die Geschichte kam. Wir wurden ständig überprüft. Und vor Kurzem habe ich endlich Unterlagen erhalten, die zeigen, dass Kinex nicht in diese Dieselsache involviert war. Es ging um ein Unternehmen mit einem ähnlichen Namen.« Darüber hinaus erklärten Timtschenkos Anwälte in einem Schreiben im Zusammenhang mit diesem Buch, dass jegliche Unterstellungen, Kinex – und damit auch Timtschenko – seien in irgendeine Form von illegalen oder anderweitig unangemessenen oder unethischen Geschäften verwickelt gewesen, »absolut unwahr« seien. »Jegliche Aktivitäten von Kinex waren voll und ganz transparent und zulässig.«

35  Interview der Autorin mit einer Person aus Saljes Team im März 2014.

36  Interview der Autorin mit Felipe Turover an drei Tagen im Mai 2013.

37  Ebd.

38  Zweites Interview der Autorin mit Felipe Turover im März 2014.

39  Ebd.

40  Interview der Autorin mit Wiktor Geraschtschenko im September 2013.

41  Interview der Autorin mit Turover im März 2014.

42  Andere, die sich mit diesen Geschäften befassten, wurden eingeschüchtert oder Schlimmeres. Juri Gladkow, ein Petersburger Beamter, der bei der parlamentarischen Untersuchung mit Salje zusammengearbeitet hatte, weigerte sich jahrelang, Interviews zu dem Thema zu geben. Als er 2007 nach langer Krankheit verstarb, glaubte ein Geschäftspartner, er sei vergiftet worden: »Als ich ihn ein Jahr vor seinem Tod sah, zitterte er. Es schien, als wäre er mit irgendetwas vollgepumpt worden.« Ein anderer Mitarbeiter von Sobtschak, Juri Schutow, der Putins erklärter Feind gewesen war, verstarb in einer der gnadenlosesten und abgelegensten Strafkolonien des Landes, nachdem er 1998, als Putin gerade im Kreml aufstieg, verhaftet worden war. Die vielen Geheimnisse, die er über Putin während dessen Zeit als stellvertretender Bürgermeister ausgegraben hatte, nahm er mit ins Grab.

43  Interview der Autorin mit Illarionow im September 2015.

44  Interview der Autorin mit einem Geschäftspartner von Chartschenko im November 2013.

45  S. Otschinski, »Vozrozhdenie Flota – Zalog Stabilnosti Razvitiya Rossii. Konkurentskiya I Rynok«, 2013, Nr. 4 (60). 1991 betrugen allein die Nettogewinne aus dem Transportgeschäft 571 Millionen Dollar.

46  Ebd.

47  Interview der Autorin mit einem Geschäftspartner von Chartschenko im November 2013.

48  Interview der Autorin mit zwei Geschäftspartnern von Chartschenko im November 2013 und im März 2014;»Vmeste rabotali, vmeste I syadem«, *Kommersant*, 24. Oktober 1996.

49  »Ubistvo Gendirektora Parokhodstva«, *Kommersant*, 4. Oktober 1995.

50  Interview der Autorin mit einem Geschäftspartner von Chartschenko im März 2014.

51  Ebd.

52  Interview der Autorin mit einem Geschäftspartner von Chartschenko im November 2013.

53  Unterlagen des spanischen Gerichts: Protokolle der ursprünglichen Ermittlung Nr. 321/06, Zentrales Ermittlungsgericht Nr. 5, Fiscalía Especial Contra la Corrupción y la Criminalidad Organizada; außerdem eine Notiz von Interpol Monaco vom 3. Juli 2006, die der Autorin vorliegt und in der steht, dass Traber der Zutritt zum Fürstentum ab April 2000 untersagt sei, aufgrund seiner »Aktivitäten im Zusammenhang mit der organisierten Kriminalität in Russland«. Auch in einer (der Autorin ebenfalls vorliegenden) Nachricht von Robert Eringer, dem damaligen Chef des monegassischen Geheimdienstes, an den Kabinettschef von Prinz Albert, Jean-Luc Allavena, vom 10. April 2006 ist zu lesen, dass Traber über »Verbindungen zur organisierten Kriminalität in Form der Tambow-Mafia« verfüge und »in deren Auftrag mit Drogen, Öl und Metall gehandelt habe«.

54  Interview der Autorin mit einem ehemaligen Geschäftspartner von Traber im November 2015.

55  Interview der Autorin mit einem ehemaligen Geschäftspartner von Traber im November 2015; Doschd-TV, »Minstr Porta: Kak Peterburgsky Avtoritet Ilya Traber Svyazan s Vladimirom Putinym I yevo okru-zheniem«, 25. August 2017.

56  Interview der Autorin mit einem ehemaligen Petersburger FSB-Mitglied im Juni 2014.

57  Interviews der Autorin mit zwei ehemaligen Geschäftspartnern von Traber im März 2013 und im September und November 2015 und mit einem ehemaligen Mitarbeiter der Stadt Sankt Petersburg im März 2014. Unterlagen, die der Autorin vorliegen, belegen, dass Traber im Mai 2001 über drei zypriotische Unternehmen – Hellman Holdings Ltd., Myra Holdings Ltd. und Almont Holdings Ltd. – einen Anteil von 52,5 Prozent am Petersburger Ölterminal hielt.

58  Interviews der Autorin mit zwei ehemaligen Geschäftspartnern von Traber im März 2013 und im September und November 2015.

59  Interview mit Ljudmila Narussowa im Juni 2014, in dem sie bestätigte, dass ihr Mann nach seiner Flucht aus Russland nach Paris 1996 weiterhin in engem Kontakt zu Traber stand und dass sie dort Nachbarn gewesen seien.

60  Interview der Autorin mit einem ehemaligen Mitarbeiter der Stadt Sankt Petersburg im März 2014.

61  Interview der Autorin mit einem ehemaligen Petersburger FSB-Mitglied aus der Abteilung für Schmuggel im Juni 2014.

62  Kumarin wurden 1996 Vizepräsident von PTK, während sein enger Geschäftspartner Wladimir Smirnow den Vorstand übernahm, sobald Kumarins Führungsrolle bei PTK an die Öffentlichkeit gelangt war. Zu den Mitgründern der PTK 1994 gehörte auch die Bank Rossija.

63  Unterlagen des spanischen Gerichts: Protokolle der ursprünglichen Ermittlung Nr. 321/06, Zentrales Ermittlungsgericht Nr. 5, Fiscalía Especial Contra la Corrupción y la Criminalidad Organizada.

64  Roman Anin, »Druzya – Ne Razlei Neft«, Nowaja Gaseta, 15. April 2011; Interview der Autorin mit Maxim Freidson, dem ehemaligen Eigentümer der Ölhandelsgesellschaft Sowex, im September 2015. »Es war alles eine Einheit, und an der Spitze stand Putin. Ohne ihn hätte PTK nicht erschaffen werden können, während [Wiktor] Tscherkessow als Chef des FSB für die passende Tarnung sorgte«, sagte Andrej Kortschagin, ein ehemaliger Beamter der Petersburger Stadtverwaltung.

65  Die deutsche Staatsanwaltschaft eröffnete 2003 ein Verfahren gegen SPAG wegen Geldwäsche im Auftrag der Tambow-Mafia. Die konkreten Verbindungen wurden damals explizit benannt: »SPAG ist Kumarin. Alle Befehle stammten von Kumarin«, erklärte ein Vertreter der Staatsanwaltschaft. Zu den Gründungsmitgliedern von SPAG gehörte ein Liechtensteiner Bankier namens Rudolf Ritter, der 2003 verhaftet wurde, weil man ihn verdächtigte, betrogen, für das kolumbianische Cali-Kartell Drogeneinnahmen in Millionenhöhe gewaschen und über SPAG Gelder für das organisierte Verbrechen in Russland verschoben zu haben. Ein Liechtensteiner Gericht befand Ritter im Oktober 2003 für schuldig. Die übergeordnete Untersuchung in Sachen SPAG endete 2009 we-

gen Verjährung, weil sich die russischen Ermittlungsbehörden bis dahin quergestellt hatten. Der Kreml hatte Putins Posten im Aufsichtsrat von SPAG als rein »ehrenhalber« abgetan – solche Positionen habe er als stellvertretender Bürgermeister, in dessen Aufgabengebiet der Außenhandel fiel, in vielen Unternehmen innegehabt. Ein Dokument, das die Autorin einsehen konnte, scheint jedoch eine aktivere Rolle nahezulegen: In einer von ihm selbst unterschriebenen eidesstattlichen Erklärung von Dezember 1994 übertrug Putin Wladimir Smirnow, Kumarins Geschäftspartner bei PTK und einem engen Verbündeten seiner selbst, »in unserer Abwesenheit das Stimmrecht« für zweihundert SPAG-Anteile, was damals etwa 20 Prozent des Firmenwertes entsprach. Darüber hinaus erzählte mir ein weiterer Mitgründer von SPAG, Klaus-Peter Sauer, im Jahr 2003, dass er Putin fünf- oder sechsmal in Frankfurt und Sankt Petersburg getroffen habe, um über die Zweigstellen von SPAG in Sankt Petersburg zu sprechen.

66   Vgl. beispielsweise Irina Malkowa und Igor Terentjew, »Tot samy Timchenko: Pervy Interview Bogateishevo iz Druzei Putina«, *Russian Forbes*, 26. Oktober 2012.

67   Irina Mokroussowa und Irina Resnik, »Chelovek s Resursom«, 21. Januar 2013.

68   Diesen Bericht des französischen Geheimdienstes, der der Autorin vorliegt, zitierte Robert Eringer, der damalige Leiter des Nachrichtendienstes in Monaco, in einer am 10. April 2006 verfassten Nachricht an Prinz Alberts Kabinettschef Jean-Luc Allavena, die der Autorin ebenfalls vorliegt.

69   Interview der Autorin mit einem ehemaligen Geschäftspartner Timtschenkos im August 2019.

70   Ebd.

71   Anmeldeunterlagen der Stadt Sankt Petersburg, bereitgestellt von Wladimir Pribilowski.

72   Interviews der Autorin mit einem leitenden westlichen Banker, der in den Vorgang verwickelt war, im Mai 2014, und mit einem ehemaligen Geschäftspartner Timtschenkos, der ebenfalls involviert war, im Mai 2014 und im August 2019.

73   Ebd.

74   Interview der Autorin mit einem ehemaligen Geschäftspartner Timtschenkos im Mai 2014. (Der leitende Banker aus dem Westen erklärte, dass die Gespräche ins Stocken geraten seien, weil das Projekt ins Visier des organisierten Verbrechens rückte.)

75   Ebd.

76   Interviews der Autorin mit zwei leitenden westlichen Bankern im Mai 2014 und im Juni 2013. Ihnen zufolge war es der deutsche Banker Matthias Warnig, der sich in Deutschland darum kümmerte, dass Putins Töchter sicher waren – der ehemalige Stasi-Mitarbeiter, der in Dresden Teil derselben KGB-Zelle wie Putin gewesen war. Warnig habe die juristische Vormundschaft für Putins Töchter übernommen, erzählte einer der beiden. »Putin hatte Angst.« Warnig war kurz nach Putins Ernennung zum stellvertretenden Bürgermeister ebenfalls nach Sankt Petersburg gezogen, als Chef der im Dezember 1991 neu eröffneten Petersburger Zweigstelle der Dresdner Bank.

77   Interviews der Autorin mit zwei ehemaligen Geschäftspartnern Timtschenkos im Juni 2013 und März 2014 sowie im Mai 2014 und im August 2019.

78   Interview der Autorin mit einem ehemaligen Geschäftspartner Trabers im November 2015.

79   Interview der Autorin mit einem ehemaligen KGB-Mitglied, das in Sankt Petersburg mit Putin zusammenarbeitete, im Mai 2013.

80   Roman Anin, »Druzya – Ne Razlei Neft«, *Nowaja Gaseta*, 15. April 2011.

81   Alexander Lewinski, Irina Malkowa und Waleri Igumenow, »Kak Matthias Warnig stal samym nadezhnym ›ekonomistom‹ Putina«, *Russian Forbes*, 28. August 2012.

82   So berichtet es der ehemaligen Geschäftspartner Timtschenkos im Interview mit der Autorin im Juni 2013 und März 2014.

83   Aussage von Maxim Freidson, dem ehemaligen Geschäftspartner Skigins bei Sowex, im Interview mit der Autorin im September 2015.

84   Ebd.

85   Ebd.

86   Anastasia Kirilenko, »On Prosto Pisal Summu vo vremya besedy«, Interview mit Freidson, Radio Swoboda, 24. Mai 2015.

87 Interview der Autorin mit einem ehemaligen Geschäftspartner Trabers im März 2013.

88 Nachricht von Robert Eringer, dem damaligen Chef des monegassischen Geheimdienstes, an Prinz Alberts Kabinettschef, Jean-Luc Allavena, vom 10. April 2006.

89 Interview der Autorin mit zwei ehemaligen Geschäftspartnern Trabers. Laut Maxim Freidson erstreckte sich Putins Interesse am Ölhandel auch auf eine Bezahlung für seine logistische Unterstützung. So habe er es zumindest bei der deutlich kleineren Ölhandelsgesellschaft Sowex erlebt, die er zusammen mit Skigin besaß. Sowex erstand Treibstoff bei Timtschenko und verkaufte ihn an den Petersburger Flughafen Pulkowo. Putin hatte Sowex mit allem versorgt, was das Unternehmen benötigte: eine Ölhandelslizenz, das Recht, das Öl in den Speicheranlagen am Flughafen zwischenzulagern, und die Genehmigung, das Pipelineterminal dort zu nutzen. Freidson behauptete, dass Putin als Gegenleistung für seine Dienste Unternehmensanteile in Höhe von 4 Prozent erhalten habe. Diese Anteile seien über zwei der engsten Geschäftspartner Trabers gelaufen, Alexander Ulanow und Wiktor Korytow, der beim Leningrader KGB eng mit Putin zusammengearbeitet hatte. Freidson war überzeugt, dass es solche Vereinbarungen auch mit anderen Firmen wie dem Hafen und dem Ölterminal gegeben haben musste, konnte es aber nie beweisen. Der Gewinn von Sowex wurde über Liechtenstein geleitet, wo Skigin das Unternehmen angemeldet hatte. Das Gleiche galt für Skigins und Trabers Anteile am Hafen und am Ölterminal. Die Kontrollmehrheit hielt und verwaltete ein Unternehmen namens Fibeko Treuhandanstalt, als dessen Fassade ein Antiquariat diente, betrieben von zwei Finanzmanagern, die zu Sowjetzeiten kommunistische Propaganda in Westeuropa verbreitet hatten. Einige der Verbindungsleute aus Sowjetzeiten waren eben immer noch da. »Diese Netzwerke verschwanden nicht einfach«, sagte ein ehemaliger Mittelsmann des KGB, der mit den Finanzexperten aus Liechtenstein zusammengearbeitet hatte. (Interview der Autorin im November 2015.) »Die Verbindungen blieben bestehen. Wenn es erst einmal einen vertrauensvollen Kontakt gibt, experimentiert man nur ungern.«

90 Der von Juri Schwez zitierte Bericht besagte, dass Wiktor Iwanow, ein Vertrauter von Tscherkessow und Putin, der in jenen Jahren die Schmuggelabteilung des FSB leitete, enge Verbindungen zum Kopf der Tambow-Mafia, Wladimir Kumarin, geknüpft und dadurch ein Interesse am Hafen entwickelt habe. Außerdem bestätigte der Bericht, dass auch Putin in diese Geschäfte verwickelt war (Litwinenko-Untersuchung, Bericht zum Tod von Alexander Litwinenko, Vorsitzender: Sir Robert Owen, Januar 2016, S. 100–101, https://assets.publishing.service.gov.uk/government/uploads/system/uploads/attachment_data/file/493860/The-Litvinenko-Inquiry-H-C-695-web.pdf; https://www.litvinenkoinquiry.org/files/2015/03/INQ006481.pdf).

91 Olbi-Dschas, eine Firma, die unter anderem einem russischen Geschäftsmann gehörte, gegen den das FBI Anfang der Neunzigerjahre ermittelte, weil er Kokain nach Sankt Petersburg geschleust haben sollte, importierte offiziell Bananen. Die Zeitung *Wedomosti* verweist allerdings auf Verbindungen zu Schabtai Kalmanowitsch, dem russischen Mafiamitglied, das laut FBI eng mit dem KGB und der Solnzewskaja zusammenarbeitete.

92 Interview der Autorin mit einem ehemaligen Geschäftspartner Trabers im November 2015; Doschd-TV, »Minstr Porta: Kak Peterburgsky Avtorit Ilya Traber Svyazan s Vladimirom Putinym I yevo okru-zheniem«, 25. August 2017.

93 Interview der Autorin mit einem ehemaligen Geschäftspartner Trabers im November 2015.

94 Konstantin Alexejew, »Zavety Ilyicha, Versiya v Pitere«, 28. September 2009. Alexejew zitiert einen Artikel aus der Zeitschrift *Sowerschenno Sekretno-Wersija* vom 9. Oktober 2001, der Schewtschenkos Aussage in voller Länge wiedergibt. Vgl. auch Nadeschda Iwanizkaja, »Namyvnoe delo«, *Russian Forbes*, 2. November 2012; Dmitri Matwejew, »Tsapki Ministra Levitina«, Versiya v Pitere, 20. Dezember 2010; Arkadi Butlitski, »Rokovaya Druzhba«, *Moskowskaja Prawda*, 16. August 2003; Anton Grischin, »Vorotily ›Zolotykh Vorot‹«, *Wersija*, 9. Oktober 2001. Dieser Artikel berichtet, dass Schewtschenko die Aussage am 19. Februar 1999 vor der stellvertretenden Ermittlungsleiterin der Petersburger Staatsanwaltschaft, N. A. Litwinowa, getätigt habe.

95 In einer E-Mail durch seinen Moskauer Anwalt weigerte sich Traber, eine Reihe von Fragen zum Inhalt dieses Kapitels zu beantworten, und antwortete nur: »Fantasiegespinste, Verleumdungen, Erfindungen und Dummheiten lassen sich unmöglich kommentieren.«

96 So steht es in Hafenunterlagen, die der Autorin vorliegen und die darüber hinaus besagen, dass

OBIP zu 50 Prozent im Besitz von Nasdor war. Interview der Autorin mit einem ehemaligen Geschäftspartner Trabers im November 2015. Siehe auch Anastasia Kirilenko, »4 % Putina. Kak blizkie k Kremlyu kriminalniye avtoritety otmyvayut neftyaniye dengi v Monako«, *The Insider*, 19. Dezember 2017, und Roman Anin, »Zavody, Tsisterny, Offshory, Sosedy«, *Nowaja Gaseta*, 20. April 2011. Der neue Liegenschaftsverwalter von Sankt Petersburg, der Manewitschs Platz einnahm und die Verlängerung absegnete, war German Gref, ein enger Verbündeter Putins, der unter dessen Präsidentschaft ein hohes Amt im Staatsapparat erhielt und offensichtlich den Kontakt zu Traber aufrechterhalten sollte.

97  Anatoli Sobtschak, »Kak Rossiya Poteryala Flot na Baltike I Kto v Etom Vinovat?«, *Moskowskie Nowosti*, 6. Oktober 1998, abgerufen unter https://web.archive.org/web/20131029211741/http://datarhiv.ru/51/85.

98  Interview der Autorin mit einem ehemaligen Geschäftspartner Chartschenkos im März 2014. Zu Sobtschaks Tod vgl. Kapitel 5.

99  Interview der Autorin mit einem ehemaligen KGB-Mitglied im Mai 2013.

100 Interview der Autorin mit Jakunin im Juni 2013.

101 Ebd. »Alles, was mit Seltenen Erden zu tun hatte, lief über das Joffe-Institut«, erklärte Alexander Beljajew, der ehemalige Vorsitzende des Petersburger Stadtrats. »Dort saßen die Experten.«

102 Interview der Autorin mit Jakunin im Juni 2013.

103 Ebd.

104 So steht es im Bericht des Finanzministeriums, das zwischen dem 12. Dezember 1996 und dem 7. April 1997 die Bilanzen des Zwanzigsten Trust für die Jahre 1993–1996 prüfte. Dieser Bericht liegt der Autorin vor. Für weitere Informationen vgl. Roman Schleinow, »Ugolovniye Dela, v kotorykh upominalsya Vladimir Putin, obyasn-yayut kadrovuyu politiku prezidenta«, *Nowaja Gaseta*, 3. Oktober 2005; Ilja Barabanow, »Ptentsy gnezda Petrova. Delo XX Tresta«, *The New Times*, 23. März 2009.

105 Diese Informationen stammen von Oberstleutnant Andrej Sykow, einem ehemaligen Ermittler des Innenministeriums, der die Untersuchungen zu Putin und der Veruntreuung von Haushaltsmitteln der Stadt Sankt Petersburg über den Zwanzigsten Trust leitete. (Interview der Autorin im März 2014.)

106 Interview der Autorin mit einem ehemaligen Geschäftspartner Putins im Januar 2013.

107 Interview der Autorin mit einem Nachbarn der Osero-Datschengemeinschaft im Juni 2014.

108 Interview der Autorin mit einem ehemaligen Geschäftspartner Putins im Januar 2013.

109 Interview der Autorin mit einem Nachbarn der Osero-Datschengemeinschaft im Juni 2014.

110 Alexander Bondarenko, »Ob etom, mozhet byts, kogda-nibud rasskazhut«, *Krasnaja Swesda*, 10. Januar 2002, Interview mit Gennadi Belik.

111 Interview der Autorin mit einem Verbündeten Putins im August 2018.

112 Interview der Autorin mit Jakunin im Juni 2013.

113 Interview der Autorin mit einem ehemaligen KGB-Mitglied im Mai 2013.

114 Interview der Autorin mit Sobtschaks Witwe Ljudmila Narussowa im Juni 2014.

115 Ebd.; *Delo Sobchaka*, Film von Xenia Sobtschak und Wera Kritschewskaja, Moskau 2018.

116 Interview der Autorin mit einem Verbündeten Putins im August 2018.

117 Ebd.

118 Interview der Autorin mit Jumaschew im Oktober 2017.

119 Interview der Autorin mit einem ehemaligen Geschäftspartner Putins im Januar 2013.

120 Interview der Autorin mit Andrej Kortschagin, einem ehemaligen Beamten der Stadt Sankt Petersburg, im Januar 2015.

121 Interview der Autorin mit Linkow im November 2013.

122 Maria Kaluschskaja, »Desyat Lyet bez Starovoitovy«, Waleria Nowodworskaja über Starowoitowa, grani.ru, 20. November 2008, https://graniru.org/Politics/Russia/m.144242.html.

123 Interview der Autorin mit einem ehemaligen Geschäftspartner Trabers im November 2015.

124 Interview der Autorin mit einem ehemaligen FSB-Mitglied im Juni 2014. Im April 2019 erhob die

Petersburger Staatsanwaltschaft schließlich Anklage gegen den ehemaligen Anführer der Tambow-Mafia, Wladimir Kumarin, weil sie davon ausging, dass er den Mord an Starowoitowa in Auftrag gegeben hatte. Zu dem Zeitpunkt hatte Kumarin bereits mehr als elf Jahre Gefängnis hinter sich; nachdem er sich mit den Machthabern im Kreml entzweit hatte, war er unter anderem wegen der Leitung einer kriminellen Vereinigung zu einer vierundzwanzigjährigen Haftstrafe verurteilt worden. Die Führung der Tambow-Mafia war längst an Gennadi Petrow übergegangen.

125 Interview der Autorin mit Eringer im Juni 2016; Eringer hat ein Foto dieses Treffens veröffentlicht. In einem offenen Brief an Putin schrieb Prelin, wie er auf einer Pressekonferenz im Frühjahr 1999 vorausgesagt habe, dass Russlands nächster Präsident jemand mehr oder weniger Unbekanntes sein würde, der nicht der aktuellen politischen Elite entstammte. Als seine Prophezeiung eintraf, habe die ausländische Presse dann behauptet, er habe im Voraus gewusst, wer Präsident würde, und sei sogar an einer Spezialaktion des Geheimdienstes beteiligt gewesen, der »seinen Mann« an die Macht bringen wollte. Er schrieb: »So seltsam es auch klingen mag, aber nach all den albernen Artikeln verspürte ich eine gewisse persönliche Verantwortung für Ihr Handeln als Präsident Russlands, als hätte ich tatsächlich eine direkte Rolle bei der Auswahl Ihrer Person für dieses hohe Amt innegehabt.« Er hoffe, eine Inspiration für Putin gewesen zu sein, und deutete an, dass Putins Gewohnheit, die Armbanduhr am rechten Handgelenk zu tragen, obwohl er Rechtshänder war, ein Anzeichen dafür sein könne. »Ich hege eine gewisse Hoffnung in diese Richtung, da Sie, soweit ich weiß, nach dem Treffen mit mir begannen, die Uhr rechts zu tragen, wie ich es bereits mein ganzes Leben lang tue«, schrieb er. (Prelin trug die Uhr rechts, weil er Linkshänder war.) Beim Schreiben dieses Buch hatte ich Prelin noch nicht ausfindig machen können.

## 4 OPERATION NACHFOLGER: »ES WAR BEREITS NACH MITTERNACHT«

1   Interview der Autorin mit Wawilow im Januar 2013.

2   Interview der Autorin mit Pugatschow im Februar 2016.

3   Arkady Ostrovsky, »Ailing Yeltsin will not Stand Down«, *Financial Times*, 30. Oktober 1998. Bei dem im Artikel erwähnten Kreml-Mitarbeiter handelt es sich um den stellvertretenden Stabschef Oleg Sjusujew, der sich als enger Verbündeter Primakows herausstellte. Er erzählte der Zeitung, Jelzin werde in seiner Neujahrsrede vor dem Parlament seinen teilweisen Rückzug verkünden und die Alltagsaufgaben im Bereich Wirtschaft an Primakow übergeben.

4   Der Autorin liegt eine Kopie dieses sechsseitigen Schreibens an den Vorsitzenden der Duma, Gennadi Selesnjow, vom 1. Februar 1999 vor.

5   Interview der Autorin mit Pugatschow im Februar 2016.

6   Interview der Autorin mit Turover im Mai 2013.

7   Turover legte der Autorin eine Reihe von Dokumenten vor, die belegten, dass die Banco del Gottardo bei der Rückzahlung von Auslandsschulden aus Sowjetzeiten, vor allem für strategisch bedeutende Güter, über verschiedene Tauschgeschäfte als Mittlerin fungiert hatte. Ein Dokument, das am 9. März 1994 von Russlands stellvertretendem Finanzminister Andrej Wawilow und dem Minister für Außenhandel, Oleg Dawydow, unterschrieben worden war, bekundete die Gründung eines »Gemeinsamen Russisch-Schweizer Bankenclubs Gottardo«. Auf Nachfrage erklärte Wawilow, dass die Überlegungen, die Banco del Gottardo als Zwischeninstanz einzusetzen, nie umgesetzt worden seien. Doch mehrere der Unterlagen von Turover belegen, dass die Banco del Gottardo mindestens drei Jahre lang in dieser Rolle tätig war. Seitens des russischen Staates ist die Beteiligung der Bank an der Rückzahlung dieser Schulden nie offengelegt worden. Offiziell galt zu der Zeit ein internationales Moratorium für alle Auslandsschulden der russischen Föderation. Andere internationale Kreditgeber erhielten kein Geld. Ein weiteres Dokument vom 4. März 1994 ernannte Turover zum Berater der Banco del Gottardo, zuständig für »alle Angelegenheiten in Zusammenhang mit unserer Beziehung zu den staatlichen Autoritäten und Behörden der Russischen Föderation und unseren Aktivitäten mit dort angesiedelten Finanz-, Handels- und Wirtschaftsinstituten, -unternehmen und -verbünden«. In einem Protokoll vom 2. Juni 1997 findet sich der Vorschlag, dass der russische Staat die ausstehenden Schulden beim Schweizer Handelsunternehmen NOGA durch den Verkauf russischer Luftverteidigungssysteme des Herstellers

Mari-El Konstruktionen (der Russlands strategisch enorm wichtiges S-300-Luftabwehrsystem produzierte) über NOGA begleichen könne – ein weiteres Geschäft, das nie vom russischen Staat offengelegt wurde.

8   Interview der Autorin mit Turover im Mai 2013.

9   Ebd.

10  Juri Skuratow, *Kremlyevskie Podryady Mabeteksa*, S. 63–64.

11  Interview der Autorin mit Turover im Mai 2013.

12  Interview der Autorin mit Skuratow im Oktober 2013. Die angeblich von Tatjana Djatschenko ausgegebene Summe, die Skuratow in seinem Buch nennt (*Kremlyevskie Podryady*, S. 185–186), ist deutlich weniger eindrucksvoll. Hier beruft er sich auf Kreditkartenabrechnungen, die die Schweizerische Bundesanwaltschaft geschickt habe und die zeigten, dass Tatjana und ihre Schwester Elena insgesamt »viele Zehntausende Dollar« ausgegeben hätten. Bei Tatjana, schreibt er, seien es bei einer Gelegenheit 13 000 Dollar an einem Tag gewesen. Außerdem besäße er Kopien von Kontoauszügen, die belegten, dass Tatjana Djatschenko in drei Jahren mehr als 100 000 Dollar ausgegeben habe.

13  Interview der Autorin mit Skuratow im Oktober 2013. Auch in Bezug auf Jelzin klingt es bei Skuratow in *Kremlyevskie Podryady*, S. 185, so, als handle es sich um eine deutlich geringere Summe. Er zitiert Turovers Aussage gegenüber der *New York Times*, dass der Betrag, den Jelzin selbst ausgegeben habe, »rein symbolischer Natur« gewesen sei.

14  Interview der Autorin mit Turover im Mai 2013.

15  Skuratow, *Kremlyevskie Podryady*, S. 76.

16  Thane Gustafson, *Wheel of Fortune: The Battle for Oil and Power in Russia*, S. 90, The Belknap Press of Harvard University Press, Cambridge, Massachusetts, 2012.

17  Interview der Autorin mit Skuratow im Mai 2014.

18  Skuratow, *Kremlyevskie Podryady*, S. 78–79.

19  Ebd.

20  Ebd., S. 80.

21  Ebd., S. 78; Skuratow zitiert den Schweizer Bundesanwalt Daniel Devaud, der sagte, dass MES durch die Ölverkäufe ganze 1,5 Milliarden Dollar eingenommen haben könnte, von denen aber nur 200 Millionen in die Renovierung des Kreml flossen.

22  Interview der Autorin mit Pugatschow. Skuratow beschreibt die enge Beziehung zwischen Borodins Liegenschaftsverwaltung und Pugatschows Meschprombank in *Kremlyevskie Podryady*, S. 95. Dort heißt es, dass die Meschprombank der wichtigste Geldgeber der Behörde gewesen sei und dass die Bank auch ausländische Kreditsummen verwaltet habe, für die das Finanzministerium bürgte, unter anderem für die Renovierung des Kreml.

23  Borodin gab in einer Pressekonferenz im Januar 1999 sogar an, dass die Liegenschaften einen Wert von 600 Milliarden Dollar hätten. Das ist aller Wahrscheinlichkeit nach zu hoch angesetzt, aber Borodin behauptete, dass die Zahl auf einer Schätzung durch US-Experten beruhe.

24  Interview der Autorin mit Pugatschow im Mai 2014. (Jumaschew sagte, Borodin habe Wohnungen für »jeden« gekauft – Interview der Autorin im Oktober 2017.)

25  Interview der Autorin mit Pugatschow im Juni 2018.

26  Interview der Autorin mit Pugatschow im Februar 2016; vgl. auch Skuratow, *Kremlyevskie Podryady*, S. 95.

27  Ein Dokument, das Pugatschow der Autorin zur Verfügung stellte, ist ein Brief, den Patriarch Alexi II. am 21. März 1996 an Jelzin schickte. Darin appelliert der Patriarch an Jelzin, Pugatschow zu seinem Vertreter beim russischen Präsidenten zu ernennen. »Während eines unserer letzten Treffen (am 1. Februar) brachte ich die Frage auf, ob es zweckdienlich sein könnte, ein Bindeglied zwischen Ihnen und mir einzuführen, um wirksamer über aufkommende Fragen zwischen der Kirche und dem Präsidenten entscheiden zu können, auch angesichts der komplizierten Situation im Land und der schicksalsträchtigen Zeiten, in denen wir leben. Meiner Ansicht nach könnte Sergej Wiktorowitsch Pugatschow, der Vorsitzende der Meschprombank, dieses Bindeglied, wie

ich es Ihnen gegenüber erwähnt habe, verkörpern. Ich kenne S. W. Pugatschow als einen guten Christen, der viel zum Wiederaufbau der Kirche beigetragen hat.«

28  Diese Zweigstelle der Meschprombank in San Francisco trug den Namen International Industrial Bank Corp.

29  Unter den Dokumenten, die die Autorin sichten konnte, war ein Schreiben von Tatjana Djatschenko an Pugatschow, in dem sie ihm für seine Unterstützung im Wahlkampf 1996 dankte, und ein Schriftwechsel zwischen Pugatschow und Fred Lowell, einem Anwalt aus San Francisco mit engen Verbindungen zur Republikanischen Partei in Kalifornien. Lowell zog George Gorton hinzu, einen ehemaligen Mitarbeiter des kalifornischen Gouverneurs Pete Wilson, der sich zusammen mit Joseph Shumate und Richard Dresner als Wahlkampfberater betätigte. Offiziell wurden die drei von Oleg Soskowez angeheuert, Jelzins stellvertretendem Ministerpräsidenten, aber ihr erster und direkter Kontakt war Felix Braynin, einer von Pugatschows Angestellten bei der International Industrial Bank Corp in San Francisco. Die Geschichte der US-amerikanischen Wahlkampfberater erzählt Michael Kramer in »Rescuing Boris« (*Time Magazine*, 24. Juni 2001). Die Rolle der US-Berater in der Wiederwahlkampagne ist umstritten, da Tatjana Djatschenko später behauptete, die Amerikaner hätten ihre Bedeutung übertrieben. Doch genauso gut ist möglich, dass sie selbst deren Einfluss als minimal darstellen wollte, weil es für Jelzin politisch nicht opportun war, von US-Beratern unterstützt worden zu sein. Bis zum Artikel im *Time Magazine* 2001 war ihr Mitwirken an der Kampagne überhaupt nicht bekannt gewesen.

30  Skuratow, *Kremlyevskie Podryady*, S. 60–61.

31  Ebd.

32  Interview der Autorin mit Pugatschow im Februar 2016.

33  Skuratow, *Kremlyevskie Podryady*, S. 62.

34  Ebd.

35  Ebd., S. 81; Interview der Autorin mit Pugatschow im Februar 2016, in dem er sagt, er habe Wawilow dazu gebracht, dass das Finanzministeriums die Garantien für die Anleihen übernahm.

36  Interview der Autorin mit Pugatschow im Februar 2016.

37  Paul Beckett und David S. Cloud, »Banking Probe Reaches Yeltsin Family – Cayman Accounts Now Draw US Scrutiny«, *Wall Street Journal*, 22. September 1999. Das *WSJ* berichtete, dass das Geld auf Konten von Belka Energy eingezahlt worden sei, Djatschenkos Ölhandelsgesellschaft, die wiederum Beziehungen zu Runicom pflege, der Schweizer Ölhandelsgesellschaft von Abramowitsch. Ein Anwalt von Belka erklärte der *Washington Post* (Robert O'Harrow Jr, »Bank Subpoenas Trading Firm«, *Washington Post*, 1. Oktober 1999), dass es sich bei dem Geld um eine Entlohnung für Djatschenkos Arbeit für das Unternehmen handle und es keinerlei Verbindung zu kriminellen Aktivtitäten gebe.

38  »Podrobnosti Dela Mabeteksa«, *Wremja MN*, 28. Januar 1999; Interview der Autorin mit Turover im Mai 2013; Interview der Autorin mit Skuratow im Oktober 2013.

39  Interview der Autorin mit Pugatschow im Februar 2016.

40  Interview der Autorin mit Skuratow im Oktober 2013.

41  Skuratow, *Kremlyevskie Podryady*, S. 25.

42  Ebd., S. 34–44.

43  Ebd., S. 29.

44  Ebd., S. 54–55.

45  Interview der Autorin mit Skuratow im Oktober 2013.

46  Interview der Autorin mit Turover im Mai 2013.

47  Interview der Autorin mit Skuratow im Oktober 2013.

48  Kalendereinträge aus dieser Zeit, die die Autorin einsehen konnte, verweisen auf Treffen mit »Tanja« und »Walja«, wie Djatschenko und Jumaschew damals vertraulich genannt wurden, an drei Tagen ab dem 27. Januar 1999, direkt nach der Razzia bei Mabetex, sowie auf eine Reihe weiterer Treffen mit Walja, Tanja, Beresa (so lautete der Spitzname von Beresowski), Putin und Woloschin im Verlauf des Jahres.

49  Interview der Autorin mit Pugatschow im Februar 2016.

50  In einem Interview im Oktober 2017 räumte Jumaschew ein, dass es Pugatschow gewesen sein mochte, der das Video auftrieb, wollte aber nicht weiter ins Detail gehen: »Ich weiß nicht, wer das Video fand. Wahrscheinlich war es Pugatschow, denn er verfügte über gute Beziehungen zu Chapsirokow. Und Chapsirokow war der Leiter der Liegenschaftsverwaltung der Staatsanwaltschaft.« Jumaschew meinte, es sei »absolut möglich«, dass Pugatschow die Sache wichtig gewesen sei, weil er durch seine Zusammenarbeit mit Borodin irgendwie in die Mabetex-Affäre verwickelt gewesen sein könnte. Aber er beharrte darauf, dass die Angelegenheit nichts mit der Entscheidung des Kreml zu tun gehabt habe, Skuratow abzusetzen: »Ich wiederhole: Für Jelzin – und in unseren Gesprächen mit Wirtschaftsvertretern, mit Tschubais, mit Gaidar – war vor allem wichtig, dass der Generalstaatsanwalt sich zu einem Werkzeug der Wirtschaft entwickelt hatte, statt sich um echte Kriminalfälle zu kümmern. Skuratow hatte wegen seiner menschlichen Schwächen seine Unabhängigkeit verloren – er glaubte, er könne Geschäfte mit Leuten machen, die ihm Schmiergelder und Prostituierte zahlten. Der Kreml war der Ansicht, dass ein Generalstaatsanwalt, der sich manipulieren ließ, kein Recht darauf hatte, eine solche Position zu bekleiden.« Chapsirokow übernahm im Jahr 2000 einen Posten bei Pugatschow in der Meschprombank, bevor er 2001 zum Referenten des damaligen Leiters der Präsidialverwaltung, Alexander Woloschin, berufen wurde.

51  David McHugh, »Primakov Plan Sees Sidelined President«, *Moscow Times*, 27. Januar 1999.

52  Interview der Autorin mit Jumaschew im Oktober 2017.

53  Simon Saradzhyan, »Primakov to Clear Jails for Corrupt«, *Moscow Times*, 2. Februar 1999.

54  Interview der Autorin mit Jumaschew im Oktober 2017.

55  Simon Saradzhyan, »Prosecutor Resigns as Sibneft Oil Raided«, *Moscow Times*, 3. Februar 1999.

56  Michael Wines, »Yeltsin Son-in-law at Center of Rich Network of Influence«, *New York Times*, 7. Oktober 1999.

57  Interview der Autorin mit einem Geschäftspartner Beresowskis im Juni 2018.

58  Auf Jumaschew folgte Nikolai Bordjuscha, der ebenfalls aus den Sicherheitsbehörden stammte und eine deutlich engere Beziehung zu Primakow pflegte.

59  Interview der Autorin mit Jumaschew im Oktober 2017.

60  Interview der Autorin mit Pugatschow im Januar 2015.

61  Sarah Karush, »Kremlin Rulers Set Up at Elite Hospital«, *Moscow Times*, 17. März 1999.

62  Natalya Shulyakovskaya, »Prosecutor Skuratov Slips Back to Work«, *Moscow Times*, 10. März 1999.

63  Die Schweizer Bundesanwältin Carla del Ponte hatte Skuratow angerufen und ihn darüber informiert, dass bei den Razzien bei Mabetex tatsächlich, wie erhofft, Kopien von Kreditkartenabrechnungen der Jelzin-Familie aufgetaucht waren, die belegten, dass Pacolli für sie bürgte und die Ausgaben beglich. Obwohl diese konkreten Beweise für eine Verbindung zwischen den Ermittlungen und der »Familie« damals nicht veröffentlicht wurden, waren die Voraussetzungen für eine Revolte geschaffen.

64  David McHugh, »Upper House Reinstates Prosecutor«, *Moscow Times*, 18. März 1999.

65  Interview der Autorin mit Pugatschow im Februar 2016.

66  Ebd.

67  Interview der Autorin mit Pugatschow im Juni 2018.

68  Sarah Karush, »Prosecutor Steps Up Pressure on Yeltsin«, *Moscow Times*, 24. März 1999.

69  »Ilyukhin Nashel Scheta Yeltsina«, *Kommersant*, 24. März 1999.

70  Interview der Autorin mit Pugatschow im Februar 2016.

71  Interview der Autorin mit Jumaschew im Oktober 2017.

72  Interview der Autorin mit Pugatschow im Januar 2015.

73  Interview der Autorin mit einem russischen Tycoon mit engen Verbindungen zu Luschkow im April 2018.

74  Interview der Autorin mit Pugatschow im Januar 2015.

75  Später stellte sich heraus, dass sich unter ihnen auch Borodin befand.

76  Interview der Autorin mit Pugatschow im Februar 2016.

77  Ebd.

78  In *Kremlyevskie Podryady*, S. 354–356, stellt Skuratow die Ereignisse jener Nacht etwas anders dar. Er sagt, er habe später herausgefunden (über einen Mitarbeiter, der mit Rosinski gesprochen hatte), dass Rosinski tatsächlich vom FSB um zwei Uhr morgens in den Kreml gefahren worden sei. Dort sei er aber zu Woloschin geführt worden, der ihm das Video zeigte und ihm eine vorbereitete Anklage vorlegte. Woloschin habe ihn angewiesen, sich damit in Tatjana Djatschenkos freies Büro zu setzen und die Anklage zu überarbeiten, und wenn er irgendwelche Schwierigkeiten hätte, stünden zwei stellvertretende Generalstaatsanwälte parat. Laut diesem Bericht waren Putin und Stepaschin in Woloschins Büro dabei, während Tschaikas und Demins Wagen in jener Nacht laut einem Augenzeugen vor dem Kreml parkten. Von Pugatschow ist keine Rede. Es ist allerdings möglich, dass Rosinski Pugatschow nicht erwähnt, weil dieser ihm seine Belohnung organisiert hatte. (Skuratow meinte zudem, dass all dies an jenem Tag passierte, weil die Generalstaatsanwaltschaft am folgenden Tag eine Verhaftung Beresowskis geplant hatte.)

79  Valeria Korchagina, »Yeltsin Loses Vote to Oust Skuratov«, *Moscow Times*, 22. April 1999.

80  Interview der Autorin mit Pugatschow im Februar 2015.

81  Ebd.

82  Interview der Autorin mit Jumaschew im Oktober 2017.

83  Jelzin hatte Primakow bereits Monate zuvor absetzen wollen, im Winter. Aber davon hätten ihn seine Mitarbeiter abgehalten, berichtete Jumaschew: »Wir hatten erkannt, dass Primakow im Winter noch mächtige Kräfte hinter sich stehen hatte und dass der Kreml schwach war. Im Winter waren die Folgen der Rubelkrise noch nicht ausgestanden. Aber im Frühling war abzusehen, dass wir die Krise überwunden hatten und es wieder möglich war, harte politische Entscheidungen zu treffen.«

84  Interview der Autorin mit Turover im Mai 2013.

85  Interview der Autorin mit Skuratow im Juni 2014.

86  Interview der Autorin mit Pugatschow im Februar 2016. Anlass zur Sorge bot auch die Frage, wie Stepaschin sich den Kontakt zu Primakow bewahrt hatte, zu dem er seit seiner Zeit an der Spitze des FSB eine enge Verbindung gepflegt hatte.

87  Stepaschin behauptete später, man habe ihm von Anfang an deutlich zu verstehen gegeben, dass er durch Aksjonenko ersetzt werden könne; Interview mit Stepaschin in der *Nesawissimaja Gaseta* vom 14. Januar 2000. Pugatschow hingegen sagt, dass Aksjonenko immer nur eine nachrangige Option gewesen sei und dass Jelzin dessen aggressives Auftreten nicht mochte, das dem eines sowjetischen Fabrikchefs glich.

88  Ebd.; Skuratow schreibt in *Kremlyevskie Podryady* zudem, dass Pugatschows Bank der größte Geldgeber der Liegenschaftsverwaltung gewesen sei.

89  Interview der Autorin mit Pugatschow im September 2014.

90  Interview der Autorin mit Jumaschew im Oktober 2017. Jumaschew bezog sich auf den Zeitraum zwischen Dezember 1998 und März 1999, kurz nachdem er als Leiter der Präsidialverwaltung abgetreten war und den Weg für Bordjuscha und später für Woloschin freigemacht hatte: »Die Hauptaufgabe bestand zu der Zeit darin, jemanden zu finden, der Präsident werden könnte (…) und Putin – ich hatte Putin nicht im Auge. Zwischendurch gingen mir verschiedene andere Kandidaten durch den Kopf. Ich dachte beispielsweise an [Sergej] Jastrschembski. Wenn es dieses Problem [Jastrschembski hielt offen zu Luschkow] nicht gegeben hätte, wäre er einer der stärksten Kandidaten gewesen. Er war ein brillanter Redner. Er sah gut aus und war interessant. Ein großer Liberaler. Ehrlich gesagt habe ich mir auch die Regierung angeschaut, denn dort gab es ebenfalls Kandidaten, die Präsident hätten werden können. Zum Beispiel Aksjonenko [der Eisenbahnminister], der ein absoluter Workaholic war. Der einzige Bereich, der trotz der furchtbaren Krise weiterhin gut lief, war die Eisenbahn, und das war dem Organisationstalent von Aksjonenko zu verdanken. (…) Hinsichtlich seiner Auffassung, wie mit dem Markt zu verfahren war, und ideologisch gesehen passte er gut rein.« Als Jelzin Stepaschin dann im Mai zum Ministerpräsidenten

machte, war laut Jumaschew auch Putin in der Auswahl. »Aber er war nicht der vorrangige Kandidat. (…) Damals wurde es Stepaschin, weil Jelzin glaubte, dass er die politische Erfahrung hätte, und Tschubais sich sehr aktiv für ihn einsetzte. Tschubais' Meinung war Boris Nikolajewitsch sehr wichtig. Putin blieb bei seiner Tätigkeit als Sekretär des Sicherheitsrates und träumte natürlich nicht davon, Präsident zu werden.«

91  Ebd.

92  Zu Beginn des Jahres hatten finstere Kräfte unter der Führung des abtrünnigen Generals Lew Rochlin, desillusioniert durch die sinnlosen Verluste und das Blutvergießen des Tschetschenienkriegs, mutmaßlich einen Putsch gegen Jelzin geplant – bis Rochlin nur wenige Wochen vor Putins Ernennung zum Chef des FSB auf mysteriöse und brutale Weise ermordet wurde. Unter diesen Umständen »brauchte die Jelzin-Familie wirklich einen eigenen Mann an der Spitze des FSB«, meinte Leonid Newslin, ein weiterer Oligarch der Jelzin-Ära, der für Chodorkowskis Menatep-Bank tätig war.

93  Interview der Autorin mit Jumaschew im Oktober 2017.

94  Interview der Autorin mit Sobtschaks Witwe Ljudmila Narussowa im Juni 2014; *Delo Sobchaka*, Film von Xenia Sobtschak und Vera Kritschewskaja, Moskau 2018.

95  Jumaschew meinte unter anderem, dass Putin ihm von seiner Beteiligung an Sobtschaks Flucht erzählte, weil »wir ein ziemlich offenes Verhältnis hatten. Ich glaube, er hätte das Gefühl gehabt, mich zu hintergehen, wenn er mich nicht einweihte. Wenn ein Stellvertreter sich auf ein solches Suizidkommando einlässt – und ich hatte ihn Jelzin empfohlen und ihn zum Teil meines Teams gemacht –, musste er mich in seinen Augen wohl zumindest warnen.« Interview der Autorin mit Jumaschew im Oktober 2017.

96  Ebd.

97  Ebd.

98  Ebd.

99  Interview der Autorin mit einem früheren engen Geschäftspartner Putins.

100 Interview der Autorin mit einem hochrangigen russischen Bankier/Auslandsagenten im Dezember 2018.

101 Interview der Autorin mit einem engen Geschäftspartner Beresowskis im Oktober 2019.

102 Masha Gessen, *Der Mann ohne Gesicht: Wladimir Putin. Eine Enthüllung*, S. 27–28; Interview der Autorin mit Leonid Newslin im Juli 2018, in dem auch Newslin sagte, dass er sich durchaus vorstellen könne, Beresowksi habe bei Putins Beförderung zum FSB-Chef eine Rolle gespielt. Beresowski wusste, dass Putins Vorgänger in dem Amt, Nikolai Kowaljow, ihn hasste. »Kowaljow war kein schlechter Kerl«, sagte Newslin. »Aber er verabscheute Beresowksi aus tiefstem Herzen. Deshalb haben sie ihn ersetzt. (…) Er hasste ihn mehr, als man es sich vorstellen kann. Beresowski traf sich ein paar Mal mit Kowaljow und betrachtete ihn immer als Feind.«

103 Interview der Autorin mit einem Geschäftspartner Beresowskis im Juli 2018.

104 Interview der Autorin mit Alex Goldfarb im Juli 2015. In seinem Gespräch mit Gessen für *Der Mann ohne Gesicht* behauptete Beresowski allerdings, dass er Mitte Juli 1999 zu Putin gegangen sei und ihm vorgeschlagen habe, Präsident zu werden. Dabei ging er jedoch nicht ins Detail, und Jumaschew und Djatschenko gaben an, dass die Entscheidung da schon gefallen gewesen sei.

105 Melissa Akin und Natalya Shulyakovskaya, »Swiss Tie Kremlin to Money-Laundering«, *Moscow Times*, 15. Juli 1999; Andrew Higgins, »Yeltsin Aide is Focus of Corruption Probe – Swiss Investigators Allege Money-Laundering«, *Wall Street Journal*, 16. Juli 1999.

106 Interview der Autorin mit Pugatschow im August 2019.

107 »Luzhkov Schitayet ›Politicheskoi Provokatsii‹ Vozbuzhdeniye FSB Ugolovnovo Dela, v Kotorom Figuriruet Firma Evo Zheny«, Interfax, 17. Juli 1999.

108 Interview der Autorin mit Pugatschow im Februar 2016.

109 Interview der Autorin mit Jumaschew im Oktober 2017. Jumaschew bestritt, dass Pugatschow irgendeine Rolle bei Putins Aufstieg zur Macht gespielt habe. Er beharrte darauf, dass Pugatschow übertrieb. »Genau genommen war sein Einfluss auf jegliche politischen Ereignisse jener Zeit mi-

nimal«, sagte er. »Wir sprachen mit ihm, ja. Aber ich habe als Leiter der Präsidialverwaltung auch mit Dutzenden anderen Geschäftsleuten gesprochen – mit Potanin, mit Chodorkowski und Alekperow. (…) Es war wichtig für uns, sie auf unserer Seite zu wissen.« Er räumte allerdings ein, dass Pugatschow mit Chapsirokow bekannt gewesen sei, dem Mitarbeiter des Generalstaatsanwalts, der ihnen das Skuratow-Video verschafft hatte, und es durchaus möglich sei, dass Pugatschow das Video besorgt habe. Außerdem gestand er zu, dass Pugatschow eng mit Borodin zusammengearbeitet habe, auch an den Mabetex-Verträgen. Aber die Idee, Stepaschin durch Putin zu ersetzen, sei ursprünglich von Woloschin gekommen, dem damaligen Leiter der Präsidialverwaltung. »Der Hauptinitiator war Woloschin. Er kam auf den Gedanken, weil die Situation im Kaukasus eskalierte – die Terrorgefahr war allgegenwärtig – und die Vorstellung, weniger als ein Jahr vor der Präsidentschaftswahl einen Ministerpräsidenten zu haben, der unter dem Pantoffel seiner Frau stand (…) und dem man das Land nicht anvertrauen konnte. Es war klar, dass man den Ministerpräsidenten nicht drei Monate vor der Wahl aus dem Amt entlassen konnte. Wer das tat, würde die Wahl verlieren. Der neue MP sollte zumindest ein Jahr haben, damit das Land ihn kennenlernen konnte. Es war klar, dass wir ziemlich schnell handeln mussten und nicht mehr bis zum Herbst warten konnten. Deshalb nahmen natürlich auch wir an den Gesprächen teil – ich, Tatjana, Woloschin und Tschubais. Es gab heftige Auseinandersetzungen. Tschubais hielt es für einen Fehler. (…) Er glaubte, dass die Entlassung Stepaschins nach nur drei Monaten den Kreml als absolut unfähig dastehen ließe. Seiner Meinung nach würde die Duma Putin nicht bestätigen, weil man ihn dort nicht kannte.«

110  Andere Geschäftsleute hatten nicht einer Reihe von Leitern der Präsidialverwaltung als Berater gedient, wie es bei Pugatschow der Fall war (das belegen Unterlagen, die die Autorin sichten konnte). Sie hatten auch nie einen Plausch mit Jumaschew gehalten, wie der, der mitgeschnitten wurde und in dem sich die beiden darüber unterhalten, wie sie Putin an die Macht gebracht hätten. Kalendereinträge zeigen, wie häufig sich Pugatschow damals mit Jumaschew und Djatschenko traf. Eine Anrufliste aus Pugatschows Büro in der Moskauer Innenstadt beweist, dass Jumaschew und er 1999 allein über die Geschäftsleitung mindestens achtundachtzigmal miteinander sprachen – nicht mitgezählt sind Telefonate über das Mobiltelefon oder aus Pugatschows Büro im Kreml. Die Unterlagen belegen auch, wie tief Pugatschows übrige Verbindungen in den Kreml reichten: Es gab Gespräche zwischen ihm und Putin sowie mit Tatjana Djatschenko, Treffen mit Woloschin, Telefonate mit dem Generalstaatsanwalt Wladimir Ustinow und Nachrichten, dass »Derewo«, so ein weiterer Spitzname Beresowskis, angerufen habe.

111  Interview der Autorin mit Jumaschew im Oktober 2017.

112  Interview der Autorin mit Pugatschow im März 2015. Tschubais gab zu, dass er alles in seiner Macht Stehende unternommen habe, um Putins Ernennung zu verhindern, und erzählte Ljudmila Telen in *Pokolenie Putina*, S. 53: »Ich ging davon aus, dass Stepaschin als Kandidat größere Chancen hätte, gewählt zu werden als Putin. Diesen Standpunkt habe ich bis zum Ende verfochten. Bis zu dem Augenblick [am 9. August], in dem Jelzin Stepaschin über seine Entlassung informierte.« In seiner Autobiografie *Mitternachtstagebuch. Meine Jahre im Kreml* beschreibt auch Jelzin auf S. 320, dass Tschubais am Wochenende einen letzten verzweifelten Versuch unternommen habe, die Ernennung zu stoppen, von dem er selbst aber erst viel später erfahren habe. »Dank Tschubais hätte alles anders laufen können«, gab Pugatschow zu. »Für Jelzin gehörte Jumaschew zur Familie. Aber für Tschubais hegte er großen professionellen Respekt. Wenn er es geschafft hätte, ihm zu sagen: Lass Stepaschin in Ruhe, wäre [Putins Ernennung] wahrscheinlich nie passiert.« (Im *Mitternachtstagebuch*, S. 319, schreibt Jelzin, dass er Stepaschin und Putin am 5. August zunächst (einzeln) in sein Büro gerufen habe, um ihnen seine Entscheidung mitzuteilen. Doch dann habe er sich das Wochenende über Bedenkzeit genommen.) In seinem Buch *Vremya Berezovskovo* berichtet auch Pjotr Awen, der russische Oligarch und Vorsitzende der Alfa-Bank, von Tschubais verzweifeltem Versuch an jenem Sonntag, ein »Treffen der Oligarchen« einzuberufen, um zu erreichen, dass die großen Firmen eine einheitliche Meinung vertraten. »Es war klar, dass Stepaschin am Montagmorgen aller Wahrscheinlichkeit nach geschasst würde, aber noch ließ sich über das Wochenende etwas bewirken«, sagte Awen. »Bei diesem Treffen sprach sich Tschubais klar und deutlich gegen Putins Kandidatur aus.« Awen schreibt auch, dass Tschubais ihn gebeten habe, sich mit Putin zu treffen und ihn davon zu überzeugen, die Ernennung abzulehnen. Darauf-

hin sei er am Sonntagabend zu Putins Datscha gefahren, aber als er dort eintraf, teilte Putin ihm mit, er habe bereits zugesagt.

113 Interview der Autorin mit Pugatschow im August 2019. »In diesem Fall handelte er nicht als Präsident oder als Zar. Er handelte als Großvater, der in erster Linie Angst um Tanja und um seine Enkel hatte«, sagte Pugatschow.

114 Brian Whitmore, »Yeltsin Sacks Stepashin, Anoints Putin«, *Moscow Times*, 10. August 1999.

115 Putin erreichte ganz knapp die notwendige Unterstützung, seine Mehrheit betrug sechs Stimmen.

116 Interview der Autorin mit Jumaschew im Oktober 2017.

117 Einige Berichte legen nahe, dass die »Familie« tatsächlich Pläne für einen zweiten Tschetschenienkrieg gehegt hatte: Woloschin, der Leiter der Präsidialverwaltung, war am 4. Juli offenbar vom französischen Geheimdienst bei einem Treffen mit dem tschetschenischen Rebellenführer Schamil Bassajew in einer Villa am Rand von Nizza beobachtet worden, einen Monat bevor die Tschetschenen in Dagestan einfielen (John Dunlop, *The Moscow Bombings of September 1999*, S. 66–68). Später gab Stepaschin eine Reihe von Interviews, in denen er einräumte, dass man im Kreml Monate zuvor, als er noch Ministerpräsident war, durchaus erwogen habe, erneut militärisch gegen Tschetschenien vorzugehen, vielleicht sogar tschetschenisches Gebiet einzunehmen. Er deutete an, dass diese Pläne Teil eines Szenarios gewesen seien, um die Situation zu destabilisieren und den Ausnahmezustand auszurufen. Dunlop verweist auf drei Interviews von Stepaschin: eines in der *Frankfurter Rundschau* im Februar 2000, in dem er sagt, es habe seit März Pläne gegeben, die Grenze zu Tschetschenien zu schließen und »einen Schutzkorridor« rund um Tschetschenien zu errichten, »wie die Berliner Mauer«. Im Juli habe man sich entschlossen, das tschetschenische Territorium nördlich des Terek einzunehmen. Damit gab Stepaschin zu, dass die Pläne, in Tschetschenien einzumarschieren, schon vor dem Überfall der Tschetschenen auf Dagestan im August festgestanden hätten. Das zweite Interview hatte Stepaschin Michael Gordon gegeben (»A Look at How the Kremlin Slid into the Chechen War«, *New York Times*, 1. Februar 2000) und darin erklärt, dass der Plan im März nur darin bestanden habe, die tschetschenische Grenze zu sichern, im Juli dann aber auf eine Invasion des nördlichen Drittels des Landes erweitert worden sei, samt Spezialeinheiten, um die Rebellen aufzuspüren. Im dritten Interview mit der russischen Zeitung *Moskowski Komsomolez* im September 1999 deutet Stepaschin an, dass Beresowski versucht habe, einen klar begrenzten Konflikt zu provozieren, der Jelzin ermöglichte, den Ausnahmezustand auszurufen. »Was die Frage einer Verschwörung angeht, [muss man wissen,] dass es in jener Region schwer ist, schnell einen Sieg zu erringen, wenn man einen Krieg provoziert hat. Eine ganz andere Sache ist es, bestimmte Vereinbarungen zu treffen, um die Situation zu destabilisieren und den Ausnahmezustand zu verhängen. Das ist durchaus machbar.«

118 Gleb Pawlowski, »Eksperimentalnaya Rodina«, Moskau, Juli 2018.

119 Interviews der Autorin mit zwei engen Geschäftspartnern von Beresowski im Oktober 2019. Beide bestätigten, dass Beresowski den tschetschenischen Anführer Schamil Bassajew kannte.

120 Interview der Autorin mit Pugatschow im Februar 2016.

121 Carlo Bonini und Giuseppe D'Avantso, »Svizzera, carte di credito accusano Eltsin«, *Corriere della Sera*, 25. August 1999.

122 Interview der Autorin mit Jumaschew im Oktober 2017.

123 Interview der Autorin mit Pugatschow im Februar 2016.

124 Andrew Higgins, »Former Legislator Clears Yeltsin Family«, *Wall Street Journal*, 28. September 1999.

125 Interview der Autorin mit Pugatschow im Februar 2016.

126 Interview der Autorin mit Jumaschew im Oktober 2017.

127 Raymond Bonner und Timothy L. O'Brien, »Activity at Bank Raises Suspicion of Russian Mob Tie«, *New York Times*, 19. August 1999.

128 Paul Beckett und David S. Cloud, »Banking Probe Reaches Yeltsin Family – Cayman Accounts Now Draw US Scrutiny«, *Wall Street Journal*, 22. September 1999. Ein Anwalt von Djatschenko sagte, dass das Geld als Entlohnung für dessen Arbeit für die Ölhandelsgesellschaft gezahlt worden sei und in keinerlei Zusammenhang mit illegalen Aktivitäten stünde.

129 Das Dokument der Schweizerische Bundesanwaltschaft, das auf den 28. Juli 2000 datiert ist, belegt, dass die Bundesanwälte eine Überweisung in Höhe von 235 Millionen Dollar über die Banco del Gottardo auf ein Konto der East-West United Bank in Luxemburg untersuchten, das auf ein Unternehmen namens Questor Corporation Ltd registriert war und dessen Nutznießerin laut Bundesanwaltschaft Djatschenko war. In seiner Antwort auf schriftlich eingereichte Fragen erklärte Jumaschew, dass jede Andeutung, Tatjana hätte jemals derartige Summen erhalten, »schlicht gelogen« seien. »Tatjana verfügte nie über Briefkastenfirmen – über gar keine Firmen, weder in Russland noch im Ausland. Und wenn diese Überweisung stattgefunden hat, stand Tatjana in keinerlei Verbindung zum Unternehmen.«

130 Interview der Autorin mit Pugatschow im Mai 2014.

131 Interview der Autorin mit Pugatschow im September 2014.

132 Primakow, »Vosem mesiatsev plus«, S. 222–223: Primakow schreibt, dass Putin ihn nach seiner Entlassung aus dem Amt des Ministerpräsidenten angerufen und ein Treffen mit der FSB-Führung vorgeschlagen habe. Er brachte alle hohen Tiere des FSB in Primakows Datscha zusammen, wo sie gemeinsam auf ihn anstießen. »Das war eine aufrichtige Geste, und ich glaube nicht, dass Putin die Details mit jemandem abgestimmt hatte«, schrieb Primakow. Als dann später Putin zum Ministerpräsidenten ernannt worden war, nahm er die Einladung zur Feier von Primakows siebzigstem Geburtstag an und hielt erneut eine Rede. »Ich hatte natürlich niemanden aus Jelzins engstem Kreis eingeladen«, schrieb Primakow. Der Kontakt zwischen den beiden sei auch nach Putins Wahl zum Präsidenten weiter eng gewesen.

133 Walentin Jumaschew, »My glotnuli svobody I otravilis yeyu«, Interview mit *Moskowski Komsomolez* am 31. Januar 2011.

134 Gleb Pawlowski, »Eksperimentalnaya Rodina«, Moskau, Juli 2018.

135 Interview der Autorin mit Turover im Mai 2013.

# 5 »KINDERSPIELZEUG IN SCHLAMMPFÜTZEN«

1 Interview der Autorin mit einem früheren hochrangigen KGB-Mitglied aus Putins Umfeld im August 2018.

2 Ebd.

3 Interview der Autorin mit Graham im Juni 2014.

4 Pawlowski, »Eksperimentalnaya Rodina«, Juli 2018. »Von 1996 bis zum Ende von Jelzins Präsidentschaft sprachen wir im Kreml nie über einen ›Nachfolger‹, sondern immer darüber, die Macht zu verfestigen«, sagte Pawlowski.

5 Interview der Autorin mit Illarionow im September 2015.

6 Ebd.

7 Interview der Autorin mit Pugatschow im September 2014 und im August 2018.

8 Pugatschows Behauptung, die Entscheidung sei bereits früh gefallen, kurz nach Putins Ernennung zum Ministerpräsidenten und der Ankündigung, dass er Jelzins Nachfolger werden solle, passte deutlich besser zu den damaligen Ereignissen. Auch zwei weitere Kreml-Insider deuteten an, dass der Entschluss viel früher gefasst wurde: In einem Interview mit *Newsweek International* am 10. Januar 2000 sagte Anatoli Tschubais, der ehemalige Leiter der Präsidialverwaltung und Privatisierungszar, dass die Idee schon lange bekannt und besprochen gewesen sei, während Gleb Pawlowski, der Spindoktor des Kreml, behauptete, die Entscheidung sei Anfang des Jahres gefallen (»Eksperimentalnaya Rodina«, Juli 2018).

9 Interview der Autorin mit einem engen Verbündeten Putins im August 2018.

10 Oksana Yablokova, Simon Saradzhyan und Valeria Korchagina, »Apartment Block Explodes, Dozens Dead«, *Moscow Times*, 10. September 1999.

11 Valeria Korchagina und Simon Saradzhyan, »Tensions Grow as Toll Rises to 118«, *Moscow Times*, 15. September 1999.

12 Sergej Juschenkow, ein führender liberaler Abgeordneter, wurde im April 2003 vor seinem Haus

erschossen, ein Jahr nachdem er Mitglied einer unabhängigen öffentlichen Kommission geworden war, die sich mit der Untersuchung der Sprengstoffanschläge befasste. Juri Schekotschikin, ein bekannter Investigativjournalist, der ebenfalls in der Kommission saß, erlag drei Monate später einer mysteriösen Krankheit, deren Symptome zu einer Vergiftung mit radioaktiven Stoffen passten. Der ehemalige FSB-Oberst Michail Trepaschkin, auch Mitglied der Kommission, wurde im Oktober 2003, kurz nachdem er Informationen, die auf eine Beteiligung eines FSB-Agenten am Anschlag in der Gurjanow-Straße 19 hindeuteten, an einen Journalisten weitergeleitet hatte, festgenommen und saß vier Jahre lang in einem Militärgefängnis ein, angeblich wegen unangemessenen Umgangs mit streng geheimen Dokumenten.

13  Said Islamyev, »Thousands Flee Grozny as Bombs Fall«, *Moscow Times*, 25. September 1999.

14  Brian Whitmore, »Real Target of Airstrikes May Be PR«, *Moscow Times*, 28. September 1999.

15  Putin im Helikopter und im Zelt: https://www.youtube.com/watch?v=8Xn7p-JQmATI; www.ntv/ru/video/1749560.

16  Brian Whitmore, »Prime Minister's Popularity Rating Skyrockets«, *Moscow Times*, 30. November 1999.

17  Brian Whitmore und Simon Saradzhyan, »Moscow Awash in Explosion Theories«, *Moscow Times*, 14. September 1999.

18  »Gennadiya Seleznyova Predupredili o vzryve v Volgodonske za tri dnya do terakta«, Newsru. com, 21. März 2002.

19  John Dunlop, *The Moscow Bombings of September 1999: Examination of Russian Terrorist Attacks at the Onset of Vladimir Putin's Rule*, S.170–171; »Taimer Ostanovili za Sem Chasov do Vzryva: Terakt Predotvratil Voditel Avtobusa«, *Kommersant*, 24. September 1999; »Nezavisimoye Rassledovanie: Ryazansky Sakhar«, NTW, 24. März 2000: Bevor Putin die Medien auf Linie brachte, hatte NTW eine fast einstündige Debatte zu den Ereignissen in Rjasan ausgestrahlt, in der die Bewohner des Hauses, unter ihnen Alexej Kartofelnikow, der die Säcke entdeckt hatte, Zweifel daran äußerten, dass es sich um eine Übung gehandelt habe, und Antworten vom FSB verlangten.

20  Dunlop, *The Moscow Bombings of September 1999*, S. 170–171; vgl. auch Pawel Woloschin, »Chto bylo v Ryazani: sakhar ili geksogen?«, *Nowaja Gaseta*, 14. Februar 2000, und »Taimer Ostanovili za Sem Chasov do Vzryva: Terakt Predotvratil Voditel Avtobusa«, *Kommersant*, 24. September 1999.

21  Dunlop, *The Moscow Bombings of September 1999*, S. 172–177; Simon Saradzhyan, »Police Find Dummy Bomb in Ryazan«, *Moscow Times*, 24. September 1999; »Taimer Ostanovili za Sem Chasov do Vzryva: Terakt Predotvratil Voditel Avtobusa«, *Kommersant*, 24. September 1999.

22  »Nezavisimoye Rassledovanie: Ryazansky Sakhar«, https://www.youtube.com/watch?v=K-lEi_Uyb_U.

23  Ebd. Die Sendung zeigt, wie Ruschailo den Behörden am 24. September im Innenministerium verkündet, dass in Rjasan eine Explosion verhindert worden sei. Außerdem enthalten sind Aufnahmen von Patruschew, der einem Fernsehreporter dreißig Minuten später erzählt, dass alles nur eine Übung gewesen sei, in den Säcken habe sich nur Zucker befunden.

24  Patruschew hatte gemeinsam mit Putin bei der Spionageabwehr des Leningrader KGB begonnen und dann die Führung der Abteilung für Schmuggel übernommen. Er kam 1994 nach Moskau, wo ihm der FSB die Leitung der äußerst wichtigen Abteilung für innere Sicherheit übertrug.

25  Alexander Litwinenko und Juri Felschtinski, »FSB Vzryvayet Rossiyu«. Die Autoren zitieren eine Erklärung, die der FSB in Rjasan anscheinend kurz nach Patruschews Verlautbarung, es habe sich nur um eine Übung gehandelt, herausgab: »Wie nun bekannt wurde, war das Objekt, das am 22. September 1999 entdeckt wurde und bei dem es sich um ein Imitat eines Sprengkörpers handelte, Teil einer überregionalen Übung. Diese Nachricht war uns neu und erreichte uns erst nachdem der FSB in Rjasan den Wohnort derjenigen ermittelt hatte, die das Objekt platziert hatten, und sich gerade bereit machte, sie festzunehmen.« Darüber hinaus wird der Ermittlungsleiter des FSB Rjasan zitiert, Juri Maximow, der am 21. März 2000 sagte: »Wir haben die Ereignisse in jener Nacht sehr ernst genommen, wie eine militärische Situation. Die Nachricht, dass es sich um eine Übung des FSB handelte, traf uns absolut unerwartet und kam zu einer Zeit, als wir die Wohnorte derjenigen, die das Imitat (als das sich das Objekt später herausstellte) platziert hatten, bereits

ermittelt hatten und uns darauf vorbereiteten, sie festzunehmen.« Anatoly Medetsky, »Sacks in the Basement Still Trouble Ryazan«, *Moscow Times*, 24. September 2004.

26 »Nezavisimoye Rassledovanie: Ryazansky Sakhar«; Medetsky, »Sacks in the Basement Still Trouble Ryazan«.

27 »Nezavisimoye Rassledovanie: Ryazansky Sakhar«.

28 Alexander Litwinenko und Yury Felschtinski, »FSB Vzryvayet Rossiyu«; *Blowing up Russia*, Dokumentarfilm, Produzenten: Jean Charles Deniau und Charles Gazelle, 2002.

29 Medetsky, »Sacks in the Basement Still Trouble Ryazan«.

30 »Nezavisimoye Rassledovanie: Ryazansky Sakhar«.

31 Igor Korolkow, »Fotorobot ne pervoi svezhosti«, *Moskowskie Nowosti*, 11. November 2003; M. I. Trepaschkin, »Na pervom fotorobote byl agent FSB«, chechenpress.com, 18. September 2003; vgl. auch Scott Anderson, »None dare call it conspiracy«, *GQ*, September 2009.

32 Ebd.

33 Interview der Autorin mit einem ehemaligen Kreml-Mitarbeiter im Dezember 2014. Kreml-Sprecher Dmitri Peskow bezeichnete diese Behauptungen als »völligen Unsinn«. »Geben Sie nichts auf das, was dieser Beamte sagt. Er hat keine Ahnung«, sagte Peskow.

34 Ebd.

35 Interview der Autorin mit Jumaschew im Oktober 2017.

36 Brian Whitmore, »Real Target of Airstrikes May be PR«, *Moscow Times*, 28. September 1999; Artikel in *Wremja MN* vom 27. September 1999, in dem Putin erklärt: »Dieses Mal werden wir unsere Jungs nicht ins Gefecht schicken. (…) Wir werden nur modernes Gerät und moderne Mittel einsetzen, um die Terroristen zu vernichten. Wir werden ihre Infrastruktur zerstören. Wir werden unsere Sonderkommandos ausschließlich zu Aufräumarbeiten entsenden. Wir werden unsere Leute schützen. Das setzt natürlich Zeit und Geduld voraus.«

37 Pawlowski, »Eksperimentalnaya Rodina«, Juli 2018.

38 Interview der Autorin mit einer Person aus dem engen Umfeld der Jelzin-Familie im Juli 2018. Eine Theorie könnte sein, dass die »Familie« mit Putin und dem FSB zusammenarbeitete, um den Einfall der Tschetschenen in Dagestan zu provozieren und so einen zweiten Tschetschenienkrieg anzuzetteln, von dem sie wussten, dass er Putin an die Macht katapultieren wurde, während die Anschläge auf die Wohnhäuser im September auf den FSB – namentlich Patruschew – zurückgingen, der die Dinge selbst in die Hand nahm und weit über den ursprünglichen Plan, Putin an die Macht zu bringen, hinausging. Ein enger Geschäftspartner Beresowskis machte jedoch darauf aufmerksam, dass die Anschläge auch eine Racheaktion von Tschetschenen gewesen sein könnten, die nicht für den bewaffneten Einfall in Dagestan bezahlt worden waren – falls dieser Einfall tatsächlich geplant gewesen war, um Putins Aufstieg zur Macht zu beschleunigen (Interview der Autorin im Oktober 2019).

39 Vgl. Kapitel 1.

40 Interview der Autorin mit einem ehemaligen Mitglied der Rote Armee Fraktion im März 2018.

41 Interview der Autorin mit einem russischen Oligarchen im Juli 2018.

42 Interview der Autorin mit einem hochrangigen russischen Bankier mit Verbindungen zum Auslandsgeheimdienst im Januar 2019.

43 Pawlowski, »Eksperimentalnaya Rodina«.

44 Patrick E. Tyler, »Russian Says Kremlin Faked ›Terror Attacks‹«, *New York Times*, 1. Februar 2002.

45 Alexander Goldfarb und Marina Litwinenko, *Tod eines Dissidenten. Warum Alexander Litwinenko sterben musste*, S. 227–229. Im Buch werden Beresowskis Bedenken beschrieben, als er Putin Ende August 1999, nach dessen Ernennung zum Ministerpräsidenten, in seinem neuen Büro besuchte und dort auf dem Schreibtisch eine Statue von Felix Dserschinski entdeckte, des Gründers der sowjetischen Geheimpolizei. Beresowski bekam Angst, dass Putin dem KGB weiterhin verbunden war, und fragte sich, ob es schon zu spät sei, einen anderen Nachfolger zu finden. Erst als er Abramowitsch am 7. Oktober zu Putins Geburtstagsfeier geschickt hatte und dieser ihm berichtete, dass er auf dem Fest keine anderen Agenten angetroffen habe, fasste Beresowski den

Entschluss, Putin zu unterstützen.

46  Interview der Autorin mit einem Geschäftspartner Beresowskis im Juni 2018.

47  Brian Whitmore, »Agendas Clash on Sunday TV News«, *Moscow Times*, 12. Oktober 1999.

48  Andrei Zolotov Jr, »Media Wars Turn to Blood and Guts«, *Moscow Times*, 26. Oktober 1999.

49  Interview der Autorin mit einem Geschäftspartner Beresowskis im Juni 2018.

50  Eine Beresowski nahestehende Person sagte, dass Beresowski früher bereits einen Schriftwechsel zwischen Primakow und Skuratow abgefangen habe, der angeblich belegte, dass er auf der Verhaftungsliste ganz oben stand (Interview der Autorin im Juli 2018).

51  Michael McFaul, »Russia's 1999 Parliamentary Elections: Party Consolidation and Fragmentation«, https://demokratizatsiya.pub/archives/08-1_McFaul.PDF. Die Umfragewerte, auf die McFaul verweist, zeigen, dass Vaterland – Ganz Russland im Juli noch bei 28 Prozent gelegen hatte.

52  Andrei Zolotov Jr, »Shoigu's Unity Rides on Putin's Coattails«, *Moscow Times*, 4. Dezember 1999.

53  »Putin Soars High on War's Wings«, *Moscow Times*, 1. Dezember 1999.

54  Sarah Karush, »Pro-Kremlin Parties Sweep into Duma«, *Moscow Times*, 21. Dezember 1999.

55  Interview der Autorin mit Jumaschew im Oktober 2017.

56  Boris Jelzin, *Mitternachtstagebuch*, S. 12.

57  FSB-Treffen mit Putin im Dezember 1999, https://www.youtube.com/watch?v=6xkLdz-rniyo.

58  Wladimir Putin, »Rossiya na Rubezhe Tysyacheletii«, 27. Dezember 1999. Der Artikel ist auf dem staatlichen Portal www.government.gov.ru, wo er anfänglich veröffentlicht wurde, nicht mehr verfügbar. Man kann ihn aber hier lesen: https://myruwin.ru/Vladimir-putin-rossija-na-rubezhe-tysjacheletij.

59  Putin, »Rossiya na Rubezhe Tysyacheletii«.

60  »Vladimir Putin Obnarodoval Svoyu Programmu«, *Nesawissimaja Gaseta*, 30. Dezember 1999.

61  Neujahrsansprache Jelzins, https://www.youtube.com/watch?v=q0Zb8QqXo0A.

62  Interview der Autorin mit einem ehemaligen hochrangigen Regierungsbeamten aus dem Umfeld der Sicherheitsbehörden im Januar 2014.

63  Interview der Autorin mit einem ehemaligen hochrangigen Kreml-Mitarbeiter im November 2017, der sagte, dass das, »wofür Wladimir Wladimirowitsch siebzehn Jahre brauchte, [unter Luschkow/Primakow] nur vier gedauert hätte. Es ist alles in die Länge gezogen worden.« Weiterhin Interview der Autorin mit dem ehemaligen Wirtschaftsberater des Präsidenten, Andrej Illarionow, im September 2015, in dem er sagte: »Unter Primakow hätte es anfangs keine Phase der Wirtschaftsreformen gegeben wie unter Putin. Aber Primakow hätte auch nicht so hart gegen die Opposition durchgegriffen. Es wäre einfacher gewesen, ihn nach zwei oder drei oder vier Jahren loszuwerden. Die Demokraten und Oligarchen hätten sich zusammengetan und das KGB-Regime gestürzt. Primakow wäre nicht in der Position gewesen, die jüngere KGB-Generation ins Boot zu holen, und hätte es nicht geschafft, das Regime stabil zu halten.«

64  Catherine Belton, »Putin Campaign Cranks Through Regions«, *Moscow Times*, 22. März 2000.

65  Putin in der Wahlnacht, https://www.youtube.com/watch?v=DhQynqCX-WAkn.

66  Catherine Belton, »Putin Walks his Way into Women's Hearts«, *Moscow Times*, 9. März 2000.

67  Catherine Belton, »Luzhkov Shows Putin About Town«, *Moscow Times*, 24. März 2000.

68  Interview der Autorin mit Pugatschow im September 2014.

69  Anatoli Sobtschak, »Kak Rossiya Poteryala Flot na Baltike I Kto v Etom Vinovat?«, *Moskowskie Nowosti*, 6. Oktober 1998, abgerufen unter https://web.archive.org/web/20131029211741/http://datarhiv.ru/51/85.

70  Elena Masjuk, »Volodya Tolko ne Bronzovei«, *Nowaja Gaseta*, 9. November 2012, Interview mit Ljudmila Narussowa.

71  Aus dem 1995 verfassten FBI-Bericht über den Wirkungsbereich und die Geschäftspartner von Semjon Mogilewitsch, der der Autorin vorliegt.

72  Interview der Autorin mit Narussowa im Juni 2014.

73  »Sobchak Ostavil Dver Otkrytoi«, *Kommersant*, 22. Februar 2000.

74 Ebd.; »*Kommersant* Speculates about Sobchak's Death«, *Moscow Times*, 23. Februar 2000.

75 Masjuk, »Volodya Tolko ne Bronzovei«.

76 Interview der Autorin mit einem ehemaligen Geschäftspartner Trabers im November 2015.

77 Catherine Belton, »Thousands Say Farewell to Sobchak«, *Moscow Times*, 25. Februar 2000.

78 Masjuk, »Volodya Tolko ne Bronzovei«.

79 Als die Autorin Narussowa im Juni 2014 interviewte, weigerte sie sich, ihre früheren Aussagen gegenüber der *Nowaja Gaseta* zu kommentieren.

80 Interview der Autorin mit Pugatschow im August 2016.

81 Interview der Autorin mit Pugatschow im Mai 2015.

82 Catherine Belton, »Putin Wins, Promises no Miracles«, *Moscow Times*, 28. März 2000.

83 Witali Manski, »Svidetely Putina«, 2018.

84 Interview der Autorin mit einem Verbündeten Putins im März 2015; Interview der Autorin mit einem ehemaligen ranghohen Regierungsmitglied im Januar 2013.

85 Catherine Belton, »Aluminum Sale Gets Stamp of Approval«, *Moscow Times*, 10. März 2000.

86 Interview der Autorin mit einem Verbündeten Putins im März 2015. Später erläuterte er: »Eine Bedingung war klar – er durfte vier Jahre lang nicht ins Wirtschaftsgeschehen eingreifen. Das war offensichtlich, aber ich kann nur Vermutungen anstellen.«

87 Interview der Autorin mit Jumaschew im Oktober 2017.

88 Dass Putin und die Jelzin-Familie sich zusammenschlossen, war klar ersichtlich. Ein Symbol dieses Bündnisses trat kurz nach Putins Amtsantritt hervor. Nur wenige Monate nach der Wahl entstand eine kaum beachtete Ölhandelsgesellschaft. Sie hieß Urals Energy, und ihre Eigentümer waren zum einen zwei Geschäftspartner von Gennadi Timtschenko und zum anderen Leonid Djatschenko. (»Sky's the Limit for reborn Urals Energy«, *Platts Energy in East Europe*, 31. März 2006)

89 Interview der Autorin mit Pugatschow im Juli 2015.

90 Interview der Autorin mit Newslin im Juli 2018.

## 6 »DER INNERE ZIRKEL SETZTE SICH DURCH«

1 Jelzins Rede zu Putins Amtseinführung im Jahr 2000, https:// www.youtube.com/watch?v-=Q2AF_2gHHeQ.

2 Inauguratsionnaya Rech Vladimira Putina 7 maya 2000 goda, *Moskowskie Nowosti*, https://www.mn.ru/blogs/blog_reference/80928.

3 Interview der Autorin mit einer Person aus dem Umfeld von Patruschew im Februar 2015.

4 Interview der Autorin mit einem Verbündeten Putins im August 2018.

5 Interview der Autorin mit einer Person aus dem Umfeld von Patruschew im Februar 2015.

6 Etwa mit den Werken von Halford Mackinder, einem englischen Wissenschaftler, der rund um die Jahrhundertwende einige grundlegendende Schriften zur Theorie der Geopolitik verfasst hatte, die großen Einfluss auf die Außenpolitik während des Kalten Krieges hatten.

7 Ein ehemaliges Mitglied der Rote Armee Fraktion hingegen sagte, dass Iwanow häufig mit Putin zusammen in Dresden gesehen worden sei.

8 Interview der Autorin mit einem ehemaligen FSB-Kollegen von Iwanow im Juni 2014.

9 Den Bericht verfasste Juri Schwez unter Mitarbeit des ehemaligen FSB-Mitglieds Alexander Litwinenko. Er wurde im Zusammenhang mit dem Prozess nach dem Mord an Litwinenko vor dem Londoner High Court veröffentlicht und ist abrufbar unter https://webarchive.nationalarchives.gov.uk/20160613091026/https://www.litvinenkoinquiry.org/files/2015/03/INQ006481.pdf.

10 Interview der Autorin mit einer Person aus dem Umfeld von Iwanow im Juni 2018.

11 https://webarchive.nationalarchives.gov.uk/20160613091026/https://www.litvinenkoinquiry.org/files/2015/03/INQ006481.pdf.

12 Interview der Autorin mit dem ehemaligen Petersburger Geschäftsmann Andrej Kortschagin im

Januar 2015.

13 Interview der Autorin mit einem ehemaligen engen Verbündeten Putins im Januar 2017.

14 Interviews der Autorin mit zwei Personen aus dem Umfeld von Setschin im Februar 2015 bzw. im August 2018.

15 Interview der Autorin mit einer Person aus dem Umfeld von Setschin im Februar 2015.

16 Ebd.

17 Ebd.

18 Ebd.

19 Interviews der Autorin mit einem Geschäftspartner Chartschenkos, des früheren Chefs der Ostsee-Schifffahrtsgesellschaft, im März 2014 und mit einem ehemaligen Verbündeten Putins im August 2018.

20 Interview der Autorin mit einer Person aus dem Umfeld von Tscherkessow im November 2015.

21 Interview der Autorin mit einem ehemaligen hochrangigen US-Beamten im Juni 2014.

22 Interview der Autorin mit Pugatschow im September 2014.

23 Catherine Belton, »A Russian Volley over the ABM Treaty«, *Business Week*, 9. November 2001.

24 Für weitere Informationen über diese Zusicherungen vgl. die Analyse einer Reihe kürzlich veröffentlichter Unterlagen aus dem National Security Archive durch Swetlana Sawranskaja und Tom Blanton von der George Washington University (»NATO Expansion: What Gorbachev Heard«, 12. Dezember 2017, https://nsarchive.gwu.edu/briefing-book/russia-programs/2017-12-12/nato-expansion-what-gorbachev-heard-Western-leaders-early).

25 Ian Traynor, »Putin Urged to Apply the Pinochet Stick«, *Guardian*, 31. März 2000.

26 Hans Leyendecker und Frederik Obermaier, »Diskrete Geschäfte am Affenfelsen«, *Süddeutsche Zeitung*, 11. April 2013.

27 Interview der Autorin mit Pugatschow im September 2013.

28 Interview der Autorin mit einem Kreml-Insider im Dezember 2014.

29 Interview der Autorin mit Pugatschow im Februar 2015.

30 Laut Schätzungen des Internationalen Währungsfonds; vgl. Prakash Loungani und Paolo Mauro, »Capital Flight from Russia«, International Monetary Fund Policy Discussion Paper, 1. Juni 2000.

31 Interview der Autorin mit Bogdantschikow im August 2013.

32 Alexander Woloschin, der damalige Leiter der Präsidialverwaltung, sagte: »Die Republiken zahlten keine Steuern. In Tschetschenien herrschte Krieg. Manche Republiken weigerten sich, Truppen zu schicken. Die Schulden für Renten und Gehälter stiegen immer weiter an, und die Umfragewerte des Präsidenten lagen bei 4 Prozent. Vor diesem Hintergrund erstarkten die Kommunisten, ebenso wie Primakow und Luschkow. Die Feinde waren stark, und wir waren schwach. Es bestand die konkrete Gefahr, dass der Staat zerfallen würde.«

33 Interview der Autorin mit Jakunin im Juni 2013.

34 Interview der Autorin mit Jakunin im November 2016.

35 Alan A. Block und Constance A. Weaver, *All is Clouded by Desire*, International and Comparative Criminology, Westport (Connecticut) 2004, S. 125.

36 Interview der Autorin mit Christian Michel im Mai 2005.

37 Interview der Autorin mit einem Geschäftspartner Putins im Mai 2013.

38 Andrew Jack, »Putin Appears to Distance Himself from Oligarchs«, *Financial Times*, 29. Februar 2000.

39 »Oligarchs Will Become Extinct, Putin Vows«, Agence France-Presse, 18. März 2000.

40 Interview der Autorin mit einer Person aus Putins Umfeld im August 2018.

41 Interview der Autorin mit einem Geschäftspartner Beresowskis im Juni 2018.

42 Nikolai Wardul, »Kak Putin Budet Upravlyats Stranoi«, *Kommersant*, 3. Mai 2000.

43 Maura Reynolds, »Russia Raids Media Company Critical of Kremlin«, *Los Angeles Times*, 12. Mai 2000.

44  David Hoffman, »Putin Moves to Bolster Central Rule; Plan would Rein in Regional Governors«, *Washington Post*, 18. Mai 2000.

45  Gregory Feifer, »Berezovsky's Letter Dominates News«, *Moscow Times*, 1. Juni 2000.

46  Interview der Autorin mit einem Geschäftspartner Beresowskis im Juni 2018.

47  Interview der Autorin mit Jumaschew im Oktober 2017.

48  Ebd.

49  Guy Chazan und Alan Cullison, »Russia's Oligarchs Protest Arrest of Media Magnate«, *Wall Street Journal*, 15. Juni 2000.

50  Igor Semenenko, »Suit Filed to Undo Norilsk Auction«, *Moscow Times*, 21. Juni 2000.

51  Dmitry Zaks, »Tax Police Raid Russian Business Giants Following Putin Threat«, Agence France-Presse, 11. Juli 2000.

52  Andrew Kramer, »Tax Police Open Case against Auto Giant«, Associated Press, 12. Juli 2000.

53  Dmitry Zaks, »Putin Vows to Punish Russian Oligarchs as Tax Police Strike Again«, Agence France-Presse, 12. Juli 2000.

54  Sergei Shagorodsky, »Russian President Defends his Heavy-Handed Policies«, Associated Press, 13. Juli 2000.

55  Marielle Eudes, »Russian Business Barons Want Frank Talk with Putin«, Agence France-Presse, 14. Juli 2000.

56  Nick Wadhams, »Berezovsky's Announcement he Will Resign from Russia's Parliament Another Riddle«, Associated Press, 17. Juli 2000.

57  Maura Reynolds, »Putin Reaches Out to Oligarchs«, *Los Angeles Times*, 29. Juli 2000.

58  Interview der Autorin mit Pugatschow im Dezember 2013.

59  Andrej Sawizki, »Favorit«, *Nesawissimaja Gaseta*, 6. November 2001; vgl. auch »Semya Kopilka«, *Moskowski Komsomolez*, 28. Juni 2000; »Sekretniye Druzya Putina«, *Moskowski Komsomolez*, 4. April 2001; Konstantin Remtschukow, »Bodrym Shagom k BoNY-2«, *Wedomosti*, 27. November 2001; Andrej Sawizki, »Syn Otvechayet za Otsa«, *Nesawissimaja Gaseta*, 30. November 2001; Michail Kosyrew, »Tuvynets Pugachev«, *Wedomosti*, 26. Dezember 2001.

60  Henry Meyer, »Russian Media Magnate Says Government Forced Sale in Prosecution Deal«, Agence France-Presse, 18. September 2000.

61  Ebd.

62  »Berezovsky Warns About More Possible Terrorist Acts in Russia«, Interfax, 10. August 2000.

63  Interview der Autorin mit einem ehemaligen engen Verbündeten Putins im Januar 2015.

64  Guy Chazan, »Putin Lambasts the Media Over Coverage of Sub Disaster«, *Wall Street Journal*, 31. August 2000.

65  Ebd.

66  Interview der Autorin mit einem Geschäftspartner Beresowskis im Juni 2018.

67  Goldfarb und Litwinenko, *Tod eines Dissidenten*, S. 262.

68  Vladimir Isachenkov, »Oligarch Says Kremlin Moves to Take His Share in Television Station«, Associated Press, 4. September 2000.

69  »Pavlovsky Outlines Kremlin's Information Security Plans«, IPR Strategic Information Database, 26. September 2000.

70  »Russian Tycoon Berezovsky Fears Return to Russia«, Agence France-Presse, 14. November 2000.

71  Interview der Autorin mit Newslin im Juli 2018.

72  Interview der Autorin mit Pugatschow im März 2015.

73  Andrei Zolotov Jr, »Putin Backs Foreign Investor at NTV«, *Moscow Times*, 30. Januar 2001.

74  Ebd.

75  Interview der Autorin mit Pugatschow im März 2015.

76  »Media Most Chief Compares NTV Seizure to August 1991 Coup«, BBC-Monitoring-Bericht des Interviews auf *Echo Moskwy*, 14. April 2001.

77  »NTV Raid Shows ›KGB in Power‹ in Russia: Ex-Dissident«, Agence France-Presse, 14. April 2001.

# 7 »OPERATION ENERGIE«

1   Mehr als 70 Prozent der Erdölmenge und 87 Prozent der Gasproduktion flossen in den Binnenmarkt, vor allem um die Rüstungsindustrie zu stützen (Sergei Yermolaev, »The Formation and Evolution of the Soviet Union's Oil and Gas Dependence«, 29. März 2017, Carnegie Endowment for International Peace).

2   Yermolaev, »The Formation and Evolution of the Soviet Union's Oil and Gas Dependence«.

3   Thane Gustafson, *Wheel of Fortune: The Battle for Oil and Power in Russia*, Cambridge (Massachusetts): The Belknap Press of Harvard University 2012, S. 76. Gustafson beschreibt, wie Jelzin im November 1992 ein Dekret unterschrieb, das die Gründung der ersten drei vertikal integrierten Ölriesen besiegelte – Lukoil, Jukos und Surgutneftegas, an denen der Staat drei Jahre lang eine Beteiligung von 45 Prozent behalten sollte, bevor eine Entscheidung über die Privatisierung getroffen würde. Der Rest der Branche wurde zum zeitweiligen Staatsunternehmen Rosneft zusammengefasst, das sich aber schon bald Unternehmensplünderer auf der Suche nach erstklassigen Produktionseinheiten unter den Nagel rissen.

4   Gustafson, *Wheel of Fortune*, S. 90.

5   Im Jahr 1996 war das Öl für 35,5 Prozent aller staatlichen Einnahmen verantwortlich, 1997 für 27,4 Prozent (Goohoon Kwon, »The Budgetary Impact of Oil Prices in Russia«, IWF-Arbeitspapier, 1. August 2003, S. 4, https://www..imf.org/external/country/rus/rr/2003/pdf/080103.pdf).

6   Interview der Autorin mit Pannikow im April 2008.

7   Robert Cottrell, »Russia's Richest Man Reveals Himself«, *Financial Times*, 21. Juni 2002.

8   Das Unternehmen war finanziell in schwerer Bedrängnis, weil es in der ersten Hälfte der Neunzigerjahre dazu gezwungen gewesen war, einen Großteil des Öls zu einem niedrigen Festpreis an den Staat zu verkaufen, wie es die Gesetze zum Ölhandel damals vorsahen, während es nur eine geringe Menge über Tauschgeschäfte veräußerte, um Dienstleistungen bezahlen zu können.

9   Miller war zwischen 1996 und 1999 Direktor für Investitionen und Entwicklung im Hafen gewesen, in der Zeit, in der der Hafen von Ilja Traber kontrolliert wurde, dem russischen Mafioso, der als wichtiger Mittelsmann zwischen Putins Geheimdienstlern und dem Tambow-Clan gedient hatte. Miller brachte noch jemanden aus der Hafenzeit mit: Alexander Djukow, der dort von 1998 bis 1999 als Generaldirektor tätig gewesen war und später die Leitung des Ölterminals übernommen hatte. Nun wurde Djukow erst zum Chef von Sibur ernannt, dem Petrochemieriesen, bevor er während Putins zweiter Amtszeit die Leitung der neuen Ölsparte von Gazprom, Gazpromneft, übertragen bekam. Ein weiterer enger Verbündeter Trabers, ein KGB-Mann namens Wiktor Korytow, wurde stellvertretender Chef der Gazprombank.

10  Interview der Autorin mit einem hochrangigen Bankier mit Verbindungen in die Sicherheitsbehörden im Mai 2016.

11  Interview der Autorin mit Pugatschow im Dezember 2014.

12  Interview der Autorin mit Pugatschow im Juni 2018.

13  Interview der Autorin mit einem hochrangigen Bankier mit Verbindungen in die Sicherheitsbehörden im Mai 2016.

14  Interview der Autorin mit einer Person aus Putins Umfeld im Januar 2015.

15  Interview der Autorin mit einem hochrangigen Bankier mit Verbindungen in die Sicherheitsbehörden im Mai 2016.

16  Ebd.; Interview der Autorin mit einer Führungskraft aus der Ölbranche mit Verbindungen in die Sicherheitsbehörden im Januar 2014.

17  Melissa Akin, »Tax Police Target Boss of Lukoil«, *Moscow Times*, 12. Juli 2000; vgl. auch Elizabeth LeBras und Natalya Neimysheva, »Report – Oil Evades $9 Billion in Taxes«, *Moscow Times*, 29. November 2000.

18  Anna Raff, »Lukoil Financial Officer Abducted«, *Moscow Times*, 13. September 2002.

19 »Lukoil Case Closed«, *Moscow Times*, 13. Februar 2003.

20 Natalja Neimyschewa, »Illuziya Lgot«, *Wedomosti*, 6. Februar 2003.

21 Interview der Autorin mit einer Führungskraft aus der Ölbranche im März 2014.

22 Interview der Autorin mit Milow im September 2013.

23 Interview der Autorin mit Chodorkowski im September 2015.

24 Jeanne Whalen, »Oil Tender Pricing Formula Proposed«, *Moscow Times*, 16. August 1997; Boris Aliabayev, »Kremlin Pledges Fair Oil Auctions«, *Moscow Times*, 12. November 1997.

25 Interview der Autorin mit einem hochrangigen westlichen Bankier, der am Verkauf beteiligt war, im September 2013.

26 Akimows Kontakte zum sowjetischen Auslandsgeheimdienst wurden von drei Quellen erwähnt: »Er war ein Offizier der aktiven Reserve«, sagte ein hochrangiger russischer Bankier, der Akimow gut kennt. »Sein Vater war ein Oberst beim KGB. Es war unmöglich, ohne Verbindungen zum KGB einen hohen Posten bei einer der sowjetischen Auslandsbanken innezuhaben«, meinte Wladimir Milow, der ehemalige stellvertretende Energieminister. Diese Position könne Akimow nur durch intensive Beziehungen zum KGB erlangt haben, erklärte eine Führungskraft, die eng mit ihm zusammenarbeitete. In jener Zeit war das sowjetische Auslandsbankensystem ein wichtiger Kanal zur Finanzierung strategischer Operationen. Als 1979 acht Müllsacke voller Unterlagen aus der sowjetischen Auslandsbank in Paris, der Eurobank, gestohlen wurden, kam wenige Monate später ein Buch heraus, das auf den Unterlagen basierte und detailliert darlegte, wie die Bank die Kommunistische Partei in Frankreich mit Mitteln versorgt hatte. Ein Posten in diesem System war prestigeträchtig und sehr begehrt. Akimows erste Stelle war 1985 die des stellvertretenden Leiters der sowjetischen Außenhandelsbank Wneschtorgbank in Zürich gewesen, und von da an legte er einen rasanten Aufstieg hin.

27 Wladimir Pribilowski, Akimow-Biografie; vgl. auch Irina Reznik und Anna Baraulina, »Cold War Banker to Putin Billionaires Walks Sanctions Wire«, Bloomberg, 24. Oktober 2014; Irina Mokroussowa, »Bankir pod Prikrytiem«, *Forbes Russia*, 2. April 2015; Alexander Birman, »Orden Natsionalnovo Dostoyaniya«, *Journal Kompanija*, 16. Mai 2005. Akimow hatte IMAG mit klarer Einwilligung des Politbüros und des Obersten Sowjets der Russischen Föderation gegründet – und das Kapital des Unternehmens für die erste Fremdfinanzierung von Timtschenkos Ölhandelsgesellschaft Kirischineftechimexport in Sankt Petersburg verwendet, wie Andrej Katkow, einer von Timtschenkos Geschäftspartnern dort, berichtete. Außerdem hatte Akimow stets engen Kontakt zu einem Geschäftspartner von Martin Schlaff gepflegt, dem Stasi-Agenten, der zu Zeiten des Mauerfalls zusammen mit Herbert Köhler, dem Chef des Dresdner Auslandsgeheimdienstes, über vorgetäuschte Importe von Embargoware Geld ins Ausland geschafft hatte, um die Netzwerke der Stasi aufrechtzuerhalten. Die engen Verbindungen zwischen Akimow und Schlaff sollten zu einem deutlich späteren Zeitpunkt in Putins Präsidentschaft zutage treten, als die beiden Männer einen zentraleuropäischen Umschlagplatz für Gas von Gazprom in Österreich aufbauten. Einer seiner Stellvertreter bei der Donau Bank und später bei IMAG war ein ehemaliger Oberst des österreichischen Geheimdienstes, Peter Hänseler. Hänseler kümmerte sich um das Organisatorische, um den Fuhrpark der Donau Bank, die Instandhaltung der Bürogebäude und die Beschaffung von Pässen, während er gleichzeitig »Sonderaufträge« übernahm, wie die Person, die mit Akimow zusammenarbeitete, berichtete.

28 Zwei Quellen – ein enger Kollege von Akimow (Interview der Autorin im Januar 2014) und ein hochrangiges KGB-Mitglied, das mit Putin zusammenarbeitete (Interview im März 2014) – deuteten an, dass die Donau Bank vor dem Zusammenbruch der Sowjetunion auch daran beteiligt gewesen sei, das Vermögen der Kommunistischen Partei ins Ausland zu schaffen. Der Kollege von Akimow berichtete darüber hinaus, dass dieser nach dem Ende der Sowjetunion, nach der Gründung von IMAG 1990 und seinem offiziellen Abschied von der Donau Bank weiterhin für die Bank tätig gewesen sei. Vgl. auch *Die Geschichte der sowjetischen und russischen Banken im Ausland*, insbesondere das vom ehemaligen Chef der OstWestHandelsbank, Sergej Botscharew, verfasste Kapitel. Darin enthüllt Botschkarew, dass Akimow dabei war, als die Leiter der sowjetischen Auslandsbanken im Herbst 1991 eilig in Frankfurt am Main zusammenkamen, um den Fortbestand ihrer Institute zu besprechen. Der Kollege von Akimow sagte, dieser sei ein guter Bekannter von Grigori Lutschanski gewesen, dem Chef des in Wien ansässigen Unternehmens Nordex, der

als mutmaßliches Mafiamitglied dem KGB dabei half, kurz vor dem Zusammenbruch der Sowjetunion Geld ins Ausland zu schaffen. Später gründete Lutschanski ein Gemeinschaftsunternehmen mit Schlaff. »Die Tatsache, dass Lutschanski Akimow kannte, ist kein Geheimnis. Sie lernten sich in Wien kennen«, sagte diese Person. Der ehemalige stellvertretende Energieminister, Wladimir Milow, deutete an, dass Akimow darüber hinaus auch einem weiteren Mafiamitglied mit engen Kontakten zum KGB nahestand, Semjon Mogilewitsch (Interview mit der Autorin im November 2013). Akimows Gazprombank gründete später zusammen mit Dmytro Firtasch, einem engen Verbündeten von Mogilewitsch, die in Wien ansässige Gashandelsgesellschaft RosUkrEnergo.

29 Interview der Autorin mit Rair Simonjan, Medwedews engem Kollegen am Institut für Weltwirtschaft, im September 2013; vgl. auch Birman, »Orden Natsionalnovo Dostoyaniya«, *Journal Kompanija*, 16. Mai 2005; Reznik und Baraulina, »Cold War Banker to Putin Billionaires Walks Sanctions Wire«, Bloomberg, 24. Oktober 2014.

30 Interview der Autorin mit einem hochrangigen westlichen Bankier, der in Akimows Angebot involviert war.

31 Interview der Autorin mit Charlie Ryan im November 2013.

32 Ebd., »Eastern Oil Bidding Has Begun«, *Moscow Times*, 11. Oktober 1997.

33 »Russia's Yukos Pays $775 million for 45 per cent stake in Eastern Oil«, Dow Jones, 8. Dezember 1997; John Thornhill, »Russian Oil Group wins Control of Rival«, *Financial Times*, 9. Dezember 1997.

34 Interview der Autorin mit Ryan im November 2013.

35 Interview der Autorin mit einer Person, die eng mit Akimow zusammenarbeitete; vgl. auch Ilja Schegulew, »Nevzlin Poprosil Zaschity u Genprokurora«, gazeta.ru, 21. Juli 2004; »Delo o dvukh pokusheniyakh na ubiistvo direktora avstriiskoi kompanii East Petroleum, Yevgeniya Rybina«, *Wremja Nowostei*, 4. Juli 2003, und Oleg Lurjes Interview mit Rybin in *Wsluch*, 10. September 2003.

36 Interview der Autorin mit einer Person aus dem Umfeld von Rybin im Januar 2014.

37 Ebd.

38 Ebd.

39 Interview der Autorin mit einem hochrangigen Bankier mit Verbindungen in die Sicherheitsbehörden im Mai 2015.

40 Interview der Autorin mit Michel im Mai 2005.

41 Interview der Autorin mit Chodorkowski im Mai 2014.

42 Interview der Autorin mit Chodorkowski im September 2015.

43 Catherine Belton, »Kremlin, Big Oil on Collision Course«, *Moscow Times*, 28. Januar 2003; Jeanne Whalen, »In Russia, Politics vs Pipelines – Kremlin Hesitates to Give Oil Firms Power to Invest in Infrastructure«, *Wall Street Journal*, 29. Januar 2003.

44 Interview der Autorin mit Chodorkowski im Februar 2003.

45 Dmitry Zhdannikov und Andrew Hurst, »Standing at a Crossroads«, Reuters, 27. Januar 2003.

46 Valeria Korchagina, »Cabinet Agrees to Slash Tax Burden«, *Moscow Times*, 24. April 2003.

47 Chodorkowskis Wortwechsel mit Putin beim RSPP-Treffen, https://www.youtube.com/watch?time_contin-ue=20&v=u6NKb79VN8U.

48 Torrey Clark, »Tycoons Talk Corruption in Kremlin«, *Moscow Times*, 20. Februar 2003.

49 https://www.youtube.com/watch?-time_continue=20&v=u6NKb79VN8U.

50 Interview der Autorin mit Kondaurow im Mai 2014.

51 Interview der Autorin mit einer Person, die Putin einst nahestand, im Juni 2018.

52 Interview der Autorin mit Wawilow im Januar 2013.

53 Interview der Autorin mit Kondaurow im Mai 2014.

54 Catherine Belton, »$36 Billion YukosSibneft Joins the Global Elite«, *Moscow Times*, 23. April 2003.

55 Andrew Jack und Carola Hoyos, »Yukos Eyes Up Western Partnership«, *Financial Times*, 24. September 2003.

56 Interview der Autorin mit einem ehemaligen Anteilseigner von Jukos im September 2013.

57 Arkady Ostrovsky, »Yukos to Expand Beyond Russia«, *Financial Times*, 28. September 2003.

58 Interview der Autorin mit Chodorkowski im September 2015.

59 Interview der Autorin mit einem ehemaligen hochrangigen Kreml-Mitarbeiter im November 2013.

60 Gregory L. White und Jeanne Whalen, »Why Russian Oil is a Sticky Business – Energy Barons are Wielding More Clout in Parliament at a Critical Time for Putin«, *Wall Street Journal*, 1. August 2003.

61 Interview der Autorin mit einem hochrangigen westlichen Bankier im November 2013.

62 Moises Naim, »Russia's Dilemma: It's Sinking While it's Swimming in Oil«, *The Australian*, 15. Dezember 2003.

63 Goohoon Kwon, »The Budgetary Impact of Oil Prices in Russia«, Arbeitspapier, 1. August 2003, https://www.imf.org/external/country/rus/rr/2003/pdf/080103.pdf.

64 Victoria Lavrentieva, »Gref Says it's Time to Squeeze Big Oil«, *Moscow Times*, 20. Februar 2003. Die Nettoeinnahmen im Ölsektor stiegen deutlich schneller als die Steuereinnahmen, was dem Staat viel Spielraum für Steuererhöhungen einräumte. Vgl. »Russian Oil Companies Got Richer by $20 Billion«, *Finansowije Iswestija*, 24. Januar 2003.

65 Interview der Autorin mit einem hochrangigen westlichen Bankier im November 2013.

66 »Doklad Soveta po Natsionalnoi Strategii: ›Gosudarstvo I Oligarkhiya‹«, https://web.archive.org/web/20150325094708/http://www.utro.ru/articles/2003/05/26/201631.shtml. Der Bericht wurde am 26. Mai 2003 auf der Nachrichtenwebseite utro.ru veröffentlicht.

67 Interview der Autorin mit Belkowski im Mai 2016.

68 Interview der Autorin mit einem ehemaligen Anteilseigner von Jukos, der am Treffen beteiligt war, im Mai 2015.

69 Mitschrift von Putins Pressekonferenz am 23. Juni 2003, www.kremlin.ru/events/president/transcripts/22028.

70 Simon Saradzhyan und Valeria Korchagina, »Head of Yukos's Parent Company Arrested«, *Moscow Times*, 3. Juli 2003.

71 Ebd.

72 »Yukos Value Falls $2 Billion on Arrests«, Reuters/*Moscow Times*, 4. Juli 2003.

73 Valeria Korchagina, »Four Yukos Murder Probes Opened«, *Moscow Times*, 21. Juli 2003.

74 Catherine Belton, »The Oil Town that Won't Forget Yukos«, *Moscow Times*, 25. April 2006.

75 Chrystia Freeland, »A Falling Tsar«, *Financial Times*, 1. November 2003.

76 Belton, »The Oil Town that Won't Forget Yukos«.

77 Interview der Autorin mit einer Person aus dem Umfeld von Jukos-Anteilseignern im Mai 2014.

78 Valeria Korchagina, »Prosecutors Summon Khodorkovsky«, *Moscow Times*, 4. Juli 2003.

79 Catherine Belton, »Stocks See Blackest Day Since 1998«, *Moscow Times*, 17. Juli 2003.

80 Catherine Belton, »Khodorkovsky Sees Totalitarian Threat«, *Moscow Times*, 22. Juli 2003.

81 »Putin Says Yukos Case All About Murder«, *Moscow Times*, 22. September 2003.

82 Interview der Autorin mit einem ehemaligen Anteilseigner von Jukos im September 2013.

83 Ebd.

84 Andrew Jack und Carola Hoyos, »ExxonMobil May Offer $25 Billion for 40 Per Cent of Yukos«, *Financial Times*, 2. Oktober 2003.

85 Catherine Belton, »Yukos Targeted in Three New Raids«, *Moscow Times*, 6. Oktober 2003.

86 Ebd.

87 Caroline McGregor, »President Reassures Investors«, *Moscow Times*, 6. Oktober 2003.

88 Catherine Belton, »Yukos Chief – ›It's Just Not Fair‹«, *Moscow Times*, 7. Oktober 2003.

89 Interview der Autorin mit Pugatschow im Mai 2014.

90 Catherine Belton, »Khodorkovsky Arrested on Seven Charges«, *Moscow Times*, 27. Oktober 2003.

91 Ebd.

92 Valeria Korchagina, »The Elite Demand Some Answers«, *Moscow Times*, 27. Oktober 2003.

93 Interview der Autorin mit Gololobow im August 2018.

94 Interview der Autorin mit einem ehemaligen hochrangigen GRU-Mitglied im April 2005.

95 Interview der Autorin mit einer Führungskraft aus der Ölbranche mit Verbindungen zum FSB im Januar 2014.

96 Valeria Korchagina und Maria Danilova, »Putin Defends Attack on Yukos«, *Moscow Times*, 28. Oktober 2003.

## 8 AUS DEM TERROR ERWACHT EINE GROSSMACHT

1 Interview der Autorin mit Pugatschow im Februar 2016.

2 Putin musste die Lenkung der Wirtschaft nicht mehr mit den ehemaligen Funktionären aus der Jelzin-Ära teilen. Einem früheren Vertrauten zufolge war dies Teil der Vereinbarung, die Putin bei seinem Amtsantritt mit der Jelzin-Familie getroffen hatte.

3 Natalia Yefimova, Torrey Clark und Lyuba Pronina, »Armed Chechens Seize Moscow Theater«, *Moscow Times*, 24. Oktober 2002. Vgl. auch die Beschreibung in Steven Lee Myers, *Putin – Der neue Zar. Seine Politik – Sein Russland*, Orell Füssli, Zürich, 2016.

4 Michael Wines, »Chechens Kill Hostage in Siege at Russian Hall«, *New York Times*, 25. Oktober 2002.

5 »Russian NTV Shows Previously Filmed Footage with Hostage-Takers' Leader«, *BBC Monitoring Former Soviet Union*, 26. Oktober 2002.

6 Eric Engleman, »Armed Chechens Hold Hundreds of People Hostage in Moscow Theater«, Associated Press, 23. Oktober 2002.

7 »Events, Facts, Conclusions – Nord Ost Investigation Unfinished«, Regional Public Organisation for Support of Victims of Terrorist Attacks.

8 Luc Perrot, »Russia Marks Anniversary of Moscow Theater Hostage Siege«, Agence France-Presse, 23. Oktober 2003.

9 Michael Wines, »Hostage Toll in Russia Over 100; Nearly All Deaths Linked to Gas«, *New York Times*, 28. Oktober 2002

10 Sergej Topol, Alexander Scheglow, Olga Allenowa, »Antrakt posle Terakta«, *Kommersant*, 23. Oktober 2003.

11 Susan B. Glasser und Peter Baker, »Gas in Raid Killed 115 Hostages; Only 2 Slain by Rebels; More than 600 Remain Hospitalised in Moscow«, *Washington Post*, 28. Oktober 2002. Es dauerte mindestens zwei Tage, bis die Behörden bereit waren, die Gesamtzahl der Todesopfer zu veröffentlichen, und zwei weitere, bis sie bekannt gaben, um welches Gas es sich gehandelt hat. Ärzte, die versuchten, Geiseln zu behandeln, wurden bis dahin im Unklaren darüber gelassen, womit sie es zu tun hatten. Ein Standardgegenmittel stand nur eingeschränkt oder gar nicht zur Verfügung.

12 Valeria Korchagina, Lyuba Pronina und Torrey Clark, »Man, a Bottle, a Shot, Then Gas«, *Moscow Times*, 28. Oktober 2002

13 Michael Wines, »Russia Names Drug in Raid, Defending Use«, *New York Times*, 31. Oktober 2002.

14 Sergej Topol, Alexander Scheglow, Olga Allenowa, »Antrakt posle Terakta«, *Kommersant*, 23. Oktober 2003.

15 Interview der Autorin mit einem ehemaligen Kreml-Beamten im März 2015.

16 Ebd. März 2015 und Juni 2018.

17 Sergej Topol, Alexander Scheglow, Olga Allenowa, »Antrakt posle Terakta«, *Kommersant*, 23. Oktober 2003.

18 David McHugh, »Doctors Say Knockout Gas Killed All But Two of the Victims of Moscow Hostage Crisis«, Associated Press, 27. Oktober 2002.

19 Sergej Topol, Alexander Scheglow, Olga Allenowa, »Antrakt posle Terakta«, *Kommersant*, 23. Oktober 2003.

20  Irina Khakamada [= Chakamada], damals stellvertretende Duma-Sprecherin, »Obraschenie Iriny Khakamady«, 14. Januar 2004, https://graniru.org/Politics/Russia/President/m.56704.html (Chakamada gab dieses Statement im Zusammenhang mit ihrer gescheiterten Präsidentschaftskandidatur 2004). Diese Aussage wird auch in dem Bericht von Hinterbliebenen der getöteten Geiseln zitiert: »Events, Facts, Conclusions – Nord Ost Investigation Unfinished«, Regional Public Organisation for Support of Victims of Terrorist Attacks.

21  Anne Nivat [= Niwat], »Chechnya: Brutality and Indifference«, *Crimes of War Project*, 6. Januar 2003. Niwats Artikel wird von John Dunlop, dem Senior Fellow für sowjetische und russische Politik an der Hoover Institution, in einem Bericht über die Geiselnahme für »RFE/RL Organised Crime and Corruption Watch«, 8. Januar 2004, zitiert. Niwat schreibt, die GRU, der russische Militärgeheimdienst, habe Mowsar Barajews Verhaftung zwei Monate vor der Geiselnahme bekannt gegeben.

22  Juri Schekotschikin, »Nezamechenniye Novosti nedeli kotoriye menya udivili«, *Nowaja Gaseta*, 20. Januar 2003: Schekotschikin berichtete, die Mutter einer der Terroristinnen habe ihm gesagt, ihre Tochter, die sie auf Fernsehbildern als eine der Geiselnehmerinnen identifiziert habe, sei lange in einem russischen Straflager inhaftiert gewesen. »Sie kann nicht verstehen, wie ihre Tochter aus der Gefängniszelle als Terroristin nach Moskau gelangt sein könnte.« Für weitere Informationen vgl. Dunlop sowie Niwat, die berichtete, zwei Mütter aus einem tschetschenischen Dorf in der Region, aus der Barajews Leute stammten, hätten gesagt, ihre Töchter seien Ende September 2002 festgenommen worden und später als Selbstmordattentäterinnen wieder aufgetaucht.

23  *Kommersant* versteckte die Erkenntnis, dass die Bomben Attrappen waren, ganz am Ende des Artikels; die erste Hälfte war der Anklage einer Gruppe von Tschetschenen gewidmet, denen Beteiligung an der Vorbereitung einer Reihe von Terrorangriffen in Moskau vorgeworfen wurde, darunter die Geiselnahme im Dubrowka-Theater. Ansonsten wurde nicht darüber berichtet.

24  Politiker beeilten sich, die Operation als gelungen zu bezeichnen. Die Verwendung des Gases sei die einzige Möglichkeit gewesen. »Wir waren in einer Situation, in der wir uns zwischen der schrecklichen Tragödie, dass alle Geiseln sterben würden, und der unglaublichen Schande, wenn wir alle Forderungen der Geiselnehmer erfüllt hätten, entscheiden mussten«, sagte Moskaus Bürgermeister Juri Luschkow.

25  Caroline Wyatt, »Moscow Siege Leaves Dark Memories«, BBC, 16. Dezember 2002. Der Bericht zitiert Meinungsumfragen, die zeigen, dass 83 Prozent der Russen mit Putins Regierung zufrieden waren.

26  Valeria Korchagina, »Duma Seeks Probe of Theater Attack«, *Moscow Times*, 30. Oktober 2002.

27  Timur Aliyev, »Chechens Vanish in Veil of Darkness«, *Moscow Times*, 23. Dezember 2002.

28  »Moscow Gunmen Threaten to Begin Killing Hostages Sat«, Dow Jones, 25. Oktober 2002. Der Bericht zitiert Russlands stellvertretenden Innenminister Wladimir Wassiljew mit der Behauptung, Maschadow habe hinter dem Anschlag gestanden, während russische TV-Sender ein Video ausstrahlten, in dem Maschadow sagt, die Rebellen hätten sich vom Guerillakrieg auf eine »offensive« Strategie verlegt, und hinzufügt: »Ich bin sicher, dass es in der Endphase noch mehr einmalige Aktionen geben wird, ähnlich wie im Dschihad, die unser Land von den russischen Aggressoren befreien werden.« Russlands staatlich kontrollierter Erster Kanal behauptete später, das Band sei fünf Tage vor der Geiselnahe aufgenommen worden, aber es stellte sich heraus, dass das Video in Wirklichkeit Monate zuvor, im Sommer, gedreht worden war. Vgl. auch John B. Dunlop, »RFE/RL Organised Crime and Corruption Watch«, 8. Januar 2004, wo Maschadows Sprecher mit der Aussage zitiert wird, dass Maschadow sich auf eine militärische Operation gegen das russische Militär bezogen habe, nicht auf Geiselnahmen. Dunlop zitiert Putins Sprecher Sergej Jastrschembski mit den Worten, Maschadow könne nicht mehr als »ein legitimer Vertreter dieses Widerstands« betrachtet werden. In dem NTW-Interview mit Barajew, der offenbar der Anführer der Geiselnehmer war, sagte dieser, sie würden auf Befehl »unseres obersten militärischen Emirs« handeln, namentlich des Rebellenführers Schamil Bassajew, und Maschadow sei der Präsident und »wir stehen ganz unter seinem Kommando«.

29  Steven Lee Myers, »Russia Recasts Bog in Caucasus as War on Terror«, *New York Times*, 5. Oktober 2002.

30 Andrew Jack, »Moscow Siege May be Linked to Al Qaeda«, *Financial Times*, 24. Oktober 2002. Russische Sicherheitskräfte teilten zudem mit, sie hätten viele Anrufe der tschetschenischen Geiselnehmer in die Vereinigten Arabischen Emirate und in die Türkei abgefangen.

31 Steven R. Weisman, »US Lists 3 Chechen Groups as Terrorist and Freezes Assets«, *New York Times*, 1. März 2003.

32 Nabi Abdullaev, »There are No Rebels Left for Peace Talks«, *Moscow Times*, 1. November 2002.

33 Interview der Autorin mit Pugatschow im Februar 2015.

34 Interview der Autorin mit Pugatschow im März 2013.

35 Ebd.

36 Interview der Autorin mit Woloschin im November 2013.

37 Catherine Belton, »Anointed Enigma: The Quiet Rise of a Dedicated Dmitry Medvedev«, *Financial Times*, 28. Februar 2003.

38 Catherine Belton, Valeria Korchagina und Alex Nicholson, »Yukos Shares Frozen, Voloshin is Out«, *Moscow Times*, 31. Oktober 2003.

39 Pjotr Netreba, »Otstavka Voloshina Sovpala s Kontsom Epokha Yeltsina«, *Kommersant*, 3. November 2003, Interview mit Kudrin.

40 Belton, Korchagina und Nicholson, »Yukos Shares Frozen, Voloshin is Out«.

41 Ebd.

42 Catherine Belton und Lyuba Pronina, »The Duma of a New Political Era«, *Moscow Times*, 9. Dezember 2003.

43 Catherine Belton, »Homeland a Force to be Reckoned With?«, *Moscow Times*, 5. Dezember 2003.

44 Belton und Pronina, »The Duma of a New Political Era«.

45 Francesca Mereu und Oksana Yablokova, »United Russia Set to Get 300 Seats«, *Moscow Times*, 22. Dezember 2003. Einiges Russland gewann 37,6 Prozent der Stimmen und eine Mehrheit der Sitze, nachdem unabhängige Abgeordnete zu der Partei wechselten.

46 Interview der Autorin mit einem hochrangigen Banker mit Kontakten in die Sicherheitsbehörden im Mai 2016.

47 Interview der Autorin mit Kasjanow im Januar 2013.

48 »Gazprom Off Reform Agenda«, Reuters, *Moscow Times*, 29. September 2003.

49 »President Putin Demands Stopping of Hysterics and Speculations about Arrest of Khodorkovsky«, ntv.ru [= NTW], 29. Oktober 2003.

50 Interview der Autorin mit Kasjanow im Januar 2013.

51 Alexander Bekker und Wladimir Fedorin, »Interview: Mikhail Kasyanov, predsedatel pravitelstva RF: Reformy vo vsekh sferakh budut prodolzheny«, *Wedomosti*, 12. Januar 2004.

52 Valeria Korchagina, »Gazprom Cuts Supplies to Europe«, *Moscow Times*, 19. Februar 2004.

53 Ebd.

54 Caroline McGregor, »Putin Fires Kasyanov 19 Days Before Vote«, *Moscow Times*, 24. Februar 2004.

55 Interview der Autorin mit Kasjanow im Januar 2013.

56 Caroline McGregor, »Putin Picks Fradkov for Prime Minister«, *Moscow Times*, 2. März 2004.

57 Interview der Autorin mit Kasjanow im Januar 2014.

58 Simon Saradzhyan, »Early Returns Give Putin 70 Per Cent«, *Moscow Times*, 15. März 2004.

59 Interview der Autorin mit Pugatschow im März 2015.

60 Interview der Autorin mit Pugatschow im Mai 2013.

61 Valeria Korchagina, »Duma Set to Revive the Soviet Anthem«, *Moscow Times*, 6. Dezember 2000.

62 Natalja Geworkjan, Andrei Kolesnikow und Natalja Timakowa, *Aus erster Hand. Gespräche mit Wladimir Putin*, S. 21–22.

63 Ana Uzelac, »Putin, Bush Reach Across the Divide«, *Moscow Times*, 18. Juni 2001.

64 Interview der Autorin mit einem russischen Tycoon im November 2013.

65    Interview der Autorin mit Pugatschow im März 2016.

66    Das russische Parlament hat im April 2004 einen Vertrag ratifiziert, der die Schaffung eines gemeinsamen Wirtschaftsraums zwischen den vier ehemaligen Sowjetrepubliken vorsah; bereits davor hatte Putins Regierung gefordert, dass der Rubel die Einheitswährung der Union sein solle. Askold Krushelnycky, »Parliaments Ratify Treaty on Single Economic Space«, RFE/RL, 21. April 2004.

67    Interview der Autorin mit Nachfahren von Emigranten mit engen Verbindungen zu Putin im Mai 2014.

68    Etwas früher in dem Jahr war der frisch gewählte Pro-Kreml-Präsident Achmad Kadyrow durch eine Bombenexplosion in einem Fußballstadion getötet worden, die Stimmen für seinen Vertreter, den ehemaligen tschetschenischen Innenminister, ebenfalls ein Kreml-treuer Mann, waren gerade ausgezählt worden. Am Tag vor der Geiselnahme von Beslan wurde verkündet, dass Alu Alchanow mit 74 Prozent der Stimmen gewählt worden sei. Die Wahl – genau wie ein vom Kreml organisiertes Referendum über den Verbleib Tschetscheniens in der Russischen Föderation im Jahr zuvor – war von Menschenrechtsgruppierungen weithin als manipuliert zurückgewiesen worden. Ein Großteil der Infrastruktur der Republik war in den Jahren nach dem Flächenbombardement von Putins Militärkampagne nach wie vor zerstört.

69    Simon Ostrovsky, »Over 300 Killed in School Carnage«, *Moscow Times*, 6. September 2004.

70    Ebd.

71    Simon Saradzhyan, »30 Women and Children Freed in Beslan«, *Moscow Times*, 3. September 2004.

72    »Hostage Takers Demands in N Ossetia Not Changed«, Interfax, 1. September 2004; vgl. auch Peter Baker und Susan B. Glasser, »Hundreds Held Hostage at School in Russia; Many Children Seized in Town near Chechnya«, *Washington Post*, 2. September 2004, und Kim Murphy, »Critics Detail Missteps in School Crisis«, *Los Angeles Times*, 17. September 2004.

73    Andrew Jack, »Siege Gunmen Release 26 Mothers and Babies«, *Financial Times*, 2. September 2004.

74    Murphy, »Critics Detail Missteps in School Crisis«.

75    »Svidetel na Protsesse po Delu Kulaeva utverzhdaet, chto Maskhadov byl gotov priekhats v Beslan dlya peregovorov c terroristami ob osvobozhdenii zalozhnikov«, Interfax, 22. Dezember 2005.

76    Ebd.; vgl. auch Simon Ostrovsky, »Over 300 Killed in School Carnage«, *Moscow Times*, 6. September 2004.

77    C.J. Chivers, »For Russians, Wounds Linger in School Siege«, *New York Times*, 26. August 2005; Kim Murphy, »Aching to Know«, *Los Angeles Times*, 27. August 2005. Russland stritt den Abschuss der Schmel-Flammenwerfer auf die Schule anfangs ab, aber 2005 gab ein leitender russischer Staatsanwalt zu, dass diese benutzt worden waren. Vgl. auch Anatoly Medetsky und Yana Voitova, »A Reversal Over Beslan Only Fuels Speculation«, *Moscow Times*, 21. Juli 2005. Der Staatsanwalt, Nikolai Schepel, leugnete, dass die Flammenwerfer den Brand ausgelöst haben konnten, der die Schule zerstörte. Er behauptete, der verwendete Typ RPO-A habe keine brandstiftende Wirkung. Eine unabhängige Untersuchung, geleitet von Stanislaw Kesajew für die Regionalregierung Nordossetiens, fand jedoch Spuren von Phosphor an einigen Leichen, ein Zeichen dafür, dass die entzündlichen PRO-Z-Artilleriegeschosse verwendet worden waren.

78    Chivers, »For Russians, Wounds Linger in School Siege«; vgl. auch »Russia: Beslan Reports Compared«, RadioFreeEurope/RadioLiberty, 3. Januar 2007, für Kommentare des Augenzeugen Kesajew über den Einsatz russischer Panzer: »Als Vorsitzender der Kommission der Republik und als Mensch, der am Ort der Tragödie anwesend war, bleibe ich dabei, dass die Panzer, lange bevor Geiseln das Gebäude verließen, anfingen zu schießen«; vgl. die Aussage von Kesajews Berater, Israil Totoonti, bei dem Prozess gegen einen an der Geiselnahme beteiligten Terroristen in »Zarema, a kovo nam seichas ubyvats?«, *Kommersant*, 23. Dezember 2005. Totoonti sagte: »Ich hörte erstmals gegen zwei Uhr nachmittags Schüsse von Panzern. Das war bevor wir begannen, die Geiseln aus der Schule zu ziehen.«

79    Chivers, »For Russians, Wounds Linger in School Siege«.

80  Ebd. Eine unabhängige Untersuchung stellte fest, die Terroristen hätten die Geiseln gezwungen, ihre Kleidungsstücke zu schwenken, um den Streitkräften zu zeigen, dass sie nicht schießen sollten. Aber die Schüsse hörten nicht auf.

81  Chivers, »For Russians, Wounds Linger in School Siege«.

82  Ebd.

83  Kim Murphy, »Critics Detail Missteps in School Crisis«, *Los Angeles Times*, 17. September 2004.

84  Ebd.

85  Nikolai Sergejew und Zaur Farnjew, »Kommisiya Zavershila Terakt«, *Kommersant*, 23. Dezember 2006.

86  Ebd.

87  Chivers, »For Russians, Wounds Linger in School Siege«; s. Kim Murphy, »Aching to Know«, *Los Angeles Times*, 27. August 2005 für einen detaillierten Bericht ehemaliger Geiseln, die beschreiben, wie das Dach zu beben begann, während sie noch in der Schule festgehalten wurden. Der Artikel zitiert eine ehemalige Geisel, einen Sprengstoffexperten von der Armee, mit der Aussage, er glaube, es habe sich um Panzerfeuer gehandelt, »weil das ganze Gebäude bebte, und das waren keine Granaten, das war etwas Größeres. Zu diesem Zeitpunkt hatte ich mehr Angst vor unseren eigenen Leuten als vor den Terroristen«; vgl. auch »Russia: Beslan Reports Compared« und »Zarema, a kovo nam seichas ubyvats?«.

88  »Russia: Beslan Reports Compared«.

89  Nikolai Sergejew und Zaur Farnjew, »Kommisiya Zavershila Terakt«, *Kommersant*, 23. Dezember 2006.

90  Juri Saweljew, »Beslan: Pravda Zalozhnikov«, www.pravdabeslana.ru/doklad/oglavlenie.htm; Maria Danilova, »Russian Lawmaker Makes Beslan Claims«, Associated Press, 30. August 2006.

91  Andrew Osborn, »Kremlin to Blame for Beslan Deaths, Claims Russian MP«, *Independent*, 30. August 2006.

92  »Video Rekindles Russian Debate on Blame for Beslan Death Toll«, Associated Press, 31. Juli 2007.

93  Murphy, »Aching to Know«.

94  Interview der Autorin mit einem ehemaligen Kreml-Insider im August 2017.

95  Catherine Belton, »Putin is Facing his Biggest Challenge«, *Moscow Times*, 9. September 2004.

96  Ebd.

97  »Poll: Putin's Popularity at 4-Year Low«, *Moscow Times*, 23. September 2004.

98  Ansprache von Wladimir Putin, 4. September 2004, www.kremlin.ru/events/president/transcripts/22589.

99  Belton, »Putin is Facing his Biggest Challenge«.

100  Nabi Abdullaev, »Putin: Scrap Popular Vote for Governors«, *Moscow Times*, 14. September 2004.

101  Nikolai Petrov, »Putin's Reforms are Dangerous for Russia«, *Moscow Times*, 15. September 2004.

102  Simon Saradzhyan, »Putin Lashes Out at the US«, *Moscow Times*, 8. September 2004; Guy Faulconbridge, »Putin Targets Terrorist Financing«, *Moscow Times*, 6. Oktober 2004.

103  Interview der Autorin mit einem ehemaligen Kreml-Insider im August 2017.

104  Jason Burke, »London Mosque link to Beslan«, *Observer*, 3. Oktober 2004. Ein russischer Beamter, Ilja Schabalkin, Sprecher der Streitkräfte im Nordkaukasus, bestätigte gegenüber der *Moscow Times*, dass der Moscheebesucher, Kamel Rabat Bouralha, beim Versuch der Überquerung der russisch-aserbaidschanischen Grenze von russischen Militärs verhaftet worden war, verweigerte jedoch einen Kommentar dazu, ob er bei der Geiselnahme von Beslan eine Rolle gespielt habe (S. Valery Dzutsev, »Report: 3 British Residents Assisted in Beslan Attack«, *Moscow Times*, 5. Oktober 2004).

105  Valeria Korchagina, »Putin Tells West not to Meddle in Ukraine«, *Moscow Times*, 27. Juli 2004.

106  Simon Saradzhyan, »Putin Goes on Stump in Ukraine«, *Moscow Times*, 27. Oktober 2004; Francesca Mereu, »Putin's Campaign has Kiev on Edge«, *Moscow Times*, 28. Oktober 2004.

107  Anatoly Medetsky, »Outrage as Yanukovych Takes the Lead«, *Moscow Times*, 23. November 2004.

108  Oksana Yablokova, »Youthful Pora Charges Up the People«, *Moscow Times*, 3. Dezember 2004.

109  Interviews der Autorin mit zwei Vertrauten Putins: eines im März, das andere im November 2014.

110  Simon Saradzhyan, »President Lashes Out at the West«, *Moscow Times*, 24. Dezember 2004.

111  Wladimir Putin, Jährliche Rede zur Lage der Nation, 25. April 2005, www.kremlin.ru/events/president/news/33219.

112  Wladimir Putin, Jährliche Rede zur Lage der Nation, 26. Mai 2004, www.kremlin.ru/events/president/news/31034.

113  Wladimir Putin, Jährliche Rede zur Lage der Nation, 25. April 2005, www.kremlin.ru/events/president/news/33219.

## 9 »DER APPETIT KOMMT BEIM ESSEN«

1  Catherine Belton, »Ex-Yukos Chiefs Face Trial Together«, *Moscow Times*, 17. Juni 2004.

2  Peter Baker, »Russian Oil Tycoons Lose Bid for Release«, *Washington Post*, 17. Juni 2004.

3  Vgl. Leonid Ragozin, »When Russian Officials Nightmare Your Business, You Can Lose Everything – Even Your Life«, Bloomberg, 29. Januar 2018. Die Situation sollte derart eskalieren, dass im Jahr 2015 200 000 Wirtschaftsklagen eingereicht wurden, von denen letztlich nur 46 000 vor Gericht landeten. Doch 83 Prozent der Geschäftsleute, die in die 200 000 Klagen involviert waren, verloren ihre Unternehmen. Vgl. auch Kathrin Hille, »Business Behind Bars«, *Financial Times*, 10. August 2018, hier weitere Zahlen zur Untersuchungshaft von Geschäftsleuten. 2016 war mit 6856 Häftlingen ein Höhepunkt erreicht.

4  Laut Statistiken der Europäischen Bank für Wiederaufbau und Entwicklung (EBRD) und dem ehemaligen stellvertretenden Energieminister und unabhängigen Wirtschaftsexperten Wladimir Milow; Interview der Autorin mit einem ehemaligen Regierungsbeamten 2012. Vgl. auch »Russian Anti-Monopoly Watchdog Says State Grip on Economy Rises«, *Wedomosti*, 6. Mai 2019. Der Bericht zitiert die Staatliche Antimonopolbehörde (FAS) mit der Aussage, dass der Anteil des Staates an Russlands Bruttoinlandsprodukt 2013 bei über 50 Prozent lag.

5  Interview der Autorin mit Michel im Januar 2013.

6  Interview mit Wladimir Putin, *New York Times*, 5. Oktober 2003, https://www.nytimes.com/2003/10/05/international/interview-with-president-putin.html.

7  Catherine Belton, »NTV Speculates on Yukos, Terrorists«, *Moscow Times*, 27. September 2004.

8  Ilja Buljanow, »Sergei Ivanov – Eto Ne Smena Epokh, a navedenie poryadka«, *Kommersant*, 17. November 2003.

9  Catherine Belton, »Kremlin Playing Oil Game for Keeps«, *Moscow Times*, 29. Dezember 2003.

10  John McCain, Ausführungen vor dem Senat, 4. November 2003, https://www.aei.org/research-products/speech/senator-mccain-decries-new-authoritarianism-in-russia/.

11  Interview der Autorin mit Thomas E. Graham im September 2018.

12  Insbesondere Graham war immer ein nüchterner Skeptiker gewesen, der früher als seine Kollegen in den Neunzigerjahren die Gefahren betont hat, die darin lagen, die russische Politik der Jelzin-Ära als eine schwarz-weiße Auseinandersetzung zwischen Jelzins jungen Reformern und den Kommunisten zu betrachten. Damals Diplomat in Moskau, verwies er auf die Risiken, welche die auf Clans basierende Politik der Oligarchen für die Demokratie darstellte. Für weitere Informationen s. Hoffman, *The Oligarchs*, S. 322–323.

13  Interview der Autorin mit Graham im September 2018.

14  Belton, »Kremlin Playing Oil Game for Keeps«.

15  Andrew Jack, »Facing Judgment: Turmoil at Yukos Drains Investors of Their Confidence in Putin's Russia«, *Financial Times*, 16. Juni 2004.

16  Catherine Belton, »Nevzlin Offers Shares for Freedom«, *Moscow Times*, 17.Februar 2004.

17  Für weitere Informationen über die ausgeklügelte Anwendung gerichtlicher Anordnungen in Russland und wie sie etabliert wurden, vgl. den Bericht von Thomas Firestone (ehemaliger

Rechtsberater des US-Justizministeriums, US-Botschaft Moskau), »Criminal Corporate Raiding in Russia«, *The International Lawyer*, Bd. 42, Nr. 4 (Winter 2008), S. 1207–1229.

18 Catherine Belton, »Banks Warn that Yukos May Default«, *Moscow Times*, 27. April 2004.

19 Jack, »Facing Judgment«. Obwohl es darauf beharrte, dass all seine Tätigkeiten gesetzmäßig gewesen seien, gab das Jukos-Management am Tag vor dem Beginn von Chodorkowskis Prozess bekannt, dass es der Regierung einen Deal anbot, in dessen Rahmen das Unternehmen Aktien ausgeben könnte, um die Steuern zu bezahlen.

20 Catherine Belton, »Putin Tip Powers Yukos Recovery«, *Moscow Times*, 18. Juni 2004.

21 Interview der Autorin mit einem Kreml-Insider im Juni 2017.

22 Interview der Autorin mit Temerko im Juni 2016.

23 Ebd. Temerko sagte, als er im Verteidigungsministerium arbeitete, sei er zwar Zivilist gewesen, aber Drei- und Viersternegeneräle hätten unter ihm gearbeitet.

24 Ebd.

25 Ebd.

26 Catherine Belton, »Police Surround Yukos Headquarters«, *Moscow Times*, 5. Juli 2004.

27 Peter Baker, »Court Defeat Brings Yukos to Verge of Bankruptcy«, *Washington Post*, 4. Juli 2004.

28 Catherine Belton, »Khodorkovsky Offers Deal, Deadline Passes«, *Moscow Times*, 8. Juli 2004.

29 Erin E. Arvedlund, »Yukos Says it Offered to Pay $8 Billion in Back Taxes«, *New York Times*, 12. Juli 2004.

30 Valeria Korchagina, »Yukos Production Unit to be Sold«, *Moscow Times*, 21. Juli 2004.

31 Denis Maternovsky, »Putin Aide Named Head of Rosneft«, *St Petersburg Times*, 30. Juli 2004.

32 Interview der Autorin mit Temerko im Juni 2016.

33 Guy Faulconbridge, »Dresdner Will Set a Price for Yugansk«, *Moscow Times*, 13. August 2004.

34 Interview der Autorin mit Graham im September 2018.

35 Gregory L. White und Chip Cummins, »Russia to Form Energy Giant Open to West But Led by Kremlin«, *Wall Street Journal*, 15. September 2004.

36 Ebd.

37 Peter Baker, »Russia State Gas, Oil Firms Merge; Aim is to Create Dominant International Supplier«, *Washington Post*, 15. September 2004.

38 Catherine Belton, »Gazprom to Grab Rosneft, Alter Market«, *Moscow Times*, 15. September 2004.

39 Guy Faulconbridge, »Second Leak Puts Fair Price on Yugansk«, *Moscow Times*, 4. Oktober 2004.

40 Guy Faulconbridge, »Yugansk Goes on the Block for $8.6 Billion«, *Moscow Times*, 22. November 2004.

41 Ebd.

42 Interview der Autorin mit Temerko im Juni 2016.

43 Faulconbridge, »Yugansk Goes on the Block for $8.6 Billion«.

44 Martin Sixsmith, *Putin's Oil: The Yukos Affair and the Struggle for Russia*, S. 175. (Der Autor hat auch mit Misamore gesprochen.)

45 Interview der Autorin mit Temerko im Juni 2016.

46 Interview der Autorin mit Charles Ryan, dem US-Banker und damaligen Chef der Deutsche UFG, einer Moskauer Vermögensverwaltung, an der die Deutsche Bank mit 40 Prozent beteiligt war, und der eng mit Gazprom und Kudrin zusammenarbeitete, um die westlichen Banken an Bord zu holen.

47 Catherine Belton, »Foreign Banks to Lend Gazprom $13.4 Billion«, *Moscow Times*, 8. Dezember 2004.

48 Interviews der Autorin mit zwei Personen, die mit der Sache vertraut sind, im September 2018 und im November 2013.

49 Catherine Belton, »Yukos Files for Bankruptcy Protection in Houston«, *Moscow Times*, 16. Dezember 2004.

50   Catherine Belton, »Report: Gazprom Loan Put on Hold«, *Moscow Times*, 17. Dezember 2004.

51   Darunter ein Tanker mit Rohöl, das 2002 nach Houston geschickt wurde.

52   Alex Nicholson, »Putin Defends Yukos Unit Sale«, Associated Press, 23. Dezember 2004.

53   Guy Faulconbridge, »Mystery Bidder Wins Yugansk for $9.4 Billion«, *Moscow Times*, 20. Dezember 2004; Catherine Belton, »Putin Says He Knows Mystery Buyer«, *Moscow Times*, 22. Dezember 2004.

54   Belton, »Putin Says He Knows Mystery Buyer«.

55   Andrew Osborn, »Rumours Abound as Mystery Buyer is Tracked Down to London Bar«, *Independent*, 21. Dezember 2004.

56   Belton, »Putin Says He Knows Mystery Buyer«.

57   Ekaterina Derbilowa, Irina Resnik, Swetlana Petrowa, »Pobeditel, pokhozhy na ›Surgutneftegaz‹«, *Wedomosti*, 21. Dezember 2004. Die Manager waren Igor Minibajew und Walentina Komarowa, beide im mittleren Management bei Surgutneftegas.

58   Interview der Autorin mit Milow im November 2013, mit einem ehemaligen Geschäftspartner von Timtschenko im Juni 2014 und mit einem hochrangigen russischen Bankier im Mai 2015; Unternehmensunterlagen zeigen, dass die Baikal-Finanzgruppe von einem anderen undurchsichtigen Unternehmen gegründet wurde, OOO Makoil, das einem weiteren Surgutneftegas-Manager gehörte, Alexander Schernowkow, der später im Vorstand von Surgut saß. »Die Baikal-Finanzgruppe war eine Konstruktion von Gennadi Timtschenko«, sagte ein ehemaliger Geschäftspartner von Timtschenko.

59   Anna Raff, »State-Owned Rosneft Buys Mystery Buyer of Yukos Unit Auction«, Dow Jones Newswires, 23. Dezember 2004.

60   Interview der Autorin mit einem westlichen Banker, der mit Gazprom an dem Jugansk-Gebot zusammengearbeitet hat, im November 2013.

61   »Kto Oplatil ›Yugansk‹«, *Wedomosti*, 3. Juni 2005; Catherine Belton, »The Money Trail Leading to Yugansk«, *Moscow Times*, 6. Juni 2005. Die Daten der Zentralbank zeigten, dass am 30. Dezember 2004 5,3 Milliarden Dollar von einem föderalen Konto bei der Zentralbank an die staatliche Wneschekonombank überwiesen wurden. Am selben Tag erhielt die Wneschekonombank dieselbe Summe in Wechseln von Rosneft-Tochtergesellschaften, und Rosneft erhielt im Gegenzug dieselbe Summe auf sein Konto bei der ebenfalls staatlichen Sberbank. Dann überwies die Baikal-Finanzgruppe, die auch ein Konto bei der Sberbank besaß, die übrigen 7,6 Milliarden Dollar, die sie für Jugansk schuldete, an das Justizministerium. Analysten sagten, es habe so ausgesehen, als hätte Rosneft das Geld an die Baikal-Finanzgruppe überwiesen.

62   Catherine Belton, »Chinese Lend Rosneft $6 Billion for Yugansk«, *Moscow Times*, 2. Februar 2005.

63   Catherine Belton, »Putin Demotes Advisor Illarjonov«, *Moscow Times*, 11. Januar 2005.

64   Interview der Autorin mit Illarionow im Januar 2005.

65   Catherine Belton, »Houston Court Rejects Yukos Appeal«, *Moscow Times*, 28. Februar 2005.

66   Interview der Autorin mit Temerko im Juni 2016.

67   Interview der Autorin mit einem westlichen Mittelsmann, der an dem Prozess beteiligt war, im Januar 2017.

68   Ebd.

69   Isabel Gorst, »Exxon and Rosneft Sign Arctic Deal«, *Financial Times*, 30. August 2011.

70   Die Autorin hat diese E-Mails erhalten; sie sind Teil eines laufenden Verfahrens in den Niederlanden.

71   Catherine Belton, »Half of Rosneft IPO Goes to 4 Buyers«, *Moscow Times*, 17. Juli 2006.

72   Interview der Autorin mit Temerko im Juni 2016.

73   Catherine Belton, »Banks Want Yukos Ruled Bankrupt«, *Moscow Times*, 13. März 2006.

74   Ebd.

75   Catherine Belton, »Creditor Banks Sell Yukos Loan to Rosneft«, *Moscow Times*, 16. März 2006.

76   Catherine Belton, »Western Banks Fund Rosneft Move on Yukos«, *Financial Times*, 21. März 2007.

77 Catherine Belton, »Analysts Skeptical as BP Quits Yukos Auction at First Stage«, *Financial Times*, 28. März 2007.

78 Catherine Belton, »Russian Bargain That Comes at a Price«, *Financial Times*, 5. April 2007.

79 Ebd.

80 Catherine Belton, »The State's Unsated Appetite«, *Financial Times*, 20. April 2007.

81 Catherine Belton, »Yukos Finally Expires, Victim of its Battle with the Kremlin«, *Financial Times*, 11. Mai 2007.

82 Chodorkowskis Schlussplädoyer, 11. April 2005. Vollständige Transkription: https://www.freerepublic.com/focus/news/1382298/posts.

83 Valeria Korchagina, »Yukos Trial Ends with Applause«, *Moscow Times*, 12. April 2005.

84 Augenzeugenbericht, basierend auf dokumentarischem Filmmaterial. Das Moskauer Stadtgericht reagierte auf eine Kommentaranfrage zu dem Bericht mit den Worten, es handle sich um eine »Erfindung, die keines Kommentars bedarf. Die Rechtmäßigkeit und Begründung der Urteile, die aufgrund dieser Kriminalfälle ergingen, wurden von allen Gerichten des Landes geprüft und darüber hinaus vom Europäischen Gerichtshof für Menschenrechte untersucht. Die Rechtmäßigkeit der Urteile wurde bestätigt.« (Der ECHR hat jedoch im Januar 2020 entschieden, dass Chodorkoswki 2009 und 2010 ein fairer Prozess verweigert wurde, als er wegen weiterer Vorwürfe wegen Untreue und Geldwäsche verurteilt wurde. Die Weigerung des russischen Richters, »der Verteidigung zu erlauben, die Staatsanwaltschaft und Zeugen der Verteidigung zu hören und wichtige Zeugenaussagen von Experten oder entlastende Beweismittel zuzulassen«, habe Chodorkowskis Rechte verletzt, erkannte der ECHR.)

85 Ebd.

86 Ebd.

87 Valeria Korchagina, »So Far, Verdict Appears to be Guilty«, *Moscow Times*, 17. Mai 2005.

88 Catherine Belton, »Judges Drag Out Verdict for a Second Day«, *Moscow Times*, 18. Mai 2005.

89 Lyuba Pronina, »Nine Years for Khodorkovsky and Lebedev«, *Moscow Times*, 1. Juni 2005.

90 Catherine Belton, »Shock and Then Boredom in Court«, *Moscow Times*, 1. Juni 2005.

91 Ebd.

92 Augenzeugenbericht.

93 Ebd.

94 Ebd.

95 Ebd.

96 Valeria Korchagina, »Court Rejects Khodorkovsky Appeal«, *Moscow Times*, 23. September 2005.

97 Ebd.

98 Nabi Abdullaev, »Khodorkovsky Jailed in Polluted Chita«, *Moscow Times*, 21. Oktober 2005.

99 Augenzeugenbericht.

100 Ebd.

101 Kathrin Hille, »Business Behind Bars«, *Financial Times*, 10. August 2018.

## 10 OBSCHAK

1 Pawel Miledin, Anna Schtscherbakowa, Swetlana Petrowa, »Sogaz prodali v Piter. Samy pribylny v Rossii strakhovshchik dostalsya banku ›Rossiya‹«, *Wedomosti*, 21. Januar 2005.

2 Interview der Autorin mit Wladimir Milow im Oktober 2011.

3 Catherine Belton, »A Realm Fit for a Tsar«, *Financial Times*, 1. Dezember 2011.

4 Vgl. den exzellenten Bericht von Neil Buckley und Arkady Ostrovsky, »Putin's Allies are Turning Russia into a Corporate State«, *Financial Times*, 18. Juni 2006.

5 Interview der Autorin mit einem hochrangigen Bankier in Genf im Dezember 2013.

6 Buckley und Ostrovsky, »Putin's Allies are Turning Russia into a Corporate State«.

7   Interview der Autorin mit Kolesnikow im September 2011; Oleg Roldugin, »Kak za Kammenym Ostrovom, Kuda Peresilsya znamenity Putinsky Dachny Kooperativ ›Ozero‹«, *Sobesednik*, 26. Februar 2014.

8   Eine Künstlerin bei einem dieser Events beschrieb dies alles später: Natalja Wetlizkaja, »Netsenzurnaya Skazka«, LiveJournal, 15. August 2011.

9   Interview der Autorin mit Kolesnikow im September 2011.

10  Ebd.; vgl. auch Jewgenija Albaz, »Chisto Konkretny Kandidat«, *New Times*, 26. Februar 2012.

11  Interview der Autorin mit Kolesnikow im September 2011.

12  Ebd.

13  Ebd.

14  Laut einem ehemaligen Verbindungsmann des KGB und laut Dokumenten, die von einem abtrünnigen KGB-Mitglied, Wladimir Mitrochin, aus der Sowjetunion hinausgeschmuggelt wurden.

15  Interview der Autorin mit Kolesnikow im September 2011.

16  Interview der Autorin mit einem früheren KGB-Beamten im März 2014.

17  Interview der Autorin mit Kolesnikow im September 2011.

18  Dokumenten zufolge, die Kolesnikow der Autorin zur Verfügung gestellt hat.

19  Interview der Autorin mit Kolesnikow im September 2011 und Dokumente, die der Autorin vorlagen.

20  Dokumenten zufolge, die Kolesnikow der Autorin zur Verfügung gestellt hat; Axept gehörte einem Verwandten von Putin, dem Enkel seines Onkels, Michail Schelomow, das Unternehmen war mit 4,5 Prozent an der Bank Rossija beteiligt. Abros war zu 100 Prozent Eigentum der Bank Rossija.

21  Alexej Roschkow, Irina Resnik, Anna Baraulina und Jelena Miasina, »Pristroili 3% Gazproma. ›Sogaz‹ kupil Kompaniyu upravlyayushchuyu rezervami ›Gazfonda‹«, *Wedomosti*, 23. August 2006; Belton, »A Realm Fit for a Tsar«.

22  Von Anfang an waren das Leader Asset Management und Gazfond eng miteinander verknüpft. Die beiden Unternehmen teilten sich die Büros, und an den Wänden des Konferenzraums von Gazfond prangte das Leader-Logo. Details zum Management von Gazfonds 6-Milliarden-Dollar-Rentenfonds existierten kaum. (Details darüber, was mit Gazproms 7-Milliarden-Anteil an der Bilanzsumme von Gazfond geschah, waren noch spärlicher. 2008 verschwanden diese Anteile denn auch ohne jegliche Erklärung oder Berichterstattung.) Gazfond wurde sofort in die Umlaufbahn der Bank Rossija gezogen. Nikolai Schamalow, der Zahnarzt, der zunächst Siemens-Vertreter und dann Putins Freund wurde und außerdem Kolesnikows Geschäftspartner war, ließ seinen Sohn Juri im August 2003 als Vorstandsvorsitzenden von Gazfond einsetzen, also bereits vor Beginn der Transfers.

23  Gazfond hatte nach und nach einen Anteil von insgesamt 20 Prozent an einem Moskauer Energieerzeuger namens Mosenergo erworben – und Ende 2006 entschied der Gazprom-Vorstand, dass das Unternehmen seinen Mehrheitsanteil an der Gazprombank (50 Prozent plus eine Aktie) gegen Gazfonds 20-Prozent-Anteil an Mosenergo im Wert von damals 1,8 Milliarden eintauschen würde. Als kurz nach dem Deal (Anfang 2007) ein neues Gesetz in Kraft trat, das Pensionsfonds verbot, mehr als 10 Prozent nichtgehandelter Aktien zu besitzen, überwies Gazfond den Anteil an das Leader Asset Management, womit die Bank Rossija die Kontrolle darüber gewann.

24  Belton, »A Realm Fit for a Tsar«; vgl. auch Boris Nemzow und Wladimir Milow, »Putin I Gazprom«, *Nezavisimy Ekspertny Doklad*, 2. Oktober 2008.

25  Interview der Autorin mit Milow im September 2011.

26  Belton, »A Realm Fit for a Tsar«.

27  Interview der Autorin mit Milow im September 2011. Die Schätzung beinhaltete den Anteil von 3 Prozent im Wert von 7,7 Milliarden Dollar, den Gazfond an Gazprom hielt; vgl. zu dieser Schätzung Nemzow und Milow, »Putin I Gazprom«.

28  Interview der Autorin mit Milow im September 2011.

29  Ebd.

30  Interview der Autorin mit Kolesnikow im September 2011.

31  Ebd.

32  Ebd.

33  Nach dem Bekanntwerden von Kolesnikows Vorwürfen verkaufte Schamalow seinen Anteil an dem Palast an einen anderen Geschäftsmann aus dem Umfeld von Putins Kreml, Alexander Ponomarenko. Vgl. Rinat Sagdjew und Irina Resnik, »Troe iz Dvortsa«, *Wedomosti*, 4. April 2011.

34  Interview der Autorin mit einer Person, die mit Schamalow und Putin vertraut ist.

35  Interview der Autorin mit Peskow im November 2011.

36  Interview der Autorin mit Kolesnikow im September 2011.

37  Der Film heißt *Brilliantovaya Ruka*. Sergej Pugatschow bestätigte, dass Putin hinter den Kulissen nach dem Polizeichef in dem Film Michail Iwanowitsch benannt wurde.

38  Interview der Autorin mit Kolesnikow im September 2011.

39  Die Bank Rossija war ein Schlupfwinkel für Putins engste Kumpane geworden. Seine wichtigsten geschäftlichen Partner kauften und verkauften ihre Anteile an der Bank: Nur Kowaltschuk blieb konstant der größte Teilhaber mit 37,6 Prozent Anfang 2005, als die Übernahme der Sogas-Anteile durchgeführt wurde. Timtschenkos Ölhandel International Petroleum Products hatte zwischen 1998 und 2002 20,7 Prozent besessen, während sein anderes Handelsunternehmen Kinex diesen Anteil bis Ende 2003 behielt. Es war außerdem eine Zeit lang eine Schnittstelle für Elemente aus der organisierten Kriminalität, mit denen Putin zu tun hatte. Zwei Jahre lang, von 1998 bis 1999, besaß Gennadi Petrow, ein Anführer der Tambow-Gruppe, 2,2 Prozent der Bank, während einer seiner Geschäftspartner, Sergej Kusmin, weitere 2,2 Prozent hielt – Teile eines Netzwerks eng verknüpfter Unternehmen, das damals insgesamt 14 Prozent zu besitzen schien. Es war ein verräterisches Zeichen für das Bündnis mit der organisierten Kriminalität, das Putins KGB-Männer geschmiedet hatten, um die Stadt – und später das Land – ihren eigenen Interessen gemäß zu führen. Dieses Bündnis kam später überaus deutlich zum Vorschein, als Gennadi Petrow 2009 in Spanien im Rahmen einer weitreichenden Ermittlung gegen russische Geldwäsche über den spanischen Immobilienmarkt verhaftet wurde. Der Fall basierte zum Teil auf mitgeschnittenen Gesprächen, in denen Petrow und seine Geschäftspartner über Kontakte zu den höchsten Ebenen der Macht im Kreml sprachen. Petrows Frau lebte währenddessen weiter auf dem Gelände der Kamenny-Insel, wo Kolesnikow, Kowaltschuk und andere Anteilseigner der Bank Rossija ihren Wohnsitz hatten.

40  Jewgenija Albaz, »Chisto Konkretny Kandidat«, *New Times*, 26. Februar 2012.

41  Interview der Autorin mit einem ehemaligen KGB-Beamten im Mai 2013.

42  Interview der Autorin im Dezember 2012.

43  Belton und Buckley, »On the Offensive: How Gunvor Rose to the Top of Oil Trading«, *Financial Times*, 14. Mai 2008.

44  Ebd.

45  Ebd.; Interview der Autorin mit einem ehemaligen Petroval-Händler im Mai 2007. (Gunvor legte selten seine Zahlen offen. 2008 sagte Törnqvist nur, er rechne mit einem Jahresgewinn »in Höhe von Hundorte[n] Millionen« aus Umsätzen in Höhe von 70 Milliarden Dollar. Andere Ölhändler jedoch äußerten, dass ihnen diese Summe ausgesprochen niedrig erscheine: Einer von ihnen schätzte, dass Glencore, das damals seine Gewinne ebenfalls nicht offenlegte, etwa 6 Milliarden Dollar Gewinn bei einem Umsatz von 140 Milliarden Dollar gemacht habe.) 2010, im ersten Jahr, als Gunvor begann, seine Erträge zu veröffentlichen, benannte es seinen Nettogewinn nach Steuern für das Jahr mit 299 Millionen Dollar bei einem Umsatz von 96 Milliarden.

46  Interview der Autorin in Genf im Februar 2013.

47  Als ich Törnqvist 2008 interviewte, gab er nur an, der dritte Teilhaber sei »ein privater Geschäftsmann, der nichts mit Politik zu tun hat«. Die Identität dieses dritten Teilhabers wurde 2012 von Roman Schleinow enthüllt: Es handelte sich um Pjotr Kolbin, einen weiteren Petersburger Geschäftsmann, den Timtschenkos Genfer Partner als »einen engen Freund« von Putin beschrieben. Vgl. Roman Schleinow, »Tainstvennym tretim vladeltsem Gunvor byl Peterburgets Petr Kolbin«,

*Wedomosti*, 8. Oktober 2012. Einer von Timtschenkos früheren wichtigsten Geschäftspartnern erklärte, er könne erst »in zehn Jahren« sagen, wer Kolbin sei.

48 Andrej Wandenko, »Gennady Timchenko: Za Vsyo v Zhizni Nado Platits. I za znakomstvo s rukovodstvom strany tozhe« (Interview mit Timtschenko), ITAR-TASS, 4. August 2014.

49 Ebd. In dem Interview sagt Timtschenko, Edward Snowden habe ihn gelehrt, »diese Technik vorsichtiger zu verwenden. Wir werden beobachtet.«

50 Andrew Higgins, Guy Chazan und Alan Cullison, »The Middleman: Secretive Associate of Putin Emerges as Czar of Russian Oil Trading – In First Interview, Gennady Timchenko Denies Ties«, *Wall Street Journal*, 11. Juni 2008.

51 Interview der Autorin mit Pugatschow im September 2014. Timtschenko ließ durch seine Anwälte mitteilen, jegliche Mutmaßung, hinsichtlich seines Kontakts zu Putin gebe es irgendeine Art von »Geheimnis«, sei absurd.

52 Ebd.

53 Luke Harding, »Secretive Oil Firm Denies Putin has Any Stake in its Ownership: Company Rejects Claims it Benefits from Kremlin Ties«, *Guardian*, 22. Dezember 2007.

54 »Russian President Says Claims That He Has Amassed a Personal Fortune Are Nonsense«, Associated Press, 14. Februar 2008.

55 Interview der Autorin mit Pugatschow im Januar 2015.

56 Interview der Autorin mit einem ehemaligen KGB-Beamten und engen Geschäftspartner von Timtschenko im Mai 2014.

57 Interview der Autorin mit einem russischen Tycoon aus Putins nahem Umfeld im September 2014.

58 Finanzministerium der Vereinigten Staaten, »Treasury Sanctions Russian Officials, Members of the Russian Leadership's Inner Circle, and an Entity for Involvement in the Situation in Ukraine«, 20. März 2014, https://www.treasury.gov/press-center/press-releases/pages/jl23331.aspx. Das US-Finanzministerium hat keine Details veröffentlicht. Einige Hinweise auf eine enge finanzielle Beziehung zwischen Timtschenko und Putins Familie sind 2015 bei einer investigativen Recherche von Reuters aufgetaucht. 2012 hat Timtschenko das Eigentum an einer 3,7-Millionen-Dollar-Villa an der südfranzösischen Küste, in Biarritz, für einen nicht bekannt gegebenen Preis an den Mann übertragen, der bald Putins jüngste Tochter heiratete, Kirill Schamalow (Stephen Grey, Andrei Kuzmin und Elizabeth Piper, »Putin's Daughter, a Young Billionaire and the President's Friends«, Reuters, 10. November 2015). Ein Jahr nach der Hochzeit von Schamalow und Putins jüngster Tochter 2013 erwarb Schamalow darüber hinaus 17 Prozent von Russlands größtem Petrochemiekonzern Sibur für eine unbekannte Summe von Timtschenko mithilfe eines Darlehens in Höhe von 1 Milliarde Dollar von der eng mit Putins Leuten verknüpften Gazprombank (Jack Stubbs, Andrei Kuzmin, Stephen Grey und Roman Anin, »The Man Who Married Putin's Daughter and then Made a Fortune«, Reuters, 17. Dezember 2015). (Ein Sprecher Timtschenkos sagte, die Übernahme habe zu einem Börsenpreis stattgefunden.)

59 Dieser Abschnitt basiert auf Dutzenden Stunden von Interviews, die die Autorin mit einem in Genf ansässigen Geschäftspartner von Timtschenko zwischen Dezember 2012 und April 2015 geführt hat. Anzeichen für Goutchkoffs Bankbeziehungen mit Timtschenko tauchten in geleakten Bankunterlagen von HSBC auf, die vom International Consortium for Investigative Journalists veröffentlicht wurden. Diesen Daten zufolge eröffneten Timtschenko und seine Tochter Xenia Ende März 2007 Konten bei der HSBC-Privatbank in Genf – nur sechs Wochen nachdem die HSBC erklärt hatte, dass Goutchkoff und sein Team von der hundertachtzig Jahre alten Schweizer Privatbank Julius Bär herübergewechselt seien, um das russische Privatkundengeschäft zu leiten. Mit Verweis auf das Schweizer Bankgeheimnis verweigerte Goutchkoff jeglichen Kommentar. Auch die HSBC war nicht bereit, Fragen zu Goutchkoffs Kunden zu beantworten, deutete aber an, dass ihr bekannt war, dass er tiefe Verbindungen nach Russland hat. Die Bank habe ihn eingestellt, weil sie ihre Präsenz auf dem russischen Markt ausweiten wollte. Zwei Jahre nachdem Goutchkoff bei der Privatbank angefangen hatte, startete die HSBC eine 200 Millionen Dollar teure Kampagne, um ihre Russlandpräsenz auszubauen, und Goutchkoff wurde Vorstandsmitglied von HSBC Russland.

60  Es handelt sich um zwei Personen, die Geschäftsbeziehungen mit Goutchkoff unterhielten, im Dezember 2012 und im September 2013.

61  Interviews der Autorin in Genf von Dezember 2012 bis April 2015; vgl. auch das Interview, das Goutchkoff banki.ru gegeben hat: Ivan Goutchkov [= Iwan, d. h. Jean Goutchkoff]: »Rossiyaodna iz takikh stran, kuda seichas vygodno investirovats«, 30. Dezember 2015.

62  Interview der Autorin mit einem ehemaligen HSBC-Mitarbeiter in Moskau im Juli 2013.

63  Interview der Autorin in Genf im Mai 2013.

64  Interviews der Autorin mit zwei von Goutchkoffs Genfer Geschäftspartnern im April und im Dezember 2013, im Januar und im März 2014, im Januar und im März 2015.

65  Ebd. Petrotrade war der Teil von Rappaports Imperium, das dem Milliardär das meiste Geld eingebracht hat. Dem Unternehmen gehörte eine riesige aktive Ölraffinerie in Antwerpen, die lange mit Schiffsladungen sowjetischen Rohöls über das sowjetische Ölhandelsmonopol versorgt worden war.

66  Interviews der Autorin mit einem Geschäftspartner im September 2014, mit einem zweiten in Genf im Dezember 2013 und einem dritten im April 2014.

67  Interview der Autorin mit einem Genfer Geschäftspartner in Genf im Dezember 2013. Über seine Anwälte bestritt Timtschenko, das Kloster Walaam mit Goutchkoff und Putin besucht zu haben.

68  Interviews der Autorin mit zwei von Goutchkoffs Geschäftspartnern im September 2014 und in Genf im Dezember 2012 sowie im Mai 2014.

69  Interview der Autorin mit einem Goutchkoff-Geschäftspartner in Genf im Dezember 2013.

70  Interview der Autorin mit einem ehemaligen ranghohen KGB-Beamten mit engen Kontakten zu den Genfer Geldmännern im Juni 2014.

71  Interview der Autorin mit einem Putin-Unterstützer im Januar 2017.

72  Ein hochrangiger US-Beamter sagte in einem Interview im September 2015: »Wenn man Milliarden Dollar zur Verfügung hat, kann das nicht alles privat sein.« Es galt als ausgemacht, dass Timtschenko »ein Treuhänder von Putins Privatvermögen und von Konten war, die den Charakter strategischer Schwarzgeldkonten hatten«. Ein anderer hochrangiger US-Beamter sagte damals in einem Interview, mit Sanktionen gegen Putins Geschäftsfreunde ziele die US-Regierung auf genau diese Art von Vermögen ab: »Wir glauben, dass der Wohlstand einiger seiner Partner, insbesondere von Timtschenko, aber auch anderen, mit Putins Geld zusammenhängt. Einer der Wege, wie er sein Privatvermögen lagern kann, ist, dass sie das für ihn übernehmen: Er muss es Leuten, denen er vertraut, treuhänderisch übergeben, damit es keine belastenden Dokumente gibt. Dann werden die russischen Oligarchen, insbesondere die treu ergebenen, von Putin angewiesen, Geld für staatliche Projekte auszugeben.« Timtschenkos Anwälte sagten, weder Timtschenko noch eine seiner Firmen hätten je irgendwelche Vermögenswerte von Putin gehalten oder gemanagt: »Unser Klient und seine Unternehmen stehen und standen nie mit irgendwelchen Vermögenswerten von Herrn Putin in Verbindung.«

73  Siehe Kapitel 2.

74  Interview der Autorin mit Pannikow im April 2008; vgl. auch Belton und Buckley, »On the Offensive«.

75  Interview der Autorin im August 2019.

76  Interviews der Autorin mit drei Personen aus de Pahlens näherem Umfeld.

77  Interview der Autorin in Genf im Dezember 2013.

78  Interviews der Autorin in Genf im Mai 2014 und mit Malofejew im April 2014.

79  Interview der Autorin mit einem ehemaligen ranghohen russischen Geheimdienstmitarbeiter im Mai 2018. Vgl. auch Roman Schleinow, »Kak Knyazya Aleksandra Trubetskovo zaverbovali v Svyazinvest«, Wedomosti, 15. August 2011.

80  Ebd.; Trubezkoi arbeitete damals dort, als der sowjetische KGB-Beamte Wladimir Wetrow mit einer Liste von Sowjetbeamten, die am Technologieschmuggel beteiligt waren, in den Westen überlief. Doch Trubezkoi arbeitete weiter bei Thomson und versorgte Schtschogolew und TASS mit Computern.

81 Interview der Autorin in Genf im Mai 2014.

82 Ebd.; sowie Interview der Autorin mit einem hochrangigen westlichen Bankier, der damals dem Politbüro zugearbeitet hat und mit de Pahlen befreundet war, im Juni 2014.

83 Interviews der Autorin mit einem ehemaligen KGB-Partner im März 2013 und im März 2014.

84 Interview der Autorin in Genf im Dezember 2013.

85 Interviews der Autorin in Genf im Mai 2014 und mit Malofejew im April 2014.

86 Interview der Autorin mit Malofejew im April 2014.

87 Interview der Autorin mit zweien der Genfer Geldmänner in Genf im Mai 2014.

88 Interview der Autorin in Genf im Mai 2013.

89 Interview der Autorin in Genf im Dezember 2013.

90 Interview der Autorin in Genf im Mai 2014.

91 Interview der Autorin in Genf im März 2014.

92 Ebd.

93 Interview der Autorin mit Rybatschuk im Oktober 2018.

94 Simon Saradzhyan, »Russia Rethinks its CIS Policy«, *Moscow Times*, 24. August 2005.

95 Interview der Autorin mit Rybatschuk im Oktober 2018.

96 Ebd.

97 Catherine Belton, »The Mob, an Actress and a Pile of Cash«, *Moscow Times*, 27. November 2003.

98 Ebd.

99 Interview der Autorin mit Rybatschuk im Oktober 2018.

100 Andrew Kramer, »Russia Cuts Off Gas to Ukraine as Talks on Pricing and Transit Terms Break Down«, *New York Times*, 2. Januar 2006.

101 Andrew Kramer, »Russia Restores Most of Gas Cut to Ukraine Line«, *New York Times*, 3. Januar 2006.

102 Catherine Belton, »Rosukrenergo Emerges as Winner in Gas Deal«, *Moscow Times*, 10. Januar 2006.

103 Steven Lee Myers, »Ukraine's Leader Dismisses Parliament's Vote to Fire Premier«, *New York Times*, 12. Januar 2006.

104 Interview der Autorin mit Rybatschuk im Oktober 2018.

105 Laut dem Vertrag sollte RosUkrEnergo 41 Milliarden Kubikmeter günstigeren Gases aus Turkmenistan kaufen und bis zu 15 Milliarden Kubikmeter aus Kasachstan und Usbekistan. Nur 17 Milliarden Kubikmeter sollten von Russland zu einem Preis von 230 Dollar pro 1000 Kubikmeter gekauft werden; fast alles davon konnte für 280 Dollar pro 1000 Kubikmeter an Europa mit unmittelbarem Gewinn weiterverkauft werden, da die Ukraine nur 60 Milliarden Kubikmeter Gas jährlich benötigte.

106 Interview der Autorin mit Rybatschuk im Oktober 2018.

107 Ebd.; vgl. auch Isobel Koshiw, »Dmytro Firtash: The Oligarch who Can't Come Home«, *Kyiv Post*, 26. Dezember 2016.

108 Ebd.; Rybatschuk deutete an, der Deal sei durch Firtaschs enge Beziehungen zu Juschtschenkos Bruder Petro zustande gekommen. (Firtasch hat Petro und Juschtschenkos andere Verwandte kurz nach dessen Amtsantritt als Präsident in die Vereinigten Staaten geflogen, sagte ein ehemaliger westlicher Beamter.) Zu Firtaschs Netzwerk gehörte auch ein syrischer Geschäftsmann mit engen Verbindungen zum syrischen und zum russischen Geheimdienst, Hares Youssef, von dem Rybatschuk behauptete, er sei ein »Banker« der Juschtschenko-Familie.

109 Catherine Belton, »Gas Trader Keeps Orange Team Apart«, *Moscow Times*, 24. März 2006.

110 Andrew Kramer, »Ukraine Leader Forced to Name Ex-Rival as Prime Minister«, *New York Times*, 3. August 2006.

111 Interview der Autorin mit Rybatschuk im Oktober 2018.

112 Interview der Autorin mit einem russischen Wirtschaftsboss, der Firtasch und Putin kennt, im

Oktober 2018.

113 Bericht basiert auf Interviews der Autorin mit früheren Geschäftspartnern von Mogilewitsch und ehemaligen westlichen Beamten sowie auf einem der Autorin vorliegenden Dokument des US-Justizministerium über Mogilewitschs Aktivitäten.

114 Interview der Autorin mit einem ehemaligen Geschäftspartner von Mogilewitsch im März 2018; Interview der Autorin mit einem ehemaligen westlichen Beamten im September 2018.

115 Interviews der Autorin mit zwei früheren Geschäftspartnern von Mogilewitsch: eins im März und das andere im Juli 2018.

116 Interviews der Autorin mit zwei früheren Geschäftspartnern von Mogilewitsch im März und April 2018.

117 Interview der Autorin mit Gordon im Mai 2007.

118 Interview der Autorin mit einem ehemaligen Geschäftspartner von Mogilewitsch im März 2018. Michailow gilt als Chef der Solnzewskaja. Das FBI hat Michailow in den Neunzigern als ein Oberhaupt der Solnzewskaja-Organisation identifiziert, die es als die mächtigste eurasische Gruppe der organisierten Kriminalität bezeichnete. Sie sei in Waffen- und Drogenhandel und Geldwäsche involviert. Michailow wurde 1996 in der Schweiz verhaftet. Ihm wurde vorgeworfen, Mitglied einer kriminellen Vereinigung zu sein, und er saß zwei Jahre lang in Untersuchungshaft. Ein Hauptzeuge wurde erschossen. Michailow wurde später von einer Jury freigesprochen, bekam eine Entschädigung zugesprochen und kehrte nach Russland zurück.

119 Ebd.

120 Der zweite frühere Geschäftspartner von Mogilewitsch war der Ansprechpartner dieser Gruppen für die Durchführung von Investitionen, da diese selbst nicht wussten, wie man so etwas angeht.

121 Interview der Autorin mit einem ehemaligen westlichen Beamten im September 2018.

122 Interview der Autorin mit einem ehemaligen Geschäftspartner von Mogilewitsch im Juli 2018.

123 Interview der Autorin mit einem ehemaligen westlichen Beamten im September 2018.

124 FBI-Archiv: FBI Ten Most Wanted Fugitives, 21. Oktober 2009, https://archives.fbi.gov/archives/news/stories/2009/october/mogilevich_102109.

125 Gregory L. White, David Crawford und Glenn R. Simpson, »Ukrainian Investor Hid Identity to Win Business«, *Wall Street Journal*, 28. April 2006.

126 Stefan Wagstyl und Tom Warner, »Gazprom's Secretive Ukrainian Partner Tells of Lone Struggle to Build Business«, *Financial Times*, 28. April 2006.

127 Für weitere Informationen dazu siehe Tom Warner, »Disputed Links to an Alleged Crime Boss«, *Financial Times*, 14. Juli 2006, und Global Witness Report, »It's a Gas: Funny Business in the Turkmen-Ukraine Gas Trade«, 25. Juli 2006. Zudem hat das US-Justizministerium Ermittlungen bezüglich Firtaschs Verbindungen zu Mogilewitsch eingeleitet, vgl. Glenn R. Simpson, »US Probes Possible Crime Links to Russian Natural Gas Deals«, *Wall Street Journal*, 22. Dezember 2006.

128 WikiLeaks: Depesche des US-Botschafters in der Ukraine »Ukraine: Firtash Makes his Case to the USG«, 10. Dezember 2008, https://wikileaks.org/plusd/cables/08KYIV2414_a.html. Firtasch hat sich seither bemüht, einige dieser Kommentare zurückzunehmen und dem Magazin *Time* gegenüber 2017 gesagt, er sei nie Mogilewitschs Partner gewesen. »Er ist Ukrainer. (...) Das halbe Land kennt ihn. Na und? (...) Ihn zu kennen heißt nicht, für ihn zu arbeiten.«

129 Interview der Autorin mit einem ehemaligen Geschäftspartner von Mogilewitsch im März 2018.

130 Interview der Autorin mit Rybatschuk im Oktober 2018. Janukowitsch war der schroffe ehemalige Gouverneur der ostukrainischen Schotter- und Stahlwerkregionen, der kein Blatt vor den Mund nahm und immer enge Kontakte mit Russland gehalten hatte. In seiner Jugend hatte er regelmäßig im Gefängnis gesessen und sich dann mit dem größten Stahlmagnaten der Region, Rinat Achmatow, angefreundet, dessen eigene Vergangenheit von Bandenkriegen geprägt war. Achmatow war der größte finanzielle Unterstützer von Janukowitschs Partei der Regionen gewesen. Aber als einer von Janukowitschs wichtigsten Beratern ihn im Laufe des Jahres 2006 Firtasch vorstellte, war Janukowitsch froh, eine Alternative zu haben. »Man sagte ihm: ›Sie werden Ihren eigenen Banker haben. Sie sind nun nicht mehr abhängig von Achmatow‹«, sagte Rybatschuk, Juschtschenkos ehemaliger Leiter der Präsidialverwaltung. »Irgendwann stellte Firtasch erfolgreich Putins Ein-

fluss auf Janukowitsch dar. Der Plan war, ihn richtig zu korrumpieren.«

131 Laut einer Klage, die Julija Timoschenko, die ehemalige Ministerpräsidentin, 2012 in den USA gegen RosUkrEnergo eingereicht hat; Interview mit dem Anwalt von Timoschenko in Zerkalo Nedeli, *Gorshenin Weekly*, 13. Februar 2012.

132 Hans-Martin Tillack, »Die Gazoviki, das Geld und die Gier«, *Stern*, 13. September 2007; Kupchinsky, »The Shadowy Side of Gazprom's Expanding Central«.

133 Interview der Autorin mit einem hochrangigen Bankier im August 2013.

134 Vgl. Kapitel 1; diese Information stammt aus einer Untersuchung des Bundestags.

135 Förster, *Auf der Spur*, S. 86.

136 In einem Deal 2005 hatte er einen bulgarischen Mobilfunkbetreiber von dem mutmaßlichen russischen Mafioso Michail Tschernoi erworben, der in den Neunzigern einen Großteil von Russlands Aluminiumindustrie besaß, und machte fast 1 Milliarde Euro Gewinn, als er den Anbieter kurz darauf an Telekom Austria weiterverkaufte.

137 Schlaffs Verbündeter Michael Hason kam in den Vorstand, während ein wichtiger Geschäftspartner von Schlaff, ein Ölhändler namens Robert Nowikovsky (dessen Unternehmen Jurimex Öl des russischen Mineralölgiganten Surgutneftegas an Belarus verkauft hatte und gute Kontakte zu Putins engem Geschäftsfreund Gennadi Timtschenko pflegte), einen Anteil von 20 Prozent daran besaß. Ein weiterer Achimow-Gesandter von IMAG, Peter Hänseler, der ehemalige Oberst des österreichischen Geheimdienstes, spielte angeblich auch eine Rolle dabei, es aufzubauen: Roman Kupchinsky, »The Shadowy Side of Gazprom's Expanding Central European Gas Hub«, *Eurasia Daily Monitor*, Bd. 5, Ausgabe 217, Jamestown Foundation, 12. November 2008.

138 Ebd. Es gab außerdem personelle Überschneidungen mit RosUkrEnergo: Ein Vorstandsmitglied von RosUkrEnergo, ein Schweizer Buchhalter namens Dr. Hans Baumgartner, war Präsident des Wiener Centrex-Ablegers und half bei der Gründung der Gesamtgruppe.

139 Tillack, »Die Gazoviki, das Geld und die Gier«; Kupchinsky, »The Shadowy Side of Gazprom's Expanding Central European Gas Hub«.

140 Roman Kupchinsky, »Gazprom's European Web«, Jamestown Foundation, Februar 2009.

141 Gidi Weitz, »The Schlaff Saga: Money Flows into the Sharon Family Accounts«, *Haaretz*, 7. September 2010. Ein Getreidehandel, der seinem engen Geschäftspartner Robert Nowikovsky gehörte, hatte 2002 3 Millionen Dollar auf das Konto zweier Söhne Sharons überwiesen, genau zu dem Zeitpunkt, als Schlaff eine Lobbykampagne startete, um ein schwimmendes Casino vor der israelischen Küste bauen zu lassen. Die Ermittlungen der israelischen Polizei endeten jedoch an der österreichischen Grenze. Als sie versuchte, Schlaff und seine Wiener Partner zu befragen, wurde sie abgeblockt. »Schlaff ist ein einflussreicher, angesehener Mann in Österreich, das, wenngleich es sich um ein europäisches Land handelt – sagen wir, nicht immer auf die angemessenste Art und Weise geführt wird«, sagte ein Ermittler der israelischen Polizei der israelischen Tageszeitung *Haaretz*.

142 Ebd.

143 Kupchinsky, »Gazprom's European Web«.

144 Depesche des US-Botschafters in Italien, Ronald P. Spogli, vom 26. Januar 2009, veröffentlicht bei WikiLeaks: https://wikileaks.org/plusd/cables/09ROME97_a.html.

145 Interview der Autorin mit Michel Seppe im September 2013.

146 Interview der Autorin mit Rybatschuk im Oktober 2018.

147 Interview der Autorin in Genf im Dezember 2013.

## 11 LONDONGRAD

1 Andrew Higgins, »You Don't Often Find this Kind of Mogul in the Arctic Snow – Russian Tycoon's Whim Drags Baffled Friends, Bodyguards into Aiding Blighted Region«, *Wall Street Journal*, 13. Juni 2001.

2 Ebd.

3 Abramowitsch hat einem Sprecher zufolge insgesamt 2,5 Milliarden Dollar in den Wiederaufbau der Region investiert.

4 Interview der Autorin mit einem Tycoon aus Abramowitschs Umfeld im Oktober 2017.

5 Siehe Kapitel 10.

6 Interview der Autorin mit einem Tycoon aus Abramowitschs Umfeld im Oktober 2017.

7 Catherine Belton,»Shvidler Questioned Over Taxes«, *Moscow Times*, 14. Oktober 2003; »Chelsea Boss made Millions from Tax Break; Insight«, *Sunday Times*, 14. September 2003. 2003 schätzte die Moskauer Investmentbank Troika Dialog, dass die Steuererleichterungen, die die Region gewährte, der Ölfirma Zusatzeinnahmen von 400 Millionen Pfund (640 Millionen Dollar) seit 2000 beschert hatte. Das Steuersparmodell war bis 2005 in Kraft.

8 2001 lag Sibnefts effektiver Steuersatz bei nur 9 Prozent, während Jukos zur selben Zeit 13 Prozent zahlte.

9 Igor Semenenko,»Abramovich Questioned in Sibneft Fraud Case«, *Moscow Times*, 31. Mai 2001.

10 Catherine Belton,»Sibneft Hit with $1 Billion Tax Claim«, *Moscow Times*, 3. März 2004.

11 Ein Sprecher Abramowitschs sagte später, die Steuererleichterungen seien gewährt worden, um den Wiederaufbau der Region Tschukotka zu finanzieren. Er behauptete, die Regionalregierung habe ein Gesetz verabschiedet, das verlangt, dass mindestens 50 Prozent der Steuererleichterungen in die Region reinvestiert werden müssten.

12 Aufnahme eines Gesprächs zwischen Jumaschew und Pugatschow. In einem Interview mit der Autorin im November 2017 behauptete ein enger Partner von Abramowitsch, dieser habe wirklich etwas Gutes für Tschukotka tun und die Lebensbedingungen dort verbessern wollen. Er habe den »ganzen Horror« der Region erst gesehen, als er als ihr Vertreter 1999 ins Parlament gewählt worden war, und »nachdem er all das gesehen hatte, überlegte er, dass er als Gouverneur mehr tun könnte, um zu helfen«. Er gab aber zu, dass dies zu einem gewissen Grad zu einer Falle wurde und Putin ihn gebeten hätte, in Kamtschatka zu arbeiten, er sich jedoch geweigert habe. »Tschukotka hatte ihn erschöpft. Es war eine undankbare, schwierige Aufgabe, und er war wirklich müde. Es war physisch sehr anstrengend, denn um dorthin zu gelangen, musste man zehn Stunden im Flugzeug sitzen, und dann gab es Phasen, in denen man drei, vier Wochen wegen des Wetters nicht rausfliegen konnte – auch wenn vielleicht dringende Angelegenheiten in Moskau warteten. Die Arbeit war nicht einfach. Und als seine Amtszeit vorbei war, war er froh, dass er mit seinem Team eine Menge bewirken konnte. Sie haben die Gesellschaftsstruktur dort grundsätzlich verändert. Sie haben viele Schulen und Häuser gebaut und Kulturveranstaltungen eingeführt und Kinder mit dem Flugzeug in den Süden gebracht und so weiter. Das hat viel Mühe und Geld gekostet. Er hat dort vier oder fünf Jahre gearbeitet – ich bin mir nicht ganz sicher –, und als das Ende seiner Amtszeit kam, sagte er: ›Jetzt reicht's. Ich habe keine Kraft mehr, ich trete zurück.‹ Wladimir Wladimirowitsch versuchte ihn zu überreden, weiterzumachen, aber er sagte: ›Wladimir Wladimirowitsch, ich habe genug gearbeitet. Lass mich aufhören.‹«

13 Interview der Autorin mit Jasin im Mai 2013.

14 Interviews der Autorin mit einem ehemaligen westlichen Regierungsbeamten im September und im Oktober 2018.

15 Neil Buckley,»Rich Rewards for Riding Rollercoaster – A New Model for Participation by Foreign Companies has Been Seen in Recent Months, Driven by Political Priorities«, *Financial Times*, 11. Oktober 2005.

16 Ebd.

17 Arkady Ostrovsky,»Economy: New Found Wealth Starts to Spread«, *Financial Times*, 10. Oktober 2006.

18 Neil Buckley,»Russia's Middle Class Starts Spending«, *Financial Times*, 30. Oktober 2006.

19 Ostrovsky,»Economy: New Found Wealth Starts to Spread«.

20 Buckley,»Russia's Middle Class Starts Spending«.

21 Masha Lipman,»Russia's Non-Participation Pact«, Project Syndicate, 30. März 2011.

22 Ebd.

23 Interview der Autorin in Genf im März 2014.

24 Interviews der Autorin mit einem ehemaligen westlichen Regierungsbeamten im September und im Oktober 2018.

25 Stefan Wagstyl, »Challenge of Change Faces Old and New: The Citizens of All EU Member States Must Adapt to the Fulfilment of a Dream«, *Financial Times*, 27. April 2004.

26 Arkady Ostrovsky, »Equity Offerings Signal Maturity«, *Financial Times*, 11. Oktober 2005.

27 Astrid Wendlandt, »Russian Executives Become Hooked on Lure of London«, *Financial Times*, 4. Februar 2004.

28 Interview der Autorin mit Nigel Gould-Davies im Oktober 2018. Vgl. auch Nigel Gould-Davies, »Russia's Sovereign Globalisation – Rise, Fall and Future«, Chatham House Forschungsbericht, Januar 2016.

29 Buckley, »Rich Rewards for Riding Rollercoaster«.

30 Interview der Autorin mit Gould-Davies im Oktober 2018.

31 Ostrovsky, »Equity Offerings Signal Maturity«.

32 Wendlandt, »Russian Executives Become Hooked on Lure of London«.

33 Interview der Autorin mit Gololobow im August 2018.

34 Joanna Chung und Sarah Spikes, »Rosneft Follows the Road to London«, *Financial Times*, 24. Juni 2006.

35 Kate Burgess, Joanna Chung, Arkady Ostrovsky und Helen Thomas, »Dicey Russian Flotations challenge London Investors' Appetite for Risk«, *Financial Times*, 6. Dezember 2005.

36 Interview der Autorin mit einem früheren Geschäftspartner von Abramowitsch im Juni 2017.

37 Interview der Autorin mit Pugatschow im September 2017.

38 Ebd.; Pugatschow sagte, Putin habe dies, ein Jahr bevor Abramowitsch Chelsea kaufte, zuerst ihm gegenüber angesprochen und vorgeschlagen, dass er, Pugatschow, den Klub kaufen sollte, um Russlands Einfluss zu vergrößern. »Bevor der Deal über die Bühne ging, sagte Putin mir, das sei der beste Weg, um England zu infiltrieren«, sagte er. »Er sagte, das sei in etwa, wie alle Pubs aufzukaufen. ›So dringen wir ganz tief vor.‹«

39 Interview der Autorin mit einem russischen Tycoon im Mai 2018.

40 Interview der Autorin mit einem früheren Geschäftskollegen von Abramowitsch im Juni 2017.

41 Interview der Autorin mit einem russischen Tycoon im Mai 2018.

42 Interview der Autorin mit einer Person aus Abramowitschs Umfeld im November 2019.

43 Arkady Ostrovsky, »Moscow Offers Gazprom $7 Billion for Stake«, *Financial Times*, 15. Juni 2005.

44 Neil Buckley, »Watchdog Alarmed at Russia's Market Growth«, *Financial Times*, 16. Februar 2006.

45 Catherine Belton, »Gazprom Scoops Up Sibneft for $13 Billion«, *Moscow Times*, 29. September 2005.

46 Catherine Belton, »Fortunes Go to Kremlin Favourites«, *Moscow Times*, 23. September 2005.

47 Neil Buckley und Arkady Ostrovsky, »Rosneft Looks to US Banker to head IPO«, *Financial Times*, 15. März 2006.

48 Joanna Chung, »Bankers to Reap $120 Million on Rosneft IPO«, *Financial Times*, 27. Juni 2006.

49 Catherine Belton, »Yukos Asks London to Halt IPO«, *Moscow Times*, 26. Juni 2006.

50 George Soros, »Rosneft Flotation Would Spur Putin on«, *Financial Times*, 26. April 2006.

51 Robert Amsterdam, »Rosneft IPO Represents Nothing But the Syndication of the Gulag«, *Financial Times*, 1. Mai 2006.

52 Gregory L. White, »Capital Gains: Flush with Oil, Kremlin Explores Biggest Ever IPO«, *Wall Street Journal*, 18. April 2006.

53 Catherine Belton, »Half of Rosneft IPO Goes to 4 Buyers«, *Moscow Times*, 17. Juli 2006.

54 Ebd.; und Joanna Chung, »Yukos Challenges Rosneft $10 Billion Flotation«, *Financial Times*, 17. Juli 2006.

55 Chung, »Yukos Challenges Rosneft $10 Billion Flotation«.

56 Catherine Belton, »Half of Rosneft IPO Goes to 4 Buyers«.

57  Ebd.

58  Catherine Belton, »An IPO Built on Greed and Ambition«, *Moscow Times*, 7. Juli 2006.

59  Ebd.

60  Stephen Fidler und Arkady Ostrovsky, »Yukos Case Highlights Role of Foreign Banks«, *Financial Times*, 24. März 2006.

61  Catherine Belton und Joanna Chung, »Sberbank Issue to Fall Short of Russian Record«, *Financial Times*, 22. Februar 2007. Die Sberbank war Russlands größte Sparkasse. 60 Prozent der Privatkundeneinlagen des Landes befanden sich dort, und als Russlands Wirtschaft durch den steigenden Ölpreis boomte, stieg der Wert ihrer Aktien in den vergangenen drei Jahren um mehr als 1020 Prozent. Es gab jedoch ein kleines Insiderhandelproblem, weil die staatlich kontrollierte Bank Milliarden-Dollar-Kredite an einen Tycoon mit Kreml-Verbindungen vergeben hatte, der die Mittel nutzte, um große Teile der Bank zu erwerben.

62  Catherine Belton und Joanna Chung, »VTB Sets Price for $8.2 Billion Offering«, *Financial Times*, 11. Mai 2007.

63  Catherine Belton, »VTB Chief Hopes Offering will Seal Bank's Independent Future«, *Financial Times*, 2. Mai 2007. Alexander Chandrujew, der frühere stellvertretende Zentralbankchef, sagte mir: »Es ist eine Bank für die Spezialprojekte der Regierung. Sie vergibt Kreditlinien und Garantien, wenn die Risiken hoch sind.«

64  Catherine Belton, »Risks Brushed Aside in Race to Take Part«, *Financial Times*, 20. April 2007.

65  Ebd.

66  Catherine Belton, »The Secret Oligarch«, *Financial Times*, 11. Februar 2012.

67  Ein weiteres Beispiel dieser neuen Generation war Alischer Usmanow, ein aus Usbekistan stammender Tycoon, der einer der reichsten Männer Russlands wurde. In seinem Fall konnte Usmanow seine Topposition bei Gazprom ausbauen und sie zum Transfer von Metallwerten von Gazprom an sich selbst nutzen, wodurch er ein Metallimperium aufbaute und eine 1,5-prozentige Beteiligung an Gazprom selbst erwarb. Der steigende Aktienpreis des staatlichen Gaskonzerns hatte ihm geholfen, sein Vermögen zwischen 2005 und 2006 zu verdoppeln. Auch Usmanow galt als Vertreter der Interessen des Kreml.

68  Belton, »The Secret Oligarch«.

69  Ebd.

70  Kerimow hatte die Fluggesellschaft Wnukowskii Airlines ursprünglich gemeinsam mit Sergej Issakow besessen, einem russischen Geschäftsmann, der gute Kontakte in Saddam Husseins Irak hatte – genau wie Kerimow selbst. Gegen Ende der Neunziger hatte Kerimow den letzten verbliebenen Teil des sowjetischen Ölhandelsmonopolisten Nafta Moskwa erworben, wodurch er ein Finanznetzwerk übernahm, das einst enge Beziehungen zum KGB unterhielt. Die Familie Studhalter, die die von ihm gekaufte Schweizer Holding leitete, hatte seit dem Zusammenbruch der Sowjetunion Gelder für den KGB umgeleitet. Dann hat sie Gelder für Boris Birsteins Seabeco und den KGB-Oberst Leonid Weselowski gemanagt, der die Memos der Kommunistischen Partei über Wege, wie der Übergang zur Marktwirtschaft zu überstehen sei, geschrieben hatte. Kerimow war während Saddam Husseins Öl-gegen-Lebensmittel-Programm zum Ölhändler aufgestiegen, eine Operation, die zu großen Teilen aus den Vereinten Nationen heraus durch Russlands Auslandsgeheimdienst durchgeführt worden war.

71  Interview der Autorin mit einem hochrangigen westlichen Bankier im Herbst 2011; vgl. auch Belton, »The Secret Oligarch«.

72  Ebd.

73  Ebd.

74  Catherine Belton, »I Don't Need to Defend Myself: An Old Dispute Returns to Haunt Rusal's Deripaskai«, *Financial Times*, 13. Juli 2007.

75  Catherine Belton, »Close to the Wind«, *Financial Times*, 25. Oktober 2008.

76  Ebd.; Catherine Belton, »Court Freezes Tycoon's Stake in Vimpelcom«, *Financial Times*, 27. Oktober 2008.

77    Catherine Belton, »Moscow to Lend $50 Billion to Indebted Businesses«, *Financial Times*, 30. September 2008; Catherine Belton und Charles Clover, »Moscow Dictates Rescue of Oligarchs«, *Financial Times*, 14. Oktober 2008; Catherine Belton, »Too Big to Fail«, *Financial Times*, 28. Juli 2009.

78    Interview der Autorin mit einem russischen Tycoon im Mai 2018.

79    Interview der Autorin mit einem hochrangigen westlichen Bankier im Dezember 2011.

80    Interview der Autorin in Genf im Januar 2015.

81    Nicholas Shaxson, »A Tale of Two Londons«, *Vanity Fair*, 13. März 2013.

82    Interview der Autorin mit einem russischen Tycoon im Juli 2018.

83    Interview der Autorin mit einem hochrangigen westlichen Bankier im August 2015.

84    Interview der Autorin mit einem russischen Tycoon im Mai 2018.

## 12 DIE SCHLACHT BEGINNT

1     »Vystuplenie I diskussiya na Munchehnskoi konferentsii po Voprosam Politiki Bezopasnosti«, 10. Februar 2007, www.kremlin.ru/events/president/transcripts/24034.

2     Carl Schreck, »Putin Castigates US Foreign Policy«, *Moscow Times*, 12. Februar 2007.

3     Charles Clover, Catherine Belton, Dan Dombey und Jan Cienski, »Countdown in the Caucasus: Seven Days that Brought Russia and Georgia to War«, *Financial Times*, 26. August 2008; Peter Finn, »A Two-Sided Descent into Full-Scale War«, *Washington Post*, 17. August 2008; vgl. auch Dan Bilefsky, C.J. Chivers, Thom Shanker und Michael Schwirtz, »Georgia Offers Fresh Evidence on War's Start«, *New York Times*, 16. September 2008.

4     Clover, Belton, Dombey und Cienski, »Countdown in the Caucasus«.

5     Charles Clover, »The Message from Moscow: Resurgent Russia Bids to Establish a New Status Quo«, *Financial Times*, 12. August 2008.

6     Stefan Wagstyl, »Medvedev Signals He will Meet Obama Soon«, *Financial Times*, 13. November 2008.

7     *FT* Reporters, »Russia Halts Missile Plans for Eastern Europe«, *Financial Times*, 28. Januar 2009.

8     Strobe Talbott, »A Russian Reset Button Based on Inclusion«, *Financial Times*, 24. Februar 2009.

9     Stefan Wagstyl, »Obama Signals Backing for Medvedev«, *Financial Times*, 6. Juli 2009.

10    Charles Clover und Daniel Dombey, »Russia Hails New US Tone on Missiles«, *Financial Times*, 3. März 2009.

11    Stefan Wagstyl, »Obama and Medvedev Agree Arms Deal«, *Financial Times*, 6. Juli 2009.

12    »Medvedev Hopes his Visit to Silicon Valley will Boost Russian Business«, RIA Nowosti, 24. Juni 2010.

13    »Obama Tries Burger Diplomacy with Medvedev«, Agence France-Presse, 24. Juni 2010.

14    Interview der Autorin mit Koleschnikow im September 2011.

15    Catherine Belton, »Medvedev Plan could See Putin's Return«, *Financial Times*, 5. November 2008.

16    Charles Clover, »Putin is Booed at Martial Arts Fight«, *Financial Times*, 20. November 2011.

17    Charles Clover, Courtney Weaver und Catherine Belton, »Tens of Thousands Protest Against Putin«, *Financial Times*, 10. Dezember 2011.

18    Catherine Belton, »Prokhorov Pushes to Exploit Shift in Mood against Putin«, *Financial Times*, 29. Februar 2012.

19    Interview der Autorin mit einem russischen Tycoon im Februar 2012.

20    Charles Clover, »Putin Turns up Nationalist Rhetoric«, *Financial Times*, 23. Februar 2012; vgl. Charles Clover und Catherine Belton, »I Will Transmit This to Vladimir«, *Financial Times*, 5. Mai 2012.

21    Neil Buckley, Charles Clover und Catherine Belton, »Tearful Putin Claims Election Victory«, *Financial Times*, 4. März 2012.

22 Charles Clover, »Protesters Defy Troops on Moscow Streets«, *Financial Times*, 6. Dezember 2011.

23 Catherine Belton, »Navalny Charged with Large-Scale Embezzlement«, *Financial Times*, 31. Juli 2012.

24 Interview der Autorin mit einem ehemaligen engen Geschäftspartner von Abramowitsch im Juni 2017.

25 Interview der Autorin mit einem russischen Milliardär im Juli 2018.

26 Lucia Ziobro, für das Bostoner Büro des FBI zuständige stellvertretende Sonderermittlerin, »FBI's Boston Office Warns Business of Venture Capital Scams«, *Boston Business Journal*, 4. April 2014; Kyle Alspach und Michael B. Farrell, »FBI Warns of Russian Investors; Tells State Tech Firms that Venture Capitalists May Seek to Give Sensitive Data to Military«, *Boston Globe*, 8. April 2014.

27 Peter Baker, »Medvedev Aims to Lift Ties with US Business«, *New York Times*, 23. Juni 2010.

28 Gegen Ende von Medwedews Präsidentschaft hatte Timtschenko es beispielsweise auf der Reichenliste, die *Forbes* jedes Jahr erstellt, mit einem geschätzten Vermögen von 14,1 Milliarden Dollar weit nach oben geschafft. Sein Reichtum war zum Teil seinem Erwerb von Russlands zweitgrößtem Gasproduzenten, Nowatek, nach der Finanzkrise 2008 zu verdanken.

29 Interview der Autorin mit Pugatschow im September 2014.

30 Ein Beispiel stammt aus dem Jahr 2004, als Pugatschow eigenen Angaben zufolge von Putin um einen Notkredit von 100 Millionen Dollar zum Bau von Wohnungen für Militärangehörige gebeten wurde.

31 Interview der Autorin mit Pugatschow im März 2015.

32 Elena Masnewa, »Nazval Khozyaina. Odin iz krupneishikh Podryadchikov Gazproma Stroigazmontazha Raskryl Vladetsa«, *Wedomosti*, 9. Dezember 2009; Interview der Autorin mit Pugatschow im März 2015.

33 »Stroigazmontazh Vyigral Tender na Stroitelstvo Uchastka ›Gryazaovets–Vyborg (597–917 km)‹ Severo–Yevropeiskovo Gazoprovoda«, AK&M, 26. Mai 2008.

34 Interview der Autorin mit Pugatschow im März 2015; belegt durch Urkundenbeweis.

35 Ebd. Rotenberg hat nicht auf unsere Anfrage nach einem Kommentar reagiert.

36 Stroigasmontasch wurde Gazproms größter Auftragnehmer. 2011 erhielt es beinahe ein Sechstel von Gazproms Investitionsprogramm im Gesamtwert von 53 Milliarden Dollar. Kritiker wiesen gleichzeitig darauf hin, dass die Kosten für die Pipelines des staatlichen Gasriesen um ein Vielfaches höher waren als bei jeglichen vergleichbaren europäischen Konzernen.

37 Catherine Belton, »Businessmen are Serfs in Putin's Russia, Warns Sergei Pugachev«, *Financial Times*, 8. Oktober 2014.

38 Ebd.

39 Interview der Autorin mit Pugatschow im September 2014; Gerichtsakten.

40 Ebd.

41 Ebd.

42 »President Rossii Prizval Perestats ›Koshmarits‹ Maly Biznes«, RIA Novosti, 31. Juli 2008.

43 Belton, »Businessmen are Serfs in Putin's Russia«.

44 Interview der Autorin mit einem russischen Tycoon im Juni 2015.

45 Interview der Autorin mit Pugatschow im September 2014.

46 Interview der Autorin mit Konstantin Makienko, Vizedirektor des Moskauer Zentrums für strategische und technologische Analyse (Tsentr AST), im Juni 2014. Vgl. auch Jegor Popow, Iwan Safronow, Jana Zinojewa, »Kakov Flot, Takov I Prikhod«, *Kommersant*, 5. März 2015, und Jegor Popow, »Sudostroenie ushlo v glukhuyu oboronu«, *Kommersant*, 1. März 2016. Zahlen zum allgemeinen Niedergang im Schiffbau: Die Zeitung vermerkt einen Rückgang von 41 Prozent in der Schiffsproduktion im Jahr 2014 und weiterer 23 Prozent im Jahr 2015.

47 Siehe z. B. Alexander Schwarew, »Sud Izuchit Khischeniya na Severnoi Verfi«, *Rosbalt*, 28. November 2014.

48 Siehe Alexander Burgansky, »Rosneft: Paradigm Shift«, Renaissance Capital, 3. Oktober 2017.

49 »Support for Putin Sinks to Lowest Point in 12 Years, Poll Says«, *Moscow Times*, 4. Dezember 2013. Vgl. »Pollster Says Approval for Putin at 12-Year Low«, *Moscow Times*, 25. Januar 2013.

50 Interview der Autorin mit einem hochrangigen westlichen Bankier im August 2014.

51 »Russia Issues Dark Warning to Ukraine against EU Trade and Cooperation Deal«, Associated Press, 21. September 2013.

52 »Ukraine's EU Trade Deal will be Catastrophic, says Russia«, Kazakhstan Newsline, 23. September 2013.

53 Roman Olearchyk, »Ukraine Students: ›Youth of the Nation … for Euro Integration‹«, *Financial Times*, 28. November 2013.

54 Roman Olearchyk, »Kiev Streets Erupt in Clashes with Police«, *Financial Times*, 19. Januar 2014.

55 Simon Shuster, »Exclusive: Leader of Far-Right Ukrainian Militant Group Talks with TIME«, *Time Magazine*, 4. Februar 2014; vgl. auch Neil Buckley und Roman Olearchyk, »Fringe and Extremist Groups Carve Role in Ukraine Protests«, *Financial Times*, 30. Januar 2014.

56 Neil Buckley und Roman Olearchyk, »Ukraine Commemorates Bloody Events that Led to War«, *Financial Times*, 20. Februar 2015.

57 *FT* Reporters, »Ukraine Crisis: Pretext and Plotting Behind Crimea's Occupation«, *Financial Times*, 7. März 2014.

58 Kathrin Hille und Neil Buckley, »Vladimir Putin, Strongman of Russia Gambling on Western Weakness«, *Financial Times*, 7. März 2014.

59 Interview der Autorin mit Jakunin im März 2014; Catherine Belton, »Putin Ally Accuses US of Trying to Destroy Russia«, *Financial Times*, 7. März 2014.

60 Interview der Autorin mit Jakunin im März 2014.

61 Interview der Autorin mit einem hochrangigen Bankier aus dem Umfeld des Kreml im März 2014; vgl. auch Neil Buckley und Roman Olearchyk, »Crimea Tensions Echo Georgia of 2008«, *Financial Times*, 1. März 2014; Roman Olearchyk, Jan Cienski und Neil Buckley, »Russia Wages Media War on Ukraine«, *Financial Times*, 4. März 2014; Belton, »Putin Ally Accuses US of Trying to Destroy Russia«.

62 Belton, »Putin Ally Accuses US of Trying to Destroy Russia«.

63 Mattathias Schwartz, »Who Killed the Kiev Protesters? A 3-D Model Holds the Clues«, *New York Times Magazine*, 30. Mai 2018.

64 Buckley und Olearchyk, »Ukraine Commemorates Bloody Events that Led to War«, *Financial Times*, 20. Februar 2015.

65 Ebd.

66 Interviews der Autorin mit einem hochrangigen Bankier aus dem Umfeld des Kreml und einem ehemaligen hochrangigen Kreml-Beamten im März und April 2014.

67 Interview der Autorin mit einem ehemaligen Gorbatschow-Referenten im März 2014.

68 »Obrascheniye Presidenta Rossiskoi Federatsii«, 18. März 2014, www.kremlin.ru/events/president/news/20603.

69 In diesem Zusammenhang sagte Putin auch: »Im Fall der Ukraine haben unsere westlichen Partner eine rote Linie überschritten. Sie haben sich ungehobelt, unverantwortlich und unprofessionell verhalten. Sie wussten sehr gut, dass Millionen Russen in der Ukraine und auf der Krim leben. (…) Wie sich gezeigt hat, stand Russland an einer Schwelle, von der es nicht mehr zurückweichen konnte.«

70 »Obrascheniye Presidenta Rossiskoi Federatsii«, 18. März 2014, www.kremlin.ru/events/president/news/20603.

71 Dana Priest, James Jacoby und Anya Bourg, »Russian Disinformation on Facebook Targeted Ukraine Well Before the 2016 US Election«, *Washington Post*, 28. Oktober 2018.

72 Neil Buckley, »Russia Relies on Destabilisation to Achieve Strategic Ends in Ukraine«, *Financial Times*, 15. Juli 2014.

73 Neil Buckley, Stefan Wagstyl und Peter Spiegel, »How the West Lost Putin«, *Financial Times*, 3. Februar 2015.

74 US-Finanzministerium, »Treasury Sanctions Russian Officials, Members of the Russian Leadership's Inner Circle, and an Entity for Involvement in the Situation in Ukraine«, 20. März 2014, https://www.treasury.gov/press-center/press-releases/Pages/jl23331.aspx.

75 Ebd.

76 Richard McGregor, Peter Spiegel und Jack Farchy, »US Targets Vladimir Putin's Inner Circle«, *Financial Times*, 20. März 2014.

77 Andrew Jack und Roman Olearchyk, »Pro-Russia Separatists Strengthen Grip«, *Financial Times*, 14. April 2014; und Neil Buckley, Roman Olearchyk, Andrew Jack und Kathrin Hille, »Ukraine Crisis: ›Little Green Men‹ Carefully Mask their Identity«, *Financial Times*, 16. April 2014.

78 Neil Buckley, »Russia Relies on Destabilisation to Achieve Strategic Ends in Ukraine«, *Financial Times*, 15. Juli 2014.

79 Geoff Dyer, Peter Spiegel und Kiran Stacey, »US Sanctions Target Major Russian Companies«, *Financial Times*, 17. Juli 2014.

80 Peter Spiegel und Geoff Dyer, »EU and US Toughen Sanctions on Russia«, *Financial Times*, 30. Juli 2014.

81 Buckley, Wagstyl und Spiegel, »How the West Lost Putin«, *Financial Times*, 3. Februar 2015.

82 Roman Olearchyk, »Weapons Withdrawal Agreement raises Hopes of End to 18 Months of Bloodshed«, *Financial Times*, 2. Oktober 2015.

83 »Death Toll Up to 13,000 in Ukraine Conflict, Says UN Rights Office«, *Radio Free Europe*, 26. Februar 2019.

84 Interview der Autorin mit einem Kreml-Beamten im November 2017.

85 Interview der Autorin mit Pugatschow im September 2014.

86 Interview der Autorin mit einem hochrangigen Bankier mit Verbindungen in die Sicherheitsbehörden im Februar 2016.

87 Interview der Autorin mit einem russischen Tycoon im September 2015.

88 Interview der Autorin mit Jakunin im März 2014.

89 Interview der Autorin mit einem ehemaligen Geschäftspartner von Timtschenko im November 2014.

90 Hille und Buckley, »Vladimir Putin, Strongman of Russia Gambling on Western Weakness«.

91 Ebd.

92 Kiran Stacey und Peter Spiegel, »No 10 Denies Putting City's Interests First«, *Financial Times*, 4. März 2014; Caroline Binham, »Sanctions Proposals Threaten London's Role as Global Legal Hub«, *Financial Times*, 10. April 2014.

93 Interview der Autorin mit Pugatschow im April 2015.

94 Ebd.

95 Alex Barker und Peter Spiegel, »Ukraine PM Warns EU Against Putin's Divide and Conquer Tactics«, *Financial Times*, 19. März 2015.

## 13 SCHWARZGELD

1 Für den vollständigen Bericht über das Zustandekommen des Leaks siehe Bastian Obermayer und Frederik Obermaier, *The Panama Papers: Breaking the Story of how the Rich and Powerful Hide Their Money*, One World, 2016.

2 Luke Harding, »Mossack Fonseca: Inside the Firm that Helps the Super-Rich Hide Their Money«, *Guardian*, 8. April 2016.

3 Vom russischen Handelsregister EGRUL heruntergeladene Anmeldepapiere der Bank Rossija zeigen, dass Roldugin bei einer Aktienemission 2005 Teilhaber der Bank wurde, bei der er einen

Anteil von 3,96 Prozent für 375 Millionen Rubel erwarb; vgl. auch Jelena Winogradowa, Iwan Wasiljew und Rinat Sagdjew, »Millioner ot Muzyki«, *Wedomosti*, 4. April 2016.

4   Für den vollständigsten Bericht über die ICIJ-Ergebnisse in Zusammenhang mit Roldugin siehe Luke Harding, »Sergei Roldugin, the Cellist Who Holds the Key to Tracing Putin's Hidden Fortune«, *Guardian*, 3. April 2016; Roman Anin, Olesya Shmagun und Dmitry Velikovsky, »The Secret Caretaker«, Organised Crime and Corruption Reporting Project, 3. April 2016.

5   Interview der Autorin mit einem Tycoon aus Putins näherem Umfeld, April 2016.

6   Ebd.

7   Steven Lee Myers, Jo Becker und Jim Yardley, »It Pays to be Putin's Friend«, *New York Times*, 28. September 2014.

8   Vgl. Jelena Winogradowa, Iwan Wasiljew und Rinat Sagdjew, »Millioner ot Muzyki«, *Wedomosti*, 4. April 2016.

9   Anin, Shmagun und Velikovsky, »The Secret Caretaker«.

10  Die Tycoons waren Arkadi Rotenberg und Suleiman Kerimow, ebd. Die Panama-Papiere legten offen, dass Roldugin der Eigentümer zweier Offshore-Firmen war: Sonette Overseas auf den Britischen Jungferninseln von 2007 bis 2012 und International Media Overseas (IMO) in Panama. Bei beiden wurde er von zwei Petersburger Geschäftsmännern vertreten, die enge Kontakte zum Topmanagement der Bank Rossija pflegten, Oleg Gordin und Alexander Plechow. Plechow und Gordin selbst hielten Anteile an zwei weiteren auf den Britischen Jungferninseln gemeldeten Firmen, die in Zusammenhang mit dem Netzwerk standen, Sandalwood Continental und Sunbarn Ltd. Die mit Roldugin verbundene Sandalwood erhielt die Rechte an 2 bis 4 Milliarden Rubel (59 Millionen Dollar) bzw. 200 Millionen Dollar schweren komplexen Deals gegen Zahlung von nur 2 Dollar von zwei Unternehmen im Besitz des Tycoons Suleiman Kerimow. Die Dokumente zeigten, dass die Sunbarn Ltd. von dem engen Putin-Verbündeten Arkadi Rotenberg einen Kredit über 185 Millionen Dollar erhalten sollte, mit einer Laufzeit von zehn Jahren und zu einem Zinssatz von 2 Prozent. In der OCCRP-Geschichte heißt es, es sei nicht klar gewesen, ob diese Vereinbarung jemals umgesetzt wurde, da keine Dokumente existierten, die dies belegen.

11  Ebd.; Harding, »Sergei Roldugin, the Cellist Who Holds the Key to Tracing Putin's Hidden Fortune«.

12  Anin, Shmagun und Velikovsky, »The Secret Caretaker«.

13  Der Sohn des Putin-Verbündeten und FSB-Direktors Nikolai Patruschew, Dmitri Patruschew, wurde 2007 Vizepräsident der VTB. Seiner offiziellen Biografie zufolge hatte er im Vorjahr die FSB-Akademie abgeschlossen. Der Sohn von Patruschews Nachfolger als FSB-Direktor Alexander Bortnikow, Denis Bortnikow, wurde 2007 stellvertretender Vorsitzender der VTB Nordwest.

14  Luke Harding, »Revealed: The $2 Billion Offshore Trail that Leads to Vladimir Putin«, *Guardian*, 4. April 2016.

15  Harding, »Sergei Roldugin, the Cellist Who Holds the Key to Tracing Putin's Hidden Fortune«.

16  Vladimir Soldatkin, »Putin Says Panama Papers Leaks are Attempt to Destabilise Russia«, Reuters, 7. April 2016.

17  Harding, »Sergei Roldugin, the Cellist Who Holds the Key to Tracing Putin's Hidden Fortune«. Die Darlehen in Höhe von 231 Millionen Dollar von Rotenberg an eine der mit der Bank Rossija und Roldugin verbundenen Firmen beispielsweise wurden bewilligt, kurz nachdem Rotenberg vom Staat beauftragt worden war, ein Teilstück der 40 Milliarden Dollar teuren Erdgasleitung zu bauen, die Russland durch das Schwarze Meer mit Bulgarien, Serbien und Ungarn verbindet.

18  Anin, Shmagun und Velikovsky, »The Secret Caretaker«.

19  Anruf der Autorin bei der Igora-Rezeption im November 2018.

20  Jack Stubbs, Andrei Kuzmin, Stephen Grey und Roman Anin, »The Man who Married Putin's Daughter and then Made a Fortune«, Reuters, 17. Dezember 2015.

21  Ebd. Im Jahr vor der Hochzeit überschrieb Timtschenko Kirill außerdem eine prunkvolle Villa im Wert von 3,7 Millionen Dollar, gelegen an einer Klippe mit Blick auf den Strand in Biarritz, gegen eine unbekannte Summe.

22 »Zemanovce sponzorovala pavučina firem napojená na Putinova právníka«, iDNES.cz, 3. November 2018.

23 Filip Novokomet, Thomas Piketty und Gabriel Zucman, »From Soviets to Oligarchs: Inequality and Property in Russia, 1905–2016«, National Bureau of Economic Research, August 2017, https://www.nber.org/papers/w23712. Die russische Zentralbank registrierte 534 Milliarden Dollar Kapitalabfluss seit Beginn ihrer Aufzeichnungen im Jahr 1994.

24 Ebd. Die Ungleichheit zwischen Russlands Reichen und Armen nahm ebenfalls zu. Laut Credit Suisse war die Kluft zwischen Arm und Reich 2014 in Russland weltweit die größte – die obersten 10 Prozent besaßen 85 Prozent des Privatvermögens (zum Vergleich: in den USA sind es 75 Prozent).

25 Tatjana Lichanowa, »Chelovek, Pokhozhy na Millera, stroit dachu, pokhozhyu na Dvorets v Petergofe«, Nowaja Gaseta Nr. 39, 9–15. Juni 2009, https://novayagazeta.spb.ru/articles/5210/. Gazprom stritt vehement ab, dass der Palast irgendetwas mit Miller zu tun habe, aber 2009 fanden lokale Journalisten Beweise für eine Verbindung: Auf einem Zettel, der an einem Zaun um das Gelände herum befestigt war, wurde als eine der Baufirmen, die den Palast errichteten, einer von Gazproms größten Auftragnehmern, Stroigazconsulting, genannt. Das Unternehmen war eines der Vetternwirtschaftsfirmen, das jedes Jahr von Gazprom Bauaufträge für Gaspipelines in Höhe von Dutzenden Milliarden Dollar erhielt. Es gehörte zum Teil der Tochter eines weiteren wichtigen Wegbegleiters Putins, Alexander Grigorjew, dem früheren Chef des Petersburger FSB. Kolesnikow zufolge (Interview der Autorin) war der andere Mitbesitzer von Stroigazconsulting ein Jordanier namens Ziyad Manasir, ebenfalls ein Banker der Putin-Regierung.

26 Roman Anin, »›Dacha Yakunina‹ ushla v Offshory«, Nowaja Gaseta, 17. Juni 2013. Anin, ein Investigativreporter bei der unabhängigen russischen Nowaja Gaseta, grub Dokumente über die Eigentümerschaft des Stücks Land aus, auf dem die Villa gebaut wurde, und fand heraus, dass es von 2007 bis 2011 Jakunin gehört hatte. Dann war es an eine zypriotische Firma überschrieben worden, bei der schwer festzustellen war, wem sie gehörte, die aber eine direkte Verbindung zu einem Unternehmen aufwies, das von Jakunins Sohn geleitet wurde. Der mutmaßliche Wert der Villa lag bei Dutzenden Millionen Dollar, während Jakunins offizielles Gehalt auf 1,5 bis 2,5 Millionen Dollar pro Jahr geschätzt wurde.

27 Boris Nemzow und Leonid Martynjuk, »Putin. Itogi. Zimnaya Olimpiada v Subtropikakh«, Moskau, 2013, https://www.putin-itogi.ru/zimnyaya-olimpiada-v-subtropikax/.

28 Ebd.

29 Ebd.; Alexandra Merzalowa, »Maloe Koltso Postroit Kompaniya Timchenko«, Iswestija, 9. Juni 2012; Nowoje Wremja, »Sochi-2014: Doroga v Spisok«, Forbes, 18. Februar 2013; »Timchenko Oprovergayet Poluchenie Podryada po Druzhbe«, RIA Nowosti, 5. Februar 2014.

30 Boris Nemzow und Leonid Martynjuk, »Putin. Itogi. Zimnaya Olimpiada v Subtropikakh«, Moskau, 2013, https://www.putin-itogi.ru/zimnyaya-olimpiada-v-subtropikax/; Ilya Arkhipov und Henry Meyer, »Putin Buddy Gets $7 Billion of Deals for Sochi Olympics«, Bloomberg, 19. März 2013.

31 Arkhipov und Meyer, »Putin Buddy Gets $7 Billion of Deals for Sochi Olympics«; »Benefitsiary Olympiady. Reiting-2014«, https://www.rospres.net/finance/13802/, 30. Januar 2014 (Link nicht mehr aktiv).

32 Interview der Autorin mit einem hochrangigen russischen Bankier am 27. Januar 2018.

33 Timtchenkos Frau und Tochter wurde der Orden der Freundschaft für »die Stärkung der Freundschaft und Kooperation mit Russland« verliehen. Jakunin muss unter dem Gewicht seiner zahlreichen Ehrungen schier zusammengebrochen sein: Er bekam die nach Pjotr Stolypin, dem zaristischen Reformer, benannte Medaille für die »Festlegung strategischer Aufgaben für die sozioökonomische Entwicklung des Landes«, die Medaille für »Tadellose Arbeit und Exzellenz ersten Grades« für seinen »Beitrag zur Entwicklung des russischen Transportnetzes«, weil er bei der Vorbereitung der Olympischen Spiele geholfen hatte, den Alexander-Newski-Orden, benannt nach dem russischen Großfürsten, der aufgrund seiner Bekämpfung deutscher und schwedischer Invasoren von der orthodoxen Kirche heiliggesprochen wurde, den Orden der Freundschaft und zahlreiche weitere. Für Rotenberg gab es den Orden des Sergius von Radonesch, einem von Russ-

lands meistverehrten Heiligen, für seine Unterstützung der Restauration einer Kathedrale, den Orden der Freundschaft und eine Ehrenurkunde für seine Vorbereitung von Sportlern auf die Olympischen Spiele in London 2012. Interview der Autorin im März 2015 mit einem russischen Tycoon, der von Rotenbergs Wunsch erzählte, ein persönliches Wappen zu erwerben.

34   Interviews der Autorin mit drei Personen, die mit der Situation vertraut sind, im Mai 2013, Januar 2018 und Oktober 2018.

35   Dmitri Welikowski, Olesja Schmagun und Roman Anin, »Iz Strany Vyveli 700 Milliardov Rublei. ›Novaya Gazeta‹ otvechayet na Vopros: Komu Dostalas Eta Grandioznaya Summa«, *Nowaja Gaseta*, 19. März 2017; Luke Harding und Nick Hopkins, »How Dirty Money from Russia Flooded into the UK – and Where it Went«, *Guardian*, 20. März 2017.

36   Interview der Autorin mit einem hochrangigen russischen Bankier im Januar 2018; Juri Senatorow, »Sledy Dvukh Milliardov Vyveli na Khishcheniya«, *Kommersant*, 15. August 2019; Ilja Roschdestwenski, »Obysky u krupneishevo Podryadchika RZhD«, *Wedomosti*, 15. August 2019.

37   Jack Stubbs, Andrey Kuzmin, Stephen Grey und Roman Anin, »Russian Railways Paid Billions of Dollars to Secretive Private Companies«, Reuters, 23. Mai 2014.

38   Irina Reznik, Evgeniya Pismennaya und Gregory White, »The Russian Banker Who Knew Too Much«, Bloomberg, 20. November 2017.

39   Ilja Roschdestwenski, »Obysky u krupneishevo Podryadchika RZhD«, *Wedomosti*, 15. August 2019.

40   »The Russian Laundromat«, Organised Crime and Corruption Reporting Project, 22. August 2014, https://www.reportingproject.net/therussianlaundromat/russian-laundromat.php/.

41   Harding und Hopkins, »How Dirty Money from Russia Flooded into the UK«.

42   Dmitri Welikowski, Olesja Schmagun und Roman Anin, »Chi 700 Milliardov rublei Vyvodili iz Rossii Cherez Moldaviyu«, *Nowaja Gaseta*, 19. März 2017; Matthias Williams, »Moldova Sees Russian Plot to Derail Money Laundering Probe«, Reuters, 15. März 2017.

43   »Dvoyurodny Brat Premer-Ministra RF Vladimira Putina, Igor Putin, Voshel v Sovet Direktorov Russkovo Zemelnovo Banka«, RIA Nowosti, 16. April 2012.

44   »The Russian Laundromat Exposed«, Organised Crime and Corruption Reporting Project, 20. März 2017, https://www.occrp.org/en/laundromat/the-russian-laundromat-exposed/.

45   Interview der Autorin mit einem hochrangigen russischen Beamten im Oktober 2018.

46   »The Russian Laundromat Exposed«; Harding und Hopkins, »How Dirty Money from Russia Flooded into the UK«; Welikowski, Schmagun und Anin, »Chi 700 Milliardov rublei Vyvodili iz Rossii Cherez Moldaviyu«.

47   »Dvoyurodny Brat Premer-Ministra RF Vladimira Putina, Igor Putin, Voshel v Sovet Direktorov Russkovo Zemelnovo Banka«, RIA Nowosti, 16. April 2012. Grigorjew und Putin waren bereits bei einer früheren Unternehmung Partner gewesen, einer Baufirma namens SU-888, die Milliarden Rubel wegen öffentlicher Aufträge in Moskau und in Russlands fernem Osten bekam. Sie kamen erstmals in Kontakt, als Igor Putin einer Pipelinebaufirma vorstand, die eine Hauptauftragnehmerin von Firmen war, die den engsten Verbündeten des Präsidenten, Gennadi Timtschenko und Arkadi Rotenberg, gehörten.

48   »U Promsberbanka Smenilis Aktsionery, a v Sovet Direktorov Voshel Kuzen Putina«, banki.ru, 24. Oktober 2012.

49   Tatjana Aleschkina, »Zerkalniye Sdelki Deutsche Banka Svyazali s Vyvodom Deneg Cherez Promsberbank«, *RBK Daily*, 16. Dezember 2015; Ed Caesar, »Deutsche Bank's $10 Billion Scandal«, *New Yorker*, 29. August 2016; Reznik, Pismennaya und White, »The Russian Banker Who Knew Too Much«; Interviews der Autorin mit einem hochrangigen Bankier im Januar und im Juni 2018.

50   Für eine Beschreibung des Betrugssystems siehe die Untersuchungsergebnisse des New York State Department of Financial Services, das der Deutschen Bank wegen der Mirror Trades eine Geldbuße von 425 Millionen Dollar auferlegte: https://www.dfs.ny.gov/reports_and_publications/press_releases/pr1701301.

51   Reznik, Pismennaya und White, »The Russian Banker Who Knew Too Much«.

52 Interview der Autorin mit einem Kollegen von Wiswell im Januar 2017.

53 Interview der Autorin mit einem ehemaligen hochrangigen Mitarbeiter der Deutschen Bank im September 2015.

54 Reznik, Pismennaya und White, »The Russian Banker Who Knew Too Much«.

55 New York State Department of Financial Services: https://www.dfs.ny.gov/reports_and_publications/press_releases/pr1701301.

56 Interview der Autorin mit einem ehemaligen Aktienhändler der Deutschen Bank Moskau im Mai 2017.

57 Reznik, Pismennaya und White, »The Russian Banker Who Knew Too Much«.

58 Ebd.; Interview der Autorin mit einem ehemaligen hochrangigen russischen Bankier im Januar 2018.

59 Interviews der Autorin mit Roman Borisowitsch im April und Juni 2017.

60 Interview der Autorin mit einem hochrangigen russischen Bankier mit Verbindungen in die Sicherheitsbehörden im Mai 2017.

61 Interview der Autorin mit einem ehemaligen hochrangigen Mitarbeiter der Deutschen Bank im Mai 2017.

62 Durch die Mirror Trades wurden Rubel so in Dollar umgewandelt, dass das Geld aus den Bilanzen verschwand und zu nicht mehr aufspürbarem Schwarzgeld wurde. Dieses Verfahren wird in Russland als *obnalitschiwanije* bezeichnet.

63 Interview der Autorin mit einem ehemaligen hochrangigen Mitarbeiter der Deutschen Bank im Mai 2017.

64 Reznik, Pismennaya und White, »The Russian Banker Who Knew Too Much«.

65 Interview der Autorin mit einem hochrangigen russischen Bankier im Januar 2018.

66 Reznik, Pismennaya und White, »The Russian Banker Who Knew Too Much«; Interviews der Autorin mit einem hochrangigen russischen Bankier im Januar und im Juni 2018.

67 Grant D. Ashley, Vizedirektor der Ermittlungsabteilung beim FBI, Unterausschuss des Senats zu europäischen Angelegenheiten, Washington D.C, 30. Oktober 2003, https://archives.fbi.gov/archives/news/testimony/eurasian-italian-and-balkan-organized-crime.

68 Siehe die Aussage von Robert A. Levinson (ein ehemaliger FBI-Agent, der auf internationale organisierte Kriminalität spezialisiert ist) vor dem United States District Court des Distrikts Delaware für weitere Informationen über den Iwankow-Fall, https://www.deepcapture.com/wp-content/uploads/Ivankov-Case.pdf.

69 Reznik, Pismennaya und White, »The Russian Banker Who Knew Too Much«.

70 Interviews der Autorin mit einem hochrangigen russischen Bankier im Januar und im Juni 2018.

71 Ebd.

72 Vgl. bspw. Leonid Nikitinsky, »Who is Mister Dvoskin?«, *Nowaja Gaseta*, 22. Juli 2011.

73 Interview der Autorin mit einem hochrangigen russischen Bankier im Januar 2018.

74 Interview der Autorin mit einem ehemaligen Ermittler des Innenministeriums im September 2012; Interviews der Autorin mit einem leitenden russischen Bankier, der mit Dwoskin vertraut ist, im Januar und im Juni 2018; Anastasia Stognei und Roman Badanin, »Federalny Reserv: Rassledovanie o tom, kak FSB kryshuet banki«, Proekt media, 1. August 2019.

75 Interviews der Autorin mit einem ehemaligen leitenden russischen Bankier im Juni 2018 und im Juli 2019.

76 Olga Plotonowa, »11 Per cent Organizatsii ne Platit Nalogov'– Sergei Ignatyev, Predsedatel Banka Rossii«, *Wedomosti*, 20. Februar 2013

77 Interview der Autorin mit einem ehemaligen FSB-Mitarbeiter im Juni 2014; Interview der Autorin mit einem hochrangigen russischen Bankier mit Kontakten in den Sicherheitsbehörden im Mai 2016.

78 Interview der Autorin mit einem hochrangigen russischen Bankier mit Kontakten in den Sicherheitsbehörden im Mai 2016.

79    Catherine Belton, »Austria Link to Moscow Bank Killing«, *Financial Times*, 27. Mai 2007.

80    »Murdered Russian Central Banker's Visit to Estonia«, Depesche der US-Botschaft, Teil der Wiki-Leaks-Daten, https://wikileaks.org/plusd/cables/06TALLINN1009_a.html; vgl. auch Nico Hines, »Russian Whistleblower Assassinated After Uncovering $200 Billion Dirty Money Scandal«, Daily Beast, 10. Oktober 2018.

81    Natalia Morar, »Vyshie Chinovniki Uvodyat Dengi Na Zapad«, *New Times*, 21. Mai 2007.

82    Catherine Belton, »Austria Link to Moscow Bank Killing«, *Financial Times*, 27. Mai 2007.

83    Beim Diskont-Bank-Betrug war die Route weniger kompliziert. Hunderte Millionen Dollar waren über ein Netz russischer Tarnfirmen über das dem Konto bei der Diskont Bank zugeordnete Konto bei der österreichischen Raiffeisen Bank geschickt worden. Das österreichische Innenministerium leitete eigene Ermittlungen ein und fand heraus, dass kurz vor dem Einfrieren des Diskont-Kontos innerhalb von vier Tagen mehr als 112 Millionen Dollar von neun Offshore-Unternehmen über das Konto der Diskont Bank mittels fünfzig weiterer Offshore-Firmen zur Raiffeisen Bank überwiesen wurden. Alexej Frenkel, der Banker, der wegen des Mordes an Koslow zu neunzehn Jahren Haft verurteilt wurde, behauptete, Dwoskin und Mjasin hätten ihm den Mord anhängen wollen. Siehe Sergej Chasow-Kassja, »Pismo iz Labytnangi. Bankir Frenkel obvinyayet General FSB«, Radio Swoboda, 7. August 2019.

84    Luke Harding, »Russian Millions Laundered via UK Firms, Leaked Report Says«, *Guardian*, 26. Februar 2018.

85    Bruun und Hjejle, »Report on the Non-Resident Portfolio at Danske Bank's Estonian Branch«, 19. September 2018.

86    Catherine Belton, »Tax Scam Points to Complicity of Senior Russian Officials«, *Financial Times*, 13. April 2012.

87    Interview der Autorin mit einem hochrangigen Bankier im Juni 2018.

88    Vollständiger Text: »Russian money laundering: hearings before the Committee on Banking and Financial Services, US House of Representatives, One Hundred Sixth Congress, first session, September 21, 22, 1999«.

89    Ebd.

90    Andrew Higgins, Ann Davis und Paul Beckett, »Money Players: The Improbable Cast of Capitalist Converts Behind BONY Scandal«, *Wall Street Journal*, 30. Dezember 1999; Robert O'Harrow Jr, »3 Firms Links to Russia Probed«, *Washington Post*, 21. Oktober 1999; Paul Beckett und Ann Davis, »Fourth Firm, Sinex Bank, Called a Focus in Laundering Inquiry«, *Wall Street Journal*, 15. Oktober 1999.

91    Aussage von Jonathan M. Winer, ehemaliger Staatssekretär für internationale Strafverfolgung, vor dem Ausschuss für Bank- und Finanzdienstleistungen des US-Repräsentantenhauses am 9. März 2000.

92    Higgins, Davis und Beckett, »Money Players«.

93    Bonner und O'Brien, »Activity at Bank Raises Suspicions of Russia Mob Tie«. Mogilewitschs Männer hatten den Aktienpreis künstlich nach oben gepusht und gefälschte Berichte eingereicht; später wurden Mogilewitsch und seine engsten Geschäftspartner wegen Investorenbetrugs angeklagt.

94    Timothy L. O'Brien und Raymond Bonner, »Career Singed in Global Bank Fires«, *New York Times*, 23. August 1999; Aussage von Jonathan M. Winer vor dem Ausschuss für Bank- und Finanzdienstleistungen des US-Repräsentantenhauses am 9. März 2000.

95    Aussage von Jonathan M. Winer vor dem Ausschuss für Bank- und Finanzdienstleistungen des US-Repräsentantenhauses am 9. März 2000.

96    Vgl. Kapitel 10.

97    Einem ehemaligen westlichen Beamten und ehemaligen Geschäftspartner von Mogilewitsch zufolge.

98    Interviews der Autorin mit drei ehemaligen Geschäftspartnern von Mogilewitsch im März und im April 2018.

99   Ebd.; sowie der Autorin vorliegender FBI-Bericht über Mogilewitschs Imperium.

100  Interview der Autorin mit einem ehemaligen Geschäftspartner von Mogilewitsch im April 2018.

101  Der Autorin vorliegender FBI-Bericht über Mogilewitschs Imperium.

102  Interview der Autorin mit einem ehemaligen Geschäftspartner von Mogilewitsch im Juli 2018.

103  Aussage von Jonathan M. Winer vor dem Ausschuss für Bank- und Finanzdienstleistungen des US-Repräsentantenhauses am 9. März 2000.

104  Interview der Autorin mit Winer im Dezember 2018.

105  Timothy L. O'Brien und Raymond Bonner, »Banker and Husband Tell of Role in Laundering Case«, New York Times, 17. Februar 2000.

106  Tom Hays, »Bank of New York to Pay $38 million in Fines«, Washington Post, 8. November 2005.

107  Interview der Autorin mit Juri Schwez im Mai 2018. Mogilewitschs Verbindungen zum russischen Auslandsgeheimdienst wurden sogar in Gesprächen zwischen dem ukrainischen Präsidenten Leonid Kutschma und dem Chef der ukrainischen Sicherheitsbehörden erwähnt, die mitgeschnitten und geleakt wurden, nachdem der ukrainische Beamte, der die Aufnahmen gemacht hatte, in die USA geflohen war. Bei einem der Gespräche, datiert auf den 10. Februar 2000, sagte Igor Smeschko, der Chef der ukrainischen Sicherheitsbehörden, zu Kutschma, dass Mogilewitsch ein »Spezialagent des KGB aus dem Ersten Direktorat, der PGU [dem Auslandsgeheimdienstzweig]« sei. Er erzählte, »als die Sowjetunion zusammenbrach, bevor der KGB Direktorat K gegründet hatte [den Zweig der Sicherheitsbehörden, der für Korruption und Banktransaktionen zuständig war – und in Wirklichkeit eine wichtige Rolle bei der Ermöglichung der Schwarzgeldüberweisungen spielte], und als ein Oberst (…) versuchte, Mogilewitsch festzunehmen, verbrannte er sich die Finger, und er bekam zu hören: ›Gehen Sie da nicht hin! Das sind die obersten Ränge der PGU.‹«

108  Aussage von Jonathan M. Winer vor dem Ausschuss für Bank- und Finanzdienstleistungen des US-Repräsentantenhauses am 9. März 2000.

109  Interview der Autorin mit einem ehemaligen Geschäftspartner von Mogilewitsch im März 2018.

110  Interview der Autorin mit Galeotti im Oktober 2018.

111  Caroline Binham, »Trail of Dirty Money from Danske Bank leads to London Laundromat«, Financial Times, 3. Oktober 2018.

112  Interview der Autorin mit dem unabhängigen Geldwäscheexperten Graham Barrow im November 2018.

113  Binham, »Trail of Dirty Money from Danske Bank leads to London Laundromat«.

114  Interview der Autorin mit Graham Barrow im November 2018.

115  Interview der Autorin mit einem britischen Abgeordneten im September 2018.

116  Interview der Autorin mit einem ehemaligen hochrangigen KGB-Mitglied im August 2019.

117  Roman Anin, »The Russian Laundromat Superusers Revealed«, Organised Crime and Corruption Reporting Project, 20. März 2017.

## 14 WEICHE MACHT IN EISERNER HAND – »ICH NENNE SIE DIE ORTHODOXEN TALIBAN«

1   Interview der Autorin mit Malofejew am 23. April 2014.

2   Ebd.

3   Sewastjan Kosizin, »Na Volniye Khleba. Avtor IPO ›Irkuta‹ pokkinul MDM Bank radi svoevo biznesa«, Wedomosti, 15. Februar 2005; Bela Ljaub, »Marshall Vlozhitsa v Oteli«, Wedomosti, 18. April 2006; Anastasia Golizina, »Sborshchik Kontenta. Marshall Capital Partners skupaet Provaiderov«, Wedomosti, 25. Juni 2007.

4   Gjusel Gubeidullina und Maria Dranischnikowa, »»Aktsionernaya Stoimost Nutriteka Uletuchilas‹ – Konstantin Malofeyev«, Interview, Wedomosti, 7. Juni 2010.

5   Die Vorstandsmitglieder waren auf der Website der Stiftung einsehbar; diese existierte nicht mehr (www.fondsvv.ru/about#about_directora).

6  Oleg Salmanow und Igor Zukanow, »Nezavisimiye na Svyazi. Gosudarstvo menyaet chinovnikov v sovetakh goskompanii na nezavisimykh direk-torov«, *Wedomosti*, 12. Januar 2009.

7  Timofei Djadko und Igor Zukanow, »Direktor Gostelekoma. Rukovoditel Rostelecoma, na baze kotorovo obyedinyayutsya krupneishie gosudarstvenniye telekommunikatsionniye kompanii, budut byvshy investbankir iz Marshall Capital«, *Wedomosti*, 14. Juli 2010.

8  Timofei Djadko, Irina Resnik and Igor Zukanow, »Kak Kupili Telekomy. Stats krupneishim minoritariem dochek Svyazinvesta Gazprombanku, Vozmozhno, Pomog sam Rostelecom«, *Wedomosti*, 20. September 2010; Wladimir Lawizki und Inna Erochina, »Rostelecom zafiksiroval Novovo Aktsionera«, *Kommersant*, 7. September 2010.

9  Interview der Autorin mit Jurtschenko im Juni 2014; vgl. Igor Zukanow und Timofei Djadko, »Yevgeny Yurchenko Protiv Marshalov Svyazi«, *Wedomosti*, 15. September 2010.

10  Interview der Autorin mit Jurtschenko im Juni 2014.

11  Vgl. den exzellenten Forschungsbericht von Orysia Lutsevych, »Agents of the Russian World: Proxy Groups in the Contested Neighbourhood«, Russia and Eurasia Programme, Chatham House, April 2016, https://www.chathamhouse.org/sites/default/files/publications/research/2016-04-14-agents-russian-world-lutsevych.pdf.

12  Interview der Autorin mit Malofejew am 23. April 2014.

13  Lutsevych, »Agents of the Russian World«.

14  Interview der Autorin mit einem ehemaligen hochrangigen sowjetischen Auslandsgeheimdienstler im Mai 2018.

15  Lutsevych, »Agents of the Russian World«.

16  https://www.youtube.com/watch?v=gQ-fXZbV9_4.

17  Lutsevych, »Agents of the Russian World«.

18  Interview der Autorin mit Batozsky im Januar 2015.

19  Valeri Litoninski, »Nazvali sebya Vlastyu: Noviye Nachalniki Donetska«, korrespondent.net, 19. Mai 2014.

20  Boris Gont, »Donetskaya Respublika 2005 I DNR 2014: ot fashistov k MMM- schikam«, *Bukvy*, 16. Mai 2015.

21  Interview der Autorin mit Batozsky im Januar 2015.

22  V Rosii Vidayut Pasporty Gromadyan Donetskoi Respubliki, tsn.ua, 1. März 2012, https://tsn.ua/politika/v-rosiyi-vidayut-pasporti-gromadyan-doneckoyi-respubliki.html.

23  Interview der Autorin mit Batozsky im Januar 2015.

24  Jan Cienski, »Oligarch Tries to Stamp Kiev Authority on Restive East«, *Financial Times*, 7. März 2014.

25  Roman Olearchyk, »Ukraine Tensions Rise as Two Die in Donetsk Clashes«, *Financial Times*, 14. März 2014; Jan Cienski, »Russian-Speaking Activists Demand their Own Referendums«, *Financial Times*, 17. März 2014; Neil Buckley, »Ukraine's Ousted President Demands Regional Referendum«, *Financial Times*, 28. März 2014.

26  Roman Olearchyk, »Turchynov Blames Russia for Unrest in East Ukraine«, *Financial Times*, 7. April 2014.

27  John Reed, »Donetsk Governor Plays Down Rebel Threat«, *Financial Times*, 25. April 2014; John Reed, »Mob Storms State Security HQ in Donetsk«, *Financial Times*, 3. Mai 2014; Guy Chazan, »Separatists Urge Russia to Annex Donetsk«, *Financial Times*, 13. Mai 2014.

28  Daria Aslamowa, »Vice-Premyer Donetskoi Narodnoi Respubliki Andrei Purgin: Ukraina postavila na Donbasse Krest. Yei lyudi zdyes ne nuzhny«, *Komsomolskaja Prawda*, 8. Juli 2014.

29  Courtney Weaver, »Donetsk Chaos Leads to Split in Separatist Ranks«, *Financial Times*, 31. Mai 2014.

30  Interview der Autorin mit Batozsky im Januar 2015.

31  Aleksandr Vasovic und Maria Tsvetkova, »Elusive Muscovite with Three Names Takes Control of Ukraine Rebels«, Reuters, 15. Mai 2014.

32 Arkhipov, Meyer und Reznik, »Putin's Soros Dreams of Empire as Allies Wage Ukraine Revolt«, Bloomberg, 16. Juni 2004.

33 Ebd.

34 »Marshal Malofeyev. Kak Rossiisky Raider Zakhvatil Yugo-Vostok Ukrainy«, The Insider, 27. Mai 2014. (Darin wird eine von Strelkow verfasste Biografie zitiert, entnommen aus E-Mails, die von einer Gruppe gehackt wurden, die sich selbst »Anonimny International« nennt.)

35 Vasovic und Tsvetkova, »Elusive Muscovite with Three Names Takes Control of Ukraine Rebels«.

36 Arkhipov, Meyer und Reznik, »Putin's Soros Dreams of Empire as Allies Wage Ukraine Revolt«.

37 Ebd.

38 Courtney Weaver, Kathrin Hille und Neil Buckley, »Pretext and Plotting Behind Crimea's Occupation«, Financial Times, 7. März 2014.

39 Interview der Autorin mit Batozsky im Januar 2015.

40 Dmitri Woltschek, »Operatsiya ›Dary Volkhov‹. Kak RPTs stala otdelom administratsii Putina«, Radio Swoboda, 10. März 2018.

41 »Marshall Malofeyev. Kak Rossiisky Raider Zakhvatil Yugo-Vostok Ukrainy«, The Insider, 27. Mai 2014. Darin werden von den ukrainischen Sicherheitsbehörden abgehörte Telefonate zwischen Strelkow und Malofejew zitiert.

42 Interview der Autorin mit Malofejew am 23. April 2014; Arkhipov, Meyer und Reznik, »Putin's Soros Dreams of Empire as Allies Wage Ukraine Revolt«; Courtney Weaver, »Oligarch Emerges as Link Between Russia and Rebels«, Financial Times, 25. Juli 2014.

43 EU-Sanktionen, herausgegeben am 30. Juli 2014, Council Implementing Regulation (EU) No. 826/2014.

44 Weaver, »Oligarch Emerges as Link Between Russia and Rebels«.

45 Arkhipov, Meyer und Reznik, »Putin's Soros Dreams of Empire as Allies Wage Ukraine Revolt«.

46 Interview der Autorin mit Malofejew am 23. April 2014.

47 Die Website mit dieser Information (www.fondsvv.ru/about#about_directora) existiert nicht mehr.

48 Interview der Autorin mit einem Genfer Geldmann am 5. Mai 2014.

49 Vgl. Kapitel 2.

50 Interview der Autorin mit Batozsky im Januar 2015.

51 Interview der Autorin mit Carpenter im September 2015.

52 Interview der Autorin mit einem ehemaligen hochrangigen sowjetischen Auslandsgeheimdienstler im Mai 2018; vgl. Roman Schleinow, »Kak Knyazya Aleksandra Trubetskovo zaverbovali v Svyazinvest«, Wedomosti, 15. August 2011; Schtschogolew war in verdeckter Mission als Korrespondent für die staatliche russische Nachrichtenagentur ITAR-TASS tätig.

53 Interviews der Autorin mit Genfer Geldmännern zwischen Dezember 2012 und April 2015; vgl. Kapitel 12.

54 Interview der Autorin mit einem ehemaligen hochrangigen sowjetischen Auslandsgeheimdienstler im Mai 2018; vgl. Schleinow, »Kak Knyazya Aleksandra Trubetskovo zaverbovali v Svyazinvest«.

55 Goutchkoff saß im Vorstand von Infra Engineering, der Firma, die über 80 Prozent der Aufträge von Rostelekom erhielt. Wladislaw Nowi, »Svayzisty Podklyuchili Diplomatichesky Kanal. Eks-Glava MID Igor Ivanov voshel v Sovet Direktorov ›Infra Engineering‹«, Kommersant, 7. August 2012.

56 Schleinow, »Kak Knyazya Aleksandra Trubetskovo zaverbovali v Svyazinvest«.

57 Andrew Higgins, »Foot Soldiers in a Shadowy Battle Between Russia and the West«, New York Times, 29. Mai 2017.

58 S. Neil MacFarquhar, »How Russians Pay to Play in Other Countries«, New York Times, 30. Dezember 2016, und »Martin Nejedly: Zemanovci volici jedi gothaj, foie gras je pro jine«, Interview mit Nejedly, denik.cz, 4. Oktober 2014.

59 »Zemanovce sponszorovala pavucina firem napojena na Putinova pravnika«, iDNES.cz, 3. November 2018.

60 Higgins, »Foot Soldiers in a Shadowy Battle Between Russia and the West«; Ondrej Soukup, »Hackeri odhali ›otce‹ proruskych akci v Cesku. Na organiszaci demonstraci ve stredni Evrope dostal 100 tisic eur«, *Hospodarske Noviny*, 13. März 2017.

61 Andrew Higgins, »Out to Inflame EU, Russians Stir up Fringe«, *New York Times*, 25. Dezember 2016; für weitere Details s. Dezso Andras, »A Glorious Match Made in Russia«, *Index*, 28. September 2014, https://index.hu/english/2014/09/28/a_glorious_match_made_in_russia/.

62 Interview der Autorin mit einem Genfer Geldmann am 5. Mai 2014.

63 Interviews der Autorin mit Genfer Geldmännern am 19. Dezember 2013 und am 21. Juli 2014; ein zweiter Genfer Geldmann bestätigte Biondas Funktion dabei, den Deal zu arrangieren, sowie seine anfängliche Rolle dabei, Timtschenko Total vorzustellen, am 20. Dezember 2013; die Geschichte wurde im März 2014 von einem dritten Genfer Geschäftspartner bestätigt. Total lehnte jeden Kommentar dazu ab.

64 Vgl. Website des Wirtschaftsrates der Französisch-Russischen Industrie- und Handelskammer: https://www.ccifr.ru/ekonomicheskij-sovet/sostav/.

65 Siehe Depesche des US-Botschafters in, William Burns, in dem es um die Gründung des Instituts geht: https://wikileaks.org/plusd/cables/08MOSCOW375_a.html.

66 Interview der Autorin mit einem ehemaligen hochrangigen sowjetischen Auslandsgeheimdienstler im Mai 2018.

67 Ebd.

68 https://wikileaks.org/plusd/cables/08MOSCOW375_a.html.

69 Interview der Autorin mit de Pahlen am 12. Mai 2014.

70 Den Kredit gab die First Czech Russian Bank, eine tschechische Bank, an der zur damaligen Zeit (2014) ein Russe namens Roman Popow den Mehrheitsanteil besaß. Dieser war zuvor der stellvertretende Chef der Finanzabteilung von Stroitransgaz gewesen, einer russischen Rohrleitungsbaufirma, die Timtschenko 2007 erworben hatte. Die Bank verwaltete weiterhin die Konten von Stroitransgaz, nachdem Timtschenko das Unternehmen 2007 gekauft hatte, bis Ende 2014 (nachdem der Kredit verlängert wurde), so ein Sprecher der Firma (Andrej Krasawin, »Radikalniye Svyazi«, *Kompaniya*, 28. März 2016). Popow behielt seinen Posten als Bankvorstand, und der Chef von Stroitransgaz, Wiktor Lorenz, besaß (sowohl vor als auch nach Timtschenkos Unternehmenskauf) einen Anteil von 25 Prozent an der tschechischen Bank. Timtschenkos Anwälte sagten, Timtschenko habe bei der Entscheidung der Bank, das Darlehen an den Front National zu verlängern, keine Rolle gespielt.

71 Karl Laske und Marine Turchi, »The Third Russian Loan of Le Pen«, *Media Part*, 11. Dezember 2014.

72 Agathe Duparc, »Les Casseroles de Konstantin Malofeev, oligarque Russe soutien du Front National«, *Media Part*, 21. Februar 2016.

73 Interview der Autorin mit Antonio Fallico im Juni 2014.

74 WikiLeaks-Depesche: https://wikileaks.org/plusd/cables/09ROME97a.html.

75 Interview der Autorin mit de Pahlen am 12. Mai 2014; Bernhard Odehnal, »Gipfeltreffen mit Putins fünfter Kolonne«, *TagesAnzeiger*, 3. Juni 2014.

76 Interview der Autorin mit Malofejew im Juni 2015.

77 James Marson, »Deepening Ties Between Greece and Russia Sow Concerns in the West«, *Wall Street Journal*, 14. Februar 2015; Sam Jones, Kerin Hope und Courtney Weaver, »Alarm Bells Ring over Syriza's Russia Links«, *Financial Times*, 28. Januar 2015.

78 Robert Coalson, »New Greek Government has Deep, Longstanding Ties with Russian Eurasianist Dugin«, Radio Free Europe, 28. Januar 2015.

79 Der Geschäftspartner von Malofejew ist Alexej Komow, der russische Vertreter der konservativen US-amerikanischen »Pro Familie«-Bewegung, beim World Congress of Families und Malofejews rechte Hand in dessen Stiftung Sankt Basilius der Große. Siehe Anton Pospelow, »Miroviye Elity.

Beseda s Poslom Vsemirnovo Kongressa Semei v UN Alekseem Komovym«, Pravoslavie.ru, 5. September 2013; Tizian di Giovanni und Stefano Vergine, »3 Million for Salvini«, *L'Espresso*, 28. Februar 2019; Alberto Nardelli und Mark di Stefano, »The Far-Right Bromance at the Heart of Italy's Russian Oil Scandal«, BuzzFeed, 12. Juli 2019.

80 Di Giovanni und Vergine, »3 Million for Salvini«; Nardelli und di Stefano, »The Far-Right Bromance at the Heart of Italy's Russian Oil Scandal«.

81 Di Giovanni und Vergine, »3 Million for Salvini«.

82 Über den Deal berichteten erstmals die *L'Espresso*-Journalisten. Danach folgte Alberto Nardelli von BuzzFeed, der eine Tonbandaufzeichnung von Savoinis Gespräch im Oktober 2018 veröffentlichte, auf der dieser den Deal bespricht: siehe »Revealed: The Explosive Secret Recording that Shows how Russia Tried to Funnel Millions to the ›European Trump‹«, BuzzFeed, 10. Juli 2019.

83 Interview der Autorin mit einem ehemaligen hochrangigen KGB-Beamten im August 2019.

84 Nardelli, »Revealed: The Explosive Secret Recording that Shows how Russia Tried to Funnel Millions to the ›European Trump‹«.

85 Sam Jones und Valerie Hopkins, »Austrian Vice-Chancellor Filmed Seeking Covert Deals«, *Financial Times*, 18. Mai 2019.

86 Interview der Autorin mit einem Genfer Geschäftspartner am 23. März 2014.

87 Das US-Justizministerium soll im November 2014 eine Geldwäscheermittlung eingeleitet haben, in deren Rahmen geprüft wurde, ob Timtschenko Mittel aus illegalen Geschäften in das amerikanische Finanzsystem geschleust hatte: Christopher M. Matthews und Andrew Grossman, »US Money Laundering Probe Touches Putin's Inner Circle; Federal Prosecutors Investigating Financial Transactions Involving Billionaire Gennady Timchenko«, *Wall Street Journal*, 5. November 2014. Die Untersuchung scheint keine Ergebnisse gebracht zu haben. In einem Interview mit der staatlichen russischen Nachrichtenagentur ITAR-TASS sagte Timtschenko, er könne nicht nach Europa reisen, denn er habe »ernst zu nehmende Gründe dafür, eine Provokation durch den US-Geheimdienst zu befürchten. Glauben Sie mir, das ist kein Hirngespinst, sondern beruht auf absolut konkreten Informationen, auf die ich aus offensichtlichen Gründen hier nicht näher eingehen kann«: Andrej Wandenko, »Gennady Timchenko: Za Vsyo v Zhizni Nado Platits. I za znakomstvo s rukovodtsvom strany to zhe«, 4. August 2014, ITAR-TASS, https://tass.ru/top-officials/1353227.

88 Interviews der Autorin mit einem Genfer Geschäftspartner am 21. Juli, 1. Oktober und 9. Dezember 2014. Timtschenko sagte, Bionda stehe in keiner Verbindung zu seinen Aktivitäten in China.

89 Wandenko, »Gennady Timchenko: Za Vsyo v Zhizni Nado Platits. I za znakomstvo s rukovodtsvom strany to zhe«.

90 Interview der Autorin mit einem Genfer Geschäftspartner am 19. März 2014.

91 Interview der Autorin mit einem anderen Genfer Geschäftspartner am 28. März 2014.

92 Interview der Autorin mit einem Genfer Geschäftspartner am 16. März 2014.

93 Interview der Autorin mit einem anderen Genfer Geschäftspartner am 28. März 2014.

94 Interview der Autorin mit einem Genfer Geschäftspartner am 25. Februar 2014.

95 Jesús Rodríguez, »Gerard López, manual para hacerse millonario«, *El País*, 27. Dezember 2015.

96 Über eine seiner Firmen mit Namen Sunray Energy hatte Bionda lange einen Anteil am Lotus-Formel-1-Rennteam gehalten. Die zerstörte Stoßstange, die er in seinem Büro aufbewahrte, deren andere Hälfte Tausende Kilometer ostwärts Putins Fitnessraum zierte, war ein Erinnerungsstück von einem dieser Rennen. Als das Auto beim Grand Prix von Monaco in eine Absperrung krachte, hatte Witali Petrow am Steuer gesessen, Sohn eines russischen Geschäftspartners von Ilja Traber, dem mutmaßlichen russischen Mafioso, der eng mit Putin zusammengearbeitet hatte, als dieser den Petersburger Hafen und das Ölterminal kontrolliert hatte. Der junge Petrow war der Putin-Regierung so sehr verbunden, dass Putin eine Runde mit seinem Auto drehen durfte, als Russland 2010 das erste Mal ein Formel-1-Rennen in Sankt Petersburg veranstaltete. In mancher Hinsicht gehörte Petrow zu Familie. Die Genii-Gruppe, über die Bionda seinen Anteil am Lotus-Formel-1-Rennteam hielt, war von López gegründet worden.

97 Catherine Belton, »In British PM Race, a Former Russian Tycoon Quietly Wields Influence«, Reuters, 19. Juli 2019. Seit der Veröffentlichung dieses Artikels haben Temerkos Anwälte ihn als

»ungenau« und »rufschädigend« bezeichnet. Reuters reagierte mit dem Statement: »Wir stehen hinter der Geschichte.« Der Artikel zitiert Temerko damit, dass er sagt, seine Beziehungen zu den Männern in den russischen Sicherheitsbehörden seien »formell«, nicht »persönlich«. Er stritt ab, fortlaufend Verbindungen zu den russischen Sicherheitsbehörden zu haben.

98  Banks' zukünftige Frau Ekaterina Paderina war von einem lokalen Abgeordneten, Mike Hancock, gerettet worden. Dieser war fast zehn Jahre später in einen Skandal verwickelt, als herauskam, dass eine seiner Referentinnen, eine weitere junge Russin aus Großbritannien, abgeschoben wurde, weil der MI5 sie der Spionage verdächtigte.

99  Öffentliche Stellungnahme zu den Ermittlungen der Kriminalpolizei zu den mutmaßlichen Straftaten im Zusammenhang mit dem EU-Referendum, 24. September 2019.

100  Adam Ramsay, »National Crime Agency Finds No ›Evidence‹ of Crimes Committed by Arron Banks's Brexit Campaign«, *OpenDemocracy*, 25. September 2019. Darüber hinaus twitterte Transparency International UK als Reaktion darauf: »Es ist schon lange klar, dass die Vorschriften zu politischen Spenden kaum Schutz gegen Mittel aus dem Ausland bieten, aber die Interpretation der Ermittlungsbehörden in diesem Fall sorgen dafür, dass er vollkommen inexistent ist.«

101  Caroline Wheeler, Richard Kerbaj, Tim Shipman und Tom Harper, »Revealed: Brexit Backer's Golden Connection«, *Sunday Times*, 10. Juni 2018.

102  Der Fonds, Charlemagne Capital, gehörte zu einer ausgewählten Gruppe ausländischer Investoren, die sich einen Monat nach dem Brexitreferendum bei einer lukrativen Emission von Anteilen am staatlichen Diamantenmonopol Alrosa des russischen Direct Investment Fund beteiligen durften. Die Alrosa-Aktien wurden in einer in Lichtgeschwindigkeit durchgeführten Emission zu einem reduzierten Preis verkauft. Unterlagen der Aufsichtsbehörde zeigen, dass Mellon zur Zeit dieses Deals einen Anteil von 19,4 Prozent an dem Fonds besaß (Charlemagne Capital Limited OPD – Charlemagne Capital Replacement, *Regulatory News Service*, 30. September 2016). Mellon gab seinen Posten als nichtgeschäftsführender Direktor bei dem Fonds Ende 2016 auf, als der Fonds mit der auf den Kaimaninseln registrierten Fiera Capital fusionierte (Charlemagne Capital Limited Scheme Effective, *Regulatory News Service*, 14. Dezember 2016).

103  Interview der Autorin mit Jakunin im Juni 2013.

104  Siehe Josh Craddock, »Russia Positions Herself as ›Light to the World‹ During Pro-Family Conference«, Aleteia (eine katholische Onlinenachrichtenagentur), 23. September 2014; Anton Shekhovtsov, »A Rose by Any Other Name: the World Congress of Families in Moscow«, https://anton-shekhovtsov.blogspot.com/2014/09/a-rose-by-any-other-name-world-congress. html?m=1. Der World Congress of Families zog seinen Namen wegen der US-Sanktionen im letzten Moment von der Veranstaltung zurück, alle führenden Persönlichkeiten traten aber trotzdem auf. Vgl. Casey Michel, »How Russia Became the Leader of the Global Christian Right«, *Politico*, 9. Februar 2017.

105  Craddock, »Russia Positions Herself as ›Light to the World‹ During Pro-Family Conference«.

106  Interview der Autorin mit Narussowa im Juni 2014.

107  Interview der Autorin mit Jakunin im November 2016.

108  Ebd.

109  Interview der Autorin mit Malofejew im April 2014.

110  Interview der Autorin mit Jakunin im Februar 2017.

111  Interview der Autorin mit Jakunin im November 2016.

112  Interview der Autorin mit Jakunin im Februar 2017.

113  Joseph Biden, »Brookings Hosts Vice President, Joe Biden, for Remarks on the Russia-Ukraine Conflict«, Brookings Institution, 27. Mai 2015, https://www.brookings.edu/wp-content/uploads/2015/05/20150527_biden_transcript.pdf.

114  Laut der Autorin vorliegenden Abschriften der Tonbandaufnahmen der Telefonate, die Teil des spanischen Ermittlungsverfahrens waren. Vgl. auch Anastasia Kirilenko, »Intercepted Calls Expose Ties between the Tambovskaya Gang, head of FSB's Economic Security Service, and the Prosecutor of St Petersburg«, *The Insider*, 8. Januar 2019. Für Michael Carpenter, den damaligen Russlandberater von Biden waren die Ermittlungen ein echter Wendepunkt in seinem Verständ-

nis, wie Putins Russland arbeitete.«Es war ein Schlüsselmoment, in dem die Verschmelzung der russischen organisierten Kriminalität mit staatlichen Strukturen klar wurde.« (Interview der Autorin im Januar 2018.)

115 Siehe WikiLeaks-Depesche über Grinda: https://wikileaks.org/plusd/cables/10MADRID154_a. html.

116 Interview der Autorin mit Anton Surikow im September 2009.

117 Interview der Autorin im Januar 2018.

118 Interview der Autorin mit einem ehemaligen leitenden westlichen Geheimdienstmitarbeiter im Oktober 2016.

119 Interview der Autorin mit Frank Montoya Jr. im Juli 2019.

120 Interview der Autorin mit Temerko im Juni 2016.

## 15 DAS NETZWERK UND DONALD TRUMP

1 Interview der Autorin mit Tschigirinski im Mai 2018.

2 Ebd.

3 »Im kleinen Kreis waren sie offen, und sie arbeiteten an Wegen, um Reformen einzuleiten. Die Risse waren bereits sichtbar. Das waren sehr interessante Zeiten«, sagte Tschigirinski.

4 Er hatte Bruce Rappaport, den Schweizer Banker, über den so viel sowjetisches Ölgeld lief, in Genf getroffen. Er traf auch Marc Rich, den umstrittenen Metallhändler, mit dem die Sowjets ebenfalls in den letzten Jahren der Sowjetunion Geschäfte machten, und wurde Alfred Taubman vorgestellt, dem Eigentümer des Auktionshauses Sotheby's, mit dem er eine enge Freundschaft schloss. Tschigirinski sagte außerdem, er habe ein historisches erstes Treffen zwischen dem neuen israelischen Botschafter in Russland, dem legendären General Haim Bar-Lev, den ersten sowjetischen Botschafter in Israel, Alexander Bowin, und seinem Mentor Michail Milstein, dem ehemaligen sowjetischen Militärgeheimdienstchef, in Milsteins Moskauer Datscha arrangiert.

5 Interview der Autorin mit Tschigirinski im Mai 2018.

6 Interview der Autorin mit Tschigirinski im Juli 2018.

7 Interview der Autorin mit Tschigirinski im Mai 2018.

8 Interview der Autorin mit Schwez im August 2019.

9 In einer Depesche der US-Botschaft in Moskau, datiert vom 12. Februar 2010, heruntergeladen von WikiLeaks, ging es um Luschkows angebliche Verbindungen mit der Solnzewskaja-Gruppe: https://wikileaks.org/plusd/cables/10MOSCOW317_a.html.

10 Interview der Autorin mit Tschigirinski im Oktober 2019.

11 Interview der Autorin mit Tschigirinski im April 2019.

12 Ebd.; Interview der Autorin mit Martin Greenbergs Frau im Mai 2019. Sie bestätigte, dass ihr Mann mit Alfred Luciani in die UdSSR gereist war und dass beide Männer daran mitgearbeitet hatten, die Casinogesetze von Atlantic City aufzusetzen; Greenberg wurde dann Geschäftsführer des Golden Nugget. Interview der Autorin mit Guy Michaels, einem ehemaligen Anwaltskollegen, der bestätigte, dass Greenberg später Anleihegläubiger bei den Umschuldungen des Taj Mahal vertrat. Luciani hat auf eine Kommentaranfrage nicht reagiert.

13 Interview der Autorin mit Tschigirinski im April 2019.

14 Interview der Autorin mit Tschigirinski im Mai 2018.

15 Ebd.; vgl. Nikolai Sergejew, »Umer Glava Evikhona«, *Kommersant*, 11. April 2014, für die offizielle Bestätigung ihrer Partnerschaft.

16 Offizielle Meldeinformationen für das Übersetzungsbüro OOO Linkon zeigen, dass Tschigirinski ebenfalls ein Partner war.

17 »Chapter 11 for Taj Mahal«, Reuters, 18. Juli 1991.

18 Julie Baumgold, »Fighting Back: Trump Scrambles off the Canvas«, *New York Magazine*, 9. November 1992.

19 Ebd.

20 »Taj Mahal is Out of Bankruptcy«, *New York Times*, 5. Oktober 1991; für weitere Details der Umschuldung(en) vgl. die gerichtliche Debatte über die Vereinbarung über die vorbereitete Insolvenz vor der State of New Jersey Casino Control Commission, online abrufbar: https://www.washingtonpost.com/wp-stat/graphics/politics/trump-archive/docs/trump-financial-stability-hearing-vol-iv-6-18-1991.pdf.

21 Josh Kosman, »Icahn, Ross Saved Trump Brand from Taj Mahal Casino Mess«, *New York Post*, 25. November 2016; vgl. auch die gerichtliche Anhörung zu Icahns Rolle.

22 Bezüglich der Vertretung der Anleihegläubiger durch Martin L. Greenberg vgl. die Gerichtsdebatte über die Vereinbarung über die vorbereitete Insolvenz vor der State of New Jersey Casino Control Commission, online abrufbar: https://www.washingtonpost.com/wp-stat/graphics/politics/trump-archive/docs/trump-financial-stability-hearing-vol-iv-6-18-1991.pdf.

23 Interview der Autorin mit Tschigirinski im April 2019.

24 Baumgold, »Fighting Back«.

25 Robert L. Friedman, *Red Mafia*, S.132–133, Little, Brown, 2000; vgl. »The Tri-State Joint Soviet-Émigré Organized Crime Project«, https://www.state.nj.us/sci/pdf/russian.pdf.

26 Jose Pagliery, »Trump's Casino was a Money Laundering Concern Shortly After it Opened«, CNN, 22. Mai 2017; vgl. Dokumente des Finanzministeriums über die Einigung zwischen der FinCEN-Behörde und Trumps Taj-Mahal-Geschäftspartnern, die CNN erhalten hat: https://assets.documentcloud.org/documents/3727001/Responsive-Docs-for-17-205-F-Pagliery.pdf. Interessant hierzu ist auch Seth Hettena, *Trump/Russia: A Definitive History*, S. 25–27, Melville House, 2018.

27 Der Autorin vorliegender FBI-Bericht über Mogilewitschs Imperium.

28 Eidesstattliche Erklärung von Lester McNulty, Sonderermittler des FBI, vor dem United States District Court Southern District of New York, 31. März 1995.

29 Vgl. Hettena, *Trump/Russia*, S. 27; und Hettenas Blog für Teile des FBI-Dokuments über Iwankowas Besuche des Taj Mahal: https://trump-russia.com/2017/10/06/the-russian-gangster-who-loved-trumps-taj-mahal/.

30 Der Film *Na Deribasovskoi khoroshaya pogoda, ili Na Braiton-Bich Opyat idut Dozhdy* kann auf Yandex.ru online abgerufen werden.

31 Interview der Autorin mit Tschigirinski im Mai 2018.

32 *Forbes* schätzte sein Vermögen 2008 auf 2,5 Milliarden Dollar.

33 Ekaterina Drankina, »Moskovskaya Neftyanaya Vykhodit na Rynok«, *Ekspert*, 24. April 2000.

34 Matthew Swibel, »The Boomerang Effect: Billionaire Tamir Sapir Earned a Bundle Exploiting Russia. Now Crony Capitalism is Getting the Better of Him«, *Forbes*, 17. April 2006.

35 Motoko Rich und William Neuman, »$40 Million Buys Ex-Cabby His Own Corner of 5th Avenue«, *New York Times*, 10. Januar 2006; Dan Morrison, »A Man of Many Interests«, *Newsday*, 31. Dezember 2000.

36 Tschernoi sagte mir in einem Interview im Mai 2007, dass sie immer mit Gesandten des KGB kooperieren mussten – es gab damals keine andere Möglichkeit, geschäftlich voranzukommen: »Sie zwangen einen, über staatliche Strukturen zu verkaufen. Man musste Schutzgeld an den Staat zahlen. Was war der Schwarzmarkt damals? Es war eine graue Wirtschaft. Ich war außerhalb des Systems, aber ich habe immer am Rande der Legalität mitgemacht.«

37 In einem Interview im September 2019 mit dem staatsnahen russischen Fernsehsender NTW gab Kislin mit seiner Freundschaft mit Trump an und erzählte, wie er Trump in den Siebzigerjahren den Kredit für siebenhundert Fernsehapparate gegeben habe. https://www.ntv.ru/video/1771880.

38 Interview der Autorin mit Tschigirinski im Mai 2018.

39 Interview der Autorin mit Juri Schwez, dem ehemaligen hochrangigen KGB-Mitarbeiter aus der Abteilung Auslandsnachrichtendienst, Mai 2018. Agalarow verweigerte einen Kommentar.

40 Einer von Agalarows Geschäftspartnern sagte später, dass ein anderer Teil seiner Geschäfte in den Neunzigern Agalarow direkt mit »Quasiregierungsorganisationen in Russland« verband. Aga-

larow organisierte Handelskonferenzen in der ehemaligen Sowjetunion, von denen der Partner sagte, sie seien »eine sensible Mischung aus Politik, Verhandlungen und Geld« gewesen.

41  »Leila I Emin«, *Iswestija*, 6. Februar 2006, wo Agalarow als Teilhaber am Tscherkisowskij-Markt genannt wird; für eine hervorragende Beschreibung des Marktes und wie er operiert siehe Andrew E. Kramer, »Huge Profits Spell Doom for a 400-Acre Market«, *New York Times*, 28. Juli 2009.

42  Einer der Haupteigentümer des Tscherkisowskij-Marktes, Telman Ismailow, wurde mit Arif in ein Gespräch vertieft gesehen, als Arif 2010 in der Türkei verhaftet wurde, weil er eine Party auf einer Jacht mit minderjährigen Prostituierten veranstaltet hatte: »Telman Ismailov Popal v Skandalnuyu Istoriyu v Turtsii«, *Trend*, 4. Oktober 2010. Die Zeitung berichtete, dass Ismailow von der Polizei einbestellt wurde, um in dem Fall auszusagen. Unter den Gästen auf der Jacht befanden sich Arifs kasachische Geschäftspartner, »das Trio« hinter Eurasian Natural Resources (ENRC), das von Alexander Maschkewitsch angeführt wurde.

43  Interview der Autorin mit Schwez im Mai 2018.

44  Jon Swaine und Shaun Walker, »Trump in Moscow: What Happened at Miss Universe in 2013«, *Guardian*, 18. September 2017.

45  Interview der Autorin mit Schwez im Mai 2018.

46  Siehe Oberster Rechnungshof der USA, »Suspicious Banking Activities: Possible Money Laundering by US Corporations Formed for Russian Entities«, Oktober 2000. Ein Brief vom 28. November 2000 vom Leiter der Rechtsabteilung der Citigroup, Michael A. Ross, an den Obersten Rechnungshof der USA bestätigt, dass Kaweladse die Person ist, die diese verdächtigen Geldströme managt. Darin wird festgehalten, dass die Citigroup keine illegalen Aktivitäten in Zusammenhang mit Kaweladses Konten entdeckt habe, die er von Oktober 1991 an eröffnet, aber dass sie seither alle geschlossen hat, und verweist auf die mangelhaften Verfahren bei der Bank, aufgrund derer die »fragwürdigen Aktivitäten« nicht entdeckt wurden; vgl. Raymond Bonner, »Laundering of Money Seen as ›Easy‹«, *New York Times*, 29. November 2000.

47  Pressemitteilung: »Levin Releases GAO Report on Vulnerabilities to Money Laundering in US Banks«, 29. November 2000; zu den KGB-Verbindungen des lettischen Bankers siehe Knut Royce, »San Francisco Bank Linked to Laundering Probe at Bank of New York«, Center for Public Integrity, 9. Dezember 1999.

48  Brief des Leiters der Rechtsabteilung der Citigroup, Michael A. Ross, an den Obersten Rechnungshof der USA, 28. November 2000.

49  Ebd.

50  Interview der Autorin mit einem ehemaligen Kreml-Beamten im Juni 2018; Interview der Autorin mit einem ehemaligen hochrangigen russischen Geheimdienstler im Mai 2018.

51  Interview der Autorin mit einer Person, die mit der Angelegenheit vertraut ist, im Mai 2018.

52  Royce, »San Francisco Bank Linked to Laundering Probe at Bank of New York«; Sam Zuckerman, »Russian Money Laundering Scandal Touches S.F. Bank«, *San Francisco Chronicle*, 23. September 1999; Robert O'Harrow Jr., »3 Firms Links to Russia Probed«, *Washington Post*, 21. Oktober 1999; Andrew Higgins, Ann Davis und Paul Beckett, »Money Players: The Improbable Cast of Capitalist Converts Behind BONY Scandal«, *Wall Street Journal*, 30. Dezember 1999: 8 Millionen Dollar waren über Benex von den Konten bei der Bank of New York auf das Konto bei der Commercial Bank of San Francisco überwiesen worden. Darüber hinaus besaß die in Nauru gemeldete Sinex Bank, über die viele der Zahlungen an Benex aus Russland liefen, ein korrespondierendes Konto bei der Bank of San Francisco.

53  Interview der Autorin mit Schwez im Mai 2018.

54  Interview der Autorin mit Schwez im August 2019; Interview der Autorin mit einem ehemaligen Mogilewitsch-Geschäftspartner im März 2018, der sagte: »Nachdem das Justizministerium den Betrug bei der Bank of New York aufdeckte, begannen sie Geld über die Trump Organization zu schicken. Diese verfügte über Kanäle, die für die Russen oder Sewa damals auf keinen Fall offen gewesen wären. (…) Das Geld, auf das die Russen Zugriff hatten, war sehr viel mehr, als jeder US-Investor zu dem Zeitpunkt aufbringen konnte. (…) Den Russen war es vollkommen egal, ob das Geld sicher war. Trump konnte ihnen Zugang verschaffen wie kein anderer. Für Michas und Sewa

sind ein paar Hundert Millionen Dollar nicht viel. Für Trump ist es viel Geld. Verdammt viel.« Alan Garten, der Leiter der Rechtsabteilung der Trump Organization, hat auf eine Kommentaranfrage nicht reagiert.

55  Interview der Autorin mit Schwez im August 2019.

56  Garten sagte der *Financial Times* bezüglich Bayrock: »Wenn man Due Diligence praktiziert, handelt man in gutem Glauben und versucht sich alles relevante Material anzuschauen, aber man kann sich das alles nur begrenzt ansehen. Man kann so viel wie möglich tun, aber man ist auf die öffentlichen Aufzeichnungen beschränkt.« Tom Burgis, »Dirty Money: Trump and the Kazakh Connection«, *Financial Times*, 19. Oktober 2016.

57  Timothy L. O'Brien und Eric Dash, »Is Trump Headed for a Fall?«, *New York Times*, 28. März 2004.

58  Ebd.

59  Timothy L. O'Brien, »Trump, Russia and a Shadowy Business Partnership«, Bloomberg, 21. Juni 2017.

60  Interview der Autorin mit Sater im Mai 2018. Seine Aussagen darüber, wann die erste Begegnung mit Trump stattfand, waren vage – zuerst gab er 2000 an, dann 2001. Bei einer Aussage im Rahmen eines Rechtsstreits mit der *New York Times* sagte er am 23. Januar 2008, sein erstes Treffen mit Mitgliedern der Trump Organization sei 2001 gewesen »oder wahrscheinlich eher Anfang 2002«. In einer späteren Anklageschrift von Jody Kriss, dem Ex-Bayrock-Finanzchef, heißt es, Sater sei 2002 zu Bayrock gestoßen.

61  Interviews der Autorin mit zwei ehemaligen Mogilewitsch-Geschäftspartnern im März und im Juli 2018.

62  Interview der Autorin mit Sater im Mai 2018.

63  United States of America v. Felix Sater, Verfahrensregister Nr. 98 CR 1101, vertraulicher Brief des Justizministeriums der Vereinigten Staaten (DoJ) an Richter I. Leo Glasser vom 27. August 2009.

64  Vgl. auch Dokumente im Zusammenhang mit den Vorwürfen gegen Sater: United States of America v. Felix Sater, unterzeichnet von Zachary Carter, United States Attorney, Eastern District of New York; Transkription des Urteils gegen Sater (dort als John Doe bezeichnet und in der Abschrift als »Felix Slater«) vor dem Ehrenwerten I. Leo Glasser, United States District Senior Judge, 23. Oktober 2009; Klage und eidesstattliche Aussage zur Erteilung von Haftbefehlen, Leo Taddeo Affidavit, April 1998; Pressemitteilung des United States Attorney, Eastern District of New York, »19 Defendants Indicted in Stock Fraud Scheme that was Protected and Promoted by Organised Crime«, 2. März 2000, https://www.washingtonpost.com/wp-stat/graphics/politics/trump-archive/docs/press-release-doj-howard-safir-bayrock.pdf.

65  In weiteren Ausführungen zu dem Betrug wird A. R. Barons Beteiligung erwähnt in: United States of America v. Frank Coppa et al.; für eine Verbindung zum Bank of New York/Benex-Betrug siehe Glenn R. Simpson und Paul Beckett, »UK Probe Possible Link Between Russian Case, A. R. Baron«, *Wall Street Journal*, 24. September 1999.

66  Interview der Autorin mit Sater im Mai 2018.

67  Interview der Autorin mit Schwez im Mai 2018; Interview der Autorin mit einem ehemaligen Geschäftspartner von Mogilewitsch im März 2018.

68  United States of America v. Felix Sater, Verfahrensregister Nr. 98 CR 1101, vertraulicher Brief des DoJ an Richter I. Leo Glasser vom 27. August 2009.

69  Ebd.

70  Ebd.

71  Friedman, *Red Mafia*, S. 55–57.

72  United States of America v. Felix Sater, Verfahrensregister Nr. 98 CR 1101.

73  Interview der Autorin mit Schwez im August 2019; Kalmanowitsch wurde im November 2009 ermordet. Ungefähr zur selben Zeit beendete Sater seine Zusammenarbeit mit dem FBI.

74  Interview der Autorin mit einem ehemaligen Geschäftspartner von Mogilewitsch im März 2018.

75 Interview der Autorin mit einem ehemaligen Geschäftspartner von Mogilewitsch im Juli 2018.

76 Interview der Autorin mit Sater im Mai 2018.

77 Ebd.

78 Vgl. Kapitel 13. 2019 wurde Mjasin wegen Veruntreuung von Geldern der Promsberbank im Zusammenhang mit dem Moldauischen Waschsalon und den Mirror Trades bei der Deutschen Bank verurteilt, während Dwoskin straflos davonkam. Vgl. auch Leonid Nikitinsky, »Who is Mister Dvoskin?«, *Nowaja Gaseta*, 22. Juli 2011.

79 Interview der Autorin mit Sater im Mai 2018.

80 Ebd.

81 Ebd.

82 Arif verfügte über aserbaidschanische Miteigentümer des Schwarzmarkts Tscherkisowskij Rinok, die seine Geschäftspartner waren, auch über Verbindungen zu Aras Agalarow.

83 Maschkewitsch begann in dem Geschäft in den späten Achtzigern als leitender Manager bei Seabeco, dem Handelsunternehmen von Boris Birstein, der vom FBI und dem Schweizer Nachrichtendienst als Geschäftspartner der Solnzewskaja aufgeführt wurde. (Ein früherer Geschäftspartner von Mogilewitsch behauptete, das Trio habe weiterhin mit der Solnzewskaja zusammengearbeitet.)

84 Interview der Autorin mit Sater im Mai 2018.

85 Ebd.

86 Andrew Rice, »The Original Russia Connection«, *New York Magazine*, 7. August 2017.

87 Ebd.; eidesstattliche Erklärung von Felix Sater vom 1. April 2008, in Trump v. O'Brien.

88 Interview der Autorin mit Sater im Mai 2018.

89 O'Brien, »Trump, Russia and a Shadowy Business Partnership«.

90 Die erste Geschichte über die Interessen von Trump/Bayrock an dem Projekt stammt von Tom Stieghort, »Trump Eyes Oceanfront Land Aventura Firm to Market Project in Lauderdale«, *South Florida Sun-Sentinel*, 12. Dezember 2003. Trump wird als Immobilienentwickler beschrieben, während Bayrock nur als Partner genannt wird. Später jedoch, als alles katastrophal schiefging, kam die Wahrheit heraus: Trump war nur wegen der Lizenzgebühren und nicht als Entwickler beteiligt. Siehe Michael Sallah und Michael Vasquez, »Failed Donald Trump Tower Thrust into GOP Campaign for Presidency«, *Miami Herald*, 12. März 2016. (Bayrock erwarb Grundstücke für 40 Millionen Dollar und erhielt dann weitere 139 Millionen Kredite für den Bau.)

91 Glen Creno und Catherine Burrough, »Trump Raises Stakes: Camelback's Glitzy Boom Continues«, *Arizona Republic*, 13. November 2003; die eidesstattliche Erklärung von Sater vom 1. April 2008, in Trump v. O'Brien, S. 60, macht ebenfalls deutlich, dass Phoenix und Fort Lauderdale die ersten Projekte waren, die Bayrock Trump vorschlug. »Frage: Sie sagten, Sie hätten Mr. Flicker und Mr. Reese [leitende Mitarbeiter der Trump Organization] gewisse Geschäftsideen vorgeschlagen? Welche waren das anfangs? Antwort: Fort Lauderdale und Phoenix. Und wir haben allgemein darüber gesprochen, in welche Regionen die Trump Organization landes- und weltweit gern expandieren würde und welche Möglichkeiten es gebe, gemeinsam an diesen geschäftlichen Chancen zu arbeiten.«

92 Michael Stoler, »Parking Lots and Garages go the Way of the Dinosaurs«, *New York Sun*, 16. Februar 2006; der Bayrock-Prospekt von 2007 enthält mehr Details über das Projekt.

93 Trump legte seine Beteiligung von 18 Prozent an Trump SoHo in einer eidesstattlichen Erklärung von 2007 offen, die er in Donald J. Trump v. Timothy L. O'Brien abgab. Siehe https://assets.documentcloud.org/documents/2430267/trumps-lawsuit-on-net-worth.pdf. Vgl. auch O'Brien, »Trump, Russia and a Shadowy Business Partnership«.

94 Kopie des Insolvenzantrags der Trump Casino Holdings LLC, eingereicht am 21. November 2004.

95 Interview der Autorin mit Blum im Dezember 2018. Alan Garten, Leiter der Rechtsabteilung der Trump Organization, reagiert nicht auf eine Kommentaranfrage.

96 Tom Burgis, »Tower of Secrets: The Russian Money Behind a Donald Trump Skyscraper«, *Financial Times*, 12. Juli 2018.

97 Jody Kriss und Michael Ejekam v. Bayrock Group LLC et al., United States District Court, Southern District of NY. Die ursprüngliche Version von Kriss' Klage wegen illegaler Geschäftspraktiken ist verfügbar unter: https://www.documentcloud.org/documents/3117825-QuiTam-Complaint-With-Exhibit-a-and-Attachments.html#document/p1. Vgl. auch Andrew Rice, »The Original Russia Connection«, *New York Magazine*, 7. August 2017. Die Klage wurde danach noch zweimal überarbeitet und einige dieser spezifischen Behauptungen wurden entfernt. Im Februar 2018 stimmte Bayrock einer außergerichtlichen Einigung zu. Siehe »Trump-Linked Real Estate Firm Settles Suit by Ex-Employee«, Bloomberg, 23. Februar 2018.

98 Ebd.; Marc Champion, »How a Trump SoHo Partner Ended Up with Toxic Mining Riches from Kazakhstan«, Bloomberg, 11. Januar 2018. Die Behauptung, Bayrock habe Zugang zu Konten eines Chromaufbereitungswerks in Kasachstan, wurde später fallen gelassen.

99 Craig Shaw, Zeynep Sentek und Stefan Candea, »World Leaders, Mobsters, Smog and Mirrors«, *Football Leaks, The Black Sea*, 20. Dezember 2016.

100 Jody Kriss und Michael Ejekam vs Bayrock Group LLC et al., United States District Court, Southern District of NY. Die ursprüngliche Version von Kriss' Klage wegen illegaler Geschäftspraktiken ist verfügbar unter: www.documentcloud.org/documents/3117825-QuiTam-Complaint-With-Exhibit-a-and-Attachments.html#document/p1; O'Brien, »Trump, Russia and a Shadowy Business Partnership«.

101 Ebd.

102 Robyn A. Friedman, »Trump Puts Stamp on Project; Father and Son Add Famous New Yorker as Partner to Build Sunny Isles Towers«, *South Florida Sentinel*, 30. Januar 2002.

103 Nathan Layne, Ned Parker, Svetlana Reiter, Stephen Grey und Ryan McNeill, »Russian Elite Invested Nearly $100 Million in Trump Buildings«, Reuters, 17. März 2017.

104 Ebd.

105 Für aufschlussreiche Berichte über Shnaiders Karriere siehe Tony Wong, »Meet the Man Behind Trump Tower«, *Toronto Star*, 4. Dezember 2004; Heidi Brown und Nathan Vardi, »Man of Steel: Alex Shnaider Became a Billionaire in the Dimly Lit Steel Mills of Eastern Europe. How Will He Handle the Glare of the Western World?«, *Forbes*, 28. März 2005; Michael Posner, »The Invisible Man; But for the Car, it Might Be«, *Globe and Mail*, 27. Mai 2005.

106 Der Autorin vorliegender FBI-Report über das Mogilewitsch-Imperium von 1995.

107 Bayrock-Prospekt von 2007.

108 Siehe Kapitel 2.

109 FBI-Report über das Mogilewitsch-Imperium.

110 In dem von Juni 2007 datierten und der Autorin vorliegenden Bericht des Schweizer Nachrichtendienstes werden Birstein »enge Verbindungen« zur mafiösen Solnzewaskaja-Gruppe vorgeworfen. (In einer von Birsteins Sohn Alon eingereichten Klage von 2005 heißt es, 1995, während Birstein in Belgien lebte, sei er das Ziel einer internationalen polizeilichen Ermittlung gewesen. »Die russische, amerikanische, Schweizer und belgische Polizei verdächtigte den Angeklagten, ein Mitglied der Solnzewskaja-Mafia zu sein. (…) Sie hielten ihn für den Komplizen eines berüchtigten Gangsters namens Sergej Michailow«, ist in einer Kopie der Klage zu lesen.)

111 Charles Clover, »Questions over Kuchma's Advisor Cast Shadows«, *Financial Times*, 29. Oktober 1999.

112 Mark MacKinnon, »Searching for Boris Birshtein«, *Globe and Mail*, 29. Dezember 2018. Als ich ihn telefonisch erreichte, verweigerte Birstein jeden weiteren Kommentar. Der Birstein-Anwalt, der in dem Globe-Bericht zitiert wird, Gavin Tighe, erklärte, er sei nicht mehr von Mr. Birstein beauftragt, als ich ihn wegen weiterer Kommentare zu der Sache kontaktierte.

113 Alain Lallemand, »Coordination. Des Retards, des délais dépasses, des incohèrence«, *Le Soir*, 18. Januar 2017.

114 Burgis, »Tower of Secrets«.

115 Ned Parker, Stephen Grey, Stefanie Eschenbacher, Roman Anin, Brad Brooks und Christine Murray, »Ivanka and the Fugitive from Panama«, Reuters, 17. November 2017.

116 Ebd.

117 Ebd. In einem Interview mit Reuters sagte Nogueira, er könne sich nicht erinnern, irgendwelche der Behauptungen auf der Aufnahme gemacht zu haben, und stritt ab, Geld über das Trump-Projekt gewaschen zu haben oder etwas mit Drogengeld zu tun zu haben.

118 Ebd. Die Strafsache gegen Altshoul wegen Hypothekenbetrugs wurde ein Jahr später fallengelassen; ebenso die Klage gegen Kawalenka 2005, nachdem die Hauptzeuginnen, mutmaßliche Prostituierte, nicht vor Gericht erschienen.

119 Donald Trump, »Mr. Trump Strongly Defends his Good Name«, *Wall Street Journal*, 28. November 2007.

120 Bayrock-Prospekt von 2007.

121 Interview der Autorin mit Tschigirinski im Juli 2018.

122 Jody Kriss und Michael Ejekam v. Bayrock Group LLC et al., United States District Court, Southern District of NY.

123 Ebd.

124 In Island reichte die FL Group Insolvenz ein. Aber in Delaware war eine ihrer Immobilientöchter, FLG Property I, weiter tätig, wie der Autorin vorliegende Unterlagen beweisen.

125 Sallah und Vasquez, »Failed Donald Trump Tower Thrust into GOP Campaign for Presidency«, *Miami Herald*, 12. März 2016.

126 Unterlagen zufolge, die der Autorin vorliegen.

127 O'Brien, »Trump, Russia and a Shadowy Business Partnership«.

128 Ben Protess, Steve Eder und Eric Lipton, »Trump Organization will Exit from Its Struggling SoHo Hotel in New York«, *New York Times*, 22. November 2017.

129 Gary Silverman, »Trump's Russian Riddle«, *Financial Times*, 14. August 2016.

130 Cribb, Chown, Blackman, Varnham O'Regan, Maidenberg und Rust, »How Every Investor Lost his Money on Trump Tower Toronto (but Donald Trump Made Millions Anyway)«, *Toronto Star*, 21. Oktober 2017.

131 Interview der Autorin mit Blum im Dezember 2018.

132 Eidesstattliche Erklärung von Felix Sater vom 1. April 2008, in Trump v. O'Brien.

133 Ebd.

134 »Ispaniya Vernet Rossii Khranitelya Kompromata«, *Rosbalt*, 10. Juni 2013.

135 Interview der Autorin mit Sater im Mai 2018.

136 Nikolai Michailew, »Rossiya Umenshilas v Razmerakh«, *RBK Daily*, 14. März 2012.

137 Alan Cullison und Brett Forrest, »Trump Tower Moscow? It was the End of Long, Failed Push to Invest in Russia«, *Wall Street Journal*, 30. November 2018.

138 Irina Grusinowa, »Milliarder Aras Agalarov: ›Ya ne umeyu zarabatyvats na gosudarstvennikh stroikakh‹«, *Forbes Russia*, 11. März 2015.

139 Interview der Autorin mit Tschigirinski im Mai 2018.

140 Interview der Autorin mit einem hochrangigen Moskauer Bankier im Januar 2017.

141 Anthony Cornier und Jason Leopold, »Trump Moscow: The Definitive Story of How Trump's Team Worked the Russia Deal During the Campaign«, BuzzFeed, 17. Mai 2018.

142 Matt Apuzzo und Maggie Haberman, »Trump Associate Boasted that Moscow Business Deal ›Will Get Donald Elected‹«, *New York Times*, 28. August 2017.

143 »Read the Emails on Donald Trump Jr.'s Russian Meeting«, *New York Times*, 11. Juli 2017.

144 Jo Becker, Adam Goldman und Matt Apuzzo, »Russian Dirt on Clinton? ›I Love it‹, Donald Trump Jr. Said«, *New York Times*, 11. Juli 2017.

145 Ebd.

146 Philip Bump, »A Timeline of the Roger Stone-Wikileaks Question«, *Washington Post*, 30. Oktober 2018.

147 Ebd.

148 David Filipov und Andrew Roth, »›Yes We Did‹: Russia's Establishment Basks in Trump's Victory; Russians Couldn't Help Gloating a Bit Over Trump's Win«, *Washington Post*, 9. November 2016.

149 Andrew Osborn, »Donald Trump's Foreign Policy ›Almost Exactly the Same as Putin‹, Kremlin Says«, Reuters, 10. November 2016.

150 Interview der Autorin mit Schwez im August 2019.

151 Interview der Autorin mit einem hochrangigen russischen Beamten im Februar 2017.

152 Interview der Autorin mit Schwez im August 2019;

153 Donald Trump, Offener Brief, »There's Nothing Wrong with America's Foreign Defense Policy that a Little Backbone Can't Cure«, *Washington Post*, 2. September 1987. Eingesehen hier: https://assets.documentcloud.org/documents/4404425/Ad-in-The-Washington-Post-from-Donald-Trump.pdf.

154 Eidesstattliche Erklärung von Sater vom 1. April 2008, in Trump v. O'Brien.

155 Ebd. Sater sagte, Bayrock habe 250 000 Dollar für das Trump-Tower-Projekt in Phoenix an die Trump Organization gezahlt, »um den Vertrag mit ihr umzusetzen, für geleistete Dienste« sowie eine »laufende monatliche« Summe für Entwicklungsdienstleistungen – wobei er sich angeblich nicht erinnern konnte, wie hoch diese war. Garten, leitender Rechtsberater der Trump Organization, ließ eine Kommentaranfrage dazu, wie viel die Trump Organization an solchen Honoraren von Bayrock erhielt oder ob es ähnliche Vereinbarungen zu den Bayrock-Projekten in Fort Lauderdale und Trump SoHo gab, unbeantwortet.

156 Transkription eines vollständigen Interviews von Millian mit ABC News im Juli 2016.

157 Interview der Autorin mit Schwez im August 2019.

158 Interview der Autorin mit Satulin im Oktober 2016.

159 Interview der Autorin mit Jakunin im Juli 2016.

160 Interview der Autorin mit Jakunin im November 2017.

161 Ebd.

162 Sharon LaFraniere, Nicholas Fandos und Andrew E. Kramer, »Ex-Envoy to Ukraine Testifies ›False Claims‹ Propelled Ouster«, *New York Times*, 12. Oktober 2019.

163 Interview der Autorin mit Tschigirinski im Mai 2018.

164 Transkription der gemeinsamen Pressekonferenz von Trump und Putin in Helsinki am 16. Juli 2018, www.kremlin.ru/events/president/news/58017.

165 Ebd.

166 Interview der Autorin mit Galeotti im Februar 2018. Vgl. auch Simon Shuster, »How Putin's Oligarchs got Inside the Trump Team«, *Time*, 20. September 2018.

167 Interview der Autorin mit einem ehemaligen engen Geschäftspartner eines russischen Milliardärs im Juni 2017.

168 Interview der Autorin mit einem hochrangigen westlichen Bankier im Mai 2013.

169 Interview der Autorin mit einem leitenden russischen Geschäftsmann im März 2017.

170 Interview der Autorin mit Tschigirinski im Mai 2018.

171 Interview der Autorin mit Graham im Mai 2018.

172 Interview der Autorin mit einem ehemaligen engen Geschäftspartner eines russischen Milliardärs im Juni 2017.

173 »Kremlin Says Mueller's Russia Investigation is Pointless«, Reuters, 29. Mai 2018.

174 Interview der Autorin mit Schwez im August 2019.

175 Knut Royce, »FBI Tracked Alleged Russian Mob Ties of Giuliani Campaign Supporter«, The Center for Public Integrity, 14. Dezember 1999. Royce schreibt, dass Kislin zwischen 1994 und 1997 14 250 Dollar direkt an Giuliani spendete sowie Spendengalas durchführte. Er erwähnt darüber hinaus einen Bericht von Interpol von 1996, in dem deutlich wird, dass Kislins Unternehmen Trans Commodities für Michail Teschernoi, den mutmaßlichen russischen Mafioso, mit Metallen handelte. Kislin prahlte mit seiner persönlichen Freundschaft zu Trump und behauptete in

einem Interview mit dem staatsnahen russischen Fernsehsender NTW, er habe ihm mehrmals Borschtsch vorgesetzt: https://www.ntv.ru/video/1771880.

176  https://www.ntv.ru/video/1771880.

177  Ebd.

178  Darren Samuelson und Ben Schreckinger, »Indicted Giuliani Associate Attended Private '16 Election Night Party for ›Friend‹ Trump«, *Politico*, 11. Oktober 2019. In dem Artikel wird ein Foto von Parnas und Trump im Weißen Haus im Mai 2018 erwähnt, das Parnas gepostet haben soll. Trump spielte dessen Bedeutung herunter, »weil ich mit jedem auf einem Foto bin«.

179  Aubrey Belford und Veronika Melkozerova, »Meet the Florida Duo Helping Giuliani Investigate for Trump in Ukraine«, Organised Crime and Corruption Reporting Project, 22. Juli 2019.

180  Vgl. auch Rosalind S. Helderman, Tom Hamburger, Josh Dawsey und Paul Sonne, »How Two Soviet-Born Emigres Made it Into Elite Trump Circles«, *Washington Post*, 13. Oktober 2019.

181  Aram Roston, Karen Freifeld und Polina Ivanova, »Indicted Giuliani Associate Worked on Behalf of Ukrainian Oligarch Firtash«, Reuters, 11. Oktober 2019. Für die von Parnas und Fruman ausgegebenen Summen siehe Michael Sallah und Emma Loop, »Two Key Players Spent Lavishly as They Dug for Dirt on Biden«, BuzzFeed, 9. Oktober 2019.

182  Vicky Ward und Marshall Cohen, »›I'm the Best Paid Interpreter in the World‹: Indicted Giuliani associate Lev Parnas touted windfall from Ukrainian Oligarch«, CNN, 1. November 2019.

183  Matt Zapotosky, Rosalind S. Helderman, Tom Hamburger, Josh Dawsey, »Prosecutors Suspect Ties between Ukrainian Gas Tycoon, Giuliani Associates«, *Washington Post*, 23. Oktober 2019.

184  Eröffnungsrede von Botschafter William B. Taylor vor dem House Intelligence Committee, 22. Oktober 2019.

185  Interview der Autorin mit einem ehemaligen russischen Bankier im September 2019.

186  Interview der Autorin mit einem leitenden russischen Geschäftsmann im März 2017.

## EPILOG

1  Der beste Bericht darüber, was mit Schestun passiert ist: Arkady Ostrovsky, »A Russian Tale: The Rise and Fall of Alexander Shestun«, *The Economist*, 22. Dezember 2018; vgl. auch Schestuns offizielle Biografie für Details über seine unternehmerische Karriere in den Neunzigern: cyclowiki. org/wiki/Aleksandr_Vyacheslavovich_Shestun.

2  Ostrovsky, »A Russian Tale«.

3  Interview der Autorin mit einem hochrangigen russischen Bankier im Juni 2018.

4  Anna Krasnoperova, »Arestovanny Aleksandr Shestun Rasskazal o Korruptsii v FSB«, *The Insider*, 26. Juni 2018, https://theins.ru/news/107934.

5  »Tebya pereedut katkom – general FSB ugrozhayet v Administratsii prezidenta«, pasmi.ru, 20. April 2018, https://pasmi.ru/archive/208765/ (mit Audio- und Videoaufnahmen).

6  »FSB Schitaet Gubernatora Vorobyova Opasnee Banditov«, pasmi.ru, 11. November, https:// pasmi.ru/archive/223752/ (ebenfalls mit Audioaufnahmen).

7  Ebd. Lalakin war der Kopf der Podolsk-Gruppe in der Region Moskau, mit der der frühere Chef der Promsberbank, Alexander Grigorjew, sowie Iwan Mjasin beim Moldauischen Waschsalon und den Mirror Trades zusammengearbeitet haben.

8  Interview der Autorin mit einem Kreml-Insider im Februar 2017.

9  Interview der Autorin mit einem russischen Tycoon im Februar 2017.

10  Alexej Nawalny, »Kto Obyedaet Rosgvardiyu«, FBK, 23. August 2018.

11  Interview der Autorin mit einem russischen Tycoon im September 2019.

12  Interview der Autorin mit einem westlichen Anwalt im September 2019. Bis zur Annexion der Krim hatte Putin wiederholt zugesichert, Russland bis 2020 zur fünftgrößten Wirtschaftsmacht der Welt zu machen. 2011 prognostizierte das Centre for Economic and Business Research, dass Russland bis 2020 den vierten Platz erreichen könnte (s. Philip Inman, »Brazil passes UK to Be-

come World's Sixth Largest Economy«, *Guardian*, 26. Dezember 2011). Laut IWF war Russland 2013 die weltweit achtgrößte Wirtschaftsmacht. 2019 stand es auf Platz 11.

13    Interview der Autorin mit einem ehemaligen hochrangigen Regierungsbeamten im April 2019.

14    »Korotko o tom, skolko milliardov I na kakie strany tratit Rossiya«, Telekanal Dozhd, 15. November 2018. Vgl. auch Andrei Biryukov und Evgeniya Pismennaya, »Russia Dips into Soviet Playbook in Bid to Buy Allies Abroad«, Bloomberg, 23. Oktober 2019. Bis 2022 soll Russland seine Exporte verdoppelt und anderen Nationen 6 Milliarden Dollar geliehen haben, berichtete Bloomberg – eine Rückkehr zu Praktiken aus Sowjetzeiten.

15    Interview der Autorin mit Milow im September 2018.

16    Interview der Autorin mit Chodorkowski im Juli 2016.

17    Interview der Autorin mit einem hochrangigen russischen Bankier im Juni 2018.

18    Interview der Autorin mit einem russischen Tycoon im Januar 2019.

19    Interview der Autorin mit einem hochrangigen russischen Bankier im Januar 2019.

20    Interview der Autorin mit Pugatschow im Juli 2015.

21    Interview der Autorin mit Pugatschow im September 2014.

22    Interview der Autorin mit Pugatschow im Januar 2019.

# BILDNACHWEIS

## ERSTER BILDTEIL

S. 1: © Sovfoto / Universal Images Group / Tass Photo

S. 2: © Itar Tass / Pool / Shutterstock

S. 3: © Shutterstock (*oben*); AFP / AFP via Getty Images (*unten*)

S. 4: © Alexey Panov / AFP via Getty Images

S. 5: © Alexei Kondratyev / AP / Shutterstock

S. 6: © Shutterstock (*oben*); Sputnik / TopFoto (*unten*)

S. 7: © Alexander Nikolayev / AFP via Getty Images
(Juri Kowaltschuk / *oben links*); STR / AFP via Getty Images
(Martin Schlaff / *oben rechts*); Sergei Malgavko / TASS via
Getty Images (Konstantin Malofejew / *unten links*); Simon Dawson /
Bloomberg via Getty Images (Dmitri Firtasch / *unten rechts*)

S. 8: © Sputnik / Alamy

## ZWEITER BILDTEIL

S. 1: © AFP via Getty Images

S. 2: © Anton Denisov / AFP via Getty Images (*oben*);
AFP via Getty Images (*unten*)

S. 3: © Pool Photograph / Corbis / Corbis via Getty Images

S. 4: © Shutterstock

S. 5: © Alexey Filippov / TASS via Getty Images (*oben*);
Kommersant Photo Agency / SIPA USA / PA (*unten*)

S. 6: © Mikhail Metzel / TASS via Getty Images (*oben*); AMA /
Corbis via Getty Images (*unten*)

S. 7: © Natalia Kolesnikova / AFP via Getty Images (*oben*);
Sasha Mordovets / Getty Images (*unten*)

S. 8: © Joe Dombroski / Newsday RM via Getty Images (*oben*);
Mark Von Holden / WireImage (*unten*)